中华人民共和国地方志·福建省

平和县志

1989—2007

中共平和县委党史和地方志研究室 编

方志出版社
Publishing House of Local Records

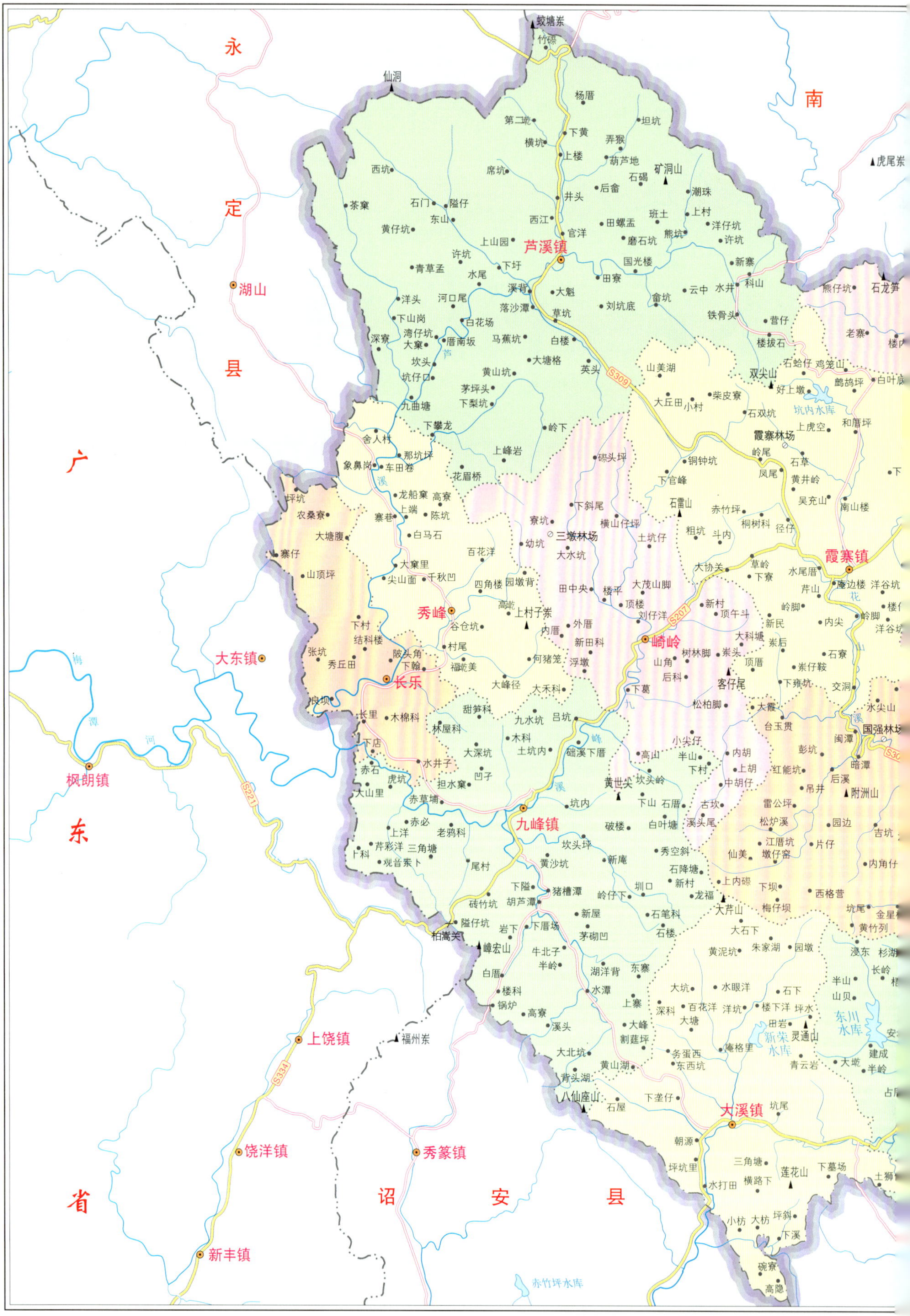

永
定
县
广
东
省
南
湖山
大东镇
枫朗镇
上饶镇
饶洋镇
新丰镇
秀篆镇
诏
安
县
福州岽
赤竹坪水库
S221
S334
蛟塘岽
竹磜
仙洞
杨厝
第二屹
下黄
坦坑
横坑
弄猴
上楼
葫芦地
西坑
席坑
石碣
矿洞山
井头
后畲
潮珠
茶寮
石门
隘仔
东山
西江
田螺盂
班土
上村
黄仔坑
上山园
芦溪镇
官洋
磨石坑
熊坑
洋仔坑
许坑
许坑
国光楼
新寨
青草盂
下圩
水尾
田寮
云中
水井
科山
溪背
大魁
畲坑
洋头
河口尾
落沙潭
刘坑底
铁骨头
营仔
下山岗
白花场
草坑
湾仔坑
马蕉坑
白楼
楼拔石
深寮
大寮
厝南坂
坎头
大塘格
英头
S309
山美湖
双尖山
石蛤仔
鸡笼山
坑仔口
黄山坑
好上墩
鹧鸪坪
茅坪头
大丘田
小村
柴皮寮
下梨坑
九曲塘
石双坑
坑内水库
下攀龙
岭下
上虎空
和厝坪
舍人村
霞寨林场
上峰岩
碌头坪
岭尾
那坑坪
铜钟坑
象鼻岗
车田巷
石草
凤尾
花眉桥
下官峰
黄井岭
龙船寮
高寮
下斜尾
石雷山
吴充山
坪坑
农桑寮
上端
陈坑
赤竹坪
桐树科
南山楼
寨巷
寮坑
横山仔坪
径仔
大塘腹
白马石
三墩林场
土坑仔
粗坑
斗内
幼坑
百花洋
大水坑
大协关
霞寨镇
寨仔
大寮里
草岭
山顶坪
尖山面
千秋凹
下寮
水尾厝
洋谷坑
四角楼
园墩背
大茂山脚
芹山
庵边楼
田中央
楼平
新村
岭脚
高屹
顶楼
秀峰
上村子岽
刘仔洋
顶午斗
岭脚
下村
谷仓坑
内厝
外厝
S207
新民
内尖
洋谷坑
结科楼
崎岭
大科塘
村尾
新田科
岽后
陂头角
树林脚
岽头
石寮
张坑
何猪笼
山角
顶厝
下翰
福屹美
浮墩
后科
岽仔鞍
秀丘田
长乐
大峰径
客仔尾
下葛
下雍坑
交洞
大禾科
良坝
松柏脚
大霞
水尖山
甜笋科
吕坑
长里
木棉科
台玉贯
国强林场
林屋科
九水坑
闽潭
木科
小尖仔
下店
大深坑
土坑内
内胡
彭坑
碰溪下厝
S30
高山
半山
上胡
暗潭
赤石
水井子
下村
红能坑
虎坑
凹子
黄世尖
坎头岭
中胡仔
后溪
担水寮
大山里
吊开
赤草埔
坑内
下山
石厝
古坎
附洲山
九峰镇
雷公坪
赤必
白叶塘
溪头尾
上洋
老鸦科
破楼
松炉溪
园边
芹彩洋
三角塘
坎头坪
秀空斜
江厝坑
吉坑
下科
观音亲卜
新庵
仙美
墩仔窑
片仔
尾村
黄沙坑
石降塘
内角仔
新村
下隘
猪槽潭
上内磜
坝口
下坝
西格营
砖竹坑
胡芦潭
岭仔下
龙福
坑尾
隘仔坑
新屋
石笔科
大芹山
梅仔坝
金星
岩下
下厝场
石楼
大石下
黄竹列
柏嵩关
嶂宏山
茅砌凹
牛北子
黄泥坑
朱家湖
园墩
漈东
杉湖
半岭
湖洋背
东寨
长岭
半山
白厝
大坑
水眼洋
石下
山贝
楼科
水潭
上寨
百花洋
洋坑
楼下洋
坪水
东川水库
钢炉
高寮
深科
大塘
田岩
灵通山
溪头
大峰
新荣水库
割韮坪
建成
务蛋西
庵格里
大北坑
东西坑
青云岩
大陂
半岭
黄山湖
背头湖
八仙座山
下垄仔
石屋
大溪镇
坑尾
朝源
三角塘
莲花山
下墓场
坪坑里
土狮
水打田
横路下
坪斜
小枋
大枋
下溪
碗寮
高隐
熊仔坑
石龙笋
老寨
楼
白叶
下
虎尾岽

平和县地图

比例尺 1：240 000

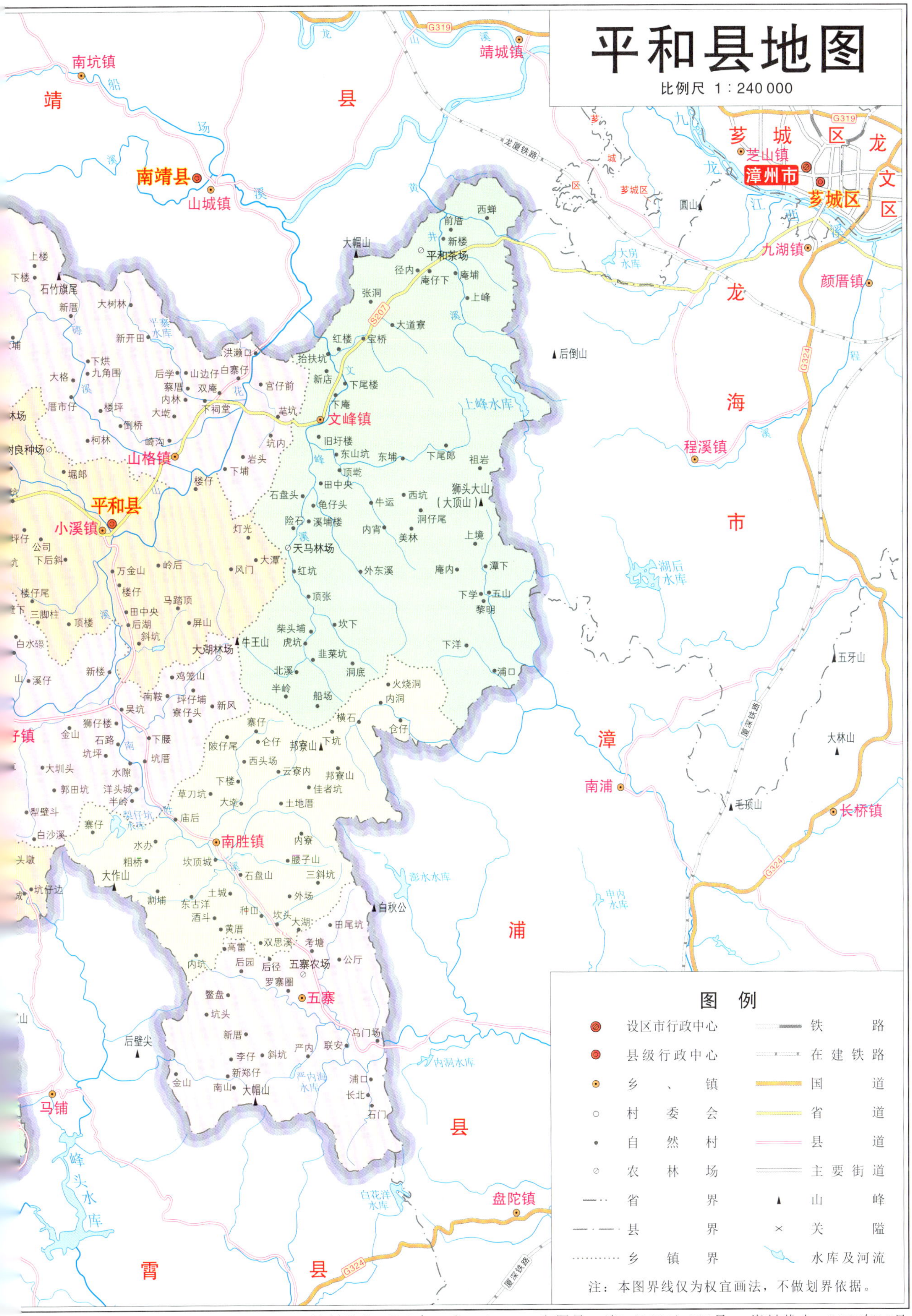

编制单位：福建省地图出版社　审图号：漳S〔2021〕002号　资料截止：2007年12月

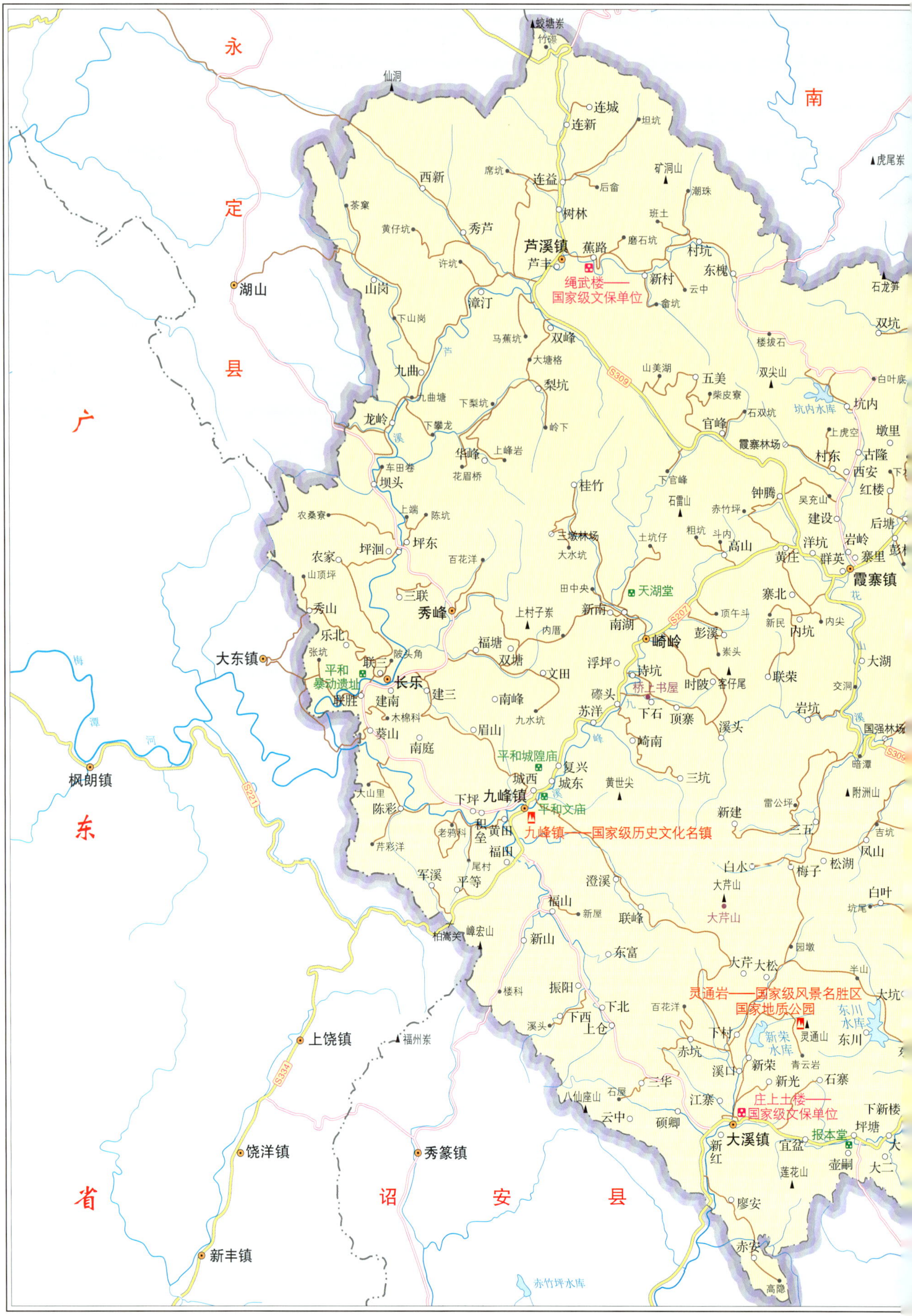

永定县
南
广东省
诏安县
蛟塘岽
竹礤
仙洞
连城
连新
坦坑
虎尾岽
西新
席坑
连益
矿洞山
后畲
潮珠
茶窠
树林
班土
黄仔坑
秀芦
芦溪镇
蕉路
磨石坑
村坑
芦丰
许坑
东槐
湖山
绳武楼——国家级文保单位
新村
山岗
漳汀
云中
石龙笋
畲坑
下山岗
马蕉坑
双峰
双坑
大塘格
山美湖
五美
S309
九曲
双尖山
白叶岽
梨坑
柴皮寮
九曲塘
下梨坑
石双坑
坑内水库
坑内
龙岭
官峰
下攀龙
岭下
上虎空
墩里
华峰
上峰岩
霞寨林场
村东
古隆
车田巷
花眉桥
下官峰
西安
坝头
桂竹
钟腾
红楼
吴充山
石雷山
赤竹坪
上端
陈坑
建设
农桑寮
三墩林场
粗坑
斗内
后塘
土坑仔
洋坑
岩岭
坪洄
坪东
高山
黄庄
大水坑
群英
寨里
农家
百花洋
霞寨镇
山顶坪
天湖堂
田中央
寨北
三联
秀山
上村子岽
新南
S207
顶午斗
秀峰
内厝
南湖
彭溪
新民
内坑
内尖
乐北
福塘
崎岭
大湖
大东镇
张坑
陂头角
崇头
平和暴动遗址
联三
双塘
浮坪
长乐
文田
诗坑
客仔尾
联荣
交洞
联胜
建三
磜头
桥上书屋
时陂
南峰
建南
苏洋
下石
顶寨
岩坑
木棉科
九水坑
枫朗镇
溪头
国强林场
葵山
眉山
崎南
南庭
平和城隍庙
暗潭
复兴
S309
城西
城东
黄世尖
三坑
附洲山
大山里
下坪
九峰镇
平和文庙
雷公坪
陈彩
新建
和
垒
黄田
三五
吉坑
老鸦科
九峰镇——国家级历史文化名镇
凤山
芹彩洋
福田
白水
梅子
松湖
尾村
军溪
平等
澄溪
大芹山
白叶
福山
大芹山
坑尾
新屋
联峰
柏嵩关
嶂宏山
新山
东富
园墩
大芹
大松
半山
楼科
振阳
灵通岩——国家级风景名胜区
大坑
国家地质公园
下北
百花洋
东川水库
溪头
下西
上仓
下村
灵通山
上饶镇
福州东
新荣水库
东川
赤坑
溪口
新荣
青云岩
S334
三华
新光
石寨
八仙座山
石屋
江寨
庄上土楼——国家级文保单位
下新楼
云中
硕卿
坪塘
报本堂
新红
大溪镇
宜盆
饶洋镇
秀篆镇
壶嗣
大二
莲花山
廖安
新丰镇
赤安
赤竹坪水库
高隐

平和县交通旅游图

比例尺 1：240 000

编制单位：福建省地图出版社　审图号：漳S〔2021〕003号　资料截止：2007年12月

平和县城区图

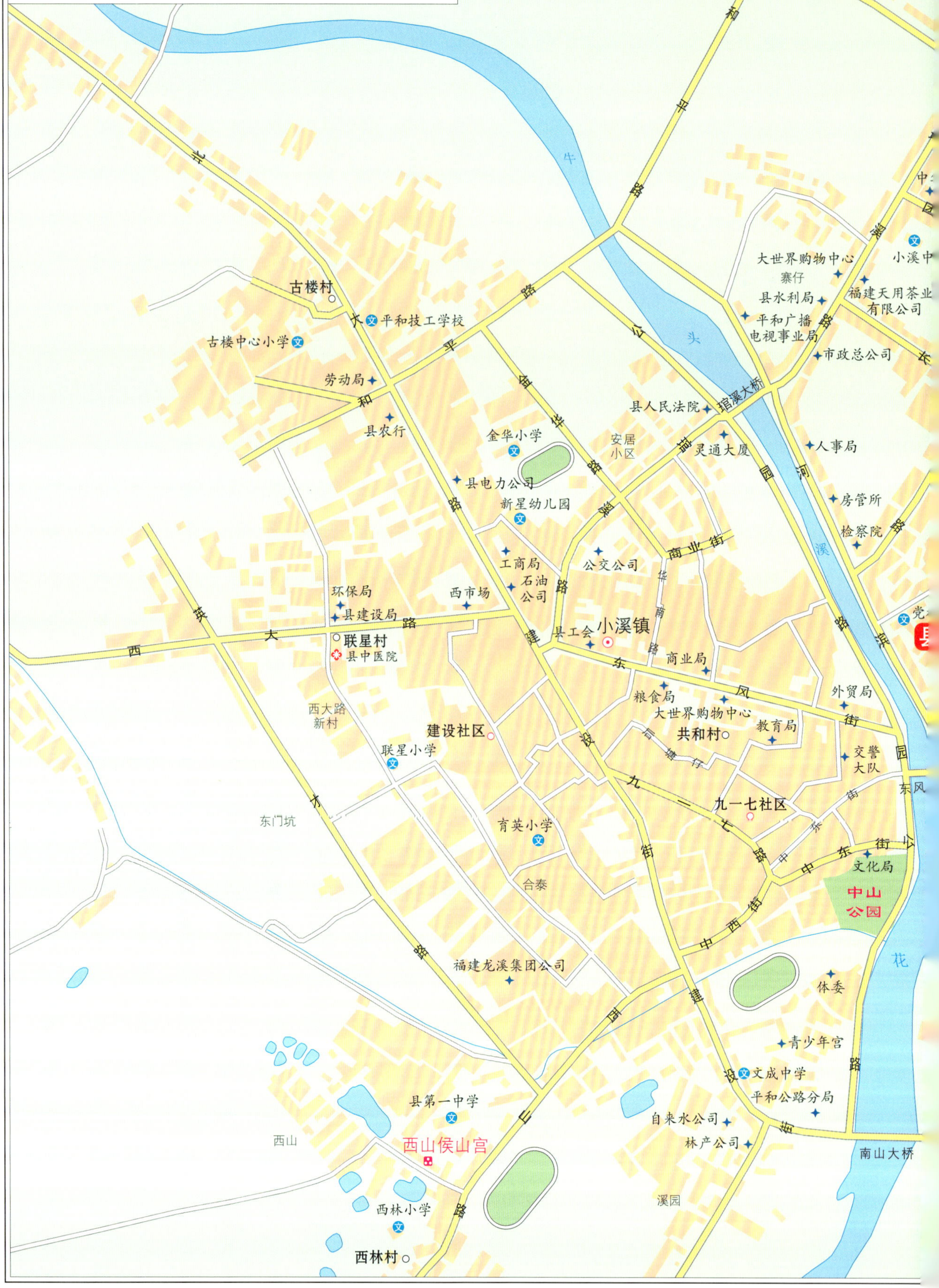

北和平路
古楼村
大 平和技工学校
古楼中心小学
劳动局
县农行
平和路
金华小学
县电力公司
新星幼儿园
金华路
安居小区
县人民法院
琯溪大桥
灵通大厦
琯溪路
商业街
公交公司
工商局
石油公司
环保局
县建设局
西市场
联星村
县中医院
小溪镇
县工会
华南路
商业局
东风街
西英大路
西大路新村
建设社区
联星小学
粮食局
大世界购物中心
共和村
教育局
外贸局
交警大队
后埔仔
九一七路
九一七社区
育英小学
东门坑
合泰
中山东街
中西街
文化局
中山公园
福建龙溪集团公司
体委
青少年宫
文成中学
平和公路分局
自来水公司
林产公司
县第一中学
西山
西山侯山宫
西林小学
西林村
西山路
建设路
溪园
南山大桥
花山溪
牛头溪
大世界购物中心
寨仔
县水利局
平和广播电视事业局
市政总公司
福建天用茶业有限公司
小溪中
人事局
房管所
检察院
河滨路
园路
东风
公园路

编制单位：福建省地图出版社　审图号：漳S〔2021〕001号　资料截止：2007年12月

2002 年平和县城全景图　　（朱连生 摄）

2006 年县城圆环路　　（朱连生 摄）

2005 年 10 月 28—30 日，县委、县政府在县城举办首届福建（平和）琯溪蜜柚节活动　（朱连生 摄）

2006 年 10 月 23—25 日，由市政府主办，县政府和市农业局承办的第二届福建（平和）琯溪蜜柚节在县城正兴学校举行　（朱连生 摄）

第二届福建（平和）琯溪蜜柚节期间举办焰火晚会 （朱连生 摄）

2007 年 10 月 18 日，第三届福建（平和）琯溪蜜柚节开幕式暨平和琯溪蜜柚获“中国驰名商标”庆祝大会在县城正兴学校举行 （朱连生 摄）

2007 年 6 月 20 日至 7 月 19 日，首届海峡两岸（平和）三平祖师文化旅游节在三平风景区举行

（朱连生 摄）

2007年7月，首届海峡两岸（平和）三平祖师文化旅游节活动期间夜景　　　　　　　（朱连生 摄）

2007年，平和县委、县政府大院内景　　（张明山　摄）

20世纪末期的中山公园（县委宣传部 提供）

21世纪初的中山公园（朱连生　摄）

2006 年 10 月 23 日，县城首个公路红绿灯在城区叉路口启用　　（朱连生 摄）

2007 年，建成小溪镇牛头溪一级、二级自控翻板闸挡水坝各 1 座　　（水利局 提供）

2007 年，县城一隅　　（朱连生 摄）

2002 年，县城一路桥　　（朱连生 摄）

2006 年，县城南山大桥　　（朱连生 摄）

2001 年，琯溪商贸城
（朱连生 摄）

2002 年，平和县行政服务中心 （朱连生 摄）

2006 年 12 月 18 日，平和县新闻中心成立，系漳州市首家县级新闻中心
（朱连生 摄）

2002 年 9 月 27 日，平和县医院新院址门诊、病房综合大楼竣工并举行开业庆典 （江一心 摄）

2006 年，平和一中综合楼
（平和一中提供）

1999 年，新成立的县直第二实验小学——金华小学正式开学
（金华小学提供，摄于 2007 年）

1997 年，新组建成立的新星幼儿园正式开学
（新星幼儿园提供，摄于 2007 年）

2003 年，平和职业高中晋级为职业中专，学校更名为平和县职业技术学校，被确定为漳州市市级重点职校

（平和职校提供，摄于2007 年）

2005 年秋，由正兴集团创办的全日制民办学校——平和正兴学校正式开学（朱连生 摄于2007年）

创办于 1990 年的平和县第一所规模较大的民办幼儿园——安琪幼儿园

（安琪幼稚园提供，摄于 2007 年）

2003 年，平和县自来水公司
（朱连生 摄）

2007 年，电信局办公大楼
（朱连生 摄）

2006 年，县工商行政管理大楼 （朱连生 摄）

2006 年，平和公路分局 （朱连生 摄）

2006 年 12 月 18 日，平和县商会大厦剪彩落成并投入使用 （工商联 提供）

1999 年，平和首个工业区平和县文峰工业区在文峰镇黄井村创立。2006 年，平和工业园区升格为省级开发区，更名为“福建平和工业园区”。图为 2007 年工业园区全景图　　（工业园区　提供）

2007 年，落户于平和工业园区的漳州市溢鹏木业有限公司　　（工业园区　提供）

2007 年，位于平和县文峰镇工业区福建济生堂药业发展有限公司
（朱连生 摄）

2006 年，落户于山格镇的福建漳州鼎能生物科技有限公司
（山格镇 提供）

2007 年，福环汽车生产车间 （小溪镇 提供）

2007 年，福建平和葫芦山纸品厂车间内景
（朱连生 摄）

成立于2003年4月的平和县建光出租汽车运输有限公司车队　（朱连生 摄）

2002年，福建跃劲服装有限公司车间　（朱连生 摄）

2002年，天棋工艺厂　（朱连生 摄）

2003 年，小溪旧县变电站
（朱连生 摄）

2005 年，位于秀峰乡的安特水电 （朱连生 摄）

2006 年，企业集中收购蜜柚进行深加工 （朱连生 摄）

2006 年，农产品深加工企业——福建南海冷冻食品有限公司　（朱连生　摄）

2002 年，农产品深加工企业——宝丰罐头厂生产车间　（朱连生　摄）

2007 年，霞寨高寨柚海　（霞寨镇　提供）

2007 年，自动化管理的茶园　　（陈俊杰 摄）

2007 年，坂仔蕉海　　（朱连生 摄）

2001 年，五寨毛豆种植基地　　（朱连生 摄）

· 地方特产 ·

（本版块图片除特别署名外，由县市管局、党史方志室提供）

平和琯溪蜜柚
（朱连生 摄）

用平和琯溪蜜柚堆砌而成的“金字塔”
（朱连生 摄于 2002 年）

平和红柚

平和白芽奇兰

平和白芽奇兰茶

坂仔香蕉

南胜明矾

灵通七叶胆

平和芦溪红酒

平和兰花

平和大溪荔枝

平和夫人李

平和棕包梨

芦溪晒烟烟田

平和芦溪晒烟

用来腌制芦溪咸菜的芥菜田

芦溪咸菜

九峰花香片

山格查某囡仔肉

南胜麻枣

艾草粿

小溪枕头饼

甜粿

发粿（朱连生 摄）

隔壁响（朱连生 摄）

大溪豆腐　　（朱连生 摄）

平和粗鳞鱼

南胜咸水鸭

烟肠　　（朱连生 摄）

五香肉卷　　（朱连生 摄）

面线（朱连生 摄于2006年9月）

米粉

碗粿 （朱连生 摄）

卷子粿

水面

本地面

椿臼面 （李芳 摄）

米筛目

清汤粿

· 荣誉表彰 ·

（本版块图片由相关单位提供）

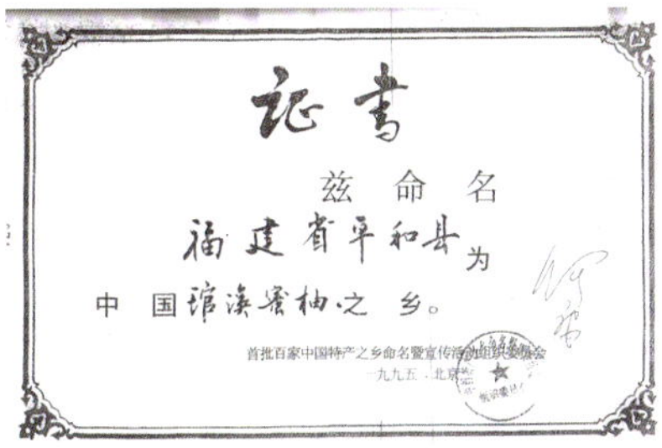

1995 年，平和县被命名为“中国琯溪蜜柚之乡”

（农业局 提供）

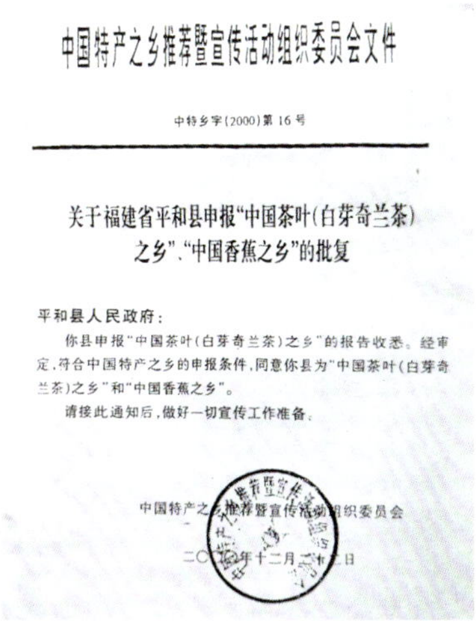

中国特产之乡推荐暨宣传活动组织委员会文件

中特乡字〔2000〕第 16 号

关于福建省平和县申报“中国茶叶(白芽奇兰茶)之乡”、“中国香蕉之乡”的批复

平和县人民政府：

你县申报“中国茶叶(白芽奇兰茶)之乡”的报告收悉。经审定，符合中国特产之乡的申报条件，同意你县为“中国茶叶(白芽奇兰茶)之乡”和“中国香蕉之乡”。

请接此通知后，做好一切宣传工作准备。

中国特产之乡推荐暨宣传活动组织委员会

二〇〇〇年十二月二十二日

2000 年 12 月，平和县同时被命名为“中国茶叶（白芽奇兰茶）之乡、“中国香蕉之乡”

（农业局 提供）

2007 年 9 月，平和琯溪蜜柚发展中心获国家工商行政管理总局认定为“中国驰名商标”

（市管局 提供）

2002 年，平和琯溪蜜柚获国家质检总局“原产地标记注册证”

（市管局 提供）

2007 年 1 月，平和县劳动局获劳动部“集体一等功”表彰

（县人社局 提供）

2003 年，九峰镇被福建省人民政府评定为“省级历史文化名镇”

2001 年 11 月，平和县被认定为全国园艺产品出口示范区

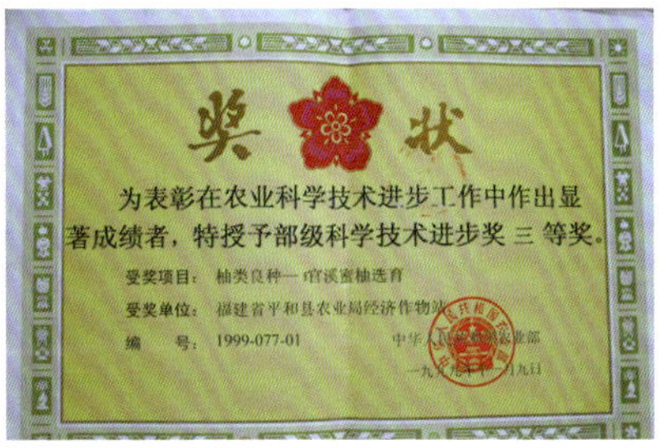

1999 年，平和县琯溪蜜柚选育被农业部授予部级科学技术进步三等奖

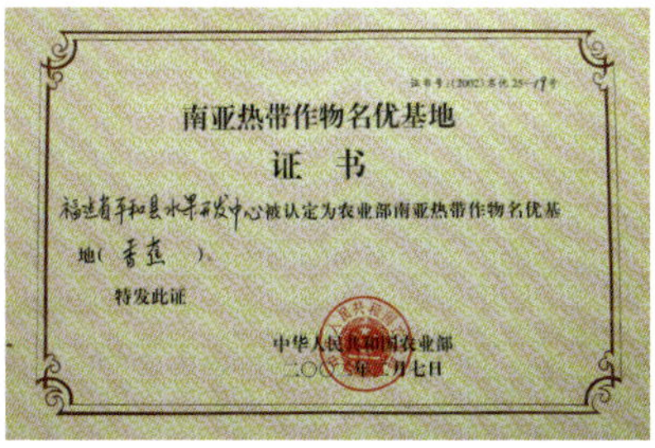

2002 年，平和县水果开发中心被认定为农业部南亚热带作物名优基地（香蕉）

（本版块图片除署名外，均由灵通山风景区管委会提供）

国家一级保护动物——云豹

国家一级保护野生动物——蟒蛇

国家二级保护动物——白鹇

国家二级保护动物——山獐

国家二级保护动物——水獭

国家二级保护动物——猕猴

国家二级保护动物——娃娃鱼

国家二级保护动物——鸳鸯

国家二级保护野生动物——豺

国家二级保护野生动物——穿山甲

国家一级保护植物——南方红豆杉

国家一级保护植物——银杏树
（五寨乡　提供）

国家一级保护植物——桫椤

灵通山远眺　　（江一心 摄）

灵通山天然大佛头像
（灵通风景区管委会 提供）

灵通云海　　（灵通风景区管委会 提供）

千年古刹三平寺　　（三平风景区管委会 提供）

三平风景区龙瑞瀑布　　（朱连生 摄）

2007 年的三平寺大门
（三平风景区管委会 提供）

坂仔远眺　　（陈俊杰　摄于2007年）

西坑新村　　（坂仔镇　提供，摄于2006年）

五寨红仔山一角　　　　（五寨乡　提供）

五寨龙须洞　　　　　　（五寨乡　提供）

南胜太极峰，右边巨石刻字“太极峰”　　　　（南胜镇　提供）

南胜太极峰巨石刻字“南无阿弥陀佛”　　　　（南胜镇　提供）

2007年，茶园风光 （江一心 摄）

2006年，大溪镇江寨村一角 （大溪镇 提供）

小溪镇豆坪瀑布 （朱连生 摄）

花山溪水坝 （朱连生 摄）

秀峰乡福塘村全貌　　（朱伟锦 摄）

秀峰乡洋半天梯田　　（朱连生 摄）

2004 年，平和环山道路
（朱连生 摄）

2002 年 11 月 3 日，霞寨黄庄大桥建成通车
（朱连生 摄）

九峰镇三坑村稻田
（朱连生 摄）

三平寺大雄宝殿　　（朱连生 摄）

2005 年落成的三平寺三平祖师塑像
（朱连生 摄）

九峰城隍庙　　（九峰镇 提供）

灵通岩观音庙
（曾力强 摄）

九峰古街　　（九峰镇 提供）

位于九峰镇的平和文庙
（九峰镇 提供，摄于 2005 年）

小溪镇南山古城
（小溪镇 提供）

山格宝丰村甲爷楼
（朱连生 摄）

五寨乡埔坪林氏祠堂
（朱连生 摄于 2007 年）

霞寨钟腾村武榜眼府
（霞寨镇 提供）

大溪镇壶嗣吴氏宗祠
（朱连生 摄于2006年）

九峰镇黄田村聚顺堂
（九峰镇 提供）

2006 年 4 月，平和县重新修缮坂仔林语堂故居（朱连生 摄）

2007 年 12 月，位于坂仔林语堂故居左侧的林语堂文学馆建成开馆（朱连生 摄）

2006 年 6 月被列为第六批全国重点文物保护单位的“南胜古窑址”为明清古窑址，主要分布于南胜镇及五寨乡一带。图为位于五寨乡的洞口陂沟窑遗址全景（县博物馆 提供）

2006 年被列为福建省文物保护单位的坂仔薰南楼土楼
（朱连生 摄）

2001 年 6 月，位于芦溪镇的绳武楼列为第五批全国重点文物保护单位 （芦溪镇 提供）

建于明朝万历年间的小溪延安楼土楼楼门
（朱连生 摄）

2006年6月被列为第六批全国重点文物保护单位的大溪镇庄上城土楼 （朱连生 摄）

坂仔环溪楼土楼　　（陈俊杰 摄）

崎岭乡下石村土楼　　（朱连生 摄）

霞寨清溪楼　　（朱连生 摄）

福塘村聚奎楼土楼　　（秀峰乡 提供）

芦溪丰作厥宁楼土楼
（芦溪镇 提供）

五寨乡思永楼
（五寨乡 提供）

秀峰福塘村茂
桂园古建筑群
（秀峰乡提供）

九峰镇上仓村贞烈牌坊 （朱松林 摄）

坂仔镇东坑村贞烈牌坊 （朱连生 摄）

· 革命遗址 ·

（本版块图片由县委党史方志室提供）

①	②
③	④

①1927年9月，中共平和县委和县农民协会在长乐乡下坪村下书斋成立。这里也是1928年3月8日举行的震撼八闽的平和暴动总指挥部。图为平和县长乐乡下坪村下书斋，现为“平和暴动”纪念馆

②平和暴动纪念馆内景

③为纪念平和暴动死难烈士，1975年，平和县在长乐乡联三村修建平和暴动烈士纪念碑，碑文“平和暴动革命烈士永垂不朽”为原中共福建省委书记罗明所题

④1934年8月，中共闽粤边区第一次代表大会在平和南胜帮寮召开，成立中共闽粤边区特别委员会。图为位于邦寮山的中共闽粤边特委机关邦寮旧址

← 1940 年 11 月，中共南方工作委员会在长乐下村乌科建立无线电台。电台与党中央、中共南方局、桂林八路军办事处，粤北、粤南和江西省委通讯联络。1942 年 5 月 26 日“南委事件”发生后，电台停止工作。图为南委电台旧址

→ 1927 年 10 月 7—10 日，朱德、陈毅率领部分南昌起义部队进入平和。11 日在芦溪秀芦召开的干部会议决定部队向永定方向挺进，并确定了向江西井冈山的行军路线。图为秀芦会议旧址——蕉和厝祖祠

← 1934 年 10 月，靖和浦县苏维埃政府在五寨乡石门村创办苏区第一个合作社。图为靖和浦边区苏维埃政府石门村合作社遗址

→ 1931 年，中共中央交通局建立一条由汕头经黄冈、平和秀山秀磜、永定进入中央苏区瑞金的交通支线。图为中央苏区底线交通线秀磜交通站遗址所在的秀峰乡秀山村

→ 1936 年底，为与闽西南军政委员会保持密切的交通关系，闽粤边特委在国强乡三五村建立闽西南交通总站。图为闽西南交通总站旧址

← 1938 年秋，漳州中心县委在国强高坑乡碧野保西格营成立垦荒生产合作社，从事农业生产，兼营商业和手工业。图为漳州中心县委碧野建兴垦荒公司遗址

→ 1949 年 8 月 1 日，中国人民解放军平和县军事管制委员会在芦溪成立。图为位于芦溪芦丰村的平和县军事管制委员会旧址

← 1935 年 5 月，中国工农红军福建军区独立第九团转战于闽粤边 8 县边区，历尽艰辛，于 8 月中旬进入平和三平与中共闽粤边特委及所属的中国工农红军闽南第三团胜利会师。这是福建三年游击战争时期最大的一次军事行动。图为红军三平会师纪念馆

2006 年 7 月 13 日，中共平和县第十一次代表大会召开期间，平和县举办纪念建党 85 周年歌咏晚会

（朱连生　摄）

2004 年春节文艺晚会　　（朱连生　摄于 2004 年 1 月）

2005年9月20日，县委、县政府在红军三平会师纪念馆举行“工农红军独立第三团和第九团三平胜利会师70周年纪念会”（县委党史方志室 提供）

2004年庆元宵游园活动（朱连生 摄）

2005年1月，平和县举办首届干部职工文化节（朱连生 提供）

2003 年 5 月，平和县育英小学建校一百周年庆典大会（朱连生 摄）

2005 年 10 月，漳州市平和专场文艺晚会“奋进漳州，正兴平和”在漳州举办（朱连生 摄）

2003 年，平和县首届校园文化艺术节（县教育局 提供）

1994 年，平和县潮剧团赴港联谊演出，图为传统剧目《柴房会》剧照（县文体旅局 提供）

2006 年 7 月 13 日，04 号强热带风暴“碧利斯“登陆，南胜镇因强降雨引发山洪暴发，造成重大损失，图为”武警官兵助力地方抗灾救灾（朱连生 摄于 2006 年 7 月）

2007年3月4日，总长400多米118节的世界最长龙艺亮相元宵之夜游园活动（朱连生 摄）

2002年3月，欢庆元宵节龙艺游园活动（朱连生 摄）

2007年6月20日至7月19日，首届海峡两岸（平和）三平祖师文化旅游节系列活动在三平风景区举行，图为三平祖师颂典活动（朱连生 摄）

2007年6月，首届海峡两岸（平和）三平祖师文化旅游节期间，举办书画笔会（三平管委会 提供）

2007年3月，小溪镇坑里村“二月二”民俗活动（朱连生 摄）

2007年8月，山格慈惠宫农历七月十九日庙会活动（朱连生 摄）

2004年2月，国强高坑“走水尪”民俗活动（朱连生 摄）

2004年2月，国强乡“六成楼”土楼闹春民俗活动　（朱连生 摄）

2004年2月，崎岭乡传统“铁技艺”在天湖堂民俗活动上展示
（朱连生 摄）

2007年3月，崎岭乡天湖堂民俗活动　（朱连生 摄）

著名油画家周碧初是中国早期油画的引进者和开拓者之一，上世纪八十年代开始，他先后多次把珍藏大半生的 120 幅名画捐赠给家乡平和。图为周碧初续赠名人书画展开幕式座谈会　　（周碧初艺术馆 提供）

1993 年 10 月 18 日，周碧初艺术馆在县城中山公园落成开馆　　（周碧初艺术馆 提供）

周碧初油画作品《井冈山茨坪全景》，创作于 1967 年　（周碧初艺术馆 提供）

周碧初油画作品《长江三峡》创作于 1984 年　（周碧初艺术馆 提供）

· 明清古窑址“南胜窑址”发掘及出土瓷器 ·

（本版块图片由县博物馆提供）

1994 年 12 月至 1998 年 6 月，福建省博物馆与平和县博物馆联合对“南胜窑址”进行普查、发掘，获得重大成果。图为南胜镇田坑窑发掘现场

“南胜窑址”为明清古窑址，主要分布于南胜镇、五寨乡一带。图为 1998 年五寨乡二垅窑发掘现场

1999 年，“南胜窑址”的发现被评为新中国 50 周年福建十大考古发现之一，在海内外陶瓷界产生重大影响。图为欧美学者参观平和县博物馆“平和窑展厅”

1999 年 11 月，中国古陶瓷研究会年会的专家学者参观陂沟窑址

印尼雅加达国立博物馆收藏的南胜窑瓷器

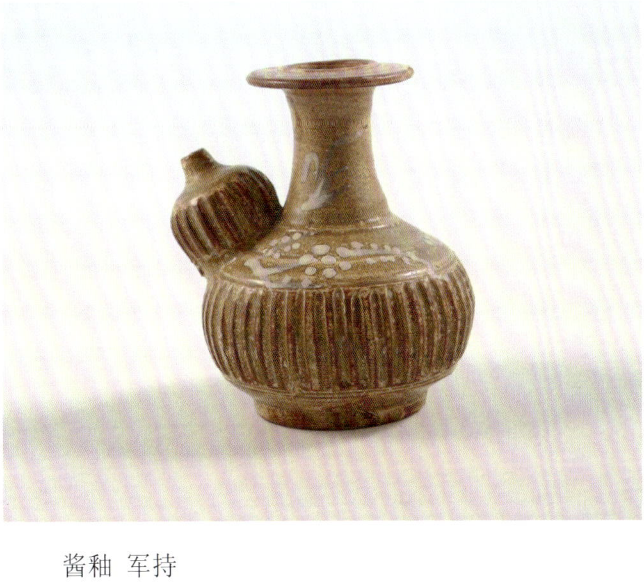

酱釉 军持

红绿彩龙凤大盘

红绿彩四开光裂塔印章纹盘

五彩大盘

蓝釉白花大盘

青花荷塘芦雁开光大盘

青花八开光双龙戏珠纹大盘

青花锦地六开光雉鸡牡丹纹大盘

素三彩——交趾香合

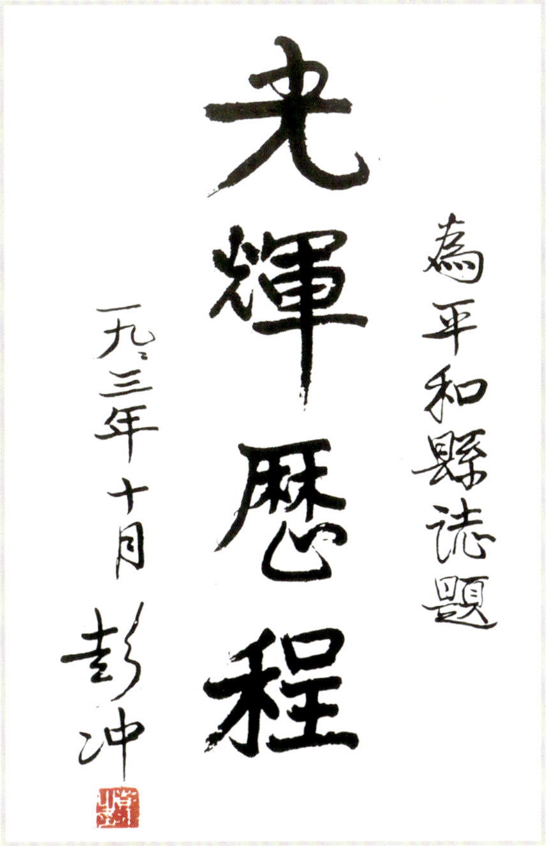

1993 年，原全国人大副委员长彭冲为平和县志题词

《平和县志》编辑部开展志书编纂讨论会

2018 年 7 月 25—27 日，《平和县志（1989—2007）》评稿会顺利召开
（朱连生 摄于2018年7月）

2018 年 7 月，《平和县志 1989—2007》评稿会召开，图为评稿会评议现场
（朱连生 摄于2018年7月）

《平和县志 1989—2007》评稿会召开期间，来自全省各地的与会领导和专家合影留念
（朱连生 摄于 2018 年 7 月）

编纂机构及人员

一、《平和县志（1989—2007）》编纂委员会

主 任 委 员： 郭德志　吴丁顺

副主任委员： 陈恩平　林丽玲　蔡立保

委　　　员： 杨龙峰　林志忠　黄祖捷　杨锋滨　周　良　石艺军　卢　胜　曾姝丽　杨江山　鲁绍荣　黄　堃　吴志育　张明山　张荣贤　林丽红　陈耀勇　张茂成　朱彩英

曾任主任委员： 林　忠　沈金水　洪里专　黄劲武

曾任副主任委员： 侯为东　张茂杞　黄文斌　曾　民　林惠溪　林文利　曾庆丰　曹　斌

二、原平和县地方志编纂委员会

（2006年10月至2018年12月，按任职先后排序）

主　　　任： 张　章　杨明生　张山梁　林丽红

副　主　任： 严剑波　赖志雄　黄镇城

三、中共平和县委党史和地方志研究室

主　任：林丽红

副主任：严剑波　黄镇城　蔡贤达

四、《平和县志（1989–2007）》总编室

主　编：林丽红

副主编：严剑波　黄镇城

总　纂：吴肇庆

副总纂：周三民

编　辑：吴肇庆　周三民　卢岸川　曾成国　廖美清　林燕华　蔡凯琳　曾艺娇　王丹敏
林真文　丁小萍

五、中共漳州市委党史和地方志研究室
《平和县志（1989–2007）》审定验收组

组　长：康元泰

副组长：曾一石　蔡春枝

成　员：陈坤山　杨　静　张永忠　简定安　徐耀雄　许初鸣

序一

郡邑之有志，犹邦国之有史。编修方志是中国历史悠久的文化传统。地方志记载着一个地方自然、政治、经济、文化、社会等各方面内容，既记古又记今，是传承和彰显中华五千年文明的重要载体，是中华民族的优秀瑰宝，而这其中，每个县的历史都是整个民族光辉历史不可或缺的组成部分。因此，《平和县志》的修编，是一件意义重大的事情。

梁启超说："最古之史，实为方志。"平和县古为扬州之域，周为七闽之地，地处福建省闽南金三角的漳州市西南部，介于厦门、汕头两个经济特区之间，与闽粤两省八县（市）毗邻，素有"八县通衢"之称。自明朝正德十三年（1518 年）置县至今有 500 余年的历史，已先后六次编修《平和县志》。

一邑之典章文物，皆系于志。编修《平和县志》，就是记录长期居住在这块热土上的人民拼搏进取、砥砺前行，用智慧和汗水谱写的壮美华章，创造出的可歌可泣、可赞可颂的业绩，以及他们在平和县延绵不绝的社会发展中作出的重要贡献。

盛世修志，志载盛世。新中国成立后，尤其是改革开放后，从中央到地方都非常重视地方志事业，平和县已进行了两轮大规模的地方志书编修。1993 年完成了社会主义时期的第一部志书，而今又完成了新修编的第二部志书，值得全县人民以及所有关心这部志书编纂出版的朋友们同喜同贺！

修志是为了读志、为了用志。县志是一个县有关自然科学的"博物之书"，也是一个县社会科学的"一方之全书"。一部好的县志不仅具有保存地方文献、提供科研资料，而且还具有充当乡土教材，帮助县委、县政府决策的功能的重要作用。我们既要重视修志，更要重视读志用志，通过读志用志，从中汲取加快推动发展、建设新时代新平和的智慧与力量。

板凳要坐十年冷，文章不写半句空。修志的过程是漫长的、艰辛的，一代又一代的平和方志人，不忘初心，记录历史，传承文化，为世人守住历史传统的根脉，打开面向世界的门窗。在此，谨对"甘坐修志冷板凳，留得青史给世人"的修志一线工作人员表达由衷的感谢和问候！

是为序。

中共平和县委书记：

2020 年 11 月

序二

编修地方志，是我国一个优秀的文化传统，可供资治、传世、育人、备考、交流之用，为历代所重视和提倡。盛世修志，古今相同，新中华人民共和国已成立 71 周年，当今祖国繁荣富强、人民幸福安康。因此，编修《平和县志（1989-2007）》就显得十分必要了。

平和县自明正德十三年 (1518) 置县以来的历朝历代，都十分重视《平和县志》的编修工作，先后在明清两朝编修六次，成书 6 部，现存 4 部，其中明代的两次志书，今已散佚；清代的三次志书，现仍存有传世，成为珍贵的文化遗产；新中国成立后，县委县政府于 1985 年续修县志，历经 8 年寒暑，完成了社会主义时期县第一部志书。

光阴荏苒，从当年筹划修志至今又过去了三十多年。在改革大势的推动下，历届县委、县政府团结带领全县人民以改革开放的锐气、科学发展的理念、求真务实的干劲，栉风沐雨，奋发图强，全力推动县域经济发展稳步向前、城市建设日新月异、农村面貌焕然一新、交通改善堪称空前、发展成果泽被百姓，往昔山乡小城旧貌换新颜，奋力谱写了“生态·活力·闲适”新平和新篇章。

20 年春华秋实，20 年沧桑巨变，凝结成这部志书。《平和县志（1989—2007）》克服资料匮乏、征集困难等种种原因，历经 14 载终获出版，凝聚了几任县领导的关心支持，倾注了几代修志人员的辛勤付出，谨致以衷心祝贺。全志共 31 卷 120 万字，全面、系统、翔实记述了 1989 年至 2007 年近 20 年间县自然、政治、经济、社会、文化的发展全貌，留下了一笔不可多得的精神财富，对当下及后世有着“资政、存史、教化”的重要作用，必将激励全县人民团结奋进、砥砺前行。

作为新时代新平和发展的亲历者、参与者、建设者，我深深地为平和的发展变化深感欣慰， 对平和的未来也更加充满信心。付梓出版之际，党史方志室的同志送来志稿一阅，并嘱余作序，展卷阅读，心潮澎湃，豪情满怀，遂不辞浅陋，欣然命笔，直抒胸臆，语短情长，真诚祝愿平和的明天更加美好！

是为序！

平和县人民政府县长：吴丁明

2020 年 11 月

凡 例

一、本志以马克思列宁主义、毛泽东思想、邓小平理论 、“三个代表”重要思想、科学发展观、习近平新时代中国特色社会主义思想为指导，坚持辩证唯物主义和历史唯物主义立场、观点、方法，旨在全面、客观地记述平和县自然、政治、经济、文化和社会的发展历史与现状。

二、本志记述时限为1989—2007年，个别事项为与前志（1994年4月出版的《平和县志》）衔接，或根据实际情况适当上溯与下延。

三、全志由图照、序、概述、大事记、分志、附录、索引、编后记等组成。分志力求突出时代特点和地方特色，坚持“类为一志”的原则，共设31分卷，卷下设章、节、目等层次。

四、人物卷设人物传、人物表。人物传遵循“生不立传”原则，收入时限内去世的对社会有突出贡献的本籍和客籍人物。并对前志漏载的重要人物给予补录。

五、本志文体采用规范的记述性语体文。文字采用国家正式颁布的简化字。

六、入志纪年，中华人民共和国成立前，采用历史纪年，括注公元纪年，如“清光绪二十一年（1895年）”“民国30年（1941年）”；中华人民共和国成立后，采用公历纪年。

七、本志一律采用第三人称表述。人物一律直叙姓名。入志计量单位，以国家法定计量单位为准。

八、入志资料来源于各承编单位提供，以及各级档案馆、公开出版物、族谱等。使用的数据，以统计局公布的为准；统计局没有公布的，则采用承编单位提供的数据。

目 录

卷五 中共地方组织

卷六 地方人民代表大会

卷七 地方人民政府

卷八　政协地方组织

卷九　人民团体与社会团体

卷十 公安司法

卷十一 军事

卷十二 农业

卷十三 茶果

卷十四 林业

卷十五 水利

卷十六 能源

卷十七 工业

卷十八 交通 邮政 电信

卷十九 商 贸

卷二十 财税 金融

卷二十一 经济管理

卷二十二 教育 科技

卷二十三 文化 体育

卷二十四 医药卫生

卷二十五 劳动 人事 编制

卷二十六 民政 扶贫 老区扶助

卷二十七 外事侨务与中国港澳台事务

卷二十八 旅 游

卷二十九 风俗 宗教

卷三十 人物 先进集体

卷三十一 乡镇简况

附录

索引

Contents

Volume VI Local People's Congress

Volume VII Local People's Government

Volume VIII Local Organizations of the Chinese People's Political Consultative Conference (CPPCC)

Volume IX Mass Organization and Social Organization

Volume XXIV Medical and Health

Volume XXV Labor, Personnel and Setup

Volume XXVI Civil Administration, Poverty Alleviation and Support the Old Revolutionary Area

Volume XXVII Foreign Affairs and Overseas Chinese Affairs, and Hong Kong, Macao and Taiwan Affairs

Volume XXVIII Tourism

Volumc XXIX Custom and Rcligion

Volume XXX People and Advanced Collectives

Volume XXXI Overview of Townsand Townships

Appendix

Index

概 述

平和于明正德十三年（1518）置县，自古就是“弦诵文物，著于郡治”“人为诗书，家成邹鲁”的地方，是世界文化大师林语堂出生成长的地方；既是原中央苏区县、老区重点县，也是著名侨乡和台胞祖籍地。

平和县位于福建省南部，即北纬24° 02′ —24° 35′ 、东经116° 52′ 30 ″—117° 33′ 45″；东连龙海市、漳浦县，西邻广东省的大埔县、饶平县，南靠云霄县、诏安县，北接南靖县和龙岩市的永定县，素有“八县通衢”之称。境内大小溪流137条，分为5个水系汇入九龙江、韩江、漳江、鹿溪、东溪，有“五江之源”之说。这些山涧溪流，多清泉、飞瀑，多深潭、浅滩，各显风光之秀。全县地表水资源量25.56亿立方米，地下水资源量6.82亿立方米。已发现流量较大的温泉有11处，日出水量1669.3立方米。境内群峰耸立，丘陵起伏，河谷、盆地、小平原错落其间。海拔1000米及以上的山有64座，1000米以下至500米的有221座。这些山，有的以绮丽著称，有的以洞穴见长，有的以险秀争雄，有的以幽静取胜。地貌类型分为丘陵区、低山区、中山区，中部、西北部及边缘地区多高山峻岭，山势多呈北朝东南走向。东南部多丘陵、河谷平原，西北部为中低山区。境内属亚热带气候区，冬暖夏凉；西南部与东部、南部地形起伏，多丘陵台地和河谷平原、山间盆地。境内野生动植物有数百种，全县已探明的主要矿产资源有铜、锰、钼、钨、银、硅、明矾、高岭土、花岗岩等10多种，其中南胜明矾矿是全国较大的矾矿之一。境内属南亚热带季风气候，年平均气温21.5℃，年降水量1807毫米，无霜期329.2天。2007年，全县设置10个镇、5个乡、1个国营农场和1个省级工业园区，240个村委会、16个社区居委会，总面积2334.04平方千米，总人口567229人。

一

平和县于1986年被国务院列为福建省14个贫困县之一。为改变贫穷落后的面貌，1989年后，县委、县政府加强党的建设，加快改革步伐，不断探索符合平和县情的经济发展新路子，全县上下发扬“拼”的精神、树立“变”的思维、鼓足“争”的勇气，有力推动全县经济快速发展和社会全面进步，取得了丰硕成果。平和县先后于1992年、1997年、1998年和2000年4次被评为“福建省经济发展十佳县”，并于1997年被省委、省政府授予“光荣脱贫县”。

充分利用农业资源优势，调整优化农业产业结构，大力发展种养业，培育了平和琯溪蜜柚、白芽奇兰茶、蔬菜、坂仔香蕉四大优势产业，全县建成百万亩的“八大绿色生产基地”，走出一条以绿色产业富民兴县之路，许多农民靠种水果甩掉贫困的帽子，并逐步走上致富的道路。2007年，全县茶树种植面积5042.4公顷，茶叶产量7525吨，分别为1989年的1.89倍和7.27倍。果树种植面积4.44万公顷，产量85.08万吨，分别为1989年的4.45倍和32.23倍。其中，蜜柚种植面积2.9万公顷，产量60.19万吨，分别为1989年的27.7倍和2866.19倍，种植量居全国第六位、福建省第一位，创下了全国县级柚类种植面积、总产、产值、出口量四个第一。琯溪蜜柚、坂仔香蕉、白芽奇兰茶三大绿色品牌效应日益显现，成为全县农民收入的主要来源之一。2007年，完成全县240个建制村9.34万公顷集体山权改革，林木所有权和林地使用权明晰率96.9%，村级完成率100%；1989—2007年，全县林地面积由17.72万公顷增加到 18.09 万公顷，森林覆盖率由 38.2% 增加到 69.9%，林地绿化率由 51.5% 增加到 91%。2007 年，平和县首次被列入中央级农机购置补贴项目县，农机化进程进一步加快，全县各种农业机械设备 30880 台、总功率 15.22 万千瓦，分别为 1989 年的 7.6 倍和 2.9 倍。19 年间，先后获得“中国琯溪蜜柚之乡”“中国香蕉之乡”“中国茶叶之乡”、“全国无公害水果生产示范县”“全国水果百强县”“中国柚类生产第一县”“中国出口柚类第一大基地县”“中国名特优经济林蜜柚之乡”“全国经济林示范县”“全国经济林建设先进县”等称号；“平和琯溪蜜柚”被认定为中国驰名商标，并被评为中国名牌农产品，其证明商标在 17 个国家成功注册，成为我国被欧盟保护的 10 个地理标志产品之一；平和白芽奇兰茶跻身福建省“五大名茶”行列。2007 年，农业总产值 457976 万元，是 1989 年的 16.6 倍。

农业发展不仅为平和人民脱贫致富奔小康铺就康庄大道，更为平和工业发展奠定坚实的基础。1989 年，县委、县政府加快发展工业的步伐，当年实现工业总产值 1.8 亿元。1991 年，实施“兴工富县”战略决策，从人力、财力、物力上向重点企业倾斜，使工业生产逐步走上良性发展轨道，当年工业总产值 3.2 亿元，比 1989 年增长 77%，增长幅度居全市第一。1992 年，工业总产值 5.59 亿元，农业总产值 4.24 亿元，首次实现工业产值大于农业产值，初步形成机械、食品、化工、建材、轻工等支柱行业为主的工业基础。1993 年，县委重新确定经济发展战略，提出“工业立县、科技兴县、强化农业、发展旅游、搞活流通”的发展目标。至 2000 年，全县工业总产值达到 10.75 亿元。2002 年进一步提升工业发展地位，提出“工业兴县”的发展战略。2006 年再次提出“舞活工业龙头”加大实施“工业兴县”战略的力度。至 2007 年，全部工业总产值实现 27.45 亿元，是 1989 年的 15.2 倍，年均递增 16.3%。

平和县历史悠久，人杰地灵。既有商周时期文化遗址、唐陈元光开漳遗址、明漳州窑古窑址、福塘太极村古民居、灵通山摩崖、曹岩摩崖等人文遗存，又有唐高僧释义中（三平广济祖师）、元末福建农民大起义首领李志甫、明代主持审判魏忠贤的大理寺卿陈新冶、著名音乐理论家太常典薄李文察、清代天地会创始人万五道宗、台湾天地会起义领袖林爽文、台湾“阿里山之神”吴凤、平和过台湾三代公卿的雾峰林家、中国现代油画拓荒者之一的周碧初、现代著名文学家林语堂等历史名人相关的文化遗址；既有平和暴动纪念馆、红军三平会师纪念馆等重要革命史迹，又有历代名人留下一处处可供后人凭吊的古迹和随处可见的宫观寺院、土楼、古祠、古窑址、摩崖、名人故居；既有风光旖旎的太极峰和大芹山、遍布全境别具一格的 400 多座生土楼，又有十里香蕉海和绵延百里的蜜柚观光园……灿烂的历史文物和丰富多彩的民俗风情、名优特产，共同组成了平和独具特色的旅游资源。春夏秋冬，气候宜人，都是适合旅游的好季节。19 年间，灵通风景区被评为省级风景名胜区，三平风景区先后被评为省级风景名胜区、国家 AAAA 级旅游区，九峰镇被评为省级历史文化名镇；绳武楼被誉为“福建土楼中装饰艺术最为华丽的一座”、庄上大楼被称为“世界最大的方形土楼”、明清古窑址南胜窑址被列入“全国重点文物保护单位”，城隍庙、文庙、天湖堂、三平寺塔殿、熏南楼被列入“福建省文物保护单位”。19 年间，平和县实施“旅游带动”战略，围绕提升服务业整体水平和构建山区旅游大县，通过旅游资源的优化整合和合理布局，逐步形成“名胜古迹游”“名人故里游”“土楼文化游”、“革命圣地游”“生态观光游”五大特色旅游线路，旅游业日趋兴旺，跻身全省旅游大县行列。2007 年，全年接待旅游人数 102 万人次，实现旅游直接收入 9102 万元。

不断改善投资环境，促进外向型经济发展，形成多种经济成分并存态势。1989 年，平和县办商经商热潮持续升温，商贸活动呈现空前的活跃，第一家台商独资企业正式投产，当年利用外资 40 万美元，比 1988 年增长 60%，出口总值 25 万美元，比 1988 年增加 24 倍。2000 年起，商贸企业经过放开的市场竞争和优胜劣态的整合，在保持市场活动繁荣活跃的基础上逐渐形成比较稳定和有序的商贸活动格局。2007 年，社会消费品零售总额 221052 万元，为 1989 年的 13.1 倍；实现利用外资 908 万美元，为 1989 年的 22.7 倍，出口总值 2908 万美元，为 1989 年的 116.3 倍。

围绕财政抓发展，大力培育新的经济增长点和生财点，不断扩大税源，千方百计增收节支。1991 年，平和县各项主要经济指标实现超计划、超上年、超历史的好成绩，实现财政收支平衡，结束了连续 7 年赤字的历史。此后，随着平和县经济的发展，财税体制改革的不断深化，财政运行质量随之得到提高，财政收入也稳步增长。2007 年，财政总收入 20808 万元，为 1989 年的 9.93 倍；全县银行机构各项存款余额达到 280723 万元，为 1989 年的 28.8 倍；各项贷款余额 122751 万元，为 1989 年的 8.75 倍。

二

1989 年起，平和县委、县政府从县情实际出发，结合社会主义新农村建设，充分发挥县城总体规划和城镇体系规划的科学引导和配置资源的作用，积极推进“大城关”发展战略，城镇化进程不断加快，城乡面貌发生了可喜的变化。1997 年起，全县各乡镇掀起新村建设热潮，先后建成文峰三坪新村、坂仔西坑新村、小溪岩坂新村、大溪赤安新村、大溪江寨新村和芦溪山岗新村、坂仔峨眉新村等一批各具特色新型村庄和农村别墅。2001—2005 年，县城面积由 1.7 平方千米扩大到 5.5 平方千米，人口由 5 万人增加到 8 万人，全县城镇化程度由 23% 提高到 30%。2007 年，全县房屋施工面积 24.4 万平方米，竣工面积 15.05 万平方米，是 1989 年的 7.4 倍和 5.5 倍。中心城区面积 10.2 平方千米，人口 5.45 万人。市政设施日臻完善，城区道路总长 40 千米，道路面积 75 万平方米；在县城设立 12 个公交车站点，开通城区首条公交线路——大坂洋—宝丰工业区线路，投放 10 辆公交车运营。城区年供水能力 730 万立方米，年公共照明用电量 169.01 万千瓦时。

经过不断的建设，1989 年后，平和县的交通状况有了很大的改观。1994 年，实施“先行工程”战略，交通事业进入快速发展时期，2004 年，官九线平和段改建工程全线贯通，标志着平和县彻底打通通往中心城市的主干道，实现与中心城市 1 小时交通圈的突破，极大改善投资环境，成为经济发展的“大动脉”。至 2007 年，全县通车公路增至 275 条，通车里程 1596 千米，平均密度为每平方千米地面有 0.69 千米公路，全县建制村道路硬化率达 99% 以上，不仅实现了建制村“村村通”，而且许多较大的自然村也通了公路。邮政电信事业发展更为迅速，1989 年，全县电话仅 1000 多门，农村电话仍采用落后的磁石式设备。1992 年开通程控电话，电信开始迈向自动化的高科技时代，有了自动寻呼系统；1993 年开通移动通信；1994 年实现数字数据通信（DDN）业务；2001 年，宽带（ADSL）正式向社会开放。至 2007 年年底，全县城乡固定电话用户达 12.4 万户，为 1989 年用户量的 100 倍；小灵通用户 3 万户，移动电话用户 16.26 万户，宽带用户 0.82 万户。

建立和健全环境保护机构，继续开展环保法规法律宣传教育活动，提高公众环保意识和法制观念。1989 年起，平和县把环境保护各项工作纳入国民经济和社会发展年度计划之中，促进经济社会发展与环境保护相协调。开展环境保护与环境卫生工作，加强环境整治，以“一控双达标”（主要污染源总量控制，污染源达标排放，环境功能区划达标）为重点，实施建设项目“环评”（环境影响平价）和环保“三同时”（防治污染和其他公害设施必须与主体工程同时设计、同时施工、同时投产）制度，防治污染源。2007 年，全县空气质量达到国家空气质量Ⅱ级标准；水环境状况总体良好，集中式饮用水源和地表水环境功能水质达标率 100%；声环境质量达到国家Ⅱ级标准。

三

平和县委、县政府坚持以人为本，坚持把提高人民生活水平作为全部工作的根本出发点，正确处理经济发展与改善人民生活的关系，尽力让群众从改革发展中得到实惠。

坚持“上为政府分忧，下为百姓解愁”的原则，做好优抚、安置，救灾救济、社会保障等民生工作。逢年过节，县和乡镇的党委政府带队，走访慰问优抚对象，组织开展拥军优属活动。特别是随着经济发展，逐年提高优抚对象的优抚金、伤残保健金的定补标准。并为重点优抚对象提供“三难”（住房、生活、医疗困难）补助金。1999 年，平和县被民政部、全国双拥办授予全国“爱心献功臣行动”先进县称号。

1998年1月起，全县实施城镇居民最低生活保障（简称城镇低保）制度，对人均月收入不足200元的困难户给予补差，以保障其基本生活；1998年10月起，开始实行农村最低生活保障制度（简称农村低保），随着农民生活水平提高，逐年提高低保金标准。19年间，全县共发放抚恤和社会福利救助等金额计1.9亿多元。全县创办有光荣院1所、敬老院2所、福利院1所。

平和县于1986年被国务院列为福建省14个贫困县之一，从1986年起，在中央、省、市的扶贫资金和省、市扶贫工作队的帮扶下，于1997年实现基本脱贫。1998—2007年，省、市继续派工作队挂钩原来的贫困村，开展后续帮扶和新一轮扶贫开发工作，全面提升脱贫致富水平，至2007年，全县农民人均纯收入5436元，比1997年的人均纯收入2502元，提高1.17倍。平和县同时也是福建省老区重点县，原中央苏区县，1989—2007年，中央、省、市、县共下拨老区扶建资金1832万多元，用于支持老区村和老区人民发展种养业和加工业，实施基础设施建设和人才培训。同时，对健在的革命烈士遗属、“五老”等人员及遗属，实施定期生活补助和医疗补助，且不断提高补助标准，努力改善老区人民的生活环境，提高老区人民的生活水平。

通过规范劳动力市场秩序，拓宽城乡就业门路，促进农村劳动力转移就业，不断扩大就业安置规模，增加城乡居民收入。2005年，在全县建立50个村级劳务站，在全省率先推行“村级建站，派遣对接，推进农村劳动力转移就业”新机制，解决“企业招工难”和“农民工求职难”问题。当年，全县实现农村劳动力转移10945人次，其中转移县外7963人次。向16家企业派遣员工2324人，做到派遣员工劳动合同和派遣协议签订率100%，工伤、养老、失业、医疗、生育5种保险综合参保率达60%，实现农民工与其他就业群体“同工同时，同工同酬，同工同权”。2006年8月，“全省劳务派遣经验交流会”在平和召开，推广平和经验。2007年，全县村级劳务站扩大到163个，占总村数的67.9%，同年，县劳动和社会保障局获得劳动和社会保障部授予“全国劳动保障系统2000-2006年度集体一等功”。19年间，全县实现农村劳动力转移就业37374人，城镇新就业71408人，城镇登记失业率控制在3.91%以内，下岗职工再就业13610人。

19年间，随着经济社会的发展，平和人民生活水平不断提高，生活质量明显改善。2007年，全县农民人均纯收入5436元，为1989年的11.52倍；人均消费支出3642元，为1989年的8.37倍，人均住房面积25.55平方米，比1989年增加5.42平方米。全县城乡居民人均消费支出5697元，为1989年的12.6倍；城乡储蓄余额达227102万元，为1989年的30.35倍。

四

在致力于经济发展的同时，平和县积极建立和完善各项社会事业发展保障机制，实施科教兴县战略，努力建设文化强县，营造安定、健康、文明、美好的社会环境。

把教育放在优先发展的战略地位，教育经费逐年增长，办学条件明显改善，教师队伍不断壮大，教育质量显著提高，各类成人教育有序开展，社会兴教助学蔚然成风。1991年，平和县小学入学率、巩固率、毕业率、普及率连续第六年保持部颁省定一类标准，受到省表彰；“一校一地”工作通过省市验收合格。1991—1993年连续三年被省、市评为“办好初中先进县”。1995年，高考考生获得全市文史类个人总分第一名、第二名，外语类个人总分第二名，三大类15个单科的五个第一名，考上清华、北大等名牌大学的人数超历史，平和一中、平和二中分别荣获市政府表彰。1997年，通过省政府“两基”（基本普及九年义务教育，基本扫除青壮年文盲）验收；2006年，通过省政府“对县督导”评估。2007年，县财政支付教育经费1.5387亿元，教育经费占全县总支出40.44%。1989—2007年，部分侨、台、港三胞和大陆各界人士捐赠的教育金额1295.415万元。1996—2006年，县关心下一代对外联谊会也从社会各界筹集奖学助学金人民币62.5875万元，港币0.9万元。19年间，县内被大、中专以上学校录取的学生共有37271人。其中，大专以上15476人，中专（含职专）21795人。

19年间，平和县以科学是第一生产力的重要思想为指导，实施“科教兴县”和“工业兴县”战略，推动科技与经济紧密结合。科技投入逐年增加，科技创新能力增强，科研成果不断出现。1999年，被科技部授予“全国科技工作先进县”称号，并连续4次通过全国科技进步考核。2007年，全县经民政局社团办批准登记的县级学会（协会、研究会）7个，会员数10657人。全县240个建制村全部建立科技组或科普小组，拥有专业技术人员6686人。19年间，专利申请数140件、专利授权数89件；获省部级科技成果奖项目19个、市级科技成果奖项目9个，县级科技成果奖128个；名优产品获奖19个，其中获得国家级和国际级奖项14个。

县、乡、村三级医疗服务网络逐步健全和发展，医疗机构设施建设加快，医疗水平和总量提升，公共卫生防控水平提高，卫生知识普及，卫生执法进一步规范，公共卫生、医疗服务、食品卫生监督管理全面发展，妇女儿童保健进一步加强，基本医疗保障制度建立，新型农村合作医疗制度全面实施。至2007年，全县农村建设卫生公厕685座、卫生校厕207座，建设使用无害化及卫生户厕10.75万户，占总户数83.1%；全县建有村级卫生所501所，各乡镇（场）都相应成立爱卫会，225个建制村成立爱卫领导小组，常年开展以除四害（老鼠、苍蝇、蚊子、蟑螂），搞五改（改水、改厕、改猪圈牛栏、改炉灶、改造环境）为主要内容的爱国卫生运动；全县农村共有自来水厂（站）14座，受益人口49.15万人，受益人口比率93%；全县各普通中学、职业中学、县直小学、幼儿园和乡镇中心小学均分别配备专（兼）职健康教育人员或校医；各乡镇卫生院均设立预防接种规范化门诊，当年全县“五苗”覆盖率稳定在95%以上。2007年5月开始推行新型农村合作医疗制度，当年全县参合农民36.23万人，参合率75.7%。

平和文化源远流长，底蕴深厚，改革开放以后，文体事业发展迅速。19年间，城乡文体设施逐渐完善，传统文学艺术得以继承和发扬，各门类文艺创作活动活跃，群众文体活动丰富多彩。1993年周碧初艺术馆落成开馆后，县内重要的书画展览活动多在此举办，成为平和开展文化艺术活动和对外文化交流的窗口和阵地。1994年平和县青少年宫开宫后，常年开设各类专业训练班，成为集教育、娱乐、服务等功能于一体的青少年校外教育基地。1994年，《平和县志》出版发行。2006年，平和县重修林语堂故居，并在故居左侧兴建一座林语堂文学馆，成为平和县研究林语堂的重要载体和对外文化交流的重要窗口。至2007年，全县先后举办各类专场文艺晚会等演出多达数百场，蜜柚节、三平祖师文化节等各类文化节活动极大地丰富城乡群众的业余文化生活。与此同时，各类民间文学创作群体相继形成，群众性文艺创作空前活跃。2007年元宵节结扎的龙艺长118节，成为迄今世界上有纪录的最长一尾龙艺。当年5月，福建省文化厅授予平和县“福建民间文化艺术（龙艺）之乡”称号。至2007年年底，广播电视网络遍及全县15个乡镇。2004年县全民健身活动中心建成后，成为群众健身活动和举办广场文艺演出的重要场所。1989年后，群众性体育活动在平和城乡广泛开展。群众的体育意识逐步增强，参加体育锻炼的要求更迫切，内容更丰富。各门类体育协会相继成立，发挥重要作用。政府支持，企事业团体赞助，形成一个群众体育社会化良性循环的机制。

五

精神文明、政治文明不断推进，民主法制建设取得新成效。平和县在坚持以经济建设为中心的同时，大力推进精神文明建设，大力弘扬社会主义先进文化；坚持不懈地进行打非、除恶、扫黄、反邪教等专项治理和综合整治工作。切实强化政府自身建设，加强法制建设，推进以法治县，广泛开展普法宣传教育，推行行政许可。

在深化物质文明建设的同时，注重精神文明建设。1989年起，平和县继续把思想道德建设作为精神文明建设的中心环节，在全县深入开展社会公德、职业道德、家庭美德“三德”教育活动。此后，先后在全县开展“扫黄”“除六害”“岗位学雷锋，行业树新风”“诚信建设，纠正行业不正之风”“学雷锋，学先进，建三德，树新风”和“迎接香港回归”“社会主义荣辱观的宣传教育”“文明礼仪进万家”等活动，大力倡导爱国守法、明理诚信、团结友善、勤俭自强、敬业奉献的公民道德规范。同时，组织开展以创建文明县城、文明村镇、文明单位、文明学校、文明家庭为主要内容的文明创建活动，每年开展文明先进单位和个人表彰活动。2003年，开展文明单位与特困家庭结对济困活动。1999年9月，坂仔镇西坑村被中央文明委授予“全国创建文明村镇工作先进村”称号。2007年，坂仔镇峨眉村通过国家“绿色小康村”建设验收，文峰镇三坪村、五寨乡埔坪村、九峰镇军溪村通过市级“绿色小康村”建设验收。

在广泛深入开展法制宣传教育和创建“平安平和”活动的同时，严厉打击各种严重刑事犯罪和经济犯罪，开展社会治安综合治理，强化治安防范，做好矛盾纠纷排查调处工作，为县域经济建设和各项事业的发展保驾护航，为构建安定、和谐的社会提供可靠保障。19年间，全县依法判处各类违法犯罪分子1570多人，审结各类民事、经济、行政纠纷案件1.14万多起，司法部门调解各类社会矛盾纠纷1.79万多件，调解成功率98%，为国家、集体和人民群众挽回大量经济损失，确保全县社会稳定和经济发展。县公安局于1998年获“福建省优秀公安局”称号。

19年间，平和人民在县委、县政府的坚强领导下，一路披荆斩棘，风雨同行，走过了一段改革创新、图强致富的不平凡历程，使平和县从贫穷落后走向经济快速腾飞，社会各项事业全面进步。今天的平和县同其他发达地区比较，仍存在不小差距，主要问题和困难是：经济总量偏小，工业担当经济发展的重任仍很艰巨；投资总量不大，缺乏重大项目带动和支撑；财政收入总量小，新的税源和增长点不多；社会保障体系不够完善，关系群众切身利益的问题仍较突出；政府自身建设还有待加强。对此，平和县正在采取有效措施，在解决问题中推动发展，促进工作，改善民生。

千载机遇，百业宏开。站在新的历史起点，面对新的发展机遇，勤劳质朴、智慧勇敢的平和人民将在平和县委、县政府的正确和坚强的带领下，贯彻落实科学发展观，积极融入海峡西岸经济区建设大潮，为推动全县经济快速发展和社会全面进步，建设海峡西岸生态工贸县，为实现平和经济跨越式发展而努力奋斗！

大事记

1989年

1月9日，平和县文学艺术工作者第一次代表大会在县城召开。

是月，平和山格糖厂金鹰牌红糖获首届中国食品博览会铜奖，为福建省红糖类唯一获奖产品。

3月6—7日，团县委组织县直机关、平和一中、平和城中、平和六中的团员和青年学生1720人，到山格乡红楼山营造青年林8公顷。

是月，县委、县政府实行“两公开一监督”（政务公开、财务公开，民主监督）制度，确定14个管理人、财、物的重点单位。

4月，全国政协副主席、中国佛教协会会长赵朴初为平和千年古刹三平寺题“三平寺”匾。

5月2日11时15分，龙卷风袭击安厚、长乐两乡，造成死亡2人，房屋倒塌75间，刮坏373间，损失瓦片168万块；刮断各种果树2.3万株，直接经济损失30多万元。

6月2日，在全省名茶鉴评会上，平和选送的奇兰、八仙茶均获福建省1989年名茶鉴评第一名。

是月，首家中外合资企业、年生产能力为480万条编织袋的平和塑胶厂正式投产。

7月18日，在国务院召开的电话会上，平和县获“1989年度夏季粮油创高产达标单位”称号。

7月20日，县委召开惩治腐败公告大会，会上公布“非法倒卖白糖案”处理结果。

是月，省政府批准九峰镇为重点工业卫星镇。

是月，由中国人民银行漳州中心支行、中国人民银行平和县支行资助，漳州丝纱厂援建的扶贫项目长乐乡毛衫厂建成投产。

8月22—24日，全省开发性脱贫致富现场会在平和县召开。省委书记陈光毅、省委副书记贾庆林、副省长苏昌培、省军区副政委张立清等领导参加会议。代表们参观小溪镇联星村蜜柚场、三坪村果场、芦溪乡柑橘场等。会议听取平和县、南靖县、诏安县的经验介绍。

是月，平和一中教师曾凡章创作的《大漠觅古魂》版画入选全国“丝绸之路”美术作品大展。该作品为福建省唯一入选作品。

9月1日，县内台属林传仁往台探望父亲。这是中华人民共和国成立以来台湾开放大陆亲人赴台探亲、奔丧后，平和县第一位去台探亲人员。

9月19—21日，漳州市开发山地绿化荒山现场会在平和县召开，推广平和县组织发动群众向山地进军的经验。

是月，首家台资企业福建省平和天和服装有限公司开业。

10月，在全省同行业经济效益测评中，平和山格糖厂获第一名。

是月，平和一中学生李福义在江西省万年县举办的全国少年田径运动会上获男子13岁组跳高和接力跑2枚金牌、跳远和4项全能2枚银牌。

11月，县人民武装部被国防部授予“全国民兵预备役工作先进单位”称号。

是月，农业部在烟台举行1989年度全国优质水果评选会，平和县琯溪蜜柚被评为优质水果，获柚类总分第一名。

12月16日，全国台联会会长林丽韫一行4人到平和县考察台胞工作。

12月30日，县交警大队副队长曾俊华为维持交通秩序被歹徒杀害牺牲，后被省人民政府追认为革命烈士。

是年，县采取综合治理措施，整顿1986年以来新开办的公司，整顿金融秩序，清理固定投资，严格控制新上项目，加强审计工作，开展财税、物价大检查，使消费基金过快增长的势头得到控制，物价明显回落，1989年下降13.6个百分点。

1990年

1月1—2日，霞寨乡举行首届农民运动会，参赛的有26支代表队747名农民运动员，进行田径、篮球、拔河、自行车、象棋等7个项目的比赛。

1月15日，省老革命根据地春节慰问团由团长许集美带领到平和慰问。

是月，县博物馆在厝丘村发现1块鸭蛋大的石雕人头像，经中国科学院有关专家鉴定，属史前人类艺术雕刻品。

2月28日，中国银行平和支行开业。

是月，平和二糖厂干酵母车间建成并试产成功，产品质量符合国家药典标准要求。

是月，平和县获全省粮食丰收三等奖。

4月11日，闽粤2个省6个县边界护林联防第四联防片第26次工作会议在平和九峰镇举行。

4月13日，一辆广东省牌照的客车行驶至九峰镇路段时，因车上混装鞭炮发生爆炸，造成38名乘客受伤，其中重伤9人。

4月23—28日，平和县首届艺术节举办。

4月29日，第六号强台风袭击平和，6条主要河流相继出现洪峰，造成直接经济损失3100万元。

4月，县政府被评为福建省1989年脱贫致富工作先进单位。

5月22日，平和县商会成立并举行挂牌仪式。

是月，县医药公司、合成实业有限公司、华侨智生电影院、饮服公司琯城饭店被省委、省政府评为省级文明单位。

是月，中国科学院古脊椎动物与古人类研究所研究员尤玉柱等一行3人，到平和县考察具有典型地层结构的文化遗址。

6月26日，县政府召开县残疾人联合会第一次代表大会，成立平和县残疾人联合会。

6月30—31日，全县遭受第九号台风袭击，死亡3人，伤7人，造成直接经济损失2600万元。

是月，县卫生局破获1起制造假“川贝枇杷糖浆”案，查封5万多瓶假药。

7月8日，平和三中二年级学生黄源平因抢救落水的同学而牺牲，年仅14岁。后被省人民政府追认为烈士。

8月，县政法部门严厉打击利用金佛像进行诈骗活动的犯罪分子，并缴获一批散落在社会上的武器弹药。

是月，经省民政厅批准，山格乡和南胜乡改为镇建制，原所辖居委会、村委会范围不变。

是月，县税务局和团县委分别获国家税务局、团中央联合授予的全国个体工商户税法宣传普及教育活动最佳组织奖。

9月10日，中央统战部原副部长童小鹏和苏静中将、刘忠中将抵平和考察。

9月16日，全国首家美蕉培育中心在国强乡成立。该中心由省热带作物研究所、漳州市老区办与国强乡政府共同投资150万元合办，集科研与生产为一体，年提供300万株脱毒的美蕉种苗。

10月13—15日，漳州市委、市政府在平和县召开全市开发山地绿化荒山工作会议。

11月15日，漳州市委书记童万亨到平和县长乐乡看望老区群众，考究山区的开发性生产和脱贫致富情况。

11月，台湾艺术学院传统艺术中心教授江武昌一行到平和安厚乡考察观摩，证实台湾宜兰木偶戏是由安厚乡村民林观逊老艺人移往台湾传授。

12月6—9日，中共平和县第七次代表大会在县人民大会场召开，出席会议正式代表280人，列席代表171人。大会选举产生中共平和县第七届委员会委员23人，候补委员4人，选举产生新一届平和县纪律检查委员会委员13人。

是月，复工续建的上峰水库竣工。工程投资833万元，完成土石方46.6万立方米。水库控制流域面积40.5平方公里，总库容2580万立方米，兴利库容2260万立方米，灌溉面积91.53公顷。

是月，平和恒昌化工厂生产的工业氯化铵，经省经委等10个单位联合评定，确认为“国内首创冶金级工业氯化铵”。

是年，小溪镇联星村农民朱志诚致富不忘支持发展教育事业，先后在育英小学和小溪中学设立全县“园丁奖”，每学期分别捐出3100元作为奖励金。

1991年

1月8日，县政府举行仪式，接收国际红十字会、中国红十字会总会向平和县捐赠的救灾棉毯700件。

1月21—25日，中国人民政治协商会议平和县第四届委员会第一次会议在县城召开，县政协委员119人出席会议。

1月23—27日，县第十二届人民代表大会第一次会议在县城召开。该届代表323人，出席代表320人。会议选举县人大常委会主任、副主任、委员、县长、副县长、县人民法院院长和县人民检察院检察长。

是月，由县文联主办的文学杂志《灵通》创刊。

2月，平和南胜变电站实行DWJ-1型微机集控操作，被省水电厅评为科技进步二等奖；被省科协评为科技三等奖。

是月，全国人大常委会副委员长彭冲考察平和。

4月8日，县房屋交易所主持公开拍卖县物资供应站店铺1间，中标价以12万元成交。这是漳州市首起公开拍卖国有不动产。

是月，县工商局配合公安局、税务局、消委会和乡镇政府，开展饮料品市场大检查，共查处假冒劣质“龙力宝”“活力宝”饮料290件、汽水3.08万支、“健力宝”冲剂2.1万包及自制饮料4000瓶；查封1家非法生产汽水加工厂，没收全部加工工具。

5月12日，中国人民解放军某部队文工团到平和县慰问演出。

5月19日，县委、县政府领导、小溪镇党政班子同400名少先队员一起，举行庆祝第一个法定“助残日”踩街游行活动。

5月27日，由省邮电局和县财政投资兴建的南靖至平和光纤电缆工程竣工。

5月28日，平和县首届台属代表大会暨台属联谊会成立大会在县委会议厅举行。

5月29日，县委召开谷文昌事迹报告会。县委、县政府领导成员和县直机关、企事业单位干部职工1000多人，聆听漳州市谷文昌事迹报告团成员的报告。

是月，县扶贫办、琯溪蜜柚开发基地、长乐乡政府、霞寨乡政府、五寨乡埔坪村被省政府评为1990年度扶贫工作先进单位。

6月3日，由县委、县政府与福建省电视台联合拍摄的电视剧《平和暴动》（上、下集）在九峰镇正式开机。7月1日，作为纪念中国共产党建党70周年献礼片，在全省展播，并获得“福建省第四届《太阳神杯》电视艺术奖”和“建党70周年献礼片佳作奖”。

10月16日，县委、县政府召开平和县庆祝首次老年节暨老年工作先进表彰大会。

是月，在“七五”全国星火计划成果博览会上，平和县“琯溪蜜柚稳产高产示范推广”项目获金奖。

是月，在漳州市第七届运动会上，平和县代表团获金牌38枚、4个团体项目第1名、团体总锦标第2名，打破3项市运会纪录，并获得最佳赛区称号。

11月10日，县委、县政府举行仪式祝贺平和农用车厂产值超亿元、税利上千万元。

是月，平和县“琯溪蜜柚开发利用”项目获国家科委举办的“七五期间成果博览会”金奖。

12月21日，全国人大常委会副委员长姬鹏飞视察平和。

是年，县政府从农业发展基金中拨出2.5万元，给农民购买新式农机具补贴，同时供应定量的平价农用柴油，推动农业机械化进程。

是年，平和县森林发生松毛虫害，受灾面积2426.67公顷。县林业局调集杀菌农药、生物农药进行防治。

1992年

1月，平和县开始征收河道采矿管理费。

5月，琯溪蜜柚被中国友好观光年组委会定为“中国友好观光年”标志产品。

6月，由平和县民间文学三套集成编委会编印的《中国民间故事集成·福建卷平和分卷》《中国民间歌谣集成·福建卷平和分卷》《中国谚语集成·福建卷平和分卷》出版发行。

10月7日，平和高田工业开发区暨年产万辆农用车厂扩建工程举行开工仪式。

10月13日，平和县灵通山风景区入选第三批省级风景区名单。

同日，中央电视台摄制组到“阿里山之神”吴凤祖居地平和大溪镇拍摄风光片，后在央视《天涯共此时》栏目播出。

10月29日，台湾赖罗傅宗亲会会长赖诚吉率领222名台胞，到平和县坂仔心田宫谒祖，并参加心田村元保小学“元保楼”和“赖氏家庙”重修竣工庆典活动。

是月，平和县被民政部列为“全国农村养老保险工作试点县”。

是月，平和农用运输车厂生产的“龙溪”牌1.5吨双排座农用车13辆分别销往缅甸、越南两国，为福建省首次出口国外的农用车辆。

11月16日，县委从县直机关抽调78名干部，各乡镇抽调282名干部，组成贯彻中共十四大精神宣传队，分赴各乡镇开展为期2个月的宣传教育活动。

是月，平和县罐头厂实行整体租赁经营改革。企业由霞寨镇经联委承担经营，创下县内首家国有企业对外租赁经营的先例。

是月，县粮食局被国家粮食局评为“全国粮食系统先进单位”。

12月7日，平和农用运输车厂在上海市举办订货会，13个省(市)176家公司参加。首日成交各种型号“龙溪”牌农用车7216台，金额1.6亿元。

12月29日，平和县微波电视暨有线电视开通。

12月30日，平和县九峰老区诗书画摄影展在福州美术馆举办，共展出作品150幅。

是月，平和县被评为“福建省经济发展十佳县”，新桥村、三坪村被评为省级文明村。

是月，平和县运动员林丽云代表国家中学生田径队参加中国、日本中学生田径对抗赛，获女子跳高冠军。

是月，平和开通数字汉字兼容电信寻呼系统“183”无线寻呼业务。首批无线寻呼机开通用户179户。

是年，中日开始平和明清窑址的合作研究。

1993年

1月，平和县举办“金三角”兰花展销会，展出120多个品种、近千盆兰花。中央电视台作专题报道。

是月，县政府重奖县农用运输车厂有功人员。奖金总额81.36万元，其中科技人员占65%；厂长张金盾、党支部书记陈加进各得奖金8.136万元。

4月28日，闽粤2个省6个县边界护林会议在平和县召开。

是月，平和全部侦破上半年县内发生的12起车匪路霸案件。查获案犯28人，逮捕归案22人，6人批捕负案在逃。

是月，县委组织部、县老干局创办平和县老年大学。首期入学学员41人。

5月1日，贯通县城新建二路的琯溪大桥建成通车。该桥于1992年12月开工。

5月24日，联合国粮农组织派出的亚洲开发银行考察组3人，由英籍专家本利带领，到平和乡村考察。

7月，在漳州市举行第二届中国专利新技术新品种博览会上，平和县崎岭白芽奇兰茶项目获金奖。

是月，平和农用运输车厂被列入省百家重点企业行列。

8月，县委、县政府在九峰镇召开经济研讨会，重新修订平和经济发展战略目标，提出“工业立县，科技兴县，强化农业，发展旅游，搞活流通”的发展战略。

9月，平和琯溪蜜柚获全国柚类品评总分第一名。

10月7日，平和县晒烟被列入国家晒烟名录。

10月8日，福建省农作物品种审定委员会在平和县主持召开琯溪蜜柚品种审定会。会议鉴定认为琯溪蜜柚是国内亚热带地区很有发展前途的柚类优良品种。

10月9日，漳州市纪委在平和县召开全市查处大要案工作座谈会，总结经验，部署下阶段工作。

10月14—20日，平和县首届农村运动会在县城举行。

10月18日，周碧初艺术馆在县城中山公园落成开馆。

是月，县医药公司、合成实业有限公司、华侨智生电影院、饮服公司琯城饭店、育英小学被省委、省政府评为省级文明单位。

是月，省民政厅批准长乐乡析出9个建制村，增设秀峰乡。

是月，县政府投资创办平和县开智学校，免费招收智障适龄儿童入学。

12月26—29日，中共平和县第八次代表大会在县人民大会场召开，出席会议正式代表280人，列席代表222人，特邀代表6人。大会选举产生中共平和县第八届委员会委员25人，候补委员4人。大会选举产生新一届中共平和县纪律检查委员会委员15人。

是年，平和农用运输车厂生产农用运输车10018辆，创产值23875.6万元，税收1338万元，利润1399万元，为历史最好水平。

是年，平和一中实现福建省普通中学二级达标学校，并获省“文明学校”称号。

是年，平和白芽奇兰茶被国家农业部茶叶质量监督检验测试中心评定为青茶类优质产品。

1994年

1月15—20日，中国人民政治协商会议平和县第五届委员会第一次会议在县城召开，县政协委员135人出席会议。

1月16—20日，县第十三届人民代表大会第一次会议在县城召开。该届代表343人，出席代表339人。会议选举县人大常委会主任、副主任、委员、县长、副县长、县人民法院院长和县人民检察院检察长。

是月，平和县台资企业宏福汽车玻璃厂投产，生产的钢化玻璃填补漳州市的空白。

2月，中日学者在福州举办“明末清初福建沿海贸易陶瓷的研究”学术讨论会，专门就平和明清窑址与日本关西古遗址的中国陶瓷进行交流。

3月15日，由平和县对外文化交流协会主办的《平和乡讯》正式出版发行。

是月，平和县被省政府授予“茶果生产先进单位”称号。

4月，省道郊柏线霞寨至柏松关路段铺设沥青路面工程开工。平和县规划用3年时间在全县开展“先行工程”建设正式启动。

是月，全县取消平价化肥供应指标，农业生产资料完全实行市场化经营。

5月18日，平和县文联第二次代表大会召开。

7月10日，平和侨联大厦落成剪彩。

7月20日，平和籍武警泉州支队战士游希良为保护战友与罪犯斗争牺牲，后被追认为革命烈士。

8月5日，应香港新天艺潮剧团邀请，平和县潮剧团首次赴香港演出，历时28天，演出39场。

8月21日，平和县国家税务局、平和县地方税务局同时挂牌成立。

8月28日零时，平和县程控电话号码由6位升至7位，同时与漳州联网，统一使用漳州市长途区号“0596”。

9月29日至10月2日，在县体育中心举办中小学生田径运动会，全县各中小学的代表队共265名运动员参加。

是月，在全国柚类评比中，平和琯溪蜜柚获金杯奖。

10月1日，崎岭乡举行物资交流会暨农贸市场开市仪式，并确定每逢农历三、八日为崎岭圩日，结束该乡没有圩日的历史。

12月22日，县委、县政府召开新编《平和县志》首发式暨表彰会，庆祝新中国成立后第一部《平和县志》正式出版发行，表彰51名为县志编写做出贡献的先进工作者。

是月，省政府授予平和县人民政府“1993年全省开发耕地先进县”称号，授予小溪镇和国强乡“1993年全省开发耕地先进乡（镇）”称号。

11月10日，亚洲银行高级项目官员拉赫曼到平和考察亚行贷款项目。

11月12日，举行洪濑口至县城一级水泥路面建设工程开工典礼，省道郊柏线改造平和段正式开工。

11月16—19日，由国家农业科学院柑橘研究所、全国柚类科研生产协作组主办的第三次全国柚类科研生产协作会议在平和县召开。会上，对11个省36个县的41个柚类品种进行评比，平和琯溪蜜柚名列第一。

11月25日，平和县首座110千伏变电站建设工程正式开工。

12月4日，平和境内发生特大交通事故。1辆农用客车在寨芦线官峰路段翻下悬崖，致使4人死亡，6人受伤。

12月，平和县首次引进分组交换和数字数据网（电脑网络）通信设施并成功开通试运营。

12月，福建省博物馆和平和县博物馆联合对南胜镇的花仔楼、田坑、五寨乡的大垅、二垅、洞口陂沟等五处窑址进行考古挖掘。

是年，平和县划定基本农田保护区715片，保护面积23333.33公顷。

1995年

1月8日，平和县境内省道公路郊柏线、牛旧线，县道诏平线改造柏油路竣工通车。

1月6日，平和县坂仔香蕉获国家绿色食品标志使用权。

1月9—10日，漳州市老、少、边地区脱贫致富经验交流会议在平和县召开。

1月13日，县委、县政府召开1992—1993年度科技进步奖暨科技工作先进单位表彰会。

1月28日，山格镇宝丰村村民陈酒为制止犯罪维护社会治安而牺牲，后被省人民政府追认为革命烈士。

是月，白芽奇兰茶被定为省级良种茶树。

是月，平和县首座引用台资投建装机容量640千瓦的淞山水电站在山格镇土田村建成发电。

3月，省政府授予中国农业银行平和县支行、县农机站“服务农业先进单位”称号。

4月，“龙溪牌”农用运输车用户订货座谈会在厦门市白鹭宾馆举行。3天中，合同订货2万辆，成交金额3亿元。

是月，平和农用运输车厂党总支书记、厂长陈加进，小溪镇联星村党总支书记黄其生被评为全国劳动模范。

是月，平和县中医院原院长、副主任医师张绍宗获第二届世界传统医学大会暨“超人杯”世界传统医学优秀成果大奖赛“国际优秀成果奖”。

是月，由中国农学会、中国优质农产品开发服务协会、国务院发展研究中心、农村发展研究所、经济日报农村部、中国特产报社联合举办“全国首批百佳特产”评选活动，经首批百家中国特产之乡命名暨宣传活动组织委员会认定颁发证书，命名平和县为“中国琯溪蜜柚之乡”。

6月，平和县农民体育代表团在漳州市第二届农民运动会上，获总锦标第1名、团体赛5个第1名、个人金牌9枚、银牌5枚、铜牌4枚，并获“体育道德风尚”奖。

7月8日，以龚瑞泰为团长的台湾高雄平和同乡会和高屏地区龚氏访亲团一行30人，首次抵平和县小溪镇山腰进行谒祖访亲活动。

7月31日，受第四号强热带风暴“碧利斯”袭击，全县普降暴雨，花山溪水位超警戒线2.87米，为1960年以来第二大洪水灾害。全县因灾死亡4人，直接经济损失1.95亿元。

8月18日，市社会治安综合治理委员会、市公安局、市见义勇为基金会联合在平和县召开见义勇为表彰大会。会上授予山格镇宝丰村83岁老党员陈酒等4人“漳州市见义勇为者”称号并发给奖金。会后，为见义勇为先进人物披彩戴红，举行踩街活动。

9月1日，县举行日产600吨自来水厂扩建工程竣工投产仪式。

9月6日，平和籍著名油画艺术家、美术教育家周碧初教授，因病在上海逝世，享年93岁。

9月18—21日，由福建、江西、浙江、安徽4个省18家电视台组成的摄制组，在平和县三平风景区、灵通山风景区拍摄大型电视系列节日《漳州行》中的平和专题。

9月28日，县工商局在县城公开销毁假化肥19.65吨；冒牌、过期饮料9909瓶，啤酒780瓶，罐头599瓶，蜜饯13260包，酒31瓶；冒牌卷烟9786条；假冒商标标识32.7万套。销毁总案值67.17万元。

同日，长乐乡和秀峰乡500门程控电话割接开通。至此，全县15个乡镇全部实现电话交换程控化，传输数字化。

10月1日，《周碧初先生赠画展》在周碧初艺术馆开展。周碧初先后3次把珍藏的131幅名画捐赠给家乡平和县。

10月12日，平和老红军、龙溪地委原常委、专署副专员陈天才，因病在漳州逝世，享年85岁。

10月13日，来自全国各地50多位专家、学者到平和坂仔镇参观林语堂故居，并在平和举行“林语堂先生百年诞辰学术讨论会”闭幕式。

10月30日，平和县“三五七”造林绿化工程通过省政府造林绿化达标验收组验收。

是月，平和籍画家曾江涛作品《天道酬勤》获“鸿运杯”中国书画大奖赛金奖。

11月26—27日，全国人大、国家教委教育检查组一行10人，抵平和县检查指导教育“两基”工作。

12月19日，县道云平线安厚段柏油路面改造暨龙头大桥建成通车典礼仪式在安厚镇举行。

12月23—24日，中国银行港澳管理处副主任、香港漳属同乡会总会会长林广兆率香港银行家、企业家一行10多人到平和县考察，并与县党政领导座谈，共商平和经济发展大计。市委书记曹德淦、副市长卢耀清等出席座谈会。

是月，县邮电局、县委党校、育英小学、农行、山格糖厂、饮服公司琯城饭店被省委、省政府评为“第五届省级文明单位”。

是年，国务院发展研究中心、中国农学会授予平和县“中国琯溪蜜柚之乡”称号。

是年，世界卫生组织授予平和县医院“爱婴医院”称号。

1996年

1月，数字通讯移动电话（全球通）在平和正式开通运营，首期办理开通数字移动电话303部。

是月，平和农用运输车厂被省经贸委、省工交生产总调度室确定为全省百家重点企业。

是月，平和县率先在全省12个贫困县中通过贫困地区义务教育工作项目方案评审，争取到中央项目款600万元。

是月，县政府公布平和县第四批文物保护单位名单，威惠庙、琯溪大庙、高隐寺、侯山宫、慈惠宫、天湖堂、何氏节孝坊、田坑内窑等8处列入。

3月13日，县公安局在霞寨镇公开销毁全县清查收缴非法持有的火药枪、猎枪、鸟铳等枪械1169支。

3月25日，由甘肃、山西、宁夏、陕西4个省56个县（市、区）组成党政代表团一行65人到平和县参观考察扶贫开发工作。

3月28日，平和县城镇中学更名为平和县文成中学。

是月，平和县人民武装部正式从地方收归军队建制。

5月23日，世界卫生组织疫苗管理处傅尔博士在卫生部、福建省卫生厅有关领导和专家的陪同下，到平和县考察计划免疫工作。

5月27—28日，福建省农村社会养老保险工作现场会在平和召开。全省各地市民政局长、漳州市各县（区、市）分管领导、15个重点县和漳州市各县（区、市）民政局长以及相关业务部门负责人共90人参加；民政部和省民政厅领导出席。

6月11日，全国台联会长、台盟中央副主席张克辉由省、市领导陪同，到平和考察台资企业。

7月1日，平和县开始征收水资源费，专款用于水资源的开发利用和保护。

8月8日，平和遭受十号强热带风暴影响，全县普降暴雨，山洪暴发，造成特大灾害。全县因灾死亡8人，失踪4人，受伤40人，直接经济损失1.598亿元。同月23日，省长陈明义到平和县了解灾情，慰问灾民，指导救灾。

8月31日，中共平和县委决定追认在抗灾中不幸以身殉职的长乐乡建三村党支部书记、第五届县政协委员朱立吉为“模范共产党员”。

9月13日，漳州市“科华老区育才奖学金”在平和一中举行首次颁奖仪式。平和老区基点村25位优秀中学生获得奖金。

10月11日，省财政厅、省地税局考察组在平和文峰、霞寨镇水果生产基地调查研究，考察崎岭乡顶寨村、国强乡松湖村扶贫挂钩项目。

10月16日，国家税务总局农税局长徐嘉彤等到平和考察农业特产税征收改革工作。

10月18日，平和县台湾同胞第一次代表会议暨平和县台湾同胞联谊会成立大会在县政协会议厅召开。核定县台胞联谊会为科局级人民团体组织。

10月20—21日，中共福建省委副书记习近平在漳州市委、平和县委领导陪同下，到平和县检查指导工作，考察锦溪蜜柚生产基地，并手植1株蜜柚。

10月30—31日，漳州市政府在平和县召开全市农业综合开发现场会。

是月，平和县第一座110千伏变电站在小溪镇旧县村建成，顺利从110千伏南靖变电站南常线开断接入电源并成功启动主变。

是月，平和首次建设的南靖至平和全长13.17千米的靖平线110千伏输电线和云霄常山至平和全长

69.55 千米的常平线 110 千伏输电线同时建成投入运营。

11 月 30 日，由港胞曾莹投资 117 万元，装机容量 420 千瓦的福山水电站建成发电。

是月，省政府授予平和县“1995 年度计划生育工作先进县”称号，授予联星村、联建村“1995 年度计划生育工作合格村”称号。

是年，按照国务院部署，平和县与广东省饶平、大埔县的省界重新勘定工作全面完成，边界线重新竖立界碑，并在地图上重新标绘边界线。

是年，平和“琯溪蜜柚”被中国绿色食品发展中心认定为“绿色食品”。

1997 年

1 月 20 日，副省长张家坤在市政府领导陪同下到平和县检查指导工作。

1 月 21 日，省道公路郊柏线、牛旧线，县道平诏线公路拓宽改造工程竣工通车。省委副书记何少川等领导出席通车典礼仪式。

是月，平和琯溪蜜柚获福建省第二届水果评选柑橘类金奖。

3 月 10 日，省委副书记林兆枢在市委领导陪同下到平和检查指导工作。

3 月 18—21 日，来自马来西亚、泰国、菲律宾、新加坡等东南亚国家和日本的世界著名摄影家采风团一行 13 人在平和进行采风活动。

4 月，平和县党政机关实行机构改革，撤销县商业局，成立县商业总公司。商业总公司核定为正科级自收自支事业单位，隶属县经济局管理。

5 月，撤销县第二轻工业局，成立县二轻工业公司，核定为正科级自收自支事业单位，隶属县经济局管理。

6 月 3 日，县机械厂与省机械科学研究院联合研制的“三牛”牌小型拖拉机通过省新产品投产技术鉴定，并开始批量生产。

6 月 6 日，县委、县政府在深圳市举办首届招商投资洽谈会，吸引东南亚及欧美等国家和中国港澳台地区数百商家参会。

6 月 26 日，平和县成立客家文化研究联谊会。

7 月，平和广播电视大楼建成并投入使用。

是月，撤销县物资局，成立县物资总公司，建制为正科级自收自支事业单位，隶属县经济局管理。

8 月 28—29 日，全市基层党员教育工作经验交流会在平和县召开。

是月，南胜麻枣荣获“1997 年意大利国际轻工贸易博览会”金奖。

是月，日本东京大学名誉教授公村奈良臣率日本农业经济学家代表团一行 3 人到平和考察农业经济发展及扶贫开发情况。

10 月 14—17 日，全国第六次新闻资料工作会议暨新闻资料先进工作者表彰会在平和县召开，100 多家新闻单位的代表参加会议。中国记协向平和县委、县政府赠送“新闻工作者之家”铜牌。

是月，平和县开始实施集资建房，建设安居工程，解决干部职工住房困难。

11 月 3—8 日，福建省教育“两基”验收组对平和县教育“两基”进行全面评估验收，平和县各项指标均符合验收标准要求，通过省政府验收。

11 月 12 日，中国古陶瓷研究会会长叶文程陪同美国芝加哥自然博物馆馆长班臣和香港东方文化研究所何翠媚博士到平和县考察“平和窑”。

11 月 15—16 日，全市农村基层组织建设工作会议暨“学美岭，学西坑”现场会在平和县召开。

11 月 21 日，福建“1997 年秋季乌龙茶品质鉴评会暨‘九峰杯’奇兰茶王大奖赛”在平和县九峰镇举行。共有 194 个品种参评，评出 58 个名优茶品种。其中，九峰茶叶协会选送的奇兰茶荣获“白芽奇兰茶王”称号，并以500克18万元的高价现场拍卖成功。

是月，平和县被评为1997年“福建省经济发展十佳县”。

是月，山格镇双坑村党支部委员李卫东冒着生命危险，勇擒在逃杀人犯，被评为“全国见义勇为先进分子”并赴京受奖。

12月20日上午9时，在文峰镇文平公路发生1起特大交通事故。1辆从龙海市开往三平寺的小客车冲出路面翻车，车上27名乘员全部死亡。

是月，县政府出台《平和县城镇居民最低生活保障制度暂行规定》，自1998年1月起实施。

是年，平和县与南靖、龙海、漳浦、云霄、诏安边界重新勘定，并在边界线上竖立界碑，在地图上重标边界线。

是年，县老年人体育协会被评为全国老年人体育工作先进单位。

1998年

1月1日，全县开始实施城市居民最低生活保障制度。

2月17—23日，平和县农村文艺会演在县人民会场举行，15个乡镇代表队参加演出。

是月，县公安局获“福建省优秀公安局”称号。

是月，县地税局、交通局、邮电局、农行、市政建筑总公司、农村信用总社、果树良种场被省委、省政府评为“第六届省级文明单位”，育英小学被评为省级文明学校。

是月，日本文化省原次长、日本国家博物馆顾问林屋晴山率领东京国立博物馆、茶道资料馆、MOA美术馆三团体考察团，在福建省文化厅和博物馆领导陪同下，到平和县南胜、五寨等乡镇考察古窑址。

3月8日，平和县召开纪念“平和暴动”70周年大会。福建省政协原主席伍洪祥、福州军区原副参谋长熊兆仁、省军区原副司令李德安等老领导及漳州市委、闽粤赣老区办有关领导和干部群众1500多人参加会议。

3月25日，平和县召开“创建全国科技工作先进县”动员大会，县政府与各乡镇（场）签订责任书，向县直部门下达目标责任书。

是月，坂仔镇获民政部授予 “全国民政工作全优乡镇”称号。

4月13日，平和“南胜麻枣”“平和枕头饼”获全国农产品、乡镇企业产品展销会金奖。

是月，县审计局完成1997年度“同级审”14个单位，审计发现违规金额120万元。对违规单位罚款40万元，要求纠正金额80万元，补交财政金额33万元，促进财政增收350万元。

是月，平和县出台《平和县重点项目管理规定》和《平和县扶持重点项目暂行规定》，加大重点项目建设力度。

是月，省委统战部、省国税局、省地税局和省工商业联合会授予平和市政建筑工程总公司“福建省民营企业1996—1997年度纳税先进单位”称号。

5月12日，平和县外商投资企业协会正式成立。

是月，中央组织部授予坂仔镇西坑村党支部“全国农村基层组织建设工作先进党支部”称号。

6月23—24日，全省农村党支部“学马塘，学西坑”活动座谈会在平和县召开。

7月9日，全国政协委员、北京大学中国经济研究中心主任林毅夫一行7人前往安厚镇龙头村认亲谒祖，并为龙头小学及村老年活动中心捐资1.68万元。

是月，县政府出台《平和县农村最低生活保障制度暂行规定》，自1998年10月起实施。

8月15日，县政府在坂仔镇仁山小学举行台胞赖英乾捐资100万元兴建的“英乾教学楼”落成剪彩仪式。

8月21日，平和县职工活动中心（工会大厦）竣工。该大厦于1994年6月开建。

8月25日，南胜镇云后村村民林建福培育的1株10厘米高的“四叶两代水晶”兰花以竞标拍卖的方式卖出40万元，创平和史上单株兰花售价新高。

9月4—7日，平和县卫生“初保”工作通过省政府组织的复核审评组验收。成为漳州市首个实现卫生初级保健达标的县份。

是月，县锦溪集团公司与英国客商签订31万公斤琯溪蜜柚购销合同，琯溪蜜柚首次打进西欧市场。

11月6日，福建省委副书记习近平到平和县坂仔镇西坑村调研生态小康村建设。

11月28—30日，中共平和县第九次代表大会在县人民大会场召开，出席会议正式代表280人，列席代表260人。大会选举产生中共平和县第九届委员会委员25人，候补委员4人。选举产生新一届平和县纪律检查委员会委员15人。

是月，在全国柚类评比中，平和琯溪蜜柚获金杯奖。

是年，平和白芽奇兰茶获首届国际“东方茶文化”博览会国际金奖。

是年，平和县与永定县的县级边界、市级边界重新勘定。并在边界线上竖立界碑，在地图上重标边界线。

是年，平和县被省委、省政府授予“光荣脱贫县”称号。

1999年

1月4—8日，中国人民政治协商会议平和县第六届委员会第一次会议在县城召开，县政协委员143人出席会议。

1月5—9日，县第十四届人民代表大会第一次会议在县城召开，出席代表231人。会议选举县人大常委会主任、副主任、委员、县长、副县长、县人民法院院长和县人民检察院检察长。

1月17—19日，全国政协副主席张克辉赴平和县考察，探访他的祖居地安厚镇马堂村。

是月，平和2万吨自来水扩建工程、县电信大楼等一批重点项目落成剪彩。

2月，县委、县政府出台《关于建设工业区的若干意见》，为平和创办工业园区的实施纲领和立项依据。

是月，平和首个工业区平和县文峰工业区在文峰镇黄井村创立。首期规划用地485公顷。

5月28日，省文联主席许怀中率“迎接建国50周年文艺家采风活动”采风团到平和县坂仔西坑村、林语堂故居、三平寺等地采风。

5月30日，团县委、县卫生局、县红十字会联合在县城举行“献爱心献血活动暨青年志愿者爱心献血团成立”仪式。

是月，中共中央纪委副书记、监察部部长何勇到平和考察。

6月8日，平和县在深圳举办“1999年深圳投资招商洽谈会”，共签约项目26个，引资27万美元。同时向捐赠平和公益事业获得省、市、县三级政府金质、银质、铜质奖的平和籍华侨、港澳同胞和团体发奖。

8月2日，平和县举行省电力工业局代管平和电力公司交接签约仪式。

8月9日，福建平和农用车制造有限公司在小溪高田开发区举行开业庆典仪式。

8月13日，台湾大学农业推广学系教授陈昭郎率台湾农产品营销考察团到坂仔镇考察香蕉种植及市场营销。

9月12—15日，平和体育代表团参加漳州市第三届农民运动会，获田径男子团体总分第1名、田径女子团体总分第2名、象棋女子团体总分第2名。

9月20—22日，省委常委、纪委书记梁绮萍带领省直6个委、厅（局）的领导，在市委领导马新岚、方清海的陪同下，深入平和县调研，慰问贫困户和受灾群众。

是月，平和琯溪蜜柚获“1999年中国国际农业博览会”名牌产品称号。10月，获全国柚类评比总分第一名。

是月，坂仔镇西坑村被中央文明委授予“全国创建文明村镇工作先进村”称号。

10月29日，福建省移动通信有限公司平和分公司成立。

10月31日，全县农村电网规范改造在安厚镇白石村启动示范试点，并分期分批向全县推开农电网改工程建设。

是月，平和县启动农电管理体制改革。全县15个乡镇设立的电管站同时撤销，统一由县电力公司在各乡镇设立的供电所接管农电供电和管理任务。

是月，平和县南胜、五寨的明清窑址获省文化厅组织评选的“福建十大考古”发现奖。

11月15日，县内投资最大规模的商住楼建设项目，占地5.93公顷、规划建筑面积7.28万平方米的琯溪商贸城开工建设并举行奠基仪式。

是月，科技部授予平和县“全国科技工作先进县”称号。

11月底，中国古陶瓷学会召开年会，专门就以平和窑为代表的漳州窑系陶瓷举行学术讨论，中外13个国家和地区的300余位学者参加会议。

12月8日，海峡两岸闽台移民史学术研讨会的专家、学者一行57人到平和坂仔、文峰等地考察。

12月10日，闽粤两省第三十五届边界护林联防会议在平和召开。

是月，平和县与世界银行合作的《第四期农村供水与环境卫生贷款项目》完成可行性报告编制，并通过世界银行评估。同月项目建设正式启动。共立项14个水厂，可受益21.4万农村人口。

是年，平和县被国务院双拥办公室、民政部授予“全国爱心献功臣行动”先进县称号。

是年，九峰镇小学教师朱梓柞获全国首届“烛光奖”，并出席首都教育界庆祝教师节茶话年。

是年，中国历史博物馆第一副馆长孔祥星和中国古陶瓷研究会副会长、故宫博物院国家文物研究员王莉英等到平和县考察。

是年，平和籍画家苏国伟漆画作品《花季》获第九届全国美展金奖。

2000年

1月7日，省政协副主席陈增光率省政协机关效能建设考察组10人到平和检查指导工作。

是月，县政府公布平和县第五批文物保护单位名单，陂沟窑、焦山窑、官峰窑、紫阳大宗、曾氏家庙、中湖宗祠、总兵府、济阳堂、心田宫、碧水岩、蔡氏大宗、庄氏大宗、新寨庙等14处列入。

2月，九峰镇双塔茶庄生产的“白芽”牌奇兰茶在“1999第二届中国国际博览会”上获国际名茶优质产品奖。

4月，平和县完成“福建省第二期果茶园改造”项目的1998—1999年低产型果园改造6186.67公顷，建立中心示范片613.33公顷，获全省综合考评一等奖。

是月，平和县在“4·9”漳台经贸恳谈会上，共签外资项目24个，合同外资额2578万美元。

9月1日，全县正式实施机关事业单位基本医疗保险制度。

是月，县委、县政府召开加快工业化进程工作会议，就加快工业化进程提出36条意见。

是月，县属骨干企业平和糖厂（一糖厂）、平和第二糖厂、平和山格糖厂宣布政策性破产。

是月，县政府公布平和县第六批文物保护单位名单，萃文堂、惜纸塔、龙见楼、咏春楼、衍庆楼、八卦井、孝经堂、孝思堂、林氏宗祠、振峰庙、松溪岩、铜壶宫、熏南楼、庄上大楼等14处列入。

12月11日，在漳州宾馆会议中心举行的“漳州市人民满意的公务员”表彰大会上，平和县财政局被市政府授予“人民满意的公务员集体”称号。

12月20日，省人大代表考察团深入平和县，对农业和工业生产情况进行检查指导。

是月，平和县被福建省人民政府发展研究中心区域评价中心评为2000年“福建省经济发展十佳县”。

是月，平和县被中国特产之乡推荐暨宣传活动组织委员会授予“中国香蕉之乡”“中国茶叶（白芽奇兰）之乡”称号。

是月，县地税局、交通局、邮政局、工商局、福建向荣建设集团有限公司、电信局、农村信用总社、农行被省委、省政府评为“第七届省级文明单位”，西坑村、三坪村被评为“省级文明村”，平和县第一中学被评为“省级文明学校”。

是年，平和县投资70万元，在小溪葫芦山新建平和烈士陵园，占地面积1.07公顷。原位于小溪牛头溪畔的平和烈士陵园辟为健身活动广场。

2001年

1月，平和县正式办理国际互联网数字数据通信（宽带）业务。当年全县开通宽带用户65户。

是月，平和县的城隍庙、文庙、绳武楼被列入省政府公布的第五批省级文物保护单位名单。

2月13—14日，交通部副部长张春贤莅临平和县，现场考察交通战备基础设施建设情况。

3月，省委、省政府授予平和县文明办“福建省文明办系统先进文明办”称号。

6月3日，平和县“6·3”深圳招商会上，共签约项目18个，总投资额2850万美元，合同外资额2720万美元。

是月，平和县的绳武楼被列入国务院公布的第五批全国重点文物保护单位名单。

是月，平和县被农业部确定为第一批“全国创建无公害农产品水果生产示范基地县”。

7月1日，在庆祝中国共产党成立80周年大会上，平和县坂仔镇西坑村党支部书记赖四强被中共中央授予“全国优秀党务工作者”称号。

8月，由省、市、县三级投资145万元兴建的平和县福利院投入使用。当年首批收养学龄孤儿4人。

是月，县文明办、国税局、地税局联合发出通报，授予100家纳税户为平和县首届“文明纳税户”称号。

9月，县林业局获国家林业局授予“全国经济林建设先进县”称号。

11月12日，省九届人大代表考察团一行30人，深入平和县山格现代农业示范园、锦溪集团、三平寺等地进行考察。

11月27日，位于平和县五寨乡的国家粮食储备库动工兴建。项目投资2920万元，占地面积66333平方米，建筑面积13967平方米，由9座平房仓组成，总仓容量5万吨。

是月，平和县被农业部、外贸部定为“全国园艺产品出口示范区”。

2002年

1月10日，全国侨联副主席林丽韫在省、市有关领导陪同下，到平和县指导侨联工作。

2月19日，五寨乡新美村牛条山发生森林火灾，燃烧31小时，过火面积319.8公顷，受灾面积165.1公顷。

是月，平和琯溪蜜柚获农业部“南亚热带名优作物基地”认证。8月，又获国家质量监督检疫检验总局颁发的原产地证书。

4月3—4日，中国扶贫基金会会长王郁昭在漳州市委、市政府领导的陪同下，深入平和县调研扶贫工作。

4月23日，平和农村电网“两改一同价”（改革农电管理体制、改造农村电网，实现同城同网同价）工程通过省政府验收。

5月16—17日，全国党建研究会会长、中共中央组织部原部长张全景，在漳州市委领导的陪同下，深入平和县调研基层党建工作。

6月6日，旅日台胞林文雄回平和县谒祖，向小溪中学捐赠1000万日元用于建设教学综合楼。翌年1月3日回平和，又捐资100万日元，用于购置电教设备。

8月15日，平和县公路交通史上首座公路隧道——入闽通道郊柏线柏松关隧道全长245米贯通。

是月，县武警中队和县育英小学获省委、省政府授予“福建省第三届军警民共建社会主义精神文明先进单位”称号。

是月，“琯溪蜜柚”获国家质量监督检验检疫总局颁发的“原产地标记注册证书”。

9月12—14日，省委副书记、纪委书记梁绮萍到省定扶贫重点村平和县九峰镇军溪村、大溪镇云中、三华、赤安村指导扶贫开发工作。

9月27日，平和县医院新院址门诊、病房综合大楼竣工并举行开业庆典。

是月，平和白芽奇兰茶被指定为“中国女排专用茶”。

10月19日，县委第九届第十二次全会（扩大）会议通过《中共平和县委关于加快工业化进程的决定》（草案），提出“工业兴县”发展战略。

是月，平和县最大型的水力发电站——中外合资“漳州霖和良坝水电站”在长乐乡良坝自然村建成投产。该电站装机总容量1.8万千瓦，建设总投资1.1亿元。

11月12日，入闽通道郊柏线平和境内最长公路隧道大协关隧道全长1070米贯通。

是年，全国爱国卫生运动委员会授予平和县卫生局“全国农村自来水普及工作先进单位”称号。

是年，黄仲咸基金会在平和县设立“老区助学金”。

2003年

1月8日，平和县九峰镇被列入省政府公布的福建省历史文化名镇名单。

是月，平和县被农业部核定为“全国无公害农产品生产示范基地县”达标单位。

3月25日，经省委机构编制委员会批准，平和三平风景区管委会升格为副处级单位。

4月20日，南胜镇义路村首次采用“海选”方式进行村级换届选举，在漳州市为首创。

是月，平和县首家出租车客运企业建光出租汽车运输有限公司成立并开业运营。

6月8日，平和县丽华歌仔戏剧团赴马来西亚等国家开展历时3个月的演出活动。

7月1日，县政府投资185万元，在小溪镇高南村兴建平和县光荣院投入使用。该院占地面积5036平方米，建筑面积1795平方米。

7月28日，县二期农网建设与改造工程通过省级验收。全县有211个建制村完成农网改造，每年可减轻农民电费负担1520万元。

8月，县交通局、邮政局、工商局、国税局、电信局、建行平和支行、农行平和支行、人民检察院被省委、省政府评为“第八届省级文明单位”；坂仔镇被评为省级文明乡镇；三坪村被评为省级文明村；县一中、新星幼儿园被评为省级文明学校。

是月，平和县医药公司转让给漳州生物化学制药集团有限公司经营，更名为漳州神芦医药有限公司。

11月17—19日，中共平和县第十次代表大会在县人民大会场召开，出席会议正式代表275人，列席代表91人。大会选举产生中共平和县第十届委员会委员25人，候补委员4人，选举产生新一届中共平和县纪律检查委员会委员15人。

是月，平和县200吨琯溪蜜柚首次出口欧盟，成为福建省第一个出口欧盟的柚类产品。

12月，平和县第一条村级水泥砼公路——小溪镇西林村至产坑村全长4.5公里建成通车。

是月，全省十条入闽通道重点建设项目之一的官九线（原郊柏线）平和霞寨至九峰柏松关公路改建工程竣工。该工程全长36公里多，总投资1.7亿元，是平和县有史以来规模最大投资量最多的重点建设项目。

是年，新星幼儿园获省级“绿色学校”称号。

是年，平和县白芽奇兰茶在上海国际茶文化节上获得“金奖”。

2004 年

1 月 2—5 日，中国人民政治协商会议平和县第七届委员会第一次会议在县城召开，县政协委员 145 人出席会议。

1 月 2—6 日，县第十五届人民代表大会在县城召开，出席代表 233 人，会议选举县人大常委会主任、副主任、委员、县长、副县长、县人民法院院长和县人民检察院检察长。

是月，平和县 2001—2002 年度国家科技进步考核获科技部通过。

6 月 2 日，漳州市农村公路建设现场会在平和县召开，大会听取平和县的典型经验。

8 月，平和县接收安置三峡工程第三批农村外迁移民 25 户 99 人。

9 月 18 日，县文明委在平和一中举行有 3000 多人参加的“弘扬和培育民族精神活动月”启动仪式。当场，举行“18 岁成人宣誓仪式”和“爱祖国、爱人民、爱劳动、爱科学、爱社会主义”“远离网吧、杜绝毒品，拒绝六合彩”签名活动。

11 月 24 日，县委、县政府举行入闽通道官九线平和霞寨至柏松关公路改建工程通车庆典仪式。

是月，三平风景区被省政府评为省级风景名胜区。

是年，县政府投资 100 万元，在县城银河路兴建全民健身活动中心。

2005 年

1 月 1 日，全县开始停征农业税。

1 月 27 日，省委副书记、省纪委书记梁绮萍一行 10 人在市委领导陪同下，到平和检查指导工作。

是月，平和县 2003—2004 年度国家科技进步考核获科技部通过。

2 月 18 日，县委宣传部和组织部联合主办平和县首届干部职工文化节，12 支代表队近 3000 人次参加体育运动比赛和歌舞比赛。

3 月 25 日，县政府召开全县民营经济暨工业工作会议。会上，对 2004 年纳税 50 万元以上的民营工贸企业进行表彰，对工业发展先进乡镇和年销售收入 500 万元以上的规模工业企业进行奖励。

4 月，平和电力公司女工委主任陈燕华被评为全国劳动模范。

5 月，平和县的天湖堂、三平寺塔殿、庄上大楼、熏南楼列入福建省第六批文物保护单位名单。

6 月 1 日，县公安局禁毒大队根据群众举报，在安厚镇南门路段破获新中国成立以来平和县最大贩卖毒品海洛因案，缴获海洛因 89.55 克。

6 月 19 日，县委宣传部、县文体局与霞寨镇政府联合，在霞寨镇小坪片宣传文化中心举行平和县乡村文化展示活动暨霞寨镇第三届乡村文化节，观众近 2 万人次。

7 月 26 日，坐落在小溪镇高南村原平和二糖厂址的平和县消防大队新营房落成投入使用。该营房占地面积 5933 平方米，建筑面积 2800 平方米。

8 月 8 日，平和县政府在厦门举办“山海协作·平和县工业项目厦门推介会”，接洽投资项目 35 个，现场签约项目 17 个，投资总额 2.53 亿元。

9 月 20 日，县委、县政府在红军三平会师纪念馆举行“工农红军独立第三团和第九团三平胜利会师 70 周年暨抗日战争胜利 60 周年纪念会”活动。

10 月 28—30 日，县委、县政府在县城举办首届福建（平和）琯溪蜜柚节活动。活动内容有庆祝大会、农资产品展销会、小商品展销会、文艺踩街、《柚乡欢歌》文艺晚会等。其间，举行琯溪蜜柚营销定货签约和招商引资项目现场签约以及重点项目剪彩奠基仪式。

是月，国家委托平和县建设的大型国家粮食储备库——中央储备粮平和直属粮库在五寨乡建成通过国家验收，并交付中央粮食部门接管使用。

11月15日，县政府颁发《平和县殡葬管理暂行规定》，并发布《殡葬管理的通告》。从12月1日零时起，全县第一批6个乡镇火化区实行遗体火化。

12月22日，经国家旅游景区质量等级评定委员会批准，平和县三平风景区为国家AAAA级旅游景区。

是年，平和县被农业部核定为“全国无公害农产品出口示范基地县”达标单位。

是年，商务部批准平和县为“万村千乡市场工程”试点县。

2006年

1月4日，台湾林氏宗亲、辛亥革命先驱林祖密将军的后裔一行10多人，到平和县五寨乡埔坪村谒祖。

是月，县工商局被国家工商行政管理局评为“2005年红盾护农行动先进单位”。

4月14日，占地952平方米、建筑面积2200平方米的平和县残疾人综合服务中心落成投入使用。

4月10日，世界文学大师林语堂故居动工重修。10月竣工，正式对外开放。

5月12日，平和县医院兼并安厚中心卫生院，成立平和县医院安厚分院，并举行庆典仪式。

5月18日，平和县遭受01号（珍珠）台风袭击。7月13日和7月24日，接连遭受04号（碧利斯）强势带风暴和05号（格美）台风袭击。全县灾情严重，为历史罕见。

5月21日，中国国民党副主席江丙坤携夫人一行7人，在福建省、漳州市、平和县三级主要领导的陪同下，到平和县大溪镇江寨村谒祖。境内外30多家媒体记者前往采访报道。

6月，平和县的庄上大楼、南胜古窑址被列入国务院公布的第六批全国重点文物保护单位。

7月12—14日，中共平和县第十一次代表大会在县委会议厅召开。出席会议正式代表298人，列席代表90 人。大会选举产生中共平和县第十一届委员会委员31人，候补委员4人；选举产生新一届中共平和县纪律检查委员会委员15人。

7月17日，民政部副部长窦玉沛率国务院救灾联合工作组，到平和县慰问灾区群众，检查指导抗灾救灾工作。翌日，武警总部政治部副主任徐德学少将到平和县，看望慰问参加抗洪救灾的武警官兵。

7月30日，省委书记卢展工、副省长陈芸带领省直有关部门领导，深入平和县察看灾情，慰问受灾群众，指导救灾防灾工作。

是月，平和县首家依法注册登记的农民专业合作社“平和玉露茶叶专业合作社”在崎岭乡挂牌成立。

是月，平和县的三平寺、林语堂、琯溪蜜柚入选“漳州市十大城市名片”。

8月16日，福建省劳务派遣工作经验交流会在平和县召开。

是月，位于县城北环路的新丽宝特殊教育学校落成。该校由香港新丽宝集团公司总裁施华民捐建，占地近6677平方米，建筑面积1332平方米。

9月20日，平和县被科学技术部授予“全国科技先进县”称号。

是月，县城绿水工程动工兴建，先后建成牛头溪一、二级自控翻板闸挡水坝，形成5.2万平方米水面景观。翌年1月竣工。

10月8日，平和县最大的综合政府网站——平和网建成开通。

10月23日，县城首个公路红绿灯在城区叉路口启用，县委书记、县长为红绿灯正式启用按动电纽。

是日，主题为“柚香飘四海，农资保丰年”的福建省首届大型农资产品展销暨项目推介会在平和县举行。来自全国60多个生产厂家和经营企业、150多种产品参加展销会。

10月23—25日，由市政府主办，县政府和市农业局承办的第二届福建（平和）琯溪蜜柚节在县城正兴学校举行。农业部部长杜青林、福建省副省长苏增添等出席开幕式。其间，举办“第一届海峡两岸（平和）农资产品展销会”；并举行项目推介会、小商品展销会、文艺踩街、烟火晚会等活动。会上，共有29个工业项目签约，总投资额4.68亿元。

11月20日，在第十届全国见义勇为英雄表彰大会上，平和县抗灾英雄欧建成、欧南成2位渔民兄弟被授予“全国见义勇为英雄”称号，获奖章证书和5万元奖金。

是月，县交通局、邮政局、工商局、国税局、电信公司、电力公司、农行、建行、检察院被省委、省政府评为第九届省级文明单位；平和一中、新星幼儿园被评为省级文明学校；三坪村被评为省级文明村。

12月13日，全县开展首届“感动平和魅力人物”评选活动，历经数月。翌年5月21日，县委、县政府在县人民大会场举行颁奖典礼，卢振亮、黄少华、黄松水、省市驻村挂职干部群体、赖成枝、赖容海、张文勇、张学文等获“感动平和魅力人物”奖。

12月18日，平和县新闻中心成立。系漳州市首家县级新闻中心。

是月，县劳动和社会保障局被中华人民共和国劳动和社会保障部授予“全国劳动保障系统2001—2006年度集体一等功”称号。

是月，贯穿平和县东西全境的省道官九线平和境内路段81.26千米再次改建为二级水泥混凝土公路路面工程全线建成通车。

是月，霞寨镇村民黄文昌被评为漳州市“十佳孝顺子女”。

是月，县公安局安厚派出所副所长周志勇被评为“感动漳州十大人物”之一。

2007年

1月19—22日，县政协第八届第一次全体委员会议在县城召开，出席会议委员155人。

1月20—23日，县人大第十六届第一次会议在县城召开，到会代表226人。会议选举县人大常委会主任、副主任、委员、县长、副县长、县法院院长和检察院检察长，选举平和县出席漳州市第十四届人大代表38名。

2月，县人民银行工会被央行评为2006年度模范职工之家。

3月，平和立达信服装厂首批自产5000件服装出口意大利，为平和县服装业出口新突破。

是月，福建省首家光电复合材料生产企业——福建易而美光电复合材料有限公司在小溪镇大坂洋工业集中区建成投产。其生产的高性能复合材料填补省内产业空白。

5月1日，“2007印象平和”风光风情全国摄影大奖赛在平和县三平风景区举行开拍仪式。来自北京、深圳、广州、汕头、泉州、厦门、漳州等地近百名摄影家参加。

是月，平和县被命名为“福建民间文化艺术（龙艺）之乡。”

是月，平和县2005—2006年度国家科技进步考核获科技部通过。

6月27日，经中央党史研究室审定，平和县正式被确认为中央苏区县。这是漳州市第1个、全省第13个、全国第24个被确定为中央苏区范围的县份。

6月20日至7月19日，首届海峡两岸（平和）三平祖师文化旅游节在三平风景区举行。中国港、澳、台地区及新加坡、马来西亚等国家的5000多名信众、友人到场参加开幕式、三平祖师颂典仪式、供天法会等活动。中央电视台、《人民日报》、香港《大公报》等40多家主流媒体报道文化旅游节盛况。

6月28日，全国政协副主席、台胞张克辉携子、媳、孙等，到平和县安厚镇马堂祖祠谒祖。

是月，平和商会深圳分会副会长邱家伟出资617万元收购平和县中医院，重建为平和县人民医院。

7月，平和“山格（慈惠宫）戚家军祭祀仪式”被列入漳州市第二批非物质文化遗产名录。

8月，平和县琯溪蜜柚发展中心在法国、德国、意大利、荷兰、英国、比利时、葡萄牙、西班牙、瑞士、俄罗斯、新加坡、加拿大、澳大利亚、白俄罗斯、美国、卢森堡等16个国家和中国香港地区注册国际证明商标。琯溪蜜柚被列入与欧盟交换保护的10个地理标志产品之一。

9月14日，平和琯溪蜜柚被国家工商总局认定为“中国驰名商标”和水果类地理标志证明地。

9月25日，台湾原国民党中常委、台湾地区内政管理机构负责人叶金凤到芦溪镇蕉路村寻根谒祖。

10月18日，第三届福建（平和）琯溪蜜柚节开幕式暨平和琯溪蜜柚获“中国驰名商标”庆祝大会在县城正兴学校举行。蜜柚节活动持续3天，活动项目还有琯溪蜜柚发展论坛、农资产品展销会、小商品展销会、彩车踩街、文艺晚会等。

是月，从平和琯溪蜜柚变异株系中选育的“红肉蜜柚”新品种获国家专利，成为全国第一个获得国家品种权授权保护的柚类新品种。

是月，平和县与中国超市联合采购交易联席会议共同发起，对全国1000个超市门店授“平和琯溪蜜柚直销点”牌匾。

11月26日，“平和暴动纪念馆”与“红军三平会师纪念馆”被省政府命名为“福建省国防教育基地”。

11月28日，平和灵通山被漳州市人民政府批准为市级地质公园。

是月，平和电力公司撤销，正式并入国家电网，成立平和供电有限公司，成为省属股份制供电企业，统一管理和经营县内电力能源的调配和供应业务。

12月2日，平和县有线数字电视整体转换工程正式启动。该工程是2007年政府为民办实事项目之一，总投资3000万元，标志着平和县信息化建设和广播电视事业进入发展新阶段。

12月6日，位于林语堂故居旁的林语堂文学馆落成并举行开馆仪式。省委副书记何少川和香港中银国际控股有限公司副董事长林广兆为该馆揭牌，参加首届林语堂国际学术研讨会的300多位嘉宾出席开馆仪式。

12月12日，在第三届全国义演人才推选活动中，平和县丑小鸭少儿艺术团选送的《蜜柚花儿开》舞蹈节目获儿童舞蹈专业组金奖。同时，艺术团获“优秀组织奖”，曾小玲获最佳指导教师奖。

12月24日，福建省委书记卢展工一行到平和调研中央苏区县发展情况，瞻仰红军三平会师纪念馆。

是月，《三平寺志》出版发行。

是月，全县完成239个建制村“村村通”水泥公路硬化建设，建制村的水泥公路硬化率99.5%。

是月，被列为福建省“十一五”百所敬老院建设项目之一的坂仔敬老院落成并投入使用。

是年，县委、县政府研究决定，整合县城原小溪、文成、育才3所中学，创建规范化的中学，取名广兆中学。

是年，全县校园整洁行动取得阶段性成果，累计投入资金100多万元，涉及项目小学163所。

是年，平和琯溪蜜柚出口8万多吨，创汇500多万美元，在全国县级柚类同比中，创出口量第一。

卷一　政区 自然环境

平和县位于福建省南部、漳州市西南部、闽粤两省交界处。隶属漳州市。县人民政府驻地在小溪镇东大路。2007年，全县设置10个镇、5个乡、1个国有农场、240个建制村和16个社区，总人口567229人。

县境出露的地层有三叠系、侏罗系、白垩系和第四系。侵入岩均为岩浆岩，大小岩体有100多个，分布面积600多平方公里，大部分属酸性、中酸性岩类。地质构造是一个以北东向断裂为主干、多组断裂交织一起的网格状断裂构造。地貌类型属中低山区和丘陵地貌，分为丘陵区、低山区和中山区。海拔1000米及以上的山峰64座，其中海拔1544.8米的大芹山为漳州市第一高峰；1000米以下至500米的山峰221座。土壤有水稻土、砖红壤性红壤、红壤、黄壤、紫色土和冲积土等6个土类、15个亚类；探明金属类矿藏有铜钼矿、铅锌矿、硫铁矿、铁矿、石英矿、锰矿、铍矿、钨矿和稀土矿等，非金属类矿藏有明矾矿、高岭土、泥煤、叶蜡石、花岗岩、矿泉水和水晶矿等；其中南胜明矾矿是全国较大的矾矿之一。野生动植物种类多。其中，被列入国家保护的动物有12种，被列入国家保护的植物有10种，被列入省级保护的植物有8种。森林植被多为次生植被和人工植被，主要有针叶林植被、阔叶林植被、灌丛和灌草丛植被等。

县境属亚热带气候，冬暖夏凉。1986—2007年，年均气温、无霜日、冰冻日、日照时数、蒸发量、气压和降雨量分别为21.5℃、329.2天、1.2天、1745小时、1571.5毫米、1009.7百帕和降雨量1807毫米。集雨面积在3平方公里以上的河流有130多条，其中集雨面积在100平方公里以上的河流有12条。主要河流有花山溪、文峰溪、芦溪溪、九峰溪、安厚溪、大溪溪和五寨溪等7条。地下水有基岩裂隙水、基岩风化网状裂隙水和松散岩类孔隙水等3种类型。流量较大的温泉有11处，日出水总量1669.3立方米。影响县境的主要自然灾害有台风、暴雨、旱涝和霜冻等。其中日降雨量大于100毫米（大暴雨），或风速达每秒29米（11级）的严重影响台风有17次、日降雨量大于50毫米的暴雨日有165天。

第一章 政 区

第一节　境域与边界线

一、境域

平和县位于福建省南部、漳州市西南部、闽粤两省交界处（北纬24°02′—24°35′、东经116°52′30″—117°33′45″），东连龙海市、漳浦县，西邻广东省大埔县、饶平县，南毗云霄县、诏安县，北接南靖县和龙岩市的永定县，总面积2334.04平方公里。

二、边界线

1989年，平和县与大埔县、饶平县、永定县的县界（省界）线长分别为26.71公里、12.24公里和48.87公里；平和县与南靖县、诏安县、云霄县、龙海县、漳浦县的县界线长分别为80.96公里、27.8公里、102.11公里、27.55公里和45.92公里。

1996年，平和县与广东省饶平、大埔县的县界（省界）经重新勘定后，总长38.95公里。其中，平和—大埔段（平和县长乐乡秀山村—大埔县大东镇家荣村）长26.71公里，平和—饶平段（平和县九峰镇镇办林场—饶平县上善镇霞善管理区）长12.24公里。1997年8月开始，对平和县与南靖、诏安、云霄、龙海、漳浦等县的边界线进行勘定。勘定后县界线总长度283.87公里。其中，平和—南靖段长80.96公里，平和—诏安段长27.8公里，平和—云霄段长102.11公里，平和—龙海段长27.08公里，平和—漳浦段长45.92公里。

1998年8月开始，平和县与永定县的边界线进行勘定。勘定后的边界线长48.865公里。此后至2007年，平和县与邻县的边界线均无变动。

第二节 行政区划

一、乡镇区划

1989年，平和县设置小溪、九峰等2个镇和山格、南胜、文峰、坂仔、大溪、霞寨、芦溪、安厚、五寨、国强、崎岭、长乐等12个乡。1990年，山格乡、南胜乡分别撤乡建镇。1992年，文峰乡、坂仔乡、大溪乡、霞寨乡和芦溪乡分别撤乡建镇。1993年，析长乐乡为长乐乡、秀峰乡。1996年，安厚乡撤乡建镇。

2007年，全县设置小溪、九峰、山格、南胜、文峰、坂仔、大溪、霞寨、芦溪、安厚等10个镇和五寨、国强、崎岭、长乐、秀峰等5个乡。

二、村（社区）区划

1989年9月，改坂仔乡五三村为心田村，区域不变。是年，全县设置239个建制村和小溪镇东大、中东、中西、九一七、建设、溪上，九峰镇东街、西街等8个居委会。1990年，山格镇、南胜镇分别增设山格居委会和南胜居委会。1994年8月，析五寨乡新美村为新美村和新塘村。

1997年6月，增设小溪镇河滨、桥南等2个居委会，坂仔镇、安厚镇、大溪镇、霞寨镇、芦溪镇和文峰镇分别设置绿城、龙东、鸿滨、兴霞、东溪和龙文等6个居委会。2003年5月，小溪镇8个居委会整合为建设、东风、广宝、东大、城东和九一七等6个社区。2005年4月，黄井村划归平和工业园区管理。

2007年，全县设置240个建制村和16个社区。

2007年平和县乡（镇）辖建制村与社区情况表

表1–1

乡镇名称	建制村与社区名称
小溪镇	新桥、联星、共和、豆坪、枫埔、厝丘、旧楼、金光、古楼、联光、五村、溪洲、高南、南寨、内林、湖田、岩坂、坑里、旧县、玉溪、宝善、西林、产坑等建制村，建设、九一七、东风、东大、城东、广宝等社区
九峰镇	三坑、苏洋、复兴、东富、澄溪、福坑、眉山、黄田、积垒、下坪、陈彩、福田、平等、军溪、福山、新山、下西、下北、上仓、联峰、振阳、九峰、城东、城西、城中等建制村，东街、溪街等社区

续表 1-1

乡镇名称	建制村与社区名称
山格镇	高磜、白楼、山格、新陂、铜中、隆庆、平寨、三美、宝丰、双坑、双田、前进、土田等建制村，山格社区
南胜镇	南胜、义路、云后、前山、龙溪、子坑、龙心、法华、欧寮、康厝、安石坑等建制村，南胜社区
文峰镇	前埔、三坪、龙山、龙东、柴船、南霞、文美、文洋等建制村，龙文社区
坂仔镇	五星、联建、民主、西坑、宝南、东风、仁山、山边、心田、东坑、梨洋、峨嵋、和平、金京洋等建制村，绿城社区
大溪镇	大芹、大松、下村、新荣、溪口、橡林、新光、店前、江寨、赤坑、庄上、硕卿、三华、云中、廖安、赤安、新红、新农、石寨、宜盆、峰山、壶嗣、山布、坪塘、大二等建制村，鸿滨社区
霞寨镇	寨里、岩岭、群英、寨北、内坑、联荣、大湖、西安、建设、村东、古隆、墩里、坑内、彭林、三合、团结、后塘、红楼、高寨、长汀、钟腾、高山、黄庄、官峰、五美、洋坑等建制村，兴霞社区
芦溪镇	新村、村坑、蕉路、芦峰、树林、连益、连新、连城、双峰、梨坑、漳汀、秀芦、西新、山岗、九曲、华峰、东槐等建制村，东溪社区
安厚镇	莲塘、安厚、白石、龙门、岐山、顶楼、三马、双马、马三、大径、龙头、美峰、汤厝、三龙、田径、华美、径内、东寨、山口、大坑、东川、下新楼等建制村，龙东社区
五寨乡	高峰、联盟、前岭、埔坪、优美、寨河、新美、侯门、新塘等建制村
国强乡	白叶、乾岭、泮池、古爽、碧岭、高坑、延山、三五、凤山、松湖、梅子、新建、岩坑、白水等建制村
崎岭乡	桂竹、新南、南湖、合溪、浮坪、诗坑、漈头、下石、顶寨、溪头、时陂、彭溪、崎南等建制村
长乐乡	农家、建三、建南、乐北、秀山、联胜、葵山、联三、南庭等建制村
秀峰乡	龙岭、坝头、坪洄、坪东、三联、秀峰、双塘、文田、南峰、福塘等建制村

第三节　自然村分布

一、乡自然村分布

（一）五寨乡

高峰村分布茅坪、新郑仔、枫湖、打银坑、坪水岭、大丘坪和金山等自然村。

联盟村分布东楼、坑头和下尾等自然村。

前岭村分布前坂、寨仔、岭头、北坑埔、后园、车仔、山兜、北垅、田坑和高雷等自然村。

埔坪村分布埔坪、蛇窟楼、新圩、山腰、后壁山、新厝和李仔等自然村。

优美村分布中溪、坑尾、下溪、楼仔坪、新楼、城仔和罗寨圈等自然村。

寨河村分布寨河、城仔迹和斜坑等自然村。

新美村分布田中央、后巷、东山、东寮、桥仔头、下店和井仔尾等自然村。

侯门村分布侯门、山都、前洋、寨内、溪打、联安、浦口、长北、马婆、石门和河洋等自然村。

新塘村分布新塘、考塘和田尾坑等自然村。

（二）国强乡

白叶村分布凤鸣楼、坑头、坑美、迎芬、新楼、楼仔、金星楼和洪圳坑等自然村。

乾岭村分布圩仔、石园、后湖、岭美、贵宝、旧寨、蔡田、内学、新楼、顶楼、新厝、月明楼、福井和客楼尾等自然村。

洋池村分布顶楼、水口、田中、下城、庵山、山仔坪、山坪头、岭腰、双头墩、坑仔边、后岭和腰坑等自然村。

古爽村分布内楼、割厝、廖厝洋、狮仔楼、内洞、陈溪、璋石和顶楼等自然村。

碧岭村分布西洋、沾竹、西山下、地翠仔、径心、径头、大头丘、赤岭、塔南、迎祥和官田等自然村。

高坑村分布店仔、石盘、禾仓、高漈、楼脚、埔中、瓦窑、内溪、外寨、溪坪、埔尾、渡船头、新楼、坑仔和枣仔湖等自然村。

延山村分布和头、下楼、顶楼、高圳、枫仔仓、口鞍、槽仔和大水坑等自然村。

三五村分布郭坑、闽潭、坪坑仔、后溪、红能坑、长圳头、雷公坪、田坻、圆边、牛湖、大片、外湖、黄竹首和可竹坝等自然村。

凤山村分布半岭、大丘田、大湖、楼仔、松柏脚、凤湖、凹仔、吉坑、鹅江过和溪周厝等自然村。

松湖村分布松湖、高厝山、船地、邦咸、片仔、长圳脚、外厝和墩仔厝等自然村。

梅子村分布公爷洋、顶坝、下坝、梅洋、苦竹坝、上坪、墩仔窑和西格营等自然村。

新建村分布顶洋、半岭、径仔口、江厝坑、洋仔山、陈仔、言西、等角、松炉溪和荣树科等自然村。

岩坑村分布岩坑、交盾和台玉贯等自然村。

白水村分布顶墩仔窑、白水漈、风吹斗、塘仔角和竹湾科等自然村。

（三）崎岭乡

桂竹村分布桂竹洋、下斜尾、下路溪、后斜角、寮坑和上溪等自然村。

新南村分布新圩、割尾、顶坪、中坂田、溪边楼、楼平、枫林溪、田中央、后垅、内厝、大水垅、外厝、内厝坝、窑后和苦训坑等自然村。

南湖村分布庵寨、土坑仔、顶楼、下楼、祥和楼、南陂、山头、大茂山脚、寮仔垅、后山、福田头、石鼻头和楼角等自然村。

合溪村分布合洋、古懒、河边、溪背、山角、潮河、崎岭铺、新村、新桥和下午斗等自然村。

浮坪村分布外楼、内楼、寨仔、后垄仔、麻寮坑、对尾、水井、平园、新田科、柿仔墩、庵边和蕉科等自然村。

诗坑村分布诗坑、面前山等自然村。

漈头村分布上墩、漈头楼、下葛、板桥外洋、板桥和店仔等自然村。

下石村分布新楼、四角楼、中寨、白石下和草潭等自然村。

顶寨村分布顶寨、寨科、东山、下斜、半岭、径仔、三坑仔、高南埔、顶山尾、下山尾、坑坪和山仔后等自然村。

溪头村分布水尾、溪头、古坎、口漈仔、路脚、外楼仔、中胡仔、坝仔头、内湖、岩坑、长枝后、打铁曾、深坑仔、岭头、碗尾、松柏脚、台玉畲、小尖仔、新庄和上湖等自然村。

时陂村分布崩山头、草仔坪、楼仔、石半山、和坑仔、圳尾、丁心坪、碗其、胡头、树林脚、尖山坑、角仔内、松柏脚、竹林脚、明仔丘、王厝和庵仔脚等自然村。

彭溪村分布山下、杨梅坪、岽头、曾半山、井边、顶午斗、湖美寨、高墩、墓林、大科塘、大垅头和杨坪科等自然村。

崎南村分布塘寮、龙光坡、寨仔岽、高山、角头、下坪坑、顶湖、下湖、墓角和水井等自然村。

（四）长乐乡

农家村分布横家田、农桑寮等自然村。

建三村分布背头田、坪顶额、鹧鸪坪、湖洋背、下翰、炉坑和粗滩等自然村。

建南村分布案上、南圩、大学、长崃楼、楼仔角、塘腹和木棉科等自然村。

乐北村分布玉坪、下屋子、草子坪、科子头、秀丘田、结科楼、下村和张坑等自然村。

秀山村分布半岭、上洋、江项、下洋子、山顶坪和寨仔等自然村。

联胜村分布佳蕉尾、朴树下、庵边、良坝和河贡头等自然村。

葵山村分布坪中、长里、中里、小坑和下店等自然村。

联三村分布下坪、百溪头、后埔墘、陂头角和西坑角等自然村。

南庭村分布紫庭、竹子山、坑下和水井子等自然村。

（五）秀峰乡

龙岭村分布席草塘、点仔埔、大仓、塘背、大坪头和白楼仔等自然村。

坝头村分布圳下、井头下、低坪、安湖里和车田巷等自然村。

坪洄村分布田心、坎下和寨巷等自然村。

坪东村分布坪洄圩、下田、上角、杨梅坑、寨仔、白马石、上端、陈坑和大窠里等自然村。

三联村分布治九、甜竹子、尖山面、玉尺岗和双坝等自然村。

秀峰村分布秀峰圩、楼仔、四角楼、新楼、田头下、南山角、南山、美岭、何边阁、上楼、蛇尾、桥仔头、美塘下、坑头、百花洋和峰岩凹等自然村。

双塘村分布双记山、郭厝塘和何猪笼等自然村。

文田村分布老厝科、凤山楼、下湖洋、洋寮、大禾科、大石角和过凹等自然村。

南峰村分布枫树下、大圳、上墩、下墩、禾寮差、然田和双坑等自然村。

福塘村分布杨厝、溪坝、福墘美、东墘、枫树坑、坑头坪、村尾、庵背、寨下、塘背科、良仔、福南山、结古潭和大峰径等自然村。

二、镇自然村分布

（一）小溪镇

新桥村分布龟头城、后巷、旧桥头、古树园、石鹰等自然村。

联星村分布大井头、后壁田、顶街尾、后塘、下里、合泰、小庙后、市尾、坎头路、溪园、西市场、福德巷和水门溪等自然村。

共和村分布蕹菜塘、径仔埔和东风新村等自然村。

豆坪村分布新楼、产墘、虹仔尾、金钩、新厝、潆脚、大崩、横六湖、大坑、铜仔尖、下大仓、纳树脚、顶大仑、古楼墘、庵仔头、柚仔脚、下学、畲沟、水尾、办仔头、墘仔湖、新建、石门坑、梧桐湖、淡竹下、南公、大厝和半岭等自然村。

枫埔村分布顶楼、下楼、金蛟、坑头湖、树林后、破仔后、径口、四斗尾、寨后和陂头尾等自然村。

厝丘村分布大寨、厝丘、新楼、大厝、帽仔山、白楼仔、交口、崛朗和后边等自然村。

旧楼村分布旧楼、林仔角、内楼、后坑、许者院、后埔、顶溪埔、下溪埔、顶新庵和枫仔脚等自然村。

金光村分布牛母头、塘内、北塘、竹湖、公司、居高寨和坪仔等自然村。

古楼村分布坎头陂、黄寨埔、经寨、土头庙、顶水港、下水港、延寿庙、大埕、大楼、玉村、敦睦、水门溪、桥仔头和坎顶等自然村。

联光村分布鼓仔山、赤岭头、下后斜、溪头、径仔埔、金面和寨腰等自然村。

五村村分布缎洲、后壁溪、东山和斜坑等自然村。

溪洲村分布大学、东鼓、瓦窑、红楼、硫磺、楼仔、寨仔头、田中央、美厝、后湖、前埔和下楼等自然村。

高南村分布溪边、溪埔、顶溪、城内、垄仔园、后帽、高云、田寮和岭后等自然村。

南寨村分布寨仔、南蔗、卓厝、风门、山格营、大潭、学校和顶厝后等自然村。

内林村分布新楼、旧楼和畲里等自然村。

湖田村分布湖田、苦竹林、上可和下可等自然村。

岩坂村分布宝镜、洋仔、溪边、新楼仔、鸡母厝、巷口、楼仔、桥头和大湖等自然村。

坑里村分布五公庙、下坂、坑平、后壁仔、新楼、柿子尾和发济等自然村。

旧县村分布新楼、竹埔脚、井边、大厝、楼仔、山腰、巡岩、旧楼、山顶、新店、望山湖和顶厝等自然村。

玉溪村分布下垄仔、交平楼、三板桥、浸水厝、大道公和高田等自然村。

宝善村分布宝善、桃李厝、厝仔、东山、田中央、寨仔、上学和圆楼等自然村。

西林村分布庵下、西山城、大头埕、东门坑、石楼仔、上厝、旗仔山、楼地、彭林、庙坑和西山等自然村。

产坑村分布新楼、下楼、顶楼、顶楼后、畲头、外厝、内厝、茶仔岭、钟厝、楼仔尾、竹林、高田仔、银坻、大畲和三脚柱等自然村。

（二）九峰镇

三坑村分布三坑、白叶塘、石厝、高港、破寨、半山、下村、坎头岭和外新村等自然村。

苏洋村分布岭下、苏洋、下洋坝、田心、角山、外洪坑和内洪坑等自然村。

复兴村分布茶洋、楼坑、桥头吴、土坑内、下水仔、九水坑、大湖、南山尾、溪背墩、寨顶、庵下、庵坑仔、东峨头、暹背、础溪楼、础溪顶厝、础溪下厝、四方山和吕坑等自然村。

东富村分布姓黄楼、湖洋背、下村洋、赤凹、彩宅、岭背凹和十八弯等自然村。

澄溪村分布溪角、枧下、圳口、新塘、墩上、新庵、谷仓、半径、万古空和福里石等自然村。

福坑村分布下坑、下楼仔、四角楼、下三公、栗子园、卓凤楼、上三公、新楼、漈下、大尖楼、上科、木科、下厝和二尖等自然村。

眉山村分布石室、甜笋科、大寮背、大深坑、楼角、荒田岗、水尾、福场科和林屋科等自然村。

黄田村分布下楼、鸡岑山、攸福埔、背厝、溪坝、凹上、见下、上庵边、老鸦科和黄柳斜等自然村。

积垒村分布上坪、新厝、湖洋桥、北坑、凹孑、江子清和担水窠等自然村。

下坪村分布下坪、庵边、杨梅坪、石良下、坑口、凹下和赤草埔等自然村。

陈彩村分布下村、芹彩洋、上科、观音岽下、漈头、上楼、下楼、上洋、天巷岽、三角塘、半山、赤必、松柏岗、虎坑、赤石和大山里等自然村。

福田村分布中灶、西坑、新厝、下门、田中央、下隘、勇背、仙子里、赤土楼、下老厝、双溪仔、黄沙坑、溪尾、葫芦潭、猪槽潭、伯公座和岩下等自然村。

平等村分布庵坑、中村、虎地、箭竹坑、张下角、墘尾、下湖仔、石坪仔、半岭和隘仔坑等自然村。

军溪村分布上村、上墘、田中央、漈下和隘旗下等自然村。

福山村分布文光楼、下楼、江子背、贯背、新厝、新屋、茅砌凹、塘科和山下等自然村。

新山村分布长内、湖仔背、黄厝、赤塘、鲫鱼岽、上寨、四角楼、下厝场、庵背、田螺衣、寨仔下、鼎炉、岭脚下、楼科、石壁下、白厝和下楼仔等自然村。

下西村分布阔洋、下楼、过角、楼仔、溪头、桂竹下、高寮和背头湖等自然村。

下北村分布梓堂里、溪坝、庵前、大峰庵和上寨等自然村。

上仓村分布上仓、割莛坪、对面、桂阳、桂林、山口、大北坑和下溪坝等自然村。

联峰村分布大坪、路头塘、梨树下、草仔坪、寨仔、大耳坝、甜竹坑、石楼、上厝、松柏背、秀茅、岭仔下、马脐光、石笔科、上角坑、牛肝里、竹头背、半岭和畲坑等自然村。

振阳村分布洋坑、水潭和半岭等自然村。

九峰村分布下湖、坑内、坑仔边、东山庵、南门洋、半尾渡、刣狗堀、下厝场、寨下楼和下田等自然村。

城东村分布大庵、松光寮、东门外、仁美楼、何地方、下林埔和三官堂等自然村。

城西村分布杨厝坪、教场后、下街和溪畔等自然村。

城中村分布西街游、县堂前、县后龙、三角街和东门头等自然村。

（三）山格镇

高磜村分布隆兴、林边、石壁园、柯林、径头、西洋、下新楼、搂仔厝、望后、厝市仔、顶水头、岭脚、港上、港溪、楼坪、顶溪、楼仔脚、下楼、石盘仔、行林厝、邦桥、水门溪、郁仔和坎下等自然村。

白楼村分布何地楼、柯仔林、崎交、红楼、土田、坡仔头、洞口、寨仔脚、火烧楼、倒桥、蒲姜林、石盘、番仔楼、顶大墘、新楼、楼仔月、小溪仔厝、店仔、上坂、林前、白楼、上坛下、下大厝、田中央、蔡坡、新厝仔、坛下楼仔和军刀洋等自然村。

山格村分布山格圩、内街、溪南、溪埔仔、破楼、楼仔、鸭母宅、坛下、坎下、东古、山边、山寮、河山、土寨、三脚厝、大墘、冷水井和竹林等自然村。

新陂村分布顶楼仔、庵仔、人家、新楼、庵上、崎陂、坎仔头、顶厝和巷仔口等自然村。

铜中村分布铜头、烘里、坛坂、溪埔楼和下埔等自然村。

隆庆村分布隆庆、船古边、溪仔坪、上洋、下洋、田中央、九斗、新厝、过河、楼仔顶和过境等自然村。

平寨村分布厝地仔、赤竹脚、后学、山边仔、新厝、蔡厝、草寮、内林、埔坪、仓仔、北溪、田中央、大路顶、圩仔、马洲、下洲、下祠堂、白寨仔和芒仔头等自然村。

三美村分布口厝、洲仔尾和园美等自然村。

宝丰村分布塔尾、洋里、宫仔前、溪洲、石龟、毛坑和洋尾山等自然村。

双坑村分布黄寮、下坪、老寨、熊仔坑、溪边、楼内、打银和双潭等自然村。

双田村分布新楼、山脚、旧楼、田中央、白望洲、顶厝和下厝等自然村。

前进村分布大仓、顶厝、下楼仔、沟顶、大片、风门、下尾、下厝和长芦仔等自然村。

土田村分布红埔、下烘、内仓仔、东厝、新厝、上楼、新村、后河和下楼等自然村。

（四）南胜镇

南胜村分布南胜圩、坎脚楼、前洋寨、下厝、下莲花、建福、下云楼、港口、古楼、下溪埔楼、上溪埔楼、四角楼、圆楼、沟边、下六、坎顶城、溪东、楼仔、圩后、顶六、市头、下美城和甘门街等自然村。

义路村分布新楼、邦寮山、上马头、佳者坑、楼仔、云寮城、枫仔林、厝仔尾、顶楼、邦寮、新大厝、山仔边、脚潭、枫树脚、后崛溪、东加山、义路楼、坎顶、竹茂楼、白楼仔和义路埔等自然村。

云后村分布三房、关刀坑、大坪、陂仔尾、五房、仓仔、肚塘、顶厝楼、云溪楼、坑园、云寮内、顶厝、下楼、下马头、墘仔、坎尾、丰坑后、后厝、大墘、左阳、莲花、寨仔、象棋楼和腰仔等自然村。

前山村分布树下、溪仔坪、和仓、祠堂边、埔边、内洋仔、下溪东、中英楼、顶楼仔、寮兜、庙后、泉空湖、井尾、新村、后壁山、四房和寨仔等自然村。

龙溪村分布龙溪、大岭、井仔、岭头仔、粗坑、粗桥、山尾潭、八仙桌、必仔寿、割埔、大茂山、钟林和大片等自然村。

子坑村分布番坪、寨仔、望湖、牛埔、和空和城仔楼等自然村。

龙心村分布下丘、无尾虹、湿湖、山坪、花仔楼、陆坑山、崎头、石格、新楼仔、蔗林、上寨、高厝、种田、双思溪、后径、坎头、大湖、西坑、三斜坑、内洞和吴坑等自然村。

法华村分布庵后楼、老龙楼、洋底楼、大科洋、坎下楼、大溪埔、黄山塘、上厝、北地、对仔、东古洋、南安、凤尾锥、春内、寮前、土城和车寮等自然村。

欧寮村分布楼仔、寨尾、半岭、仓仔和横石等自然村。

康厝村分布糠厝、王公田、徐土、竹林和大科洋等自然村。

安石坑村分布文龙湖、酒斗、白寨湖、杉仔林、径仔、麻竹园、荔枝脚、泉空、内坑、埔仔、粘时鸟、柯脚和内厝仔等自然村。

（五）文峰镇

前埔村分布田中央、下尾郎、东埔和树坑等自然村。

三坪村分布田里厝、上境、楼脚、虎尾山、五山、下学、黎明、后坪和潭下等自然村。

龙山村分布庵兜埔、新楼、庵前、盘珠、墘后、东山坑、内宵、顶墘、伏地虎、下山后、顶山后、林下、田中央、龟仔头、大厝和溪埔楼等自然村。

龙东村分布内东溪、外东溪等自然村。

柴船村分布庵前、山仔头、坎下、柴头埔、韭菜坑、塘仔、北溪、高坑、船场和半岭等自然村。

南霞村分布山兜、弓后、大陂、险石、过溪楼、红坑和顶张等自然村。

文美村分布洋尾、下庵、定头、下尾楼、埔坑、后塘、抬扶坑、红楼、下学、张洞、宝桥、洞口和大道寮等自然村。

文洋村分布文峰圩、大墘、旧圩楼、圳仔后、大洋、学仔埔、三落、溪山、过溪和室仔岩等自然村。

（六）坂仔镇

五星村分布客寮、下尾、甘棠坑、东山、贵阳楼、枣树下、上新楼、旧厝、龙秋、大丘田、龙坪和蚊子坑等自然村。

联建村分布古仔墘、井尾、洞口、松柏墘、顶楼尾、顶厝、顶楼、虎坪、甘棠脚、荔枝脚、大厝和崎脚等自然村。

民主村分布坂圩、高寨楼、石鼓楼、石鼓尾、田中央、胡仔厝、圳心、太古山、下汤和溪仔等自然村。

西坑村分布大墘、枫树湖、石壁下、内坪坑、外坪坑、塘仔坪、铜鼓、寨脚、半洞内、洞内、甘坑、石厝寨、旧楼、新楼和白水漈等自然村。

宝南村分布大学、陈赛、田仔坑、径口、后厝、火烧楼、翠眉、黄坡楼、溪仔边、南巷、虎耳、圳仔后、巷仔内、九间、后楼、新城、新圩、竹树、新楼、顶楼、打石坑、梧桐厝、和山楼、南山、黄墘和牛尾楼等自然村。

东风村分布崩溪、顶新厝、砖仔楼、下新楼、和角城、环溪楼、仁家、下楼仔、溪洲埔、林埔、寒寮坑、长箱、红楼仔和下田等自然村。

仁山村分布掘断山、北山、杭埔、楼仔、下寮、寨仔脚、横江、石桥、埔心、军营、顶厝、新楼和北楼等自然村。

山边村分布下山边、顶山边、埔尾、岩前和下坑等自然村。

心田村分布寮里、古林、田中央、古林厝、淡底厝、大学、云东坑、下土楼、麦高宫、下割、双溪、大洋、白楼仔、沙墩、崎沟、顶洋、狮子楼、横江头、下欧和吴坑等自然村。

东坑村分布马江、后溪、大仁楼、顶学、东坑洋、三村、溪坪楼、董厝楼、石头城、南鞍、畲后、东仙、山坪、顶炉、圆楼、新起楼、龙福楼、和表、白楼、寨仔内、楼仔、后园、坑厝、福洋、顶腰、下腰和坎尾等自然村。

梨洋村分布下楼、新起楼、大厝、半岭、洋头城、上楼、水隙、炉内、后仁、石路、坑坪、新厝、山尾、楼仔和中润等自然村。

峨嵋村分布峨嵋山、下尾烧、水路隙、寨尾、内湖、下楼仔和庵仔村等自然村。

和平村分布福场、后壁埔、大圳头、郭田坑、大畲湖、内坑、外坑、崎岭、犁壁斗、洋仔和白沙溪等自然村。

金京洋村分布虎碧堂、金京洋、半径和斑鸠飞等自然村。

（七）大溪镇

大芹村分布外厝、上楼、内厝、岭头、背头科、大石下、漈下角、水打田、下屋坑、黄泥坑、水眼洋和大坑等自然村。

大松村分布小溪尾、大格里、寨仔下、风洞里、松岗岭、坝仔、大丘田、南山下和上陂等自然村。

下村村分布下村、五星、庵格里、对陂楼、庵仔背、洋坑、坎头、耀祖里和庵仔角等自然村。

新荣村分布水口、龙颈、蜘蛛丘、玉岭、石角里、东山洋和大坪顶等自然村。

溪口村分布楼下、坡下弯和溪背等自然村。

橡林村分布橡林、神在埔等自然村。

新光村分布团光、水宝、石桥、老鸦山和林子坑等自然村。

店前村分布科里、新楼、西辉和集美等自然村。

江寨村分布上坝、上坝楼、龙滚水、卓墘、田背、榕林、旧楼、新楼、石坪里、石坪头、犁头咀和洛阳楼等自然村。

赤坑村分布赤竹坪、东西坑、茅砌岽、务蛋西、大塘、百花洋、上洋仔和深科等自然村。

庄上村分布大楼、下坝、下学、东南、升楼、东北、西门、旧寨、永安、朝源、西塘、富坑、湖仔岭和坪坑里等自然村。

硕卿村分布上弯、下塘、上料、下弯、寮下、碧华、井下垄、樟树背、日升和下垄仔等自然村。

三华村分布上弯、下塘、上料、下弯、寮下、碧华、井下垄、樟树背、日升和下垄仔等自然村。

云中村分布内角、溪下、石屋、桥山、龙山畲和外角等自然村。

廖安村分布崀背、车田、梅山、盆里、岭头、桥子头、黎园光、其坑、横路下和山林里等自然村。

赤安村分布鸟叫凹、坪斜、小枋、大枋、下溪、碗寮和高隐等自然村。

新红村分布红坑、下径、塔下坪、黄泥丘、油车、岭头、新圩、日新、下布和山角里等自然村。

新农村分布石陂下、格子口、湖洋头、尾楼和坑美等自然村。

石寨村分布白厝仔、大路坪、新田墘、尖石仔、学堀、石门湖、大石空、大岽、大湖岩、印斗和青云等自然村。

宜盆村分布径口、宜古田、大楼、中楼、顶园、坝仔、墩仔楼、云美店、盆下、大洋、彩公凹、通坑、胶竹坑、楼仔里和墘仔尾等自然村。

峰山村分布坎头、峰山、山前、新圩、松柏林、漈下、把水口和岭后等自然村。

壶嗣村分布壶嗣、田坑、地埔和牛洞等自然村。

山布村分布狮仔楼、下厝、龟山埔、坑内、鸭母坑、大片和崩坎脚等自然村。

坪塘村分布坪塘、顶楼、海龙门、新楼仔、顶漈、望湖、节坑、湖仔底和下陂溪等自然村。

大二村分布新楼、旧楼、土狮仔、五斗埔和新厝等自然村。

（八）霞寨镇

寨里村分布寨里、蛋石、井尾和洞脚等自然村。

岩岭村分布岩岭、岩岭埔和溪坪楼等自然村。

群英村分布霞寨圩、顶墩、狮仔楼、塘北、西奎楼、三街、南门坑、林口、洋谷坑、顶寨、下墩、马跳、白灰搂、迎辉楼、洋厝、埔美、庵边楼、下尾、桃仔园、芹山楼和芹山等自然村。

寨北村分布北坑、百丈漈、寨仔墘、粗石仔、岭脚、岩仔墓、石狮尾、北坑尾和江平等自然村。

内坑村分布内坑、窑后、内尖、顶朝天和下朝天等自然村。

联荣村分布顶厝、寨仔、坎仔脚、卓厝、山坂、下山坂、岽后、坑平、岽仔鞍、圳尾、坑湖、陈婆斜、坑仔内、福湖、下厝、大丘尾、崩山和下雍坑等自然村。

大湖村分布深渡、岭脚、石寮、大湖、漈尾和交洞等自然村。

西安村分布大坪圩、睦顺、兴楼、新寨、福厝、王厝、西爽楼、岭下、浮山、井头、新起厝、新圩、楼仔前、柿脚、凤山楼、大厝、南山楼、鸭头墘、楼仔厝、溪心楼、庵前楼、溪边洋、安抚寨和坎脚等自然村。

建设村分布中秋洋、角仔尾、吴充厝、吴充山、环山、新城、温坑、溪边学、参峰、红楼仔、乌石厝、旗杆楼、山前、溪里、松柏脚、溪角和楼仔坪等自然村。

村东村分布东古楼、山口、席草乞、洞坪、番仔寮、大山、上虎空、下虎空、湖山、山仔尾、大路坪、田中央、岭尾埔、五间厝、东古埔、西高和山边等自然村。

古隆村分布学仔脚、班山厝、水口、旧楼、溪沙、溪前、西塘、黄岭、扫帚金和三贤等自然村。

墩里村分布墩仔尾、寮仔前、干田墘、仙师堪、枋仔脚、田尾、石古坑、山沟仔和白石岭等自然村。

坑内村分布庵仔后、安前、大片洋、好上墩、车埕、石古崀脚、石蛤仔、李仔墘、旱田、过溪、牛担湾、楼仔坪、内大厝、石古仔埔、外寮、石古仔、行脚、寨墩、大草埔、鹧鸪坪、鸡笼山、顶风门、下风门、和厝坪、风仔墩、大崀、大水路、空坑和罗坑等自然村。

彭林村分布彭林、芹山后、毛坑、顶店、埔坪、下洪、山后、叶楼、温厝楼、顶寨、半山、彭厝、顶寨埔和刺空等自然村。

三合村分布枫树湖、新辉、石碎头、桥头、牛路头、凤山、内厝、枣仔头、水湖、园山、大井湖、后壁林和内大坑等自然村。

团结村分布小坪圩、东山、点林尾、北坪、林厝、塔山、柯林、庵前和下楼等自然村。

后塘村分布庵边、旧楼、下圩、赤岭头、三边、跳坑、大垅楼、后塘寨和白沙溪等自然村。

红楼村分布天上垅、官和坑、大埔、红楼、园坪、枣树坑、牛角人、田头垅、下水湖、洞仔坪、长埒和上水湖等自然村。

高寨村分布仓里、锦坑、大园、大岭埔、石人坑、墙头、东湖、下湖、内麻寮、外麻寮、人仔渡、鳖尾、甘垅、上元公、坪仔、大圳头、良坑和大班等自然村。

长汀村分布溪边、树下、上厝、新楼、溪平、东川、长春楼、蕉湖和竹埒等自然村。

钟腾村分布朝阳楼、寨后、黄井岭、垅田湖、大畲、凤尾、粗坑、章厝、径仔、乭仔、赤竹坪、亚贝、下墓林、桐树科、横路下、楼内、余庆楼、水古仔、草田尾和后平等自然村。

高山村分布桥头洋、粗坑、下高山、大协关、庵仔前、楼仔脚、溪平厝、树林脚、楼仔和斗内等自然村。

黄庄村分布黄庄亭、兔子运粮、下寮、蕉坪、下坪顶、草岭、三坂塘、顶大湖、下大湖、裤脚尾、内厝、和尚墩、杨梅脚、火烧坪、东柱、崩山湖、长林后和黄庄楼等自然村。

官峰村分布上官峰、石双坑、铜钟坑、丰厝和下官峰等自然村。

五美村分布广仔、山美湖、卓湖楼、小村、柴皮寮和大丘田等自然村。

洋坑村分布洋坑楼、顶楼、外厝、水尾厝和溪坪厝等自然村。

（九）芦溪镇

新村村分布新楼、畲坑、斗仔寨、大厝、国光楼和后坑等自然村。

村坑村分布跳石、前山、许坑、洋仔坑、上村、熊坑、青官和班土等自然村。

蕉路村分布上蕉坑、磨石坑、路下、溪角尾、班坑、田寮、石碧角、扶寨、半岭、溪坪寨、深丘、蕉坑圩、片仔、田螺盂、头巾公和割坑底等自然村。

芦峰村分布坝坪、寨坪、狮头山、岭头仔、洋尾、溪背和山园等自然村。

树林村分布洗马、溪埔、东山、井头、西头寨、草坪寨、西江、后坪厝、庵仔顶、下寨、官洋、树林、上湖和内坑等自然村。

连益村分布隘头、后垄、上楼、溪坪、横坑、葫芦地、出水仔、弄猴和后畲等自然村。

连新村分布下汪、下黄和詹厝等自然村。

连城村分布小连城、旦坑和杨厝等自然村。

双峰村分布下铜、亭仔尾、英头、楼仔、白楼、旗杆脚、天星楼、凹仔、草坑、广头、连里居、大魁、后坪垅和落沙潭等自然村。

梨坑村分布坎脚、岭下、琴山、楼仔、溪坪、大塘格、茅坪头和下梨坑等自然村。

漳汀村分布漳汀、石砌头、水尾、许坑、河口头、河口尾和马蕉坑等自然村。

秀芦村分布蕉和、下圩、下村、大坑、东山、石硿、隘仔、坑头畲、青草盂、黄仔坑和松柏崎等自然村。

西新村分布新楼仔、石门、西坑和上块等自然村。

山岗村分布下山岗、上山岗、洋头、茶寮和下溪头坪等自然村。

九曲村分布楮树坪、高畲、湾仔坑、大窠、猪仔畲、厝南坂、坪头、坎头、新厝、坑仔口、下攀龙、良上和九曲塘等自然村。

华峰村分布峰岩、上峰岩和花眉桥等自然村。

东槐村分布土城、三边罗、八角楼、菜公塘、科山、寨仔脚、铁骨头、隘仔楼、云中村、水井、新寨、大楼和丹坑等自然村。

（十）安厚镇

莲塘村分布棋盘、河洋、莲塘、竹根和大新等自然村。

安厚村分布圩楼、下洋楼、北门、南门、新楼仔、寨仔、坡头、汤部和打铁林等自然村。

白石村分布白石、新厝、汤墘、槐林和下洋等自然村。

龙门村分布岭门、白光、煎盘、许坡、汤坑、寮角、祖厝、树林、前洋、塘坪、鸽溪和后沟等自然村。

岐山村分布下埔、上埔、三斗、虎岫、漈口、新楼和龟山等自然村。

顶楼村分布顶楼、下楼、熨斗、益埔、安里、安脚、下高和石鸡等自然村。

三马村分布三畲下村、三畲上村、吊马、半岭、三斗坑、古竹林和南草坪等自然村。

双马村分布马塘、山塘尾、龙坡、将军径、井下和顶新楼等自然村。

马三村分布石壁坑、顶大厝、坑仔坪、洋坑底、上坪、彩峰和峰山下等自然村。

大径村分布新楼、旧楼、后门墘、楼仔、水尾楼、新圩、头坑和新塘等自然村。

龙头村分布怀德楼、水车洋、墘仔和顶东门等自然村。

美峰村分布水门、大路鞍、葛厝门、下埔楼、埔仔、赤寨仔、园墩、溪尾和黄山湖等自然村。

汤厝村分布汤厝、大埔、巷口、松炉脚和黄田径等自然村。

三龙村分布朱厝、岭顶楼、岭顶圩、祖厝、坪寨、水尾、下溪、高寨、交坪和石桥头等自然村。

田径村分布新桥、崎坑、新围楼、大坑、下暗径、暗径、东沱、埔腰、田背、岖头、金京洋、岭下、岖头、鸭母科、下厝和桥头等自然村。

华美村分布小岭角、和田、内楼、宜坑、雷打石、碗窑、径口等自然村。

径内村分布径内、老科、江坪和虎地等自然村。

东寨村分布寨下、客寮、向日楼、南风楼、大田格、新厝仔、洞口、大兴、岭头、大路尾、山仔边、洞仔内、崎沟、光潭和大片等自然村。

山口村分布山口、官洋楼、古楼寨、安坑、仙头、大头科、白山坑、何知堀、大坑头和下田等自然村。

大坑村分布长埔岭、顺隆、大坑尾、草埔岭、梧坑、新楼、新林、出林虎、李厝岭、长岭、堀仔楼、番仔楼、田中央、上陈、顶厝、下周和梅仔岭等自然村。

东川村分布狮美、周厝坑、半山、半岭、顶尖、建成、旧洞、崎岭、水路、山洋、益其头和顶村等自然村。

下新楼村分布下新楼、下径、占厝岭、青山、九宝坑、秀阳楼和塘厝等自然村。

第二章　自然环境

第一节　地质与地貌类型

一、地质

县境出露的地层有三叠系、侏罗系、白垩系和第四系。侵入岩均为岩浆岩，大小岩体有100多个，总面积600多平方公里。地质构造是一个以北东向断裂为主干、多组断裂交织一起的网格状断裂构造格局。探明的金属类矿藏有铜钼矿、铅锌矿、硫铁矿、铁矿、石英矿、锰矿、铍矿、钨矿和稀土矿等，非金属类矿藏有明矾矿、高岭土、泥煤、叶蜡石、花岗岩、矿泉水和水晶矿等。

二、地貌类型

县境地貌类型属中低山区和丘陵地貌，分为丘陵区、低山区和中山区。丘陵区海拔50～500米，坡度15～30度，面积占全县土地面积65.2%。丘陵多分布于东南部花山溪畔两侧河谷地带和山间盆地。丘陵规模小，山顶多呈圆包状，山脚多为凸形坡。低山区海拔501～800米，坡度25～40度，面积占全县土地面积26.3%。山脊明显，多呈东南、西北走向，局部地区仍为分水岭组成，地形较陡峻，且有崖壁地貌特征。中山区海拔801～1544.8米，坡度一般在30度以上，面积占全县土地面积8.5%。山脉多向东、向南倾斜，局部地段交叉成山结，山峰兀立，岩崩较多，多为县内溪流发源地。但因下切溯源侵蚀，多见深切河谷，形成V形峡谷，河深流急。山峦起伏，海拔1000米及以上山峰64座、1000米以下至500米山峰221座。千米以上的山峰分布特点是中部突出，千米高山多，毗邻县界以千米高山为分水岭，乡镇间以千米山峰为界。

第二节 气 候

一、气象要素

（一）温度

气温 1986—2007年，县境年均气温21.5℃。年均气温最高值22.6℃，出现在1998年；年均气温最低值20.7℃，出现在1986年和1992年。全年最冷月为1月。位于县东南盆地的安厚、南胜、小溪和山格等4镇年最低气温7.2℃～10.3℃，西北部的长乐乡、芦溪镇以及西南部的大芹山区和崎岭乡年最低气温不足6℃，其余地区的乡镇年最低气温6.1℃～7.2℃。极端日最低气温出现在1999年12月23日。当日小溪地区最低气温-2.9℃，霞寨镇为-7.5℃，芦溪镇为-10℃。全年最热月为7月。月均气温海拔300米以上地区（不含国强乡）为32.9℃，大协关山区为30.2℃，其他地区为33.1℃；位于县东南部的山格镇、南胜镇为34.5℃。极端日最高气温出现在2003年7月15日的小溪地区，气温39.7℃。

土壤温度 县境土壤温度月均最高值出现在7—8月，最低值出现在1—2月。极端日最高值出现在1987年8月29日，地面温度67.7℃；极端日最低值出现在1999年12月23日，地面温度-3℃。小溪地区全年日均地面温度24.2℃；深度5厘米、10厘米、15厘米和20厘米地中温度分别为23.7℃、24℃、24.1℃和24.3℃。

（二）降水

1986—2007年，县境年均降雨量1807毫米。位于石缺山—将军山—大芹山和狮子嘴岩迎风坡朝南谷口的霞寨镇、大溪镇是全县雨量最多的地带，年降雨量1990～2581毫米；南胜镇、五寨乡和九峰镇位于背风坡地带，年降雨量低于2000毫米。年降雨量最大值2533毫米，出现在2006年；降雨量最小值1360.1毫米，出现在2004年。各月平均降雨量150.2毫米。月降雨量最大值710.7毫米，出现在2007年8月。整个月降雨量为零毫米的有1987年12月、1992年10月、1994年11月和2003年12月等4个月。

小溪地区1月上旬至2月中旬的旬雨量在25毫米以下，2月下旬至3月上旬的旬雨量29～37毫米。3月下旬至4月上旬为春雨高峰期，旬雨量54～58毫米。4月中旬的旬雨量43毫米，下旬的旬雨量58毫米。5月上旬梅雨开始，旬雨量60～86毫米。6月上旬、中旬为雨季高峰期，旬雨量115～112毫米。6月下旬雨季结束，旬雨量58毫米。7月进入盛夏季节，也是台风、雷阵雨频繁季节。降水的强度、范围变化均较大。7—9月的旬雨量50～100毫米。其中，7月下旬至8月上旬的旬雨量82～91毫米。10月上旬起转为秋高气爽天气，除个别年份有晚台风影响而出现较大降雨外，一般旬雨量不足40毫米。11月起多为晴冷天气，旬雨量不足20毫米。11月下旬至12月中旬为全年最干季节，旬雨量不足10毫米。其中，12月上旬最少，旬雨量仅4.8毫米。

（三）蒸发量

1986—2007年，县境蒸发量以7月最多，2月最少，年均蒸发量1571.5毫米。年均蒸发量最大值1754.5毫米，出现在2003年；最小值1201.9毫米，出现在1997年。各月平均蒸发量131毫米。各月平均蒸发量最大值212.2毫米，最小值75.2毫米。月蒸发量最大值278.8毫米，出现在2003年7月；月蒸发量最小值 42.5 毫米，出现在 1992 年 2 月。

小溪镇年均蒸发量 1539.4 毫米。月蒸发量最大值 260 毫米，出现在 1988 年 7 月；月蒸发量最小值 43 毫米，出现在 1998 年 2 月。

（四）日照

1986—2007 年，县境年均日照数为 1745 小时。年日照数最大值 2036.1 小时，出现在 1986 年；年日照数最小值 1374.4 小时，出现在 1997 年。月均日照数最大值 217.8 小时、最小值 94.7 小时。月日照数最大值 308.2 小时，出现在 2003 年 7 月；月日照数最小值 29.2 小时，出现在 2005 年 2 月。

（五）霜

1986—2007 年，县境年有霜期 60 天以下。位于县东南部的小溪镇、山格镇、坂仔镇、安厚镇和南胜镇的霜期短天；位于县西部的芦溪镇、长乐乡、秀峰乡、九峰镇及海拔 400 米以上山区的霜期长。最早出现初霜日是 2001 年 11 月 22 日。

最早出现终霜日是 1990 年 11 月 30 日，最晚出现终霜日是 2005 年 3 月 6 日。

小溪镇出现初霜日在 12 月中旬，终霜日在 1 月下旬。

县境有霜日最长的是 1993 年，共有 13 天；有霜日最短的是 1989—1991 年，分别只有 1 天。无霜日年份是 1998 年。无霜日总天数 7243 天，平均年无霜日天数 329.2 天。冰冻日总天数 27 天，平均年冰冻日 1.2 天。

（六）风

1986—2007 年，县境风速最小的是芦溪镇、霞寨镇，为 1.0 米 / 秒；风速最大的是海拔 700 米的大协关，为 2.9 米 / 秒。

小溪地区风向：1—5 月多为西北—东北向，6—9 月多为偏南向，10—12 月多为东北—西北向。全年除静风频率为 51% 外，盛行东北风，频率为 10%。

（七）气压

1986—2007 年，县境年均气压 1009.7 百帕。历年定时极端最高气压 1030.5 百帕，出现在 1989 年 11 月 30 日；定时极端最低气压 981.3 百帕，出现在 1994 年 7 月 11 日。各月平均气压 1009.7 百帕。其中，12 月平均气压最大，为 1017.6 百帕；8 月平均气压最小，为 1001.5 百帕。

小溪地区各月平均气压 1009.4 百帕。其中，12 月平均气压最大，为 1017.4 百帕；8 月平均气压最小，为 1001.4 百帕。

二、四季气候

县境春、夏、秋、冬四季温差小，气候温暖，酷暑、严寒较少见。春季温暖多雨，湿度大，光照少。季平均气温 17.3℃，季总雨量 370.9 毫米，季日照总时数 316 小时。夏季较长，温度高，雨量多，光照足。季平均气温 26.6℃，季总雨量 710.8 毫米，季日照总时数 555.7 小时。秋季天高气爽。季平均气温 25.8℃，季总雨量 534.4 毫米，季日照总时数 502.7 小时。有些年份秋寒较早。冬季雨量少，是寒潮和强冷空气常袭季节，个别年份霜雪严重。季平均气温 15.5℃，季总雨量 112 毫米，季总日照时数 370.6 小时。

小溪地区候平均最低气温是 1 月的第四候，气温 12.7℃；最高气温是 7 月的第四候，气温 29.2℃。平均每年有 2.4 候的严寒（候平均气温低于 10℃）时节，每年有 1.3 候的酷热（候平均气温高于 30℃）时节。

三、气候区划分

东部河谷平原盆地区　包括文峰镇大部（南部除外）、山格镇中部、小溪镇大部、坂仔镇、南胜镇、五寨乡、安厚镇和大溪镇等地，海拔低于 150 米，气候温暖，无霜期长，年均气温 21.2℃，年总积温 7400℃～7800℃，年降雨量 950～1650 毫米，年日照总时数近 1800 小时。主要灾害是干旱、台风、暴雨及沿河低洼区洪涝等。

河谷盆地区 包括霞寨镇大部、山格镇西部、国强乡西半部、东川水库附近和大溪镇西部等地，海拔150～350米，雨量充沛，气候温和，年降雨量1700～2000毫米，年均气温20℃，年总积温7000℃～7400℃。主要灾害是干旱、冻害、大风和暴雨等。

博平岭山地丰水区 包括境内博平岭山脉附近地带，海拔600～1343米，年均气温17℃，年总积温7000℃，年降雨量1900毫米。主要灾害是干旱、冻害、大风和暴雨等。

东部、西部低丘陵区 包括文峰镇南部山区，南胜镇东北部、南部地区（与云霄县交界处），五寨乡南部山区，山格镇西北部，芦溪溪沿岸，长乐乡与秀峰乡全部，九峰镇大部及崎岭乡西部、南部等地，海拔250～400米，年均气温19.5℃，年总积温7000℃～7350℃，年降雨量1600～1800毫米。主要灾害是干旱、台风、冻害和暴雨等。

中低山区 包括海拔400～600米低山区和海拔600米以上中山区。中低山区气候与东、西部低丘陵区气候类同；气温随海拔的升高而降低，海拔每升高100米，气温则降低0.6℃。主要灾害是干旱、台风、冻害和暴雨等。

第三节 水 文

一、地表水

（一）河流

县境集雨面积3平方公里以上河流有130多条。其中，集雨面积300平方公里以上河流有3条，集雨面积100～300平方公里以下河流有9条，集雨面积10～100平方公里以下河流有69条。主要河流有花山溪、文峰溪、芦溪溪、九峰溪、安厚溪、大溪溪和五寨溪等7条。

花山溪 系九龙江西溪四大支流之一，发源于双尖山东北部，从北向南经霞寨镇、国强乡，折向东北，经坂仔镇、小溪镇、山格镇，流往南靖县汇入西溪干流。境内河道长64.2公里，流域面积857.3平方公里，河道坡降为4.71%。丰水年径流量11.95亿立方米，平水年为8.11亿立方米，偏枯水年为6.44亿立方米，枯水年为5.18亿立方米，可开发水力资源1.5万千瓦。花山溪流域面积90平方公里以上支流有南胜溪、枋埔溪、高磜溪和黄井溪。

文峰溪 发源于峨嵋山东北向，从南向北纵贯文峰镇，流入南靖县后汇入九龙江西溪干流。河道长20.4公里，流域面积168.5平方公里，河道坡降为6.05%。丰水年径流量2.43亿立方米，平水年为1.65亿立方米，偏枯水年为1.3亿立方米，枯水年为1.06亿立方米，可开发水力资源1100千瓦。文峰溪流域面积10平方公里以上支流有柴船溪、石鸡母溪、内东溪和宝桥溪。

芦溪溪 属韩江梅坛河水系，发源于东槐村隘仔楼自然村双尖山主峰北麓（北纬24° 25′ 42″、东经117° 07′ 43″），流向芦溪镇、秀峰乡、长乐乡良坝，进入广东省大埔县，经三河坝汇入韩江干流。河道长52.8公里，流域面积510平方公里。多年平均流量16.98立方米/秒，可开发利用水力资源3.06万千瓦。芦溪溪流域面积10 平方公里以上支流有东槐溪、斜坑溪、秀芦溪、龙岭溪、良上溪、白花洋溪和福塘溪。

九峰溪 属韩江梅潭河水系，发源于双尖山西部，向南往崎岭乡、九峰镇，进入广东省大埔县与芦溪溪交汇，经三河坝流入韩江支流。境内道长40.7公里，流域面积368.2平方公里，可开发利用水力资源1.3万千瓦。九峰溪流域面积10平方公里以上支流有桂竹溪、高山溪、大芹双溪和黄田溪。

安厚溪 属漳江水系，发源于灵通山东南部，横贯安厚镇，经云霄县汇入漳江。境内河道长17公里，流域面积144.8平方公里，河道比降为12.3%。丰水年径流量2.2亿立方米，平水年为1.25亿立方米，偏枯水年为1.17亿立方米，枯水年为0.94亿立方米，可开发利用水力资源471千瓦。安厚溪流域面积10平方公里以上支流有竹根溪、美岩溪、白石溪和川东溪。

大溪溪　位于诏安县东溪上游，发源于大松村大石下自然村大芹山东南麓（北纬 24° 12′ 19″、东经 117° 06′ 46″），纵贯大溪镇，流入诏安县东溪。境内河道长 16.2 公里，流域面积 107.5 平方公里，河道比降 13.4‰。丰水年径流量 1.76 亿立方米，平水年为 1.17 亿立方米，偏枯水年为 0.93 亿立方米，枯水年为 0.75 亿立方米，可开发利用水力资源 935 千瓦。大溪溪流域面积 10 平方公里以上支流有大松溪、赤安溪和石坑溪。

五寨溪　发源于大矾山南向，纵贯五寨乡，流入漳浦县鹿溪。河长 13.4 公里，流域面积 68.5 平方公里，年均径流量 0.88 亿立方米，可开发利用水力资源 275 千瓦。

（二）水资源量

1989 年，平和县地表水资源量 20.59 亿立方米。2000 年，地表水资源量 33.38 亿立方米。2005 年，地表水资源量 27.2 亿立方米。2007 年，全县地表水资源量 25.56 亿立方米。

二、地下水

（一）类型与分布

县境地下水主要为基岩裂隙水、基岩风化网状裂隙水和松散岩类孔隙水。基岩裂隙水主要分布在中低山、丘陵地带，以泉水形式排泄。基岩风化网状裂隙水主要分布在山间盆地、丘陵台地，以泉或渗流的形式排泄于山麓及溪沟。松散岩类孔隙水分布在山间盆地的河谷阶地，以蒸发排泄为主。

（二）温泉

县境发现流量较大的温泉有 11 处。其中，山格镇宝丰村宫仔前温泉的水温 72℃，出水量 10.8 立方米 / 时，矿化度 0.41 毫克 / 升；坂仔镇五星村甘棠坑温泉的水温 53℃，出水量 3.1 立方米 / 时，矿化度 0.28 毫克 / 升；坂仔镇桂阳楼东面温泉的水温 46℃，出水量 3.7 立方米 / 时，矿化度 0.32 毫克 / 升；桂阳楼南面温泉的水温 60℃，出水量 14.41 立方米 / 时，矿化度 0.32 毫克 / 升；南胜镇南胜村溪埔楼汤鼎温泉的水温 62℃，出水量 17.03 立方米 / 时，矿化度 0.42 毫克 / 升；南胜村西面温泉的水温 76℃，出水量 9.8 立方米 / 时，矿化度 0.42 毫克 / 升；安厚镇龙门村汤坑温泉的水温 46℃，出水量 9.72 立方米 / 时，矿化度 0.33 毫克 / 升；坂仔镇西坑村新楼、旧楼、厝寨和民主村下汤的温泉各 1 处，水温 35℃～ 46℃，出水量 4.6 ～ 9.7 立方米 / 时，矿化度 0.33 ～ 0.58 毫克 / 升。温泉的水中离子含量 17 毫克 / 升，pH 酸碱度 7 ～ 8，盐度 1.47 ～ 3.22 毫克 / 升，碱度 2.32 ～ 4.74 毫克 / 升。温泉水质不符合生活饮用水标准，也不符合工农业用水标准，多作为洗澡、洗衣物之用。

（三）水资源量

1989 年，平和县地下水资源量 4.08 亿立方米。2000 年，地下水资源量 9.39 亿立方米。2005 年，地下水资源量 7.03 亿立方米。2007 年，全县地下水资源量 6.82 亿立方米。

第四节　土　壤

一、水稻土

县境水稻土有机质含量超过 2%（最高达 6.92%），全氮含量 0.1%，速效磷含量低于 5ppm（ppm 为百万分率，下同），速效钾含量 30 ～ 414ppm。水稻土分为潴育型水稻土、淹育型水稻土、潜育型水稻土和漂洗型水稻土等 4 个亚类，面积主要分布在河流两岸冲积平原和山垅谷地。

二、砖红壤性红壤

县境砖红壤性红壤土层厚度 0.1 ～ 0.8 米，pH 酸碱度 4 ～ 5.4，有机质含量 1% ～ 3.6%，全氮含量

0.1%～0.15%，速效磷含量8～15ppm，速效钾含量80～100ppm。砖红壤性红壤土类分为砖红壤性红壤、粗骨性砖红壤性红壤和赤土等3个亚类，面积主要分布在海拔300米以下丘陵和河谷台地。

三、红壤

县境红壤土层厚度0.2～1米，pH酸碱度4.5～5.5，有机质含量0.84%～2.96%，全氮含量0.1%以下，速效磷含量小于5ppm，速效钾含量在80ppm以上。红壤土类分为淡红壤、粗骨性红壤、黄红壤、潮红壤和红土等5个亚类，面积分布在海拔300～700米低山丘陵和部分中山地带。

四、黄壤

县境黄壤土层厚度0.2～0.7米，pH酸碱度4.6～5，有机质含量0.96%～2.86%，全氮含量0.1%～0.15%，速效磷含量8～15ppm，含钾量大于80ppm。黄壤土类有山地黄壤1个亚类，面积分布在海拔900～1300米中山地带。

五、紫色土

县境紫色土表土层较浅薄，pH酸碱度5.5～6，有机质含量2%以上，氮、磷、钾含量分别大于0.15%、15ppm和100ppm。紫色土有酸性紫色土1个亚类，面积主要分布在低山和丘陵地带。

六、冲积土

县境冲积土pH酸碱度5.6～6.2，有机质含量1%～2%，速效磷含量8～15ppm，速效钾含量15ppm。冲积土有泥沙土1个亚类，面积主要分布在河流漫滩及沙洲地带。

第五节　野生动植物

一、野生动物

1989年初，平和县野生动物种类多，被列入国家保护的动物有15种。其中，一类保护动物7种，二类保护动物6种，三类保护动物2种。水产资源以淡水鱼类为主，共有15科41属44种。其中，鲤科有25属27种。此后，由于人为捕杀，生态环境变化等因素，野生动物减少。2007年，常见淡水鱼类有鲤鱼、鲢鱼、鳙鱼、草鱼、鳝鱼、青鱼、鲈鱼、鲫鱼、泥鳅、溪鳁、溪鲴、白须公鱼、倒刺鲃（粗鳞鱼）、白鳗鱼、刺弹瑟、金鱼和胡子鲶等；背壳类有龟、鳖、虾、穿山甲、田螺、蟹、蚌和蛎等。

1990—2007年，在县境出现或留有足迹的野生动物有15种。其中，属国家一类保护动物有云豹（在文峰镇、国强乡等乡镇时有出现）、豹子（在山格镇双坑村、霞寨镇双尖山、文峰镇三坪村和国强乡三五乡等地偶有发现足迹）、野牛（在文峰镇、霞寨镇、芦溪镇、小溪镇十八齿山、国强乡和九峰镇等地偶有足迹）、鬣羚（在小溪镇十八齿山、天马山等地偶有出现）和黄腹角雉（在坂仔镇、国强乡等乡镇均有出现）等5种，属国家二类保护动物有穿山甲（境内均有出现，以县西半部为多）、水獭（池塘、水库和溪潭附近均有出现）、马鹿（境内双尖山、小尖山和将军山均有出现）、鸳鸯（每年均到境内越冬）和金鸡（在文峰镇三坪村、小溪镇豆坪村和国强乡三五村等地均有出现）等5种，属国家三类保护动物有岩羊（在九峰镇、文峰镇、国强乡、霞寨镇和芦溪镇等乡镇均有出现）、虎斑蛙（在边远深山和山林茂密的小河和水沟均有出现）等 2 种。

二、野生植物

（一）植物种类

1989 年，县境分布的维管束植物有蕨类植物、裸子植物和被子植物。1997 年，经森林资源调查，县境有三尖杉、银杏等珍稀树木 20 多种，药材近百种。其中，有杉木、马尾松、毛竹等用材林树种，油菜、油桐、板栗等木本粮油、香料树种，山苍子、柠檬桉、蓝桉等可提炼化工原料树种。山茶花、杜鹃花、山含笑等可作观赏树种，三尖杉、三椏苦、木芙蓉等可作药材树种，棕榈、山黄麻等可作纤维产品树种。

2007 年，县境属国家一级保护植物有刺桫椤、银杏和水杉等 3 种，属国家二级保护植物有建柏、闽楠和楠木等 7 种；属省级保护植物有三尖杉、赤皮青冈和福建含笑等 8 种。

（二）森林植被

县境森林植被由于长期受人类活动影响而减少。2007 年，境内森林植被以次生植被和人工植被为多，主要有针叶林植被、阔叶林植被、灌丛和灌草丛植被等。

针叶林植被 针叶林植被属暖性针叶林植被。主要群系有暖性松林群系的马尾松林群系和杉木林组的杉木林群系，分布于海拔 1000 米以下中低山地。

阔叶林植被 阔叶林植被有常绿阔叶林植被和竹林植被。常绿阔叶林植被自东南部低海拔的季风常绿阔叶林向西北部高海拔的典型常绿阔叶林过渡。竹林植被主要分布在海拔 200 ～ 900 米地带。

灌丛和灌草丛植被 灌丛和灌草丛植被有常绿阔叶灌丛植被和灌草丛植被。常绿阔叶灌丛植被主要类型为桃金娘灌丛，分布在海拔 800 米以下山地。灌草丛植被有芒箕灌草丛、鹧鸪草灌草丛和五节芒灌草丛等，多见于荒山野地。

第六节 自然灾害

一、灾害性天气

（一）台风

1986—2007 年，县境受台风影响（日降雨量大于或等于 25 毫米，或过程雨量大于或等于 50 毫米，或风速大于或等于每秒 17 米视为受 1 次台风影响）有 52 次，平均每年 2.36 次。受台风影响最多的是 1999 年，有 7 次；1986 年、1988 年、1989 年、1995 年、1997 年和 1998 年各受台风影响 1 次；仅 1987 年没有受到台风影响。受台风影响过程总雨量小于 100 毫米的台风有 14 次。影响过程总雨量虽小于 100 毫米，但风速达每秒 17 米（8 级）的偏重影响的台风有 21 次。影响过程总雨量小于 200 毫米、大于 150 毫米的台风有 8 次，总雨量小于 300 毫米、大于 200 毫米的台风有 12 次，总雨量 300 毫米以上的台风有 3 次。日降雨量大于 100 毫米（大暴雨），或风速达每秒 29 米（11 级）的严重影响台风有 17 次。

影响县境的台风出现在 7—11 月。最早始于 5 月 13 日（2006 年 01 号台风），最迟结束于 11 月 16 日（1986 年 25 号台风）。受台风影响最频繁是 7—9 月。其中，9 月上旬最多，共 7 次；7 月下旬和 8 月下旬为次，各有 5 次。台风登陆地段在龙海—珠江口的有 30 次，在珠江口—海南岛的有 5 次，在厦门以北（含台湾岛）的有 10 次。台风在沿海减弱为低气压的有 7 次。

（二）暴雨

1986—2007 年，县境发生日降雨量大于 50 毫米的暴雨日共有 165 天，年均 7.5 天。暴雨日最多年份有 12 天，出现在 1990 年、2000 年和 2006 年；最少年份有 2 天，出现在 1993 年。最早出现的暴雨日为 1986 年 2 月 17 日，最迟出现的暴雨日为 2007 年 9 月 24 日。

县境出现连续4天暴雨的有1988年9月22—25日；出现连续3天暴雨的有1990年2次，1992年、1994年、1997年、2002年、2006年各1次。出现连续2天的日降雨量100～249.9毫米的大暴雨日有1991年6月25—26日、2000年6月18—19日和2006年5月17—18日共3个年份。最大暴雨日是2006年5月18日，降雨量181.2毫米。

县境暴雨主要集中在4—9月。在雨季（5—6月）发生的暴雨日有51天，在台风季（7—9月）发生的暴雨日有84天，在2—4月和10—12月发生的暴雨日有30天。全年除1月外均出现暴雨日。暴雨日3月后增多，8月最多，6月次之，10月起减少。历年各月暴雨日共发生次数分别为2月3次、3月7次、4月12次、5月21次、6月30次、7月24次、8月39次、9月21次、10月5次、11月1次和12月2次。

（三）干旱

1986—2007年，县境共发生干旱44次，年均2次。发生干旱次数最多的年份是1988年、1991年，均发生4次；1993年、2000年均为无干旱年。发生春旱共12次，其中中小旱9次、中旱2次、大旱1次；发生夏旱共9次，其中中小旱6次、中旱1次、大旱2次；秋冬旱23次，其中中小旱10次、中旱6次、大旱6次、特大旱1次。

二、气象灾害

（一）风洪灾害

1990年6月29日，06号台风在漳浦县登陆，小溪过程雨量219.6毫米，水位超警戒线2.48米。全县受灾3.25万户、16.23万人，其中被洪水围困6638人。房屋倒塌634间、损坏615间；受伤1人，192人无房可住。农作物受灾面积6133公顷。水利工程被冲毁987处。公路损坏113处、总长7.2公里，桥梁损坏11座。

1990年7月31日，09号台风在广东省陆丰登陆，小溪过程雨量319.8毫米，水位超警戒线2.46米。全县受灾870户，4110人被洪水围困。房屋倒塌179间、损坏324间，145人无房可住。水田受淹面积2982公顷，甘蔗倒伏面积904公顷，香蕉被刮断60万株。水利工程被冲毁1943处。公路路基、路面损坏2.8公里，桥梁损坏14座。

1990年9月8日，18号台风在泉州市晋江登陆，霞寨过程雨量314毫米。小溪过程雨量239.5毫米，水位超警戒线1.38米。房屋倒塌306间，107人无房可住。

1991年9月6日，16号台风在广东省汕尾登陆，小溪过程雨量251.5毫米，水位超警戒线2.47米；霞寨大协关过程雨量266.1毫米。全县受灾910户，4310人被洪水围困。房屋倒塌325间。

1991年10月1日，19号台风在广东省饶平登陆，小溪过程雨量145.7毫米，水位超警戒线2.61米。上峰水库过程雨量246.6毫米。全县受灾1510户，7235人被洪水围困。

1994年8月4日，13号台风在龙海市登陆，小溪过程雨量292毫米，水位超警戒线2.1米。东川水库过程雨量353毫米。全县受灾人口10.2万人，其中1.2万人被洪水围困。房屋倒塌239间。

1995年7月31日，04号台风在广东省澄海登陆，小溪过程雨量182毫米，水位超警戒线2.87米，风速19米/秒。霞寨坑内水库过程雨量301.1毫米。全县受灾21.5万人，其中1.72万人被洪水围困。房屋倒塌3530间，920人无房可住。

1996年8月7日， 10号台风在漳浦县东南方向60公里海面上减弱为低气压。8日，全县普降暴雨，小溪过程雨量242.5毫米，水位超警戒线0.78米。坑内水库过程雨量333.4毫米，秀峰水位高出1972年“7·29”灾害时水位1.5米。全县房屋倒塌4697间。

1997年5月5—7日，连续3天暴雨，小溪过程雨量271.2毫米，南胜过程雨量307毫米。7日，小溪水位超警戒线2.43米。全县房屋倒塌652间。

1997年8月2日，09号台风在香港登陆，小溪过程雨量246.7毫米，水位超警戒线2.65毫米。坑内水库过程雨量 329 毫米。全县房屋倒塌 79 间，53 人无房可住。

1998 年 10 月 26 日，10 号台风在厦门以东 40 公里海面上减弱为低气压，小溪过程雨量 218.1 毫米，水位超警戒线 0.32 米。东川水库过程雨量 538 毫米。全县房屋倒塌 66 间、损坏 279 间。

1999 年 9 月 16 日，10 号台风在广东省珠海登陆，小溪过程雨量 254.5 毫米，霞寨过程雨量 374 毫米。17 日，小溪水位超警戒线 2.74 米。全县受灾人口 25 万人，其中被洪水围困 2.3 万人，306 人无房可住。房屋倒塌 473 间、损坏 1051 间。

1999 年 10 月 9 日，14 号台风在龙海市登陆，小溪过程雨量 24.9 毫米，风速 19 米 / 秒。小溪、南胜、坂仔、五寨和国强等乡镇受灾严重。全县受灾人口 18 万人。房屋倒塌 32 间、损坏 1387 间。

2000 年 6 月 18—19 日，连续两天暴雨，南胜过程雨量 351 毫米。小溪过程雨量 335 毫米，18 日，小溪水位超警戒线 1.63 米。全县房屋倒塌 15 间，因山体滑坡成为危房的有 36 间。

2000 年 8 月 23 日，10 号台风在泉州市晋江登陆，小溪过程雨量 161.5 毫米，霞寨过程雨量 192 毫米。全县受灾人口 994 人。房屋倒塌 64 间，因山体滑坡成为危房的有 494 间。

2001 年 7 月 6 日，04 号台风在广东省海丰—惠东沿海登陆，小溪过程雨量 163.5 毫米，霞寨过程雨量 278 毫米。小溪水位超警戒线 1.01 米，风速 18 米 / 秒级。全县受灾人口 26.5 万人。房屋倒塌 45 间、损坏 1765 间，其中危房 84 间。

2002 年 8 月 5 日，12 号台风在广东省海丰登陆，小溪过程雨量 383.2 毫米，南胜过程雨量 430 毫米。全县受灾人口 27.12 万人。房屋倒塌 219 间，危房 189 间，350 人无房可住。

2005 年 8 月 13 日，10 号台风广东省汕头—澄海登陆，小溪过程雨量 192 毫米，风速 18.7 米 / 秒，上峰水库过程雨量 442 毫米。全县房屋倒塌 342 间、损坏 1964 间，432 人无房可住。

2006 年 5 月 18 日，01 号台风（珍珠）在广东省饶平—澄海登陆，小溪过程雨量 318 毫米，水位超警戒线 1.93 米。上峰水库、国强乡过程雨量分别为 481 毫米和 389 毫米。全县房屋倒塌 1119 间、损坏 5694 间，受灾人口 18 万人；冲毁道路 527 处（总长 62 公里）、路基 10.3 万立方米（总长 7.5 公里）、路面 25.52 万平方米（总长 59 公里），毁坏桥梁 40 座；冲毁河堤 183 处（总长 13 公里）、涵洞 175 处，提防决口 49 处（总长 4.6 公里），损坏护岸 159 处、灌溉设施 815 处。

2006 年 7 月 13 日，04 号（碧利斯）强热带风暴在台湾宜兰登陆，14 日在福建霞浦再次登陆。县境受其外围影响，14 日 8 时至 17 日 8 时，小溪、上峰水库、东川水库、新荣水库、霞寨镇、国强乡、南胜镇、芦溪镇、长乐乡和秀峰乡过程雨量分别为 362 毫米、382 毫米、501 毫米、501 毫米、342 毫米、407 毫米、389 毫米、339 毫米、572 毫米和 464 毫米。其中，7 月 15 日深夜南胜镇因强降雨引发山洪暴发，河水暴涨，南胜村、前山村和龙心村房屋进水，水位高 1.5 米（最高达 3 米），镇政府门前水深 2.3 米。全县房屋倒塌 5193 间（其中南胜镇 1389 间），损坏 5098 间，受灾人口 18.72 万人（其中南胜镇 5000 人）。冲毁道路 1978 处（总长 93.5 公里）、路基 7.8 万立方米（总长 2.2 公里）、路面 28.87 万平方米（总长 14.2 公里），道路坍塌 1700 处、27 万立方米，毁坏桥梁 56 座（其中全毁 11 座）；冲毁河堤 984 处（总长 26.9 公里）、涵洞 410 处，提防决口 35 处（总长 5.7 公里），损坏灌溉设施 134 处。

2006 年 1 号、4 号台风分别登陆，给平和县造成重大损失
（朱连生 摄）

2006 年 7 月 24 日，05 号台风（格美）

在台湾登陆，25日在泉州市晋江围头再次登陆，小溪过程雨量244毫米，水位超警戒线0.95米。秀峰过程雨量524毫米。26日，小溪风速10.2米/秒，阵风7～8级。全县房屋倒塌427间、损坏841间。桥梁毁坏2座。

（二）旱灾

1990年9月底至1991年6月上旬，县境出现秋冬、春夏连旱。全县130多条溪河除8条有少量水流外，其余全部断流；小（二）型水库全部干涸，中型、小（一）型水库蓄水量均少于20%。全县水稻受损面积1.12万公顷，其中水稻被晒死面积0.28万公顷。

1992年9月18日至12月29日，县境出现秋冬大旱，给农作物灌溉和水力发电造成严重困难。

1995年9月22日至1996年2月17日，县境出现秋冬旱，水果成熟期受到很大影响，产量下降。

2001年12月1日至2002年6月30日，全县总降雨量438毫米，占多年同期平均降雨量45%，尤其是2001年9月21至2002年5月9日总降雨量仅156.7毫米，占多年同期平均降雨量26%，是1960年有气象资料记载以来，秋、冬、春、初夏旱情最为严重一年。干旱导致泉水枯竭，水库蓄水严重不足，给农业生产和水力发电造成严重影响，有些地区饮水发生困难。全县农作物受旱面积3.58万公顷，其中严重受旱面积1.09万公顷。

2003年6月29日至8月11日，总降雨量57.3毫米，比多年同期平均降雨量减少82%，县境出现严重干旱。

2003年9月23日至2004年1月18日，总降雨量仅有26.6毫米，比多年平均降雨量减少88%，出现秋冬大旱。全县农作物受旱面积27.9万公顷，其中严重受旱面积0.2万公顷。

2004年9月24日至12月31日，总降雨量44.3毫米。干旱对未采摘蜜柚影响大，造成大量落果，损失严重。

2006年9月14日至11月20日，总降雨量5.5毫米，县境出现秋冬大旱。

（三）霜（冰）冻

1991年12月29日，出现霜雪。其中，长乐乡气温降至-7℃，地面积雪厚度6厘米，海拔800米以上的秀山村上洋岽和农家村大岽排等地积雪厚度10厘米以上。全县香蕉、蔬菜、冬地瓜和烤烟等农作物受灾面积1733公顷，有部分果树被冻死。

1992年1月15—18日，出现霜冻，香蕉、果树和蔬菜等农作物受冻严重。

1993年1月25日至2月2日，发生霜冻，尤其是1月28—31日，出现冰冻，降温幅度大，受冻时间长，越冬作物受冻面积3733公顷，其中香蕉冻害面积1667公顷，小麦损失1200吨。

1999年12月22—25日，出现冰冻，23日，平原地区气温-2.9℃，山区气温-7.5℃至-10℃，创1959年后最低气温纪录。全县香蕉受害面积8000公顷，其中绝收面积6667公顷；蔬菜受害面积1667公顷，蜜柚、荔枝、龙眼、柑橘、芭乐和印度枣等果树受害面积1667公顷。

2001年12月12—14日、27—30日，出现霜冻。全县农作物受害面积9299公顷，其中蜜柚、香蕉、芭乐、青枣受害面积分别为2333公顷、5333公顷、333公顷和200公顷，蔬菜受害面积1100公顷。

2004年12月28日至2005年1月2日，出现霜冻。全县农作物受害面积9100公顷。

三、生物灾害

（一）松毛虫害

1989年，县境森林发生松毛虫害面积291公顷。1991年、1992年分别发生松毛虫害面积2427公顷和1865公顷。1998年，发生松毛虫害面积213公顷。2001年，发生松毛虫害面积257公顷。2007年，发生松毛虫害面积233公顷。

1989—2007年，全县森林发生松毛虫害面积8907公顷。

（二）竹蝗虫害

1989年，县境竹林发生竹蝗虫害面积370公顷，其中山格镇前进村竹林受害面积20公顷。1990年，竹林发生竹蝗虫害面积 932 公顷，其中崎岭乡溪头村毛竹基地发生竹蝗虫害面积 667 公顷。1993 年，竹林发生竹蝗虫害面积 28 公顷。

1989—1996 年，全县竹林发生竹蝗虫害面积 1370 公顷（1997—2007 年均未发生竹蝗虫害）。

（三）毛竹枯梢病害

1993 年，文峰镇三坪村、国强乡三五村一带发生毛竹枯梢病害。是年，全县毛竹枯梢病害面积 22 公顷。1996 年，毛竹枯梢病害面积 53 公顷。2000 年，毛竹枯梢病害面积 115 公顷。

1993—2006 年，全县竹林发生毛竹枯梢病害面积 667 公顷（2007 年未发生毛竹枯梢病害）。

四、地质灾害

（一）山体滑坡

1996年8月8日，受10号台风袭击，山洪暴发，芦溪镇蕉路村磨石坑、半岭和树林村内坑发生山体滑坡，房屋损毁；省道东东线芦溪路段也多处发生山体滑坡，交通受阻。2006 年 5 月 18 日、7 月 14 日和 25 日，长乐乡连遭 01 号、04 号和 05 号强台风及暴雨袭击，秀山村半岭、上洋等自然村发生山体滑坡，房屋倒塌，受灾村民 137 户、648 人。联三村后埔、坡上、坡下和乐北村上林、秀丘等村民小组均发生山体滑坡，民房墙体断裂，受灾村民 46 户、199 人。

2006 年 7 月 16 日，遭遇 04 号强台风及暴雨袭击，南胜镇山体滑坡 1660 处，共 6.67 万立方米，受灾村民 808 户、2874 人。

（二）地震

1989 年，县境未发生 2 级及以上地震。1990 年 4 月 13 日 2 时 37 分，芦溪乡发生 2 级地震。1992 年 6 月 9 日 16 时 58 分，山格镇发生 2.8 级地震。

1994 年 9 月 16 日 14 时 20 分，台湾海峡南部（北纬 22.7°、东经 118.75°）发生 7.3 级地震，震源深度 20 公里，震中距平和县境约 240 公里，地震影响烈度为 5 度，境内有较强震感。1995 年 11 月 18 日 7 时 3 分，国强乡发生 2.2 级地震。1999 年 9 月 21 日 1 时 47 分，台湾中部南投县附近（北纬 23.917°、东经 120.833°）发生 7.6 级地震，震源深度 8 公里，震中距平和县境约 360 公里，地震影响烈度为 4 度，境内有较强震感。2006 年 12 月 26 日 20 时 26 分，台湾省恒春海域（北纬 21.9°、东经 120.6°）发生 7.2 级地震，震源深度 15 公里，震中距平和县境 460 公里，地震影响烈度为 4 度，境内有较强震感。

2006—2007 年，县境均未发生 2 级及以上地震。

1990—2005 年平和县 2 级及以上地震发生情况表

表 1-2-1　　单位：°、级

年份	月	日	时	分	纬度	经度	震级	参考震中
1990	4	13	2	37	24.53	116.97	2	芦溪乡
1991	2	3	21	22	24.38	116.97	2	芦溪乡
1992	6	9	16	58	24.42	117.37	2.8	山格镇
1995	11	18	7	3	24.22	117.12	2.2	国强乡
1996	11	20	0	36	24.45	117.02	2.1	芦溪镇
1997	10	4	19	3	24.27	117.37	2	南胜镇
2000	7	29	11	45	24.3	117.47	2.2	南胜镇
2003	1	13	6	53	24.43	117.27	2	山格镇
2003	8	27	3	34	24.27	117.4	2	南胜镇
2005	10	24	4	10	24.45	117.3	2	山格镇

卷二 国土资源管理 环境保护

1989年，平和县健全县、乡（镇）两级土地管理机构。实行全县土地、城乡地政统一管理和用地审批，对城镇土地实行统一规划、统一征用、统一开发、统一出让和统一管理。1991年，平和县环境保护局开展环保法规法律宣传教育活动，提高公众环保意识和法制观念。切实把环境保护各项工作纳入国民经济和社会发展年度计划之中，促进经济、社会发展与环境保护相协调。1996年，以“一控双达标”（主要污染源总量控制，污染源达标排放，环境功能区划达标）为重点，实施建设项目“环评”（环境影响评价）和环保“三同时”（防治污染和其他公害设施必须与主体工程同时设计、同时施工、同时投产）制度，防治污染源。1994年，划定基本农田保护区。1996年，设立土地监察大队，健全土地监察体制，建立土地执法检查监察制度。1998年，对土地利用总体规划进行修订，调整部分不合理功能区。制订《平和县城市环境规划》。1999年，开始办理采矿许可证。制订《平和县集中式饮用水源（地表水）保护区划》。2002年起，培育、发展土地市场，盘活国有土地资产，经营性用地全部采取有偿出让方式，并逐步建立土地资源市场配置机制，发挥土地资源效益。2003年，开展耕地开发整理工作。合理设置采矿权，规范采矿权招标、拍卖和挂牌出让行为，培育矿业权市场，维护矿产资源国家所有权，保护采矿权人的合法权益。2005年6月，设立国土资源监察大队，实行土地执法片区责任制，加强土地执法监督。2007年，全县开发利用土地204187公顷，占全县土地面积87.48%。耕地保有量24573公顷。审批建设用地面积51.54公顷。土地使用权登记与发证2489宗，使用面积1133.89公顷。出让使用权土地面积20.45公顷，收取出让金9487.94万元。查处非法用地面积6.2公顷。制止非法采矿行为12起，关闭无证矿山12个。全县空气质量达到国家空气质量二级标准；水环境状况总体良好，集中式饮用水源和地表水环境功能水质达标率100%；声环境质量达到国家二级标准。

1989—2007年，全县共查处非法用地面积67.55公顷。

1999—2007年，全县共审批办理采矿许可证企业22家。县环保“110”社会服务联动队收到信访件625件，办结率100%。其中，民众反映环境污染问题信访件319件，县信访部门转来的信访件62件，县人大、县政协建议、提案4件。办理行政处罚案件44起。

第一章 国土资源管理

第一节 管理机构

一、平和县国土资源管理局

1989年，原平和县土地管理局内设人秘股、地籍股、建设用地股和监察中队，核定人员编制13名，实有人员12人。1996年6月，平和县地质矿产局成立。1997年，县土地管理局内设人秘股、地籍管理股、建设用地管理股、计划财务股和土地法规监察股，核定人员编制44名。2003年3月20日，撤销县土地管理局、县地质矿产局，组建平和县国土资源管理局。2007年，县国土资源管理局内设综合股、执法监察股、耕地保护地籍测绘管理股、土地利用农用地转征股和地质矿产管理股，核定编制11名，实有人员18人。

二、乡镇土地管理所

1989年，全县14个乡镇均设有土地管理所。1996年3月起，乡镇土地管理所实行独立核算，单独建账，由县土地管理局统一管理和监督检查。2004年8月，增设秀峰乡土地管理所。2007年，全县15个乡镇土地管理所核定人员编制70名，实有人员45人。

第二节 土地资源管理

一、土地利用规划

1994年，平和县编制《1994—2010年县级土地利用总体规划》，划分各类土地利用功能。1998年，对土地利用总体规划进行修改，调整部分不合理功能区。同时，编制各乡镇土地利用总体规划，细化各类土地功能区，优化土地利用结构。2007年8月开始编制《2007—2020年县乡（镇）两级土地利用总体规划》。

1994年与2010年平和县土地利用规划情况表

表2-1-1　　单位：公顷

年份	耕地面积	园地面积	林地面积	牧草地面积	民居工矿地	交通用地	水域面积	未利用地	城镇规划区	乡村规划区	工矿规划区
1994	30106	19851	136196	—	4605	941	4660	37044	315	4088	202
2010	29199	29001	153857	852	6539	1022	5090	7844	1035	4063	717

二、土地利用状况

1996年，根据土地资源变更调查，全县土地面积233404.2公顷，其中小溪镇、山格镇、文峰镇、坂仔镇、霞寨镇、南胜镇、安厚镇（不含安厚农场）、大溪镇、九峰镇、芦溪镇、五寨乡、国强乡、崎岭乡、长乐乡、秀峰乡土地面积分别占4.7%、7.84%、9.52%、5.79%、8.96%、5.73%、4.89%、5.98%、8.92%、13.33%、4.02%、5.4%、5.36%、2.63%和3.83；开发利用土地面积196779.1公顷，占全县土地面积84.31%。其中，耕地27057.6公顷，林地、园地159261.8公顷，居民点、工矿、交通用地5759.5公顷，水域面积4700.2公顷，分别占全县土地面积11.59%、68.23%、2.47%和2.02%。未利用土地36625.1公顷，占全县土地面积15.69%。

2007年，全县开发利用土地204187公顷，占全县土地面积87.48%。其中，耕地面积24573公顷，林地、园地面积170933公顷，居民点、工矿、交通用地6111公顷，水域面积2570公顷，分别占全县土地面积10.53%、73.23%、2.62%和1.1%。未利用土地29217.2公顷，占全县土地面积12.52%。

三、耕地保护与土地整理

（一）耕地保护

1994年，平和县保持基本农田保有量不因经济建设开展而减少和降低基本农田的质量，组织开展基本农田保护区的划定工作，共划定基本农田保护区715片，保护面积23703公顷。落实县、镇、村基本农田保护责任制，县长与各乡镇（场）长、各乡镇（场）长与村委会主任分别签订基本农田保护责任书。实施土地用途管制，对确需占用基本农田的，依法按程序逐级上报审批，并按“地类一致、质量相当、面积相等”的要求补充调整。

1998年，根据福建省《关于开展全省基本农田保护区核查工作意见的通知》，以及漳州市人民政府《关于下达划定基本农田保护区面积的通知》，通过核查、补划、调整，确定全县基本农田保护区825片，保护面积26017公顷。

2007年，全县基本农田保护区780片，保护面积24573公顷。

（二）土地整理

1999年开始，平和县加强土地整理工作，把土地开发整理作为确保耕地占补平衡、提高耕地质量的主要措施。2003年8月，平和县耕地开发整理办公室成立，负责全县耕地开发整理工作。当年投资446万元（其中省级补助357万元、县镇自筹89万元），实施芦溪镇136.57公顷土地整理项目，完成土方量10.27万立方米，修建水沟、渠道和道路，分别为9832.5米、4890米和5495.4米。整理后，新增耕地面积14.61公顷。2004年，分别投资284万元（其中省级补助283万元、镇自筹1万元）、347万元（其中省级补助346万元、镇自筹1万元），实施安厚镇97.17公顷、文峰镇115.41公顷土地整理项目，分别新增耕地面积9.03公顷和11.65公顷。2006年，投资391万元（全部为省级补助资金），实施南胜镇132.31公顷土地整理项目，新增耕地面积12.59公顷。

2007年3月，平和县土地开发整理中心成立，代替县耕地开发整理办公室职能。当年分别投资913万元、2045万元、1188万元和373万元（均为省级补助资金），实施山格镇292公顷、小溪镇631.53公顷、坂仔镇418.73公顷和九峰镇124.33公顷土地整理项目，分别新增耕地面积26.67公顷、63.33公顷、40公顷和11.7公顷。

四、建设用地征管

1989年，平和县加强建设用地征管。2003年，全县审批建设用地面积75.18公顷。2007年，全县审批建设用地面积51.54公顷。

五、地籍管理

（一）土地使用权登记与发证

1990年，平和县开展国有土地和集体土地使用权登记发证工作。全县土地使用权登记发证共5宗，使用面积0.12公顷。

2000年，贯彻《福建省土地登记条例》，加强土地登记工作。2003年，全县土地使用权登记发证共2069宗，使用面积50.96公顷。其中，国有土地使用权发证957宗，使用面积43.24公顷；集体土地使用权发证1112宗，使用面积7.72公顷。

2007年，全县土地使用权登记发证1058宗，使用面积466.38公顷。

（二）集体土地所有权登记与发证

2005年，根据省政府《关于开展集体土地所有权登记发证工作的通知》，平和县成立农村集体土地所有权登记发证工作领导小组，开展集体土地所有权土地登记办证。至2006年，全县集体土地所有权登记与发证2072宗、面积13.28公顷。

六、地产管理

（一）基准地价

2004年4月起，根据省国土厅《福建省关于开展新一轮全省城镇土地级别和基准地价修订更新工作的通知》，组织开展城镇土地级别和基准地价评估编制工作，对乡镇进行土地分等定级。其中，镇分为3个级别，乡分为3个级别。2005年，乡镇商服用地基准地价（地面地价）：一级260～420元/平方米，二级180～300元/平方米，三级120～170元/平方米。乡镇住宅用地基准地价（地面地价）：一级168～250元/平方米，二级120～200元/平方米，三级80～150元/平方米。乡镇工业用地基准地价（地面地价）：一级100～120元/平方米，二级70～100元/平方米，三级52～72元/平方米。

2007年，县国土局根据国土资源部《关于发布实施〈全国工业用地出让最低价标准〉的通知》和省国土资源厅《关于开展基准地价更新工作的通知》，按照漳州市国土资源局《关于抓紧做好基准地价更新工作的通知》的工作部署，组织开展城镇土地级别和基准地价更新编制工作，实施更新城镇土地基准地价。是年，城区商服用地基准地价（地面地价，标准容积率2）：一级2440元/平方米，二级1820元/平方米，三级1360元/平方米，四级850元/平方米。城区住宅（办公）用地基准地价（地面地价，标准容积率1.8）：一级785元/平方米，二级520元/平方米，三级360元/平方米，四级260元/平方米。城区工业用地基准地价（地面地价，标准容积率1）：一级145元/平方米，二级115元/平方米，三级92元/平方米。乡镇商服用地基准地价（地面地价）：一级290～560元/平方米，二级210～420元/平方米，三级160～320元/平方米。乡镇住宅用地基准地价（地面地价）：一级180～320元/平方米，二级120～220元/平方米，三级80～150元/平方米。乡镇工业用地基准地价（地面地价）：一级100～120元/平方米，二级90～100元/平方米，三级84元/平方米。

（二）土地出让

平和县国有土地长期实行无偿、无限期和无流动使用，造成土地资源严重浪费，土地资产大量流失。2002年起，培育、发展土地市场，盘活国有土地资产，经营性用地全部采取有偿出让方式，并逐步建立土地资源市场配置机制，发挥土地资源效益。当年出让土地使用权4幅，面积4.02公顷，收取出让金66.85万元。

2005年，全县共出让使用权土地8幅，面积8.01公顷，收取出让金2751.44万元。2007年，根据《国务院关于加强国有土地资产管理的通知》《招标拍卖挂牌出让国有建设用地使用权规定》《福建省国有土地使用权招标拍卖管理办法》和《福建省工业用地招标拍卖挂牌出让实施办法》，对工业、商业、旅游、娱乐和商品住宅等经营性用地以及同一宗地有两个以上意向用地者采取招标拍卖挂牌出让。全年出让使用权土地15幅，面积20.45公顷，收取出让金9487.94万元。

2002—2007年，全县共出让使用权土地43幅，面积57.96公顷，收取出让金14687.61万元。

第二节　矿产资源管理

一、矿产资源与开发利用

（一）矿产资源

平和县探明金属类矿藏有铜钼矿、铅锌矿、硫铁矿、铁矿、石英矿、锰矿、铍矿、钨矿和稀土矿等，非金属类矿藏有明矾矿、高岭土、泥煤、叶蜡石、花岗岩、矿泉水和水晶矿等。

（二）开发利用

1989年，全县矿山企业3家。

2007年，全县有矿山企业103家。其中，属金属类矿山企业有2家，分布于霞寨镇钟腾村和小溪镇旧楼村内楼；开采砖瓦黏土企业45家，主要分布于山格、九峰和大溪等乡镇；建筑用河砂卵石采场10家，主要分布于九龙江花山溪的坂仔至山格洪濑口段；饰面用花岗岩石材荒料采场15家，主要分布于小溪镇湖田、岩坂村和山格镇铜中、隆庆村；建筑用碎石场20家，分布于各乡镇。还有叶蜡石、硅石等开采点。矿山企业以私营为主，矿产业总产值6800万元，从业人员2830人。

二、采矿审批与办证

1999年起，平和县开始办理采矿许可证。当年办理采矿许可证的单位有平和钟腾铜矿。2001年，全县通过审批办理采矿许可证的单位有文峰石鸡母石料场、平和县大屏山石料场、小溪镇高南高云石料场和文峰镇白仔坑石料场等4家。

2002年，分别为小溪镇岩坂新楼场山石料场、山格镇隆庆机砖厂、小溪镇大屏山石料场、小溪镇湖田大屏山石料场等5家企业办理采矿许可证。2003—2006年，办理采矿许可证的企业有山格岩厅山石料场、山格土匪坑山石料场、南胜镇狮头坑山石料场、芦溪镇东槐村和国叶蜡石矿等5家。

2007年，国土资源局分别为国强乡白水村大芹山石料场、大溪镇广辉石场、大溪镇车田木范石场、九峰镇火焰坑叶蜡石矿、山格大岭头志彬石料场、大屏山法加石料场和山格镇机砖厂等7家企业办理采矿许可证。

1999—2007年，全县共审批办理采矿许可证企业22家。

三、规费征收

（一）矿产资源补偿费

2003年起，平和县向矿山采矿企业和个人使用者征收矿产资源补偿费。是年，征收27.49万元。2005年，征收16万元。

2007年，全县征收矿产资源补偿费40万元。

2003—2007年，全县共征收矿产资源补偿费140.95万元。

（二）采矿权价款和采矿权使用费

2003年开始，平和县向采矿权人征收采矿权使用费和采矿权价款。采矿权使用费按矿区范围面积逐年缴费，每公顷每年10万元，采矿权价款以国务院地质矿产主管部门确定的评估价格为依据，一次或分期缴纳。征收的采矿权使用费和价款直接缴入财政部门开设的“探矿权采矿权使用费和价款财政专户”，由财政部门审核后专项使用。

1. 采矿权价款

2003年，平和县开始征收采矿权价款。是年，征收采矿权价款0.6万元。2005年征收4.5万元。

2007年，全县征收采矿权价款43.22万元。

2003—2007年，全县共征收采矿权价款56.35万元。

2. 采矿权使用费

2003年，平和县开始向矿山采矿企业和个人使用者征收采矿权使用费。是年，征收采矿权使用费1.2万元。2005年征收16万元。

2007年，全县征收采矿权使用费40万元。

2003—2007年，全县共征收采矿权使用费97.68万元。

第四节　法规宣传与查处违法违规行为

一、法规宣传

1989 年，县土地管理局通过播放录音、散发宣传材料、张贴宣传标语、悬挂宣传横幅等形式，开展用地法律法规宣传活动。发放各类有关土地宣传材料 250 份，张贴临时性宣传标语 40 条，悬挂宣传横幅 10 条。此后，逐年加大土地法律法规宣传力度，扩大宣传覆盖面，提高广大民众对政策法规的知晓率，增强遵守土地法律法规自觉性。

1991 年 6 月 25 日首个全国土地日，县土地管理局围绕“土地与国情”宣传主题 ，利用县有线广播宣传《中华人民共和国土地管理法》，在人口密集区设立宣传咨询点，张贴宣传标语，出动宣传车到各乡镇（场）宣传，并通过《海峡资源报》《漳州信息》《平和快讯》等媒体宣传土地法律法规。是年，发放各类有关土地宣传材料 350 份，张贴临时性宣传标语 50 条，悬挂宣传横幅 12 条。

1999 年新《中华人民共和国土地管理法》实施后，采用多种方式，宣传土地基本国策、土地用途管制、耕地保护等。2000 年第 10 个全国土地宣传日，依照“保护耕地 —— 为了美好的明天”主题，县土地管理局发动干部职工开展“踩街”活动，播放《中华人民共和国土地管理法》录音磁带，开展保护耕地宣传。2006 年起，县国土资源局设置 3 个宣传点，播放 LED 宣传标语。当年，县国土资源管理局被评为“漳州市新闻宣传信息工作先进单位”。

2007 年第 17 个全国土地宣传日，根据“节约集约用地，坚守耕地红线”的宣传主题，县国土资源管理局发放各类有关土地宣传材料 600 余份，张贴临时性宣传标语 54 条，悬挂宣传横幅 14 条，开展节约用地宣传。

二、查处违法违规行为

1989年起，县土地管理局建立健全土地监察机构，配备专职人员，开展土地动态巡查，及时预防、发现、制止各类违法行为。适时开展执法大检查，制止和查处土地违法案件。是年，查处非法用地面积 1.57 公顷。1993 年，查处非法用地面积 2.6 公顷。

1996 年 2 月，设立县土地监察大队，健全土地监察体制，建立土地执法检查监察制度。加强土地监察力度，在县公安、检察和法院等部门的配合下，对违法既不履行违法处罚决定又不上诉的，依法强制拆除违章建筑和查处违法案件。采取自查自纠和重点检查相结合的方法，对矿业秩序进行检查整顿。是年，查处非法用地 3.32 公顷。1999 年，查处非法用地 4.6 公顷。

2002 年，平和县制定《平和县矿产资源开发利用与保护规划》。查处非法用地面积 5.18 公顷。2003 年开始，向采矿权人征收采矿权使用费和采矿权价款。

2005 年 6 月，设立县国土资源监察大队，实行土地执法片区责任制，加强土地执法监督。当年查处非法用地面积 5.98 公顷。2006 年，全县共制止非法采矿行为 8 起，其中移送公安机关立案查处 2 起；关闭无证矿山 5 个。

2007 年，全县查处非法用地面积 6.2 公顷。查处“以租代征”案件 1 起、非法占地案件 8 起、非法买卖土地或以其他形式非法出让、转让土地案件 2 起，涉案土地面积 1.97 公顷。其中移送公安机关查处 1 起、刑事拘留 1 宗 2 人、党纪处分 4 人。关闭无证矿山 12 个；制止非法采矿行为 12 起，其中立案查处芦溪双峰村叶某某无证开采铅锌矿一案，收缴非法采矿罚没款 2.1 万元。

第二章 环境保护

第一节 管理机构

一、行政机构

1991年3月，平和县环境保护局成立，内设人秘股和监督管理股，核定行政人员编制5名。2003年，机构改革，县环境保护局核定行政人员编制4名。

2007年，县环保局内设人秘股、监督管理股，核定行政人员编制4名，实有人员8人。

二、事业机构

（一）平和县环境监测站

1992年6月，平和县环境监测站成立，核定事业人员编制8名。2000年，核定事业人员编制8名。

2007年，县环境监测站核定事业人员编制8名，实有人员7人。

（二）平和县环境监察大队

1989年，平和县排污收费监理站核定事业人员编制3名。2000年9月，县排污收费站更名为平和县环境监理所。2004年，县环境监理所更名为平和县环境监察大队，核定事业人员编制3名。

2007年，县环境监察大队核定事业人员编制3名，实有人员10人。

第二节 环保规划编制与建设项目审批

一、环保规划与实施方案编制

1989年起，平和县每年均制订“环保工作计划”，列入县人民政府工作目标。1998年11月，制订《平和县城市环境规划》并通过专家评审。

1999年3月，成立平和县环境规划修编工作领导小组，12月，完成《平和县集中式饮用水源（地表水）保护区划》。

2003年7月，对《平和县城市环境规划》进行修订。9月，发布《平和县“十五”环境保护规划和2010年工作目标》。

2007年5月，县人民政府制定《平和县“十一五”期间主要污染物总量减排实施方案》。

二、建设项目环评审批

1992年起，平和县环保局严格执行建设项目“环评”审批制度，控制新污染源产生，对不符合产业政策或严重破坏环境的项目，坚决给予否定。至2007年，全县共审批1052个建设项目的环境影响报告书（表）、登记表。严格执行建设项目环保“三同时”制度，“三同时”执行率达到100%。

1992—2007 年平和县建设项目“环评”审批与“三同时”执行情况表

表 2-2-1　　单位：个、%

年份	环评项目	“三同时”项目		年份	环评项目	“三同时”项目		年份	环评项目	“三同时”项目	
		执行数	执行率			执行数	执行率			执行数	执行率
1992	12	12	100	1998	42	42	100	2004	131	131	100
1993	48	48	100	1999	21	21	100	2005	125	125	100
1994	12	12	100	2000	40	40	100	2006	197	197	100
1995	37	37	100	2001	49	49	100	2007	113	113	100
1996	32	32	100	2002	70	70	100				
1997	36	36	100	2003	87	87	100				

第三节　环境监测与环境质量

一、环境监测

1989 年，县境空气、地表水的各种监测项目均委托漳州市环境监测站监测，并提供监测数据。1991 年，平和县环保局组织有关科技人员对境内化肥、食品、造纸等企业污染源进行监测。

1992 年，平和县环境监测站成立后，在洪濑口设立监测点，开始对水环境质量进行监测。监测项目包括 pH 酸碱度、高锰酸盐指数、五日生化需氧量、氨氮、总磷和石油类等。

1995 年，加大对县合成氨厂、霞寨磷肥厂等 3 家工厂的废水排放监测力度。对花山溪支流造纸、食品等企业废水及禽畜养殖业污水进行监测。重点监测县罐头厂、南胜罐头厂、小溪纸箔厂、县造纸厂和县农用车厂喷漆车间的烟尘、粉尘与尾气排放情况。监测项目包括空气中的总悬浮颗粒物、氮氧化物和二氧化硫等。

2000 年起，定期对县合成氨厂、县罐头厂、南海食品有限公司和宝峰罐头厂等 7 家配套环保设施进行监测。对旧城改造、城区扩建、道路施工等噪声，以及“三厅一室”（卡拉 OK 厅、歌舞厅、音像厅和游戏机室）噪声排放开展监测。

2002 年 3 月，添置 pH 计、可见分光光度计、电子天平、蒸馏水器和 COD 恒温加热器等 5 种水质监测设备，用于开展主要流域断面 pH 酸碱度、化学需氧量和氨氮等 3 个水质分析项目的监测，作为水环境质量评价依据。是年，县环境监测站对农村面源和工业污染状况进行监测，掌握重点工业企业、规模化养猪企业、众多养猪散养户污染源的污染情况。在县城设立 2 个大气监测点，定期监测城区大气环境质量。

2004 年，对永和造酒有限公司、宝达钢业有限公司和永升化工有限公司等企业的废水排放情况进行重点监测。在城区建立区域噪声监测网络，设立 102 个监测点；在长 7.7 公里、宽 14.6 米路段设立 9 个交通噪声监测点；监测城区噪音和城区道路噪音。

2005 年起，在高考期间，加强对有关环境噪声污染源的防控，对建筑工地、校区及考点周边环境噪声进行现场监测，为考生营造安静的学习生活环境。

2006 年，增加 2 台微电脑大气污染日平均浓度自动采样器、3 台智能大容量总悬浮微粒采样器等 5 台大气监测设备，并于县武装部、县环保局设立 2 个环境空气质量监测点位，监测指标有二氧化硫、二氧化氮、总悬浮颗粒物等 3 项。

2007 年，县境设有空气监测点位 2 个，水质监测断面 3 个［其中省控断面 2 个（西 0、西 1）、市控断面 1 个（平和水源）］，交通噪声监测路段 8 条、总长 8.1 千米（设立 8 个监测点），城区环境噪声监测点数 102 个、网络尺寸为 200 米 ×200 米。县环境监测站开展环境空气、地表水和噪声等环境要素的常规监测。其中，环境空气监测项目有二氧化硫、二氧化氮、总悬浮颗粒物等3项，监测采样时间及监测频率为每季度中期监测4天；地表水监测项目有pH酸碱度、溶解氧、高锰酸盐指数、五日生化需氧量、氨氮、砷、汞、六价铬、铅、石油类、硫化物和总磷等29项（其中19项由漳州市环境监测站监测，并提供监测数据），省控断面（监测项目22项）、市控断面（监测项目27项）和饮用水源地（监测项目27项）水质每2月监测1次。

二、环境质量

（一）大气环境质量

1989—2000年，县境大气污染源主要来源于化肥、食品、机械、冶金和造纸等数十家企业，分布在小溪、山格、文峰、霞寨和九峰等乡镇。大气质量总体保持在国家一级标准。其中，山格、文峰镇大气污染较为严重，局部区域超过国家二级标准。

2001—2007年，大气环境主要受施工、旧城改造和交通干线扬尘影响，城区主要污染物是总悬浮物颗粒（TSP）。除受企业影响严重的文峰镇局部区域外，全县其他区域大气环境质量总体保持国家一级标准。

2002—2007年平和县城区大气环境质量情况表

表2-2-2　　单位：毫克/立方米

年份	总悬浮物颗粒	二氧化硫	二氧化氮	年份	总悬浮物颗粒	二氧化硫	二氧化氮	年份	总悬浮物颗粒	二氧化硫	二氧化氮
2002	0.078	0.018	0.03	2004	0.077	0.018	0.029	2006	0.076	0.016	0.028
2003	0.078	0.018	0.029	2005	0.076	0.017	0.029	2007	0.075	0.015	0.027

（二）水环境质量

1989年，九龙江西溪花山溪水质的主要污染物为总磷、石油类和氨氮，污染源主要是农业种植污染、生活污水和部分工业废水，水质属国家地面水三级标准。此后，随着花山溪支流造纸、食品等企业废水及禽畜养殖业污水排放的影响，水质有所下降，氨氮超标。2000年，氨氮超标22%。

2001年起，随着禽畜养殖业污染整治力度加大，以及关闭“十五小”（小造纸、小制革、小染料、小农药、小电镀、小漂染、小炼焦、土炼硫、土炼砷、土炼汞、土炼铅锌、土炼油、土选金、土法生产石棉制品和土法生产放射性制品企业）企业和实施“一控双达标”综合治理，花山溪水质有所好转，除部分氨氮超标外，其余各项指标均符合GB3878—2002标准中的三类水标准。

2006—2007年，经监测结果，高锰酸盐指数、五日生化需氧量、总磷和石油类等4个监测因子均达标，氨、氮分别超标12%和5%。

若干年份平和县境花山溪水质情况表

表2-2-3　　单位：毫克/升

年份	高锰酸盐指数	五日生化需氧量	氨氮	总磷	石油类	年份	高锰酸盐指数	五日生化需氧量	氨氮	总磷	石油类
1989	0.04	1.5	0.9	0.096	0.032	2006	0.03	1.35	1.12	0.082	0.025
2000	0.035	1.45	1.22	0.091	0.026	2007	0.02	1.3	1.05	0.08	0.022

注：监测点在洪濑口

（三）声环境质量

1. 城区区域声质量

1989—2000 年，城区噪声主要来自交通车辆、建筑施工及“三厅一室”娱乐场所。噪声对居民的影响不大。2001 年起，受旧城改造、城区面积扩大、道路施工等影响，以及城区车辆增多和“三厅一室”噪声排放的影响，城区噪声值上升。2004 年，城区噪声等效声级为 50.2 分贝（A）。

2007 年，城区噪声等效声级为 52.4 分贝（A）。

2004—2007 年平和县城区区域噪声情况表

表 2-2-4　　单位：个、分贝（A）

年份	监测点数	累计百分声级			等效声级	年份	监测点数	累计百分声级			等效声级
		L10	L50	L90				L10	L50	L90	
2004	102	58.4	52.6	51	50.2	2006	102	57.2	52.3	49	51.8
2005	102	58.2	52.4	50	51.6	2007	102	56.2	51.3	47	52.4

注：城区区域噪声监测网络为 200 米 ×200 米

2. 城区道路声质量

1989 年，城区道路交通噪声主要仍来自道路上的交通车辆。随着道路行驶车辆增多，道路交通噪声加大。2004 年，在长 7.7 千米、宽 14.6 米路段设立 9 个监测点。城区道路噪声等效声级为 63.5 分贝（A）。

2007 年，在长 8.1 千米、宽 15.5 米路段设立 9 个监测点。城区道路噪声等效声级为 63 分贝（A）。

2004—2007 年平和县城区道路噪声情况表

表 2-2-5　　单位：个、分贝（A）

年份	路段监测点	累计百分声级			等效声级	年份	路段监测点	累计百分声级			等效声级
		L10	L50	L90				L10	L50	L90	
2004	9	69.4	62.9	58.8	63.5	2006	9	69.4	62.8	58.6	61.5
2005	9	69.4	62.8	58.8	62.9	2007	9	69.4	62.9	58.9	63

注：2004—2006 年监测路段长 7.7 千米、宽 14.6 米，2007 年监测路段长 8.1 千米、宽 15.5 米

第四节　环境污染与治理

一、废水污染与治理

（一）工业废水污染与治理

污染状况　1989 年，县境工业废水排放总量 1617 吨。1998 年，工业废水排放总量 16.69 万吨。2006 年，工业废水排放总量 238.57 万吨。2007 年，工业废水排放总量 291.39 万吨，占全县废水排放量 34.14%。其中，化学原料及化学制品制造业废水排放量 94.2 万吨，造纸及纸制品业废水排放量 76.3 万吨，食品制造业废水排放量 42.52 万吨。

污染治理　1989 年，平和县加大工业废水治理力度，当年工业主要行业废水达标排放量 1170 吨，达标排放率 72.36%。1991—1995 年，共投资 80 万元，采用物理沉淀方法，治理县合成氨厂、霞寨磷肥厂等 3 家工厂的废水，年处理废水 150 万吨。1996—1997 年，共投资 90 万元，采用物理化学沉淀和化学氧化等新技术、新工艺，治理县合成氨厂、县造纸厂和南胜罐头厂等 8 家工厂的工业废水，年处理废水 170 万吨。其中，县

合成氨厂投资30万元，采用“冷却水闭路循环”工艺，实行废水二次回收利用，年回收废水80万吨。1998年，全县工业主要行业废水达标排放量120.0万吨，达标排放率72.11%。1999年，县合成氨厂投入20万元，建设沉淀池、曝气塔和冷却池等污水处理设施，使生产废水循环使用而不外排。是年，全县工业企业共投资80万元治理废水，年新增废水处理能力80万吨。2000—2001年，共投资125万元，用于县合成氨厂、县罐头厂、南海食品有限公司和宝峰罐头厂等7家工厂的废水治理，年处理废水130万吨。2002年，宝峰罐头有限公司投入60万元，建设污水处理设施，对含酸废水进行中和处理，年处理废水60万吨，减少废水排放量30万吨。2004—2005年，共投资50万元，用于永和造酒有限公司、宝达钢业有限公司和永升化工有限公司等工厂的废水治理，年处理废水65万吨。2006年，投资70万元，重点治理鑫源选矿厂、东辉纸制品厂等2家企业的废水，年新增废水处理能力200万吨。2007年，采取淘汰与治理并举措施，关闭民丰纸制品厂、兴元造纸厂、峰顺造纸厂、彩贤造纸厂、新华纸业有限公司和淞宏纸制品有限公司等7家小造纸厂及漳州凯华皮革工业有限公司，共减排化学需氧量400吨。金泰纸业有限公司投入110万元，建成并投入运行一套包括物化气浮灌、生化处理池在 内的污水处理设施，年处理废水80万吨，减少废水排放50万吨。全县工业废水达标排放量248.73万吨，达标排放率85.36%。其中，化学原料及化学制品制造业废水达标排放量94.2万吨，造纸及纸制品业废水达标排放量64万吨，食品制造业废水达标排放量30.52万吨。

若干年份平和县主要行业废水总量与达标排放情况表

表2-2-6　　单位：万吨、%

年份	造纸及纸制品业				食品制造业				化学原料及化学品制造业			
	废水排量	占总量比	达标排放量	达标排放率	废水排量	占总量比	达标排放量	达标排放率	废水排量	占总量比	达标排放量	达标排放率
1989	0.03	18.55	0.027	0.9	0.02	12.37	0.01	0.5	0.08	49.47	0.08	100
1998	8.4	5.04	7.2	85.71	40.5	24.30	21	51.85	92	55.19	92	100
2006	12.05	5.81	10.55	87.55	50.66	24.41	25	49.35	112	53.97	112	100
2007	76.3	30.17	64	83.88	42.52	16.81	30.52	71.78	94.2	37.25	94.2	100

注：监测点在洪濑口

（二）其他废水处理

2001—2002年，平和县投资70万元，用于九龙江流域平和段水环境综合整理。投资35万元，进行农村面源污染治理。

2003—2005年，投资130万元，用于九龙江流域平和段水环境综合整理。投资278万元，治理生猪养殖污水，建设沼气池5900立方米、氧化塘11.33公顷，配套果园240公顷，形成“猪—沼—果”生态养殖。

2006年和2007年，共投资190万元，分别对全县23家、25家养猪场的养殖污水进行治理，共建沼气池3600立方米、氧化塘7.33公顷，配套果园160公顷。

二、工业废气污染与治理

（一）污染状况

1989年，县境废气排放的主要行业是造纸及纸制品业、食品制造业、化学原料及化学品制造业。排放的废气包括锅炉烟尘和车间粉尘，主要污染物是二氧化硫、氮氧化物和烟尘。当年，主要行业的主要污染物排放量241吨。

1998年，全县主要污染物排放量198吨。

2007年，全县工业二氧化硫排放量552.85吨，工业烟尘排放量931.5吨，工业氮氧化物排放量394.04吨。

若干年份平和县主要行业废气排放情况表

表 2-2-7　单位：吨

年 份	造纸及纸制品业			食品制造业			化学原料及化学品制造业		
	二氧化硫	烟 尘	氮氧化物	二氧化硫	烟 尘	氮氧化物	二氧化硫	烟 尘	氮氧化物
1989	70	160	11	60	110	0.8	150	290	69
1998	65	120	12.53	42.2	82.54	1.56	386.68	675	324
2006	60	97	23.63	34.04	61.44	1.05	293.2	588	258
2007	98.76	197.6	42.3	26.76	56.04	10.73	152.04	188	197.45

（二）污染治理

1991—1995 年，平和县共投资 40 万元，用于县合成氨厂、霞寨磷肥厂等工厂的锅炉烟尘与车间粉尘治理，年增废气处理量 13440 万立方米。

1996—1998 年，共投资 50 万元用于县罐头厂、南胜罐头厂、小溪纸箔厂、县造纸厂和县农用车厂喷漆车间的烟尘、粉尘与尾气处理，年增废气治理量 2000 万立方米。1999 年，县合成氨厂投入 30 万元，对锅炉、窑炉进行除尘治理及设备改造。2000 年，投资 80 万元，用于县合成氨厂、霞寨化肥厂、小溪纸箔厂、五寨联安造纸厂和南海食品有限公司等 5 家企业的废气治理，年增废气处理量 5000 万立方米。投资 10 万元，用于石板材加工业的粉尘治理。2002 年，投资 60 万元，用于新发石制品厂、吴千金石制品厂等 3 家企业的废气治理，年增废气处理量 2000 万立方米。

2004—2006 年，共投资 210 万元，用于永和造酒有限公司、宝达钢业有限公司、天棋美术艺品有限公司、永升化工有限公司、鑫源选矿厂和东辉纸制品厂等企业烟尘、粉尘与尾气治理，年增废气处理量 1.3 亿立方米。

2007 年，关闭 7 家小造纸厂和 1 家机砖厂，共减排二氧化硫 116 吨。投资 200 万元，用于溢鹏木业有限公司、同益食品有限公司和泉盛纸业有限公司等企业废气治理，年增废气处理量 40000 万立方米。

三、工业固体废弃物产生量与处理

（一）工业废弃物产生量

1989 年，县境工业固体废弃物无有害废物和危险废物，均为一般固体废物，年产生量 2.4 万吨。2000 年，增至 3.6 万吨。2006 年，产生量 6.69 万吨。2007 年，全县工业固体废弃物产生量 4.59 万吨，占全县固体废弃物产生量 88.63%。其中，冶炼废渣产生量 0.16 万吨，粉煤灰产生量 0.13 万吨，炉渣产生量 0.29 万吨，尾矿产生量 2.5 万吨。

（二）工业废弃物综合利用

1989 年，平和县工业固体废弃物综合利用量 1.89 万吨，利用率 78.75%。随着建筑业、交通运输业的快速发展，对产生的工业固体废弃物采取制作建筑材料和铺路等方式综合利用，杜绝固体废弃物二次污染。2006 年，工业固体废弃物综合利用 6.68 万吨。2007 年，全县工业固体废弃物综合利用 4.58 万吨，利用率 99.78%。

四、声环境污染与治理

（一）污染状况

1989—2000 年，城区噪声主要来自交通车辆、建筑施工及“三厅一室”娱乐场所。城区道路交通噪声主要仍来自道路上的交通车辆。

2001年起，受旧城改造、城区面积扩大、道路施工，以及城区车辆增多和“三厅一室”噪声排放等影响，城区噪声值上升，道路交通噪声加大。

2007年，生活噪声和交通噪声分别占县城区域环境噪声声源49%和32.4%。不同等效声级下区域环境噪声超过55分贝（A）测点数占32.4%。

（二）污染治理

1991年，平和县开展对商业区噪声整治，县环保与城管等部门统一行动，深入商业网点和“三厅一室”娱乐场所进行宣传教育，防止噪声扰民；对个别屡教不改的经营者，根据有关规定征收超标排污费。1994年，加强对商业、饮食业和娱乐行业的噪声污染防控。

1998年起，施工单位依法向县环保局如实申报登记建筑施工噪声排放情况，在领取建筑施工噪声许可证后施工。有特殊情况需在晚10时至次晨6时打桩，先报县环保局审批后施工。2002年，严格控制建筑施工噪声污染，促进各建筑公司文明生产，依法如实申报、登记、缴纳噪声超标排污费。

2005年，在高考期间，对建筑工地及学校、考场周边环境噪声进行现场监管。2006年，县环保局加强物业管理，小区严格控制餐饮业噪声，不得兴办产生噪声污染的娱乐场点及其他超标准排放噪声的项目，防止噪声扰民。

2007年，印发《平和县环境保护局关于中、高考期间县城噪声实行严格监管的通告》，加强中高考期间噪声监管工作；县环境监察大队、环保“110”投诉中心24小时对县城区域内噪声进行监管，为考生营造安静的生活、学习环境。

第五节 宣传教育

一、环保宣传

1991年起，每年“4·22”世界地球日和“6·5”世界环境日，平和县均开展环保宣传活动，或出动宣传车，或悬挂红布条宣传标语，或分发宣传资料，或举办环保图片展览，并在县城主要街道开展环保法律法规咨询活动，提高民众的环保意识和法制观念。

1994年开始，每年“6·5”世界环境日，分别围绕“一个地球，一个家庭”“各国人民联合起来，创造美好的世界”“我们的地球、居住地”“为了地球上的生命”“为了地球上的生命——拯救我们的海洋”和“拯救地球就是拯救未来”等主题，发放环保宣传资料，举办踩街宣传活动。

1999年后，每年结合爱鸟周、水土保持宣传日和科技宣传周，组织环保人员上街开展环保知识咨询，举办环保灯谜竞猜等活动。每年“6·5”世界环境日均联合县公安、经贸等部门开展执法宣传活动，并制作环保电视节目播放，提高全民环保法制观念。

2002年开始，每年“6·5”世界环境日，县环保局工作人员均上街分发环保宣传材料，县领导发表有关环保电视讲话，让环保法律法规家喻户晓。2006年围绕“建设环境友好型社会”宣传主题，免费为县直机关、中小学和企业征订《中国环境报》或《福建环境报》等报刊126份。

2007年4月22日、6月5日，县环保局分别根据世界地球日主题“善待地球——从节约资源做起”与世界环境日中国主题“污染减排与环境友好型社会”，均邀请全县30多家企业主参加座谈会，学习环保法律法规，提高法制观念，节能减排，保护好环境，保护好家园。

二、环保教育

1992年5—6月，平和县环保局在县育英小学开办环保专业课，让学生接受一次系统环保教育。1993年“6·5”世界环境日，县 环保局与县教育局联合在全县各中学举办“中学生环境保护征文比赛”活动，有 300 多名学生参赛，评选出获奖作品 30 篇。

1994 年“六一”国际儿童节，县环保局与县育英小学共同举办“家家乐”环保趣味活动，培养儿童环保意识。1996 年，县环保局在平和一中大门口布置环保宣传栏，并分发 50 本《福建环境保护的行动纲领》和 15 套环保宣传画。

1997 年，县环保局与县妇联、人寿保险公司联合举办“环保杯”幼儿健美操表演赛，寓乐于教，培养儿童环保意识。1999 年“6·5”世界环境日，组织学生到中山公园开展“拯救地球就是拯救未来”主题活动，清除塑料袋、塑料瓶等“白色污染”。

2000 年开始，每年“6·5”世界环境日，县环保局均组织中小学校开展形式多样的环保教育活动。2002 年 3 月，成立“平和县创建‘绿色学校’领导小组”，在全县中小学校开展‘绿色学校’创建活动。2003 年，平和县新星幼儿园获得省级“绿色学校”称号。至 2007 年，县环保局在“6·5”世界环境日共向中小学生发放环保宣传教育材料 6 万多份。

第六节　排污费征收与查处违法违规行为

一、排污费征收

1991 年，平和县征收排污费 23.31 万元。1992 年征收 84.1 万元。1995 年，征收排污费比 1991 年增长 2.16 倍。1998 年征收 83.19 万元。 2002 年起，由于县南胜糖厂、合成氨厂和农用车厂等 3 家主要排污企业的排污量以及各乡镇环保站代征收的排污费均减少，全县征收的排污费减少。2005 年征收 35.99 万元。2007 年，全县征收排污费 70.74 万元。

1991—2007 年，全县征收排污费 788.36 万元。

二、查处违法违规行为

1998 年 8 月，平和县环保“110”社会服务联动队成立。1999 年，县环保“110”社会服务联动队收到民众反映环境污染问题信访件 52 件，办结率 100%。2004 年，收到信访件 75 件，办结率 100%。2007 年，根据县政府整体安排和统一部署，县环保局联合县工商局、县发改局、县经贸局、县监察局、乡镇政府及电力部门，开展清查明令禁止的“十五小”企业专项行动。县环保局向县人民政府提请关闭、取缔平和县彩贤造纸厂、民丰纸制品厂、兴元造纸厂、峰顺造纸厂、新华纸业有限公司、淞宏纸制品有限公司等 7 家小造纸厂，减少环境污染源。

1999—2007 年，县环保“110”社会服务联动队共收到信访件 625 件，办结率 100%。其中，民众反映环境污染问题信访件 319 件，县信访部门转来的信访件 62 件，县人大、县政协的建议、提案共 4 件。办理行政处罚案件 44 起。

1999—2007 年平和县环境保护局信访件处理及行政处罚情况表

表 2-2-8　　单位：件、起

年份	信访件受理数	信访件处理数	行政处罚案件	年份	信访件受理数	信访件处理数	行政处罚案件	年份	信访件受理数	信访件处理数	行政处罚案件
1999	52	52	0	2002	65	65	5	2005	72	72	7
2000	61	61	5	2003	69	69	5	2006	90	90	6
2001	60	60	4	3004	75	75	4	2007	81	81	8

卷三 人 口

1989年起，平和县健全计生机构，加强计生领导工作，开展经常性计生宣传教育活动，转变传统生育观念，普及生殖保健科普知识。加大资金投入，建立、健全县、乡（镇）、村三级计生服务网络。1995年，平和县被省计划生育领导小组列为单列管理，成为全省22个计划生育单列管理县之一。县人民政府制定《关于进一步加强计划生育利益导向机制的若干规定》，实行“六优先、四免、一保护”等11条优惠措施，奖励、扶助计生户。2000年，全县形成以县服务站为龙头，乡镇服务所为依托，村服务室为延伸的计划生育技术服务网络。2005年，平和县再次被省计划生育领导小组列为计划生育单列管理县后，加大计生宣传力度，提高育龄夫妇计划生育自觉性。投入资金1200万元，新建、改建、扩建15个乡镇计生服务站。2007年，平和县人民政府颁发《关于建立健全计划生育利用导向机制的通知》，推行农村计划生育家庭奖励、扶助制度。是年，全县总人口56.72万人，其中汉族人口占97.55%以上，有217个姓氏。人口文化素质提高，总人口每千人中，大专以上文化程度人口比1990年增多。城乡人口生活水平提高，农民人均纯收入5436元，人均消费支出3642元；城镇居民人均可支配收入8958元，人均消费支出7788元。全县人口自然增长率由1989年的11.68‰降至11.3‰。年龄结构老年化速度加快，65岁及其以上老人45190人，比1990年增长90%。人口平均预期寿命比2000年提高。

第一章 人口变动与人口总量

第一节 人口变动

一、自然变动

（一）出生人口与死亡人口

1989年，平和县出生人口8485人、死亡人口2703人。

1995年，全县出生人口、死亡人口分别为7167人和3195人。2001年，出生人口、死亡人口分别为7351人和3011人。

2007年，全县出生人口9653人、死亡人口3275人，分别比1989年增长13.77%和21.16%。

若干年份平和县人口自然变动情况表

表3-1-1 单位：人

年份	出生人口	其中			死亡人口	其中		
		男性人口	女性人口	男女比例		男性人口	女性人口	男女比例
1989	8485	4782	3703	56.36:43.64	2703	1440	1263	53.27:46.73
1990	13558	7273	6285	53.64:46.36	3137	1619	1518	51.61:48.39

续表 3-1-1

年份	出生人口	其中			死亡人口	其中		
		男性人口	女性人口	男女比例		男性人口	女性人口	男女比例
1994	6598	3492	3106	52.93:47.07	3193	1687	1506	52.83:47.17
1997	7558	4025	3533	53.25:46.75	3002	1531	1471	51:49
2000	11193	5942	5251	53.09:46.91	3191	1760	1431	55.16:44.84
2004	8080	4487	3593	55.53:44.47	2399	1328	1071	55.36:44.64
2007	9653	5313	4340	55.04:44.96	3275	1809	1466	55.24:44.76

（二）人口自然增长率

1989 年，平和县人口自然增长率 11.68‰。

1997 年，全县人口自然增长率 8.61‰。2004 年，人口自然增长率 10.22‰。

2007 年，全县人口自然增长率 11.3‰，比 1989 年下降 0.38 个千分点。

二、机械变动

1989 年，平和县迁徙人口 5451 人，其中迁入占 45.22%、迁出占 54.78%。1994 年，迁入人口 1890 人，比上年减少 23.79%。

1998 年，全县迁徙总人口、迁入人口、迁出人口分别比 1989 年增长 39.92%、11.76% 和 63.16%。

2001 年，全县迁徙人口 5683 人，其中迁入占 32.38%、迁出占 67.62%。2003 年，迁出人口 5090 人，比上年增长 13.41%。

2007 年，全县迁徙人口 11210 人，其中迁入 4442 人、迁出 6768 人，分别比 1989 年增长 1.06 倍、80.2% 和 1.27 倍。

若干年份平和县人口机械变动情况表

表 3-1-2　单位：人

年份	迁入人口	其中		迁出人口	其中	
		省内迁入	省外迁入		迁往省内	迁往省外
1989	2465	2293	172	2986	2696	290
1993	2480	2257	223	4003	3499	504
1996	2394	2184	210	4401	3859	542
1999	2449	2186	263	4459	3883	576
2002	2724	2363	361	5090	4488	602
2005	2725	2388	337	5662	4997	665
2007	4442	3748	694	6768	6112	656

第二节　人口总量

一、常年统计人口总量

1989 年，平和县人口 498198 人。此后，人口逐年增加。

1997 年，全县人口 530431 人。2004 年，全县人口比 2000 年增长 2.13%。

2007 年，全县人口总量 567229 人，比 1989 年增长 13.86%。

若干年份平和县家庭户数与人口总量情况表

表 3-1-3 单位：户、人

年 份	家庭户数	人口总量	年 份	家庭户数	人口总量	年 份	家庭户数	人口总量
1989	106228	498198	1996	121057	527316	2003	138871	553654
1990	109952	510935	1997	122629	530431	2004	141637	557226
1993	116144	519311	1999	128334	538558	2006	147609	561291
1994	117663	520725	2000	134607	545594	2007	152763	567229

二、普查人口总量

1990 年第四次全国人口普查，平和县人口总量 502984 人。

2000 年第五次全国人口普查，全县人口总量 532649 人。

第二章 人口分布与人口密度

第一节 人口分布

一、全县人口分布

平和县人口分布状况是河流沿岸的冲积平原及低山丘地带人口多，山区人口少；县城和集镇人口多，乡村人口少。各乡镇人口分布差异大。2007 年，人口最多的是位于平原地区的小溪镇，占全县人口 15.1%；人口最少的是位于山区的长乐乡， 仅占全县人口 0.21%。

二、乡镇人口分布

1989 年，乡镇总人口 2 万人以下的有文峰乡、五寨乡，分别为 16822 人和 17299 人；总人口 2 万人以上 3 万人以下的有南胜乡、国强乡、崎岭乡和长乐乡（含未析出的秀峰乡），分别为 25281 人、21502 人、23656 人和 27816 人；总人口 3 万人以上 4 万人以下的有山格乡、坂仔乡和芦溪乡，分别为 39544 人、36604 人和 37961 人；总人口 4 万人以上 5 万人以下的有大溪乡、安厚乡、霞寨乡和九峰镇，分别为 45415 人、48300 人、46981 人和 44675 人；总人口 6 万人以上的有小溪镇，为 62687 人。

1998 年，乡镇总人口 2 万人以下的有文峰镇、五寨乡、长乐乡和秀峰乡，分别为 17901 人、18750 人、11624 人和 17364 人；总人口 2 万人以上 3 万人以下的有南胜镇、国强乡和崎岭乡，分别为 26877 人、21923 人和 24337 人；总人口 3 万人以上 4 万人以下的有坂仔镇，为 39160 人；总人口 4 万人以上 5 万人以下的有山格镇、大溪镇、霞寨镇、芦溪镇和九峰镇，分别为 43016 人、48670 人、48703 人、40210 人和 45682 人；总人口 5 万人以上 6 万人以下的有安厚镇，为 50760 人；总人口 7 万人以上的有小溪镇，为 75043 人。

2007 年，乡镇总人口 2 万人以下的有文峰镇、五寨乡、长乐乡和秀峰乡，分别为 18302 人、19405

人、11798 人和 17958 人；总人口 2 万人以上 3 万人以下的有南胜镇、国强乡和崎岭乡，分别为 27405 人、22636 人和 25249 人；总人口 4 万人以上 5 万人以下的有山格镇、坂仔镇、芦溪镇和九峰镇，分别为 43975 人、40748 人、42393 人和 46919 人；总人口 5 万人以上 6 万人以下的有大溪镇、安厚镇和霞寨镇，分别为 53047 人、56974 人和 51003 人；总人口 8 万人以上的有小溪镇，为 85672 人。

第二节　人口密度

一、全县人口密度

（一）常年统计人口密度

1989 年，平和县人口密度 213.45 人 / 平方公里。此后，人口密度逐年增加。1993 年，人口密度 222.49 人 / 平方公里。

1996 年，全县人口密度 225.92 人 / 平方公里。1999 年，人口密度 230.74 人 / 平方公里。

2003 年，全县人口密度 237.21 人 / 平方公里。2005 年，人口密度 239.68 人 / 平方公里。

2007 年，全县人口密度 243.24 人 / 平方公里，比 1989 年增长 13.96%。

（二）历次普查人口密度

1990 年第四次全国人口普查，平和县人口密度 216 人 / 平方公里。2000 年第五次全国人口普查，全县人口密度 229 人 / 平方公里。

二、乡镇人口密度

（一）常年统计人口密度

1989 年，小溪镇人口密度 571.91 人 / 平方公里、安厚乡为 423.24 人 / 平方公里、大溪乡为 325.53 人 / 平方公里、坂仔乡为 270.94 人 / 平方公里、霞寨乡为 224.6 人 / 平方公里、山格乡为 216.03 人 / 平方公里、九峰镇为 214.67 人 / 平方公里、南胜乡为 189.07 人 / 平方公里、崎岭乡为 189.05 人 / 平方公里、长乐乡（含未析出的秀峰乡）为 185.74 人 / 平方公里、五寨乡为 184.15 人 / 平方公里、国强乡为 170.7 人 / 平方公里、芦溪乡为 122.05 人 / 平方公里、文峰乡为 75.74 人 / 平方公里。

1998 年，小溪镇人口密度 684.64 人 / 平方公里、安厚镇为 444.79 人 / 平方公里、大溪镇为 349.39 人 / 平方公里、坂仔镇为 289.86 人 / 平方公里、山格镇为 235 人 / 平方公里、霞寨镇为 232.83 人 / 平方公里、九峰镇为 219.4 人 / 平方公里、南胜镇为 201.01 人 / 平方公里、五寨乡为 199.6 人 / 平方公里、崎岭乡为 194.49 人 / 平方公里、秀峰乡为 194.05 人 / 平方公里、长乐乡为 189.56 人 / 平方公里、国强乡为 174.05 人 / 平方公里、芦溪镇为 129.28 人 / 平方公里、文峰镇为 80.6 人 / 平方公里。

2007 年，小溪镇人口密度 781.61 人 / 平方公里、安厚镇为 499.25 人 / 平方公里、大溪镇为 380.24 人 / 平方公里、坂仔镇为 301.61 人 / 平方公里、霞寨镇为 243.82 人 / 平方公里、山格镇为 240.23 人 / 平方公里、九峰镇为 225.34 人 / 平方公里、南胜镇为 204.96 人 / 平方公里、五寨乡为 206.57 人 / 平方公里、崎岭乡为 201.78 人 / 平方公里、秀峰乡为 200.69 人 / 平方公里、长乐乡为 192.4 人 / 平方公里、国强乡为 179.71 人 / 平方公里、芦溪镇为 136.31 人 / 平方公里、文峰镇为 82.4 人 / 平方公里。

（二）普查人口密度

1990 年第四次全国人口普查，全县乡镇每平方公里人口由多至少依次为安厚乡 497 人、小溪镇 364 人、大溪乡 328 人、坂仔乡 279 人、山格乡 228 人、霞寨乡 221 人、九峰镇 210 人、五寨乡 183 人、崎岭乡 183 人、长乐乡（含秀峰乡）183 人、南胜乡 174 人、国强乡 149 人、芦溪乡 121 人、文峰乡 99 人。

2000 年第五次全国人口普查，全县乡镇每平方公里人口由多至少依次为小溪镇 598.1 人、安厚镇

440.3 人、大溪镇 347.5 人、坂仔镇 300.8 人、山格镇 246.5 人、霞寨镇 227.4 人、九峰镇 212.3 人、崎岭乡 189.6 人、南胜镇 179.7 人、长乐乡（包括秀峰乡）176.4 人、五寨乡 175.7 人、国强乡 148.6 人、芦溪镇 125.6 人、文峰镇 83.6 人。

第三章 人口结构

第一节 民族构成与姓氏构成

一、民族构成

1990 年第四次全国人口普查，平和县总人口 502984 人。其中，汉族 501235 人，占总人口 99.65%；少数民族 8 个，合计 1749 人，占总人口 0.35%。少数民族人口中，畲族 1703 人（不包括婚出与外出），占少数民族总人口 93.37%；回族 7 人、藏族 1 人、苗族 6 人、壮族 11 人、满族 5 人、高山族 15 人、珞巴族 1 人。

2000 年第五次全国人口普查，全县人口总量 532649 人。其中，汉族 530688 人，占总人口 99.63%；少数民族 18 个，合计 1961 人，占总人口 0.37%。

2007 年，全县总人口 567229 人。其中，汉族 564651 人，占总人口 99.55%；少数民族有侗族、回族、壮族、满族、畲族、苗族、藏族、黎族、土家族、布依族、朝鲜族、锡伯族、高山族、傈僳族、蒙古族、鄂温克族、仡佬族、瑶族、仫佬族、基诺族和彝族等 21 个，合计 2578 人，占总口 0.45%。少数民族人口中，畲族 2300 人，土家族 23 人。

二、姓氏构成

1989 年，平和县有 214 个姓氏。其中，单姓 213 个，占全县姓氏 99.53%；复姓 1 个，占 0.47%。人口万人及以上姓氏有 14 个，占 6.54%：万人以下至千人及以上姓氏有 16 个，占 7.48%：千人以下至百人及以上姓氏有 22 个，占 10.28%：百人以下至十人及以上姓氏有 44 个，占 20.56%：十人以下至两人及以上姓氏有 59 个，占 27.57%；一人的姓氏有 59 个，占 27.57%。

1998 年，全县有 215 个姓氏。其中，单姓 214 个，占全县姓氏 99.53%；复姓 1 个，占 0.47%。人口万人及以上姓氏有 14 个，占 6.51%：万人以下至千人及以上姓氏有 16 个，占 7.44%：千人以下至百人及以上姓氏有 23 个，占 10.7%：百人以下至十人及以上姓氏有 50 个，占 23.26%：十人以下姓氏有 112 个，占 52.09%。

2007 年，全县有林、张、陈、曾、赖、黄、叶、吴、朱、杨、卢、蔡、李、周、胡、何、罗、郑、庄、徐、许、苏、冯、蓝、谢、葛、石、柯、江、孙、马、阮、郭、高、梁、宋、唐、韩、邓、章、曹、彭、任、肖、董、潘、蒋、余、杜、史、王、程、魏、巫、吕、钟、丁、沈、姚、汪、范、方、廖、邱、郝、龚、严、袁、孔、戴、汤、邹、潭、管、姜、赵、连、欧、游、刘、詹、施、康、洪、简、陆、岳、牛、傅、阎、翁、卓、温、颜、薛、白、邢、易、饶、鞠、韦、钱、傀、金、沈、贵、侯、阙、刑、龙、柳、田、昌、辛、雷、彦、尤、崔、文、黎、包、赴、陶、玉、岩、丘、单、申、邵、吉、夏、佘、横、付、枋、尧、萘、沙、于、涂、莫、毛、蒲、甘、商、桂、伍、割、关、铜、熊、吾、万、武、纪、岑、茅、乔、孟、童、甫、保、栾、智、伟、池、华、戈、呈、滕、同、勤、绿、针、旁、霜、科、车、鲍、番、定、旅、园、银、角、秦、乾、舞、果、哉、辜、卫、符、土、兴、俞、娘、壬、艺、凭、春、庆、红、麦、禄、垄、斜、术、尸、穆、励、路、官、古、瑶、骆和欧阳等217个姓氏。其中，单姓216个，占全县姓氏99.54%；复姓1个，占0.46%。人口万人及以上姓氏有林、张、陈、曾、赖、黄、叶、吴、朱、卢、杨、蔡、李、周、庄等15个，占6.91%；人口万人以下至千人及以上姓氏有16个，占7.37%；千人以下至百人及以上姓氏有23个，占10.6%；百人以下至十人及以上姓氏有50个，占23.04%；十人以下至两人及以上姓氏有53个，占24.43%；人口仅1人的姓氏有骆、茅、乔、孟、甫、童、保、栾、智、伟、池、华、戈、呈、滕、同、勤、绿、针、旁、霜、科、车、鲍、番、定、旅、园、银、角、秦、乾、舞、果、哉、辜、卫、符、土、兴、俞、娘、壬、艺、凭、春、庆、红、麦、禄、垄、斜、术、尸、穆、励、路、官、古和瑶等60个，占27.65%。

2007年平和县人口万人以上姓氏及其人数情况表

表3-3-1　单位：人、%

姓氏	人口数量	人数占比	姓氏	人口数量	人数占比	姓氏	人口数量	人数占比	姓氏	人口数量	人数占比
林	69754	12.29	赖	45806	8.07	朱	19448	3.43	李	13729	2.43
张	48793	8.59	黄	38799	6.83	卢	16963	2.99	周	13134	2.31
陈	48694	8.58	叶	35878	6.32	杨	16859	2.97	庄	10349	1.82
曾	46422	8.18	吴	23596	4.16	蔡	14304	2.52			

第二节　性别构成与年龄构成

一、性别构成

1990年第四次全国人口普查，平和县男性人口260545人，占总人口51.8%，女性人口242439人，占总人口48.2%。

2000年第五次全国人口普查，全县男性人口281453人，占总人口52.84%，女性人口251196人，占总人口47.16%。

2003年，全县男性人口294013人，占总人口53.1%；女性人口259641人，占总人口46.9%。

2007年，全县男性人口301729人，占总人口53.19%；女性人口265500人，占总人口46.81%。

若干年份平和县男性人口与女性人口构成情况表

表3-3-2　单位：人

姓 名	性 别	出生时间	民 族	家 庭 住 址	逝世时间
林　恩	女	1906-02	汉族	南胜镇南胜村	（健　在）
赖　梅	女	1906-05	汉族	坂仔镇宝南村	（健　在）
叶龙树	男	1906-11	汉族	芦溪镇蕉路村	（健　在）
杨　柚	女	1908-05	汉族	九峰镇福山村	（健　在）
刘　永	女	1908-03	汉族	九峰镇复兴村	（健　在）

附：人口平均预期寿命

1989年，平和县人口平均预期寿命68.78岁，其中男性人口67.45岁、女性人口70.29岁。2000年，全县人口平均预期寿命73.85岁，其中男性人口72岁、女性人口75.65岁。

2007年，平和县人口平均预期寿命比2000年提高。

第三节 文化构成与职业构成

一、文化构成

1990年第四次全国人口普查，平和县总人口每千人中，具有大专以上文化程度4人、高中文化程度64.1人、初中文化程度184人，小学文化程度418人。12岁以上人口中，文盲、半文盲8.93万人，占总人口17.75%。

2000年第五次全国人口普查，全县具有大专以上文化程度5446人，占总人口1.02%；高中文化程度32323人，占总人口6.07%；初中文化程度19750人，占总人口3.71%；小学文化程度191982人，占总人口36.04%；文盲38487人，占总人口7.23%。

2007年，全县具有大专以上文化程度人口、高中文化程度人口、初中文化程度人口和小学文化程度人口均比1989年增加很多，文盲人口比1989年减少很多。

二、职业构成

1990年第四次全国人口普查，平和县劳动力年龄人口28.72万人，占总人口57.1%。在业人口27.75万人，占总人口55.17%。其中，农、林、牧、渔业劳动者24.17万人，占在业人口87.1%：各类专业技术人员9552人，占在业人口3.45%；国家机关、党群组织、企事业单位负责人1667人，占在业人口0.6%；办事人员和有关人员2336人，占在业人口0.84%：商业工作人员4986人，占在业人口1.79%；服务性工作人员3124人，占在业人口1.13%：生产工人、运输工人和有关人员1.41万人，占在业人口5.08%；不便分类的其他劳动者29人，占在业人口0.01%。

2000年第五次全国人口普查，全县劳动力年龄人口327480人，占总人口61.48%。在业人口28119人（男性15376人、女性12743人），占总人口5.28%。其中，农、林、牧、渔业劳动者23570人，占在业人口83.82%：各类专业技术人员1000人，占3.56%；国家机关、党群组织、企事业单位负责人124人，占0.44%；办事人员和有关人员306人，占1.09%：其他人员3119人，占11.09%。

2007年，全县单位从业人员282611人。其中，农、林、牧、渔业劳动者12460人，占在业人口4.41%：采矿业693人，占在业人口0.25%：制造业38956人，占在业人口13.78%：电力、燃气及水的生产和供应业16040人，占在业人口5.68%：建筑业22895人，占在业人口8.10%：交通运输、仓储和修理业1451人，占在业人口0.51%：信息传输、计算机服务和软件业3138人，占在业人口1.11%：批发和零售业12444人，占在业人口4.40%：住宿与餐饮业444人，占在业人口0.16%：金融业11149人，占在业人口3.94%：房地产业1456人，占在业人口0.52%：租赁和商务服务业3569人，占在业人口1.26%：科学研究、技术服务和地质勘查业2591人，占在业人口0.92%：水利、环境和公共设施管理业5682人，占在业人口2.01%：居民服务和其他服务54人，占在业人口0.02%：教育事业90605人，占在业人口32.06%：卫生、社会保障和社会福利业13181人，占在业人口4.66%：文化、体育和娱乐业2082人，占在业人口0.74%：公共管理和社会组织43721人，占在业人口15.47%。

第四节 农业人口与非农业人口构成

一、人口数量

1989年，平和县农业人口460915人，非农业人口37283人。

1998年，全县农业人口484257人，非农业人口49208人。

2007年，全县农业人口435884人，非农业人口131345人。

二、人口比例

1989年，全县农业人口、非农业人口分别占总人口92.52%和7.48%。

1998年，全县农业人口、非农业人口分别占总人口90.78%和9.22%。

2007年，全县农业人口、非农业人口分别占总人口76.84%和23.16%。

若干年份平和县农业人口与非农业人口构成情况表

表3-3-4　　**单位：人**

年份	农业人口	非农人口	农与非农比例	年份	农业人口	非农人口	农与非农比例
1989	460915	37283	92.52:7.48	2000	492482	53112	90.27:9.73
1990	473179	37756	92.61:7.39	2004	430981	126245	77.34:22.66
1994	478100	42625	91.81:8.19	2007	435884	131345	76.84:23.16
1997	482688	47743	91:9				

第五节　家庭构成与婚姻构成

一、家庭构成

（一）全县家庭构成

1989年，平和县有106228户家庭，总人口498198人，户均4.69人。

1998年，全县有124377户家庭，总人口533465人，户均4.29人。

2007年，全县有152763户家庭，总人口567229人，户均3.71人，分别比1989年增长43.81%、21.15%、-20.9%。

若干年份平和县家庭户数与户均人口情况表

表3-3-5　　**单位：户、人**

年份	家庭总户数	户均人口	年份	家庭总户数	户均人口	年份	家庭总户数	户均人口
1989	106228	4.69	1997	122629	4.33	2007	152763	3.71
1990	109952	4.65	2000	134607	4.05			
1994	117663	4.43	2004	141637	3.93			

（二）计生家庭构成

1990年，全县有109952户家庭，其中二女结扎户1805户、独生子女户4517户，分别占总户数1.69%、4.23%。

2000年，全县有134607户家庭，其中二女结扎户4493户、独生子女户22297户，分别占总户数3.34%、16.56%。

2007年，全县有152763户家庭，其中二女结扎户5205户、独生子女户19794户，分别占总户数3.41%、12.96%。

二、婚姻构成

1990 年第四次全国人口普查，平和县 15 岁以上（含 15 岁）人口 34.7 万人。其中，未婚人口 10.32 万人（男性 6.2 万人、女性 4.12 万人），占 29.74%；有配偶人口 21.77 万人（男性 10.84 万人、女性 10.93 万人），占 62.74%；丧偶人口 2.46 万人（男性 0.64 万人、女性 1.82 万人），占 7.09%；离婚人口 1489 人（男性 1290 人、女性 199 人），占 0.43%。

2007 年，全县 15 岁以上（含 15 岁）人口 47.24 万人。其中，未婚人口 12.89 万人（男性 7.76 万人、女性 5.13 万人），占 27.29%；有配偶人口 31.5 万人（男性 15.96 万人、女性 15.54 万人），占 66.68%；丧偶人口 2.62 万人（男性 0.77 万人、女性 1.85 万人），占 5.55%；离婚人口 0.23 万人（男性 0.18 万人、女性 0.05 万人），占 0.48%。

第四章 人口生活状况

第一节 收入状况

一、农民人均纯收入

1989 年，平和县农民人均纯收入 472 元。随着农村经济的发展，农民人均纯收入逐年增多。1991 年、1993 年、1996 年、1999 年和 2002 年，全县农民人均纯收入分别为 667 元、1009 元、2141 元、3059 元和 3470 元。2005 年，全县农民人均纯收入 4453 元。

2007 年，全县农民人均纯收入 5436 元，比 1989 年增长 10.52 倍。

二、城镇居民人均可支配收入

1989 年，平和县城镇居民人均可支配收入比 1988 年增加。

2005 年，全县城镇居民人均可支配收入 6819 元。

2007 年，全县城镇居民人均可支配收入 8958 元。

第二节 支出状况

一、农民人均支出

（一）全县农民人均支出

1989 年，平和县农民人均消费支出 435 元。1994 年，农民人均消费支出 1312 元。

1998 年，全县农民人均消费支出增至 2664 元。2004 年，农民人均消费支出 4314 元。

2007 年，全县农民人均消费支出 3642 元，比 1989 年增长 7.37 倍。

（二）家庭调查农民人均支出

1. 消费支出

1989 年，平和县对 70 户农民家庭进行调查。调查资料显示，当年农民人均生活消费支出 484.43 元，其中食品消费占 62.32%、衣着支出占 4.07%、居住支出占 5.69%。1997 年调查结果，农民人均生活消费支出 1501.24 元。2002 年，调查结果，农民人均生活消费支出 2191.86 元，其中食品消费占 50.03%、衣着支出占 3.57%、居住支出占 13.65%。

2007 年，对 70 户农民家庭进行调查。调查资料显示，当年农民人均生活消费支出 3151.1 元，其中，食品消费占 46.93%、衣着支出占 4.41%、居住支出占 23.21%。

附：耐用消费品拥有量

1989 年，对 70 户农民家庭进行调查。调查资料显示，当年主要耐用消费品拥有量较多的有手表、大型家具、自行车、电风扇、收录机、黑白电视机，以及收音机等。

1995 年，70 户农民家庭主要耐用消费品拥有量较多的有手表、自行车、电风扇、缝纫机、彩色电视机，以及收音机等。

2001 年，70 户农民家庭主要耐用消费品拥有量较多的有电风扇、固定电话、摩托车、彩色电视机和自行车等。

2007 年，对 70 户农民家庭进行调查。调查资料显示，当年主要耐用消费品为摩托车、彩色电视机、移动电话机、固定电话机、自行车、洗衣机、电冰箱、微波炉、热水器和空调器等。

2007 年平和县 70 户农民家庭每百人主要耐用消费品拥有量情况表

表 3-4-1　　单位：台、辆

耐用品	拥有量	耐用品	拥有量	耐用品	拥有量	耐用品	拥有量
自行车	22	洗衣机	12	空调器	1	固定电话	23
摩托车	25	电冰箱	7	微波炉	4	移动电话	24
彩色电视机	24	热水器	2	影碟机	9		

注：表中数据系来自对 70 户农民家庭的调查结果

若干年份平和县 70 户农民家庭人均生活消费支出情况表

表 3-4-2　　单位：元、%

年 份	人均生活消费支出	其中				恩格尔系数
		食品支出	衣着支出	居住支出	其他支出	
1989	484.43	301.9	19.72	27.54	135.27	62.32
1993	659.22	315.45	41.58	89.16	213.03	47.85
2002	2191.86	1096.57	78.21	299.27	717.81	50.03
2004	2359.42	1038.68	88.01	576.24	656.31	44.03
2007	3151.1	1478.9	138.86	731.52	891.82	46.93

注：表中数据系来自对 70 户农民家庭的调查结果

二、城镇居民人均支出

1989 年，平和县城镇居民人均消费支出 657 元。1994 年，人均消费支出 1759 元。1998 年，全县城镇居民人均消费支出增至 3444 元。2004 年，人均消费支出 6169 元（生活消费支出占 88.86%）。

2007 年，全县城镇居民人均消费支出 7788 元（生活消费支出占 92.98%），比 1989 年增长 10.85 倍。

1989 年，全县城镇居民主要耐用消费品拥有量较多的有手表、大型家具、自行车、电风扇、收录机、黑白电视机和收音机等。

1994 年，全县城镇居民主要耐用消费品拥有量较多的有手表、自行车、电风扇、缝纫机、彩色电视机和收音机等。1999 年，主要耐用消费品拥有量较多的有电风扇、固定电话、摩托车、彩色电视机和自行车等。

2007 年，全县城镇居民主要耐用消费品为电风扇、自行车、彩色电视机、固定电话机、热水器、摩托车、洗衣机、空调器、消毒碗柜、电冰箱、微波炉和家用电脑等。

2007 年平和县城镇居民每百户主要耐用消费品拥有量情况表

表 3-4-3 **单位：台、辆**

耐用品	拥有量	耐用品	拥有量	耐用品	拥有量	耐用品	拥有量
摩托车	90	电风扇	250	摄像机	2	热水器	96
自行车	200	电冰箱	64	照相机	14	消毒碗柜	78
助力车	14	彩色电视机	118	微波炉	66	固定电话	100
洗衣机	88	家用电脑	36	空调器	78	移动电话	150

三、全县人口人均支出

1989 年，平和县人口人均消费支出 452 元。1994 年，人均消费支出比 1989 年增长 1.98 倍。

1998 年，全县人口人均消费支出 2735 元。2004 年，人均消费支出比 1998 年增长 65.3%。

2007 年，全县人口人均消费支出 4697 元，比 1989 年增长 9.39 倍。

若干年份平和县人口人均消费支出情况表

表 3-4-4 **单位：元**

年份	全县人口人均消费	农民人均消费	城镇居民人均消费	年份	全县人口人均消费	农民人均消费	城镇居民人均消费
1989	452	435	657	1999	3150	3069	3945
1991	610	586	984	2001	3738	3585	5152
1993	1027	1004	1303	2003	4259	4072	5814
1995	1807	1745	2401	2005	3554	2721	6264
1997	2518	2489	2818	2007	4697	3642	7788

第三节 居住状况

一、农民居住状况

1989 年，平和县对 70 户农民家庭进行调查。当年，农民人均住房面积 20.13 平方米。1995 年，70 户农业人口家庭住房面积 5497 平方米，其中钢筋混凝土结构、砖木结构房屋面积分别占 29.38%、25.47%。1998 年，70 户农民家庭人均住房面积增至 19.98 平方米。2001 年，70 户农民家庭住房面积 5712 平方米，其中钢筋混凝土结构、砖木结构房屋面积分别占 52.77%、19.05%，楼房、砖瓦平房面积分别占 50.91%、3.29%。2004 年，70 户农民家庭人均住房面积 21.23 平方米。2007 年，70 户农民家庭人均住房面积 25.55 平方米，其中钢筋混凝土、砖木机构房屋面积分别占 67.48%、15.19%，楼房、砖瓦平房面积分别占 92.64%、2.11%。

二、城镇居民居住状况

1989 年，平和县城镇居民人均住房使用面积比 1988 年增加。

2007 年，全县城镇居民人均住房使用面积 41.86 平方米。住宅建筑有单栋住宅（占 64%）、普通楼房（占 12%）、三居室套房（占 10%）、二居室套房（占 10%）、平房及其他式样（占 4%）等多种式样。住宅取暖安装空调设备占 28%，安装其他取暖设备占 30%。住宅有厕所与浴室占 88%，仅有厕所而无浴室占 2%。

第五章 计划生育

第一节　机 构

一、平和县人口和计划生育局

1989 年，平和县计划生育委员会内设人秘股、宣教股、计财股、政策法规股和科技管理股，共有工作人员 10 人。下设县计划生育宣传技术指导站，有工作人员 2 人。1992 年 7 月，县计划生育宣传技术指导站改称县计生服务站。

1997 年 4 月，县计生委增设县流动人口计划生育管理站，为股级事业单位，核定编制 2 人。6 月，县计生委更名平和县计划生育局。2003 年 3 月，县计生局内设人秘股、计财股、政策法规股和科技管理股。2005 年 10 月，平和县计生局更名平和县人口和计划生育局。

2007 年，县人口和计划生育局内设 4 个股，核定编制 13 名，实有人员 23 人。下设流动人口计划生育管理站，核定编制 2 名，实有人员 5 人；县计划生育服务站，核定编制 15 名，实有人员 15 人。

二、乡镇（场）计划生育办公室

1989 年，平和县 14 个乡镇计划生育办公室和安厚农场计划生育办公室共核定人员编制 22 名。1992 年 7 月，全县增配乡镇场计划生育专职干部 31 人。

2007 年，全县乡镇计划生育办公室共有工作人员 121 人。其中，公务员 17 人，事业干部 36 人，职工 50 人，临时工作人员 18 人。

三、乡镇计划生育服务所

1991 年，平和县设立 14 个乡镇计划生育服务所，共核定编制 42 名，每个乡（镇）3 名。

1998 年、1999 年，2001 年、2006 年共 4 次在全县大中专毕业生中公开招录乡镇计生服务所技术人员 48 人。

2007 年，全县乡镇计生服务所共有技术人员 60 人。

第二节　晚婚　优生　节育

一、晚婚

1989 年，平和县初婚女性 3125 人，其中实行晚婚［达到法定年龄（男 22 周岁、女 20 周岁）推迟 3

年以上结婚的为晚婚］有2065人，晚婚率66.08%。1994年，初婚女性4089人，其中实行晚婚有1677人，晚婚率41.01%。

1998年，全县初婚女性4198人，其中实行晚婚有2026人，晚婚率48.26%。2001年，初婚女性4453人，其中实行晚婚有2507人，晚婚率56.3%。

2007年，全县初婚女性5799人，其中实行晚婚有2987人，晚婚率51.51%。

若干年份平和县女性晚婚情况表

表3-5-1 单位：人、%

年份	女性初婚	女性晚婚	晚婚率	年份	女性初婚	女性晚婚	晚婚率	年份	女性初婚	女性晚婚	晚婚率
1989	3125	2065	66.08	1995	3712	1907	51.37	2004	5167	2511	48.6
1991	3442	1627	47.27	1997	4143	2019	48.73	2007	5799	2987	51.51
1993	3001	1371	45.68	1999	4397	2254	51.26				

二、优生

1990年，平和县独生子女病残疾儿医学鉴定小组成立，由县医院5位科室主任和县计生委、县计生指导专业人员7人组成。当年开展独生子女病残疾儿鉴定8例。

1992年后，独生子女病残疾儿鉴定审批权归漳州市计划生育委员会，平和县计生服务站只做独生子女病残疾儿鉴定初筛工作。当年，县计生服务站初筛鉴定独生子女病残疾儿9例。

1998年，县计生服务站购置优生检测仪，首次为新婚夫妇开展风疹病毒、巨细胞病毒、弓形虫等孕前优生检测筛查服务。实施出生缺陷干预工程，举办婚前优生知识培训。当年完成孕前优生检测筛查853例。2000年，为不孕不育症夫妇开展咨询服务活动。

2003年10月起，全县开展婚检工作。2006年，县计生服务站开展生殖道感染和生殖保健服务工作，经常组织医务人员为县直机关、企事业单位、乡镇、村已婚育妇进行妇科病普查和治疗。至2007年，全县普查已婚育妇55672人，查出妇科病患者13317人，患病率23.92%，治愈10787人。县计生服务站累计组织不孕不育症夫妇320对到漳州市不孕症治疗中心诊治，治愈76对；部分病情不同程度好转的患者转至门诊治疗。县计生服务站累计开展婚前优生知识培训45期，参加培训9500多人次；共开展孕前优生检测筛查7994例。

三、节育

1989年8月7日，平和县人大常委会第十四次会议通过《平和县实施〈福建省计划生育条例〉办法》，由平和县人民政府颁布施行。是年，全县落实节育措施73328例，节育率92.03%。

1992年，全县乡镇计生服务所在县计生服务站指导下，共落实节育措施6455例。1996年，全县落实节育措施96419例，节育率91.63%。

1998年，县计生手术并发症鉴定小组成立，开展节育手术并发症预防、鉴定、治疗和善后工作。是年，全县落实节育措施99084例，节育率90.58%。2004年，全县落实节育措施105803人例，节育率89.2%。

2007年5月，乡镇计生服务所配备电脑和摄影设备共24套。是年，全县落实节育措施107630例，节育率87.50%。

附：平和县计生服务大楼

平和县计生服务大楼建筑面积3922平方米，2007年4月，动工兴建，12月竣工。县计划生育服务大楼建成后成为全县计生宣传、技术服务、药具发放、人员培训中心。大楼1～3层作为县计生服务站开展计生技术服务之用。设有手术室、门诊手术室、妇检室、门诊咨询室、B超室、检验室、药具室、消毒供应室、宣教室、康复室、乳透室、女性诊室、男性诊室、观察室、妇科治疗室、医疗仓库、视听室、资料档案室、污物处理室、药房、办公室等22个科室和人口学校。有乳腺诊断治疗仪1台、血细胞分析仪1台、尿液分析仪1台、血凝仪1台、生化分析仪1台、台式B超1台、酶标仪1台、电子阴道镜1台、双目显微镜1台、高压消毒锅1台、红外妇科治疗仪1台、微波治疗仪1台、心电图1台、指纹录入采集仪1台、电脑12台等主要设备和计划生育流动服务车1辆。大楼4～6层作为县计划生育协会与县人口和计划生育局办公之用。

第三节　计生宣传

1989年起，平和县计生委始终把对育龄夫妇的宣传教育工作放在重要位置，定期开展优生优育知识宣传，提高婚育对象优生优育知识知晓率。坚持常年组织宣传车下乡，宣传计划生育政策法规，分发宣传材料和生殖保健知识资料。每年“5·29”纪念活动期间，各级计生服务站（所）和计生协会均开展宣传活动，深入村组，上门访视，入户宣传计生政策。做到术前宣传政策，术中排忧解难，术后回访慰问。在基层单位开展咨询服务，举办计生科普讲座，举行图片宣传展示，提高宣传教育效果。

1993年，县、乡（镇）全部建立人口学校，并以乡镇人口学校和计生服务所（室）为阵地，对育龄夫妇开展五期（青春期、新婚期、孕产期、育儿期、更年期）教育。同时开展人口计生政策、避孕节育技术和生殖保健常识等计划生育基本知识的宣传教育活动。1995年，平和县计划生育工作被省计划生育领导小组列为单列管理，成为全省计划生育单列管理县（全省有22个）后，加大计生宣传教育力度，提高育龄夫妇实行计划生育自觉性。1996年，解除单列管理。

2001年，县委宣传部、团县委、县教育局、县计生局和县计生协会联合，在全县中小学开展“青春期人口与计划生育宣传教育进校园主题系列活动”，印发《计划生育国情国策进校园系列活动》宣传教育资料3万份，广大青少年学生受到国情和计生国策教育，了解和掌握人口与计划生育政策、青春期保健常识。

2005年底，平和县再次成为全省唯一的计划生育单列管理县。2006年起，全县大打计生翻身仗，在主要路口、主要街道设置计生宣传画及宣传标语。县计生服务站与县直12个单位联合开展计生咨询活动。县委宣传部、县人口和计划生育局、县计生协会、县妇联等部门与单位联合举办“婚育新风进万家”计划生育知识竞赛活动，改变育龄夫妇的婚育观念，提高实行计划生育自觉性。

2006—2007年，共分发《生殖健康宣传画册》及人口和计划生育宣传资料等各类宣传册和宣传单9万多（册）份，提高育龄夫妇实行计划生育自觉性。

第四节　计生奖励与社会抚养费征收

一、计生奖励

1989年，平和县继续对自觉遵守计划生育政策的农村独女户、二女户按规定和负担标准优惠办理计生保险。

1995年9月，平和县人民政府制定《关于进一步加强计划生育利益导向制约机制的若干规定》，对农村独女户、二女户实行“六优先（每年安排一定的名额指标，对符合农转非规定的给予优先安排；每年从扶贫资金中划拨专项资金，优先扶持发展生产；乡镇、村在实施‘一街一市场’的城镇建设中，要求建房、买房经商的，地段价格给予优先优惠；在信贷和各种技术培训等方面给予优先优惠；在乡镇企业招工、集体林果、店面、鱼塘、土地和企业等项目承包上给予优先优惠；在县内初中、高中的升学考试中对独女、二女给予照顾2分，在大中专毕业生分配中，独女、二女在同等条件下给予优先照顾）、“四免”（免除负担集体义务工，免除‘三金’，免于‘先行工程’道路建设、水利建设、教育、治安和社会公益事业等各项集资，免收入托、入学至小学毕业的学杂费）、一保护（独女户、二女户在生产、生活等方面被歧视、欺负等民事纠纷案件，政法部门要依法从快从严查处，维护独女户、二女户的合法权益）”等11条优惠措施。

2002年，全县为农村计生户1924人发放奖助资金97.27万元。

2007年，平和县人民政府颁发《关于建立健全计划生育利益导向机制的通知》，完善农村独女户贡献奖励、二女户绝育奖励和农村小额贴息贷款等三项制度，对农村只生育一个女孩，自愿放弃再生育指标，符合条件的独女户，除兑现法定奖励1000元外，由县财政安排专项资金，给予夫妇双方每月30元奖励，直至夫妻年满60周岁自动转为享受奖励扶助制度。农村夫妇生育2个女孩，末孩于2007年1月以后且在生育3个月内落实绝育手术的对象，除兑现法定奖励500元外，由县财政再给500元节育奖励金。对符合条件的农村双女户和独生子女户因发展生产项目需贷款的，由县农村信用联社提供数额3000元、期限在1年以内的小额贴息贷款，贴息资金由市、县财政安排，专款专用。建立农村独生子女死亡、伤残救助，农村二女户和独女户“安居工程”补助，农村二女户和独女户低保对象增加低保金，计生户送温暖优先，农村双女户和独女户的女孩参加中考加分奖励，农村双女户和独女户“成才工程”奖励，计生困难户助学补助，新型农村合作医疗二女户和独女户优惠补助，独生子女户宅基地、土地收益分配，计生户就业优先优惠，农村计生户减免工商管理费和县直部门挂钩帮扶计生困难户等12项制度。是年，全县为农村计生户6227人发放奖助资金195.49万元。

2002—2007年平和县农村计划生育扶助资金发放情况表

表3-5-2　　　　单位：人、万元

年份	合计奖助		独女户奖助		二女户奖助		贡献奖		其他奖励	
	人数	金额	人数	金额	人数	金额	人数	金额	人数	金额
2002	1924	97.27	1847	92.35	77	4.92	0	0	0	0
2003	5395	138	5211	125.55	86	5.59	0	0	98	6.86
2004	1435	101.88	1110	88.29	112	7.2	0	0	213	6.39
2005	2199	103.53	1556	77.8	267	17	106	0.63	270	8.1
2006	3630	194.89	2179	112.6	631	52.1	106	3.82	714	26.37
2007	6227	195.49	2375	120.65	557	32.55	171	6.17	3124	36.12

二、社会抚养费征收

1989年，实行征收计划外生育费。2002年9月1日起，改为征收社会抚养费，征收标准按《福建省人口与计划生育条例》规定执行。2007年，县人口和计划生育局制定《关于规范计划生育社会抚养费征收标准的通知》，对当年1月1日起出现政策外生育对象的社会抚养费征收标准进行规范。是年，全县征收社会抚养费2955.6万元。

卷四 城乡建设

1989 年起，平和县从县情实际出发，加大城乡建设力度，改善城乡环境和居民居住条件。在城区建设林业大厦、农业服务中心大厦、三平大厦、河滨花园（县安居套房）、广宝花园和湖滨花园等公共建筑和住宅新区；兴建县广播电视大楼、平和一中教学楼、新星幼儿园和县医院综合楼等文教卫生工程。改建、拓宽东风路、西大路、北大路，新建琯溪路、龙溪路、长安路、迎宾路、河滨路和团结路等主要交通干线。加大资金投入，根据“高起点、高标准、严要求”原则，按照“20 年不落后”的城区供水规划，实施自来水工程扩容改造；完善县城供电、照明设施，满足居民用水、用电需求。乡镇与新农村建设按照“村建规划，适度超前；新村建设，各具特色；村镇管理，创新理念”的原则，编制乡镇整体规划。新建、改建和扩建九峰、大溪、安厚、山格、坂仔和南胜等乡镇人民政府办公场所和公共建筑；创建西坑村、五星村、岩坂村和三坪村等 10 个新村建设典型。其中，坂仔镇西坑村被列为省级新村建设示范村。加强城乡防洪堤工程建设，提高防汛、排涝能力。

2007 年，平和县中心城区面积 10.2 平方公里，城区人口 54538 人，城区道路总长 40 公里、面积 75 万平方米，分别比 1989 年增长 3.86 倍、1.56 倍、4.71 倍和 6.01 倍。城区日供水能力 2 万立方米，全县农村建有自来水厂（站）14 座。城区年公共照明用电量 169.01 万千瓦时，分别比 1989 年增长 2.33 倍和 9.38 倍。城区设置 12 个公交车站点，开通首条公交线路——大坂洋—宝丰工业区线路，投放 10 辆公交车运营。全县房屋施工面积 24.4 万平方米，竣工面积 15.05 万平方米，分别比 1989 年增长 6.4 倍和 4.5 倍。其中，商品房施工面积 18.59 万平方米（建筑面积 140 平方米以上的住宅总面积 1.76 万平方米），竣工面积 10.35 平方米（建筑面积 140 平方米以上的住宅总面积 1.06 万平方米）。新建的建筑面积在 1000 平方米以上的公共建筑及住宅有县公安局指挥中心、县国税局综合楼、县侨联大厦、县防汛指挥中心和县老干局离休干部住宅等 46 座，建筑面积 4000 平方米以上商品房住宅小区有琯溪商贸城、汇景新城、广宝小区、湖滨花园、吉祥花园和帝景星城等 14 个。建成文峰三坪新村、坂仔西坑新村、小溪岩坂新村、大溪赤安新村、大溪江寨新村和芦溪山岗新村和坂仔峨嵋新村等多个各具特色新型村庄和农村别墅。

第一章 城乡建设规划

第一节 县城建设规划

一、整体建设规划

1989 年，平和县县城建设整体规划沿用 1986 年 8 月漳州市人民政府批准的县城建设规划。县城规划区控制面积为 8.5 平方公里。近期规划至 1990 年，人口规模为 2.7 万人，城区规划用地面积 2.78 平方公里；

远期规划1991—2000年，人口规模为4万人。1995年，平和县人民政府委托漳州市城市规划设计室修编《平和县城整体规划》，至2003年仍未定稿。

2004年，县政府委托福建省城乡规划设计研究院编制《平和县城2004—2020年总体规划》。2007年，漳州市人民政府予以批复，同意该总体规划。县城规划区控制面积为60平方公里，城市性质确定为以小溪镇为全县的政治、经济和文化中心，以发展特色农业产业、轻型制造业和现代旅游业为主体的园林式小城市。近期规划2006—2010年，人口规模为8.7万人，城区规划用地面积6.83平方公里；远期规划2011—2020年，人口规模为15万人，规划区用地面积13.87平方公里。

二、新区建设规划

2007年，《平和县城2004—2020年总体规划》获得批准后，县建设部门着手编制县城各个片区的控制性详细规划。当年完成《城东新区控制性详细规划》。城东新区位于县城中部，规划区范围为东至阳光路，西至官九线，南至北环路，北至阳明路。规划区用地面积1.6平方公里，人口规模2～2.5万人。规划区为以发展商业贸易、生活居住为主的综合性新区。

第二节 乡（镇）村建设规划

一、集镇建设规划

1993年11月1日起，平和县实施《村庄和集镇规划建设管理条例》。1995年起，各乡镇因地制宜，相继编制或修编集镇建设规划。是年，文峰镇完成集镇建设规划编制。

1996年，坂仔镇完成集镇建设规划编制。1997年，南胜镇、大溪镇、霞寨镇、山格镇和九峰镇完成集镇建设规划编制。

1998年，安厚镇、五寨乡、国强乡、崎岭乡和芦溪镇完成集镇建设规划编制。至2007年，长乐乡和秀峰乡未完成集镇建设规划编制。

平和县乡镇集镇建设规划情况表

表4-1-1 单位：万人、平方公里

乡镇名称	编制年份	规划人口	规划面积	规划期限	乡镇名称	编制年份	规划人口	规划面积	规划期限
文峰镇	1995.9	0.85	0.67	2010	九峰镇	1997.12	2.56	2.43	2020
坂仔镇	1996.11	5	4.18	2010	安厚镇	1998.9	1.2	1.08	2020
南胜镇	1997.9	2.5	2.51	2020	五寨乡	1998.9	0.8	0.86	2020
大溪镇	1997.11	2	1.62	2020	国强乡	1998.9	0.8	0.7	2020
霞寨镇	1997.11	1.2	1.75	2020	崎岭乡	1998.9	0.5	0.4	2020
山格镇	1997.11	2.5	2.5	2020	芦溪镇	1998.9	0.86	0.73	2020

二、新村建设规划

1995年起，部分建制村相继编制新村建设规划。至1998年，西坑村、五星村、岩坂村和三坪村等18个村完成新村建设规划编制。其中，坂仔镇西坑村被列为省级新村建设示范村。

第二章　县城建设与乡村建设

第一节　县城建设

一、市政基础设施建设

（一）道路

1989年起，平和县城区道路建设实行新建与改造并举，道路建设与片区改造相结合，逐步形成较为完善的城区道路网络。是年，投资400万元，新建北大路、西大路，总长1980米；改造扩建东风路、建设路，总长1435米。城区道路总长7公里、总面积10.7万平方米。1999年，投资536万元，新建琯溪东路（北环至线务局）、长安南路、和平路和北环岔道，总长1320米。2006年，投资807.8万元，新建琯溪东路、金华路和城区巷道等6条，总长4039米；改造扩建西大路二巷道路，长130米。2007年，全县城区道路总长40公里，总面积75万平方米，分别比1989年增长4.71倍和6.01倍。

1989—2007年平和县城区道路建设情况表

表4-2-1　　单位：米、万元

道路名称（起止路段）	建设性质	路面结构	道路长度	道路宽度	投入资金	建设年份
北大路	新　建	混凝土	1500	24	200	1989
建设路	改造扩建	混凝土	865	24	90	1989
东风路	改造扩建	混凝土	570	24	60	1989
西大路	新　建	混凝土	480	16	50	1989
北环路（宝善至玉溪）	新　建	混凝土	1150	35	800	1990
牛旧线县城段	新　建	混凝土	400	35	200	1990
南环路	新　建	混凝土	1150	35	800	1991
郊柏线县城段	改造扩建	混凝土	420	35	210	1991
长安路（琯溪路至东风路）	新　建	混凝土	580	20	200	1992
琯溪路（建设路至北环路）	新　建	混凝土	1070	20	410	1992
河滨路（琯溪路至南环路）	新　建	混凝土	1480	16	470	1992
龙溪路（北环路至河滨路）	新　建	混凝土	680	18	200	1993
团结路（琯溪路至东大路）	新　建	混凝土	580	18	200	1994
长安路	新　建	混凝土	970	20	200	1995
龙溪路	新　建	混凝土	680	18	150	1995
旗仔山路	新　建	混凝土	550	8	120	1996
河滨路	新　建	混凝土	650	16	150	1996
东大路	改造扩建	混凝土	865	24	600	1997
金宝路	新　建	混凝土	260	16	80	1997
灵通路	新　建	混凝土	150	14	45	1997
河滨南路	新　建	混凝土	980	16	400	1998
琯溪东路（北环至线务局）	新　建	混凝土	250	35	186	1999

续表 4-2-1

道路名称（起止路段）	建设性质	路面结构	道路长度	道路宽度	投入资金	建设年份
长安南路	新　建	混凝土	370	20	130	1999
北环岔道	新　建	混凝土	200	35	50	1999
团结路（二路至一路）	新　建	混凝土	317	18	100	1999
和平路（商贸城段）	新　建	混凝土	183	20	70	1999
琯溪商贸城道路	新　建	混凝土	2000	30	633	2000
北环路	改造扩建	混凝土	350	35	328	2000
共和商贸街	新　建	混凝土	123	12	12	2000
古楼路	新　建	混凝土	300	35	100	2000
南环路	改造扩建	混凝土	2700	35	377	2000
银河南路（琯溪桥至南山桥）	新　建	混凝土	1004	16	420	2000
灵通小区道路	新　建	混凝土	100	10	15	2001
琯溪商贸城道路	新　建	混凝土	1500	16	500	2001
建设路	改造扩建	沥青	1080	24	15.5	2001
西山路	改造扩建	混凝土	650	16	35	2001
银河路（东风桥至琯溪桥）	新　建	混凝土	360	16	150	2001
建设路	改造扩建	沥青	500	24	20	2002
北大路	改造扩建	沥青	500	24	41	2002
西大路	改造扩建	混凝土	100	16	50	2002
河滨北路、银河北路	新　建	混凝土	640	16	130	2002
银河路（东风桥至南山桥）	新　建	混凝土	540	16	130	2002
永安路	新　建	混凝土	80	12	10	2002
西内环路（大坂洋）	新　建	混凝土	300	24	360	2003
和平路	新　建	混凝土	550	20	165	2003
东风桥头路段	新　建	沥青	180	24	15	2003
长安北路及花园路	新　建	混凝土	440	20	200	2003
西三路	新　建	混凝土	200	24	100	2003
金华路	新　建	混凝土	150	16	20	2004
团结路（政协路段）	新　建	沥青	120	10	13	2004
高南南大路	改造扩建	混凝土	750	12	60	2004
金华小区道路	新　建	混凝土	200	16	40	2005
共和小区道路	新　建	混凝土	90	12	25	2005
牛头溪道路	新　建	混凝土	460	16	300	2005
和平西路	新　建	混凝土	110	20	47	2005
汇景小区配套道路	新　建	混凝土	—	16	100	2005
大坂洋道路	新　建	混凝土	900	24	100	2005
琯溪东路	新　建	混凝土	872	35	380	2006
湖旧路	新　建	混凝土	867	16	73	2006

续表 4-2-1

道路名称（起止路段）	建设性质	路面结构	道路长度	道路宽度	投入资金	建设年份
和平桥上游两岸道路	新　建	混凝土	500	16	73	2006
金华路	新　建	混凝土	600	16	120	2006
城区巷道	新　建	混凝土	1000	4～6	102	2006
圆环红绿灯路段	新　建	混凝土	200	35	50	2006
西大路二巷道路	改造扩建	混凝土	130	12	9.8	2006
河滨人行道（党校路段）	新　建	混凝土	480	5	18	2007
东风路	改造扩建	沥青	600	24	25	2007
迎宾路	改造扩建	混凝土	1200	35	350	2007

（二）桥梁

1989年，城区有东风大桥（长50.7米）、南山大桥。1992年，分别投资400万元，修建平和大桥、南山大桥。

1992年12月21日，琯溪大桥动工兴建，1993年5月1日竣工，全长62.8米，桥面宽14米，两边人行道各宽1.5米，跨度为2个孔×31.4米。

1996年，和平路桥建成通车，全长62米，桥面宽14米，两边人行道各宽1.5米。1997年，东风大桥实施拓宽改造，桥面拓宽为16.5米，两边人行道各宽1.5米。1998年建成通车，总投资200万元。2005年，“灵通”人行桥（可通行摩托车和自行车）建成通行。

2007年，在南山大桥原址重建“后张法预应力砼装配式宽幅空心板梁”结构的新型桥梁，长135.7米，宽10.5米，2008年10月竣工。

（三）防洪堤

1992年，平和县着手编制城区防洪堤工程规划。1993年完成城区防洪堤工程规划编制，并经省水利水电厅专家审查通过。小溪城区防洪工程的防洪标准为20年一遇。1997年，城区防洪工程开始施工，至2000年12月底，建设花山溪防洪堤，总长2480米。

2001年1月至2002年9月，建设牛头溪东风桥至琯溪桥两岸防洪堤，总长1220米；建设牛头溪至和平桥两岸防洪堤，总长670米。

2005年4月至2007年9月，建设和平桥上游河道两岸防洪堤，总长850米。

县城牛头溪东风桥至琯溪桥河滨路侧防洪堤　（朱连生 摄）

（四）排水沟

1989年初，平和县城区有排水沟13条，总长9.93公里。2007年，城区排水沟以暗沟为主，排水沟比1989年增加数倍。

（五）供电与照明

1. 供电

1989年，平和县城区年供电量5844.8万千瓦时。其中，生活用电451.8万千瓦时，商业用电42.32

万千瓦时，工业用电 4214.27 万千瓦时。

2000 年，城区年供电量 10744.65 千瓦时。其中，生活用电 1315.46 万千瓦时，商业用电 78.97 万千瓦时，工业用电 6346.73 万千瓦时。

2007 年，城区年供电量 238045.28 万千瓦时。其中，生活用电 5186.45 万千瓦时，商业用电 237.5 万千瓦时，工业用电 20592.48 万千瓦时。

1989—2007 年，城区总供电量 238045.28 万千瓦时。其中，生活用电 29121.18 万千瓦时，商业用电 1670.25 万千瓦时，工业用电 144487.85 千瓦时。

2. 路灯与照明

路灯　1989 年初，平和县城区道路安装路灯 400 多盏。2007 年，城区道路安装路灯比 1989 年增加数倍。

照明　1989 年，城区照明用电量 16.29 万千瓦时。1999 年，照明用电量 103.62 万千瓦时。2007 年，城区照明用电量 169.01 万千瓦时。

（六）供水

1989 年，平和县自来水公司实行技术改造。1990 年，日产自来水能力由 0.3 万立方米增至 0.6 万立方米。1995 年，增设日产水能力 0.6 万立方米的净水设备一套。

1996 年 6 月，县自来水公司按照“高起点，高标准，严要求，20 年不落后”的城建规划要求，投资 2006.17 万元，实施大规模技术改造。至 1999 年 1 月，完成一级日产水能力 8 万立方米、二级日供水能力 2 万立方米和铺设 DN100 以上输水管网 19 公里等技术改造工程。2003 年 3 月，县自来水公司投入 47.9 万元，完成场地绿化、路灯照明等配套设施。

2007 年，县自来水公司日供水能力 2 万立方米。

平和县自来水公司二期扩建 2 万吨制水工程竣工仪式

（七）供气

1996 年，平和通达液化石油气有限公司成立。1998 年 7 月起，平和县建委（县建设局）审批液化石油气储配站资质。

2006 年，平和县安然燃气有限公司成立后，城区的输气管道建设进入规划许可、征地和施工阶段。

2007 年，城区供气以瓶装液化石油为主，用户 10500 户，供气量 1200 吨。仅湖滨花园瓶组站采用管道供气，用户 1000 户。

（八）公厕

1989—2007 年，城区兴建商贸城公厕、宝善公园公厕和长安中路公厕等 16 座。

1989—2007 年平和县城区标准公厕建设情况表

表 4-2-2　　单位：平方米、万元

公厕名称	公厕位置	厕所类别	占地面积	建筑面积
商贸城公厕	团结路	独立式	149.38	80.45
宝善公园公厕	玉溪路	独立式	48.42	48.42
长安中路公厕	长安路	独立式	—	—
长安南路公厕	县种子站旁	独立式	124.05	89.52
宝善新村公厕	县城宝善村	独立式	76.16	26.67

续表 4-2-2

公厕名称	公厕位置	厕所 类别	占地面积	建筑面积
蜜柚市场附属公厕	蜜柚市场	独立式	—	—
湖滨花园市场附属公园	湖滨花园市场	独立式	—	—
河滨路大会场公厕	河滨路	独立式	164.79	63.04
和平桥桥头绿地公厕	和平桥桥头	独立式	15.87	15.87
延葫路气象站公厕	延葫路	独立式	298.71	74.33
中心公园公厕	中山公园	独立式	19.21	19.21
市尾公厕	建设路	独立式	181.02	115.70
西大路公厕	西大路口	独立式	103.92	155.40
福星巷公厕	福星巷	独立式	83.88	60.86
东风新村共和公厕	东风新村	独立式	—	62.93
电影院公厕	东风街	独立式	—	—

（九）公共交通

2007 年，平和县在城区设立大坂洋、旧车站、东风大厦、东风桥头、汽车站、邮政大楼、高田、福环路口和旧县村等 12 个公交车站点，开通城区首条由大坂洋—宝丰工业区公交线路，投放运营公交车 10 辆。

（十）园林建设与城区绿化

园林建设　1989 年，城区东风桥头有明苑公园，占地面积 2100 平方米。园内建有凉亭、小拱桥，地面植草，绿柳成荫。还有占地面积 7199 平方米的中山公园。1999 年，明苑公园因修建银河路被拆除。2001 年，兴建广宝公园，占地面积 4500 平方米。2007 年，城区有中山公园和广宝公园，占地总面积 11.7 万平方米。

城区绿化　1989 年起，每年“3·12”植树节期间，县林业部门和县园林管理处均组织干部、职工在工厂、开发区的空地上种植树木，绿化环境。1989—1996 年，县园林管理处在城区北大路、西大路、东风路和琯溪路两旁人行道上种植芒果树 970 棵。1998—1999 年，在龙溪路、长安路、团结路和北环路河滨路进行绿化带建设。2005 年起，按照“一路一树”的要求，在琯溪东路、迎宾路进行植树绿化。2007 年，城区绿地面积 105 公顷，其中公园绿地 36 公顷。

二、房屋建设

（一）公共建筑与住宅

1989 年起，平和县随着国家对建筑业投资的增加和干部、职工福利的增长及居民生活水平的提高，城区房屋建设力度加大。至 2007 年，城区兴建县医院综合楼，县公安局指挥中心、县国税局综合楼、县供销社科技楼、县防汛指挥中心和县建筑公司宿舍楼等公共建筑及住宅。其中，建筑面积在 1000 平方米以上的房屋有 46 座；最高建筑为县医院综合楼，高 12 层，安装电梯，总建筑面积 19950 平方米。

位于县城和平路的商品房住宅小区汇景新城

（朱连生 摄）

1989—2007年平和县城区建筑面积1000平方米以上楼房建设情况表

表4-2-3　单位：层、平方米、万元

房屋名称	占地面积	层数	建筑面积
县医院综合楼	18525.04	12	19950
县公安局指挥中心	16426.44	7	13195
县农用车喷漆车间	—	2	9182
县国税局综合楼	7229.68	8	6683
县安居工程套房	6213.33	8	5800
县侨联大厦	1487.79	7	5509
县国税局宿舍楼	—	8	4785
县广播电视大楼	3185.01	8	4560
县供销社科技楼	426.00	7	4320
县检察技术综合楼	7730.02	6	4088
县计生服务中心	2297.53	6	3922
县财政局宿舍楼	2679.12	5	3630
县315投诉服务楼	2988.88	7	3500
县公路分局服务综合楼	2392.99	5	3328
县农村信用社住宅楼	—	7	3289
县农用车厂理化办公楼	—	6	3000
县电信机房设备楼	—	6	3000
县邮电职工宿舍楼	—	7	3000
县木材公司宿舍楼	1052.08	7	2800
县消防大队消防站	5414.61	4	2800
县交警大队办公楼	3853.81	6	2740
县机关事务局宿舍楼	—	6	2485
县烟草公司业务配套楼	2816.61	5	2063
县防汛指挥中心	1633.72	8	2055
县林业子弟学校	638.93	5	2000
财保平和支公司办公楼	1904.81	6	1993
县建筑公司宿舍楼	1064.12	5	1900
平和车队汽车配件门市	—	1	1880
县公安干警宿舍楼	—	5	1800
县残联服务中心	196.77	5	1799
县老干局离休干部住宅	—	1	1751
县邮电北环业务楼	4107.87	7	1750
平和一种教学楼	—	4	1600
县地税局住宅楼	—	4	1573
县交警大队宿舍楼	—	4	1550
县人行职工宿舍楼	426.08	3	1460

续表 4-2-3

房屋名称	占地面积	层数	建筑面积
县农用车冷作车间	—	1	1440
平和农行营业用房	838.29	3	1400
平和电大工作站教学楼	433.41	4	1342
县农用车厂职工宿舍楼	—	6	1320
县总工会职工活动中心	2809.79	6	1249
平和农行宿舍楼	1666.17	8	1200
平和一种学生公寓	—	5	1150
中行平和支行综合楼	—	4	1100
三平圣水开发厂房	—	1	1000
县经委宿舍楼	—	5	1000

（二）商品房

1989 年起，随着平和县城区的不断扩大，以及部分富裕起来的乡镇居民进城居住，加快城区房地产的开发与发展。1990 年，商品房施工面积 6340 平方米，竣工面积 6215 平方米。

1994 年，商品房施工面积 6 万平方米，竣工面积 3 万平方米。2001 年，商品房施工面积 10.18 万平方米，竣工面积 9.45 万平方米。

2007 年，商品房施工面积 18.59 万平方米，其中当年新开工面积 9.59 万平方米；竣工面积 10.35 万平方米，其中住宅面积 15.94 万平方米（建筑面积 140 平方米以上的住宅总面积 1.76 万平方米）。县城建成建筑面积 4000 平方米以上的商品房住宅小区有琯溪商贸城、平和县粮酒小区、建银小区经济适用房、汇景新城、广宝小区、永兴小区、金盛花园、湖滨花园、吉祥花园、祥和园和帝景星城等 14 个。

1989—2007 年平和县主要商品房住宅小区楼房建设情况表

表 4-2-4　　单位：层、平方米

小区名称	小区地址	用地面积	层数	建筑面积	动工年月	竣工年月
琯溪商贸城	县城北区	52000	4	82216	2000-03	—
兴隆小区（一期）	县城长安南路	1300	8	5100	2000-04	—
平和县粮酒小区	县城永安路中段	9652	7	26866	2000-04	2007-12
经济适用房	县城龙溪路	2333.33	7	6186	2002-05	—
汇景新城	县城和平路	31371.36	7	72319	2003-03	—
永泰商住楼	县城永安路	1000	7	6643	2003-03	—
广宝小区	县城长安北路	12333.33	7	21494.02	2003-07	—
永兴小区	县城永安路	3466.67	7	7200	2004-07	—
金盛楼	县城东大路	1995.35	7	4500	2004-09	2005-07
金盛花园	县城东大路	—	7	19244	2006-04	2007-03
湖滨花园	县城河滨路	—	7	81080	2006-06	2007-03
吉祥花园	吉祥路	8800	7～11	24000	2007-04	—
祥和园	县城西大路	2888.28	6	6823.4	2007-08	（2008-05）
帝景星城	湖滨路与和平路交会处	47246	7	118041.1	—	—

三、环境卫生

（一）环卫队伍

1990年，小溪镇环卫处从城镇待业人员中招收4名合同制工人。年底，全处共有环卫职工30多人。

1994年，招收工人30多人。当年，按规定共有48人转为合同制工人；超龄的20名退职人员按月发给退养金。退职人员有子女的给予补员，招收为合同工。

1997年增加临时清洁工50多人。此后，随着清扫保洁面积扩大，垃圾量增多，环卫工人随之增加。

2007年，小溪镇环卫处为平和县市容管理局下属单位，有环卫工人136人，其中正式职工35人、临时清洁工101人。

（二）环卫设施建设

1992年，平和县先后建成2座垃圾中转站。1993年，在小溪镇高南村征地4200平方米作为城区垃圾临时堆放处理场，添置1辆四代农用运输车运送垃圾。1997年，购置东风牌封闭吊车和装卸车各1辆。

1998年，分别建设旗仔山和广宝花园垃圾中转站，添置东风牌洒水车1辆。2000年，添置1辆北京牌垃圾运输车，在县城各主要干道添置45个圆形垃圾铁桶。2006年，分别在东风路、琯溪路和河滨路等路段设置50个垃圾箱，配置2辆东风车（其中1辆洒水车、1辆四代农用垃圾运输车）、1辆15型铲车。

2007年，购置1辆农用车、1辆洒水车、2辆保洁车和2辆垃圾收集车。在城区各主干道增设密闭垃圾箱100个。城区共有公共厕所16座。

（三）道路保洁

1989年，城区街道清扫保洁面积10万平方米。1995年，清扫保洁面积20万平方米，日垃圾处理量20吨。

1997年11月，组织清理大街小巷及城乡接合部的土石、垃圾80多吨。2000年，城区清扫保洁面积30万平方米，日垃圾处理量40多吨。

2007年，城区清扫保洁面积50万平方米，日垃圾处理量60吨。

第二节 集镇与村庄建设

一、集镇建设

九峰集镇 集镇范围包括城东村、城中村和城西村。1989年，省道207线从九峰镇区穿过，路面狭小。2004年，省道改线南移经南门洋，成为新镇区的主干道。在广福路西侧新建镇政府办公综合楼，建办公楼、司法所和职工食堂，总占地面积6330平方米，总建筑面积3500平方米。旧政府大楼改建为镇中心幼儿园，新建1座2层、建筑面积800平方米的综合楼。2007年，集镇占地面积1.35平方公里。

山格集镇 址在山格圩。1997—1998年，建设山格镇政府与省道207线连接道路，长210米，宽22米。对新兴街与省道之间的地块进行开发建设，其中山格农贸市场占地面积4000平方米，内建2座1层、建筑面积1640平方米混凝土摊棚。建成山格车站至白楼村长1.5公里水泥路。建设山格果蔬市场，占地面积18800平方米，建筑面积25500平方米，同时在沿路两侧进行住宅建设。2007年，集镇占地面积1.4平方公里。

南胜集镇 址在南胜村。1989年起，新建平和县集成初级中学，占地面积16200平方米。校内建教学楼、学生宿舍楼等建筑物4座，总建筑面积8670平方米。在南北街东侧新建公安派出所办公楼。在环城路与义路路交岔路口新建工商所办公楼。在环城路边新建电信支局，占地面积270平方米。新建农村客运站，占地面积3000平方米。站内建1座2层、总面积1290平方米的候车室。2007年，集镇占地面积0.87平方公里。

文峰集镇 址在文峰圩。1989年起，新建的公共建筑有占地3100平方米的农贸市场，其中4座1层建筑面积 1050 平方米混凝土摊棚。新建占地面积 3950 平方米的文峰卫生院，内建 1 座 1 层综合楼，建筑面积 874.48 平方米。新建占地面积 1600 平方米的文峰交警中队办公楼与宿舍楼，其中 1 座 2 层建筑面积 610 平方米办公楼、1 座 3 层建筑面积 600 平方米宿舍楼。新建占地面积 2950 平方米的文峰派出所办公楼，建筑面积 1290 平方米。新建 1 座 3 层镇政府办公宿舍楼，建筑面积 1179 平方米。新建 1 座 3 层计生服务楼，建筑面积 570 平方米。2007 年，集镇占地面积 0.3 平方公里。

坂仔集镇　址在民主村。1989 年起，集镇面积不断扩大，镇卫生院往西迁建，占地面积 2916 平方米。在镇政府内新建 1 座 4 层宿舍楼，建筑面积 2000 平方米；建设坂仔法庭，建筑面积 1250 平方米。新建建筑面积 1700 平方米计生服务楼、建筑面积 1300 平方米公安派出所大楼等公共建筑。2007 年，集镇占地面积 1.1 平方公里。

大溪集镇　址在店前村。1989 年后，在旧省道 309 线的路基上建设鸿东路、鸿西路、鸿南路，新建环镇东路、环镇南路、环镇北路、环镇南路新省道 309 线镇区段和堤顶路，总长 5.6 公里。镇区楼房建设沿道路两旁展开。2007 年，集镇占地面积 1.23 平方公里。

霞寨集镇　址在霞寨圩。1989 年后，在省道 207 线路基的基础上建设兴霞路，长 1.3 公里、路基宽 28 ～ 42 米；建设霞阳路，长 380 米，路基宽 24 米；建设环镇路，长 1.6 公里，路基宽 25 米，路面宽 15 米。兴建霞寨乡政府住宅楼，混合结构，楼房高 4 层，总建筑面积 1630 平方米。1991 年 4 月，霞寨农贸市场竣工并投入使用，占地面积 6206.46 平方米，钢混结构，楼房高 1 层，总建筑面积 1413.33 平方米。镇区楼房建设主要沿兴霞路、霞阳路和大坪路两侧展开。2007 年，集镇占地面积 0.68 平方公里。

芦溪集镇　址在芦溪圩。1989 年后，镇区道路在保留原有的骨架上铺设水泥路面。镇区楼房建设多在芦溪溪北岸东西向道路两侧展开。2007 年，集镇占地面积 0.33 平方公里。

安厚集镇　址在安厚圩。1989 年后，镇区新建团结路、镇政府前道路、北环路等多条道路，总长 3.05 公里，并在道路两侧建设商住房。兴建安阳小区，占地面积 44401 平方米，总建筑面积 83221.53 平方米。2006 年，改建 1 座 3 层平和县医院安厚分院住院楼，建筑面积 2460 平方米。2007 年，集镇占地面积 0.49 平方公里

五寨集镇　址在优美村。1989 年起，新建 35 千伏变电站，占地面积 3660 平方米。新建五寨中心小学，占地面积 9300 平方米。新建五寨农贸市场，占地面积 5280 平方米，内建 3 座 1 层混凝土摊棚，总建筑面积 390 平方米。兴建五寨邮电支局业务楼，建筑面积 1000 平方米。2007 年，集镇占地面积 0.41 平方公里。

国强集镇　址在高坑村。1989 年后，国强集镇建设主要是沿着省道山旧线 2.2 公里长的公路两侧展开。沿古爽村方向新建 1 条长 120 米、宽 27 米道路；沿三五村方向新建 1 条长 100 米、路基宽 13 米道路。在乡政府内新建 L 型、建筑面积 2220 平方米办公楼。在乡政府南侧兴建占地面积近 15000 平方米居住区，并建成 2 条南北走向、宽度 6 ～ 8 米小区道路。2007 年，集镇占地面积 0.39 平方公里。

崎岭集镇　址在合溪村。1989 年后，穿过集镇的省道 207 线经多次改建。2004 年建成水泥路面，宽度 12 米。将通往南湖的路基拓宽为 18 米、混凝土路面。镇区楼房大多沿着 2 条道路两侧兴建。2006 年，将省道建设时留下的、占地面积 11750 平方米的临时堆料场拍卖，进行商住小区开发建设，其中建筑面积 1500 平方米的底层作为农贸市场。2007 年，集镇占地面积 0.35 平方公里。

长乐集镇　址在联三村。1993 年起，在联三村新建道路 4 条，总长 1.3 公里；改建县道 780 米。新建占地面积 11000 平方米的乡政府大楼，其中乡政府办公楼建筑面积 1320 平方米、财政所办公宿舍楼建筑面积 900 平方米。新建占地面积 16180 平方米的长乐学校（由长乐小学与长乐中学合并而成）。校内建教学楼、学生宿舍楼等 5 座楼房，总建筑面积 5900 平方米。新建占地面积 3660 平方米的长乐乡卫生院，内建 2 座砖混结构综合楼，建筑面积 900 平方米。新建邮政支局、电信支局、乡林业站和农村信用社等办公楼，总占地面积 3525 平方米，总建筑面积 2365 平方米。1998 年 5 月，设有 200 多个摊位的农贸市场投入使用。2007 年，集镇占地面积 0.21 平方公里。

秀峰集镇 址在秀峰圩。1993年起，新建电信支局，占地面积3369.79平方米，建筑面积1350.14平方米。扩建乡中心小学，占地面积5690平方米。校内新建、改建教学楼和学生宿舍楼，总建筑面积4100平方米。扩建平和县秀峰初级中学，占地面积8180平方米。校内建教学楼、学生宿舍楼共3幢，总建筑面积4630平方米。兴建秀峰邮电支局业务楼，建筑面积1000平方米。2007年，集镇占地面积0.23平方公里。

二、村庄建设

（一）新村建设

1989年，崎岭乡南湖村30户新村住房动工兴建，占地面积1560平方米，总建筑面积3815平方米。至2002年，全部竣工。

1997年起，创建西坑村、岩坂村、三坪村和五星村等10个新村建设典型。其中，位于坂仔镇最北端、海拔440米的高山上，距镇区10千米的西坑村，共建成24幢、入住41户的农村新型别墅群，占地面积18700平方米，住宅总建筑面积9180平方米；同步完成水泥路、停车场、凉亭、公厕及供水、供电和绿化等配套设施建设，是全县新一轮新村建设中的示范村，也是省级新村建设示范村。文峰镇三坪村共建成18幢、入住35户的农村新型别墅群，占地面积12800平方米，住宅总建筑面积7650平方米。小溪镇岩坂村共建成21幢、入住42户的农村新型别墅群，占地面积14570平方米，住宅总建筑面积11100平方米。

2006年建成的坂仔镇峨嵋新村 （坂仔镇 提供）

2007年，坂仔镇五星村共建成21幢、供42户村民居住的农村新型别墅群，占地面积33700平方米，住宅总建筑面积16800平方米。

（二）“造福工程”

1994年起，平和县实施“造福工程”，帮助居住在边远山老区村民摆脱贫困，迁移至生产、生活较好的环境。是年，坂仔镇峨嵋村12户57人、国强乡白水村32户147人分别迁入新居。

2001年，长乐乡葵山村18户48人、九峰镇眉山村10户40人、大溪镇赤安村14户67人和芦溪镇蕉路村5户16人分别迁入新居。

2007年，长乐乡乐北村19户80人，九峰镇陈彩村、复兴村和平等村共38户100人，安厚镇双马村、三龙村和径内村共47户170人分别迁入新居。

1994—2007年，有坂仔镇、国强乡、九峰镇、霞寨镇、芦溪镇、秀峰乡、大溪镇、长乐乡、安厚镇和崎岭乡实施“造福工程”，共有村民1022户4500人迁入新居。

（三）新居建设

1996年8月8日，受10号热带风暴及暴雨袭击，芦溪镇有226户977名村民受灾严重。灾后，秀芦村在东山、下村、大坑和石硿建设新房109间，总建筑面积5232平方米。蕉路村磨石坑、半岭50户灾民到溪平寨、芦丰村建设新房，总建筑面积2400平方米。芦丰村狮头山23户灾民到溪平店建设新房，总建筑面积1104平方米。

1998—1999年，南胜镇南胜村埔尾林组25户94人兴建新房，占地面积0.67公顷、总建筑面积4000平方米。2002年，南胜镇前山庙后组20户76人兴建新房，占地面积0.47公顷，总建筑面积3200平方米。

2004年，漳州市革命老根据地建设委员会和漳州市民政局扶助长乐乡秀山村山顶坪坪内、坪外等2个村民小组村民共30户156人，兴建农民新村，占地面积0.4公顷，总建筑面积1440平方米。2005年

10月，受19号强台风暴雨袭击的秀山村重灾户14户72人迁至兵岗重建新村，占地面积0.19公顷，总建筑面积676平方米。

2006年，因遭受连续强台风和暴雨袭击，崎岭乡合溪村下午斗自然村畲族集聚区成为严重地质灾害点。灾后，省、市、县和乡各级党委、政府及时帮助畲族村民建房14幢102间，占地面积5500平方米，总建筑面积15040平方米。长乐乡乐北村下村上林受灾户15户71人迁至禾埕头重建新村，占地面积约0.33公顷，总建筑面积1080平方米；地质灾害重灾区长乐乡秀山村半岭自然村137户648人迁至联胜村庵边重建新村，占地面积约1.6公顷，总建筑面积6576平方米。霞寨镇完成建设村下街组、溪里组，村东村上下虎空组和高山村斗内组、树林脚组、粗坑组等6个集建点共243户新居建设，占地面积2.23公顷，总建筑面积14553平方米。五寨乡埔坪后壁山新村占地面积0.68公顷，建房43间，总建筑面积2752平方米；优美中溪新村占地面积0.67公顷，建房6幢57间，总建筑面积2141.8平方米。

2007年，五寨乡高峰新村开工建设，建房6幢92间，占地面积0.78公顷，总建筑面积4416平方。大溪镇完成廖安村梅山村民小组51间房屋灾后重建，总建筑面积6667平方米。

第三节　建筑机构与城乡房屋建设总量

一、建筑企业

1989—1993年，平和县非等级企业有平和县安东建筑公司、平和县古楼基建队、平和县大溪基建队、平和县长乐建筑队、平和县崎岭建筑队、平和县南胜建筑队、平和县山格建筑队和平和县芦溪建筑队。四级建筑企业有平和县建筑工程公司、平和县小溪建筑公司、平和县劳务建筑公司、平和县九峰建筑公司和平和县供销社建筑公司。

1994—1999年，平和县非等级建筑公司有平和县安东建筑公司、平和县大溪基建队、平和县五寨建筑队、平和县崎岭建筑队、平和县南胜建筑队和平和县芦溪建筑队。四级建筑企业有平和县第四建筑工程公司、平和县第五建筑工程公司、平和县第六建筑工程公司和平和县宏福建筑工程公司。三级建筑企业有平和县建筑工程公司、平和县第二建筑工程公司、平和县第三建筑工程公司和平和具市政建筑工程总公司。

2000—2007年，平和县三级建筑企业有平和县建筑工程公司、平和县第二建筑工程公司和平和县第五建筑工程公司。二级建筑企业有福建兴艺建设集团有限公司。

二、房地产开发企业

漳州金威龙房地产开发有限公司　1998年11月成立。公司地址平和县小溪镇三平大厦，2006年7月取得暂三级资质。

漳州永大房地产开发有限公司　公司地址漳州市浦东副食品综合批发市场，1999年7月成立，2006年6月在平和县从事房地产开发，并取得暂三级资质。

福建中顺房地产开发有限公司　2004年6月成立。公司地址平和县小溪镇北环路延寿山下，2008年5月取得暂三级资质。

平和县房地产综合开发公司　1984年8月成立，属国有企业。址在平和县小溪镇长安路，2007年6月取得四级资质。

三、建筑设备

1989年，平和县建筑业使用的机械设备有搅拌机、平板振动器、钢丝拉直机、拉线机、卷扬机和砂浆机等20多种。基本实现门窗、钢筋混凝土预制板等生产工厂化，施工水平运输车子化和垂直运输机械化。2007年，建筑业使用的机械设备比1989年增加很多。

四、城乡房屋建设总量

1989年，平和县城乡房屋施工面积3.3万平方米，竣工面积2.75万平方米。1997年，房屋施工面积21.7万平方米，竣工面积9.14万平方米。2002年，房屋施工面积8.72万平方米，竣工面积7.37万平方米。

2007年，全县房屋施工面积24.4万平方米（城镇房屋施工面积占76.75%，农村房屋施工面积占23.25%），其中住宅施工面积2.61万平方米（城镇住宅施工面积占7.67%，农村住宅施工面积占92.33%）；房屋竣工面积15.05万平方米（城镇房屋竣工面积占73.85%，农村房屋竣工面积占26.15%），其中住宅竣工面积2.41万平方米（农村住宅竣工面积占100%）。

若干年份平和县城乡房屋建设情况表

表4-2-5 单位：平方米

年份	施工面积	竣工面积	年份	施工面积	竣工面积	年份	施工面积	竣工面积	年份	施工面积	竣工面积
1989	32988	27548	1995	31060	23500	2001	104648	22070	2007	243963	150505
1991	129944	107339	1997	217009	91437	2003	78174	32354			
1993	124500	53634	1999	168904	68753	2005	155901	58583			

第三章 管 理

第一节 机 构

一、行政机构

（一）平和县建设局

1989年，沿设县城乡建设环境保护局。1991年8月撤销县城乡建设环境保护局，成立平和县城乡建设委员会。

1997年9月，县城乡建设委员会改称平和县建设局，设置人秘股、建设工程股、城乡建设股、计划财务股和建筑安全股，核定行政编制11名、机关事业编制3名。

2003年3月，县建设局内设综合股（与政策法规股一并挂牌）、建筑工程股、城市建设股、城乡规划股（与村镇建设股一并挂牌）和建筑安全股，核定行政编制8名、事业编制3名。

（二）平和县市容管理局

2007年3月，由县建设局下属的平和县城建监察大队、园林管理处、小溪镇环境卫生管理处和县财政局下属的市场服务中心、三轮车管理协会等单位组建而成，属县建设局管理的正科级事业单位。内设办公室、城监大队、环卫股（处）、市场管理股（中心）、园林股（处）、财务股和督察股等8个办事机构，共有干部、职工182人。

（三）平和县城建监察大队

1996年4月30日，平和县城建监察直属中队成立。1998年1月，平和县城建监察大队成立，为县建设局下属副科级单位，内设人秘股、市容中队、市建中队和督察股，核定人员编制20名，实有人员28人。

2007年，县城建监察大队实有人员34人。

二、事业机构

1989年1月，平和县房地产交易所成立，为实行企业化管理的事业单位。1992年1月，平和县建设工程造价管理所成立，核定编制3名。

1997年1月，县建筑设计室更名平和县建筑设计院。2月，平和县规划办公室成立，核定编制3名。10月，平和县住房基金管理中心成立，隶属县建设局，核定编制8名。11月，平和县村镇建设规划室和平和县村镇建设测绘队成立。

1998年7月，平和县住房改革办公室成立，核定编制2名。2003年1月，县住房基金管理中心更名为漳州市住房公积金管理中心平和管理部，隶属漳州市住房公积金管理中心。

2007年，有平和县房地产交易所、平和县建筑设计院、平和县规划办公室、平和县村镇建设规划室、平和县村镇建设测绘队、平和县住房改革领导小组办公室、漳州市住房公积金管理中心平和管理部等事业单位。其中，平和县村镇建设规划室实有人员2人；平和县规划办公室实有人员5人；漳州市住房公积金管理中心平和管理部核定编制4名，实有人员4人。

第二节　规划管理与工程质量管理

一、规划管理

1997年2月，设立县规划办公室，负责县城总体规划、详细规划及各类专项规划的编制以及实施管理。至2007年，负责编制和实施管理的总体规划、专项规划、乡村规划分别为3个、6个和13个。

二、工程质量管理

1989年，县建设工程质量监督站依法对责任主体和有关机构履行质量责任行为的检查监督，对工程实体质量的监督检查，对施工技术资料、监理资料、检测报告等有关工程质量的文件和资料的监督检查，对工程竣工验收的监督检查。当年监督检查建筑工程项目54个，总建筑面积1.5亿平方米，工程总造价1.06亿元。

1997年，开展全县建筑工程质量安全大检查活动，严厉查处建筑业违法违纪事件。当年监督检查建筑工程项目51个，总建筑面积6.32亿平方米，工程总造价0.39亿元。

2001年11月起，由竣工验收核验制改为竣工验收备案制。原只对工程项目实体监督检查，改为既对工程项目实体又对项目参建各方质量行为的监督检查。当年监督检查建筑工程项目29个，总建筑面积3.43亿平方米，工程总造价0.2亿元。

2007年，监督检查建筑工程项目29个，总建筑面积10.18亿平方米，工程总造价0.48亿元。

1989—2007年平和县监督检查建筑工程项目情况表

表4-3-1　　单位：个、亿平方米、亿元

年份	工程项目	建筑面积	工程总造价	年份	工程项目	建筑面积	工程总造价	年份	工程项目	建筑面积	工程总造价
1989	54	1.5	0.06	1996	54	5	0.25	2003	25	9.43	0.66
1990	71	3.08	0.07	1997	51	6.32	0.39	2004	23	3.89	0.25

续表 4-3-1

年份	工程项目	建筑面积	工程总造价	年份	工程项目	建筑面积	工程总造价	年份	工程项目	建筑面积	工程总造价
1991	59	2.23	0.06	1998	21	3.94	0.19	2005	21	4.18	0.21
1992	62	2.28	0.06	1999	38	2.87	0.17	2006	38	17.23	1.04
1993	50	1.95	0.17	2000	34	2.98	0.18	2007	29	10.18	0.48
1994	37	1.83	0.08	2001	29	3.43	0.2				
1995	31	1.8	0.1	2002	39	15.22	0.93				

第三节 房地产管理与物业管理

一、房地产管理

（一）房地产权登记与发证

1989 年，平和县房地产交易所发放房产证 261 件，房屋产权登记面积 1.89 万平方米。1999 年，全县发放房产证 599 件，房屋产权登记面积 8.21 万平方米。

2007 年，全县发放房产证 825 件，房屋产权登记面积 11.02 万平方米。

1989—2007 年平和县房屋产权登记与发证情况表

表 4-3-2 单位：件、万平方米

年份	发证件数	登记面积	年份	发证件数	登记面积	年份	发证件数	登记面积	年份	发证件数	登记面积
1989	261	1.89	1994	382	5.79	1999	599	8.21	2004	711	8.78
1990	295	2.58	1995	410	4.98	2000	652	7.88	2005	452	6.51
1991	320	3.12	1996	556	5.42	2001	671	8.35	2006	728	8.49
1992	285	3.89	1997	598	6.83	2002	712	6.98	2007	825	11.02
1993	298	4.15	1998	624	7.28	2003	689	7.66			

（二）房地产交易与抵押

1989 年，平和县办理房屋交易、房地产抵押共 522 宗，总面积 2.43 万平方米，总金额 7070 万元。2000 年，办理房屋交易、房地产抵押共 1208 宗，总面积 12.92 万平方米，总金额 20108 万元。2007 年，全县办理房屋交易、房地产抵押共 1911 宗，总面积 24 万平方米，总金额 42066 万元。

1989—2007 年平和县房地产交易与抵押情况表

表 4-3-3 单位：宗、万平方米、万元

年份	房屋交易			房地产抵押			年份	房屋交易			房地产抵押		
	宗数	面积	金额	宗数	面积	金额		宗数	面积	金额	宗数	面积	金额
1989	364	1.4	5947	158	1.03	1123	1999	512	7.89	12456	658	5.12	6743
1990	385	1.53	6852	180	1.21	1200	2000	524	7.12	13214	684	5.80	6894
1991	321	1.98	7012	214	1.5	1266	2001	594	7.59	16569	699	6.12	7682
1992	401	2.1	7982	325	1.78	1347	2002	630	7.24	19767	721	7.82	8647

续表 4-3-3

年份	房屋交易			房地产抵押			年份	房屋交易			房地产抵押		
	宗数	面积	金额	宗数	面积	金额		宗数	面积	金额	宗数	面积	金额
1993	354	2.89	8345	367	2.11	1566	2003	699	7.98	20143	789	8.13	8968
1994	389	3.2	9012	401	2.34	1699	2004	732	7.16	19891	759	9.13	9921
1995	448	4.21	9804	453	2.98	3785	2005	652	6.24	15236	689	8.23	8240
1996	510	5.13	10489	400	3.46	3467	2006	800	9.12	21064	869	10.4	10528
1997	498	5.02	10214	423	3.56	3569	2007	1001	12	29566	910	12	12500
1998	573	7.01	12369	567	4.87	4568							

二、物业管理

1998 年，平和县根据《城市新建住宅小区管理办法》，在县城金华路设立第一个物业小区 —— 河滨花园小区，用地面积 6213 平方米，商品房 168 套，总建筑面积 5800 平方米，由平和县河滨花园管理委员会负责管理。

2007 年，设立物业小区 20 个，用地总面积 45 万平方米，商品房 4755 套，总建筑面积 52.3 万平方米。

第四节　公房管理与住房制度改革

一、公房管理

1989年，平和县财政直管公房仍由县房地产管理所管理，采用租赁方式租给干部、职工居住，逐年收租金。

1991—1994 年，县公有住房租金每平方米 0.4 元，直管公房店面租金每平方米 5 元。1995—1996 年，调高直管公房租金。1998 年，全县公房租金调整为占双职工家庭平均工资收入水平 15% 左右。公有住房租金每平方米 2.03 元，直管公房住宅租金每平方米 1 元，逐年收租金。

2000 年起，直管公房店面租金每平方米为 10 ～ 15 元。县财政直管公房大部分是近百年土木结构，且分布在县城老城区低洼地，台风来时经常出现险情，县管公房几乎成为危房，县房管所对公房实行以资养房管理。2007 年，县财政直管公房 30 间，其中非住宅 8 间，总建筑面积 5817 平方米；租住 77 户，居住人口 216 人，年收租金 5.5 万元。

二、住房制度改革

（一）公房出售

1989 年，平和县成立住房制度改革领导小组，开展住房制度改革。1993 年，全县出售公有住房 1515 套，面积 11.83 万平方米，售房金额 619.96 万元。

1997 年 7 月，正式定编并设立平和县住房制度改革领导小组办公室，负责全县住房改革工作，做好 1993 年已出售公有住房与《国务院关于深化城镇住房制度改革的决定》衔接工作，稳步出售公有住房。是年，全县出售公有住房 694 套，面积 6.35 万平方米，售房金额 332.74 万元。至 2007 年，全县出售公有住房 1462 套，面积 9.03 万平方米，其中房地产直管公房 217 套、面积 1.76 万平方米，发放房屋所有权证 1005 套。累计归集售房款 1937.47 万元。

（二）界定集资建房产权比例

1997 年 10 月，平和县实施集资建房，深化城镇住房制度改革，促进住房建设发展，改善城镇职工居住条件。至 2007 年，全县城镇职工集资建房累计 1460 套，总建筑面积 14.78 万平方米；共界定产权比例1058套，总建筑面积10.71万平方米。

（三）住房公积金管理

1997年10月，平和县住房基金管理中心成立，负责全县行政、事业和企业单位所缴纳政府公积金的归集、使用、核算、保值、归还和放贷等工作。2003年1月机构调整，县住房基金管理中心更名为漳州市住房公积金管理中心平和管理部。公积金管理部做好全县住房公积金的规范化管理和缴存户信息、数据的电脑录入，为全县缴存户提供服务和支取、贷款保障。截至2007年底，全县有228个单位、11251人缴存政府公积金，缴存金额累计12880万元，缴存余额8373万元，干部职工提取使用5147.6万元，发放个人住房贷款6542.2万元，贷款余额4912万元，个人使用率58.66%。发放公积金贷款回收良好，逾期率为零，历年增值收益累计350万元。

住房公积金缴存 1997年起，全县行政、事业和企业单位干部职工缴存住房公积金。县供电公司、烟草公司和银行业等单位为中央、省属单位和部分经济效益较好企事业单位，为本单位干部职工配缴的住房公积金比例为本人工资总额的15%；其他事业单位大部分缴存比例为6%～12%；财政全额拨款的行政、事业单位配缴比例为5%～6%。是年，全县缴存住房公积金36万元。2002年，全县缴存住房公积金2598.06万元。至2006年，全县有31个单位、3530人尚未缴纳住房公积金。有15个单位为786名干部、职工开户，暂缓缴纳住房公积金。截至2007年底，全县有228个单位、11251人缴存住房公积金，缴存金额累计12880万元。

住房公积金个人支取 2000年起，平和县个人开始支取住房公积金。是年，个人支取228.78万元，作为自住房修缮之用。2004年，支取525.74万元。2007年，平和县个人支取住房公积金1541.98万元。

住房公积金个人贷款 2001年起，平和县按照国家政策规定发放住房公积金个人贷款，减轻住房公积金缴存户在自建房，购买商品房、二手房存在的资金不足问题，推进商品房、自建房的发展。是年，全县发放住房公积金个人贷款249.60万元。2004年，发放1105.50万元。2007年，全县发放住房公积金个人贷款2219.40万元。

住房公积金项目贷款 1998年9月30日、1999年4月1日，平和宾馆分别办理住房建设贷款三年期250万元、一年期150万元，用于县安居工程建设（此后为解决该项贷款本息归还问题，2001年7月，经县长批准，将该债务转移平和县国有资产经营中心。2003年7月，县住房基金管理中心归还本金10万元）。2000年1月10日，平和县大溪经济开发总公司办理镇政府职工住房建设贷款20万元，期限11个月（2002年10月归还本金8万元）。2003年9月，经市住房公积金管理委员会批准，以上3项贷款（本金465.4万元）的债权人仍为漳州市住房公积金管理中心平和管理部。平和县人民政府承担未收回住房公积金465.4万元债务。未收回的项目贷款及利息仍由漳州市住房公积金管理中心平和管理部收取，作为县内廉租房补充资金。2005年3月、6月，2006年6月、9月，市政府分4次向平和县政府收回465.4万元本金，归还漳州市住房公积金管理中心平和管理部。

2000—2007年平和县干部职工住房公积金支取与房贷情况表

表4-3-4 单位：万元

年份	支取金额	房贷金额	年份	支取金额	房贷金额	年份	支取金额	房贷金额
2000	228.78	—	2003	471.77	636.6	2006	1017.36	937.1
2001	200.29	249.6	2004	525.74	1105.5	2007	1541.98	2219.4
2002	486	446	2005	675.68	948			

第五节 市容管理与规费征收

一、市容管理

1989年，平和县城加强市容市貌监察，拆除未经批准、未按照批准内容和超过配置期限的临时搭盖物、建筑物、构筑物等违章搭盖38处。1992年10月起，组织有关职能部门，全面整治县城市容市貌，通过宣传发动，至11月，市民主动拆除违章搭盖81处，清理违章搭盖59处、摊点20个，处理占道经营93户，县城交通秩序好转，市容市貌整洁。

1996年12月，县城监中队清理和拆除县城主干道上违章搭盖铁架铁皮屋12间。2000年4月，县城监大队加强市容市貌整治，与县城各责任单位、责任人签订“门前三包”（包卫生、包秩序、包绿化美化）责任书198份。单位与责任人的门前做到全日保洁，不乱倒垃圾、废土和污水，不放养、圈养家禽家畜；不乱停机动车辆，自行车、三轮车整齐停放在规定的界线内或人行道上，并且车头必须朝向道路中心。不在人行道上堆放杂物或占道经营，或在店外打牌、下棋。门前种草、栽花和植树，且包管包活。

2001年，县城监大队配合相关部门加强对工地施工车辆的管理，及时处理、制止施工车辆造成的路面污染16处，清理建筑垃圾30多吨。2003年，加强对建筑工地的管理，县城各主、次干道施工工地必须围墙作业，文明施工。2005年3月起，县城监大队加大市容市貌管理力度，取缔县城建设街、团结南路的乱拉挂店外店，东风桥头的临时摊点和东大路的夜间大排档；规范银河路东风桥至南山桥路段的大排档一条街和银河路东风桥至和平路的冷饮一条街。

1989—2005年，共拆除未经批准、未按照批准内容和超过配置期限的临时搭盖物、建筑物、构筑物等违章搭盖389处。

2006—2007年，县城监大队加大对建设项目的监管力度，将控制违章建筑作为工作重点，针对县城户外广告乱的特点，按照“统一设计、统一规格、统一亮化、统一审批”原则进行逐步规范。共出动执勤人员5689人次，拆除无审批、不规范广告牌256个，处理违章建筑案件57起，其中立案8起，处罚款50多万元。拆除违建面积52平方米；处理路面污染21处，清除建筑垃圾50多吨。纠正占道经营8658处，取缔无证摆设摊点1236个。取缔银河路、河滨路的冷饮摊点和夜间大排档。

二、规费征收

（一）城市道路占用费

1991年，平和县开始征收城市道路占用费。是年征收1.2万元。1998年起，城市道路占用费由县城建监察大队征收。2000年征收32万元。2007年，征收城市道路占用费22.52万元。

1991—2007年，全县征收城市道路占用费259.59万元。

（二）城区卫生费

1994年，平和县开始征收城区卫生费。县城机关、企事业单位，沿街商户卫生费由小溪镇环卫处负责征收。居民住户每人每年12元的卫生费委托居委会征收。是年征收7668元。2000年征收16.41万元。2007年，全县征收城区卫生费63.18万元。

1994—2007年，全县征收城区卫生费303.06万元。

若干年份县城城市道路占用费与卫生费征收情况表

表4-3-5 单位：元

年份	占用费	卫生费	年份	占用费	卫生费	年份	占用费	卫生费
1991	12000	—	2000	320000	164114	2007	225200	631820
1994	25000	7668	2003	365000	304568			
1997	85000	29861	2005	212000	376982			

卷五　中共地方组织

1989—2007年，中共平和县委经历第六至第十一届。1990年12月至2006年7月，陆续召开中共平和县第七次至第十一次代表大会，选举产生第七届至第十一届中共平和县委员会（以下简称县委）和中共平和县纪律检查委员会（以下简称县纪委）。

历届县委每年通过召开县委常委会会议、县委全委会会议等，研究制定全县经济社会发展的重大决策，以及各时期的中心工作任务。并通过党委各部门和各级党组织进行宣传、发动，加强社会主义精神文明建设和社会治安综合治理，调动各方面的积极因素，推进全县社会经济健康稳定发展。特别是为改变平和山区贫困县的面貌，历届县委坚持以经济建设为中心，深化经济体制改革，实行对外开放。1989—1998年，实施"上工业""国民经济从以农业为主逐步向以工业为主转变""山地开发，脱贫致富"的发展战略；1999—2003年，实施"工业突破，重点开辟工业区""大力发展琯溪蜜柚、白芽奇兰茶、坂仔香蕉三大特色农业"的发展战略；2004—2007年，实施"工业兴县，全面推进海峡西岸生态工贸县建设""做大做强琯溪蜜柚、白芽奇兰茶、坂仔香蕉三大农业支柱产业"的发展战略，引领全县人民不断加快"富民强县"进程。

历届县委和县纪委贯彻"从严治党"方针，部署各级党组织深入开展"争创先进党组织，争当优秀共产党员"活动。每年通过举办党训班、建立电化教育制度、评比表彰、培养发展新党员、查处违法违纪党员等举措，加强组织建设、思想建设和作风建设，不断纯洁、壮大党员队伍，发挥各级党组织的领导作用。至2007年，全县建立基层党委会、党工委29个，党总支部52个，党支部693个，分别比1988年增加14个、29个和117个；有党员21447人，比1988年增加8474人。

第一章　组织机构

第一节　中共平和县委员会

一、县委领导班子

1989年，第六届中共平和县委领导班子成员不变。1987年12月产生的中共平和县第六届委员会由21名委员、3名候补委员组成。其中由书记1人，副书记3人和常委5人，组成常务委员会，主持县委工作。

1990年12月至1993年12月，中共平和县第七届委员会由23名委员、4名候补委员组成。其中由书记1人、副书记2人和常委5人组成常务委员会，主持县委工作。其间，副书记调出1人、调入1人，常委调出2人、调入3人。

1994年1月至1998年11月，中共平和县第八届委员会由25名委员、4名候补委员组成。其中由书记1人、副书记2人和常委6人组成常务委员会，主持县委工作。其间，书记调出2人次、调入2人次，副书记调出 3 人、调入 5 人，常委调出 3 人、调入 5 人。

1998 年 12 月至 2003 年 11 月，中共平和县第九届委员会由 25 名委员、4 名候补委员组成。其中由书记 1 人、副书记 3 人和常委 6 人组成常务委员会，主持县委工作。其间，书记调出 1 人、调入 1 人，副书记调出 3 人、调入 3 人，常委调出 4 人、调入 4 人。

2003 年 12 月至 2006 年 7 月，中共平和县第十届委员会由 25 名委员、4 名候补委员组成。其中由书记 1 人、副书记 3 人和常委 5 人组成常务委员会，主持县委工作。其间，书记调出 1 人、调入 1 人，副书记调出 1 人、调入 1 人，常委调出 3 人、调入 2 人。

2006 年 7 月，中共平和县第十一届委员会由 31 名委员、5 名候补委员组成。其中由书记 1 人、副书记 4 人和常委 5 人组成常务委员会，主持县委工作。

第 6—11 届中共平和县委书记、副书记、常委名表

表 5-1-1

届别	职务	姓 名	籍贯	出生年月	文化程度	任职时间
第六届	书记	孙　竹	江苏丹阳	1947 年 1 月	大学	1987 年 12 月至 1990 年 11 月
	副书记	卢耀清	福建长泰	1943 年 11 月	大专	1987 年 12 月至 1990 年 11 月
		张柳成	福建南安	1944 年 11 月	大学	1987 年 12 月至 1990 年 10 月（病故）
		方清海	福建龙海	1954 年 11 月	研究生	1987 年 12 月至 1990 年 11 月
	常委	陈老钦	福建平和	1945 年 10 月	大学	1987 年 12 月至 1990 年 11 月
		白金坤	福建龙海	1944 年 8 月	大学	1987 年 12 月至 1990 年 11 月
		魏清江	福建平和	1930 年 1 月	高中	1987 年 12 月至 1990 年 11 月
		林长煌	福建平和	1940 年 8 月	大学	1987 年 12 月至 1990 年 11 月
		赖田土	福建平和	1945 年 10 月	中专	1987 年 12 月至 1990 年 11 月
第七届	书记	方清海	龙海	1954 年 11 月	研究生	1990 年 12 月至 1993 年 12 月
	副书记	卢耀清	长泰	1943 年 11 月	大专	1990 年 12 月至 1992 年 8 月
		陈老钦	平和	1943 年 10 月	大学	1990 年 12 月至 1993 年 12 月
		黄永坤	龙海	1948 年 9 月	大专	1992 年 6 月至 1993 年 12 月
	常委	黄舜斌	平和	1957 年 7 月	大学	1990 年 12 月至 1993 年 12 月
		沈元坤	诏安	1951 年 11 月	大学	1990 年 12 月至 1993 年 2 月
		白金坤	龙海	1944 年 8 月	大学	1990 年 12 月至 1993 年 11 月
		赖田土	平和	1945 年 10 月	中专	1990 年 12 月至 1993 年 12 月
		何自治	芗城区	1949 年 11 月	大专	1990 年 10 月至 1993 年 12 月
		杨仁德	华安	1954 年 3 月	大学	1993 年 1 月至 1993 年 12 月
		吴景辉	平和	1956 年 4 月	大专	1993 年 11 月至 1993 年 11 月
		林　忠	华安	1962 年 11 月	大学	1993 年 11 月至 1993 年 12 月
第八届	书记	方清海	龙海	1954 年 11 月	研究生	1994 年 1 月至 1995 年 7 月
		吴志明	南靖	1956 年 11 月	大学	1995 年 7 月至 1998 年 9 月
		许荣勇	云霄	1957 年 1 月	大学	1998 年 9 月至 1998 年 11 月
	副书记	黄永坤	龙海	1948 年 9 月	大专	1994 年 1 月至 1996 年 8 月
		陈老钦	平和	1943 年 10 月	大学	1994 年 1 月至 1995 年 8 月
		杨彬文	漳浦	1950 年 11 月	大专	1995 年 8 月至 1998 年 9 月

续表 5-1-1

届别	职务	姓 名	籍贯	出生年月	文化程度	任职时间
第八届	副书记	许荣勇	云霄	1957 年 1 月	大学	1996 年 4 月至 1998 年 9 月
		吴景辉	平和	1956 年 4 月	大专	1997 年 9 月至 1998 年 11 月
		林 忠	华安	1962 年 11 月	大学	1998 年 11 月至 1998 年 11 月
	常委	黄舜斌	平和	1957 年 7 月	大学	1994 年 1 月至 1995 年 7 月
		赖田土	平和	1945 年 10 月	中专	1994 年 1 月至 1998 年 11 月
		杨仁德	华安	1954 年 3 月	大学	1994 年 1 月至 1998 年 11 月
		何自治	福州	1949 年 11 月	大专	1994 年 1 月至 1995 年 7 月
		吴景辉	平和	1956 年	大专	1994 年 1 月至 1997 年 8 月
		林 忠	华安	1962 年 11 月	大学	1994 年 1 月至 1998 年 11 月
		洪亚勇	龙海	1961 年 1 月	大学	1996 年 8 月至 1998 年 11 月
		周瑞民	平和	1952 年 7 月	大专	1996 年 4 月至 1998 年 11 月
		张 敏（女）	云霄	1962 年 12 月	大学	1998 年 11 月至 1998 年 11 月
		吴 敏	漳州	1961 年 1 月	研究生	1998 年 11 月至 1998 年 11 月
第九届	书记	许荣勇	云霄	1957 年 1 月	大学	1998 年 12 月至 2001 年 7 月
		杨彬文	漳浦	1950 年 11 月	大专	2001 年 7 月至 2003 年 11 月
	副书记	杨彬文	漳浦	1950 年 11 月	大专	1998 年 12 月至 2001 年 7 月
		林 忠	华安	1962 年 11 月	大学	1998 年 12 月至 2003 年 11 月
		洪亚勇	龙海	1961 年 1 月	大学	2001 年 9 月至 2003 年 11 月
		郑智民	平和	1954 年 11 月	大学	2002 年 2 月至 2003 年 11 月
	常委	周瑞民	平和	1952 年 7 月	大专	1998 年 12 月至 1999 年 11 月
		洪亚勇	龙海	1961 年 1 月	大学	1998 年 12 月至 2001 年 9 月
		张 敏（女）	云霄	1962 年 12 月	大学	1998 年 12 月至 2003 年 11 月
		郑智民	平和	1954 年 11 月	大学	1998 年 12 月至 2002 年 2 月
		吴 敏	漳州	1961 年 1 月	研究生	1998 年 12 月至 2003 年 11 月
		宋志林	南靖	1960 年 6 月	大学	1999 年 11 月至 2003 年 11 月
		余尉东	江西余丰	1956 年 6 月	大学	2000 年 1 月至 2001 年 11 月
		贾鲜明	江西高安	1959 年 12 月	大学	2001 年 11 月至 2002 年 7 月
		黄 杰	龙海	1960 年 6 月	大学	2002 年 7 月至 2003 年 11 月
第十届	书记	杨彬文	漳浦	1950 年 11 月	大专	2003 年 11 月至 2006 年 5 月
		林 忠	华安	1962 年 11 月	大学	2006 年 5 月至 2006 年 7 月
	副书记	林 忠	华安	1962 年 11 月	大学	2003 年 11 月至 2006 年 5 月
		林立辉	东山	1963 年 4 月	大学	2003 年 11 月至 2006 年 7 月
		周鼎明	漳州	1957 年 2 月	大专	2003 年 11 月至 2006 年 7 月
		曾建新	南靖	1967 年 5 月	大学	2004 年 9 月至 2006 年 7 月
	常委	黄 杰	龙海	1960 年 6 月	大学	2003 年 11 月至 2004 年 5 月

续表 5-1-1

届别	职务	姓 名	籍贯	出生年月	文化程度	任职时间
第十届	常委	黄荣川	漳浦	1962 年 6 月	大专	2003 年 11 月至 2005 年 5 月
		杨胜华（女）	龙海	1962 年 2 月	大学	2003 年 11 月至 2006 年 7 月
		周智生	平和	1964 年 1 月	大学	2003 年 11 月至 2006 年 7 月
		黄劲武	云霄	1972 年 4 月	研究生	2003 年 11 月至 2006 年 7 月
		刘　康	福安	1961 年 11 月	大学	2004 年 5 月至 2006 年 7 月
第十一届	书记	林　忠	华安	1962 年 11 月	大学	2006 年 7 月起
	副书记	洪里专	芗城	1963 年 4 月	研究生	2006 年 7 月起
		林立辉	东山	1963 年 4 月	大学	2006 年 7 月至 2007 年 2 月
		周鼎明	漳州	1957 年 2 月	大专	2006 年 7 月至 2006 年 10 月
		曾建新	南靖	1967 年 2 月	大学	2006 年 7 月起
		陈　华	闽侯	1963 年 11 月	大学	2007 年 1 月起
	常委	杨胜华（女）	龙海	1962 年 2 月	大学	2006 年 7 月至 2007 年 6 月
		林群明	南靖	1957 年 9 月	大学	2007 年 8 月起
		刘　康	福安	1961 年 11 月	大学	2006 年 7 月至 2007 年 6 月
		周智生	平和	1964 年 1 月	大学	2006 年 7 月起
		黄劲武	云霄	1972 年 4 月	研究生	2006 年 7 月起
		林德安	福建东山	1962 年 8 月	大学	2007 年 6 月起
		侯为东	龙海	1968 年 9 月	研究生	2006 年 7 月起

注：第八届县委领导班子中，有省委派来挂职的金江（任县委副书记）、刘震（任县委常委）。第九届县委领导班子中，有省委派来挂职的姚立（任县委副书记）。第十届县委领导班子中，有省委派来挂职的苏金祥（任县委常委）。第十一届县委领导班子中，有省委派来挂职的陈厚銮（任县委副书记）

二、县委工作机构

1989 年，县委机关工作机构设县委办公室、组织部、宣传部、统战部、对台工作委员会办公室、政法委员会、党史办公室、信访办公室（与县政府信访办公室合署）；设县委党校，为事业单位。

1997 年 5 月，机构改革，县委机关工作机构设县委办公室（台湾工作办公室、机要局与其合署）、组织部、宣传部（精神文明建设办公室与其合署）、统战部、政法委员会（社会治安综合治理委员会办公室与其合署）、党史办公室、信访办公室。设县委农村工作领导小组办公室，为县委议事协调办事机构。设县委党校，为事业单位。

2002 年 5 月，机构改革，县委机关工作机构设县委办公室（机要局、保密局与其合署）、政法委员会（综治办与其合署）、台湾工作办公室（政府台湾事务办公室与其合署）、机构编制委员会办公室（政府机构编制办公室、机关事业单位登记管理局与其合署）、党史办公室。设直属机关党工委，为县委派出机构。设老干部局、精神文明建设办公室、县委县政府信访局，为部门管理机构。设县委农村工作领导小组办公室，为议事协调办事机构。设县委党校，为事业单位。

2007 年，县委工作机构保持 2002 年机构改革的设置。

三、基层党委会、党工委

1989年，全县设文峰、山格、南胜、五寨、坂仔、国强、安厚、大溪、霞寨、芦溪、崎岭、长乐12个乡党委会和小溪、九峰2个镇党委会及安厚农场党委会、县直机关党委会。1990—1992年，山格、南胜、文峰、坂仔、大溪、霞寨改设镇党委会。1993年10月，新成立秀峰乡党委会。1996年，芦溪改设镇党委会。1999年，县直机关党委会改设县委县直机关工作委员会（简称“县直机关党工委”），为县委派出机构，属正科级单位，下设12个机关系统党委会。

2007年，全县设10个镇党委会、5个乡党委会、9个机关系统党委会、安厚农场党委会、县公安局党委会、农村信用联社党委会，以及县直机关党工委、县非公有制企业党工委。

四、基层党总支部、党支部

1989年，全县有基层党总支部46个，党支部576个。其中农村党总支部23个，党支部382个。

2001年，全县有基层党总支部58个，党支部732个。其中农村党总支部28个，党支部487个。

2005年，全县有基层党总支部50个，党支部664个。其中农村党总支部23个，党支部433个。

2007年，全县有基层党总支部52个，党支部693个。其中农村党总支部25个，党支部462个。

第二节 中共平和县纪律检查委员会

一、领导班子

1989年，中共平和县纪律检查委员会（简称“县纪委”）领导班子由13名委员组成。其中设书记1人、副书记2人和常委2人组成常务委员会。1990年，县纪委领导班子换届，成员组成不变。

1993年、1998年、2003年和2006年，县纪委领导班子换届，均由15名委员组成。其中设书记1人、副书记2人和常委4人组成常务委员会。

二、工作机构

1989年，县纪委机关工作机构设办公室、检查室、审理室、信访室、党纪教育室。

1993年，县监察局与县纪委机关合署，设置办公室、纪检监察一室、纪检监察二室、案件审理室、信访室（举报中心）、宣传教育室、执法监察室、党风廉政建设室8个职能科室。

2007年，县纪委机关保持1993年设置的8个职能科室，增设纠风办公室和机关效能建设办公室2个挂靠单位。

三、基层机构

1989年，各乡镇（场）纪委配备专职纪委书记1人，专职纪检干部1人。至2007年不变。

第二章 重要会议

第一节　党的代表大会

一、代表产生与构成

（一）代表产生

1990年10月7日起，开展县第七次党代会的代表选举工作，至11月底结束。根据《中国共产党章程》（简称“党章”）和中共漳州市委、中共平和县委的有关文件精神，全县各选举单位从代表人选的酝酿提名、预备名单的确定，认真听取各方面的意见。最后，经14个乡（镇）党委和县直机关、安厚农场党委召开党代会或党员大会，以无记名投票方式，进行差额选举产生。全县选出正式代表280名。

1993年10月下旬起，开展县第八次党代会的代表选举工作，至12月中旬结束。根据“党章”和中共漳州市委、中共平和县委的有关文件精神，全县各选举单位按照分配的代表名额，自下而上，上下结合，反复酝酿协商，提出代表候选人的初步人选。然后，由县资格审查小组对候选人预备名单进行全面审查。最后，由18个乡（镇、场）、县直机关、县人武部党委召开党代会或党员大会，以无记名投票方式，进行差额选举产生。全县选出正式代表280名。

1998年10月下旬起，开展县第九次党代会的代表选举工作，至11月中旬结束。根据“党章”和中共漳州市委、中共平和县委的有关文件精神，各选举单位按照分配的代表名额，自下而上，上下结合，反复酝酿协商，提出代表候选人的初步人选。然后，由县资格审查小组对候选人预备名单进行全面审查。最后，由22个乡（镇、场）、县直机关、公安局、人武部、消防大队、龙溪集团公司党委和武警中队党支部召开党代会或党员大会，以无记名投票方式，进行差额选举产生。全县选出正式代表280名。

2003年11月上旬起，开展县第十次党代会的代表选举工作，至12月中旬结束。根据“党章”和中共漳州市委、中共平和县委的有关文件精神，各选举单位按照分配的代表名额，自下而上，上下结合，反复酝酿协商，提出代表候选人的初步人选。然后，由县资格审查小组对候选人预备名单进行全面审查。最后，由31个选举单位召开党代会或党员大会，以无记名投票方式，进行差额选举产生。全县选出正式代表280名。

2006年5月中旬起，开展县第十一次党代会的代表选举工作，至7月6日结束。根据“党章”和中共漳州市委、中共平和县委的有关文件精神，各选举单位按照分配的代表名额，自下而上，上下结合，反复酝酿协商，提出代表候选人的初步人选。然后，由县资格审查小组对候选人预备名单进行全面审查。最后，由30个选举单位召开党代会或党员大会，以无记名投票方式，进行差额选举产生。全县选出正式代表298名。

（二）代表结构

县第七次党代会正式代表280名中，各级领导干部169名，专业技术人员42名，先进模范人物16名，工人、农民代表49名，离退休老党员3名，台湾籍代表1名。代表中，妇女25名，年龄在45岁及以下的有168名。

县第八次党代会正式代表280名中，各级领导干部169名，专业技术人员55名，先进模范人物52名，离退休老党员3人，部队代表1人。代表中，妇女28名，年龄在45岁及以下的有156名。

县第九次党代会正式代表280名中，各级领导干部166名，专业技术人员56名，先进模范人物55名，部队代表3名。代表中，妇女32名，年龄在45岁及以下的有189名。

县第十次党代会正式代表280名中，各级领导干部167名，专业技术人员53名，先进模范人物57名，部队代表3名。代表中，妇女33名，少数民族2名，台湾籍1名，年龄在45岁及以下的有182名。

县第十一次党代会正式代表298名中，各级领导干部178名，工业、农业、政法、财贸、科技、文教、卫生、体育等第一线的党员60名，先进模范人物57名，部队代表3名。代表中，少数民族1名，妇女36名，大专以上文化程度的有180名，年龄在45岁及以下的有174名。

二、代表大会

（一）中共平和县第七次代表大会

1990年12月6—9日，中共平和县第七次代表大会在县人民大会场召开，与会正式代表280人，列席代表171人。大会听取、审议中共平和县第六届委员会《团结奋斗，艰苦创业，加快我县改革开放和建设的步伐》的工作报告和中共平和县纪律检查委员会的工作报告，并通过此2个工作报告的决议。大会选举产生中共平和县第七届委员会委员23人，候补委员4人。第一次全体委员会议选举方清海为书记，卢耀清、陈老钦为副书记。大会选举产生新一届中共平和县纪律检查委员会委员13人。第一次全体委员会议选举黄舜斌为书记，黄华民、江元辉为副书记。

（二）中共平和县第八次代表大会

1993年12月26—28日，中共平和县第八次代表大会在县人民大会场召开，与会正式代表280人，列席代表222人，特邀代表6人。市委领导林碧华在大会上发表讲话。大会听取、审议中共平和县第七届委员会《坚持党的基本路线，把平和两个文明建设推向新阶段》的工作报告和中共平和县纪律检查委员会的工作报告，并通过此2个工作报告的决议以及《关于贯彻党的十四届三中全会精神，加快平和经济发展的决议》。大会选举产生中共平和县第八届委员会委员25人、候补委员4人。第一次全体委员会议选举方清海为书记，黄永坤、陈老钦为副书记。大会选举产生新一届中共平和县纪律检查委员会委员15人。第一次全体委员会议选举黄舜斌为书记，杨溪峰、黄天来为副书记。

（三）中共平和县第九次代表大会

1998年11月28—30日，中共平和县第九次代表大会在县人民大会场召开，与会正式代表280人，列席代表260人。大会听取、审议中共平和县第八届委员会《增创新优势，更上一层楼，把平和现代化建设事业全面推向新世纪》的工作报告和中共平和县纪律检查委员会的工作报告，并通过此2个工作报告的决议。大会选举产生中共平和县第九届委员会委员25人、候补委员4人。第一次全体委员会议选举许荣勇为书记，杨彬文、金江、林忠为副书记。大会选举产生新一届中共平和县纪律检查委员会委员15人。第一次全体委员会议选举洪亚勇为书记，黄天来、林德志为副书记。

（四）中共平和县第十次代表大会

2003年11月17—19日，中共平和县第十次代表大会在县人民大会场召开，与会正式代表275人，列席代表91人。大会听取、审议中共平和县第九届委员会《团结一致，开拓创新，为全面建设平和小康社会而努力奋斗》的工作报告和中共平和县纪律检查委员会的工作报告，并通过此2个工作报告的决议。大会选举产生中共平和县第十届委员会委员25人、候补委员4人。第一次全体委员会议选举杨彬文为书记，林忠、林立辉、周鼎明为副书记。大会选举产生新一届中共平和县纪律检查委员会委员15人。第一次全体委员会议选举林立辉为书记，林德志、周漳平为副书记。

（五）中共平和县第十一次代表大会

2006年7月12—14日，中共平和县第十一次代表大会在县人民大会场召开，与会正式代表298人，列席代表90人。大会听取、审议中共平和县第十届委员会《凝心聚力，奋发有为，为建设海峡西岸生态工贸县而奋斗》的工作报告和中共平和县纪律检查委员会的工作报告，并通过此2个工作报告的决议。审议并通过县委《关于进一步加快工业发展的决议》。大会选举产生中共平和县第十一届委员会委员31人、候补委员5人。第一次全体委员会议选举林忠为书记，洪里专、林立辉、周鼎明、曾建新为副书记。

大会选举产生新一届中共平和县纪律检查委员会委员15人。第一次全体委员会议选举林立辉为书记，林德志、周漳平为副书记。大会选举出席中共漳州市第九次代表大会代表。

附：平和县出席福建省党代会代表名录

2006年，县委书记林忠（男）、平和一中教师张素玲（女）为平和县出席福建省第八次党代会代表。

第二节　县委委员全体会议

一、第七届县委全委会议

1990年12月至1993年12月，第七届县委共举行7次委员全体会议（简称“全委会议”）或全体（扩大）会议。其中，1990年4月22日，召开第七届第四次全委会议，讨论研究平和县出席漳州市党的代表会议代表的名额分配、产生办法等有关事宜，并决定于5月上旬召开县的党代会进行选举产生正式代表。1993年11月15日，召开第七届第六次全委会议，讨论研究召开中共平和县第八次代表大会的有关事项，审定第七届县委的工作报告初稿。1993年12月13日，召开第七届第七次全委会议，审议通过新一届县委、县纪委领导班子候选人预备名单，上报市委审批。

二、第八届县委全委会议

1993年12月至1998年11月，第八届县委共举行16次全委会议或全体（扩大）会议。其中，1993年12月28日，召开第八届第一次全委会议，选举产生第八届委员会常务委员、书记、副书记；审议通过新一届县纪委常务委员、书记、副书记；讨论通过《关于贯彻党的十四届三中全会精神，加快平和经济发展的决议》。1994年9月15—16日，召开第八届第二次全体（扩大）会议，主要议题为贯彻江泽民总书记视察福建时的重要讲话精神，讨论研究推动全县乡镇企业大发展的措施。会议通过《关于加快我县乡镇企业发展步伐的决议》。1996年11月18日，召开第八届第九次全体（扩大）会议，传达贯彻中共第十四届第六中全会精神，以及省委全委、市委全委会议精神，讨论研究今后5年和15年的精神文明建设工作规划。会议审议通过《平和县“九五”期间社会主义精神文明建设规划》。1998年9月29日，召开第八届第十五次全委会议，讨论研究召开中共平和县第九次代表大会的有关事项。

三、第九届县委全委会议

1998年12月至2003年11月，第九届县委共举行16次全委会议或全体（扩大）会议。其中，1999年12月27日，召开第九届第四次全委会议，传达贯彻中共第十五届第四中全会精神，以及省委全委、市委全委会议精神，讨论研究推进全县国有企业改革和发展的目标任务与具体措施。会议通过《中共平和县委关于加快国有企业改革和发展的决议》。2000年11月10日，召开第九届第五次全会，作出关于从严治党，切实加强党的建设若干问题的决定。2002年10月19日，召开第九届第十二次全体（扩大）会议，讨论研究“工业兴县”问题，审议并通过《中共平和县委关于加快工业化进程的决定（草案）》。2002年11月27日，召开第九届第十三次全体（扩大）会议，传达贯彻中共十六大精神，讨论通过《中共平和县委关于学习贯彻党的十六大精神的决议》。2003年10月13日，召开第九届第十五次全委会议，研究召开县第十次党代会筹备工作的有关事项。2003年11月10日，召开第九届第十六次全委会议，审议县委第九届工作报告初稿。

四、第十届县委全委会议

2003年11月至2006年7月，第十届县委共举行7次全委会议或全体（扩大）会议。其中，2003年11月19日，召开第十届第一次全委会议，选举产生第十届县委常务委员、书记、副书记，审议通过新一届县纪委常务委员、书记、副书记。2006年7月10日，召开第十届第七次全委会议，听取县第十一次党代会筹备工作情况的报告，确定7月12—14日召开县第十一次党代会。

五、第十一届县委全委会议（未满届）

2006年7月至2007年12月，第十一届县委共举行5次全委会议或全体（扩大）会议。其中，2006年7月14日，召开第十一届第一次全委会议，选举产生第十一届县委常务委员、书记、副书记，审议通过新一届县纪委常务委员、书记、副书记。2007年3月2日，召开第十一届第三次全委会议，审议并通过平和县推荐出席中共十七大代表候选人初步人选名单。2007年12月5日，召开第十一届第五次全体（扩大）会议，学习贯彻中共十七大、省委第八届第三次、市委第九届第五次全会精神，全面总结第十一届县委成立以来的工作情况，研究部署新一年工作，并对全县学习贯彻中共十七大精神提出具体要求。

第三节 县委常委会会议

一、第七届县委常委会会议

第七届县委常委会共举行140次会议。其中，1991年3月1日，召开常委会会议，研究加强社会主义思想教育（简称社教）工作的领导，决定县驻各乡镇（场）社教工作队长，一律兼任所在乡镇（场）党委副书记。9月28日，召开常委会会议，根据中纪委《关于共产党员在经济方面违法违纪党纪处分的若干规定》第八条规定，对数名在经济方面违法违纪的党员干部作出党内处分的决定。1992年5月15日，召开常委会会议，根据省、市委的有关文件精神，研究制订《关于开展“讲党性，做奉献，迎接十四大”系列活动的实施方案》。10月5日，召开常委会会议，研究制定《关于鼓励外引内联的优惠规定》，提出12条的优惠奖励办法。1993年1月10日，召开常委会会议，研究决定表彰1992年度社会主义思想教育先进单位和先进个人的名单。2月16日、3月15日、3月24日、4月20日、11月10日，召开常委会会议，分别研究决定表彰1992年度工农业生产、财税工作、计划生育工作、党建工作、村级组织建设、精神文明建设等方面的先进单位和先进个人的名单。10月7日、11月12日、11月18日、12月2日、12月9日，召开常委会会议，分别研究任免一批正、副科级领导干部。12月13日，召开常委会会议，研究成立平和县公路“先行工程”建设领导小组及其办公室的组成人员。

二、第八届县委常委会会议

第八届县委常委会共举行200次会议。其中，1994年1月8日，召开常委会会议，研究制定县处级领导干部廉洁自律的10条规定。1月18日，召开常委会扩大会议，研究春节期间全县开展“双拥”和慰问革命老根据地人民活动的有关事项，并研究成立县革命老根据地和拥军优属春节慰问团的组成人员。3月1日、3月10日、3月17日、3月28日，召开常委会会议，分别研究调整、充实县社会治安综合治理委员会组成人员、县委县政府信访工作领导小组成员、县反腐败工作领导小组成员、县计划生育工作领导小组成员、县机构改革领导小组成员。1995年2月25日，召开常委会会议，研究决定继续实施县直机关单位挂村定点扶贫工程，并具体安排县直单位对23个贫困村定点扶贫工作方案。10月20日，召开常委会会议，研究部署于11月开展对贫困后进村党支部整顿转化工作进行检查验收的有关事项。1996年1月5日、2月29日、3月26日、4月12日、5月17日、6月6日、7月17日、8月19日、9月23日、11月26日，召开常委会会议，分别研究任免一批科级领导干部。1996年6月15日，召开常委会议，研究加强西北、西南部乡镇（场）扶贫和争创小康工作的有关措施，决定成立平和县西北、西南部农业综合开发“百里工程”领导小组，下设2个指挥部及6个组，具体组织实施和指导。10月3日，召开常委会议，研究部署在《中华人民共和国老年人权益保障法》颁布实施的第一个老年节期间，全县城乡广泛开展“敬老周”活动的有关事项。1997年1月1日，召开常委会会议，专题研究加强领导班子思想作风建设，实现创建党建工作先进县的目标，决定第一季度在全县开展领导班子思想作风建设季活动，并就活动的基本要求下达文件。1月18日，召开常委会会议，研究出台《1997年农村基层组织建设责任书》《平和县基层党委书记党建工作季度联席会制度》《中共平和县委党建工作部门季度联席会制度》《中共平和县委党建工作督查制度》。3月25日，召开常委会会议，研究部署在全县农村基层组织中开展“远学美岭，近学西坑”活动，推进农村基层组织建设上新台阶。6月23日、7月31日、10月12日、11月10日、11月17日，召开常委会会议，分别研究任免一批科级领导干部。1998年3月12日，召开常委会扩大会议，研究制定《关于开展创建科技工作先进县活动的实施方案》。7月8日，召开常委会会议，专题研究确定15位第四批县管专业技术拔尖人才。10月31日，召开常委会会议，讨论修改任届内的《县委工作报告初稿》。11月8日，召开常委会会议，研究新一届（第九届）的县委、县纪委领导班子组成人员的候选人预备人选名单。

三、第九届县委常委会会议

第九届县委常委会共举行255次会议。其中，1999年1月5日、3月3日、4月14日、5月15日、7月8日、9月14日、10月27日、11月23日、12月13日，召开常委会会议，分别研究决定任免一批科级领导干部。1999年3月1日，召开常委会会议，研究成立县委“三讲”（讲学习、讲政治、讲正气）教育领导小组，部署全县开展“三讲”为主要内容的党性党风教育活动。5月9日，召开常委会扩大会议，专题研究维护稳定工作。会议听取县公安局、检察院、法院、司法局、信访局领导的情况汇报，研究确定5月12日召开全县社会稳定工作会议，部署维护稳定工作。11月3日，召开常委会会议，专题研究公开选拔部分副科级领导干部的有关事项。2000年1月7日，召开常委会扩大会议，专题研究部署做好全国、省、市、县“两会”（人大、政协会议）和“两节”（春节、元宵）期间的稳定。3月18日，召开常委会会议，贯彻漳州市纪委、监察局《关于对参与制售假冒卷烟违法活动的共产党员及有关责任人员的党政纪处分和组织处理意见》及有关规定，研究部署全县开展“打假”统一行动，决定由县打假领导小组成员带领职能部门人员，组成打假工作队，分别进驻4个重点乡镇。4月5日、6月26日、8月10日、8月21日、9月19日、11月15日，召开常委会会议，分别研究任免一批正副科级领导干部。9月5日，召开常委会扩大会议，专题研究2000年应届中师、幼师和1999年电大师范类毕业生分配的有关事宜。12月5日，召开常委会会议，研究审批党纪处分个别犯错误的领导干部。2001年1月6日，召开常委会会议，研究决定从2001年开始，用2年左右时间，在全县各级领导班子和基层干部中，有计划、有步骤地开展“三个代表”重要思想学习教育活动。9月28日，召开常委会议，研究聘请23位党风廉政监督员的有关事项。11月9日，召开常委会议，研究在村级“三个代表”重要思想学习教育活动中，建立县直单位挂村、科级干部包村工作制度的有关事项。2002年4月30日，召开常委会扩大会议，专题研究加快“科技兴农”“科教兴县”步伐的新举措，决定从机关和事业单位党员干部中选派15人到农村担任党支部书记、24人到农村担任科技特派员、4人到农村企业担任经理助理。10月19日，召开常委会扩大会议，贯彻省委省政府和市委市政府关于加快工业化进程的要求精神，研究扶优扶大扶强工业企业，实现“工业兴县”的措施，决定将22家企业列为县委、县政府重点扶持服务的工业企业，实行县领导协管工业区和挂钩重点工业企业制度，并具体安排挂钩的领导人员。2003 年 4 月 25 日，召开常委会扩大会议，听取县老干部工作和关工委工作汇报，研究有关老干部工作问题。决定对 3 个困难企业的 7 位离休干部，从 7 月 1 日起，其离休费、医药费和各项生活补贴列入县财政统筹，由县老干部局代办发放。5 月 26 日晚，召开常委会扩大会议，听取县农办主任汇报接收安置三峡库区农村外迁移民工作情况，并就移民安置点、安置的资金缺口弥补，安置工作机构设置等问题进行研究。11 月 10 日，召开常委会会议，研究新一届的县委、县纪委领导班子候选人预备人选名单，上报市委审批。

四、第十届县委常委会会议

第十届县委常委会共举行 48 次会议。其中，2004 年 1 月 5 日、2 月 25 日、3 月 3 日、5 月 11 日、5 月 20 日、9 月 24 日，召开常委会会议，分别研究决定任免一批科级领导干部。10 月 13 日，召开常委会会议，专题研究平和县国有水电站经营体制改革的有关问题。11 月 15 日晚，召开常委会议，就安厚镇有关征地问题引发群体性信访事件，研究协助处理措施，决定成立领导小组，由县委副书记和县纪委副书记分别担任正、副组长，具体负责协助处理。2005 年 3 月 10 日，召开常委会会议，研究加快农村公路建设步伐，改善农村的生产生活条件。决定建立县领导与县直单位挂钩帮扶农村公路建设责任制，并就挂钩帮扶的对象和项目要求进行具体安排。3 月 23 日，召开常委会扩大会议，听取县公安局领导工作汇报，对在 2 月 8 日下午（大年三十），出警追捕逃犯时，临危不惧，勇斗歹徒，身负重伤的安厚派出所民警周志勇，研究决定授予“优秀人民警察”称号，并决定在 3 月 25 日召开表彰大会，宣布县委、县政府《关于开展向周志勇同志学习的决定》。5 月 17 日，召开常委会会议，研究贯彻 5 月 1 日起正式实施新修订的《信访条例》，决定建立乡镇（场）领导信访接待日制度等有关事项，推动信访工作重心下移，做到“小事不出村，大事不出乡镇（场）”，切实维护社会稳定。2006 年 1 月 12 日，召开常委会会议，专题研究 2006 年人口计划生育工作，强化各级领导工作责任。根据《福建省人口计划生育责任考核奖惩办法》精神，制定 2006 年上半年计生工作相关指标实行量化考核和奖惩的有关事宜。6 月 12 日，召开常委会扩大会议，专题研究城市建设工作，会议听取县建设局长的工作汇报，部署拓宽融资渠道，加快县城基础设施建设，以及城市管理等有关事项。7 月 9 日，召开常委会会议，研究确定第十一届县委、县纪委领导班子成员候选人预备人选名单，并上报市委审批。

五、第十一届县委常委会会议（未满届）

2006 年 7 月至 2007 年 12 月，第十一届县委常委会共召开 68 次会议。其中，2006 年 7 月 17 日晚，召开常委会会议，专题研究有关第四号台风的抗灾救灾工作。7 月 18 日晚，召开常委会会议，通报当天凌晨全县各地发生的灾情，再次部署抗灾救灾工作。8 月 14 日晚，召开常委会议，研究村级换届选举、筹办第二届蜜柚节、加快工业发展等有关事项。2007 年 1 月 10 日，召开常委会会议，审议县第十六届人大第一次会议选举产生的县人大、政府、检察院、法院领导班子成员，县政协第八届选举产生的主席、副主席，并上报市委批示。1 月 23 日、2 月 12 日、3 月 14 日、4 月 9 日、4 月 23 日、6 月 24 日、8 月 23 日、10 月 12 日、12 月 29 日，召开常委会会议，研究决定任免一批科级领导干部。2007 年 3 月 14 日，召开常委会扩大会议，研究成立福建省平和工业园区管理委员会的有关事项。决定将黄井村从文峰镇划归平和工业园区，同时，成立中共平和工业园区工作委员会，属县委派出机构，履行领导工业园区党建工作的职责。11 月 8 日，召开常委会会议，研究部署开展 2007 年度重点工作年终考核有关事项。11 月 15 日，召开常委会会议，根据党中央、省委、市委的指示精神，研究部署学习宣传贯彻中共十七大精神的有关事项。

第三章 县委重要决策

第一节　实施“工业兴县”战略

1989—1990 年，第六届县委继续实施“上工业”发展战略，以改变农业县的面貌，重点改造 10 个老企业，兴建 9 个新工程。1991—1993 年，第七届县委制定“抓好一车（农用车厂）、二肥（2 个化肥厂）、三糖（3 个糖厂），带动县、乡工业发展，国民经济从以农业为主逐步向以工业为主转变”的发展战略。县委相继出台《关于加快发展乡镇企业的若干意见》《关于加快发展股份合作和个体私营经济的若干规定（试行）》，做出放宽从业人员条件、放宽经营范围等相关规定，多轨运行发展地方工业；引导乡镇企业从小批量、零星分散向规模化、集团化转变，从内向型向外向型转化。至 1993 年年底，全县工业产值由 1989 年的 18097 万元增至 77300 万元。

1994—1998 年，第八届县委继续抓好“一车二肥三糖”的同时，加强对乡镇工业和个私企业的扶持。1998 年 5 月，县委出台《关于加快发展个体私营经济若干规定》，在执行上级各项扶持政策的基础上，结合平和实际，加大税费扶持，优先优惠解决个私企业的资金、用地、用工问题。

1999—2003 年，第九届县委提出“工业兴县”发展战略，调整和优化产品结构、产业结构和组织结构，重点发展食品加工、建筑建材、机械电子、电力四大产业，实现工业全面振兴。县委出台开辟和建立工业区的新举措，并制定“税费优惠”“税费返还”“将企业缴纳的消防、环保费作为专项资金，返还用于区内消防、环保建设”“支持建设用地”等一系列措施。2002 年 10 月，县委、县政府召开工业会议，强调树立“大工业”观念，注重发展规模工业。至 2003 年年底，全县建立市级工业区 3 个，规模工业总数达 30 家。

2004—2006 年，第十届县委继续把发展规模工业，作为“工业兴县”的重点，指导机械制造、纸制品、水电等行业做强做大。加快山格宝峰、小溪大坂洋、五寨、九峰等工业集中区建设，使平和工业区初具规模。

2007 年，第十一届县委作出《进一步加快工业发展的决议》，贯彻科学发展观，继续实施“工业兴县”发展战略，提出以市场为导向，工业集中区为载体，加快形成特色，壮大工业经济，全面推进海峡西岸生态工贸县建设。至年底，全县规模工业企业达 78 家，比 2005 年增加 41 家；工业税收 7684 万元，比 2005 年翻一番。全县工业总产值 274474 万元，比 2006 年增长 35.5%。

第二节　做大琯溪蜜柚产业

1989 年，县委继续把开发琯溪蜜柚这一传统名果，作为“唸山经”的主攻方向，“富民强县”新的经济增长点。1990 年和 1992 年，县委相继下发《关于实行县、乡、村领导干部建立荒山绿化责任制的通知》《关于鼓励机关、企事业单位和基层干部职工开发山地造林种果栽竹的规定》，出台一系列优惠政策，引导全县干部群众掀起前所未有的大种琯溪蜜柚的热潮。至 1992 年，全县新种植琯溪蜜柚 1800 公顷。当年，在首都北京首次召开琯溪蜜柚品尝会、新闻发布会，10 多家国家级新闻媒体专题报道后，琯溪蜜柚享誉全国。1993 年、1994 年和 1995 年，连续组织琯溪蜜柚参加全国性的展销、评比活动，先后获得全国柚类品评总分第一名、全国柚类评比金杯奖、全国农博会金奖、中国特产经济发展大会指定 1995 年中国特产优秀产品。1995 年，平和县被授予“中国琯溪蜜柚之乡”称号。

1996 年，县委、县政府研究成立“福建省平和县琯溪蜜柚发展中心”，指导开展平和琯溪蜜柚商标注册、使用和管理，以及蜜柚品牌的打造与推广工作。是年，平和琯溪蜜柚获得国家商标局核准的地理标志证明商标，使平和从传统农业走上品牌农业的轨道。此后，县委、县政府采取“政策带动，科技推动，市场拉动”方式，推进琯溪蜜柚产业化发展。至2000年，全县种植琯溪蜜柚面积2.13万公顷，年总产量22.8万吨，形成120公里的琯溪蜜柚带，成为全国最大的柚类生产基地，为县财政带来2267万元收入，为果农带来48175万元收入。

2001年起，县委组织实施“品牌、市场、基地”三同步的发展战略，努力把琯溪蜜柚产业做大做强。组织乡镇和相关部门，到全国各省市召开新闻发布会、展销会和品尝会。同时，在全县建立无公害琯溪蜜柚出口示范基地，广泛推广套袋种植、诱杀捕虫等无公害化生产，以点带面，推进全县水果无害化生产。继2004年获得国家绿色食品认证后，2005年成为全国无公害农产品示范基地县达标单位。2005年、2006年和2007年，县委、县政府连续举办三届“福建平和琯溪蜜柚节”，邀请国内各省市超市采购团、国外客商前来参加，实地考察签约。

2006年，县委、县政府研究成立平和琯溪蜜柚深加工办公室，出台优惠政策，促进蜜柚深加工产业发展。同时，加大品牌建设投入力度，支持蜜柚发展中心申请认定中国驰名商标，并将证明商标保护空间延伸至境外、国外。2007年，“平和琯溪蜜柚”被国家工商总局认定为“中国驰名商标”，成为全省第一个、全国第二个获得中国著名商标的农字号水果品牌，也是全国柚类产品第一个获此殊荣的品牌。且在法国、德国、意大利、美国、澳大利亚、荷兰等17个国家和地区注册国际证明商标，成为中国与欧盟交换保护的10个地理标志产品之一。新品种“红心蜜柚”获得国家专利。

2007年，平和琯溪蜜柚种植面积达2.9万公顷，产量60多万吨，出口8万多吨，创汇5000多万美元，年产值12.52亿元。在全国县级柚类同比中，平和创下种植面积、产量、产值、市场份额、出口量5个第一，平和因此获得“世界柚乡、中国柚都”之美誉。

第三节 加大扶贫开发力度

平和县是1985年福建省确定的17个贫困县之一。1989年起，县委继续按照1986年发出“三年脱贫，五年摘帽，八年做贡献”的号召，把脱贫致富作为主要任务和奋斗目标。组织扶贫工作队，配合省、市扶贫工作队，驻点贫困村，挂钩贫困户。建立县五套班子领导挂点乡镇，乡镇二套班子领导包村，村两委干部包户，领导干部包干扶贫重点工程、重点项目等扶贫工作责任制。县委根据平和“八山一水一分田”的实际，引导农民把山地开发、造林种果作为脱贫致富的主要门路，号召“乡办千亩果场，村办百亩果园，户种百株果十丛竹”。县财政每年拿出80%以上的扶贫资金投入山地开发，并把中央贴息扶贫贷款重点放在扶持乡村新办果园，农业部门提供种苗支持贫困户种果。1991年，县委、县政府研究决定，对贫困乡镇免征农业税633万元，用于农田水利建设和道路建设。1992年8月，全省开发性生产脱贫致富现场会在平和县城召开，省委书记陈光毅、副书记贾庆林等领导亲临大会。代表们参观小溪镇和联星村蜜柚场、三坪村果场、芦溪乡柑桔场等。1993年4月，县委、县政府研究成立“平和县扶贫开发基金会”，决定从全县农业税减免部分划出5%到基金会，专项用于贫困地区的基础设施建设和发展种养业、加工业。1994年开始，县委、县政府实施“造福工程”，采取统一规划、统一施工、统一补偿的办法，把居住在自然条件恶劣的边远山村的贫困人口，迁移到生产、生活条件较好的公路沿线村庄。1996年，县委、县政府研究实行领导、单位和机关干部定点挂钩扶贫责任制，经济发展较快的5个乡镇结对挂钩扶贫责任制，确保脱贫致富攻坚计划的实现。1986—1997年，中央、省、市、县累计投入扶贫资金近3亿元。1997年年底，经省政府验收，平和县实现基本脱贫。

1998年5月，县委针对边远山区、老区经济相对落后的状况，作出《关于实施山老边村扶贫开发工程的决定》，对全县68个山老边村继续实行重点帮扶。省、市继续派来工作队挂钩帮扶，从资金上支持发展种养业和加工业。

2004年，县委作出新一轮扶贫开发的决策，根据摸底站队，对尚未完全脱贫和低收入的山区、老区村，继续进行帮扶，并取得省、市的继续支持。2004—2006年，省、市派出工作队，分别驻点帮扶8个村和

6个村。3年中，投入帮扶资金计2133万元。2007年，省、市、县又派出工作队，分别驻点帮扶9个村、6个村和58个村。

第四节　完善道路交通网络

1993年12月13日，县委作出《关于发动群众，采取积极措施，加快公路“先行工程”建设的决定》，提出奋战3年，完善道路交通网络，改变山区县交通面貌的目标。从1994年开始，统一规划，先后实施四大“先行工程”项目，即扩建、改造省道郊柏线工程和省道牛旧线工程，扩建、改造4条县道工程，接通省、乡间2条断头路工程，县城通各乡镇主干线油路化工程。县和各乡镇分别成立公路“先行工程”建设领导小组和指挥部，实行层层包干并签订责任状。除执行上级政府赋予“先行工程”各种规定政策外，县委、县政府结合平和实际，广泛发动群众，采取集资、借款、贷款、以资代劳建勤等多渠道、多层次筹集建设资金，并采取“定额补助，拉开档次，列入竞争，快者得奖”的激励措施，使四大“先行工程”项目建设任务于1996年年底全面完成。

2000年，县委、县政府以国防交通战备公路建设为契机，于3月成立以县委副书记、县长为组长的平和县入闽通道建设领导小组，决定对入闽通道平和霞寨至九峰柏松关公路、龙海林下至平和霞寨公路2个路段，实施改道、拓宽、水泥硬化等改建工程，提高公路品位，提升公路使用功能。经向国家和省争取立项和支持，2个路段分别于2002年2月和2003年12月正式开工，于2004年7月至2005年11月完工。

2004年，借助全省“农村路网工程”建设之机，县委、县政府作出实施“农路硬化”建设，奋战4年实现“村村通”的决策。县成立以县委副书记、县长为组长的农路硬化建设领导小组，各乡镇也相应成立领导机构，并制定具体做法和措施，落实领导干部挂钩项目责任制，发动群众，筹措资金。在全县构建一个上下凝心聚力、社会各界支持的大打农村水泥路建设攻坚战局面。经过4年奋战，至2007年，铺设水泥路900.6公里，全县240个建制村的通村公路硬化率达99.5%，山区“行路难”“运输难”问题得到根本解决。当年4月，在省交通厅召开的“推进通村公路‘代建制’视频会议”上，平和县县长作典型发言。第六期《福建交通》刊物，专题刊载平和农路建设经验。

第五节　加强党的建设

1989年6月26日，县委发文表彰27个先进党组织、48名优秀党务工作者和53名优秀共产党员。此后，每年“七一”前夕，县委都发文表彰一批先进党组织、优秀党务工作者和优秀共产党员，促进党的建设。

1990年，县委贯彻“从严治党”的方针，部署开展查处违纪违法行为和不正之风的专项治理，并通过召开“廉政公告会”“惩治腐败公告会”“纠正行业不正之风公告会”等，以典型案例，进行党纪党风、反腐倡廉教育。1990年12月，县委第七届第一次全会作出《关于加强县委自身建设的决议》。

1993年，以乡镇党委换届为契机，配齐配强乡镇领导班子。全县选拔优秀中青年干部44人进班子，调整班子成员103人，使乡镇领导班子在年龄、文化、能力等各方面得到优化。

1994年1月8日，县委制定《平和县处级领导干部廉洁自律的10条规定》，以县委领导班子成员的以身作则，推进党风廉政建设。9月28日，县委常委会研究决定，聘请15名离退休党员干部为党风廉政监督员。

1996年9月，县委召开全委会议，专题部署在全县范围内开展创建“党的建设工作先进村”活动。出台《中共平和县委加强党的建设五年（1996—2000年）纲要》和《关于进一步加强领导班子思想作风建设的意见》，指导各级推进党的建设。

1997年，县委与乡镇党委书记签订《平和县1997年党建工作目标责任制》，建立健全基层党委书记季度联席会议制度、县委党建工作部门季度联席会议制度、农村基层组织建设联席会议制度、每年2次的农村基层组织建设工作督查制度等一系列制度，全面推进党的建设。

2000 年 1 月，县委通报表彰 1999 年度组织工作先进单位 10 个、组织工作先进工作者 18 人、组织工作创新先进单位 4 个。2 月 1 日，县委出台《关于在全县开展党性党风党纪教育季活动的意见》，部署在 2—5 月，县级领导班子和领导干部集中开展以“三讲”为主要内容的党性党风学习教育活动。6 月 21 日，县委出台《关于在全县党员干部中深入开展“三个代表”学习教育活动的实施意见》。11 月 10 日，县委第九届第五次全体会议作出《关于从严治党，切实加强党的建设若干问题的决定》，提出以领导班子和领导干部为重点，以党的基层组织建设为基础，从严教育，从严要求，从严管理，从严监督，从严执法，从严落实，推进党的建设。

2003 年 2 月，县委常委会召开会议，研究建立落实党风廉政建设工作季度分析会制度、党风廉政建设责任制报告制度、年度述廉制度、诫勉谈话制度，加强反腐倡廉的检查督促。

2007 年 5 月，县委部署开展创建“五 A 级”乡镇党委和村党组织活动、创建机关党建工作先进单位活动，强化领导干部“争先创优”意识，提高领导班子的战斗力和凝聚力。

第四章 纪检监察

第一节 党风廉政建设

一、反腐倡廉教育

1989—1990 年，县委先后召开“廉政公告会”“惩治腐败公告会”和“纠正行业不正之风公告会”，公开宣布处理违法违纪案件，对广大党员干部进行党纪党风教育。县纪委购买、复制党风党纪教育片《越轨行动》《严峻的课题》《钱惑》《出路》等 29 片（盒），在全县巡回播映 315 场，受教育 3.65 万人次。其间，组织机关党员 4800 多人次观看党纪教育录像 54 场。县纪委开展对受处分党员的回访教育活动，先后回访 107 人次。

1991—1993 年，县纪委编印案件通报和纪检简报计 52 期 5000 多份，党纪党规手册 4500 份，辅导材料 3000 份，供各单位组织党员干部学习。召开案例通报会 11 次，通报违纪案件 24 起。举办党纪党风教育培训班、学习班和报告会 198 期（场）。购买、复制《权与钱》《欲海倾舟》等党纪教育录像片 200 多盒，分发到各乡镇播放 285 场，受教育 2 万多人次。其间，县纪委做好受处分对象思想转化工作，回访教育受处分党员 177 人次。

1994—1998 年，县纪委举办党纪党风教育培训班 180 期，印发辅导材料 2.65 万份。组织拍摄电视专题片《规范管理，强化监督 —— 平和县安厚镇推行“镇管账，村管钱”纪实》《走出低谷 —— 回访教育促转化》等，在县电视台播放宣传。其间，回访教育受处分党员 350 人次。

1999—2003 年，连续 5 年第一季度在全县各级党组织中开展党性党风党纪教育季活动，对广大党员干部进行“三个代表”重要思想、理想信念、艰苦奋斗、廉洁从政等专题教育。

2004—2005 年，县纪委、组织部、党校等部门组成 1 支党风廉政教育辅导队，深入各乡镇（场）、县直机关巡回举办《中国共产党党内监督条例》《中国共产党纪律处分条例》和《中国共产党纪律处分条例实施细则》的专题讲座 67 场次，党员干部 1.15 万人次接受教育。县纪委印发《廉政学习教育资料》2000 份。2006 年，县委、县纪委召开 2 次党员干部警示教育大会；在各乡镇组织播放反腐警示录像片 38 场次，3500 多名党员干部接受教育；组织 2300 多名党员干部到三平红军纪念馆，举行“重温入党誓词，知荣辱树形象”宣誓活动。县委、县政府领导对 97 名新提拔的领导干部进行任前廉政谈话，对 17 名党政“一把手”进行诫勉谈话。

2007年，全县开展廉政文化进机关、社区、家庭、学校、企业、农村“六进”活动。每周一、三组织党员干部“读廉政书、唱廉政歌、看廉政片”。是年6月29日，县纪委、组织部和宣传部联合举办“庆七一，倡廉政，促发展”文艺晚会，1000多名党员干部齐唱《公务员之歌》《清廉之歌》。

二、领导干部廉洁自律

1989—1990年，贯彻省委、省政府《关于坚决制止利用公款请客送礼的暂行规定》。1991年开展清房工作，全县共查处违反规定建私房的党政干部179人，追缴处罚款8.4万元，清退多占公房225套（间），面积1.1万平方米。1991—1993年，开展清理党政机关经商办企业专项工作，有8个单位兴办的11个经济实体以及在企业兼职人员29人，作出撤销或脱钩的处理。

1994—1998年，县委制定《贯彻中央“八条规定”的实施意见》《平和县处级领导干部廉洁自律十条规定》，开展专项治理工作；全县有3537名党员干部申报住房情况，23人纠正违规行为，2人补交集资建房超面积款4000多元；清理公助私买摩托车19部，收回金额11万元；清理违规安装住宅电话，责成补交安装费用26部66560元；清理公费配置移动电话188台，收回金额34万多元，年可节约话费40多万元；取消、压缩全县性会议38场次，节约经费52万元；取消庆典、简办庆典活动48项，节约资金58万元。

1999—2003年，开展严禁送收“红包”、制止用公款吃喝玩乐、制止大操大办婚丧喜庆等治理工作。共制止12起党员干部利用乔迁、结婚滥发请柬、大操大办行为；清理违规变相报支通信工具及其费用，追缴13万元。

2004—2006年，贯彻执行《中国共产党廉洁自律准则》和中国共产党中央纪律检查委员会提出的“四大纪律”“八项要求”“五个不许”等规定。全县共清退用公款为个人购买商业保险3.52万元，清退党政领导干部拖欠公款4.6万多元；到企业兼职的2名科级干部与企业脱钩，回原单位工作；有2人登记投资非煤矿山，涉及金额14万元，全部撤资；科级以上领导干部90多人次拒收礼品礼金。

2007年，组织明察暗访，强化节假日期间领导干部廉洁自律工作。对科级领导干部个人有关事项，进行1次全面的报告登记。是年，全县有629人次领导干部报告个人重大事项，有3人次拒收礼金，对7名因工作落实不力的科级领导干部记录在案。

三、制度建设

1989—1990年，县纪委从解决普遍关心的招生、招干、“农转非”、计划物资分配等“热点”问题入手，指导30多个廉政建设试点单位制定以“两公开一监督”（政务公开、财务公开和民主监督）为主要内容的规章制度。

1994—1998年，相继建立并实行《打招呼制度》《领导干部廉政勤政谈话制度》《警示告诫制度》《纪委书记、监察局长夜谈制度》。先后 对领导干部实行打招呼和警示告诫97人次。其间，结合清理整顿农村财务工作，全县240个建制村建立“村务公开，民主管理”“镇管账，村管钱”的管理新机制。

1999年，进行财政制度改革和行政审批制度改革，全面推行“收支两条线”和“票款分离”制度，建设工程招投标制度，经营性土地使用权出让公开招标拍卖制度，产权交易进入市场制度，政府公开采购制度等。1999—2003年，对行政事业单位银行账户进行清理整顿，撤销不符合规定的银行账户141个；组织开展行政事业单位财务互审，累计追缴滞留罚没款近1000万元；核减各类行政审批事项449项，其中取消428项、转移20项、下放1项；举行33次政府采购，采购总金额2807万元，节约金额346万元；国家重点项目入闽通道霞柏线、林霞线公路改建工程面向社会实行公开招投标，节约资金近5000万元。

2004年，县纪委加强惩防腐败体系建设，在各级领导班子中推行廉政学习、廉政谈话、廉政报告、廉政述评、廉政督查“五项制度”。全年县纪委常委同下级党政主要负责人谈话16次，诫勉谈话6人次，任前廉政谈话14人次，信访约谈6人次。全面推行国库集中收付制度，全县215个单位的工资支出、工程采购支出、物品和服务采购支出等项目纳入国库集中管理。

2005年，加强干部人事制度改革，县委制定出台《关于选拔任用领导干部实行全委会票决制的实施办法》，全年县委常委会共对44位拟提升科级干部人选实行票决。2006年，对6位拟提拔对象进行县委常委会票决，3位拟担任乡镇党政“一把手”对象进行县委全委会投票表决。

2007年，严格实行经营性土地“两权”招拍挂制度和建筑工程招投标制度。制定出台《平和县30万元以下工程建设项目施工招标投标管理规定》，规范完善小额建设工程项目招投标的管理。全县23个施工建设项目全部实行经评审低价中标法，节约资金1086万多元；10宗国有土地使用权公开拍卖挂牌出让，竞得价比底价增加4075万元；督促违规改变规划指标的建设项目单位补交土地出让金11.1万元，契税1.32万元。

第二节 监督检查

一、效能督查

1989年起，县纪委贯彻中纪委《关于对党员干部加强党内监督的若干规定（试行）》精神，每年通过派员参加党委的组织生活会、领导干部考评、民主评议党员、信访调查等，加强对各级领导班子和党员干部廉洁自律的监督检查；并派员参加监察组，对招工、招干、招生、农转非、计划生育等工作的监督检查。1994—1998年，先后开展扶贫开发资金专项督查、建设工程项目执法监察和计生工作督查，从中查处贪污挪用扶贫资金案件14起，查处建设工程和计生工作中违法违纪案件45起，查出违法违纪金额330万元。

1999—2003年，县效能投诉中心累计受理各类投诉362件，到期办结率100%，挽回经济损失112.5万元，给予通报批评16人，诫勉教育8人，效能告诫4人，行政处分4人，待岗处理4人，移送司法机关侦查5人。其间，与有关部门联合，组织开展整顿机关作风，落实政务公开、党风廉政建设责任制，软环境建设等16次专项督查，促进机关作风转变，发善经济发展软环境。同时，组织4次落实党风廉政建设责任制的考核，表彰46个先进单位，对73名科级领导干部进行诫勉谈话，查处责任追究案件11起，给予党纪政纪处分29人。

2004—2006年，围绕县委出台《关于在全县执法和服务企业中，必须遵守“十五条不准”的规定》，县纪委组织经常性督查和专项检查共23次，受理各类投诉89件，进行诫勉谈话13人，效能告诫8人，批评教育39人，书面检查9人。其间，开展行政许可法、林权制度改革、扶贫救灾资金使用、重点项目建设等执法监察，共督查156个单位，发现各类问题67个，制止纠正违规行为案件29起，查处违纪违规金额108.57万元，立案查处10件。

2007年，重点对乡镇（场）党政主要领导干部落实党风廉政建设责任制进行监督检查，从县纪委、组织部、宣传部等责任制成员单位及党风廉政监督员、特邀监察员代表抽调16人，组成4个评议考核工作组，深入各乡镇（场）明察暗访，并印发问卷调查表，广泛征求干部群众意见。同时，召开述职评议大会，组织乡镇（场）干部职工和社会各界代表现场进行民主测评。

二、纠正不正之风

1991—1993年，全面开展乱收费专项治理工作，查出乱收费单位27个，乱收费项目52个，金额245万多元，分别作出取消、上缴和退还处理。

1994—1998 年，开展检查清理预算外资金和“小金库”工作。全县有 203 个单位进行自查自纠，重点检查 22 个单位和 4 个乡镇，追缴县财政 287 万多元。开展减轻农民负担工作，废止 37 项涉农负担项目，取消 8 项收费项目和 43 项达标升级活动，年可减轻农民负担 1800 多万元。整顿农村电价，实行最高限价，年可减轻农民负担 1000 多万元。开展清理中小学乱收费工作，查出违规收费 120 万元，退还集资款 25 万元，减少收费 38 万元。开展减轻企业负担工作，共取消 45 个国有企业收费项目，降低收费标准 22 项，推行收费许可证和企业交费登记卡，减轻企业负担 63 万元。成立外资企业收费中心，规范涉外收费项目，年减轻涉外企业负担 11.92 万元。开展治理公路“三乱”（乱收费、乱罚款、乱设卡）工作，撤除县境内未经批准的路卡，整顿规范收费站 1 个。把纠风工作纳入行业管理，在工商、税务、公安、交通、土地、电力等 12 个重点部门及基层所站，开展行风政风评议活动，并推行社会服务承诺制和政务公开。

1999—2003 年，继续开展减轻农民负担，清理中小学乱收费，减轻企业负担和纠正医药购销不正之风等工作。累计减轻农民负担 1.6 亿元，退还学生收费 185.9 万元，减轻群众不合理用药负担近 400 万元。改革行政审批制度，共核减各类行政审批事项 449 项，其中取消 428 项；举行 33 次政府采购招标，采购总金额 2807 万元，节约 346 万元。

2004 年，开展中小学乱收费的专项治理，共受理中小学乱收费举报件 16 件，清退学生补习、资料费 16 万多元，清退多收“代办费”215 万多元，纠正违规收取借读费。组织开展医药市场清理整顿，纠正医药购销不正之风，全年共出动执法人员 561 人次，检查药品经营、使用单位 1290 家次，查办涉药案件 99 件，罚没款 16 万多元，查出违规收费 2.19 万元，取缔非法行医 5 人。重新审核取消 12 项涉农收费项目，减轻农民负担 75 万元。开展拖欠和克扣农民工工资纠正工作，为农民工追讨偿付工资 99.82 万元。

2005—2006 年，受理中小学乱收费举报件 19 件，清退违规收费 2.4 万元，责成书面检查 6 人；开展治理商业贿赂专项工作，共上缴自查自纠款物计 13 万元，查处商业贿赂案件 7 件，涉案金额 12 万多元。继续清理涉农收费项目，共减轻农民负担近 700 万元。

2007 年，查办教育乱收费信访举报 7 件，清退违规收费 25454 元，查处违规办理摩托车驾驶培训行为，责成违法收取的培训费 26 万多元上缴国库。县纪委制定下发《民主评议政风行风工作实施意见》，在 59 个部门开展民主评议政风行风活动，共召开评议座谈会 19 场次，发放问卷调查表 895 份，电话抽查评议 500 人次，收集意见建议 232 条。

第三节　案件查处

1989 年，县纪委贯彻从严治党的方针，查处以权谋私、贪污受贿、敲诈勒索等违纪案件 52 起，涉及党员 52 人，其中处级党员干部 1 人，科级党员干部 5 人，一般党员 46 人。给予开除党籍 7 人，留党察看 11 人，党内严重警告 7 人、警告 9 人，免予处分和销案 3 人。

1990 年起，县纪委设立举报中心，充实信访力量，完善接待制度，广泛宣传发动群众举报党员干部的违法违纪问题。1990—1998 年，全县纪检监察系统共受理群众来信来访 3367 件次，属于纪检监察业务内 1195 件次。查处各类违纪案件 468 起，给予开除党籍 91 人，留党察看 77 人，党内严重警告 88 人、警告 81 人，撤销党内职务 9 人，取消预备党员资格 6 人，政纪处分 55 人，移送司法机关立案侦查 31 人，免予党纪处分 9 人。通过查案，追回违法违纪金额 320 多万元，为国家、集体挽回经济损失 1640 多万元。

1999—2006 年，县纪检系统深入开展“三访三公开一听证”（领导下访、预约走访、选点巡访，公开受理范围和有关规定、公开受理情况和承诺、公开信访办理结果和反馈，对疑难信访问题举行信访听证）阳光信访活动，加大查办案件惩治腐败力度。全县纪检系统共受理群众来信来访来电举报 1345 件次，立案查处 481 起（其中大要案 85 起），结案 450 起，给予党纪政纪处分 421 人，组织处理 2 人，移送司法机关处理 2 人。通过查案，为国家、集体挽回经济损失 703 万多元。

2007 年，全县纪检系统共受理群众来信来访来电举报 210 件次，立案查处党内各类违纪案件 64 起

（其中大要案10起，经济案件16起），结案率95.61%。其中，开除党籍13人，留党察看7人，党内严重警告33人，党内警告3人，撤销党内职务3人，政纪处分4人。通过查案，为国家、集体挽回经济损失180.76万元。

第五章 组织建设

第一节 党员队伍建设

一、发展党员

1989年，全县各级党组织继续贯彻发展党员“坚持标准、保证质量、改善结构、慎重发展”的方针，对要求入党的积极分子进行培训和考察，经过政审、公示等。当年，全县发展新党员138人，其中女性10人。1990—1994年，全县发展新党员1504人，其中女性138人。1995年，随着市场经济的发展，新经济组织大量涌现，各级党委重视在个私企业、股份企业、乡镇企业等新经济组织中发展党员。1995—2000年，全县发展新党员3448人。2001—2007年，全县发展新党员3384人。

1989—2007年平和县历年发展党员统计表

表5-5 单位：人

年份	发展数	其中女性	年份	发展数	其中女性
1989	138	10	1999	500	109
1990	233	16	2000	440	84
1991	259	21	2001	471	78
1992	288	25	2002	391	64
1993	349	30	2003	445	68
1994	375	46	2004	443	61
1995	514	61	2005	520	97
1996	623	63	2006	596	101
1997	776	114	2007	518	108
1998	595	94	合计	8474	1250

二、党员教育

1989年，各级党组织开展学习江泽民总书记国庆讲话的宣讲活动。全县组织46个宣讲组，在机关、企事业单位中举办宣讲会418场次。发动党员订阅《福建支部生活》《党员特刊》《福建党风》《福建党史月刊》等刊物。1991年，开展“忆传统、讲党性、学先进、做奉献”为主题的学习教育活动。县委组织部邀请9名离退休老干部组成“革命传统报告团”，分3个组到县直机关企事业单位和乡镇，作20多场次的报告，近万人次受教育。1992年，组织党员学习邓小平南方谈话和中共十四大报告及新党章。1993年，组织党员开展“为民办实事，为党增光辉”“党员奉献工程”等活动。

1994年，在全县各级党组织中建立电化教育制度。当年，县委组织部引进复制电教片145片，在全县各级党组织中播放4827场次，受教育党员9.85万人次。1995—1997年，开展“双学”（学习建设有中国特色社会主义理论，学习中国共产党章程）教育活动。全县共举办“双学”培训班40期，参训党员占全县党员总数90%以上。1998年3月，成立平和县党员电化教育中心，投入30多万元购置一批专业电教制作设备，自行拍摄制作党员电教专题片，并在各建制村建立党员电教定点播放点。

2000—2001年，在党员中开展“三讲”和学习江泽民“三个代表”重要思想的教育活动。全县召开学习报告会650场次，县委组织部印发有关学习辅导材料7200份，发放学习问卷5000多份。结合庆祝中国共产党成立80周年，县委组织部和县直党工委联合举办入党积极分子培训班、党的基本知识竞赛和演讲比赛。2002年起，县党员电教中心联合县广播电视台，开办《党员教育》（后改为《先锋试点》）电视专栏节目，每周定期播放电教专题片。

2004年，县委贯彻中共中央《关于在全党开展以实践“三个代表”重要思想为主要内容的保持共产党员先进性教育活动的意见》，部署全县各级党组织用一年半时间，进行保持共产党员先进性教育，并派出26支督导组进行督促检查，落实整改措施。至2006年，全县共有17835名党员参加这次教育活动，完成整改项目2538个。

2007年，组织党员学习胡锦涛总书记在庆祝中国共产党成立85周年暨总结保持共产党员先进性教育活动大会上的重要讲话，学习《科学发展观学习读本》，学习中共十七大文件等。

第二节　基层组织建设

一、农村党组织建设

1989年，开展一类支部达标活动。推行党建工作目标责任制和党员目标管理责任制，整顿后进支部，定期进行评比考核，从多方面加强基层党组织建设。1993年，全县农村一类支部从1990年的93个增至141个，三类支部由20个减至5个。

1994年，完成村级党政班子换届选举工作，全县共调整两委877人，启用后备干部进班子426人，使两委领导班子在年龄、文化等方面得到优化、整体素质提升。1995年，县委实施“百村工程”，在全县树立和培养100个村级党建示范点，对24个贫困后进村实行单列管理，选派工作队驻村，以农村基层组织建设“五个好”（领导班子好、党员队伍好、发展经济好、经营体制好、管理制度好）为目标，帮助后进村改变落后面貌。

1996年，坚持面向知识青年，面向经济能人，面向复退军人、党小组长和村民小组长，培养村级后备干部752人。当年，有46人被选拔进入村两委班子，其中12人提拔担任村党支部书记。1997年，开展村级组织换届选举工作，以年轻化、素质好、文化程度高的要求，进行考核选拔班子成员。全县调整党支部书记67人，村委会主任126人。1998年6月，坂仔镇西坑村党支部被中组部授予“全国农村基层组织建设工作先进党支部”称号。

2002年初，县委颁发《村干部行为规范》，从学习、工作、作风、廉政、组织纪律、生活6个方面，提出26条规范村干部的行为。当年，继续在农村党支部中开展“议政绩，评村干部”活动，有198名村干部受到黄牌警告。

2004年初，县委出台《关于深入开展农村党的建设“三级联创”活动的实施方案》《关于开展评选“五好”村党支部创建活动的实施意见》，并召开动员大会进行部署。县委挑选63名县乡（镇）机关党员干部，经岗位培训后派到相对后进的村，担任党支部第一书记、书记、副书记。

2005年，县委下发《关于进一步加强和改进农村党支部“三级核心网络”建设的实施意见》，召开全县农村党组织“三级核心网络”建设工作会议，传达贯彻全市的有关会议精神。组织全县乡镇党委书记、组织委员和重点村党支部书记，前往云霄县莆美镇双溪口村参观学习，结合平和实际，把“三级核心网络”

建设成为“致富网”“贴心网”“活动网”“平安网”，发挥网站网点党员的模范作用。2005—2006 年，全县涌现网点党员生产经营示范户 1050 多个，90% 以上的民间矛盾纠纷在网点党员的协调下得到解决；网点党员为农民提供市场供求信息 3 万多条，提供政策、技术等咨询 2560 多人次。

2006 年，小溪镇党委被中共福建省委授予“先进基层党组织”称号，小溪镇和五寨乡党委分别被中共漳州市委授予“五个好（领导班子好、党员干部队伍好、工作机制好、小康建设业绩好、人民群众反映好）乡镇党委”称号。

2007 年，县委下发《关于开展创建“五 A 级”乡镇党委和村党组织活动的实施意见》，推进农村党组织建设达标升级。是年，对 15 个乡镇和 48 个申报“五 A 级”村党组织进行初评，并跟踪督促。县和乡镇选派 67 名党员干部，配合省、市工作队，到 73 个经济欠发达的村驻村任职，开展帮扶工作。

二、机关党组织建设

1989 年起，在机关党组织中开展“创先评优”活动，每年进行 1 次民主评议党员工作。1990 年，开展支部达标活动，健全党日活动制度。共建立 145 个党员活动室，举办 123 期党员培训班。是年，评出先进党支部 42 个，达标支部 70 个。1994 年，通过“创先评优”活动，评选出先进党支部 24 个，优秀共产党员 35 人，优秀党务工作者 31 人；受省委表彰的优秀党员 4 人，优秀党务工作者 2 人。

1999 年 5 月，成立县直机关党工委后，理顺机关党组织的设置和隶属关系，重新设置 12 个系统直属机关党委会、30 个党总支部和 265 个党支部，形成党工委—系统党委—总支—支部四级管理体系。组织 125 名新发展的党员到三平红军纪念馆，举行入党宣誓仪式。2000 年，举办 3 期党委书记、总支书记、支部书记培训班，建立党建联系点 34 个，全面开展创建“机关党建工作先进单位”活动。

2004—2007 年，深入开展创建“机关党建工作先进单位”活动。其间，建立党建示范点 12 个，2005 年底组织对各系统党委、公安局党委、农村信用联社党委的党建工作进行考评，2006 年推荐市委表彰先进基层党组织 5 个、优秀共产党员 5 人、优秀党务工作者 5 人。

三、企业党组织建设

1993 年起，在个私企业、股份企业、乡镇企业等新经济组织中建立党组织。至 1995 年，建立 12 个乡镇经委党总支部、6 个乡镇个协分会党支部；县电力公司由原 9 个党支部扩大为 15 个党支部，便于企业党员的教育管理。

1996 年，国有企业党组织领导班子届满改选，共有 36 名优秀年轻企业人才被选进领导班子。在企业党员中广泛开展为振兴平和企业“进一言、想一招、谋一计、献一策、创一项”的“五个一”活动，发挥党组织和党员在企业生产经营中的先锋模范作用。

1997 年，加强新经济组织党建工作，在全县 15 个乡镇经联委都建立党总支部，15 个个协分会都建立党支部，43 家具备党建条件的新经济组织都建立党支部。

2002 年，在非公有制企业党组织中推行“五个一”（一个牌子、一间活动室、一套制度，每年培养 1 名入党积极分子和发展 1 名新党员）规范化建设。当年有 26 家非公有制企业党支部实现“五个一”的目标。

2004 年，县委组织部下发《关于在全县村居（社区）党组织和非公有制企业党组织中开展“结对共建”活动的通知》。当年有 10 个非公有制企业党支部与 10 个村党支部建立共建对子，定期交流“创先评优”活动经验。

2005—2007 年，不断拓展非公有制企业党组织覆盖面和“村企共建”活动。共新建非公有制企业党支部 23 个，其中新建规模以上非公有制企业党支部 19 个，使全县 31 家规模以上非公企业实现 100% 单独建立党组织；并新建立 8 个村企共建对子。2007 年，县委研究批准，成立中共平和县非公有制企业工作委员会（简称“县非公党工委”），加强对非公有制企业党建工作的领导。同时，确定 5 家非公有制企业作为党建示范点，由10名非公党工委委员挂钩，指导非公有制企业党建工作。

四、社区党组织建设

1997年，首先在芦溪镇东溪社区和安厚镇龙东社区分别成立社区党支部。随后，各乡镇通过建立党建工作协调委员会，社区流动党员联络站，下派指导员开展辖区党员登记和社区党建工作服务热线等方式，加强对社区党员的教育和管理，以及对社区入党积极分子的培养工作，帮助他们建立党支部，提高社区党组织的覆盖面。至2007年，小溪镇成立6个社区党支部，文峰镇、坂仔镇、霞寨镇、大溪镇、南胜镇各成立1个社区党支部。

第三节　领导班子建设

一、思想政治建设

1989年，坚持党委（党组）中心组学习制度，建立党风廉政建设责任制和领导干部任期经济责任审计制度，并定期开展督查。1990年，通过县委党校，举办3期《马克思主义哲学纲要》读书班，分别组织科级干部、基层党委成员和县直机关企事业的党支部书记参加学习，每期脱产学习5天。1994年，建立副科级以上干部的政绩档案，进行跟踪管理。是年，对全县的科级干部进行2次政绩考核，形成考核材料存入政绩档案，作为提拔任用的依据。其间，举办2期科级干部学习《邓小平文选》《市场经济理论》读书班，每期集中学习4天。1997年，举办1期新任乡镇副科级干部培训班，1期农村党支部书记岗位培训班，2期农村党支部书记学习中共十五大文件培训班。

2004年，建立县纪委常委同乡镇（场）、县直各部门党政主要领导干部廉政谈话制度和廉政报告制度；同时，开展“议班子，评干部”活动，强化对领导班子及其成员的监督管理。2005年，开展乡镇（场）、县直机关科级单位领导班子换届“回头看”活动，全面考察领导班子成员德、能、勤、绩、廉方面的表现。

2007年，建立科级领导干部责任过错记录制度，举办科级干部学习培训班，学习中共十七大精神和中央颁发的《建立健全教育、制度、监督并重的惩治和预防腐败体系实施纲要》等。是年，开展乡镇（场）党政领导落实党风廉政建设责任制述职评议活动，县委派出评议考核工作组，通过召开述职评议大会、印发问卷调查表、明察暗访等形式，对各乡镇（场）党政领导班子及其成员的党风廉政情况进行考核。

二、调整配备

1993年，以乡镇领导班子换届为契机，县委派出考核组，对全县各乡镇（场）的党委、政府领导成员和县直机关科级领导干部进行全面的考核。同时，对推荐的中青年干部进行全面的考察。按照选配年富力强、懂经济、会管理的优秀人才进入各级领导班子的要求，全县共调整乡镇领导班子成员103人，选拔中青年干部44人进班子。15个乡镇的党政一把手，平均年龄从41.8岁降至39岁。新提拔干部中，35岁以下占60%；中专以上学历占63%，增加9%。

1996年，开展乡镇领导班子换届调整工作，全县共有90多名年轻干部提拔进入乡镇班子。通过换届，乡镇领导班子平均年龄降低7.3岁；大专以上学历占40.74%，比上届增加22.64%。

1997年，全面推行领导干部能上能下管理机制，规定乡镇领导干部最高任职年限不超过50岁，县直机关领导干部最高任职年限不超过55岁。全县有36名科级领导干部因超过年限被调整为非领导职务。坚持在县直机关实行新提拔的副科级干部见习期制度，见习期满进行全面考核，能胜任者则按时转正，不能胜任者给予延期见习期或取消见习期职务。

2001—2002年，推行公开选拔领导干部制度，面向全县公开选拔12名副科级领导干部和8个乡镇的13名中层干部，面向全市公开选拔4名乡镇副职领导干部。在全省率先推行中层干部竞争上岗制度，并在县农机公司、自来水公司等单位推行民主选举企业领导干部新举措，开创全市国企领导班子“民主选举”之先河。

2003年，执行中共中央《党政领导干部选拔任用工作条例》规定的程序，健全干部考察、推荐工作责任制、领导干部任前公示制和试用期制度，试行股级领导干部任免票决制。是年，新提拔科级干部19人，其中副科提拔为正科18人，提拔副科1人。

2006年，开展乡镇党政领导班子的换届调整工作。新提拔42名优秀年轻干部进入乡镇领导班子。新一届乡镇党政领导班子成员中，45岁以下占95.4%，大专以上学历占81.1%。在换届调整中，推行领导干部上下交流和横向交流，县直机关科级领导干部有5人到乡镇交流任职；原乡镇领导班子中，有36人到县直机关交流任职，55人在乡镇之间交流任职，19人在同一乡镇岗位之间交流任职，有5名县直机关科级干部到乡镇任职。

2007年，选配、调整部分科级领导干部。其中，新提拔担任县直机关科级领导干部19人，轮岗交流32人，选拔14人担任乡镇党政正职领导。同时，有16人达龄切线改任非领导职务，改善县直机关领导班子成员老化现象。

三、培养后备干部

1989年起，县委组织部建立县管副科级后备干部档案，进行跟踪考察。

1994年，对100名县管后备干部，进行全面考核。

1995年，结合中心工作，安排200多名青年干部到基层锻炼，作为后备干部的跟踪了解对象。

1996年，坚持备用结合的方针，加强后备干部的培养使用力度。有90多名表现突出的年轻干部提拔进乡镇领导班子；提拔县管后备干部83人为副科级领导。

1997年，采取组织推荐、群众推荐和组织考核相结合的办法，调整充实市管后备干部50人，县管后备干部100人，乡镇党政一把手后备干部60人，非党后备干部50人，妇女后备干部80人。

2001年，贯彻《漳州市跨世纪年轻干部工程建设纲要》，加强后备干部队伍建设。全县建立6支后备干部队伍，其中市管后备干部27人，县管后备干部100人，乡镇党政一把手后备干部60人，非党后备干部50人，妇女后备干部50人，优秀科技人才后备干部100人。通过对这些后备干部的跟踪考核、培养，2002年从中提拔54人为副科级领导干部，19人副科转为正科，其中有7名选调生提拔走上科级领导岗位。

2003年，贯彻《后备干部管理实施细则》，注重加强后备干部和优秀年轻干部的实践锻炼和培养使用。2003年、2005年和2006年，分别提拔科级领导干部19人、44人和42人。2004年和2005年，分别选派后备干部和优秀年轻干部134人和176人，下基层驻村任职和锻炼。

第六章 宣传工作

第一节 社会宣传

1989—1990年，全县抽调855名县乡干部组成工作队，与省、市社教工作队一起，深入农村、工贸企业和学校，开展走社会主义道路教育活动，宣传各条战线40年来社会主义建设所取得的成就。其间，全县召开各种类型会议2521场，编印宣传材料32种94198份，出动宣传车54辆次，刊出版报、宣传栏815期，摄制专题录像片8片，举办知识竞赛15场，全县受教育面90.2%。

1991年，组织开展中共十三届七中全会精神、江泽民总书记讲话精神和城乡社会主义教育的宣传活动。全县出动宣传车1152辆次，刊出版报、宣传栏8950期，幻灯宣传6713片次，编印学习宣传材料30种24130份。

1992年11月，县委从县直机关抽调78名干部，各乡镇抽调282名干部，组成贯彻中共十四大精神宣传队，分赴各村开展为期2个月的宣传教育活动。

1994年，全县各级宣传部门运用各种宣传形式，配合“先行工程”建设，进行“要想富，先修路”“大路大富”等宣传教育。县委宣传部编印《平和先行工程简讯》24期。配合全县开展反对封建迷信、反对铺张浪费、扫除社会丑恶现象的“两反一扫”治理活动，各级宣传部门开展“婚事新办，丧事简办，乔迁省办，神事不办”的宣传教育，倡导科学、文明、健康的生活方式。

1996年，组织“奔小康巡回报告团”，到各乡镇巡回报告；在64个贫困村开展以“转变观念创新业、依靠科技奔小康”为主题的宣传教育活动。同时，组织8个民间职业剧团到各乡村巡回演出278场次，观众逾5.56万人次。

1998年，组织开展“举旗帜，树形象，创新业”“爱我家园”“同舟共济砌长城”“送温暖工程”“公仆情”等系列宣传活动，为改革、发展、稳定创造良好的舆论环境。并组织文化、科技、卫生“三下乡”。共文艺演出2400多场，捐赠书籍1.5万多册，赠送科技图书资料8000多份，义诊5000多人。

2000年，在全县开展“致富思源，富而思进”教育宣传活动，推进新一轮创业。2001年，组织开展纪念中国共产党80周年系列文化艺术宣传活动。摄制反映全县农村开展“三个代表”重要思想学习教育成果的10个专题片，在县电视台播出。2002年，配合全县的中心工作，开展“严打”斗争，打击“六合彩”赌博活动等宣传教育。当年，县、乡组织16支文艺轻骑队、小分队，下乡宣传演出1500场次，分发科技宣传材料6.3万份。

2003年，配合抗击“非典型性肺炎”中心任务，县乡村三级共印发防治“非典”宣传材料13.5万份，分发传染病防治法规及国务院《突发公共卫生事件应急条例》小册子5000多本，宣传单4万多张，悬挂大幅标语190幅，刊出黑板报500多期。

2004年，组织开展纪念建国55周年的宣传活动，拍摄14集《国庆专稿》在县电视台播出，集中反映全县各条战线所取得的成就。开展“爱国主义影片进校园活动周”，近5万名中小学生受到一次爱国主义思想教育。

2005—2006年，围绕县委提出构建“平安平和”“诚信平和”“文化平和”“旅游平和”，开展系列宣传活动。县有关部门协调，成立“平安宣传队”，组织“四五普法”讲师团，深入各乡镇开展法制宣传。举办“奋进漳州·正兴平和”专场文艺演出、首届干部职工文化节、乡村文化展示活动、平和县第二届校园文化节、家庭文化节等十大文化系列活动。配合第一届、第二届福建平和琯溪蜜柚节的举办，运用版报、宣传栏、广播、电视幻灯等各种形式，宣传全县琯溪蜜柚的发展成果，蜜柚节的盛事盛况，在省、市、县的电视台、报刊上报道有关蜜柚节的新闻、文章、图片等190多篇（幅）。

2007年12月29日，平和县举办以“迎奥运、强体魄、促和谐”为主题的平和县“移动杯”第二届干部职工文化节

（何溪源 摄）

2007年，县委宣传部、计生局、教育局、团县委等有关部门联合，围绕县委提出的“计生改进年”中心任务，先后举办“人口与社

会、自然和谐发展”的少年儿童美术作品展、计划生育光荣户颁奖大会、“婚育新风进万家”文艺晚会、“和谐家庭亲子教育”报告会、“为计生贫困母亲献爱心”捐款启动仪式等。同时，围绕发展平和琯溪蜜柚特色产业，开展一系列宣传活动，举行“神奇柚乡·和谐平和”演讲比赛，“迎奥运·庆丰收”为主题的蜜柚农家乐农民运动会，县委、县政府召开“平和琯溪蜜柚荣获中国驰名商标庆祝大会”。

第二节 理论学习

1989年，配合全县开展“四史”（党史、国史、村史、家史）的社会主义思想教育，培训骨干96期84801人次。

1991年，组织各级干部学习中共十三届七中全会精神和江泽民总书记在庆祝中国共产党成立七十周年大会上的讲话精神，举办各种类型的学习骨干培训班350期，受训17500人次；召开各种类型的宣讲会、形势报告会、学习汇报会、经验交流会计985场。

1992年，广泛开展学习邓小平南方谈话和中共十四大精神，举办加快经济发展理论研讨班4期，成立11个理论研究机构，208名理论骨干在各条战线上开展理论辅导。

1996年，实施“理论武装拓展计划”，以学习中共十四届六中全会精神为中心，全县县乡党校共举办各种理论培训班208期，受训党员干部计19727人次。

1998年，开展邓小平理论的学习研究。各级党委学习中心组坚持每周一次集中学习，农村党员干部坚持每月1次集中学习。全县举办培训班65期，培训理论骨干8900人次。2000年，开展邓小平理论和江泽民“三个代表”重要思想的学习活动，全县举办学习班、培训班112期，参加97856人次。

2004年，开展中共十六届四中全会精神学习教育，全县举办学习班、培训班124期，参加112456人次。

2006年3月24日，县委宣传部下发《关于2006年全县理论学习的安排意见》，建立《平和县直机关干部个人学习档案》《平和县基层党委干部理论学习记录卡》制度。是年，组织干部学习胡锦涛总书记在庆祝中国共产党成立85周年大会上的讲话、《科学发展观学习读本》和《江泽民文选》。10月13日，县委中心组召开学习（扩大）会，县委中心组成员、县委委员、县委候补委员、各乡镇（场）党委书记、乡镇（场）长、纪委书记计100多人参加学习。会上，通读《中共中央关于构建社会主义和谐社会若干重大问题的决定》，部署全县开展学习此决定的意见。

2007年，全县开展“创建学习型机关、塑造学习型干部”活动。2月12日，县委中心组召开学习会，学习胡锦涛总书记在中纪委第七次会议的讲话精神和《党政领导干部选拔任用和监督制度》《中华人民共和国物权法（草案）》等文件。6月4日，县委中心组举行学习会，邀请法律硕士、市中级人民法院法官讲授国家新颁布的《中华人民共和国物权法》有关知识。7月，县和乡镇机关各单位在每周一、周三晚上，组织干部职工集中学习《中华人民共和国行政许可法》《中华人民共和国物权法》《国家公务员处分条例》等6部法律法规，并于7月30日进行统一考试。10月起，组织干部职工学习中共十七大文件。

第三节 县外宣传

1994年，县委宣传部组织有关部门，制作输出反映平和经济建设新成就的各种专题录像片、纪念册、画册等外宣品5万多份（件）。利用三平、灵通景区2个外宣点，共接待17个国家和地区的游客6万多人次。由县对外文化交流协会创办《平和乡讯》双月刊，每期印数2000份，发行至东南亚国家及中国香港、澳门、台湾地区。

1997年，编印《平和投资指南》画册、《项目简介》专辑和制作VCD片《迈向新世纪的平和》等宣传材料，在县委、县政府召开的历次招商投资洽谈会等活动中，分发给海内外来宾。

1998年，制作《灵通风光》活页、《灵通大佛》图片、《灵通》书刊、《三平寺》专辑等外宣品；

组织县潮剧团赴香港演出；召开漳州（平和）窑与日本陶瓷国际学术研究会。

2000 年，接待英国、意大利等 10 多个国家以及中国科学院、国家文物局的专家、学者 400 多人次，研究开发平和文化遗产，开展文化交流。

2002 年，在美国《国际日报》刊发专版，介绍琯溪蜜柚、平和香蕉、白芽奇兰茶三大绿色品牌及平和土楼、古陶瓷等非物质遗产；协助福建电视台国际部《海峡情缘》摄制组，拍摄介绍大溪镇江氏与台湾桃园县大溪村江氏的渊源关系专题片。当年，制作电视作品《法国客人到平和考察古陶瓷窑址》和《林语堂故居探微》《在挑战中把握机遇——看老区平和县旅游业如何应对“入世”挑战》等外宣品，参加漳州市委宣传部举办的“对外好新闻”评比，获优秀奖。

2003 年，配合福建电视台拍摄《闽台情缘》专题片，介绍平和大溪的世界最大方形土楼、灵通风光、“阿里山神”吴凤故居等，以及介绍五寨乡的台湾名门望族“林氏”宗祠等平和与台湾的渊源宗亲关系。

2005 年，印制《魅力平和》邮资信封，扩大平和特色品牌的宣传；召开“中国·平和三平祖师文化学术研讨会”。

2007 年，印制林语堂故乡风光明信片《悠悠乡情》外宣品；在美国彼岸杂志、香港商报、澳门日报等推出介绍平和文化底蕴的专版、小辑；在香港阳光卫视、台湾东森电视台等媒体播出有关平和的新闻；组织各乡镇、各部门制作《魅力平和》系列外宣品，利用互联网进行宣传。是年 12 月 6 日，举行林语堂文学馆开馆仪式，邀请出席林语堂国际学术研究会的国内外专家、学者等近 300 人参加。

第七章　统一战线工作

第一节　党外人士工作

1989 年起，县直党政机关 20 多个单位邀请党外人士担任特邀监察员、监督员、审计员、教育督导员。县纠风办公室每年邀请党外人士参加工商、交通、邮电、地税、公安、卫生等重点部门的行风评议活动。县委不断做好知识分子、工商界人士、归侨侨眷、台胞台属、宗教界人士、少数民族等民主人士的培养、选拔、政治安排工作。1989—2007 年，在历届县人大常委会中，民主人士共有 5 人次担任副主任，14 人次担任常务委员；在历届县政协委员会中，民主人士共有 485 人次担任政协委员，82 人次担任政协常委，13 人次担任政协副主席；在历届县政府领导成员中，有 1 名民主人士担任副县长；在县政府各部门中，有 4 人担任正科级领导职务，12 人担任副科级领导职务；还有 10 人担任副乡（镇）长。

1990 年 6 月 16 日，县委统战部与县政协联合召开各界人士座谈会，学习江泽民总书记在全国统战工作会议上的讲话，征求各界人士对统战工作的意见和建议。

1999 年 7 月 22 日，县委统战部与县政协联合召开各界人士座谈会，批判台湾省李登辉“两国论”。2002 年 8 月 15 日，县委统战部与县政协联合召开各界人士座谈会，批判台湾省陈水扁“一边一国”的“台独”言论。

2003 年 1 月，县委统战部协助县工商联成立“平和县鑫荣担保公司”，并由县政府资助 100 万元作为启动基金。公司为民营企业提供实用担保，缓解中小企业贷款难、担保难的问题。

2004 年 8 月 11 日，县委召开“民营企业家与县领导恳谈会”，县委、县政府、县政协领导与 30 名企业家共商振兴平和工业大计。2005 年 3 月 22 日，县委统战部召开党外人士座谈会，征求他们对县委开展保持共产党员先进性教育活动的意见。

2005—2007 年，在第一、第二、第三届“福建（平和）琯溪蜜柚节”活动期间，县委统战部组织县工商联联络、邀请省内外企业主、营销客商前来参加，协调组织有关座谈会和洽谈签约，促进蜜柚产销。

是年，协助深圳市平和商会副会长邱家伟回乡投资617万元，收购平和县中医院，重新创办平和县人民医院。

第二节 联谊活动

一、接待

1989—1996年，县委统战部联合各有关部门，做好“三胞”（侨胞、台胞、港澳同胞）回平和探亲，寻根谒祖，观光旅游、洽谈贸易等的接待工作，共接待5500多人次。

1997—2002年，接待“三胞”2783人次。

2003—2007年，接待“三胞”1300多人次。其中，2006年5月21日，中国国民党副主席江丙坤携夫人一行数人，在省、市、县领导陪同下，到平和县大溪镇江寨村祭祖。江氏宗亲送给江丙坤五谷、井水、族谱、村景图等礼物，江丙坤回赠1个瓷瓶和传记《拼命三郎》。2007年8月15日，接待中国国民党嘉义县青工会总会长、青年团嘉义县支团长颜铭仪率领的台湾嘉义青年团一行62人，到平和三平寺等地参观访问。

二、出县访问

1992年10月，县委统战部长、县侨办主任、县侨联副主席、县人大侨委主任一行4人到香港考察访问，同香港一些社团和知名人士座谈交流。1994年8月，县长黄永坤率队赴香港，参加漳州香港同乡总会成立10周年庆典活动，并与香港的平和乡亲座谈，筹备成立香港平和同乡会事宜。

2004年10月，县委统战部、县侨办、县商会的领导和企业家代表组团，前往香港拜访平和乡亲，推介平和名、优、特产品。

2007年2月，县委书记林忠、县委常委侯为东等一行，赴港开展经贸项目推介活动。9月，县长洪里专、县委副书记曾建新率县外经局局长、县外侨办主任、小溪镇镇长赴香港参加香港福建社团联合执行主席林广兆连任就职庆典活动。是年中秋节前夕，县委、县政府向海内外乡贤发出1000封慰问信。

三、联欢

1989年起，每年中秋节，县委统战部与县政协联合，邀请各界人士举行茶话会或联欢晚会。1999年9月16日，县委统战部与县政协联合举办庆祝人民政协成立50周年晚会，邀请各界人士参加。2001年6月22日，县委统战部 和县政协联合召开各界人士纪念中国共产党成立80周年座谈会，当晚又举行联欢晚会。

2002年9月18日，县委统战部举办“欢度中秋，喜迎国庆，以实际行动迎接党的十六大胜利召开”联欢晚会，邀请各界人士参加。2003年9月29日，县委统战部举办“庆祝中华人民共和国成立55周年和工商联成立50周年”统战知识竞赛暨联欢晚会，邀请各界人士参加。

2007年9月23日，县委统战部举办“月圆·乡情·发展”联欢晚会，县五套班子领导成员，统战系统干部，港、澳、台、侨代表人士，工商界代表人士，民族宗教界代表人士等80多人参加。

第三节 宗教与民族事务

一、宗教事务

1994—1998年，宣传贯彻国务院颁布的《宗教活动场所管理条例》，对全县宗教活动场所进行登记。

同时，依法依规做好民间信仰活动的管理。

2002 年 10 月成立平和县民族与宗教事务局后，对全县宗教活动场所重新进行审查、登记，符合宗教管理规定的，发给“宗教活动场所”牌照。

2003 年起，组织开展创建“五好宗教活动场所”和“五好文明教徒”活动。2004 年 4 月，表彰“五好宗教活动场所”11 个，“五好文明教徒”23 人。2006 年，表彰“五好宗教活动场所”37 个，“五好文明教徒”51 人。

2005 年，宣传贯彻国务院颁布的《宗教事务条例》，全县宗教事务管理进入规范化、法制化轨道。至 2007 年，全县登记的宗教活动场所有佛教寺院 26 座，道教宫观 22 座，民间信仰庙宇 58 座，基督教堂 8 间、聚会点 8 处。

二、民族事务

1989 年普查，全县有少数民族 631 户、2398 人。2007 年普查，全县有少数民族 728 户、2578 人。

2006 年，因台风袭击，崎岭乡合溪村下午斗自然村山体滑坡，80% 以上住房损坏或倒塌，居住在该自然村为畲族人口。在县委、县政府帮助和上级有关部门支持下，重新择地兴建钢筋水泥房 14 幢 107 间的下午斗畲族新村，使 88 户 368 人于 2007 年年底入住新村。

2007 年 5 月，为扶持县内台湾高山族群众，在县委、县政府帮助和上级有关部门的支持下，投资 118 万元，建设住房 6 间，总建筑面积 1062 平方米，将分布在文峰、小溪、芦溪 3 个乡镇 5 个村的 6 户 17 人的台湾高山族同胞，集中安置到小溪镇高田果蔬市场的台湾高山族聚居点。

第八章　政法综治工作

第一节　综治活动

1989 年 6 月 15 日至 7 月 13 日，针对发生在北京的政治风波，全县收捕流窜作案、负案在逃的流窜犯 20 人，抓获一批违法分子，维护社会安定。

1990 年 5 月中旬至 10 月中旬，先后组织 4 次专项整治，5 次集中搜捕统一行动。出动党政干部、政法干警和治安积极分子 2486 人次，抓获各类违法犯罪嫌疑人 252 人，其中流窜犯 25 人，在逃犯 28 人，破获刑事现行案件、积案 387 起，捣毁犯罪团伙 16 个，确保北京“亚运会”和国庆 41 周年的安全。

1995 年 3—10 月，县委政法委组织 9 支工作队 45 人，配合市工作队进驻山格镇山格村，开展社会治安重点整治行动。协助破案 52 起，挖犯罪团伙 12 个，团伙成员 45 人，抓获逃犯 23 人，查处治安案件 80 件，调解民事纠纷 120 起。1996 年 7 月，平和县通过省综治“一五”规划达标验收。

2000 年，开展“五长”（公安局局长、检察院检察长、法院院长、司法局局长、民政局局长）下乡接访，矛盾纠纷百日排查调处活动，接待群众 386 人次，解决各类问题 203 件，调处矛盾纠纷 129 起，及时化解一批农村土地承包、山林、宅基地、经济合同等纠纷和婚姻家庭矛盾。开展“校园治安专项整治”活动，建立校长、警长、村主任、学生家长、班主任共同管理的机制，形成学校、公安机关、家庭、社会等联手共同维护校园治安秩序的新局面。全县办结侵害校园刑事案件 10 起，查结治安案件 62 起，排除各类纠纷 54 件，清查学校附近“三厅两室”（歌厅、舞厅、录像厅、游戏机室和网吧室）43 家，收缴非法音像制品 120 多件、淫秽书刊 35 册、赌博性游戏机 22 台，有效净化校园周围环境。

2002 年，在全县范围内开展以“无重特大刑事案件，无重特大交通事故发生，无群体性上访事件发生，无重特大生产安全事故发生”为主题的“四无”活动，把各项综治措施落实到基层，问题解决在基层，促进社会安定稳定。

2006年7月10日至8月10日，在全县范围内开展为期1个月的“打黑除恶”暨夏季社会治安综合整治统一行动。从公、检、法、司4家抽调130多名干警，分成4个行动组分赴各乡镇，取得显著成效。

2007年，深入开展“入农户、访民情、化矛盾、保安平、促发展”的排查调处活动，全县排查各类矛盾纠纷4032件，调解处理成功3952件，成功率98%；防止民事转刑事5件9人，防止群众性械斗5件96人，防止非正常死亡2人，防止群体性上访5件146人。是年，确定农村治安问题比较突出的16个村作为重点整治村，分别由县、乡镇党政领导带领整治工作队，实行包点责任制，登门上户开展法制宣传教育，强化“严打”整治。是年，16个重点整治村共破获刑事案件122起，破案率70.11%，杀人、抢劫、强奸、放火等案件破14起，破案率93.33%，突出的治安问题得到基本解决，社会治安面貌明显改变。

第二节 创建平安县

1991年起，县委、县政府贯彻全国人大常委会《关于加强社会治安综合治理的决定》，部署全县深入开展创建“综治合格单位”活动，各部门、各乡镇（场）建立平安建设责任制，年初签订责任状，年终检查评比。1994年4月，县委、县政府通报表彰“1991—1993年度社会治安综合治理工作”先进单位41个、先进工作者61人，落实综治责任状总评结果前三名乡镇。1998年3月，县委、县政府通报表彰“1994—1997年度全县综治工作”先进乡镇5个、先进单位39个、先进工作者64人。

1999年，结合社会主义精神文明建设创建活动，开展文明安全片区、安全小区（村）创建活动。各乡镇（场）、村（居）普遍建立健全“四队两会一站”（治安巡逻队、护林防火队、环卫督导队、讲文明树新风督导队，治保会、调委会和外来人口申报站），使基层创安工作上新台阶。经县委政法委、县综治委组织检查验收，2000年1月，正式命名文明安全片区16个、安全小区（村）21个。被漳州市委、市政府命名的有小溪镇共和文明安全片区、电信局文明安全片区。被漳州市文明委、综治委命名的小溪镇高南片区示范点、文峰镇文美片区示范点、坂仔镇香蕉市场片区示范点、县城东风街“三优”（优美环境、优良秩序、优质服务）示范街，农信文明安全片区示范点；被省委、省政府命名的有小溪镇共和文明安全片区。

2004年1月，县委、县政府出台《关于建设“平安平和”的实施意见》，成立由县委书记、县长分别担任组长、第一副组长的创建省级“平安县”工作领导小组，各部门和各乡镇（场）相应成立领导机构。把强化社会治安防控体系建设，作为创建平安好的重要环节，加大人防、技防、物防投入。深入开展创建“平安单位”“平安企业”“平安医院”“平安校园”“平安金融”“平安库区”“平安果园”等系列活动。2004—2007年，县城增建4个农村警务室，乡镇建立专职治安巡防队16支，巡防队员203人；在各村居（社区）建立240名综治协管员、3175名平安中心户长，平安家园志愿者队伍256支、人员2400余人。通过多方筹资投入300万元，在县城36个主要路段和重点部位安装37个监控探头，建立县城区视频监控系统，对城区实行24小时实时监控。投入20多万元，购置4部开放式警用巡逻车，对县城实行24小时巡逻，并为路面民警配备无线电对讲机。在县城以外的主要交通干道，创建15个规范化的治安岗卡式农村警务室，形成全县的主体防控体系。加强舆论宣传力度，全县印发各种宣传单50多万张，设置大中小型平安公益广告牌900多块，刷写喷印标语5000余条。县综治委印制14万张的“平安春牛图”分发到各家各户。2007年4月13日，县委、县政府召开县、乡镇领导干部280余人参加的创建“平安达标县”动员大会，并下达“创建平安达标县考评验收细则任务分解表”，推动全县平安达标创建活动新高潮。

至2007年年底，全县251个村居（社区）达到平安村居（社区）标准，占总数的98.05%，“平安家庭”覆盖面95%，“平安校园”占总数的95.26%，“平安医院”占总数的63%，有98个县直单位被县委、县政府命名为“平安建设先进单位”。五寨乡获省级“社会治安综合治理先进集体”称号。在当年第三季度全漳州市社会稳定状况考评中，平和县综合评分名列第二。

第三节　机　构

一、中共平和县政法委员会

1989年，保留中共平和县政法委员会（简称“县委政法委”），作为县委研究制定社会治安综合治理工作的具体政策措施，组织、协调、指导依法治理的正科级工作机构。内设政工科、办公室。1998年，增设执法监督室。2007年，县委政法委内设政工科（副科级）、办公室和执法监督室（正股级），在职工作人员8人。

二、平和县社会治安综合治理委员会

1989年，保留平和县社会治安综合治理委员会（简称“县综治委”），作为县政府配合县委政法委组织开展社会治安综合治理工作的领导、协调机构。由县委书记、县长分别担任综治委主任和第一副主任，县直机关20多个单位主要领导担任委员。至2007年不变。

三、平和县社会治安综合治理办公室

1991年，成立平和县社会治安综合治理办公室（简称“县综治办”），作为县综治委下属工作机构，与县委政法委合署办公，为副科级单位。2007年，县综治办在职工作人员4人。

第九章　精神文明建设

第一节　思想道德建设

1989年起，县委继续把思想道德建设作为精神文明建设的中心环节，在全县开展社会公德、职业道德、家庭美德“三德”教育活动。当年，各系统、各单位刊出“三德”宣传栏183期，组织1000多人的宣讲队深入农村、工厂、学校开展宣讲活动。组织8.32万多人次参加各种义务劳动，1.15万多人参加“学雷锋”活动，为民做好事830件次。

1990年，先后4次组织有关部门出动2000多人次，检查53个书摊、48个录像点、9个康乐球点，扫除一大批文化市场“精神垃圾”。同时，开展治理县城“脏、乱、差”，美化环境等活动。

1993—1994年，开展“岗位学雷锋，行业树新风”思想教育。全县成立学雷锋小组2136个，学雷锋示范点116个，涌现学雷锋活动积极分子749人，共青团员为民服务队25支，红领巾劝导队14支。全县创办文明市民学校41所，组织各阶层群众进行“做文明的漳州市民”教育。

1996年，贯彻中共十五届六中全会精神，在全县开展“学雷锋，学先进，建三德，树新风”和“迎接香港回归”读书教育活动。

1998年，组织开展市容市貌、环境卫生、交通秩序、商贸秩序整治活动。

2001年4月，成立平和县文明市民教育培训中心。县文明办联合县工商局、质监局等有关单位，在东大路创建“无假货一条街”，营造文明守信、公平交易的消费环境。

2002年，宣传贯彻《公民道德建设实施纲要》，全县开办16所文明市民学校，分期分批组织干部群众进行思想道德建设常识培训。

2003年，围绕诚信建设，纠正行业不正之风。县文明办联合县工商局、广电局，在县有线电视开辟《诚信企业巡礼》专题栏目，宣传报道诚信典型事迹，抨击不诚信行为。是年，全县有36所文明市民学校被市文明委确定为“全市文明市民学校”。

2004年，成立加强和改进未成年人思想道德建设工作领导小组及办公室，实施学校、家庭、社会齐抓共管，推进未成年人思想道德建设。在平和一中举行“平和县中小学弘扬和培育民族精神活动月”启动仪式，并举行“爱祖国、爱人民、爱劳动、爱科学、爱社会主义”“远离网吧、杜绝毒品、拒绝六合彩”签名活动。在坂仔镇举行平和县未成年人思想建设现场观摩活动。在崎岭中学成立全市首家学校未成年人思想道德建设教育促进会。

2006年，在全县广泛开展社会主义荣辱观的宣传教育。县文明办利用移动公司，小灵通短信平台，向广大用户发送社会主义荣辱观内容的短信13.5万多条；在县城显要路段制作社会主义荣辱观大型广告牌。先后组织开展评选“文明驾驶员标兵”“十佳孝顺子女”“感动平和魅力人物”等活动，在全县营造争当文明公民的社会氛围。

2007年，联合各有关部门，成立文明礼仪小记者宣传队、文明行驶小交警督导队、文明行为新闻记者报道队、文明礼仪老年人劝导队、公共场所卫生突击队、病媒生物防治服务队6支志愿者服务队伍，开展“文明礼仪进万家”活动。从1月开始，县文明办在县有线广播电视台开辟“美在平和与文明同行”专栏，进行系列报道。至年底，共播出28期，宣扬各行各业文明新风尚、文明和谐示范村建设等。当年5月21日，县委在人民大会场召开首届“感动平和魅力人物”颁奖大会，向获奖者颁发奖牌、证书。

第二节　创建活动

1989年，县文明委继续组织开展创建文明单位、文明村镇、文明学校、文明县城活动。8月，对11个市级文明单位进行复查。1990年9月，县文明委印发《评选文明单位、文明村镇、文明学校标准》，指导创建活动扎实开展。是年，发动县直机关企事业单位，开展治理县城脏、乱、差，美化环境活动。

1993年，县直机关九大口与县城九个村（居）委会结为对子，开展文明村（居）共建活动。

1994年，开展“顾客在我心中”“满意在农行”“岗位学雷锋、行业树新风”等活动，全县涌现学雷锋小组12136个，学雷锋标兵849人，16个单位获得市、县“文明岗位”“文明柜台”称号。

1997年，开展创建省级卫生文明县城活动。在县城东大街创建“共青团文明路”，园环至古楼主街道各家各户建立“一店一桶一袋”和门前卫生、绿化、秩序的“门前三包”责任制。1998年，围绕创建文明县城、文明行业、文明村镇，组织开展市容市貌、环境卫生、商贸秩序专项整治，“禁用服务忌语、倡导文明用语”和“承诺制”活动，“为民服务，情暖万家”活动，“六提倡、六反对”（提倡艰苦奋斗，反对铺张浪费；提倡尊重科学，反对封建迷信；提倡拥军敬老，反对不讲公德；提倡婚事新办，反对大操大办；提倡文明娱乐，反对赌博；提倡遵纪守法，反对违法乱纪）移风易俗活动，“创五好家庭”和评选“十星级农户”活动。

2002年9月，县文明委下发《关于印发平和县创建文明乡镇竞赛活动考评工作方案的通知》，决定从2002年起在全县开展创建文明乡镇竞赛活动。同时，确定平和移动通信分公司小溪客户服务中心等56个基层单位为县第三届“创文明行业，建满意窗口”竞赛活动示范点。12月，县文明办、工商局、消委会，县个私协会联合决定，授予县电力公司等125家单位“2001—2002年度诚信企业（商店）”称号。2003年，开展文明单位与特困家庭结对济困活动，全县有64个文明单位与136个特困家庭结为济困对子，共为特困家庭捐款98750元，捐物2000多件，解决就业岗位86个。

2004年，以建设“信用平和”为目标，开展创建“百城万店无假货”活动。3月，县文明委组织有关部门，在县城东大路大世界商贸有限公司永泰商场前，举行平和县创建“百城万店无假货”活动示范街（店）启动仪式，各乡镇宣委、沿街店主100多人参加签字仪式。12月15日，县文明委召开全县“百城万店无假货”活动示范店命名表彰大会，表彰62家示范店，并向社会发出“争创满意街店，打造信用平和”的倡议书。

2005年3月24日，县委召开全县城乡环境卫生整治暨“百里文明走廊”创建工程动员大会。会后，全县城乡统一开展集中整治环境卫生大行动。2006年1月，县文明委组织各级文明单位，开展“献爱心、送温暖”活动，为挂钩村困难群众捐献棉被560多条，现金3万多元，食用油50多桶。5月26日，各级文明单位干部职工捐款75万多元支援灾区。5月31日，县文明办与县委宣传部、县民政局、县政法委联合，举办“重建家园，平安平和”大型赈灾晚会，当晚收到捐款200多万元。

2007年，继续组织开展“绿色小康村”建设，“文明和谐示范村”建设，提升基层文明创建水平”。当年，坂仔镇峨眉村通过国家“绿色小康村”建设验收，文峰镇三坪村、五寨乡埔坪村、九峰镇军溪村通过市级“绿色小康村”建设验收。

第三节　表彰先进

一、县级表彰

1991年4月4日，县委、县政府召开1989—1990年度精神文明建设总结表彰大会。会上，表彰23个文明单位、3个文明村、4个警民共建先进单位和精神文明建设积极分子11人。

1993年11月10日，县委、县政府行文通报，表彰1991—1992年度文明单位28个、文明乡镇3个，文明村13个、共建先进单位1对和精神文明建设先进工作者52人。

1996年6月15日，县委、县政府行文表彰，授予县委办公室等95个单位为文明单位，授予县政法委员会、育英小学、平和一中、消防中队、武警中队5个单位为共建先进单位，授予新桥片区为文明片区，授予张庆裕等77人为精神文明建设先进工作者，授予曾少华等290户为文明户。

1998年4月20日，县委、县政府行文表彰1996—1997年度文明单位党群系统11个、政府系统5个、宣教系统8个、农办系统7个、计划系统6个、政法系统6个、金融系统7个、经济系统13个、外经系统1个、乡镇（场）59个，精神文明建设先进工作者81人；首届“创文明行业、建满意窗口”竞赛活动先进单位15个。

2000年2月1日，县委、县政府行文，命名表彰第七届（1998—1999年度）文明单位131个、文明系统1个、文明乡镇10个、文明村33个、文明学校39所、精神文明建设先进工作者113人、“十星文明户”297户、110社会服务联动工作先进单位6个和先进工作者10人；首届花园式单位16个；第二届“创文明行业，建满意窗口”竞赛活动先进单位23个。

2002年2月5日，县委、县政府行文，命名表彰第八届文明单位137个、文明村12个、文明学校42所、文明户12户、“十星文明户”131户、精神文明建设先进工作者70人；第三届“创文明行业，建满意窗口”竞赛活动先进单位10个；“110”社会服务联动工作先进单位6个和先进工作者10人。

2004年2月16日，县委、县政府召开大会，表彰第九届（2002—2003年度）文明单位131个、文明乡镇8个、文明村29个、文明学校42所、文明小区5个、文明户20户、“十星文明户”142户；“110”社会服务联动工作先进单位6个和先进工作者10人；创建文明行业工作先进单位10个和先进工作者10人；精神文明建设先进工作者91人。

2006年4月10日，县委、县政府行文，命名表彰2004—2005年度文明单位96个、文明乡镇4个、文明村30个、文明学校35所；“110”社会服务联动工作先进单位6个、先进工作者10人；创建文明行业工作先进单位10个、文明社区3个；精神文明建设先进工作者85人，十星文明户119户，文明户19户。

2009年4月20日，县委、县政府行文，命名表彰第十一届（2006—2008年度）文明单位47个，文明村镇32个，文明学校20所，文明行业先进单位10个，文明社区2个，文明建设先进工作者86人。

二、市级表彰

1990年9月30日，漳州市委、市政府命名表彰1988—1989年度文明单位、文明村和社会主义精神文明建设积极分子。平和县有2个文明单位、1个文明村、6名积极分子受到表彰。

1992年8月，漳州市委、市政府命名表彰1990—1991年度文明单位、文明村和精神文明建设先进工作者。平和县有3个单位和5位个人受到表彰。

1994年8月，漳州市委、市政府命名表彰1992—1993年度文明单位和精神文明建设先进工作者。平和县有4个单位受到表彰。

1997年，漳州市委、市政府命名表彰1996年文明单位和精神文明建设先进工作者。平和县有23个单位、5位个人受到表彰。

2000年3月，漳州市委、市政府命名表彰1998—1999年度文明单位、文明村镇和精神文明建设先进工作者。平和县有32个单位、4个乡镇、2个村、9所学校、7位个人受到表彰。

2003年3月，漳州市委、市政府命名表彰2000—2002年度群众性精神文明创建活动先进单位、先进个人。平和县有10个文明单位、1个文明乡镇、1个文明社区、6所文明学校、4个文明行业单位、2名文明市民标兵、8名文明市民、10户“十星文明户”、7名满意服务先进个人、6名精神文明建设先进工作者受到表彰。同时，县电力公司95518用电服务中心、平和县公安局交通警察大队122报警服务台、平和县电信局112应急通信抢修中心等3个单位被漳州市委、市政府命名为“全市110社会服务联动先进单位”，张锦辉等6人被评为“全市110社会服务联动先进工作者”。

2006年11月，漳州市委、市政府命名表彰2003—2005年度精神文明建设先进单位和先进个人。平和县有9个文明单位、2个文明学校、1个文明村受到表彰。

2009年9月，漳州市委、市政府命名表彰2006—2008年度精神文明建设先进集体和先进个人。平和县有4个文明单位标兵、28个文明单位、7个文明学校、5个文明村镇、2个文明社区、6位个人受到表彰。

三、省级表彰

1990年5月26日，平和县医药公司、平和县合成实业有限公司、平和县华侨智生电影院、平和县饮服公司琯城饭店被省委、省政府授予省级文明单位称号。

1991—1992年度，平和县农用运输车厂党总支书记陈加进获“福建省社会主义精神文明建设先进工作者”称号，小溪镇新桥村、文峰镇三坪村被评为“省级文明村”。

1993年8月5日，平和县医药公司、平和县合成实业有限公司、平和县华侨智生电影院、平和县饮服公司琯城饭店、平和县育英小学被省委、省政府授予“省级文明单位”称号。

1994—1995年度，平和县坂仔镇党委书记李战华、平和县果树良种场场长蔡顺其获“福建省社会主义精神文明建设先进工作者”称号。

1995年12月7日，平和县邮电局、中共平和县委党校、平和县育英小学、农行平和支行、平和县山格糖厂、平和县饮服公司琯城饭店被省委、省政府授予“第五届省级文明单位”称号。

1996—1997年度，平和县文峰镇党委书记蔡福民、小溪镇高南村村委会主任林正财获“省精神文明建设先进工作者”称号。

1998年2月16日，平和县地税局、平和县交通局、农行平和支行、平和市政建筑工程总公司、平和县邮电局、平和县农村信用合作社联合社、平和县果树良种场、平和县育英小学被省委、省政府授予“第六届省级文明单位”称号。

2000年12月24日，平和县地税局、平和县交通局、福建电信公司平和县电信局、平和县农村信用合作社联合社、平和县工商局、农行平和支行被省委、省政府授予“第七届省级文明单位”称号；坂仔镇西坑村和文峰镇三坪村被评为“省级文明村”，平和县第一中学被评为“省级文明学校”；平和县委宣传部副部长（文明办主任）张泽城、平和县霞寨镇党委书记赖济文、平和县公安局交通警察大队大队长甘阿明获省“第七届精神文明建设先进工作者”称号。

2002年8月，平和县育英小学与武警平和中队被省委、省政府授予“省级第三届（2000—2001年度）军警民共建社会主义精神文明先进单位”称号。

2003年8月19日，平和县交通局、平和县邮政局、福建电信公司平和县电信局、平和县工商局、农行平和支行、建行平和支行、平和县国税局、平和县人民检察院、平和县坂仔镇、平和县文峰镇三坪村、平和县第一中学、平和县新星幼儿园被省委、省政府授予“第八届省级文明单位”称号；平和县文明办副主任林日雄、平和县公安局政委吴跃进获“省第八届精神文明建设先进工作者”称号。

2006年11月29日，平和县交通局、平和县邮政局、福建省电信有限公司平和分公司、平和县工商局、农行平和支行、建行平和支行、平和县国税局、平和县人民检察院、平和县电力公司、平和县文峰镇三坪村、平和第一中学、平和县新星幼儿园被省委、省政府授予“第九届省级文明单位”称号；平和县公安局局长沈子彬获省“第九届精神文明建设先进工作者”称号。

2009年8月21日，省委、省政府命名表彰2006—2008年度精神文明建设先进集体和先进个人。其中，中国农业银行股份有限公司平和县支行被授予“首届文明单位标兵”称号；平和县委组织部、县检察院、县国税局、县地税局、县审计局、县交通局、建行平和支行、移动通讯平和分公司、县供电公司、文峰镇、坂仔镇、文峰镇三坪村、平和一中、县新星幼儿园等，分别被授予“文明单位”“文明村镇”“文明学校”称号；县政府办公室支前科科长赖志雄被省委、省政府和省军区联合授予“军民共建精神文明先进个人”称号。

四、国家级表彰

1999年9月，平和县坂仔镇西坑村被中央文明委授予“全国创建文明村镇工作先进村”称号。

第十章 其他党务

第一节 老干部管理

一、政治关心

1989年，全县有离休干部268名，归县委老干部管理局（简称“县老干局”）管理。1997年，将1949年10月至1950年5月12日参加工作并享受供给制的退休干部（简称“5·12”退休干部）46人，纳入县老干局管理。2007年，全县健在的离休干部155人，“5·12”退休干部38人，其中副处级及以上者22人。

1989年起，每年的上半年和下半年，县委、县政府召开1次离退休老干部参加的工作通报会。确定每月15日为“阅文日”、18日为“学习日”，分别组织处级老干部和县城离休干部学习政治时事，传达中央、省、市重要文件和县委、县政府重要工作部署。各乡镇的老干部小组，分别定期组织“小组学习活动”。历年召开的党代会、人代会等重要会议，以及党风廉政建设、班子建设和推荐后备干部等重大事项，都邀请老干部出席，征求意见和建议。

二、生活照顾

1989年，继续完善老干部的离退休费、医药费等保障机制，做到按时足额发放离退休费，医药费按规定实报实销，各项生活补贴和福利待遇落实到位。2005年，对原分布于34个困难企事业单位的63位离休干部的离退休费和医药费，全部纳入县财政统筹。2006年起，给1937年7月6日前入伍的离休干部3人，每人每月增发高龄护理费1200元；给1937年7月7日到1945年9月2日参加革命工作的离休干部14人，每人每月增发高龄护理费800元；给1945年9月3日及以后参加革命工作的离休干部140人，每人每月增发高龄护理费500元；属于全身瘫痪丧失自理能力或生活不能自理者，再发给护理费400～800元。2006—2007年，对原分布于困难企事业单位的32名“5·12”退休老干部的医药费，全部给予纳入县财政统筹；对原在企事业单位工作的24名离休干部遗偶每人每月330元的生活补助金，也纳入县财政统筹。县老干部每2年组织老干部进行1次健康体检，每年举办2次以上老干部保健知识讲座。县老年大学每周一，开设养生保健课。对老干部及其遗偶患病住院，县老干局经常派员探望，为他们解决困难问题。每年春节、重阳节，县主要领导带队，深入基层，登门上户，走访慰问老干部及老干部遗属，送上300～1000元的慰问金。对70岁、80岁、90岁老干部的生日和“金婚”“钻石婚”夫妇，县老干局领导带领工作人员上门祝福，送上鲜花、蛋糕和祝寿牌。

三、创建活动场所

1997年，兴建6层楼房，面积1700平方米的平和县老年活动中心。此后，县委、县政府多次研究并拨款，为活动中心进行软、硬件建设。至2007年，整修800平方米室外活动场，增设健身房、阅文室、舞蹈厅、添置老年大学专用电脑、传真机、打字机等设备，为老干部的工作、学习、文体活动创造条件。

第二节 党校教育

一、机构设置

1989年，中共平和县委党校设办公室、教务处、总务处。1992年11月，增设乡镇党校指导室。1998年3月，成立中共中央党校函授学院福建分院平和辅导站。县委党校为县委直属正科级事业单位（参照公务员管理），校长由县委常委兼，设常务副校长（正科级）1人，副校长2人。2007年，配备专业技术人员13人，行政管理人员6人，工勤人员3人。

二、培训教育

1989—2007年，县委党校根据各时期的中心工作和中心任务，为党委举办各种短期的培训班、轮训班、读书班等共65个班次。其中，培训县、乡两级的科级领导和干部27个班次，培训农村党支部书记、村主任和农村后备干部25个班次，培训新入党的党员干部、入党积极分子及部分优秀青年干部和妇女干部13个班次，累计参训33800多人次。

1994—2007年，配合县组织、人事部门举办公务员过渡培训班和公务员知识更新培训班计11期，全县公务员普遍轮训3遍。

三、学历教育

1989—2001 年，县委党校举办 5 届中专学历班，录取参加省成人教育统考学员 179 人，毕业 179 人。2002 年，中专学历班停办。

1989 年起，县委党校经中央党校函授学院及福建省委党校函授分院组织统一考试，每年秋季招录 1 届函授大专学历班（1990 年除外），有党政管理、经济管理和法律 3 个专业，学制 3 年。至 2007 年，共招录 18 届，学员 955 人。

2002 年起，县委党校经中央党校函授学院组织统一考试，每年秋季招录 1 届法律专业函授本科学历班（2004 年除外），学制两年半。至 2007 年，共招录 5 届，学员 382 人。

2007 年，在校的大专学历班学员 74 人，本科学历班学员 89 人。

第三节　信访工作

一、领导接访

1989 年起，县和乡镇的党政领导继续在每月 15 日，作为接待群众来访日。当年，县领导接待日共接访 117 件 152 人次，乡镇领导接待日共接访 184 件 354 人次。

1990—1993 年，县领导接待日共接访 1134 件 2103 人次，乡镇领导接待日共接访 630 件 1188 人次。其间，1991 年 7 月 15 日漳州市副市长黄仲渊、市信访局局长陈炳山到平和，参加县领导接待日活动，当天共接访 45 批 73 人次。1993 年 5 月 15 日，市委常委、秘书长杨琼、市信访局长陈炳山到平和，参加县领导接待日活动，当天共接访 29 批 40 人次。

1994—1998 年，县领导接待日共接访 1187 件 3240 人次，乡镇领导接待日共接访 264 件 459 人次。其间，1994 年 7 月 15 日，漳州市委副书记、纪委书记李天森、市信访局局长周清金到平和，参加县领导接待日活动，当天共接访 24 批 29 人次。

1999 年 6 月 15 日，“市委书记、市长接待日”在平和进行。市委巡视员、政法委书记曹盛文、副市长卢耀清带领部分市直部门领导到平和接访。当天，共接访 34 批 73 人次，当场办结 6 件。2000—2004 年，县领导接待日共接访 1137 件 2697 人次，乡镇领导接待日共接访 319 件 713 人次。2005—2006 年，县领导接待日共接访 451 件 2003 人次，乡镇领导接待日共接访 244 件 919 人次。

2007 年，县领导接待日共接访 695 件 1770 人次，乡镇领导接待日共接访 86 件 258 人次。

二、信访受理

1989 年起，坚持实行县、乡镇、村三级接访、约访、下访工作制度，重信重访问题督办制度，排查与化解报告制度，妥善解决群众的合理诉求和矛盾纠纷。1989 年，县、乡镇、村共处理信访 675 件，结案率 93.1%。其中，对重信重访问题督办 95 件 162 人次，约访、下访群众 14 件 40 人次。当年 3 月，县长卢耀清召开有关部门会议，协调处理山格、文峰、南胜的拖欠蔗农蔗款的信访问题。

1990—1993 年，全县受理信访 2478 件，当年的结案率都在 93% 以上。其中，约访、走访群众 98 件 291 人次，对重信重访问题督办 82 件 115 人次，化解疑难信访问题 6 件。1993 年 12 月，市信访局组织全市各县（市、区）信访工作大检查，平和县信访局被评为达标单位。

1994—1998 年，全县受理信访 2940 件，当年的结案率都在 93% 以上，1997 年结案率达 100%。其中，约访、下访群众 85 件 293 人次，对重信重访问题督办 205 件 451 人次，化解疑难信访问题 17 件。

1999 年 5 月 13 日，县委书记许荣勇主持召开专题研究疑难信访问题会议，对霞寨化工厂、物资总公司的职工工资、下岗问题进行研究，提出处理意见。2000 年 7 月 6 日，县委、县政府召开全县排查重大信访问题和信访积案工作会议，部署全县采取措施加大督办力度，提高结案率。1999—2006 年，全县受理信访 1033 件，当年的结案率除 2006 年为 92.3% 外，其他年份都在 94% 以上。其中，对重信重访问题督办 333 件 1458 人次，县、乡镇、村三级约访、走访群众 211 件 586 人次，化解疑难信访问题 18 件。

2007 年，全县受理信访 251 件，结案率 98.8%。其中，对重信重访问题督办 91 件 317 人次，约访、走访群众 39 件 87 人次，化解疑难信访问题 4 件。

第四节 机要保密

一、管理机构

1999 年 4 月，成立平和县国家保密局，对内仍为中共平和县委保密委员会办公室，实行“一个机构、两块牌子”，归属党委系列，为副科级行政单位，行使党委和政府管理保密工作职能。2003 年机构改革，县保密局与县委机要局的职能一同并入县委办公室，保留牌子，与县委机要局共用机关行政编制，各配备局长 1 人。至 2007 年不变。

二、保密教育

1989—2007 年，每年 7 月 5 日至 8 月 30 日，举办保密知识学习讲座，对全县公务员进行保密教育培训，共举办 19 期。每年还组织全县保密干部进行 2 ～ 3 次的业务培训。

三、保密检查

1989—2007 年，每年 4 月，全县开展保密工作检查活动，由县直各单位和各乡镇（场、区）按照检查范围和内容，对单位保密工作进行专项保密检查自查，并将自查结果按时上报县保密局。其间，县保密局与县政府办公室网管中心、公安局网管科、县委机要局组成联合检查组，开展抽查行动。每年的高考、中考期间，配合有关部门做好保密专项监督、检查。至 2007 年，全县均未发生泄密事件。

卷六　地方人民代表大会

1989年1月至2007年12月，平和县人民代表大会（简称县人大）经历第十一届至第十六届。其中第十二届和第十五届任期3年，第十三届、十四届、十六届任期5年。19年间，共召开21次代表大会，在每次大会上，人大代表审议政府、法院、检察院工作报告和地方财政、国民经济计划情况报告，为加快平和经济社会发展建言献策，共提出议案、建议和意见1883件。县人民代表大会设常务委员会，乡镇人民代表大会设人大主席团，各主持代表大会闭会期间的日常工作。历届县人大常委会共举行105次会议，听取和审议“一府两院”及有关部门的工作报告和情况汇报，先后作出137项决议、决定，并不断对审议意见进行跟踪监督以及做好代表议案、建议交办和督办工作。对事关国计民生的重大问题，组织代表开展视察调研、执法检查活动。常委会依法行使任免权，先后任免国家机关工作人员720人，其中任命502人、免职218人。县人大常委会和乡镇人大主席团通过建立健全代表活动制度，制定联系代表办法，使各级人大代表依法履行职责，参与管理国家事务，发挥人大代表的作用。

第一章　人大代表

第一节　代表产生

1990年10—12月，在平和县人大常委会组织领导下，全县开展第十二届县人大代表和乡镇第十届人大代表的选举工作，历经宣传发动、选民登记、提名推荐代表候选人、民主协商、投票选举、代表资格审查等程序（以后的换届选举程序同此）全县按选民居住范围和工作、生产单位人口与代表数的比例划分选区，县级人大代表的选区238个，乡镇人大代表的选区857个。全县共推荐县的代表候选人1097名，其中属选民直接提名推荐890名，占81.2%，相当于应选代表数的3.4倍；提名推荐乡镇的代表候选人3322名，其中属选民直接提名推荐2693名，占81.1%，相当于应选代表数的2.92倍。全县共有31.81万人参加投票选举，参选率99.2%，其中到各个会场参加投票的24.52万人，占77.7%。在县代表选区中，1次选举成功占97.1%；选出县的正式代表323名；乡镇代表选区中，1次选举成功占98.5%。选出乡镇的正式代表1137名。

1993年9—12月，开展县第十三届人大代表和乡镇第十一届（新建的秀峰乡第一届）人大代表选举工作。全县选区的划分以1990年选举的选区为基础，作适当调整，共划分县代表选区265个，乡镇代表选区877个。全县共推荐县的代表候选人1218名，乡镇的代表候选人3609名。全县共有选民33.08万人参加投票选举，参选率98.5%，其中到各个会场参加投票24.76万人，占74.85%。县代表选区1次选举成功的占99.2%，选出县代表343名。乡镇代表选区一次选举成功的占99.5%，选出乡镇代表1211名。

1996年8—12月，全县开展首次乡镇级人民代表大会代表单独换届选举工作，选举乡镇第十二届（秀峰乡第二届）人大代表。全县共划分776个选区，应选代表947人，在提名推荐候选人3208人的基础上协商确定正式代表候选人1723人，是应选代表的1.8倍，其中选 民直接推荐1068人，占62%。参加投票34.45万人，占选 民数的98.5%。经过投票选举，一次成功的选区占99.6%，实际当选代表947人，其中有2人非正式代表候选人当选（五寨乡和霞寨镇各1人）。

1998年7—12月，全县开展首次县级人大代表单独换届选举工作。全县共划分176个选区，推荐县人大代表候选人计948名，其中属选民直接提名推荐759名，相当于应选代表数的3.3倍；共有选民36.44万人参加投票选举，参选率98.6%。全县各选区均1次选举成功，共选出县第十四届人大代表233名。

1999年9—12月，全县开展乡镇第十三届（秀峰乡第三届）人大代表选举工作。全县划分为761个选区，推荐代表候选人3608名，是应选代表的3.8倍，其中选民直接推荐的候选人3173名。共有选民35.51万人参加投票选举，参选率96.08%，有770个选区1次选举成功，1个选区2次选举成功，共选出乡镇代表942名。

2002年9—12月，全县开展乡镇第十四届（秀峰乡第四届）人大代表选举工作。全县划分为764个选区，推荐代表候选人3872名，是应选代表数的4.1倍，其中选民直接推荐的候选人3217名。共有选民37.60万人参加投票选举，参选率98.1%，有760个选区1次选举成功，4个选区2次选举成功，共选出乡镇代表941名。

2003年10—12月，全县开展县第十五届人大代表选举工作。全县划分为176个选区，推荐代表候选人580名，是应选代表数的2.45倍，其中选民直接推荐的有348名。经过反复协商，最后确定308名为正式代表候选人，为应选代表数的1.25倍。共有选民365139人参加投票选举，参选率97.8%，全县各选区均1次选举成功，共选出县代表238名。

2006年10—12月，全县开展县、乡镇两级人大换届选举工作。新一届县、乡镇人大代表数，按照上届确定名额不变。全县划分县代表选区176个，乡镇代表选区775个。在推荐提名候选人中，确定县级人大代表正式候选人412人，是应选代表数的1.79倍；确定乡镇人大代表候选人1749人，是应选代表数的1.86倍。共有选民36.51万人参加投票选举，参选率97.8%。通过投票选举，县代表选区和乡镇代表选区全部1次选举成功，选出县第十六届人大代表230名，乡镇第十五届（秀峰乡第五届）人大代表938名。

第二节 代表构成

一、县第十二届

县第十二届人大代表323人中，工人代表占5.3%，农民代表占60.7%，干部代表占14.9%，居民代表占2.8%，知识分子代表占12.7%，台胞台属代表占0.9%，归侨侨眷代表占0.9%，少数民族代表占0.6%，还有爱国人士、离休干部、军人代表占1.2%。代表中，中共党员占61.3%，妇女占20.4%；35岁及以下占27.8%，36～55岁占66.6%，56岁及以上占5.6%，最小年龄18岁，最大年龄65岁。代表的文化程度，大专及以上占7.1%，中专占11.1%，中学占65.5%，小学占16.3%。

二、县第十三届

县第十三届人大代表343人中，工人代表占5.25%，农民代表占62.68%，干部代表占16.91%，知识分子代表占7.87%，还有居民、归侨侨眷、台胞台属、个体户、爱国人士、老干部、军人、民兵等代表占7.29%。代表中，中共党员占62.9%，妇女占21.3%；连选连任代表113人；35岁及以下占28%，36～55岁占68.5%，56岁及以上占3.5%。代表的文化程度，大专及以上占11.1%，中专占7%，中学占68.8%，小学占13.1%。

三、县第十四届

县第十四届人大代表233人中，工人代表占3.43%，农民代表占62.66%，干部代表占29.67%，知识分子代表占3.43%，军人代表占0.43%，少数民族代表占0.43%。代表中，中共党员占61%，妇女占24.5%，连选连任占19.7%；具有大专及以上学历占21%，比上届增9.9%；中专和高中学历占43.3%，比上届增8.6%；初中学历占35.2%，比上届下降5.9%，小学学历占0.4%，比上届下降11.9%。代表中，35岁及以下占27.9%，36～55岁占70.4%，56岁及以上占1.7%。

四、县第十五届

县第十五届人大代表238人中，中共党员占65%，妇女占25.63%；具有大学本科及以上学历占8.82%，大专学历占19.32%，中专和高中学历占36.55%，初中学历占34.05%，小学学历占1.26%；35岁及以下占19.32%，36～55岁占79.84%，56岁及以上占0.84%。

五、县第十六届

县第十六届人大代表230人中，工人代表占3.04%，农民代表占59.13%，干部代表占30.94%，知识分子代表占5.6%，军人代表占0.43%，少数民族代表占0.43%，台籍代表占0.43%，代表中，中共党员占65.22%，妇女占25.2%；具有大学本科及以上学历占11.74%，大专学历占19.13%，中专和高中学历占36.96%，初中学历占30.43%，小学学历占1.74%；35岁及以下占20.87%，36～55岁占76.96%，56岁及以上占2.17%。

第三节　代表监督与补选

一、代表监督

历届县人大代表接受原选区选民或原选举单位的监督。1991年12月29日，县第十二届人大常委会第六次会议审议，对1名县人大代表因涉嫌触犯刑律，决定暂时停止其执行代表职务。2001年8月3日，县第十四届人大常委会第十九次会议审议，对1名县人大代表因涉嫌受贿、贪污、挪用公款等，决定暂时停止其执行代表职务。2004年11月30日，县第十五届人大常委会第六次会议审议，对1名县人大代表因涉嫌雇凶杀人犯罪，决定暂时停止其执行代表职务。2007年8月24日，县第十六届人大常委会第五次会议决定，许可县人民检察院对1名县人大代表提起公诉交付审判，停止其执行代表职务。

二、代表补选

县人大代表在任期内调离或迁出本行政区域，其代表资格终止，缺额则由原选区或原选举单位另行补选。县第十二届至第十六届第二次代表大会会议期间，先后依法补选县人大代表16人，其中补选第十三届代表4人、补选第十四届代表6人、补选第十六届代表6人。

附：1989—2007年平和县当选福建省历届人大代表名录

1992年，县长黄永坤、九峰镇党委书记张百忍、平和一中教师林清荣、南胜镇前山村村民谢沧海当选福建省第八届人大代表。

1997 年，县长许荣勇、坂仔镇西坑村党支部书记赖泗强、县政协副主席黄泽生、县政协副主席曾荣火当选福建省第九届人大代表。

2002 年，县长林忠、县医院院长张崇道、县第二实验幼儿园园长蔡雯娴（女）、芦溪镇秀芦村村委会主任陈毅勋当选福建省第十届人大代表。

2007 年，县委书记林忠、福环专用汽车有限公司董事长（经济师）陈和平、平和二中教师（党支部副书记）曾碧桂（女）、安厚镇径内村党支部书记张金文当选福建省第十一届人大代表。

第二章　代表大会会议

第一节　县人民代表大会会议

一、县第十一届人民代表大会

1989 年 5 月 18—20 日，县人大第十一届第二次会议召开，与会正式代表 283 人，县委、县政府、县纪委领导班子成员和县直机关各部、委、办、局主要领导和各乡镇人大常务主席应邀列席会议，出席县政协第三届第二次会议的全体委员列席会议，市人大常委会副主任黄步翔到会指导，县委副书记方清海在大会上讲话。会议听取和审议县政府工作报告、县人大常委会工作报告、县国民经济和社会发展计划报告、县财政预算报告、县人民法院和县人民检察院工作报告，并就上述 6 个报告作出相应决议。县长卢耀清在大会上向代表们通报本届政府要办的 10 件实事。

1990 年 2 月 26—28 日，县人大第十一届第三次会议召开，与会正式代表 292 人，特邀代表 7 人，县委、县政府、县纪委领导班子成员和县直机关各部、委、办、局的主要领导列席会议，出席县政协第三届第三次会议全体委员列席会议。会议期间，听取和审议县政府工作报告、县人大常委会工作报告、县 1989 年国民经济和社会发展计划执行情况和 1990 年计划草案报告、县 1989 年财政预算执行情况和 1990 年财政预算草案报告、县人民法院和县人民检察院工作报告，并就上述 6 个报告作出相应决议。县委书记孙竹在闭幕大会上讲话，对以后人大工作提出意见。

二、县第十二届人民代表大会

1991 年 1 月 23—27 日，平和县第十二届人民代表大会第一次会议召开，应到会代表 323 人，实到 320 人。县委、县政府、县纪委领导班子成员和县直机关各部、委、办、局主要领导，以及出席县政协第四届第一次会议全体委员列席大会。会议期间，听取和审议县政府工作报告、县人大常委会工作报告、县 1990 年国民经济和社会发展计划执行情况暨 1991 年计划草案报告、县 1990 年财政预算执行情况和 1991 年财政预算草案报告、县人民法院和县人民检察院工作报告，并就上述 6 个报告作出相应决议。会议期间，代表们还听取县人大常委会办公室作关于县第十一届人大第一至第三次会议代表议案及建议批评和意见办理情况的报告。会议依法选举平和县第十二届人大常委会主任、副主任、委员，选举县人民政府县长、副县长，选举县人民法院院长、县人民检察院检察长，选举平和县出席漳州市第十一届人大代表 34 人。会议讨论制定《平和县第十二届人民代表活动制度》。

1992 年 1 月 17—19 日，县第十二届人大第二次会议举行，出席会议的代表 304 人。参加政协平和县第四届第二次会议的全体委员，以及县委、县政府、县纪委领导班子成员和县直机关各部、委、办、局领导成员共 185 人列席大会。会议期间，代表们听取和审议县政府工作报告、县人大常委会工作报告、县人民法院工作报告、县人民检察院工作报告、县1991年国民经济和社会发展计划执行情况暨1992年计划草案报告、县1991年财政预算执行情况及1992年财政预算草案报告，并就上述6个报告作出相应决议。会议还审议并批准平和县国民经济、社会发展十年规划和“八五”计划（草案）。

1993年2月13—15日，县第十二届人大第三次会议举行，出席会议的代表310人。参加政协平和县第四届第三次会议的全体委员，以及县委、县政府、县纪委领导班子成员和县直机关各部、委、办、局领导成员共182人列席大会。会议期间，代表们听取和审议县政府工作报告、县人大常委会工作报告、县人民法院工作报告、县人民检察院工作报告、平和县1992年国民经济和社会发展计划执行情况及1993年计划草案报告、县1992年财政预算执行情况及1993年财政预算草案报告，并就上述6个报告作出相应决议。会议依法补选平和县人民政府县长、副县长及出席漳州市第十一届人大代表各1人。会议还讨论并通过《关于加强林业生产管理的决定》。

三、县第十三届人民代表大会

1994年1月16—20日，平和县第十三届人民代表大会第一次会议举行，应到会代表343人，实到339人。参加政协平和县第五届第一次会议全体委员，县委、县政府、县纪委领导班子成员，县直机关各部、委、办、局领导成员以及派驻各乡镇换届选举工作指导组组长，村委会主任等404人列席大会。市人大常委会副主任蔡树东到会指导。会议期间，代表们听取和审议县人民政府工作报告、县人大常委会工作报告、县1993年计划执行情况暨1994年国民经济和社会发展计划草案报告、县1993年财政预算执行情况和1994年财政预算草案报告、县人民法院工作报告、县人民检察院工作报告，并就上述6个报告作出相应决议。会议期间，代表们还听取县人大常委会办公室作关于县第十二届人大第一至第三次会议代表议案及建议、批评和意见办理情况的报告；并一致通过《加快公路先行工程建设倡议书》，号召全县人民团结一致，齐心协力，发扬自力更生、艰苦奋斗精神，积极参与公路先行工程建设，为尽快改善平和交通落后面貌而奋斗。会议依法选举县第十三届人大常委会主任、副主任、委员，选举县长、副县长，选举县人民法院院长和县人民检察院检察长。

1995年2月21—23日，县人大第十三届第二次会议举行，出席会议的代表338人。县委、县政府、县纪委领导班子成员和县直机关各部、委、办、局领导成员及参加政协平和县第五届第二次会议全体委员共205人列席大会。与会代表听取和审议县政府工作报告、县人大常委会工作报告、县人民法院工作报告、县人民检察院工作报告、县1994年国民经济和社会发展计划执行情况暨1995年计划草案报告、县1994年财政预算执行情况和1995年财政预算草案报告，并就上述6个报告作出相应决议。

1996年1月29日至2月1日，县人大第十三届第三次会议在县人民会场举行，出席会议的代表336人。县委、县政府、县纪委领导班子成员，县直机关各部、委、办、局领导成员及参加政协平和县第五届第三次会议全体委员共196人列席大会。与会代表听取和审议县政府工作报告、县人大常委会工作报告、县人民法院工作报告、县人民检察院工作报告、平和县1995年国民经济和社会发展计划执行情况暨1996年计划草案报告、县1995年财政预算执行情况和1996年财政预算草案报告，并就上述6个报告作出相应决议。会议依法选举平和县出席漳州市第十二届人大代表37人，补选平和县人民检察院检察长。

1997年1月26—29日，县人大第十三届第四次会议举行，出席会议的代表334人。县委、县政府、县纪委领导班子成员，县直机关各部、委、办、局领导成员及参加政协平和县五届四次会议全体委员共213人列席大会。与会代表听取和审议县政府工作报告、县人大常委会工作报告、县人民法院工作报告、县人民检察院工作报告、县1996年国民经济和社会发展计划执行情况暨1997年计划草案报告、县1996年财政预算执行情况和1997年财政预算草案报告，并就上述6个报告作出相应决议。会议依法补选县长、县人大常委会副主任、县人民法院院长各1人。

1998年2月13—15日，县人大第十三届第五次会议举行，出席会议的代表332人。县委、县政府、县纪委领导班子成员，县直机关各部、委、办、局领导成员及参加政协平和县第五届第五次会议全体委员共216人列席大会。与会代表听取和审议县政府工作报告、县人大常委会工作报告、县人民法院工作报告、县人民检察院工作报告、县1997年国民经济和社会发展计划执行情况暨1998年计划草案报告、县1997年财政预算执行情况和1998年财政预算草案报告，并就上述6个报告作出相应决议。

四、县第十四届人民代表大会

1999年1月5—9日，县人大第十四届第一次会议举行，应到会代表233人，实到231人。县委、县政府、县纪委领导班子成员，县直机关各部、委、办、局主要领导及参加政协平和县第六届第一次会议全体委员共249人列席大会。漳州市人大常委会给大会发来贺信，副主任黄琼霞到会指导。与会代表听取和审议县政府工作报告、县1998年国民经济和社会发展计划执行情况暨1999年计划草案报告、县1998年财政预算执行情况和1999年财政预算草案报告、县人大常委会工作报告、县人民法院工作报告、县人民检察院工作报告，并就上述6个报告作出相应决议。代表们还听取县人大常委会办公室作关于平和县第十三届人大第一至第五次会议代表议案及建议、批评和意见办理情况的报告。会议依法选举县第十四届人大常委会主任、副主任、委员，选举县人民政府县长、副县长，选举县人民法院院长和县人民检察院检察长。

2000年1月12—15日，县人大第十四届第二次会议举行，出席会议的代表235名。县委、县政府、县纪委领导班子成员，县直机关各部、委、办、局领导成员和参加政协平和县第六届第二次会议全体委员共262 人列席大会。与会代表听取和审议县政府工作报告、县人大常委会工作报告、县人民法院工作报告、县人民检察院工作报告、县1999年国民经济和社会发展计划执行情况暨2000年计划草案报告、县1999年财政预算执行情况和2000年财政预算草案报告，并就上述6个报告作出相应决议。会议依法补送县人大常委会委员1人。

2001年4月18—21日，县人大第十四届第三次会议举行，出席会议的代表233人。县委、县政府、县纪委领导班子成员，县直机关各部、委、办、局领导成员和参加政协平和县第六届第三次会议全体委员共247人列席大会。与会代表听取和审议县政府工作报告、县人大常委会工作报告、县人民法院工作报告、县人民检察院工作报告、县2000年国民经济和社会发展计划执行情况暨2001年计划草案报告、县2000年财政预算执行情况和2001年财政预算草案报告，并就上述6个报告作出相应决议。会议还审议和批准县人民政府提出的《平和县国民经济和社会发展第十个五年计划纲要（草案）》，并通过向全县广大干部群众发出《反对六合彩，反对赌博行为》的倡议书。会议依法选举平和县出席漳州市第十三届人大代表37人，补选平和县第十四届人大常委会委员2人。

2001年8月16—17日，县人大第十四届第四次会议举行，出席会议的代表235人，县委、县政府、县纪委领导班子成员和县直机关各部、委、办、局领导成员共104人列席大会。大会通过《大会选举办法》，依法补选县人民政府县长。

2002年1月9—11日，县人大第十四届第五次会议举行，出席会议的代表232人。县委、县政府、县纪委领导班子成员，县直机关各部、委、办、局领导成员和参加政协平和县第六届第四次会议全体委员共243人列席大会。与会代表听取和审议县政府工作报告、县人大常委会工作报告、县人民法院工作报告、县人民检察院工作报告、平和县2001年国民经济和社会发展计划执行情况暨2002年计划草案报告、县2001年财政预算执行情况和2002年财政预算草案报告，并就上述6个报告作出相应决议。

2003年1月3—6日，县人大第十四届第六次会议举行，出席会议的代表234人。县委、县政府、县纪委领导班子成员，县直各部、委、办、局领导成员和参加政协平和县第六届第五次会议全体委员共256人列席大会。与会代表听取和审议县政府工作报告、县人大常委会工作报告，县人民法院工作报告、县人民检察院工作报告、县2002年国民经济和社会发展计划执行情况暨2003年计划草案报告、县2002

年财政预算执行情况和 2003 年财政预算草案报告，并就上述 6 个报告作出相应决议。会议依法补选县第十四届人大常委会委员 2 人，选举县人民检察院检察长。

五、县第十五届人民代表大会

2004 年 1 月 2—6 日，县人大第十五届第一次会议举行，应到会代表 238 人，实到 232 人。县委、县政府、县纪委领导班子成员，县直机关各部、委、办、局领导成员和参加政协平和县第七届第一次会议全体委员共 266 人列席大会。与会代表听取和审议县政府工作报告、县 2003 年国民经济和社会发展计划执行情况暨 2004 年计划草案报告、县 2003 年财政预算执行情况和 2004 年财政预算草案报告、县人大常委会工作报告、县人民法院工作报告、县人民检察院工作报告，并就上述 6 个报告作出相应决议。代表们还听取县人大常委会办公室作关于平和县第十四届人大第一至第六次会议代表议案及建议、批评和意见办理情况的报告。会议依法选举县第十五届人大常委会主任、副主任、委员，选举县人民政府县长、副县长，选举县人民法院院长和县人民检察院检察长。

2005 年 1 月 5—8 日，县人大第十五届第二次会议举行，出席会议的代表 231 名。县委、县政府、县纪委领导班子成员，县直机关各部、委、办、局领导成员和参加政协平和县第七届第二次会议全体委员共 265 人列席大会。与会代表听取和审议县人民政府工作报告、县人大常委会工作报告、县人民法院工作报告，县人民检察院工作报告、平和县 2004 年国民经济和社会发展计划执行情况暨 2005 年计划草案报告、县 2004 年财政预算执行情况和 2005 年财政预算草案报告，并就上述 6 个报告作出相应决议。

2005 年 12 月 25—28 日，县人大第十五届第三次会议举行，出席会议的代表 230 人。县委、县政府、县纪委领导班子成员，县直机关各部、委、办、局的领导成员和参加政协平和县第七届第三次会议的全体委员共 246 人列席大会。与会代表听取和审议县政府工作报告、县人大常委会工作报告、县人民法院工作报告、县人民检察院工作报告、县 2005 年国民经济和社会发展计划执行情况暨 2006 年国民经济和社会发展计划草案报告、县 2005 年财政预算执行情况和 2006 年财政预算草案报告，并就上述 6 个报告作出相应决议。会议还审议和批准县人民政府提出的《平和县国民经济和社会发展第十一个五年计划纲要（草案）》。

2006 年 5 月 23—24 日，县人大第十五届第四次会议举行，出席会议的代表 229 人，列席人员 11 人。这次会议的议程是选举县政府县长。

六、县第十六届人民代表大会

2007 年 1 月 20—23 日，县人大第十六届第一次会议举行，应到会代表 230 人，实到 226 人。县委、县政府、县纪委领导班子成员，县直机关各部、委、办、局领导成员及参加政协平和县第八届第一次会议全体委员共 258 人列席大会。与会代表听取和审议县政府工作报告、县人大常委会工作报告、县人民法院工作报告、县人民检察院工作报告，审议县发展和改革局提交大会的平和县 2006 年国民经济和社会发展计划执行情况暨 2007 年计划草案书面报告、县财政局提交大会的平和县 2006 年财政预算执行情况

2007 年 1 月 21 日，平和县第十六届人民代表大会第一次会议隆重开幕　（县人大 提供）

和2007年财政预算草案书面报告，并就上述6个报告作出相应决议。会议依法选举平和县第十六届人大常委会主任、副主任、委员，选举平和县人民政府县长、副县长，选举县人民法院院长和县人民检察院检察长，还选举平和县出席漳州市第十四届人大代表38人。

第二节 乡镇人民代表大会会议

1989—2007年，全县各乡镇召开第九届至第十五届人民代表大会会议（其中秀峰乡于1993年8月从长乐乡析出后举行的会议称为第一届，至2007年召开5届代表大会会议）。乡镇人民代表大会代表，由选民直接选举产生。原每一届代表任期3年，2003年开始的乡镇第十四届人民代表大会至2006年12月与县级人大代表同步进行换届选举，代表任期4年。2006年12月下旬相继召开第十五届乡镇人大第一次会议（秀峰乡召开第五届第一次会议），此届代表任期5年。

历届乡镇人民代表大会每年举行一次例会，其主要议程：听取和审议乡镇人民政府的工作报告，听取和审议乡镇一年来财政预算执行情况和新一年财政预算草案的报告，听取乡镇人大主席团工作报告，并就上述3个报告作出决议；依法选举产生新一届乡镇人大主席团主席、副主席、主席团成员；依法选举新一届乡镇长、副乡镇长；听取代表资格审查委员会关于代表资格的审查报告、关于代表议案的审查和处理意见的报告。有的乡镇人民代表大会，根据乡镇实际，作出必要的决议、倡议等。

第三章 县人大常务委员会

第一节 机 构

一、常委会组成

1987—1990年，县第十一届人大常委会设主任1人，副主任3人，委员12人。
1991—1993年，县第十二届人大常委会设主任1人，副主任3人，委员11人。
1994—1998年，县第十三届人大常委会设主任1人，副主任4人，委员11人。
1999—2003年，县第十四届人大常委会设主任1人，副主任3人，委员15人。
2004—2006年，县第十五届人大常委会设主任1人，副主任4人，委员13人。
2007年，县第十六届人大常委会设主任1人，副主任4人，委员17人。

第11—16届县人大常委会主任、副主任名表

表6-3-1

届别	职务	姓名	籍贯	出生年月	文化程度	任职时间
第十一届	主任	吴炳如	平和	1935年5月	高小	1987年11月至1989年7月
	代理主任	魏清江	平和	1930年1月	高中	1989年8月至1990年12月
	副主任	魏清江	平和	1930年1月	高中	1987年11月至1989年8月
		叶山梁	平和	1932年7月	高小	1987年11月至1990年12月
		林新任	平和	1935年10月	高中	1987年11月至1990年12月
		关金花（女）	莆田（印度印西亚华侨）	1944年5月	大学	1987年11月至1990年12月

续表 6-3-1

届别	职务	姓名	籍贯	出生年月	文化程度	任职时间
第十二届	主任	林长煌	平和	1940 年 8 月	大学	1991 年 1 月至 1994 年 1 月
	副主任	林新任	平和	1935 年 10 月	高中	1991 年 1 月至 1994 年 1 月
		曾伟民	平和	1937 年 9 月	中专	1991 年 1 月至 1994 年 1 月
		关金花（女）	莆田（印度印西亚华侨）	1944 年 5 月	大学	1991 年 1 月至 1994 年 1 月
第十三届	主任	林长煌	平和	1940 年 8 月	大学	1994 年 1 月至 1999 年 1 月
	副主任	曾伟民	平和	1937 年 9 月	中专	1994 年 1 月至 1999 年 1 月
		黄松树	平和	1941 年 6 月	大专	1994 年 1 月至 1999 年 1 月
		关金花（女）	莆田（印度印西亚华侨）	1944 年 5 月	大学	1994 年 1 月至 1999 年 1 月
		张百忍	平和	1946 年 2 月	高中	1997 年 1 月至 1999 年 1 月
第十四届	主任	赖田土	平和	1945 年 10 月	中专	1999 年 1 月至 2004 年 1 月
	副主任	张百忍	平和	1046 年 2 月	初中	1999 年 1 月至 2004 年 1 月
		孙守煊（女）	福州	1943 年 3 月	大专	1999 年 1 月至 2004 年 1 月
		陈　熹	福州	1943 年 11 月	中专	1999 年 1 月至 2004 年 1 月
第十五届	主任	周瑞民	平和	1952 年 7 月	大专	2004 年 1 月至 2007 年 1 月
	副主任	张百忍	平和	1946 年 2 月	高中	2004 年 1 月至 2007 年 1 月
		高彬彬	南靖	1959 年 12 月	大学	2004 年 1 月至 2007 年 1 月
		杨怀生	长泰	1963 年 2 月	大学	2004 年 1 月至 2007 年 1 月
		方丽云（女）	台湾	1968 年 2 月	大学	2004 年 1 月至 2007 年 1 月
第十六届	主任	周瑞民	平和	1952 年 7 月	大专	2007 年 1 月起
	副主任	高彬彬	南靖	1959 年 12 月	大学	2007 年 1 月起
		杨怀生	长泰	1963 年 2 月	大学	2007 年 1 月起
		方丽云（女）	台湾	1968 年 2 月	大学	2007 年 1 月起
		黄耀辉	平和	1959 年 2 月	大学	2007 年 1 月起

二、专委会与办事机构

1989 年，县人大常委会内设办公室、法制委员会、财政经济委员会、农村经济委员会、教科文卫委员会。1991 年，增设华侨委员会。1994 年 11 月，华侨委员会更名为华侨台胞民族宗教工作委员会。2004 年 3 月，增设人事代表工作委员会。2007 年 1 月，增设信访办公室。3 月，法制委员会更名为内务司法委员会。8 月，增设城乡建设环境资源保护委员会。

2007 年，县人大常委会内设办公室、信访办公室、人事代表工作委员会、内务司法委员会、财政经济委员会、农村经济委员会、教育科学文化卫生委员会、华侨台胞民族宗教委员会、城乡建设环境资源保护委员会，均为正科级单位。另有代表资格审查委员会，每届选举一次，由人大常委会选举产生。

附：乡镇人大主席团

1990 年 12 月换届选举后，历届各乡镇人大均设立人大主席团，负责主持乡镇人大闭会期间的日常工作。1995 年后，乡镇人大主席团常务主席、副主席改称乡镇人大主席、副主席。各乡镇人大主席团由主席 1 人、副主席1～2人、成员5～7人组成，并配备人大秘书1人，具体处理日常事务。

第二节 常委会会议

1989年，县第十一届人大常委会召开9次常委会会议，听取和审议“一府两院”及其职能部门12次工作汇报，作出5项相应的决议、决定，审议任免20位国家机关工作人员。历次会议由常委会主任召集，除常委会全体成员出席外，根据需要，邀请县委、县政府、县法院、县检察院的主要领导，县直机关有关单位领导和各乡镇人大主席列席（下同）。

1991—1993年，县第十二届人大常委会召开21次常委会全体会议，听取和审议“一府两院”及其职能部门的47项工作报告，作出18项决议、决定，依法接受辞职和任免人大机关、行政机关、审判机关、检察机关的工作人员121人次。

1994—1998年，县第十三届人大常委会召开42次常委会全体会议，听取和审议“一府两院”及其职能部门的57项工作报告，作出44项决议、决定，依法接受辞职和任免人大机关、行政机关、审判机关、检察机关的工作人员235人次。

1999—2003年，县第十四届人大常委会召开36次常委会全体会议，听取和审议“一府两院”及其职能部门的99项工作报告，作出42项决议、决定，依法接受辞职和任免人大机关、行政机关、审判机关、检察机关的工作人员215人次。

2004—2006年，县第十五届人大常委会召开24次常委会全体会议，听取和审议“一府两院”及其职能部门的52项工作报告，做出13项决议、决定，依法接受辞职和任免人大机关、行政机关、审判机关、检察机关的工作人员94人次。

2007年，县第十六届人大常委会召开7次常委会全体会议。听取和审议“一府两院”及其职能部门的8项工作报告，做出5项决议、决定，依法任免国家机关工作人员55人次。

第三节 职权履行

一、执法监督

1989年下半年，县人大常委会组织委员和人大代表，在全县开展为期3个月的执法大检查，着重检查包括宪法在内的52个法律、法规和地方性法规的实施情况。教科文卫委员会会同药政、卫生部门，深入各乡镇181家药品经营单位进行检查，依照《中华人民共和国药品管理法》规定，清查销毁伪、劣、变药品135种，罚款8000多元。通过大检查活动，共查出违法问题83条，对一些较大的违法案件，特别是经济案件，交由有关部门依法处理，推进治理整顿和廉政建设。

1993年，根据中共中央办公厅、国务院办公厅关于切实减轻农民负担的紧急通知精神，县人大常委会审议县政府的专题汇报，组织委员和人大代表开展专题调查，督促有关部门取消不合理的收费项目，并在全县设立15个人大代表减负监控点，及时掌握农民负担情况，使减负工作得到落实。

1994—1998年，县第十三届人大常委会对《中华人民共和国城市规划法》《中华人民共和国农业法》《中华人民共和国土地管理法》等20多部法律法规执行情况，进行21次执法检查；并对“一府两院”的35件重点案件，实行个案跟踪监督。1997年，九峰镇301位老人联合诉人寿保险公司侵吞“巩固基金”一案，县人大常委会派员调查了解，提出建议后，跟踪法院审理。县法院从快判处并执结保险公司归还老年人“巩固基金”4000元，维护老年人的合法权益。

1999—2003年，县第十四届人大常委会围绕国有企业改革、农业和农村经济发展、整顿和规范市场经济秩序、环境与资源保护、侨台权益、社会保障制度落实等重大问题进行监督，开展52项执法检查。

2004—2006年，县第十五届人大常委会对《中华人民共和国行政许可法》《中华人民共和国台胞投资保护法》《中华人民共和国消防法》等10多部法律法规的实施情况，开展29次执法检查。常委会通过安排人大代表担任法院、检察院监督员，对典型案件的审判进行现场观摩等方式，加强对“两院”的司法监督。

2007年，县第十六届人大常委会听取政府及有关职能部门关于农贸市场整顿情况、市容市貌整顿、教育“两免一补”政策落实情况、新型农村合作医疗制度实施情况等的汇报。常委会第七次会议在审议县政府关于承贷农发行贷款用于省道“东东线”平和段改建工程的报告时，认为有利于平和对外联系，扩大开放和接受广东地区经济辐射，加快平和的经济建设。因此作出批准的决议。

二、人事任免

1991—1993年第十二届县人大常委会依法任免县人民政府代理县长、副县长及各委、办、局正职领导干部60人次，其中任命55人次，免职5人次；任免县人大常委会办公室和各工作委员会主任、副主任、委员15人次，其中任命14人次，免职1人；任免县人民法院代理院长、副院长，法庭庭长、副庭长，审判委员会委员、审判员25人次，其中任命14人次，免职11人次；任免县人民检察院代理检察长、副检察长，检察委员会委员、检察员21人次，其中任命15人次，免职6人次。

1994—1998年第十三届县人大常委会依法任免县人民政府代理县长、副县长及各委、办、局正职领导干部140人次，其中任命102人次，免职38人次；任免县人大常委会办公室和各工作委员会主任、副主任、委员24人次，其中任命18人次，免职6人次；任免县人民法院代理院长、副院长、法庭庭长、副庭长，审判委员会委员、审判员48人次，其中任命35人次，免职13人次；任免县人民检察院代理检察长、副检察长，检察委员会委员、检察员23人次，其中任命10人次，免职13人次。

1999—2003年第十四县人大常委会依法任免县人民政府代理县长、副县长及各委、办、局正职领导干部86人次，其中任命59人次，免职27人次；任免县人大常委会办公室和各工作委员会主任、副主任、委员28人次，其中任命15人次，免职13人次；任免县人民法院代理院长、副院长、法庭庭长、副庭长，审判委员会委员、审判员76人次，其中任命46人次，免职30人次；任免县人民检察院代理检察长、副检察长、检察委员会委员、检察员25人次，其中任命18人次，免职7人次。

2004—2006年第十五届县人大常委会依法任免县人民政府代理县长、副县长及各委、办、局正职领导干部38人次，其中任命31人次，免职7人次；任免县人大常委会办公室和各工作委员会主任、副主任、委员15人次，其中任命9人次、免职6人次；任免县人民法院代理院长、副院长，法庭庭长、副庭长，审判委员会委员、审判员32人次，其中任命17人次、免职15人次；任免县人民检察院代理检察长、副检察长，检察委员会委员、检察员9人次，其中任命5人次、免职4人次。

2007年第十六届县人大常委会依法任免县人民政府代理县长、副县长及各委、办、局正职领导干部43人次，其中任命34人次，免职9人次；任免县人大常委会办公室和各工作委员会主任、副主任、委员10人次，其中任命4人次、免职6人次；任免县人民法院审判员2人次，其中任命1人、免职1人。

三、议案建议办理

1989—1990年，县第十一届人大代表共提出议案71件，提出意见和建议217件，合计288件。人大常委会根据大会主席团审查的意见，会后进行研究，召开县直机关有关单位负责人参加的建议交办会议。交办会议后，人大常委会各办事机构经常同各承办单位联系，进行催办、督办。建议的处理意见或办理结果，由各承办单位以书面分别答复提案代表。所提问题解决或部分解决104件，列入计划解决86件，因种种原因无法办理82件，尚未答复16件。关于《解决合成氨厂废水污染问题》建议，经县长批准，合成氨厂从当年上缴的环保费中提取 8.5 万元作为治理废水污染费用，同时拿出 7108.80 元赔偿白楼村村民因废水污染造成的损失，达到厂方、村委会领导和受损村民三满意。

1991—1993 年，县第十二届人大代表共提出议案 90 件，建议、批评和意见 380 件，合计 470 件。其中属财政经济方面 283 件，属教科文卫方面 105 件，属农林水方面 50 件，属政法方面 3 件，其他方面 29 件。会后通过召开交办会议，各承办单位采取措施办理，并按要求书面答复提案代表。所提问题基本或部分解决 181 件，列入计划解决 80 件，因条件限制和其他原因难于解决 209 件。关于《要求县政府拨款建县医院药库、供应室、洗衣房》和《拨款资助建县医院病原体及污水处理工程》的建议，县政府研究后，在县财政资金比较困难的情况下，分别于 1991 年、1992 年各拨款 15 万元和 1993 年拨款 5 万元给县医院修建药库和污水处理工程，1993 年药库、供应室、洗衣房投入使用。

1994—1998 年，县第十三届人大代表共提出议案 200 件，建议、批评和意见 306 件，合计 506 件。其中，属财政经济方面 257 件，属教科文卫方面 104 件，属农林水方面 71 件，属政法方面 7 件，其他方面 67 件。经议案审查委员会研究，大会主席团批准，议案所提的内容除 1 件外，均属对各方面工作的建议、批评和意义，连同其他建议、批评和意见，由人大常委会办事机构交政府及其职能部门和有关单位研究处理，并负责答复代表。所提的问题解决或部分解决 116 件，纳入规划或计划解决 131 件，因条件限制等原因暂时不能解决 258 件。关于《要求覆盖山格镇的土田、双田、双坑三个村的移动通讯设施的议案》（转建议办理），县移动通信公司接案后，召开专门会议进行协商，指派技术人员实地勘查，经申报漳州市移动通信公司批准，投资近 100 万元，当年开通山格土田基站。

1999—2003 年，县第十四届人大代表共提出议案 153 件，提出建议、批评和意见 210 件，合计 363 件。经大会主席团审议，所提的议案均转为建议处理。会后，县人大常委会、县政府和县政协联合召开交办会议，按照职权范围，所有建议意见分别交有关部门和单位办理，并负责答复代表。所提的问题办理结果，解决或部分解决 86 件，纳入规划或计划解决 98 件，因条件限制等原因暂时不能解决 179 件。

2004—2006 年，县第十五届人大代表共提出议案 99 件（经大会主席团审议，均转为建议处理），提出建议、批评和意见 81 件，合计 180 件。会后，县人大常委会、县政府和县政协联合召开交办会议，按照职权范围，所有建议意见分别转交有关部门和单位办理，并负责答复代表。所提的问题办理结果，解决或部分解决 65 件；纳入规划或计划解决 56 件；因条件限制等原因暂时不能解决 59 件。关于《县城高南至平和大桥河段乱采滥挖砂石现象严重，应加强对河床的跟踪和管理的议案》（转建议办理），县政府召开专题会议，明确由水利局牵头，公安、监察、国土、建设、交通、环保等有关部门配合，开展河道采砂整治，经过 3 个月努力，河床疏通，管理工作步入正轨。

2007 年，县第十六届人大一次会议，代表共提出议案 49 件（经大会主席团审议，均转为建议处理），提出建议意见 27 件，合计 76 件。

四、考察调研

1989—1990 年，县第十一届人大常委会组织常委会组成人员和各级人大代表，就封山育林、脱贫致富、上峰水库建设、环城路建设等情况，开展考察调研活动 14 次，参加 478 人次，写出考察调研报告，提供县委、县政府领导决策参考。

1991 年 7 月 25—26 日，常委会选择与工农业生产和人民群众生活密切相关的农村水电项目，组织县内的省、市、县三级人大代表 30 多人开展考察活动，先后视察长乐、九峰、国强、山格的 5 个乡办水电站，了解电站的投建情况、经营管理方式和经济效益，肯定和赞扬好的管理方式，对个别电站明显低产包和管理不善等问题提出批评和意见，引起有关领导采取措施，调整和完善管理制度。国强乡党委、政府针对闽潭水电站承包问题，重新确定承包基数，向社会公开招标，使上缴承包款从原每年 4.5 万元提高到 14.4 万元，在干部群众中产生良好影响。1991—1993 年，县第十二届人大常委会就林业生产、集镇建设、交通道路、乡镇企业、个私经济等情况，组织常委会组成人员和各级人大代表，开展考察调研活动21次，写出考察调研报告，提供县委、县政府领导决策参考。

1994年7月4—6日，县人大常委会组成人员和县人大代表共23人，在常委会主任、副主任带领下，对崎岭、霞寨、小溪、南胜等乡镇的企业和“三资”企业进行视察，及时向县委、县政府写出考察报告，提出要帮助解决企业一些具体困难的意见和建议。1994—1998年，县第十三届人大常委会就农业生产、国有企业改革、乡镇企业发展、教育“两基”、计划生育、卫生“初保”达标、环境保护等工作，开展考察调研活动，撰写考察调研报告，提供县委、县政府领导决策参考。

2000年11月，县人大常委会就农民增收减负工作开展专题调研，形成调研报告，提出做好新阶段农业和农村工作，切实增加农民收入和减轻农民负担的意见和建议。2001年11月，县人大与县政协联合组织部分人大代表和政协委员，开展外资工作的专题考察，针对开发区在领导机制、落实有关优惠政策、资金投入、基础设施和软环境等方面存在的问题，向县委、县政府提出要体制创新，营造与国际惯例接轨的投资区域，集中资金保证重点建设等8条建议。1999—2003年，县第十四届人大常委会围绕经济结构调整、农业和农村经济发展、整顿和规范市场经济秩序、农村税费征收，社会保障制度落实等工作，组织18次的代表考察活动，开展65项专题调研，考察调研报告提供县委、县政府领导决策参考。

2004年9月1—2日，县人大和县政协联合组织人大代表和政协委员40人，分4组对文峰、五寨、芦溪等8个乡镇的农村公路建设情况进行考察，针对山区村筹资难度大，上级助建资金未及时到位，有的村道建设进展缓慢等问题，县人大常委会建议县交通局努力向省、市争取资金，统一调配，并建议县委、县政府召开农村公路建设专题工作会议，总结经验，解决问题。2006年6月中旬，县人大常委会组织部分人大代表分成4组，由县人大常委会主任、副主任带队到小溪、文峰、大溪、安厚、南胜、国强、霞寨、九峰等乡镇，开展灾后重建家园、恢复生产情况的考察工作。针对存在的问题，向县委、县政府提出8条建议。2004—2006年，县第十五届人大常委会就农村公路网建设、实施义务教育法、文化市场管理、灾后重建等工作，组织代表考察和专题调研，写出考察调研报告提供县委、县政府领导决策参考。

2007年9—10月，县人大常委组织部分市、县人大代表深入5所中学和10所小学，就教育“两免一补”政策落实情况，中小学布局调整、控辍保学、师资队伍建设等问题进行调研。针对存在的问题，提出要尽快盘活处置闲置资产、建立完善学生寄宿制度等建议的调研报告，引起县委、县政府的重视。随后，全县开展校园整治专项活动，加快中小学布局调整，拨付“两免一补”资金，并加强检查监督。

五、受理信访

1989年，县人大常委会对人民代表、群众来信来访建立登记分类、领导批阅、交办、转办、催办、反馈、办结上报、归档等一套规章制度。当年，共受理人民代表和群众来信82件、来访12人次。接到山格乡代表反映供销社供应给农民的红糖变质生虫的信件后，县人大常委会领导带领机关工作人员，到山格供销社各个门市部进行现场检查核实，并随即召开财委、商业、供销等部门领导会议进行协调，作出停止出售变质红糖的决定，在群众中产生良好影响。

1991—1993年，县第十二届人大常委会共受理人民代表和群众来信259件、来访271人次。根据《福建省各级人大常委会办理人民群众来信来访工作条例》的要求，分别采取自办、转办、查办等方法进行处理。1993年初，南胜镇部分县人大代表来信反映，省道牛旧线南胜镇罐头厂至圩场路段，长期失修，路面凹凸不平，既严重影响交通安全和市容市貌，也影响群众生产生活，群众怨声载道，要求县人大常委会帮助解决这一问题。常委会领导接到来信后，则召集交通、公路部门和南胜镇的领导，先后4次到实地察看办公。最后以南胜镇负责沙石铺路，公路部门负责浇灌柏油的办法解决。

1994—1998年，县第十三届人大常委会共受理人民代表和群众来信713件、来访585人次。1999—2003年，县第十四届人大常委会共受理人民代表和群众来信1223件，来访1302人次。2004—2006年，县第十五届人大常委会共受理人民代表和群众来信375件、来访463人次。2006年9月，常委会领导到安厚镇接访代表，代表反映双马村渡槽因多年失修，下沉、移位、透水，给附近居民的生命财产带来严重隐患。常委会领导会同当地政府和有关部门研究后，决定将渡槽边的居民在3年内全部给予搬迁。当年底，有19户80人享受免征建房土地税和人均补助1000元的“造福工程”待遇，迁入新居。

2007年，县人大常委会共受处人民代表和群众来信120件，来访29人次。

六、联系代表

1989年起，县人大常委会每年定期给每位代表分发《会刊》《人大简讯》等，不定期印发学习参考资料。1990年，县人大常委会制定《关于加强同县人大代表联系的办法》。1989—1990年，常委会召开代表座谈会、学习会共16次，参加1180人次。1991年，在第十二届人大第一次会议上，通过《代表活动制度》，县直机关代表编成16个小组，各乡镇以行政村为单位编成若干小组，并设立代表活动室，定期集中开展活动。县人大常委会在各乡镇建立联系代表工作日制度，常委会领导成员分别参加当日活动。并根据工作需要，经常通过走访代表、召开代表座谈会、邀请代表列席常委会议、组织代表参加视察调研活动等途径，加强同代表的联系，发挥代表的作用。县人大常委会给各乡镇人大主席团下拨一定的经费，作为代表活动费用。1992年，将600多册的《中华人民共和国代表大会和地方各级人民代表大会选举法》学习手册，分发到代表手中。1994年起，常委会给每位代表订阅省《人民政坛》和市《人大通讯》杂志，帮助代表知情、知政。1999年，建立常委会组成人员联系代表制度，结合年度工作重点和人民群众普遍关心的问题，邀请代表参加执法检查、审议和评议“一府两院”工作、专题调研等活动。

从2004年4月起，县人大常委会组织开展市、县、乡镇三级人大代表服务在基层活动，发挥代表作用。当年，组织人大代表中的科技人员就琯溪蜜柚、香蕉、白芽奇兰茶、蔬菜的管理，开展授课、田间指导活动，举办科技讲座8场，受训群众639人次，分发科技资料800多份。坚持常委会组成人员挂钩各乡镇，每季度联系和走访4～5名代表，以及常委会领导成员带领机关人员到乡镇召开代表座谈会的制度，了解情况，听取意见，答疑释惑，帮助解决代表工作和生活中的实际困难。对代表反映的问题，责成和督促有关部门研究解决。

2007年，县人大常委会健全代表的系统培训制度，通过集中培训或以会代训，提高代表素质。抓好闭会期间代表活动的组织保障制度，组织代表参加民主评议政府部门和有关执法检查以及视察调研活动，为代表依法行使职权创造条件。

七、指导乡镇人大工作

1989—2007年，县人大常委会每次召开会议，都邀请各乡镇人大主席列席，让他们及时了解县人大常委会的活动情况。县人大常委会组成人员分工挂点，经常深入乡镇，听取乡镇人大工作情况汇报，给予现场指导。每逢乡镇换届选举和召开人大会议，挂点人员都参加研究指导。县人大常委会每年不定期举办乡镇人大主席、秘书培训班，组织学习法律、业务知识等；不定期召开各乡镇人大工作经验交流会；及时帮助解决乡镇人大的活动经费、调配工作人员等实际问题。

卷七 地方人民政府

1989年1月至2007年12月，平和县人民政府经历第十一届至第十六届。历届县人民政府于每年年初和年中分别召开政府全体会议，不定期召开政府常务会议、县长办公会，对政府中心工作任务进行部署，并研究出台一系列规定、决定，指导全县经济建设和社会事业的发展。同时，通过召开专题工作会、现场办公会等，对政府各部门工作进行通报交流、检查督促、协调指导，推进当年政府中心工作任务的完成。特别是为改变平和山区贫困县的面貌，历届县政府以经济建设为中心，实施“工业兴县”“品牌兴农”“扶贫开发”等发展战略，出台一系列优惠政策措施，深化改革开放，大力招商引资，改组国有企业，加快发展个私和“三资”企业，陆续开辟平和工业园区和4个工业集中区，推进工业化进程；创立琯溪蜜柚、白芽奇兰茶、坂仔香蕉三大名牌特产，推进农业产业化。1992年、1997年、1998和2000年，平和县被评为“福建省经济发展十佳县”。1995年、1996年和2000年，平和县先后被国家农业部等部门命名为“中国琯溪蜜柚之乡”“中国香蕉之乡”和“中国白芽奇兰茶之乡”。2007年，全县财政总收入（不包括上级补助）首次突破2亿元，达2.08亿元，农民人均纯收入5436元，分别比1988年增长19.7倍和12.7倍。县每年投入财政收入的20%以上，用于发展科技、教育、文化、卫生等各项社会事业，建立和完善社会保障体系。同时，贯彻“依法治县”方针，加强法制建设和政法队伍建设，加强社会治安综合治理，确保社会安定稳定。

第一章 组织机构

第一节 县政府领导班子

1989—1990年，第十一届县政府设县长1人，副县长3人。

1991—1993年，县第十二届人大一次会议选出第十二届县政府县长1人，副县长4人。其间，因工作需要，人事变动，县长调换1人次，副县长调出4人，调入6人（其中女性1人）。

1994—1998年，县第十三届人大第一次会议选出第十三届县政府县长1人，副县长5人（其中女性1人）。其间，因工作需要，人事变动，县长调换2人次，副县长调出6人，调入9人。

1999—2003年，县第十四届人大第一次会议选出第十四届县政府县长1人，副县长6人。其间，因工作需要，人事变动，县长调换1人次，副县长调出3人，调入1人。

2004—2006年，县第十五届人大第一次会议选出第十五届县政府县长1人，副县长7人（其中女性1人）。其间，因工作需要，人事变动，县长调换1人次，副县长调出1人。

2007年，县第十六届人大第一次会议选出第十六届县政府县长1人，副县长8人（其中女性1人）。其间，因工作需要，人事变动，副县长调出2人、调入2人。

第11—16届县人民政府县长、副县长名表

表7-1-1

届别	职务	姓名	籍贯	出生年月	文化程度	任职时间
第十一届	县长	卢耀清	长泰	1943年11月	大专	1987年11月至1990年12月
	副县长	张庆裕	平和	1930年11月	初中	1987年11月至1990年12月
		杨香勤	平和	1955年7月	大学	1987年11月至1990年12月
		郑为民	龙海	1955年5月	大学	1987年11月至1990年12月
第十二届	县长	卢耀清	长泰	1943年11月	大专	1991年1月至1992年8月
	代县长	黄永坤	龙海	1948年9月	大专	1992年8月至1993年1月
	县长	黄永坤	龙海	1948年9月	大专	1993年2月至1993年12月
	副县长	康火南	华安	1947年2月	大专	1991年1月至1993年12月
		谭培根	漳浦	1956年3月	大专	1991年1月至1993年11月
		吴景辉	平和	1956年4月	大专	1991年1月至1993年11月
		张添火	平和	1945年2月	大学	1991年1月至1993年12月
		黄建平	平和	1956年2月	大专	1993年2月至1993年12月
		郑智民	平和	1954年11月	大学	1991年9月至1993年12月
		黄永坤	龙海	1948年9月	大专	1992年6月至1992年8月
		孙守煊（女）	福州	1943年3月	大专	1993年11月至1993年12月
第十三届	县长	黄永坤	龙海	1948年9月	大专	1994年1月至1997年1月
	代县长	许荣勇	云霄	1957年1月	大学	1996年4月至1996年12月
	县长	许荣勇	云霄	1957年1月	大学	1997年1月至1998年9月
	代县长	杨彬文	漳浦	1950年11月	大专	1998年9月至1998年12月
	副县长	黄建平	平和	1956年2月	大专	1994年1月至1996年8月
		张添火	平和	1945年2月	大学	1994年1月至1998年12月
		孙守煊（女）	福州	1943年3月	大专	1994年1月至1998年12月
		郑智民	平和	1954年11月	大学	1994年1月至1998年11月
		刘文标	南靖	1956年9月	研究生	1996年8月至1998年12月
		张翼腾	云霄	1963年2月	研究生	1997年10月至1998年12月
		林　忠	华安	1962年11月	大学	1998年11月至1998年12月
		吴川泽	漳浦	1957年9月	大学	1998年11月至1998年12月
		林清顺	东山	1958年8月	大学	1998年11月至1998年12月
第十四届	县长	杨彬文	漳浦	1950年11月	大专	1999年1月至2001年8月
		林　忠	华安	1962年11月	大学	2001年8月至2003年12月
	副县长	林　忠	华安	1962年11月	大学	1999年1月至2001年7月
		张翼腾	云霄	1963年2月	研究生	1999年1月至2001年11月
		吴川泽	漳浦	1957年9月	大学	1999年1月至2003年12月
		蔡福民	平和	1956年6月	大专	1999年1月至2003年12月

续表 7-1-1

届别	职务	姓名	籍贯	出生年月	文化程度	任职时间
第十四届	副县长	林清顺	东山	1958 年 8 月	大学	1999 年 1 月至 2003 年 12 月
		陈禹生	诏安	1959 年 10 月	大学	2001 年 12 月至 2003 年 11 月
		周瑞民	平和	1952 年 7 月	大专	1999 年 10 月至 2003 年 12 月
第十五届	县长	林　忠	华安	1962 年 11 月	大学	2004 年 1 月至 2006 年 5 月
		洪里专	漳州	1963 年 4 月	研究生	2006 年 5 月至 2007 年 1 月
	副县长	杨胜华（女）	龙海	1962 年 2 月	大学	2004 年 1 月至 2007 年 1 月
		吴川泽	漳浦	1957 年 9 月	大学	2004 年 1 月至 2007 年 1 月
		林清顺	东山	1958 年 8 月	大学	2004 年 1 月至 2007 年 8 月
		朱木荣	云霄	1962 年 9 月	大专	2004 年 1 月—（2007 年 3 月病故）
		罗则庆	平和	1963 年 2 月	大学	2004 年 1 月—（2006 年 5 月病故）
		张茂杞	平和	1961 年 2 月	大学	2004 年 1 月至 2007 年 1 月
		侯为东	龙海	1968 年 9 月	研究生	2004 年 1 月至 2006 年 9 月
第十六届	县长	洪里专	漳州	1963 年 4 月	研究生	2007 年 1 月起
	副县长	杨胜华（女）	龙海	1962 年 2 月	大学	2007 年 1 月至 2007 年 6 月
		林清顺	东山	1958 年 8 月	大学	2007 年 1 月至 2007 年 8 月
		张茂杞	平和	1961 年 2 月	大学	2007 年 1 月起
		周建明	平和	1962 年 6 月	大专	2007 年 1 月起
		林德志	平和	1964 年 5 月	大学	2007 年 1 月起
		赖敏生	平和	1960 年 4 月	大学	2007 年 1 月起
		曾　民	平和	1962 年 7 月	大学	2007 年 1 月起
		赖武平	平和	1972 年 10 月	研究生	2007 年 1 月起
		黄劲武	云霄	1972 年 4 月	研究生	2007 年 8 月起
		戴鹏飞	漳浦	1965 年 8 月	大学	2007 年 8 月起

注：第十二届县政府领导班子中，还有省委派来挂职担任副县长的陈文禄、陈肇基。第十三届县政府领导班子中，还有省委派来挂职担任副县长的陈肇基、林荣光、陈志惠、谢松龙、黄新华。第十四届县政府领导班子中，还有省委派来挂职担任副县长的黄新华。

第二节　县政府工作机构

1989 年，县政府工作机构有政府办公室、人事局、民政局、老干局、老区办、侨务办公室、机关事务管理局、计划委员会、体制改革委员会、劳动局、统计局、建设局、经济委员会、交通局、第二轻工业局、农机站、农业委员会、农业局、林业局、水利电力局、乡镇企业局、土地管理局、财贸办公室、财政局、审计局、商业局、供销合作社联合社、税务局、粮食局、工商行政管理局、外贸公司、烟草专卖局、对外经济贸易委员会、科技委员会、教育局、文化局、卫生局、计划生育委员会、体育运动委员会、公安局、司法局、监察局、编制办、旅游局、县地方志编纂委员会、档案局。1990 年，增设县扶贫开发办公室。1991 年，增设县广播电视局、县环境保护局、县技术监督局。

1997 年后，县政府工作机构多次进行改革，核定行政单位、事业单位、部门管理机构、议事协调办事机构等，有的合并、挂靠、更名。至 2007 年，县政府设行政单位 21 个，即政府办公室（外事侨务办公室并入，保留牌子）、人事局（劳动和社会保障局与其合署）、民政局、发展和改革局（物价局并入，保留牌子）、经济贸易局（乡镇企业局并入）、对外贸易经济合作局、农业局、水利局、林业局、国土资源局、建设局（环境保护局与其合署）、交通局、科学技术局、教育局、卫生局、人口和计划生育局、财政局、审计局、公安局、司法局、监察局（与纪委机关合署）。设部门管理机构4个，即统计局、粮食局、文化体育局、安全生产监督局。设议事协调办事机构2个，即革命老根据地建设与扶贫开发领导小组办公室、项目开发领导小组办公室。设事业单位5个，即广播电视局、旅游局、体育运动委员会、地方志编纂委员会、档案局。

县里还设有省、市垂直管理的科级单位：国税局、地税局、工商局、质监局、药监局、烟草局、气象局。

第三节 乡镇人民政府

1989年，全县设立小溪、九峰2个镇人民政府和山格、文峰、南胜、五寨、坂仔、国强、安厚、大溪、霞寨、芦溪、崎岭、长乐12个乡人民政府。乡、镇人民政府设乡、镇长1人，副乡、镇长1～2人。1990年，山格、南胜改设镇人民政府。1992年，文峰、坂仔、大溪、霞寨改设镇人民政府。1993年，增设秀峰乡人民政府，芦溪改设镇人民政府。1996年，安厚改设镇人民政府。

至2007年，小溪、文峰、山格、南胜、坂仔、安厚、大溪、霞寨、芦溪、九峰10个镇人民政府各设镇长1人、副镇长3～4人；五寨、国强、崎岭、长乐、秀峰5个乡人民政府各设乡长1人、副乡长2～3人。

各乡、镇人民政府设政府办公室、民政所、财政所、司法室、武装部、农业站、林业站、水利站、经济委员会等工作机构。

第二章 重要会议

第一节 县政府全体会议

1989年起，县政府全体会议通常每半年召开一次，讨论决定县政府工作中的重大事项，对政府工作进行总结、部署；通报全县经济社会发展情况。1991年8月1日，县政府召开政府全体会议，县长卢耀清在会上作题为《坚持以经济建设为中心，努力完成今年县政府各项工作任务》的报告，对上半年的县政府工作总结8个方面的成果，对下半年的县政府工作提出“以秋补夏，力争全年粮食丰收”“加强管理，全面提高企业经济效益”“开源节流，强化税收管征工作，努力增加财税收入”“扩大销售，搞好流通，进一步繁荣市场”“改善投资环境，加强招商工作，扩大对外开放”“齐抓共管，搞好社会治安综合治理”“持之以恒，把计划生育工作提高到一个新水平”“重视科技教育，推进社会主义精神文明建设”8个方面的任务和要求。

1995年8月15日，县政府召开政府全体（扩大）会议，县长黄永坤在会上作题为《增强信心，狠抓落实，全面完成今年政府各项工作任务》的报告，提出下半年要重点抓好“稳粮保蔗和山地综合开发”“努力增加财税收入”“甩掉计生后进帽”“深化企业改革”“全面实施‘乡镇企业发展年’计划”“加强对外商投资的协调和服务工作”“加强对13个重点项目建设的跟踪和考核”“发展各项事业，推动社会全面进步”“加强政府自身建设，提高工作效率”9个方面的工作。

1998年4月10日，县政府召开政府全体会议，传达贯彻中共十五大和中央“两会”精神，学习毛泽东、邓小平、江泽民的3篇文章，县长许荣勇作题为《解放思想，开拓进取，为全面实现今年经济社会发展目标而奋斗》的报告。8月5日，县政府召开政府全体会议，总结上半年全县经济工作情况，部署下半年全县经济工作任务，贯彻县委《关于依法治县的决定》，提高依法行政水平。县长许荣勇在会上作题为《转变作风，依法行政，努力开创政府工作新局面》的报告，提出“做好三确保、三重点、三抓好，完成和超额完成全年计划任务”的要求。“三确保”即确保GDP（国内生产总值）增长24.2%，确保财政收入增长26%，确保科技“创先”和卫生“初保”达标。“三重点”即以基础设施建设为重点，扩大固定资产投资；以山老边村扶贫开发为重点，巩固和提高脱贫奔小康成果；以粮改、再就业和社会保障为重点，全力推进各项改革。“三抓好”即抓好“三夏”和防汛抗洪工作；抓好“9·8”厦门投资贸易洽谈会和“9·10”漳州投资说明会准备工作；抓好社会稳定工作。

2004年3月9日，县政府召开政府全体会议，各位副县长就分管部门在新一年里的工作进行具体部署，县长林忠作题为《谋划发展，加快发展，全面完成今年各项目标任务》的报告。

2007年3月27日，县政府召开政府全体会议，各位副县长就分管部门新一年的工作进行具体部署，县长洪里专就新一年政府工作任务提出要突出工业发展主题，实施“工业兴县”和“项目带动”战略，加快工业园区建设步伐，吸纳民间资本参与工业项目投资，培育新的经济增长点；突出新农村建设主题，推进农业基础设施建设、农村公益事业建设和农村产业化发展。

第二节　县政府常务会议

1989—1990年，第十一届县政府召开5次常务会议。1989年7月6日，县长卢耀清主持召开第二次政府常务会议。会议就政府要办的10件实事的实施工作进行领导分工、项目归口，研究为下届政府做好几个重点建设项目的前期准备工作，研究加强工商企业的经营管理工作等。

1991—1993年，第十二届县政府召开12次常务会议。1993年3月6日，县长黄永坤主持召开第二次政府常务会议。出席会议有县政府领导成员、政府调研员和县委分管政府工作的领导成员，县政府办公室领导干部列席会议。会议研究决定表彰一批计划生育工作先进单位和个人，投资建设县城移动电话、兴建烈士纪念碑，安排资金改造宾馆2号楼、扶持发展食用菌生产等。8月20日，县长黄永坤主持召开第三次政府常务会议，出席会议有县政府领导成员和政府调研员，县政府有关科局领导干部25人列席会议。会议讨论研究有关公路建设、流动人口管理、林业管理等10个问题，决定开征县道公路建设配套费，出台《关于流动人口计生管理办法》《关于加强林业管理工作的通知》。

1994—1998年，第十三届县政府共召开33次常务会议。1997年6月10日，县长许荣勇主持召开政府常务会议，参加会议有县政府、县人大、县政协领导成员和县直有关单位领导干部共21人。会议研究决定：发动干部职工为教育“两基”达标捐资，增加机关事业单位工作人员生活补贴费，开征水资源费，增设8个居委会等，决定出台《关于加快旅游重点产业发展的意见》。1998年7月6日，县长许荣勇主持召开政府常务会议，参加会议有县政府、县人大、县政协领导成员和县直机关有关单位领导干部共36人。会议研究决定出台《平和县城规划管理暂行办法》《平和县城园林绿化管理暂行规定》《平和县农村最低生活保障制度暂行规定》，还研究有关粮食流通体制改革和夏粮收购工作。

1999—2003年，第十四届县政府共召开20次常务会议。2000年7月31日，县长杨彬文主持召开政府常务会议，参加会议有县政府领导成员和县直机关有关单位领导干部共23人。会议研究医疗保障制度改革和初中招生办法改革等事项，决定出台《平和县人民政府关于基本医疗保险金统筹管理的通知》。2003年3月3日，县长林忠主持召开政府常务会议，参加会议有县政府、县人大、县政协领导成员和县直机关有关单位领导干部共30人。会议研究县食品公司和糖酒副食品公司的企业改制、资产拍卖及职工分流等问题，并研究确定10名擅离岗位的教师按自动离职处理。

2004—2006年，第十五届县政府共召开9次常务会议。2005年11月25日，县长林忠主持召开政府常务会议，参加会议有县政府、县人大、县政协领导成员和县直机关有关单位领导干部共31人。会议专题研究福建龙溪集团公司（原平和农用运输车厂）新厂区资产盘活处置第二阶段工作安排事宜。

2007年，第十六届县政府召开4次常务会议。是年3月28日，县长洪里专主持召开政府常务会议，参加会议有县政府、县人大、县政协、县武装部领导成员和县直机关有关单位领导干部共42人。会议研究新型农村合作医疗工作、基本农田保护示范区建设、安全生产工作、县管水利管理单位体制改革、南山大桥灾后重建等事项。6月13日，县长洪里专主持召开政府常务会议，参加会议有县政府、县人大、县政协、县武装部领导成员和县直机关有关单位领导干部共49人。会议研究并决定7月1日起，全县正式实施新型农村合作医疗制度和农村困难家庭医疗救助制度，提高重点优抚对象和革命"五老"人员医疗补助标准，提高精简退职老职工生活救济费标准。会议还研究有关坂仔镇和九峰镇消防规划、琯溪蜜柚深加工产业化项目奖励办法、山格平寨口至县城园环路段路面改造等事宜。

第三节 县政府专题会议

1989年起，历届县政府每年根据工作需要，由县长或副县长按照工作分工，主持召开专题工作会、协调会、现场办公会等专题会议，召集有关部门领导和工作人员参加，专题研究、交流、协调处理经济建设和社会事业发展中一些具体问题。1991年开始，建立专题会议记录存档制度。

1991—1993年，第十二届县政府共召开34次专题会议。其中，1991年召开10次，主要解决灵通风景区规划建设等问题；1992年召开8次，主要解决农用运输车厂征地和万辆技改、建设平和一中体育场等问题；1993年召开16次，主要解决建设新建二路、五路、六路、河滨路、北环城路等征地问题。

1994—1998年，第十三届县政府共召开205次专题会议。其中，1994年召开15次，主要解决建立10万亩（6666.67公顷）蜜柚基地、建立10万亩（6666.67公顷）香蕉生产基地、建立10万亩（6666.67公顷）蔬菜基地、三平旅游开发等问题；1995年召开21次，主要解决创办平和县小溪镇育才中学、矫治琯溪蜜柚果实粒化裂瓣症课题研究、老年人活动中心建设等问题；1996年召开27次，主要解决县果蔬批发市场建设、牛头溪东风桥至琯溪桥河段堤岸防洪建设、县直机关"安居工程"征地、河滨市场建设、桥南市场建设等问题；1997年召开64次，主要解决三平公路拓宽改造、三平旅游建设项目、县城防洪堤建设和沿岸旧城改造、良坝电站建设、"安厚万头良种母猪基地"等问题；1998年召开78次，主要解决省道牛旧线及省道郊柏线小溪古楼至霞寨路段拓宽改造建设、关于灵通风景区收归县管开发建设有关问题、关于关闭3家糖厂、科技创先等问题。

1999—2003年，第十四届县政府共召开136次专题会议。其中，1999年召开33次，主要解决农村电价、三平风景区有关单位合并、琯溪商贸城工程招标、中山公园扩建规划论证、国税局办税服务中心大楼建设等问题；2000年召41次，主要解决全县医疗保险制度改革、县物资总公司资产拍卖及改制、合成实业有限公司职工内部分流安置及资金安排等问题；2001年召开30次，主要解决加快西三环中段工程建设、天棋美术艺品有限公司消除安全等问题；2002年召开19次，主要解决新陂村和湖田村两村交界河道疏浚、平和县城东客运站相关事宜、金华小区二期土地征用、大坂洋工业区开发建设等问题；2003年召开13次，主要解决平和糖厂职工安置有关事宜、宝达钢业有限公司投资办厂有关事宜、银河公园全民健身活动中心建设、漳州新城济生堂制药有限公司筹建等问题。

2004—2006年，第十五届县政府共召开41次专题会议。其中，2004年召开16次，主要解决平和县电力公司体制改革、平和县政务网建设一期工程、县青少年学生校外活动中心建设、县城牲畜定点屠宰管理等问题；2005年召开11次，主要解决加强县城区供水管理、正兴集团平和立人学校选址等问题；2006年召开14次，主要解决琯溪东路道路建设、县城区岔路口渠化改造、平和机械制造产业基地建设、县中医院转制等问题。

2007年，第十六届县政府召开31次专题会议。主要解决县城高南大桥建设、平和电力公司厂网分离人员分流安置、县城小学布局调整、平和县国家级基本农田保护示范区建设、平和职校与技校整合事宜、加强县城迎宾路管理、有线数字电视整体转换、迁建平和县国家气象观测站等问题。

第三章 施政纪要

第一节　颁布重要规定决定

1989年起，历届县人民政府根据上级指示精神，结合实际，逐年制定颁布重要规定、决定，指导全县经济建设和社会事业的发展。

1989—1990年，第十一届县政府颁布《关于加强建设用地管理的暂行规定》《关于发展乡镇企业的若干暂行规定》《关于贯彻执行省政府批转的〈福建省集体所有制企业职工养老保险暂行规定〉的实施细则》。

1991—1993年，第十二届县政府颁布《关于进一步搞活粮食企业的若干规定》《批转县农业局关于维护琯溪蜜柚优质产品声誉的意见的通知》《关于扶持县直机关干部职工创办果园有关事项的通知》《关于在全县广泛开展集资办学加快初中建设的通知》《关于建立劳工管理监督机制扩大企业用工自主权的通知》《关于加快琯溪蜜柚市场建设的通知》。

1994—1998年，第十三届县政府颁布《关于建立乡镇企业规划区的若干意见》《关于建立国家机关事业单位养老保险制度的通知》《关于进一步加强计划生育利益导向制约机制的若干规定》《关于加快发展农村社会养老保险事业的通知》《批转县体委关于实施全民健身计划纲要意见的通知》《转发关于贯彻福建省企业职工养老保险制度改革方案的通知》《关于支持国有工业企业深化改革减轻企业负担的通知》《关于环境保护若干问题的决定》《关于加快村镇建设若干问题的决定》《关于进一步鼓励外商投资的若干规定》《关于平和县城镇居民最低生活保障制度暂行规定》《关于加快旅游重点产业发展意见的通知》《关于实施再就业工程意见的通知》《关于进一步创造外商投资软环境的若干规定的通知》《关于平和县农村最低生活保障制度暂行规定》《关于颁布平和县城市规划管理暂行办法的通知》《关于进一步深化粮食流通体制改革的实施意见的通知》。

1999—2003年，第十四届县政府颁布《关于颁布〈平和县关于进一步深化城镇住房制度改革加快住房建设实施方案〉〈平和县城镇职工住房货币化分配暂行办法〉的通知》《关于全面推进素质教育的实施意见的通知》《关于提高琯溪蜜柚质量若干意见的通知》《关于加强村（居）委会群众性自治组织建设的通知》《关于加强和改进政风建设的实施意见》《关于集体林权制度改革工作实施方案的通知》《批转县环保局关于平和县生态功能区划的通知》《关于加快农村劳动力转移工作的实施意见》。

2004—2006年，第十五届县政府颁布《印发关于加快农村公路建设的实施办法的通知》《关于印发平和县农村居民最低生活保障实施办法的通知》《关于进一步加快旅游产业发展的若干意见》《关于印发漳州市平和县旅游发展规划的通知》《转发县教育局关于中小学布局调整意见的通知》《批转民政局等部门关于平和县重点优抚对象和革命“五老”人员医疗补助办法（试行）的通知》《关于推进实施商标品牌战略的意见》。

2007年，第十六届县政府颁布《批转民政局等部门关于平和县农村困难家庭医疗救助试行办法的通知》《关于印发平和县琯溪蜜柚深加工产业化项目奖励办法（试行）的通知》《关于印发平和县城镇最低收入家庭廉租住房管理暂行规定的通知》《关于印发平和县经济适用住房管理暂行规定的通知》《关于加快汽车业发展的若干意见》。

第二节　优化经济结构

1989年，县政府继续发挥本县劳力多、山地广、气候好等优势，实施“林果竹一齐上，脱贫致富一起抓”的决策，动员全县人民走“开发促开放，开放促发展”的路子。倡导“乡办千亩果场，村办百亩果园，户种百株果、十丛竹”的奋斗目标，出台《关于扶持县直机关干部职工创办果园有关事项的通知》，鼓励、扶持党政机关干部、职工创办果园，使全县农业综合开发的规模、质量和效益都跃上一个新台阶。1991-1993年，累计完成造林（包括飞机播种）3.84万公顷，种果6800公顷，栽竹3000公顷。森林覆盖率从1990年的46.2%提高到53.1%，1992年与全省同步提前一年完成基本消灭宜林荒山的任务。工业上，重点抓好“一车、两肥、三糖”，特别是抓好农用车厂这一“龙头”骨干企业，带动集体和乡镇工业的发展。同时，大力发展股份合作和个体私营经济，加快发展第二、第三产业，使一、二、三产业比重由1990年的52.4:20.6:6.27发展到1993年的42.3:28.4:29.3。1992年，平和县被评为“福建省经济发展十佳县”。

1994—1998年，县政府坚持以经济建设为中心，根据各阶段特点，召开经济分析会、农村工作会、外贸工作会、乡镇企业和个私经济工作会等292次，解决发展中的重大问题，在优化经济结构、全面提高国民经济整体素质和效益上出新招、创新效。农业方面，抓好“五个开发”（山地综合开发、市场开发、农产品深度开发、科技开发、名牌开发），全县形成4条各50公里长的水果带和沿西南、西北160公里长的果茶竹带，创立琯溪蜜柚、坂仔香蕉及白芽奇兰茶三大名牌。1995年，在全国首批“百家特产之乡”命名会上，平和县被授予“中国琯溪蜜柚之乡”称号。翌年，平和坂仔镇被授予“中国香蕉之乡”称号。工业方面，抓好国有企业改革，实行多种形式转换经营机制，对乡镇企业实行“五扶持”（投融资、税费负担、服务管理、用地用工、依法保护方面的扶持）。5年中，全县经济实力增强，国内生产总值年递增24.7%，财政收入年递增20.1%，增幅居全市之首。1997年和1998年，连续获“福建省经济发展十佳县”称号。

1999—2003年，县政府根据县第九次党代会精神，实施“农业强县，工业突破，旅游带动，开放推动，民营壮大，设施先行，科技领先”发展战略，加快经济结构调整步伐。农业上，巩固和发展八大绿色产业基地。2000年，平和县获得“中国白芽奇兰茶之乡”称号。2003年，全县八大绿色产业基地总面积由1998年的5.33万公顷扩大到6.53万公顷，其中水果面积4万公顷，产量59.54万吨，居全省第一、全国第七位。创办农字号企业100多家，农产品加工转化率提高21个百分点。工业上，继续采取联合、兼并、租赁、出售和股份合作等多种形式，改组国有企业，加快发展乡镇工业、个私和“三资”企业。5年中，新办工业企业165家，个私企业819家；申请注册商标123件，其中被认定为省级著名商标2件、知名商标5件；全县国内生产总值年均增长11%，工业总产值年均增长14.8%，农业总产值年均增长9.5%。2003年农民人均纯收入3737元，比1998年增长74.7%。先后获得“全国经济林建设先进县”“全国无公害水果生产示范县”“全国科技工作先进县”等称号。

2004—2006年，县政府坚持以科学发展观统领全局，贯彻中央和省市的工作部署，融入海峡西岸经济区建设，采取“工业调大，农业调优，服务业调高”措施，优化经济结构。工业上，贯彻县委《关于加快工业化进程的决定》，抓住食品加工、机械制造、纸制品生产、纺织服装加工、木材建材加工等重点行业，扶强扶大，做大产业群。开辟平和工业园区和五寨、宝峰、大坂洋、九峰4个工业集中区。3年中，新办工业企业210家，新增规模工业企业28家，工业总产值年均递增16.7%。农业上，着力发挥琯溪蜜柚、坂仔香蕉、白芽奇兰茶三大绿色品牌效应，扶持南海冷冻、宝峰罐头、国农套袋、天醇茶业等一批龙头企业，增创有特色的农产品新品牌，锦溪集团、南海食品有限公司、宝峰罐头食品有限公司被评为省级重点龙头企业。南海食品有限公司成为福建省首家通过中国良好农业规范认证的农业企业。3年中，全县农业总产值年均递增5.4%，水果产量稳居全省第一、全国第六位。

2007年，县政府坚持把壮大工业经济、推进农业产业化、紧抓项目引资作为政府工作重点。继续扶持做大机械制造、食品加工、电力、纸制品、服装等优势特色产业，当年新增规模工业20家，总数达到78家，新建续建工业项目120个，其中30个项目竣工投产，新批工业外资项目60个。继续实施“品牌兴农”战略，“阳山茶叶”和“国农”2家企业被列为省级农业龙头企业，宝峰罐头、天醇茶叶等5家企业产品成为2007年度福建名牌产品。新开办农产品加工企业4家，新组建蔬菜、茶叶等农民专业合作社10家，成立全省首家县级农资行业协会。加快发展以现代商贸流通业、房地产业和旅游业为重点的第三产业，建成物流配送中心3个、标准农家店81个，促进连锁超市、品牌专营等先进业态向农村延伸。2007年，全县实现地区生产总值（GDP）57.9亿元，比上年（下同）增长13%，其中一、二、三产业增加值分别为26.86亿元、10.45亿元和20.58万元，分别增长7.9%、25%和14.2%；财政总收入首次突破2亿元，达到2.08亿元，增长33.2%；城镇居民人均可支配收入8958元，增长15.8%；农民人均纯收入5436元，增长11.2%。

第三节　加快基础设施建设

1988—1990年，第十一届县政府累计投入2700多万元，进行水利水电工程建设。新建小水电站6座，增加装机容量735千瓦；新架设高压线路34条96公里，解决47个建制村、5万多人的生产和生活用电；新建人畜饮水工程107处，使3万多人"用水难"问题得到解决；新建水利设施37处，增加农田灌溉面积2800亩，恢复灌溉面积11万亩。累计投资1254万元，新开通公路23条、58公里，新建桥梁24座、1110延米；改造公路15条、46公里，使全县通车里程达到1260公里，超额完成"七五"规划。县城安装1000门自动电话，文峰、山格等10个乡镇也安装自动电话。

1991—1993年，第十二届县政府累计投入6000多万元，完成铺设柏油路面5段47公里，新建公路42条124公里，改造乡村道路24.9公里；建成上峰二、三级电站；改造中山公园、县城主要街道及其排水系统；完成5个项目的水利设施建设和7个项目的工业技术改造。投资7000多万元，在城镇进行"一街一市场"建设，着手兴建县城二路、四路、五路、六路和河滨路、北环城路以及两侧商住房。建成县城和5个乡镇程控电话5500门，开通移动电话和无线寻呼。

1994—1998年，第十三届县政府先后组织实施"先行工程""城镇规划建设管理年""基础设施建设年"等，加大基础设施建设力度，优化生产、生活和投资环境。研究推出银行贷款、财政投入、卖小建大、卖旧建新、股份联合等14种投资融资方式，保证重点建设资金需要。建立和完善建设管理新机制，落实项目法人责任，简化审批程序，规范收费行为，优化服务行为。5年中，总投资3.6亿元，完成3公里的牛旧线南胜至五寨路段二级公路改造工程，实施18公里的郊柏线小溪至霞寨公路改造工程，新开17条乡际、村际断头路；铺筑柏油路376公里，实现乡镇公路油路化，成为全市油路铺设最长的县。投资1亿元，新建1座11万伏输变电站、4座3.5万伏输变电站和18座水电站，实现村村通电；完成县城2万吨自来水扩建工程。投资2亿元，完成程控电话扩容2万多门，实现无线寻呼和移动电话覆盖全县。投资1亿元，建成各类市场41个。投资1.8亿元，用于村镇建设。投资4.2亿元，加快县城建设，县城城区面积由1.3平方公里扩大至3.7平方公里。

1999—2003年，第十四届县政府出台一系列优惠政策措施，加快交通、水利、电力、通讯等一批重点项目建设。5年中，全县投入基础设施建设的资金32.1亿元，年均增长11%。年新增发电量7400千瓦时，基本完成城乡电网改造，实现与全省联网。累计完成城镇建设投资13亿元，建成县城新区4条干道、灵通商贸城、河滨中心市场、城北停车场和一批楼房商厦。

2004—2006年，第十五届县政府坚持实施"项目带动"战略，继续建设一批事关全县经济社会发展全局的重点工程，实现基础设施与经济社会发展相适应。完善"三纵二横"道路网络和乡村等级道路建设，3年中完成农村水泥路建设180.7公里，221个建制村实现道路硬化，硬化率92.1%。新建续建水电项目43个，新增装机容量4.4万千瓦。县城400米防洪堤续建工程和东大路、南环路交叉路口"交通岛"工程相继投入使用。3年中，全县社会固定资产投资11.5亿元，县城城区面积由2003年4.2平方公里扩大到5.2平方公里，人口由50100人增至53176人。

2007年，第十六届县政府继续加大城乡基础设施建设，完成全社会固定资产投资13.8亿元，比上年增长20%。城区"三桥两路"、夜景工程、绿化工程、工业园区基础设施等60个重点项目完成投资10.8

亿元，占投资计划 114.2%。完成九大线水泥路面 18 公里建设，完成省道秀秀线九峰至秀峰公路全线贯通，完成县道五寨至漳浦观音亭、书洋至芦溪路段的改造工程。投资 1.26 亿元，完成农村水泥路 203 公里建设，全县行政村道路硬化率 99%。完成 10 个建制村人饮工程，4 座水库除险加固和花山溪流域霞寨片水土流失治理，建成山地蓄水池 80 口。县城城区面积扩大至 10.2 平方公里，人口增至 54538 人。

第四节 招商引资

1989 年，县政府坚持扩大对外开放，做好吸引台资外资工作。至 1990 年，共利用台资外资 153 万美元，兴办 4 家企业。

1991—1993 年，县政府每年组织各乡镇和外经委、侨办、台办等有关部门，多方联系，开展招商引资，并为外商提供优质服务，使外向型经济从县城向乡镇拓展，从加工业向农业综合开发拓展。1993 年，全县“三资”（即外资、台资、港资）企业由 1990 年的 4 家发展到 37 家；累计投资总额 1458.6 万美元，比 1990 年增长 4 倍；产值 1.49 亿元，比 1990 年增长 7.45 倍，安排就业 1800 多人。外贸出口 5649 万元，年递增 13.6%，名列全市各县区前茅。

1994—1998 年，县政府引导各部门、乡镇在强化管理和优化服务上下功夫，做到“抓领导、促落实，抓办证、促履约，抓动工、促引资，抓服务、促生产”，推进外向型经济发展。县政府先后出台《关于进一步鼓励外商投资的若干规定》和《关于进一步创造外商投资软环境的若干规定的通知》。5 年中，新办“三资”企业 78 家，实际利用外资额年均递增 27.7%。

1999—2003 年，县政府在强化招商硬环境建设的同时，完善一条龙服务、一站式审批的工作运行机制，解决外商在投资、生产过程中的困难和问题，支持办好“三资”企业；并引导外资投向基础设施、工业、农业综合开发和高新技术产业。5 年中，兴办“三资”企业 115 家，实际利用外资 5943 万美元，出口交货值 2134 万美元。

2004—2006 年，县政府继续创造软硬兼优的投资环境，拓宽引资渠道。利用省内外“4•9”漳台恳谈会、“9•8”中国国际投资贸易洽谈会、“11•28”花博会等招商平台，帮助各种所有制企业拓展出口业务。3 年新批外商投资企业 9 家，实际利用外资 2799 万美元，出口交货值 4918 万美元。特别是举办第一届、第二届福建平和琯溪蜜柚节，促进对外交流合作。新建县农产品检验检测中心和九峰动物防疫检查站，提高农产品安全检测水平和出口创汇能力。2006 年，组织琯溪蜜柚出口 6 万吨。

2007 年，县政府继续组织参与“4•9”“9•8”“11•28”等招商活动，举办第三届福建平和琯溪蜜柚节，加大项目推介和引进力度。全年新批外资企业 60 家，实际到资 908 万美元，比上年增长 25%。外资出口总值 2485 万美元，比上年增长 26.3%。建成蜜柚出口示范基地 46 个 5333 公顷，“平和琯溪蜜柚”被认定为中国驰名商标，其证明商标在 17 个国家获准注册，成为中国被欧盟保护的 10 个地理标志产品之一，为扩大蜜柚出口创造条件。当年蜜柚出口 8 万吨。

第五节 推进社会事业全面发展

1989—1990 年，县政府投入 3226.4 万元，发展科技、文教、卫生等各项社会事业。

1991—1993 年，县政府累计投入 6751.3 万元，发展各项社会事业。组织实施“科技计划”“星火计划”项目 92 项，其中 1 项获国家金奖、2 项获省级科技成果奖、31 项获市、县科技进步奖。扶持建立民办科研机构和科技实体 11 家，成立农业科技推广服务实体 28 家，组织 23 个科研项目参加全国专利技术新产品博览会。新建校舍 417 万平方米，改造学校危房 1.1 万平方米，兴建平和一中体育场。小学入学率、巩固率等“四率”，连年保持部颁、省定一类标准，连续 3 年被省、市政府评为“办好初中先进县”。开通县城有线电视、微波电视和山格、坂仔、大溪、九峰 4 个镇有线电视，建成 7 套调频发射台。建成周碧初艺术馆、计划生育服务大楼，动工兴建县妇幼保健所门诊大楼。组织参加全国、省、市级体育比赛，共获得金牌120枚、银牌121枚、铜牌134枚，打破7项省纪录。

1994—1998年，县政府制定《平和县科技、教育、卫生发展“九五”计划和2010年远景规划纲要》，5年累计投入3.1亿元，推动各项社会事业发展。组织实施84项“科技计划”和“星火计划”，有19个项目获国家和省部级科技成果奖。兴建教学楼240幢，建筑总面积23万平方米，教育“两基”通过省政府达标评估验收。1998年，卫生“初保”工作通过省级验收，成为漳州市首家全面达标的县份。兴建广电大楼、图书馆大楼、老年活动中心和妇女儿童活动中心。

1999—2003年，县政府累计投入3.5亿多元，发展各项社会事业。其中，投入2.5亿元发展教育事业，完善教育设施，建成小溪中学和第五中学综合楼。5年中，组织实施科技“六大工程”58个重点项目，其中26项获省、市科技进步奖，科技进步对经济增长的贡献率达51.6%，被国家科技部授予“全国科技工作先进县”称号。计划生育工作连续5年完成省、市下达的人口控制指标。建成县医院新区和一批乡镇卫生院，使全县医疗卫生条件明显改善。建成中山公园全民健身中心等一批运动休闲场所。

2004—2006年，县政府共投入3.2亿多元，发展各项社会事业。组织实施科技项目24项，设立5个地震监测点。从省内外招聘52名大学本科应届毕业生充实到教学第一线，扶持创办民办正兴学校。新增广播电视信号覆盖1.8万人口，实现县、乡、村同网播出。开通“平和网”，成立全市首家县级新闻中心。兴建和完善少体校综合楼、县体育馆、全民健身中心、水上运动中心和11条全民健身路径，被国家体育总局评为“全民健身周”先进单位。新建县疾病防控中心和文峰卫生院门诊综合楼，完成安厚中心卫生院改制，公开招聘27名卫生院校毕业生，充实基层卫生院。开展农村卫生治理，在重点流域沿线乡镇建立6个垃圾处理场，特别是加强旅游基础设施建设，打造山区旅游大县。2005年，三平风景区晋升国家AAAA级旅游区。组织申报克拉克瓷古窑址、庄上大楼、绳武楼等9处历史文化遗产，分别被列为国家、省重点文物保护单位。

2007年，县政府投入1.67亿元，兴办各种社会事业。其中，投入2000多万元，开展农村小学“校园整治专项行动”，拨付“两免一补”资金938万元，启动远程教育工程，成立县直第三实验小学。组织申报省、市科技项目10个，建成2个地震宏观测报点。开展文化户建设活动，完成九峰、霞寨、坂仔镇综合文化站改扩建，全面启动电影进农村“2131”工程，加快农村信息化建设，实施有线电视数字化整体转移工程，完成三坪、宝南2个村光纤铺设，52个村实现宽带进村。

第六节 建立和完善社会保障体系

1989年起，县政府继续把建立和完善社会保障体系，摆上为民办实事的议事日程，在原有实施职工养老保险、失业保险、工伤保险等制度的同时，组织实施“再就业工程”，为农村劳动力转移就业、下岗职工再就业提供劳动保障。1992年10月起，建立农村社会养老保险制度。1994年，县政府成立再就业服务中心，建立帮困再就业基金，出台再就业优惠政策措施，并建立“再就业工程”首长负责制。1996年10月起，推行女职工生育保险。1998年1—10月，先后实施城镇居民最低生活保障（简称“城镇低保”）和农村居民最低生活保障（简称“农村低保”）制度，并不断提高低保标准。1999年起，推行养老金社会化发放制度，确保参保人员按时足额领到养老金。2000年实施基本医疗保险（简称“医保”）制度。2007年7月，推行新型农村合作医疗（简称“新农合”）制度。

至2007年，全县办理职工养老保险22288人，办理失业保险12436人，分别比1991年增加12282人和1228人；办理工伤保险10186人，比1993年增加8191人。办理农村社会养老保险26351人。全县享受农村低保3020户10387人，比1998年增加2618户8900人；享受城镇低保618户1836人，比1998年增加571户1699人。全县的建制村全部建立“新农合”制度，农民参合率75.7%，为住院农民6891人次报销医药费583万多元。1989—2007年，全县农村劳动力转移就业37374人，解决城镇待业人员就业7.1

万多人，下岗职工再就业 1.3 万多人，城镇失业率为 3.91%。

第四章 综合政务

第一节 法制工作

一、机构设置

1989 年，在县政府办公室设立法制科，负责法制建设工作。1991 年，设立平和县行政复议办公室，管辖县政府各工作部门的行政复议案件的审理工作。

2002 年，成立平和县人民政府法制办公室，内设综合科和法制监督科，主要负责统一规划县政府规范性文件的起草、解释、报备、清理和汇编工作；承办法律、法规、规章草案的征求意见等工作；承办县政府行政复议案件，接受县长委托参与行政诉讼，并对各部门行政复议、应诉工作进行督促、指导；组织或参与检查重要法律、法规、规章和其他规范性文件的执行情况等。

二、规范性文件审核、清理

1995 年，颁发《关于加强规范性文件审核、把关和清理的规定》，当年清理废止规范性文件 12 件，取消税外收费 50 项。1998 年，清理废止规范性文件 12 件，取消税外收费 50 项。

2001 年，通过清理，废止 1980—2001 年县政府发布的不适应经济发展的规范性文件 48 件，减少审批事项 387 项。

2004 年，通过清理，废止县政府制定的规范性文件 11 件，县政府办公室制定的规范性文件 4 件。

2006 年，通过清理，废止县政府制定的规范性文件 2 件，县政府办公室制定的规范性文件 4 件。

三、行政执法督查

1991 年，组织 2 次行政执行监督检查，及时发现问题，敦促有关部门严格规范行政执法行为。

1996 年，贯彻实施新颁布的《中华人民共和国行政处罚法》，举办科局级干部学习《中华人民共和国行政处罚法》培训班，2 次组织深入各行政执法单位抽查，纠正个别单位行政越权和行政违法行为。

1997 年，举办 5 期行政执法基本法规培训班，县公安、工商、交通、交警、税务、计生等 28 个行政执行单位近 600 名行政执法人员参加轮训教育，并通过考核取得漳州市《行政执法基本法规合格证书》。年中，还结合纠正行业不正之风，深入各乡镇及重点部门检查行政执法，治理“三乱”，促进认真履行行政执法职责。

1999 年，开始实行行政执法人员资格认证制度。

2002 年，全县开展行政执法机构清理登记；开展经营性土地使用权出让招标拍卖、建设工程项目公开招投标、政府采购、产权交易进入市场等 4 项制度执行情况执法监察。

2003 年，印发《平和县人民政府关于加强和改善行政执法工作的通知》，提高执法队伍的整体素质，规范执法行为。

2004 年，召开全县贯彻实施《中华人民共和国行政许可法》工作会议，印发《平和县贯彻实施行政许可法工作方案》。成立平和县劳动力市场秩序整顿规范执法检查领导小组，开展劳动力市场秩序整顿规范执法检查。成立平和县清理行政许可规定和行政许可实施机关领导小组，做好行政许可规定和行政许可实施机关清理工作。

2006 年，成立推进依法行政工作领导小组，制定《关于推行行政执法责任制的实施意见》。开展国务院《劳动监察条例》《失业保险条例》、省政府《解决农民工问题若干意见》等劳动执法检查 12 次，清理拖欠农民工工资 5.6 万元，涉及人数 80 多人。对贯彻实施国务院《财政违法行为处罚处分条例》《福建省财政监督条例》开展执法检查，抽查 20 个单位。完成上年通过省政府执法资格考试的 70 名工作人员申领执法证件。

2007 年，对行政单位接收省、市下放行政审批权的数量和运作情况进行摸底，有 7 个单位承接省、市下放行政审批项目 33 项；对财政、人事等 7 个单位贯彻执行《中华人民共和国行政许可法》情况开展监督检查。组织执法人员 530 人参加建设法制政府基本知识学习培训考试，合格率 100%。组织全县未取得行政执法证件的行政执法人员参加 2007 年度全省行政执法资格考试，通过资格考试 48 人。

四、承办行政诉讼、复议案件

1999 年，收到行政复议申请 4 件，其中立案 2 件。通过审理，纠正不适当的行政行为。

2001 年，收到行政复议申请 10 件，其中立案 5 件，办结 5 件，使执法单位不合法或不适当的行政行为得到纠正。

2006 年，受理行政复议申请 4 件，审结 3 件；妥善处理山林权属纠纷 1 件；排查各类矛盾纠纷 425 起，调处 425 起，调处率 100%，调处成功 419 起，成功率 98.6%。

2007 年，受理行政复议案件 1 件。

第二节 电子政务

2007 年，县政府利用互联网，建立统一的公众信息网络平台——“平和县人民政府公众信息网（www.fjph.gov.cn）”，形成以政府网站为统一窗口，为公众提供较完整的网上服务信息体系，实现各级政府和部门信息资源整合。网站开通后，先后开设走进平和、信息公共、新闻中心、群众办事、企业办事、便民服务、公众监督、投资指南 8 个栏目、80 多个子目，围绕全县工作重点，对县内重大政治、经济活动和政府信息进行全面、准确、及时的宣传报道，并为县直 45 个单位、16 个乡（镇、场）政府提供统一的信息公开平台。

第三节 突发公共事件应急管理

2006 年 2 月，成立平和县突发公共事件应急委员会，由县委副书记、县长担任主任，统一领导、协调和组织应对平和行政区域内发生的重特大突发公共事件，研究和决定应急管理工作的重大事项。在县政府办公室加挂平和县突发事件应急委员会办公室，作为县应急委的办事机构，由政府办主任兼县应急办主任。

2007 年 8 月，经县长办公会研究通过《平和县突发公共事件总体应急预案》，同时，制订自然灾害类、事故灾害类、公共卫生事件类、社会安全事件类共 19 个县政府专项应急预案，30 个部门应急管理相关部门制订 59 个县政府部门应急预案，初步建立涵盖总体预案、专项预案、部门预案的应急预案体系，建立统一领导、分级负责、职责明确、运转有序、反应迅速、处置有力、依法规范的应急处置体系，有效提高政府保障公共安全和处置突发公共事件的能力，最大程度地预防和减少突发公共事件及其造成的损害，保障公众的生命财产安全。

卷八 政协地方组织

1989年1月至2007年12月，政协平和县委员会（简称“县政协”）经历第三届至第八届。历届县政协通过举行全委会议、常委会会议、主席会议、通报会、座谈会、委员列席县人民代表大会、党组书记列席县委常委会会议，以及采取政协提案、委员视察、专题调研、联谊交友、派员担任部门特邀监督员等形式，履行“政治协商、民主监督、参政议政”职能。19年间，县政协提交提案1040件，向县委、县政府报送视察调查报告125份，提出意见和建议800多条，为促进祖国和平统一大业，推进平和社会主义物质文明和精神文明建设做出贡献。

第一章 县政协委员会

第一节 委员产生

1989—1990年县政协第三届的委员108人，1991—1993年县政协第四届的委员119人，1994—1998年县政协第五届的委员135人，1999—2003年县政协第六届的委员143人，2004—2006年县政协第七届的委员145人，2007年1月产生的县政协第八届委员155人，历届委员的产生，先由上届委员会常务委员会拟定名称，交各民主党派、人民团体和党政机关单位推荐提名，广泛征求意见，反复协商人选。人选名单由县委统战部汇总，然后由县委组织部、统战部、人事局和政协党组联合组织考察，经换届领导小组、政协党组和上届政协主席会议多次协商研究确定，再报中共平和县委审批，最后提交上届政协常委会协商通过。其间，因人事变动或工作需要，由政协党委会广泛征求意见，反复协商，并报中共平和县委审批，确定增补委员。

第二节 委员构成

1989—1990年，县政协第三届委员会委员由15个界别、团体单位和特邀人士组成，共108人。

1991—1993年，县政协第四届委员会委员由16个界别、团体单位和特邀人士组成，共119人。委员中，保留上届委员79人；具有大中专文化程度69人，比上届提高7.1个百分点。新委员中，增加“三胞”（侨胞、台胞、港澳同胞）亲属、科技界、社会科学、经济管理监督部门的委员。

1994—1998年，县政协第五届委员会委员由16个界别、团体单位和特邀人士组成，共135人。委员中，保留上届委员63人；具有大专以上文化程度56人，比上届增加8人；具有中级、高级专业技术职称6人，比上届增加2人。

1999—2003年，县政协第六届委员会委员由16个届别、团体单位和特邀人士组成，共143人。委员中，保留上届委员68人；具有大专以上文化程度68人，比上届增加12人；具有中级、高级专业技术职称9人，比上届增加 3 人。

2004—2006 年，县政协第七届委员会委员由 16 个届别、团体单位和特邀人士组成，共 145 人。委员中，保留上届委员 76 名；具有大专以上文化程度 78 人，比上届增加 10 人；具有中级、高级专业技术职称 17 人，比上届增加 8 人。此届委员扩大非公有制经济代表人士和农林界代表人士的安排，其中经济界委员比上届增加 11.5%，工商界委员比上届增加 11.3%，农林界委员比上届增加 33.3%。委员中，中共党员占 39.9%，非中共党员占 60.1%；妇女占 20%。

2007 年 1 月 22 日产生的县政协第八届委员会委员由 16 个界别、团体单位和特邀人士组成，共 155 人。委员中，保留上届委员 73 人；具有大专以上文化程度 82 人，中级专业技术职称 32 人，高级专业技术职称 11 人；中共党员占 40%，非中共党员占 60%；妇女占 17.4%。

1989—2007 年县政协历届委员组成情况表

表 8-1-1　　单位：人

届别	县委会	团县委	县总工会	县妇联	工商界	教育界	科技界	农林界	医药卫生界	文化体育界	经济界	社会科学界	归侨侨眷界	台胞台属界	宗教界	少数民族界	军属烈属界	特邀人士	合计
第三届	5	3	3	3	9	11	9	10	9	4	0	0	10	8	2	1	2	19	108
第四届	5	3	3	3	10	13	10	10	9	4	0	3	12	10	2	2	2	18	119
第五届	6	3	3	3	9	12	10	11	9	4	15	4	12	12	3	2	0	17	135
第六届	5	3	3	3	16	11	12	11	8	9	13	5	8	10	3	2	0	20	142
第七届	6	3	3	3	18	8	11	16	6	8	15	7	8	8	3	1	0	21	145
第八届	7	3	3	3	21	9	9	17	6	7	21	7	9	8	5	0	0	20	155

第二章　机构设置

第一节　政协常委会

1989—2007 年，历届县政协委员会第一次会议，选举产生常务委员会，主持县政协委员会日常会务。其中：

第三届常务委员会由主席 1 人，副主席 5 人，常务委员 20 人组成。

第四届常务委员会由主席 1 人，副主席 5 人，常务委员 21 人组成。

第五届常务委员会由主席 1 人，副主席 5 人，常务委员 20 人组成。

第六届常务委员会由主席 1 人，副主席 4 人，常务委员 20 人组成。

第七届常务委员会由主席 1 人，副主席 4 人，常务委员 20 人组成。

第八届常务委员会由主席 1 人，副主席 4 人，常务委员 24 人组成。

第 3—8 届县政协主席、副主席名表

表 8-2-1

届别	职务	姓　名	籍贯	出生年月	文化程度	任职时间
第三届、四届	主席	曾文生	平和	1931 年 9 月	初中	1987 年 11 月至 1994 年 1 月
	副主席	周赞枝	平和	1933 年 6 月	中专	1987 年 11 月至 1994 年 1 月
		蔡河清	平和	1941 年 4 月	大学	1987 年 11 月至 1994 年 1 月
		曾榕南	平和	1932 年 11 月	大专	1987 年 11 月至 1994 年 1 月
		郑仲圣	广东中山	1937 年 9 月	中专	1987 年 11 月至 1994 年 1 月
		林定国	平和	1939 年 12 月	大学	1987 年 11 月至 1994 年 1 月
第五届	主席	方清海	龙海	1954 年 11 月	研究生	1994 年 1 月至 1999 年 1 月
	副主席	叶清童	平和	1939 年 1 月	大学	1994 年 1 月至 1999 年 1 月
		蔡河清	平和	1941 年 4 月	大学	1994 年 1 月至 1999 年 1 月
		郑仲圣	广东中山	1937 年 9 月	中专	1994 年 1 月至 1999 年 1 月
		林定国	平和	1939 年 12 月	大学	1994 年 1 月至 1999 年 1 月
		陈　熹	福州	1943 年 11 月	中专	1994 年 1 月至 1999 年 1 月
第六届	主席	张添火	平和	1945 年 2 月	大学	1999 年 1 月至 2004 年 1 月
	副主席	黄金生	平和	1950 年 12 月	大专	1999 年 1 月至 2004 年 1 月
		张　日	平和	1943 年 6 月	中专	1999 年 1 月至 2004 年 1 月
		曾荣火	平和	1956 年 6 月	高中	1999 年 1 月至 2004 年 1 月
		黄泽生	平和	1956 年 9 月	高中	1999 年 1 月至 2004 年 1 月
第七届	主席	蔡福民	平和	1956 年 6 月	大专	2004 年 1 月至 2007 年 1 月
	副主席	黄金生	平和	1950 年 12 月	大专	2004 年 1 月至 2007 年 1 月
		黄泽生	平和	1956 年 9 月	高中	2004 年 1 月至 2007 年 1 月
		卢振海	平和	1963 年 11 月	大学	2004 年 1 月至 2007 年 1 月
		周建明	平和	1962 年 6 月	大专	2004 年 1 月至 2007 年 1 月
第八届	主席	蔡福民	平和	1956 年 6 月	大专	2007 年 1 月起
	副主席	黄金生	平和	1950 年 12 月	大专	2007 年 1 月起
		黄泽生	平和	1956 的 9 月	高中	2007 年 1 月起
		卢振海	平和	1963 年 11 月	大学	2007 年 1 月起
		陈恩平	平和	1963 年 12 月	大学	2007 年 1 月起

第二节　专门委员会（工作组）

1989 年，县政协第三届委员会成立学习委员会、提案工作委员会、文史资料编纂委员会、文化教育工作组、医药卫生工作组、科学技术工作组、农林水工作组、工青妇工作组、“三胞”工作组、经贸工作组、宗教工作组、法制工作组。

1994 年，县政协第五届委员会第一次常委会会议研究决定，取消原有工作组，重新成立学习、提案、文史资料、经济科技、“三胞”联谊、文教卫体、社会法制 7 个专门委员会。1999 年，“三胞”联谊委员会更名为台港澳侨联络委员会。2004 年，学习委员会更名为学习宣传委员会。

至 2007 年，县政协设立学习宣传、提案、经济科技、文教卫体、台港澳侨联络、社会法制、文史资料 7 个专门委员会。

第三节 政协机关

1989年，县政协机关工作机构设置办公室，为正科级单位，机关工作人员8人。1991年6月，增设“三胞”联谊工作办公室和委组工作办公室，均为正科级单位。1996年9月，文史资料委员会定为正科级工作单位。1999年7月，“三胞”联谊工作办公室改为台港澳侨联络办公室。机关工作人员19人。

2007年，县政协机关工作机构为办公室、委组工作办公室、台港澳侨联络办公室和文史资料委员会。机关工作人员19人。

第三章 全体委员会议

第一节 第三届全体委员会议

1989年5月17—20日，举行县政协第三届第二次全体委员会议，与会委员100人。列席会议的有：县委、县人大、县政府、县纪委、县人武部各套班子主要领导，省、市政协委员，县直各有关单位主要领导，各乡镇（场、区）党委统战委员，县政协离退休副处级以上领导（以下历次会议列席对象不变，略记）。会议听取和审议第三届第一次常委会工作报告、提案工作报告、文史资料工作报告，讨论并通过第三届第二次会议《政治决议》，增选常务委员和委员各1人。与会全体委员列席县人大第十一届第二次会议，听取和审议县政府及县财政、计委、法院、检察院的工作报告。

1990年2月25—28日，举行县政协第三届第三次全体委员会议，与会委员97人。会上，传达《中共中央关于坚持和完善中国共产党领导的多党合作和政治协商制度的意见》和市委统战会议精神，学习政协全国委员会《关于政治协商、民主监督的暂行规定》。会议听取和审议县政协第三届第二次常委会工作报告、提案工作报告，通过《政治决议》。与会全体委员列席县第十一届第三次会议，听取和审议县政府及县财政、计委、法院、检察院的工作报告。

第二节 第四届全体委员会议

1991年1月21—25日，举行县政协第四届第一次全体委员会议，与会委员119人。漳州市政协副主席蔡新生出席开幕式并讲话。会议听取并审议第三届常委会工作报告、提案工作报告、文史资料工作报告，选举产生县政协第四届常务委员会主席1人、副主席5人和常务委员21人。会中，全体委员学习中共十三届七中全会精神，列席县人大第十二届第一次会议，听取和审议县政府和县财政、计委、法院、检察院的工作报告。会议通过《政治决议》。

1992年1月15-19日，举行县政协第四届第二次全体委员会议，与会委员115人。漳州市政协副主席、市委统战部部长周力文出席开幕式并讲话。会议传达中共十三届八中全会精神，听取并审议县政协第四届第一次常委会工作报告和提案工作报告，讨论并通过《政治决议》。会中，全体委员列席县人大第十二届第二次会议，参与审议县政府和县财政、计委、法院、检察院的工作报告。

1993年2月12—15日，举行县政协第四届第三次全体委员会议，与会委员111人。县委书记方清海在大会上讲话。会议听取并审议四届二次常委会工作报告和提案工作报告，讨论并通过《政治决议》。会中，全体委员列席县人大第十二届第三次会议，参与审议县政府和县财政、计委、法院、检察院的工作报告。

第三节　第五届全体委员会议

1994年1月15—20日，举行县政协第五届第一次全体委员会议，与会委员135人。漳州市政协领导和县委书记方清海在会上讲话。会议听取并审议县政协第四届常委会工作报告和提案工作报告，选举产生县政协第五届常委会主席1人、副主席5人和常务委员20人，讨论并通过《政治决议》。会中，全体委员列席县人大第十三届第一次会议，参与审议县政府和县财政、计委、法院、检察院的工作报告。

1995年2月19—23日，举行县政协第五届第二次全体委员会议，与会委员125人。漳州市政协副主席周力文和县委书记方清海在会上讲话。会议学习江泽民总书记在中央新春茶话会上的重要讲话，听取并审议县政协第五届第一次常委会工作报告和提案工作报告，讨论并通过《政治决议》。会中，全体委员列席县人大第十三届第二次会议，参与审议县政府和县财政、计委、法院、检察院的工作报告。会议增补县政协委员4人。

1996年1月28日至2月1日，举行县政协第五届第三次全体委员会议。漳州市政协副主席伍向梅和县委书记吴志明在会上讲话。会议听取和审议第五届第二次常委会工作报告和提案工作报告，学习全国政协《关于政治协商、民主监督、参政议政的规定》和省政协《关于政治协商民主监督、参政议政的实施办法》，讨论并通过《政治决议》。会中，全体委员列席县人大第十三届第三次会议，参与审议县政府和县财政、计委、法院、检察院的工作报告。

1997年1月25—29日，举行县政协五届四次全体委员会议。漳州市政协副主席高庆丰和县委书记吴志明在会上讲话。会议听取并审议第五届第三次常委会工作报告和提案工作报告，表彰优秀提案4件、提案承办先进单位4个，讨论并通过《政治决议》。会中，全体委员列席县人大第十三届第四次会议，参与审议县政府和县财政、计委、法院、检察院的工作报告。会议增补县政协委员9人。

1998年2月12—15日，举行县政协第五届第五次全体委员会议。漳州市政协主席林碧华和县委书记吴志明在会上讲话。会议听取、审议并通过五届四次常委会工作报告和提案工作报告，表彰优秀提案7件、提案承办先进单位5个，讨论并通过《政治决议》。会中，全体委员列席县人大第十三届第五次会议，参与审议县政府和县财政、计委、法院、检察院的工作报告。

第四节　第六届全体委员会议

1999年1月4—8日，举行县政协第六届第一次全体委员会议，与会委员143人。会议听取县委书记许荣勇的讲话，听取并审议通过县政协第五届常委会工作报告和提案工作报告，选举产生县政协第六届常委会主席1人、副主席4人和常务委员20人，讨论并通过《政治决议》。会中，全体委员列席县人大第十四届第一次会议，参与审议县政府和县财政、计委、法院、检察院的工作报告。

2000年1月12—15日，举行县政协第六届第二次全体委员会议。漳州市政协主席林碧华和县委书记许荣勇在会上讲话。会议听取并审议通过县政协第六届第一次常委会工作报告和提案工作报告，学习《中共福建省委关于加强人民政协工作若干问题的决议》，讨论并通过《政治决议》。会中，全体委员列席县人大第十四届第二次会议，参与审议县政府和县财政、计委、法院、检察院的工作报告。

2001年4月17—20日，举行县政协第六届第三次全体委员会议。漳州市政协副主席庄瓦金和县委书记许荣勇在会上讲话。会议听取并审议通过县政协第六届第二次常委会工作报告和提案工作报告，表彰优秀政协委员22名、政协机关先进工作者6名、优秀提案9件、提案承办先进单位11个，选举增补政协常委2人、委员6人，讨论并通过《政治决议》。会中，全体委员列席县人大第十四届第三次会议，参与审议县政府和县财政、计委、法院、检察院的工作报告。

2002年1月9—11日，举行县政协第六届第四次全体委员会议。会议听取并审议通过县政协第六届第三次常委会工作报告和提案工作报告，选举增补政协常委1人、委员1人，表彰优秀政协委员18名、政协机关先进工作者3名、优秀提案9件、提案承办先进单位11个，讨论并通过《政治决议》。会中，全体委员列席县人大第十四届第四次会议，参与审议县政府和县财政、计委、法院、检察院的工作报告。

2003年1月2—5日，举行县政协第六届第五次全体委员会议。会议听取并审议通过县政协第六届第四次常委会工作报告和提案工作报告，选举增补政协常委2人，表彰优秀政协委员19名、政协机关先进工作者6名、优秀提案6件、提案承办先进单位6个，讨论并通过《政治决议》。会中，全体委员列席县人大第十四届第五次会议，参与审议县政府和县财政、计委、法院、检察院的工作报告。

第五节　第七届全体委员会议

2004年1月2—5日，举行县政协第七届第一次全体委员会议，与会委员145人。漳州市政协主席林碧华和县委书记杨彬文在会上讲话。会议听取并审议通过县政协六届常委会工作报告和提案工作报告，表彰优秀提案8件、提案承办先进单位6个，选举产生县政协第七届常委会主席1人、副主席4人、常务委员20人，讨论并通过《政治决议》。会中，全体委员列席县人大第十五届第一次会议，参与审议县政府和县财政、计委、法院、检察院的工作报告。

2005年1月，中国人民政治协商会议平和县第七届委员会第一次会议召开　（县政协 提供）

2005年1月5—8日，举行县政协第七届第二次全体委员会议。漳州市政协主席王秀花和县委书记杨彬文在会上讲话。会议听取并审议通过县政协第七届第一次常委会工作报告和提案工作报告，选举增补政协委员6人，讨论并通过第七届第二次会议决议（从此届会议起，通过的决议不再称《政治决议》）。会中，全体委员列席县人大第十五届第二次会议，参与审议县政府和县财政、计委、法院、检察院的工作报告。

2005年12月25—27日，举行县政协第七届第三次全体委员会议。漳州市政协副主席谢东和县委书记杨彬文在会上讲话。会议听取并审议通过第七届第二次常委会工作报告和提案工作报告，表彰优秀提案8件、提案承办先进单位6个，讨论并通过第七届第三次会议决议。会中，全体委员列席县人大第十五届第三次会议，参与审议县政府和县财政、计委、法院、检察院的工作报告。

第六节　第八届全体委员会议

2007年1月19—22日，举行县政协第八届第一次全体委员会议，与会委员155人。漳州市政协副主席陈易洲和县委书记林忠在会上讲话。会议听取、审议并通过县政协第七届常委会工作报告和提案工作报告；表彰2006年度优秀提案8件、提案承办先进单位6个；选举产生县政协第八届常委会主席1人、副主席4人和常务委员24人。会中，全体委员列席县人大第十六届第一次会议，参与审议县政府和县财政、计委、法院、检察院的工作报告。会议通过《关于规范县政协委员参加会议和活动的决议》。

第四章　职能履行

第一节　协商监督与参政议政

1989年3月29—30日，县政协召开第三届第六次常委扩大会议，各委员会主任、工作组长列席。会上，听取县委书记孙竹通过“两公开一监督”工作情况，并与县委、县政府领导进行对话，共同协商。12月14日，县政协召开各界人士座谈会，在平和的省、市人大代表、政协委员以及县人大、政协常委共36人出席。会上，学习中共中央《关于进一步治理、整顿，深化改革的决定》。会后，县政协将会议提出的意见和建议报送县委。

1991年，县政协举行7次主席会议、5次常委会会议，先后讨论《政府工作报告（征求意见稿）》，讨论平和县十年规划和“八五”计划的征求意见稿，听取县政府上半年工作情况通报，听取县纪委有关查处大要案情况通报，听取县建委、扶贫办的工作情况通报等。1991—1993年，县政协第四届委员会先后举行主席会议18次、常委会议16次，听取县委、县政府和有关部门的工作通报，对全县的扶贫工作、造林种果、消灭宜林荒山、城镇建设、农业结构调整等重大问题进行协商，提出意见和建议。

1994年6月21—22日，县政协第五届第三次常委会议，听取县经委主任通报国有企业改革情况后，向县委、县政府提出《关于加快国有企业转换经营机制工作的建议》，得到县委、县政府采纳。1995年，担任特邀“四员”（监察员、监督员、审计员、督导员）的政协常委和委员，参加县纠风办公室组织的对工商、地税、邮电、卫生、公安等重点部门的行风评议活动。1998年5月20—22日，县政协与县人大联合组织对全县15个乡镇的卫生“初保”工作进行全面督查，向县委报送《关于创卫生“初保”达标工作督查情况的报告》，提出6点建议。1994—1998年，县政协第五届委员会先后召开28次常委会会议、14次主席会议、18次情况通报会，对全县“九五”计划和2010年远景规划、精神文明建设规划、依法治县决定、科技兴县、党风廉政建设等重大问题进行协商讨论，提出意见和建议；担任特邀“四员”共参加72次的行风评议活动。

1999年5月21日，县政协第六届第三次常委会会议研究决议，将全县16个乡镇（场）划分为6个片区，成立政协委员联络组，分别参加乡镇（场）的政治协商活动，扩大政协的参政议政面。2000年8月，县政协派员参与县纪委组织的机关效能督查活动，深入6个乡镇、22个县直机关重点单位，采取听汇报、看材料、看现场、个别暗访和测评调查等方法进行检查，后向县委报送督查报告，对机关效能建设指出4个存在问题，提出5条意见。1999—2003年，县政协第六届常委会通过向委员分发《反映社会民意专用表》《政协常委联系委员登记表》，开展乡镇委员联络组活动，召开群众座谈会等渠道，共收集社情民意500多条，经过整理筛选出300多条，分别转送县有关领导和有关部门，大多数被采纳。5年中，邀请县委、县政府及有关部门通报工作情况46次，有28个单位邀请政协委员担任特邀监察员、监督员、审计员、教育督导员，90多位委员参加县纪委、监察局组织的行风评议活动。

2004年10月28日，县政协第七届第四次常委会会议听取县法院、检察院的工作情况通报。会后，县检察院召开党组会议和干警大会，传达县政协常委会会议精神，针对政协常委提出的6条意见和建议采取7条措施，并书面答复县政协常委会。县法院召开院长办公会和院务会，根据县政协常委会会议提出的意见和建议，制订措施强化4个方面的工作，并书面答复县政协常委会。2006年8月上旬，县政协常委会通过走访委员、群众，召开县直机关有关单位、有关企业和蜜柚大户座谈会等，就平和县举办第二届琯溪蜜柚节广泛征求意见，向县委、县政府报送征求意见的情况，并就办好蜜柚节提出8条意见和建议。2004—2006年，县政协第七届委员会共召开20次常委会会议，35次主席会议，25次座谈会，15次情况通报会，就实施“工业兴县”战略、重点项目建设，加强农业和农村工作，完善社会保障体系、创建文明县城、加强社会治安综合治理等方面，进行协商讨论，向县委、县政府及有关部门提出意见和建议。

2007年，县政协第八届第二次和四次常委会会议，听取公检法部门的工作情况通报，就平安建设、加强法律监督、规范队伍管理等方面，提出61条意见和建议，得到公检法部门的肯定，并多数采纳。是年，县政协委员有60多人次参加县直有关部门民主监督活动，政协委员和政协机关干部30人次参加县委、县政府组织的2次计生工作督查，为县委、县政府科学决策提供第一手信息。

第二节 考察调研

1989年，县政协经贸工作组委员深入全县各大中企业，调研企业资金运行情况，向县委、县政府和有关部门提出建议，促使盘活企业资金800多万元。1990年，县政协法制工作组委员考察县看守所，向县公安局提出加强看守所管理7条书面建议。1989—1990年，县政协第三届委员会共组织委员和机关工作人员250人次，参加13次考察调研活动，形成考察调研报告13件，向县委、县政府提出建议66条。

1991年11月下旬，县政协组织委员30人，分5组到各乡镇进行为期3天的考察。在考察报告中，就建立领导责任林和创办乡村果场工作，提出存在4个问题，向县委、县政府提出3点建议。县委、县政府采纳意见，召开县和乡镇党政领导会议，部署山地造林种果。1993年4月22—24日，县政协组织16位政协委员，深入大溪、坂仔、芦溪、小溪等乡镇考察林业生产，向县委、县政府报送《关于加强林业管护工作的建议案》。县政府召开常务会议对建议案作专题研究，出台《平和县人民政府关于加强林业生产管护工作的意见》。1991—1993年，县政协第四届委员会共组织28次的考察调研活动，向县委、县政府提出建议案4件，向部门提出书面建议2件，形成考察调研报告19件。

1994年10月26—28日，县政协与县人大联合组织考察先行工程建设，向县委、县政府呈报考察报告，提出8条建议。县委、县政府研究后，于11月中旬召开“加快先行工程建设步伐”动员大会。1997年5月28—30日，县政协组织委员26人，分3组深入9个乡镇，对中华人民共和国《义务教育法》《扫除文盲工作条例》的执行情况进行调研，向县委、县政府报送调研报告，指出存在的6个问题，提出7条建议。1994—1998年，县政协第五届委员会共组织56次考察调研活动，形成考察调研报告32篇，提出意见和建议176条。

1999年11月16—17日，县政协文教卫体委员会组织18位卫生部门委员，对安厚、南胜、长乐、九峰等乡镇进行卫生“初保”工作的考察。向有关部门和乡镇提出加快门诊大楼建设，抓好农村改水改厕和美化村容村貌的意见和建议。2000年5月，县政协经济科技委员会开展“我国加入世贸组织对我县农业的有利因素和不利影响”的专题调研活动，先后组织委员35人次，深入各乡镇和27个县直机关企事业单位，召开18场座谈会，了解农业现状，存在问题和发展方向，撰写出《关于我国加入WTO对平和农业发展的影响及其对策》的调研报告，报送县委、县政府和市政协。1999—2003年，县政协第六届委员会共组织58次考察调研活动，撰写考察调研报告43篇，提出意见和建议280条。

2004年10月9—11日，县政协经科委员会组织委员深入蜜柚生产区开展蜜柚质量及营销情况调研，向县委、县政府报送专题报告，指出蜜柚产、销存在的5个问题，提出6条建议。2006年10月9—13日，县政协组织调研组，开展公安派出所所长履职情况专题调研，听取县公安局长的通报，深入山格、五寨等6个派出所，听取所长汇报，召开座谈会，征求当地党委意见。向县委报送的调研报告指出6个存在问题，提出9条建议。2004—2006年，县政协第七届委员会共组织18次考察调研活动，撰写考察调研报告14篇。

2007年，县政协第八届委员会先后开展“落实保障机制，推进平安达标”“平和县茶叶产业化情况”“汽车工业产业化”“城市建设管理”4次专题考察调研，向县委、县政府报送考察调研报告4份。

第三节　提案办理

1989—1990年，县政协第三届第二次、第三次全委会议共收到提案177件，经审查立案136件，转交有关部门和单位办理136件，办理后答复133件，其中采纳并落实68件。如《关于做好肥料供应工作》《关于要求追加县幼儿园教学楼工程基建款》等提案，都及时得到解决。

1991—1993年，县政协四届全委会共收到提案118件，经审查立案107件，转交有关部门和单位办理107件，办理后答复107件，其中采纳并落实43件。如《关于重视培养女干部，提高妇女参政议政能力》《关于举办福建省平和县琯溪蜜柚节》《关于开通大坪至芦溪东槐公路》《关于在长乐增设中考考场》等提案，都被采纳实施。

1994—1998年，县政协第五届全委会议共收到提案192件，经审查立案187件，转交有关部门和单位办理187件，办理后答复187件，采纳并落实66件。

1999—2003年，县政协第六届全委会议共收到提案305件，经审查立案301件；转交有关部门和单位办理301件，办理后答复301件，其中采纳并落实49件。2000年《关于要求归还先行工程借款》提案，被县先行工程指挥部办公室采纳，归还1994年因修建公路向个体运输户借款70多万元，使群众多年上访得到息诉息访。2002年，关于《维修古楼柏油路》提案，县委、县政府研究后，责成有关部门投资50万元，修建该路段长473米、宽13米，连同两侧的水沟和人行道。当年10月初动工，12月底完工。使该路段交通不便、排水不畅状况得到改观，受到群众称赞。

2004—2006年，县政协第七届全委会议共收到提案193件，经审查立案193件，转交有关部门和单位办理193件，办理后答复189件，其中采纳并落实118件。2004年，《关于给外商办理“绿卡”的建议》提案，县政府采纳后，于9月2日发出《关于给予外商办理〈外商证〉并享受若干优惠政策的通知》。2005年，《关于在小学、幼托机构实行查验预防接种制度的建议》提案，得到县卫生局、教育局联合办理，从2006年开始，全县各小学、幼托机构开学时，实行查验儿童预防接种证，凭证办理入托、入园、入学手续。

2007年，县政协八届一次全委会议收到提案81件，经审查立案81件，转交有关部门和单位办理81件。至年底，提案全部办理答复，其中付诸实施并落实31件。

1989—2007年县政协历届全委会提案情况表

表8-4-1　　　　　　　　　　　　　　　　　　　　　　　　单位：件

届次	提案总数	提案项目								
		农林水方面	工业交通方面	财贸方面	城建环保方面	政法民政方面	科教文卫方面	统战、宗教、侨务方面	劳动就业方面	其他
第三届（1989—1990年）	177	56	23	8	24	12	19	13	17	5
第四届（1991—1993年）	118	31	15	9	12	9	17	6	8	11
第五届（1993—1998年）	192	42	29	14	21	13	18	17	24	14
第六届（1999—2003年）	305	64	35	28	59	17	36	18	30	18
第七届（2004—2006年）	193	38	19	17	47	13	16	11	17	15
第八届（2007年）	81	16	7	12	17	3	11	2	4	9

第四节　台港澳侨联谊

1989年4月27日，县政协领导接待大溪籍台胞、台湾《自由时报》记者一行4人返乡探亲观光。台胞赠送县政协“心手相连”锦旗一面。春节、中秋等传统节日期间，县政协邀请台胞台属和归侨、侨眷代表参加座谈会、茶话会。平时，县政协以书信、电话等形式，与重点“三胞”及其亲属保持联系。

1991年3月25日，县政协领导陪同台胞222人，到坂仔镇仁山村，参加台胞捐建的元保小学元保楼落成典礼，同台胞进行座谈交流。1992年，县政协与有关部门联合制作《根深叶茂，源远流长》的录像带，让台胞带回台湾广为传播，增强台湾同胞对祖国的认同感。1991—1993年，县政协接待回乡探亲、谒祖进香、洽谈贸易的“三胞”共924人次。

1997年和1999年香港和澳门回归年，县政协组织台港澳侨委员及邀请“三胞”代表，参加座谈会、学习会、报告会、文艺晚会等。其间，组织学习中国政府对台湾的“和平统一，一国两制”方针政策，谴责台湾当局分裂祖国的言行。

2000年春节前，县政协给120多位重点“三胞”寄送贺年卡和慰问信。9月下旬，组织全体台界、侨界的委员，考察8家“三资”企业。对外商反映的问题，当即与有关乡镇和部门的领导联系，使问题得到妥善解决。2002年3月，县政协领导接待首次到平和考察的侨胞；并与县有关部门配合，先后10多次陪同到全县各地考察，促使其将广东的华瀛有限公司搬迁到平和黄井工业区落户。

2005年3月，县政协与县委统战部、县台联共同召开学习《反分裂国家法》座谈会，县政协台界侨界委员及其家属等50多人参加。是年，县政协参与引进港商在平和创办“漳州市华益服装制造有限公司”和“漳州市和贸皮革制品有限公司”2家企业。

2007年，县政协协助平和三平风景区管委会，邀请6个中国台港澳地区和东南亚重要社团，参加文化节活动。接待台湾及海外开漳圣王理事会4批68人，到平和参加开漳圣王朝圣旅游。

1999—2007年，县政协参与接待回乡探亲、谒祖寻根、旅游观光、洽谈贸易和投资办企业的台港澳侨胞共148批、1690人次。

第五节　组织学习

1989年9—12月，县政协先后召开主席会议、常委会议、各界人士座谈会，学习中共十三届五中全会《关于进一步治理整顿和深化改革的决定》，学习江泽民总书记的国庆讲话。常委会作出《关于认真学习中共中央十三届五中全会精神的决定》，印发给全体委员和各界人士。1991—1993年，县政协召开学习会、讨论会、通报会等学习活动42次。1994年，组织委员和各界人士重点学习《邓小平文选》第三卷和《中国人民政治协商会议章程》，编印有关学习资料1200份发给全体委员和各界人士。1996年，组织委员和各界人士学习中共中央《关于加强社会主义精神文明建设若干重要问题的决议》。县政协常委会作出追认在“八八”抗洪救灾中舍身救人的县政协委员、长乐乡建三村党支部书记朱立吉为“模范政协委员”的决定（经上级批准，追认朱立吉为烈士），号召全县政协委员、各界人士学习他的优良品德和奉献精神。1997年，县政协举办“学习《中华人民共和国香港特别行政区基本法》，迎接香港回归”报告会、座谈会3场次。

1999年起，每位政协委员都订阅《人民政协报》。是年7月，县政协举办“中华人民共和国澳门基本法”专题讲座3次，100多位政协委员和各界人士参加。2000年，县政协按照县委的部署，开展“三讲”（讲学习，讲政治，讲正气）教育活动，编印有关《学习资料》2期共600份，发给全体委员和各界人士学习。

2001年“七一”前夕，县政协分别召开有历届政协领导、部分委员参加的座谈会和各界人士座谈会，纪念中国共产党成立80周年。组织部分委员参观上杭县古田会议会址、长汀县瞿秋白纪念馆，接受革命传统教育。8月和10月，县政协与县委统战部联合组织政协委员和各界人士，举行学习江泽民总书记“七一”讲话座谈会和纪念辛亥革命90周年座谈会。

2002—2003年，县政协通过召开学习会、座谈会、学习讲座等，组织全体委员学习《中共中央关于加强和改进党的作风建设的决定》，学习“三个代表”重要思想，学习中共十六大精神等。县政协学习委员会每季度给全体委员印发一期《学习资料》。

2004年，县政协换届后，常委会举办新委员培训班，学习《中国人民政治协商会议章程》。2005年，常委分别带领政协机关工作人员，到6个乡镇片区委员联络组，组织委员学习中共中央《关于进一步加强中国共产党领导的多党合作的政治协商制度的意见》、胡锦涛总书记在庆祝人民政协成立55周年大会上的讲话和中共漳州市委《关于进一步加强新时期人民政协工作的决定》。

2007年，县政协通过召开常委会、研讨会和举办专题讲座，组织全体委员学习中共十七大文件，并作出《政协平和县委员会关于认真贯彻中共十七大精神，落实中共平和县委第十一届第五次全体（扩大）会议精神的决议》，分发至全体政协委员。

第六节 征集编印文史资料

1989年，县政协文史资料委员会（简称“县政协文史委”）继续征集出版《平和文史资料》一书，经漳州市委宣传部审批核发准印证，由原来的内部刊物转为国内公开发行。除赠送省内外政协机关以及有关部门外，还赠送台港澳侨同胞。是年，为纪念中华人民共和国成立40周年，编印《平和文史资料》第六辑，刊载有关平和解放战争和解放后40年进行社会主义革命和建设的纪念性文章29篇，共6.15万字，印发2000册。

1995—1998年，县政协文史委配合县委、县政府加快旅游事业建设的部署，组织有关人士调查走访，征集平和重点名胜古迹三平寺和灵通岩的史料，编写出版《平和文史资料》第十二期《三平寺专辑》和第十三期《灵通岩专辑》，共刊载73篇文章，15.6万字，印发3500册。

2001年，县政协文史委征集平和历代文化艺术、土楼文化、地方文化名贤等历史文化遗产的史料，编纂出版《平和文史资料》第十六期，共刊载文章42篇11.7万字，印发2000册。2003年，编纂出版《平和文史资料》第十八期《平和特产专辑》，介绍平和地方名优特产，其中水果类10项，茶叶类2项，饮料类4项，糕点类4项，小吃类5项，中草药3项，其他特产7项，知名老字号6家。共有文章41篇，印发2000册。2004年，编纂出版《平和文史资料》第十九期《平和历史名人》，共有文章67篇，印发2000册。

1989—2007年，出版《平和文史资料》第六期至第二十期，共15期，印发2.83万册。其间，县政协文史委配合漳州市政协，为编纂出版《漳州庙宇宫观》《漳州墨瀚遗珍》《漳州历史文化丛书》《漳州历史名人故居》《漳州历史建筑》《漳州姓氏》等专辑，提供平和的相关史料文稿和照片。为省政协收集《闽台文物史迹》15篇，《闽台交流和闽籍台胞寻根谒祖》15篇，完成省政协交给的合作编辑任务。

附：

第六至第九届平和籍担任福建省政协委员名表

表8-4-2

届别	姓名	性别	出生年月	文化程度	党派	单位、职务
第六届（1988—1992年）	周跃红	男	1958年2月	大专	中共	共青团漳州市委书记
	林文懿	女	1959年2月	中专	—	芗城区个体劳协主任
	王建国	男	1954年4月	初中	中共	平和县芦溪乡长、党委副书记
第七届（1993—1997年）	张金盾	男	1942年8月	大学	—	平和县农用车厂厂长
	李友庆	男	1957年4月	高中	—	平和县琯溪蜜柚研究中心负责人
	林广兆	男	1934年	大学	中共	中银港澳管理处副主任
	庄飞云	男	1931年12月	初中	中共	福建省粮食厅副厅长、党组副书记
	周力文	男	1935年2月	初中	中共	漳州市委统战部部长、市政协副主席
第八届（1998—2002年）	江一平	男	1955年9月	硕士	农工党	福建医科大学科研处副处长、教授
	陈成辉	男	1960年6月	大专	中共	漳州科华电子有限公司副总裁、总工程师
	李友庆	男	1957年4月	高中	—	平和县琯溪蜜柚研究中心主任
	庄静城	男	1963年	中专	—	漳州市基督教“两会”主席、会长
	林广兆	男	1934年	大学	中共	中银港澳管理处副主任
第九届（2003—2007年）	江一平	男	1955年9月	博士	农工党	福建医科大学科研处处长
	张生福	男	1951年9月	初中	中共	平和县大溪镇赤安村党支书
	庄静城	男	1963年	中专	—	漳州市基督教“两会”主席、会长

卷九 人民团体与社会团体

1989年，全县批准建立的人民团体与社会团体39个。随着社会事业的发展，各行各业不断建立新的团体。1997年，全县批准建立的群众团体56个。2007年，经过清理整顿，重新审核，全县批准建立的人民团体与社会团体36个，其中政界团体8个，文化艺术界团体4个，科技界团体7个，卫生界团体3个，台胞侨胞团体3个，宗教界团体2个，其他团体9个。各个团体配合党和政府的中心工作，组织本团体人员开展各种活动，发挥自身优势，为物质文明、精神文明建设贡献力量。

第一章 工人联合会

第一节 组织机构

一、县总工会

1989年，县总工会由主席1人、副主席1人、常务委员7人，委员21人组成县总工会委员会，作为领导机构，内设办公室、组织宣传部、经济保障部、财务部、经费审查委员会，女职工委员会6个工作机构。1998年，增设法律保障女工部。2003年，增设平和县困难职工帮扶中心。2004年，增设县劳动模范管理办公室。

2007年，县总工会委员会由主席1人、副主席1人、常务委员5人、委员12人组成，内设工作机构有办公室、组织部、宣教部、财务部、经费审查委员会、女职工委员会、法律保障女工部、帮扶中心、劳模管理办公室。在编工作人员8人。

二、产业（系统）工会

1989年，全县建立产业（系统）工会有平和教育工会委员会、供销系统工会委员会、粮食系统工会委员会、商业系统工会委员会、二轻系统工会委员会、林业系统工会委员会。1993年，增建县经贸系统工会委员会。1995年，增建县外经系统工会委员会。至2007年，保持上述8个产业（系统）工会委员会。

三、非公有制企业工会联合会

1997年，开始组建非公有制企业工会联合会。2007年，全县有小溪、九峰、南胜、文峰、芦溪、崎岭、霞寨、山格、坂仔、国强、大溪11个乡镇企业工会联合会，小溪、文峰、山格、坂仔4个乡镇私营企业工会联合会，平和县外资企业工会联合会和九峰、坂仔、大溪、霞寨4个乡镇外资企业工会联合会。

四、乡镇工会工作委员会

1993年9月，小溪镇率先建立乡镇工会工作委员会。1995年1月，全县15个乡镇均建立乡镇工会工作委员会。至2007年不变。

五、其他基层工会

1989年，全县在机关、企事业单位建立基层工会150个，其中机关单位工会9个，事业单位工会54个，企业单位工会87个。共有工会会员16302人。此后，随着非公有制企业的发展，基层工会覆盖面不断扩大。至2007年，全县建立基层工会719个，其中机关单位工会43个，事业单位工会89个，企业工会567个（其中非公有制企业工会511个）、社区工会20个，共有工会会员30225人。

第二节 代表大会

一、工会代表大会

1990年8月20—30日，平和县工会第十一次代表大会在县人民会场举行。出席会议正式代表129人，特邀代表8人。县委书记孙竹、市总工会副主席蔡青萍分别代表县委、县政府和市总工会致辞祝贺。大会听取、审议并通过县总工会第十届委员会的工作报告，民主选举产生平和县总工会第十一届委员会委员21人，其中主席、副主席各1人。经费审查委员会委员5人，其中主任1人。

1993年10月21—22日，平和县工会第十二次代表大会在县委会议厅举行。出席会议正式代表152人，特邀代表20人。县委书记、县人大主任、县政协主席、县纪委书记、县武装部长、团县委书记、县妇联主任出席开幕式。县委书记方清海和市总工会副主席蔡青萍分别代表县委、县政府和市总工会致辞祝贺。县委常委、组织部部长杨仁德在闭幕式上发表讲话。大会听取审议并通过县总工会第十一届委员会的工作报告、财务工作报告和经费审查委员会的经费审查报告；选举产生平和县总工会第十二届委员会委员18人，其中主席1人，副主席2人，常委6人；经费审查委员会委员5人，其中主任、副主任各1人。

1998年10月21—23日，平和县工会第十三次代表大会在县委会议厅举行，出席会议正式代表150人，特邀代表13人。县各有关部门领导应邀出席大会开幕式。市总工会副主席方汉平到会祝贺。县委书记许荣勇在开幕式上致辞，县委副书记吴景辉在闭幕式上发表讲话。大会听取、审议并通过县总工会第十二届委员会的工作报告、财务工作报告和经费审查委员会的经费审查报告；选举产生平和县总工会第十三届委员会委员19人，其中主席1人、副主席2人、常委7人；选举经费审查委员会委员5人，其中主任、副主任各1人。会上，表彰工会先进单位7个、先进个人15人。

2004年1月12—13日，平和县工会第十四次代表大会在县委会议厅举行，出席会议正式代表120人、特邀代表10人。漳州市总工会常务副主席、党组书记林亚平到会祝贺。县委书记杨彬文在开幕式上致辞，县委副书记、纪委书记林立辉在大会闭幕式上发表讲话。县人武部政委黄杰代表应邀出席大会开幕式的各人民团体和县人武部致祝辞。大会听取、审议并通过县总工会第十三届委员会的工作报告、财务工作报告和经费审查委员会的经费审查报告；选举产生平和县总工会第十四届委员会委员19人，其中主席、副主席各1人，常委5人；经费审查委员会委员5人，其中主任、副主任各1人；会上，表彰工会先进单位30个、先进个人81人。

二、女职工代表大会

1991年1月12日，平和县工会第三次女职工代表大会在县总工会会议室举行，出席会议正式代表

60人．会议选举产生平和县工会第三届女职工委员会委员5人，其中主任人、副主任2人。第三届第二次、第三次女职工委员会会议，增补2名委员。

1993年10月22日，平和县工会第四次女职工代表大会在县委会议厅举行，出席会议正式代表57人。会议选举产生平和县工会第四届女职工委员会委员5人，其中主任1人，副主任2人。

1998年10月23日，平和县工会第五次女职工代表大会在县委会议厅举行，出席会议正式代表38人。会议选举产生平和县第五届女职工委员会委员13人，其中主任1人，副主任2人。

2004年1月13日，平和县工会第六次女职工代表大会在县委会议厅举行，出席会议正式代表35人，会议选举产生平和县工会第六届女职工委员会委员12人，其中主任1人，副主任2人。

第三节　主要活动

一、参与企业民主管理

1989年3月，县总工会在县经委、财贸两个系统的企业中推行“企业行政与工会签订生产、生活福利风险共担、利益共享的共同保证合同”（简称“共保”合同）。4月，县五交化公司成为第一个签订“共保”合同的国有企业。1990年，29家预算内的国有企业全面推行民主制度建设。1992年，企业民主制度建设和签订“共保”合同两项工作在全县国有和集体企业中推行。

1995年，县总工会以贯彻《中华人民共和国劳动法》为契机，在平和农用运输车厂、平和电力公司、平和合成氨厂、平和一糖厂等国有企业推行由企业工会代表职工与行政平等协商，签订集体合同的企业民主管理形式。企业工会与行政双方根据国家的法律、法规，就劳动报酬、工作时间、休息休假、劳动安全卫生、职业培训、保险福利等事项，通过集体协商，签订书面协议。是年，平和电力公司、合成氨厂、一糖厂、二糖厂等企业以签订集体合同之机，解决3500多名职工的15%调资问题。

1996年5月，县劳动局、总工会、经委、财委、建委、外经委、体改委联合发文，在全县所有企业全面推行平等协商签订集体合同制度。7月，私营企业平和山格兴发机械厂率先通过平等协商，签订集体合同。1998年8月，全县开展平等协商、签订集体合同的企业有121家，其中国有企业52家、集体企业29家、乡镇企业28家、“三资”企业12家。

1999年后，职工代表大会制度、厂务公开制度、平等协商签订集体合同制度和工资集体协商制度等成为企事业单位职工参与民主管理的主要载体。2004年1月，全县有39家国有、集体企业推行厂务公开制度；有394家企业建立平等协商集体合同制度；有23家企业签订工资集体协商合同。平和一糖厂、二糖厂、山格糖厂、县酒厂、县碾米厂等企业的破产、关闭方案得到企业职代会的通过。外资企业福建平和跃劲服装有限公司建立平等协商集体合同制度和工资协商制度，使公司职工依法享受退休保险、工伤医疗保险、生育保险和失业保险。

至2007年底，建立职代会制度、厂务公开制度、集体合同制度、工资协商制度的企业数见下表。

2007年企业民主管理情况表

表9-1-1　单位：个

类别	企业数	建立职代会制度	建立厂务公开制度	建立集体合同制度	建立工资协商制度
国有企业	40	39	39	39	39
集体企业	16	16	16	16	16
外资企业	69	45	32	57	54
私营企业	193	56	42	67	57
乡镇企业	265	132	111	264	264

二、组织岗位练兵、劳动竞赛

1990—1993年，全县基层工会举办职工岗位技术练兵比赛78场，有2732人次参赛；职工提合理化建议5420件，实施1739件，创经济价值243万元；技术创新52项，增收198万元。

1994年起，各基层工会持续开展以“双增双节”为主要内容，以“创最佳经济效益、创最优服务质量”为目标的劳动竞赛、岗位练兵、合理化建议活动。1994—1998年，全县基层工会举办职工岗位技术练兵比赛87场，有3142人次参赛；职工提合理化建议12846件，实施8472件，创经济价值930.59万元。

1999—2007年，全县各基层工会实施“经济技术创新工程”活动，组织职工7262人次参加岗位练兵、技术比赛96场；职工提出合理化建议356件，创经济价值1348万元。

三、维护职工权益

1993—1998年，县总工会参与安全大检查15次，参与重大事故分析6起，提出整改意见272条；代表职工参与县劳动争议仲裁2起，均胜诉。1998年，全县基层工会建立劳动保护监督组织9个，工会小组劳动保护检查员227名；建立劳动争议调解委员会（小组）的企业8个。

1996年12月17日，县政府与县总工会首次举行联席会议，就维护职工合法权益，解决职工中的难点、热点问题进行沟通。1999—2004年，县总工会代表职工参与劳动仲裁案件的审理2起，参与调解企业职工的劳动纠纷31起。2005年10月，县总工会与县劳动和社会保障局联合开通“劳动维权信息网”。2006—2007年，县总工会参与处理群体性劳资纠纷、工伤赔偿共18起。

2000—2002年，县总工会参与平和一糖厂、县印刷厂等20家国有企业的改制工作，做好3000多名职工的安置工作。2006—2007年，参与平和农用运输车厂、县医药公司、平和烟丝厂等国有企业的改制工作，做好356名职工的安置工作。

四、为职工送温暖

1989年起，每年元旦、春节期间，县总工会组织各级工会开展送温暖活动，慰问各级劳动模范和困难职工（含退休职工）。1997年12月，县总工会建立“送温暖工程基金”，并对全县职工特困户进行调查摸底，建立县工会、系统工会、基层工会特困职工档案。1998—2004年，全县各级工会共筹集资金139.4万元，慰问各级劳模和困难职工。2003年，县总工会组建困难职工帮扶中心，为困难职工开展就业培训、职业介绍、生活救助等帮扶工作。并借助社会力量，开展“金秋助学”活动，筹集1600元帮扶8名困难职工子女上大学。2006—2007年，筹集3500元，资助21名困难职工子女上大学。2007年，帮扶中心培训缝纫工、果树管理工共320人，帮助就业90人，帮助创业7人；救助困难职工168人，资金8.15万元。

2002年起，县政府安排专项资金，由县总工会给全国、省、市退休劳模发放荣誉津贴。津贴标准为全国劳模每人每月100元、省部级劳模每人每月50元，市级劳模每人每月30元。2006年1月起，提高荣誉津贴标准，全国劳模为每月150元，省部级劳模为每月100元，市级劳模为每月60元。

五、组织学习教育

1990—1993年，全县各级工会以《党在我心中》《我说社会主义》为主题，开展“主人翁”杯系列教育活动，通过演讲比赛、歌咏会、知识竞赛等形式，对广大职工进行有理想、有道德、有文化、有纪律“四有”教育和革命优良传统教育。举办学习江泽民总书记“七一”讲话、邓小平南方谈话、中共十四大精神等短期理论培训班6期，参加培训1235人次。1994—1998年，各级工会开展以“社会主义在中国”“祖国在我心中”为主题的读书、演讲、征文、知识竞赛等活动，职工12000多人次参加。1999—2005年，各级工会围绕公民道德实施纲要，组织职工开展“建文明班组、创文明岗位、做文明职工”活动。鼓励职工立足岗位，自学成才。全县有3210名职工参加电大、自考等学习，其中223名获得大专以上文凭，321名获得中专文凭。2006—2007年，各级工会开展社会主义荣辱观的学习教育活动。

六、建设“职工之家”

1990年，贯彻实施《中华人民共和国工会法》，全县各基层工会开展建设合格职工之家活动。1993年，有109个“职工之家”验收合格，其中评为县级职工之家39个，市级职工之家6个。平和合成实业有限公司工会、平和一糖厂工会评为省级模范职工之家。1994年6月动工兴建县职工活动中心，于1998年8月落成。1998年，新增2个省级模范职工之家，5个市级先进职工之家，4个市级先进职工小家。2003年，全县有6家省级模范职工之家，26家市级先进职工之家，县邮政局坂仔支局工会小组获“全国模范职工小家”称号。2004年，开展“绿色产业工会组织建设活动年”，在全县“农”字号企业中组建“绿色产业工会”14家，有1238名农民工成为工会会员。2005年，实施向非公有制经济组织派驻工建指导员制度，在59家非公经济组织建立工会，发展会员1158人，并把非公企业工会开展“双爱双评”活动与建设“职工之家”活动相结合，推动非公企业工会的“职工之家”建设。2007年，全县共有全国模范职工小家1个，省模范职工之家10个，省模范职工小家8个，市先进职工之家25个，市先进职工小家8个。

七、女工工作

1990—1993年，县总工会女职工委员会组织女职工开展技术练兵、技术比赛37场。1994—1998年，在开展“学、比、创”竞赛活动中，县工商银行女职工曾福兰被评为点钞技术国家级能手，县医院女护士卢秀仁被评为卫生系统省级能手。1999—2001年，发动女职工提合理化建议2191件，实施312件，增创经济效益96.1万元。组织2399名女职工参加“女职工成才达标”活动。2001年，县教育工会女职工委员会被省总工会评为女职工成才自我达标先进单位。

2001—2004年，先后有60多个基层单位工会开展女职工妇科病普查防治工作，查出带病者127人，治愈124人。

2005—2007年，开展“女职工建功立业工程”和“女职工素质提升工程”活动。3年中举行各类岗位练兵、技能比赛18场，有1700多名女职工参加；提出合理化建议2400多条，被采纳793条，实施560条，创经济效益90多万元。在大世界商贸有限公司、天用茶业有限公司等20个女职工委员会中，成立“女子周末学校”，为女职工自学成才提供平台，有3950名女职工参加“女职工成才自我达标”活动。协助和督促企业做好女职工特殊保护专项集体合同的签订工作。2007年，有109个单位签订《女职工特殊保护专项集体合同》，覆盖女职工3951人。

第二章 共产主义青年团

第一节 组织机构

1989年，保持共青团平和县委员会（简称“团县委”），基层团委会27个，团支部596个。2007年，全县建立基层团委会52个，团支部755个，团员2.9万多人。团县委内设办公室、组织部、学校部、宣传部、经济部和机关团委，在职工作人员2人。

第二节 代表大会

1990年8月15—16日，共青团平和县第十三次代表大会在县委会议厅召开，与会正式代表216人。大会审议并通过第十二届团县委工作报告，选举产生第十三届团县委委员29人，其中书记1人，副书记2人，常委5人。

1993年10月24—26日，共青团平和县第十四次代表大会在县委会议厅召开，与会正式代表215人。大会审议并通过第十三届团县委工作报告，选举产生第十四届团县委委员29人，其中书记1人，副书记1人，常委7人。

1996年11月19—20日，共青团平和县第十五次代表大会在县委会议厅召开，与会正式代表210人。大会审议并通过第十四届团县委工作报告，选举产生第十五届团县委委员29人，其中书记1人，副书记2人，常委7人。

1999年12月23—24日，共青团平和县第十六次代表大会在县委会议厅召开，与会正式代表209人。大会审议并通过第十五届团县委工作报告，选举产生第十六届团县委委员34人，其中书记1人，副书记1人，常委7人。

2002年10月16—17日，共青团平和县第十七次代表大会在县委会议厅召开，与会正式代表148人。大会审议并通过第十六届团县委工作报告，选举产生第十七届团县委委员29人，其中书记1人，副书记1人，常委7人。

2005年11月13—14日，共青团平和县第十八次代表大会在县委会议厅召开，与会正式代表118人。大会审议并通过第十七届团县委工作报告，选举产生第十八届团县委委员31人，其中书记1人，副书记1人，常委7人。

第三节 主要活动

一、开展“青年文明号”与“青年志愿者”活动

1989年起，继续组织开展“青年文明号”“青年志愿者”活动。1995年，团县委成立青年志愿者服务中心，在全县建立60支青年志愿者队伍，结对帮扶500名（户）。

2000年，先后组织开展“优质服务示范月”活动、“青年文明号助万家”行动、“青年文明号送温暖、献爱心”行动、“青年文明号与下岗青工特困户结对帮扶”活动等。是年12月，成立“平和县青年联合会”和“平和县青年企业家协会”，以此两会为载体，带动“青年文明号”活动广泛开展。

2002年，在平和一中、文成中学、育英小学和金华小学成立“保护母亲河”监护队，开展保护母亲河日常监护活动。是年11月，团县委配合县委宣传部、县文明办等单位，组织青年志愿者带着科技、文化、卫生、法律有关信息资料进村入户，开展宣传咨询活动。

2003年，团县委组织青年文明号、青年志愿者开展“送温暖、献爱心”活动，走进“五保户”、军烈属户、贫困户做好事。

2005年4月8日，团县委组织县城各青年文明号负责人、县城各中学团委书记、县城各学区少先队总辅导员、部分团员青年、少先队员等，在县政府大门口，举行青年文明示范街创建活动启动仪式。

2006年5月，团县委带领青年文明号单位有关负责人，深入五寨乡优美村，为在01号台风“珍珠”中受灾严重户送去大米、食油、慰问金等。7月，又组织“抗洪前线志愿者小分队”，带着矿泉水、绿豆

汤等物品，到小溪镇溪州村慰问战斗在抗击04号台风“碧利斯”一线的子弟兵。

至2007年的19年中，全县有7个单位被团省委评为“省级青年文明号”，38个单位被团市委评为“市级青年文明号”。

二、实施“希望工程”

1994年，设立平和县“希望工程”基金，开展“希望工程”1（家）+1助学行动。当年，由漳州市“希望工程”办公室、平和县筹资近30万元，创建平和新丰希望小学。至2007年，经多方争取资金300多万元，全县在山老区兴建13所希望学校，为希望学校配套一批教学设施及希望书库、三辰影库等；资助22位希望小学教师和边远山区小学教师参加中央电大学习。

2003年，团县委与漳州金威龙房地产有限公司联合，开展“希望工程助学行动”，资助特困生68人，款项计3万多元。是年，团县委获福建省希望工程领导小组的“希望工程建设奖”。2004年，团县委又多方筹集资金8万多元，一次性资助143名大、中、小学的贫困生。

2006—2007年，开展“希望工程圆梦大学”助学行动，让15名贫困家庭和在台风中受灾家庭的学生园了大学梦。

三、开展“服务万村行动”

1989年起，各级团组织继续开展“服务万村行动”，推进农村脱贫致富奔小康。是年3月，县直机关、平和一中、城关中学、平和六中的团员、青年学生1700多人，到山格乡红楼山营造“青年林”8公顷。

1999年，团县委与锦溪集团联合创办集技术扩散、试验示范、项目推广、服务网络为一体的“青年农业新技术示范园”，带动农村青年走上致富路。

2003年9月，在坂仔镇建立青年培训中心及实践基地，每年不定期举办各种科技培训班，培养一批青年岗位能手、青年星火带头人和青年乡土人才。

2003—2007年，团县委先后被团中央授予“服务万村行动万佳县”“全国‘百乡千村’团建创新优秀项目”称号，被团省委授予“福建省服务农村青年增收成才奖”“领办科技推广项目组织奖”和“培养青年星火带头人活动先进组织单位”称号。

附：少年先锋队

一、组织机构

1989年10月12日，正式成立少先队平和县工作委员会（简称“县少工委”），由15名委员组成，其中主任、副主任各1名。至2007年不变。

1989年，全县有学区以上少先队部26个，少先队大队417个，少先队中队1973个，少先队员计5.21万人，辅导员412人（其中总辅导员27人）。

2007年，全县有少先队大队233个（其中小学205个，中学28个），少先队员计5.65万人，辅导员228人（其中总辅导员26人）。

二、代表大会

1989年10月11—13日，平和县第一次少先队员代表和辅导员代表大会召开。出席大会有优秀少先队员、优秀少先队干部、少先队先进集体代表和先进个人、优秀少先队辅导员等115人。团市委领导、县委、县人大、县政府、县政协、县纪委的领导，县教育局及其他团体负责人出席大会开幕式，并分别发表讲话、致祝辞。大会期间，听取少先队工作报告和先进单位典型发言，表彰优秀少先队员和优秀少先队辅导员，选举产生少先队平和县第一届工作委员会。与会代表还参加团县委举办的庆祝少先队建队四十周年大检阅。

1990—2007 年，没有召开代表大会。

三、主要活动

1989—1990 年，各级少先队组织以“了解先辈的光辉业绩，为老区革命传统添光彩”为主题，开展“21 世纪的我”“心中的蓝图献给家乡”“红领巾读书读报奖章”等一系列教育活动。在县城组织“红领巾劝导队”，开展创建“红领巾卫生街”活动。其间，育英小学少先队大队被评为“全国红旗大队”，少先队员张群臻、黄朝胜被评为“全国好少年”，少先队员卢苇、庄娜莎、张炳文获“全国学赖宁奖章”。

1995 年，实施“跨世纪中国少年雏鹰行动”，组织全县少先队开展“五自”（自学、自理、自护、自强、自律）实践活动，“手拉手”互助活动、“启明星”科技活动和“百花园”艺术文化活动等系列活动。

1999 年，举办“新世纪的呼唤”少先队大型检阅（踩街）活动，“雏鹰展风采”少先队工作成果展，“飞向新世纪”雏鹰行动现场观摩会，“喜迎新千年”千人大联欢、“迎澳门回归”知识竞赛等活动。9—10 月，在全县少先队中举行“崇尚科学，破除迷信”主题队会。

2000 年，在各级少先队中开展“保护母亲河”为主题教育活动。举办“我爱母亲河”征文比赛、“手拉手捡回一个希望，还母亲河一片绿色”行动，邀请县环保、水土保持部门的专家组成讲师团，深入中小学校举行讲座，进行绿色文明和可持续发展知识教育。12 月，团县委组织 1000 多名青少年，在县城河滨路花山溪畔，开展“保洁护绿，美化琯城”行动。

2003 年，在“六一”国际儿童节前后，团县委组织 20 多名希望小学特困生与市区爱心志愿家庭共同举行“庆六一”联欢活动，举办“爱我平和，美化琯城”少儿现场书画比赛。全县各学校以班级为单位，开展“六一娃娃乐”系列活动。

2005 年 7 月，团县委组织 34 名小学生赴漳浦少年军校，参加为期 10 天的军训。是年，育英小学少先队总辅导员张少云，被共青团中央、教育部、全国少工委授予“全国少先队辅导员”称号。

第三章　妇女联合会

第一节　组织机构

一、县妇女联合会

1989 年，县妇女联合会（简称“县妇联”）由主任 1 人、副主任 2 人、常务委员 9 人、委员 19 人组成执行委员会，作为领导机构。下设办公室、宣传部、维护妇女儿童合法权益部、少儿部、生产福利部 5 个工作机构。1993 年 10 月起，主任、副主任改称为主席、副主席。生产福利部更名为城乡部，维护妇女儿童合法权益部更名为权益部。2007 年，县妇联执行委员会由主席 1 人、副主席 1 人、常委 7 人、委员 18 人组成。下设办公室、宣传部、权益部、儿童部、城乡部 5 个工作机构，共有在编干部 7 人。

二、基层妇联会、妇代会

1989 年，全县有 16 个乡镇（场）妇女联合会，配专职妇女干部 30 人；村级妇代会 252 个，配正、副主任 522 人。2007 年，全县 16 个乡镇（场）妇联会配专职妇女干部 18 人；村级妇代会 240 个，居委会（社区）妇代会 16 个，共有妇代会正、副主任 522 人。

第二节 妇女代表大会

1990 年 8 月 20—22 日，平和县第九次妇女代表大会在县人民大会场召开，与会正式代表 280 人，特邀代表 6 人。县委、县政府、县人大、县政协、县纪委（称“县五套班子”，下同）的主要领导及县直有关部门的领导出席大会，市妇联副主任王丽芳到会并致贺词。会议听取和审议县妇联第八届执委会工作报告，选举产生县妇联第九届执委会委员 31 人，其中主任 1 人，副主任 2 人，常委 9 人。会议通过《关于在全县农村妇女中深入开展学文化、学技术、比成绩、比贡献竞赛活动的决议》。

1993 年 10 月 28—30 日，平和县第十次妇女代表大会在县委会议厅召开，与会正式代表 280 人，特邀代表 7 人。县五套班子的主要领导及县直有关部门的领导出席大会，市妇联副主任王丽芳到会并致贺词。会议传达中国妇联“七大”精神，听取和审议县妇联第九届执委会工作报告，选举产生县妇联第十届执委会委员 27 人，其中主席 1 人，副主席 2 人，常委 9 人。

1998 年 10 月 28—30 日，平和县第十一次妇女代表大会在县委会议厅召开，与会正式代表 200 人，特邀代表 16 人。县五套班子主要领导及县直有关部门领导出席大会，市妇联主席王丽芳到会并致贺词。会议听取和审议县妇联第十届执委会工作报告，选举产生县妇联第十一届执委会委员 33 人，其中主席 1 人、副主席 2 人、常委 11 人。会议通过《关于动员和组织全县妇女开展“巾帼创新业”行动的决议》。

2003 年 12 月 23—24 日，平和县第十二次妇女代表大会在县委会议厅召开，与会正式代表 185 人。县五套班子主要领导及县直有关部门领导出席大会，市妇联主席王丽芳到会并致贺词。会议听取和审议县妇联第十一届执委会工作报告，选举产生县妇联第十二届执委会委员 27 人，其中主席 1 人、副主席 1 人，常委 7 人。

第三节 主要活动

一、开展“双学双比”竞赛

1989 年起，县妇联继续发动全县妇女开展学文化、学技术、比成绩、比贡献的“双学双比”竞赛活动。1989 年妇女节，县妇联表彰“三八红旗手”400 人、“三八红旗集体单位”35 个。是年，受市妇联表彰“三八红旗集体”3 个。小溪镇溪州村妇女主任张亚美获全国“三八红旗手”称号。1992 年，举行女职工岗位技术练兵比赛，包括珠算全能、点钞、毛巾叠花、商品捆扎、蒙眼识别中药、卷巾等项目。全县共有 58 个单位（班、组）参与竞赛，评出一等奖 10 名、二等奖 10 名、三等奖 4 名。1995 年，县妇联把发动妇女参加“农函大”学习，作为“双学双比”活动的一项重要内容，全县有 377 名妇女报名参加“农函大”学习。同时，发动妇女掀起“巾帼扫盲”热潮，至 1997 年，全县创办扫盲班 1354 班，参加学习的妇女 29842 人。

1997 年，开展“巾帼扶贫，手牵手共奔致富路”活动。县妇联向省妇联争取 10 万元小额信贷资金，帮助国强乡 50 户贫困农妇发展生产，使当年户均增收 1800 元。1998 年，县妇联被评为全国各族农村妇女“双学双比”竞赛活动先进协调单位。2000 年起，在全县妇女组织中实施“巾帼科技致富工程”。2004 年“三八”国际妇女节期间，在周碧初艺术馆举办平和县首届女子美术、书法、摄影作品展，共展出作品 184 件。2005 年，县妇联成立家政服务中心，开展农村剩余女劳动力转移工作，为 400 名农村妇女提供就业服务。2006—2007 年，全县成立村级“劳务站”163 个，其中有 113 个由村妇代会主任担任站长。

二、创建“五好”文明家庭

1989年起，全县各级妇女组织以“家家学、家家美、家家乐”为主要内容，开展创建“五好文明家庭”活动。是年，全县评选表彰“五好”文明家庭（好婆婆、好媳妇、好母亲、好女儿、好妻子）250户。1992年，全县评选“五好”文明家庭950户。1997年，开展“尊老爱幼月”“争当人民警察好妻子”活动，县妇联配合县政法部门，评选表彰“廉内助”20人。2000年，把2100多本《家庭美德格言》分发至各乡镇、村妇女组织，全县又表彰“廉内助”20人。2005年，开展“平安家庭”创建活动，县妇联印发创建“平安家庭”倡议书1万份，印发创建“平安家庭”有奖知识问卷1万份。是年，小溪镇新桥村张庆云家庭获得第五届福建省“五好”文明家庭和第六届全国“五好文明家庭”称号。2007年，全县涌现“五好”文明家庭100户。

三、维护妇女儿童合法权益

1989年“三八”国际妇女节前后，县妇联聘请司法部门人员到各乡镇举办《中华人民共和国婚姻法》《中华人民共和国继承法》巡回讲座共15场次，受教育妇女950人。1990—2007年，县妇联每年配合政法机关开展《中华人民共和国妇女权益保障法》宣传月活动，利用广播、电视、宣传栏、标语、法律咨询等形式，宣传《中华人民共和国妇女权益保障法》、国务院颁布《中国妇女发展纲要（2001—2010年）》、国务院妇女儿童工作委员会颁布《中国儿童发展纲要（2001—2010年）》等法律法规。2007年，在宣传月活动中，接待法律咨询60人次，走访2户帮教对象的家庭，鼓励他们对劳教人员多联系，劝导安心改造，遵纪守法。

四、指导儿童少年工作

1997年，在县委、县政府重视下，安排资金，并发动社会各界捐资，兴建六层大楼的“妇女儿童活动中心”，建筑面积1500平方米。

2000年，开展平和县NPA（20世纪90年代儿童发展规划纲要）社会动员工作。在国强、五寨乡分别举办NPA社会动员骨干培训班，参训有乡妇联执委、学校校长、村妇代会主任、计生女小组长、妇女骨干等150多人。同时，通过有线电视、出宣传栏、向群众分发宣传提纲等方式，宣传NPA有关常识，宣传《母婴保健法》和“三优”（优生、优育、优教）知识，推动社会共同关注儿童的健康成长。

2003—2007年，县妇联组织家教工作者、家长撰写家教文章，编印《平和家教之窗》，共出版20期，印发2万份。发动机关企事业单位、社会团体、各界爱心人士开展捐资助学活动，收到爱心捐款3万多元，共资助105名贫困中小学生。2007年，全县有67名贫困“春蕾女童”列入省级帮教结对，每学期得到资金支持。

第四章　工商业联合会

第一节　组织机构

1989年，平和县工商业联合会（简称“县工商联”）设执行委员会为领导机构，由主任1人、副主任3人、执委29人组成，内设办公室，在职工作人员4人。1992年11月，县工商联执行委员会换届，同时加挂平和县商会牌子，为一套人员、两块牌子，设主任（会长）1人、副主任（副会长）4人、常务委员（常务理事）14人、执委（理事）36人。1996年10月换届，设主任（会长）1人、副主任（副会长）7人、常务委员（常务理事）19人、执委（理事）39人。2001年12月换届，设主任（会长）1人、副主任（副会长）10 人、常务委员（常务理事）28 人、执委（理事）51 人，沿至 2007 年。

1995 年，成立山格镇商会、九峰镇商会、南胜镇商会。1997 年，成立坂仔镇商会。2005 年，成立深圳市平和商会，2007 年 5 月更名为珠江三角洲地区平和商会。

至 2007 年，全县有基层分会（商会）5 个，会员企业 360 个，会员 685 人。县工商联在职工作人员 4 人。

第二节　会员代表大会

1992 年 11 月 8 日，县工商联召开第六届会员代表大会，与会代表 120 人。市委统战部、市工商联领导和县委领导出席大会并讲话，县有关团体代表致祝祠。大会宣告成立平和县商会，与县工商联合署。会议听取和审议第五届执委会工作报告，选举产生第六届执委会（理事会）组成人员。

1996 年 10 月 8 日，县工商联（商会）召开第七届会员代表大会，与会代表 162 人。市委统战部、市工商联领导和县委领导出席大会并讲话，县有关团体代表致祝词。会议听取和审议第六届执委会（理事会）工作报告，选举产生第七届执委会（理事会）组成人员，并决定聘请 4 位名誉会长和 2 位顾问。会中，举行会员捐资扶助贫困学生仪式暨表彰大会。

2001 年 12 月 13 日，县工商联（商会）召开第八届会员代表大会，与会正式代表 120 人，特邀和列席代表 36 人。市委统战部、市工商联领导和县委领导出席大会并讲话，县有关团体代表致祝祠。会议听取和审议第七届执委会（理事会）工作报告，选举产生第八届执委会（理事会）组成人员。会上，宣读致全县会员和工商业者的倡议书。

第三节　主要活动

1989—1991 年，县工商联创办工商信息刊物，与 5 个省 40 个县建立信息联络。开展“三胞”联络活动，先后接待港台工商界人士 100 多人次，洽谈 25 个项目，引进平和第一家外资企业“天和服装厂”。有 30 位会员分别担任省、市、县人大代表和政协委员。

1992—1995 年，组织会员 4 批 15 人，赴马来西亚、新加坡、泰国等国家和中国香港、澳门地区进行商务考察，洽谈贸易。发动会员捐资 15800 元，支持县先行工程建设；捐资 39400 元，帮助 123 名特困生就学；捐资 2600 元支援灾区。1995 年 4 月，组织民营企业人员参加福建省政府在香港举办的投资贸易洽谈会。1998 年 5 月，县工商联成立法律咨询处，聘请律师当顾问，为会员和工商界人士提供服务。

2002 年 6 月 6 日，县工商联（商会）举办知识讲座，邀请厦门经济学院博士生导师林擎国教授，为 72 名会员讲授有关 WTO（世贸组织）专业知识。7 月 12—27 日，由商会副会长陈金辉带领个私企业家 20 人组成的商务考察团，赴新加坡、马来西亚、泰国考察、洽谈商务。2003 年 9 月 29 日，县工商联举办庆祝中华人民共和国成立 54 周年暨纪念工商联成立 50 周年联欢晚会。县委、县政府主要领导应邀参加。

2004 年 3 月 7 日，组织会员企业 15 家，参加第十届“神奇温州”优秀企业考察暨成功经验交流会。3 月 26 日，组织会员企业 6 家，参加全国民营企业与东北老工业基地振兴合作交流会。9 月 1 日，举办知识讲座，组织执委和会员 80 多人听取福州思远企业管理咨询有限公司教授主讲“成功战略”。

2005 年，组织会员企业参加漳州市民营企业招聘周活动、第三届中国福建项目成果交易会、漳州市名优食品交易会暨美食文化节等。2005—2007 年，配合县委、县政府举办第一、第二、第三届“琯溪蜜柚节”活动，邀请和接待国外企业主，并协助平和 48 家企业与外地企业（超市）洽谈签订蜜柚营销协议和工业项目协议。

2006 年，发动会员响应县委、县政府号召，开展抗灾献爱心活动，捐资 22 万多元支援灾区。组织会员企业 10 家，参加第四届福建项目成果交易会，会上签约 20 多个项目。组织会员参加县检察院举办的法治理念教育宣讲暨服务企业发展座谈会。是年 12 月 18 日，县商会大楼建成投入使用，总建筑面积近

900平方米，总投资113万元。该大楼由会长林启明、副会长曾荣火、黄泽生、曾凡明、黄建忠、杨文良、张建辉、石美珠等共同捐资30多万元做为启动资金于2003年7月动工兴建。

2007年3月，县工商联与县委宣传部、县文联、县移动公司联合，举办“相约春天”联谊晚会，县工商联组织会员78人参加。6月，县工商联与福建卓讯网络科技有限公司联合举办《利用现代科技帮助企业腾飞》研讨会，有125名工商联会员参与研讨；组织会员20人参加福建省第五届项目成果交易会。9月，县工商联与县委统战部联合举办“月圆·乡情·发展”为主题的企业家联欢晚会，会员70多人参加。

第五章 归国华侨联合会

第一节 组织机构

1989年，平和县归国华侨联合会（简称“县侨联”）由主席1人、副主席3人、委员23人组成第四届委员会，作为领导机构。至2007年，第六届委员会由主席1人、副主席2人、委员28人组成。

2002年3月起，在乡镇成立侨联分会、侨联小组。至2007年，成立小溪镇、霞寨镇、九峰镇、芦溪镇、大溪镇、崎岭乡6个归国华侨联合会，小溪九一七社区、九峰城东社区、霞寨西安村、崎岭新南村、芦溪蕉路村、大溪后时村、南胜义路村、长乐建南村、安厚、秀峰10个侨联小组。

第二节 代表大会

1996年5月28—30日，平和县第五次归侨侨眷代表大会（第四次代表大会于1988年12月召开）在县政协会议室召开，与会代表85人。县委、县人大、县政府、县政协的主要领导，市委统战部、市侨办、市侨联的领导及各县侨联的领导应邀出席大会，县委领导和市侨联领导在大会上讲话。会议听取县侨办领导作侨务工作报告，听取、审议并通过县侨联第四届委员会工作报告，选举产生县侨联第五届委员会组成人员。

2005年11月26日，平和县第六次归侨侨眷代表大会在县委会议厅召开，与会代表78人。香港中银国际控股有限公司副董事长、香港福建社团联会执行主席、香港漳州同乡总会会长林广兆，印度尼西亚锡江漳州慈善基金会副董事长曾漳才，新加坡福建社团沈南方应邀出席大会。县委、县人大、县政府、县政协的主要领导，市侨联和各县（市、区）侨联的领导到会祝贺。会上，林广兆代表海外侨胞、香港同胞致祝辞，县委领导和市侨联领导讲话。会议听取、审议并通过县侨联第五届委员会工作报告，选举产生县侨联第六届委员会组成人员。

第三节 主要活动

一、接待联谊

1989年，县侨联配合有关部门，接待回国回乡探亲、认祖、观光旅游、洽谈贸易的华侨、华人和港澳台同胞181人次。1990—1995年，共接待3000多人次。1995年9月8日，县侨联在侨联宾馆召开归侨侨眷50多人参加的中秋茶话会，并邀请县委、县政府、县人大、县政协、县委统战部的领导参加。1997年1月，县侨联主席关金花率平和友好访问团出访泰国，增进与泰国平和籍侨胞的情谊。2000年10月18日，县侨联接待印度尼西亚锡江漳州慈善基金会一行10多人，陪同他们到平和各地参观考察。

2006年9月25日，县侨联在侨联大厦会议室召开纪念中国侨联成立50周年座谈会，参加的归侨，侨眷50多人。2007年，县侨联接待海外侨胞、港澳同胞131人次。

1989年起，每年中秋、春节，县侨联向海外侨胞、港澳同胞及其社团寄发贺年片、慰问信。同时，召开归侨、侨眷茶话会，组织登门慰问、送年画。2007年春节，县侨联组织慰问贫困归侨、侨眷36户，发放慰问金6500元。

二、招商引资

1989—1995年，县侨联鼓励和支持归侨、侨眷利用海外及港澳亲人的资金，兴办“三资”企业和侨属企业80多家。同时，吸引侨胞、港澳同胞为平和公益事业捐赠资金740多万元。1996—2007年，引办“三资”企业6家，侨属企业3家，发动捐赠社会公益事业金额计1282万元。

三、维权服务

1989—1995年，县侨联共受理侨胞、侨眷来信来访3281件次，1996—2007年又受理来信来访43件次。同时，协助处理有关房产纠纷、遗产继承、家庭婚姻等方面的诉讼案件14宗，使归侨、侨眷的合法权益得到保障。2007年，县侨联帮助6位下岗的归侨、侨眷职工实现再就业。

第六章　台湾同胞联谊会

第一节　平和县台属联谊会

一、组织机构

1991年5月28日，平和县台属联谊会成立，由理事长1人、副理事长3人、常务理事7人、理事10人组成理事会，作为联谊会领导机构。设秘书长（兼）1人，配合理事长处理日常工作。1994年7月，理事会换届，组成人员不变。1997年5月至2007年底，理事会没有进行换届。

二、代表大会

1991年5月28日，平和县台属代表大会暨首届台属联谊会成立大会在县委会议厅举行，与会代表62人。会议选举产生台属联谊会理事会组成人员，通过《平和县台属联谊会章程》。

1994年7月13—14日，平和县第二届台属代表大会暨台属联谊会换届选举会议在县委会议厅举行，与会代表100人，特邀代表20人。县委、县政府、县政协、县纪委领导7人和漳州市委台工部、市台属联谊会领导以及县委台湾工作领导小组全体成员出席会议。县委统战部、县人大华侨委、县政协“三胞”办、县文联、县侨联、县工商联、县个协等部门和群团组织负责人也出席会议。分管对台工作的县委常委吴景辉代表县委、县政府在会上致祝辞，台湾高雄市平和同乡会派代表到会祝贺和赠送贺金，大会还收到台湾台北市平和同乡会的贺电及贺金。会议听取和审议县台属联谊会第一届理事会的工作报告和关于修改《平和县台属联谊会章程》的说明，选举产生新一届台属联谊会理事会的组成人员。

1997—2007年，没有召开县台属代表大会暨台属联谊会换届选举会议。

三、主要活动

联谊会每年召开 2 ～ 3 次全体理事会议，组织学习中共中央关于对台方针政策，传达上级有关会议精神。联谊会配合主管部门做好回乡台胞的接待工作，1991—1993 年共接待回乡探亲认祖、旅游观光、洽谈商务的台胞 2500 多人次，引导平和籍台商回乡投资办企业 4 家、创办台属企业 33 家。联谊会为台胞台属排忧解难 105 件；协助台属办理赴台奔丧、探亲手续。并把归老送终工作列入重要工作之一，凡台胞回大陆逝世或联谊会会员及其直系亲属亡故，联谊会则派专人送花圈参加吊祭。

第二节 平和县台湾同胞联谊会

一、组织机构

1996 年 10 月 18 日，平和县台湾同胞联谊会（简称“县台联”）成立，为科级人民团体，核定干部编制 2 人，所需经费列入县财政预算。县台联设理事会，第一届理事会理事 8 人，其中副会长 4 人（1 人专职，主持工作）；第二届理事会理事 9 人，其中会长 1 人（专职），副会长 3 人（兼）；第三届理事会理事 9 人，其中会长 1 人（兼职），副会长 3 人（1 人专职、主持工作）。

二、代表大会

1996 年 10 月 18 日，平和县第一次台湾同胞代表大会暨平和县台湾同胞联谊会在县政协会议厅召开，与会台胞代表 35 人。市委统战部领导，县委书记、县长、县人大主任、县政协主席，分管对台工作的县委领导及县直有关部门领导应邀出席会议。县委常委吴景辉致开幕词，市委统战部副部长魏洪标代表市委统战部、市台联会致贺词，县直群众团体代表致贺词或送贺信，县委书记吴志明发表讲话。会上，宣读《中华全国台湾同胞联谊会章程》，选举产生县台联第一届理事会组成人员，新当选的专职副会长代表理事会作以后工作报告。

1999 年 12 月 26 日，平和县第二届台湾同胞代表大会在县委会议厅召开，与会台胞代表 37 人。市台联领导、县委书记、县人大常委会主任、县长、县政协主席、分管对台工作的县委领导以及有关部门领导应邀出席会议。县委常委郑智民致开幕词，市台联副会长施秀雄、县委书记许荣勇在大会上发表讲话，群众团体代表致贺词或送贺信。大会听取县台联第一届理事会工作报告，选举产生县台联第二届理事会组成人员。

2005 年 11 月 9 日，平和县第三次台湾同胞代表大会在县委会议厅召开，与会台胞代表 37 人。市台联会长、县委书记、县人大常委会主任、县长、县政协主席、分管对台工作的县委领导及有关部门领导应邀出席会议。县政协副主席、统战部长黄金生致开幕词，市台联会长叶露昆、县委书记杨彬文在大会上发表讲话，群众团体代表致贺词。大会听取县台联第二届理事会工作报告，选举产生县台联第三届理事会组成人员。

三、主要活动

（一）接待联谊

1997 年 6 月 24 日，县台联召集台胞举行“迎回归，盼统一”座谈会，学习中央有关文件，畅谈祖国和平统一大业。1998 年 6 月，接待爱国台胞林祖密将军之女林冈、林双意等一行 22 人到五寨乡埔坪村认亲谒祖。林氏后裔当场捐赠 1.5 万元，资助该村教育事业。2000 年，县台联先后接待返乡探亲谒祖、考察投资的台胞7批近百人次，接受台胞为平和公益事业捐赠64万多元。2003年1月，接待旅日台胞林文雄回乡察看自己捐建1000万日元的小溪中学教学楼的进展情况，林文雄再次捐资100万日元给学校购置电脑。2004年5月26日，县台联与县委统战部、县委台工办、县政协港澳台侨办联合，召开“坚持一个中国，促进祖国统一”座谈会。2006年4月，县台联接待并陪同台胞布光荣率领30多人的谒祖团到南胜镇云后村谒祖，谒祖团当场为该村公益事业建设捐献14000多元。2007年10月，陪同台湾桃园大溪镇20位江氏后裔团到平和县大溪镇江寨村寻根谒祖。

（二）帮扶解难

1997—1999年，县台联为赴台探亲、定居的台胞7批41人次提供行前咨询，协助他们申请办理赴台手续，并为他们向上级台联申请赴台困难补助。其间，县台联组织慰问因灾、下岗的困难台胞84户次，送上慰问金5300元；为3个青年台胞向上级台联争取到成人教育学费补助款各500元。2000—2005年，县台联向上级台联争取到慰问、结对帮扶、减免学费的款项3万多元，资助贫困台胞21人，资助在岗青年台胞参加学历学习7人次。2006年8月间，平和发生台风洪水灾害，县台联理事捐献1680元给受灾台胞，并陪同市台联会长和机关干部到平和南胜镇慰问4户受灾台胞。2006—2007年春节期间，县台联组织慰问台胞47人次，送上慰问金6080元。

（三）举荐人才

县台联成立后，做好中青年台胞的培养、考察工作，向有关部门推荐优秀人才。1996年至2007年底，全县台胞中，担任市人大代表1人，市政协委员1人，县人大代表和政协委员35人次；担任副处级领导干部1人，担任副科级领导干部2人。

第七章　文学艺术联合会

第一节　组织机构

1989年1月10日，平和县文学艺术界联合会（简称“县文联”）正式成立，由主席、副主席、秘书长、委员组成委员会，作为县文联领导机构。县文联为财政拨款的科级群众团体，核定编制2人。1989年，县文联第一届委员会委员16人。1994年，县文联第二届委员会委员21人。2005年，县文联第三届委员会委员20人。

2007年，县文联下属协会（学会）有美术协会、书法协会、摄影协会、音乐协会、舞蹈协会、作家协会、灵通印社，共有会员506人。

第二节　代表大会

1989年1月9—10日，平和县文学艺术界联合会第一次代表大会召开，与会代表59人，文艺界知名人士7人应邀列席会议，省文联、市文联和龙海、南靖等县文联以及平和县人大、政协、统战部等有关领导出席开幕式。县委常委、宣传部长白金坤代表县委、县政府向大会致祝辞。大会通过平和县文学艺术界联合会章程，选举产生第一届县文联委员会委员。

1994年5月18日，平和县文学艺术界联合会第二次代表大会召开，与会代表65人，县党政有关领导、文艺界知名人士等近百人应邀出席会议。大会听取县文联第一届工作报告，选举产生县文联第二届委员会。

2005年11月8日，平和县文学艺术界联合会第三次代表大会召开，与会代表72人，平和县党政有关领导、文艺界知名人士等近百人应邀出席会议。大会听取县文联第二届工作报告，选举产生县文联第三届委员会。

第三节 主要活动

一、组织文艺创作

1991年，会员张荣民、卢岸川、杨溪峰以1928年3月中共平和县委带领平和工农武装举行震撼闽粤大地、打响福建武装反抗国民党反动统治第一枪的革命史迹为题材，编写剧本《平和暴动》，并由县委、县政府与福建省电视台联合拍成两集电视剧，在省、市、县电视台播出。该电视剧获“福建省第四届《太阳神杯》电视艺术奖”、“建党70周年献礼片佳作奖”及漳州市首届“百花文艺奖”创作二等奖。1992年，会员卢岸川影评《马林效应与观众审美定势》，获全国第二届群众影评大赛三等奖。1996年，全县选送85幅书画作品参加省、市展出，其中获省级奖13幅、市级奖31幅；有60多篇文学作品在国家和省市各类刊物发表。1997年，会员曾峻青摄影作品《闹春》获1997年中国旅游年“万事达杯”摄影大赛二等奖。2005年，会员黄荣才的小小说《玩笑》，入选《当代名家精品小小说选》。2006年10月，会员赖欣余参加“将军杯”第十二届全国城市职工歌手赛获民族唱法铜奖。2007年，县舞协创作的舞蹈《蜜柚花儿开》，获国家关工委、教育部、文化部举办的全国艺术人才选拔活动福建赛区少儿组金奖。

二、举办文艺活动

1990年4月23—28日，县文联配合县委宣传部举办首届平和县艺术节，举行声乐比赛、舞蹈比赛、美术书法摄影展览、文学作品朗诵会等活动。此后，县文联及下属各协会在县委宣传部组织指导下，配合各时期中心工作和任务，以及重大纪念日和传统节日，举办文艺专场演出，文艺比赛，美术、书法、摄影作品展等活动。同时，组织参加全国、省、市的各种文艺演出、展览、比赛活动。其中，2004年，配合纪念邓小平诞辰100周年、庆祝新中国成立55周年活动，举办“周碧初画展”，平和水粉美画展，中国克拉克瓷出土文物展，首届女子美术、书法、摄影作品展，“土楼情怀、联通世界”书画展等。2007年，配合首届海峡两岸（平和）三平祖师文化旅游节，举办优秀摄影作品展；配合福建（平和）琯溪蜜柚节，举办“神奇柚乡，和谐平和”主题演讲比赛，品牌花灯展。

三、开展文化交流

1993年5月，县文联举办“平和县纪念毛泽东诞辰100周年书法比赛”，邀请漳州市和南靖、漳浦、云霄县的书法家13人前来参加。1997年3月18—21日，接待来自马来西亚、泰国、菲律宾、新加坡、日本等国家的华人摄影家一行13人，并协助他们在平和进行采风、创作活动。2003年，邀请省内外著名艺术家10多人，到平和参加纪念周碧初诞辰100周年活动；邀请全国艺术家周瑞文、陈忠森等到平和讲学献艺；接待日本、澳大利亚、英国、法国等国家，以及中国台湾、中国香港地区的文艺界游客10批500多人次到平和采风、考察；平和丽华歌仔戏剧团赴马来西亚等国家演出3个月。2006年6月21—23日，与台湾嘉义市艺文书道会联合，举办嘉义—平和书画联展，嘉义市艺术家48人、60多幅作品参加联展，并举行现场笔会和采风活动，切磋两地艺术。是年，组织平和少儿艺术团代表福建省小舞蹈艺术团，赴香港参加“舞向未来”内地和香港少儿文化艺术交流。2007年，邀请厦门、漳州两市20多位书画家，到平和三平、灵通风景区举行书画笔会，互相交流切磋艺术。

第八章　科学技术协会

第一节　组织机构

1989 年，保持县科学技术协会（简称“县科协”），既是科技工作者的群众组织，又是县委、县政府联系科技工作者的桥梁和发展科技事业的助手，属科级事业单位。1994 年，县科协成立科技咨询服务中心。2007 年，县科协配备专职干部 8 人，其中主席、副主席各配 1 人。

1994 年，全县成立县级专业学会（协会）有农学会、工学会、医学会、林学会、畜牧曾医学会、数理化学会、水利学会、养蜂学会、青少年科技辅导协会、世界语协会、农用运输车厂科协、合成氨厂科协、化工厂科协、第一糖厂科协、第二糖厂科协、琯溪蜜柚研究会、自然辩证法研究会等 17 个，成立乡镇科协 15 个，共有会员 635 人。1999—2007 年，相继成立平和县花卉学会、平和县建筑企业协会、平和县客家文化研究会、平和县白芽奇兰茶专业技术协会、平和县质量监督协会、平和县药业协会、平和县税务学会、岩坂村兴农协会、平和县琯溪蜜柚专业技术协会等，共有会员 788 人。

第二节　科普示范基地建设

2005 年，县科协开始实施科普示范基地建设。通过基地，宣传科普知识，交流科技信息，推广新技术新成果，为新农村建设和农民致富发挥示范和辐射作用。2006 年，平和县锦溪集团被评为漳州市科普惠农兴村计划科普示范基地。2007 年，国农农业发展有限公司、天用茶叶有限公司被评为漳州市科普惠农兴村计划科普示范基地。锦溪集团万亩蜜柚科普示范基地，被中国科协、财政部评为全国科普示范基地先进集体，获中国科协奖励 20 万元。至 2007 年，全县建立锦溪集团、南海食品有限公司、阳山茶厂、国农农业发展有限公司、天用茶叶有限公司 5 个科普示范基地。

第三节　科普宣传

1989 年起，县科协每年通过“科技宣传日”“科技宣传周”“科技下乡”等活动，组织各学会采取举办科技讲座、设科技咨询摊点、分发科技材料、张挂科普挂图展等多种形式，进行科学技术知识的宣传教育。2004 年 5 月，邀请市 175 医院的医疗专家、市农科所的果树蔬菜专家到国强乡，张挂科普挂图，开展现场咨询服务。2006 年 5 月“科技宣传周”，邀请省农科院和市农科所的高级农艺师，会同县的农艺师、技术人员，组成科技惠农服务队，深入九峰、南胜、山格、小溪、坂仔、霞寨 6 个镇，开展科技宣传教育活动，共举办技术讲座 26 场，受训群众 2500 多人，发放《蜜柚种植知识问答》等科普材料 2000 多份。2007 年 9 月 13—28 日，县科协组织各学会在全县开展科普系列活动。其中，开展“关爱‘五老’健康”活动，深入各乡镇对 200 多名革命“五老”（老地下党员、老地下交通员、老游击队员、老苏维埃区干部、老接头户）人员进行免费健康体检以及健康知识咨询；开展“防雷减灾，保你平安”科普宣传活动，通过上街设点，发放有关宣传材料 1000 多份，接受咨询 300 人次；开展“关爱健康，预防疾病”科普宣传活动，发放“家庭卫生保健知识”小册子 500 多本，接受咨询 600 多人次；开展“科普挂图展”活动，在县城主要街道展出《福建省科普条例实施办法》《崇尚科学，反对封建迷信》等挂图，发放科普图书 700 多册。

第四节　科技培训服务

一、举办培训班

1989年起，县科协每年组织各专业学会的行业专家，结合农时举办各类实用技术培训班。至2007年，共举办培训班380期，受训群众20万多人次。

二、创办农函大

1992年，县科协负责创办福建农函大平和分校，专业涉及畜牧、茶叶、果树、特种水产、蚕桑、企管、家政管理等。每年招收一批农村干部、农民、中学生等参加学习，学制一年。至2007年，招生16届，学生7437人。其间，县科协开展农民技术职称评定工作，全县共评出中级农民技术职称50人，初级农民技术职称495人。

三、创建服务网络

2000年，县科协与县农业局联合创建科技“110”联动服务网，在全县15个乡镇建立科技联动机构，并与县联网，形成上下相通、左右相连的科技服务网络。专家名单和热线电话均通过服务网络向社会公布，及时帮助解决农民生产中遇到的技术难题。2004年，科技“110”联动服务网受理咨询人数11540多人次，派出科技人员下乡指导7036人次，举办各类讲座培训64场，听课人数5088人次。

2007年，县农学会利用县有线电视《农友之窗》栏目，进行农业科技和实用技术专题讲座25期。同时，开展“969155”农业热线服务工作，接待来人来电咨询1200多人次，解决农业生产难题1.21万多件。

第九章 残疾人联合会

第一节　组织机构

一、平和县残疾人联合会

1990年6月26日，平和县残疾人联合会（简称“县残联”）成立，为副科级社会团体，由县民政局代管。全县各乡镇均成立残联分会。县残联设执行理事会为领导机构，由县民政局副局长兼任理事长，主持工作。1997年8月机构改革，核定县残联为正科级事业单位，与县民政局脱钩，内设办公室、康复股，工作人员5人。至2007年不变。

二、平和县人民政府残疾人工作协调委员会

1995年，成立平和县人民政府残疾人工作协调委员会，作为县政府对残疾人工作的领导机关。委员会设主任1人，由分管的县委副书记兼任；副主任和委员若干人，由有关的政府部门和社会团体的领导兼任。

至2007年不变。

三、平和县残疾人劳动就业指导中心

1996年1月，成立平和县残疾人劳动就业服务站，为县财政全额拨款的股级事业单位，核定事业编制3人，设站长1人、办事员2人。2005年9月，就业服务站更名为平和县残疾人劳动就业指导中心，设主任1人、工作人员2人。就业中心聘请6名社区残疾人联络员，其中小溪镇3人、九峰镇1人、大溪镇1人、坂仔镇1人。至2007年不变。

第二节　残疾人状况

1990年，县残联开展普查，全县各类残疾人23275人，其中听力、语言残疾6772人，智力残疾3351人，肢体残疾4469人，视力残疾3538人，精神残疾2422人，综合残疾2723人。

2007年，全县各类残疾人35957人，其中视力残疾5781人，听力残疾9966人，语言残疾435人，肢体残疾8111人，智力残疾3106人，精神残疾2646人，多重残疾5912人。残疾人口中，0～14岁1675人，占4.66%；15～59岁15137人，占42.1%；60岁以及上19145人，占53.24%。全县有残疾人的家庭户26274户，占全县总户数的17.8%，残疾人占全县总人口的19.8%。

第三节　代表大会

1990年6月26日，平和县残联第一次代表大会在县委会议厅召开，与会代表135人。县委副书记方清海、县政协主席曾文生、副县长张庆裕和孙守煊出席大会。方清海代表县委、县政府在大会上致祝词。大会选举产生县残联首届执行理事会理事长、副理事长和理事。

1994年6月27日，县残联第二次代表大会在县委会议厅召开，与会代表135人。漳州市残联理事长戴国泽、县委书记方清海、县人大常委会主任林长煌、县长黄永坤、县政协副主席叶清童出席大会。大会听取和审议县残联第一届工作报告，选举产生县残联第二届执行理事会理事长、副理事长和理事，选举出席漳州市残联代表大会代表。

2001年1月10日，县残联第三次代表大会在县委会议厅召开，与会代表135人。漳州市残联理事长蔡克惠、县委书记许荣勇、县长杨彬文、县政协主席张添火出席大会。大会听取和审议县残联第二届工作报告，选举产生县残联第三届执行理事会理事长、副理事长和理事，选举出席漳州市残联代表大会代表。

2007年11月30日，县残联第四次代表大会在县委会议厅召开，与会代表120人。漳州市残联办公室主任陈松来、县委书记林忠、县长洪里专、县委副书记曾建新和陈华、常务副县长黄劲武出席大会。大会听取和审议县残联第三届工作报告，选举产生县残联第四届执行理事会理事长、副理事长和理事，选举产生出席漳州市残联第四次代表大会代表和委员，通过有关事项决议。

第四节　主要活动

一、帮助康复

1990—2007年，为贫困的白内障患者实施复明手术3500人次，唇腭裂矫治手术50人，截肢者装配假肢35人；为听力障碍装配耳机110人，为聋儿装配人工耳蜗6人；为残疾人发放轮椅、拐杖、助听器等1500件。其间，通过各种机构进行儿麻矫治60人，聋耳语言训练90人次，脑瘫儿童、自闭症、智力残疾等康复训练250人次。防治、救助精神病患者250人次。

二、安置就业

1993年，通过兴办福利企业，安排残疾人50人就业。1995年，县人民政府发出《关于在全县实行按比例安排残疾人劳动就业的通知》，在县辖区内所有企事业单位应按本单位在职职工的1.6%安排残疾人。不能安排残疾人的，应按单位人均收入的60%上缴残疾人就业保障金。至2007年，全县累计按比例安排残疾人就业1989人，上缴残疾人就业保障金112万元，扶持1070名残疾人自谋职业，介绍250名残疾人到县外就业。

三、扶贫助困

1990—1995年，香港同胞游振超、曾莹分别捐资1万元和2000元扶助残疾人。1993年，省佛教协会捐献5万元，资助平和开展儿麻手术。1995年，县政府出台《关于对残疾人员实行优惠待遇的通知》，每年为残疾人在康复、医疗、教育、经商、农村税费等方面减轻负担100多万元。

2001年，县政府从地方财政和争取上级资助以及发动社会资助，筹集220万元，兴建县残疾人综合服务中心。中心占地952平方米，建筑面积2200平方米，为残疾人提供康复训练、职业培训、聋儿语训、用品用具供应、就业指导等服务。

2005—2006年，台湾曹仲植基金会与县残联会共同出资16万元，免费为贫困残疾人赠送轮椅160辆。2006年，深圳狮子会到平和县开展“视觉第一·平和光明行”活动，免费为白内障患者实施手术100例。2007年，省残联派出医疗队，免费为平和县白内障患者实施复明手术200例。省残联为平和受台风影响倒房的224户残疾人家庭，每户补助2000元，重建家园。

至2007年年底，全县有2800多名贫困残疾人纳入最低生活保障，985名残疾人纳入“五保户”，200多名残疾人享受政府定期救济。

四、教育培训

1993年10月，创办平和县开智学校，址在古楼小学内。开办1个班，配备3名教师，免费招收智障适龄儿童入学。至2007年，共培养学生110多人。

2006年11月，在香港福建希望工程基金会支持下，创办新丽宝特殊教育学校，址在县城北环路延寿山下。学校占地面积5300平方米，建筑面积880平方米，开办3个班级，配备教职员工11人，招收智障学生46人。

2007年12月，成立漳州市首家“残疾人庇护工场”，址在开智学校内，主要开展智障学生的职业培训和劳动教育服务，被省残联授予“残疾人之家”称号。

至2007年年底，全县有150名残疾适龄儿童在校接受义务教育。

五、体育训练

县残联成立后，配合有关部门和学校，组织残疾人参加体育训练，参加体育比赛，取得出色成绩。1995年，平和残疾人运动员在福建省第三届残疾人运动会上，获乒乓球赛第三名、标枪第二名、200米赛跑第二名、射击第三名。2003年，平和残疾人运动员在省残疾人运动会上，获100米、200米、400米赛跑3块银牌。2004年，在省中小学生残疾人运动会上，平和残疾人运动员获射击第二名。2005年，在漳州市残疾人田径选拔赛上，平和残疾人运动员获 100 米赛跑金牌。

2006—2007 年，新丽宝特殊教育学校有 30 多人次参加省、市级特奥比赛，获 3 金 4 银 3 铜奖。小溪镇智力残疾人张志伟，被评为全国“十五”特奥优秀运动员。

第十章 其他团体

第一节　计划生育协会

一、组织机构

1989 年 11 月，平和县计划生育协会（简称“县计生协会”）成立，由会员选举产生理事会作为协会领导机构。历届理事会设会长 1 人、常务副会长 1 人、副会长若干人、秘书长 1 人（副会长兼）、常务理事、理事若干人。同时，聘请离退休领导干部若干人担任协会顾问。全县各乡镇和村（居）都相应成立计划生育协会，村民小组成立计生协会小组。2000 年 11 月，县计生协会由事业编制调整为行政编制，核定编制 4 名；各乡镇计划生育协会编制共 23 名。县计划生育协会内设办公室、生育关怀行动办公室、幸福工程办公室和档案资料室。

至 2007 年年底，县计生协会下属有 18 个乡镇（场）、工业园、县直机关计划生育协会，269 个村（居）计划生育协会，2671 个计划生育协会小组。全县拥有会员 58189 人。县计生协会内设幸福工程项目部和办公室（含档案资料室），配备工作人员 10 人。

二、代表大会

1989 年 11 月 20 日，平和县计划生育协会第一次会员代表大会在县人民会场召开，与会代表 210 人。县委领导出席会议并讲话。大会选举产生县计划生育协会第一届理事会、常务理事会组成人员，通过平和县计生协会章程。

平和县计划生育协会第二届、第三届理事会由县委任命，没有召开会员代表大会。

2003 年 4 月 29 日，召开平和县计划生育协会第四次会员代表大会，与会代表 138 人。市计划生育协会领导、县委领导出席大会并讲话，群团代表在大会上致辞。大会听取县计生协会第三届理事会工作报告，表彰计划生育先进单位和先进个人，选举产生县计生协会第四届理事会、常务理事会组成人员，并通过大会决议。此届理事会任期 5 年。

三、主要活动

（一）宣传教育

1989 年，县计生协会成立后，创办《协会通讯》在县内发行，交流各地开展计生工作的情况和经验，宣传国家关于计划生育的法律、法规和方针政策。每年在“5·29”（中国计生协会成立纪念日）期间，举办大型宣传活动，各乡镇、村（居）计生协会领导带领计生女组长，登门上户宣传访视。2006 年，县计生协会组织一支“婚姻新风进万家”文艺宣传队，自编自演节目下乡进村巡回演出 21 场。1989—2007 年，全县发放计生宣传单 5 万份，分发《生殖健康宣传画册》《人口和计划生育宣传资料》等 2 万册，聘请妇科专家举办“关注女性健康，优生优育，疾病防治”为主题的讲座 24 场，育龄群众 6000 多人接受教育。

（二）帮扶服务

1989 年起，全县各级计生协会配合行政主管部门，做好农村计划生育家庭奖励扶助政策落实工作和政府小额贴息贷款发放工作。至 2007 年年底，全县落实贴息贷款 575 万元，支付利息 20 万元，扶持计生户 1151 户发展生产。

1998 年，平和县被幸福工程福建组委会确定为全省首批 9 个幸福工程项目试点县之一。县计生协会协助政府有关部门，开展“幸福工程——救助贫困母亲行动”。2003 年、2005 年和 2007 年，在全县干部、职工、教师中开展“为贫困母亲献爱心，捐献一日所得”活动，共筹集资金 24.35 万元，全部用于救助实行计划生育的贫困母亲。1998—2007 年，全县共筹集幸福工程资金 247.32 万元，先后开展救助实行计划生育的贫困母亲 11 期，项目覆盖 193 个村（居），救助 926 户，惠及家庭人口 3804 人，受助贫困母亲的脱贫率 91%，还款率 100%。幸福工程平和县项目办公室获省计生协会幸福工程组委会授予“县级自筹百万幸福工程资金奖”奖牌，并被漳州市计生协会评为“幸福工程——救助贫困母亲行动先进单位”，黄玉清等 8 个脱贫母亲获全国“先进脱贫母亲”称号。平和县幸福工程的做法和经验，多次被《中国人口报》《福建日报》《闽南日报》和多家电视台报道传播。

2007 年，县计生协会在县开展“生育关怀行动”，配合计生技术服务机构，免费为育龄群众查病治病 5064 人次；在全县挑选 600 名计生女组长的家中，设立避孕药具发放点，免费为广大育龄群众发放避孕药具。建立不孕不育症家庭档案，为 318 对不孕不育家庭联系治疗单位，并投资 3.9 万元为 13 对不孕不育症困难家庭提供免费治疗。

三、民主监督

县计生协会成立后，履行民主参与和民主监督职能，在全县计生协会系统建立 3 个机制，即建立协会会长参加乡镇和村（居）计生工作例会制度，建立举报监督机制，设立计生检举箱和开通举报热线电话；建立信访工作机制，接待并及时处理群众来信来访有关事宜。各村成立以协会会长、会员代表、村民代表组成的计划生育村规民约监督小组，协助检查、监督实行计划生育村民自治和履行村规民约。1989—2007 年，通过民主监督，累计清退违反计划生育超生会员 5000 多人，调整违规超生女组长 2300 多人。

第二节 老区建设促进会

一、组织机构

1995 年 7 月 14 日，成立平和县老区建设促进会（简称“县老促会”），组建理事会作为领导机构，首届理事会有理事 25 人，其中常务理事 8 人，设会长 1 人、副会长 6 人、秘书长 1 人（兼）、副秘书长 1 人，负责日常工作。并聘请离退休的市、县级领导干部 8 人，担任名誉会长。2000 年 8 月，理事会换届，有理事 15 人，其中常务理事 12 人，设会长 1 人、常务副会长 1 人、副会长 4 人、秘书长 1 人（兼）、副秘书长 3 人。聘请县委、县政府 2 位领导担任名誉主任，7 位离退休县级领导担任顾问。2004 年 4 月，理事会换届，有理事 23 人，其中常务理事 8 人，设会长 1 人、副会长 3 人、秘书长 1 人（兼）、副秘书长 1 人。聘请 3 位县委、县政府领导担任名誉会长，5 位离退休县级领导干部担任顾问。至 2007 年不变。

二、主要活动

（一）宣传教育

1996 年，县老促会配合闽粤赣研究会编写云和诏革命根据地斗争历程的史册《乌山风云》，并深入部门、乡镇、中学和学区，开展发行和宣传教育。1998年，配合县有关部门开展“平和暴动”70周年系列纪念活动，并于3月在平和暴动纪念馆召开千人纪念大会。2002年和2003年，先后总结赤安、三坪、军溪等老区村发扬革命传统，建设新老区的典型事迹，进行宣传教育。

（二）建言献策

县老促会成立后，逐年组织人员深入调查研究，写出书面报告，向县委、县政府及有关部门建言献策。1997年7月，县老促会8位常务理事分成2组，历时1个月，先后深入长乐、芦溪、国强等13个乡镇的20多个老区贫困村，调查革命“五老”（老地下党员、老地下交通员、老游击队员、老苏维埃区干部、老接头户。下同）生活、救灾扶贫工作、老区教育等问题，形成书面调查报告，供县委、县政府决策参考。2000年10月，县老促会理事分成3个组深入重点老区村，就革命“五老”及遗孀生活情况开展调研，调查情况报告分管领导和有关部门，使革命“五老”及遗孀生活定补得到落实。2003年5月，对省定8个老区贫困村开发资金项目落实情况进行调研，把调研情况反映给县委，使扶贫开发工作得到落实。2005年8月，县老促会对部分老区村群众的安全饮水问题进行调查，并多次走访相关部门，提出意见与建议，得到有关部门的采纳。

（三）奖学助学

县老促会成立后，每年通过调查摸底，落实对象，做好“漳州科华老区育才奖学金”发放工作，扶持老区基点村优秀生。1996—1998年，给老区基点村在校高中优秀生77人次，发放奖学金6.28万元。1999—2002年，给老区基点村在校优秀生141人次，发放奖学金11.28万元；考上大学的优秀生65人，发放奖学金14.90万元。2003—2007年，给老区基点村在校中学优秀生76人次，发放奖学金6.08万元；考上大学的优秀生14人，每人发放奖学金3000元；考上研究生5人，发放奖学金2.50万元。

2002年起，县老促会每年通过调查摸底，落实对象，做好“黄仲咸基金会老区助学金”发放工作。2002—2007年，给在校贫困生共760人（其中考上大学58人），发放助学金38万元。

（四）传授科技

1997年，县老促会组织科技人员先后在芦溪镇秀芦村、国强乡三五村、安厚镇东川村举办果、竹、食用菌、反季节蔬菜等管理技术培训班，参训人数212人，分发技术资料425份。2004年，组织科技人员深入霞寨、坂仔、崎岭等乡镇，举办琯溪蜜柚、香蕉、白芽奇兰茶等管理技术和防治病虫害技术讲座，参加500多人。2007年，组织科技人员深入老区，举办蜜柚、茶叶等农业科技讲座4场，参加800多人次，发放科技材料800多份。

第三节　老龄工作委员会

一、组织机构

1990年10月，经县委研究决定，成立平和县老龄工作委员会（简称“县老龄委”），配主任、副主任、委员13人。主任由一位副县长兼，副主任和委员由县直有关部门领导兼，内设办公室，配专职干部1人。后经数次调整充实，至2007年，县老龄委有主任1人，副主任5人，委员18人。办公室配主任1人、常务副主任1人。

县老龄委成立后，各乡镇（场）相应成立老龄委，各村委会、居委会建立老年协会。至2007年，全县成立16个乡镇（场）老龄委及平和工业园区老龄委，266个村（居）老年协会。

二、主要活动

（一）敬老慰问

1990年10月23—29日，在全县开展“敬老周”活动，举行各种座谈会74场，共慰问高龄老人765

人，组织干部、群众、学生1376人为老年人做好事142件，放映慰问电影12场。1991年，以《福建省老年人保护条例》颁布一周年为契机，县委、县政府部署开展评选老年工作先进单位、先进工作者活动，并在10月16日召开“平和县庆祝首次老年节暨老年工作先进表彰大会”，共表彰39个老年工作先进单位、148名老有所为先进个人和14名敬老好儿女。是年，全县各级老龄委召开老人座谈会76场，慰问老年人2760多人，发放慰问金4万多元。各学校、机关单位，还组织学生、干部为老年人做好事。1998—2007年，全县共有61个村13524位老人享受各类生活补贴计114.6万元。每年的老年节、春节期间，县委、县政府都部署开展敬老慰问活动，举办义诊、祝寿等活动，并评选、表彰一批省、市、县老年工作先进集体、先进个人。

（二）组织学习和文体活动

县老龄委成立后，陆续组建平和县老人体育协会、平和县老年大学、平和县老年艺术团、平和县老年教育委员会等，各乡镇和村（居）也组建老年学校、老年活动中心等，组织老年人开展各种学习和文体活动。1991年，全县组织9支老年人门球队，举办1次门球比赛，并举办老人迪斯科、气功、太极拳、太极剑表演，参加者250人次。1992年，县老龄委和县体协举办老年拳功操培训班，举行5次老年门球赛、3 次老年迪斯科、气功、太极拳、太极剑表演，3次老年人象棋比赛，2次钓鱼赛，1次老年人书画作品展览。1993年，全县建立老年人活动室145个，面积3700多平方米，各活动室配备有老年人学习资料和娱乐器具。1997年，兴建县老年活动中心，楼高6层，建筑面积2058平方米。2001年国庆节、老年节和福建省第五届全民健身节期间，全县开展为期2个月的“万人老年人健身活动”，有拳、功、操、球类、棋类、登山、游泳等20多个项目，参加人数1.69万多人，占老年人总数的30%。至2007年，全县建立乡镇老年中心学校3所，学员325人；村（居）老年学校122所、学员8538人；乡镇和村（居）老年活动室197个，面积13670多平方米。

（三）建立“两基”

1990年起，各级老龄委、老年协会陆续建立“两基”（养老创收基地和老年福利基金会），至1998年，全县建立老年福利基金会108个。其中县级1个，到位基金35万元；乡镇级9个，到位基金1278万元；村级98个，到位基金428万元。建立养老创收基地87个，其中乡镇级基地6个，年创收9.5万元；村级基地81个，年创收46.5万元。2007年，全县有老年福利基金会4个，累计结余资金560万元。

第四节 关心下一代工作委员会

一、组织机构

1996年5月，成立平和县关心下一代工作委员会（简称“县关工委”），其前身为1988年成立的县老一辈关心下一代协会，为群众性公益团体。县关工委设主任1人、常务副主任1人、副主任若干人，由县委任命；委员若干人，由离退休领导干部和县直有关部门在职领导共同组成。县关工委下设帮教组、校外辅导组、家教组、报告团、科教组、文化市场督查组，成员共46人，聘请离退休干部参加。各乡镇（场）、村（居）和机关、学校、民营企业也陆续组建关工委。至2007年，全县16个乡镇（场）、254个村（居、社区）、273所中小学、11个机关系统和3个民营企业建立关工委，从事关工委工作人员12542人。县关工委内设办公室，配备专职干部2人，各乡镇（场）关工委配备专（兼）职干部1人。

二、主要活动

（一）帮教青少年

县关工委成立后，每年配合有关部门在全县青少年中开展法制教育。1995年6月16日，县关工委帮教组与县综治办、司法局一起，到县看守所对在押的青少年进行面对面的帮教。2000 年 4—7 月，县关工委配合县政法部门，在全县开展《中华人民共和国预防未成年人犯罪法》百日宣传教育活动。2003 年，县关工委与县预防办和政法部门联合，在小溪镇新桥小学设立“未成年人道德与法制宣传教育基地”，与家长签订“帮扶协议书”，登门上户对青少年开展矫正、帮教活动，使该村多年实现未成年人零犯罪，受到省预防办的表扬和总结推广经验。至 2007 年，县关工委配合有关部门，在青少年中开展法制教育 3126 场次，受教育的青少年 25.34 万人次。

（二）开展形式多样的校外辅导

1994 年起，县关工委辅导总站和乡镇（场）建立的分站，每年组织老党员、老专家、老教师、老战士、老模范就近开展校外辅导工作，进行国情教育、革命传统教育和道德教育，协助学校转变落后生工作。至 2007 年，全县共开展辅导 16531 场次。同时，县关工委还以国庆周年、毛泽东和周恩来诞辰、香港和澳门回归、抗日战争和二万五千里长征等纪念日，开展宣讲革命故事和英雄人物事迹活动。

（三）为青年农民培训科技

县、乡镇关工委成立后，组织老科技人员配合相关部门，就平和的蜜柚、茶叶、香蕉三大产业，通过举办讲座、分发材料、信息咨询、现场指导等途径，帮助青年农民学科技、用科技。至 2007 年，共组织培训 1496 场次，受训青年农民 28.47 万人次，不少人成为当地致富带头人。

（四）开展扶贫助学，奖学奖教活动

县、乡镇关工委成立后，把助学奖学作为关心青少年健康成长的一项工作，动员港澳同胞、平和籍政界、商界人士，多方筹集资金，开展扶贫助学、奖学奖教活动。至 2007 年，全县建立 36 个基金，每年扶助和奖励学生、教师 1200 ～ 1800 多人，发放资助、奖金 50 ～ 70 万元，并为青少年赠送图书 58420 册。

第五节　关心下一代对外联谊会

一、组织机构

1996 年 10 月，成立平和县关心一下代对外联谊会（简称“县关联会”），由县委老干部局主管，为群众性公益团体。县关联会由离退休干部担任会长、常务副会长、副会长、秘书长、副秘书长和理事，同时聘请港胞、侨胞及平和籍离退休领导干部和爱心人士若干人担任名誉会长和顾问。至 2007 年，县关联会聘请名誉会长 8 人，顾问 17 人。

二、主要活动

（一）联谊交友

县关联会成立后，运用电话、书信等形式，向港澳台同胞、海外侨胞和社团，以及向县内各机关单位、学校、企业界等，通报县关联会的讯息，寄送县关联会的《章程》《奖学助学金管理办法》以及反映平和青年、少年、儿童基本情况，使关联会的工作得到海内外各界人士的理解和支持。每逢元旦、春节，县关联会向在海内外的名誉会长、顾问、爱心人士等赠寄贺年片。每逢海外的各界人士和乡亲到漳州、平和参加政协会议、花博会、经贸洽谈会、庆典会等，县关联会班子成员则组织登门拜访，增进情谊。1996—2007 年，经县委批准，县关联会牵头组织联谊组，先后到中国香港、澳门、台湾地区开展联谊活动，拜访在当地的关联会名誉会长、顾问以及同乡会、宗亲会和乡亲，向他们通报关联会工作情况，反馈奖学金、助学金使用情况和效果。

（二）筹资奖学助学

县关联会成立后，把为青少年健康成长、排忧解难送温暖作为一项主要任务，建立奖学助学制度。县长批拨 4 万元作为奖学助学底金，县关联会名誉会长、顾问带头捐资，关联会领导班子成员深入各地发动筹资。1997 年 8 月 20 日，县关联会举行首届奖学金颁发大会，对全县当年高考文史类、理工类和外语类取得总分第一、第二名的 6 位优秀生，分别奖励 1600 元和 800 元。1998 年 8 月 31 日，举行第二届奖学金、助学金颁发大会，由南胜镇前山村青年企业家蓝森古捐资 1.02 万元，给当年全县高考文史类、理工类和外语类取得总分第一、第二、第三名的 9 位优秀生，分别奖励 1600 元、1000 元和 800 元；由县关联会给高考录取的 10 位特困生每人补助 800 元。2004 年，香港华龙制造厂有限公司总经理徐少华捐资 8 万元，在县关联会设立“徐少华奖学金”，连续 4 年给 19 位高考优秀生颁发奖学金。2007 年 8 月 18 日，举行第 11 届奖学金、助学金颁发大会，由企业家许世增捐资 1.8 万元，给全县当年高考文史类、理工类取得总分第一、第二、第三名的优秀生分别奖励 4000 元、3000 元和 2000 元；由泰国福安堂有限公司、平和县老年福利协会、企业家赖建辉和退休干部朱胜耿遗属计捐出 6 万元，给 40 位高考录取的特困生每人发给 1500 元助学金。1997—2007 年，县关联会从海内外筹集到单位和个人捐献的奖学金助学金共 80 多万元，共有 82 名高考优秀生获得奖学金，251 名高考录取的特困生获得助学金。同时，县关联会还通过出具证明，与校方取得联系，帮助 30 多位高考录取的特困生获得助学金和助学贷款。

（三）牵线扶助孤儿

2003 年开始，县关联会把扶助孤儿工作列入议事日程，向社会各界通报全县孤儿情况，呼吁各界人士奉献爱心，为孤儿解决读书和生活上的困难。2004 年，在港的美籍华人苏协民（系县关联会名誉会长）在县关联会设立“苏协民扶助孤儿项目”，从 2004 年起给 7 位 16 周岁以下的孤儿，每人每年资助 1200 元，直至其初中毕业。2007 年，香港华龙制造厂有限公司总经理徐少华夫妇在县关联会设立“徐少华扶助孤儿项目”，从 2007 年起给 5 位 16 周岁以下的孤儿，每人每年资助 2400 元，直至其初中毕业。

（四）牵线兴办公益事业

县关联会成立后，会长赖容海每年都向在港的名誉会长林广兆汇报平和教育、文化事业建设中存在的资金紧缺问题，由林广兆出面，发动香港企业家和社团献爱心资助。1996 年，引荐香港南九龙狮仔会捐资 20 万元，支持崎岭中学兴建教学综合楼。2005 年，引荐香港同胞王少成捐资 15 万元，支持重修世界文化大师林语堂故居。2006 年，引荐厦门中怡集团总裁、港胞杨毅融创办的中坤化学有限公司捐资 15 万元，支持安厚镇龙门小学整修教学楼和建设学校围墙、大门、厕所等。1997—2007 年，共筹集到资金数百万元，支持 20 多所中小学校和幼儿园改善办学条件，以及资助兴建平和县图书馆等文化设施。

第六节 红十字会

一、组织机构

1989 年 6 月 16 日，县政府召开“平和县红十字会成立大会”，宣告县红十字会正式成立。由会长 1 人、副会长 3 人、秘书长 1 人、理事 9 人组成理事会，作为红十字会领导机构，会长由县政府分管的副县长担任，内设办公室，配工作人员 1 人。在卫生系统 18 个单位，建立红十字会分会，会员 320 人。1997 年 2 月和 2003 年 2 月，两次调整充实县理事会成员。2007 年 11 月，经县委机构编制委员会核定，县红十字会为独立正科级办事机构，由县卫生局代管改为县政府直接领导，核定机关编制 2 人，配 1 名副科级常务副会长，1 名办事员，会长仍由县政府分管的副县长担任。至 2007 年年底，全县有 6 个红十字会分会，会员 756 人。

二、主要活动

（一）宣传教育

县红十字会成立后，利用“世界红十字日”“世界艾滋病日”和文化、卫生、科技“三下乡”等，开展宣传、咨询、义诊活动。重点宣传《中华人民共和国红十字会法》《中华人民共和国献血法》《福建省公民献血条例》等法律法规，以及献血知识、艾滋病预防知识。2003—2006 年，共印发有关法律法规及献血、艾滋病预防知识等宣传材料 7 万多份，刊出宣传栏 33 期，组织义诊医疗队 67 队次深入各乡村，诊治病人 7000 多人次。2007 年，分发各种宣传册、宣传单 3 万多份，组织医疗队 26 队深入各乡村，诊治病人 5000 多人次。

（二）推动无偿献血

1999 年 3 月，成立平和县公民献血委员会后，县红十字会配合委员会做好无偿献血的组织协调工作，安排各单位的献血活动，每月深入各乡镇开展一两次无偿献血活动。1999 年，全县无偿献血 665 人次，2000 年 182 人次，2001 年 922 人次，2002 年 740 人次，2003 年 709 人次，2004 年 564 人次。2005 年，开始实行街头无偿献血，由漳州市中心血站统一安排采血。

（三）人道救助服务

2000 年 7 月，县红十字会协助县农用车厂老职工宋永杰办理捐献遗体手续，系为全省首例。对此，《福建日报》《福建卫生报》《闽南日报》均以较大篇幅予以报道，《东南卫视》作专题采访报道。2002 年 4 月，县红十字会又协助农民陈如珠办理捐献遗体手续，系为漳州市首例农民报名登记捐献遗体。

2002 年 8 月，县红十字会接收市红十字会分配的中国红十字会救灾物资总值 12.9 万多元，分发受灾的 4 个乡镇 71 个村，受益农户 1038 户 3231 人。

2003 年 1 月，县红十字会接收市红十字会分配的联合会救灾大米 20 吨和 3.84 万元，分发受灾的 4 个乡镇 14 个村，受益农户 452 户 1870 人。

2004 年 1 月，县红十字会接收市红十字会分配的省“博爱送万家”慰问物资 100 份，分发贫困户 100 户，受益 401 人。9 月，接收市红十字会转来的灿坤公司捐赠大米 127 吨，分发 9 个乡镇 9 个村的 635 户贫困户。

2005 年 12 月，县红十字会接收市红十字会分配的省“博爱送万家”慰问物资 150 份，分发 7 个乡镇 8 个村的 150 户贫困户，受益 447 人。

2006 年，受台风“碧丽斯”“珍珠”影响，全县受灾严重，县红十字会接收省红十字会分配及兄弟县市红十字会捐赠的物资总价值 34.5 万元，分发救济灾民。

2007 年，县红十字会接收市红十字会分配来的广州嘉禾制药有限公司的药品价值 40 万元，用于农村合作医疗站救助贫困患者，受益约 7.9 万人次。1999—2007 年，县红十字会配合民政部门，倡议发动社会各界人士及全体会员捐款支援灾区，先后为台湾地震、长江灾区、闽北灾区、印度洋海啸灾区募捐到 71 万多元，款项如数汇往灾区或漳州市红十字会博爱工程基金。

第七节　老年人体育协会

一、组织机构

1984 年 7 月成立平和县老年人体育协会（简称“县老体协”），由主席、副主席各 1 人，委员 5 人，组成首届领导班子。配秘书长、干事各 1 人。

1990 年 4 月，第二届县老体协由主席 1 人、副主席 2 人、委员 4 人组成领导班子。配秘书长、副秘书长、财务、干事、辅导站教练各 1 人。

1994 年 8 月，第三届县老体协由主席 1 人、副主席 4 人、委员 8 人组成领导班子。1997 年 9 月，县委行文调整县老体协领导机构，委员增至 33 人。由县委书记、县长、副县长、县委组织部长 4 人担任名誉主席。

2003 年 3 月，第四届县老体协由主席 1 人、副主席 6 人、委员 33 人组成领导班子。配秘书长 1 人、副秘书长 3 人。由县委书记、县委组织部长担任名誉主席，4 位离退休领导干部担任顾问。

2007 年 1 月，第五届县老体协由主席 1 人、副主席 4 人、委员 30 人组成领导班子。配秘书长、副秘书长各1人。

县老体协成立后，在各乡镇（场）和建制村陆续建立老体协分会。至2007年，全县16个乡镇（场）、240个建制村建立老体协分会，共有领导成员864人，参加协会会员14282人，占老年人总数的25.3%。

二、活动设施

1989年，县老人活动中心建立活动室1个，门球场1个，地掷球场1个，柔力球场2个。在各乡镇（场）、建制村的老人活动中心，共建立活动室80个，门球场、地掷球场、气排球场4个。县和乡镇建立老人健身辅导站3个，有辅导员5人。

至2007年，县老人活动中心建立活动室3个，门球场3个，地掷球场2个，柔力球场4个，气排球场3个，健身器材5台。各乡镇（场）、建制村老人活动中心建立活动室197个，有门球场1个、地掷球场4个、气排球场2个，健身器材5台。县和乡镇建立老人健身辅导站93个，有辅导员97人。

三、主要活动

1989年，县老体协组织开展门球、乒乓球、射击、象棋等活动，在县城参加运动的老年人有数百人，主要是离退休干部职工。是年，县老体协组队参加漳州市第二届老年人运动会，获门球赛冠军。1990年，县老体协组队参加福建省第二届老年人运动会，获象棋赛团体冠军。

1990年后，活动形式、项目不断发展和创新，参加活动的人数越来越多。至2000年，活动项目增加地掷球、气排球、围棋、泰迪健身球和各种气功健身活动。从县城到各乡镇、建制村，有数千干部、职工、居民、农民中老年人参加活动。1992年，县老体协组队参加市第三届老运会，获马球团体赛第三名。1997年，县老体协获全国老年体育工作先进单位称号。1998年，县老体协组团参加市第五届老运会，获门球、地掷球赛第二名，泰迪健身球赛优秀奖。2000年，县老体协获福建省第四届全民健身节拳、剑、操、歌舞大会演先进单位称号，并获省老年泰迪健身球赛最佳奖。2001年10月，县老体协健身球队代表漳州市，参加在浙江省舟山市举办的全国泰迪健身球操表演赛，获优胜奖。

2001年后，老年人活动项目增加柔力球、保龄球、台球、木兰拳、医疗保健操、爬山等30多个。从县城到各乡镇、建制村，常年参加活动的老年人2万多人。2002年，县老体协组团参加市第六届老运会，获门球赛第一名，柔力球赛、泰迪健身球、激灵圈表演赛最佳奖；男子象棋赛第二名。2006年，县老体协组团参加市第七届老运会，获柔力球男子双打第二名，泰迪健身球、激灵圈表演赛优胜奖；参加省第七届老运会，获柔力球男子单打铜牌。

1989—2007年，县老体协先后7次被评为省级先进单位，还有县税务局老体协、霞寨镇团结村老体协、县拳功操辅导站、霞寨镇老体协、安厚镇直机关老体协、小溪镇联星村老体协、九峰镇老体协，先后被评为省级先进单位。

第八节　客家文化研究联谊会

一、组织机构

1997年6月26日，平和县客家文化研究联谊会（简称“平和县客联会”）成立大会召开，会员178人出席大会。漳州市客联会会长、副会长等11人到会祝贺。县委常委吴景辉代表县委、县政府到会祝贺。张汀开代表市客联会、陈金堤代表闽粤边区史研究会、张庆裕代表县老龄委分别致贺词。大会选举产生首届县客联会理事会作为领导机构，由会长、副会长、秘书长、副秘书长，常务理事、理事等组成。聘请县内外有关老领导15人，分别担任名誉会长、顾问。2003年和2007年，县客联会先后召开常务理事会，进行换届选举，产生新的领导机构。

2000年7月，成立平和县客联会南胜分会和九峰分会。

二、主要活动

（一）弘扬客家文化

1997年起，县客联会理事会创办《大芹山下》简讯，作为弘扬客家文化的平台，发动会员调查、编写当地客家形成、发展历史，客家革命斗争史迹，客家文化风俗，客家杰出人物等，通过不定期出版《大芹山下》简讯进行宣扬、交流。1997—2007年，共出版152期。同时，编撰出版《客家学研究》专册5集。

1998年，县客联会理事会在县城举办首届书画展，举办客家文化学术讲座。1999年春节至元宵期间，县客联会与九峰老人协会联合举办客家文化艺术展，展出书法美术作品100多件。同年10月，为庆祝新中国成立50周年暨喜迎澳门回归，县客联会与三平风景区管委会联合，在三平寺举办《平和客家第二届书画展》，展出作品63件。2001年，县客联会与九峰客联分会共同编写《九峰古城》一书。2002年中秋节期间，县客联会组织客联潮音组一行22人，赴漳参加市客联会举办的“中秋音乐会”。2004年，县客联会选送一批会员作品，参加省客联会南方书画研究院举办的“南方客乡书画展赛”，有12位会员的作品分别获一等奖和三等奖。

（二）开展县外联谊

1997年10月，县客联会组织祭祖团，到宁化县石壁村参加1997年度世界客属石壁祭祖大典，到长汀县参加福建省首届客家文化旅游节暨世界客属第三届公祭母亲河大典。1999—2006年，县客联会派出代表，先后出席在吉隆坡召开的第十五届世界客属恳亲大会，在河南省叶县召开的世界叶氏联谊会，在福建龙岩市召开的第十六届世界客属恳亲大会，在福建宁化县石壁村召开的全国首届客属恳亲会，在雅加达召开的第十七届世界客属恳亲大会，在河南省郑州召开的第十八届世界客属恳亲大会，在四川省成都召开的第二十届世界客属恳亲大会，在台湾台北召开的第二十一届世界客属恳亲大会。2007年9月，县客联会接待台湾台南同胞来平和调研客家文化。

（三）组织会员学习娱乐

县客联会成立后，按会员的居住地，划片建立6个联络组，各组定期组织会员开展学习、谈心活动。县客联会在会址（宗圣庙）设置潮音俱乐部，每逢双休日，组织会员开展娱乐活动。县客联会理事会每次派代表参加国内外客属恳亲大会后，都召开会员大会进行传达，通报客联会工作情况。1998年10月3日，县客联会在县老年活动中心举办客家文化学术讲座，邀请市委党校副校长、副教授肖彪作题为《客家民系形成探源》的讲座，会员200多人听讲。2002年10月1日，县客联会在县文化大楼举行“中秋茶话会”，近百位会员共同欢度中秋、国庆。2007年7月起，县客联会建立每月26日为会员“聚会日”制度，组织会员学习时事政治，通报客联会工作情况，交流会员生活情况，增进会员情谊。县客联会坚持在会员中开展“联谊会是我家，温暖活动连大家”活动，发动会员捐资筹集活动经费，帮助会员办好红白事。凡会员逝世，会长和理事则登门送花圈慰问。对个别经济困难的家庭子女上大学，则发动会员给予资助。

卷十 公安司法

1989—2007年，平和县委、县政府根据社会发展和“依法治县”的需求，不断加强政法部门的队伍建设，改善执法环境和条件。县财政安排专项资金，兴建县公安局5层综合大楼、县法院五层综合大楼和3层审判庭大楼、县检察院5层综合大楼；并按规范化要求，给予配备各种警车和信息传输设备。公、检、法、司4家在县委政法委员会和县社会治安综合治理委员会的统一指导、协调下，履行“执法为民”、维护社会稳定职责，广泛深入开展法制宣传教育和创建“平安平和”活动，严厉打击各种严重刑事犯罪和经济犯罪，开展社会治安综合治理，强化治安防范，做好矛盾纠纷排查调处工作。19年间，全县依法判处各类违法犯罪分子1570多人，审结各类民事、经济、行政纠纷案件1.14万多起，司法部门调解各类社会矛盾纠纷1.79万多件，调解成功率98%，为国家、集体和人民群众挽回大量经济损失，确保全县社会稳定和经济发展。县公安局于1998年获“福建省优秀公安局”称号，县检察院于2004年获“全省先进检察院”称号。

第一章 公安

第一节 机构设置

一、县公安局

1989年，县公安局内设秘书科、政工科、政保科、治安科、消防科、内保科、预审科、户政科、出入境管理科、刑警队、治安拘留所、看守所。

1993年10月，增设行政科和法制科。1995年6月，建立巡警大队。1996年8月，消防科更名为消防大队。1997年，秘书科更名为警令科，行政科更名为后勤保障科，撤销预审科，成立机要通讯科和警务督察队。2000年8月，成立经济犯罪侦查大队。2001年4月，警令科更名为办公室。

2003年6月，后勤保障科更名为装备财务科，户政科更名为户政中心，机要通讯科更名为信息通讯科。是年，县公安局内设政工室、办公室、宣传科、警务督察队、装备财务科、信息通信科、公共信息网络安全监察科、出入境管理科、法制科、监所管理科、户政中心、纪委和监察室、国内安全保卫大队、治安管理大队、巡逻警察大队、刑事侦查大队、经济犯罪侦查大队、禁毒大队、消防大队、治安拘留所、看守所。

2006年3月，交通警察（简称“交警”）大队建制划归县公安局管理，治安拘留所更名为拘留所。

2007年，县公安局内设机构为办公室、宣传科、内保科、监管科、网安科、法制科、装备财务科、信息通讯科、出入境管理科、刑事侦查大队、巡逻警察（简称“巡警”）大队、经济犯罪侦查大队、治安大队、户政中心、消防大队、禁毒大队、国保大队、纪委和监察室、交警大队、警务督察中队、拘留所、看守所。

二、基层公安派出所、公安分局

1989年，在全县14个乡镇和安厚农场设立公安派出所，并设平和县林业公安科。1992年，平和县林业公安科更名为平和县公安局林业公安科。

1993年6月，成立秀峰乡派出所。1994年4月，撤销安厚农场派出所。1996年5月，小溪派出所和九峰派出所分别更名为小溪公安分局和九峰公安分局。2005年1月，该两分局又更名为公安派出所。

1997年，平和县公安局林业公安科更名为平和县公安局林业分局。1999年，该分局更名为平和县公安局森林分局。

2007年，全县设立15个乡镇公安派出所，还有县林业公安分局。

三、警务室

2006年9月，根据公安部《关于实施社区和农村警务战略的决定》精神，全县开始实施社区和农村警务建设。至2007年12月，全县规划警务区17个，建成警务室32个，其中农村警务室26个、县城警务室6个，共配备民警64人。

第二节　刑事犯罪侦查

1989年，全县立刑事案件762起，侦破341起，打掉犯罪团伙21个，抓获犯罪嫌疑人473人，缴获一批被盗抢的摩托车、电视机、音响等财物，为群众挽回经济损失30多万元。

1996年，县公安局在全县范围内开展“打现行、破大案、反盗车、追逃犯”专项斗争。全县侦破各类刑事案件77起，其中重特大案件26起，抓获网上逃犯27人，缴获被盗窃的汽车、摩托车、农用车、手扶拖拉机计34辆。10月8日，县公安局在九峰镇抓获持枪（民用枪支）杀人犯罪嫌疑人林某，使沉积432天的杀人命案告破。

1999年5—8月，县公安局开展“双争”（争创人民满意单位，争当人民满意的公安干警）活动，加大侦破力度，侦破刑事案件205起，抓获犯罪嫌疑人162人，抓获网上逃犯43人，缴获被盗抢的赃款赃物总案值20多万元，并查处治安案件379起。

2001年4月，平和县因盗窃机动车问题突出，被省公安厅列为盗销机动车重点整治县。县公安局迅速组织力量，开展打击盗销及整治“三无”（无经营许可证、无营运证、无路线牌）机动车专项斗争。至次年1月，全县侦破盗窃机动车案件214起（其中协破外省、外市、外县的案件67起），摧毁犯罪团伙4个，抓获犯罪嫌疑人28人（其中抓获省厅A级督捕逃犯何某），缴回被盗的机动车237辆，查扣“三无”机动车810辆，捣毁3家地下拆、拼、装机动车厂。其间，县公安局印发车辆登记单6万份，全县强制报牌机动车1577辆。

2003年10月，县公安局接到公安部部长批示查办、省公安厅挂牌督办的“山格镇双坑村拐卖妇女案”的批示件后，局长亲自率领专案组，深入实地，依靠群众，连续10个昼夜侦破，摧毁轮奸、拐卖妇女犯罪团伙3个，抓获犯罪嫌疑人17人，解救被拐卖的妇女27人。是年，全县立刑事案件965起，破案849起，破案率87.87%。

2004年，县公安局开展侦破命案专项斗争，组织精干警力，奔赴省内外追捕逃犯。5月20日，破获省公安厅挂牌督办的安厚镇径内村1999年12月31日发生两死一重伤的重大杀人案，抓获藏匿在上杭县一家造纸厂打工的犯罪嫌疑人张某。9月27日，县公安局在霞寨镇抓获1997年1月在广东省持刀杀人抢劫、潜逃7年9个月的公安部A级通缉犯李某。2005年，全县抓获网上逃犯246人。

2007年8月，县公安局在侦破命案攻坚战斗中，组织专案组奋战20多天，在厦门市抓获故意杀人犯罪嫌疑人陈某，使沉积5年发生在芦溪镇秀芦村的故意杀人案告破。是年，全县立放火、爆炸、劫持、杀人、伤害、强奸、绑架、抢劫等8类案件166起，侦破115起，破案率69.28%。

第三节 经济犯罪侦查

1996年，县公安局侦破经济犯罪案件40起，涉案总值800多万元，抓获一批犯罪嫌疑人，追回巨额赃款。

1998年10月7日，县公安局破获偷税案，摧毁犯罪团伙1个，抓获犯罪嫌疑人3人，缴获被侵占的人民币11万元。是年，侦破经济犯罪案件45起，摧毁犯罪团伙3个，抓获犯罪嫌疑人93人，为企业单位挽回巨额经济损失。

2001年，县公安局开展“打假”（假币、假香烟、假化肥、假农药等）专项行动，捣毁一批制假窝点，抓获一批违法犯罪嫌疑人。是年，侦破经济犯罪案件51起。

2002年，县公安局组织开展3次打击经济犯罪活动集中统一行动，破获案件49起，抓获犯罪嫌疑人89人，追回被侵占的巨额赃款。

2004年2月16日，平和县外资企业职工丘某某监守自盗，携款潜逃。县公安局经立案侦查，于3月11日在浙江省温州市将负案潜逃的犯罪嫌疑人丘某某抓获，当场缴获赃款近10万元，为外企挽回经济损失。是年，县公安局立经济犯罪案件79起，涉案总值400多万元，抓获犯罪嫌疑人102人。

2005年，县公安局开展打击侵犯注册商标专用权“山鹰”行动。加强与相关部门沟通协作，侦破经济犯罪案件41起，涉案总值120.93万元，抓获经济犯罪嫌疑人59人。

第四节 治安管理

一、特种行业管理

1989年，县公安局结合开展“打黄扫丑”斗争，对旅馆业、公共娱乐场所、刻印业、印刷业、旧货业、汽车和摩托车修理业等特种行业实施办证、督查整治等管理工作。是年，查获传播和贩卖黄色录像36起185人，取缔录像放映点及大小书摊45个，收缴录像带、录音带269盒，电视录像机20台，黄色书刊2581册，罚没款16.3万元。

1999年，全县特种行业647家，办证623家，办证率96.3%。对私人出租房进行全面清理整顿，履行办证1074间，办证率93%。

2003年，整顿旅馆业15家、美容厅9家，整改治安隐患36处，取缔违法机动车维修店4家。

2007年，清理整顿旅馆业56家、刻印业18家、歌舞厅19家、电子游戏机室和卡拉OK厅21家、网吧24家、废旧收购点23家。依法取缔无证经营的桑拿按摩业2家、美容业3家，收缴按摩床14张，拆除非法搭建包厢、包间等12处，发现整改安全隐患21处。

二、公共秩序管理

1989年起，县公安局加强公共场所的治安秩序管理，依法查处违法行为和治安案件。

1995年6月，根据公安部“关于建立专职巡逻警察队伍”的文件精神，建立平和县公安局巡逻警察大队，招录20名专职巡逻警察，属事业单位编制，工资和一切装备费用由县财政支出。巡逻警察大队日夜派出警力，加强公共场所的巡逻管理，全面维护社会治安。

1998年，全县立治安案件1051起，查结998起，治安处罚1287人。其中治安拘留154人，劳动教养6人。

2000年，根据县社会治安综合治理委员会部署，全县16个乡镇（场）均建立8～16人的治安巡防队，日夜进行巡逻。是年，全县治安巡防队协助公安机关破获各类案件168起，为群众挽回经济损失60多万元。

2005年，全县立治安案件1783起，查结1729起。其中治安拘留234人，劳动教养4人。

2007年，县公安局投入20多万元，购置4辆开放式警用巡逻车，并为路面民警配备无线电对讲机，对县城实行24小时巡逻，加强公共场所的治安管理力度。是年，全县立治安案件1344起，查结1274起。其中治安拘留217人，劳动教养5人，罚款处理150人。为民办实事、做好事210件，收到群众赠送锦旗2面，感谢信3封。

三、禁赌

1989年，全县查获赌博案件154起，抓获涉赌人员843人，缴获赌具97副。

1999年，查处赌博案件103起，捣毁赌博窝点31处，抓获涉赌人员518人，缴获赌资30多万元，没收一批赌具。

2000年7月，“六合彩”骗赌活动流入平和，成为影响社会治安的突出问题。县公安局及时采取有效措施，严厉打击“六合彩”赌博和其他赌博活动。是年，共查处“六合彩”及其他赌博案件213起，捣毁赌博窝点42处，抓获涉赌人员639人。其中刑事拘留54人，治安拘留25人，其他作罚款处理。

2001年4月，县委、县政府发出《关于严厉打击“六合彩”赌博活动的通知》《平和县关于进一步开展“六合彩”赌博专项治理工作意见》，召开严厉打击“六合彩”动员大会。随后，县人大代表、政协委员联合向全县干部群众发出自觉抵制“六合彩”骗赌的倡议书。县和乡镇通过各种会议，运用各种宣传工具，以案释法，揭露“六合彩”的欺骗性和危害性，教育群众抵制“六合彩”。县政法机关协同作战，严厉打击“六合彩”骗赌活动以及其他赌博活动。是年，全县查处各种赌博案件491起，捣毁赌博窝点84处，抓获涉赌人员1314人。其中刑事拘留91人，治安拘留304人，罚款总金额300多万元。

2002年3月27日，在平和县严厉打击严重刑事犯罪分子大会上，县检察院依法宣布对赌博犯罪嫌疑人林某、蔡某、王某3人实施逮捕决定。4月29日，县人民法院公开宣判“六合彩”赌博案件4件4人。8月28日晚，小溪公安分局捣毁1个总案值56万元的“六合彩”赌博窝点，当场抓获违法犯罪人员8人，缴获赌具传真机、电话机、手机11部以及“六合彩”彩图、码诗、票据等。10月11日，在平和县严厉打击“六合彩”赌博活动公开处理大会上，县检察院对7案12名聚众赌博犯罪嫌疑人，依法宣布逮捕决定；县法院依法宣判7案11名被告人。是年，县公安局组织开展3次打击整治赌博违法犯罪活动专项行动，全县查处各种赌博案件380起，捣毁赌博窝点63处，抓获涉赌人员1004人，其中刑事拘留82人，治安拘留203人，缴获批“六合彩”诗码图及赌具，罚款总金额250万多元。2006年，县公安局组织开展2次打击整治“黄赌毒”集中统一行动。共查处赌博案件98起，抓获赌博违法犯罪人员305人。其中刑事拘留34人，治安处罚271人，缴获赌资43万元和一大批赌具。

2000年7月至2007年12月，全县侦破、查处涉赌案件2372起，涉赌人员6539人，缴获赌具传真机52台、复印机88台、手机19部、电话机8部、作案工具汽车2辆以及一大批“六合彩”诗码图等。依法判处有期徒刑86人，劳教16人，治安处罚6028人，被党政纪处分6人，罚款总金额1000多万元。

四、危险物品管理

1989年1月，全县开展清缴爆炸物品、枪支弹药、管制刀具活动。共收缴小口径步枪1支，军用手榴弹2枚，炸药39公斤，各种管制刀具57把，各种子弹70发，鞭炮2.3万串，取缔100家非法生产鞭炮户及65家非法销售鞭炮个体商店，并对违法者实行处罚。

1990年9月，全县开展清查收缴枪支弹药、爆炸物品统一行动。收缴三八式步枪4支，军用手榴弹14枚，五六式子弹620发，雷管22枚，炸药2束，并对违法者进行处罚。

1991年1月，为确保人民群众安全欢度春节，县公安局组织人员，深入炸药仓库、水库管理处、公路建设工地等，对炸药的运输、使用、保管环节逐项检查，督促整改不安全因素；检查生产鞭炮厂家及个体户，取缔非法生产点22个，没收220件生产工具及一批原材料。同时，增派警力在车站、道路、交通要道设卡，检查非法运输爆炸物品，收缴鞭炮150多公斤，雷管623枚。

1995年，全县收缴各类火药枪1300多支，管制刀具635把，查处涉枪案件43起，捣毁团伙6个、成员21人，处理涉枪、涉刀违法犯罪人员58人。

1996年3月13日，县公安局在霞寨镇公开销毁全县清查收缴非法持有的火药枪、猎枪、鸟銃等枪械1169支。

1998年，县公安局在全县范围内开展3次打击整治非法生产、销售烟花爆竹及违反民爆物品管理违法犯罪专项行动。共出动警力376人次，党政干部和治安联防积极分子253人次，设卡27处次，依法检查过往车辆1100多辆，清查公共场所、特种行业、出租房、旅社、废旧收购业等550多家。共依法取缔烟花爆竹非法生产点26家，查处违法人员32人，治安处罚29人。

2000年，县公安局颁发《关于开展民爆物品专项整治实施方案》。强化危险物品打击整治力度。全县收缴各类民用枪支197支，炸药481公斤，雷管236枚，导火索249米，管制刀具286把，取缔非法生产鞭炮点28家，收缴不合格鞭炮5000多公斤，治安拘留11人，罚款23人。

2003年，全县开展危险物品专项清查治理，收缴流散社会上的黑枪23支，取缔非法制售烟花爆竹点31处，收缴不合格鞭炮5432公斤，处理涉爆违法犯罪人员29人。

2006年，全县查处违反爆炸物品管理案件48起，收缴火药枪15支，子弹25发，炸弹1枚，塑料仿真手枪46支，管制刀具4把，劣质烟花爆竹2600公斤。

2007年，全县收缴流散民间的猎枪、火药枪、鸟铳、气枪24支，管制刀具11把，劣质烟花爆竹243公斤。

第五节 道路交通管理

一、交通安全整治

1989年起，县公安交警部门继续宣传贯彻《中华人民共和国道路交通安全法》《中华人民共和国道路交通安全法实施条例》等有关法规，开展道路安全整治，维护道路交通平安畅通。

1990—2000年，开展打击盗抢机动车重点整治统一行动。1996年，破获盗抢机动车案件25起，抓获犯罪嫌疑人10人，缴获被盗抢的汽车2辆、农用车1辆、摩托车22辆，总价值50多万元。

2001年，开展“反违章”“反超载”和涉牌涉证等专项整治共61次，出动警力3666人次，纠正违章10355人次，查扣驾驶证1212本，查扣机动车5616辆，警告教育5678人，无证驾车违章治安拘留65人。

2002—2003年，共进行专项整治133次，纠正违章27343人次，查扣各种车辆11304辆，无证驾驶车辆治安拘留92人。

2004—2005年，整治摩托车、客货车无牌证以及超载等违法行为，共纠正交通违章11684辆次，暂扣驾驶证656本，暂扣车辆442辆，吊扣驾驶证250本，治安拘留78人，刑拘26人。

2006年8月，投资50万元，在县城东大路的岔路口兴建自动电子监控系统。2007年9月，投资150万元，建立县城道路报警监控系统，在重点部位、重点路段设置37个监控探头，为“打、防、控”一体化建设打下基础。当年，纠查交通违法案件12570起，暂扣车辆1865辆，治安拘留3人。

二、车辆与驾驶员管理

1989年起，县交警大队继续管理全县机动车辆牌照和行驶证，进行登记、年检，实行信息化管理。

办理机动车驾驶员培训，核发驾驶证，并进行登记和年检。

2001年，采取“流动车管站”新举措，下乡办理相关业务3250件，并通过邮政渠道递送证件273本，为群众节省往返、住宿等费用。当年，共办理摩托车、农用车入户登记1517辆，摩托车年检1736辆，送检汽车、农用车644辆；办理摩托车驾驶员培训4224人，换证159本，驾驶员年审10073人。

2002—2003年，共办理摩托车入户登记4833辆，摩托车年检6251辆；办理摩托车驾驶员培训7491人，换证1597本，驾驶员年审24639人。

2006年12月，全面开展运输学生车辆及驾驶人员排查整治行动，检验出不合格的校车15辆，禁止7名资格审查不合格的驾驶员驾驶校车。

2007年，办理摩托车驾驶员考试办证1840人，驾驶员年审5601人，换证3443人；办理摩托车入户注册登记2098辆，摩托车检测2140辆。

三、交通事故处理

1989年起，县内道路上发生交通肇事或交通事故，县公安交警部门都及时派员迅速赶往事故地点，依据国家《道路交通事故处理办法》等有关法规，实事求是地进行监理，公正、公平地认定事故的主次责任，并作出相应的理赔或司法处理。

1993—1995年，出警处理交通事故197起。

1997年，县公安交警部门设立“122”道路交通事故报警台，实行全天候值班接警，做到快速处警。

2001年，出警处理交通事故654起，侦破肇事逃逸案件9起，刑事拘留13人，无证驾车肇事治安拘留30人。

2002—2003年，出警处理交通事故1226起，侦破肇事逃逸案件6起，刑事拘留22人，无证驾车肇事治安拘留49人。

2004—2006年，出警处理交通事故1847起，侦破肇事逃逸案件5起，追究刑事责任16起，行政拘留13人。

2007年，出警处理交通事故650起，刑事拘留29人，治安拘留41人。

第六节　禁毒

1996年8月14日，县公安局在县城地区查获第一起吸毒案件，抓获吸毒人员张某，缴获毒品海洛因2克及吸毒工具。此后，吸贩毒违法犯罪案件时有发生，县公安局把它列为社会治安的突出问题进行严厉打击。每年“6•26”国际禁毒日，县禁毒委员会组织成员单位开展全民禁毒宣传教育活动，在县城和各集镇，通过图片展示、悬挂横幅、发放宣传材料、现场讲解毒品危害等方式，教育群众拒毒、防毒。

1997—1998年，全县共侦破吸贩毒违法犯罪案件20起，缴获毒品海洛因11克，抓获涉毒违法犯罪人员20人，其中逮捕1人，劳教戒毒19人。

1999年，全县侦破吸贩毒违法犯罪案件38起，缴获毒品海洛因11克，抓获涉毒违法犯罪嫌疑人11人，其中逮捕5人，强制戒毒22人，劳教戒毒3人。

2002年1月8日，县公安局在小溪镇摧毁1个吸贩毒窝点，抓获贩毒犯罪嫌疑人2人和吸毒人员5人，缴获毒品海洛因5克及吸毒工具。是年，全县查处吸贩毒违法犯罪人员57人，其中逮捕17人，强制戒毒32人，劳教戒毒8人。

2004年，全县查处吸贩毒违法犯罪案件24起，侦破23起，抓获涉案违法犯罪嫌疑人59人，其中逮捕15人、强制戒毒30人、劳教戒毒14人。

2005年6月，安厚镇被省禁毒委列为毒品违法犯罪重点整治乡镇。县禁毒大队组织精干警力深入该镇，根据群众举报，蹲守伏击。6月1日，在该镇南门路抓获贩卖毒品海洛因犯罪嫌疑人赖某，缴获海洛因89.55克，毒资530元及吸毒工具，赖犯被判处有期徒刑15年。翌年2月，县禁毒大队在安厚镇破获2起贩卖国家违禁精神药品“地西泮”案，抓获犯罪嫌疑人赖某、黄某和吸毒人员李某，缴获“地西泮”182盒共1800支。

2007年4月18日，县禁毒大队日夜连续作战，往返安厚镇至漳州市区，行程近300公里，破获重大的长途贩卖海洛因56.6克案。禁毒大队以此为突破口，抓获贩卖海洛因犯罪嫌疑人赖某、张某，抓获抢劫、盗窃、贩毒犯罪嫌疑人赖某及吸毒人员方某。经深挖，再破获系列盗窃、抢劫、抢夺等刑事案件25起，涉案总金额3万多元。是年1—7月，禁毒大队共破获毒品违法犯罪案件37起，抓获毒品犯罪嫌疑人23人，其中刑拘15人、逮捕5人、移送起诉3人，抓获吸毒违法人员16人（全部强制戒毒），缴获海洛因173.4克。7月，在全市公安机关打击整治毒品违法犯罪活动综合评比中，平和县公安局禁毒大队获第一名。

第七节 户政管理

一、户口登记管理

1989年10月，根据国务院指示，户籍管理正式划归公安机关管理。县公安局从整顿入手，逐步完善户籍管理制度。对常住人口的居民身份证进行登记、制证、换证。

2000年，坂仔镇被指定为福建省第五次人口普查前户口整顿试点单位。漳州市各县（市、区）公安局户政科长、户政业务骨干、平和县15个乡镇公安派出所户籍内勤及坂仔镇各村户籍协管员共111人，经培训后分成15个小组，在坂仔镇16个村（居）委会开展户口整顿工作。通过整顿，基本查清各村（居）委会内的常住人口、暂住人口和未落户人员的底数及户口登记情况，解决常住户口登记项目变更，更正11710项，为持证、无证未落常住户口人员592人解决落户，为镇内人户分离的常住人口1354人解决户籍。

2004年，县财政拨出20多万元，支持公安部门人口信息计算机管理系统建设，先后购置16台电脑、摄像机等设备，实现全县各派出所人口管理电脑联网。

2005年10月起，根据公安部的部署，改革户籍制度，取消农业、非农业户口界限，建立城乡统一的户口登记管理制度。

2007年，实施流动人口“一站式”服务，在乡镇、村（社区）共建立33个“一站式”服务站，为符合条件的流动人口办理落户手续。同时，组建一支40人的流动人口协管员队伍，由派出所和乡镇、村（社区）工作人员参加，为流动人口办理暂住证、注销登记等服务。

二、居民身份证管理

1989年，县公安局根据《中华人民共和国居民身份证条例》，在全县范围内颁发第一代居民身份证30万张。是年9月15日起，增设办理临时居民身份证。

2004年3月起，开展换发第二代居民身份证工作。县公安局户政中心采取延长办证时间、预约办证、送证上门等多种便民利民措施，并启用无底卡制发居民身份证和人口综合信息计算机网络2个管理系统，有效缩短居民身份证办证周期。2005年10月，县公安局根据公安部发布的《中华人民共和国临时居民身份证管理办法》，正式制作新版临时居民身份证。新版临时居民身份证有效期3个月。

至2007年年底，全县共换发第二代居民身份证28.95万张。其间，公安机关加强对居民身份证使用的查验管理工作，查处借用、使用假身份证等违法案件99起。

第八节　出入境管理

1989 年，全县各基层派出所在各村委会、居委会建立由户口协管员担任的归侨、侨眷户管员共 267 人，在外资、港澳台资和中外合资企业建立出入境管理联络员 78 人，为办理出入境提供服务。除公安机关报备人员外，中国公民出入境实行凭身份证、户口簿按需申领护照。1989—1998 年，审批、办理中国公民因私出国护照 212 人次，出国定居 3 人。

1999 年，县公安局出入境管理科与市公安局联网，实行统一申请办法、统一审批条件、统一办事时限、统一收费标准的护照申请、审批管理工作制度，审批、办理中国公民因私出国护照 112 人次，出国定居 13 人。同时，加强对不批准出境人员的查控工作，查出不批准出境人员 5 人。

2000 年 8 月 28 日，开始启用 97 版中华人民共和国护照，实现证件签发工作的全部计算机管理和持证人照片、文字资料一体化。县公安局出入境管理科改进服务态度，对外承诺办证时限，对外设立电话咨询，公布咨询电话号码，群众可以随时打电话咨询所需的出入境政策法规、证照申办进展情况等。同时，推出警务公开的宾客式服务、延时服务、预约服务、送证上门服务四项便民利民措施。2002 年，启用 2000 版前往港澳通行证、往来港澳通行证和贴纸签注，方便内地和港澳地区人员往来。2000—2002 年，审批、办理各类证件 1404 份。

2003 年 5 月起，贯彻福建省公安厅的新规定，放宽企业赴港、澳商务签注条件，降低年度纳税标准，是年办理各类证件 648 份。2004 年 9 月 1 日起，正式实施“绿卡”制度，对符合条件的外国人发放“外国人永久居留证”。2005 年，出入境管理科接待各类出入境人员 213 人次，为海外侨胞和港、澳、台胞办理各类证件 31 件，预约办证 17 件，送证上门 13 份。

2006 年，开展对法定不准出境人员进行报备和清理党员干部、国家公务员办理因私出入境证件专项工作，加强受理时的比对核查，未发现法定不准出境人员和国家人员违法办理出入境证件。是年，出入境管理科接待各类出入境人员 425 人次，为海外侨胞和港、澳、台同胞及大陆居民出入境办理各类证件 76 份，预约办证 24 件，送证上门 19 份。

2007 年 2 月，县公安局建立健全法定不批准出境人员报备和国家工作人员登记备案工作制度，规范在非户口所在地工作的国家工作人员登记备案工作。是年，出入境管理科接待各类出入境人员 2135 人次，为海外侨胞和港、澳、台同胞及大陆居民出入境办理各类证件 1617 份，预约办证 236 件，送证上门 79 份。发放出入境窗口服务质量测评表 100 张，群众满意率 100%。

第九节　安全保卫

1989 年起，县公安局为维护社会政治稳定，不断加强安全保卫工作。1992 年 6 月 5 日，县公安局取缔以曾某、林某为首的反动邪教“居干林”组织，缴获“居干林”印章 1 枚。

1996 年 11 月，在五寨乡打掉邪教传道窝点 1 处，抓获反动传道人庄某等 3 人，对涉嫌被发展加入的教徒，集中法制教育，落实帮教措施，做好转化工作。

1999 年 5 月，根据省公安厅的统一部署，取缔反动邪教组织，全县清理出参与者 61 人，进行疏导教育；缴获邪教书籍 105 册、资料 309 份、录像 19 盒、录音带 61 盘和其他物品 109 件，并进行销毁，肃清影响。县公安局从维护国家长治久安和保障人民安居乐业出发，加强政保队伍建设，增配警力，配合有关部门深入各乡镇，调查了解，对登记在册的邪教组织参与者落实县、乡镇和村（社区）控制责任制，定期考察，定期谈话，做好转化工作。同时，加强对宗教活动场所的管控工作。

2004 年，县公安局对互联网信息实行全天候、全覆盖的信息巡查，密切监测网络有害信息，落实网吧属地派出所监管责任。是年，上报处理网上发布有害信息 3 条，查处违规经营网吧 2 家次。

2005—2006年，查处违规经营网吧45家次。

2007年，查处违规经营网吧3家次。

第十节 监所管教

1989年开始，县看守所每年邀请县公安局局长、检察院检察长、法院院长到看守所为在押人员上法制教育课，讲解法律法规，教育在押人犯遵守监规，服从管教，重新做人。

1999年，县看守所积极开展看守所等级创建工作。增加看守警力，投资140万元，安装自动报警装置，修缮加固监室、围墙、天网、门窗，配备专用囚车、保险柜和电话。

2000年，看守所建立健全以在押人犯信息为重点的基础信息采集、录入和管理机制。坚持白天15分钟、晚上20分钟对监房巡视1次，作好巡视记录，发现问题立即处理。对新收押人员实行7天跟踪监视，确保监所安全。

2005—2006年，县公安局投入420万元，重新改建旧监房，优化执法环境。新建监房全部装备电脑监控、门禁和报警设备，同时配备专用囚车和警务用车各1辆。

2007年，看守所收到在押人犯检举揭发犯罪信息82条，经查证核实19条，破获隐积案10起，抓获网上逃犯5人，为群众挽回经济损失3万多元。是年12月，平和县看守所被公安部授予“三级看守所”称号。

第十一节 消防管理

一、消防宣传教育

1989年，县公安局消防科分别在银行、电力、邮政、学校等单位举办消防培训班共9期，参训2545人。为他们传授消防基础知识、灭火常识、火灾逃生自救知识、电气防火知识、消防法律法规等，发放消防宣传材料21550份。

1995年，分别在各乡镇举办消防培训班共12期，乡镇（村）干部、村民和学校师生4566人参加培训，为他们讲解农村火灾的防范、火灾的报警、初期火灾的扑救等方法，发放消防宣传材料20410份。其间，县局消防科还外派消防宣传车到小溪、文峰、山格3个镇宣传5次，发放宣传材料15410份。

2000年，消防大队举办消防培训班15期，参训对象为易燃易爆场所、公共聚集场所、人员密集场所等单位的人员，共9870人参训。消防大队为他们传授防火安全知识注意事项、初起火灾应急处理方法以及不同地点发生火灾时的自救和扑救方法。是年，消防大队派出宣传车9次，深入小溪、九峰、秀峰、芦溪、霞寨等乡镇开展宣传，发放宣传材料45880份。

2005年，消防大队举办消防培训班16期，参训对象为医院、酒店、宾馆、KTV等场所人员，共12770人参训。消防大队根据他们的行业特点和火灾危险性，结合典型火灾案例，讲解基本消防安全常识、单位日常防火工作、初起火灾扑救方法、应急疏散逃生技能等知识。是年，消防大队出动宣传车10次，深入小溪、山格、国强、安厚等乡镇开展宣传，发放宣传材料41500份。

2007年，消防大队举办消防培训班15期，参训对象为学校、幼儿园、工厂、社区等单位的管理人员，共18610人参训。消防大队就如何开展火灾隐患排查整治，管理人员如何扑救初起火灾，组织引导人员疏散逃生等方面进行授课，向参训单位发放宣传材料65450份。

二、监督检查

1989年起，每年组织开展消防安全检查活动。

1998 年，消防大队检查医院、酒店、宾馆、工厂、液化气站等场所 435 处，发现隐患 736 处，整改消除火患 715 处，下发处罚决定书 18 份。

2000 年，消防大队检查学校、幼儿园、农村、工厂、社区、饭店、加油站等场所 745 处，发现隐患 1158 处，整改消防火患 1126 处，下发处罚决定书 22 份。

2005 年，消防大队检查工厂、宾馆、饭店、旅馆、酒店、加油站、液化气站、医院、学校等单位 1574 处，发现隐患 2247 处，整改消除火患 2178 处，下发处罚决定书 27 份。

2007 年，消防大队检查在建工程、医院、银行、学校、社区、加油站、宾馆、旅馆、饭店、酒店、KTV 等单位 2541 处，发现隐患 3674 处，整改消除火患 3615 处，下发处罚决定书 35 份。

1989—2007 年，消防大队共检查社会单位 3.5 万处，整改消除火灾隐患 6.35 万余处，下发行政处罚决定书 335 份。

三、灭火抢险

1989 年 2 月 6 日，文峰镇龙山村龙光组一民房发生火灾，火势迅速蔓延到毗邻房屋。县公安局消防科接到报警后，出动 1 部消防车和 8 名官兵，经过近 2 个小时奋战，将大火扑灭。是年，消防科出警 26 起，扑救火灾 18 起，参加抢险救援 8 起，抢救群众 11 人，保护财产 450 万元。

1996 年，消防大队出警 30 起，扑救火灾 21 起，参加抢险救援 9 起，抢救群众 13 人，保护财产 780 万元。

2003 年 1 月 25 日，在小坪路段，1 辆满载油桶的农用车发生爆炸。消防大队出动 3 部消防车和 18 名官兵赶赴现场。首先对事故现场进行封锁警戒，随即用消防泡沫枪对燃烧油桶进行扑灭，出水枪对油桶和车辆进行冷却，经过半小时的扑救，油桶火灾完全扑灭。是年，消防大队出警 42 起，扑救火灾 27 起，参加抢险救援 15 起，抢救群众 18 人，保护财产 120 万元。

2005 年 3 月 21 日，崎岭乡路段发生 1 起重大汽车坠崖交通事故。县消防大队出动 3 部消防车和 18 名官兵赶赴现场。官兵们携带绳索、安全钩、腰带、救援担架等，徒步走到近 40 米深的悬崖下。经过 2 个小时的奋战，先后把 4 位受伤群众救上来。是年，消防大队出警 46 起，扑救火灾 26 起，参加抢险救援 20 起，抢救群众 27 人，保护财产 1246 万元。

1989—2007 年，消防大队出警 634 起，出动警力 7245 人次，出动消防车 1125 辆次，其中扑救火灾 359 起，参加抢险救援 275 起，抢救群众 236 人，保护财产 8000 多万元。

第二章 检 察

第一节　机构设置

一、县检察院

1989 年，县检察院设置办公室、法律政策研究室、政工科、刑事检察科、经济检察科、控告申诉检察科，并成立检察委员会。配备检察长 1 人、副检察长 2 人，其他干警 44 人。

2000 年，县检察院设置 1 局、2 室、8 科，即反贪污贿赂局（简称“反贪局”）、办公室、监察室、政工科、批捕科、起诉科、法纪检察科、林业检察科、监所检察科、控告申诉科、民事行政检察科。配备检察长 1 人，副检察长 3 人，其他干警 58 人。该院被漳州市委、市政府评为漳州市第七届文明单位。

2003 年，县检察院设置 1 室、1 局、1 队、1 中心、13 科。至 2007 年，调整为 1 局、1 队、2 室、12 科，即反贪局、司法警察大队、办公室、监察室、干部科、政工科、宣传科、装备科、预防科、侦查监督科、公诉科、林业检察科、监所检察科、渎职侵权检察科、控告申诉科、民事行政检察科。配备检察长1人，副检察长3人，其他干警54人。

二、派出检察室

1989年，县检察院保持原有建立的税务检察室、供销检察室、看守所检察室等派出机构。

1990年，经县人大常委会批准，增设小溪镇检察室、九峰镇检察室、安厚乡检察室、天马林场检察室、国强林场检察室、财政局检察室、农业银行检察室。1992年11月，增设工商行政管理局检察室、文峰乡检察室。12月，增设山格镇检察室、长芦林场检察室。

1998年，根据省检察院部署，派驻乡镇、部门的检察室撤销，仅保留县看守所检察室，至2007年不变。

第二节　刑事检察

一、审查批捕

1989年，县检察院受理公安机关提请批捕犯罪嫌疑人150人，自侦部门移送审查逮捕9人。审查后，决定批捕138人，不捕12人，退回公安机关补充侦查4件9人。

1990—1995年，县检察院坚持“提前介入”制度，对发生凶杀、强奸、抢劫、重大盗窃、重大伤害等恶性案件和严重交通肇事案件，都主动提前介入，参与公安机关的现场勘查和分析案情，并协助取证，把补充侦查赶在提请逮捕之前。共受理公安机关提请批捕犯罪嫌疑人737人，自侦部门提请批捕68人。审查后，决定批捕714人，不捕32人，退回公安机关补充侦查59人。其间，实行侦查监督，在审查公安机关提请逮捕工作中，向公安机关提出追捕28人，公安机关自撤1人。

1996年4月，中央作出在全国开展“严打”斗争统一行动的决策后，县检察院在县“严打”领导小组的统一领导下，从各科室抽调6名干警充实刑检办案力量。办案人员夜以继日连续作战，检察长优先讨论刑事案件。全年受理公安机关提请审查批捕犯罪案件184件295人，自侦部门提请批捕案件12件13人。审查后，决定批捕251人，不捕45人，追捕2人，退回公安机关补充侦查4件8人，公安机关自撤3件4人。

1997—2000年，县检察院重点打击严重危害公共安全的杀人、抢劫等暴力犯罪、毒品犯罪、带黑社会性质的团伙犯罪以及重大盗窃犯罪。受理公安机关提请审查批捕犯罪嫌疑人698人，审查后，决定批捕597人，不捕63人，追捕1人，公安机关撤回38人；受理自侦部门移送审查批捕犯罪案件10件13人，经审查决定逮捕7人，不捕2人。

2001—2006年，县检察院连续开展“提高办案质量年”活动，实行“个人问卷，集体讨论，领导把关，重大疑难案件由检察委员会研究决定”的办案程序，确保稳、准、狠打击犯罪。受理公安机关提请审查批捕案件919件1215人，审查后，决定批捕1090人，不捕11人，公安机关撤回103人；受理自侦部门移送审查批捕犯罪案件36件42人，经审查决定逮捕32件38人。2004年，县检察院在全省率先建立“未成年人零犯罪村居”试点，出台《平和县人民检察院未成年人犯罪检察工作实施细则》，对未成年人犯罪的检察工作坚持教育、感化、挽救的方针，推进人性化执法，在新桥村、共和村等试点单位实现未成年人零犯罪。2006年12月，在泉州石狮市召开的全省预防青少年违法犯罪工作经验交流会上，平和县检察院获“福建省预防青少年违法犯罪工作先进集体”称号。

2007年，县检察院配合公安、法院开展“打黑除恶”专项斗争，依法“从严从快”批捕罪犯。受理公安机关提请批捕案件165件213人，经审查批捕155件199人；受理自侦部门提请审批逮捕4件4人，经审查决定逮捕4件4人。

二、审查起诉

1989年，县检察院受理公安机关移送起诉案件86件119人，自侦部门移送起诉案件10件14人。审查后，决定提起公诉79件110人，其中追诉2人、移送市院起诉3件7人；免予起诉14件18人；依法提出抗诉2件2人；退回公安机关补充侦查1件1人。出庭支持公诉74件150人。

1990—1991年，县检察院受理公安机关移送起诉、免诉210件290人，受理自侦部门移送起诉、免诉44件62人。审查后依法决定起诉176件238人，免诉40件47人，不诉2件6人，退回公安机关补充侦查22件38人，移送市检察院起诉1件1人。1991年，县检察院向法院提起公诉84起案件都利用出庭支持公诉的机会，宣读起诉书，发表公诉词，揭露犯罪产生的根源和社会危害性，使旁听群众受到法制教育。

1992—1996年，县检察院受理公安机关移送起诉、免诉案件527件741人，受理自侦部门移送起诉、免诉案件83件105人，上级院交办审查起诉3件3人。审查后，决定提起公诉440件599人，移送市院起诉38件72人，出庭支持公诉178次。向法院起诉的案件均作有罪判决，起诉案件年终均无积案。1997年，县检察院贯彻新修订的《中华人民共和国刑事诉讼法》和《中华人民共和国刑法》，按新的庭审方式出庭公诉案件71件，适用简易程序16件，法院均作有罪判决。同时，严格适用法定条件，严格控制不起诉，确保案件质量。全年作不起诉的案件9件9人，公安机关都没有提出复议复核的要求。

1998—2003年，县检察院审查起诉工作在办铁案上下功夫，坚持主诉检察官办案与集体研究案件相结合，全面审查证据，准确把握定性。受理公安机关和自侦部门移送审查起诉案件992件1280人，经审查决定起诉849件1084人，移送市院审查起诉34件50人。起诉至法院的案件均被作有罪判决，准确率100%。

2004—2006年，县检察院保持适时介入引导侦查取证，重大疑难案件由检察委员会研究决定，使案件得以从重从快起诉。受理公安机关移送审查起诉案件609件798人，受理自侦部门移送审查起诉案件32件49人。审查后，决定起诉550件685人，移送市检察院审查起诉21件48人。提起公诉的案件，没有出现漏罪漏诉问题，均被法院作有罪判决。

2007年，县检察院受理公安机关移送审查起诉案件264件325人，受理自侦部门移送审查起诉案件12件19人。审查后，决定起诉231件285人。全年提起公诉的案件均被法院作有罪判决。

第三节　反贪污贿赂

一、查办案件

1989年，县检察院贯彻全国、全省检察长会议精神，把查处贪污受贿为主的经济犯罪案件，作为检察工作的重点，调整充实办案骨干力量。1989—1991年，共受理各类经济案件141件163人，受理后决定立案63件73人，其中贪污34件39人，贿赂8件8人，挪用公款12件17人，偷税抗税9件9人，为国家、集体挽回经济损失113.22万元。

1992年，县检察院建立定人员、定时间、定任务、保办案质量的“三定一保”责任制，实行举报—初查—侦查—预审一条龙，提高反贪污贿赂检察工作效率。全年受理各类经济案件30件34人，决定立案20件24人，其中贪污11件12人，受贿5件5人，挪用公款2件2人，偷税抗税2件5人，为国家、集体挽回经济损失78.4万元。为查处1起骗取退税的大案，县检察院派出7名检察干警，配合税务检察室，奔赴4个省6个县市，行程上万公里，追回款项12万多元，并通过查处此案，向有关单位提出检察建议，纠正发票管理方式，堵塞骗税漏洞。1993年，县检察院对群众反映强烈的大要案，坚决一查到底，立案侦查大要案15件17人，占年立案总数的60%，涉及副处级干部1人、科级干部3人。是年，为国家挽回经济损失 97.6 万元。

1995 年起，县检察院贯彻中共中央关于深入持久、更有成效地开展反腐败斗争的指示精神，突出查办党政机关、行政执法机关、司法机关和经济管理部门（简称“三机关一部门”）的经济违法犯罪案件。1995—2003 年，依法立案侦查 124 件 139 人，其中涉及“三机关一部门”案件 69 件 80 人。为国家和集体挽回经济损失 673.95 万元。特别是 2003 年，查处涉案金额 10 万元以上 6 件 8 人，个案涉案金额首次突破 200 万元，反贪工作成效名列全市前茅。是年 8 月，全市检察机关反贪工作会议在平和召开，省检察院也总结推广平和县检察院的反贪经验。

2004—2006 年，县检察院按照高检院提出“加大工作力度，提高执法水平和办案质量”的总体要求，继续突出查办“三机关一部门”经济违法犯罪案件，制订“办案责任制”和“错案追究制”，确保办案质量。决定立案侦查 32 件 47 人，涉案金额 5 万元以上的大案 25 件 39 人。经法院判决 23 件 33 人，为国家挽回经济损失 300 余万元。

2007 年，受理各类经济违法犯罪案件 23 件 36 人，决定立案侦查 9 件 15 人，均为贪污受贿案件，为国家挽回经济损失 80 万元。

二、预防职务犯罪

1989 年起，县检察院在对经济犯罪案件行使检察权工作中，把办案同预防结合起来，帮助发案单位建立健全各项规章制度，堵塞漏洞。1991 年，对 14 个发案单位提出检察建议，促进他们严格会计制度和审计制度。1996 年，县检察院查办县农用运输车厂 8 人贪污案件时，在该厂召开干部职工大会，并邀请县人大法制委、县政法委、县公安局、县经委等单位领导参加，当场宣布逮捕 5 名贪污犯罪嫌疑人的决定，县检察长在会上进行以案释法报告，扩大办案的社会效果。

1999 年，县检察院成立预防职务犯罪工作领导小组，坚持“查处一案，教育一片，以办案促预防”方针，不断加强预防职务犯罪工作力度。是年，派员到 6 个发案单位上法制课，向有关单位提出检察建议 8 次，帮助建章立制，堵塞漏洞。

2002 年，先后与金融单位、药监局、卫生局、工商行政管理局、国税局、地方税务局、林业局、坂仔镇等 8 个单位，联合召开预防职务犯罪工作会议，共同研究职务犯罪预防工作。组织重点部门干部观看警示教育片和职务犯罪法庭审理过程，听取在服刑的职务犯罪人员的“现身说法”；联合有关单位举办法律知识讲座 26 场，8000 人次接受教育。

2003 年，县检察院建立预防职务犯罪警示教育基地，组织 30 个单位 400 多名工作人员参观学习。在办案过程中，向发案单位发出检察建议书 15 份，提出整改意见 77 条，回访发案单位 30 人次，并组织发案和涉案单位工作人员到法庭旁听，接受现场教育。2004 年，县委成立平和县预防职务犯罪工作领导小组，形成各有关部门参与、齐抓共管的社会化大预防工作格局，整体推进查办和预防职务犯罪工作。是年，县检察院向发案单位发出检察建议书 13 份，提出整改意见 78 条。县检察长到县委党校为 120 多名科级干部上题为《求真务实，开拓创新，携手共筑拒腐防变的千里防堤》的法制课。

2007 年，县检察院向发案单位发出检察建议书 11 份；组织 12 个单位的干部职工 1000 多人，观看警示教育基地。

第四节　渎职侵权检察

1989 年，县检察院受理各类法纪案件 13 件 15 人，经初查后，决定立案侦查 6 件 8 人。其中，非法拘禁案 3 件 3 人，重大责任事故案 1 件 1 人，移送起诉 2 件 4 人。

1990—1995 年，突出查处刑讯逼供、非法拘禁、徇私舞弊、玩忽职守、重大责任事故等 5 类案件，立案侦查45件49人。1995年，立案侦查10件10人，侦查终结后，依法决定逮捕5人，移送起诉5人，解救人质6人。是年，法纪检察科各项工作总评名列全市第一，被市检察院记集体三等功。

1996—2003年，县检察院继续重点查办5类法纪案件，依法立案侦查16件19人。其中，徇私舞弊案4件4人，玩忽职守案4件6人，非法拘禁案4件5人，重大责任事故案4件4人。2004—2006年，受理各类法纪案件15件15人，决定立案侦查6件6人，移送起诉5件5人，免予起诉1件1人。

2007年，受理各类法纪案件6件6人，决定立案2件2人，其中玩忽职守案1件1人，其他1件1人。

第五节　林业检察

一、审批林业犯罪案件

1989年，县检察院受理林业公安提请批捕林业犯罪案件11件19人，其中失火烧山6件8人，盗伐山林4件7人，妨害公务1件4人。审查后，决定批捕人犯14人（其中追捕1人），不捕5人。受理公安机关移送起诉8件17人，审查后决定提起公诉6件8人，免予起诉2件9人。挽回经济损失1530元。

1990年起，县检察院派出干警配合公安、林政部门，对森林火灾频发地区和治安秩序混乱林区开展专项治理。1990—2000年，受理林业公安提请逮捕林业刑事案件71人，审查后决定批捕57人。

2001—2006年，县检察院配合森林公安和防火办人员，对重点案件跟踪监督，使案件快侦快结，从严打击林业犯罪活动。受理公安机关提请批捕各类林业刑事犯罪案件55件62人，批准逮捕42件47人；受理公安机关移送审查起诉117件132人，审查后决定起诉112件127人。

2007年，配合全县开展林区治安专项整治活动，县检察院依法快捕快诉有关毁林违法犯罪案件，批捕3件5人，起诉15件21人。

二、林区综合治理

1989年起，县检察院与天马、白沙、长芦3个国营林场和宝善、高磜、双田、双坑、平寨5个集体林场实行挂钩工作，开展以法治林的综合治理。是年，在这些单位召开林区护林防火会议15次，印发联防公约1.2万份，开展法制宣传日活动23次，刊出宣传栏16期，提高公民护林防火自觉性，使挂钩点没有出现毁林案件。1991年，到挂钩各林场放映法制电影录像12场，近万人次受教育；培训护林骨干2期20人次，对有毁林劣迹和免诉人员进行回访帮教50人次。

1996—2000年，县检察院坚持“一手抓打击，一手抓预防”的方针，组织干警深入乡镇（场）林区，配合当地党委、林业站，宣传新修订的《中华人民共和国刑法》《中华人民共和国森林法》和国务院《森林防火条例》等法律法规，印发《护林防火联防公约》《乡规民约》1万多份，放映有关护林防火、依法治林的电影、录像20场。

2004—2007年，县检察院组织职能部门人员深入秀峰、长乐、九峰、崎岭4个山区乡镇，对林区火灾进行调研，向县林业局发出检察建议书，提出整改意见，促使各林区完善防火措施。同时，与林业部门配合，加强对林木采伐源头的检查监督，查处无证采伐和持证超伐，防范毁林案件的发生。

第六节　控告申诉检察

一、受理来信来访

1989年，县检察院受理人民来信来访342件次，其中首次来信298件、来访20人次。立案侦查17件。

建立每月 15 日检察长接待日制度和检察长亲自批阅人民来信制度。1991 年开展“文明接待室”活动，提高办事效率，至 1995 年，受理来信来访 786 件次，转有关部门处理 614 件次，交本院业务部门查处 172 件次。1996—1998 年，受理来信来访 485 件，检察长接待来访 126 件，检察长批阅来信 259 件，办结上级交办案件 54 件，为民办实事 36 件。

1999 年，县检察院根据平和信访多、集体访和越级访突出的情况，加强创建文明接待室的硬件软件建设，配置 1 间 64 平方米的接待室，茶水、桌椅齐备。检察长带领控申科干警，连续 4 个月到全县 15 个乡镇巡回，接待来访群众 90 人次，就地解决群众来访和上级交办的信访件 28 件，促使群众上访数下降。

2002 年，县检察院创新信访处理方式，举行全省首例“控申听证会”，邀请县人大代表、政协委员、村民代表和法医鉴定专家到场听证，解决长达 3 年的老上访户申诉问题。2003 年，建立首次来访接待责任、案件办理责任、案件反馈责任“三级首办责任制层级体系”，并延伸信访服务，对重点信访户实行约访制度，把各种影响稳定的不良因素和苗头性问题解决在基层，解决在萌芽状态。是年，处理控告类信访件 76 件、申诉类 22 件，处理检察长批办件 64 件，办结上级交办件及人大交办件 3 件，妥善处理告急访 2 件、集体访 10 件。2004 年，创新接访方式，推行“法律进监区”活动，到县看守所接访约访犯罪嫌疑人和留所服刑犯，并做好留所服刑犯的息诉服判工作；在全省率先与县“120”急救中心建立上访人员急救联动机制，维护上访群众的生命安全。

2005 年，建立“处理涉法上访案件责任、权利义务告知、进展情况通知、办理结果回复”4 项新机制，从源头上减少并杜绝越级上访。该项新机制，相继被省、市院信息通报。是年，受理群众来信来访 62 件，比上年减少 44%，没有出现涉检上访及越级访事件，县检察院被评为全市信访工作先进单位。

2007 年，受理群众来信来访 86 件次，妥善处理集体访 3 件，上级交办件 12 件，没有出现涉检上访及越级访事件。

二、开展举报工作

1989 年，县检察院为适应反贪污受贿的新形势，成立举报室，印发 800 多份有关举报《公告》在县和乡镇的机关、企事业单位张贴，通过广播、宣传栏等宣传举报室的职能、工作制度、举报形式等，并设置“举报箱”“举报录音电话”等，方便群众举报。

1994 年，县检察院成立举报中心，充实举报机构人员，在县有线电视广播重新公布举报电话号码，发布举报中心通告，建立健全举报受理、分流、转办、交办、催办、反馈等程序制度。是年，受理群众举报 31 件 31 人。

1997 年，县检察院加强举报的宣传发动，印发举报联络卡 500 张，开展举报宣传周活动。是年，受理各类举报线索 87 件，其中贪污线索 50 件，贿赂线索 23 件，挪用公款线索 6 件，其他经济线索 8 件。

1999 年 6 月，根据全国检察系统开展举报宣传周活动的部署，县检察院在大楼门口悬挂“举报宣传周”横幅标语和举报宣传挂图，设置举报接待室；检察长在县电视台作“举报宣传周”电视讲话。此后每年 6 月，县检察院都组织开展举报宣传周活动，分发宣传材料，接受群众咨询，鼓励群众举报。2001 年，受理各类举报 89 件，其中贪污线索 7 件，挪用公款 4 件，10 万元以上大案 3 件，副科级干部以上要案 2 件。2005 年，受理各类举报 53 件，其中贪污 2 件、挪用公款 3 件、受贿 1 人、行贿 1 件、涉及科级干部 5 人。1999—2007 年，共受理各类群众举报线索 558 件。

第七节 民事行政检察

1993 年，县检察院成立民事行政检察所，开始对民事审判活动和行政诉讼实行法律监督。1994 年，受理民事行政申诉案件 4 件，其中房产所有权纠纷 3 件，土地纠纷 1 件。对符合抗诉条件，经调查核实，决定立案审查2件，其中1件按法律监督程序提请上级院抗诉，被省检察院采纳。

1995年，县检察院运用电视、广播、墙报、分发宣传材料等形式，宣传发动群众，并主动与律师事务所、法院告申庭、人大、纪检、乡镇、厂矿等有关单位联合宣传，扩大社会影响，改变民事行政申诉案源缺乏的状况。1995—2000年，受理民事行政申诉案件47件，经审查，决定立案13件，依法定程序提请市院抗诉6件，提请省检察院抗诉1件。

2001—2002年，县检察院组织人员到各乡镇巡回宣传民事行政检察工作的性质、任务和职务，拓宽案源；并规范运用抗诉和检察建议两种手段，强化民事行政审判监督。2年中，受理民事行政申诉案件10件，向法庭发出检察建议书2份。同时，对申诉理由不充分等不符合抗诉条件的案件，做好当事人息诉服判工作，维护审判权威。

2003年，县检察院与县司法局联合制定《民事行政案件申诉代理规则》，并邀请全县30多个主要行政执法部门参加“发展民事行政检察工作暨促进公正执法，依法行政”座谈会。2004年，县检察院通过移动和联通2个手机网络发送信息宣传民事行政检察工作，促进民事行政监督工作。2003—2005年，受理各类民事行政申诉案件16件，经审查决定立案8件，建议提请上级检察院抗诉5件，向有关部门发出检察建议5件。并对不符合抗诉条件的申诉案，做好息诉服判工作。

2006年，县检察院推行律师代理申诉制度，民事行政申诉风险告知制度，帮助当事人分析申诉过程中可能存在的风险情形，为当事人提供法律帮助。此做法，被省检察院以快报形式刊登。是年，办理提请抗诉案件1件，提起刑事附带民事诉讼案件6件被法院采纳，向有关部门发出检察建议书3件。

2007年，受理申请抗诉2件，提起刑事附带民事诉讼案件3件，审查后建议提请抗诉1件被采纳，向有关部门发出检察建议书6份均被采纳。

第八节 监所检察

一、监所执法监督

1989年，县检察院依法对监所人犯收押、释放、羁押超期等情况实行法律监督，全年纠正超期限羁押192人次。1990—1998年，以书面方式和口头形式，向有关部门提出纠正超期羁押268人次，发出纠正违法通知书25次。其间，对监外执行人犯实行监督，发现罪犯林某因患乙肝保外就医治愈后，擅自外出做工1年多，则向公安机关提出检察建议，对该犯擅自外出期间不予折抵刑期。

1999年，县检察院贯彻省检察院《关于创先进看守所检察室的通知》精神，坚持请示报告制度、法制教育制度、联席会议制度、安全检察制度等；加强刑罚监督，纠正不按法律规定交付执行和违法办理减刑、假释、保外就医以及超期羁押等问题；依法保护被监管人的合法权益。1999—2002年，对看守所执法活动发出《纠正违法通知书》和检察建议书6份，纠正超期羁押90人次。其间，发现罪犯朱某因患严重疾病，生活不能自理，送监被拒，则依法建议县法院将朱某暂予监外执行，得到采纳。

2003年，以争创“省级规范化驻所检察室”为载体，实现驻所检察室与看守所微机管理并网，变静态监督为动态监督。建立“诉讼流程登记卡”制度，对每起案件当事人在羁押期满前3天，通知办案单位注意羁押时间，并向办案单位发出催办通知书；对羁押后不捕、不诉应予释放的案件进行个案跟踪监督，使侦查、检察环节实现零超期羁押。对法院出现超审限问题，检察院向法院发出检察建议书1份，《纠正违法通知书》3份。2004年，检察院在看守所设立2个“检察信箱”，1个“检务公开栏”，并对减刑、假释、保外就医的案件逐人逐案登记审查，以强化对执行活动的监督。是年，审查453人次进出看守所犯罪嫌疑人身份及其法律手续；对4个监外执行情形已经消失的人员发出《收监检察建议》，并监督看守所及时收监，促使监管场所保持零超期羁押和无重大事故发生。

2005年，县检察院继续强化执行监督，完善纠超预警机制，审查420人次进出看守所犯罪嫌疑人身份及其法律手续，向公安机关发出《检察建议书》2 份，向法院发出《纠正违法通知书》2 份。

2007 年，县检察院开展核查纠正监外执行罪犯脱管漏管专项行动，向办案部门发出预警通知 138 次，继续保持检察环节零超期羁押。

二、监所安全检查

1989 年，县检察院配合公安部门，对监所进行全面的联合检查 9 次，提出安全检察建议 4 条，组织人犯上法制课 36 次，接受教育 4260 人次，个别教育人犯 86 人次，监护实现无逃跑、无行凶、无自杀、无哄监闹狱、无传染疾病的“五无”安全所。此后，每年都照样开展安全检察活动。

1990—1991 年，对监所开展安全检查 28 次，提出安全检察建议 14 条，给人犯上法制课 42 次，受教育 3420 人，找人犯个别谈话 92 次。

1992 年，对监房进行检查 56 次，会同公安看守所联合检查 50 次，给犯人上法制课 11 次，接受教育人犯 1586 人次。发现人犯叶某在狱中寻衅滋事，经侦查再以流氓罪向法院起诉，给予数罪并罚。

1993—1996 年，会同公安部门对监所开展安全检查 52 次，提出安全检察建议 32 条，消除安全隐患 18 件，给人犯上法制课 52 次，受教育 5672 人，找人犯个别谈话 432 人次。

1997 年，配合公安部门进行安全大检查 15 次，处理事故隐患 10 多次，给人犯上法制课 11 次，个别谈话教育 60 人次。

1998—2003 年，配合公安部门进行安全大检查 84 次，提出安全检察建议 135 条，给人犯上法制课 74 次，找人犯个别谈话 48 人次。

2004 年，向看守所提出口头安全建议 35 条，找人犯谈话 120 人次，为人犯上法制课 12 次，进行安全大检查 16 次，保持监管场所无重大事故发生。

2005—2006 年，对监所开展安全大检查 25 次，提出安全检察建议 68 条，给人犯上法制课 24 次，找人犯个别谈话 305 人。

2007 年，对监所进行安全大检查 16 次，向看守所提出安全建议 35 条，对人犯上法制课 12 次，个别谈话 176 人次，确保监管场所安全、稳定。

第三章　审判

第一节　机构设置

一、行政机构

1989 年，县人民法院内设办公室、政工科、法警队。1995 年，法警队改为司法警察大队。1996 年 8 月，增设研究室。1999 年 6 月，增设纪检监察室。2003 年 3 月，增设司法行政装备科，撤销研究室；6 月，政工科改为政治处。

至 2007 年 12 月，县人民法院内设办公室、政治处、纪检监察室、司法行政装备科、司法警察大队。

二、审判机构

1989 年，县人民法院设有刑事审判庭、民事审判庭、经济审判庭、行政审判庭、林业审判庭、立案庭、坂仔人民法庭、霞寨人民法庭、九峰人民法庭、小溪人民法庭、大溪人民法庭。1992 年 8 月，成立执行庭。2000 年 11 月，成立审判监督庭。2001 年 11 月，民事审判庭改为民一庭，经济审判庭改为民二庭。2002 年 11 月，撤销小溪人民法庭。2003 年 3 月，成立少年审判庭。7 月，撤销九峰人民法庭、大溪人民法庭。

至 2007 年 12 月，县人民法院审判机构设有刑事审判庭、民一庭、民二庭、行政审判庭、林业审判庭、立案庭、执行庭、审判监督庭、少年审判庭、坂仔人民法庭、霞寨人民法庭。

全院配有院长 1 人（副处级）、副院长 2 人（正科级）、审判员 45 人、书记员 12 人。共有干警 71 人，其中女性 9 人，具有大学本科以上学历的 67 人。

第二节 犯罪案件审判

一、刑事犯罪案件审判

1989 年，县人民法院贯彻中央关于“严打”的指示精神，依法从重从快严惩严重刑事犯罪。是年，受理审结盗窃、强奸等刑事犯罪案件 50 件 62 人，其中被判处 5 年以上有期徒刑 32 人。1989—1993 年，受理审结各类刑事犯罪案件 737 件 1071 人。其中，被判处有期徒刑 10 年以上 5 人。

1994—1998 年，开展打击“车匪路霸”“反盗窃”等专项斗争。5 年中，受理并审结各类刑事犯罪案件 624 件 760 人。其中，被判处有期徒刑 10 年及以上 25 人，10 年以下至 5 年 143 人。

2000 年，县法院加大对严重危害社会治安的各类刑事犯罪的打击力度，做到快审快判。适用简易程序开庭审判 37 件，1 个月内审结 108 件，全年审结 148 件 201 人。判处有期徒刑 10 年及以上 3 人，10 年以下至 5 年 17 人，5 年以下 83 人。

2001—2003 年，县法院配合“严打”整治斗争和整顿规范市场经济秩序工作，共审结抢劫、强奸、赌博等各类刑事犯罪案件 589 件 741 人。其中，被判处有期徒刑 10 年及以上 27 人，10 年以下至 5 年 50 人，5 年以下 34 人。

2004—2007 年，县法院围绕创建平安和谐社会、维护社会安定稳定工作中心，依法打击故意伤害、拐卖妇女、合同诈骗等各类刑事犯罪，审结犯罪案件 822 件 1048 人。其中，被判处有期徒刑 10 年及以上 25 人，10 年以下至 5 年 41 人，5 年以下 393 人。

县法院在审理刑事案件中，对未成年人犯罪案件的审判，贯彻“教育、感化、挽救”方针，对刑事附带民事诉讼案件则做好调解工作，提高被告人的自动履行率。1989—2007 年，全院审结未成年人犯罪案件 55 件 60 人，审结刑事附带民事诉讼案件 1245 件，标的总金额 6215 万多元，其中调解结案 996 件，当事人自动履行率 75%。

二、贪污渎职案件审判

1989 年起，县法院坚持把打击各类经济犯罪作为推动反腐倡廉的一项重要任务，结合平和实际，重点惩处农村干部、国家机关干部的经济犯罪活动，突出打击“三机关一部门”（党政领导机关、行政执法机关、司法机关和经济管理部门）工作人员的经济犯罪。1989—2007 年，县法院共审结贪污受贿、挪用公款、职务侵占、购买仿造增值税专用发票等经济犯罪案件 70 件 85 人。其中，审结“三机关一部门”工作人员的犯罪案件 52 件 60 人。

三、公开宣判

1989—1992 年，县法院配合“严打”斗争，先后在县人民大会场、县体育场，召开公判大会 6 场，分别对故意杀人犯、强奸犯等8名死刑犯宣布死刑命令，并押赴刑场执行枪决。1991—1993年，县法院共选择典型案件30件68人，到企业、农村案发地召开宣判会12场，以扩大办案效果和教育面。

1994年2月1日，漳州市中级人民法院在平和县人民大会场召开宣判大会。会上，平和县人民法院宣判4件6名被告人，县检察院宣布逮捕7名犯罪嫌疑人，市中级人民法院对故意杀人犯卢某、强奸且故意伤害致人死亡犯黄某宣布死刑命令，立即押赴刑场执行枪决。1996年6月27日，县委、县政府在县人民大会场召开“严打”大会，市人民检察院和市中级人民法院有关领导出席大会。会上，县检察院宣布逮捕一批刑事犯罪嫌疑人，县法院宣判严重刑事犯罪分子10件12人，分别判处有期徒刑5～30年不等，并宣布1起投案自首、检举立功、从宽处理的典型案件；市中级人民法院有关领导宣布省高级人民法院核准故意杀人犯赖某死刑的裁定书和执行死刑的命令书，立即押赴刑场执行枪决。同年9月29日，市中级人民法院在平和县人民大会场召开“严打”大会，全县各乡镇设立14个分会场，旁听群众1.2万多人。漳州市委常委、政法委书记和市中级人民法院、市检察院及平和县委、县政府、县人大、县政协、县政法四家的领导出席大会。会上，县检察长宣布逮捕重大的刑事犯罪嫌疑人，县法院院长宣判流氓、盗窃、抢劫、容留他人卖淫、非法制造枪支等严重刑事犯罪分子。市中级人民法院宣布对死刑犯蔡某、陈某、林某的执行死刑命令书，立即押赴刑场执行枪决。1994—1998年，全县共召开宣判大会23场，采取县设中心会场，各乡镇设分会场，并通过电视广播向社会宣传。

1999年5月26日，县法院在五寨乡广场召开宣判大会，旁听群众上千人。会上，县法院对4件7人罪犯进行公开宣判。是年6月10日，市中级人民法院在平和县人民大会场召开“严打”大会，干部、职工、学生、群众等近千人参加旁听。会上，县检察院检察长宣布对涉嫌盗窃、投毒、故意伤害等罪犯9人逮捕的决定，县法院院长宣布对罪犯5件7人的判决；市中级人民法院受省高院委托，宣布判决故意杀人、抢劫、诈骗犯赖某死刑，并宣布执行死刑命令书，立即押赴刑场执行枪决。2001年，县法院分别在县人民大会场和乡镇召开5场宣判大会，宣判抢劫、强奸、赌博等刑事案件34件42人。

第三节 民商事审判

一、权属与侵权纠纷案件审判

1989年，县法院审结权属、侵权纠纷案件54件，诉讼标的金额12万元。权属、侵权纠纷案件主要是损害赔偿案件。县法院在审理过程中，贯彻《中华人民共和国民法通则》《中华人民共和国民事诉讼法》等，坚持“巡回就地办案”和“着重调解”原则，努力提高案件调解率。1990—2006年，审结权属侵权纠纷1087件，标的金额4717万元，调解率98.1%。针对交通事故不断增加的状况，县法院从2007年9月起在县交警大队设立交通事故损害赔偿纠纷办案点，既为当事人提供诉讼便利，又利于法院及时采取诉前保全措施和进行调解。立案当天调解结案的占60%，当月结案的占85%以上，服判息诉率98%。交通事故损害赔偿的调解率由1989年的60%提高至2007年的75%。2007年，法院审结权属、侵权纠纷案件88件，标的金额731万元。

二、婚姻家庭与继承案件审判

1989年，县法院审结婚姻家庭、继承纠纷案件101件。县法院在审理此类案件中，坚持耐心、深入、细致地做好当事人的思想工作，及时化解矛盾，消除隐患。1990年后，县法院聘请县直机关党工委、县妇联工作人员担任陪审员，加强对老人、妇女、儿童合法权益的维护，特别是做好赡养、抚养、扶养“三养”案件的审理。1990—2006年，县法院审结婚姻家庭、继承纠纷案件3890件，2007年审结217件。

三、合同类纠纷案件审判

1989 年，县法院审结购销合同、加工承揽合同、建筑工程承包合同、货物运输合同、农村经济承包合同等经济纠纷案件 77 件。

1990 年起，县法院贯彻最高人民法院《关于经济合同纠纷案件办案标准的具体意见》，组建经济调解中心，对在机关和企事业单位建立的兼职经济司法联络员集中进行培训，改进审判方式，对争议不大案件，按简易程序审理，并深入当事人所在地，做到随收随调随执行，提高审判效率。1990—1999 年，审结各类经济合同纠纷案件 2266 件。对农村承包合同等"涉农"案件的审理，采取立、审、执"三优先"，保护农民的合法权益。1999 年，审理蕉农的香蕉款案 97 件，为蕉农追回被代办商拖欠的蕉款 31 万元。

2000 年起，在商事审判工作中，为推动全县工业化进程，对涉工、涉企、涉外等案件，实行快立、快审、快结。2000—2006 年，审结各类经济合同案件 1492 件，结案率 99%，2007 年审结 282 件。

四、信贷类纠纷案件审判

1989 年，县法院审结金融部门的借款合同案件 5 件，标的金额 1 万元；审结民间借贷纠纷案件 5 件，标的金额 0.8 万元。

1994—1999 年，县法院拓宽服务领域，为县财政局收回周转金，为金融、税务、土地、交通、公路、农村经济组织依法收取逾期贷款和应缴纳各种税款等，合计依法收回 9341 万多元。

2000—2002 年，县法院配合全县开展清理整顿农村合作基金会工作，审结有关基金会案件 840 多件，涉案标的金额 1390 多万元。2000—2006 年，审结各金融机构的借款合同案件 1113 件，标的金额 4780 万元。2007 年，审结金融机构的借款合同案件 129 件，标的金额 315.9 万元。

五、其他民商事审判

1989 年，县法院受理其他民商事纠纷案件主要是民间借贷纠纷案件，审结 5 件，标的金额 0.8 万元。此后，随着改革开放的深入和社会经济的发展，产生新的法律关系，出现新类型的民事纠纷案件，诸如职工社保基金的缴纳、劳动合同、劳动报酬、房屋预售、房屋拆迁、农村责任田的承包和转包等问题引起的纠纷诉讼。1990—2006 年，共审结 658 件，标的金额 439.2 万元。2007 年，审结 107 件，标的金额 425 万元。

第四节 行政审判

一、行政诉讼案件审理

1989 年，县人民法院正式建立行政审判庭，着手宣传贯彻《中华人民共和国行政诉讼法》，刊出宣传栏 4 期，撰写 8 篇材料供县电视台广播宣传，印发有关材料 200 份供机关、企事业单位学习。1990 年，受理审结行政诉讼案件 1 件。

1991 年起，贯彻最高人民法院《关于贯彻执行行政诉讼法若干问题的意见》和《关于审理行政赔偿案件若干问题的规定》，逐步完善行政审判制度，受案范围逐步拓宽，受案数量逐步增加。1989—1999 年，审结行政诉讼案件 67 件，被告涉及县、乡镇政府 18 件，县政法系统 35 件，县工商局 3 件，县房管 2 件，县技术监督局、县电信局、县兽医站、县公路稽征所、市劳教委各 1 件，县土地局 4 件。结案率 100%，其中维持原裁决 28 件，因被告改变具体行政行为原告撤诉 24 件，撤销（变更）原裁决 9 件，驳回起诉 6 件，既依法保护公民、法人与其他社会组织的合法权益，又维护和监督行政机关依法行使职权。

2000—2006 年，县法院坚持维护与监督并举、支持与制约并重的原则，依法审结行政诉讼案件 105 件。2007 年，审结 11 件。

二、行政非诉执行案件审理

1990 年，县法院审查执结行政非诉执行案件 9 件，标的金额 7500 元。

1991—1999 年，审查执结行政非诉执行案件 218 件，标的金额 60 多万元，案件涉及计划生育、矿产资源、土地保护等类型，其中计划生育案件占半数以上。2000—2006 年，审结非诉行政执行案件 597 件。

2007 年，审结非诉行政执行案件 94 件，其中执结社会抚养费案件 13 件，标的金额 25 万多元。

第五节 案件执行

一、自行受理执行案件

1989 年，县法院未设专门的执行机构，执行工作由审判业务庭“自审自执”。是年执结各类案件 30 件，标的金额 45 万元。1990 年执结 30 件，标的金额 45 万元。1991 年，受理执行案件 80 件、标的金额 250 万元；执结 50 件，标的金额 181.2 万元，“自审自执”开始出现“执行难”问题。

1992 年，县法院成立执行庭，配备专职执行员，并从各业务庭抽调干警 13 人，分成 2 个执行行动小组，开展“执行案件大会战”，解决“执行难”问题。1992—1993 年，执行各类案件（含清理执行积案）385 件，标的金额 389 万多元。1994—1998 年，执行各类案件 840 件，标的金额 1320 万元。

1999 年，县法院贯彻中央“11 号文件”精神，采取措施解决“执行难”问题。是年执结各类案件 519 件，标的金额 1181.49 万元。执行工作成效名列全市前茅，被市中级人民法院记集体三等功。

2000 年起，县法院继续贯彻中央“11 号文件”精神，采用宣传车上街下乡宣传中央“11 号文件”，法院领导发表电视讲话，播放执行拍卖录像等，使执行工作得到广大群众的支持，也得到当事人的理解。同时，县人大常委会对法院执行工作做出决议，县政府拨出专款作为执行活动经费。县法院采取强制执行，依法追究法律责任或刑事责任，依法执行和解等措施，扭转“执行难”的局面。2000—2006 年，受理各类执行案件 4126 件，执结 3688 件。

2007 年，县法院根据“中政委 52 号文件”精神，与县综治办、县司法局共同在各乡镇和村委会、居委会建立执行联络员制度，重点组织夏季、秋季、冬季集中统一执行行动，出动干警 400 多人次，出动汽车 300 多辆次，执结各类案件 388 件、标的金额 672.3 万元。

二、受理委托执行案件

1989 年，县法院没有外地法院委托执行案件。1990—1993 年，受理外地法院委托执行案件 19 件，执结并函复 14 件，部分执行 2 件，因执行人下落不明建议中止执行 2 件。

1999—2007 年，县法院受理外地法院委托执行案件 180 件，标的金额 302 万元。其中属省外法院委托执行的 11 件，标的金额 70 万元；福建省内法院委托执行案件 91 件，标的金额 130 万元；漳州市内法院委托执行案件 78 件，标的金额 102 万元。执结并函复 78 件，标的金额 130 万元。

第六节　审判管理与监督

一、审判管理

1989 年，县法院成立立案庭，改变原有业务审判庭从立案、审判至执行一竿子到底的做法，实行立、审公开，统一立案的制度。设立立案大厅，公开信访、立案、诉讼费用收取等规定，实行信访、立案、收费“一站式”服务。当年审查立案 321 件，接待群众来访 121 人次，处理来信 3 件。1994 年后，建立案件评查工作制度，每季度由各业务庭组织自查，半年组织全院进行评查，对评查中发现的问题在全院通报并整改，强化案件质量的内部管理。1999 年起，推行审判方式改革，全面实行刑事案件“控辩式”，民事、经济、行政等案件“直接开庭”审判方式；并实行人民陪审员陪审制度。2000—2006 年，审查立案 11025 件，接待群众来访 1210 人次，处理来信 876 件。2007 年，审查立案 1419 件，接待群众来访 121 人次，处理来信 156 件。

二、审判监督

1998年开始，县法院在立案大厅设立公布栏，公开审判程序、立案规定、审判纪律、审判期限、举报电话、办案情况等，接受群众监督；并向当事人分发《诉讼指南》《举证指南》《征询当事人评议卡》等。2000 年，县法院成立审判监督庭，开展对发生法律效力的案件进行监督、审理、评查等工作。县法院聘请县人大代表、政协委员及社会各界人士担任监督员。2000—2007 年，召开监督员会议 28 次，听取对法院审判工作的意见和建议，旁听庭审案件 250 件，审结再审案件 5 件。

第四章　司法行政

第一节　机构设置

一、行政机构

（一）县司法局

1989 年，县司法局内设人秘股、宣传教育股、基层工作股、公证律师管理股 4 个股级机构。2000 年 10 月后，公证律师管理股改为法律援助中心，其他各股不变。2007 年，配备局长 1 人、副局长 2 人，其他工作人员 14 人。

2002 年 11 月，经县委机构编制委员会批准，在全县 15 个乡镇设立司法所，作为县司法局的派出机构，为股级单位。至 2007 年不变。各司法所配备专职司法助理员 1 ～ 2 人。

（二）平和县法制宣传领导小组及办公室

1990 年，原平和县普及法律常识领导小组更名为平和县法制宣传领导小组，由县委分管领导担任组长，县人大、县政府、县政协分管领导任副组长，下设办公室（简称“普法办公室”），承担日常工作。办公室设在县司法局。至 2007 年不变。

（三）平和县综治委刑释解救人员安置帮教工作领导小组及办公室

1997 年 3 月，成立平和县综治委刑释解救人员安置帮教工作领导小组，下设办公室，挂靠县司法局。

至2007年不变。

（四）平和县依法治县领导小组及办公室

1998年12月，成立平和县依法治县领导小组，由县委书记担任组长，县长任第一副组长。下设办公室（简称“依法治县办公室”），与县司法局合署办公。至2007年不变。

（五）平和县综治委矛盾纠纷排查调处协调领导小组及办公室

2001年3月，成立平和县综治委矛盾纠纷排查调处协调领导小组，由县委常委、综治委常务副主任担任组长。下设办公室，挂靠在县司法局。至2007年不变。

二、法律服务机构

（一）福建兴和律师事务所

其前身为1988年组建的平和县律师事务所，1997年改称漳州兴和律师事务所，2001年更名为福建兴和律师事务所。其办公地址在县小溪镇东大路，配有专职律师2人，兼职律师1人。至2007年不变。

（二）福建新立律师事务所

其前身为1999年10月组建的漳州新立律师事务所，2000年6月改称福建平和新立律师事务所，2001年8月更名为福建新立律师事务所。其办公地址在县小溪镇银河路，配有专职律师3人。至2007年不变。

（三）平和县公证处

1989年至2007年，平和县公证处办公地址在县小溪镇东大路，配有公证员2人。

（四）基层法律服务所

1989年，全县在各乡镇设立15个法律服务所。经2003年1月整合，设立平和县“148”法律服务所、小溪镇法律服务所、山格法律服务所、坂仔中心法律服务所、国强中心法律服务所、霞寨中心法律服务所和崎岭中心法律服务所，配有注册法律工作者32人。至2007年不变。

第二节 普法宣传教育

一、“一五”普法宣传教育

1989年和1990年，根据中共中央、国务院关于在公民中开展普及法律常识宣传教育第一个五年规划（1986—1990年）（简称“一五”普法）的部署，全县继续开展《中华人民共和国刑法》《中华人民共和国刑事诉讼法》《中华人民共和国民事诉讼法》《中华人民共和国婚姻法》《中华人民共和国森林法》《中华人民共和国治安管理处罚条例》以及新颁布的《中华人民共和国香港特别行政区基本法》《中华人民共和国著作权法》的宣传教育。2年中，县组织普法讲师团到县直机关、企事业单位、乡镇（场）、学校等举办法制讲座448场，组织宣传车到各乡镇宣传120次，印发宣传材料6万份，各地还通过悬挂宣传挂图、刊出宣传栏等方式进行宣传，中小学开设法律常识课。全县普法对象12～60岁公民，受教育面80%以上。

二、“二五”普法宣传教育

1991年4月，县委、县政府批转县委宣传部、县司法局《关于在全县公民中开展法制宣传教育的第二个五年规划（1991—1995年）》（简称“二五”普法）。以《中华人民共和国宪法修正案》《中华人民共和国婚姻法》《中华人民共和国公司法》等，作为“二五”普法宣传教育的主要内容。1992年9月，县普法办公室组织全县干部职工学习《中华人民共和国宪法修正案》，分发1200份学习提纲指导学习，经考试，及格率100%。1993年3月开始，县普法办公室组织以律师为主体的讲师团深入各乡镇，以讲座形式宣讲《中华人民共和国婚姻法》13场次，3600名干部群众参加听讲。

三、“三五”普法宣传教育

1996年8月，县委、县政府批转县委宣传部、县司法局《关于在全县公民中开展法制宣传教育的第三个五年规划（1996—2000年）》（简称“三五”普法）。11月8日，县委、县政府召开“二五”普法总结表彰暨“三五”普法动员大会，会上表彰“二五”普法先进单位27个、先进个人77名。“三五”普法以《中华人民共和国刑法》《中华人民共和国刑事诉讼法》《中华人民共和国行政诉讼法》《中华人民共和国行政处罚法》《中华人民共和国国家赔偿法》《中华人民共和国未成年人保护法》《中华人民共和国香港特别行政区基本法》为重点内容，突出对中小学师生、农村干部的普法宣传教育。1997年5月，组织全县中学、学区、县教育局的领导干部及普法骨干235名，分3期进行培训。1998年6月至8月，举办乡镇、村干部普法培训班15班次，先后有1200名干部参加学习有关农村工作的政策、法律知识。2000年，开展《中华人民共和国预防未成年人犯罪法》百日宣传活动，县普法讲师团深入各乡镇巡回讲课25场，15140名师生接受教育，并组织15960名师生观看《中华人民共和国预防未成年人犯罪法》图片展览。

四、“四五”普法宣传教育

2001年10月，县委、县政府批转县委宣传部、县司法局《关于在全县公民中开展法制宣传教育的第四个五年规划（2001—2005年）》（简称“四五”普法）。11月27日，县委、县政府召开“三五”普法总结表彰暨“四五”普法动员大会，会上表彰普法宣传先进乡镇3个、先进村（居）8个、先进单位29个、先进个人48名。根据建设法制政府的需要，各级领导干部、公务员是“四五”普法的重点对象。2002年9月，组织县直机关具有行政处罚权单位的执法人员和乡镇分管行政执法领导干部计108人，参加市行政执法培训班，学习《中华人民共和国行政复议法》《中华人民共和国行政处罚法》《中华人民共和国行政诉讼法》《中华人民共和国国家赔偿法》，并通过考试，取得行政执法资格证书。2003年4月，县普法办、县司法局组织法制讲师团深入全县17所中学，宣讲《依法治校和校园治安综合治理》《中华人民共和国治安管理处罚条例》等，受教育师生2.15万人。2004年4月，县委学习小组专题学习《中华人民共和国宪法》《中华人民共和国行政许可法》。8月，组织全县公务员845人，分3期学习《中华人民共和国行政许可法》《中华人民共和国行政处罚法》《中华人民共和国行政复议法》《中华人民共和国国家赔偿法》等，并统一参加考试，及格率100%。2005年12月4日，在县城银河路健身广场举办“全国法制宣传日”大型活动，有文艺演出、图片展览、谜语竞猜、法律咨询等，漳州电视台《法在身边》栏目组派员到现场接受群众的法律咨询，有2500多名群众前来参加活动。

五、“五五”普法宣传教育

2006年8月，县委、县政府批转县委宣传部，县司法局《关于在全县开展法制宣传教育的第五个五年规划（2006—2010年）》（简称“五五”普法）。10月31日，县委、县政府召开“四五”普法总结表彰暨“五五”普法动员大会，会上表彰4个先进乡镇、9个先进村、17个先进单位和46名先进个人。是年11月，开展“法律进农村”活动，县组织讲师团深入小溪镇的内林村、南寨村、湖田村和岩坂村，宣讲《中华人民共和国农业法》《中华人民共和国土地承包法》《中华人民共和国合同法》以及国务院

《信访条例》等，村两委、村民小组长、党员村民共600多人参加听讲，并分发普法宣传资料600多份。2007年5月，开展“法律进校园”活动，县组织讲师团在国强学区、国强中学宣讲《依法治校和校园治安综合治理》《中华人民共和国预防青少年犯罪法》《中华人民共和国治安处罚法》等，1500名师生参加听讲。6月4日，县委、县政府、县人大、县政协、县纪委领导及部分科局主要领导在县委会议厅，听取漳州市中级人民法院举办的《物权法》讲座。7—9月，县直机关干部在每周一、周三晚上，集中学习《中华人民共和国物权法》《中华人民共和国公司法》《中华人民共和国行政许可法》等。

第三节 人民调解

一、调解组织

1989年，全县在村委会、居委会建立人民调解委员会（简称调委会）256个，有调解员3220人。1996年开始，在全县开展调委会“五有”（有牌子、有场所、有印章、有工作、有人员）规范化建设活动。1998年有130个村（社区）调委会规范化建设通过省、市验收，2003年有122个村（社区）规范化调委会通过省、市验收。是年8月，全县15个乡镇成立调委会，在各村（社区）实施“每十户设调解信息员一名”组建工程，完善县、乡镇、村（社区）、户四级人民调解信息网络。至2007年，全县有调委会275个，调解员3900人，信息员8200人。小溪镇新桥村调委会、文峰镇文美村调委会，被省司法厅第一批命名为省级示范调委会，有30名调解员被命名为省级示范调解员。

二、民间纠纷调解

1989年，各级调委会贯彻“调防结合，预防为主，多种手段，协同作战”工作方针，开展排查、预防和调处各种矛盾纠纷。是年，全县受理民间纠纷843件，调解成功825件，成功率97.86%；防止纠纷激化17件。

1996年起，各基层调解组织发挥“第一道防线”作用，及时做好民间纠纷调解工作。至1998年，受理各类民间纠纷3612件，调解成功3590件，调解成功率99.39%；防止纠纷激化53件。

1989—2007年，全县各调解组织受理各类民间纠纷17988件，调解成功17630件，调解成功率98.01%；防止纠纷激发306件。

三、安置帮教

1989年，县司法部门把刑满释放人员、解除劳动教养人员列为安置帮教对象，特别是把失足青少年列为重点安置帮教对象，对他们进行定期走访、考察、督查，引导他们重新做人、成家立业。1989—1996年，全县接收安置帮教对象计1260人，其中帮助1130人落实农业责任田，帮助60多人从事个体经营。

1997年3月，在15个乡镇成立刑释解救人员安置帮教工作站，256个村（居）委会成立相应的帮教小组，在全县建立起由司法助理员、公安警察、村（居）委会干部、人民调解员、治保委员、“工、青、妇”群团组织人员、社会志愿者共同组成的帮教队伍。各级帮教组织对辖区内帮教对象建档立卡，进行动态跟踪帮教。1997—2007年，全县列入帮教对象3014人，其中通过技能培训、科技知识培训等，帮助再就业357人；帮助落实农业责任田2409人；帮助年老体弱、无生活来源，符合“低保”条件的118人，纳入“最低生活保障”对象。

第四节　法律服务与援助

一、律师服务

1989年，律师事务所接受政府、政府直属部门、企事业单位委托，担任常年法律顾问23家次；接受当事人委托，担任刑事案件辩护37件，民事、经济案件代理45件，行政诉讼代理15件，为当事人挽回经济损失4.1万元；提供非诉讼法律服务88件；接受法律咨询300人次。

1990—1999年，律师事务所接受政府、政府直属部门、企事业单位委托，担任常年法律顾问152家次；接受当事人委托，担任刑事案件辩护318件，民事、经济案件代理409件，行政诉讼代理114件，为当事人挽回经济损失44.2万元；提供非诉讼法律服务908件；解答有关法律事务咨询2120人次；代写诉讼文书和有关法律事务的其他文书计870件。

2000—2007年，律师事务所不断创新法律服务方式，扩大服务领域。8年中，接受政府机关、企事业单位和其他非公经济组织的委托，担任常年法律顾问87家次；接受犯罪嫌疑人、被告人委托，担任刑事案件辩护313件；接受民事、经济案件当事人委托，担任代理人参加诉讼479件，为当事人挽回经济损失48.6万元；接受行政诉讼案件当事人委托，担任代理人参加诉讼63件；提供非诉讼法律服务541件，接受法律咨询4912人次，代写诉讼文书和有关法律事务的其他文书计1590件。

二、公证服务

1989年，县公证处办理民事公证39件，经济公证238件，办理涉港澳台公证23件。

1990—2004年，县公证处为国内公民办理有关房屋所有权、财产继承、收养扶养等民事法律关系公证1678件，有关经济合同、房屋租赁、银行贷款、工程招投标等经济公证8584件。特别是采取从快从简的措施，为台属、台商、回乡探亲的台胞及港澳同胞提供法律服务，为华侨、归侨、侨眷提供法律服务。办理有关出生、结婚、亲属关系、无犯罪记录等事项的涉台公证1017件，涉港澳公证180件；办理有关出生、婚姻、亲属关系、无犯罪记录、学历、成绩单、户口簿等涉外公证493件。公证处还接受有关公证法律事务咨询24540人次。2004年，平和县公证处获省司法厅授予“先进公证处”奖牌。

2005—2007年，公证处办理各类公证1117件，其中民事公证447件，经济公证72件，涉外公证267件，涉台公证290件，涉港澳公证41件，解答有关公证法律事务咨询3689人次。

三、法律援助

2000年，成立县法律援助中心，2000—2001年办理法律援助案件11件。

2002年，办理援助案件10件，其中刑事诉讼案件3件，民事诉讼案件1件，非诉讼案件5件，行政诉讼案件1件，受法律援助人员20人，为他们减免诉讼费2万元，接受解答法律事务咨询157人次。

2003—2005年，县法律援助中心、兴和律师事务所、新立律师事务所共办理法律援助案件45件，受援助人员67人，为他们免收服务费1.35万元。

2006年，在全县15个乡镇设立法律援助站，拓宽为民众提供法律援助的渠道。

2007年，全县法律援助中心、援助站和律师事务所，共办理法律援助案件66件，受援助人员95人，为他们免收服务费5.28万元。

四、基层法律服务

1989年，全县在各乡镇成立的法律服务所，立足基层，为广大群众提供法律服务。1989—2000年，基层法律服务所担任法律顾问152家次，办理民事诉讼案件1648件，办理非诉讼案件561件，协办公证324件，办理见证352件。

2001—2007年，全县基层法律服务所担任法律顾问546家次，办理民事诉讼案件875件，办理非诉讼案件1216件，协办公证1685件，办理见证773件。

五、“148”法律服务专用电话

1998年8月，平和县“148”法律服务专用电话正式开通。县司法局设立“148”协调指挥中心，开通法律服务专用电话1部，并在各乡镇开通15部法律服务专用电话，共有专（兼）职值班人员23人，24小时全天候值班服务。1998—2007年，共解答电话咨询6968人次，接受委托办理法律事务1173件，提供法律援助739件，调处纠纷1091件，接受群众来访3658人次，向党政领导提供信息145条。

1989—2007年平和县公证办理情况表

表10-4-1　　单位：件

年度	民事公证	经济公证	涉外公证	涉台公证	涉港澳公证	合计
1989	39	238	0	7	16	300
1990	87	387	4	5	26	509
1991	68	392	24	16	15	515
1992	49	1013	44	18	9	1133
1993	63	1172	13	36	21	1305
1994	83	1210	12	75	8	1388
1995	48	1196	17	81	10	1352
1996	131	668	50	94	13	956
1997	104	705	44	104	10	967
1998	113	432	60	106	5	716
1999	137	125	26	85	11	384
2000	175	92	59	85	12	423
2001	197	30	34	54	12	327
2002	202	573	24	69	16	884
2003	112	289	40	46	12	499
2004	109	300	42	143	0	594
2005	120	29	67	102	3	321
2006	126	18	113	70	17	344
2007	201	25	87	118	21	452

卷十一 军 事

1989—2007 年，全县每年开展兵役登记、兵员征集工作，保质保量完成征兵任务，县人武部多次被福建省军区、漳州军分区评为征兵工作先进单位。县人武部一年一度开展民兵组织的整顿工作，并定期组织新入伍的民兵、基干民兵、专业技术民兵等进行军事训练，提高广大民兵的政治觉悟和军事素质。县国防动员委员会和县人武部联合，每年通过电视、电影、宣讲等途径，开展全民国防教育。特别是在中小学校和各村民兵连（营）中，开设国防教育课，组织中学生参加军训，增强全民的爱国主义思想和战备强国意识。县人武部组织专武干部、民兵开展拥政爱民活动，在历年的生产建设、抢险救灾、创建文明、扶贫济困，维护社会治安等各方面，做出重大贡献。

第一章 军事机构与武装警察

第一节 军事机构

一、县人民武装部

1989 年，平和县人民武装部（简称“县人武部”）设军事科、政工科、办公室。1996 年 3 月，县人武部恢复军队编制，由副县级单位改为正团级单位，内设军事、政工、后勤 3 个科，为正营级建制，接受军队和地方的双重领导。县人武部配正副部长、政委若干人，由县委书记兼任第一政委。至 2007 年不变。

1989—2007 年平和县人武部部长、政委名表

表 11—1

职务	姓名	性别	籍贯	文化程度	任职时间
部长	赖田土	男	福建平和	中专	1989 年 1 月至 1996 年 3 月
部长	王历翰	男	江西赣州	大学	1996 年 3 月至 1998 年 6 月
部长	林景煌	男	福建莆田	大学	1998 年 6 月至 1999 年 6 月
部长	余尉东	男	江西余干	大学	1999 年 6 月至 2001 年 3 月
部长	娄中义	男	河南鄢陵	大学	2001 年 3 月至 2002 年 3 月
部长	熊 燕	男	安徽合肥	大学	2002 年 3 月至 2004 年 3 月
部长	刘 康	男	福建福安	大学	2004 年 3 月至 2006 年 3 月

续表 11-1

职务	姓名	性别	籍贯	文化程度	任职时间
部长	林德安	男	福建东山	大学	2006年3月(任至2009年3月)
政委	周瑞民	男	福建平和	大专	1989年1月至1999年6月
政委	贾鲜明	男	江西高安	大学	1999年6月至2002年3月
政委	黄　杰	男	福建龙海	大学	2002年3月至2004年4月
政委	邱征华	男	福建上杭	大学	2004年4月至2006年3月
政委	刘　康	男	福建福安	大学	2006年3月至2007年3月
政委	甘文春	男	江西余干	研究生	2007年3月(任至2010年5月)

二、基层人民武装部

1989年，全县建立12个乡人武部、2个镇人武部和安厚农场人武部。1993年，增建秀峰乡人武部。1996年4月，成立县直机关武装部。至2007年，全县设立10个镇人武部，5个乡人武部和安厚农场人武部、县直机关武装部，各配备部长1人、干事若干人，接受县人武部和地方党委双重领导。

三、县国防动员委员会

1996年3月，成立平和县国防动员委员会，受上级军事机关和县委县政府的双重领导。县国防动员委员会由县委书记担任第一主任，县长担任主任，下设秘书组、人民武装动员办公室、经济动员办公室、交通战备办公室、支前办公室。2001年机构改革，下设综合办公室、人民武装动员办公室、政治动员办公室、经济动员办公室、交通战备办公室、支前办公室，各挂靠在县人武部和县政府相关科局。2003年，增设科技动员办公室和信息动员办公室。至2007年，县国防动员委员会下设综合办公室、人民武装动员办公室、政治动员办公室、经济动员办公室、交通战备办公室、科技动员办公室、信息办公室、支前办公室。

第二节　武装警察

一、武警平和县中队

1989年，中国人民解放军武装警察部队平和县中队（简称“武警平和县中队”）沿设，为正连级单位，配中队长和政治指导员。中队主要担负地方执勤、处置突发事件、反恐怖、支援地方建设和战时担负防卫作战任务。至2007年职能不变。

二、武警平和县消防大队

早在1983年，平和县公安消防中队纳入中国人民武装警察部队序列，番号为“中国人民武装警察部队平和县消防中队”，同时保留“平和县公安消防中队”番号。1995年4月，“平和县公安消防中队”番号取消，“中国人民武装警察部队平和县消防中队”番号改为“中国人民武装警察部队平和县消防大队”（简称平和县消防大队），属正连级编制，其业务范围归县公安局管理。至2007年，编制不变。

第二章 兵役

第一节　兵役制度

1989年，继续执行1984年颁布的《中华人民共和国兵役法》，实行义务兵与志愿兵相结合，民兵与预备役人员相结合的兵役制度。义务兵超期服役6年后改为志愿兵，并实行新的军衔制，志愿兵改称为士官。1998年12月29日起，执行新修订的《中华人民共和国兵役法》，义务兵服现役期限缩短为2年，并取消超期服役。志愿兵（士官）根据部队需要和个人自愿，实行分期服役制度。1999—2007年，执行国务院、中央军委先后颁发的《中国人民解放军现役士兵服役条例》和《中国人民解放军士官退出现役安置暂行办法》。士官服役分为6期：第一、二期各为3年，退出现役时实行复员制度；第三、四期各为4年，退出现役时实行转业制度；第五期为5年，第六期为9年以上。服现役满30年或年龄满55岁退出现役时，实行退休制度。

第二节　兵役登记

1989年起，每年从4月开始至9月30日，全县开展兵役登记工作。每个村（居）委会设兵役登记站，工作人员由民兵营长担任。各乡镇设流动兵役登记站，工作人员由乡镇武装干部担任。1989年11月，县人武部被国防部授予“全国民兵预备役工作先进单位”称号。1995年起，在各乡镇政府、村（居）委会、中学、县直机关单位、农场、工业区设立兵役登记站，各乡镇还在外出务工、经商相对集中的地区开设兵役登记站。凡18～20周岁的男性公民，按规定带户口簿和学历毕业证书，到户口所在地的兵役登记站登记。年满17岁应届高中毕业生，本人自愿的也到站登记。各登记站按照宣传教育、登记填表、目测初审、审批发证等步骤做好登记工作，摸清是年适龄公民的数量、质量和分布情况，确定其是否服役、免役或缓役。

第三节　新兵征集

一、工作机构

1989—2007年，每年根据漳州市政府、军分区赋予的新兵征集任务，县成立征兵工作领导小组，组长由县长担任，副组长由县政府分管的副县长和县人武部领导担任，成员由县委办、县政府办、宣传部、公安、民政、卫生、教育等20个部门领导干部组成。领导小组下设办公室。各乡镇相应成立领导小组，成员由乡镇长、武装部长、宣传委员、派出所所长、卫生院院长组成。办公室人员由乡镇有关单位抽调组成。

二、宣传发动

每年征兵任务下达后，县和乡镇征兵办公室组织协调各宣传部门，开展《中华人民共和国兵役法》《中华人民共和国国防法》和国务院、中央军委发布《征兵命令》《征兵工作条例》以及征兵政策和优抚法规等宣传教育活动。县、乡镇领导发表广播、电视讲话。县电视台开辟征兵工作专题节目。县、乡镇、村（居）悬挂横幅、张贴征兵标语，刊出征兵宣传栏。县和乡镇组织征兵宣传文艺队，下乡村演出宣传，并召开适龄青年座谈会，邀请老革命军人进行传统教育，激发青年保家卫国的热情。每年报名参军的青年，都超过应征名额数倍。

三、征集把关

每年的征兵工作，县和乡镇征兵工作领导小组围绕“送好兵、送足兵、不退一兵”的目标，严格把好体检关、政审关、定兵关，确保兵员质量。1995年起，改革征兵体检、政审工作。根据兵员情况，调整体检标准，增加心理检测，特殊疾病检查。对体检站实行封闭式体检，并加强体检全过程的监督和检查。采取指纹比对、走村入户、异地函调等调查方法，对应征青年进行全面的政治审查，并采取县、乡镇、村(居)三级联审、区域会审的方法，确保兵员质量。

1989—2007年，全县每年的征兵任务都高标准完成，其中高中以上文化程度平均每年占总兵员数的54.8%，党、团员比例占66%以上，并做到无任何责任退兵现象，多次被福建省军区、漳州军分区评为征兵工作先进单位。

第三章 国防教育

第一节 全民国防教育

1989年起，每年结合“普法”教育和征兵工作，进行《中华人民共和国兵役法》等国防法制教育，在“八一”建军节前后，通过广播、电视、电影、幻灯，举办军民联欢晚会、纪念座谈会等，宣传爱国主义思想和国防强国意识。1996年后，按照《福建省国防教育条例》《福建省全民国防教育大纲》，在全县广泛开展国防理论、国防历史、国防常识、国防法规和时事政策等内容的教育。1999年，针对中国驻南斯拉夫大使馆被美国为首的北约用导弹轰炸事件，全县通过广播、电视、电影等途径，大力宣扬爱国主义精神和国防强国意识，声讨西方霸权主义的强权政治和不人道行为。2002年5月，县人武部与县委宣传部共同组织1个由参战老战士组成的国防教育宣讲队，到企事业单位、学校、乡村进行国防强国意识宣讲，受教育人数3000多人。是年，按照省委、省政府、省军区《关于加强人民防空工作的决定》要求，把人防宣传教育纳入国防教育体系，印发人防法律法规材料1500份。2003—2007年，每年清明节，组织干部职工、学校师生、部队官兵，在烈士陵园举行祭奠烈士仪式，举行爱国主义签字等活动。2007年11月26日，平和“红军三平会师纪念馆”被福建省人民政府命名为“福建省国防教育基地”。

第二节 民兵预备役国防教育

1989—2007年，县人武部把国防教育列入民兵预备役人员“一月一课”内容，各基层单位依托部队荣誉室、民兵训练基地、民兵之家等，邀请部队领导或专家学者进行国防知识讲课。每年结合民兵预备役整组、训练和征兵工作，开展《中华人民共和国国防法》《中华人民共和国兵役法》以及国务院、中央军委发布的《征兵工作条例》《福建省国防教育条例》等国防法规的学习教育。

第三节 领导干部国防教育

1989年起，坚持县委、县人大、县政府、县政协领导班子成员到驻军部队过“军事日”制度，观看驻军部队军事表演，进行手枪、冲锋枪实弹射击，与连队（中队）官兵实行“五同”（同吃、同住、同劳动、同操练、同娱乐）体验军营生活等活动。县委、县政府坚持每年 1 ～ 2 次“议军”会制度，传达学习上级有关国防建设和加强党对武装工作领导的指示精神，帮助解决武装建设的一些实际问题。1998—2007 年，县、乡镇两级党校都开设国防教育课，对领导干部进行国防理论为主要内容的学习教育。

第四节　青少年国防教育

1989 年起，各中小学校把国防教育纳入学生德育教育的内容，做到国防教育与爱国主义教育、革命传统教育相结合，与学生军训、军民共建文明学校相结合，与少先队、共青团活动相结合。每学期开设不少于 2 课的国防教育课。1990 年，在各中小学校开展“三防”（防原子、防化学、防细菌武器）知识教育。2000 年，全县 3 所“少年军校”举办军训班 3 期，共培训学生 980 人。2004—2007 年，县人武部军事科派员到平和一中、育才中学、平和四中等，结合军训，对师生进行国防知识、国防法规教育。

第四章 人民防空

第一节　组织机构

1998 年 8 月，原属县国防动员委员会下设的县人民防空办公室列入县人民政府机构编制，为正科级单位，实行政府和军队双重领导，既是县政府人民防空工作主管机构，也是县国防动员委员会的常设机构。配备主任 1 人，工作人员 2 人。2003 年 10 月后，县人防行政管理权委托给县建设局、人防办与县建设局合署办公，至 2007 年不变。

第二节　宣传演练

一、防空宣传

1989—1990 年，通过广播、电影等媒体，对广大群众进行“三防”（防原子、防化学、防细菌武器）知识宣传教育，并派部队教员到各中学进行“三防”知识讲解。

1998 年县人防办成立后，翻印《中华人民共和国人民防空法》《福建省人民防空条例》等人防法律法规材料 1500 份，分发到机关单位、企业、乡镇，并通过县有线电视、广播等媒体反复宣传；在交通要道悬挂人防宣传横幅、张贴标语。2002—2005 年，县人防办按照省委、省政府、省军区《关于加强人民防空工作的决定》提出的要求，把人防宣传教育纳入国防教育体系和“四五”普法规划，深入中小学讲授人防知识和法律法规。

二、防空设施与演练

1989 年，继续在县城区安装防空警报器 2 台，警报音响覆盖率达 95% 以上。1999 年起，根据《中华人民共和国人民防空法》第四章第三十五条规定，每年 9 月 1 日为试鸣防空警报日，在城关地区举行防空警报试鸣活动。2003 年开始，每年都进行 1—2 次防空演习，主要是启动警报信号，组织指挥群众隐蔽与疏散。2005 年，县人防专业队组建后，每年进行分队分专业集中训练，使人防专业队伍具备人防保障能力。

2007 年，开通漳州市政务信息网，实现县与市联网，为做好国防动员指挥机构网上演练，网上指挥打下基础。

第五章 民 兵

第一节 组织建设

1989 年，贯彻“减少数量，提高质量，抓住重点，打好基础”原则，对民兵组织进行整顿、调整，保留基干民兵和普通民兵，加强民兵应急分队建设。1989 年 6 月和 1991 年 4 月，先后成立县直属民兵应急分队和机关民兵应急分队，担负辖区内的抢险救灾，节日战备执勤，协助公安部门维护社会治安等急难险重任务。其人员由县直企事业单位和小溪镇，山格镇调选军事素质较好的退伍军人和经过严格训练的基干民兵组成。1992—2000 年，公路沿线重点乡（镇）成立民兵应急分队。2000 年 6 月，县直机关成立民兵应急大队。

2005 年，按照“抓基层、打基础，抓重点、求突破，抓质量、谋发展”的工作思路，合理调整和优化民兵组织结构。基干民兵按作战队伍、勤务保障队伍、应急队伍和其他队伍，分别组建专业队，共 50 支分队。

2006 年，组建 120 余人的民兵预备役情报信息员队伍，提高情报侦察能力。县人武部协调县政府投入 30 多万元，用于更换民兵抢险救灾装备，有效提升民兵预备役快速反应能力。

2007 年，持续抓好地方与军事专业对口技术人员预备役登记、储备，提高其他专业对口率和复转军人的比例，落实首批应急兵动员对象。

第二节 政治教育

1989 年，在全县民兵组织中广泛开展爱国主义思想和国防教育，学习邓小平接见北京戒严部队军以上干部的讲话，学习总参谋部致全国民兵的公开信。

1991 年，组织全县基干民兵参加县人武部举办的“纪念建党七十周年民兵学年刊”智力竞赛。

1994 年，结合一年四课民兵政治教育，开展《邓小平同志建设有中国特色社会主义理论学习纲要》的理论学习活动。

1996 年 4 月，在全县民兵组织中，用 6 天时间进行收归军队建制的专题教育，开展“珍惜集体荣誉，珍惜同志友谊，珍惜自身价值”活动。

2000 年，结合一年四课民兵政治教育，深入开展以“讲学习，讲政治，讲正气”和“三个代表”重要思想为主要内容的思想政治教育。

2001—2002 年，联系国际形势，通过板报、图片展、观看录像等形式，在民兵组织中开展时事政策教育和形势战备教育。

2003 年，采取集中授课、参观学习、现身说法、社会实践等方式，组织民兵预备人员进行“忠诚实践‘三个代表’重要思想，为全面建设小康社会做贡献”专题教育。

2005 年，开展“首战用我，用我必胜”的战斗精神教育。

2007 年，以迎接中共十七大和纪念中国人民解放军建军 80 周年为契机，广泛开展“赞颂新成就，履行新使命，迎接十七大”主题教育，组织文艺演出、歌咏比赛、读书演讲等活动。

第三节　军事训练

1989年8—10月，组织新入队的民兵、民兵营连长、专业技术民兵，在县民兵训练基地进行军事技能、体能基础课目训练，优良率达85%。

1992年5—8月，组织民兵预备役人员进行正规化训练。

1995年7月，组织新入队的民兵、民兵营连长、专业技术民兵，在县民兵训练基地进行通信装备器材使用、“三打三防”（打隐形飞机、敌巡航导弹、敌航母，防电子侦察、电子干扰、精确打击）课目训练，合格率达95%以上。1996年，组织县人武、专武和民兵干部4人参加漳州军分区举办的高科技知识竞赛，获得一等奖。

2000年6—7月，组织专武干部，新入队的民兵、民兵营连长、民兵应急分队队员、专业技术民兵，分5批次，在县民兵训练中心进行轻武器操作，爆破器材使用，单兵队列动作和教学法等课目训练，合格率达100%。

2007年9月，组织专武干部和民兵营连长，在县民兵训练中心进行有关教学和组训的业务集训。是年，还组织新入队的民兵、民兵应急分队队员、专业技术民兵等，在县民兵训练中心进行训练，参训率、合格率均达100%。

第六章　拥政爱民

第一节　支持地方建设

1989年，县人武部响应县委、县政府“开发荒山、造林种果”的号召，发动26571名民兵上山挖穴造林种果1503.2公顷，563.7万株。

1990年，组织民兵参加地方“两个文明”建设，全县建立民兵学雷锋小组418个，组织民兵参加维护社会治安活动5.6万人次，协助公安部门破案17起，缉拿犯罪嫌疑人19人。

1995年，组织民兵开山种果2666.6公顷，造林4000公顷，义务铺路修渠90多条，捐资36万元兴办公益事业。

2000年，全县民兵应急分队配合公安部门维护社会治安，协助破案252起，抓获犯罪嫌疑人269人；出动3000多人次参与护林灭火，抢险救灾。

2004年，组织民兵参加义务植树1.95万株；组织民兵应急分队820多人次，配合公安部门开展“严打”活动，维护社会治安。

2005年，县人武部协调筹措5.5万元，支持崎岭乡石陂村进行村道铺设水泥路6.5公里。

2006年，配合县委、县政府举办的“蜜柚节”，县人武部组织民兵参加安保活动，治安巡逻1200人次。

2007年，县人武部在三坪村，为漳州市公路局举办两期共200人参加的军训；与共建单位平和县地税局开展学习实践科学发展观共学共建活动。

第二节　为民办实事

1989年，各乡镇人武部组织基干民兵，开展“二带一”扶贫活动，结对帮扶5311户贫困户，连续帮扶3年使之脱贫。

1990年6月，第六号强台风袭击平和，各乡镇专职武装干部带领民兵投入抗洪救灾第一线。长乐乡人武部组织民兵，抢修塌方公路30处，搬掉道路上倒树29根，护送群众转移。霞寨乡建设村溪坝被冲毁50多米，民兵营长带领民兵，用沙包、石头筑起1条临时堤坝，避免洪水冲入稻田。山格乡铜中村出动民兵，日夜巡逻在“军民堤”，并奋战6小时用沙包、石条堵住被洪水冲掉的缺口。是年，全县组织民兵建立学雷锋小组418个，帮助军烈属、五保户搞好农业生产，铺路修渠90多条，捐资36万元为地方创办公益事业。

2000年，县人武部配合有关部门到小溪镇南寨村开展扶贫工作，筹措资金5万元，整修该村学校的教室，开通1条3公里的公路；捐款800多元购买柑桔苗，赠送每个村民5株。

2006年，县人武部投资50万元购买冲锋舟、橡皮艇、救生衣等工具设备，加强民兵应急分队抢险救灾装备。是年，第四号强热带风暴袭击平和，县人武部全体指战员分别率领小溪镇、文峰镇和山格镇的民兵应急分队，投入抗洪抢险第一线，救护转移群众400多人。

2007年，在抗击第一号台风“珍珠”行动中，县武警中队出动次官兵，分赴5个受灾点，疏散群众3000余人，解救被洪水围困群众167人，抢救物资500多件，为人民群众挽回经济损失300余万元，被市委评为“抢险救灾先进单位”。

卷十二 农 业

1989年起，平和县围绕“农业增效，农民增收，全面建设小康社会”奋斗目标，以市场为导向，立足农业资源优势，加大产业结构调整力度，加强农作物生产基地建设，发展特色产业。继续做好优良品种引进与推广，强化种子质量监督，保障农民用种需求与安全。优化耕作制度，改进耕作技术，不断创新农业科技服务机制。大力发展养殖业，加强禽畜疾病防治，开展水产苗种培育、增殖放流与成鱼养殖。加快农机化进程，增强农业综合生产能力，推进农业现代化建设。加大法律法规宣传和执法监督力度，确保农业经济健康、持续发展，切实维护农民合法权益。是年，全县耕地面积23820公顷，其中水田面积、旱地面积分别占94.51%和5.49%。农机具总功率5.3万千瓦。粮食作物平均亩产285.59公斤，蔬菜产量5.55万吨，食用菌产量5385吨，生猪出栏16.26万头，家禽出栏84.37万羽，水产品总量547吨。全县大农业总产值27661万元（其中农业产值18277万元、林业产值916万元、牧业产值6479万元、副业产值1560万元、渔业产值429万元）。1995年，耕地总面积23620公顷，其中水田面积、旱地面积、有效灌溉面积、旱涝保收面积、机电灌溉面积分别占94.44%、5.56%、86.32%、59.29%和3.63%。2003年，平和县水产品总量首次突破万吨关，为10054吨，成为漳州市第一个、全省第八个淡水水产品总量超万吨的内陆县（市、区）。2005年，耕地总面积21396公顷，其中水田面积、旱地面积、有效灌溉面积、旱涝保收面积、机电灌溉面积分别占91.33%、8.67%、82.76%、60.03%和0.61%。2007年，全县农机具总功率15.22万千瓦，比1989年增长1.87倍。粮食作物平均亩产366.55公斤、蔬菜产量40.73万吨、食用菌产量1.77万吨、生猪出栏23.4万头、家禽出栏163.52万羽，分别比1989年增长28.35%、6.37倍、2.29倍、43.91%和93.81%。培育鱼苗283万尾，水产品总量10788吨，分别比1989年增长4.66倍和18.72倍。其中，养殖产量10411吨，江河水产品捕捞量377吨，分别比1989年增长19.58倍和8.2倍。全县大农业总产值457976万元（其中农业产值372733万元、林业产值12386万元、牧业产值56067万元、副业产值6500万元、渔业产值10290万元）。

1989—2007年，全县江河增殖放流鱼类137.4万尾、蟹类1000万只。

第一章 种植业

第一节 生产条件

一、耕地

1989年，平和县耕地面积23820公顷，其中霞寨乡、山格乡、芦溪乡、小溪镇、坂仔乡、安厚乡、九峰镇、南胜乡、大溪乡、文峰乡、崎岭乡、五寨乡、国强乡分别占10.58%、9.29%、9.11%、8.41%、7.74%、7.53%、7.49%、7.05%、6.82%、5.43%、4.84%、4.4%和4.38%。1995年，耕地面积23620公顷，其中水田面积、旱地面积、有效灌溉面积、旱涝保收面积、机电灌溉面积分别占94.44%、5.56%、86.32%、59.29%和3.63%。

2001年，全县耕地面积21989公顷，其中水田、旱地面积分别占91.29%和8.71%。随着交通道路修筑、城镇化建设等征用土地，耕地面积减少。

2005年，耕地面积21396公顷。其中水田面积、旱地面积、有效灌溉面积、旱涝保收面积、机电灌溉面积分别占91.33%、8.67%、82.76%、60.03%和0.61%，山格镇、小溪镇、坂仔镇、安厚镇、九峰镇、霞寨镇、芦溪镇、南胜镇、大溪镇、文峰镇、五寨乡、崎岭乡、国强乡、秀峰乡和长乐乡分别占10.04%、8.94%、8.57%、8.37%、8.21%、7.7%、7.67%、7.35%、6.79%、5.03%、4.89%、4.79%、4.23%、3.67%和2.42%。

若干年份平和县耕地面积变化情况表

表12-1-1 单位：公顷

年份	合计面积	水田面积	旱地面积	年份	合计面积	水田面积	旱地面积	年份	合计面积	水田面积	旱地面积
1989	23820	22512	1308	1998	23196	21691	1505	2007	—	—	—
1992	23801	22462	1339	2001	21989	20074	1915				
1995	23620	22307	1313	2004	21562	19611	1951				

二、劳动力

1989年，平和县农村实有劳动力182085人，其中小溪镇、大溪乡、霞寨乡、山格乡、安厚乡、九峰镇、芦溪乡、坂仔乡、南胜乡、崎岭乡、国强乡、文峰乡、五寨乡分别占10.28%、9.93%、9.57%、9.39%、9.33%、8.59%、7.7%、7.44%、5.31%、4.45%、4.42%、3.76%和3.62%。女劳动力占全县农村实有劳动力的44.66%。

1999年，全县农村实有劳动力224163人，其中大溪镇、安厚镇、小溪镇、九峰镇、霞寨镇、山格镇、芦溪镇、坂仔镇、南胜镇、崎岭乡、国强乡、文峰镇、五寨乡、秀峰乡、长乐乡分别占11.15%、10.84%、10.11%、9.61%、8.78%、8.46%、7.15%、6.67%、5.53%、4.41%、4.3%、3.57%、3.92%、3.15%和2.25%。女劳动力占全县农村实有劳动力的47.38%。

2007年，全县农村实有劳动力265440人，其中安厚镇、小溪镇、山格镇、芦溪镇、大溪镇、霞寨镇、九峰镇、坂仔镇、南胜镇、国强乡、秀峰乡、崎岭乡、五寨乡、文峰镇、长乐乡分别占11.34%、10.26%、10.1%、9.21%、8.05%、8%、7.97%、7.11%、6.11%、4.54%、4.2%、3.63%、3.36%、2.26%和1.96%。女劳动力占全县农村实有劳动力的47.27%。

若干年份平和县农村实有劳动力情况表

表12-1-2 单位：人

年份	总劳动力	男劳动力	女劳动力	年份	总劳动力	男劳动力	女劳动力	年份	总劳动力	男劳动力	女劳动力
1989	182085	100758	81327	1998	216371	114698	101673	2007	265440	139963	125477
1992	194364	106611	87753	2001	239497	124300	115197				
1995	207753	112678	95075	2004	238785	124427	114358				

三、农机具

1989年，平和县有各种农业机械设备4063台，其中农用拖拉机1353台、农用排灌机械657台、农副产品加工机械953台、割草机8台、农用运输车1027台、其他机械设备65台。机械总功率5.3万千瓦。

1998 年，全县各种农业机械设备 8737 台，其中农用拖拉机 1502 台、小型耕整机 75 台、水稻插秧机 1 台、农用排灌机械 867 台、机动喷雾器 3410 台、机动脱粒机 277 台、农副产品加工机械 816 台、割草机 25 台、鱼塘增氧机 18 台、农用运输车 1218 台、其他机械设备 528 台。机械总功率 8.09 万千瓦。

2000 年，各种农业机械设备 11543 台，其中农用拖拉机 1500 台、小型耕整机 75 台、配套机具 945 台、农用排灌机械 1790 台、植保机 3742 台、畜牧机械 360 台、农副产品加工机械 1081 台、鱼塘增氧机 20 台、农用运输车 1829 台、其他机械设备 201 台。机械总功率 10.24 万千瓦。

2007 年，平和县首次被列入中央级农机购置补贴项目县，加快农机化进程。全县各种农业机械设备 30880 台，其中拖拉机 992 台、耕整机 111 台、水稻插秧机 1 台、排灌机械 1924 台、机动喷雾器 24552 台、联合收割机 5 台、机动脱粒机 49 台、谷物烘干机 1 台、耕作管理机 6 台、农副产品加工机械 602 台、割草机 281 台、鱼塘增氧机 30 台、农用运输车（低速汽车）1566 台、挖掘机 145 台、其他机械设备 615 台，机械总功率 15.22 万千瓦。

若干年份平和县农业机械功率表

表 12-1-3　　单位：千瓦

年份	合计功率	其中						
		耕作机械	排灌机械	植保机械	收获机械	加工机械	运输机械	畜牧业机械
1989	52975	15044	1652	134	909	14611	14415	2663
1992	67230	17640	1647	266	809	16261	23191	2842
1995	76078	16698	2102	488	738	13939	34415	2769
1998	80906	15291	2920	5095	847	12448	37034	2906
2001	110800	10200	4597	19523	255	11550	56014	2893
2004	132031	7428	17102	44292	248	9208	44955	2913
2007	152224	13317	17102	77709	394	6244	29586	1743

四、畜力

1989 年，平和县役牛存栏数 38745 头，其中安厚乡、南胜乡、坂仔乡、小溪镇、霞寨乡、九峰镇、山格乡、五寨乡、国强乡、芦溪乡、文峰乡、崎岭乡、大溪乡分别占 9.77%、8.79%、8.74%、7.85%、7.84%、7.02%、6.71%、6.45%、6.34%、5.73%、5.58%、5.53% 和 3.92%。随着农业机械增多，农业经济结构调整，役牛数量减少。1995 年，役牛存栏数 34689 头。

1999 年，全县役牛存栏数 26849 头，其中五寨乡、南胜镇、芦溪镇、山格镇、安厚镇、九峰镇、国强乡、崎岭乡、霞寨镇、大溪镇、文峰镇、长乐乡分别占 10.47%、9.32%、9.01%、8.98%、8.98%、7.77%、7.69%、7.68%、7.23%、6.99%、6.26% 和 3.72%。2003 年、2005 年，役牛存栏数分别为 20654 头和 19589 头。

2007 年，全县役牛存栏数仅有 15445 头，其中五寨乡、山格镇、大溪镇、安厚镇、霞寨镇、芦溪镇、长乐乡、崎岭乡分别占 18.26%、14.78%、10.96%、9.72%、8.55%、7.83%、7.25% 和 6.01%。

第二节　农作物栽培

一、良种引进与推广

（一）新品种引进

水稻　1991—1998 年，平和县引进“双桂 1 号”“汕优 64”“博优 64 号”“特优 63”“闽科早

22”和“汕优77”等品种，新品种组合“汕优89”“特优70”“特优多系1号”“特优898”“汕优82”和“福优”等，试种面积0.18万公顷。2000—2006年，引进“新香优80”“特优175”“特优73”“华优桂99”“特优627”“金优明100”“富优6号”和“特优103”等品种，试种面积0.08万公顷。至2007年，全县从省内外引进高产、优质和抗病强的杂交水稻新品种组合有560多个，试种总面积0.39万公顷。

大溪镇大松村稻田 （朱连生 摄）

瓜类 1995—1999年，引进“碧绿”“白玉”等苦瓜品种，试种面积0.09万公顷。2000—2001年，引进“闽研一号”“新船二号”等苦瓜品种，试种面积0.08万公顷。2002年，引进“新碧”“翠玉”等苦瓜品种，试种面积0.06万公顷。至2007年，全县引进成熟期适中、抗病强、口味佳、产量高、经济效益好的“碧绿”“白玉苦瓜”“闽研一号”“新船二号”“新碧”和“翠玉”等瓜类品种120多个，试种面积0.28万公顷。

其他作物 1995—2007年，引进甜玉米、西兰花和西葫芦等新品种50多个，引进小麦、甘薯、花生、大豆和马铃薯等品种50多个，引进小麦、油菜良种40多个，以及台湾莲雾、木瓜、“台茄701”和“台茄704”等品种，试种面积0.32万公顷。

（二）新品种推广

1989—2006年，全县举办“双桂1号”“汕优64”“博优64号”“特优63”“闽科早22”“汕优77”“汕优89”“特优70”“特优多系1号”“特优898”“汕优82”“福优”“新香优80”“特优175”“特优73”“华优桂99”“特优627”“富优6号”和“特优103”等水稻新品种栽培技术培训班669期，参训农科人员3.72万人次；召开现场考察观摩会85场，参观者8800人次；推广种植杂优稻新品种13.33万公顷。其中，2003年在芦溪、五寨和安厚等乡镇建立千亩杂交水稻良种引进推广示范基地，全县推“广华桂99”“两优培儿”等杂交水稻良种12个，种植面积7333公顷。

1995—2006年，全县举办新品种栽培技术培训班405期，参训农科人员2.6万人次；召开现场观摩会40场，参观者2400人次；推广种植马铃薯“克新2号”“克新3号”，花生“泉花10号”“泉花327号”，玉米“闽玉糯1号”，大豆“泉豆6号”“莆豆10号”和“毛豆25号”等旱作新品种4万公顷。举办“碧绿”“白玉”“闽研一号”“新船二号”“新碧”和“翠玉”等瓜类新品种栽培技术培训班750期，参训农科人员3.5万人次；召开现场考察观摩会95场，参观者5500人次；推广种植面积3.07万公顷。举办台湾农作物新品种栽培技术培训班145期，参训农科人员1.45万人次；召开现场考察观摩会70场，参观者3600人次；推广种植台湾莲雾、木瓜、“台茄701”和“台茄704”等新品种2.5万公顷。

2007年，全县推广种植杂交水稻良种8200公顷，占全县粮食作物种植面积41.58%。推广种植玉米良种“闽玉糯”240公顷、花生良种“泉花646”927公顷。全县更新更换良种面积9127公顷，主要粮食作物良种覆盖率97.26%，早稻优质率82.52%，中晚稻优质率88.12%；蔬菜良种覆盖率90.83%。

二、耕作制度与耕作技术

（一）耕作制度

1989年，平和县粮食作物一年三熟，耕地复种指数226.79%。1997年，耕地复种指数2.15%。此后，随着农民外出务工或经商，造成耕地不定期闲置，其中大量是冬闲田，耕地冬季闲置未利用逐年增多。2005 年，耕地复种指数 189.63%。

2007 年，全县有以九峰镇、崎岭乡为主的“稻—稻—麦”，以山格镇、文峰镇为主的“菜—稻—菜”，以芦溪镇、安厚镇为主的“稻—稻—菜”等种植模式。耕地复种指数比 1989 年减少。

（二）耕作技术

1989 年，针对耕地土壤土层浅薄、质地偏黏或偏沙、土壤酸化等问题，提倡采取精耕细作，逐年适当深耕，逐渐增厚土层，冬闲天提早犁地晒白等耕作技术。对较黏田块的土壤，施用优质的土杂肥和沙质土，改变土壤黏性，加厚土层；对多沙田块的土壤，施用较肥沃的塘、沟泥等，增施土杂肥和有机肥，并改串灌为轮灌，防止土壤粘粒和养分流失，在沙地上施用化肥时做到少量勤施；对 pH 酸碱度＜5 的耕作土壤，根据其潜性酸量适当施用壳灰改良土壤酸性，使土壤的耕作层厚度不断增加，土壤质地、酸性得到有效改善，粮食亩产有所增加。

1990 年，针对潜育水稻土面积大，水稻土地下水位高，土壤长期渍水，水气矛盾突出，存在“冷、酸、毒、缺”等问题，实施以排冷、烂、渍、涝为主的水改工程。通过在山脚下、田间开挖防洪排水沟，以降低地下水位，同时利用有利地形修造山塘和小水库，改引泉水串灌为蓄水轮灌，并做到浅水勤灌，合理搁田，完善田间排灌系统，实现灌溉自如，减轻土壤渍害。

2001 年，各乡镇因地制宜，大种绿肥，发展绿肥生产。在幼龄果园套种绿肥，培肥地力；养细绿萍、红萍肥田。发动群众增养猪、牛、羊、兔、鸡和鹅等禽畜，以粪便肥田，继续推广利用秸秆回田、堆沤，作为覆盖、垫园及稻草直接回田利用，增积各种农家土杂肥，增强地力。通过指导农民科学施用有机肥料，净化环境，恢复和提高耕地养分，达到用地又养地。

2007 年，针对土壤养分状况，推广测土配方施肥和推广硼、钼、锌等微量元素肥料及菌肥施用等平衡施肥技术，发放配方施肥建议卡 10 万多份，施肥技术指导入户率 90% 以上。

三、农作物种植面积与产量

（一）粮食作物

1989 年，平和县粮食作物种植面积 4.54 万公顷，其中山格乡、小溪镇、安厚乡、坂仔乡、大溪乡、芦溪乡、九峰镇、南胜乡、文峰乡、崎岭乡、五寨乡分别占 15.55%、8.44%、8.42%、8.07%、7.83%、5.49%、8.15%、6.47%、5.1%、5.18% 和 4.36%；总产量 19.45 万吨，其中山格乡、小溪镇、安厚乡、坂仔乡、大溪乡、芦溪乡、九峰镇、南胜乡、文峰乡、崎岭乡、五寨乡分别占 9.45%、9.27%、9.16%、8.67%、8.5%、7.82%、7.17%、6.6%、5.65%、4.66% 和 4.34%。1991 年，粮食作物种植总面积 4.69 万公顷，其中稻谷、小麦、甘薯、大豆种植面积分别占 77.39%、14.53%、5.77% 和 1.06%；总产量 19.54 万吨，其中稻谷、小麦、甘薯、大豆分别占 82.59%、10.41%、5.97% 和 0.45%。随着产业结构调整，粮食作物种植面积减少。1992 年，粮食作物种植面积 4.61 万公顷，总产量 19.64 万吨。1996 年，稻谷种植面积、产量分别为 4.01 万公顷和 19.25 万吨。

1998 年，粮食作物种植面积 4 万公顷，其中山格镇、小溪镇、安厚镇、霞寨镇、九峰镇、大溪镇、文峰镇、芦溪镇、南胜镇、国强乡、崎岭乡、五寨乡分别占 10.4%、8.21%、8.43%、11.13%、8.71%、7.82%、6.04%、9.22%、6.31%、3.99%、6.01% 和 4.67%；总产量 20.44 万吨，其中山格镇、小溪镇、安厚镇、霞寨镇、九峰镇、大溪镇、文峰镇、芦溪镇、南胜镇、国强乡、崎岭乡、五寨乡分别占 10.78%、9.55%、9.46%、8.49%、8.3%、8.19%、7.75%、7.72%、7.52%、4.99%、4.93% 和 4.62%。1999 年，粮食作物种植总面积 3.94 万公顷，其中稻谷、小麦、甘薯、大豆种植面积分别占 81.09%、4.64%、5.26% 和 3.97%；总产量 19.68 万吨，其中稻谷、小麦、甘薯、大豆分别占 87.25%、2.88%、5.07% 和 2.14%。2001 年，小溪镇、坂仔镇粮食作物种植面积分别为 383 公顷和 452 公顷，产量分别为 1869 吨和 1598 吨。2006 年，粮食作物种植总面积 2.5 万公顷，其中稻谷、小麦、甘薯、大豆分别占80.54%、0.98%、6%和4.98%；总产量12.24万吨，其中稻谷、小麦、甘薯、大豆分别占83.76%、1.05%、6.54%和2.62%。

2007年，全县粮食作物种植总面积1.97万公顷，其中山格镇、五寨乡、文峰镇、芦溪镇、安厚镇、九峰镇、霞寨镇、大溪镇、崎岭乡、南胜镇、秀峰乡、长乐乡分别占15.18%、8.67%、9%、12.37%、9.6%、9.19%、8.04%、6.56%、5.85%、4.99%、4.68%和4.21%；总产量10.84万吨，其中山格镇、五寨乡、文峰镇、芦溪镇、安厚镇、九峰镇、霞寨镇、大溪镇、崎岭乡、南胜镇、秀峰乡、长乐乡分别占13.54%、11.87%、11.29%、11.25%、9.82%、8.05%、7.02%、6.68%、5.93%、5.23%、3.86%和3.37%。

若干年份平和县粮食作物种植面积与产量情况表

表12-1-4 **单位：公顷、吨**

年份	粮食作物		其中							
			稻谷		小麦		甘薯		大豆	
	面积	产量	面积	产量	面积	产量	面积	产量	面积	产量
1989	45411	194536	38203	176948	5300	12390	1227	3915	441	816
1993	40515	186439	33269	168431	4056	10626	1988	4929	698	834
1997	40733	198432	32771	173809	3198	11182	1584	6478	1522	3156
2001	28677	143038	23567	124504	640	2088	1694	9504	1188	3044
2004	25928	138082	21661	121058	270	1363	1514	8571	1108	3014
2007	19722	108436	15632	94443	139	736	1344	7524	887	3737

（二）经济作物

蔬菜 1989年起，蔬菜生产不断引进新品种，改变品种结构，调节季节生产，以满足市场需求。当年，全县蔬菜种植总面积3687公顷；总产量5.55万吨，其中霞寨乡、芦溪乡、小溪镇、山格乡、大溪乡、安厚乡、长乐乡、国强乡、崎岭乡、南胜乡、坂仔乡、九峰镇分别占20.55%、12.34%、8.06%、7.59%、7.44%、7.03%、6.66%、5.5%、4.65%、4.6%、4.46%和4.3%。1992年，蔬菜种植总面积5107公顷；总产量7.66万吨，其中芦溪镇、安厚乡、大溪乡、文峰镇分别占9.92%、6.92%、5.35%和4.18%。1998年，蔬菜种植面积1.06万公顷；总产量27.8万吨，其中山格镇、南胜镇、霞寨镇、安厚镇、文峰镇、小溪镇、大溪镇、国强乡、芦溪镇、九峰镇分别占32.81%、9.11%、8.53%、8.42%、7.12%、5.68%、5.6%、4.59%、4.56%和3.92%。2000年，蔬菜种植总面积1.18万公顷，总产量33.01万吨。山格镇、芦溪镇蔬菜种植面积分别为3153公顷和1400公顷，产量分别为10.57万吨和2.13万吨。蔬菜种植面积666公顷至1000公顷的有文峰、安厚、霞寨和九峰等5个乡镇。2001年，蔬菜种植总面积1.29万公顷；总产量36.36万吨，其中山格镇、安厚镇、霞寨镇、文峰镇、芦溪镇、南胜镇、大溪镇、国强乡、小溪镇分别占32.7%、12.82%、9.25%、7.28%、7.28%、6.14%、5.3%、4.16%和2.85%。2004年，重点发展"五菜"（山格镇"大棚菜"，芦溪、霞寨镇"高山菜"，九峰、长乐、秀峰、崎岭等乡镇"加工菜"，"南海"速冻无公害"产业菜"，五寨、安厚等乡镇"订单菜"）种植。全县蔬菜种植面积1.36万公顷，产量41.42万吨。2005年，蔬菜种植总面积1.39万公顷，总产量42.38万吨。2007年 全县蔬菜种植总面积1.41万公顷，其中叶菜类、瓜类、根茎类、茄果类、葱蒜类、菜用豆类、水生菜类分别占45.1%、16.51%、13.15%、7.02%、5.01%、10.34%和0.77%，山格镇、安厚镇、芦溪镇、霞寨镇、文峰镇、大溪镇、南胜镇、五寨乡、坂仔镇、九峰镇、崎岭乡、国强乡、小溪镇分别占27.13%、8.59%、11.47%、7.4%、6.18%、4.16%、6.94%、3.96%、3.28%、5.39%、3.91%、3.35%和4.26%。蔬菜总产量40.73万吨，其中叶菜类、瓜类、根茎类、茄果类、葱蒜类、

菜用豆类、水生菜类分别为 17.39 万吨、7.78 万吨、5.53 万吨、3.28 万吨、1.84 万吨、3.59 万吨、0.45 万吨，山格镇、安厚镇、芦溪镇、霞寨镇、文峰镇、大溪镇、南胜镇、五寨乡、坂仔镇、九峰镇、崎岭乡、国强乡、小溪镇蔬菜产量分别占 32.98%、9.76%、9.01%、8.37%、7.02%、4.7%、4.38%、3.57%、3.5%、3.27%、3.16%、3.11% 和 2.5%。

食用菌　1989 年起，推广以草代木、以木屑代替椴木新技术，促进食用菌生产发展。当年，全县蘑菇种植面积 99.8 万平方米；产量（以鲜品计算。下同）5375 吨，其中山格乡、坂仔乡、小溪镇、安厚乡、南胜乡、文峰乡、大溪乡分别占 24.19%、20.28%、11.55%、10.24%、9.3%、6.14% 和 5.58%。1990 年，食用菌总产量 5514 吨。香菇、黑木耳产量（均以干品计算。下同）分别为 12 吨、11 吨。蘑菇种植面积 108.85 万平方米，其中山格镇、坂仔乡、南胜镇、小溪镇、安厚乡、文峰乡、大溪乡、长乐乡、霞寨镇分别占 18.37%、16.54%、14.7%、13.78%、13.78%、7.81%、4.59%、3.67% 和 1.84%。蘑菇产量 5491 吨，其中山格镇、坂仔乡、南胜镇、小溪镇、安厚乡、文峰乡、大溪乡、长乐乡分别占 21.85%、16.39%、14.57%、12.29%、12.29%、7.74%、4.55%、3.64%、2.29% 和 1.82%。1991 年，香菇、白木耳（以干品计算。下同）、黑木耳产量分别为 20 吨、2 吨和 25 吨。1993 年，凤尾菇产量（以鲜品计算。下同）8 吨。1995 年，食用菌总产量、蘑菇种植面积、蘑菇产量、香菇、黑木耳产量分别比 1991 年增长 90.81%、52.58%、86.99%、1.2 倍和 1.36 倍。金针菇、草菇产量（均以鲜品计算。下同）分别为 6 吨和 150 吨。1997 年，黑木耳产量 176 吨。1998 年，食用菌总产量 8615 吨。蘑菇种植面积 138.68 万平方米，其中五寨乡、南胜镇、山格镇、安厚镇、大溪镇、霞寨镇、文峰镇、小溪镇分别占 25.49%、11.68%、10.82%、11.54%、10.82%、9.14%、8.22% 和 7.23%。蘑菇产量 8506 吨，其中五寨乡、南胜镇、山格镇、安厚镇、大溪镇、霞寨镇、文峰镇、小溪镇分别占 24.11%、12.7%、12.34%、11.99%、10.58%、9.41%、7.51% 和 7.01%。金针菇、凤尾菇产量分别为 13 吨和 44 吨。2000 年，食用菌总产量 2.25 万吨，其中蘑菇产量占 99.48%。2004 年，白木耳产量 51 吨。2005 年，食用菌总产量 1.97 万吨，其中蘑菇、香菇分别产量占 98.76% 和 0.42%。2006 年，蘑菇种植面积 162.52 万平方米，其中大溪镇、山格镇、霞寨镇、安厚镇、南胜镇、崎岭乡、文峰镇、国强乡、五寨乡分别占 14.64%、18.4%、13.15%、11.08%、8.61%、9.29%、10.02%、6.15% 和 3.69%。蘑菇产量 1.69 万吨，其中大溪镇、山格镇、霞寨镇、安厚镇、南胜镇、崎岭乡、文峰镇、国强乡、五寨乡分别占 18.31%、16.86%、15.8%、9.76%、9.17%、7.98%、6.8%、5.9% 和 5.33%。2007 年，全县食用菌总产量 1.77 万吨，其中蘑菇、香菇、白木耳、黑木耳、金针菇、草菇、凤尾菇产量分别占 98.61%、0.43%、0.12%、0.24%、0.14%、0.27% 和 0.19%。蘑菇种植面积 200 万平方米。

其他作物　1989 年，平和县主要经济作物除蔬菜、食用菌外，还有甘蔗、烟叶、花生、黄麻和油菜等，其中甘蔗、烟叶、花生、黄麻、油菜种植面积分别为 1673.93 公顷、2017.33 公顷、581.87 公顷、20.93 公顷和 125.8 公顷，产量分别为 13.81 万吨、2119 吨、1007 吨、57 吨和 85 吨。1992 年，甘蔗、烟叶、花生、黄麻和油菜种植面积分别为 2217.07 公顷、3003 公顷、692.4 公顷、22.67 公顷和 47.33 公顷，产量分别为 20.78 万吨、2477 吨、1220 吨、55 吨和 31 吨。1996 年，甘蔗、黄麻和油菜种植面积分别比 1992 年减少 54.13%、41.2% 和 43.66%，产量分别比 1992 年减少 59.59%、27.27% 和 35.48%。烟叶、花生种植面积分别为 478.33 公顷和 1076 公顷，产量分别为 541 吨和 2597 吨。此后，黄麻种植面积和产量逐年减少。1999 年，甘蔗、烟叶、花生和油菜种植面积分别为 43.73 公顷、475.73 公顷、1150.2 公顷和 21 公顷，产量分别为 2875 吨、604 吨、2987 吨和 17 吨。2001 年，花生种植面积、产量分别比 1996 年增长 10.9% 和 22.29%。2002 年，甘蔗、烟叶、花生和油菜种植面积分别为 3.33 公顷、437.93 公顷、1184.87 公顷和 2 公顷，产量分别为 150 吨、439 吨、3102 吨和 2 吨。2005 年，花生种植面积、产量分别为 1111 公顷和 3204 吨。2007 年，全县甘蔗、烟叶和油菜种植面积分别比 1989 年减少 96.73%、96.45% 和 83.57%，产量分别减少 97.03%、96.74% 和 61.65%；花生种植面积、产量分别比 1989 年增长 68.41% 和 2.71 倍。

第二章 养殖业与江河捕捞

第一节 家禽家畜与蜜蜂养殖

一、家禽家畜养殖

（一）禽畜饲养

1989年，平和县猪存栏数23.43万头，其中坂仔乡、安厚乡、霞寨乡、小溪镇、山格乡、大溪乡、九峰镇、芦溪乡、南胜乡分别占10.89%、10.25%、9.85%、9.76%、9.73%、6.99%、6.36%、6.35%和5.73%。牛存栏数5.1万头，其中坂仔乡、南胜乡、安厚乡、小溪镇、大溪乡、霞寨乡、国强乡、山格乡、九峰镇、五寨乡、芦溪乡分别占9.49%、9.17%、8.87%、8.66%、8.19%、7.85%、6.75%、6.73%、6.68%、6.54%和5.99%。兔存栏数9.22万只，其中霞寨乡、芦溪乡、崎岭乡、山格乡、小溪镇、五寨乡、文峰乡、九峰镇、坂仔乡、国强乡分别占32.42%、18.79%、11.93%、7.16%、6.66%、5.42%、3.8%、3.47%、3.47%和2.56%。鸡、鸭和鹅等家禽存栏数100万羽，其中山格乡、坂仔乡、大溪乡、文峰乡、小溪镇、芦溪乡、九峰镇、安厚乡、霞寨乡、崎岭乡分别占8.67%、8.32%、8.27%、8.2%、8.04%、7.99%、7.42%、7.33%、7.17%和7%。

1999年，全县猪存栏数19.16万头，其中山格镇、安厚镇、南胜镇、小溪镇、九峰镇、芦溪镇、霞寨镇、大溪镇、五寨乡、崎岭乡分别占14.71%、13.64%、9.99%、7.01%、6.97%、6.78%、6.73%、6.7%、5.9%和5.32%。牛存栏数3.63万头，其中南胜镇、五寨乡、大溪镇、芦溪镇、文峰镇、山格镇、安厚镇、国强乡、崎岭乡、九峰镇分别占11.45%、10.84%、10.36%、8.54%、8.36%、8.31%、8.13%、7.37%、7.16%和6.2%。兔存栏数6.3万只，其中崎岭乡、芦溪镇、山格镇、霞寨镇、文峰镇、长乐乡、坂仔镇、南胜镇、五寨乡、国强乡分别占19.02%、15.08%、11.92%、10.81%、10.12%、7.62%、6.7%、3.68%、3.57%和2.5%。家禽存栏数127.13万羽，其中山格镇、五寨乡、九峰镇、坂仔镇、小溪镇、南胜镇、崎岭乡、芦溪镇、大溪镇、安厚镇分别占12.77%、10.43%、8.98%、8.51%、7.36%、7.09%、6%、5.9%、5.05%和5.36%。

2007年，全县猪存栏数23.4万头，其中山格镇、坂仔镇、安厚镇、大溪镇、小溪镇、南胜镇、五寨乡、九峰镇、霞寨镇、芦溪镇分别占17.04%、14.16%、9.72%、7.92%、7.84%、7.48%、6.11%、5.9%、5.64%和5.17%。牛存栏数2.29万头，其中五寨乡、大溪镇、山格镇、坂仔镇、芦溪镇、霞寨镇、长乐乡、崎岭乡、安厚镇、南胜镇牛存栏数分别占14.67%、13.18%、11.83%、7.15%、6.84%、6.7%、6.59%、6.59%和6.07%。兔存栏数5.94万只，其中坂仔镇、崎岭乡、霞寨镇、九峰镇、山格镇、长乐乡、安厚镇、小溪镇、芦溪镇、五寨乡分别占14.68%、14.18%、11.57%、10.86%、10.46%、9.97%、7.28%、4.81%、3.43%和3.38%。家禽存栏数130.62万羽，其中山格镇、坂仔镇、九峰镇、五寨乡、长乐乡、文峰镇、霞寨镇、南胜镇、大溪镇、安厚镇分别占16.83%、11.99%、9.88%、8.35%、8.25%、6.59%、6.39%、6.12%、5.83%和5.52%。

若干年份平和县家禽家畜出栏与存栏情况表

表12-2-1 单位：头、只、羽

年份	猪		牛		兔		家禽	
	存栏	出栏	存栏	出栏	存栏	出栏	存栏	出栏
1989	162645	234302	337	50959	16669	92164	843691	1000131
1992	203949	252875	958	52681	15573	67109	1035804	1081054
1995	216110	245975	1459	46843	28908	56071	1156534	1150760

续表 12-2-1

年份	猪		牛		兔		家禽	
	存栏	出栏	存栏	出栏	存栏	出栏	存栏	出栏
1998	226518	221238	5948	38159	67797	59222	1587749	1229307
2001	224952	211125	7446	34128	170824	171313	1584680	1388890
2004	237271	249712	9415	31016	112751	89473	1819600	1273803
2007	292769	234042	7208	22860	60393	59380	1635235	1306152

（二）病害防治

1989 年，采取“早、快、严、小”（及早发现、及时处理动物传染病，采取严格的综合性防治措施，迅速扑灭疫情，防止疫情扩散）措施，防抗“五号病”。全县预防猪瘟 29.8 万头、仔猪副伤寒 19.5 万头、猪丹毒 10.2 万头、鸡新城疫 52.7 万羽、鸭瘟 54.1 万羽和禽霍乱 82.5 万羽。检查肉产品 13846 吨，检出病害肉 367 公斤，查出病猪 13 头，均作无害化处理。

1999 年秋，将防“五号病”列为强制免疫病种。11 月 23 日，外省客商运载仔猪到山格镇贩卖，3 头发生“五号病”，在市、县卫生执法人员监督下，将病猪与同群猪 200 头全部扑杀、深埋，场地、运输车辆及污染物等进行严格消毒，有效控制疫情扩散、蔓延。当年，全县预防家畜“五号病”12.15 万头，其中牛 1.4 万头、猪 10.75 万头。预防猪瘟 32.2 万头、仔猪副伤寒 7.8 万头、鸡新城疫 31.8 万羽、鸭瘟 32.2 万羽和禽霍乱 40.3 万羽。检疫生猪 19.3 万头、牛羊 2956 万头（只）和家禽 40.3 万羽，检查肉产品 16348 吨。查出病猪 219 头，检出染疫肉产品 597 公斤，均作无害化处理。

2004 年 2 月，鉴于高致病性禽流感疫情严峻，为防止省外疫情传入，平和县抽调九峰镇、崎岭乡动物检疫员在九峰镇黄田村设立临时检查点，检查运载动物及其产品的车辆 589 辆，其中运载生猪、肉兔、鸡、鹅分别为 267 辆、196 辆、41 辆和 60 辆；检查各种动物 51896 头（只、羽），其中生猪、肉兔、鸡、鸭、鹅分别为 8589 头、22807 只、7200 羽、5400 羽和 9700 羽；消毒车辆 589 辆。当年，强制免疫口蹄疫 30 万头，其中猪 26.3 万头、牛羊 3.7 万头（只）；免疫高致病性禽流感 29.5 万羽，其中鸡、鸭、鹅分别为 12.1 万羽、16.5 万羽和 0.9 万羽。检疫禽畜 74.26 万头（只、羽），其中猪、牛、羊、家禽分别为 18.5 万头、0.25 万头、0.11 万只和 55.4 万羽；检查禽畜肉产品 9869 吨，查出病死猪肉 1345 公斤，并作无害化处理。

2007 年，全县强制免疫口蹄疫 28.59 万头，其中猪 27.41 万头、牛羊 2.18 万头（只）；免疫高致病性禽流感 65.13 万羽，其中鸡、鸭、鹅分别为 31.2 万羽、33.69 万羽和 0.24 万羽；免疫高致病性猪蓝耳病 10.86 万头，免疫猪瘟 43.7 万头。检疫生猪 20.8 万头、牛羊 0.52 万头（只）、家禽 61.9 万羽，消毒运输禽畜车辆 2161 辆次，检查肉品 18302 吨；查出病猪 25 头，检出病害猪肉 645 公斤，均作无害化处理。

二、蜜蜂养殖

1989 年，平和县蜜蜂养殖 3496 箱，其中文峰乡、山格乡、国强乡、芦溪乡、南胜乡、五寨乡、大溪乡、坂仔乡、霞寨乡分别占 33.75%、12.87%、8.7%、6.44%、14.87%、4.29%、3.18%、5.72% 和 2.06%；蜂蜜产量 55 吨，其中文峰乡、山格乡、国强乡、芦溪乡、南胜乡、五寨乡、大溪乡、坂仔乡、霞寨乡分别占 41.82%、10.91%、10.91%、8.18%、6.73%、5.45%、4.36%、2.36% 和 2.18%。

1999 年，全县蜜蜂养殖 4551 箱，其中文峰镇、山格镇、五寨乡、霞寨镇、坂仔镇、国强乡、崎岭乡、芦溪镇、长乐乡分别占 19.18%、17.91%、14.94%、11.84%、10.59%、6.68%、4.5%、3.54% 和 2.2%；蜂蜜产量104吨，其中文峰镇、山格镇、五寨乡、霞寨镇、坂仔镇、国强乡、崎岭乡、芦溪镇、长乐乡分别占24.04%、17.31%、12.5%、10.58%、9.62%、6.73%、3.85%、2.88%和4.81%。

2007年，全县蜜蜂养殖8065箱，其中霞寨镇、南胜镇、芦溪镇、国强乡、小溪镇、坂仔镇、五寨乡、秀峰乡、安厚镇、九峰镇分别占22.64%、13.12%、12.23%、10.54%、7.89%、7.02%、6.94%、6.72%、3.48%和2.6%；蜂蜜产量376吨，其中霞寨镇、南胜镇、芦溪镇、国强乡、小溪镇、坂仔镇、五寨乡、秀峰乡、安厚镇、九峰镇分别占42.02%、3.99%、2.66%、5.32%、1.06%、3.99%、2.66%、3.19%、1.86%和5.56%。

若干年份平和县蜜蜂养殖情况表

表12-2-2　　单位：箱、吨

年份	养蜂箱数	蜂蜜产量	年份	养蜂箱数	蜂蜜产量	年份	养蜂箱数	蜂蜜产量	年份	养蜂箱数	蜂蜜产量
1989	3496	55	1995	6023	151	2001	5626	176	2007	8065	376
1992	5227	90	1998	4861	98	2004	8995	400			

第二节　水产养殖与江河捕捞

一、水产资源

（一）当地资源

平和县属南亚热带气候区，光照充足，雨量充沛，无霜期长，适于各种淡水鱼类繁殖生长，水产资源丰富。1989年初，境内水产资源以淡水鱼类为主，有15科41属44种，其中鲤科有25属27种。此后，由于过度捕捞，以及电、毒、炸和河道淤积泥沙而变浅等因素，水产资源日渐减少。

2007年，县境常见鱼类有鲤鱼、鲢鱼、鳙鱼、草鱼、鳝鱼、青鱼、鲈鱼、鲫鱼、泥鳅、溪鲴、溪鳜、白须公鱼、倒刺鲃（粗鳞鱼）、白鳗鱼、刺弹瑟、金鱼和胡子鲶等；背壳类有龟、鳖、虾、穿山甲、田螺、蟹、蚌和蛎等。还有刺胸蛙、石蛙等。

（二）引进资源

1989年起，平和县继续引进水产资源新品种，以适应淡水养殖业发展的需要。当年，引进红罗非鱼苗，在坂仔乡民主村养殖，水面面积1.33公顷。1990年，引进罗氏沼虾苗种，在县鱼种场养殖，水面面积1.67公顷。

1992年，引进尼罗罗非鱼苗，在小溪、山格等乡镇推广养殖，水面面积共21.33公顷。1998年，引进欧洲鳗鲡，在五寨乡寨河村养殖，水面面积2公顷。

1999年，引进倒刺鲃在平和县上峰水产良种场养殖，水面面积0.17公顷。至2007年，县境引进的鱼类有50多种，主要有欧洲鳗、罗氏沼虾、福寿鱼、彩虹鲷、淡水白鲳、三角鲂、镜鲤、罗非鱼和野鲮。还有腹足类的石螺、田螺，双壳类的蚬，瓣鳃类的背角、无齿蚌，甲壳类的青虾、蟹，双栖类的虎纹蛙、黑斑蛙，爬行类的棘胸蛙等。

（三）增殖放流

1989年起，在县境河流增殖放流多种水产资源品种，有效促进渔业资源增长，增加水产品捕捞量。

1990—1999年，先后5次在花山溪的双溪段、山格的双坑溪等河流增殖放流中华绒鳌蟹苗种1000万只、三角鲂苗种80万尾，在漳江的安厚溪段增殖放流彭泽鲫苗种30万尾。

2006年10月26日，在芦溪溪增殖放流鲤鱼苗种5万尾。12月8日，在九峰溪增殖放流鲫鱼苗种5万尾。12月20日，在安厚溪增殖放流鲤鱼苗种2万尾；在花山溪增殖放流鳙鱼苗种3万尾。

2007 年 12 月 6 日，在花山溪水域增殖放流鱼苗 12.4 万尾。其中鲤鱼苗种 10 万尾、鲢鱼苗种 1 万尾、鳙鱼苗种 1 万尾、草鱼苗种 0.2 万尾、青鱼苗种 0.2 万尾。

1989—2007 年，全县江河增殖放流鱼类 137.4 万尾、蟹类 1000 万只。

二、水产养殖

（一）苗种培育

1989年，平和县培育鱼苗50万尾，其中坂仔乡民主温泉苗种场培育单雄性罗非鱼苗种30万尾。1995年，全县培育鱼苗 105 万尾，其中小溪镇玉溪鱼种场培育的苗种占 19.05%。1999 年，全县培育鱼苗 195 万尾，其中大溪镇庄上鱼种场培育的常规苗种5.2万尾、坂仔镇民主温泉苗种场培育的白鲳苗种25万尾。2002年，全县培育鱼苗 267 万尾，其中坂仔镇民主温泉苗种场培育的淡水鲳鱼苗 31.05 万尾。2004 年，全县培育鱼苗 270 万尾。

2007 年，全县鱼苗养殖场、鱼苗培育专业户共培育鱼苗 283 万尾。主要的苗种场有坂仔镇民主温泉苗种场和小溪玉溪鱼种场等。

坂仔镇民主温泉苗种场　址在坂仔镇民主村，占地面积 2 公顷，开挖鱼塘 7 口，水面面积 1.13 公顷。1989—1991 年，苗种场与福建省淡水水产研究所联营，单一培育单雄性罗非鱼，共培育鱼苗 90 万尾。联营期满后，鱼苗场由当地村民承包，以培育淡水鲳鱼苗为主、常规鱼苗为辅。1999 年，培育淡水鲳鱼苗 25 万尾。2002 年，培育淡水鲳鱼苗 31.05 万尾。2007 年，培育淡水鲳鱼苗 5.55 万尾。

小溪玉溪鱼种场　址在小溪镇玉溪村，1995 年创办，占地面积 1.33 公顷，开挖池塘 13 口。当年，鱼种场培育常规鱼苗 20 万尾。1997 年，培育常规鱼苗 24.32 万尾。此后，培育的常规鱼苗逐年减少。2007 年，鱼种场培育常规鱼苗 6.37 万尾。

（二）成鱼养殖

1989 年，平和县成鱼养殖面积 508.53 公顷；成鱼产量 506 吨，其中安厚乡、小溪镇、大溪乡、山格乡、霞寨乡、坂仔乡、文峰乡、南胜乡、五寨乡、国强乡分别占 15.2%、13.04%、12.33%、12.17%、8.89%、6.52%、5.87%、5.53%、4.47% 和 3.44%。1995 年，县昌发水产有限公司建 3 口精养池，水面面积 2.67 公顷，以养殖欧洲鳗为主，年产成鱼 35 吨。1996 年，占地面积 0.17 公顷的九峰镇养鳖场投苗 6000 只，当年产成鳖 1 吨。1997 年，县宏胜养殖有限公司承包五寨乡新塘村 10 公顷土地，建水面 6.67 公顷的土池结构养鳗场，以养殖欧洲鳗为主，年产成鱼 300 吨。

1999 年，水面面积 0.17 公顷的县上峰水产良种场从龙海市、南靖县购进 1500 尾中华倒刺鲃养殖。是年，全县成鱼产量 5715 吨，其中小溪镇、山格镇、霞寨镇、安厚镇、大溪镇、文峰镇、五寨乡、南胜镇、坂仔镇、国强乡分别占 13.09%、10.43%、10.34%、10.32%、8.64%、8.5%、7.77%、6.39%、6% 和 4.58%。

2007 年，全县成鱼养殖面积 740.2 公顷；成鱼产量 10411 吨，其中小溪镇、安厚镇、山格镇、霞寨镇、文峰镇、大溪镇、五寨乡、南胜镇、坂仔镇、国强乡九峰镇、崎岭乡、芦溪镇、长乐乡、秀峰乡分别占 11.55%、9.77%、9.75%、8.92%、8.75%、9.73%、8.09%、7.76%、6.54%、5.51%、3.1%、2.98%、2.6%、2.51% 和 2.24%。

若干年份平和县成鱼养殖情况表

表 12-2-3　　单位：公顷、吨

年份	成鱼养殖		池塘成鱼养殖		水库成鱼养殖		稻田成鱼养殖	
	总面积	总产量	面积	产量	面积	产量	面积	产量
1989	508.53	506	148.6	411	336.53	86	23.4	9
1993	700.6	1218	245.33	1035	425.2	159	30.07	24

续表 12-2-3

年份	成鱼养殖		池塘成鱼养殖		水库成鱼养殖		稻田成鱼养殖	
	总面积	总产量	面积	产量	面积	产量	面积	产量
1997	739.87	4150	314.67	3015	425.2	1135	0	0
2001	939.39	8815	440.33	6250	439	2500	60.06	65
2004	882.67	10635	399	5685	483.67	4950	0	0
2007	740.2	10411	257.47	—	482.73	—	0	0

三、江河捕涝

县境渔民的捕捞工具主要有手撒网、刺网和拉网等。1989 年，全县从事江河捕捞有 100 多人。江河捕捞量 41 吨，其中小溪镇、山格乡、南胜乡、九峰镇、国强乡、崎岭乡、大溪乡、坂仔乡、霞寨乡分别占 30.49%、11.22%、9.02%、8.78%、5.85%、5.61%、5.12%、4.39% 和 3.9%。此后，由于河床抬高，江河水产品日渐减少，部分渔民改行就业。

1999 年，全县拥有捕捞机动船 3 艘，功率 6615 瓦；捕捞网具 23 张，起鱼机 1 台；从事江河捕捞 90 多人。捕捞量 147 吨，其中小溪镇、南胜镇、山格镇和安厚镇分别占 40.82%、13.61%、12.24% 和 4.76%。

2007 年，全县有 60 多人从事江河捕捞。捕捞量 377 吨，其中小溪镇、南胜镇、山格镇、文峰镇、芦溪镇、大溪镇、坂仔镇、安厚镇、霞寨镇、国强乡、五寨乡、九峰镇和崎岭乡分别占 31.03%、14.06%、11.14%、8.49%、5.04%、4.77%、3.45%、3.45%、3.45%、3.18%、2.92%、2.92% 和 2.65%。

若干年份平和县江河水产品捕捞情况表

表 12-2-4 单位：吨

年份	捕捞量合计	鱼类捕捞量	虾蟹类捕捞量	贝类捕捞量	年份	捕捞量合计	鱼类捕捞量	虾蟹类捕捞量	贝类捕捞量
1989	41	33	3	5	2001	185	163	9	13
1992	94	62	9	23	2004	352	322	15	15
1995	138	130	3	5	2007	377	344	17	16
1998	178	168	4	6					

四、水产品总量

1989 年，平和县水产品总量 547 吨。其中，养殖产量 506 吨、江河捕捞量 41 吨；小溪镇、安厚乡、山格乡、大溪乡、霞寨乡、坂仔乡、南胜乡和文峰乡分别占 14.35%、14.35%、12.1%、11.79%、8.52%、6.36%、5.8% 和 5.65%。

1998 年，全县水产品总量 5272 吨。其中，养殖产量 5094 吨、江河捕捞量 178 吨；小溪镇、山格镇、安厚镇、南胜镇、文峰镇、霞寨镇、五寨乡、大溪镇和坂仔镇分别占 13.58%、11.17%、9.39%、8.71%、8.42%、8.16%、7.91%、7.87% 和 5.82%；罗非鱼、草鱼、鲢鱼和鲤鱼产量分别占 29.55%、26.21%、12.77% 和 3.89%。

2007 年，全县水产品总量 10788 吨（比 1989 年增长 18.72 倍）。其中，养殖产量 10411 吨、江河捕捞量 377 吨（分别比 1989 年增长 19.58 倍、8.2 倍）；小溪镇、山格镇、安厚镇、文峰镇、霞寨镇、大溪镇、南胜镇、五寨乡、坂仔镇、国强乡、九峰镇和崎岭乡分别占 12.24%、9.8%、9.55%、8.746%、8.73%、8.59%、7.98%、7.91%、6.43%、5.43%、3.1% 和 2.97%；鳙鱼、草鱼、罗非鱼、鲫鱼、鲤鱼、鳗鲡和鲢鱼产量分别占 32.81%、29.66%、20.24%、9.27%、5.56%、4.04% 和 2.22%。

若干年份平和县水产品总量情况表

表 12-2-5　　单位：吨、%

年份	水产总量	养殖占比	捕捞占比	年份	水产总量	养殖占比	捕捞占比	年份	水产总量	养殖占比	捕捞占比
1989	547	92.5	7.5	1997	4352	95.36	4.64	2004	10987	96.8	3.2
1993	1310	92.98	7.02	2001	9000	97.94	2.06	2007	10788	96.51	3.49

第三章　农业综合开发

第一节　土地综合整治

1991 年，平和县实施霞寨“果—草—牧”生态果园建设项目。1996 年起，实施南胜、五寨、安厚、大溪和坂仔等 5 个乡镇土地整治项目，至 1998 年完成。累计投入资金 1660.6 万元（其中，中央、省农业发展资金 471.6 万元，市配套资金 104 万元，县配套资金 107.5 万元，乡镇配套资金 143.5 万元，群众、单位自筹 834 万元），投入劳动力 54.7 万工日，共完成中低产田改造 3066.67 公顷，改良土壤 666.67 公顷，营造农田防护林 108.13 公顷。项目区新增粮食产量 8310 吨、糖料 1930 吨、油料 45 吨、水果 206 吨，肉类 373 吨，共增加产值 2478.4 万元。

1999 年，投资 192 万元，改造五寨乡中低产田 500 公顷，造林 20 公顷；投资 371.5 万元，改造山格镇中低产田 1000 公顷，造林 46.67 公顷。2000 年，投资 162 万元，完成大溪镇后时片节水灌溉项目，灌溉面积 213.33 公顷；投资 150 万元，建立山格镇铜（中）宝（丰）片节水农业示范片 213.33 公顷；投资 238 万元，改造南胜镇中低产田 800 公顷，造林 200 公顷。2001 年，投资 297 万元，改造坂仔镇中低产田 666.67 公顷，造林 53.33 公顷；投资 270 万元，改造文峰镇中低产田 600 公顷，造林 46.67 公顷。2002 年，投资 146.82 万元，建立小溪镇湖田片节水农业示范片 313.33 公顷。2003 年，投资 524.3 万元，改造南胜镇、安厚镇中低产田共 420 公顷。2004 年，投资 166.4 万元，完成霞寨镇小流域生态综合治理项目，治理面积 266.67 公顷；投资 260 万元，完成国强乡小流域生态综合治理项目，治理面积 333.33 公顷；投资 150.8 万元，完成小溪镇小流域生态综合治理项目，治理面积 200 公顷。

2005—2007 年，共投资 2856.36 万元，实施国家农业综合开发之土地治理项目 11 个，涉及 12 个乡镇 45 个建制村，改造中低产田 2526.67 公顷（其中节水农业示范项目 160 公顷）；小流域治理面积 733.33 公顷；监理科技示范面积 86.67 公顷；水毁工程修复面积 266.67 公顷。项目实施后，新增灌溉面积 746.67 公顷，改善灌溉面积 2686.67 公顷，新增节水灌溉面积 1420 公顷，年节约用水量 617.2 万立方米，新增粮食 5788 吨、其他农产品 53493 吨。

第二节　多种经营

1996—1998 年，平和县实施国家农业综合开发之多种经营项目，累计投资 623.1 万元，建立县南胜南新果草牧基地、县五通经济开发公司千亩龙眼示范基地，建成年生产 80 万只纸箱的平和县坂仔镇万吨香蕉纸箱包装厂。

2001 年，投资 836 万元（其中财政资金 176 万元），建成 1 条琯溪蜜柚加工生产线和 4000 吨保鲜储贮仓库，新增加工能力6000吨。2002年，投资362万元（其中财政资金132万元），新增淡水养殖面积20公顷，年产水产品100吨。2003年，投资630万元（其中财政资金164万元），新建茶园133.33公顷，扩建有机精制茶厂、初制茶厂和加工生产线，年加工茶叶960吨。2004年，投资650万元（其中财政资金342万元），建立原材料生产基地140公顷、麻竹生存基地133.33公顷，蘑菇培育面积6.67公顷。

2005—2007年，共投资750万元（其中，中央财政资金220万元，地方财政配套208万元，企业自筹322万元），建立蜜柚出口基地226.67公顷、县琯溪蜜柚出口种植基地133.33公顷。项目完成后，增加优质农产品种植面积2906.67公顷，年增产值4292.1万元。

第四章 国有农场

第一节 安厚农场

一、人口 生产资料

1989年，安厚农场有12个作业区、1个联合厂。有居民783户，总人口3655人，其中男性占53.71%，职工1470人，干部36人。耕地面积214公顷，其中水田占93.46%。拥有拖拉机6辆、汽车13辆。固定资产205万元。1995年，耕地面积213.33公顷，其中有效灌溉面积、旱涝保收面积分别占75%和62.5%。

1998年，农场固定资产301万元。2005年，耕地面积213.8公顷，其中水田、旱地、有效灌溉面积、旱涝保收面积分别占93.48%、6.52%、75.17%和62.99%。

2007年，农场设下坪、南山、许坑、龙门、田径、碗窑、寮安、莲塘、西蝉、径内和龟仔头等12个作业区及1个联合厂。有居民1102户，总人口3745人。其中，男性占54.26%，职工1296人，干部66人。耕地面积214公顷，其中水田占93.46%。拥有汽车2辆，固定资产194万元。

二、农业生产

1989年，农场粮食、蔬菜产量分别为1614吨和591吨；水果产量125吨，其中柑橘、香蕉产量分别占35.2%和48%。橡胶种植面积588公顷，投产面积304公顷，橡胶产量（按干胶片计算。下同）81吨。茶树种植面积50.47公顷，茶叶产量27吨。农业总产值205万元。1990年，蘑菇种植面积0.28万平方米，产量14吨。1992年，水果产量315吨，其中蜜柚、香蕉、柑橘产量分别占2.54%、6.35%和60.95%。甘蔗产量3612吨。1995年，蘑菇种植面积0.14万平方米，产量25吨。

1998年，农场粮食、蔬菜产量分别为1373吨和984吨；水果产量2181吨，其中蜜柚、香蕉、柑橘产量分别占9.08%、74.69%和13.16%。甘蔗、橡胶产量分别为656吨和41吨。茶树种植面积12.67公顷，茶叶产量12吨。农业总产值1015万元。2001年，蘑菇种植面积0.32万平方米，产量26吨。2003年，橡胶种植面积320公顷、投产面积160公顷，产橡胶10吨。2004年，水果产量3830吨，其中蜜柚、香蕉、柑橘分别占52.22%、33.94%和7.83%。2006年，蘑菇种植面积0.3万平方米，产量26吨。

2007年，农场粮食、蔬菜产量分别为1180吨和725吨；水果产量6080吨，其中蜜柚、香蕉、柑橘产量分别占80.07%、16.45%和0.16%。茶树种植面积6.67公顷，茶叶产量8吨。农业总产值2865万元。

第二节　五寨农场

一、人口 生产资料

1989 年，五寨农场有 3 个作业区，总人口 875 人，其中劳动力 232 人；耕地面积 63.27 公顷，大型拖拉机 2 部。经营水田 36.67 公顷、茶园 16 公顷、果园 70.8 公顷和橡胶园 9 公顷。农业总产值 28 万元。

1998 年，农场有 3 个作业区，总人口 861 人，其中劳动力 241 人；耕地面积 62.93 公顷。经营水田 36.67 公顷、茶园 10 公顷和果园 174.87 公顷。2005 年，耕地面积 63.13 公顷，其中有效灌溉面积、旱涝保收面积分别占 59.13% 和 52.8%。

2007 年，农场有 2 个作业区，总人口 878 人，其中劳动力 245 人。经营水田 36.67 公顷、果园 326.33 公顷。

二、农业生产

1989 年，农场农业总产值 28 万元。1990 年，蘑菇种植面积 0.3 万平方米，产量 15 吨。1992 年，粮食作物、蔬菜产量分别为 200 吨和 139 吨。水果产量 34 吨，其中蜜柚、香蕉分别占 2.94% 和 29.41%。茶树种植面积 16 公顷，茶叶产量 5 吨。1993 年，蘑菇种植面积 0.42 万平方米，产量 63 吨。

1998 年，农场水果产量 74 吨，其中蜜柚、香蕉产量分别占量 20.27% 和 16.22%。茶树种植面积 9.67 公顷，茶叶产量 8 吨。农业总产值 197 万元。2001 年，蘑菇种植面积 0.6 万平方米，产量 60 吨。2004 年，粮食作物、蔬菜和水产品产量分别为 341 吨、870 吨和 42 吨。水果产量 1377 吨，其中蜜柚、香蕉分别占 64.63% 和 5.01%。农业总产值 586 万元。2005 年，蘑菇种植面积 0.15 万平方米，产量 55 吨。

2007 年，农场粮食、蔬菜和水产品产量分别为 436 吨、525 吨和 41 吨。果树种植面积 39.87 公顷，水果产量 1570 吨，其中蜜柚产量占 95.54%。茶树种植面积 6 公顷，茶叶产量 4 吨。农业总产值 801 万元。

第五章 管 理

第一节　管理机构

一、平和县农业局

1989 年，平和县农业局内设人秘股、财务股、农情信息股、农业技术推广站、植保植检站、土壤肥料技术站、种子公司、水果中心、经济作物站、茶叶指导站、热带作物站、微生物研究所、原种场、果树良种场、农科所、茶叶示范场、经营管理指导站、畜牧兽医站和五寨农场等 19 个机构，职工总数 218 人，其中干部 198 人。

1999 年，县农业局有人秘股、财务股、农业技术推广站、农情信息站、植保植检站、土壤肥料技术站、水果开发中心、经济作物站、茶叶指导站、热带作物站、种子公司、种子管理站、经营管理指导站、农民负担监察管理办公室、畜牧中心、畜牧兽医站、果树良种场、原种场、农科所和五寨农场等 20 个内设机构，职工总数 269 人，其中干部 228 人。

2007 年，县农业局内设人秘股、财务股、农业行政综合执法队、植保植检站、水果开发中心、经济作物站、热带作物站、动物疫病预防控制中心、动物卫生监督检验所、茶叶技术指导站、土壤肥料技术站、经营管理指导站、农民负担监督管理办公室、农业技术推广站、农情信息站、种子管理站、农业行政执法队、果树良种场、原种场、农科所、无公害管理站、农业生态环境与能源技术推广站和五寨农场等23个机构，职工总数209人，其中干部183人。

二、乡镇机构

1989年，平和县分别设有14个乡镇农业技术推广站、经营管理指导站、畜牧兽医站、农机服务管理站，人员编制分别为60名、22名、18名和49名。1994年，分别增设秀峰乡农业技术推广站、经营管理指导站、畜牧兽医站、农机服务管理站，人员编制分别为2名、2名、2名和2名。

2007年，平和县分别设有15个乡镇农业技术推广站、经营管理指导站、畜牧兽医站、农机服务管理站，人员编制分别为54名、29名、22名和34名。

第二节 土地经营权管理与农村集体资财管理

一、土地经营权管理

（一）土地承包

1989年，平和县农村土地继续实行家庭承包经营责任制。1998年，实行农村土地第二轮承包，承包期为30年。对于依法审批被征用的承包土地，农户依法取得补偿费。征用土地由征用单位与农户自行协商而达成一致，补偿费由村委会统一分发给被征用的农户。至2000年，完成第二轮土地承包，全县15个乡镇、240个建制村、2733个村民小组共100148户农户全部签订土地延包合同，延包土地面积21533公顷。“两田制”（在坚持土地集体所有制和家庭承包经营的前提下，将集体的土地划分为口粮田和责任田两部分。口粮田按人平均承包，一般只负担农业税，体现社会福利原则；责任田有的按人承包，有的按劳力承包，有的实行指标承包。承包责任田一般要缴纳农业税，承担农产品定购任务和集体的各项提留）全部整改。在土地延包工作中存在部分村民小组新增人口承包不到土地等问题。

（二）土地流转

2005年，平和县贯彻福建省农村土地承包经营权流转管理办法，以租赁（包括季节性租赁）、“公司+基地+农户”等方式推行农村土地承包经营权流转。在土地流转过程中，始终坚持土地流转农村土地承包经营权管理办法，引导农民“依法、自愿、有偿”进行土地流转，建立规范的土地流转机制，从源头上预防土地流转纠纷发生，确保农民利益。为解决农民耕地经营面积小、缺少技术和经营效益低等问题，鼓励农民将土地经营权出让，对土地出让的农民优先安排在企业就业。2007年，全县土地流转农户6830户，土地流转面积829公顷。

二、农村集体财务与资产管理

1989年，平和县农村集体财务管理仍实行村主任审批一支笔制度，县乡经管站对各村集体财务进行指导和监督。依据《平和县村集体财务管理制度》，对村集体组织收入和集体开支作出明确规定，并落实审计制度。村集体所有的林地、耕地、固定资产、村办企业等实行承包、拍卖和转让等方式。多数村集体资产由村召开两委会、村民代表会、公开招标等形式进行承包，但存在签订合同不规范，有的是口头合同，出现低承包、权利包和人情包等现象，造成村集体资产流失。

1998年，全县240个建制村全部进行自查自纠，完成对77个建制村重点清查。共查出违纪案件22起，涉案人员32人，违规违纪金额87.82万元，追回各种欠款141.4万元，查处各类违规购置交通工具、通信工具139件。同时建立“镇管账务村管钱”管理机制，把村级财务管理进入法制化、规范化轨道。2004年，全县开展农村审计工作，重点做到“八查”，即查村级一年来主要工作业绩、查村财收入情况、查向农民收费情况、查票据规范情况、查负债情况、查有关部门是否向村级摊排费用、查会计账与出纳账是否相符、查费用开支情况。当年审计28个建制村，审计总金额2760.7万元。查出违纪的有14个建制村，违纪违规金额123.5万元。

2007年7月，平和县为加强农村集体资产管理，维护村集体和广大农民的利益，推进社会主义新农村建设，以文峰镇8个建制村、1个社区作为试点单位，依照“先清后理再规范”工作思路，制定“尊重历史，依法依规，因地制宜，妥善处理，民主公开，维护稳定，促进发展”工作原则，对集体“三资”（资产、资源、资金）进行全面清理。通过清理整顿，建立完善《文峰镇农村集体资产资源管理台账制定》《文峰镇农村集体资产管理暂行规定》《文峰镇规范农村集体资产资源处置行为》和《文峰镇村集体财务管理暂行规定》等制度，加强文峰镇农村资产、资源、资金规范管理。编写《平和县文峰镇农村集体“三资”清理整顿推行规范化管理资料汇编》。试点工作取得成效，受到省、市、县纪委和农业主管部门的肯定。

第三节　水产资源管理

一、法律法规宣传

1989年，平和县渔政管理站开展《中华人民共和国渔业法》《中华人民共和国野生动物保护法》和《平和县人民政府关于保护水资源，严禁电鱼、炸鱼、毒鱼、偷鱼的通告》等法律法规的宣传教育活动。1991年10月，全县开展保护野生动物宣传月活动。

1996年，县渔政管理站印发宣传资料，出动宣传车上街、下乡开展宣传活动。2001年，加大宣传力度，制作大型铁质渔业法律法规宣传牌21个，装置在各个重点河段、养殖区和种质资源保护区。召开有县人大代表参加的渔业法律法规贯彻执行情况座谈会1次。2006年，在《中华人民共和国渔业法》颁布20周年之际，全县深入开展渔业法律法规宣传与教育活动。

2007年，在第15届世界水日和第20届中国水周（主题是“应对水短缺”）期间，开展《中华人民共和国渔业法》《中华人民共和国野生动物保护法》等法律法规宣传活动。

二、资源保护

1989年，县渔政站组织人员开展执法行动，收缴电鱼机19部、渔网3张。1991年起，县渔政站根据《平和县人民政府关于保护水资源，严禁电鱼、毒鱼、炸鱼、偷鱼的通告》，与县公安、法院、工商和税务等部门紧密配合，加强监督检查，对电鱼、毒鱼、炸鱼和偷鱼等破坏水资源违法活动，及时联合查处。为保护渔业资源，实行办证捕捞和办证收购鳗鱼苗管理制度。至1999年，共收缴电鱼机286部、大小渔网45张，处罚款5000元；办理捕捞许可证36本、鳗鱼苗收购证15本。

2001年起，县渔政站加强对重点河段、养殖区和种质资源保护区的保护。2003年，贯彻执行《平和县人民政府关于进一步打击电炸毒鱼违法行为的通告》，组织开展一次关于打击电、炸、毒鱼违法行为专项活动和“保护野生动物，维护生态安全”执法检查。2006年，加强对九龙江花山溪、文峰溪、芦溪溪日常巡逻，打击电、炸、毒鱼违法行为，收缴电鱼机具9台套，没收网具5张。2007年，查处渔政案件15起，收缴电鱼机具11台套，没收网具12张，处罚款1600元，有效保护水生态平衡和维护渔业正常生产秩序。

2001—2007年，县渔政站共查处违章案件19起，处理纠纷31起。

第四节 农机具与驾驶员管理

一、农机具管理

1989年，平和县加强对拖拉机、农用车（机）牌证管理。年检拖拉机285台。1990年起，对其他动力机及配套机械实行牌证管理。1991年，发证、挂牌的各种固定作业电力机械307台（套），总动力2.1万千瓦；各种配套加工机械3773台。发给农机安全生产许可证的农机户2157家。

1992年12月，县农机监理站接受县交警大队委托，管理大型拖拉机83台、手扶拖拉机600台。1993年开始，县农机监理部门办理拖拉机新车入户、年度检验，处理历年逾期未检拖拉机的补检工作。至1995年，全县受委托管理的大型拖拉机和手扶拖拉机共1200台，其中大中型拖拉机83台、手扶拖拉机1117台。1996年9月，开始换发九二式拖拉机牌证。至12月，共核、换发九二式拖拉机的机动车牌证737台。

1998年，全县检验拖拉机985台，2001年，县农机监理部门开始办理由拖拉机改装而成的变型运输车（经省交警总队认定）的注册登记。2002年，年检机车202台。2004年6月8日起，交警部门停止办理“委托”拖拉机的行驶证签注，拖拉机注册登记暂停。10月28日，经省农业厅协调、省人民政府同意，对库存及遗留的拖拉机变型运输机继续实行注册登记，由农机管理部门签章。

2005年5月31日，县公安局交警部门向县农机管理站移交1241台拖拉机的技术档案。是年，全县拥有大中型拖拉机371台、注册登记327台，上牌率88.14%；参加年度安全技术检验的拖拉机269台，年检率82.26%。此后，随着《福建省多功能拖拉机行业暂行管理办法》和福建省质量监督局《多功能拖拉机通用技术条件》的实施，变型拖拉机和多功能拖拉机迅速增多，逐步取代其他运输机械而成为农村农副产品首选运输工具。2006年，注册登记变型运输机218台、手拖1台，核发拖拉机号牌219副、行驶证219本。

2007年，全县变型拖拉机和多功能拖拉机共458台。其中，大中型拖拉机306台，注册登记306台，上牌率100%；参加年度安全技术检验261台，年检率25.29%。

二、农机驾驶员管理

1989年，全县审验拖拉机驾驶员291名。1991年，经审核合格的农机操作手1729人。审验拖拉机驾驶员291名。1992年12月，县农机监理站接受县交警大队委托，管理手扶拖拉机驾驶员295人。1993年开始，县农机监理部门办理拖拉机驾驶员的技术考核和换发驾驶证工作。是年，审验驾驶员350名。1995年，全县受委托管理的拖拉机驾驶员1375人。

1998年，全县审验拖拉机驾驶员679名。1999年，审验拖拉机驾驶员695名。2002年，审验驾驶员104名。2005年5月31日，县公安局交警部门向县农机管理站移交174名手扶拖拉机驾驶员、8名小型拖拉机驾驶员的技术档案。是年，全县农机驾驶员371人，登记在册252人，持证率67.92%。2006年 1月17日，成立社会化拖拉机驾驶培训机构，培训大中型拖拉机驾驶员66人、手扶拖拉机驾驶员3人，核发拖拉机驾驶证69本。

2007年，全县大中型拖拉机驾驶员306人，登记在册253人，持证率82.68%。

卷十三 茶果

1989年起，平和县立足资源优势，加大农业产业结构调整力度，发展茶果特色产业。根据“东柚西柿南荔枝”种果规划，开山种茶种果，扩大香蕉、蜜柚种植面积。是年，全县茶树种植面积2672公顷，茶叶产量1035吨。白芽奇兰茶被福建省名茶评委会评为“一等奖”。果树种植面积9981公顷，产量2.64万吨。其中，琯溪蜜柚种植面积1047公顷，产量210吨，香蕉种植面积1522公顷，产量1.84万吨，柑橘种植面积1867.33公顷、产量4884吨。1995年，坂仔香蕉取得中国绿色食品发展中心“绿色食品”认证。平和县小溪镇获“琯溪蜜柚之乡”称号。1996年3月，平和县坂仔镇获“中国香蕉之乡”称号。1995年，平和县获“中国琯溪蜜柚之乡”称号。

2000年，实施“西部开发工程”，建设沿省道郊柏线霞寨—九峰和长乐—秀峰—芦溪的“百里白芽奇兰茶开发带”。即建设霞寨镇1万亩（666.67公顷），崎岭乡、九峰镇各2万亩（1333.33公顷），长乐乡、秀峰乡和芦溪镇等3个乡镇共1万亩（666.67公顷）的4个万亩白芽奇兰茶产业基地。此后，平和县充分发挥资源优势，致力农业品牌建设，建立白芽奇兰茶、琯溪蜜柚和坂仔香蕉等无公害绿色产业基地。2000年，平和县获得“中国茶叶（白芽奇兰茶）之乡”和“中国香蕉之乡”称号。2002年，“平和琯溪蜜柚”获国家质量监督检验检疫总局颁发的“原产地标记注册证”。2005年被农业部列为“全国无公害农产品出口示范基地县达标单位”。

2007年，白芽奇兰茶被列为福建省五大茶叶名品之一。崎岭乡、九峰镇成为漳州市现代茶产业专业乡镇。“平和琯溪蜜柚”被国家工商总局认定为“中国驰名商标”。至年底，全县茶树种植面积5042公顷，茶叶产量7525吨，分别比1989年增长88.7%和6.15倍。“平和琯溪蜜柚”被国家工商总局认定为“中国驰名商标”。果树种植面积4.44万公顷，产量85.08万吨，分别比1989年增长3.45倍和31.23倍。其中，蜜柚种植面积2.9万公顷，产量60.19万吨（分别比1989年增长26.7倍和2865.19倍），产值12.52亿元；出口8万多吨，创汇5000多万美元；香蕉种植面积4220公顷，产量15.95万吨，分别比1989年增长1.77倍和7.67倍。白芽奇兰茶、琯溪蜜柚出口欧盟国家。其中，“平和琯溪蜜柚”在17个国家和地区成功注册国际证明商标，在全国县级柚类同比中创下面积、产量、产值、市场份额和出口量等5个第一。

第一章 茶

第一节 茶树品种与主栽地

一、品种

（一）当地品种

1989—2007年，平和县当地茶树品种有“毛蟹”“黄旦”“梅占”“白芽奇兰”“竹叶奇兰”“铁观音”“大叶乌龙”“小叶乌龙”“本山”“水仙”“八仙茶”“苦茶”和“岭头单丛”等20个。其中，主要当家品种有“毛蟹”“黄旦”和“梅占”等，属省级以上名茶有“奇兰”“八仙茶”和“岭头单丛”等。

（二）引进品种

1989年，平和县从外地引进“凤凰单丛”茶树新品种。此后，陆续引进“金萱”（台农27号）、“翠玉”和“金观音”等新品种。至2007年，县境引进的茶树新品种有“凤凰单丛”“金萱”“翠玉”“金观音”“黄观音”“丹桂”和“紫牡丹”等。

凤凰单丛　1989年引进，在崎岭乡推广种植10公顷。至1993年，在崎岭乡推广种植64.47公顷。

金萱　1993年引进，在九峰镇种植0.33公顷。1998年，在崎岭乡推广种植13.33公顷。1993—2000年，在九峰镇、崎岭乡推广种植62.33公顷。

翠玉　1993年引进，在九峰镇种植0.2公顷。至1995年，在九峰镇推广种植1.33公顷。

金观音　1999年引进，在九峰镇种植3.33公顷。至2007年，在九峰镇推广种植31.33公顷。

黄观音　2000年引进，在九峰镇种植2公顷。

丹桂　2001年引进，在九峰镇种植1.33公顷。至2007年，在九峰镇推广种植6.67公顷。

紫牡丹　2005年引进，在九峰镇种植3.33公顷。

（三）品种选介

白芽奇兰　因其芽梢呈白绿色，成品茶质具有奇特的兰花香味而得名。树形呈灌木状，中叶种，树势中等，树冠半开张，枝条粗壮、直立，分枝较密。叶片为长椭圆形，长宽比为2.9:3.5，叶水平着生，叶色深绿具光泽，锯齿细浅，叶肉厚度中等不薄，叶质柔软。生育期为中芽种，略偏迟，越冬芽萌发于3月下旬，4月下旬开采，10月下旬休眠，停止生长。适应性广，抗病虫害、抗寒力强，在-7℃～10℃天气下2～3天仍未受冻。繁殖力强，四季均可扦插，短穗扦插成活率高。每亩（667平方米）年产干毛茶180公斤以上。白芽奇兰适制乌龙茶、绿茶、红茶等成品茶，尤以乌龙茶为佳。乌龙茶外形紧结，色泽油润，汤色黄亮，气味清香浓郁，滋味清爽，叶底明亮，红绿相映，饮后有独特的“兰花香韵”，唇齿留香。

毛蟹　无性系品种。一年生长期8个月。育芽能力强，但持嫩性较差，发芽密而齐，采摘批次较多，树冠形成迅速，成园较快。适应性广，抗逆性强，易于栽培，产量较高。适制乌龙茶，是高级茶“色种”的原料；制红、绿茶，毫色显露，外形美观，品质尚佳。

八仙茶　萌芽早，采摘期长，产量高，品质优，适应性广，抗逆性较强，且容易繁殖，制成的乌龙茶具有色泽黄褐色、香气高、味道浓、有回甘和微苦而耐冲泡等特点。

黄旦　别名黄棪、黄金桂，属福建省级乌龙茶名优品种之一。发芽早，产量高，制茶品质优。制成的乌龙茶条束紧结，色泽翠绿，香气清高浓长，桂花香浓厚；汤色清澈杏黄，叶底肥软明亮，饮之香奇味佳。其名牌产品“黄金桂”在国内外市场享有盛誉。

岭头单丛　别名白叶水仙、凤凰单丛，是乌龙茶类中的名贵品种。速生丰产高质，每年采摘5～6轮，3～4年的茶园每亩（667平方米）产干茶200～300公斤。采用乌龙茶特殊工艺精制而成的产品茶肉质香气浓密清高，滋味醇爽回甘。

金观音　又名茗科1号。1999年，以铁观音为母本、黄金桂为父本，采用杂交育种，培育而成的无性系新良种。性状偏向母本铁观音。扦插或种植成活率高，抗逆性强，适应性广，制优率高。属灌木型，中叶类，早生种。植株尚高大，树姿半开张，分枝较多，发芽密度大且整齐，持嫩性强；叶色深绿，芽叶色泽紫红，茸毛少，嫩梢肥壮，叶质尚柔软，持嫩性较强，产量高，每亩（667平方米）产干茶200公斤。制成的乌龙茶色泽褐绿润，香气馥郁鲜爽，滋味醇厚回甘。2000年，通过福建省品种审定。2002年，通过国家级品种审定。

二、主栽地

1989年，平和县茶树主栽地有九峰、霞寨、崎岭和长乐等4个乡镇。其中，九峰、霞寨、崎岭等3个乡镇年产量均超过150吨，长乐年产量超过100吨。在海拔千米以上的大芹山和海拔900米以上的高峰山建有茶叶生产基地。1998年，茶叶主栽地有九峰、霞寨、崎岭、长乐、秀峰和芦溪等6个乡镇，其中九峰镇、崎岭乡年产量分别为1260吨和627吨。

2007年7月，漳州市农办、市农业局、市林业局、市海洋与渔业局联合开展漳州市现代茶产业专业村评定工作，全市认定15个茶叶专业村，平和县崎岭乡彭溪村、时坡村和九峰镇眉山村、新山村名列其中。是年，平和县茶叶主栽地有崎岭、九峰、芦溪、霞寨、长乐、秀峰、国强、安厚和大溪等9个乡镇，年产量分别占全县茶叶产量39.12%、32.96%、6.62%、3.69%、3.65%、2.82%、2.26%、1%和0.97%。

2007年平和县茶树主栽地与种植品种情况表

表13-1-1

乡镇	建制村	种植茶树品种
九峰镇	三坑、苏洋、复兴、福坑、眉山、黄田、陈彩、福田、新山、下西、振阳、下北、上仓、东富、澄溪、联峰、平等、军溪、福山	白芽奇兰、铁观音、金萱、毛蟹、金观音、黄旦、金牡丹、八仙茶、岭头单丛、紫玫瑰
崎岭乡	桂竹、南湖、彭溪、崎南、顶寨、溪头、时陂	白芽奇兰、铁观音、金萱、毛蟹、金观音、黄旦、金牡丹、八仙茶、岭头单丛
霞寨镇	联荣、钟腾、黄庄、高山、官峰、五美	白芽奇兰、铁观音、金萱、毛蟹、金观音
芦溪镇	连益、连新、连城、新村、村坑、东槐、九曲、山岗、秀芦、西新	白芽奇兰、金萱、毛蟹、铁观音、金观音
秀峰乡	双塘、文田、南峰、福塘	白芽奇兰、铁观音、金萱、毛蟹
长乐乡	农家、葵山、乐北、秀山	白芽奇兰、铁观音、金萱、毛蟹
大溪镇	大芹、大松、下村、赤坑、云中、三华、硕卿、廖安、赤安、峰山、石寨	白芽奇兰、铁观音、金萱、毛蟹、乌龙、岭头单丛
安厚镇	三马、东川、汤厝、三龙、马三、龙头	白芽奇兰、毛蟹、八仙茶
国强乡	白叶、乾岭、三五、凤山、松湖、梅子、白水、新建	白芽奇兰、毛蟹、金观音、八仙茶、黄旦

第二节　茶树种植

一、种植基地

九峰大芹茶场　址在九峰镇。（1965年6月创办。1973年，经营茶园59公顷，年产茶叶15.5吨。）1995—2001年，大芹茶场由个人承包。2002年起，由福建向荣大芹山茶业发展有限公司承包经营。2007年，种植品种有毛蟹、梅占、黄旦、水仙、奇兰和铁观音等。经营茶园面积90.5公顷，年产茶叶203吨。

崎岭大芹茶场　址在崎岭乡。（1965年6月创办。1986年，经营茶园面积22.27公顷，年产茶叶21.55吨。）1999年，茶园面积32.2公顷，年产茶叶40.3吨。2007年，种植品种有毛蟹、梅占、黄旦、水仙、乌龙、奇兰和铁观音等。经营茶园面积43.3公顷，年产茶叶117吨。

大溪大芹茶场　址在大溪镇。（1965年6月创办。1971年，经营茶园面积37公顷，年产茶叶7.98吨。）1989年，茶园面积41.1公顷，年产茶叶23.4吨。1994—2006年，茶场由个人承包。2007年，由大芹云顶茶叶有限公司承包经营。种植品种有毛蟹、梅占、本山、水仙、乌龙和铁观音等。经营茶园面积41公顷，年产茶叶 73.9 吨。

霞寨高峰茶场 址在霞寨镇。（1966 年 6 月创办，茶园面积 33.33 公顷。1983 年产茶叶 40.17 吨。1987 年，茶叶产量 41.6 吨。）1989 年起，茶场由个人承包经营。2007 年，种植品种有毛蟹、梅占、水仙、奇兰和铁观音等。经营茶园面积 33.3 公顷，年产茶叶 50 吨。

国强大芹茶场 址在国强乡。（1965 年 6 月在大芹山下创办，茶园面积 27 公顷。1971 年，茶园面积 28 公顷，年产茶叶 22 吨。1984 年，茶叶产量 46.8 吨。）1999 年，茶叶产量 47.3 吨。2005 年起，茶场由福建南海食品有限公司承包经营。2007 年，种植品种有毛蟹、梅占、本山、水仙、乌龙和铁观音等。经营茶园面积 27.8 公顷，年产茶叶 41.7 吨。

大芹山茶园 （朱连生 摄）

天醇有机茶基地 （朱连生 摄）

平和县农业局大协关茶叶试验站 址在霞寨镇。（1976 年创办，属高海拔茶园，茶园面积 10 多公顷。）1989 年，经营茶园面积 6.7 公顷，年产茶叶 10 吨。1996 年起，茶园由个人承包经营。2000 年 10 月，该园“劣质低产茶园的嫁接换种技术”获得漳州市人民政府颁发的“1999 年度科学技术进步”三等奖。2007 年，种植品种有毛蟹、黄旦等。经营茶园面积 6.7 公顷，年产茶叶 16 吨。

平和县茶叶示范场 址在文峰镇。（1974 年创办，茶园面积 37 公顷。1981 年，种植黄旦良种，成活率高，成为省农业厅黄旦品种速生丰产重点示范场。1988 年，由个人承包经营。）1989 年，茶园面积 36.7 公顷，种植毛蟹、黄旦等省级良种，年产茶叶 33 吨。1991 年，成为平和县推广使用双人采茶机重点示范场。1994 年，率先引进乌龙茶速包机、平揉机，进行茶叶包揉整型工序，减轻劳动强度，且茶叶质量提高一个等级，成为平和县茶叶机械化加工示范点。2000 年后，茶叶示范场土地被工业园区征用。

二、白芽奇兰栽培技术与茶树病虫害防治

（一）白芽奇兰栽培技术

1. 白芽奇兰根系发达，树势较直立，栽培上须深沟大肥，适当密植。茶树种植时，一般挖宽 50 ～ 60 厘米、深 60 ～ 80 厘米的种植沟，施足底肥。种植方式以采用单行双株栽植为宜，大行距 1.2 ～ 1.3 米，小行距 0.25 ～ 0.3 米，株距 0.25 ～ 0.3 米，每亩（667 平方米）栽植 3000 ～ 4000 株。

2. 白芽奇兰树势较直立，应适时定剪，以促进分枝，培育“宽、密、矮、壮”丰产树冠，提早封园，早日投产。

3. 白芽奇兰属高产型品种，对肥料的需求量大。一般每年春、夏、秋、冬四季采茶前 1 个月各追肥 1 次，每亩每次浇施尿素、复合肥各 30 ～ 40 千克。秋冬封园后，结合中耕松土施足基肥。

4. 白芽奇兰采摘以1芽3～4叶，对夹采2叶留鱼叶为宜。坚持以采高留低，采密留稀，采中留边，采实留缺，不断扩蓬为原则。

（二）茶树病虫害及防治

1. 病虫害

1989—2007年，平和县茶树主要病害有茶云纹叶枯病、茶炭疽病、轮斑病、褐色叶斑病、赤叶斑病、网饼病、茶煤病、茶红锈藻病、藻斑病、白绢病、茶枝粗皮病、茶根朽病和茶根癌病等10多种；茶树主要虫害有茶小绿叶蝉、茶蚜、茶小卷叶蛾、茶尺蠖、茶木峨、白青蛾、黑青蛾、茶梨蚧、青刺蛾、茶梢蛾、茶枝梢蛾、茶天牛、吉丁虫、茶小瓜螨和茶叶瘿螨等近30种。对茶树危害大的虫害是茶小绿叶蝉，每年常发于5月上至7月中旬、8月中旬至10月中旬等2个高峰期。

2. 常见病虫害防治

茶小绿叶蝉虫害　茶小绿叶蝉防治措施是茶叶分批、适时采制，减少虫口密度；中耕施肥结合清园，减少害虫潜伏场所；合理喷施20%灭菊酯乳剂4000倍液，或2.5%工夫乳剂1500倍液，或25%喹酸磷乳剂1000倍液，或50%辛酸磷乳剂1000～1500倍液，或90%万灵可溶性粉剂3000～5000倍液，或2.5%功夫乳油3000～4000倍液，或20%叶蝉散乳油800～1000倍液。做好秋冬封园，并结合喷施波美0.3～0.5度石硫合剂。同时在用药上掌握“轮换用药，合理混配”，减少用药次数，保护害虫天敌。

黑刺粉虱虫害　选用50%马拉松乳剂1000倍液，50%辛硫磷乳剂1000倍液防治。

茶饼病害　选用25%粉锈灵可湿性粉剂2000～3500倍、25%百菌清可湿性粉剂1000倍液防治。

三、种植面积与茶叶产量

（一）种植面积

1989年，平和县茶树种植面积2671.8公顷，其中九峰镇、霞寨乡、崎岭乡、芦溪乡、国强乡、安厚乡、大溪乡、坂仔乡、小溪镇、南胜乡、五寨乡、山格乡分别占17.21%、14.53%、12.11%、10.81%、6.9%、6.17%、5.53%、3.53%、3.19%、3.02%、2.69%和2.22%。1997年，茶树种植面积2279.07公顷。

1998年，茶树种植面积2294.93公顷，其中九峰镇、崎岭乡、芦溪镇、霞寨镇、秀峰乡、长乐乡、国强乡、安厚镇、南胜镇、大溪镇、五寨乡分别占38.75%、23.72%、8.32%、6.95%、3.38%、3.34%、2.88%、2.65%、2.48%、2.27%和1.89%。2005年，实施科技兴茶规划，建立无公害茶叶生产基地，推广应用无公害标准化生产技术，茶树种植面积3496.07公顷。

2007年，全县茶树种植面积5042.4公顷，其中九峰镇、崎岭乡、芦溪镇、长乐乡、大溪镇、国强乡、秀峰乡、安厚镇、霞寨镇、南胜镇、山格镇、五寨乡分别占37.72%、34.23%、5.91%、4.51%、3.60%、3.57%、3.09%、2.97%、2.42%、1.00%、0.26%和0.26%%。

（二）采摘面积与茶叶产量

1989年，平和县茶树采摘面积2058.67公顷，茶叶产量1035吨，每公顷产量502.75公斤。霞寨乡、崎岭乡、九峰镇、长乐乡、国强乡和大溪乡茶叶产量分别占全县产量17.28%、16.14%、15.58%、9.97%、7.5%和4.46%。1997年，对劣质低产茶园进行改造，效果显著，每公顷产量1150.54公斤，比1996年增长8.53%。

1998年，全县茶树采摘面积1949.8公顷，茶叶产量2704吨。九峰镇、崎岭乡、秀峰乡、霞寨镇、芦溪镇长乐乡和国强乡茶叶产量分别占全县产量46.6%、23.19%、6.55%、5.99%、4.44%、2.96%和2.74%。2000年，推广优良新品种，年茶叶产量增至3404吨，比1999年增长18.81%。

2007年，全县茶树采摘面积3463公顷，茶叶产量7525吨，每公顷产量2172.97公斤。崎岭乡、九峰镇、芦溪镇、南胜镇、霞寨镇、长乐乡、秀峰乡、国强乡和大溪镇茶叶产量分别占全县产量39.12%、32.96%、6.62%、5.58%、3.69%、3.65%、2.82%、2.26%和0.97%。

若干年份平和县茶叶种植面积与茶叶产量情况表

表 13-1-2 单位：公顷、吨

年份	种植面积	其中	茶叶产量	年份	种植面积	其中	茶叶产量
		采摘面积				采摘面积	
1989	2671.8	2058.67	1035	2001	2715.27	1973.2	3689
1992	2729.13	2244.2	1869	2004	2451.93	2009.8	3702
1995	2330.4	1908.53	1991	2007	5042.4	3463	7525
1998	2294.93	1949.8	2704				

第三节 茶叶机采与加工

一、茶叶机采

1989 年起，平和县开展茶叶机采推广工作，成立茶叶机采技术指导小组、采茶机使用维护专家组，召开全县茶叶机采推广动员会，开展机采茶园选择、机剪与机采配套等技术培训，在九峰、崎岭各建立茶叶机采示范片。通过政策扶持、农机购置补贴、机采茶叶改造补贴等优惠措施，促进机采推广应用。

1990 年，县茶叶示范场在全县率先使用 PHV100H 双人采茶机作业。是年，全县有采茶机 4 台，机采面积 21.33 公顷。至 1992 年，全县推广使用双人采茶机 17 台。其中，崎岭乡溪头村推广使用 7 台，县茶叶示范场、九峰镇、霞寨镇和长乐乡各 2 台，县茶叶指导站、安厚农场各使用 1 台。机采面积 170.67 公顷。1994 年，全县茶叶机采面积 341.33 公顷。1995 年，有采茶机 30 台。2002 年，全县采茶机近 100 台，机采面积 133.33 公顷。

2007 年，县农业局印发《关于开展茶叶机采推广工作的通知》，并在崎岭乡召开茶叶机采推广动员会。开展包括机采茶园的选择、手采茶园到机采茶园的过渡、机剪与机采配套、平整匀齐采摘面的培育和机采茶园肥培管理等技术培训。在九峰镇、崎岭乡各建立 333.33 公顷茶叶机采示范片。全县采茶机增至 1243 台，其中单人机 753 台、双人机 490 台。单人机主要机型有落合 AM-110、金藏 Q8-600A、山东宝玉 BYC-525、NE-231EXC、川崎 009 和川崎 NV-60H 等。双人机主要机型有落合 V8-NEWZ2、94 川崎 WITSUBISHIT300 和落合 VBX2-011 等。全县机采面积 2666.67 公顷，机采普及率 52.88%。其中，九峰镇眉山村，崎岭乡彭溪村、溪头村机采普及率在 90% 以上，有 20% 的机采茶农配置茶叶修剪机。

二、茶叶加工

茶叶初制有鲜叶贮青、晒青、做青、杀青、揉捻、初烘、初包揉、复烘、复包揉和足干等 10 道工序。20 世纪 90 年代，毛茶加工的杀青、干燥工序使用的燃料为木柴、煤炭等。茶叶精制有拼配、筛分、风选、捡剔、复火、摊凉、包装和装箱等 8 道工序。2000—2007 年，全县 2000 多家茶叶初制厂大部分引进“台式”燃气炒青机、速包机、平板机、松包机和燃油全自动烘干机等整套制茶机械。全县 500 多家茶叶销售企业均配备电烘干箱、真空包装机等机械设备，初步形成花色品种齐全、外包装精美和高中低档搭配的茶叶制品系列，满足各地不同层次消费者的需求。

三、重点加工企业

平和县玉露白芽奇兰有限公司 址在崎岭乡合溪村。1990 年 3 月创办，原名平和县崎岭茶厂。2004 年，变更为平和县玉露白芽奇兰有限公司。公司拥有 8 公顷生产基地，引进先进机械设备，实行无公害科学管理，年加工白芽奇兰茶125吨，有大包装、小礼品等10多种系列产品。白芽奇兰茶产品获“福建省质量信誉稳定企业（产品）”称号。“大芹山”牌白芽奇兰茶以独特的香醇口感而深受消费者喜爱。产品销售全国各地并出口日本及欧盟国家。2007年，“玉露”牌白芽奇兰茶产品通过国家质监总局食品质量安全QS生产许可认证。

福建平和峰兰茶厂　址在九峰镇眉山村。1990年创办，拥有80公顷无公害名优茶生产实验基地，年加工能力100吨。2002年，注册“峰兰”商标。2003年秋季，“峰兰”牌白芽奇兰茶以“香、甘、浓、爽”独特品质而获得漳州市“新城杯”茶王赛金奖。2004年，“峰兰”牌白芽奇兰茶在中日韩国际茶文化交流会上获得“名茶优质奖”称号。2005年8月，设立峰兰茶叶网站（http://www.fjflmc.com/），创建网上峰兰茶叶商店。是年，茶叶生产实验基地被福建省农业厅认定为无公害农产品产地。2006年，“峰兰”牌白芽奇兰茶产品通过农业部无公害农产品认证。2007年，“峰兰”牌白芽奇兰茶产品通过国家质监总局食品质量安全QS生产许可认证，并分别获得“省优质茶”和“福建省茶产业100家最受欢迎产品”称号。

平和县阳山茶厂　址在崎岭乡彭溪村。1993年创办。企业注重产品质量，树立品牌，拓展市场，坚持走“基地+公司+农户”的农业产业化道路，开发出30多种白芽奇兰茶系列产品，是全县第一个打出“白芽奇兰茶”品牌的企业。拥有300公顷生产基地，年加工能力400吨。1996年，“彭溪”牌白芽奇兰茶被福建省名优茶评审委员会评为“福建省优质茶”。1997年，“彭溪”牌白芽奇兰茶被中国绿色食品发展中心认定为“绿色食品”。2002年，企业把产品推向互联网，实行网上销售新模式。“彭溪”牌产品通过国家质监总局“白芽奇兰茶原产地标识”注册。平和县阳山茶厂和“彭溪”牌分别获得“生产、加工、销售一条龙省级先进企业”和“福建省著名商标”称号。2006年，“彭溪”牌产品获得国家质监总局食品质量安全QS生产许可认证，平和县阳山茶厂获得“2005—2006年福建省守合同重信用企业”称号。2007年，企业和“彭溪”牌产品分别获得“福建省农牧业产业化龙头企业”和“福建省名牌产品”称号。

福建天用茶业有限公司　址在小溪镇琯溪路。1996年创办，建有8公顷白芽奇兰茶生产基地和茶叶精制加工厂，引进台湾先进高效节能制茶机械70多台（套）。年加工能力225吨。1999年，“天宗”牌白芽奇兰茶在昆明世博会上获得“银奖”。2002年，“天宗”牌白芽奇兰茶产品获得国家质监总局“白芽奇兰茶原产地标识”注册，被中国绿色食品发展中心认定为“绿色食品”。2003年6月，“天宗”牌商标被认定为“福建省著名商标”。2005年，“天宗”牌白芽奇兰茶被福建省名优茶鉴评委员会评为“福建省名茶”。“白芽奇兰茶农业产业化综合标准化示范区”通过漳州市农业标准化工作小组验收。2006年，“天宗”牌产品通过国家质监总局食品质量安全QS生产许可认证。2007年，福建天用茶业有限公司和“天宗”牌白芽奇兰茶分别获得“省级花园式单位”和“福建省名牌产品”称号。

平和九峰茶叶有限公司　址在九峰镇。1996年9月创办，是一家集种植、加工、销售、茶艺研究和茶文化传播为一体的企业，公司拥有33公顷白芽奇兰茶生产基地，年加工能力100吨。1997年，白芽奇兰茶产品分别获得“意大利米兰国际轻工博览会金奖”和“福建省白芽奇兰茶王赛‘茶王’”称号。1998年，注册“九丰”商标。1999年，“九丰”牌白芽奇兰茶被中国绿色食品发展中心认定为“绿色食品”。2000年，“九丰”牌白芽奇兰茶获得“第一届海峡两岸花卉博览会”金奖。2004年，获“中日韩国际茶文化交流会四星级茶王”称号。2006年，平和九峰茶叶有限公司被漳州市消费者权益保护委员会授予“诚信单位”称号。“九丰”牌白芽奇兰茶产品通过国家质监总局食品质量安全QS生产许可认证。2007年，“九丰”牌白芽奇兰茶获“福建省名牌产品”称号。平和九峰茶叶有限公司被授予“漳州市基层文化中心”称号。

平和县天醇茶业有限公司　址在小溪镇。2000年创办，主营白芽奇兰茶加工和销售。企业以“科技兴茶，质量为本”为宗旨，走“公司+基地+农户”发展路子，实行“订单农业”模式，创建白芽奇兰茶品牌，开发出以“天醇”为注册商标的白芽奇兰茶七大系列几十个品牌产品。拥有193公顷茶叶生产基地，年加工能力362吨。2003年，“天醇”牌白芽奇兰茶获农业部“无公害茶叶”标准认证，获得“上海国际茶文化节”金奖。2005年，“天醇”被认定为“漳州市知名商标”。2006年，“天醇” 牌白芽奇兰茶产品通过国家质监总局食品质量安全QS生产许可认证。2007年，“天醇”牌白芽奇兰茶获“福建省著名商标”称号。在海峡两岸茶博会上被评为“闽台名茶”。

平和闽鑫白芽奇兰茶总厂 址在山格镇。2002年3月创办，主营白芽奇兰茶加工，年加工能力100吨。企业本着“以人为本，质量第一，信誉第一，客户第一，服务第一”宗旨，开发出“闽鑫”牌白芽奇兰茶系列产品，获得农业部“无公害农产品”标志认证。2003年，平和闽鑫白芽奇兰茶总厂被农业部授予“全面质量管理达标企业”称号，“闽鑫”牌白芽奇兰茶获得“上海国际茶文化节”金奖。2004年，“闽鑫”牌产品获“厦门国际茶博会四星级国际茶王”称号。2006年，“闽鑫”牌白芽奇兰茶产品通过国家质监总局食品质量安全QS生产许可认证。2007年，“闽鑫”牌白芽奇兰茶获“福建省著名商标”称号。

福建向荣大芹山茶叶发展有限公司 址在小溪镇。2003年5月创办，拥有732公顷山地、6家年产80吨初制茶厂和1家加工毛茶500吨的精制茶厂，置有台湾制茶设备和灯光诱杀虫测报灯。大芹山上266.67公顷有机茶园种植白芽奇兰茶和新引进品种（国家级良种）金观音、铁观音等，实行标准化管理。12月，大芹山有机茶园获得福建省环保局“省级有机茶示范基地”认证。2004年，茶园获得福建省有机食品认证中心颁发的“有机基地转换证书”。2006年1月，茶园获国家环保总局南京有机产品认证中心“有机茶基地”认证。当年，铁观音茶获“第九届（崂山）国际茶文化金奖”称号。2007年，白芽奇兰茶获国家质监总局食品质量安全QS生产许可认证。

漳州大芹云顶茶叶有限公司 址在大溪镇大芹山，2007年8月创办，拥有130多公顷茶叶生产基地，主要产品有白芽奇兰、台湾乌龙和大红袍等，年加工能力200吨。

第四节 获取奖誉

一、国内奖誉

1989年5月，白芽奇兰茶被福建省名茶评委会评为“一等奖”。1991年7月，白芽奇兰茶被福建省名茶评委会评为“优质奖”。1992年6月，白芽奇兰茶被福建省名茶评委会评为“优质奖”。1993年7月，白芽奇兰茶分别获得福建省名茶评委会“优质奖”和第二届中国专利新技术新产品博览会“金奖”。白芽奇兰茶被国家茶叶质量检验检测中心评定为“青茶类优质产品”。1994年6月，白芽奇兰茶被首届闽台“天福杯”（漳浦）名茶评委会评为“一等奖”。1995年6月，白芽奇兰茶被福建省茶叶专业品种审定组评为“福建名茶”。1996年，白芽奇兰茶被福建省名优茶审评委员会评为“省优质茶”。1997年11月、1998年10月，白芽奇兰茶均被福建省名茶评委会评为“福建名茶”。

2000年，平和县被中国特产之乡推荐暨宣传活动组织委员会评为“中国茶叶（白芽奇兰茶）之乡”。2002年，白芽奇兰茶被福建省人民政府授予“福建省名牌产品”称号，“彭溪”牌被认定为“福建省著名商标”。白芽奇兰茶“天宗”“彭溪”“白芽奇兰”和“九丰”牌通过国家质检总局白芽奇兰茶原产地注册。2007年，白芽奇兰茶被评为福建省五大茶叶名品之一，获海峡两岸茶博会“闽台名茶”称号，并被列为茶博会礼品茶。

二、国际奖誉

1997年，“白芽”牌白芽奇兰茶在意大利米兰国际轻工博览会上获得“金奖”。1998年，白芽奇兰茶在澳门首届国际东方茶文化博览会上获得“金奖”。1999年5月，白芽奇兰茶在昆明世博会上获“银奖”称号。2003年，白芽奇兰茶在上海国际茶文化节上获得“金奖”。2005年，白芽奇兰茶在美国纽约第五届国际名茶品评会上获得“银奖”。

第二章 果

第一节 果树品种与主栽地

一、品种

（一）当地品种

1989年年初，平和县果树有20科88个品系。其中，柑主要有“芦柑”“蕉柑”“福橘”和“橙”等品种，柚有“琯溪蜜柚”“文旦柚”和“坪山柚”等品种，龙眼有“红核龙眼”“赤壳龙眼”“青壳龙眼”和“福眼”等品种，荔枝有“早红”“兰竹”和“乌叶”等品种，香蕉有“天宝蕉”“粉蕉”和“台湾蕉”等品种，桃有“早尖桃”“晚尖桃”“梨子桃”和“毛桃”等品种，李有“双花李”“芙蓉李”和“奈李”等品种，梨有“山东梨”“香水梨”“禾花梨”和“鸟梨”等品种，杨梅有“红梅”“白梅”和“苏核梅”等品种，柿有“红柿”“山柿”和“牛心柿”等品种，橄榄有“柴橄榄”“乌橄榄”和“惠园橄榄”等品种，杧果有“红花芒果”“白花芒果”和“印度芒果”等品种。

（二）引进品种

1990—2007年，先后引进龙眼、桃、李、柑橘、芭乐、青枣、香蕉、木瓜和莲雾等新品种。

龙眼　1990—1994年，引进“福眼”“水涨”“冬壁”和“乌龙岭”等品种。1995—1997年，引进“八一早”“水南一号”和“储良1号”等品种。

桃　1990—1998年，引进中国台湾地区“脆桃”、美国“红桃“等品种。

李　1990—1998年，引进美国“乌李”、中国台湾地区“油奈”等品种。

柑　1991—1993年，引进美国“夏橙”、美国“齐橙”等品种。1995—2005年，引进美国“贸谷柑”品种。

芭乐　1993—1997年，引进台湾“芭乐1号”、台湾“芭乐2号”、台湾“芭乐3号”（珍珠芭乐）和台湾“芭乐6号”（红皮芭乐）等品种。

青枣　1996—1997年，引进台湾“高朗青枣”品种。2006—2007年，引进台湾“黄冠青枣”“脆蜜青枣”等品种。

香蕉　1996—2000年，引进脱毒组培蕉苗，培育“红皮蕉”品种。1997—1998年，选育“国强美蕉”品种，进行组培育苗并推广种植。

木瓜　2006—2007年，引进台湾木瓜品种。

莲雾　2006—2007年，引进台湾“乌珍珠莲雾”品种。

二、主栽地

1989年，柑橘主栽地有坂仔、文峰、霞寨、九峰、南胜、五寨、山格、小溪、芦溪和国强等乡镇，柚主栽地有小溪、山格、坂仔、安厚、文峰、霞寨和九峰等乡镇，龙眼主栽地有小溪、山格、南胜、坂仔、五寨、安厚、大溪和霞寨等乡镇，荔枝主栽地有山格、五寨、小溪、南胜、大溪、国强和安厚等乡镇，香蕉主栽地有文峰、山格、小溪、坂仔、南胜、霞寨、国强和安厚等乡镇，菠萝主栽地有山格、文峰、小溪、坂仔、南胜、五寨、国强和安厚等乡镇，梨主栽地有坂仔、崎岭、九峰、芦溪、长乐和山格等乡镇，杨梅主栽地有霞寨、崎岭、九峰、芦溪和大溪等乡镇，柿主栽地有崎岭、芦溪、长乐、国强和九峰等乡镇，橄榄主栽地有崎岭、国强和九峰等乡镇，枇杷主栽地有霞寨、崎岭、国强和小溪等乡镇。桃、李全县各地均有种植。1990年起，先后引进的龙眼、桃、李、柑橘、芭乐、青枣、香蕉、木瓜和莲雾等新品种在各地种植。

2007年，柚主栽地有小溪、霞寨和坂仔等乡镇，香蕉主栽地有坂仔、国强和安厚等乡镇，柑橘主栽地有文峰、坂仔和国强等乡镇，龙眼主栽地有南胜、五寨和大溪等乡镇，荔枝主栽地有五寨、大溪和南胜等乡镇，杨梅主栽地有九峰、南胜和崎岭等乡镇，橄榄主栽地有国强、崎岭和山格等乡镇，柿子主栽地有芦溪、九峰和山格等乡镇，李主栽地有秀峰、芦溪和九峰等乡镇，菠萝主栽地有山格、坂仔和霞寨等乡镇，桃主栽地有九峰、芦溪和长乐等乡镇，芒果主栽地有山格、秀峰等乡镇，枇杷主栽地有秀峰、山格和九峰等乡镇，梨主栽地有芦溪镇和秀峰乡，青枣主栽地有山格、南胜和小溪等乡镇，芭乐主栽地有山格、坂仔和小溪等乡镇。

2007年平和县主要果树品种及主栽地情况表

表13-2-1

种类	品种	主栽地
柚	琯溪蜜柚、文旦柚、坪山柚	小溪、霞寨、坂仔、山格、芦溪、文峰、崎岭、南胜
香蕉	天宝蕉、粉蕉、台湾蕉、红皮蕉、美蕉	坂仔、国强、安厚、大溪、南胜、小溪、山格、文峰
柑橘	芦柑、蕉柑、福橘、夏橙、齐橙、贸谷柑	文峰、坂仔、国强、南胜、九峰、山格、崎岭、芦溪
龙眼	红核龙眼、赤壳龙眼、青壳龙眼、福眼、冬壁龙眼、乌龙岭龙眼	南胜、五寨、大溪、长乐、坂仔、山格
荔枝	早红荔枝、兰竹荔枝、乌叶荔枝	五寨、大溪、南胜、坂仔、山格、文峰、安厚
杨梅	红梅、白梅、苏核梅	九峰、南胜、崎岭、芦溪
橄榄	柴橄榄、乌橄榄、惠园橄榄	国强、崎岭、山格
柿子	红柿、山柿、牛心柿	芦溪、九峰、山格、秀峰、崎岭、长乐、大溪
李子	双花李、芙蓉李、奈李	秀峰、芦溪、九峰、五寨、霞寨、崎岭
菠萝	当地种、沙捞越种、菲律宾种、台湾菠萝	山格、坂仔、霞寨、大溪
桃	早尖桃、晚尖桃、梨子桃、毛桃、台湾脆桃、美国红桃	九峰、芦溪、长乐、五寨
芒果	红花芒果、白花芒果、印度芒果	山格、秀峰
枇杷	当地品种	秀峰、山格、九峰、国强、南胜
梨	山东梨、香水梨、禾花梨、鸟梨	芦溪、秀峰
青枣	台湾高朗青枣、台湾黄冠青枣、台湾脆蜜青枣、台湾贵妃可青枣	山格、南胜、小溪、文峰
芭乐	台湾芭乐1号、台湾芭乐2号、台湾芭乐珍珠芭乐）、台湾红皮芭乐	山格、坂仔、小溪、五寨、南胜

第二节 果树种植

一、种植面积

1989年，平和县果树种植面积9980.8公顷，其中坂仔乡、小溪镇、文峰乡、霞寨乡、大溪乡、山格乡、芦溪乡、国强乡、九峰镇、南胜乡、崎岭乡、安厚乡、五寨乡分别占12.73%、12.16%、8.68%、8.09%、7.72%、7.28%、6.82%、6.8%、6.49%、5.87%、4.52%、4.39%和3.93%。柑橘、香蕉、蜜柚、荔枝、龙眼、杨梅、橄榄、枇杷、菠萝、柿子、李子、桃和梨种植面积分别为3159.33公顷、1521.67公顷、1046.53公顷、1133.4公顷、168.27公顷、86.47公顷、181公顷、109.07公顷、276.6公顷、477.47公顷、722.47公顷、131.27公顷和113.07公顷。1995年，果树种植面积1.98万公顷，其中柑橘、蜜柚、香蕉、荔枝、龙眼、杨梅、橄榄、枇杷、菠萝、柿子、李子、桃、梨种植面积分别占15.93%、37.6%、15.49%、13.07%、5.69%、0.42%、1.31%、0.22%、1.13%、3.73%、2.27%、0.62%和0.51%。

南胜镇青枣基地　（南胜镇 提供）

1998年，果树种植面积3.04万公顷，其中小溪镇、坂仔镇、文峰镇、山格镇、大溪镇、霞寨镇、南胜镇、芦溪镇、安厚镇、九峰镇、五寨乡、国强乡、崎岭乡分别占11.71%、10.69%、9.21%、9.11%、8.15%、7.76%、6.62%、6.51%、6.49%、5.72%、4.72%、4.13%和3.77%。2000年，果树种植面积3.37万公顷，其中柑橘、蜜柚、香蕉、桃、梨分别占7.78%、37.52%、21.81%、0.81%和0.78%。2001年，果树种植面积3.42万公顷，其中柑橘、香蕉、蜜柚、荔枝、龙眼、杨梅、橄榄、枇杷、菠萝、柿子、李子、青枣、芭乐分别占7.6%、18.84%、415、13.14%、7.75%、0.32%、0.94%、0.22%、0.29%、3.94%、1.36%、0.34%和1.28%。2004年，果树种植面积3.59万公顷，其中青枣、芭乐分别占1.14%和1.62%。

2007年，全县果树种植面积4.44万公顷，其中坂仔镇、山格镇、霞寨镇、小溪镇、芦溪镇、国强乡、南胜镇、大溪镇、文峰镇、崎岭乡、五寨乡、安厚镇、九峰镇分别占12.45%、10.33%、10.26%、8.62%、7.77%、7.34%、7.32%、7.31%、6.21%、5.14%、5.01%、4.25%和2.59%。柑橘、蜜柚、香蕉、荔枝、龙眼、杨梅、橄榄、枇杷、菠萝、柿子、李子、青枣和芭乐种植面积分别为1867.33公顷、2.9万公顷、4220公顷、3793.87公顷、1780.4公顷、59.2公顷、59.2公顷、41.87公顷、29.2公顷、989.47公顷、225.33公顷、800.47公顷和765.2公顷。

二、采摘面积

1989年，全县果树采摘面积3183.33公顷，其中柑橘、香蕉、蜜柚、荔枝、龙眼、杨梅、橄榄、枇杷、菠萝、柿子、李子、桃、梨分别占28.38%、38.17%、1.77%、9.47%、1.72%、0.18%、0.03%、0.1%、6.2%、2.43%、5.77%、0.92%和1.2%。1995年，果树采摘面积9372.67公顷，其中柑橘、香蕉、蜜柚、荔枝、龙眼、杨梅、橄榄、枇杷、菠萝、柿子、李子、桃、梨分别占26.13%、30.83%、20.74%、10.04%、2.03%、0.42%、0.19%、0.15%、1.72%、2.15%、2.94%、0.74%和0.48%。

五寨乡埔坪村引进的台湾莲雾种植园　（五寨乡 提供）

2000年，果树采摘面积2.16万公顷，其中柑橘、蜜柚、香蕉、桃、梨分别占10.7%、41.39%、33.03%、0.23%和0.23%。2001年，果树采摘面积2.21万公顷，其中柑橘、蜜柚、香蕉、荔枝、龙眼、杨梅、橄榄、枇杷、菠萝、柿子、李子、青枣、芭乐分别占10.16%、27.93%、45.11%、6.36%、1.51%、0.24%、0.43%、0.21%、0.41%、3.83%、0.89%、0.5%和1.55%。2004年，果树采摘面积2.45万公顷，其中青枣、芭乐分别占 1.41% 和 1.72%。

2007 年，全县果树采摘面积 3.6 万公顷，其中柑橘、蜜柚、香蕉、荔枝、龙眼、杨梅、橄榄、枇杷、菠萝、柿子、李子、青枣、芭乐分别占 4.45%、68.19%、11.65%、4.49%、2.04%、0.14%、0.12%、0.09%、0.07%、2.52%、0.49%、2.04% 和 2.1%。

三、水果产量

1989 年，全县水果产量 2.64 万吨，其中坂仔乡、山格乡、小溪镇、南胜乡、霞寨乡、国强乡、芦溪乡分别占 40.55%、13.87%、12.11%、6.43%、3.73%、3.44% 和 2.96%。柑橘、香蕉、蜜柚、荔枝、龙眼、杨梅、橄榄、枇杷、菠萝、柿子、李子、桃和梨产量分别占全县水果产量 18.5%、69.75%、0.8%、1.7%、1.41%、0.03%、0.02%、0.03%、2.19%、0.83%、1.96%、0.41% 和 0.69%。1995 年，水果产量 17.34 万吨，其中柑橘、香蕉、蜜柚、荔枝、龙眼、杨梅、橄榄、枇杷、菠萝、柿子、李子、桃、梨分别占 14.91%、56.87%、19.17%、3.69%、0.47%、0.07%、0.13%、0.03%、1.53%、0.89%、0.8%、0.6% 和 0.38%。1998 年，水果产量 41.84 万吨，其中坂仔镇、小溪镇、山格镇、文峰镇、南胜镇、国强乡、霞寨镇、九峰镇分别占 29.41%、16.89%、10.21%、6.51%、5.67%、5.37%、4.21% 和 3.15%。

2000 年，果树产量 52.39 万吨，其中香蕉、蜜柚、桃、梨分别占 44.39%、43.65%、0.07% 和 0.08%。2001 年，水果产量 55.15 万吨，其中柑橘、蜜柚、香蕉、荔枝、龙眼、杨梅、橄榄、枇杷、菠萝、柿子、李子、青枣、芭乐分别占 4.79%、36.61%、50.88%、1.1%、0.18%、0.04%、0.05%、0.04%、0.14%、1.63%、0.2%、1.15% 和 2.9%。2004 年，水果产量 66.54 万吨，其中青枣、芭乐分别占 0.14% 和 0.03%。

2007 年，全县水果产量 85.08 万吨，其中坂仔镇、小溪镇、山格镇、霞寨镇、国强乡、文峰镇、南胜镇、芦溪镇、崎岭乡、安厚镇、九峰镇、大溪镇分别占 19.27%、17.37%、11.85%、10.72%、7.2%、5.72%、5.63%、5.37%、4.33%、2.79%、2.4% 和 2.09%。柑橘、香蕉、蜜柚、荔枝、龙眼、杨梅、橄榄、枇杷、菠萝、柿子、李子、青枣和芭乐产量分别占全县水果产量 3.03%、18.75%、70.75%、0.76%、0.56%、0.02%、0.01%、0.04%、0.04%、0.48%、0.2%、2.54% 和 2.37%。

若干年份平和县果树种植情况表

表 13-2-2　　单位：公顷、吨

年份	种植面积	其中	水果产量	年份	种植面积	其中	水果产量
		采摘面积				采摘面积	
1989	9980.8	3183.33	26417	2001	34151.27	22088.4	551524
1993	16385.73	7650.2	88058	2004	35905.33	24461.46	665363
1997	28495.67	16296.87	334544	2007	44444.53	35993	850808

第三节　香　蕉

一、栽培技术

1989 年，平和县农业局科技人员、香蕉种植大户蔡水成采用香蕉果串套袋保温防机械伤，应用“九二〇”“2.4-D”等激素促进蕉指膨大伸长等技术，香蕉获得增产增收。1993 年，科技人员针对香蕉早春种植，晚秋至冬至收蕉；香蕉缩根栽培，抽蕾期在 7—9 月台风灾害期，风险大，冬季收蕉上市时为柑橘类上市高峰期，没有价格优势；香蕉缩根栽培易发生缩顶病害而造成严重失收等状况，将春季移栽定植期调至清明至谷雨节气；抽蕾期调控在 9 月下旬至 10 月上旬，避过台风灾害期；在大雪节气前后蕉果达到 8 成成熟时，加强冬季低温、霜冻的防护并利用低温抑制后熟，在春节后水果供应相对空档期采蕉上市而获得高效，亩产 15% ～ 25%。推广标准蕉园建设技术，采用全层深翻 50 ～ 60 厘米培肥，隔 2 行深挖围沟及 2 行挖 1 畦沟，围沟深 70 ～ 80 厘米、宽 60 厘米，畦沟深 50 ～ 60 厘米、宽 50 厘米，达到蕉园排、灌流畅，旱灌半沟水，气温协调，养根壮苗，获得增产增收。

坂仔香蕉 （坂仔镇 提供）

1996 年起，引进脱毒组培蕉苗和红皮蕉新品种栽培，调整密植规格，改每亩(667 公顷)定植 150 ～ 200 株为 120 ～ 150 株。推广蕉果采收后留地面半截蕉杆以回流养分，促进吸芽苗粗壮生长；大量施用豆饼等有机肥和充分利用蕉杆、蕉叶回田培肥；增施磷、钾肥，氮、磷、钾按 1:0.6:0.8:1.4:1.6 的比例施用化肥等栽培技术。1998 年，科技人员为解决香蕉连作致病虫害潜伏危害和地力衰退障碍，在老蕉园采取稻蕉水旱轮作技术，即种 1 季早稻，在早稻中后期套种假植长至 15 ～ 16 叶的脱毒组培蕉苗，获得稻丰产蕉增收的综合效益。2000 年起，采用每株蕉竖立竹柱三节绑固（基茎段、中茎段绑固，蕉串弯头时吊绑）防抗 7—9 月台风灾害，及早于断蕾后用蓝膜套袋保温防寒和蕉串弯头时遮护防霜冻等防灾减灾适用技术。推广蕉园立体种植，利用蕉园前期空间间作大豆、花生和甜玉米等作物，利用后期遮护环境蕉杆、蕉叶等栽培蘑菇等食用菌，获得高效。

2003 年，推广扶托采摘、垫物放置、蕉果保鲜和垫包装运等提高商品率新技术。2006—2007 年，推广年年换茬、沟畦轮种栽培技术，减少束顶病的发生，获得优质高产。

二、病虫害及防治

病虫害　1989—1995 年，县境香蕉主要病虫害有叶斑病、束顶病、黑星病、花叶心腐病和螨类等，每年发生面积占种植面积 65% ～ 75%。其中，叶斑病株发病率 40% ～ 50%，束顶病株发病率 2% ～ 8%，烂甲腐烂病株发病率 2% ～ 10%。1996—2007 年，香蕉主要病虫害有叶斑病、束顶病、黑星病、花叶心腐病、枯萎病、象鼻虫、蚜虫、线虫、木虱和斜纹夜蛾等。

病虫害防治　1989 年，县境香蕉发生束顶病、花叶心腐病等病害。采用植病灵、病毒 A 和铜制剂等农药进行防治。1999 年，香蕉发生束顶病、花叶心腐病和螨类等病虫害。采用哒螨灵、水胺硫磷、杀灭菊酯和氯氰菊酯等农药进行防治。2007 年，香蕉发生叶斑病、束顶病、黑星病、花叶心腐病、象鼻虫、蚜虫、木虱和斜纹夜蛾等病虫害。采用可杀得、百菌清、普力克、安泰生和甲霜灵等杀菌剂，叶蝉散、哒螨灵、螨危和克螨特等杀虫剂进行防治。

三、种植面积与产量

1989 年，平和县以坂仔香蕉示范基地为中心，建成坂仔、小溪和山格等 3 个万亩（667 公顷）香蕉基地。当年，全县香蕉种植面积 1522 公顷，采摘面积 1215 公顷，总产量 1.84 万吨。其中坂仔乡、山格乡、小溪镇、南胜乡、文峰乡、霞寨乡、国强乡分别占 45.2%、17.01%、12.73%、6.63%、4.35%、4.32% 和 4.08%。1995 年，坂仔镇香蕉新种植面积 1429 公顷，占全县新种植面积 85%。1996 年，坂仔、国强、南胜、安厚和大溪等 5 个乡镇香蕉新种植面积 720 公顷，占全县新种植面积 62%。

1998 年，安厚、大溪等 2 个镇香蕉新种植面积 720 公顷，占全县新种植面积 62%。全县香蕉产量 21.28 万吨，其中坂仔镇、安厚镇、南胜镇、国强乡、山格镇、小溪镇、大溪镇分别占 50.87%、16.09%、7.53%、6.93%、6.43%、5.03% 和 3.94%。1999 年，全县香蕉种植面积 7481 公顷，采摘面积 7096 公顷，总产量 23.43 万吨。2000 年，大溪、安厚等 2 个镇香蕉新种植面积 673 公顷，占全县新种植面积 93%。2003 年，全县香蕉种植面积、采摘面积、总产量分别比 1999 年减少 42.53%、43.08% 和 28.52%。

2007 年，香蕉主要种植地有坂仔镇，国强乡低山区域各村，大溪镇江寨村、大松村、后时村，南胜镇西南区域各村，小溪镇溪洲村、五村村等。当年，全县香蕉种植面积 4220 公顷，采摘面积 4194 公顷，总产量 15.95 万吨。其中，坂仔镇、国强乡、安厚镇、大溪镇、南胜镇、小溪镇、山格镇香蕉产量分别占 51.64%、16.99%、10.74%、8.78%、3.53%、3.11% 和 2.94%。

若干年份平和县香蕉种植情况表

表 13-2-3 单位：公顷、吨

年份	种植面积	其中	香蕉产量	年份	种植面积	其中	香蕉产量
		采摘面积				采摘面积	
1989	1522	1215	18415	2001	6442	6172	201926
1993	2257	1986	50397	2004	4353	4258	172487
1997	5543	5352	184842	2007	4220	4194	259541

四、获取奖誉

1995 年，坂仔香蕉取得中国绿色食品发展中心“绿色食品”认证。1996 年 3 月，坂仔镇被首批百家中国特产之乡命名暨宣传活动组委会授予“中国坂仔香蕉之乡”称号。2000 年 12 月，平和县被中国特产之乡推荐暨宣传活动组织委员会授予“中国香蕉之乡”称号。

第三章 琯溪蜜柚

第一节 新品种开发与果园建设

一、新品种开发

1998 年，小溪镇厝丘村果农林金山在采摘自家蜜柚时发现一株红肉琯溪蜜柚。随后县农业局科研人员组成课题组，在林金山的果园进行新品种选育，利用这株红肉蜜柚母树的芽穗，采用无性繁育技术，培育第一代红肉琯溪蜜柚苗木并开始试种。2003 年，果农林金山、林凯祥与福建省农科院果树研究所、平和县农业局协作，采用剪接穗嫁接隔离繁殖方法，共同培育红肉琯溪蜜柚苗木。至 2005 年，培育成功红肉琯溪蜜柚品种，并在多地进行适应性示范种植 100 公顷。2006 年，红肉琯溪蜜柚经福建省主要农作物品种认定委员会认定为“闽认果 2006006 红肉蜜柚新品种”。新品种红肉琯溪蜜柚除果肉为红色外，包括果皮、株型、梢叶等其他外观性状特征与琯溪蜜柚无异，而红肉性状要有较好的温光条件才能显现，适合于县境海拔 400 米以下地区种植。当年，平和县把红肉琯溪蜜柚新品种作为产业多元化互补优良品种进行推广，在小溪镇迅速推广种植。福建天意红肉蜜柚开发有限公司在五寨乡以万株果场规模试种 20 公顷。同时在部分果园探讨高接换种红肉琯溪蜜柚技术。2007 年，全县红肉琯溪蜜柚种植面积 1200 公顷，产量 2.5 万吨。

二、果园建设

1989年起，平和县在承担实施全国柚类技术科研协作攻关课题项目带动下，对包括耕地和山地不规范、用传统方法开垦的蜜柚园进行“三保”（保土、保水、保肥）标准果园改造和新果园建设。对耕地种植蜜柚的柚园进行根冠外四向扩穴、破犁底层填料（农家肥）和深挖排水沟排渍等培肥养根改造；对山地柚园进行格台后岸梯壁留用自然良种性杂草覆盖，梯壁下方挖竹节沟，株间根冠外深挖扩穴填料（农家肥）培肥、蓄水，格台前岸筑埂保土、保水和保肥等改造。对新种植蜜柚的柚园在移栽定植之前进行全层破犁底层，深翻建园和按每亩（667 平方米）45 ～ 55 株规格定植；对新开垦的山地果园在移栽定植之前，严格按“三保”标准果园进行建设，按每亩 35 ～ 45 株规格定植。2002 年起，应用挖掘机开垦和建设新果园，在定穴、定植前一次性进行种植格台整建、全层松翻土和条沟填料，达到“三保”标准果园的建设规格，以保投产后的蜜柚稳产高产。

第二节 栽培技术

一、种苗培育技术

1989—1992 年，全县除少数采用在柚园投产的柚树上高压育苗外，大部分采用苗圃嫁接育苗。嫁接育苗以秋季培育为主，在砧木苗培育至 0.8 ～ 1 厘米时，采用橘子、柠檬和枳壳苗为砧木，投产柚树成熟的夏梢、秋梢为嫁穗，选倒 2 ～ 5 穗芽进行嫁接；以切接为主，在离地面 12 ～ 15 厘米处进行截顶切接，用地膜作嫁接包膜，待苗木嫁接成活的第一次梢成熟后，拆去包膜。培育的嫁接柚苗长 3 次梢后，待最后 1 次梢转绿成熟，或苗木高 30 厘米以上、顶梢转绿成熟即可出圃定植。

1993—1995 年，县农业局科技人员针对橘子、柠檬根系不发达和枳壳亲和性较差等问题，优选推广和普及酸柚为砧木进行嫁接育苗，以提高苗木长势与丰产性。适于夏季嫁接成活的酸柚砧木苗播种、移栽定植，嫁接时间分别为 11—12 月、2—4 月、6—7 月；当砧苗基茎培育至 0.8 ～ 1 厘米时，在离地面 10 厘米处腹接，嫁接位以上暂留 5 ～ 6 叶茎高以蒸发水分，待嫁接口愈合（须留 18 ～ 20 天），剪除此段后须及时拆除嫁接膜。

1998 年，种苗培育苗圃改人工除草为化学除草，以减少人工投入而降低育苗成本。2006 年，采用秋季切接、冬季大棚保温培育柚苗，苗木生长快速，冬梢正常转绿后成熟。同时针对大棚温室环境培育的柚苗难适应露天生长问题，采用从选取通风以适应降温至掀膜以适应露天生长等措施进行育苗。2007 年，嫁接育苗的成活率 69.75%，比 2006 年提高 4.75 个百分点。

二、促花保果技术

1989 年起，县农业局科技人员在蜜柚的不同树龄、不同时间和不同海拔立地等条件下继续进行试验与研究，总结出促花环剥（割）大雪前，保果环剥（割）冬至后，谢花 2 / 3 时用“九二〇”“2.4-D”“爱多收”和“芸苔素”等激素喷施保果，以及春梢展叶至幼果期根外施肥营养保果等技术。1994 年，在使用“多效唑”喷施、调控成花基础上，应用“多效唑”降解柚树内源赤霉素，促进养分积累和成花功效，解决壮旺树和中、高海拔柚区成花结果稳定性等问题，达到柚树稳产和丰产。

三、平衡施肥与裂果纠治技术

1996年起，科技人员针对柚园偏多施用化肥（氮肥），柚树营养足，生长茂盛，成花结果较难调控的问题，采用增施有机肥，大量、常量化肥中氮、磷、钾、钙、镁施用比例为1 ∶ 0.6 ∶ 0.8 ∶ 0.2 ∶ 0.15，硼、锌、锰和钼根外喷施的平衡施肥技术予以解决。1998年起，科技人员针对蜜柚果汁胞木栓化及裂果难题，采取增施有机肥、确保灌溉以满足正常生长所需水量，因土、因树、因产而合理施用化肥以促树势生长茂盛，在柚树挂果时培育中果，少施“九二〇”等外源激素等技术措施，取得明显纠治效果。2007年，平衡施肥技术和果汁胞木栓化、裂果纠治技术在全县普及应用。

第三节　病虫害及防治

一、病虫害

1989年，县境蜜柚发生的病虫害有炭疽病、疮痂病、溃疡病、红蜘蛛、蚧壳病和潜叶蛾等。1993年，锈壁虱虫害面积2333公顷。2001年，白粉虱害虫入侵，导致蜜柚烟煤病。吸果夜蛾虫害面积1667公顷。2002年，橘小实绳入侵。2003年，全县蜜柚煤烟病害面积10000公顷。因橘小实绳杂食性强，寄主有200多种，繁殖系数200多倍，危害大，幼虫蛀食柚果果肉，尤其在柚果成熟中后期受害严重。2004年，橘小实蝇虫害面积13333公顷。2005年，橘实蕾瘿蚊害虫入侵县内高海拔柚区，危害蜜柚果实并造成部分柚树失收。2007年，红蜘蛛、锈壁虱虫害面积3.83万公顷。橘小实蝇发生期比2006年提早20天左右，蜜柚果受害率5%。

二、病虫害防治

1989年，蜜柚发生炭疽病、疮痂病、溃疡病、红蜘蛛、蚧壳病和潜叶蛾等病虫害，受害面积2867公顷次。采用代森锌、多菌灵、甲基托布津、铜制剂和百菌清等杀菌剂，水胺SP、氧化乐果、久效磷、三氯杀螨醇和杀虫脒等杀虫剂进行防治，防治面积5333公顷次。

1996年，蜜柚发生炭疽病、疮痂病、溃疡病、红蜘蛛、锈壁虱、蚧壳病和潜叶蛾等病虫害，受害面积1.55万公顷次。采用代森锰锌、甲基托布津、铜制剂和三唑铜等杀菌剂，哒螨灵、三唑锡、氯氰菊酯、三唑磷、尼索朗和克螨特等杀虫剂进行防治，防治面积1.95万公顷次。

2001年，采用内吸性的吡虫啉类新农药，结合摘除不整齐的夏梢、秋梢，在新梢萌发初期喷施，有效防治白粉虱虫害。2002年，蜜柚发生炭疽病、疮痂病、溃疡病、红蜘蛛、锈壁虱、蚧壳病、潜叶蛾、吸果夜蛾和橘小实蝇等病虫害，受害面积1.51万公顷次。采用多菌灵、甲基托布津、甲霜灵、百菌清和代森锰锌等杀菌剂，水胺硫酸、叶蝉散、菊酯类、久效灵和三氯杀螨醇等杀虫剂进行防治，防治面积5.4万公顷次。2003年，采取在橘小实蝇入侵前期结合其他病害用药防治，中期诱蝇醚诱杀，后期果实套袋和及时处理虫害果，压低越冬虫源的综合防治技术，有效控制橘小实蝇虫害。

蜜柚套袋技术

2005—2006年，采用冬季果园铲除杂草，浅耕表土以斩断寄生场所；初花期撒施生石灰粉；初花期、谢花期和柚果柑粒期用低毒内吸性的吡虫啉、毒死蜱等新农药加强防治幼虫的综合防治技术，有效防治和控制蕾瘿蚊病害。及早采用“一诱、二喷、三套袋、四把废果埋地下”综合防治措施，控制橘小实蝇虫害。

2007年，蜜柚发生炭疽病、疮痂病、溃疡病、黄斑病、煤烟病、红蜘蛛、锈壁虱、蚧壳病、潜叶蛾、橘小实蝇、蕾瘿蚊和粉虱等病虫害，受害面积10.13公顷次。采用可杀得、三环唑、代森铵、普力克和安泰生等杀菌剂，叶蝉散、哒螨灵、阿克泰、螨危和克螨特等杀虫剂进行防治，防治面积13.19万公顷次。

第四节 苗圃面积与育苗量

一、苗圃面积

1989年，全县蜜柚苗圃面积1.37公顷。1999年，苗圃面积比1989年增长1.68倍。2007年，全县蜜柚苗圃面积9.67公顷，比1989年增长6.06倍。

二、育苗量

1989年，全县育苗41.23万株，成活22.7万株，成活率55.06%。1999年，育苗量、成活数分别比1989年增长2.12倍和2.37倍；成活率比1989年提高4.48个百分点。2007年，全县育苗360.5万株，成活252.18万株，分别比1989年增长7.74倍和10.11倍；成活率69.75%，比1989年提高14.69个百分点。

1989—2007年平和县琯溪蜜柚苗木培育情况表

表13-3-1　　单位：公顷、万株、%

年份	苗圃面积	育苗数	成活数	成活率	年份	苗圃面积	育苗数	成活数	成活率
1989	1.37	41.23	22.7	55.06	1999	3.67	128.6	76.57	59.54
1990	2.33	81.26	47.14	58.01	2000	4.33	154.5	90.62	58.66
1991	3.9	134.2	77.83	58	2001	5.67	201.7	120.99	59.99
1992	4.03	151.2	63.94	42.29	2002	3	107.5	64.43	59.93
1993	4.13	156.4	92.66	59.25	2003	4.13	149.8	89.9	60.01
1994	8.69	325.9	195.55	60	2004	9.2	340.5	221.31	65
1995	6.8	231	138.62	60	2005	16.33	608.8	395.71	65
1996	7	256.7	154.06	60.02	2006	7.67	275.5	179.05	65
1997	6.93	261.8	157.12	60.02	2007	9.67	360.5	252.18	69.75
1998	3.37	111.8	66.98	59.91					

第五节 种植面积与产量

一、种植面积

1989年，全县蜜柚种植面积1046.53公顷，其中当年新植260公顷。1992年，小溪、山格和霞寨等3个镇蜜柚种植面积1493公顷，占全县蜜柚种植面积53%。1994年，小溪、霞寨、崎岭和坂仔等4个乡镇当年蜜柚新植面积1660公顷，占全县新植面积73%。1995年，全县蜜柚种植面积7445.73公顷。2003年，全县蜜柚种植面积 1.56 万公顷。2007 年，全县蜜柚种植面积 2.9 万公顷。

二、产量

1989 年，全县蜜柚产量 210 吨，其中小溪镇、坂仔乡、文峰乡、崎岭乡蜜柚产量分别占全县的 68.1%、14.76%、7.14% 和 5.24%。1995 年，蜜柚产量 3.32 万吨。1998 年，蜜柚产量 15.73 万吨，其中小溪镇、山格镇、霞寨镇、文峰镇、九峰镇、崎岭乡分别占 36.88%、13.91%、10.14%、6.87%、6.58% 和 5.99%。2003 年，蜜柚产量 34.84 万吨。2004 年，小溪镇、霞寨镇、坂仔镇、山格镇、国强乡、文峰镇、芦溪镇、崎岭乡、九峰镇和南胜镇蜜柚产量分别占全县蜜柚产量 24.98%、19.46%、8.57%、8.3%、6.35%、6.19%、6.09%、4.96%、3.9% 和 3.17%。2007 年，全县蜜柚产量 60.19 万吨，其中小溪镇、霞寨镇、坂仔镇、山格镇、芦溪镇、文峰镇、崎岭乡、国强乡分别占 23.65%、14.91%、12.05%、10.73%、7.1%、6.11%、5.82% 和 5.32%。

若干年份平和县琯溪蜜柚种植面积与产量情况表

表 13-3-2 单位：公顷、吨

年 份	种植面积	采摘面积	蜜柚产量	年 份	种植面积	采摘面积	蜜柚产量
1989	1046.53	56.27	210	2001	14022.4	9969.67	280625
1993	3710.13	1070.13	13509	2004	18449.53	13140.4	403836
1997	10880.13	5506.2	94591	2007	28968.73	24548.8	601928

第六节 品牌建设

一、品牌提升

1989 年 12 月，平和琯溪蜜柚继 1983 年 12 月参加福建省柚类品评名列第一后，又参加全国优质水果评选会，综合得分名列柚类榜首，登上“柚王”宝座，被农业部授予“优质农产品”称号。1992 年，福建省平和县水果开发中心注册“琯溪”商标。1993 年，平和琯溪蜜柚获全国柚类品评总分第一名。此后，平和县以提升柚果品质为突破口，加大科技投入，成立蜜柚研究所，在建立良种基地，推进农业标准化生产，以无公害管理措施为实施重点的基础上，建立无公害平和琯溪蜜柚出口示范基地。1997 年 6 月，在“福建省平和县水果开发中心”基础上组建“福建省平和琯溪蜜柚发展中心”。7 月，以该中心名义申请注册“平和琯溪蜜柚”证明商标。2002 年 8 月，平和琯溪蜜柚获国家质量监督检验检疫总局颁发的原产地标记注册证书。

2003 年 1 月，平和县成为林业部全国无公害农产品生产示范基地县达标单位。县财政每年拨出数十万元，邀请省农林大学、省亚热带植物研究所、省农业厅的专家、教授与生产第一线的果农、科技人员协作，面向琯溪蜜柚生产，搞科研与创新，

蜜柚加工

总结和推广琯溪蜜柚速生丰产优质栽培技术，实施单株选育、提纯复壮工程，开展琯溪蜜柚粒化、裂瓣课题攻关。2006年，福建农林大学攻关克难，与平和县成功对接“琯溪蜜柚粒化、裂瓣及采后酸化症矫治技术产业化项目”。项目的实施，不仅提高蜜柚质量，而且蜜柚木质化、裂瓣率由35%降至5%以下。通过推广使用水果套袋、低残农药、生物防虫等先进技术，使优质果率提高至70%以上。是年，平和县农业局制定《平和琯溪蜜柚标准化生产示范项目实施方案》，在小溪、坂仔等2镇建立2万亩（1333公顷）核心示范区，在15个乡镇建立示范点，以点带面，推广蜜柚标准化生产技术。通过有线电视开展技术讲座、编印技术资料、举办培训班、集市技术咨询等形式，普及标准化生产技术。建立质量监督体系和产品追溯制度等，加强质量监控，提升蜜柚品质。

2007年，平和琯溪蜜柚获“中国良好农业规范认证”证书。“平和琯溪蜜柚”被国家工商总局认定“中国驰名商标”。从平和琯溪蜜柚变异株系中选育的“红肉蜜柚”新品种获国家专利，成为全国第一个获得国家品种权授权保护的柚类新品种。

二、品牌宣传

1989年，平和县重视品牌宣传工作，不断加大品牌宣传力度。历届县四套班子领导亲任“推销员”，到全国各大城市召开新闻发布会、展销会和品尝会，提高平和琯溪蜜柚知名度。1996年起，投入资金，连续8年在中央电视台黄金时段和全国各大媒体对平和琯溪蜜柚进行广泛宣传。

2005—2007年，平和县举办三届“福建（平和）琯溪蜜柚节”，加强平和琯溪蜜柚品牌宣传，扩大影响，提高知名度。

三、品牌保护

1989年起，平和县制定和完善平和琯溪蜜柚品牌管理制度。2000年，获“平和琯溪蜜柚”证明商标注册使用后，广泛开展琯溪蜜柚质量年活动，在全国柚类生产上率先制定《琯溪蜜柚综合质量标准》，指导果农按照国际化标准实施一整套科学规范的种植管理新技术，普遍发展无公害生产，以“绿色护照”应对国内外市场，特别是应对欧盟对进口水果的“绿色门槛”。2005年，制定《平和琯溪蜜柚证明商标使用管理规则》。《平和琯溪蜜柚证明商标使用管理规则》被国家商标局批准后，平和县琯溪蜜柚协会制订《平和琯溪蜜柚商标品牌使用公约》，作为行业规范。

2007年7月，“平和琯溪蜜柚”被列入中国与欧盟交换保护的10个地理标志产品之一。8月，平和县把“平和琯溪蜜柚”证明商标保护延伸到境外、国外，福建省平和琯溪蜜柚发展中心在法国、德国、意大利、荷兰、英国、比利时、葡萄牙、西班牙、瑞士、俄罗斯、新加坡、加拿大、澳大利亚、白俄罗斯、美国、卢森堡和中国香港等17个国家和地区成功注册国际证明商标。9月，“平和琯溪蜜柚”被国家工商总局认定为中国驰名商标。10月，制定《平和琯溪蜜柚质量与商标品牌管理办法》加强对平和琯溪蜜柚品牌的保护，并与中国超市联合采购交易联席会议共同发起，授予全国1000家超市“平和琯溪蜜柚直销点”牌匾。

第七节　蜜柚节与获取奖誉

一、蜜柚节

2005年10月、2006年10月，分别举办首届和第二届福建（平和）琯溪蜜柚节。2007年10月18日，举办第三届福建（平和）琯溪蜜柚节开幕式暨平和琯溪蜜柚获“中国驰名商标”庆祝大会，宣传“琯溪蜜柚”品牌，提高品牌知名度，促进琯溪蜜柚销售。在蜜柚节订货会上，现场签约蜜柚出口合同5万吨、国内销售合同20万吨。（详见卷二十三“文化 体育”）

二、获取奖誉

1989年12月，平和琯溪蜜柚参加全国优质水果评选会，综合得分名列柚类榜首，登上“柚王”宝座，被农业部授予“优质农产品”称号。1994年，平和琯溪蜜柚在全国第一次柚类评比中获“金杯奖”。1995年，平和县被首批百家中国特产之乡命名暨宣传活动组织委员会命名为“中国琯溪蜜柚之乡”。

1996年，“平和琯溪蜜柚”获中国绿色食品发展中心“绿色食品”标志使用权。1997年1月，平和琯溪蜜柚在福建省第二届优质水果评选会上获“柚类金奖”。1998年11月，平和琯溪蜜柚分别获得全国第五次柚类评比“金杯奖”和农业部柑橘及苗木质量监督检验测试中心颁发的“优质果品证书”。

2002年8月，“平和琯溪蜜柚”获得国家质量监督检验检疫总局颁发的“原产地标记注册证”。2002年、2005年，均被农业部列为“全国无公害农产品生产、出口示范基地县达标单位”。2006年9月，“平和琯溪蜜柚”获福建省著名商标认定委员会颁发的“福建省著名商标证书”。

2007年9月，“平和琯溪蜜柚”被国家工商总局认定为“中国驰名商标”。

卷十四 林 业

1989年，平和县以福建省实施“三、五、七”（不同地区分别用三年、五年、七年时间基本绿化荒山）造林绿化工程为契机，全县掀起大造山林，绿化荒山热潮。同时加大封山育林、防火护林力度，开展闽粤两省六县边界护林联防工作经验交流，加强育林基金和林木采伐管理，保护森林资源。开展野生动植物保护工作，改善生态环境。是年，全县有林地面积8.93万公顷，森林蓄积量545.41万立方米，森林覆盖率38.2%、林地绿化率51.5%。1992年，全县消灭宜林荒山。1995年，全县有林地面积12.05万公顷，比1989年增长34.97%，林地绿化率68.9%，成为达标绿化县。

1998年起，县公安局林业分局（县公安局森林分局）先后组织实施“猎鹰”“春雷”“候鸟”“长剑”和“绿盾”等专项行动，确保林业生产健康、有序、持续发展。是年，平和县被国家林业局评为“林业工作站建设合格县”。2000—2001年，先后进行生态公益林建设规划和生态公益林管理机制改革。平和县分别获得国家林业局授予的“全国经济林建设示范县”和“全国经济林建设先进县”称号。2003年，开展集体林权制度改革，保障和促进林业生产的发展、森林资源的保护和合理利用。

2007年，全县有林地面积16.14万公顷、森林蓄积量545.41万立方米，分别比1989年增长80.74%和1.93倍；森林覆盖率69.9%、林地绿化率91%，比1989年分别提高31.7个百分点和39.5个百分点。

1989—2007年，查处非法猎捕、杀害野生动物，非法出售、收购、运输和携带野生动物，非法狩猎等案件96起。

第一章 山林资源

第一节 林地面积与森林蓄积量

一、林地面积

1989年，平和县林业用地（简称“林地”，下同）面积17.72万公顷。有林地面积8.93万公顷，占林地总面积50.40%。其中，用材林7.79万公顷、防护林44.47公顷、薪炭林53.67公顷、特用林58.73公顷、经济林1.15万公顷、竹林2677公顷，疏林地6864.6公顷，灌木林地1943公顷。森林覆盖率38.2%，林地绿化率51.5%。

1995年，全县林地面积17.72万公顷。有林地面积12.05万公顷，占林地总面积68.00%。其中，用材林8.42万公顷、防护林153.93公顷、薪炭林1619.6公顷、特用林76.27公顷、经济林3.05万公顷、竹林3332.13公顷，疏林地6688.13公顷，灌木林地1717.07公顷。森林覆盖率52.6%，林地绿化率68.9%。

2007年，全县林地面积18.09万公顷，比1989年增长2.09%。有林地面积16.14万公顷，占林地总面积89.22%。其中，用材林5.95万公顷、防护林3.83万公顷、薪炭林32.53公顷、特用林6399.2公顷、经济林5.25万公顷、竹林4597.73公顷，疏林地3325公顷，灌木林地3147.6公顷。森林覆盖率69.9%，林地绿化率91%，分别比1989年增加31.7个百分点、39.5个百分点。芦溪镇、文峰镇，九峰镇、霞寨镇、山格镇、大溪镇、国强乡和南胜镇林地面积分别占全县林地面积14.21%、9.44%、9.37%、8.48%、6.83%、5.81%、5.51%和5.43%。芦溪镇、文峰镇。九峰镇、霞寨镇、山格镇、大溪镇、国强乡和南胜镇有林地面积分别占全县有林地面积13.12%、9.71%、8.74%、9.06%、7.44%、5.96%、5.9%和5.58%。

2007年平和县林地面积及森林覆盖率和林地绿化率情况表

表14-1-1 单位：公顷、%

营林单位	林业用地面积	有林地面积						森林覆盖率	林地绿化率
		合计	用材林	防护林	经济林	竹林	其他		
文峰镇	17075	15678	5402	2304	5651	1275	1046	72.5	93.3
山格镇	12347	12006	4199	2567	4087	86	1067	73.3	96.7
小溪镇	7796	7375	522	312	6186	212	143	68.8	95.6
坂仔镇	9166	8907	1032	1119	6703	12	41	67.3	98.2
南胜镇	9814	9006	3731	1685	2730	85	775	68.9	96.4
五寨乡	7085	6386	3182	1988	1064	11	141	67.9	91.2
国强乡	9966	9523	3149	2536	2461	1048	329	76.1	96.1
安厚镇	8046	6453	1876	1129	3339	20	89	52.3	86.3
大溪镇	10515	9620	4345	1630	2673	102	870	69.9	95.1
霞寨镇	15336	14615	4454	3519	6114	346	182	72.5	96.1
芦溪镇	25708	21170	9660	7118	3141	566	685	68.4	83.9
崎岭乡	8735	7941	2574	1795	2755	225	592	71.9	92.0
九峰镇	16952	14108	5481	4544	3420	345	318	69.0	84.5
长乐乡	4746	4031	1851	1443	639	26	72	68.3	85.2
秀峰乡	7061	5110	2111	1768	977	173	81	58.4	75.4
林　场	10599	9477	5921	2882	608	66	—	90.0	93.5
合　计	180947	161406	59490	38339	52548	4598	6431	69.9	91.0

二、森林蓄积量

1989年，平和县森林活立木蓄积量186.06万立方米。其中，用材林178.01万立方米、防护林286立方米、特用林2463立方米，薪炭林425立方米、“四旁”（村旁、路旁、水旁、屋旁）树1.52立方米、疏林5.93万立方米、散生木1.90万立方米。活立竹蓄积量516.38万株。1995年，全县森林活立木蓄积量252.67万立方米。其中，用材林243.08万立方米、防护林2222立方米、特用林5016立方米，薪炭林2.44万立方米、疏林6.96万立方米、散生木1.80万立方米、四旁树1050立方米。活立竹蓄积量589.18万株。

1997年，全县森林活立木蓄积量234.05万立方米。其中，用材林196.05万立方米、防护林34.31万立方米、特用林1.04万立方米、疏林0.9万立方米、散生木1.16万立方米。活立竹蓄积量802万株。芦溪镇、文峰镇、九峰镇、山格镇、国强乡、大溪镇、南胜镇和秀峰乡森林活立木蓄积量分别占全县森林活立木蓄积量24.18%、7.78%、7.53%、5.85%、4.35%、4.32%、3.9%和3.71%；国强乡、坂仔镇、大溪镇、霞寨镇、崎岭乡和小溪镇活立竹蓄积量分别占全县活立竹蓄积量77.06%、5.24%、3.99%、3.49%、2.24%和2%。

2007 年，全县森林活立木蓄积量 545.41 万立方米。其中，用材林 348.62 万立方米、防护林 157.21 万立方米、特用林 33.12 万立方米、薪炭林 188 立方米、疏林 3.68 万立方米、散生木 2.70 万立方米、四旁树 696 立方米。活立竹蓄积量 1076.72 万株。芦溪镇、山格镇、文峰镇、九峰镇、霞寨镇、南胜镇、安厚镇和五寨乡森林活立木蓄积量分别占全县森林活立木蓄积量 20.47%、13.12%、7.54%、6.24%、5.35%、4.99%、4.51% 和 4.47%；芦溪镇、国强乡、文峰镇、霞寨镇、九峰镇、崎岭乡、秀峰乡、小溪镇和山格镇活立竹蓄积量分别占全县活立竹蓄积量 30.81%、2.077%、15.49%、8.24%、5.49%、4.96%、4.11%、2.91% 和 1.17%。

2007 年平和县森林蓄积量情况表

表 14-1-2　　**单位：万立方米、万株**

营林单位	林木蓄积量							竹类株数
	合计	用材林	防护林	特用林	疏林	散生木	其他	
文峰镇	41.1	28.36	7.26	3.94	0.9	0.64	0	166.8
山格镇	71.56	39.38	20.9	11.08	0.24	0.04	0.01	19.07
小溪镇	4.63	2.49	1.13	0.97	0.02	0.02	0	31.29
坂仔镇	9.08	5.73	2.87	0.21	0.24	0.02	0.01	4.64
南胜镇	27.21	22.03	3.15	1.75	0.13	0.14	0.01	14.45
五寨乡	24.37	16.35	6.85	0.55	0.54	0.08	0	1.43
国强乡	22.08	12.83	7.73	0.99	0.15	0.38	0	223.61
安厚镇	24.58	18.03	5.76	0.74	0.01	0.03	0.01	6.48
大溪镇	21.45	14.01	3.98	3.15	0.01	0.3	0	10.68
霞寨镇	29.2	20.28	8.15	0.43	0.04	0.29	0.01	88.69
芦溪镇	111.64	67.09	38.52	4.54	1.25	0.23	0.01	331.75
崎岭乡	14.33	9.15	1.27	3.72	0.03	0.16	0	53.37
九峰镇	34.05	19.35	13.86	0.64	0.03	0.16	0.01	59.15
长乐乡	14.8	9.33	5.11	0.28	0.05	0.03	0	4.85
秀峰乡	14.39	7.73	6.42	0.13	0.04	0.06	0.01	44.24
林场	80.85	56.48	24.25	0	0	0.12	0	16.22
合计	545.41	348.62	157.21	33.12	3.68	2.7	0.08	1076.72

第二节　种类与分布

一、林木种类

1989 年，平和县境维管束植物有蕨类植物、裸子植物和被子植物。1997 年，经森林资源调查，县境有三尖杉、银杏等珍稀树木 20 多种，药材近百种。用材林树种有杉木、马尾松、毛竹、巨尾桉、红锥、栲树、樟树和青岗栎等 150 多种。木本粮油、香料树种有油菜、油桐、板栗、米槠和八角茴香等。可提炼化工原料的树种有山苍子、柠檬桉、蓝桉、黑荆树和紫胶寄主树的南岭黄檀、绿果榕等。可作观赏树种的有山茶花、杜鹃花、山含笑、月季、梅花、福建山樱花、扶桑、白玉兰、黄玉兰、夜合和桂花等。可作药材的树种有三尖杉、三桠苦、木芙蓉、榨树和女贞等。还有可作纤维产品的棕榈、山黄麻等。

2007 年，县境属国家一级保护植物有刺桫椤、银杏和水杉等 3 种；属国家二级保护植物有建柏、闽楠、楠木、花梨木、红豆树、红椿和福建柏等7种；属省级保护植物有三尖杉 、赤皮青冈、福建含笑、竹柏、柳杉、茶樟、肉桂和红椎等8种。

二、珍稀树种分布

三尖杉 乔木，材、药两用，分布于大溪大芹山、灵通山，文峰三坪、东溪、柴船和南胜欧寮一带。

银杏 乔木，材、药两用，全县仅存五寨埔坪1株，树龄数百年，树高5米，树干直径近1米，每年均结子。

八角 乔木，香料，材用，崎岭三墩经营所、长芦林场，崎岭澎溪和霞寨均有栽培。

八解属一种 乔木，香料材用，国强白水存有面积约7公顷成片林木。

团花 乔木，材用，属速生树种，在县人民政府大院内有1株，树高20多米。

香椿 乔木，材用，嫩叶可食，零星分布在县境各乡镇。

油杉 乔木，材用，树干圆满挺直，霞寨、崎岭和长乐等乡镇均有零星分布。

倒卵叶青岗 灌木状，分布于大溪大芹山顶。

第二章 山林营造

第一节 采种与育苗

一、树种采集

1989年，仍有安厚、大溪、五寨和九峰等乡镇的村民自采树种，自育苗木。县林业部门加强技术指导，提高采种质量。用材林种子选择实生树或苗条第一代中生长迅速、材质优良、无病虫害、无机械损伤的林木母树采集；木本油料林种子则选择生长健壮、品种优良、单株产量高的林木母树采集。采集的树种主要有杉木、马尾松、木荷、红锥和苦槠等。1993年后，不再自行采种，大部分种子从龙岩、三明、南平松溪和宁德寿宁等地及省林业厅、湖南省林业厅种苗总站调入。

二、苗木培育

（一）育苗技术

县境以培育杉木、马尾松树种为主。杉木育苗时选择在水源充足、灌溉排水容易、土壤肥沃、地质疏松、避风、日照时间较短、交通方便的阴坡或半阴坡的地方。播种期选择在冬季或立春。播种前种子经水选后浸种1天，再用0.5%福尔马林或1%漂白粉消毒。播种多采用撒播，每亩（667公顷）播种量约9公斤，盖土以不见种子为宜，土面再盖上稻草保湿、保温，晴天适当浇水。播种后20～25天种子出土，在有2/3出土时揭去覆盖物，须防鸟侵。其间要及时除草和间苗。在幼苗出现整叶后选择阴天或雨天进行间苗，间密补稀，边起边栽。7月前后定苗，每亩（667公顷）苗木控制在4～6万株。出苗后每隔10～15天浇洒硫酸亚铁溶液或喷洒波尔多液以防病害，每过1月施1次稀薄人粪或化肥。

马尾松育苗时选择在地势平坦、阳光充足的地方，但不宜长期连作，最长不超过2年；也不宜与其他尖叶树种长期连作或轮作。播种期选择在冬季或立春，每亩（667公顷）播种量6～9公斤，多用洒播。播种期种子用40℃温水浸泡12～24小时，净种阴干后播种。播种后用筛过的火烧土、黄心土等覆盖，厚度以不见种子为宜，再稍加压实后盖上稻草。种子经 20 ～ 30 天出土。种苗出土后适时适量分批揭草，并防鸟害。5 月中旬进行间苗。7 月上、中旬定苗，每平方米保留 270 ～ 300 株。遇到幼苗发生猝倒病，则用 0.5% ～ 1% 硫酸亚铁溶液或波尔多液喷洒；或 2% ～ 3% 硫酸亚铁粉拌匀细土撒在苗床上，每亩（667 公顷）用量 100 公斤。药液与药拌土每过 10 天左右施用 1 次，施用 2 ～ 3 次后，抑制病害发生。

（二）育苗面积

1989 年，全县育苗面积 23.13 公顷，其中霞寨乡、大溪乡、长乐乡、九峰镇、五寨乡、安厚乡、山格乡、小溪镇、国强乡和文峰乡育苗面积分别占 10.62%、10.31%、9.27%、8.78%、8.35%、6.76%、6.3%、4.55%、4.32% 和 4.12%。1994 年，育苗面积 15.93 公顷。1995 年起，大部分苗木从外地调入，育苗面积锐减。当年，育苗面积 3.8 公顷。1998 年，育苗面积 5.53 公顷，其中小溪镇、霞寨镇、山格镇和文峰镇育苗面积分别占 19.23%、13.25%、8.43% 和 4.82%。2001 年，育苗面积 1.6 公顷。2006 米，育苗面积 0.8 公顷。

2007 年，全县育苗面积 1.67 公顷。培育的主要苗木有杉木、马尾松、相思树、大叶相思和细叶按等。

第二节 植树造林与林木抚育

一、植树造林

1987 年森林资源调查时，全县有百万亩（66667 公顷）荒山。是年，福建省实施“三、五、七”造林绿化工程，平和县掀起大造山林热潮。1989 年，全县荒山面积减至 49867 公顷。当年，县林业部门用飞机在五寨乡播种马尾松 0.1 万公顷，荒山造林 5068.8 公顷。1990 年、1992 年分别在县境 12 个播区和 8 个播区运用飞机撒播树种 1.35 万公顷和 0.82 万公顷，幼苗成活率 85% 以上，每亩（667 平方米）株数超过 150 株，且长势良好。

1992 年，全县基本消灭宜林荒山，提前一年完成省委、省人民政府提出的“三、五、七”造林绿化任务。当年，荒山造林 2.24 万公顷，比 1989 年增长 3.4 倍。1995 年，平和县成为绿化达标县。

2002 年，全县植树造林 737.67 公顷。2005 年，由于杉木、巨尾桉市场前景看好，出现国有、集体、联合体和个人成片承包山地种植杉木、巨尾桉热潮。当年，全县植树造林面积比 2004 年增长 2.5 倍。2006 年，在非规划林地植树造林 56.67 公顷。

2007 年，实施“种植名贵树木，建设绿色家园”工程，投资 15.2 万元，种植名贵树木 3.26 万株、其他绿化苗木 0.55 万株。全县植树造林 2027.93 公顷，其中荒山造林 1961.07 公顷、迹地更新造林 60.93 公顷、非计划林地植树造林 5.93 公顷。

1989—2007 年平和县植树造林情况表

表 14-2-1 单位：公顷

年份	造林总面积	荒山造林面积	迹地更新面积	年份	造林总面积	荒山造林面积	迹地更新面积
1989	5321.13	5068.80	252.33	1999	893.26	611.73	281.53
1990	4706.33	4546.33	160	2000	873.33	524	349.33
1991	12346.93	12177.20	169.73	2001	873.33	230.33	643
1992	22401.73	22401.73	0	2002	737.67	225.4	512.27
1993	1281	1281.00	0	2003	435.94	385.27	50.67
1994	1726.67	1726.67	0	2004	613.93	18.93	595
1995	440.8	440.80	0	2005	2149.33	1025.27	1124.06

续表 14-2-1

年份	造林总面积	荒山造林面积	迹地更新面积	年份	造林总面积	荒山造林面积	迹地更新面积
1996	1221.6	1221.60	0	2006	2705.6	1119.53	1529.4
1997	800	483.60	316.4	2007	2027.93	1961.07	60.93
1998	1128.2	686.80	441.4				

二、林木抚育

（一）抚育技术

苗木补植　每年植树造林结束后，分 2 次进行检查验收。第一次在 4 月底至 5 月初验收林木成活率，第二次在林木落叶前的 9—10 月验收林木最终成活率，2 年后调查造林保存率。对林木成活率 41% ～ 84% 的进行补植，成活率在 41% 以下的进行重新造林。补植需选用同龄大苗，一般选择初春树液流动前补植；飞机撒播造林地和封山育林地则根据成苗和成效具体情况进行必要的补植。

割灌　林木生长旺季，采用机割、人工割等方式，清除幼树周围 1 米范围内妨碍树木生长的藤条、灌木和杂草，便于集水和林下通风透光。灌割时间选择在雨季到来之前为好。

修枝　通过人工剪去树冠下部枯枝及部分活枝，包括剪去双头或多头幼树多余主枝、竞争枝条等，使林木形成通直的干形和正常饱满的树干，提高防护功能；改善林内通风透光，促进林木生长，减少大风、雪压等自然灾害对树木的影响，防止病虫害发生。修剪分干修（多用与尖叶树）和绿修（多用于阔叶树）两种。修枝强度因树种不同而异。尖叶树一般修枝后保留冠、高比为 2:3、阔叶树保留冠、高比为 1:2。修枝多采用平切法，切口要平滑，不撕破树皮，切口贴近树干，伤口容易愈合。修枝的季节一般以冬末春初为宜。少数树木选在生长季节进行修枝。

间株定株　在丛植造林、直播林和初植过密的幼林内进行间株定株。间株定株分 2 次至 3 次进行，作业时间选在林木休眠季节。除掉的林木要运出林地，也可结合育苗把间下来的幼株集中培育成大规格苗木。人工林定株视树种特性和森林培育目标而定，一般每亩（667 公顷）保留 50 ～ 100 株。

（二）抚育面积

1989 年，全县林木抚育面积 7918 公顷，其中竹林抚育面积 234 公顷。1990—1992 年，每年竹林抚育面积分别为 14 公顷、412 公顷和 17 公顷。1993 年起，仅对树木进行抚育。

1995 年，全县林木抚育面积 1. 99 万公顷，其中幼林抚育、成林抚育间伐分别占 33. 22% 和 66. 78%。2000 年，全县林木抚育面积 6670 公顷，其中幼林抚育、成林抚育间伐分别占 58. 76% 和 41. 24%。

2007 年，全县林木抚育面积 4141 公顷，其中幼林抚育、成林抚育间伐面积分别占 98. 31% 和 1. 69%。

1989—2007 年平和县林木抚育情况表

表 14-2-2　　单位：公顷

年份	抚育面积	幼林面积	成林面积	年份	抚育面积	幼林面积	成林面积	年份	抚育面积	幼林面积	成林面积
1989	7918	6895	789	1996	17702	10157	7545	2003	3467	2667	800
1990	9410	7184	2212	1997	7160	4335	2825	2004	3467	2667	800
1991	4941	3329	1200	1998	5541	4127	1414	2005	3795	3364	431
1992	9988	6878	3093	1999	6067	3400	2667	2006	3535	3324	211
1993	7731	6407	1324	2000	6670	3919	2751	2007	4141	4071	70

续表 14-2-2

年份	抚育面积	幼林面积	成林面积	年份	抚育面积	幼林面积	成林面积	年份	抚育面积	幼林面积	成林面积
1994	18037	5300	12737	2001	6449	3888	3561				
1995	19937	6623	13314	2002	4080	3333	747				

第三节　病虫害及防治

一、病虫害

松毛虫害　1989 年，县境森林主要病虫害是马尾松松毛虫害。当年，森林发生松毛虫害面积 291 公顷。1993 年，发生松毛虫害面积 981 公顷。2001 年，发生松毛虫害面积 257 公顷。2007 年，全县森林发生松毛虫害面积 233 公顷。

竹蝗虫害　1989 年，县境竹林主要病虫害是竹蝗虫害。当年，发生竹蝗虫害面积 370 公顷，其中山格镇前进村竹林受害面积 20 公顷。1990 年，竹林发生竹蝗虫害面积 932 公顷，其中崎岭乡溪头村毛竹基地受害面积 667 公顷。1996 年，全县竹林发生竹蝗虫害面积 16 公顷。1997—2007 年，均无发生竹蝗虫害。

毛竹枯梢病害　1993 年，文峰镇三坪村、国强乡三五村一带发生毛竹枯梢病害。当年，全县受害面积 22 公顷。2000 年，发生毛竹枯梢病害面积 115 公顷。2006 年，全县发生毛竹枯梢病害面积 2 公顷。2007 年，无发生毛竹枯梢病害。

1989—2007 年平和县森林病虫害发生情况表

表 14-2-3　　　　单位：公顷

年份	病虫害总面积	松毛虫害面积	竹蝗虫害面积	毛竹枯梢面积	年份	病虫害总面积	松毛虫害面积	竹蝗虫害面积	毛竹枯梢面积
1989	661	291	370	0	1999	179	142	0	37
1990	1192	260	932	0	2000	287	172	0	115
1991	2427	2427	0	0	2001	3008	257	0	84
1992	1865	1865	0	0	2002	2933	193	0	73
1993	1031	981	28	22	2003	2488	151	0	84
1994	674	644	10	20	2004	2288	208	0	72
1995	487	460	14	13	2005	555	132	0	49
1996	252	183	16	53	2006	26	12	0	2
1997	101	83	0	18	2007	233	233	0	0
1998	238	213	0	25					

二、病虫害防治

松毛虫害防治　1989 年，对全县森林经常发生的马尾松松毛虫害，采用以生物防治为主、农药防治为辅的防治方法。此后至 2007 年，县林业局每年都调集大量杀菌农药（生物农药）进行防治。

竹蝗虫害防治　1989—1996 年，针对崎岭乡溪头村和山格镇前进村发生的竹蝗虫害，县林业局从沈阳调进一批 666 烟剂进行防治，效果较好。

毛竹枯梢病害防治 1993—2006年，针对毛竹枯梢病害，主要采用人工方法，每年秋季发动竹林专业户砍除受病虫害竹子，集中统一烧毁。

第四节 营林单位

一、省属市管林场

长芦林场 属国有林场，设有官真坪、山峰、内芦、立新、外芦等5个作业区。1989年，全场职工总数142人。经营土地总面积1911.67公顷，其中用材林地面积1737.8公顷、水田面积8公顷、其他果茶种植面积165.87公顷；林木蓄积量13万立方米，竹类0.67万株。林区公路13.5公里。1998年，长芦林场职工总数132人。经营土地总面积1889公顷，其中用材林面积1879公顷、水田面积10公顷；林木蓄积量11.27万立方米，竹类2.1万株。林区公路13.5公里。2007年，全场职工总数180人，其中在职职工86人、退休人员94人。经营林地总面积1992.4公顷；有林地面积1985.13公顷，经济林面积212.47公顷，竹林面积20.93公顷；森林覆盖率84.4%，林地绿化率90.7%；林木蓄积量14.84万立方米，其中用材林9.05万立方米、防护林5.78万立方米，竹类3.21万株。林区公路56.5公里。

国强林场 属国有林场，设有白沙、下坑、大水坑等3个作业区。1989年，全场职工总数83人。经营土地面积1796.8公顷，其中用材林面积1426.13公顷、水田面积9公顷、果茶等种植面积34.6公顷、其他林327.07公顷；林木蓄积量13.7万立方米，其中人工林11.9万立方米；竹类4.24万株。林区公路9.6公里。1999年，经营土地总面积1796.8公顷，其中用材林面积1383.1公顷、水田面积42.8公顷、果茶等种植面积370.9公顷；林木蓄积量12.83万立方米，竹类4.24万株。林区公路9.6公里。2007年，全场职工总数121人，其中在职干部11人、退休人员63人。经营土地总面积1828.07公顷；有林地面积1773.73公顷，经济林面积134.87公顷，竹林面积15.87公顷；森林覆盖率87.1%，林地绿化率91.9%；林木蓄积量11.92万立方米，其中用材林4.51万立方米、防护林7.41万立方米，竹类4.62万株。林区公路25公里。

天马林场 属国有林场，设有三坪、内东溪、南霞、天马坎下、峨嵋、斜坑和上峰等8个作业区。1989年，全场职工总数132人，其中在职职工125人、退休人员7人。经营土地面积4766.2公顷，其中用材林3866.67公顷、水田面积11.07公顷、果茶等种植面积888.46公顷；林木蓄积量13万立方米，竹类4.45万株。林区公路29.5公里。2000年，经营土地总面积4676公顷，其中用材林面积3289公顷、水田面积148.6公顷、果茶等种植面积1238.3公顷；林木蓄积量11.25万立方米，竹类4.45万株。林区公路29.5公里。2007年，全场职工总数165人，其中在职职工85人、退休人员80人。经营土地总面积5247.2公顷；有林地面积5201.53公顷，经济林面积191.13公顷，竹林面积34.53公顷；森林覆盖率90.4%，林地绿化率92%；林木蓄积量43.2万立方米，其中用材林38.08万立方米、防护林5.04万立方米；竹类7.94万株。林区公路144.5公里。

二、县办林场

三墩经营所 属事业单位，设有山湖、弯墩背和场部等3个作业区及田中央生产点。1989年，三墩经营所职工总数19人。经营土地面积1535.1公顷，其中用材林面积542.5公顷、水田面积10.1公顷、果茶等种植面积982.5公顷；林木蓄积量2.98万立方米。林区公路8.5公里。1996年，三墩经营所职工总数12人。经营土地总面积1535.2公顷，其中用材林面积1332公顷、水田面积10.1公顷、果茶等种植面积193.1公顷；林木蓄积量2.94万立方米，竹类5.2万株。林区公路9.5公里。2007年，三墩经营所职工总数18人，其中在职职工10人、退休人员8人。经营林地总面积1554.73公顷；有林地面积

1479.13公顷，经济林面积66.6公顷，竹林面积2.07公顷；森林覆盖率94.1%，林地绿化率99.2%；林木蓄积量10.87万立方米，其中用材林4.8万立方米、防护林6.01万立方米，竹类0.45万株。林区公路21公里。

上峰林场　属县办林场，场部在文峰镇文美村，占地面积1公顷。1989年，林场职工总数23人，其中在职职工13人、退休人员10人。经营土地面积1666.67公顷，其中规划为生态林（省级）1000公顷。1999年，林场职工总数24人，其中在职职工17人、退休人员7人。经营山地总面积2734.9公顷。2005—2006年，林场山地租给天马林场和市林业局种植速丰林533.33公顷。2007年，林场职工总数23人，其中在职职工14人、退休人员9人。果树种植面积66.67公顷。

第三章　林业产品

第一节　木材与竹类

一、木材

1989年，全县木材采伐量4605立方米。1990年，木材采伐量5025立方米，其中村及村以下木材采伐量1693立方米。

1996年，全县木材采伐量7609立方米，其中村及村以下木材采伐量3218立方米。2002年，木材采伐量6808立方米，其中村及村以下木材采伐量3598立方米。

2007年，全县木材采伐量9366立方米，其中村及村以下木材采伐量6545立方米。

二、竹类

1990年，全县村及村以下竹材采伐量23.62万根。

1996年，全县村及村以下竹材采伐量584万根，其中毛竹313万根。2002年，村及村以下竹材采伐量1280万根，其中毛竹873万根。

2007年，全县村及村以下竹材采伐量514万根，其中毛竹33万根。

第二节　橡胶与其他产品

一、橡胶

1989年，平和县橡胶种植面积863公顷，其中安厚农场、坂仔乡、小溪镇、安厚乡和大溪乡分别占68.1%、9.93%、8.04%、6.33%和6.2%；投产面积475公顷，其中安厚农场、坂仔乡、小溪镇、安厚乡和大溪乡分别占64.03%、8.14%、13.31%、3.58%和9.16%；产量（按干胶片计算。下同）123吨，其中安厚农场、坂仔乡、小溪镇、安厚乡和大溪乡分别占65.85%、13.01%、12.2%、3.25%和3.25%。1992年，橡胶种植面积850公顷，投产面积511公顷，产量135吨。1993年后，随着种植结构调整，橡胶种植面积缩小、产量减少。1994年，橡胶种植面积、投产面积、产量分别比1992年减少15.88%、25.44%、41.48%。

1995年，橡胶种植面积668公顷，其中安厚农场、小溪镇和安厚乡分别占87.98%、3.79%和3.49%；

投产面积 381 公顷，其中安厚农场、小溪镇和安厚乡分别占 89.27%、5.77% 和 4.2%；产量 76 吨，其中安厚农场、小溪镇和安厚乡分别占 92.11%、1.32% 和 2.63%。

1997 年，橡胶种植面积 571.07 公顷，其中安厚农场、安厚镇分别占 97.08%、2.92%；投产面积 332.27 公顷，其中安厚农场、安厚镇分别占 96.79%、3.21%；产量 55 吨，其中安厚农场、安厚镇分别占 96.36%、3.64%。2001 年，全县仅有安厚农场种植橡胶 320 公顷，投产面积 160 公顷，产量 10 吨。

2003 年，安厚农场橡胶种植面积 320 公顷，投产面积 60 公顷，产量 10 吨。此后，农场橡胶园改种其他经济作物。

二、其他产品

1989 年，平和县林副产品除橡胶外，还有油桐籽、油菜籽、棕片、竹笋干、板栗等。1990 年，油桐籽、油菜籽、棕片、竹笋干和板栗产量分别为 2 吨、16 吨、34 吨、95 吨和 1 吨。

1994 年，全县油桐籽、油菜籽、棕片、竹笋干和板栗产量分别比 1990 年增长 2 倍、1.31 倍、67.65%、7.86 倍和 1 倍。

2000 年，全县油桐籽、油菜籽、棕片、竹笋干和板栗产量分别为 6 吨、3 吨、83 吨、3656 吨和 44 吨。2001 年，棕片产量 451 吨。2005 年，油桐籽、油菜籽和竹笋干产量分别比 2000 年减少 83.33%、33.33% 和 32.66%，棕片、板栗产量分别比 2000 年增长 4.36 倍和 1.77 倍。

2007 年，全县油桐籽、油菜籽、棕片、竹笋干和板栗产量分别为 1 吨、1 吨、103 吨、3016 吨和 95 吨。

第四章 管 理

第一节 管理机构

一、平和县林业局

1989 年，平和县林业局内设人秘股、财务股、公安股、林政股、营林股、林业规划队、林业技术推广站和国营林场股，干部职工 57 人；14 个乡镇林业站人员 47 人；其他人员 26 人。2007 年，县林业局内设人秘股、财务股、林政股、营林股、林业规划队、林业技术推广站、资源站、检查站、评估所、森防站和林权办，干部职工 51 人；15 个乡镇林业站人员 56 人。

二、平和县公安局森林分局

1989 年，平和县林业公安股改称平和县林业公安科，配备人员 3 人。1992 年，县林业公安科改称县公安局林业公安科，序列县公安局第十科，在岗民警 23 人。1997 年，县公安局林业公安科升格为县公安局林业分局，为副科级行政单位。

1999 年，县公安局林业分局更名县公安局森林分局，为县林业局直属行政单位，列入县公安局系列，实行县林业局和县公安局双重领导。2006 年，县公安局森林分局在岗在编民警过渡为国家公务员。

2007 年，县公安局森林分局在岗民警 30 人。

三、森林派出所

1989年，长芦、天马和国强等3个林场派出所在岗民警12人。1992年，增设芦溪、九峰等2个林场派出所，在岗民警8人。2001年，林场派出所管辖范围扩大到林场所在乡镇。

2004年，林场派出所转制与更名，重新设立岭峰、芦寨、琯溪和国安等4个森林派出所和县森林分局驻天马警务区。其中，岭峰森林派出所辖崎岭乡、九峰镇、长乐乡、秀峰乡和三墩经营所，芦寨森林派出所辖芦溪镇、霞寨镇和三峰林场，琯溪森林派出所辖小溪镇、坂仔镇、南胜镇、五寨乡、长芦林场和五寨农场，国安森林派出所辖国强乡、安厚镇、大溪镇、国强林场和安厚农场在安厚镇作业区。天马警务区辖文峰镇、山格镇、县工业园区、天马林场、上峰林场和安厚农场在文峰镇的作业区。2006年，森林派出所归属县公安局森林分局。

2007年，岭峰、芦寨、琯溪和国安等4个森林派出所及县公安局森林分局驻天马警务区在岗民警共23人。

第二节　林权制度改革与林木采伐管理

一、林权制度改革

1983年，平和县确定山权面积17.07万公顷。其中，集体山权面积13.47万公顷（有林地面积9.13万公顷），属公社一级山权面积1.13万公顷、大队一级山权面积2.33万公顷、生产队一级山权面积10万公顷；国有山权面积3.6万公顷（有林地面积2.53万公顷）。确定林权面积9.13万公顷。划给生产队社员长期经营山地面积1.27万公顷（有林地面积335.93公顷），建立林业生产责任制山地面积6.87万公顷。1984年，集体山林由个人承包5267公顷。

2003年，平和县进行山权制度改革，成立“平和县集体山权制度改革和林权登记换发证领导小组”，各乡镇成立相应山权制度改革机构。全县列入山权登记发证面积14.19万公顷，其中商品林登记发证面积9.34万公顷、生态公益林登记发证面积4.85万公顷；列入山林改革面积9.34万公顷。

2007年，完成15个乡镇240个建制村9.34万公顷集体山权改革。全县登记发证面积14.19万公顷，林权宗地6188宗，林木所有权和林地使用权明晰率96.9%。村级完成率100%。林权改革理顺山林、山地和集体所有权属问题，实现“山有其主、主有其权、权有其责、责有其利”的目标，调动村民造林种果积极性，增强山林资源保护意识，提高农村集体财力。

二、林木采伐管理

1989年起，林木采伐继续执行国家采伐限额制度，由县林业部门统一管理。林木采伐由林木所有者提出申请，乡镇林业站派员到实地核对地类、林种、树种、林龄等，报县林业规划队林政管理系统伐区资格审批后，由有伐区调查设计资质的单位和个人，受林木所有者提出委托，县评估所、规划队或乡镇林业站、外业调查队做内业计算，进行伐区调查设计后，送县资源站对伐区质量进行检查和采伐小班资源进行档案审核，再送县林业局林政股对林木权属进行核对。收集所有申请资料，报县林业局研究同意后，由林政股或乡镇林业站公示7天后无异议，15天内办理完成林木采伐证手续。采伐期限一般为3个月，最长不超过6个月。乡镇林业站对伐区作业进行监督和验收。当年，全县审批林木采伐量4605立方米。1999年，审批林木采伐量比1989年增长74.18%。

2007年，全县审批林木采伐量9366立方米。

1989—2007年平和县林木采伐限额与采伐情况表

表14-4-1

单位：立方米

年份	采伐限额	审批采伐量	年份	采伐限额	审批采伐量	年份	采伐限额	审批采伐量
1989	8000	4605	1996	8000	7609	2003	10000	6692
1990	8000	5025	1997	8000	6605	2004	10000	8646
1991	8000	4525	1998	8000	7807	2005	10000	8560
1992	8000	4856	1999	8000	8021	2006	12000	8422
1993	8000	5175	2000	8000	5807	2007	12000	9366
1994	8000	6026	2001	10000	5293			
1995	8000	5508	2002	10000	6808			

第三节 封山育林与防火护林

一、封山育林

1989年，全县封山育林面积7940公顷，其中全封（在封育期间禁止采伐、砍柴、放牧、割草和其他一切不利于植物生长繁育的人为活动）5320公顷、轮封（根据封育区的具体情况将封育区划片分段，轮流实行全封或半封）1110公顷、半封（在林木主要生长季节实施封禁，其他季节在严格保护目的幼苗、幼树的前提下，有计划、有组织进行砍柴、割草等活动）1510公顷。1999年，封山育林面积2333.33公顷，其中全封1033公顷、轮封350.33公顷、半封950公顷。

2007年，全县封山育林面积5.7万公顷，其中全封3.8万公顷、轮封1.85万公顷、半封0.05万公顷。

1989—2007年平和县封山育林情况表

表14-4-2

单位：公顷

年份	当年封山面积	累计封山面积	年份	当年封山面积	累计封山面积	年份	当年封山面积	累计封山面积
1989	7940	7940	1996	5000	51598.73	2003	3000	76298.73
1990	15940	23880	1997	5000	56598.73	2004	4666.67	80965.4
1991	4227.8	28107.8	1998	2000	58598.73	2005	4666.67	85632.07
1992	1666.67	29774.47	1999	2333.33	60932.06	2006	4666.67	90298.74
1993	5333.33	35107.8	2000	6366.67	67298.73	2007	5715.8	96014.54
1994	5497.6	40605.4	2001	3000	70298.73			
1995	5993.33	46598.73	2002	3000	73298.73			

二、防火护林

1989年，平和县森林防火指挥部加强护林防火队伍建设，配备专职和兼职护林员；加大森林防火宣传力度，开设森林资源防火路及防火林带。在森林高火险季节，严禁一切野外用火，停止野外用火审批手续。1990年7月22日18时30分，小溪镇坑里村发生一起山林火灾，过火面积14公顷，其中烧毁松幼林4.7公顷。火灾发生后，县林业局、公安局、电力公司、小溪镇和坑里村组织干部群众160人上山灭火，至

23日1时将山火扑灭。

1992年10月25日14时至26日12时，山格镇山格村军刀洋发生一起森林火灾，过火面积205公顷，其中受灾面积50公顷，烧毁幼树0.03万株。火灾发生后，县、乡（镇）、村立即组织机关干部和广大群众进行扑灭山火。1997年，加大护林防火力度，村民防火意识提高，森林火灾明显减少。当年，全县发生一般森林火灾（受害森林面积在1.07公顷以上、100公顷以下火灾）3起，过火面积30公顷，受害面积29公顷。

2000年1月8日，山格镇平寨水库旁边大丘田山地发生森林火灾。县森林防火指挥部接到报警后，立即组织当地干部群众和扑火专业队上山扑火。林木燃烧近10个小时，过火面积9.9公顷，受害面积8.7公顷。在扑火过程中，肇事者因扑火方式不当而被大火烧死。当年，全县发生森林火灾12起，过火面积1544公顷，受害面积1335公顷。

2002年2月19日，五寨乡新美村牛条水库旁边的山上发生重大森林火灾（受害森林面积在100.07公顷以上、1000公顷以下火灾），过火面积319.8公顷，受害面积165.1公顷。县领导得到大火警报后，迅速赶到现场，组织邻近4个乡镇干部群众上山灭火。2005年，全县发生森林火灾3起，过火面积55.2公顷，受害面积9.8公顷，分别比2004年减少86.96%、85.64%和89.14%。

2006年起，平和县建立“立足基层，立足基础，乡自为战，村自为战，群防群治，自防自救”的森林防火新机制，签订护林防火责任制，加强护林防火现场教育和森林防火队伍建设，强化野外火源管理，加快防火工程建设，强化监督检查，杜绝森林火灾发生。至2007年，全县均无发生森林火灾。

1989—2007年平和县森林火灾发生情况表

表14-4-3　单位：起、公顷

年份	火灾起数	过火面积	受害面积	年份	火灾起数	过火面积	受灾面积	年份	火灾起数	过火面积	受灾面积
1989	21	805.17	143.27	1996	12	144.27	143.33	2003	7	229.53	68.2
1990	6	108.6	22.93	1997	3	29.6	28.93	2004	23	384.33	90.2
1991	7	370.47	198.2	1998	3	68.27	55	2005	3	55.2	9.8
1992	14	488.87	146.07	1999	5	122.73	106.67	2006	0	0	0
1993	10	614.67	347.73	2000	12	1544.47	1334.53	2007	0	0	0
1994	36	375.73	204.93	2001	6	111.13	76.93				
1995	14	157.53	94.53	2002	25	926.33	551.67				

第四节　国家补助资金及育林基金管理

一、国家补助资金

1989年，国家补助平和县的林业资金25万元。1991年、1997年、2002年和2004年，每年分别补助80万元、100万元、125万元和480万元。2007年，国家补助平和县的林业资金980万元。

1989—2007年，国家补助平和县的林业资金共3359.5万元。

二、育林基金管理

（一）征收

1989年，育林基金由木材经营单位按集体或林农出售价款25%（其中育林基金15%、更新改造基金

10%）向县林业部门缴纳；集体或林农直接销售给用户或在市场上直接销售的按第一次成交价款 25% 由用户向县林业部门缴纳；木材经过加工销售的成品或半成品由加工经营单位按当地平均收购价款 25% 向县林业部门缴纳。1990 年，全县育林基金收入 104.53 万元。1999 年，育林基金收入比 1990 年增长 46.94%。

2007 年，全县育林基金收入 177.08 万元。

（二）使用

1989 年，甲种育林基金由收购单位或组织采伐集体林木的基层单位通过当地农业银行汇缴省、市林业厅（局），而后由省、市农业厅（局）在省市范围内统一分配。主要用于集体采伐迹地的更新和竹林的垦复，其次用于扶助在乡（镇）造林（包括采种、育苗）、育林（包括幼林抚育、成林抚育）和护林，此外有多余时用于其他性质的造林。乙种育林基金由收购单位或组织采购集体林木的基层单位缴交县林业行政部门，由县林业行政部门将育林基金存入农业银行乙种育林基金专户，再由县林业行政部门提出使用计划，报省、市林业厅（局）审核批准后，由农业银行监督拨付，县林业行政部门按计划掌握使用。主要用于原缴纳育林基金的基层单位进行迹地更新、造林、竹林垦复、育林（包括幼林抚育、成林抚育）和护林。1990 年，全县育林基金支出 103.45 万元。2000 年，育林基金支出比 1990 年增长 1 倍多。

2007 年，全县育林基金支出 315.44 万元。

1990—2007 年平和县育林基金收入与支出情况表

表 14-4-4　　单位：万元

年份	基金收入	其中				基金支出	其中		
		上级拨入	甲种基金	乙种基金	其他收入		造林补助	护林防火	其他支出
1990	104.53	58.99	11.02	10.4	24.12	103.45	23.6	28.67	51.18
1991	190.5	152.18	13.03	14.16	11.13	71.31	33.4	20.11	17.8
1992	266.44	221.42	5.83	20	19.19	128.68	114.5	1.15	13.03
1993	69.67	15.43	23.56	0	30.68	136.67	6.17	2.99	127.51
1994	173.27	73.46	36.29	14.62	48.9	165.68	55.22	5.73	104.73
1995	126.91	66.45	21.46	5.08	33.92	137.58	2.9	4.7	129.98
1996	94.13	67.33	9.72	1.38	15.7	98.15	30.77	1.39	65.99
1997	116.5	54.93	29.72	4.71	27.14	93.9	37.87	1.1	54.93
1998	138.8	57.99	22.3	2.57	55.94	115.56	8.45	7.64	99.47
1999	153.6	52.84	11.84	2.12	86.8	154.04	1.25	6.14	146.65
2000	177.9	80.83	9.74	9.83	77.5	207.23	76.69	3	127.54
2001	103.48	48.84	30	1.55	23.09	90.91	-5.89	0.46	96.34
2002	145.41	73.27	13.96	15.09	43.09	15.37	5.46	0.21	9.7
2003	119.67	10.61	35.89	18.96	54.21	50.98	0.74	2.55	47.69
2004	161.56	45.97	31.25	15.55	68.79	194.81	-9.98	11.71	193.08
2005	191.34	55.18	34.66	22.97	78.53	228.75	6.95	24.19	197.61
2006	175.49	27.21	4.65	3.1	140.53	307.21	9.13	3.31	294.77
2007	177.08	61.2	34.54	55	26.34	315.44	30	15	270.44

第五节 山林资源调查与生态公益林规划

一、山林资源调查

1997年1月，平和县成立山林调查办公室，具体负责日常工作。从县林业规划队、各乡镇林业站和村（场）共抽调34人，组成山林调查队，在省林业设计大队、市林业局业务指导和县山林调查办公室、各乡镇林业站及村（场）的配合下，依照《福建省山林调查工作实施方案》开展山林调查，并对调查小班面积、山林蓄积量进行抽查，调查质量基本达到精确度要求。1998年8月，完成山林调查工作。调查结果，全县土地面积232158.53公顷。林业用地面积178602.8公顷、非林地面积53555.73公顷，分别占全县土地面积76.93%和23.07%。有林地面积160510.4公顷、灌木林地面积3762.87公顷、疏林地面积3947.33公顷，分别占全县土地面积69.14%、1.62%和1.7%。宜林地面积5310.4公顷，占全县土地面积2.29%。全县山林蓄积量233.87万立方米，毛竹175.09万株。全县森林覆盖率70.8%。其中，九峰镇、国强乡、大溪镇、文峰镇和崎岭乡森林覆盖率分别为74.7%、74.7%、73.5%、73.2%和67.3%。全县林木年平均总生长量14.71万立方米，森林资源年平均总消耗量11.43万立方米，生产量与消耗量之比为1.29:1，年净增长3.28万立方米。

二、生态公益林规划

2001年4月，平和县成立生态公益林建设规划领导小组，从县林业局各股室、乡镇林业站抽调人员，组成26个外业调查组，开展现场区划界定工作，对生态公益林区位、地类、林种、权属、优势树种、生态林小班登记表和界定书等进行全面检查。同时组织4个质量检查组，对整个调查过程进行质量核对后，外业小班合格率96.2%、面积合格率95.8%，均达到《福建省生态公益林区划界定实施细则》质量要求。6月完成外业界定工作。经市林业分类经营办公室检查合格后，7月转入资料汇编，8月通过评审验收。平和县区划界定的生态公益林总面积5.79万公顷。其中，国家级生态公益林面积3.75万公顷，省级生态公益林面积2.04万公顷；上级认定并列入中央财政补助面积1.75万公顷，列入省级财政补助面积3.14万公顷，其他生态林（包括市属国有林场）面积0.9万公顷。

第六节 野生动植物保护与查处违法违规行为

一、野生动植物保护

（一）野生动物保护

1989年，平和县贯彻执行《中华人民共和国野生动物保护法》，县林业公安股组织开展打击破坏野生动物资源违法行为活动，保护野生动物资源。当年，查处破坏野生动物资源案件1起。1994年3月30日，县公安局林业公安科配合县相关部门组织开展第十二届爱鸟周活动，检查县城所在地50多家农贸市场、商店、酒家、饭店和个体摊贩，查获穿山甲2只，虎纹蛙8只，蛇类、鸟类120条（只）。对查获的死体予以销毁、活体予以放生。同时封存虎骨制品248包（粒），送县卫生局处理。当年，查处破坏野生动物资源案件5起。1999年，查处破坏野生动物资源案件9起。2000年1月15日零时，县林业局、县公安局森林分局组织开展“南方二号”行动。当夜直扑11个事先摸排的违法经营野生动物窝点，收缴蛇类92.5公斤、鸟类118只、其他野生动物42只及死体46公斤。16日，县公安局森林分局在大溪、九峰边界镇捣毁窝点6个，收缴鸟类50只、眼镜蛇3条、蛇酒8瓶、山猪夹31副、野兔夹23副和捕鸟网

15张。21日，在县城北环路抓获贩卖假虎骨、虎鞭的违法人员苏某（安溪县长坑人），处以15天治安拘留。22日，检查县城酒家、饭店21家，收缴蛇类18.5公斤、鸟类15只和蛇酒2瓶。“南方二号”行动历时15天，共出动林业执法人员220人次、警车32辆次和摩托车20辆次，查处非法经营窝点38个，处理违法人员25人（其中治安拘留1人），林政罚款1.2万元，收缴野生动物活体蛇类113.5公斤、鸟类183只、其他野生动物87只。活体给予放生，死体、蛇酒和猎具予以销毁。2002年，查处破坏野生动物资源案件17起。2003年4月10日零时，县公安局森林分局组织2个行动组在全县范围内开展“春雷行动”，历时10天，共出动警力100多人次，检查、清理非法经营野生动物的集散地、集贸市场、捕鸟山头、宾馆、饭店和酒楼等48处（家），分发野生动物保护宣传资料200多张，收缴野生动物135只（条）、野生动物制品4.5千克、猎具10件（套）；治安处罚1人，处罚款200元；林政处罚1人，处罚款1500元。当年，查处破坏野生动物资源案件4起。2004年，平和县公安局森林分局被漳州市委、市政府授予“森林资源保护先进单位”称号。2005年3月，县公安局森林分局组织开展“长剑一号”行动，收缴国家一级保护动物蟒蛇2条、鸟类18只、捕鸟网300米和其他猎具数十个（套）。2007年，查处破坏野生动物资源案件7起。

1989—2007年，全县查处非法猎捕、杀害野生动物，非法出售、收购、运输、携带野生动物，非法狩猎等案件96起。仅1998—2007年查处破坏野生动物资源案件73起（其中刑事案件1起），收缴野生动物1403只（头、条）、猎具297个（套）、捕鸟网800米。

（二）野生植物保护

1989年，平和县贯彻执行《中华人民共和国野生植物保护条例》，做好名木古树标识挂牌，加大宣传力度，加强山上巡逻，路面巡查，对非法采伐，毁坏国家重点保护植物，非法收购、运输、加工、出售国家重点保护植物及制品，非法采挖、移植树木和无证运输移植树木等行为，给予依法查处。对没收的被移植树木，责令其复植并确保成活。

1996年，编制《平和县生物多样性保护工程规划》。1999年，确立3个自然保护区和32个自然保护小区。2001年，确立5个县级自然保护区。2003年9月，长芦林场派出所查处山格镇双田村被非法挖采1株榕树案件，收缴榕树并运至长芦林场场部公路边种植。当年，查处非法移植树木案件5起，收缴活立木5株。2006年12月，天马警务区查处非法移植1株樟树案件，收缴的樟树被剪裁成高7.5米，胸径44厘米，保护性地种植在天马林场场部。

2007年，全县保护性的名木古树258株，其中小溪镇、山格镇、文峰镇、坂仔镇、南胜镇、五寨乡、国强乡、安厚镇、大溪镇、霞寨镇、芦溪镇、崎岭乡、九峰镇、长乐乡和秀峰乡分别有60株、43株、10株、31株、22株、18株、8株、10株、16株、12株、6株、1株、13株、1株和7株。

二、查处违法违规行为

1989年，县林业公安股坚持“以法治林、从严从快”方针，把“打、防、管、建”有机结合起来，共受理各类林业案件26起，其中刑事案件9起、治安案件5起、林政案件12起。逮捕13人，治安拘留4人，林政处罚38人，追缴财物价值1万元，责令补种树木面积20公顷。1993年，县公安局林业公安科组织开展4项专项行动。在9—10月开展的严厉打击乱砍滥伐林木和木材流通领域违法犯罪的专项行动中，查处林业案件67起，处理83人。当年共查处各类林业案件168起，逮捕4人，治安处罚1人，林政处罚211人，追缴财物总价值19万元，责令补种树木面积1.73公顷。

1999年，县公安局森林分局共查处林业案件265起，其中刑事案件7起、治安案件4起、林政案件254起。2005年3月，全县开展严厉打击破坏生态林、国有林的“长剑一号”行动，至6月，县公安局森林分局立案侦查刑事案件9起，破案6起，逮捕2人，取保候审3人，监视居住1人；侦破年前负案5起，逮捕4人，取保候审1人；查处治安案件3起，治安拘留3人，治安处罚3人；处理林政案件111起，收缴财物总价值 25.6 万元。

2007 年 7—9 月，平和县政府与漳州市林业局联合开展保护森林资源专项清理整顿行动暨“绿盾二号”行动，市、县公安局森林分局和林业部门组织 5 个清理整顿工作组，进驻各乡镇开展专项行动，共立案侦查刑事案件 11 起，破案 10 起，抓获违法犯罪嫌疑人 14 人，刑事拘留 9 人，转逮捕 5 人；查处治安案件 2 起，治安拘留 2 人；处理林业行政案件 148 起；查清小水电站非法占用林地 40 起，采矿、采石和取土等改变林地用途 71 起；检查锯台 87 台，查封 5 台。当年，共查处林业案件 374 起，其中刑事案件 21 起、治安案件 9 起、林政案件 344 起，分别比 1989 年增长 13.38 倍、1.33 倍、0.8 倍和 27.67 倍。

1998—2007 年，县公安局森林分局先后组织实施“南方二号”“南方三号”“猎鹰”“春雷”“候鸟”“长剑一号”“长剑二号”“长剑三号”“长剑四号”“绿盾一号”和“绿盾二号”等专项行动 30 余次，共查处森林三类案件（刑事案件、治安案件、林政案件）2748 起，打击和惩处违法、犯罪人员 3356 人次。立案侦查刑事案件 231 起，破案 201 起（含省林业厅、省森林公安局挂牌督办案件 9 起），破案率 87%，其中盗伐林木案 31 起、滥伐林木案 32 起、森林火灾案 117 起、毁坏财物案 12 起、非法收购案 6 起、销赃案 1 起、盗窃和野生动物案各 1 起；打击犯罪嫌疑人 246 人，其中刑事拘留 154 人、取保候审 92 人；批准逮捕 110 人，移送起诉率 100%；查处治安案件 98 起，打击违法人员 150 人，其中治安拘留 72 人、治安罚款 53 人、治安警告 25 人；处理林业行政案件 2419 起，林政处罚 2960 人次，收缴财物总价值 531 万元。

1989—2007 年平和县公安局森林分局案件查处情况表

表 14-4-5　　单位：起

年份	案件总件数	刑事案件数	治安案件数	林政案件数	年份	案件总件数	刑事案件数	治安案件数	林政案件数
1989	26	9	5	12	1999	265	7	4	254
1990	69	8	5	56	2000	285	30	11	244
1991	56	8	3	45	2001	211	15	8	188
1992	82	7	2	73	2002	214	45	12	157
1993	168	12	2	154	2003	284	19	5	260
1994	132	15	5	112	2004	351	38	17	296
1995	123	7	5	111	2005	306	26	13	267
1996	111	12	5	94	2006	307	19	13	275
1997	130	5	5	120	2007	374	21	9	344
1998	151	11	6	134					

卷十五 水利

1989年起，平和县加大资金投入，维护和兴建水利设施；建立防汛责任制，建设防灾抗灾通信系统和预案体系，组建水利抗洪抢险队伍，增强抗灾能力；加大执法力度，严格执行水利法律法规，查处违法行为，保障水利设施在生产、生活及抗洪抗灾中发挥作用。健全水土保持工作机制，坚持水土保持方案编报、审批和落实，做好水土保持预防监督工作，加大资金投入，综合治理水土流失。

2007年，全县发挥效益的水利设施有中型水库3座、小（一）型水库15座、小（二）型水库41座和主要山塘32口；固定机灌站29处、移动抽水机2544台，渠道789条；灌溉总面积24290公顷。全县有人饮工程1745处，日供水总量54276吨，供45.23万人口饮用，占全县人口79.74%。办理水土保持方案报告表（报告书）23件，防治责任范围27.8公顷，审批弃土弃渣量11080立方米，减少水土流失量15.56万吨。

1989—2007年，国家投资4455万元，新建中型水库1座、小（一）型水库9座、小（二）型水库8座、城区防洪堤5.22公里和镇区防洪堤0.4公里。防抗1990年“6·29”洪灾、1995年“7·31”洪灾、1996年“8·8”洪灾、1999年“9·17”洪灾、2006年“5·18”洪灾和2006年“7·15”洪灾等特大灾害，确保人民生命财产安全。全县受理群众来信来访98人次，查处破坏水土保持行为案件25起。水土流失综合治理面积1.51万公顷。

第一章 水利工程

第一节 蓄水工程与堤岸工程

一、蓄水工程

（一）水库

1989年起，平和县陆续兴建蓄水工程。1992年，建成上峰水库。1993—1995年，先后建成屈朗水库、狮子坑水库和后湖水库。1997—1998年，先后建成黄土岭水库、时坑水库和邦寮山水库。2001年1月，建成花溪水库。2004—2005年，先后建成厝南坂水库、良坝水库、坪洄水库、南湖水库和峰欣水库。2007年，建成水库4座。

1989—2007年，全县新建的水库有中型水库1座、小（一）型水库9座和小（二）型水库10座。

1989—2007年，全县报废的小（二）型水库有土田调节水库（址在山格土田，库容15万立方米）、石船调节水库（址在五寨侯门，库容12万立方米）、坪东调节水库（址在秀峰坪东，库容11万立方米）、龙塘水库（址在秀峰三联，库容11万立方米）、田螺湖水库（址在秀峰文田，库容10.2万立方米）和双田水库（址在山格双田，库容26.1万立方米）等6座，总库容85.3万立方米。

上峰水库　属中型水库，位于九龙江西溪支流黄井溪上游，坝址在文峰镇黄井村后溪与五里自然村汇合口处下峡谷段，集雨面积 40.5 平方公里，总库容 2580 万立方米，正常库容 2340 万平方米。（1982 年 10 月，因省内基建计划调整而缓建。1987 年，经省计委批准后列入基建项目后复工）1989 年 12 月，水库大坝回填完成。大坝属黏土心墙坝，坝高 46.3 米。溢洪道开挖土石方多数为岩石，结合回填大坝，下半部风化岩不破碎，采用钢筋混凝土衬砌。1990 年 12 月，溢洪道竣工。溢洪道在大坝右侧，岩石基础，设闸 2 孔，净宽 16 米，装 2 扇 8×5.5 弧形钢闸门；钢筋混凝土输水隧洞长 378.6 米，内径 1.8 米。上峰水库复工投资 833 万元，其中国家补助 355 万元，完成土石方 46.6 万立方米，1992 年 12 月，投入使用。

南胜邦寮山水库

邦寮山水库　属小（一）型水库，位于南胜镇义路村，集雨面积 2.8 平方公里，总库容 173.5 万立方米，调节库容 129 万立方米，引水流量 1.85 米 / 秒。1997 年 1 月动工兴建，1998 年 10 月竣工。建成浆砌石坝 1 座，坝高 23.5 米，坝顶长 93.4 米、宽 1.5 米；涵洞 1 个，长 985 米、宽 1.2 米、高 1.75 米。明挖石方 8203 立方米，挖洞石方 3330 立方米，填筑土方 9202 立方米、混凝土 309 立方米。投入劳力 4.4 万工日，投资 367.87 万元，其中大坝耗资 168.08 万元、输水涵洞 79.37 万元、拱坝 8.36 万元，坝区补偿费 25 万元。

花溪水库　属小（一）型水库，坝址位于国强乡高坑村白沙水电站与高坑水电站之间，集雨面积 201 平方公里，总库容 358 万立方米，调节库容 166.86 万立方米。1997 年 3 月动工兴建。主要工程量 4.85 万立方米，其中明挖土方 3.1 万立方米、明挖石方 0.4 万立方米、浆砌石方 1.24 万立方米、混凝土和钢筋土 0.11 万立方米。浆砌石拱坝 1 座，坝高 40.6 米，坝顶总长 109.3 米，坝底宽 8 米。隧洞长 230 米，洞径 2.8 米。投入劳力 9 万工日，投资 680 万元。2001 年 1 月竣工。

良坝水库　属小（一）型水库，坝址在秀峰乡坝头村，集雨面积 428 平方公里，总库容 648 万立方米，调节库容 318.5 万立方米。正常水位高程 270 米，死水位高程 260 米。1999 年 6 月动工兴建。坝高 48.5 米，坝顶长 133 米。坝型为混凝土重力坝，坝体为石砌体，填筑量 4.71 万立方米。隧洞长 4662 米，洞径 4 米。库区淹没耕地 8.15 公顷，淹没 1 座装机容量 250 千瓦水电站，淹没补偿费 286.62 万元。主要工程量为挖土方 2.93 万立方米、明挖石方 3.78 万立方米、洞挖石方 7.85 万立方米、砌石 4.2 万立方米、混凝土 2.63 万立方米。2004 年 9 月竣工。

长乐良坝水库

1989—2007 年平和县水库兴建情况表

表 15-1-1　　单位：平方千米、万立方米、公顷、万元

水库名称	水库地址	集雨面积	总库容	兴利库容	灌溉面积	总投资	建成年月
上 峰	文峰镇黄井村	40.5	2580	2340	115.8	833	1992-12
屈 朗	小溪镇厝丘村	0.28	12	11.68	33.33	50	1993-02
狮头坑	南胜镇义路村	8.49	19.94	14.5	（发电）	140	1994-08
后 湖	山格镇土田村	13.9	21.42	14.4	（发电）	55	1995-02
黄土岭	山格镇土田村	23.8	42.9	20.74	42.67	60	1997-06
时 坑	文峰镇文峰村	0.42	26.8	14.4	86.67	38	1998-05
邦寮山	南胜镇义路村	3.8	173.5	148.1	733.33	230	1998-10
花 溪	国强乡高坑村	201	358	166.9	（发电）	680	2001-01
盘 龙	芦溪镇九曲村	42	46	40	（发电）	67	2001-03
厝南坂	芦溪镇九曲村	228.8	593	195	（发电）	1536	2004-06
良 坝	秀峰乡坝头村	428.4	648	318.5	（发电）	740	2004-09
坪 洄	秀峰乡坝头村	373.7	296	26.8	（发电）	733.63	2004-09
南湖一级	崎岭乡南湖村	35.6	176.8	87.7	（发电）	625	2005-05
南湖二级	崎岭乡南湖村	64.2	148.65	48.3	（发电）	600	2005-05
长 源	山格镇双坑村	1.7	28	—	（发电）	—	2005-10
峰 欣	九峰镇福田村	30.8	156	120.14	（发电）	436.16	2005-12
东 顺	文峰镇三坪村	35.88	254	159.5	（发电）	693	2007-01
三 坑	九峰镇三坑村	9.55	38.5	31	（发电）	620.54	2007-05
畲 坑	芦溪镇新村村	7.12	82.3	—	（发电）	—	2007-10
吉 坑	国强乡凤山村	11.05	89.6	75.73	（发电）	510	2007-12

（二）山塘

1989 年初，平和县有山塘 556 口、池塘 573 口。此后，山塘、池塘因被填平作为耕地种植农作物或改作他用而减少。

2007 年，全县有山塘 32 口，总库容 246.3 万立方米。

2007 年平和县主要山塘名称与容量情况表

表 15-1-2　　单位：万立方米

山塘名称	山塘地址	山塘容量	山塘名称	山塘地址	山塘容量	山塘名称	山塘地址	山塘容量
眉 山	九峰眉山	7.5	吉仔湖	大溪赤安	7.1	顶角仔	国强凤山	9
土 田	山格土田	9.2	山塘凹	大溪廖安	5	竹尖坑	国强古爽	8
阔 溪	山格双坑	9	毛 坑	霞寨彭林	3	草 滩	崎岭时陂	8.7
石 龟	山格宝丰	8	茶 田	芦溪蕉路	9.2	大 山	崎岭时陂	8
九 猪	南胜云后	5.7	磨石坑	芦溪蕉路	8.6	虎坪腰	崎岭时陂	7
大 坪	南胜云后	6	十二路	安厚三龙	9.3	群彩洋	长乐葵山	7.2
邦 龙	南胜前山	5	牛朝仔	五寨新美	9	四丘田	长乐乐北	4.6
白水磜	坂仔西坑	7.6	石 船	五寨侯门	9	龙 塘	秀峰三联	9.3

续表 15-1-2

山塘名称	山塘地址	山塘容量	山塘名称	山塘地址	山塘容量	山塘名称	山塘地址	山塘容量
水　宝	大溪新光	9.2	陈肚斜	五寨侯门	7	田螺湖	秀峰文田	9
新　农	大溪新农	8.5	露田边	国强古爽	9.4	三角塘	秀峰文田	6
大　枋	大溪赤安	8.2	深　寮	国强泮池	9			

二、堤岸工程

1989年，平和县城乡堤岸总长31.5公里。1992年起，大溪、霞寨、文峰、长乐等乡镇在沿河筑堤，保护集镇安全。当年，平和县开始制定城区防洪工程规划，1993年，编制完成并经省水利电力厅专家审查通过。小溪城区防洪工程的防洪标准为20年一遇。1997年，城区防洪工程开始施工，至2000年12月底，投资1107万元，建设花山溪防洪堤，总长2480米。其中，右岸南山桥至平和大桥防洪堤长1050米，投资535万元；左岸南山桥至东风桥长540米，投资216万元；左岸东风桥至平和大桥长890米，投资356万元。2000年，全县堤岸总长34.5公里，其中石砌堤岸5公里。

2001年1月至2002年9月，投资427万元，建设牛头溪东风桥至琯溪桥两岸防洪堤，总长1220米；投资360万元，建设牛头溪至和平桥两岸防洪堤，总长670米。2005年4月至2007年9月，投资380万元，建设和平桥上游河道两岸防洪堤，总长850米。2007年，南胜镇投资125万元，建设镇区防洪堤，长400米。

1989—2007年，共兴建城区防洪堤5.22公里、镇区防洪堤0.4公里。

第二节　引水工程与提水工程

一、引水工程

1989年初，平和县灌溉面积百亩以上引水渠道443条，其中灌溉万亩及以上渠道1条、千亩及以上万亩以下渠道13条、百亩以上及千亩以下渠道429条，灌溉总面积20667公顷，占耕地总面积86.66%。1996年，全县引水工程灌溉总面积20073公顷，占全县耕地面积86.23%。

2000年，全县灌溉渠道9260条（其中灌溉万亩及以上渠道1条、千亩及以上至万亩以下渠道13条、百亩及以上至千亩以下渠道459条、百亩以下8787条），灌溉总面积19867公顷，占总耕地面积87.73%。其中，小溪镇有灌溉渠道482条，灌溉面积1739公顷；九峰镇有728条，灌溉1563公顷；山格镇有700条，灌溉1895公顷；南胜镇有452条，灌溉1399公顷；文峰镇有542条，灌溉926公顷；坂仔镇有493条，灌溉1614公顷；大溪镇有418条，灌溉1404公顷；霞寨镇有1303条，灌溉1923公顷；芦溪镇有1155条，灌溉1740公顷；安厚镇有863条，灌溉1760公顷；五寨乡有558条，灌溉973公顷；国强乡有711条，灌溉805公顷；崎岭乡有390条，灌溉979公顷；长乐乡有150条，灌溉458公顷；秀峰乡有315条，灌溉689公顷。2005年，全县引水工程灌溉总面积17707.53公顷，占耕地总面积82.76%。

2007年，全县灌溉万亩及以上渠道6条、千亩及以上至万亩以下渠道39条、百亩及以上至千亩以下渠道26条、百亩以下渠道718条，灌溉总面积24290.2公顷。

二、提水工程

1989年初，平和县有固定机灌站38处，灌溉面积253公顷；水轮泵站4处（九峰镇黄田村，霞寨乡建设村、岩岭村，文峰县龙山村各 1 处），灌溉面积 9 公顷。

1989 年起，随着山地果园灌溉的需要，逐渐发展移动式提水工程。2000 年，全县有固定机灌站 29 处、移动抽水机 7142 台、水轮泵 4 台，总功率 15359 千瓦，灌溉总面积 7675 公顷（耕地 2769 公顷、山地果园 4906 公顷）。其中，小溪镇有固定机灌站 2 处、移动抽水机 1180 台，总功率 1776 千瓦，灌溉耕地 105 公顷、山地果园 210 公顷；九峰镇有固定机灌站 11 处、移动抽水机 130 台、水轮泵站 1 处，总功率 551 千瓦，灌溉耕地 47 公顷、山地果园 333 公顷；山格镇有固定机灌站 4 处、移动抽水机 1829 台，总功率 2854 千瓦，灌溉耕地 301 公顷、山地果园 1369 公顷；南胜镇有移动抽水机 153 台，总功率 288 千瓦，灌溉耕地 367 公顷、山地果园 133 公顷；文峰镇有移动抽水机 220 台、水轮泵站 1 处，总功率 619 千瓦，灌溉耕地 53 公顷、山地果园 971 公顷；坂仔镇有固定机灌站 4 处、移动抽水机 3000 台，总功率 7876 千瓦，灌溉耕地 680 公顷、山地果园 133 公顷；大溪镇有固定机灌站 1 处、移动抽水机 127 台，总功率 281 千瓦，灌溉耕地 400 公顷、山地果园 847 公顷；霞寨镇有移动抽水机 180 台、水轮泵站 2 处，总功率 307 千瓦，灌溉耕地 247 公顷、山地果园 413 公顷；芦溪镇有移动抽水机 164 台，总功率 320 千瓦，灌溉耕地 206 公顷、山地果园 375 公顷；安厚镇有移动抽水机 31 台，总功率 94 千瓦，灌溉耕地 86 公顷、山地果园 33 公顷；五寨乡有固定机灌站 2 处、移动抽水机 23 台，总功率 48 千瓦，灌溉耕地 208 公顷、山地果园 3 公顷；国强乡有固定机灌站 3 处、移动抽水机 55 台，总功率 167 千瓦，灌溉耕地 46 公顷、山地果园 64 公顷；崎岭乡有固定机灌站 1 处、移动抽水机 44 台，总功率 145 千瓦，灌溉耕地 4 公顷、山地果园 22 公顷；秀峰乡有固定机灌站 1 处、移动抽水机 6 台，总功率 32 千瓦，灌溉耕地 20 公顷。

2000 年后，水轮泵相继报废。2007 年，全县有固定机灌站 29 处、移动抽水机 2544 台，灌溉总面积 7673.33 公顷，其中耕地 2766.67 公顷、山地果园 4906.66 公顷。

第三节 饮水工程与绿水工程

一、饮水工程

（一）城区饮水工程

1989 年，平和县自来水公司实行技术改造。1990 年，日产自来水由 0.3 万吨扩充为 0.6 万立方米，年供水量 74 万立方米，城区自来水普及率 85%。1995 年增设日产 0.6 万立方米的净水设备一套。1996 年 6 月起，县自来水公司实施大规模技术改造，至 1999 年 1 月完成，一级日产水 8 万立方米、二级日供水 2 万立方米。2003 年 3 月，县自来水公司经过多次技改，制水工艺由人工操作到半自动化、自动化，水质消毒工艺由采用漂白粉到氯气、二氧化氯消毒。2007 年，县自来水公司日供水能力 2 万立方米。

（二）乡村饮水工程

1989 年，平和县先后兴建霞寨乡寨里村、五寨乡新美村、坂仔乡联建村、文峰乡黄井村振兴和寨仔、国强乡高坑村、大溪乡宜盆村、安厚乡山口村安坑、九峰镇复兴村东峨头和福田村溪尾、安厚乡东寨村、芦溪乡双峰村和东槐村水井、安厚乡山口村等 14 处人饮工程，供 11524 人饮用。此后，各乡镇、村陆续兴建人饮工程。

1992 年，先后兴建大溪镇庄上村升楼、霞寨镇西安村、崎岭乡潫头村下葛、大溪镇大松村秀美和新荣村东后、国强乡乾岭村、大溪镇赤安村小枋、霞寨镇联荣村寨子、大溪镇新农村石陂下、五寨乡前岭村、崎岭乡合溪村溪背、芦溪镇连新村詹厝和芦峰村树下、崎岭乡新南村枫林溪和溪边楼、霞寨镇钟腾村、崎岭乡溪头村古坎、国强乡泮池村田中、长乐乡秀山村顶坪、九峰镇陈彩村下楼和三坑村、小溪镇枫埔村坑头湖和旧县村、南胜镇南胜村、安厚乡美峰村赤寨仔、九峰镇福田村田中央和黄田村下楼、崎岭乡顶寨等 29 处人饮工程，供 19973 人饮用。1994 年，先后兴建长乐乡、山格镇等 2 处人饮工程，供 3500 人饮用。

1996 年，全县乡村共有饮水工程 1310 处，其中乡镇区 12 处、村 145 处、自然村 1153 处，供 38.53 万人饮用，占全县总人口 73.07%。其中，小溪镇有乡村饮水工程 52 处，供 29957 人饮用；九峰镇有 100 处，供 39455 人饮用；山格镇有 66 处，供 28570 人饮用；南胜镇有 123 处，供 25850 人饮用；文峰镇有 66 处，供 14806 人饮用；坂仔镇有 120 处，供 27510 人饮用；大溪镇有 52 处，供 33820 人饮用；安厚镇有 126 处，供 37594 人饮用；五寨乡有 35 处，供 15850 人饮用；国强乡有 35 处，供 14424 人饮用；崎岭乡有 83 处，供 24370 人饮用；长乐乡有 40 处，供 10665 人饮用；秀峰乡有 92 处，供 10621 人饮用。1999 年 12 月，动工兴建 14 座乡镇自来水厂（站），受益人口 21.4 万人。

2003 年，乡村新建人饮工程 3 处，供 1336 人饮用。其中，大溪镇新荣村 1 处、供 325 人饮用，三华村 1 处、供 711 人饮用；霞寨镇五美村 1 处，供 300 人饮用。2004 年，新建人饮工程 16 处，供 5854 人饮用。其中，芦溪镇九曲村新建 1 处，供 225 人饮用；文峰镇前埔村新建 1 处，供 300 人饮用；崎岭乡新建 2 处，供 551 人（其中溪头村 301 人、新南村 250 人）饮用；秀峰乡新建 4 处，供 1683 人（其中三联村 563 人、龙岭村 660 人、坝头村 235 人、福塘村 225 人）饮用；长乐乡新建 3 处，供 948 人（其中建三村 501 人、南庭村 26 人、葵山村 421 人）饮用；南胜镇云后村新建 1 处，供 1032 人饮用；霞寨镇钟腾村新建 1 处，供 220 人饮用；大溪镇峰山村新建 1 处，供 205 人饮用；九峰镇新建 2 处，供 690 人（其中积垒村 380 人、下坪村 310 人）饮用。

2007 年，全县有人饮工程 1745 处，其中城区 1 处、乡镇区 15 处、村及自然村 1729 处，日供水量 54276 吨，供 45.23 万人饮用，占全县总人口 79.74%。乡村新建人饮工程 17 处，供 14013 人饮用。其中，芦溪镇新建 8 处，供 8865 人（其中芦峰村 1581 人、树林村 1091 人、连益村 715 人、蕉路村 1433 人、新村 710 人、双峰村 1095 人、漳汀村 1022 人、秀芦村 1218 人）饮用；文峰镇新建 6 处，供 4233 人（其中文美村 469 人、文洋村 2013 人、龙山村 453 人、南霞村 411 人、黄井村 470 人、三坪村 417 人）饮用；崎岭乡合溪村新建 1 处，供 300 人饮用；秀峰乡新建 2 处，供 615 人（其中坪东村 310 人、福塘村 305 人）饮用。

二、绿水工程

2007 年 1 月，平和县在城区兴建绿水工程。当年 9 月，建成小溪镇牛头溪一级、二级自控翻板闸挡水坝各 1 座。一级挡水坝坝高 2.5 米、长 48 米，二级挡水坝坝高 2 米、长 47 米。两级挡水坝在牛头溪形成 5.2 万平方米绿水景观，并在防洪堤两岸种植花草树木，为人们提供观赏、休闲散步场所。

小溪镇牛头溪二级自控翻板闸挡水坝

第二章　水土保持

第一节　水土流失状况

1989 年，平和县水土流失面积 409.67 平方公里，占全县土地总面积 17.78%。其中，轻度流失面积 209.33 平方公里，中度流失 103.07 平方公里，强度流失 97.27 平方公里。2000 年，全县水土流失面积 474.21 平方公里，占全县土地总面积 20.48%。其中，轻度流失面积 253.03 平方公里，中度流失 155.95 平方公里，强度流失65.23平方公里。2003年，全县水土流失面积419.33平方公里，占全县土地总面积18%。

2005年1—3月，县水土保持办公室、县水土保持监督站和县水土保持监测站联合，在崩岗较多的芦溪、霞寨、小溪、大溪、文峰和五寨等6个乡镇开展崩岗调查，利用1:10000地形图、GPS卫星定位仪等，确定崩岗点72处（小溪镇21处、霞寨镇13处、芦溪镇10处、大溪镇12处、五寨乡11处、文峰镇5处），相对稳定型崩岗7处，面积22400平方米；活动型崩岗65处，面积189680平方米。崩岗总面积212080平方米。其中，大型崩岗20处，面积137810平方米；中型崩岗37处，面积65090平方米；小型崩岗15处，面积9180平方米。按崩岗形态划分，弧形10处，崩岗面积27660平方米；混合型33处，面积111540平方米；条形8处，面积22640平方米；瓢型8处，面积30280平方米；爪型13处，面积19968平方米。

2007年，全县水土流失面积421.12平方公里，占全县土地总面积18.08%。其中，轻度流失面积186.6平方公里，中度流失154.34平方公里，强度流失78.12平方公里，极强度流失2.06平方公里。属南方土壤水力侵蚀重点区。

第二节 水土流失综合治理

一、省级资金项目

1989—2004年，平和县水土保持部门先后争取省级水土流失综合治理资金117.55万元（不包括自筹资金和投工投劳），对文峰、山格、小溪、坂仔、南胜、五寨、国强、安厚、大溪、霞寨和九峰等11个乡镇89个建制村进行植物措施与工程措施、果园道路拓宽与低产果园改造、封禁治理与恢复山地植被为主的水土流失综合治理，治理水土流失总面积7669公顷。其中，封禁治理5665公顷，造林772公顷，种果288公顷，低产果园改造292公顷，种竹459公顷，种草193公顷。果园道路拓宽16.4公里，兴建蓄水池29个，果园节水灌溉13个，改善生产生活条件，减少水土流失。

2005—2007年，全县争取省级水土保持资金53万元，自筹资金120万元，先后实施长乐乡建三小流域、文峰上峰水库库区、霞寨镇钟腾溪小流域和花山溪流域等地水土流失综合治理项目，总面积778公顷。其中，2005年，长乐乡建三村小流域水土流失综合治理项目，治理面积115公顷，总投资20万元，其中省级补助10万元。上峰水库库区水土保持生态建设项目，治理面积530公顷，总投资50万元，其中省级补助10万元。2006年，霞寨镇钟腾溪小流域水土流失综合项目，治理面积138公顷，总投资34万元，其中省级补助10万元。

2007年，实施花山溪流域等地水土流失综合项目，治理面积95公顷，总投资69万元，其中省级补助23万元。

二、亚行资金项目

1996—2000年，平和县实施水土保持与乡村发展亚行（亚洲开发银行）贷款项目（项目涉及坡耕地治理、改造，优良水果种植，农副产品深加工与保鲜等），利用亚行贷款163.68万美元，国内配套资金206.28万美元，在安厚、大溪、坂仔、五寨、文峰、山格和南胜等乡镇种植龙眼、荔枝、菠萝等果树175公顷、麻竹150公顷，改造低产果园736公顷。同时争取到亚行资金11.79万美元，购置四川“庆铃牌”工具车8部，分配给安厚、大溪、国强、坂仔、霞寨、芦溪、南胜和五寨等8个乡镇，以方便水土保持亚行贷款项目顺利实施。

三、国债资金项目

1999年，平和县争取中央财政预算内国债资金164万元，自筹资金186万元，综合治理小溪镇东固陂小流域锦溪集团厝坵示范区，总面积325公顷。治理项目为果园、坡地改造，兴建蓄水池，果园节水喷灌和果园道路拓宽等。

2000年，争取国债资金50万元，自筹资金50万元，综合治理小溪镇东固陂小流域宝善示范区，总面积66公顷。治理项目为低产果园改造、田埂修筑和果园节水喷灌等。当年经水利部太湖流域管理局验收，平和县东固陂被水利部、财政部命名为“全国水土保持生态环境建设示范小流域”。

2001年，争取国债资金40万元，省级配套资金15万元，自筹资金25万元，综合治理文峰镇黄井溪小流域，总面积1060公顷。治理项目为果园道路拓宽、蓄水池兴建和低产果园改造等。2002年8月，治理后的黄井溪小流域达到“全国水土保持生态环境建设示范小流域”标准，并通过省水土保持委员会验收。

2002年，争取国债资金90万元，自筹资金138万元，综合治理平和县花山溪流域，涉及山格、小溪、坂仔、南胜、国强和霞寨等6个乡镇，总面积2180公顷。治理项目为坡改梯200公顷、种草180公顷和封禁1800公顷。

四、以工代赈项目

1991年，县水保办获得省计委水土保持以工代赈项目，实施九峰镇福田溪和霞寨镇钟腾溪流域水土流失治理，总投资50万元，其中工业券投资20万元，采用植物措施，治理面积307.1公顷（钟腾溪治理项目由县农业区划办组织实施），其中种果33.3公顷、造林228.5公顷、种竹33.3公顷和改造坡耕地茶园12公顷。实施文峰镇黄井溪流域水土流失综合治理，总投资20万元，其中工业券投资10万元，治理面积268.5公顷，其中种竹157.3公顷、种果64.6公顷和造林46.6公顷。

五、课题研究项目

1989年，县水土保持站与省、市有关部门和厦门亚热带植物研究所开展水土保持课题研究，开展花岗岩区崩岗治理试验。

1992年，开展石竹、绿竹、毛竹速生丰产栽培技术与水土流失区种植琯溪蜜柚丰产栽培试验。1994年，县水土保持试验站与省、市水土保持机构共同投资4万元，创办县水土保持试验站琯溪蜜柚生产基地，开展坡地水土保持项目研究，种植琯溪蜜柚867棵，在全县起到示范推广种植作用。

1989—2000年，省、市有关部门先后共拨款20多万元，支持县水土保持试验站开展水土保持项目试验研究，均取得一定成效。2001年，县水土保持试验站与漳州市水土保持办公室合作，从南靖县牛崎头漳州水土保持示范场调运百喜草、宽叶雀稗等草种在县水土保持试验站宝善试验场种植，获得成功。

2002—2007年，县水土保持站配合水土项目实施，在“三保”（保水、保肥、保土）果园开展推广种植百喜草、宽叶雀稗和亚系狼尾草优良品种等项目研究，提高果园覆盖率，减少地表径流，促进果、草、牧工程循环利用。

1989—2007年平和县水土流失综合治理情况表

表15-2-1　　单位：万元、公顷

年份	投入资金	治理面积	年份	投入资金	治理面积	年份	投入资金	治理面积	年份	投入资金	治理面积
1989	11.25	3650	1994	7.4	433	1999	350	325	2004	10	85
1990	9	1767	1995	6.7	300	2000	100.3	66	2005	70	545
1991	16.4	867	1996	16.1	267	2001	228	1060	2006	34	178
1992	6.8	976	1997	114.85	845	2002	80	2180	2007	69	95
1993	5.9	604	1998	160.2	600	2003	260	273			

第三章 防灾抗灾

第一节 防灾抗灾体系

一、通讯指挥系统

1989年5月，为加强县级防汛抗旱工作，协调与部门和乡镇人民政府的沟通和联系，平和县人民政府设立平和县防汛抗旱指挥部办公室，负责全县防汛抗旱日常工作，办公地点设在县水利电力局。县防汛抗旱指挥部办公室成立之初，办公场所只有十几平方米，配置1部值班电话和1台传真机。2004年，办公室配置3台电脑、1台打印机及卫星地面接收设备，用于卫星云图接收处理和接收洪水预警预报系统信息，便于实时掌握汛情。同时配备1部卫星电话，作为应急通讯之备。

2005年10月，县防汛抗旱指挥中心大楼建成并投入使用后，办公场所得以改善，设置总面积近100平方米的机房和防汛会商室。机房配有互联网和政务网光纤网络，防汛会商室安装视频会议系统，实现省、市、县在线视频商会。2006年，更新3台电脑，其中1台用于接收气象自动站信息。建立短信群发平台，及时将汛情信息发送到相关人员手机中。

二、监测预警系统

1997年6月，由省防汛办投资建设九龙江西溪花山溪洪水预报警系统，设立4个雨量站（霞寨镇、国强乡、南胜镇、小溪镇各1个）、1个水位站（小溪镇）和1个分中心（平和县防汛办）。2000年12月，由省水利管理中心安装上峰、东川和新荣等3座中型水库水情雨情自动测报系统。

2005年1月26日，在县防汛指挥中心安装防汛视频系统，与市防汛办连接。7月29日，安装“风影2005”台风实录分析系统，实时采集台风路径和预测台风移动方向。11月3日，安装卫星云图地面接收系统，实时接收风云2号卫星图像。2006年4月9日，安装大屏幕投影视频系统。5月16日，安装群发短信系统，及时为各级领导和相关人员传递防汛信息。9月8日，在芦溪、霞寨、九峰、大溪、文峰、南胜、坂仔、长乐和崎岭等9个乡镇安装雨量、温度“两要素”自动气象站，实时采集各地雨量、温度的数据。

2007年6月16日，安装防汛指挥决策支持系统，及时掌握水情、雨情、台风路径、卫星云图和气象雷达等信息，为防汛指挥提供决策依据。

三、气象信息网络

1989年起，县气象局运用ZSQ-1（“123”）天气传真接收机接收北京、欧洲气象中心等气象传真图。1990年6月，建立气象警报系统，每天3次发布天气预报预警信息。1999年，建立9210系统。利用9210系统接收从地面到高空各类天气形式图和云图、雷达等数据，为气象信息的采集、传输处理、分发应用和会商分析提供支持。通过Micaps系统使用高分辨率卫星云图。

2000年，开通“121”（2005年改为“12121”）天气预报电话自动答询系统。2004年1月，县气象局AWS-600Ⅱ型自动气象站投入运行，气压、气温、湿度、风向、风速、降水和地温等观测项目全部采用仪器自动采集、纪录。10月，建立电视气象影视制作系统。

2006年，建立省、市、县气象视频会商系统。在文峰、南胜、坂仔、崎岭、长乐、大溪、九峰、霞寨和芦溪等9个乡镇建成CAWS600-R(T)自动观测站。2007年11月，在文峰、安厚、国强、山格和五寨等5个乡镇建成“四要素”（风向、风速、气温、雨量）自动观测站。

四、应急预案

2005年，平和县人民政府办公室印发《平和县防台风防洪工作预案》。2006年，县政府办印发《平和县防汛抗旱应急预案》。各乡镇（场、区）、各村（居）组织编制防洪抢险救灾应急预案和山洪灾害防御预案。2007年，县政府办印发《平和县城区防洪应急预案》和《平和县突发地质灾害应急预案》，县水利局印发《平和县处置水利工程突发公共事件应急预案》。

五、抗灾物资与应急队伍

1989年起，平和县防汛抗旱指挥部办公室在做好抗灾物资储备和管理的同时，组织防汛抢险应急队伍，并登记造册。特别是加强与县武装部和武警中队、消防大队的沟通联系，有效整合抢险救灾力量，有计划地开展应急抢险技术培训和防汛抢险救灾演练，不断提高防汛抢险救生水平。平和县在防汛抗旱指挥中心备有物资仓库，储备的防汛救灾物资有救生舟、救生衣和编织袋等。同时加强抗灾设备与物资的管理、维护和保养，尤其是做好防汛抢险救生舟的维修、养护，确保一旦出现险情，防汛设备、物资调得出、用得上。当年，配备救生舟2艘、救生衣50件和编织袋1万条，常备防汛抢险应急队伍3支，人员60人，

1995年，配备救生舟2艘、救生衣75件、编织袋2万条，常备防汛抢险应急队伍3支，人员75人。

2001—2002年，配备橡皮艇2艘、救生衣75件和编织袋2万条，常备防汛抢险应急队伍16支，人员1500人。2003—2004年，配备玻璃钢冲锋舟2艘、救生衣175件、编织袋2万条，常备防汛抢险应急队伍16支，人员1500人。

2005年，增配玻璃钢冲锋舟1艘。2006年，配备3艘冲锋舟、600件救生衣和2万条编织袋等防汛物资。2007年，配备玻璃钢冲锋舟2艘、竹排12只、救生衣275件和编织袋2万条，常备防汛抢险应急队伍303支，人员4811人。

第二节　抗洪抗灾纪实

一、防抗“6·29”洪灾

1990年6月29日，06号台风在漳浦县登陆，小溪过程雨量219.6毫米，水位超警戒线2.48米。全县受灾32462户、162310人，被洪水围困6638人，房屋损坏615间、倒塌634间，受伤14人， 192人无房可住。农作物受灾6133公顷，水利工程被冲毁987处、长14.5公里，损坏公路113处、长7.2公里。损坏桥梁11座、长250米。

灾情发生后，县和乡镇领导深入第一线指挥抢险救灾，发动群众生产自救。全县9万人次投入抢险救灾，完成早稻弃杂、洗苗、捆绑2800公顷，甘蔗扶正、培土6667公顷，修复小型水利工程338处，恢复灌溉面积2000公顷。县财政拨出3.57万元，帮助重灾户恢复生产，重建家园。

二、防抗“7·31”洪灾

1995年7月31日，04号台风在广东省澄海登陆，小溪过程雨量182毫米，水位超警戒线2.87米，风速19米/秒，风力8级。这次强热带风暴影响时间集中，降雨量大，又处在夏收夏种大忙季节及果树挂果时期，受灾严重，全县直接经济损失1.7亿元，其中农作物受灾损失9677万元、房屋倒塌损失5000

万元、水利设施损失1160万元、交通设施水毁损失900万元。全县21.5万人受灾，其中1.72万人被洪水围困，920人无房可住。

灾情发生后，县和乡镇领导深入灾区指挥群众抢险救灾，县乡有关单位干部职工均组成抢险队伍，奔赴灾区抢险救灾，安全转移受灾群众4779人。发动灾民开展生产自救，把灾害损失降到最低程度。

三、防抗“8·8”洪灾

1996年8月8日，10号台风在漳浦县东南方向60千米海面上减弱为低气压，霞寨、芦溪、秀峰和长乐等乡镇普降暴雨，坑内水库过程雨量333.4毫米，秀峰水位高出1972年“7·29”灾害时的水位1.5米，造成山体滑坡、河流改道、道路交通中断，房屋倒塌4697间，受灾严重，全县直接经济损失1.6亿元。台风袭击之前，县和乡领导组织群众做好抗洪救灾各项准备工作。受灾期间，县和乡镇领导深入灾区察看灾情，指导抢险救灾，迅速组织2支抗灾抢险队，赶赴重灾区抗洪救灾。加强卫生防疫工作，组织2支医疗队，分别进驻重灾区，抗灾疾病防疫工作，防止传染病流行。抢修受损道路60处，修复水利工程446处。完成晚稻洗苗、补苗401.33公顷，修复水毁稻田48公顷，扶正倾倒香蕉38.33公顷。

灾害发生后，市委书记曹德淦、市长李天森和市水利电力局局长林良炎均赶赴平和灾区慰问灾民。12日，省纪委书记梁绮萍召集有关厅、局长到省纪委会议室听取平和县领导关于平和“8·8”洪灾的情况汇报。24日，省委书记陈明义到平和县了解灾情，要求全县上下齐心协力开展生产自救，重建家园，做到重灾不减产，脱贫不延误，保证倒房户灾民在春节前搬进新房。

四、防抗“9·17”洪灾

1999年9月16日，受10号强热带风暴影响，全县普降大暴雨，雨量达300毫米以上。17日，县城水位超警戒线2.74米。由于雨量集中，来势凶猛，境内6条主要河流相继出现洪峰，县城、乡村内涝严重。暴雨造成山体滑坡，果树、水稻、水利设施、交通道路、电力通信设施和民房（房屋倒塌473间、损坏1051间）等严重受损，全县直接经济损失8833万元。全县受灾人口25万人，其中被洪水围困2.3万人，306人无房可住。

灾情发生后，县委、县政府和县防汛抗旱指挥部科学应对，落实措施，全力抢救。市委副书记王良才、副市长林殿阁和市水利水电局局长林良炎到平和县检查指导抢险救灾工作，转移危险灾区灾民5021人。

五、防抗“5·18”洪灾

2006年5月18日，受01号台风影响，小溪过程雨量318毫米，水位超警戒线1.93米。上峰水库、国强乡、霞寨镇过程雨量分别为481毫米、389毫米和354毫米。全县房屋倒塌1119间、损坏5694间，受灾人口18万人；冲毁道路527处（总长62公里）、路基10.3万立方米（总长7.5公里）、路面25.52万平方米（总长59公里），毁坏桥梁40座；冲毁河堤183处（总长13公里）、涵洞175处，提防决口49处（总长4.6公里），损坏护岸159处、灌溉设施815处。全县因灾直接经济损失4.46亿元（其中农业2亿元、交通运输业0.71亿元、建筑业0.6亿元、水利设施0.95亿元、其他0.2亿元）。

面对台风袭击，县委、县政府为确保群众生命财产安全，严格按照台风工作预案，密切关注台风动向，做到“部署在前、防御在前、指挥在前”，切实把防御责任落实到村到户到人。在接到省、市防汛指挥部的台风预警后，各套领导班子成员分赴各分工挂钩的乡镇、村，具体组织、指导防抗台风工作。

小溪镇高南村在县水利水电局的帮助指导下，成立防洪抢险突击队，配备冲锋舟1艘、竹排4只、救生衣50件、编织袋6600条、铜锣2副和高音喇叭1套。在台风袭击之前，突击队员用电话、短信、广播和敲锣等方式将汛情告知村民，并挨家上门巡查，成功转移居住在低洼地带受洪水威胁的群众300多人。突击队还派出2支抢险小组支援文峰镇、山格镇抢险救灾，同心协力，共转移群众495人。

县卫生部门加强灾后防病灭病工作，组织16支医疗队共173人深入灾区，进村入户，开展灾后防病灭病宣传和疫情调查评估，诊治病人3.73万人，无偿提供价值4.36万元药品。全县做到灾后无疫情，确保人民群众身体健康和社会稳定。

六、防抗“7·15”洪灾

2006年7月13日，04号强热带风暴在台湾宜兰登陆，14日，在福建霞浦北壁再次登陆。平和县受其外围影响，14日8时至17日8时，小溪地区、霞寨镇、国强乡、南胜镇、芦溪镇、长乐乡和秀峰乡过程雨量分别为362毫米、342毫米、407毫米、389毫米、339毫米、572毫米和464毫米。其中16日夜，南胜镇因强降雨引发山洪暴发，河水暴涨，南胜村、前山村和龙心村房屋进水，水位高1.5米(最高达3米)，镇政府门前水深2.3米；17日零时至零时30分，水位聚涨2米，超过镇政府前面大桥1.2米（河床水位上涨4.01米）。全县房屋倒塌5193间（其中南胜镇1389间）、损坏5098间，受灾人口18.72万人（其中南胜镇5000人）。冲毁道路1978处（总长93.5公里）、路基7.8万立方米（总长2.2公里）、路面28.87万平方米（总长14.2公里），道路坍塌1700处、27万立方米，毁坏桥梁56座（其中全毁11座）；冲毁河堤984处（总长26.9公里）、涵洞410处，提防决口35处（总长5.7公里），损坏灌溉设施134处。全县因灾直接经济损失5.06亿元（其中农业1.93亿元、交通运输业0.98亿元、建筑业1.25亿元、水利设施0.65亿元、其他0.25亿元）。

面对台风袭击，县委、县政府坚持把确保群众生命财产安全放在首位，严格按照台风工作预案，密切关注台风动向，加强值班和灾情监测，充分估计风暴危害，严加防范，切实把防御责任落实到村到户到人。在接到省、市防汛指挥部的台风预警后，全县立即进入临战状态，各套领导班子成员分赴各分工挂钩的乡镇、村，具体组织、指导防抗台风工作。紧急转移群众3万多人。加强水库和堤坝的检查和值守，并做好除险加固工作。同时在地质灾害点、低洼地带安排人员24小时值班、巡查。

在防抗台风中，民政部副部长窦玉沛带领的国务院工作组在副省长陈芸的陪同下到平和县五寨乡、南胜镇了解灾情，指导救灾，慰问灾民。市委书记刘可清、市长何锦龙以及其他市领导深入平和县检查指导救灾工作。受省委、省政府委派，省武警总队官兵奔赴平和县参加抢险救灾工作，安全转移4名被洪水围困的村民，修复被洪水冲垮的公路120多米，清理路障60多处，打桩200多根，填埋沙石8000袋，修复水渠500多米；清理淤泥、垃圾200多立方米，拆除危房40多间，深受当地民众赞誉。

灾后，县财政、民政部门紧急拨付救灾款和救灾物资，妥善安置和救助灾民。县卫生部门全面落实卫生防疫措施，组织防疫人员1536人在全县范围内开展消杀毒工作，消杀毒面积累计48万平方米。同时认真做好肠道传染病和虫媒、鼠媒传染病预防控制工作，确保群众生命安全。

第四章 管 理

第一节　机 构

一、行政机构

1989年，平和县水利电力局内设办公室、设计室、基建室、工管股、电业股和器材股，有行政干部10人。

1997 年 5 月，县水利电力局更名为平和县水利水电局。2000 年，县水利水电局内设人事秘书股、水利水电管理股和计划财务股，有行政干部 12 人。2003 年 3 月，根据《平和县党政机构改革的实施意见》规定，组建平和县水利局。

2007 年，县水利局内设综合股、建管股和水资源股，有行政干部职工 9 人。

二、事业机构

1989 年 5 月，平和县防汛抗旱指挥部办公室成立，以加强县级防汛抗旱工作，协调与部门和各乡镇政府的沟通和联系。是年，县水利电力局下设事业机构有县渔政管理站、县水产技术推广站、县水利电力技术队和县防汛抗旱指挥部办公室，共有事业干部、职工 47 人。

1996 年 12 月，平和县水政监察大队成立。2000 年 2 月，平和县渔政执法大队成立。是年，县水利水电局下设县水利电力技术队、县水产技术推广站、县渔政执法大队、县水政监察大队和县防汛抗旱指挥部办公室，共有事业干部、职工 56 人。

2007 年，县水利局下设县防汛抗旱指挥部办公室、县水政监察大队、县渔政执法大队、县水产技术推广站、县水利电力技术队、县水土保持办公室和县水土保持站，共有事业干部、职工 41 人。

第二节 水利工程维护与补助资金

一、水利工程维护

1989 年，采用劈裂灌浆法，每 3 米钻 1 个孔，对乐南水库大坝进行灌浆加固。在水井和新圩水库上游砌石护坡。1990 年 4 月 10 日，县直机关干部职工 3000 人到宝善村清修水利渠道 4000 米，恢复农田灌溉面积 333 公顷。是年，对南溪拦河坝下游进行抛石保护，抛石量 1250 立方米。九峰、霞寨、小溪、山格和坂仔等乡镇人饮工程、灌溉渠道和果园灌溉工程采用低压管道输水灌溉技术，使用薄壁无毒硬聚氯乙烯（PVC）塑料管，达到防渗防漏、节水灌溉效果。1991 年，修复乐南水库因山体滑坡而致坝底和反滤体右脚隆起的大坝，并对大坝进行灌浆加固。1992 年、1995 年，分别对华美水库、上峰水库大坝进行灌浆加固。

1996 年 11 月 23 日，组织 1.1 万人对 1.8 千米长南溪渠道进行清淤疏堵，恢复灌溉面积 866.67 公顷。是年，修复高南溪尾、山格下埔等 2 个排洪闸，对高南渠道斜坑渠段（桩号 1+200—1+800）、高南渠段（桩号 9+500—10+400）等 2 个渠段进行防渗处理，总投资 10.6 万元。组织干部职工和学校师生近万人到小溪镇沟口陂清理渠道 4.8 千米，清除淤泥、土石 0.55 万立方米，清除被占用渠岸 1.5 千米，恢复灌溉面积 233 公顷。1998 年 1 月 30 日，对新荣水库涵洞进行化学灌浆，堵住涵洞漏水。是年，在岐山、鬼仔岭水库上游砌石护坡，在龙头水库上游砌石护坡。

1999 年，3 次对南溪供水渠道进行违章清除，清除违章种植果树 1 万多株。组织县直机关干部和群众 1 万多人到山格军民堤清障，共清理两岸违章种植的果树 5000 株，清淤 1 万立方米。2001 年，对南溪渠道东古岩渠段（桩号 7+200—9+000）进行防渗处理，浇灌混凝土 1620 立方米，清淤 5400 立方米，总投资 65 万元。2002 年，对内田、中田、外田、彭墩、九水和幸福等 6 座水库大坝进行灌浆加固。

2003 年，采用大坝大规模全面劈裂式灌浆修复方法，对坑内水库、彭墩水库等水库进行除险加固。在外田水库上游砌石护坡。2004 年，对大塘水库、平寨水库大坝进行灌浆加固。2005 年，对华美、石厝湖水库大坝进行灌浆加固。分别对平寨水库灌区 0.6 公里引水渠道、0.6 公里田间灌溉渠道清淤、砌石。2006 年，对南溪拦河坝等重点水毁工程进行集中整治修复，总投资 811.1 万元，完成工程量 33 万立方米。

2007 年，投资 1459.56 万元，修复拦河坝 34 处，渠道总长 22 公里，恢复灌溉面积 1700 公顷；采用劈裂灌浆法，对径仔水库、埔坪水库、严内海水库和寨河水库等水库进行除险加固，完成工程量48万立方米。

二、补助资金

1989年，国家及省级补助平和县的水利水电资金223.5万元。1991年，补助资金183.05万元。1998年，补助资金275.1万元。2004年，补助资金257.2万元。2006年，补助资金620.2万元。2007年，补助资金511.7万元。

第三节 水土保持方案审批

1991年6月29日起，《中华人民共和国水土保持法》实施，平和县水土办公室开始执行水土保持方案审批制度，生产建设项目要编报水土保持方案报告表或报告书，以规范生产企业挖土、倒土、弃渣等活动行为，减少新的水土流失现象。同时加强同县水利局、县环保局、县物价局、县建设局、县国土资源局和县发改局等部门联系，把水土保持方案审批编报作为相关部门办证的前置条件。当年，办理水土保持方案报告表（报告书）2件，防治责任范围3.01公顷，审批弃土弃沙量7400平方米，减少流失量7040吨。

2001—2007年，全县办理水土保持方案报告表（报告书）50件，防治责任范围186.86公顷，审批弃土弃渣量18.47万立方米，减少水土流失量42.68万吨。

2001—2007年平和县水土保持方案报告表（报告书）审批情况表

表15-4-1 单位：件、公顷、立方米、吨

年份	方案件数	防治责任范围	审批弃沙土量	减少水土流失	年份	方案件数	防治责任范围	审批弃沙土量	减少水土流失
2001	1	2.2	0	0	2005	3	10.17	16100	15272
2002	0	0	0	0	2006	17	99.97	98120	192716
2003	2	4.92	21600	21600	2007	23	27.8	11080	155589
2004	4	41.8	37800	41600					

第四节 规费征收

一、河道采砂管理费

1992年，根据《平和县河道采砂收费管理办法暂行规定》，平和县开始征收河道采砂管理费。当年征收收河道采砂管理费0.56万元。1995年，征收河道采砂管理费2.56万元。1999年，征收河道采砂管理费2.6万元。

2007年，全县征收河道采砂管理费8万元，比1992年增长13.29倍。

二、水土保持设施补偿费

1992年起，平和县依法对机砖厂、碎石场、开山企业等单位征收水土保持设施补偿费。当年征收2.2万元。2000年，征收水土保持设施补偿费1.45万元。

2007年，全县征收水土保持设施补偿费3.6万元，比1992年增长63.64%。

三、水资源费

1994年开始，平和县依法实施取水许可证制度，对取水单位和个人进行核实登记。当年办理取水许可证21本。至1999年，全县办理取水许可证235本。

1996年7月1日，根据《关于核定平和县水资源费收费标准的通知》，开始征收水资源费。当年征收水资源费11.4万元。2001年，征收水资源费15.2万元。2006年1月1日起，水力发电取水征收的水资源费由0.0025元/千瓦时调至0.008元/千瓦时，城乡生活取用水由0.02元/立方米调至0.06元/立方米，工业取用水由0.035元/立方米调至0.08元/立方米。

2007年，全县征收水资源费33万元，比1996年增长1.89倍。

1996—2007年平和县采砂管理费和设施补偿费及水资源费征收情况表

表15-4-2　　单位：万元

年份	河道采砂管理费	水保设施补偿费	水资源费	年份	河道采砂管理费	水保设施补偿费	水资源费
1996	3.89	0.5	11.4	2002	3	1.9	15.4
1997	2.3	0.8	15.3	2003	3	2.15	14.8
1998	2.5	0.9	14.7	2004	2.2	2.62	15.7
1999	2.6	1.2	14.3	2005	3.5	3.45	20
2000	2.6	1.45	13.9	2006	6	3.36	30
2001	2.8	1.58	15.2	2007	8	3.6	33

第五节　法律法规宣传与查处违法违规行为

一、法律法规宣传

1989年，县水利电力局印发《中华人民共和国渔业法》的宣传资料，组织人员，出动宣传车上街、下乡开展宣传活动。1991年7月，县水土保持办公室、水土保持乡镇管理站采取电视讲话、电影宣传、分发读本、书写宣传标语和印发宣传挂历等形式，开展《中华人民共和国水土保持法》宣传活动。1994年起，每年世界水日（3月22日）和中国水周（3月22—28日），全县均开展广泛的水利法律法规宣传活动，提高全社会关心水、爱惜水、保护水和水忧患意识。

1992—1995年，印发水法宣传读本1128册，设置固定宣传标语牌817条。2001年，制作大型铁质渔业法律法规宣传牌21个，安装在各个重点河段、养殖区和种质资源保护区。召开有县人大代表参加的渔业法律法规贯彻执行情况座谈会1次。2002年，开展《中华人民共和国水法》宣传活动。2003年，开展宣传《关于进一步打击电炸毒鱼违法行为的通告》活动，由分管副县长作专题电视讲话，出版执法宣传专栏2期。

2006年6月29日是《中华人民共和国水土保持法》颁布实施纪念日，在县水利局大门口悬挂水土保持宣传标语，连续半个月在平和电视台滚动播出水土保持知识及宣传标语。7月，创办《平和水土保持简讯》不定期刊物，设有《会议消息》《工作动态》《方案评审》《思考探索》和《高层信息》等栏目，广泛宣传《中华人民共和国水土保持法》及水土保持知识。《平和水土保持简讯》主要发放到县政府主要领导和水土保持成员单位及各乡镇（场、区）。是年，全县开展《中华人民共和国渔业法》颁布20周年纪念活动，深入宣传渔业法律法规，使全民受到一次比较深刻的法制教育。

2007年第15届世界水日和第20届中国水周（主题是“应对水短缺”）期间，深入乡镇开展水利法律法规宣传活动，增强全民爱护水资源意识和遵守《中华人民共和国渔业法》《中华人民共和国野生动物保护法》和《中华人民共和国水法》等法规的法制观念。在城乡举办知识问答6场次，发放宣传手册3200册和宣传单5000份。

二、查处违法违规行为

1989年9月，小溪镇湖田村蔡某等3人私自开山采石，造成大量水土流失，渠道堵塞等后果。县水利电力局、县矿管办、县水保办和小溪镇人民政府联合执法，经现场勘测，调查取证，提请县人民法院强制执行，依法给予蔡某等3人处罚款5000元。1994年7月开始，加强水土保持预防监督工作，组织各乡镇水土保持检查员在全县开展摸底普查，对监督对象、保护内容登记造册，规划“水土保持重点预防保护区”“水土保持预防监督区”和“水土保持重点监督区”。

1996年，县水政监察大队执法人员深入各乡镇，配合当地政府对各河段违章设障进行检查，共清除河道设障253处，拆除违章建筑42处，清除违章种植的麻竹2000多株、蜜柚2000多株、香蕉5000多株和蔬菜20000多株。1997年3月，霞寨镇岩岭村村民庄某擅自在河道边兴建房屋，县水政执法人员到现场勘察核实，确系违章建筑，通过法律法规宣传后，庄某自动拆除违章建筑。

1999年，制止小溪镇旧县村黄某某乱开山采石行为，黄某某依法缴纳水土保持补偿费2536.5元。

2002年9月、2003年5月，分别制止山格镇新陂村个别村民在乌石山乱开山采石、向河道倾倒渣土行为。2006年，制止崎岭乡南湖村曾某某在南湖机砖厂附近乱开山挖土行为，曾某某依法缴纳水土保持补偿费3000元。

1989—2007年，县水土保持办公室共受理群众来信来访98人次，查处破坏水土保持案件25起。

卷十六 能源

平和县水力资源丰富，仅水能的理论蕴藏量就有10.6万千瓦，可开发利用水能资源发电的装机容量是7.36万千瓦，相应年发电量可达31000万千瓦时。1989年起，平和县大力建设水电站，水能资源得到较好开发，有的同一水源多梯次利用，水力发电业快速发展。1989—2007年，全县新建水电站121座，装机总容量97416千瓦。至2007年末，全县运行的水电站有408座，总装机容量123818千瓦，比理论可开发利用水能量增加68.23%，其中装机容量500千瓦以上的骨干水电站有34座。全县水力发电量从1989年的9016万千瓦时增至2007年21321万千瓦时。有60家企业主要从事电力经营业务。全县城镇、农村居民户通电率100%。

1989年后，火力发电机构陆续停止发电，作为商品能源的火力电力逐渐退出能源的历史序列。

2000年起，随着科学技术水平提高，沼气和太阳能逐渐成为农村和城镇开发利用的新能源。

第一章 水电

第一节 水电站建设

1989年起，水电站建设呈现县镇办电、村组办电、国外资金及台资、港资、澳资等境外资金办电、私营股份办电的多元化发展新格局。1992年起，水能综合开发利用向同一水源多梯次利用的水电站建设迈进。县实行充分利用水能资源的统一规划、统一管理。在有条件的同一河流上充分利用上一级水电站的尾水再建二级、三级，甚至四级水电站。截至2007年，全县新建（含技改）水电站121座，装机总容量97416千瓦。其中，国有水电站3座，装机容量7580千瓦；股份制电站115座，装机容量70876千瓦；外资投建电站3座，装机容量18960千瓦。全县水电站实际装机总容量达到12.38万千瓦。

一、国企水电站

1989年，全县国有水力发电站有九峰溪二级、霞寨深度、国强白沙、国强高坑、坂仔梨仔坑（一、二级）、小溪枫埔及小溪高南等7座县属水电站，装机总容量为7335千瓦。

1997年3月，动工兴建国有花溪水电站。水电站位于国强白沙水电站至高坑水电站之间，是白沙水电站与高坑水电站的落差水能的再利用。库区集雨面积201平方公里，建造石砌拱坝40.6米，总库容量358万立方米，调节库容166.86万立方米。设计水头30米，引水流量每秒10立方米，建有内径3.2米、长度197米的引水隧道，装机容量2500千瓦。2001年建成发电，年平均发电量960万千瓦时。工程总投资1700万元。

2000年，扩建高坑水电站投产，装机容量2230千瓦。2007年，扩建和技改大湖水电站投产，装机容量2850千瓦。至2007年，国有电力扩建、技改水电站2座，新建水电站1座，装机总容量7580千瓦，总投资4217.5万元。

二、国外资金及台资水电站

1994—2007年，全县引进国外资金和中国台湾资金兴建水电站3座，装机容量18960千瓦。

淞山水电站 地址位于山格镇土田村后湖。1994年由中国台湾商人朱淞投资兴建，投资额186万元。水电站集雨面积13.9平方公里。蓄水库筑有高17米，长52.5米的拦河坝，蓄水量21.4万立方米。引水流量0.64立方米/秒，利用水头140米，压力管长291米，内径0.6米。1995年1月建成发电，装机容量640千瓦，年发电量210万千瓦时。

淞河水电站 1996年4月，中国台湾商人朱淞再投资66.3万元在山格镇土田村兴建淞河水电站，装机320千瓦。同年年底建成发电。

霖和良坝水电站 1998年1月，平和良坝水电开发有限公司（中方）与马来西亚DRLS工业有限公司（外方）合作，创建中外合资良坝水电站。电站位于长乐乡联胜村良坝自然村，属芦溪流域流进广东省界水电梯级开发的末级水库电站。电站蓄水库控制流域面积428.4平方公里，蓄水库正常蓄水位高程270米，总库容648万立方米；利用平均水头97米，引水流量每秒20立方米。1999年9月动工兴建，2002年10月建成发电，装机总容量18000千瓦，当年发电量1357.14万千瓦时，电站更名为“漳州霖和良坝水电站”。2006年4月，电站重新确定股份，其中，外方马来西亚良坝力量有限公司占55%股权，中方厦门漳能投资有限公司占40%股权、平和县新能水电有限公司占5%股权。2007年，发电量9300万千瓦时，实现工业产值 2512万元。该电站是平和县最大型的水电站，建成发电后，缓解全县用电紧张状态，改善闽西南电网结构，成为促进工业强县发展的重要电力资源。

三、股份水电站

1989—2007年，全县股份制水电站建成投产115座，占全县同期建设水电站总量的95%；装机总容量70876千瓦，占全县同期建设装机容量的72.75%。股份制水电站其股份的形式多种多样，有县乡（镇）联办、乡（镇）村联办、村组联办；也有集体与个人联办、个人与个人联办。仅2006年，全县股份制水电站建成投产30座，装机容量23520千瓦。股份电站装机容量在500千瓦以上的水电站有39座，装机容量达1000千瓦以上的水电站有16座。其中，芦溪镇九曲村的厝南坂水电站最大型，装机容量达6000千瓦；秀峰乡坝头村的坪回水电站，装机容量5800千瓦；九峰一级（兴源）水电站，装机容量4400千瓦。

1989—2007年平和县水电站建设情况表

表16-1-1　　单位：千瓦、万元、千瓦时

水电站名称	河流名称	所在乡村	装机容量	建成年份	经济性质	投资额	年发电量
澄溪	九峰溪支流澄溪	九峰镇澄溪	125	1989	股份	62.5	5000
东浦口	文峰溪支流前埔溪	文峰镇文洋	125	1989	股份	62.5	5000
振阳	九峰溪支流霞西溪	九峰镇振阳	75	1990	股份	37.5	5000
上峰一级	西溪支流黄井溪	文峰镇黄井	640	1990	股份	320	5000
上峰三级	西溪支流黄井溪	文峰镇黄井	1260	1992	股份	630	5000
宝山	芦溪支流山岗溪	芦溪镇山岗	800	1993	股份	162.5	6500
狮头坑	花山溪支流南胜溪	南胜镇义路	320	1994	股份	325	6500

续表 16-1-1

水电站名称	河流名称	所在乡村	装机容量	建成年份	经济性质	投资额	年发电量
龙心	南胜溪支流龙心溪	南胜镇龙心	125	1994	股份	62.5	5000
兴利	文峰溪支流哮石坑	文峰镇文洋	250	1994	股份	125	5000
淞山	花山溪支流洪径溪	山格镇土田	640	1995	台资	320	5000
泰丰	花山溪支流平寨溪	山格镇平寨	115	1995	股份	57.5	5000
欧寮	南溪支流欧寮溪	南胜镇欧寮	50	1995	股份	25	5000
福山	九峰溪支流黄田溪	九峰镇福山	420	1996	股份	210	5000
谷仓（水浪）	澄溪支流谷仓溪	九峰镇澄溪	160	1996	股份	80	5000
大坵潭	花山溪支流钟腾溪	霞寨镇洋坑	75	1996	股份	37.5	5000
淞河	花山溪支流洪径溪	山格镇土田	320	1996	台资	160	5000
坑内坝后	花山溪	霞寨镇坑内	150	1997	股份	75	5000
坑内二级	花山溪	霞寨镇古隆	250	1997	股份	125	5000
溪尾	花山溪支流洪径溪	山格镇新陂	75	1997	股份	37.5	5000
上峰四级	西溪支流黄井溪	文峰镇黄井	100	1997	股份	50	5000
邦辽山二级	花山溪支流南胜溪	南胜镇义路	800	1998	股份	62.5	5000
下村	金溪支流金溪	大溪镇下村	100	1998	股份	50	5000
拦河	金溪支流金溪	大溪镇新红	375	1998	股份	187.5	5000
赤安	金溪支流赤安溪	大溪镇赤安	125	1998	股份	62.5	5000
盘龙	芦溪支流梨坑溪	芦溪镇华峰	720	2000	股份	360	5000
高坑	花山溪	国强乡	2230	2000	国有	123	549
龙泉	西溪支流黄井溪	文峰镇黄井	125	2000	股份	62.5	5000
花溪	花山溪	国强乡高坑	2500	2001	国有	1700	960
霖和良坝	芦溪	长乐乡联胜	18000	2002	中外合资	11000	5000
三溪	芦溪支流三溪溪	秀峰乡龙岭	320	2002	股份	160	5000
厝南坂	芦溪	芦溪镇九曲	6000	2003	股份	3900	6500
九良	芦溪支流山岗溪	芦溪镇九曲	640	2003	股份	416	6500
洋坑口	九峰溪支流霞西溪	九峰镇振阳	100	2003	股份	65	6500
乾岭	花山溪支流碧岭溪	国强乡乾岭	125	2003	股份	585	6500
碧兴	花山溪支流碧岭溪	国强乡碧岭	100	2003	股份	104	6500
坪回	芦溪	秀峰乡坝头	5800	2004	股份	3770	6500
漳汀	芦溪支流秀芦溪	芦溪镇漳汀	720	2004	股份	468	6500
双关里	芦溪支流山岗溪	芦溪镇山岗	320	2004	股份	468	6500
梨坑正辉	芦溪支流梨坑溪	芦溪镇梨坑	520	2004	股份	338	6500
福源二级	秀峰溪	秀峰乡福塘	1600	2004	股份	1040	6500
朝生	九峰溪支流黄田溪	九峰镇黄田	250	2004	股份	162.5	6500
闽兴	花山溪支流三五溪	国强乡三五	800	2004	股份	65	6500
义路	花山溪支流南胜溪	南胜镇义路	320	2004	股份	208	6500

续表 16-1-1

水电站名称	河流名称	所在乡村	装机容量	建成年份	经济性质	投资额	年发电量
山前	文峰溪支流前埔溪	文峰镇前埔	125	2004	股份	650	6500
跳石湾一级	芦溪	芦溪镇新	175	2005	股份	113.75	6500
跳石湾二级	芦溪	芦溪镇新	320	2005	股份	208	6500
跳石湾三级	芦溪	芦溪镇焦路	155	2005	股份	100.75	6500
落沙潭	芦溪	芦溪镇双峰	260	2005	股份	169	6500
玛皇拱	芦溪	长乐乡联三	100	2005	股份	65	6500
连益	芦溪支流益头溪	芦溪镇连益	1030	2005	股份	669.5	6500
鸽坑	芦溪支流东溪	芦溪镇秀芦	750	2005	股份	487.5	6500
东溪	芦溪支流秀东溪	芦溪镇秀芦	320	2005	股份	208	6500
仙山	芦溪支流山岗溪	芦溪镇山岗	160	2005	股份	169	6500
峰源	三溪支流峰源溪	秀峰乡坝头	200	2005	股份	130	6500
山下	芦溪支流农家溪	秀峰乡农家	125	2005	股份	81.2	6500
白花洋	秀峰溪支流白花洋溪	秀峰乡秀峰	410	2005	股份	533	6500
双塘高坑	秀峰溪支流福塘溪	秀峰乡双塘	160	2005	股份	1040	6500
南湖一级	九峰溪	崎岭乡南湖	1000	2005	股份	2080	6500
南湖二级	九峰溪	崎岭乡南湖	3200	2005	股份	162.5	6500
彩宅	九峰溪支流黄田溪	九峰镇东富	100	2005	股份	2860	6500
合源（庵坝）	澄溪支流合源溪	九峰镇澄溪	160	2005	股份	104	6500
岩坑合水	花山溪支流岩坑溪	国强乡岩坑	1440	2005	股份	936	6500
龙潭	花山溪	国强白沙林场	900	2005	股份	585	6500
西坑溪	三五溪支流西坑溪	国强乡三五	800	2005	股份	520	6500
建峰	花山溪支流吉坑溪	国强乡凤山	400	2005	股份	1625	6500
狮灵	花山溪支流碧岭溪	国强乡乾岭	400	2005	股份	260	6500
邦辽山一级	花山溪支流南胜溪	南胜镇义路	500	2005	股份	400	6500
鸿盛一级	鹿溪支流岩内海溪	五寨乡寨河	400	2005	股份	260	6500
石船	鹿溪	五寨乡侯门	320	2005	股份	208	6500
龙岭溪尾	芦溪支流龙岭溪	秀峰乡龙岭	200	2005	股份	130	6500
龙岭	芦溪支流龙岭溪	秀峰乡龙岭	500	2005	股份	325	6500
皇公岩	芦溪	芦溪镇芦丰	320	2006	股份	208	6500
畲坑一级	芦溪支流畲坑溪	芦溪镇新	500	2006	股份	325	6500
畲坑二级	芦溪支流畲坑源	芦溪镇新	560	2006	股份	364	6500
双连	芦溪支流连城溪	芦溪镇连新	445	2006	股份	289.25	6500
席坑	芦溪支流益头席坑溪	芦溪镇树林	250	2006	股份	468	6500
西新上块	芦溪支流秀芦溪	芦溪镇西新	820	2006	股份	533	6500

续表 16-1-1

水电站名称	河流名称	所在乡村	装机容量	建成年份	经济性质	投资额	年发电量
秀兴	芦溪支流秀芦溪	芦溪镇秀芦	250	2006	股份	162.5	6500
岭下	芦溪支流山岗溪	芦溪镇山岗	250	2006	股份	416	6500
新厝	芦溪支流山岗溪	芦溪镇山岗	260	2006	股份	104	6500
坝头	芦溪支流梨坑溪	秀峰乡坝头	820	2006	股份	533	6500
秀峰	秀峰溪	秀峰乡秀峰	820	2006	股份	169	6500
福塘口	秀峰溪	秀峰乡福塘	1，000	2006	股份	533	6500
桥头	九峰溪	崎岭乡南湖	250	2006	股份	162.5	6500
九一（源兴）	九峰溪	九峰乡下坪	4，400	2006	股份	210	5000
桂竹	九峰溪支流桂竹溪	崎岭乡桂竹	410	2006	股份	266.5	6500
承沣	九峰溪支流高山溪	岭岭乡合溪	525	2006	股份	341.25	6500
霞西	九峰溪	九峰镇霞西	445	2006	股份	289.25	6500
东富（下）	九峰溪支流东富溪	九峰镇东富	250	2006	股份	65	6500
峰欣	九峰溪支流澄溪	九峰镇九峰	1，000	2006	股份	2860	6500
永兴(溪头)	花山溪支流岩坑溪	崎岭乡溪头	800	2006	股份	520	6500
新建	三五溪支流西坑溪	国强乡新建	75	2006	股份	48.75	6500
国兴	三五溪支流西坑溪	国强乡新建	160	2006	股份	104	6500
新兴	三五溪支流西坑溪	国强乡新建	160	2006	股份	104	6500
郭坑一级	花山溪支流三五溪	国强乡白水	2，500	2006	股份	1625	6500
郭坑二级	花山溪支流三五溪	国强乡白水	250	2006	股份	162.5	6500
长汀川源	花山溪支流枫埔溪	霞寨镇长汀	2，000	2006	股份	1300	6500
长源一级	花山溪支流洪径溪	山格镇双坑	400	2006	股份	260	6500
长源二级	花山溪支流洪径溪	山格镇双坑	400	2006	股份	260	6500
东顺	南溪支流三坪溪	文峰镇三坪	2，400	2006	股份	1560	6500
高峰联盟一级	漳江支流东楼溪	五寨乡高峰	800	2006	股份	520	6500
福峰	芦溪	长乐乡联三	200	2007	股份	130	6500
连新	芦溪支流益头溪	芦溪镇连新	320	2007	股份	208	6500
顶楼	芦溪支流益头横坑溪	芦溪镇连益	320	2007	股份	208	6500
秀芦山口二级	秀芦溪支流东溪	芦溪镇秀芦	450	2007	股份	206	6500
径口	芦溪支流山岗溪	芦溪镇山岗	640	2007	股份	416	6500
华龙	芦溪支流梨坑华峰溪	芦溪镇华峰	400	2007	股份	260	6500
内坑	秀峰溪	秀峰乡秀峰	260	2007	股份	169	6500
山溪	秀峰溪支流福塘溪	秀峰乡双塘	125	2007	股份	1040	6500
兴溪	高山溪支流彭溪溪	崎岭乡彭溪	375	2007	股份	243.75	6500

续表 16-1-1

水电站名称	河流名称	所在乡村	装机容量	建成年份	经济性质	投资额	年发电量
三坑二级	九峰溪支流三坑溪	九峰镇三坑	1，026	2007	股份	666.9	6500
南和	花山溪	霞寨镇群英	290	2007	股份	188.5	6500
恒源	花山溪支流芹山溪	霞寨镇群英	200	2007	股份	130	6500
大湖	花山溪	霞寨镇大湖	2，850	2007	国有	1852.5	6500
山坪	南胜溪支流东坑溪	坂仔镇东坑	250	2007	股份	162.5	6500
双田	花山溪支流洪径溪	山格镇双田	750	2007	股份	487.5	6500
山前梯级	文峰溪支流前埔溪	文峰镇前埔	1，000	2007	股份	81.25	6500
金顺	南溪支流三坪溪	文峰镇三坪	410	2007	股份	266.5	6500
交田	九峰溪支流坑内溪	九峰镇九峰	160	2007	股份	104	6500
五美	九峰溪支流五美溪	霞寨镇五美	445	2007	股份	89.25	6500
高欣	花山溪支流洪径溪	山格镇高际	150	2007	股份	97.5	6500

附：报废水电站

1989年起，水能资源实行统一规划，统一管理，新建的水电站蓬勃发展，早年一些村组兴建的小水电站，或因水能利用不合理，或因设备老旧，产能落后等原因，逐渐被淘汰废弃。1989—2007年，全县共淘汰报废小水电站57座，装机容量731千瓦（详见16-1-2表）。

1989—2007年平和县报废水电站情况表

表 16-1-2　　单位：千瓦

水电站名称	地址	装机容量	建成年份	报废年份	报废原因
内宵	文峰龙山	5	1984	1992	缺水
前进	山格前进	24	1980	1989	拉大电
下洲	山格平寨	3	1964	1989	缺水
纳树脚	小溪	3	1981	1989	缺水
福场	坂仔和平	10	1983	1992	拉大电
岭脚	坂仔联建	10	1980	1990	拉大电
东坑	坂仔东坑	40	1970	1989	拉大电
糠厝	南胜糠厝	26	1980	1992	拉大电
八仙桌	南胜龙溪	1.5	1985	1990	拉大电
高峰	五寨高峰	5	1973	1990	缺水
郑仔	五寨高峰	10	1982	1989	缺水
坪水岭	五寨高峰	5	1975	1989	拉大电
闽潭	国强三五	5	1978	1992	缺水
红能坑	国强三五	10	1981	1994	拉大电
后溪	国强三五	15	1985	1992	大电代替
梅子	国强梅子	5.5	1985	1994	大电代替
白水	国强白水	10	1986	1995	大电代替

续表 16-1-2

水电站名称	地址	装机容量	建成年份	报废年份	报废原因
尪田	国强三五	10	1983	1994	大电代替
泮池	国强泮池	10	1972	1989	缺水
顶楼	国强古爽	10	1971	1989	缺水
口鞍	国强延山	10	1974	1989	缺水
朱子坑	安厚东川	5	1983	1990	缺水
尖厝岭	安厚东川	10	1979	1992	拉大电
虎地	安厚径内	3	1979	1990	缺水
寨仔	安厚南门	5	1978	1992	拉大电
半山	安厚东川	5	1979	1991	拉大电
甩仔头	安厚农场	40	1983	1990	大电代替
陂头	安厚南门	10	1983	1991	大电代替
林仔坑	大溪新溪	26	1977	1989	拉大电
风洞里	大溪大松	10	1977	1989	缺水
大斜里	大溪三华	10	1979	1989	缺水
大里	大溪硕卿	10	1979	1992	拉大电
廖安	大溪廖安	28	1980	1993	拉大电
林场	大溪林坑	12	1980	1992	拉大电
新荣	大溪新荣	40	1980	1989	拉大电
胡仔岭	大溪庄上	10	1981	1989	拉大电
青年场	大溪赤坑	5	1987	1994	缺水
甲路	大溪三华	5	1986	1994	拉大电
大松	大溪大松	5	1973	1989	缺水
上陂	大溪大松	5	1972	1989	缺水
岭背	大溪大松	5	1975	1989	缺水
岩石	大溪江寨	40	1970	1989	缺水
诗坑	崎岭诗坑	12	1961	1997	拉大电
古坎	崎岭溪头	5	1985	1994	拉大电
土坑	崎岭南湖	10	1974	1992	拉大电
下坪坑	崎岭崎南	26	1972	1993	拉大电
溪头	崎岭溪头	8	1962	1989	拉大电
溪背	崎岭合溪	20	1967	1989	拉大电
径口	九峰汀溪	5	1970	1999	缺水
白叶塘	九峰三坑	5	1984	1989	缺水
福山	九峰福山	40	1974	1989	扩建
上仓	九峰上仓	40	1973	1989	扩建
刘科	九峰东富	10	1971	1998	缺水

续表 16-1-2

水电站名称	地址	装机容量	建成年份	报废年份	报废原因
新洋	九峰新山	8	1974	1989	缺水
上洋	九峰陈彩	5	1971	1989	缺水
眉山	九峰眉山	10	1974	1989	缺水
三坑	九峰三坑	10	1974	1989	缺水

第二节　电网建设

一、变电站建设

110 千伏小溪变电站　1989 年，平和电力网仍是以 35 千伏小溪变电站为中心的 35 千伏电压等级相配套的地区网络。联结霞寨、安厚、南胜等 3 座 35 千伏变电站，负责调节全县 15 个乡镇（场）的电力供需平衡。其电源主要由县内水电站输入，难于满足全县社会经济快速发展对电力的需求。1994 年 9 月，经过勘察规划，平和县第一座 110 千伏小溪变电站在小溪镇旧县村新店村小组动工兴建，1996 年 10 月建成投入运营，从 110 千伏南靖变电站南常线开断接入电源并成功启动主变。110 千伏小溪变电站建设占地 6770 平方米，投资 1720 万元。变电站接入线路长 1000 米，主变容量 2×31500 千伏安；110 千伏进出线 4 回；35 千伏出线 8 回；10 千伏出线 10 回。负责与省电网及县内 35 千伏系统联网，形成以 110 千伏小溪变电站为枢纽，110 千伏电压等级为主网架的 110—35—10 千伏电压等级的供电网格局，提升平和电力输送能力和有效供给。

1997 年，35 千伏小溪变电站更名为“35 千伏城关变电站”。直至 2005 年 5 月停运撤站。

35 千伏坂仔变电站　址在坂仔镇双溪村，工程总投资 80 万元，1998 年建成投入运行。变电站主变总容量 2×3150 千伏安。主要向坂仔镇及小溪镇溪州等地供电。

35 千伏文峰变电站　位于文峰镇文美村，占地面积 8000 平方米，工程总投资 320 万元。1999 年 2 月建成投入运行。主变容量 1×4000 千伏安；35 千伏进出线 3 回，10 千伏出线 4 回。主要向文峰镇及黄井开发区（县工业园区）供电。

35 千伏崎岭变电站　址在崎岭乡合溪村。工程总投资 360 万元。1999 年 11 月建成投入运行。主变容量 3150 千伏安。主要向崎岭等地区供电。

35 千伏九峰变电站　址在九峰镇。投资 480 万元。2000 年初建成投入运行。安装主变容量 3150 千伏安。主要向九峰镇、长乐乡等地供电。

35 千伏芦溪变电站　址在芦溪镇，投资 350 万元。2001 年建成投入运行。主变容量 4000 千伏安。主要向芦溪镇及秀峰乡部分地区供电。

35 千伏大溪变电站　址在大溪镇，首期工程于 2006 年投入运行，投资 300 万元。主变容量 3150 千伏安。主要向大溪镇供电。

2003 年，县电力公司先后对 1988 年前建设的霞寨、南胜和安厚 3 座变电站进行增容改造。同时，在负荷或电源集中的文峰黄井、国强三五、芦溪九良和国强乡、五寨乡等地建设 5 座简易的 35 千伏变电站，在县城地区增设和改造配网设施，全网供电能力和供电可靠性得到提高。

2007 年底，全县建有 110 千伏变电站 1 座，主变 2 台，容量 63000 千伏安；35 千伏变电站 13 座，主变 18 台，总容量 92250 千伏安。

二、输电线路建设

1989 年，平和的电网建设尚处于滞后状况，全县共有 35 千伏线路 8 条，总长 146.39 千米；10 千伏线路 242 条，总长 848.65 千米；低压线路 1010.8 千米。35 千伏主输电线路线径偏小，电压等级低，线路偏长，不能适应日益增多的供用电需求。丰水期多余电量送不出去，枯水期需向省电网购买电量又输不来，且线损很大。随着全县社会经济的快速发展，县加大电力基础设施建设力度，增加输电线路建设投入。1989—2007 年，全县建设 110 千伏输电线路 3 条，总长 126.8 千米；增建 35 千伏输电线路 13 条，总长 117.9 千米；新增 10 千伏输电线路 571.35 千米和低压线路 989.5 千米。

（一）110 千伏输电线

靖平线 起自南靖县 110 千伏变电站，终至平和 110 千伏小溪变电站，全长 13.17 千米；全程竖有水泥电线杆 22 支、铁塔 2 座；采用 LGJ—185 型号导线。线路于 1996 年 10 月建成投入运行。

常平线 起自云霄常山 110 千伏变电站，终至平和小溪 110 千伏变电站，全长 69.55 千米；全程立有水泥电线杆 200 支、铁塔 2 座；采用 LGJ—185 型号导线。线路于 1996 年 10 月建成投入运行。

霖平线 起自长乐乡良坝水电站，终至平和小溪 110 千伏变电站，全长 44.08 千米；全程竖立水泥电线杆 105 支，铁塔 1 座；采用 LGJ—95 型号导线。线路于 2002 年 12 月建成投运。

（二）35 千伏输电线

2001—2007 年，全县新建 35 千伏输电线路 13 条。

2001—2007 年平和县建设 35 千伏输电线路情况表

表 16-1-3 单位：千米

线路名称	起点	终点	线路长度	建成投运年月
九峰变电站接入线	35KV 崎九线 33 号杆	35KV 九峰变电站	0.75	2001 年 1 月
白花线	白沙水电站	花溪水电站	2.295	2001 年 6 月
花安线	花溪水电站	35KV 安厚变电站	15.91	2001 年
崎九线	35KV 崎岭变电站	九峰溪二级水电站	16.098	2001 年
霞芦线	35KV 霞寨变电站	35KV 芦溪变电站	21.336	2001 年 9 月
小溪平寨线	110KV 小溪变电站	平寨宝达钢业	6.005	2003 年 10 月
黄井线	上峰水库二级水电站	黄井变电站	3.24	2004 年 11 月
南五线	35KV 南胜变电站	五寨简易变电站	8.946	2004 年 12 月
白三线	白深线 3 号杆	三五简易变电站	5.39	2004 年 12 月
芦九线	35KV 芦溪变电站	九良简易变电站	11.508	2005 年 6 月
霞九线	35KV 霞寨变电站	九二水电站	30.0	2006 年 12 月
小坂线Ⅱ回	110KV 小溪变电站	35KV 坂仔变电站	14.93	2007 年 5 月
双田支线	35KV 小坂线Ⅱ回 8 号杆	双田、土田水电站	15.4	2007 年 8 月

三、农村网改

1989—1996 年，建设农村水电网线多数以各水电站或各乡镇供电区域为单位联网。运行一定年限后，普遍存在技术含量低、设备陈旧、安全隐患多、供电可靠性差、线损严重、电价混乱等现象。在一定程度上制约着农村社会经济发展。1996 年，平和获国务院批准，被列入全国第三批农村水电初级电气化建设县。县政府适时出台优惠政策和措施，鼓励和支持农村电气化建设并着手组织实施。至 1999 年，平和县实现建制村村村通电、自然村全部通电；全县供电 12.4 万户，53.35 万人口，年总供电量 1.66 亿千瓦时，用电量 1.45 亿千瓦时，住户通电率达 99%；用电保证率 98.3%；户均年生活用电量 299 千瓦时，人均年用电量 271 千瓦时。是年，平和县通过福建省农村初级电气化建设达标验收。

1999 年 10 月，改革农电管理体制，全县 15 个乡镇设立的电管站（所）全部撤销，农村电力供应归县电力公司统一经营。县电力公司在各个乡镇设立供电所，承担农村电力设施建设、电网改造和农村电力管理任务。根据国务院关于农村电网实行“两改一同价”（改革农电管理体制、改造农村电网，实现同城同网同价）的通知要求，平和在全县范围内结合农村电气化建设全面实施农村电网改造工程建设。县政府制定“全面规划、统筹兼顾、试点先行、整体推进”的农电网改工作方案。电力部门依据《福建省农村配电网建设与改造技术标准》和国家水利部相关规定要求，在安厚镇白石村启动农村电网规范改造示范试点。2000 年，农电网改工程建设分期分批向全县推开，至年底，第一批实施农网改造有崎岭、安厚、山格、国强、五寨、芦溪及霞寨等 7 个乡镇的 43 个建制村完成网改建设。有 16700 户农户实现“一户一表制”，用上省网供电。

至 2007 年，全县 240 个建制村全面完成农电管理体制改革和农村电网改造任务，实现同县同网同价。农网改造后，农村平均电价由每千瓦时 1.15 元降为每千瓦时 0.80 元，每年可为农民减轻电费负担 1300 万元。

四、变电与配电

至 2007 年年底，全县通过变电站、输电线路和农电网改建设（不含自供区）共有 110 千伏变电站 1 座，主变 2 台，容量 63000 千伏安；35 千伏变电站 13 座（含简易变），主变 18 台，容量 92250 千伏安；配变 1234 台，容量 142250 千伏安；110 千伏输电线路 3 条，126.8 千米；35 千伏输电线路 35 条，264.682 千米；10 千伏输电线路 48 条，1420 千米；0.4 千伏输电线路 4396 千米。形成以小溪 110 千伏变电站为中心，通过 110 千伏靖平线、常平线输电线路联入省电网。由 110 千伏变电为 35 千伏，通过 35 千伏线路的主网架输送各地。形成 110 千伏－35 千伏－10 千伏－0.4 千伏不同电压等级的县电力网络，由高压到低压逐级变电并输送到各家各户。全县用电总户数 149328 户，其中，农村用电户 18986 户，通电率 100%。

配电变按照“小容量、密布点、短半径”的原则布局。农村用电户按照 0.3～0.35 伏安的用电容量测算，变压器按 1:1:25 的比例配置，单台配变容量一般不超过 100 伏安，负荷相对集中的适当增加。县电力公司设有电网调度室，应用微机自动化遥测系统，通过载波通讯和程控电话等方式联结骨干水电站、变电站、供电所及重要用户的配电调度系统进行合理配电。自农村电网改造完成的 2002 年起，尽管是夏天用电高峰期或是冬天枯水期，全县再也没有出现“拉闸限电”现象。

2002 年全县中、小水电站首次并省网情况表

表 16-1-4　　单位：千瓦、万千瓦时

水电站名称	装机容量		建成年份	2002 年上网电量
	总容量	装机数量和单台容量		
九二	3000	3×1000	1979	1248
花溪	2500	2×1250	2001	775
高坑	2230	630+1600	1973、2000	733
白沙	1260	2×630	1976	618
深渡	750	3×250	1972	427

续表 16-1-4

水电站名称	装机容量		建成年份	2002 年上网电量
	总容量	装机数量和单台容量		
梨仔坑一级	650	250+400	1974	175
梨仔坑二级	400	2×200	1974	112
和平	250	2×125	1982	70
土田	750	3×250	1980	82
双田	250	2×125	1983	50
枋埔	250	2×125	1969	61
旧楼	225	100+125	1978	51
云后	200	75+125	1974	38
柴船	125	1×125	1986	10
长岭溪	500	250+2×125	1977	134
拦河	375	125+250	1998	48
上峰一级	640	2×320	1990	916
上峰二级	2400	3×800	1980	720
上峰三级	1260	2×630	1992	350
上峰四级	100	1×100	1997	12
上峰龙泉	125	1×125	2000	21
石鸡母	125	1×125	1974	27
三平	175	100+75	1985	29
淞山	640	2×320	1995	194
淞河	320	1×320	1996	87
高际	250	2×125	1978	35
金鸡	125	1×125	1980	8
坂仔	1，000	4×250	1981	301
联建	125	1×125	1980	21
南胜	175	75+100	1972	16
法华	100	1×100	1981	12
虎尾	125	1×125	1982	20
彬垄后	125	1×125	1994	21
岩内	200	125+75	1979	12
石船	200	125+75	1983	16
国强	800	2×400	1983	121
乾岭	125	1×125	1973	12
罗坑	480	3×160	1980	65
彭溪	125	1×125	1983	39
南湖	125	1×125	1978	12

续表 16-1-4

水电站名称	装机容量		建成年份	2002 年上网电量
	总容量	装机数量和单台容量		
桂竹	160	1×160	1997	62
长汀	285	125+160	1991	103
坑内坝后	150	2×75	1997	26
坑内二级	250	2×125	1997	45
黄庄	125	1×125	1983	12
东川	318	2×125+68	1977	6
赤安	125	1×125	1989	19
新荣	250	2×125	1984	25
九峰	1200	3×400	1977	313
汀溪	125	1×125	1989	48
谷仓	160	1×160	1996	20
福山	420	1×320	1996	101
联峰	160	1×160	1993	47
霞西	125	1×125	1980	30
东富	125	1×125	1992	23
福田	125	1×125	1980	30
黄田	125	1×125	1969	15
洪坑	160	1×160	1998	26
芦溪	1200	3×400	1978	328
漳汀	720	400+320	1977	44
北溪	200	1×200	1994	60
山岗	200	125+75	1993	80
盘龙	720	400+320	2000	183
乐南	400	1×400	1986	119
福塘	250	2×125	1974	36
厝垣	195	120+75	1976	20
良坝	18000	2×8，000	2002	418

第三节　供 电

一、供电量

1989—2007 年，全县电力供给总量保持稳定增长。1989 年供电总量 5844.8 万千瓦时，1999 年突破 1 亿千瓦时，为 10352.91 万千瓦时。2007 年供电量达到 34632.45 万千瓦时，比 1989 年增加 4.9 倍。县内供电由过去以机关单位和居民照明为主要供电对象转化为以供给工业用电和居民生活用电为主，随着农村电气化建设和农村电网改造建设的实施，农村供电量的比重逐年提升。

工业用电量 1989—1999年，平和县工业发展比较缓慢，工业用电量每年增幅不大。1989年为4214.27万千瓦时，1999年为4906.49万千瓦时，比1989年仅增长16.42%。2000年，实施“工业强县”战略，工业用电量直线上升。2003年，工业用电量达到8814.28万千瓦时。2004年，工业用电量增加到13050.35万千瓦时，比2003年增长48.06%。2001—2007年，全县工业用电量每年平均递增20.34%。

农村用电量 1989年，电力部门供给农村用电411.78万千瓦时（不包括农村小水电自发自供电量）。农村电气化建设工程实施后，农村用电的增长速度比较快。1999年全县供给农村用电1155.76万千瓦时。2002年猛增到2931.51万千瓦时，比2001年翻一番。2003—2007年，农村用电量每年净增1000多万千瓦时。2007年，全县农村用电量突破7000万千瓦时，比1989年增加16倍。

商业用电量 1989年，供给商业用电仅42.32万千瓦时，之后的12年商业用电量基本保持平稳。因电能源供给紧张，对商业用电给予一定的限制。

2002年，良坝水电站建成投产以及网改建设完成，全县用电需求基本能得到满足，对商业用电不再实行限制，全县商业用电量比2001年度增加5.4倍，全年供给商业用电258.17万千瓦时。2007年，全县商业用电电量为237.5万千瓦时。

居民用电量 1978年，改革开放后，居民生活水平不断提高，住户空调机、洗衣机、电磁炉等大功率家用电器逐步普及。居民用电量逐年稳步上升。1989年全县供给民用电量863.58万千瓦时，1996年跃升至1492.15万千瓦时，1999年，达到2311.39万千瓦时。2000年后，居民用电量每年以千万千瓦时的速度增长。2007年，全县居民用电供给量攀升至12195.16万千瓦时，比2006年度增长23.8%，比1989年增长13倍。

其他用电 部队军用电和城镇公共用电优先保障供给，部队用电在价格方面也有一定优惠，如2001年执行的分类电价中，部队用电价格为每千瓦时0.48元（同期民用电价格为每千瓦时0.74元），为普通民用电价格的64.8%。

丰水期或个别有余电的年份向省网或广东省邻县出售多余电量，大多数年份是向省网购进电量以保障县内供给。1989—2000年，平和县共向省网购进电量22353.96万千瓦时，向省网出售电量5620.74万千瓦时，缺电16733.22万千瓦时。2001—2007年，县内发电量与供电量实现供需平衡，满足供应。

1989—2007年全县供电情况表

表16-1-5　　单位：户、万千瓦时

年度	供电户数	供电总量	其中			
			工业用电	农业（农村）用电	商业用电	居民用电
1989	2374	5844.80	4214.27	411.78	42.32	863.58
1990	5413	6843.04	4429.54	406.65	52.47	825.59
1991	5550	7062.78	4548.85	466.79	67.86	936.84
1992	7217	7865.62	4872.36	520.55	48.87	963.89
1993	6792	7243.58	4421.98	585.60	71.89	1102.32
1994	6902	8138.85	5009.33	698.15	63.80	1366.45
1995	8130	7965.90	4803.19	720.81	35.58	1405.95
1996	8431	7554.37	4067.11	738.46	52.20	1492.15
1997	8562	8570.17	4215.09	766.47	31.62	1435.68
1998	8673	9768.33	5251.95	850.66	30.10	1684.11
1999	12481	10352.91	4906.49	1155.76	19.58	2311.39

续表 16-1-5

年度	供电户数	供电总量	其 中			
			工业用电	农业（农村）用电	商业用电	居民用电
2000	12586	11699.32	6346.73	1055.13	78.97	2370.59
2001	12693	12270.05	6779.31	1434.84	40.39	3445.17
2002	96694	13655.72	6425.84	2931.51	258.17	4776.89
2003	112171	16981.40	8814.28	3551.94	81.04	5369.87
2004	117345	21825.69	13050.35	4679.33	95.81	6573.90
2005	121686	23872.01	15003.65	3905.06	120.26	7403.53
2006	124994	28456.45	16735.45	5363.03	241.82	9849.34
2007	130342	34632.45	20592.48	7008.71	237.50	12195.16

二、供电价格

工业电价　1989 年，县内供电价格仍由政府调控，实行“双轨制”价格体系，工业用电价格多次调整，工业类型不同，其用电价格也不等。1989—1997 年 4 月，县内电价调整频繁，除基本电价外，企业还要征收“电力基金”和“电力增容费”等费用。

1997 年 4 月，经过电价整顿，工业用电价格开始比较统一，直至 2000 年底没有变化。即：大宗工业用电每千瓦时定价 0.73 元；普通工业用电每千瓦时定价 0.80 元；自来水厂用电每千瓦时定价 0.45 元；化肥工业用电实行“基数价”“专用价”和“超标价”供应。

县合成氨厂每年用电量基数核定为 2023 万千瓦时，价格每千瓦时 0.225 元；专用电核定为 277 万千瓦时，每千瓦时定价 0.073 元。

县化工（肥）厂每年用电量基数核定为 280 万千瓦时，每千瓦时定价 0.225 元；合成氨厂与化工厂超基数和专用电以外部分的用电价格为每千瓦时 0.48 元。

2001 年县内电价再次调整：大宗工业用电价格调整为每千瓦时 0.60 元；其中，省网拨补化肥工业部分用电价格为每千瓦时 0.12 元；县网拨补化肥工业部分用电价格为每千瓦时 0.245 元；炼铁厂工业生产用电价格为每千瓦时 0.36 元。非大宗、普通工业用电价格为每千瓦时 0.67 元。其中，自来水厂用电价格为每千瓦时 0.54 元；县工业园开发区用电价格为每千瓦时 0.45 元。至 2007 年工业电价没有再调整。

农村电价　1989—1996 年，农村综合用电价格为每千瓦时 0.505 元。1997 年 4 月起，农村综合用电价格为每千瓦时 0.665 元；农村电网改造后的 2001 年，农电又分为两种价位：电力部门直供到村级变压台的电价为每千瓦时 0.55 元；趸售给乡镇的电价为每千瓦时 0.60 元；

2005—2007 年，执行城乡居民生活用电统一价格，为每千瓦时 0.65 元。

商用电价　商业用电价格比较高。1989 年至 1996 年商业用电价格为每千瓦时 0.90 元，比普通居民用电价高出 83.6%。1997 年 4 月商业用电价格上调为每千瓦时 1.10 元，2001 年再次上调为每千瓦时 1.30 元，比普通居民用电高出 75.6%；2005 年居民用电价格下调为每千瓦时 0.65 元，商业用电保持每千瓦时 1.30 元，比居民用电价高出 1 倍，执行至 2007 年不变。

居民用电价　1989—1999 年，居民用电价格调整频繁，居民用电除按正常电价缴费外，还要附加缴纳各类建设基金、城市公用事业附加费，以及“增容费”“丰水价”“枯水价”“外网价”等费、金；而不同的乡镇和同城的不同片区变台的用电价格也不相等。政府物价部门对居民用电价只规定最高限价。只要不超过最高限价，居民用电具体价格由各地电力部门自行确定。

1997 年，全县开展居民用电价大整顿和统一规范，全县统一居民用电价为每千瓦时 0.69 元，取消一切附加费、金。（但不同区域或不同季节在最高限价范围内上下浮动。）

2001 年起，全县民用电价统一执行每千瓦时按 0.74 元计收，不得浮动。2005 年民用电价下调为每千瓦时 0.65 元，至 2007 年年底没有再调整。

1989—2007 年平和县各阶段行业用电价格表

表 16-1-6 **单位：元 / 千瓦时**

用电种类		1989 年	1998 年	2001 年	2005—2007 年
化肥生产	核定基数内用电	0.225	0.225	0.225	0.225
	合成氨专用优惠电	0.063	0.073	0.073	0.073
	超基数用电	0.225	0.48	0.48	0.48
大工业用电		0.64	0.73	0.60	0.60
其中	化肥省网拨补部分	—	—	0.12	0.12
	化肥县补部分	—	—	0.245	0.245
	铁合金厂用电	0.27	0.30	0.36	0.36
非普工业用电		0.71	0.80	0.67	0.67
其中	自来水厂用电	0.33	0.45	0.54	0.54
	黄井工业园区用电	—	—	0.45	0.45
农村综合用电		0.505	0.665	0.69	0.65
其中	直供村变台	—	—	0.55	—
	趸售乡镇	—	—	0.60	—
商业用电		0.90	1.10	1.30	1.30
居民用电		0.49	0.69	0.74	0.65
部队用电		0.48	0.48	0.48	0.48
售广东		0.63	0.80	0.80	0.80
售漳州		0.07	0.10	0.10	0.10

第二章 火电 太阳能

第一节 火 电

火电是平和电力工业的鼻祖。20 世纪 80 年代，各地水力发电站大量兴建，水电逐渐取代成本偏高的火力发电。1989 年，县内现存最大的火力发电机组是 1978 年兴建的平和第二糖厂火电站，装机容量 930 千瓦（1250 匹马力发电机组）。二糖厂火电站只为本厂生产提供动力电源，没有对外供电。有供电功能的火电站还有山格镇三美村 12 匹马力火电机组、山格镇平寨村 30 匹马力火电机组、国强乡古爽村陈溪 12 匹马力火电机组、长乐乡文田村（现为秀峰乡管辖）5 匹马力发电机组等少数缺水资源的村庄仍保持火力发电，并为附近村民提供照明和谷物加工等用电。1989 年，县内火电发电 301 万千瓦时。1991 年是缺水年份，水力发电量受到影响，火力发电量上升到 414 万千瓦时。1997 年，火电量仅为 201 万千瓦时。而此时，全县建制村已实现村村通水电。1998 年，作为有供电功能的火电机组全面停止发电，完全退出商品能源的历史序列。部分机关企事业单位、工厂商场、医院、酒楼、家庭等自行购置的小型发电机组也仅作为自家备用电源，只有在供电公司停电时自发自用，平时不发电，更不作为商品供应他人。这些小型发电机组的发电用电由拥有人自行管理。

第二节　太阳能

2000年起，太阳能作为一种新型能源逐渐进入平和百姓家中，为人们提供生活服务。平和利用太阳能能源主要从太阳能热水器开始。2000年，真空管式太阳能热水器首先进入平和市场推广，并为部分市民所接受。2005年，平板式太阳能热水器在平和面市。2007年，在一些没有电源的边远蜜柚、水果种植场开始利用太阳能光伏板发电，供给果场照明及收看电视的小功率用电。一些偏僻的村庄则利用太阳能光伏板发电安装路灯，为村民出行提供方便，且节省成本费用。

截至2007年，平和市面的太阳能产品由商贸企业从外地购进，县内尚没有生产太阳能相关产品的企业。

第三章 沼 气

第一节　沼气建设

1989年，平和县成立农村户用沼气建设项目工作领导小组，启动推广应用新能源技术。当年分别在文峰、大溪、安厚、坂仔等乡镇开展试点，建成单口容积8立方米以上，且符合“一池三改”（建一个沼气池，相应改造住户厨房、厕所和猪圈）的户用沼气池810口投入使用。1991年，县组织有关专家、技术人员和沼气用户，对已建的沼气池使用效益进行评估，并把建设沼气工作试点扩展到九峰、霞寨等乡镇。1992年，全县建设沼气池1153口。1996年，调整加强农村户用沼气池建设项目工作领导小组，领导小组负责沼气池建设项目的组织协调，资金、物资调集，督导检查和工程竣工验收等工作，循序渐进地在县内各乡镇推广应用新能源的沼气建设。1997年，全县建设沼气池2525口，比1996年增长66.2%。2000年，全县建设沼气池3598口。

2007年，成立平和县农业生态环境与能源技术推广站（隶属县农业局管理）为沼气建设的工作机构，专门从事农村沼气建设技术指导和管理工作。同年，全县15个乡镇全面铺开农村户用沼气池建设。发展较快的安厚镇和大溪镇，实现建制村村村建有沼气池。按已建成沼气池的实际使用效益综合评估测算，每口沼气池每年可节省生活燃料费用1022元；利用沼渣沼液追肥，每池每年可节省化肥200公斤，价值202元。

1989—2007年，全县农村建设沼气池43175口，其中单口容积8立方米以上，且符合“一池三改”有关技术要求的沼气池13045口，年产沼气1043万立方米。每年可节约用煤23480吨，还可减少薪柴砍伐，有效地保护林地。以2007年实际投用的沼气池测算，全县每年可实现综合经济效益1596万元。

第二节　扶持措施

1989年起，农户建造沼气池每口容积达8立方米的，并符合“一池三改”要求的，由省政府出资补助人民币1200元。县、乡、村亦相应采取一些配套扶持措施。1990年，文峰乡以文美村为试点，为各村培训一名村（户）办沼气的农民技术员。同时规定，农民每建成一口沼气池，由乡政府再给予补助50元，村财给予补贴80元。

2007年起，中央实行国债扶持沼气池建设项目，每建成一口符合标准的沼气池，由中央资助1000元、省政府配套补助400元。建设沼气池补助款由建池农户直接向当地村委会提出申请，各村汇总后上报乡（镇）政府，再由乡（镇）上报县农业局（沼气项目办）。县农业局按照“相对集中，整村推进”的原则与县发展改革局等部门联合呈报省发改委和农业厅。由省发改委通过农业厅拨付专项扶持资金。农村户用沼气池补助资金一般用于集中采购灶具、管件，支付技工工资，群众采购砂石、水泥等支出。灶具及配件等关键设备由县农业部门组织集中采购。国债项目在国家农业部组织的公开招标当年度中标企业中择优统一采购。

2007年，全县建设农村户用沼气池1500口，获取中央资助资金150万元，省政府配套补助资金60万元，合计210万元，按时发放到沼气池建设户手中。县农业局能源技术推广站负责做好沼气池建设所需的配件物资供应和技术指导服务。经验收考评，全县13045口农村户用沼气池建设均符合有关技术要求，都能正常发挥作用。

第四章 管 理

第一节 水电管理

一、管理机构

（一）平和县水利电力局

1989年，县水利电力局内设电业股，负责全县水电的建设工作。各乡镇分别设水利水电工作站，作为县水电局的派出机构。县水利电力局直辖的国有电力经营机构是平和电力公司，负责管理和经营县办水电站、变电站和输电网络业务。

1997年5月，县水利电力局更名为县水利水电局。2003年3月，县水利水电局机构改革，组建县水利局，不再承担电力行业管理职能。

（二）平和县经济局

1999年6月，县级电力行政管理职能划归县经济局承担。平和县电力公司则改制成独立核算的企业，行使企业经营县级电网的职能，实行政企分开。

1999年8月，平和县电力公司改由福建省电力工业局代管辖，由漳州市电业局直接管理。县经济局不再承担电力经营企业的管理职能。

（三）平和县供电有限公司

县供电有限公司的前身是平和电力公司，成立于1973年9月。1989年隶属于平和县水利电力局，是一家管理县属九峰二级、霞寨深度、国强白沙、国强高坑、坂仔梨仔坑（一级、二级）、小溪枋埔、小溪高南等7座水电站和小溪、霞寨、安厚、南胜等4座35千伏变电站，实行发电、供电合一的国营电力经营机构。公司内设办公室、财务科、人事劳工科、生技科、安监科、器材科、保卫科、调度室、用电管理所及劳动服务公司等10个职能科室。公司员工1820人，其中：固定职工354人，合同制工人100人，临时工684人，计划外用工684人。

1999年6月，平和电力公司隶属于县经济局管理。电力公司改制成独立核算的国有电力企业。同年10月接管各乡镇水利水电工作站，同时撤销各乡镇水利水电工作站设置，改设县电力公司在15个乡镇直属供电所。

1999年8月，平和电力公司隶属于福建省电力工业局漳州电业局管理。

2000年9月，平和电力公司由股级单位升格为正科级单位，承担县内电力行业管理职能。

2004年，平和电力公司实行国有控股的股份制改革，发电与供电分离，电力公司只经营供电业务；县属水电站运行则由新成立的“平和新力源水电有限公司”承接管理并经营发电业务。

2007年11月，平和电力公司并入国家电网，同时撤销平和电力公司，成立平和县供电有限公司，成为省属股份制供电企业，统一管理和经营县内电力能源调配和供应业务。平和县供电有限公司内设办公室、党办、财务科、人事劳工科、生技科、安监科、保卫科、供应科、计生办、车队、调度所、营销部、电力服务公司、试修站、培训中心、监察室、工程建设部、信息中心、运检部、工会和团总支等21个机构。下辖110千伏小溪变电站和35千伏坂仔、南胜、霞寨、安厚、崎岭、文峰、九峰、芦溪等8个供电所（变电站）。公司干部职工846人，其中专业技术人员123人。

平和县供电有限公司注册资本1500万元，其中：福建省电力有限公司占66%股权，平和县国有资产经营中心占34%股权；公司设有董事会和监事会承担领导和监督职能；供电业务转由国家电网公司管理。

（四）乡镇水利水电工作站

1989年，全县14个乡镇分别设有水利水电工作站，作为县水电局的派出机构，管理乡镇的水利水电建设工作。同时，也是乡镇政府水利水电建设和管理的职能部门。

1999年10月，实行农村电网改造，根据政府的统一部署，由平和电力公司分别接管各乡镇水利水电工作站，改设县电力公司直属乡镇供电所，乡（镇）村办水电业务归并县电力公司管理。

二、工程管理

1990年4月，县水利电力局作出规定，全县所有新建水电站，在开工建设前，建设单位都要组织设计、监理、施工等参建单位进行图纸会审。使参建各方掌握图纸设计意图、工艺流程、施工方法及工程质量要求。图纸会审通常由县水利电力局电业股、县电力公司生产技术科、工程建设部、安监科的负责人及工程师、工程技术人员组成会审小组承担。会审小组深入到建设工地现场审查施工方案和施工组织计划。按照各个工程的技术质量要求制定相应施工规范和规章标准付诸实施。1996年起，每个施工工地现场都实行建设单位责任、建设项目责任、施工技术责任、安全监管责任、工程危险源责任、建设项目规模责任、工程施工规范责任等工程质量终身责任制。同时，公布监督电话和举报电话，对水电建设工程实行全方位跟踪管理，直至2007年仍在实行。

三、供电管理

1989年，各行各业发展比较迅速，电力供需矛盾突出，根据县下达的用电指标，县电力公司进行电力负荷分配，在电力紧缺情况下，优先保证重点单位和县合成氨厂、县磷肥厂的工业生产用电。对非重点的工业企业，在枯水期经常采取“限额用电”或鼓励“低谷用电”的供电办法。限制高耗电企业，保障外资企业用电。1999年，110千伏小溪变电站和110千伏输电线路建成投入运营，县内电力供需矛盾得到缓解。2002年，18000千伏的良坝水电站建成投产并成功并网，电力供应紧张的局面基本解除。

供电管理主要为供电设备改造更新和制度建设。1996年，县电力公司先后在县城分片区进行供电线路整改和变压器更新。在执行国家《全国供电用电规则》的基础上，县政府下发《关于室内外线路和家用电器设备统一由电力部门安装的通知》。县电力公司制定《电力调度系统“黑起动”方案》《电力系统调度计划、电网设备停役检修申请审批管理制度》《供电部门职工守则》等制度，并规定违反规章制度的相应处罚措施，规范供电安全、质量和经济运行的管理行为。

1998年1月起，县电力公司以每年180万元费用包干的形式接管县城区路灯；同时对霞寨、安厚等主变容量偏小的变电站适当调高主变过流保护定值。

四、用电管理

1989年，平和县用电管理沿用1987年国家颁发的《用电监察条例》和《全国供用电规则》以及1988年《中华人民共和国计量法》，实行依法管电。1990年，国家能源部和公安部联合下发《关于严禁窃电的通知》，电力部门配合县相关执法部门经常组织人员下乡下厂查巡，纠正违章用电和查处窃电行为83起，追回电量17.66万千瓦时，补罚电费2.5万多元。

1996年，县内电能计量点分期进行更新改造，对地处偏僻、不便管理的计量点进行迁徙；对受损或无功的表计、表箱进行更换；对农村高压馈线线损率实行考核制度。1998年，县政府出台《平和县农电计量管理实施意见》等制度性文件。1999年，全面取消各种形式的用电承包管理做法，改由县电力公司统一管理，执行“一户一表”制直供到户，规范用电秩序。至2007年，平和县供电有限公司仍沿用“一户一表”的用电管理制度。

第二节 沼气管理

一、管理机构

1989年，县成立农村户用沼气建设项目工作领导小组，和县农业生态环境与能源技术推广站共同承担全县沼气管理的工作职能。沼气建设项目领导小组下基层与各乡镇农业站等机构一起开展多种形式、多条渠道的宣传发动，把建设农村户用沼气池的意义和作用，以及国家和政府扶持沼气池建设的政策措施广泛宣传到村到农户，使许多农户尤其是种养大户主动与县项目领导小组和推广站对接。

1989年，全县首家农村沼气服务站成立开业。1996年后，逐年在建设沼气池较多的乡镇设立农村沼气服务（或代办）站。至2007年，各个乡镇均设有农村沼气服务站或代办站。同时不断提高服务网点建设标准，增加网点建设投入，增加服务站（点）技术人员的经费津贴。

二、培训督查

1989年起，县、乡两级开展常态化的沼气建后服务，分期分批开展技术培训和示范推广，加强沼气从业人员的技术理论、沼气日常管理使用及安全常识、维护技能等培训。通常采用以会代训的方式开展业务培训和技术讲座，推广运用示范效果。2000年起，各乡镇沼气服务网点对本服务区建设的沼气池都有记录在册，建档存案并报县沼气项目办（能源站）集中存档。县沼气项目办事员或敦促乡镇服务网点人员每年开展沼气池巡回回访活动一两次，对已建成的沼气池的功能性状和农户正确使用、安全管理、维护维修设备等工作进行常态化检查指导，实行全过程跟踪管理。

卷十七　工 业

1989 年，县委、县政府提出“念山经，上工业”的发展思路，重视抓工业项目，全县共有工业企业 3040 家，当年实现工业产值 1.8 亿元。1993 年 8 月，县委、县政府重新确定经济发展战略，提出“工业立县、科技兴县、强化农业、发展旅游、搞活流通”的发展目标。开辟工业园区，大力招商引资办工业，扶持发展民营企业和“三资”（外国资金、台港澳资金、中外合资，简称“三资”，下同）企业，把“舞活工业龙头”作为全县经济发展的第一要求。1989—2007 年，在改革开放和社会主义市场经济的作用下，平和工业的发展模式和企业结构经历重大变革。国有工业企业全面实行改革改制，一些产能落后的企业被淘汰或破产；集体企业、乡镇企业实行关、停、并、转；而民营企业、“三资”企业则迅速崛起，快步发展。在改革开放初期形成的以农用车制造、化肥工业和制糖工业产业为支柱，以国有工业为主体，集体工业、乡镇工业为补充的工业发展模式迅速转变为以电力、纸业、食品业等行业为骨干，以民营企业为主，国有企业、“三资”企业为辅的工业发展新格局。

至 2007 年，全县工业总产值实现 27.45 亿元（当年价格，下同），比 1989 年增加 14.2 倍，全县规模以上的工业企业有 78 家，规模工业产值 18.98 亿元。其中，国有规模工业企业 3 家，产值 1.9 亿元，占 10.01%；集体规模工业企业 2 家，产值 0.10 亿元，占 0.53%；民营规模工业企业 41 家，产值 10.35 亿元，占 54.53%；“三资”规模工业企业 32 家，产值 6.63 亿元，占 34.93%。全县工业产值超亿元的企业有 6 家。其中，国有企业 1 家，“三资”企业 1 家，民营企业 4 家。当年上缴税收 100 万元以上的工业企业有 19 家。

第一章　工业体制

第一节　国有工业

一、国有重点工业

1989 年，县办地方国营工业企业仍然是工业的主体。全县共有国有工业企业 38 家，工业产值 9580 万元，占全县工业总产值的 52.94%。国有工业以平和电力公司的电力工业、平和农用运输车厂农用车制造业、平和合成实业有限公司和平和化工厂的化肥工业、平和糖厂、平和二糖厂、平和山格糖厂的制糖业为工业重点产业，其产值为 5339.7 万元，占全县工业总产值的 29.51%。

1990—1993 年，国有工业仍然占据工业系统的主导地位。重点产业业务连续增长。1993 年，农用车制造、化肥工业和制糖业三大重点产业产值 30936.4 万元，占全县工业总产值的 41.8%。1994—1996 年，由于市场经济的调节作用和市场竞争的加剧，加上农村经济产业结构的调整变化，一些高耗能的工业企业和产能落后的国有企业的经济体制和管理体制已不能适应市场经济发展需要，相继出现业务萎缩、经营亏损的困难局面。1996 年 8 月起，陆续有一些国有重点工业企业（或分厂）实行改制、停产或关闭破产。

平和农用运输车厂 原为平和县农具厂，厂址在小溪镇西山路。1980年开始生产LX-IA型农用运输车，改称“平和农用运输车厂”。1989年，固定职工538人，年生产“龙溪牌”农用运输车1236辆，创产值2501.4万元。1993年企业固定职工增加到701人，生产农用运输车10018辆，创产值23875.6万元，上缴税收1338万元，实现利润1399万元，为历史最好年份。1995年，企业改制为福建龙溪集团公司。1996年1月，被福建省工交生产总调度室、省经贸委重新调整确定为全省百家重点企业之一。

2007年5月，平和农用运输车厂因亏损严重而停产。新厂区以协议方式转让给福建永安汽车有限公司经营。

平和合成实业有限公司 原名平和合成氨厂。创建于1970年9月，厂址在山格镇，是机械化生产地产小化肥碳酸氢铵的企业。1987年，增加打火机生产项目，更名为平和合成实业有限公司。1989年，在职职工384人，年生产地产化肥碳铵5.8万吨，创产值1070.9万元。1992年，工业产值实现1705万元。1996年，职工人数达到847人。同年10月，平和合成实业有限公司实行个人租赁经营。至2007年，仍保持个人租赁经营机制不变，生产业务正常。

平和化工厂 原名平和县磷肥厂，厂址在霞寨镇。主要生产地产化肥过磷酸钙和硫酸、硬脂酸等化工产品。1989年，企业职工474人，年产值848万元。1994年，工业产值578.2万元。1996年8月起，平和化工厂硫酸生产线和磷肥生产线陆续进行转换经营机制改革，实行个人租赁（承包）经营。1997年1月，平和化工厂硬脂酸分厂出租给漳州片仔癀公司经营，合同期3年。因经营不善，于1999年1月停产关闭。

2000年后，平和化工厂除部分生产线停产外，其余生产设备全部对外出租经营。企业在册477名职工中，有10人被租赁方继续招用，238人办理退休，企业留守管理人员7人，其余222人全部分流下岗。车间生产线出租的租金用于企业管理人员工资、缴纳职工社保养老统筹金及归还贷款等支出。2006年7月，硫酸车间遭受台风暴雨引起的山体滑坡泥石流灾害冲击，导致生产设备严重损毁而解除租赁合同。至2007年12月，企业仍维持原状，尚未进行产权改制。

平和糖厂（也称“平和一糖厂”） 厂址在南胜镇，创办于1957年。1989年，企业职工367人，年榨甘蔗7.2万吨，工业产值807万元，纳税157.89万元。1992年为历史最好年份，年榨甘蔗量9.8万吨，糖业自主销售额2150万元，上缴税收150.9万元。

1994年起，随着农村产业结构的调整，甘蔗产量逐年减少，糖厂遂出现经营亏损。2000年，糖厂已失去正常经营条件，9月宣布政策性破产。

平和第二糖厂 厂址在小溪镇，创建于1978年，是生产机制白砂糖的企业。1989年，企业职工481人，年榨甘蔗3.5万吨，工业产值642.3万元，上缴税收164.58万元。1992年为历史最好年份，实现产值3507万元。

1995年，企业出现经营亏损，1999年停产，2000年9月宣布政策性破产。

平和山格糖厂 初创于1959年，厂址在山格镇，1977年实现机械化生产，成为机制红糖的企业。1989年，企业职工251人，年榨甘蔗2.7万吨，实现产值773.4万元，纳税51.59万元。1990年，扩建饼干厂，兼产饼干。1992年，实现产值1477万元。2000年9月，宣布政策性破产。

1989—1994年平和县国有重点企业工业产值表

表17-1-1　　单位：万元

企业名称	1989年工业产值	1990年工业产值	1991年工业产值	1992年工业产值	1993年工业产值	1994年工业产值
平和农用运输车厂	2501.4	2505.6	10046.1	20225	23875.6	16784.7
平和合成实业有限公司	1070.9	987.9	1625	1705	1177.5	1607.9

续表 17-1-1

企业名称	1989 年工业产值	1990 年工业产值	1991 年工业产值	1992 年工业产值	1993 年工业产值	1994 年工业产值
平和化工厂	848	608.6	876.2	641	729.6	578.2
平和糖厂（一糖厂）	807	842	1625	2150	2131.1	1403.7
平和第二糖厂	642.3	97.1	2141.7	3507	2062.3	1387.6
平和山格糖厂	773.4	245.9	637.7	1477	960.3	776
6 家企业产值合计	5339.7	5287.1	16951.7	30169	30936.4	22538.1
占当年全县工业产值 %	38.6	35.1	52.1	51.1	41.8	24

二、国有轻型工业

1989 年，平和县办国有轻型工业企业主要有平和电力公司（详见卷十六“能源”）、平和县酒厂、平和县印刷厂、平和县蜜饯罐头厂、平和铜矿、平和胶鞋厂、平和水轮机厂、平和县罐头厂、平和县陶瓷器厂、平和县机械铸造厂、平和县烟丝厂、平和第一铁合金厂等。在市场经济作用下，国有轻型工业大多因产能落后，管理体制不适应，而渐渐失去市场竞争力，处于业务萎缩、经营亏损的状态。

1992 年 11 月，占地 2.66 公顷、拥有 400 万元固定资产和 220 名职工的平和县蜜饯罐头厂，由霞寨镇经联委租赁经营，租赁期限三年半，每年缴纳租金 35 万元，上交职工社会养老保险统筹金 5 万元，成为平和县内国有企业整体对外租赁经营的先例。

1998 年 7 月，平和县印刷厂因经营亏损停业，政府对企业进行拍卖。同年 12 月，平和酒厂停产拆迁。

1999 年 7 月，平和蜜饯罐头厂实施关闭。

2000 年 4 月，平和铜矿继续实施原于 1985 年先期由员工承包的第二轮承包经营开采责任制。

2005—2007 年，县内国有工业企业进入法律程序实施破产 3 家，停业关闭 7 家，完成部分改制 1 家。这些关闭或破产的国有企业利用企业资产拍卖的资金对企业职工实行一次性经济补偿，解除其劳动关系。平和县罐头厂、平和县机械铸造厂、平和化工厂、平和水轮机厂、平和县陶瓷厂、平和胶鞋厂等 6 家尚未改制的国有企业也基本上处于停产或半停产状态。

2007 年，国有企业的规模工业产值 1.9 亿元，占全县规模工业产值 18.98 亿元的 10.01%；产值过亿的国有企业 1 家。

第二节　二轻集体工业

1989 年，全县第二轻工业集体企业 45 家，工业产值 2137.6 万元；还有 1 家是国营与集体合营的企业，产值 78.5 万元；外资经营的集体企业 1 家，产值 130.9 万元。二轻集体工业企业总产值 2347 万元，占全县工业总产值的 12.97%。

1990 年，二轻平和县工艺装潢厂等集体企业先行倒闭停产。紧随其后的是平和县塑料厂、平和县鞋帽厂等集体企业相继停产拍卖。到 2007 年，二轻集体工业企业大部分停业倒闭或改制。在全县 81 家规模工业企业中，仅 2 家属于经过改制的集体工业企业，规模工业产值为 1032 万元，占全县规模工业产值的 0.53%。平和县第一机械厂等有资产的集体企业，利用拍卖资产所得为职工办理经济补偿分流安置，或办理社会养老保险；一些没有资产可拍卖的二轻集体企业停业倒闭，员工则下岗自谋职业。原属供销合作社、粮食、商业、交通等系统内的茶厂、糕饼厂、粮食复制品厂、造船厂等商办工业企业也相继停产，人员由系统内调剂分流。

部分二轻集体工业企业简介如下：

平和县第一机械厂 址在小溪镇生产街。以生产加工汽缸套为主，铸造、热锻、冷作、电修、金工、钳工、钢木家具等生产为辅。1989年，企业职工147人，实现产值182.2万元；1993—1995年，为平和农用车厂生产车厢等配件产品，年销售额达到400万元。1995年，企业停产关闭。131名职工实行一次性经济补偿，解除劳动关系。1999年，企业注销。2005年1月，企业职工办理社会养老保险。

平和县服装厂 址在小溪镇东风路。主要从事服装生产，并以“来料加工”等形式为台商等企业加工服装。1989年，职工人数60名，创产值31.3万元。1995年停产，2001年注销执照。

平和县木器厂 址在小溪镇东风路。以生产木器家具、农具和办公用具为主。1989年，职工54人，实现产值78万元。1990—1995年，企业维持生存。1997年倒闭，1998年拍卖财产，1999年吊销营业执照。

平和县竹藤家具工艺一厂 址在小溪镇旗仔山路。主要生产芒藤制品、竹制品的家用具及工艺品产品。1989年，职工人数126名，工业产值53万元。1993年停产，出租厂房，租金补助退休职工生活费。2004年注销企业营业执照。

平和县塑料厂 址在小溪镇旗仔山路。主要生产化肥包装袋及农用塑料制品。1989年，工业产值111.9万元，职工51人。1992年停产。1994年厂房被征用。1998年注销营业执照。

平和县五金厂 址在小溪镇西林村。主要为平和农用车厂生产驾驶室、货箱等配件。1989年，产值55万元，职工33人。1995年产值50万元。1996年停产，厂房出租。1999年9月注销企业执照。

平和县工艺装潢厂 址在小溪镇生产街。1989年，职工31人，产值34.8万元，以印刷工艺为主业。1990年停产倒闭，企业没有资产拍卖，职工自谋再就业。1999年9月注销执照。

平和县综合厂 1989年，职工27人，分散从事钟裱、自行车、电器维修及小件物品加工等手工作业。当年收入2.5万元（工人缴纳的管理费）。1990年单位解散，职工转为个体经营。

平和县鞋帽厂 址在小溪镇旗仔山路。以生产布胶鞋为主业。1989年，职工人数273名，实现产值228万元。1991年产值达到300万元。1992年停产，设备拍卖，厂房出租，职工补偿安置。

平和县二轻供销公司 址在小溪镇东风路。是县二轻局直属服务二轻工业原辅材料供应和推销产品的工业供销公司。1989年在职人员18人。1990年，由职工个人承包经营。2007年7月注销。

第三节 乡镇工业

1989年，平和县由乡镇政府创办，县乡镇企业局主管的乡镇工业企业生产项目大致有建材（砖瓦、石料、水泥制品）、机械制造、食品加工、竹木加工、纺织编织业、纸业、印刷、化工、陶瓷、水电站、其他工业（包括纸箱厂、鞭炮厂、煤球厂、自来水厂、橡胶制品厂）等大类。全县有乡镇工业企业61家，是年工业产值2502万元。相对重点企业11家。

1990年开始，乡镇企业因经营亏损而陆续停产倒闭。倒闭的乡镇企业拍卖资产所得大多用于归还贷款和清偿债务，员工以下岗自谋职业方式分流。南胜乡罐头厂等市场前景较好的乡镇企业则转让给民营企业收购，改制成民营工业企业经营。原企业员工实行双向选择，一部分随企业转到民营企业继续就业；一部分下岗自谋职业。

部分乡镇企业简介如下：

文峰乡恒昌化工厂 创办于1988年，主要生产工业用氯化铵。1989年，工业产值68万元，员工37人。1990年12月，恒昌化工厂生产的冶金级工业氯化铵被省化工厅、省经委等10个部门联合评定为“国内首创冶金级工业氯化铵”。1998年3月，因亏损停产企业关闭。

山格农械厂 生产胶合板家具和农机具。1989年，拥有员工173人，创产值221万元。1992年2月停产关闭。2004年拍卖机台，出租场地。

小溪镇第一农械厂　主要产品是建筑用水泥预制构件、小型制砖设备及农家具等。从业人员51人。1989年工业产值64.8万元。1994年停产关闭。

小溪镇第一机砖厂　年产机砖800万～1000万条。1989年，产值60.4万元，从业人员124人。2002年机砖厂停产关闭，场地拍卖。

小溪镇第二农械厂　主要生产铁件、水泥预制件、木家具等。1989年，从业人员96人，产值115.5万元。1997年停产关闭。

南胜乡罐头厂　主要生产水果罐头、笋、菇干等干果食品。1989年，工业产值221万元，职工215人。1992年5月，整厂拍卖转为民营。（见第四节“民营企业”福建省南海食品有限公司）

坂仔被单厂　建于1988年，以生产出口被单、手套等产品为主。1989年，产值32万元，从业人员35人。1990年因经营亏损停产拍卖。

国强石料厂　生产辉绿岩石材。1989年，105人就业，产值37万元。1993年1月由村民承包经营，1996年12月停产关闭。

安厚机砖厂　1989年，工业产值42万元，员工132人。2001年9月因亏损停产关闭。

霞寨乡农械厂　1989年起，为平和农用车厂和南靖收割机厂加工零配件。当年产值51万元，员工48人。1999年1月停产关闭。厂房设备出租。

霞寨木器厂　主要产品是木制品包装箱。1989年，就业员工29人，工业产值105.4万元。1999年11月停产倒闭。

长乐乡毛衫厂　1989年，由漳州市人民银行、平和县人民银行资助；漳州市丝纱厂援建的扶贫项目，同年7月建成投产。建厂总投资30万元，年工业产值60万元。

第四节　民营工业

1989年，民营工业企业以个私工业小企业为主，规模小，户数多，属于起步阶段。全县有民营和个私企业2894家，工业产值3661万元（当年价计，下同）。1993年，平和县确立“工业立县”的发展战略。民营工业以适度规模，设备更新，联合合作，科学管理，提升效益为导向，加快发展步伐。2000年，平和创办工业园区，政府相继出台鼓励工业发展的优惠政策和措施，为民营工业提供发展平台，促进民营工业快速发展。2001年起，颇具规模的平和宝峰罐头、宝达钢业等一批民营工业企业相继在工业园区落户创办投产，并显现效益。至2007年，全县民营工业企业有357家，其中规模工业41家，规模工业总产值103520万元，占全县规模工业产值的54.53%；其中，平和宝峰罐头食品有限公司、平和宝达钢业有限公司、平和正林铜业有限公司和平和福环专用汽车制造有限公司等4家民营工业企业年工业产值超亿元，占全县产值亿元企业的66.67%。民营工业企业成为经济发展的重要支柱。

福建平和宝峰罐头食品有限公司　2001年9月创办，企业注册资金620万元。主要生产销售麻笋、蘑菇、荔枝等系列食品罐头。企业生产的“宝石”牌果蔬罐头被评为“福建省名牌产品”，远销美国、加拿大、日本、澳大利亚及欧洲、东南亚等60多个国家和地区。公司被国家进出口检验检疫部门确定为一类出口企业。2007年，企业注册资金变更为2430万元，就业员工523人，实现工业产值12510万元，上缴税收355.1万元，双双名列全县民营工业企业第一位。

福建宝达钢业有限公司　2003年5月创办。企业注册资金3000万元。主要从事管桩端板、钢砂、钢丸、钢坯等生产加工。2007年，实现工业产值10002万元，就业员工180人。

平和县正林铜业有限公司　2004年3月创办。址在山格镇白楼村，2005年迁至文峰黄井工业园区。企业注册资金200万元，主要生产水暖设备的铜制品。2007年，工业产值13101万元，纳税201.7万元，企业员工29人。

福建福环专用汽车制造有限公司 2006年创办，注册资金2008万元。公司自主研发生产福环自卸汽车、厢式运输车、蓬式运输车等系列产品，并获得“CCC”产品认证。2007年，生产汽车1595辆，产值10351万元。是年，公司的汽车配件生产项目被列入福建省重点项目。

2006年10月24日，福建福环专用汽车制造有限公司揭牌，同日，首辆汽车下线 （朱连生 摄）

平和县安特水电有限公司 2002年7月创办，址在平和县芦溪镇。是全县最大的民营水电企业，注册资金2100万元。公司拥有厝南坂和坪回2座水力发电站，装机总容量11800千瓦，先后于2003年12月和2004年10月建成投产。2007年，发电量4677万千瓦时，实现工业产值1216万元，企业职工36人。

福建平和隆溪工业有限公司 2005年7月创办，公司址在平和县小溪镇，注册资金1500万元。主要从事低速货车、小型拖拉机、农业机械及汽车零部件的生产和销售。2007年，就业员工125人，工业产值3906万元。

福建省平和县汇盛工业有限公司 2006年4月创办，址在原平和山格镇农械厂（后迁至宝丰工业园区）。注册资金300万元。公司主要生产再生铜铝锌及其制品。2007年，公司职工38人，工业产值5767万元，纳税82.2万元。

福建省南海食品有限公司 址在平和南胜镇。其前身系平和南胜乡罐头厂（乡镇企业），1992年罐头厂倒闭拍卖，被民营企业家胡文星购买转制经营。1996年，成立福建省平和南海冷冻食品有限公司，注册资金600万元。2003年6月，企业扩建，更名为福建省南海食品有限公司。从事果蔬速冻冷藏、果蔬保鲜、食品罐头的生产销售。公司通过ISO9001:2000（国际质量管理体系）、HACCP认证；产品获中国“绿色食品”认证，销往美、欧、东南亚、香港等21个国家和地区。2007年，企业注册资金增加到2134万元，职工人数达到387人，工业产值7508万元。

漳州市宝佳利工贸有限公司 2006年1月，正式落户平和工业园区，注册资金1280万元。主要生产中密度纤维板。2007年，工业产值6450万元，员工121人。

漳州溢鹏木业有限公司 2005年11月创办，注册资金300万元。址在平和工业园区。主要工业产品为中密度纤维板。2007年，注册资金变更为5018万元，就业工人62人，实现产值3250万元。是年，漳州溢鹏（平和）木业等项目被列入漳州市重点项目。

第五节 “三资”工业

1989年9月，由台湾商人胡春月投资创办福建省平和天和服装有限公司，是平和县最早的台资工业企业。当年利用台资40万美元，实收工缴费2.07万美元，解决650名劳动力就业。1997年4月和1998年3月，平和县先后出台关于鼓励外商投资和改善外商投资软环境的政策规定，鼓励中国台、港、澳商及外商到平和投资创业，并提供工业园区等发展平台。每年均有一批“三资”企业落户平和，其中，以工业企业为多。

1989—2007年，全县批准创办“三资”工业企业191家，合同外资额16817.7万美元。2007年，全县“三资”规模工业企业达到32家，产值66257万元，占全县规模工业产值的34.93%；其中，产值过亿的企业

1家；纳税百万以上的企业13家。

部分“三资”工业企业简介如下：

福建省跃劲服装有限公司　原名福建省平和天和服装有限公司，创办于1989年9月，系平和县落户的第一家台资企业，址在小溪镇。注册资金62万美元。1993年3月改称福建跃劲服装有限公司。次年3月，创始人转让资本，由台商胡秋雅接管经营，注册资金150万美元。从事出口休闲服装生产，主销欧美市场。2007年，有159人就业，生产服装95757打，出口值人民币1174万元。

平和天棋美术艺品有限公司　系台商彭楷祥与英国科里达尔公司合作于2001年8月创办的独资企业，址在平和县小溪镇。注册资金35万美元，生产以石膏、树脂为主要原料的美术艺品，产品全部外销欧美等国家。2007年，注册资金135万美元，就业员工502人，工业产值2406万元。

漳州霖和良坝水电有限公司　系中外合资工业企业，始创于1998年1月，址在平和县长乐乡。注册资金566万美元，以水力发电、供电为业。2002年10月投产。2007年，工业产值2512万元，职工55人。公司直属良坝水电站为平和县境内最大的水力发电站。（参见卷十六“能源”）

漳州海棠洋伞有限公司　系港商于2006年投资创办的独资企业，址在小溪镇工业集中区。注册资金118万美元。主要生产加工雨具、帐篷等，产品出口阿联酋等中东国家。2007年，员工107人，产值10094万元，是“三资”企业中产值最多的企业。

漳州凯华皮革工业有限公司　系港商沈文甲创办的独资企业。2005年10月注册，注册资金140万美元，址在平和县五寨乡。生产皮革用品、劳保用品等产品。2007年，就业工人192人，工业产值5427万元，上缴税收177万元。

2005年五寨乡漳州凯华皮革工业有限公司生产车间落成剪彩　（五寨乡 提供）

漳州震元纸品有限公司　2004年由台湾商人蔡曜鸿创办，注册资金20万美元，公司设在平和县九峰镇。主要生产纸制品及瓦楞纸等销往台湾的产品。2007年员工409人，实现产值2870万元。

漳州金紫荆纺织服装有限公司　由香港商人李平于2006年9月在平和县山格镇创办的独资企业。注册资金88万美元。主产服装及针纺织品，尤以童装及夹克衫见长。2007年，就业工人213人，工业产值2413万元。

漳州斯尔兰服饰织造有限公司　由香港商人庄洁凌独资创办，以生产服装、针织布为主产品的企业。注册资金45万美元。租用平和县土产公司厂房为生产车间，2003年3月投产。2007年，创产值1844万元，员工214人。

平和新建发针织品有限公司　港商张家阶于2005年9月创办，落户于平和县小溪镇工业集中区的独资企业。注册资金68万美元。以生产夹克衫、运动服为主产品。2007年，产值1899万元，员工269人。

漳州琮尧纸品有限公司　由台湾商人曾建明创办，2004年5月落址于平和县崎岭乡。注册资金15万美元，主产销往台湾的纸制品。2007年，从业员工157人，产值1316万元。

平和华泰洋伞有限公司　为香港商人张家阶创办，2005年10月落户于小溪镇工业集中区。注册资金68万美元，主产品为雨具和针纺织品。2007年，员工152人，产值1837万元。

漳州永辉洋伞有限公司　由香港商人蔡美丽创办，2006年7月落址于平和县九峰镇。注册资金38万美元，从事雨具、服装、针纺织品织造。2007年，员工63人，实现产值604万元，纳税107.9万元。

漳州奇兰服饰织造有限公司　由香港商人吴至勤独资创办，2006年10月落户于平和县崎岭乡。注册资金64万美元，生产各种服装和布织品。2007年，员工239人，创产值3052万元。

平和葫芦山纸品有限公司 为1997年由小溪镇乡镇企业与台商合作的合资企业。注册资金23万美元，加工纸制品出售台湾。2007年，员工59人，实现工业产值1076万元。

1989—2000年平和县工业总产值情况表

表17-1-2 单位：万元、%

年份	工业总产值	环比指数
1989	18097	110.2
1990	19715	109.0
1991	32122	162.8
1992	55900	181.5
1993	77300	124.1
1994	89600	115.6
1995	102041	108.1
1996	118504	117.4
1997	114743	106.7
1998	94823	87.9
1999	91038	91.3
2000	107500	110.8

2001—2007年平和县工业总产值情况表

表17-1-3 单位：亿元、%

年份	工业总产值	比上年增长	其中			
			规模工业产值	比上年增长	规模以下工业产值	比上年增长
2001	11.44	6.3	4.66	4.8	6.78	7.1
2002	12.39	7.6	5.11	8.2	7.28	7.2
2003	14.03	6.8	6.26	9.9	7.77	5.1
2004	14.02	—	6.01	－3.9	8.01	3.8
2005	16.93	17.7	8.23	31.6	8.70	5.5
2006	20.38	25.2	12.65	42.6	7.73	－11.1
2007	27.45	35.5	19.11	51.6	8.34	9.1

2007年平和县规模工业企业名表

表17-1-4 单位：万元

企业名称	创办年份	地址	主产品	2007年产值
福建龙溪集团公司	1980	小溪镇	农用车	2363
福建省平和县供电有限公司	1973	小溪镇	电力	12795
福建省平和合成氨厂	1970	山格镇	氨氮化肥	3842
平和新力源水电有限公司	2004	小溪镇	水力发电	744

续表 17-1-4

企业名称	创办年份	地址	主产品	2007 年产值
福建福环专用汽车制造有限公司	2006	福环工业园	专用汽车	10351
福建济生堂制药有限公司	2002	平和工业园	制药业	522
福建裕和皓月生物工程材料有限公司	2003	平和工业园	化工涂料	506
漳州汀龙机械有限公司	2003	平和工业园	机械制造	538
平和县正林铜业有限公司	2005	平和工业园	粗铜水暖	13101
漳州市平和泉盛纸业有限公司	2005	平和工业园	纸制品	710
漳州市宝利佳工贸有限公司	2006	平和工业园	纤维板	6450
平和永升化工有限公司	2001	平和工业园	化工原料	514
漳州溢鹏木业有限公司	2005	平和工业园	中纤板木制品	3250
漳州福和应用材料科技有限公司	2006	平和工业园	专用化工品	708
漳州市金泰纸业有限公司	2007	平和工业园	纸制品	540
平和县文美塑料制品有限公司	2005	文峰镇	塑料制品	1198
漳州三泉石材有限公司	2006	平和工业园	石材建材	550
相丝雨（漳州）雨具制造有限公司	2007	文峰镇	雨具	673
福建跃劲服装有限公司	1989	小溪镇	服装	1174
福建省平和葫芦山纸品有限公司	1997	大坂洋工业区	纸制品	1076
平和天棋美术艺品有限公司	2001	小溪镇	美术工艺品	2406
福建省平和县同益食品有限公司	2003	大坂洋工业区	食品	930
漳州协大服装有限公司	2004	小溪镇	服装	568
福建省平和隆溪工业有限公司	2005	福环工业园	汽车、机械	3906
平和新建发针纺织品有限公司	2005	大坂洋工业区	针纺织品	1899
平和华泰洋伞有限公司	2005	大坂洋工业区	洋伞	1837
漳州市盛通汽车车轮有限公司	2005	小溪镇	汽车车轮	1208
漳州华益服装织造有限公司	2005	小溪镇	服装织造	3408
漳州斯尔兰服饰织造有限公司	2003	小溪镇	服饰织造	1844
漳州海棠洋伞有限公司	2006	大坂洋工业区	洋伞雨具	10094
平和华远服装织造有限公司	2006	小溪镇	服装织造	3136
漳州市冠杰服装织造有限公司	2005	小溪镇	服装织造	1362

续表 17-1-4

企业名称	创办年份	地址	主产品	2007 年产值
漳州宏绿食品有限公司（宏新）	2006	大坂洋工业区	食品	1002
漳州市和润服饰织造有限公司	2006	小溪镇	服饰织造	1764
漳州建威洋伞有限公司	2007	小溪镇	洋伞雨具	869
平和华丰服饰织造有限公司	2000	大坂洋工业区	服饰织造	1119
漳州市洛奇服饰织造有限公司	2007	大坂洋工业区	服饰织造	819
平和县兴隆铸造厂	1998	山格镇	机械铸件	528
福建兴发机械有限公司	2001	山格镇	机械制造	919
福建平和宝峰罐头食品有限公司	2001	山格工业区	罐头食品	12510
福建宝达钢业有限公司	2003	山格工业区	精钢构件	10002
漳州金紫荆纺织时装有限公司	2006	山格工业区	纺织时装	2413
漳州雅仕琪服饰织造有限公司	2007	山格工业区	服饰织造	1554
平和汇盛工业有限公司	2006	山格工业区	再生铜铝制品	5767
漳州新泰源服装织造有限公司	2007	山格工业区	服装织造	1461
福建省南海食品有限公司	1996	南胜镇	罐头食品	7508
平和县金龙食品厂	2000	南胜镇	麻枣糕点	630
平和县裕辉食品有限公司	2004	南胜镇	麻枣糕点	709
漳州凯华皮革工业有限公司	2005	五寨工业区	皮革制品	5427
平和县乐记食品有限公司	2006	五寨乡	食品	672
福建省国农农业发展有限公司	2003	小溪镇	水果套袋、果汁	856
平和县利南硅业有限公司	2005	坂仔镇	硅矿业	850
漳州华美服饰织造有限公司	2006	坂仔镇	服饰织造	2971
漳州达胜服装织造有限公司	2007	坂仔镇	服饰织造	570
福建省平和隆源工贸有限公司	2007	安厚镇	生产加工	832
漳州永兴隆服饰织造有限公司	2007	安厚镇	服饰织造	2186
平和县裕达食品有限公司	2000	大溪镇	食品	1119
漳州市宏远针纺织品有限公司	2006	大溪镇	针纺织品织造	3722
福建省平和霞寨化肥厂	1990	霞寨镇	磷肥制造	524
福建省平和鑫源选矿厂	2002	霞寨镇	选矿业	508
漳州市源润服装织造有限公司	2007	霞寨镇	服装织造	2137

续表 17-1-4

企业名称	创办年份	地址	主产品	2007 年产值
漳州四季红雨具制造有限公司	2007	霞寨镇	雨具	702
福建省平和县安泰水电有限公司	2003	小溪镇	水力发电	519
漳州琮尧纸品有限公司	2004	崎岭乡	纸制品	1316
漳州奇兰服饰织造有限公司	2006	崎岭乡	服饰织造	3052
福建省平和九峰茶叶有限公司	1996	九峰镇	茶叶加工	753
平和县新华纸业制品厂	1995	九峰镇	纸制品	1163
漳州震元纸品有限公司	2004	九峰镇	纸制品	2870
平和县峰顺纸业制品有限公司	2003	九峰镇	纸制品	1648
平和县南源纸制品厂	2005	九峰镇	纸制品	1289
漳州永辉洋伞有限公司	2006	九峰工业区	洋伞雨具	604
漳州鑫园纸业有限公司	2006	九峰工业区	纸品业	1384
平和县裕泰纸品厂	2000	九峰镇	纸品业	1631
福建向荣大芹山茶叶发展有限公司	2003	小溪镇	茶叶	1465
平和圣雅伦服饰织造有限公司	2005	九峰工业区	服饰织造	920
福建省平和县安特水电有限公司	2002	芦溪镇	水力发电	1216
漳州长和福矿业有限公司	2000	芦溪镇	采矿业	504
漳州琮舜纸品有限公司	2007	芦溪镇	纸制品	718
漳州霖和良坝水电有限公司	1998	长乐乡	水力发电	2512

第二章　工业门类

第一节　电力工业

1989 年起，平和县大力建设水电站，电力工业快速发展。至 2007 年，全县正常运行的水电站有 408 座，水力发电量达 21321 万千瓦时，从事电力经营企业 60 家。年供电量 34632 万千瓦时，供电户数有 13 万多户，分别比 1989 年增加 4.9 倍、59.1 倍。（电力工业详情见卷十六“能源”）

第二节　食品加工业

一、制糖业

1989 年，制糖业是平和工业的重点产业。主要有以生产白砂糖为主的平和糖厂（也称“一糖厂”）、平和第二糖厂和以生产红糖为主的平和山格糖厂 3 家国营企业。1989 年全县生产食糖 12054 吨，产值 2222.7 万元。1992 年，食糖产量跃升至 29188 吨，产值 7598 万元（当年价）。1993 年，全县甘蔗种植面积减少，食糖生产原料不足，蔗糖产量有所下降。

1994 年 12 月，县政府出台蔗糖生产新政策，采取多种措施加强蔗糖生产。调整甘蔗收购价格，1994—1995 年榨季每吨甘蔗收购价比 1993—1994 年榨季调高 50 元，1995—1996 年榨季每吨甘蔗再次上调 40 元；恢复蔗粮挂钩政策，每吨甘蔗挂钩粮食指标 25 千克（可抵交粮食统购任务）；同时实行奖罚措施，规定各乡镇下达供榨蔗量任务基数，每超基数一吨奖励 20 元，没有完成任务的，每欠一吨罚款 20 元；对发动种蔗的有功人员，按每吨甘蔗量提取 1 － 2 元甘蔗生产服务费，给予奖励；对供榨量达 1000 吨以上的重点村另外给予每吨 1 元的补贴；对崎岭、九峰、大溪 3 个新蔗区也实行相应的奖励政策。鼓励农民多种蔗，多供蔗。

1995 年起，在市场经济和价值规律的强力作用下，农村产业结构不断调整，甘蔗种植越来越少。1999 年，糖厂基本上失去经营条件而全面停产，平和县结束制糖行业历史。

1989—1999 年平和县机制食糖产量表

表 17-2-1 单位：吨

年份	全县食糖生产量	其　中		
		一糖厂	二糖厂	山格糖厂
1989	12054	5406	3471	3177
1990	11269	7263	476	3530
1991	17105	6266	7940	2899
1992	29188	10100	12373	6715
1993	20178	8205	7608	4365
1994	14094	5406	5161	3527
1995	10220	—	—	—
1996	8014	—	—	—
1997	4958	—	—	—
1998	2729	—	—	—
1999	停产	停产	停产	停产

注：1995—1998 年榨季，一糖厂、二糖厂、山格糖厂实行原料统一调配，确保重点，压缩生产线，统一核算的考核办法，各糖厂没有独立考核产量和产值

二、酿酒业

1989 年，平和唯一的酿酒企业是国营平和酒厂。主要产品有三平蜜酒、白米酒、川杯酒等。1998 年 12 月停产注销。1999—2001 年，平和没有正式注册登记的酿酒企业。

2002 年 9 月，平和首家民营酿酒企业，福建平和县芦溪碧水岩酒厂在芦溪镇注册创办。2004 年 7 月，正式注册“绳武楼”牌商标红酒和青梅果酒等。2007 年，酒厂员工 10 人，产品在漳州、泉州和广东汕头等地销售。

三、蜜饯糕点业

平和生产蜜饯糕点历史悠久，厂多面广，品类琳琅。1989 年，主要生产厂家有国营平和食品厂、平

和县蜜饯罐头厂以及商业部门和供销合作社部门创办的糕饼厂（不具法人资格）。产品主要在县内市场销售。2000年，民营食品生产企业平和县金龙食品厂在南胜镇注册成立。2004年，平和县裕辉食品有限公司在南胜镇创办，平和大世界商贸有限公司创办属于自己品牌的大世界万启隆食品厂。九峰、山格等乡镇的民营食品厂相继创立。平和生产的传统名优糕点有小溪枕头饼、南胜麻枣、山格生仁饼、九峰酥糖等。小溪枕头饼、南胜麻枣等通过流通渠道进入漳州、厦门、汕头等地商场、超市销售。2007年，以南胜麻枣和枕头饼为主产的金龙食品厂和裕辉食品有限公司等糕点生产企业成为平和县规模工业企业。

四、罐头食品制造业

1989年，国营平和县罐头厂和乡镇企业南胜乡罐头厂2家企业从事罐头食品生产。1996年，平和南海冷冻食品有限公司创立；2001年，平和宝峰罐头食品有限公司创办投产，罐头食品工业快步发展。2001—2006年，先后有平和裕达食品有限公司、平和同益食品有限公司、平和宏绿食品有限公司、平和乐记食品有限公司在工业园区落户生产，罐头食品行业开始跻身于工业产业的主导地位，成为县内工业的重点产业。产品主要有水果罐头、蔬菜罐头，麻笋等山货及食用菌系列罐头和速冻冷冻、果蔬保鲜、盐渍食品、腌制食品等。产品遍布国内市场行销，有的出口远销美国、加拿大、日本、澳大利亚及欧洲和东南亚国家和地区。2007年，宝峰罐头、南海罐头、裕达食品、同益食品、宏绿食品和乐记食品等企业均在平和规模工业企业榜上有名。

1989—2007年平和县罐头工业产量情况表

表17-2-2　　单位：吨

年份	罐头产品生产量	年份	罐头产品生产量
1989	933	1999	10611
1990	1170	2000	9472
1991	1567	2001	7840
1992	860	2002	9671
1993	4705	2003	11761
1994	5355	2004	12577
1995	16789	2005	13791
1996	9047	2006	14559
1997	8985	2007	4771
1998	11992		

五、茶叶加工

平和茶叶精制加工历史久远，发展稳定。1989年，茶叶主要加工厂有平和县茶叶公司（1994年改称平和茶厂）1家集体企业，以及数量众多的个体小工坊。产品主要行销福建闽南及广东潮汕地区。平和茶叶公司的部分产品通过漳州茶厂和厦门进出口公司出口远销日本和东南亚地区。1996年，首家民营制茶正规企业平和九峰茶叶有限公司成立，1997年，民营企业平和阳山茶厂注册创办。2000—2004年，民营企业平和天醇茶叶有限公司、向荣大芹山茶叶有限公司、平和天用茶叶有限公司、平和隆源工贸有限公司等精制茶加工企业相继创办投产。2004年，集体企业平和茶厂停产停业。茶叶加工业完全由民营工业企业替代。

“白芽奇兰”是平和县精制茶叶的统一商标。1991年起，平和白芽奇兰茶获得福建省优质茶等多种奖项；2002年，平和白芽奇兰茶获得“福建省著名商标”和“福建省品牌产品”称号。2007年，全县精制加工白芽奇兰茶526吨，比1989年85吨增加5.19倍。九峰茶叶有限公司、向荣大芹山茶叶发展有限公司、隆源工贸有限公司等3家茶叶加工企业上榜平和县规模工业企业。

第三节 建材业

平和县建筑材料工业主要有水泥制品、石料、砖瓦等粗放型企业。1989年，有小溪镇第一机砖厂、安厚机砖厂、国强乡石料厂等一批注册登记的乡镇工业企业。小溪镇第一机砖厂年产机砖1000万条，产值60.4万元；安厚机砖厂产值42万元；国强石料厂产值37万元。由于乡镇企业的粗放经营，缺少环保配套措施，不利于环境保护，加上管理体制不适应，这批建材企业很快停产下马。1996年12月，国强石料厂停产关闭。2001年9月，安厚机砖厂停产关闭。2002年，小溪镇第一机砖厂歇业，场地拍卖。2003年4月，加工金属建筑材料工业的民营企业福建宝达钢业有限公司创办。2005年2月，生产铜材的平和县正林铜业有限公司开业投产。2006年，平和县委提出建设“生态工贸县”的发展战略，一些建材企业转轨转型，开发生产新型墙材料。

2006—2007年，非金属矿物制品企业漳州三泉（平和）石材有限公司、平和合盛建材工贸有限公司等砖瓦、石材、水泥及轻质石膏制品生产企业先后在平和工业园区落户。主要生产石材、板材、环保型轻质水泥砖、水泥砌块等建筑辅助材料。

第四节 机械制造业

一、汽车制造业

1989年，全县汽车制造企业只有国营平和农用运输车厂，年产“龙溪牌”农用运输车1236辆，产值2501.4万元。1993年，第四代产品核载4吨六轮农用运输车下线上市，当年产量10018辆，产值23875.6万元。1995年企业改制为龙溪集团公司。2005年7月，以制造低速货车、小型拖拉机为主的民营企业平和隆溪工业有限公司创立。2006年，以生产自卸汽车、厢式汽车、蓬式运输车为主的福环专用汽车有限公司创办投产，汽车制造业有了新的发展。

2007年，汽车及零部件制造业企业14家。其中，汽车整车制造以福环专用汽车制造有限公司、龙溪集团公司（2007年5月停产）为代表；以低速货车、小型拖拉机、工程机械车为主产品的有平和隆溪工业有限公司、龙溪集团等企业；以漳州盛通汽车车轮有限公司为代表的多家工业企业则是从事汽车车轮、汽车零部件和配件的生产制造。

1989—2007年平和农用运输车生产量情况表

表17-2-3 单位：辆

年份	生产量	年份	生产量
1989	1236	1999	1596
1990	995	2000	1518
1991	4122	2001	650
1992	8004	2002	1043
1993	10018	2003	1002

续表 17-1-4

年份	生产量	年份	生产量
1994	7093	2004	1000
1995	7012	2005	1275
1996	6226	2006	1548
1997	1923	2007	437
1998	1503		

二、专用设备制造业

1989 年，以生产制造水轮机、抽水机、水泵、工程机械等农、林、牧、渔专用机械的厂家主要有平和县水轮机厂、县二轻机修厂和各乡镇农械厂等厂家。2000—2007 年，由龙溪集团、隆溪工业公司等工业企业开发研制的新一代专用设备机械大量投入市场，主要产品有田园管理机、果园微型耕耘机、电动喷雾机、柴油喷雾机、汽油喷雾机、割草机、背式电动剪、柚果清洗机、分拣机、打包机、采茶机、烘焙机等等。

三、通用设备制造业

1989 年，通用设备金属加工机械制造和金属铸锻加工生产厂家有平和县机械铸造厂，主产品是机械配件铸造件。1998 年起处于歇业状态。同年，民营企业平和兴隆铸造厂兴办。2001 年，福建兴发机械有限公司（平和）成立。2003 年，漳州汀龙机械有限公司和宝达钢业有限公司等制造、加工企业开业投产。产品有柴油机、汽油机、电动机、柴三机等普通通用机械设备。

第五节　针织服装业

1989 年初，全县登记注册的服装鞋帽生产加工厂有平和胶鞋厂、县二轻服装厂和鞋帽厂等 3 家企业。1989 年起，陆续有天和服装金紫荆纺织时装、斯尔兰服饰制造、新建发针纺织品、奇兰服饰织造、宏远针纺织品、华远服饰织造、华益服装织造、新泰源服装织造、华美服饰织造、永兴隆服饰织造、源润服装织造、圣雅伦服饰织造、华丰服饰织造、络奇服饰织造、达胜服装织造、跃劲服装、冠杰服装织造、雅士琪服饰织造、协大服装、和润服饰织造等针纺服装企业相继在平和各地落户开业投产，产品涵盖西装、军装、工装、唐装、制服、工作服、休闲服、羽绒服及针纺织品等服饰品种。产品远销巴西、澳大利亚、欧美和阿拉伯国家与地区。

2007 年末，全县纺织服装织造主要工业企业有 34 家，其中规模工业企业 20 家；服装企业当年纳税额 1896 万元，占全县工业税收的 24.67%；金紫荆纺织时装、斯尔兰服饰织造、新建发针纺织品和奇兰服饰织造 4 家“三资”服装企业年纳税额超百万元。

1989—2007 年平和县服装工业产品生产量情况表

表 17-2-4　　单位：万件

年份	生产量	年份	生产量
1989	79	1999	314.33
1990	134	2000	382.2
1991	270.87	2001	350.13

续表 17-1-4

年份	生产量	年份	生产量
1992	232.9	2002	193.93
1993	189.18	2003	342.46
1994	247.3	2004	307.65
1995	953	2005	572.01
1996	294.55	2006	436
1997	268.64	2007	179
1998	295.6		

第六节 纸品业

1989 年，全县有五寨造纸厂和芦溪造纸厂 2 家造纸厂。1997 年，台商梁志诚与平和县小溪镇纸箔厂合作，创办首家闽台合资纸制品加工企业。之后一些台商、港商相继来平和投资创办纸制品加工厂，使造纸及纸制品业在短时期内得到迅速发展。漳州震元纸品有限公司、琮尧纸品有限公司、葫芦山纸品有限公司等企业以加工民俗用纸为主，产品销往中国台湾及东南亚国家和地区。平和泉盛纸业、金泰纸业、新华纸业、峰顺纸业、南源纸制品、裕泰纸品、琮舜纸品、鑫园纸业等造纸及纸制品企业形成规模生产。国农农业发展公司加工生产的琯溪蜜柚挂果纸制品果蔬套袋畅销市场。

2007 年，平和县造纸及纸制品工业企业有 14 家，其中规模工业企业 12 家，占全县规模工业企业的 14.8%；年缴纳税过百万的纸品企业 3 家（震元纸品 156.7 万元，琮尧纸品 119.4 万元，葫芦山纸品 102 万元）。

第七节 洋伞雨具加工业

1989 年起，洋伞雨具加工业作为平和新兴的工业行业，不断有“三资”企业落户平和。2005 年 10 月，港资华泰洋伞有限公司在小溪镇工业集中区落户。2006 年，港资海棠洋伞有限公司、港资永辉洋伞有限公司陆续融入平和。2007 年，相丝雨雨具、四季红雨具、建威洋伞等雨具及日用品制造企业相继开业投产。

至 2007 年末，全县洋伞雨具加工企业发展到 11 家，其中规模工业企业 6 家，海棠洋伞有限公司成为全县年产值过亿元的 6 家企业之一，海棠洋伞、华泰洋伞和永辉洋伞等 3 家企业当年上缴税收均超过 100 万元。

第八节 医药化工业

一、医药业

1989 年，原平和制药厂以生产干酵母为主，1998 年制药厂从县城迁至文峰镇黄井村的文峰工业区（后改为平和工业园区）建厂生产。2002 年底，“三资”企业福建济生堂制药有限公司落户平和工业园区，同时收购兼并平和制药厂。2006 年 5 月开业投产，主要生产“感冒灵颗粒剂”“胃康宁胶囊”等中药饮片制剂。

2004 年 6 月，以生产“西洋参胶囊”“西洋参含片”等中药饮片为主的福建广和堂医药保健品有限公司制药厂在平和小溪大坂洋工业区建成投产。

2007 年，平和有济生堂制药和广和堂药业 2 家制药企业，其中济生堂制药有限公司年产值 522 万元，成为县规模工业企业。

二、化学工业

1989年，化学工业主要有平和合成氨厂、平和化工厂2家国有化肥生产企业，以及平和松香厂、文峰乡恒昌化工厂等化工生产企业。1990年5月，民营平和霞寨化肥厂注册创立，主要生产过磷酸钙等化学磷肥产品。1996年，平和合成氨厂和平和化工厂先后实行国有民营承包经营。1998年，平和松香厂和文峰乡恒昌化工厂相继停产关闭。2003—2006年，县里通过招商引资，引进裕和皓月生物工程材料有限公司化工涂料制造业，永升化工有限公司基础化学原料制造业，福和应用材料科技有限公司专用化学产品制造业在平和工业园区投资产。2007年，平和合成氨厂、霞寨化肥厂、裕和皓月公司、永升化工公司、福和科技公司5家化工企业上榜平和县规模工业企业。

1989—2007年平和县地产化肥工业生产量情况表

表17-2-5　　单位：吨

年份	农用地产化肥总产量	氮肥生产量	磷肥生产量
1989	11324	8180	3144
1990	73472	56967	26505
1991	13155	9272	3883
1992	12854	9521	3333
1993	11587	6534	3253
1994	12475	8794	2581
1995	10440	8434	2006
1996	9512	7615	1897
1997	21112	10282	10830
1998	12838	11106	1732
1999	11187	9452	1735
2000	12614	11836	778
2001	14465	13923	542
2002	12897	12580	317
2003	15310	12445	2865
2004	15149	14965	184
2005	15319	13573	1746
2006	14414	12476	1938
2007	928	345	583

注：自1991年起地产化肥产量氮肥按含N100%折算；磷肥按含P205 100%折算纯量。1989年、1990年数据为实物量，其他年份数据为折纯量

第九节　竹木制品及工艺品加工业

平和有较丰富的竹木品原料资源，历来民间竹木品加工业很活跃，能工巧匠也不少。1989年，竹木品加工行业主要有二轻企业平和木器厂、平和竹藤家具工艺一厂和乡镇企业芦溪木制品厂、霞寨木器社等。

1993—1999年，竹木品集体工业企业相继关闭停产，取而代之的是机械化生产程度较高的民营企业。以木材、竹材及藤、棕、草为原料，以中密度纤维板为主产品的民营企业漳州溢鹏木业有限公司、漳州宝佳利工贸有限公司于2005年和2006年先后在平和工业园区建成投产。2007年，溢鹏木业有限公司实现产值3250万元，宝佳利工贸有限公司创产值6450万元，均被列入平和县规模工业企业，分别拥有年产7.5万立方米中密度纤维板的生产线，成为竹木制品加工业的骨干企业。其中，溢鹏木业还被列入漳州市扩建工业的重点项目。

2001年创办的台商独资企业平和天棋美术艺品有限公司，加工制造木质工艺品和人造树脂工艺品。2007年，工业产值2406万元，成为县规模工业企业。

第十节 其他工业

一、矿业与冶炼

平和已知的规模矿产资源相对稀少。1989年，有文峰矿业公司及国强联合石料厂等2家乡镇办采矿企业，1996年先后停产关闭。1989年，有1家国有老企业平和铜矿在经营采矿业。但因经营亏损，于2000年承包给福建省一丰工贸公司经营。

1999年，创办福建省平和鑫源选矿厂，在霞寨钟腾原平和铜矿矿区从事铜矿等有色金属矿采选。2000年4月，创办漳州长和福矿业有限公司，在芦溪东槐非金属矿采选。2005年，创办平和县利南硅业有限公司，在坂仔双溪非金属矿物品加工。2005年创办的正林铜业有限公司和2006年创办的汇盛工业有限公司也从事有色金属冶炼和加工。2007年，上述5家矿业与冶炼加工企业均属民营工业企业，成为平和县规模工业企业。

二、皮革加工

1989年，全县皮革加工企业只有平和皮件厂，1992年歇业。通过招商引资，2004年平和南兴皮革制品厂、2005年漳州凯华皮革工业有限公司先后落户平和五寨皮革工业集中区。主要生产皮鞋、皮衣、皮包等皮革用品及劳保用品。2007年，这2家企业同为县规模工业企业。

三、塑料制品业

1989年，全县登记的塑料制品加工企业有县二轻局所属的集体企业平和县塑料厂（1998年注销），还有经委系统的合成氨塑料袋厂、化工厂编织袋厂，供销合作社系统的农膜厂，商业系统的日用塑料袋厂，旅游系统的三平矿泉水瓶厂等工商企业，也附设加工塑料丝、塑料绳、塑料编织品、塑料桶、塑料袋、矿泉水瓶以及吹膜等塑料制品的车间、作坊。

2005年，创办平和县文美塑料制品有限公司，2007年成为县规模工业企业。

四、陶瓷制造业

1989年，平和陶瓷制造业有国营平和陶瓷厂，乡镇企业九峰镇瓷厂、大溪瓷器厂、九峰福利陶器加工厂，村办企业霞寨群英碗厂、九峰汀溪村瓷厂、九峰村彩瓷厂、霞寨建设陶器厂、崎岭桂竹村瓷厂、山格白楼瓷厂、安厚三合陶瓷厂以及民营九峰新艺瓷厂、九峰丰城彩瓷厂、九峰工艺厂等陶瓷企业。其中，九峰镇瓷厂在1989年全省脱贫致富工作表彰会上被授予“脱贫致富先进企业”称号。1992年后，陶瓷制造行业市场连续走疲，企业陆续歇业或转制。2007 年，全县制造陶瓷器的陶瓷厂窑均已歇业，九峰丰城彩瓷厂、九峰工艺厂等部分彩瓷工艺厂尚在经营生产。

五、印刷业

1989 年，平和印刷行业主要企业有国营平和县印刷厂，厂址设在小溪镇东大路，职工 70 人，年产值 40 万元。集体印刷企业有平和县供销社印刷厂，厂址在小溪镇旗仔山路；还有九峰印刷厂（居委会办）；平和一中校办印刷厂、平和二中校办印刷厂等。还有 3 家私营印刷厂。

1998 年 7 月，平和县印刷厂因经营亏损停业，企业资产由政府组织拍卖。2000 年，县供销社印刷厂、九峰印刷厂先后歇业关闭。平和一中、平和二中校办印刷厂转制为承包经营。校办印刷厂一般不对社会承接业务。民营的电脑打字复印室遍及城乡。

六、电子光电

2007 年，引进福建易尔美光电材料有限公司落户平和工业园区，开创平和县生产各种无机非金属材料、光电复合材料和光固复合材料及其制品的电子光电工业新门类。

第三章　工业园区

第一节　福建平和工业园区

1999 年 2 月，中共平和县委、平和县人民政府出台《关于建设工业区的若干意见》，同时制定一些相应优惠政策，指导平和创办工业区、工业园区。

福建平和工业园区位于平和县与南靖县、龙海市交界处的文峰黄井村。其前身为平和县文峰工业区，创立于 1999 年 2 月。首期规划用地面积 485 公顷。2002 年 11 月被漳州市人民政府确认为市级乡镇工业园区。2006 年，经福建省人民政府审核，报国家发展与改革委员会批准，升格为省级开发区，更名为“福建平和工业园区”。要求按照“高起点、高标准、生态型”标准建设，定位为以机械化工、纸业、轻纺业为主的新型工业园区。2007 年 3 月，工业园区正式成立园区管理委员会，编制为正科级单位，隶属于县人民政府直接领导；同时组建党的工作委员会。同年末，工业园区内建设水泥道路 5 公里，其中主干道 2 公里，干道两旁及园区均实现绿化，区内在建 1 座 110 千伏变电站；园区企业生产生活用水、用电由管委会负责保障供给，投资环境宜人。

福建平和工业园区管理委员会揭牌仪式

（朱连生 摄于 2007 年 5 月）

2001 年，平和永升化工有限公司首家落户工业园区。至 2007 年，有福建裕和皓月生物工程材料有限公司、福建济生堂制药有限公司、漳州溢鹏木业有限公司等22家工业企业落户园区。其中裕和皓月生物工程材料有限公司、济生堂制药有限公司、溢鹏木业有限公司、宝利佳工贸有限公司、正林铜业有限公司等11家进入县规模工业企业行列，当年合计工业产值27389万元。区内工业企业上缴税收371.4万元。

第二节 大坂洋工业集中区

大坂洋工业集中区位于县城小溪镇西环路内侧，属于县城总体建设规划中的工业区域，2003年动工建设，规划用地面积173公顷。经过5年的建设，完成区内2.5公里主干道水泥路面铺设及通水、通电工程。经过招商引资，园区内已有机械制造、汽车配件以及纸品、医药、服装、雨具、电子、食品等行业23家工业企业立项上马。2007年，有19家企业投产营业，其中新建发针纺织品、天棋美术艺品、华泰洋伞、海棠洋伞、宏绿食品、华丰服饰、洛奇服饰、葫芦山纸品、同益食品9家公司上榜规模工业企业，当年合计规模工业产值21827万元。2003—2007年，该区累计上缴工业税收943.3万元。

第三节 山格工业集中区

山格工业集中区位于山格镇宝丰村，2003年3月创立，规划用地面积276公顷。山格工业集中区地理位置优越，交通便捷；园区内道路、用水、用电、绿化等配套基础设施完善，很受大型企业青睐。2007年，园区内创办12家工业企业，涵盖食品加工、机械制造及锻铸和服装、雨具加工等多个行业；已有11家企业正式投产运行。其中，兴发机械有限公司、兴隆铸造厂、宝峰罐头食品有限公司、宝达钢业有限公司、金紫荆纺织时装有限公司、雅仕琪服饰织造有限公司、汇盛工业有限公司、新泰源服装织造有限公司等8家企业成为规模工业企业，当年合计工业产值35，154万元，占全县的18.4%；宝峰罐头食品有限公司和宝达钢业有限公司产值过亿元。2003—2007年，该区累计上缴工业税收1092.7万元。

第四节 九峰边贸工业集中区

九峰边贸工业集中区位于福建与广东两省四县交界的九峰镇。该镇是国家级的历史文化古镇，地理位置特殊，经济发展战略地位显要，是平和县西部重要工业经济区。工业集中区分布在县道秀秀公路（诏安秀篆至平和秀峰）和省道官九公路（安溪官桥至平和九峰）两侧沿线的城西、福坑、积垒、下坪、黄田、福田等村。规划用地面积66公顷，首期开发33公顷。

2007年，九峰工业集中区已有纸制品、雨具、木制品、帐篷等行业的5家工业企业登场开业，其中，规模工业企业有永辉洋伞有限公司、鑫园纸业有限公司、圣雅伦服饰织造有限公司3家，实现规模工业产值3636万元。

第五节 福环汽配工业园区

福环汽配工业园区原名“漳州平和福环（汽车）机械制造工业园区”，址在小溪镇高田（旧县村），规划用地面积333公顷。园区产业定位为汽车整车和关键零部件的生产制造。首期开发建成园区核心区，用地面积66公顷。二期建设园区配套区，用地200公顷。截至2007年，有福建福环专用汽车制造有限公司、福建省平和隆溪工业有限公司、漳州市盛通汽车车轮有限公司等多家企业在园区落户。其中福环专用汽车有限公司是国家发改委规划定点的专用汽车企业。首辆福环专用汽车于2006年10月研制成功下线。2007年，福环、隆溪、盛通3家规模工业企业实现工业产值15465万元，纳税307.3万元。同年，福环汽车配件生产项目被列为“福建省重点建设项目”。

第六节　五寨皮革工业集中区

五寨皮革工业集中区址在五寨乡新塘村。主要产业是皮革加工制造业，规划用地200公顷，首期开发建设66公顷。2004—2005年，漳州凯华皮革工业有限公司（港资）、平和县南兴皮革制品厂等2家皮革企业入区创业。2007年，凯华皮革工业有限公司工业产值5427万元，名列规模工业企业。该区上缴工业税收183.8万元。

第四章 重点企业　名产

第一节　重点企业选介

一、福建平和宝峰罐头食品有限公司

福建平和宝峰罐头食品有限公司创办于2001年9月，是一家民营出口型企业。坐落在平和县山格镇宝峰工业区，位于县道山旧线（南靖县山城镇至漳浦县旧镇镇）旁，紧邻省道官九线公路，距漳州市区50公里。交通方便，环境优美。公司用地面积5万平方米，建筑面积2.5万平方米。2001年，注册资金620万元。公司员工480人，其中，技术人员85人。公司拥有加工2.5万吨罐头食品的生产能力。主要产品有麻笋、蘑菇、荔枝、马蹄、豆芽、枇杷等罐头食品。公司出口代号Q32，卫生注册号3502101039，产品注册商标为“宝石”牌。公司生产的“宝石”牌果蔬罐头被评为“福建省名牌产品”，获国内“无公害食品”认证，ISO9002国际质量体系认证，同时获美国FDA注册BRC、IFS及日本有机产品认证、HACCP认证。产品主要销往欧美、日本、加拿大、澳大利亚、东南亚等60多个国家和地区。公司被出口检验检疫部门列为一类出口企业。在国内市场也深受客户好评。2002年起，企业连年被福建省农行评为“AAA”信用单位，被省国税局、省地税局评为“模范纳税户”，被福建省农业产业化工作领导小组评为省级重点龙头企业。2007年，企业注册资金变更为2430万元，当年实现工业产值12510万元，上缴税收355.1万元，双双名列县内民营工业企业第一位。2003年、2005年、2006年、2007年分别被评为平和县纳税大户，受到政府表彰。公司员工523人。

二、平和电力公司

1973年创建，址在小溪镇西大路。原是县一级实行发电、供电合一的国营电力经营机构。2004年，公司实行国有控股的股份制改革，发电与供电分离，公司只经营供电业务。2005年，公司进入“福建省纳税300强”。2006年，公司被省委、省政府授予第九届“省级2003-2005年度文明单位”。2007年11月，公司并入国家电网，撤销平和电力公司，成立平和县供电有限公司，成为省属股份制供电企业，直供用电户153881户，公司获“2007年度福建省劳动关系和谐企业”称号。2007年，公司工业产值12795万元，上缴国税1027万元，地税228万元，是平和县重点规模工业企业。公司有干部职工846人，其中专业技术人员123人。（参见卷十六“能源”）。

三、福建宝达钢业有限公司

2003年5月22日在福建省平和县工商行政管理局登记成立，注册资金3000万元。公司地处平和宝

丰工业园内，经营范围包括钢砂、钢坯、钢丸、管桩端板、五金制品等生产加工。年产金属磨料5万吨；管桩端板、大型铸件5万吨。2007年，公司员工180人，实现工业产值10002万元，是平和县重点规模工业企业。

四、福建福环专用汽车制造有限公司

2006年5月创办，址在平和县小溪镇迎宾路369号，占地面积9万平方米，注册资金2008万元，固定资产1.2亿元。经营范围包括专用汽车的生产和销售，汽车零部件、机械产品的生产销售，汽车、摩托车的销售和技术服务，进出口贸易，进出口商品分销业务。公司自主研发生产福环自卸汽车、厢式运输车、蓬式运输车等系列产品，并获得“CCC”产品认证，填补漳州市的空白，成为福建省重点工业项目。2007年，公司员工191人，生产汽车1595辆，工业产值10351万元，上缴税收195.12万元，是平和县重点规模工业企业。

五、平和县正林铜业有限公司

2004年3月11日在漳州工商局注册成立，注册资金200万元。公司位于平和县山格镇白楼村，2005年10月迁往平和工业园内。公司主要生产水暖设备的铜制品。2007年，公司员工29人，实现工业产值13101万元，上缴国税182万元，是平和县重点规模工业企业。

六、漳州海棠洋伞有限公司

公司于2006年由港商独资创办，址在小溪镇工业集中区。注册资金118万美元。主要生产雨具、帐篷等，产品出口阿联酋等中东国家。2007年，公司员工107人，工业产值10094万元。

第二节 名产选介

一、南胜麻枣

南胜麻枣产于平和县南胜镇，是具有地方特色的食品工业产品。南胜麻枣历史悠久，远近闻名。香脆可口，营养丰富是它的突出特点。相传历代被作为贡品进朝。自古以来成为款客馈赠之佳品，尤其是农历春节、元宵节期间，民间盛行以南胜麻枣作为走亲访友之厚礼。

南胜麻枣以糯米、角棕芋、白麻为主要原料，辅料有白糖、饴糖、花生油等。以传统的方法，经手工加工制作而成。麻枣条状均匀，皮嫩酥脆，内心实而若空，咬下一扯还可见诸多细丝相连，随风飘逸，酥脆香甜，色味俱佳。

1997年，南胜麻枣先后获得“意大利轻工贸易博览会金奖”“海南全国农产品乡镇企业产品金奖”“福建省精品展销会金奖”“福建省最畅销地产商品”等多种奖项。2006年，“南胜牌”麻枣商标获福建省著名商标。

二、白芽奇兰茶

白芽奇兰茶是国内青茶类的新起之秀，是闽南乌龙茶的主要产品，与武夷岩茶、安溪铁观音媲美。

白芽奇兰茶盛产于平和县西南部山高雾多的大芹山麓的九峰、崎岭、霞寨、国强、大溪、长乐、秀

峰、芦溪等8个乡镇。品质上乘的白芽奇兰茶，除品种优良和优越的自然生态生长环境外，更得益于精湛的制作工艺。加工白芽奇兰茶从茶叶的采摘、晾晒到杀青、柔制、包柔、烘焙等十几道工序均十分考究，工艺相当精细。随着科技的进步，20世纪末，白芽奇兰茶从传统的手工制作逐步引进机械制作、空调控温和电脑微机操控等先进工艺，使茶叶的品质和产量不断得到提高。

白芽奇兰茶因其香气清高独特，具有兰花香味；外形圆结紧实，深绿油润，优美上眼；汤色明亮橙黄，滋味清爽细腻而备受青睐，也使其成为好饮茶者的品饮、送礼馈赠之佳品。1991年，平和白芽奇兰茶先后获得“福建省优质茶”“福建省名茶”称号，1993年获第三届“中国专利技术新产品博览会金奖”，1997年获“意大利米兰国际轻工博览会金奖”，1998年获国际“东方茶文化”博览会国际金奖，1999年“天岽牌”白芽奇兰茶获“昆明世博会银奖”“北京中国茶文化研究会银奖”“上海国际茶文化节金奖”，并获“福建省著名商标”“福建省名牌产品”等称号。2000年，平和县被中国特产之乡推荐暨宣传活动组委会评为“中国茶叶（白芽奇兰茶）之乡”。2007年，平和县种植白芽奇兰茶4500公顷，年产精品茶6000吨。

三、小溪枕头饼

小溪枕头饼是平和县传统名糕点之一，长条状外形，约6厘米，似小指头大小，形如古时枕头，故而得名。

据传，明嘉靖年间（1522—1566年），平和县琯溪西城侯山（今小溪镇西林村），有位著名音乐理论家李文察（字廷谟），历任辽州太守、晋州太守，因“进奏乐书”，得嘉靖世宗皇帝赏识，召任太常典簿，后告老还乡。一年夏天，夫人张氏患病，经一名游方和尚派药诊治。药取来后，李文察一看，盒内装着8条小指头般、形似四方长枕的药饼。其夫人服用后病好八成，再用和尚开出的药方，抓药捣碎研末，佐以饴糖做馅，将茯苓研成粉做皮，如法加工成小长枕形药饼服用，经一段时间调理，便痊愈康复。后来，和尚仙药治病的故事，一传十，十传百，竟传到京城，世宗皇帝得知即命李文察将枕头饼作为贡品献上。因枕头饼是药饼，岂可让皇上乱尝！李文察灵机一动，只好叫府中的糕点师傅，用家乡的香柑、芝麻、花生仁、饴糖做馅，面粉做皮，精工烘烤成枕头饼，香甜酥脆，佐茶绝妙，送京都经世宗皇帝及王公大臣品尝，交口称赞。从此，枕头饼身份百倍，成为李府专制的茶点，作为招待和馈赠亲朋贵宾之用。民国初年，侯山李姓族人在小溪镇开一间“锦香”糕饼店，制售枕头饼，才使此著名茶点逐渐传入民间，成为百姓喜爱的食品。之后，小溪镇陆续有“清兰”“馨茂”“天香”“三香”等十多家糕饼店制售枕头饼，销量大增，销往省内外及港澳台地区。

中共十一届三中全会后，实行“改革、开放、搞活”的政策，小溪镇及邻近的南胜、坂仔、山格等乡镇先后兴办元丰食品厂、大世界糕饼厂、海峡南部食品厂、坂仔荣兴糕饼厂、兴达蜜果厂等数十家生产枕头饼的厂家，逐渐形成规模化生产，供销两旺，声名更加远播。

四、芦溪红酒

芦溪红酒是芦溪镇传统名酒。明永乐年间（1403—1424年），出身于书香门第的叶正寿开发芦溪时，由于当地山高水冷，天寒地冻，遂推广学习中原地区先进的酿酒技术，精选芦溪自产的优质粳米、糯米、白曲、红曲为原料，加工酿制具有特色的红酒，用于日常驱寒暖身健体和款待宾客。从此，芦溪酿制红酒技术代代相传。至20世纪90年代，叶正寿后裔叶大成把现代科技与传统工艺结合起来，创办平和县芦溪碧水岩红酒厂，开发红酒产品，并注册“绳武楼”牌商标，畅销本省各地及广东、江西、浙江等省。

“绳武楼”牌芦溪红酒为米酒类蒸馏酒，酒精度20度，属低度酒，色香味俱佳。它精选芦溪本地出产的优质粳米、糯米，先通过蒸粳米饭加白曲发酵蒸馏出来白米酒，然后再以红曲拌糯米饭发酵等传统特有工艺进行生产，具有颜色悦目、酒质醇和、味道香甜、口感良好的特点，且富含营养，利于强身健体。

五、长乐米粉

“长乐米粉”是长乐乡传统名产，使用当地所产的高寒地区优质大米和清淳甘洌、无污染的山泉水，精心加工而成的粮食复制品，具有水浸不易烂，耐煮耐炒，弹韧爽口，质量上乘，存贮一年也不会变制的特点，适宜炒食，也可作火锅料，米香扑鼻，令人百吃不厌。

20世纪70年代，长乐乡葵山村村民林国材兴办长乐米粉加工作坊，继承传统生产工艺，精工制作，产品畅销闽南、粤东，深受消费者欢迎。至20世纪90年代，长乐葵山米粉厂综合吸收多方经验，进行大胆改革，把传统工艺与现代科技综合起来，创立一套独特的制作工艺，改发酵米浆为熟浆，不发酵，以机压成型替代手工制作，变日光晾晒为高压蒸气烘干等，还改进产品包装，方便长途运输和消费者采购，大大提高产品质量和生产效率，并于1998年注册“葵山”牌商标。

1998年，“葵山”牌米粉获“漳州市民营企业畅销产品”称号。2000年，又获第一届海峡两岸（福建漳州）花卉博览会食品产品金奖，成为名牌优质产品，畅销省内外，年产量达20万公斤。

六、大溪米粉

大溪米粉是大溪镇传统名产。据传，明正德年间（1506—1521年），都御史王守仁到当时的河头平乱时，曾吃过大溪米粉，连夸“好粉条！”平和大溪米粉就此闻名。

大溪米粉是以当地高寒地区的优质大米和清淳甘甜的山泉水制作的食品，具有水浸不烂，炒煮不断，食用不碍肠胃，纯大米口感，无污染，有优质大米的香味，可作火锅料。有百煮不烂，百吃不厌，贮放一年味不变的特点。

进入21世纪后，大溪米粉的制作工艺在传统米粉制作方法上加以改进。加工中，仍采用平和优质大米和无污染山泉为原料，改生浆为熟浆，改发酵米浆为不发酵。以机压成型、高压蒸气烘干，替代手工制作和太阳晒干等传统落后工艺，使米粉的质量、外形、口感，均胜于传统手工米粉。产量、销售量大为提高。

七、大溪豆干

大溪豆干是大溪镇传统名产，也有人简称其为大溪豆腐。大溪豆干恰到好处的韧性，造就口感鲜嫩，煎炒、水煮两宜，兼具豆干和豆腐双重美味的特性，在豆干类中独树一帜，成为百姓日常生活和宴席上的一道美食佳肴。

原来，大溪镇位于海拔1270米的灵通山和海拔1544.8米的大芹山底下，源自两座大山的水，水质独特，如灵通山，山泉水中含有20多种矿物质，其中因体氡的含量是其他地方山泉水的2～15倍。正是这一独特的水质和当地的地理气候条件，孕育出独特风味的大溪豆干。

早在明末清初，大溪豆干生产技法十分成熟。它选用上等大豆，经过浸水、磨细、过滤、煮浆、点卤、凝结、定型等道工序手工制作而成。其脂肪、蛋白质、碳水化合物结构合理，含有钙、钾、铁、磷等元素，尤其富含钙元素。其性不寒不燥，老少皆宜，是不可多得的营养保健食品。

平和县获奖名产品（食品工业类）情况表

表17-4-1

品名	获奖内容	获奖单位	获奖年份
茶（白芽奇兰）叶	福建省名优茶鉴评委员会评为“省优质茶”	崎岭乡彭溪村	1991—1993
	农业部茶检中心评为“青茶类优质产品”	县茶叶站	1993
	中国第三届专利新技术新产品博览会金奖	崎岭乡经联委	1993

续表 17-4-1

品名	获奖内容	获奖单位	获奖年份
茶（白芽奇兰）叶	福建省名优茶审评委员会评为“省名茶”	崎岭乡彭溪村	1995—1997
	福建省茶树良种审定委员会定为“省级优良品种”	崎岭乡彭溪村	1995
	意大利国际博览会金奖	九峰镇	1996
	福建省名优茶审评委员会评为“白芽奇兰茶王”	九峰茶叶协会	1997
	“白芽奇兰茶王选育与推广”获省政府科技进步三等奖	县科技局	1998
	首届国际“东方茶文化”博览会国际金奖	九峰镇	1998
	昆明世博会组委会银奖	崎岭乡	1999
	北京中国茶文化研讨会银奖、优质奖	平和县	2000
	中国国际农博会组委会评为“名牌产品”	平和县	2001
	福建省人民政府评为“福建省名牌产品”	平和县	2002
	上海国际茶文化节金奖	平和县	2003
	“天醇”牌白芽奇兰茶评为“福建名牌产品”	平和县天醇茶业有限公司	2007
茶（白芽奇兰）叶	“天岽”牌白芽奇兰茶评为“福建各名牌产品”	福建天用茶业有限公司	2007
麻枣	意大利轻工贸易博览会金奖	南胜镇	1997
	海南全国农产品乡镇企业产品金奖	南胜镇	1998
	省精品展销会金奖	南胜镇	1998
	省最畅销地产商品	南胜镇	1998
枕头饼	海南全国农产品乡镇企业产品金奖	南胜镇	1998
果蔬罐头	“宝石”牌果蔬罐头评为“福建名牌产品”	福建平和宝峰罐头食品有限公司	2007

第五章 管 理

第一节　管理机构

一、平和县经济贸易局

1989 年，沿设平和县经济委员会。内设办公室、生产科、技改科、政工科、企管科、糖业办公室和矿业管理站等 7 个科室（站）；机关行政编制人员 21 名、机关事业编制人员 2 名；领导职数 3 名，其中设主任 1 名、副主任 1 名、专职纪检员 1 名。主管国有工业以及全县工业项目、技改项目和矿业开采项目的审核报批工作。

1997 年 5 月撤销县经济委员会，与县财贸委员会合并组建平和县经济局。2002 年 5 月，县经济局更名为平和县经济贸易局。内设综合股、经济运行股、企业股、市场贸易股、电力资源股、人事股以及工业化项目办公室。工业化项目办公室是县工业发展领导小组的工作机构，挂靠在县经贸局。工业办主任通常由经贸局局长兼任。机关行政编制人员 10 名、事业编制人员 7 名。2006 年，经济贸易局内设机构增设乡镇企业股；机关编制人员为12名、机关事业编制9名；领导职数设局长1名、副局长3名。主管全县工业和商贸流通行业企业。2007年，人员编制17名，实有在职16名。

二、平和县对外贸易经济合作局

1989年，沿设平和县对外经济贸易委员会。内设外资管理股、外贸管理股、计财股和办公室4个股室，下设对外经济服务公司。1997年，平和县对外经济贸易委员会更名为平和县对外经济贸易局；2002年又更名为平和县对外贸易经济合作局。内设机构不变，机关行政编制人员6名，事业编制人员3名。主管招商引资以及县外企业、“三资”企业到平和投资创业项目的引进、审核、报批和企业发展的协调、指导及管理工作。2007年，人员编制6名，实有在职6名。

三、平和县乡镇企业局

。

1989年，沿设平和县乡镇企业管理局，作为政府管理乡镇企业的行政职能部门。内设人事秘书股、会计股、生产股等股室。1997年，更名为平和县乡镇企业局，定为副科级单位，隶属县农业局管理。内设人事秘书股、计财企管股和科技生产股等；行政编制人员8名、事业编制人员2名；主管乡镇企业。2002年，平和县乡镇企业局正式并入平和县农业局，保留乡镇企业局的牌子。2005年，平和县乡镇企业局又移并县经济贸易局，仍保留乡镇企业局的牌子改挂在县经济贸易局。实际指导乡镇企业的管理职能由县经济贸易局承担。

四、平和县第二轻工业总公司暨平和县二轻集体工业联社

1989年，沿设平和县第二轻工业局、平和县二轻集体工业联社，两个单位合署办公，实行两块牌子一套人员编制。1997年5月，县第二轻工业局并入县经济局，保留二轻集体工业联社（参照公务员法管理的事业单位）；同时成立平和县第二轻工业总公司，成为经济实体管理二轻集体工业。内设机构保留原有的人事科、生产技术科、财务科、保卫科和审计科；人员编制12名。

第二节 企业管理

一、生产经营管理

1989年，国有工业企业、集体工业企业大多实行上缴利润的经营责任制，企业工资总额与经济效益挂钩，工资和奖金浮动。其中，县罐头厂、平和二糖厂、平和糖厂则率先实行利润大包干的承包经营责任制。通过招标承包，承包者交纳一定的风险抵押金，实行企业厂长（经理）负责制，主抓生产经营管理。

1993年11月，改革国有企业的生产经营管理体制，原来由政府行政主管部门制订下达的生产经营计划和产品销售权力下放给企业，由企业逐渐按照市场的需求自主安排生产，参与市场竞争。行政主管部门对企业的生产经营只从宏观上调控，不在微观上干预，旨在推进国有、集体企业从单纯生产型向生产经营型转变。

1998年后，随着市场经济的深入发展和市场竞争的加剧，国有和集体企业采取租赁和承包经营等多种形式从事生产经营活动，并且逐步实行停产、拍卖、改制、破产等形式退出市场竞争。随之发展的民营工业企业和“三资”企业，按照市场经济要求，建立与社会主义市场经济相对应的出资人制度、法人财产制度，实行企业自主经营、自负盈亏、自我发展。一般由出资人亲自安排生产经营管理，或以聘任

的厂长（经理）管理企业生产经营。政府行政主管部门多以提供服务为主，并实施法律法规监督和指导，不干预企业生产经营活动。

二、财务管理

1989—2007年，规模工业企业一般设有财务科（部），其他工业企业也有专职或兼职财务人员，负责财务管理。国有和集体工业企业一般都配备有专业技术职称的财务人员；民营和“三资”企业大都聘请国有工业、流通企业下岗的或机关事业单位有专业技术职称的财务人员担任财务工作。企业财务管理的原则是依据《中华人民共和国会计法》《中华人民共和国统计法》的有关规定，准确、真实地记账和结账，并如期向行政主管部门、统计部门和税务部门报账，如实反映和严格监控企业的各项经济活动，守法经营，依法纳税。

1989年，实行经济责任制或厂长（经理）负责制的企业，按规定上缴税收和核定利润后，企业根据利润留成情况发放奖金。1995年后，实行租赁、承包经营的企业在上缴税收和利润标的后，则实行财务自主分配；民营企业和“三资”企业在依法纳税后完全财务自主，完全由出资人掌控和支配企业财务收支。福建福环专用汽车有限公司等一批规模较大的民营和“三资”企业建立以财务管理ERP系统为中心的管理体系，逐步实现财务计算机信息化管理。

三、质量管理

1989—2007年，县技术质量监督局及行业行政主管部门，负责工业企业的质量管理。企业自身也注重质量管理。企业的生产车间和工序工段一般设有专职质量检验员，负责对进厂的原材料和出厂的产品进行质量检测检验，以确保产品质量合格。规模工业企业还要通过ISO9001:2000、ISO9002国际质量管理体系认证、ISO14001:2004国际环境管理体系认证和中国环境标志产品认证；农产品加工企业还要通过产品的绿色食品认证、“中国良好农业规范”“欧盟良好农业规范”“全球良好农业规范”认证；食品加工企业还要取得HACCP等认证。如宝峰罐头食品有限公司生产的罐头产品就通过FDA认证和IFS、BRC、HACCP、KOSHER、JAS有机认证；福环自卸汽车、厢式运输车、蓬式运输车系列产品获得“CCC”认证。

四、安全管理

1989—2007年，县安全生产委员会和安全生产监督局主管安全生产工作，并确定以企业厂长（经理）为本单位安全生产第一责任人，对本企业安全生产负总责的安全生产责任制，强化安全生产管理。生产规模较大的企业设有分管安全生产的副厂长（副经理）以及安全科、保卫科等职能科室，配备专职安全管理人员，具体细抓安全管理工作。县安全生产主管部门与行业主管部门配合经常性开展安全工作的普法宣传教育活动，让企业牢固树立“安全工作无小事”“安全责任重于泰山”的意识观念；工厂车间与企业、企业与政府主管部门层层签订安全生产责任状，强化安全生产责任制；主管部门当年都有组织定期或不定期的安全生产检查，发现安全隐患及时整改；企业还制订“应对突发事件预案机制”等安全生产管理措施。

五、劳动人事管理

1989—2007年，国有工业企业、集体工业企业的劳动人事由政府劳动人事行政部门直接管理。企业改革改制后，引进人才竞争机制，企业有了一定的用人自主权，实行用工社会化，双向选择企业用工。原国有企业和集体企业职工到法定的退休年龄仍由企业按国家有关政策规定给予办理退休，享受劳动社会保障待遇；实行破产企业以及实行一次性经济补偿，解除劳动关系的职工退休，由劳动行政主管部门和社会保障管理部门直接办理退休保障待遇。

民营企业和“三资”企业则在遵守《中华人民共和国劳动法》等有关法律的框架内实行用工双向自主，采取合同制管理办法。政府劳动人事行政主管部门、行业主管部门为企业招聘用工提供服务和备案管理，并实行法律监督；同时对企业依法履行劳动合同制度和劳动社会保障制度实行监管。各级工会组织依据法律赋予的职责，监督企业保障劳动者的合法权益；协助企业对职工的优秀业绩或违纪违规行为进行奖惩。

第三节 经济技术合作

一、招商引资，创办企业

1989年，平和县把招商引资作为对外经济技术合作的主要形式，吸引外资到平和创办企业，增加平和经济增长点和经济总量。1989年9月，引办第一家台商独资企业福建省平和天和服装有限公司，当年实现产值100万元。1990—1996年，全县共引进“三资”企业68家，签约合同吸引资金额3331.17万美元，实际利用资金1514万美元。

1997年4月，县政府出台《平和县人民政府关于进一步鼓励外商投资的若干规定》。1998年3月，县政府印发《关于进一步改善外商投资软环境的若干规定》，鼓励外商投资平和，加大招商引资创办企业力度。1998年1月，通过招商活动，引进第一家中外合资企业漳州霖和良坝水电站。1997—2007年，平和县多次组织队伍到深圳市、厦门市等经济特区举办招商投资洽谈会。

1989—2007年，全县累计批准“三资”在平和创办企业（项目）484家，合同签订吸引资金额36223万美元，实际利用资金14701万美元。其中以台湾客商为最多，有331家；香港客商次之，有119家；外国客商34家。“三资”企业投资项目覆盖农业种养殖业，工业服装加工、雨具加工、纸制品加工、食品加工、美术工艺品加工等制造业，还有矿产开采加工和娱乐服务业。2007年末，“三资”企业职工人数达7499人。

二、建工业园区，筑巢引凤

1999—2007年，平和县规划土地7处，先后建设文峰黄井平和工业园区、小溪高田平和福环（汽车）机械制造工业园区、山格宝丰工业集中区、小溪大坂洋工业集中区、五寨工业集中区、九峰工业集中区等6个工业园区（集中区）。工业园区规划面积1734.67公顷，并实施重点项目建设。以工业园区为基地扩大招商引资范围，吸引更多外商外资投资平和，开展经济技术合作。

卷十八 交通 邮政 电信

平和县是闽南通往粤东北的重要门户，古有“八闽通衢”之称。1989年，平和县各乡镇和大部分建制村通公路。但交通道路普遍存在路况差、等级低、断头路多的问题，雨天泥水路，晴天路扬沙。1994年，县实施“先行工程”战略，大力发展交通，改建、扩建和新建公路网。经10多年努力，公路等级、通车里程均明显提升。至2007年，全县通车公路增至275条，通车里程1596公里。其中，有省道公路2条、180.88公里，县道公路8条、182.97公里，乡村公路265条、1232公里。平均密度为每平方公里地面有0.69公里公路。建制村村村通公路，许多较大的自然村也通公路。

1989年，全县邮政网点14个，1997年增至15个；主营业务从邮件寄递、特快专递、报刊发行、邮政汇兑发展到邮政储蓄、邮政物流等商贸业务。2007年，平和县邮政局营业额1424.3万元，是1989年的7倍。

电信事业发展迅速。1989年，全县电话仅1000多门，农村电话仍采用磁石式设备。1992年开通程控电话，有了自动寻呼系统，电信开始迈向自动化的高科技时代。1993年开通移动通信；1994年实现数字数据通信（DDN）业务；2001年宽带（ADSL）正式向社会开放。至2007年年底，全县城乡固定电话用户达12.4万户，为1989年用户量的100倍；小灵通用户3万户，移动电话用户16.26万户，宽带用户0.82万户。

交通、邮政和电信的发展，造福民生，助力平和县地方经济社会持续发展。

第一章 交 通

第一节 交通设施

一、公路

1989年初，全县公路总里程1231.3公里。其中省道97.64公里，县道200.6公里，乡村道933公里。除县城及乡镇所在地路段为混凝土浇筑路面外，其余均为砂土公路。1990年起，全县交通道路建设以提高畅通能力和公路等级水平为主要目标，以拓宽境内“三横两纵”公路主干线为重点，着力提高公路品位。1994年，平和实施“先行工程”（又称“油路工程”）建设，公路改建主要以铺设沥青路（柏油路）路面为主。至1998年，累计完成沥青路建设363.11公里，其中，省道142.93公里、县道120.18公里、乡村公路100公里。2002年启动省道官九线（原名郊柏线）二级水泥路面改建工程，把沥青路改造为水泥路面。2004年，实施农村公路“村村通”水泥路的工程建设，使全县交通公路路况质量等级得到改观和提升。2007年，全县通车公路仅存砂土路75公里，沥青路67公里，其余1450公里均铺上水泥路面。全县拥有等级公路981.3公里，其中，一级水泥路面公路10.8公里，二级水泥路面公路113.1公里，三级公路90.9公里。

（一）省道公路

1989年，过境平和县有2条省道公路，分别是省道郊柏线和省道牛旧线。2001年，全省公路干线布局调整，郊柏线按起址行政地更名为省道“官九线”；省道牛旧线降为县道。平和境内的省道公路仅存一条官九线。2007年，再规划建设一条省道“东东线”，属在建工程。

2001年省道牛旧线考塘岭至五寨路段改线工程竣工通车

（五寨乡 提供）

官九线　省道官九线（编号S207线），起自安溪县官桥镇，终于平和县九峰镇。平和路段长81.26公里。途径文峰、山格、小溪、霞寨、崎岭、九峰等6个乡镇。1989年仍为砂土路。1994年4月，由政府统一部署油路工程建设。首先拓宽改造官九线霞寨镇至九峰柏松关39.2公里路段，路面宽6.2米，铺设沥青路面，工程投资694万元。12月，按照国家部颁标准改造山格平寨口至小溪水港路段9.4公里的一级水泥混凝土路面。1998年3月，改造小溪水港至霞寨段17.84公里的二级水泥路面。

2001年，省道官九线被列入国家交通战备项目，再次规划进行全线改造，平和县把官九线霞寨至柏松关公路改造列为“一号工程”予以重视。2002年2月，开工改造霞寨至九峰柏松关36.29公里的二级水泥公路。工程完成土石方167.25万立方米，铺设水泥路面25.556公里，沥青路面（新路段）10.735公里；建造桥梁13座（大桥2座，中桥9座，小桥2座）；隧道2座1315米；涵洞115道2200.76米。2004年11月24日建成通车。在此同时，2003年12月开工改造龙海市林下村至平和霞寨段55.87公里的二级水泥公路。至2006年12月，省道官九线龙海林下至平和九峰（柏松关）段二级水泥混凝土路面公路改建工程全线竣工通车，全长92.15公里（其中，龙海市境内10.89公里，平和县境内81.26公里）。

东东线　省道东东线（编号S309线），是2007年新增的一条纵贯平和全境的省道公路，东起东山县的城关镇，西至武平县的东留镇。平和境内路段总长89.3公里，起于大溪镇车田村（与诏安县交界处），经大溪、安厚、国强、霞寨、芦溪等5个乡镇，终于芦溪镇的伯公凹（与永定县交界处）。东东线按部颁二、三级水泥路面标准设计建设。2007年年底，平和境内路段建设项目外业勘察设计方案、路线规划、征地补偿、工程招投标等前期工作全部完成，并通过省交通厅专家组验收，标志着东东线工程已进入具体实施阶段。

（二）县道公路

2001年，全省公路干线布局调整，确定平和县境内县道公路8条，总里程182.97公里。

山旧线　原名省道牛旧线。1994—1996年，实施“先行工程”中，改造坂仔双溪至五寨观音亭段路面，2001年调整后，牛旧线降为县道，按起点南靖县山城镇至终点漳浦县旧镇镇，更名为山旧线，全长37.82公里。山旧线经过多次分段扩建改造，至2007年，全线改造为水泥路面建成通车。

安马线　起于平和安厚镇，终于云霄马铺镇（原名平云线）。平和段8.41公里，于1994年实施“先行工程”时铺设沥青路面，2006年改造为水泥路面建成通车。

南霞线　起于南靖县南坑镇，终于平和县霞寨镇，全长31.65公里。1994年，实施“先行工程”铺设霞寨大坪至芦溪段沥青路面。2006年，铺设平和段水泥路面8.58公里。

秀秀线　起于平和秀峰乡，止于诏安秀篆乡，全长51.68公里。1994年，实施“先行工程”铺设九峰至秀峰坪回村（时称“九坪线”）沥青路面。2007年，平和段43.2公里铺设水泥路面建成通车。

坂云线　原名平诏线。起于平和坂仔镇，止于云霄县，全长23.48公里。1994年，实施“先行工程”

时铺设坂仔至大溪段沥青路面。2007 年，完成 3.1 公里水泥路面铺设。

书芦线　起于南靖书洋镇，止于平和芦溪镇，全长 6.66 公里。2007 年，完成水泥路面铺设通车。

下大线　起于云霄下河，止于平和大溪，全长 3.3 公里。2006 年，完成水泥路面铺设，建成通车。

九大线　起于平和九峰，止于大溪龙过岗（与诏安县交界处），全长 28.65 公里（其中省道官九线和省道东东线复线 8.59 公里）。2006 年 10 月，开工铺设水泥路面。2007 年 12 月，完成 2 个标段 17.6 公里工程建设。

（三）乡村公路

2001 年，全国公路普查，确定平和县乡道为 31 条，里程 389.4 公里；村道 234 条，里程 843.1 公里；乡村公路共 265 条 1232.5 公里。均为砂土路。2003 年，全县第一条 4.5 公里的村级水泥混凝土公路在小溪镇西林村至产坑村建成通车。2004 年，按照全省“年万里农村路网工程”建设的要求，全县开展“村村通”水泥公路硬化建设。修路资金采取“上级拨款、县里补助、群众集资、社会募捐”等办法筹集。2007 年 12 月，全县完成水泥路硬化建设 239 个村（仅南胜镇欧寮村尚有 8 公里村道未完成），水泥公路硬化里程 646.6 公里。一些较大的自然村落，或村民小组也建成水泥混凝土公路。全县共建成乡村和村组等农村水泥公路总里程 900.6 公里。建制村水泥路硬化率达 99.5%。

2004—2007 年，全县农村公路水泥路硬化建设累计投资 39200 万元。其中，争取到中央国债补助建设资金 300 万元，省补助资金 13151 万元，市补助 2603 万元，县里自筹投资 23146 万元（包括世界银行贷款 7303 万元以及县财政资助、群众集资和社会募捐等）。

二、桥梁

1989 年，平和境内道路交通桥梁主要为石拱桥。木桥与石板桥少见。1990 年后，随着公路设施不断改建更新，桥梁数量与结构也相应发生变化。2001 年，全国第二次公路普查，认定全县桥梁为 189 座，总长 5694.5 米。其中，大桥 6 座，长 803.5 米；中型桥 43 座，长 2201 米；小桥 140 座，长 2690 米。

1989 年，全县首座扶贫大桥在长乐乡良坝建成通车。1994 年实施“先行工程”建设后，省道公路、县道公路进行拓宽改造，沿线的桥梁大部分进行改建或重建，仅省道官九线平和境内段改建或重建中型以上的桥梁有 16 座。官九线的黄庄大桥、长林后大桥、新午斗大桥、宝峰大桥；山旧线的平和大桥、安厚龙头大桥和县城区的南山大桥等被列为重点桥梁。新建桥梁大多采用桩柱式桥墩，桩接盖梁桥台，装配式预应力混凝土简支空心板梁结构的新工艺，取代原来的石拱桥结构工艺。桥梁质量等级有很大提高。

（一）重点桥梁选介

黄庄大桥　是省道官九线于 2002 年全线改造时新建的重点桥梁，位于平和霞寨镇境内，官九线 K174+818 处，桥全长 152.78 米，桥面宽 12.5 米，桥梁上部采用 5 个孔 20 米装配式预应力混凝土简支空心板梁，先简支后结构连续；下部采用桥墩钻孔灌注桩基础；桥台为桩接盖梁，钻孔灌注桩基础结构。2004 年 12 月建成。

长林后大桥　位于霞寨境内官九线 K175+306 处，与黄庄大桥相毗邻。桥全长 109.08 米，上部采用 5 孔 20 米装配式预应力混凝土简支空心板梁结构；下部采用桥墩钻孔灌注桩基础；桥台为桩接盖梁钻孔灌注桩基础。2004 年 12 月建成。

新午斗大桥　位于平和崎岭乡境内官九线 K181+305 处，桥全长 107.5 米，桥上部为 6 个孔 16 米钢筋混凝土连续板，先简支后结构连续；下部为桥墩钻孔灌注桩基础；桥台为桩接盖梁钻孔灌注桩基础结构。2004 年 12 月建成。

宝丰大桥　位于平和山格宝丰村，桥全长 199.06 米，桥梁上部为 9 个孔 20 米装配式预应力混凝土简与空心板梁结构；下部采用桥墩钻孔灌注桩基础；桥台为桩接盖梁钻孔灌注桩基础。2005 年 6 月建成。

龙头大桥　位于安厚镇龙头村。为县道平云线沥青公路（2001 年更名为坂云线）的主要桥梁，桥梁为 3 孔大拱、12 孔小拱石拱桥结构。1994 年，随平云线安厚段改造同时建设。1995 年 12 月 19 日通车。

平和大桥（原名花山溪大桥）　位于县城城区横跨花山溪两岸。为省道牛旧线小溪段公路改线新建桥梁。大桥为 5×37 米 5 个孔石拱桥结构，全长 185 米，宽 12.5 米。1990 年 12 月建成通车。平和大桥为省道牛旧线和县道平诏线交通必经之桥，对于缓解县城城区和南山大桥的交通压力发挥重要作用。

1989—2007 年省道官九线新建、改建桥梁情况表

表 18-1-1　　单位：孔 × 米、米、万元

桥梁名称	所在乡镇	结 构	孔数与跨度	长度	建成年份
水港中桥	小溪镇	钢筋混凝土板桥	5×13	67.4	1996
霞寨中桥	霞寨镇	现浇连续板	3×13	53.0	2004
柯仔脚桥	霞寨镇	现浇连续板	3×10	46.08	2004
黄庄大桥	霞寨镇	预应力空心板	5×20	152.78	2004
长林后大桥	霞寨镇	预应力空心板	5×20	109.08	2004
后溪中桥	霞寨镇	简支空心板	1×20	33.04	2004
新午斗中桥	崎岭乡	现浇连续板	6×16	107.5	2004
新桥中桥	崎岭乡	现浇连续板	2×13	40.71	2004
合溪中桥	崎岭乡	现浇连续板	3×13	52.1	2004
九峰中桥	九峰镇	预应力空心板	4×16	74.44	2004
双溪中桥	九峰镇	预应力空心板	3×13	50.34	2004
福田中桥	九峰镇	预应力空心板	3×13	50.34	2004
黄井中桥	文峰镇	石拱桥	2×20	48.65	2005
文美中桥	文峰镇	预应力空心板	4×18	85.44	2005
宝丰大桥	山格镇	预应力空心板	9×20	199.06	2005
军民中桥	山格镇	石拱桥	4×16	84.0	2005

（二）乡村公路桥梁

1989 年，平和县乡村有多孔桥梁 51 座，单孔桥梁 140 座。多为石拱桥，少数为石墩台板桥。1994 年，实施“先行工程”期间，全县修建乡镇级公路主要交通桥梁 11 座，主要有国强水口桥、文峰文峰桥、文峰龙山桥、文峰新龙虎桥、崎岭合溪中桥、芦溪下圩桥、坂仔五星桥、坂仔民主桥。2004 年，实施“村村通”公路，主要修建村级公路桥梁及一些片区村庄的交通桥梁。

2006 年 5 月 18 日和 7 月 15 日，平和遭受“珍珠”和“碧利斯”强台风洪涝，以及 7 月 25 日“格美”台风袭击，乡村道路桥梁遭受巨大破坏。全县桥梁毁坏 31 座，其中，大桥 4 座（小溪东溪大桥、南山大桥、山格镇三美大桥和坂仔镇军营大桥）；中桥 6 座（文峰镇溪山中桥、山格镇高际中桥、九峰镇角山中桥、九峰镇桥头吴中桥、南胜镇坎尾中桥和文峰镇龟子作业区中桥）；小桥 21 座。局部毁坏桥梁 46 座。2006 年底，全县启动灾后道路桥梁大抢修和重建。至 2007 年年底，重建小溪镇东溪、南山等大桥 2 座、中桥 4 座（含新建 1 座）；修复中、小桥 9 座，完成重建桥梁设计和招投标工程 5 座。

1989—2007年新建乡村公路主要交通桥梁情况表

表 18-1-2　　单位：孔 × 米、米

桥名	结构	孔数与孔径	长度	建设年月
长乐良坝大桥	空腹式石拱桥	2×40	103	1989年8月
山格水尾桥	空腹式石拱桥	1×12	25	1989年8月
九峰崇福堂桥	钢筋混凝土板桥	8×6	50	1990年4月
九峰福山桥	空腹式石拱桥	2×15	46	1990年10月
芦溪曲兴桥	空腹式石拱桥	1×30	40	1992年8月
大溪鸿溪桥	空腹式石拱桥	2×18	50	1993年12月
坂仔五星桥	钢筋混凝土板桥	11×8	95	1995年12月
崎岭合溪中桥	钢筋混凝土连续板桥	1×10-1×12 1×10	33	1996年5月
芦溪下圩桥	空腹式石拱桥	1×30	46	1996年6月
坂仔民主桥	钢筋混凝土板桥	4×8	36	1996年10月
九峰东山桥	钢筋混凝土板桥	6×8	48	1996年10月
文峰文峰桥	空腹式石拱桥	3×16	53	1997年4月
文峰龙山桥	钢筋混凝土板桥	4×8	35	1997年6月
坂仔梨洋桥	钢筋混凝土板桥	5×8	45	1997年6月
国强水口桥	空腹式石拱桥	1×14	24	1997年8月
文峰新龙虎桥	钢筋混凝土板桥	2×10	24	1997年10月
崎岭丁口桥	空腹式石拱桥	1×30	45	1998年12月
文峰光荣桥	简支钢筋 混凝土空心板桥	2×13	32	2007年8月
坂仔军营桥	预应力钢筋 混凝土板桥	10×16	166.06	2007年10月

（三）城区桥梁

1989年，平和县主要城区桥梁有县城东风大桥、南山大桥和九峰镇九峰大桥。东风大桥和九峰大桥为省道郊柏线（2001年更名为官九线）、南山大桥为省道牛旧线（2001年更名为山旧线）公路交通主干道之交通桥。1994年，实施“先行工程”后，平和县把城建桥梁建设与公路交通桥并举加以重视修建。县城小溪镇及九峰、坂仔、大溪等重要乡镇均在不属于公路交通主干线的城镇区修建连接市区街道的城区桥梁，方便城镇区居民出行，促进城区商贸繁荣。

琯溪路桥　1993年，平和县城新辟琯溪路（原称“新建二路”），琯溪路连接牛头溪两岸新修琯溪大桥（又称“二路桥”）。全桥长62.8米，桥面宽14米，两边人行道各1.5米，跨度为2孔×31.4米，预应力混凝土简与空心板梁结构。桥梁由平和县交通局设计，龙岩林业工程公司承建。1995年8月29日，举行通车典礼仪式。

和平路桥　和平路桥为县城新建和平路（原称“新建一路”）连接牛头溪两岸的城镇通行桥（又称“一路桥”）。全桥长62米，桥面宽14米，两边人行道各1.5米，为2孔×31米预应力混凝土简与空心板梁结构。1996年建成通车。

东风桥　连接县城东风路与东大路的重要桥梁，亦是省道郊柏线必经之交通桥。1966年8月兴建，1972年改建为2孔平梁板钢筋混凝土桥，全长50.7米，桥面宽7.5米，两边各有1米宽的人行道。1996

年郊柏线改道，绕开东风桥，该桥成为市内城区交通桥。1997年，该桥实施拓宽改造，桥面拓宽为16.5米，两边人行道各1.5米。

灵通人行桥　位于县城河滨南路连接花山溪两岸。灵通桥为平和县首座斜拉结构的人行桥。2005年，建成通行摩托车、自行车和人行。缩短花山溪南北两岸社区的距离，方便居民休闲出行。

南山大桥　南山大桥又称“高南大桥”。原为省道平诏公路和牛旧公路的必经桥梁。1990年，平和大桥建成通车后，南山大桥成为连结县城花溪两岸的市内交通桥。2006年受强台风冲击垮塌。2007年，在原桥址重建“后张法预应力混凝土装配式宽幅空心板梁”结构的新型桥梁。方型双柱式桥墩，U形桥台，钻孔灌注桩基础；桥孔为4×25+1×30米；全长135.7米；桥面宽10.5米，其中行车道7米，人行道2×1.5米。大桥美丽壮观，为县城增添一处新的亮丽景观。

九峰西门大桥　九峰西门大桥是九峰镇城区连接九峰溪东西两岸边贸市场的桥梁。与原郊柏线公路九峰大桥并排横跨九峰溪城西段，两桥相距仅200米。建于1996年，是九峰省际边贸市场建设的前期工程。大桥采用钢筋混凝土梁桥结构，全长65米，桥面宽10米。2003年，九峰省际边贸市场建成开业，西门大桥成为市场商贸中心。每逢赶集圩日，人、车流量甚大，使古镇更具宜人丰采。

坂仔大桥　1989年，连接坂仔镇花山溪两岸城区的通道是水面涵桥，不便两岸居民出行，且潜在安全隐患。1999年3月，坂仔镇城区高架花山溪的坂仔大桥建成通车。大桥采用预应力钢筋空心板桥结构，桥体孔径为6×16米，桥面宽18米，全长96米。坂仔大桥建成，方便城镇居民出行，消除安全隐患，也为城镇美化建设增添亮丽的风景。

三、隧道

2002年，省道官九线改建工程在平和境内同时修建大协关隧道、柏松关隧道2座公路隧道，总长1315米。2004年11月24日通车。是平和公路交通历史上首例开通的隧道。

大协关隧道　位于平和县霞寨镇大协关官九线K177+805处，长1070米，为单洞双向行车隧道，横穿大协关。隧道设计行车时速40公里，总宽度8.5米，行车道宽7米，顶高6.8米，净高5米，水泥混凝土路面。工程由铁道部第一勘察设计院设计，中国冶金建设公司、福建省水利水电工程公司承建。2002年2月开工建设，4月10日正式开凿，同年11月12日贯通，历时212天。

柏松关隧道　位于平和县与广东省交界处的柏松关官九线K206+160处，长245米，行车道宽7米，净高5米，水泥混凝土路面。为单洞双向行车道，设计行车时速40公里。工程由国家铁道部第一勘察设计院厦门分院设计，中铁一局集团第一工程有限公司、福建省水利水电工程公司承建。2002年2月开工建设，4月27日正式开凿，同年8月15日贯通，历时111天。

大协关隧道和柏松关隧道的建成通车，使官九线公路盘山爬岭翻越大协关和柏松关数十年的车辆可以从大山底下穿越到山脉的另一边。大大地缩短交通里程，提高交通安全保障程度。

四、车站

平和运输站　又称平和汽车站，是平和县唯一的二级公路客运站场。位于平和县城东大路与长安路交叉处。始建于1986年9月，占地面积10667平方米，设有停车场、候车室、维修生产车间、油库及办公室、驾乘人员休息室、职工住宅区等设施，1990年5月正式运营。平和汽车站运营班车线路有直通县属15个乡镇及工业园区；县际和市际区域以及广东、广西等跨省线路。正常日发班车100多班次，日均接送旅客1000多人次。每年春运期间，日接送旅客量多达3000人次以上。1997年1月18日至3月8日，春运50天，平和车站发送的运营客车185辆，发车15020班次，运送旅客283400人次，所属车队运送年货605万吨。

五、渡口

1989 年，全县尚存 6 处渡口，即安厚镇东川西尾渡口、安厚镇顶实渡口、坂仔镇仁山渡口、小溪镇湖田福井渡口、山格镇宝丰官仔前渡口、长乐乡良坝渡口。1994 年起，随着“先行工程”和“村村通”公路建设的实施，原渡口陆续撤渡建桥。2000 年 7 月，先后有安厚顶实渡口和坂仔仁山渡口撤渡停用。2004 年 5 月，长乐良坝渡口撤渡停用。2005 年 5 月，山格宝峰官仔前渡口停止使用。2006 年 9 月，安厚东川西尾渡口停止使用。

至 2007 年年底，全县唯一尚在使用的渡口为小溪镇湖田福井渡口。

第二节 交通运输

一、公路运输

1989 年，平和县公路运输以汽车为最主要的运输工具，还有农用运输车、手扶拖拉机及摩托车、柴三机等一些辅助工具。由于交通运输行业全面放开，个人汽车拥有量急速增加，一些没有营运证照的车辆（俗称“黑车”）也纷纷上路跑运输，一度造成交通秩序比较混乱，国有和集体运输企业陆续倒闭。1991 年，政府整治交通运输秩序，严格证照营运管理，使公路交通运输逐步恢复有序的常态化运营。2005 年起，随着公路建设的优化，设备简陋的农用运输车及手扶拖拉机逐渐退出运输序列；摩托车大部分为自用交通工具，少数“摩的”用于接送短途旅客。

2007 年，全县实有营运客车 112 辆，正常持牌上路营运 83 辆，1601 座位；实有营运货车 829 辆，正常持证上路营运 588 辆，1415.37 吨位；农用车实有 55 辆，正常持证营运 16 辆，16 吨位；变型拖拉机 88 辆，88 吨位；客货运输企业 4 家，汽车教练所 3 家，二类机动车维修专业户 10 家。

二、搬运装卸

1989 年，平和有 11 家搬运企业，具体是县搬运公司和九峰、山格、霞寨、南胜、坂仔、芦溪、大溪、崎岭、长乐、安厚等 10 家搬运站。县搬运公司和乡镇搬运站属于正规的集体所有制企业，隶属县交通局管理；在册集体性质的搬运工人 207 人。搬运企业服务对象主要是国营、集体单位的货物装卸。搬运装卸价格仍执行县物价委员会核定的以吨、件计价，由企业收入；企业再按县劳动部门核定的职工工资额和补贴按月发给职工。

1989 年后，个体搬运工人随着个私商业发展应运而生。搬运装卸行业亦开展市场竞争。集体搬运企业陆续出现业务萎缩，企业亏损。1995 年和 1998 年，芦溪搬运站和大溪搬运站先后停业解体。2000 年，九峰、坂仔、崎岭、长乐、安厚 5 家搬运站停业。2002 年，县搬运公司停业。2004 年，山格、霞寨、南胜 3 个搬运站停业。集体搬运企业停业后，只有南胜搬运站的工商营业执照坚持正常年检，其余 10 家企业均因没有年检，先后被工商管理部门注销。

集体搬运企业倒闭停业后，职工自谋职业，其中县搬运公司和九峰、南胜、山格、坂仔、霞寨、安厚 6 个搬运站参加企业社会养老保险，职工退休后享受企业职工退休待遇；芦溪、大溪、崎岭、长乐 4 个搬运站未参加社会养老保险，职工退休没有享受退休金待遇。

集体搬运企业倒闭后，搬运装卸业务均由个体经营。个体搬运工人大多数是农村进城务工人员。个体搬运工人通常与几家个体工商户或运输经营户建立相对固定的业务关系和联系方式，一旦需要装卸货物时随叫随到。搬运工人一般兼做搬运装卸、送货上门、蹬三轮车载客等多种业务。工资报酬随行就市，计件计时，面议商定。个体搬运装卸无须办理营业执照。

三、经营企业

1989年，平和县交通运输经营企业主要有：平和汽车运输站（隶属漳州市长运集团有限公司）、平和车队（隶属漳州汽车运输分公司）以及平和公共交通汽车公司等3家国有交通运输企业。漳州长运集团控股的平和县长和运输有限公司和平和县交通服务公司也在平和从事交通运输业务。各乡镇成立自己的车队。1990年，平和车队经营亏损，停业改制。2003年，民营运输企业平和建光出租汽车运输有限公司正式注册成立。2004年，平和县中顺汽车运输有限公司登记开业。2006年，国有控股漳州市长运集团有限公司在平和县的客运机构（平和汽车运输站、平和长和汽车有限公司）与平和中顺汽车运输有限公司的客运机构联合组建股份制运输企业平和县长顺运输有限公司（国有控股），并于同年7月投入运营。2007年9月，长顺运输有限公司兼并平和交通服务公司客运业务。国有平和公共交通汽车公司享受政府财政补贴，一直坚持为公共交通运输服务。2007年，平和县有4家汽车运输经营企业。

平和公共交通汽车公司 简称平和公交公司。1989年，公司共有公交车4辆，180座位。开通县城小溪至霞寨镇、小溪至三平寺、小溪至南胜镇3条路线，营运里程214公里。年营业收入约12万元，享受政府财政补贴。公司员工16人。至2007年正常经营。

平和县建光出租汽车运输有限公司 成立于2003年4月，是平和县首家出租车客运企业。公司注册资金259.8万元，管理人员5人，经营范围为出租汽车客运业务。建光出租汽车运输公司依照国家法律法规在主管部门注册登记，亮照经营，随时服务，利用客运班车班次的间隙时段为出行群众开展及时、快捷和方便的服务，弥补班车客运的不足。公司有客运汽车20辆。2003—2007年，公司平均每年向国家纳税6万元以上。

平和县中顺汽车运输有限公司 2004年3月成立。企业注册资金250万元。主要从事道路旅客运、普通货运、危险货物运输（2类1项）、危险货物运输（3类）、汽车租赁、乘用车维修和货车维修等业务。投入运营工具有客车28辆、货运车21辆、危险品货运车5辆。客运线路主要为平和县属16条乡村客运线路，危险品货运车主要为中顺集团公司运送瓶装液化气到全县各液化气经销站；货运车则面向全国各地开展货物运输经营。2007年，公司从业员工45人。

平和县长顺运输有限公司 2006年，漳州市长运集团有限公司与平和县中顺汽车运输有限公司并股组建，为股份制企业。其中，漳州长运集团公司占60%股份（控股），平和中顺运输公司占40%股份。2007年9月，平和县长顺运输有限公司兼并平和县交通服务公司，成为平和县客运运输新的骨干企业。是年，公司拥有客运车辆73辆，1498个座位。行驶省级客运车1辆、市级13辆、县级29辆，农村线路客运车辆30辆。平均日行里程17360公里，年均客运量135万人次。企业管理人员7人，驾驶员91人，年上缴税收69万元。

第三节 交通管理

一、管理机构

（一）平和县交通局

1989年，沿设县交通局，局内设办公室、工程股、安企股、财务股、路政股等5个股室和1个“运输管理所”。其中，工程股加挂县乡公路管理所牌子。县交通运输管理所分别在文峰、山格、南胜、坂仔、大溪、霞寨、九峰、芦溪、城关和小溪设立10个基层交通运输管理站，负责当地的交通运输市场管理，维护运输秩序，纠正违章运输，监督检查运输工作。县交通局在职职工73人。2005年起，局内增设交战办公室。2007年，交通局内设机构没有变化，员工增加到77人。

（二）平和公路分局

1989年，平和县设立平和公路段，隶属漳州公路分局领导。公路段内设办公室、工程股、财务股、机材股、征收股等5个股室；下设山格、锦溪、霞寨、草岭、崎岭、福田、水井、秀峰、双溪、坎头、官峰、双峰、联峰、黄井、文峰、云平、坂仔、国强、安厚、大溪等20个公路站（原称“道班”）。1991年增设路政管理站。公路段干部管理人员26人，养路工人171人。1993年1月，平和公路段升格为平和公路分局（正科级单位），隶属于漳州公路局领导。县公路分局承担县内主干线公路养护管理、路政管理、维护路产、路权和公路灾害预防、公路普查等管理任务。2007年，平和公路分局内设办公室、工程股、财务股、路政所；下设山格、锦溪、霞寨、福田、水井、双溪、官峰、双峰、联峰、黄井、坂仔、安厚、大溪等13个基层公路站。分局管理人员22人，职工122人。

（三）平和公路稽征所

平和公路稽征所前身是平和养路费征收站，设在平和公路段，由公路段段长兼任征收站站长。1993年，养路费征收站与公路段分离，升格为“平和公路稽征所”（正科级管理机构），隶属于福建省公路稽征局直接领导。公路稽征所主要承担依法依规征收公路各种规费。所收资金全额上缴省财政，然后按比例返还县财政作为地方公路基本建设资金。

平和公路稽征所内设办公室、稽查股、征费股和财务股等4个股室；在职人员9人。

二、路政管理

1989—2007年，路政管理工作由平和县交通局和平和公路分局共同承担。交通局测重于管理农村公路路政，公路分局侧重于管理辖区主干线公路路政。交通局设立路政股，公路分局设立路政管理所专司路政管理工作。路政管理依据国务院和省、市政府颁发的路政管理有关规定，管理和保护公路路产路权；实施日常公路巡查；控制公路两侧建筑红线；审理从地面、公路上空或地下穿跨公路的其他设施的建筑事宜；维护公路渡口和公路养护施工作业现场的正常秩序；依照法律法规制止、查处各种违章侵占、污染、损坏路产路权、超限运输等违法行为；保养和修复公路交通设施，做好公路绿化、路况质量检查评定及公路灾害预防等工作。路政部门同时负责对公路交通标志、标识的管护和维修；对许可项目的实施过程进行全程监控。

三、公路养护及道路安全管理

1989—2007年，县公路分局养护境内主干线公路255.8公里，其中，省道152.8公里，县道98公里，乡路5公里。公路养护注重建养结合，保持日常管理。按照不同等级的路面，做到好路优养，差路勤养；重视涵洞、边沟的及时畅通；加强桥涵和大型构造物的养护以及公路绿化工作。抢毁救灾，及时修复水毁路段。及时修复路边山体溜方、路基坍塌、路面冲刷、桥涵毁坏等问题，确保公路交通安全畅通。

1989—2007年，农村水泥路则实行县、乡、村三级养护管理的办法。每条乡村水泥路均配备有村路养护员，负责村路养护工作。农村公路由县交通局负责管理。确保农村公路有建、有管、有护，安全通畅。纳入县交通局养护管理的乡村公路有575公里。

2007年，平和公路分局路政管理所上路巡查266车次1187人次；共查处各类违章案件507起，强制拆除违章建筑5处360平方米；制止违章立杆25起，迁移违章立杆67支；清理路障3063立方米；查处超限载重车辆129辆。查处违章案件结案率100%。

四、运政管理

1989年起，从事营业性活动的各种运输车辆、客运车辆须按规定向县交通局申请办理“经营许可证”“营运证”和“路线牌”。经交通行政主管部门审核其经营能力、生产技术、安全条件和经营范围、经营路线等项目符合规定者，发给“经营许可证”“营运证”和“路线牌”，车辆方可上路经营。运政管理依据《中华人民共和国行政许可法》规定，设定和实施行政许可，做到公开、公平、公正。运政管理部门根据管理权限还对道路旅客运输、货物运输、客货站（场）的开业、停业等证照进行年度审验；负责组织全县道路运输的重点物资、抢险救灾物资、战备物资的优先运送和主要站点的疏（输）送工作；同时根据政策对交通运输价格实施监督和管理。、

五、公路规费征收

1989 年起，公路稽征部门依据《中华人民共和国公路法》和《福建省公路规费征收管理条例》等法律法规，对辖区拥有机动车辆的单位和个人征收公路规费。1989—1992 年，公路规费由公路段征收；1993 年 1 月起，公路规费由平和公路稽征所征收。征收规费全额上解省财政后，按比例返还地方用于公路基本建设。1993—2007 年，全县征收公路规费 16992.13 万元。

1993—2007 年平和县公路规费征收情况表

表 18-1-3　　　　**单位：辆、吨、万元**

年份	车辆数	吨位数	规费征收			
			养路费	客运附加费	货运附加费	合计
1993	1109	4129.78	504.77	262.97	113.52	881.26
1994	1261	4721.14	671.95	311.25	147.85	1131.05
1995	1357	4862.5	810.12	303.43	149.14	1262.69
1996	1420	4927.75	836.66	288.64	155.02	1280.32
1997	1472	4925.5	817.03	282.98	152.24	1252.25
1998	1473	4760	864.00	299.99	159.70	1323.69
1999	1556	4797.5	824.26	360.21	151.28	1335.75
2000	1497	4412	663.50	329.70	113.59	1106.79
2001	1575	4345.5	546.25	303.37	91.38	941.00
2002	1513	3345	534.89	268.75	83.95	887.59
2003	1641	2675	517.49	204.55	80.72	802.76
2004	2124	3475	600.18	185.83	89.62	875.63
2005	2601	4196.5	856.18	198.68	122.92	1177.78
2006	3489	4690	969.72	198.07	135.12	1302.91
2007	4440	5291	1091.00	210.45	138.81	1440.26

第二章　邮 政

第一节　网点与设施

一、网点

1989 年，平和邮政与电信合营。全县设有 14 个邮政网点，具体是：县城小溪镇东大路邮电局营业厅

及文峰、山格、坂仔、南胜、五寨、国强、安厚、大溪、霞寨、崎岭、九峰、长乐、芦溪等13个乡镇的邮电支局营业所。1997年，增设秀峰乡邮电支局营业所，全县有15个邮政经营网点。

1998年9月，实行邮政、电信分营。县成立邮政局，设1个营业大厅，乡镇邮电支局全部划归邮政局管理，原乡镇“邮电支局营业所”改为“邮政支局营业所”，专司邮政业务。至2007年，全县仍保持15个邮政经营网点。

二、设施

1989年，全县来往邮政邮件全部经漳州市邮电局转邮。平和至漳州邮件均为自办汽车邮路，里程67.5公里。县内投递邮线36条，总长度930公里，设置邮箱135个。县邮电局配置邮政汽车3辆，邮政自行车25辆。

1998年，邮政、电信分家后，县内邮政局至各乡镇邮政支局主干线全部改为自办汽车邮路。县局统一管理的邮政汽车添至7辆，各支局邮政自行车增至34辆。2007年，全县运邮汽车保持7辆，邮政自行车增至40辆。

第二节　业务经营

一、函件

函件包括内地信函、印刷品、明信片、邮送广告、盲人读物及国际和港、澳、台信函等。1989年，邮寄国内函件70.11万件、国际函件（港澳、台未开通直邮，须经国际转邮）1万件。1998年，邮政、电信分家时，内地函件邮寄113.4万件，国际函件133件，开通港、澳、台直邮函件5580件。2005年后，由于电信事业的快速发展，以及电脑宽带的普及等信息多元化，函件邮寄业务逐渐萎缩。2007年，内地邮件23.6万件，国际邮件147件，港、澳、台邮件1305件。

二、特快专递

邮政特快专递业务始创于1988年5月，县内特快专递邮件当日送达收件人，省内特快专递邮件次日送达，国内二三天送达。1989年，邮政特快专递邮件2.06万件，1998年达到5.1万件。1999年，平和成立私营快递公司，与邮政局开展快递业务市场竞争，邮政特快专递邮件降为6756件。2007年，邮政特快专递邮件20037件。

三、包裹邮件

1989年，邮政包裹收寄0.77万件，1998年9898件。包裹业务量最多年份是2006年，收寄2.163万件。2007年，包裹邮寄5056件。

四、报纸杂志发行

1989年，报纸杂志放开多渠道发行。部分报刊由报刊社直接发行到预订点或预订户；一些部门出版的报刊则通过本系统的直属部门直接到各单位征订。1989年，邮政报纸杂志发行量409.44万份，1998年发行509.95万件，2004年发行581.63万份，为历史最好年份。2007年，邮政报纸杂志发行483.11万份。

五、邮政储蓄

1987 年，平和县邮电局开办邮政储蓄业务。1989 年，储蓄存款余额 138 万元。1998 年邮电分家，邮政储蓄划归邮政局管理，设 11 家储蓄专柜，当年存款余额 10034 万元。2007 年，邮政储蓄专柜 11 家，人员 103 人，邮政储蓄存款余额 54985 万元（详见卷二十“财税金融”）。

六、邮政营业额

1989 年，平和邮电局邮政营业额 205.4 万元。1998 年，成立邮政局，发挥邮政实物流、资金流、信息流“三流合一”的优势，开展邮政增值、邮政附属和邮政物流等商贸业务，当年邮政营业额 661.8 万元。2000 年，邮政营业额增长到 1122 万元。2007 年，营业额 1424.3 万元，为 1989 年的 7 倍。

1989—2007 年平和县邮政主要业务经营情况表

表 18-2-1 单位：万件、份

年份	函件收寄			特快专递	包裹收寄	报纸杂志发行
	国内	国际	港澳台			
1989	70.11	1.0	0	2.06	0.77	4094372
1990	72.66	1.18	0	2.94	0.72	4240473
1991	79.85	0.93	0	2.83	0.71	4852494
1992	253.6	0.85	0	3.10	0.5	5226748
1993	286.3	0.71	0	3.0	0.5	5178526
1994	468.8	0.52	0	3.8	0.81	5090074
1995	138.5	0.42	0	0.9	0.94	5165462
1996	136.93	0.30	0	1.05	0.83	4970088
1997	117.24	0.21	0	1.12	0.88	5388822
1998	113.4	0.0133	0.558	5.1	0.9898	5099467
1999	138.8	0.0852	0.65	0.6756	1.1347	5751320
2000	148.5	0.0996	0.57	0.7399	0.9907	4723431
2001	142.5	0.0808	1.07	1.0302	0.6923	4780921
2002	162.1	0.075	0.2265	1.5903	1.5025	5504081
2003	164.2	0.1489	0.3332	2.024	2.0113	5083620
2004	122.0	0.0943	0.1485	1.9233	0.9296	5816258
2005	123.8	0.0878	0.2874	1.5594	1.3181	4761864
2006	48.7	0.0368	0.2479	2.163	2.1630	5454888
2007	23.6	0.0147	0.1305	2.0037	0.5056	4831086

第三节 邮政投递

一、城区投递

1989 年，县城及乡镇城区的邮件全部实现自行车投递，通常每天投递 2 次。机关企事业单位的邮件一般投交至单位的传达室；民众邮件有按址投递、窗口投交和邮政信箱投交 3 种方式。

1998 年，邮政局成立后，县城区改由汽车和自行车投递两种形式。属于环城路以内的近程邮区的普通邮件采用自行车投递；特快专递及环城路以外的远程邮区的邮件则由汽车投递。包裹邮件只投递邮单，收件人要凭邮单及有效证件自行到邮局领取。至 2007 年投递方式没有改变。

二、农村投递

1989 年，从县邮政局送达到各乡镇邮政支局的邮件有自办汽车邮递和委办汽车邮送两种方式，从县城往坂仔、国强、安厚、大溪、九峰等方向的邮件由邮局自办邮车送达；往芦溪、长乐、文峰等方向的邮件则委托客运汽车运送。乡镇邮政支局派员到车站接邮。农村共有 36 条投递邮线，全县 240 个建制村全部通邮。农村邮件投递由各乡镇邮政支局用自行车投递。普通邮件一般投送至建制村村委会。1998 年起，全部改由自办邮政汽车运送邮件。邮政局还在各条邮线沿途较大的村落设置邮箱和代邮（办）点，按照就近原则，把附近村庄的邮件投递至代邮点，由代邮点通知收件人到代邮点收取。特快专递则直接投送至收件人工作单位、住宅小区或农村村庄，电话联系收件人签收。

第四节　管 理

一、管理机构

1989 年，沿设平和县邮电局，址在县城小溪镇东大路。主管邮政和电信两部分业务。实行统一经营，统一核算。1998 年 9 月，实行邮、电分营，成立平和县邮政局，主管邮政业务。仍在邮电局旧址办公。邮政局内设综合办公室、经营服务部和储汇分局。综合办公室负责行政管理事务；经营服务部负责邮政业务经营和管理；储汇分局主管邮政储蓄、汇兑和代理业务等。原县邮电局设置在各乡镇的邮电支局全部划归县邮政局，改为邮政支局，为县邮政局的经营机构。

2000 年 5 月，县邮政局在小溪镇玉溪村公路边征地 16821.2 平方米，建设七层框架结构的邮政大楼，建筑面积 6980 平方米，2002 年 12 月竣工，县邮政局则迁至新址办公。

二、经营管理

1989 年，邮政部门全面贯彻执行《中华人民共和国邮政法》和《中华人民共和国邮政法实施细则》，推行岗位目标责任制。1998 年，邮政局全面推行局长（支局长）负责制，把邮政经营推向市场化。实行分配与劳动数量、劳动质量挂钩，拉开分配档次。建立以效益为中心的承包责任制。订立和健全邮储、储汇、集邮、特快专递、投递人员计件、报刊发行等岗位责任制的考核办法，每年对员工进行考核奖惩，带动邮政多元化业务的快速发展。

三、质量管理

1998 年，县邮政局按照《中华人民共和国邮政法》和《中华人民共和国邮政法实施细则》的相关要求，实行支局长负责制强化质量管理。邮政局综合办公室定期用短信形式向社会发出用户征询信息，了解邮政服务过程质量和对外服务承诺措施的落实情况。同年，县邮政局制定《投递员管理考核实施细则》，向各邮政支局下达《关于加强妥投点邮件管理工作的通知》，作为邮政质量管理的规章制度，每年依章依规对员工进行服务质量考评。

第三章 电 信

第一节 设 施

1989—2007 年，平和电信设施不断改善。通信线路完成由明线、电缆到以光缆、光纤为主体，并通过各村镇、路边、大楼覆盖全业务的数字传输网络的过渡；完成从单一的电话、电报网到拥有数字数据网、智能网、支撑网、IP 城域网、宽带网等综合电信网的过渡；推出无线环路无绳电话、移动电话，多种类、高科技含量的微机管理系统的开发利用。电信设施由原始的落后方式向高科技领域大步推进。

一、电话

固定电话 1989 年，平和县固定电话总数 1228 门，县城是纵横制，农话是磁石式。1992 年 11 月，平和首期自动程控电话开通，容量设施 3000 门，只限县城内开通直拨电话业务。1993 年，程控市话交换机总容量设施 1 万门，实际安装电话 3054 户。1994 年，电话程控交换总容量达到 3 万门，全县城乡电话安装达 5640 户。1995 年 8 月 29 日，全县最后 2 个乡即长乐乡和秀峰乡各 500 门程控电话割接开通。至此，全县 15 个乡镇全部实现电话交换程控化、传输数字化。1998 年，全县电话交换机总容量增加到 8 万门，实装用户 28288 户。2007 年，拥有电话交换机总容量 20 万门，全县城乡实用程控电话达到 124006 户。

无线寻呼 1992 年，平和开通数字汉字兼容寻呼系统“183”无线寻呼业务，无线寻呼机用户 179 户。1994 年，开通无线寻呼第二频点并实现与全市各县联网，系统总容量 1 万门，实际用户 1737 户。1996 年，无线寻呼增加到 7 个频点，系统容量增加到 3 万门。1998 年，无线寻呼用户达 23451 户。同年无线寻呼剥离，并入国信联通。

模拟移动电话、数字移动电话 1993 年，平和开通模拟移动电话，第一批办理开通移动通信（大哥大）电话 11 部。1994 年增加到 102 部。1995 年，移动电话交换机总容量设施 5000 门，用户 341 户。

1995 年，GSM（全球通）数字通信基站建成并开通运营，开启数字移动电话业务，逐渐取代模拟移动电话。1999 年，全县 GSM（全球通）移动通信建成 22 个基站，移动通信交换机总容量 3 万门，实际装机用户 22157 户。至 2007 年，移动电话基站开通 261 个（其中移动公司 165 个，联通公司 96 个），实现移动信号村村通；移动电话用户达 16.26 万户（其中移动公司 12.8 万户，联通公司 3.46 万户）。

小灵通 2001 年，平和推出无线环路无绳电话（小灵通）业务，先期安装 38 个基站，用户 10285 户。2003 年，小灵通增值业务，实现全省统一受理及省内、省际短信业务互联；开通小灵通“一机多号”业务，即实现小灵通福州、厦门、漳州、泉州、莆田等 5 地联网使用，并开通 C － MODE 上网业务。2005 年完成小灵通网优工程建设，实现固定电话与小灵通并机同号有机结合的超级无绳电话业务的普及。2007 年，全县建设小灵通基站 110 个，容量 5 万门，用户 29859 户，其中超级无绳电话用户 18000 户。

二、数字通信

1994 年年底，平和引进分组交换和 DDN（数字数据网）数字数据通信设施。1995 年，建成分组交换端口 32 个，DDN 数字数据网容量端口 35 个，网络规模扩展到部分乡镇。1996 年，组装开通 INTERNET（国际互联网）业务设施。1998 年，开通公众多媒体通信网和英特尔国际计算机互联网。建成数字数据通信网端口 200 个，用户超过 500 户。

2001 年，正式向社会开放 ADSL（宽带）业务，全县新设置 ADSL 设备端口 300 个，当年发展用户 65 户。至 2006 年，新增宽带（ADSL）端口 2 万个，LAN（局域网）端口 3000 个。宽带节点覆盖到全县所有乡镇及大部分建制村。2007 年，全县宽带用户达 8189 户。

三、电报

1989 年，平和外传至漳州电报通信采用电传和人工话传并用的办法，设置有无线电路和有线电路各 1 路。县邮电局至气象站有 1 路专用话传电路，至各乡镇电信分支机构则实行报话双用，话传通报，全年电报业务量 5 万份。

1993 年，自动程控电话普及后，电报业务量逐步下降。1994 年，开通数字数据网，电报通信成为数字通讯网络中一种文字通讯的应用。民用电报业务大为减少。2001 年，宽带互联网广泛使用后，电报完全被电子邮件和短信所取代。除保密需要外，不再使用电报通信。

1989—2007 年平和县各类通信基站设施及通信用户量发展情况表

表 18-3-1　　　　单位：个、户、部

年份	中国电信							中国移动		中国联通	
	基站	固定电话	无线寻呼	模拟手机	数字手机	小灵通	宽带	基站	数字手机	基站	数字手机
1989	—	1228	—	—	—	—	—	—	—	—	—
1990	—	1334	—	—	—	—	—	—	—	—	—
1991	—	1517	—	—	—	—	—	—	—	—	—
1992	—	1725	179	—	—	—	—	—	—	—	—
1993	1	3054	665	11	—	—	—	—	—	—	—
1994	1	5640	1737	102	—	—	—	—	—	—	—
1995	1	9083	4466	341	—	—	—	—	—	—	—
1996	—	13490	8772	803	303	—	—	—	—	—	—
1997	—	20611	15685	880	2042	—	—	—	—	—	—
1998	22	28288	23451	837	7771	—	—	—	—	—	
1999	—	41600	—	—	22157	—	—	22	13000	—	—
2000	—	74570	—	—	—	—	—	35	19000	—	—
2001	38	105999	—	—	—	10285	65	43	22000	—	—
2002	255	108623	—	—	—	20476	587	49	31000	—	—
2003	788	112121	—	—	—	20917	1684	57	38000	22	—
2004	1055	114521	—	—	—	21733	3603	67	52000	35	—
2005	1090	118508	—	—	—	26405	3960	83	67000	53	24400
2006	1099	120619	—	—	—	29131	6048	106	98000	73	—
2007	1108	124006	—	—	—	29859	8189	165	128000	96	34600

第二节 网 点

一、中国电信网点

1989 年，平和邮电局设有 14 个直属经营网点，分别是：县城东大路邮电局营业厅和文峰、山格、坂

仔、南胜、五寨、国强、安厚、大溪、霞寨、崎岭、九峰、长乐、芦溪等13个乡镇的邮电支局。1997年增设秀峰乡支局，全县有15个经营网点。

1998年9月邮电分营，县成立电信局，设1个营业厅。农村邮电支局全部划归邮政局。电信局则分别在各乡镇另外设置电信支局，全县仍保持15家电信经营网点。2000年增设2个代办网点。2002年增设1家代办网点。至2007年，全县有直属经营网点15家，委托代办网点3家。

二、移动通信网点

1993年，平和开通移动通信业务，经营网点仅1个，设在平和县电信局营业厅。1999年7月，中国移动与中国电信分离。平和移动公司仅在县城设立1个直属经营网点，下属营业部及代办网点43个。随着业务的发展壮大，2005年，平和移动公司拥有小溪客服中心和山格营业厅2家自营店；同时在安厚、九峰、霞寨、大溪、坂仔等乡镇设立5个办事处，全县有下属营业部及代办网点144个。

至2007年，平和移动公司拥有县城金盛营业厅和山格营业厅2家自营厅；并设立安厚、霞寨、山格、坂仔等4个营业部；以及县城东大手机大卖场和九峰、大溪2个办事处。全县移动通信经营网点增加到9个，150个代办网点。

三、联通网点

2003年，成立中国联通平和分公司，在县城设立1个营业厅经营联通通信业务，委托代办网点80个。随着业务发展壮大，至2007年，委托代办门点发展到180个。

第三节 业 务

一、中国电信业务

1989年，平和邮电局电信业务品类单一，全县电信通信仅有1228部固定电话及少量电报。业务量不大，全年营业额仅95.73万元。1992年年底，开通程控电话和无线寻呼机。1993年，又开通模拟移动电话，全县城乡固定电话增加到3054户、无线寻呼机665部和11部模拟移动电话，当年营业额增长到809.05万元，比1989年增加7.45倍。1995年，营业总额1978.16万元。

1996年，开办数字移动电话业务，当年办理303部数字手机，加上程控电话的快速增长，年业务量达到2581.12万元。1999年，无线寻呼和模拟手机逐渐被数字手机所代替相继停业，而数字移动电话又从中国电信分离出去，当年电信业务量从1998年的6454.4万元下降到3673.4万元，下降43%。

2001年，电信部门积极扩展固定电话，又适时推出小灵通（无线环路无绳）电话和宽带（数据通信）业务。全县固定电话用户突破10万户，小灵通突破1万户，宽带用户以65户开局，迅速发展；业务量恢复到1998年水平，年营业额达到6456.22万元。2002年，营业额7748.97万元，为历史最好年份。2007年，中国电信平和分公司业务量为6206.05万元（其中，宽带业务收入1000万元）。

1989—2007年中国电信（平和分公司）经营业务量统计表

表18-3-2 单位：户、万元

年份	用户量	营业总额	年份	用户量	营业总额
1989	1228	95.73	1999	63757	3673.4
1990	1334	214.56	2000	74570	4372.1

续表 18-3-2

年份	用户量	营业总额	年份	用户量	营业总额
1991	1517	275.16	2001	116349	6456.22
1992	1904	372.32	2002	129686	7748.97
1993	3730	809.05	2003	134722	7195.71
1994	7479	1307.33	2004	139857	7159.79
1995	13890	1978.16	2005	148873	6857.14
1996	23368	2581.12	2006	155834	6597.24
1997	39218	3798.17	2007	162054	6206.05
1998	60345	6454.4	—	—	—

注：1989—1998 年电信业务量包括移动通信业务量

二、移动通信业务

1993 年，平和移动通信业务第一批开通模拟移动电话 11 部，仅开通城关一个基站和文峰镇一个直放站，业务量极少。1995 年，开通数字移动电话，业务与中国电信合并。

1999 年 7 月，中国移动通信从中国电信分离独立运营，成立中国移动通信集团福建有限公司平和分公司。1999—2003 年，移动通信业务合并于漳州公司，平和移动公司没有业务独立核算。

2004 年，移动通信业务管理体制逐渐完善，平和移动公司成为一级业务核算单位。是年，平和移动公司拥有通信基站 67 个，移动电话用户 52000 户，年业务量营业额达 4100 万元。在基本设施相对完善先进的基础上，移动业务发展迅速。至 2007 年，全县移动电话用户达到 12.8 万户，全年业务营业额 8600 万元，分别比 2004 年增加 1.46 倍和 1.1 倍。主要业务种类有手机通信、短信、彩信以及增值业务等。

1999—2007 年平和移动通信经营业务量情况表

表 18-3-3　　单位：万元、万户

年份	业务量	用户	年份	业务量	用户
1999	1000	1.3	2004	4100	5.2
2000	1500	1.9	2005	4900	6.7
2001	1700	2.2	2006	6000	9.8
2002	2400	3.1	2007	8600	12.8
2003	3000	3.8	—	—	—

注：本表为 1999—2007 年平和移动通信独立运营业务量。此前平和移动与平和电信合并

三、中国联通业务

2003 年 2 月，成立中国联通平和分公司。主营业务有：全球移动电话（GSM）和码分多址（CDMA）、长途电话、本地电话、数据通信和电信增值业务等。当年基础设施比较薄弱，全县仅有通信基站 22 个，其中 GSM（全球移动通信系统）基站 15 个，CDMA（码分多址）基站 7 个。信号主要覆盖县城及个别乡镇中心。业务量不大。2005 年，全县联通通信用户发展到 24400 户，全年营业收入 1092 万元。2007 年，全县联通通信用户达 34600 户，全年营业收入 1664 万元。

第四节 管 理

一、管理机构

福建省电信有限公司平和县分公司 1998年9月，邮电机构改革，实行邮、电分离。设立平和县电信局，主管电话通信业务。电信局编制列为行政正科级单位，内设办公室、市场经营部、建设维护部和计划财务部。全局员工73人。

1999年7月，属于平和县电信局管理的移动通信业务从电信局分离，设立中国移动通信平和分公司。

2000年8月，平和县电信局实行公司化体制改革，撤销平和县电信局，成立福建省电信公司平和县分公司。

2003年8月，福建省电信公司实行股份制改制，成立福建电信有限公司平和县分公司。2007年，公司员工60人。

中国移动通信集团福建有限公司平和分公司（简称“平和移动公司”）1999年7月，平和移动公司从平和电信局分离出来，成为独立运营的通信企业，隶属于漳州公司管理。经营移动通信业务，公司员工18人。至2007年，机构名称均没有变化，员工增至82人。

中国联合网络通信有限公司平和分公司 （简称“平和联通公司”）2003年2月，成立联通公司，属于电信运营企业，隶属于漳州公司管理。2007年，公司员工36人。

二、经营管理

1991年，平和县邮电局制定“八五”发展规划，推行全面方针目标管理。县局机关把科室方针目标执行情况纳入考核，经营生产目标与机关科室奖金挂钩。开展电话装机与障碍维修一条龙服务活动。

1994年，加强“112”障碍申报受理派修的时限管理，实行修障与工资奖金挂钩；开展市话营业、配线配号、装拆移机、管线施工、维护测量等工种一条龙承包，调动职工生产经营积极性；并推行市话营业集中受理，用户装机基层支局直接办理的办法。简化手续，提高工效，解决群众装电话难的问题。

1996年，邮电业开展专职营销、兼职营销和社会营销“三个网络”建设。成立督察办公室，建立“机关为生产一线服务，生产一线为用户服务”的承诺制度。全县聘请20名督察人员，并设立“180”投诉电话24小时服务，增强邮电服务社会透明度。

1999年，县电讯通信部门统一规范各类业务价格、计费、收费。加强对代办业务、代办门店的管理。2001年起，全县所有用户资料进入“九七”系统实行联网管理。各乡镇业务处理和工序全部纳入系统运行管理。

2005—2007年，电信部门创新营维管理新模式，实行电信营销、电话装机与通信维护、障碍抢修的有机分离。实践“营销专业化，维护规范化，服务标准化，流程框架化”的新型管理机制。管理机关建立岗位责任制的检查考评制度，实行年度责任制考核，推进效能管理。领导岗位实行“一岗双责”，既管业务，又要管好党风廉政建设。职能岗位设立“AB”岗，确保24小时岗不离人，事有人抓，责有人负。

三、质量管理

1991年，平和邮电局成立职工技术协会，推行全面质量管理，加强服务质量管理，强化通信质量管理。1992年，邮电局业务行业开展“岗位学雷锋，行业树新风，满意在邮电”活动。规定邮电工作人员在受理客户装机与修障一条龙服务中不准有“吃、拿、卡、要”的违纪行为，改善服务质量。1994年，建立服务质量和技术质量管理的责任机制。推行受理申请到装机开通到营业服务的一条龙承包，以及服务“首问制”和“一次申告下岗”制度。规定：第一位接手客户装机申请的邮电工作人员为质量责任人，从受理到装机开通的全程质量负全责。对于用户举报投诉的电话质量问题，县邮电局都要进行核实，属于人为责任的，即对责任人予以下岗处理。

1998—2007年，县电信局（电信分公司）每年分期分批对电信工作人员进行职业道德教育和技术质量培训，提高工作人员的业务素质和技术水平。电信系统设立“10000”号投诉电话和“110”社会联动体系。实行24小时监管服务。组织电信行业开展通信质量、售后服务和营业服务态度的“三优”活动，落实质量管理目标。

1999—2007年，平和移动公司实行“网络全生命周期管理”办法，对移动通信的设备网元、通信线路、设备机房、配套设施、系统软件、网络资源、网络作业、生产流程等网络质量、客户感知的相关内容；以及新技术研究、规划设计、系统采购、工程建设、入网验收、运行维护、网络优化、事后评估和退网管理等9个环节，分别规范质量管理行为。

卷十九　商贸

1989年，平和县商贸市场全面放开，改革开放以来兴起的群众经商热潮持续升温。国营商业企业、集体企业、私营和个体商户多种经济成分并存发展，商业活动空前活跃。1989年，全县国营商业企业32家，供销合作社经营企业20家，集体商业经营机构532个，有证个体商业经营机构2060个。全县社会商品销售总额21971万元，比当年国民生产总值17780万元增加4191万元；社会消费品零售总额16930万元。

1992—2007年，在社会主义市场经济作用下，国营和集体商业企业在不断探索运行体制改革和经营业态转换中，实行承包、租赁、整顿、改制、拍卖等一系列改革。商贸市场一些传统的经营模式和落后的经营方法逐渐被市场淘汰，自选式超市和仓储式超市等新型商场备受人们青睐，不断发展成集约化、规模化经营的商业龙头企业。2007年，全县完成社会商品销售总额222000万元，社会消费品零售总额221052万元；出口商品总值2908万美元，是1989年出口商品总值25万美元的116倍。

第一章　商业企业

第一节　国营商业企业

1989年，平和县商业系统所属的国营商业企业有平和县食品公司、平和县五交化公司、平和县糖酒副食品公司、平和县百货公司、平和县饮食服务公司、平和县径内畜牧场等6家。商业系统在职职工873人。改革开放后，国营商业失去原来紧俏商品计划供应的优势，业务逐渐萎缩，多数成为亏损企业。

1994年，国营商业企业全面推行“产权国有、资产租赁、风险抵押、资金自筹、自主经营、自负盈亏、照章纳税”的“国有民营”转制改革。把国营商业企业完全推向市场，参与竞争，谋求生存与发展。

1999—2007年，国营商业企业实行拍卖网点、盘活资产、分流职工等时称“增资减债，减员增效”的深化改革。先后拍卖转让在建的平和县商业大厦等多处资产和平和县径内畜牧场。采取一次性经济补偿的办法分流国营商业企业745名职工与企业解除劳动关系。2007年，国营商业系统保留5家公司建制，留守人员38人（其中县商业总公司11人，企业留守人员27人）。

平和县食品公司　址在县城小溪镇，下设城关、山格、文峰、霞寨、崎岭、九峰、长乐、大溪、安厚、国强、坂仔、南胜、五寨、芦溪、秀峰15个乡镇食品购销站，以及小溪南山生猪仓库和大寨山良种场等18个核算单位。计划经济时代，县食品公司承担全县派购生猪的收购任务，开展城镇居民肉类供应业务。1989年，国家生猪派购业务以及财政对城镇居民和干部职工的肉类差额补贴相继取消，猪肉市场完全放开经营。县食品公司凭实力参与市场竞争经营。公司全部员工390人，除企业管理人员外，其余人员按组站为单位实行内部承包责任制经营。

1998年，县食品公司因连续经营亏损实行裁员，分流77名职工下岗自谋职业，同时陆续拍卖下设在各乡镇的食品购销站和肉类供应点的资产。2003年，再次以一次性经济补偿的方式分流职工104人与企业解除劳动关系。2004年，县食品公司设在各乡镇的食品购销站资产全部拍卖，只留下县城公司综合大楼一处资产；南山生猪仓库和大寨山良种场等少量资产向社会出租。县食品公司正式歇业，只留6人在职处理善后事务。

平和县五交化公司　址在县城。1989年，公司员工总数95人。设有五金类、交电类、化工类3个商品批发部及13家零售商店，从事批发和零售五金、交电、化工商品的经营活动。公司实行柜组目标责任制管理。1992年，企业经营亏损24.05万元。1994年，推行“产权国有，租赁经营”的“国有民营”经营机制改革，仍扭亏无望。1998年，开始拍卖国有企业资产，分流职工下岗自谋职业。

截至2007年，县五交化公司拍卖位于小溪三角坪的五交化大楼1座国有资产。采取一次性经济补偿的方式先后分流78名职工与企业解除劳动关系。企业歇业，公司留4人在职处理日常事务。

平和县糖酒副食品公司　址在县城。1989年，公司全部职工130人，1992年增加到222人。公司下设1家综合批发部、32家零售门市部、2家糖果业加工场，同时在国有支柱工业企业平和糖厂、平和第二糖厂、平和山格糖厂分别设有食糖收购组。拥有糖酒仓库13座，仓容面积4927平方米。由于食糖放开经营，公司业务萎缩，经营亏损，企业负债。1997年，公司拍卖资产，裁员减债。2007年，公司分流126名职工下岗，领取一次性经济补偿金，与企业解除劳动关系。企业只留5人在职处理安置事务。

平和县百货公司　址在县城。1989年，公司全部职工126人，1992年增加到315人。市场放开搞活后，百货公司成为县内国有商业系统首家亏损企业。1999年，公司资不抵债。2003年，县百货公司首次裁员33人。2006年，再次裁员141人；共174人领取一次性经济补偿金，与企业解除劳动关系。2007年，公司只留守8人处理企业歇业安置事宜。营业场所全部实行租赁经营。向企业承担场地经营的职工则可保留职工身份，但须由个人自行缴纳社会养老保险金以及营业税赋。除部分到法定退休年龄和申请调离单位的职工外，其余人员则选择向企业租赁场地自主经营的方式实现再就业。

平和县饮食服务公司　址在县城。是集餐饮、住宿、理发、照相等服务业为一体的国营小型商业企业。1989年，全部员工102人，1992年增加到226人。饮食服务公司有22个报账（产业活动）单位，其中以平和琯城饭店为业务骨干单位。1989—1995年，平和琯城饭店是省级明星企业和省级文明单位。1997年，县城实施旧城改造，琯城饭店被拆迁停业。1999年，县饮食服务公司因亏损严重先行倒闭，153名职工下岗与企业解除劳动关系，只留守4名企业管理人员。2003年，饮食服务公司再分流3名企业管理人员解除劳动关系，留守1人处理善后事务。县饮食服务公司名称及营业执照仍保留至2007年未变。

平和县径内畜牧场　作为城市副食品商品生产基地而创办的国营商业企业，隶属于县商业局管理。径内畜牧场创建于1977年3月，地址在文峰乡，用地面积13公顷。畜牧场主要经营生猪养殖业，系为城市市场提供商品猪的商业生产基地。1996年12月，被福建省政府授予“八五”期间先进基地称号；2001年，被漳州市政府纳入实施“菜篮子工程”的重点生猪生产基地；2002年，被列入“福建省直控生猪生产基地”。2006年，县径内畜牧场区被规划为平和工业园区建设用地，畜牧场解散拆除，场地资产由县工业园区征用。场地资产拍卖所得资金用于畜牧场30名职工下岗安置补偿，剩余部分用于调剂安置其他国营商业企业下岗职工的经济补偿。径内畜牧场是改革开放以后县内唯一始终保持盈利的国营商业企业。

第二节　供销合作社企业

1989年，平和县供销合作社联合社有6家直属专业公司，14家基层供销合作社，3家服务性单位等23家企业单位，577个机构（其中经营机构544个），干部职工2631人。

1993年，供销合作社继续进行企业改革，实行主任（经理）任期目标责任制，基层供销社不再设立理事会和监事会，改称社务会。改革后的供销合作社以服务农村、农业、农民（简称“三农”）为宗旨，在行政上隶属于县人民政府和地方党委领导，依照政府行政职能设置组织机构。在从事商贸流通经营业务的同时，还承担党委和政府在农村工作中的部分职能；在组织上又与全市、全省、全国供销合作社形成系统体系。在服务农业生产发展和农村生活消费，促进农业产业结构调整和农村商品经济发展中发挥作用。

2007年，平和县供销合作社联合社保持县土产公司、县农资公司、县果品公司、县日杂公司、县茶叶公司、县供销农资公司6家直属经营公司，14家基层供销合作社、1家服务机构和2家商办厂，共23家企业单位，员工907人。

第三节 集体商业企业

平和县集体商业企业主要是合作商店。1989年，全县集体商业企业（不含供销合作社企业）机构550个，从业人员1165人。其中企业管理机构15个，经营机构532个。是年，集体合作商店已取消原来应向归口管理的国营商业和供销合作社统一分配进货的硬性规定，取消所有的进货限制，实行承包经营，放开搞活，参与市场竞争。

1990年后，随着市场经济放开经营，实力不强的集体商业企业由于经营机制和管理体制的不适应，相继出现经营亏损的状况。在动用上年度提取的集体企业公积金和公益金予以弥补仍无法扭亏的情况下，大多数集体商业企业相继停业解散。

2007年，全县只有安厚供销合作商店、平和茶厂合作商店等少数几家集体商业企业仍能坚持按正常规定为职工缴纳社会保险养老金。停业解散企业的企业资产经企业职工大会讨论决定均予以拍卖处置。所得资金除清偿债务外，一般按职工工龄分配安置或办理社会养老保险。一些没有剩余资产的集体企业倒闭，员工则下岗自谋职业。原企业的职工仍保留其享有按城镇职工的有关待遇规定参加社会养老保险和医疗保险。

第四节 粮油企业

一、国营粮油企业

平和县国营粮油企业一般按乡镇行政区划设置，属于政策性企业。1989年，全县设有小溪、城关、山格、文峰、南胜、五寨、坂仔、国强、安厚、大溪、霞寨、崎岭、九峰、长乐、芦溪15个粮站和县饲料公司、县粮油贸易公司、县粮食局小溪米厂、县粮食局粮油食品厂等19家国营粮油企业。粮油放开经营后，国有粮油企业调整变化不断。

1993年4月，成立平和县粮食经济实业公司，为县粮食局的经济实体，企业规格在基层粮站之上。1996年6月，改称“平和县粮食局直属粮库”。

1994年1月，长乐乡拆分为长乐乡和秀峰乡2个行政乡建制，长乐粮站也同时分拆为长乐粮站和秀峰粮站。至此，全县基层粮站达到16家。

1998年10月，撤销城关、小溪、南胜、五寨、坂仔、国强、九峰、崎岭、长乐、秀峰等10家基层粮站；成立城关中心粮站、坂仔中心粮站、南胜中心粮站、九峰中心粮站4家中心粮站以及原来保留的文峰、山格、安厚、大溪、霞寨、芦溪6家基层粮站和县粮食局直属粮库、粮油食品厂、小溪米厂、饲料公司、粮油贸易公司5家直属企业。同年11月，县粮食局下属的各中心粮站和基层粮站全部改称为粮食收储有限公司，县直属粮库改称为粮食储备库。1999年7月，基层粮食收储有限公司又改称为粮食购销有限公司，小溪米厂则实施歇业解散，全厂38名职工解除劳动关系，实行一次性经济补偿安置。

2003年，县属14家国营粮食企业全部歇业，合并成立平和县粮食购销有限公司，统一管理全县国营粮食企业的资产和财务。同时分别出让小溪、山格、南胜、安厚、九峰等5家粮食购销有限公司的招牌实行民营经营粮油业务。

二、中央储备粮平和直属库

2001 年 11 月，在平和县五寨乡开工兴建中央储备粮平和直属库（简称“中粮平和支属库”），2002 年 11 月竣工，2005 年 10 月正式通过国家验收并交付中央粮食部门接管。中粮平和直属库占地面积 6.64 公顷，总建筑面积 13967 平方米，主要设施有 9 座平房粮仓及综合楼、器材库、药品库、中控室、保卫室和电子测控管理系统等，仓容 0.5 亿公斤，项目总投资 2920 万元。中粮平和直属库是功能设备较为先进的国家宏观调控粮食市场的重点储备库，规格为处级粮食单位。

第五节　物资经营企业

1989 年，平和县物资局下辖县化工建材公司、县机电设备公司、县金属材料公司和县再生资源回收利用公司 4 家经营公司，均属国有物资流通企业化管理的事业单位，在册人员 78 人。至 2007 年，仍保持 4 家专业公司，在册员工 70 人。

化工建材公司　主营化工、建材、水泥、民爆物品等类物资。1989—1993 年，实行“双轨制”经营，既组织计划指标物资供应，又组织计划外议价商品补充市场需要。财务实行县物资局统一核算。1993 年，国家完全取消指令性物资计划供应，化工建材公司完全进入市场竞争，实行独立核算，自负盈亏。1996 年，公司出现严重亏损，实行转换经营机制改革，除民爆物品仍按专营管理外，公司全员承包经营，冗员下岗分流。2007 年，公司设有经营网点 3 个，在编人员 16 人，其中下岗失业职工 10 人。

机电设备公司　主营水电发电机组、铝线、变压器、机动车与配件及各种加工机械设备。1989 年起，由市场调节放开经营。1996 年，实行全员承包经营。2000 年后，随着平和琯溪蜜柚的大面积种植，物资机电设备公司转变经营业态，以服务琯溪蜜柚种植生产所需的电机喷雾设备、柴油机、汽油机、电动机等自动喷雾设备及自动喷灌等农业机械为主要经营品类，适销稳定。2007 年，公司在编员工 15 人，经营网点 2 个。

金属材料公司　主要经营钢材业务。1989 年，实行“两公开一监督”组织计划指标钢材供应，同时也组织计划外议价钢材供应基本建设所需。1996 年，全员承包经营，增加钢材加工业务，扩大钢材市场占有率。2007 年，公司在编员工 14 人，经营网点 3 个。

再生资源回收利用公司　主要从事废旧金属材料回收利用业务。经营网点 1 个，编制员工 6 人。1996 年全员承包经营。1998 年，经省经贸委批准，设立平和县报废汽车回收拆解中心，专门负责全县报废汽车回收拆解业务。2001 年，平和再生资源回收利用公司因资质不够，报废汽车拆解业务被收归漳州市再生资源利用公司经营，公司只能负责报废摩托车等小型报废机械回收拆解业务。

第六节　个体私营商业企业

1989 年，市场个体商业、私营商业涵盖商业贸易批发、零售、生猪屠宰、饮食服务、医药石油、物资建材等多种行业。全县有证个体商业经营机构 2060 家，从业人员 2720 人，商品销售额 5489 万元。1993 年，有证个体商业经营机构发展到 2752 家，从业人员有 6101 人，商品零售额 12452 万元，占社会消费品零售总额的 48.3%。个私商业经营成为市场日用消费品购销的主流力量，逐渐取代国营和集体商业企业的消费品购销业务。

1994 年，从县百货公司东风商场承包组建的平和大世界购物中心（自选超市）开业，首次以私营商业企业的身份在平和县商业市场出现。1996 年 10 月 22 日，平和县丽冠家具有限公司成立，为全县最早的私营商业企业公司。

2000 年，全县私营商业企业开办 34 家，从业人员 456 人；个体商业户 2022 家，从业人员 4157 人；个私商业商品零售额 83769.7 万元。2003 年，私营商业企业 39 家，从业人员 373 人；个体商业户 3794 家，从业人员 4297 人；个私商业商品零售额 131794.1 万元，占社会消费品销售总额的 92.17%。

2005 年，全县私营商业企业 63 家，从业人员 671 人，个体商业户 3224 户，从业人员 3615 人。

2007 年，规模较大的私营商贸企业有：平和大世界商贸有限公司、漳州市金恒盛商贸有限公司、平和丽冠家具有限公司、九峰华文商行、平和县中顺油品销售有限公司等；餐饮与服务企业有阳光酒店、金叶酒店、喜来福酒家、平和洲际大酒店等。

第七节 重点企业选介

一、平和大世界商贸有限公司

1997 年 4 月创办，址在小溪镇东大路 1 号大世界商业大厦。公司法定代表人林启明，注册资金 168 万元。2002 年 9 月注册资金增至 689 万元，2007 年 5 月注册资金增至 2689 万元。经营范围为销售副食品、果蔬、冷冻食品、烟酒、保健品、小家电、音像制品、办公用品、日用百货、化妆品及首饰等 10 个大类 3 万多个品种。是一家集商贸、连锁超市、食品加工、物流配送为一体的私营企业。2007 年，公司拥有门店 135 家，其中大型商场及分布在小溪、文峰、南胜、坂仔、安厚、九峰、霞寨等乡镇的大中型连锁超市 14 家，村级直营店和加盟店 121 家；拥有 1 家食品加工厂、1 个物流配送中心、1 家量贩式 KTV 和 3 家面包专卖店；从业人员 500 名。是年，公司商品销售额 6221 万元。

平和大世界商贸有限公司是“中国质量万里行”常务理事单位。公司采用现代企业连锁管理模式，实行大小店家统一标识、统一品牌、统一采购、统一配送、统一服务、统一核算的“六统一”管理办法；进销程序全部实现电子商务网络化管理。先后获得省级“放心店”“创文明行业工作先进单位”“创文明行业、建满意窗口”示范单位和全省首批“购物放心示范单位”，省级“价格、计量信得过”单位等 5 个省级荣誉称号，以及漳州市“文明单位”“重点企业”“先进之家”，平和县“先进私营企业”“诚信企业”“纳税大户”“文明单位”“重合同，守信用”单位等 40 多项称号。2006 年 8 月，被国家商务部确认为“万村千乡市场工程”试点企业。2007 年 1 月，被省经贸委、省财政厅评选为福建省 2006 年度“万村千乡市场工程”优秀试点企业。

二、漳州市金恒盛商贸有限公司

2004 年 6 月创办，址在小溪镇银河路。公司注册资金 1250 万元，投资总额 1260 万元，企业法定代表人蔡忠。经营范围普及生鲜食品类、副食品类、饮料类、烟酒类、服装类、鞋帽类、针纺织品类、日用品类等 10 个大类近 3 万个品种，其中以生鲜食品和果蔬为主营商品。是一家集商贸、连锁超市、物流配送为一体的民营企业。2007 年，公司在县城开设银河、侨联、帝景 3 家大型自选商场以及坂仔、南胜、小溪二路、西林、古楼等 5 家中型连锁超市，经营面积 5600 平方米，就业员工 280 人，当年营业额 1260 万元，上缴税收 28 万元。

第二章 经营网点

第一节 集贸市场

1989 年，平和县集贸市场有 17 个，市场交易大棚搭盖面积 6840 平方米，露天市场面积 3 万平方米。分布在县城小溪镇有市尾生活市场、小溪镇城西农产品市场；各乡镇有文峰乡浦仔、山格乡山格墟、坂仔乡宝南、南胜乡南胜墟、五寨乡中溪、国强乡高坑、安厚乡安厚墟、大溪乡下坝、霞寨乡的霞寨墟、崎岭乡合溪、九峰镇西街、长乐乡下坪、芦溪乡芦溪等市场；还有片区的霞寨大坪墟、小坪墟市场等。

1990年起，陆续新建县城小溪镇桥南综合市场和坂仔香蕉市场、九峰茶叶市场、县城果蔬批发市场、山格果蔬批发市场、霞寨果蔬专业市场、安厚镇农贸市场、崎岭茶叶市场和县城河滨茶叶市场。2007年，全县集贸市场有26个。

第二节　边贸市场

1989年，平和没有专业的边贸市场。地处边界乡镇的九峰、大溪、安厚、芦溪等集贸市场，每逢赴墟赶集的日子，也有不少外省、外县等周边地区的群众前来赶集从事商贸交易活动，但市场结构以及商贸方式与普通集贸市场没有什么区别。

2000年，平和县政府把九峰省际边贸市场列入重点项目开工建设。2001年，大溪边贸旅游市场作为县重点项目开建。2003年，九峰边贸市场一期工程交付使用，二期工程继续扩建。2005年，九峰省际边贸市场建成开业经营。

九峰省际边贸市场分为农贸市场、生活市场和茶叶市场3个部分；总占地面积10万平方米，其中混合结构搭盖的生活市场1200平方米；露天商贸街2条，专供摆摊设铺自由贸易，面积2.5万平方米。设有外埠客商专用杂货场和停车场；同时配套修建一座供客商小憩的休闲公园。沿街两旁建有固定门面店铺400多间。边贸市场开业后，政府出台一些优惠政策和措施，鼓励省外、县外的客商到边贸市场从事商务贸易活动。

九峰边贸市场把每逢农历的初二、初五、初八、十二、十五、十八、廿二、廿五、廿八日定为集贸交易日；每年农历的二月十八日和十九日定为年度商贸交易会日。每逢集贸交易日，都有大批来自广东省饶平县、大埔县以及潮州、汕头一带和福建省诏安县等周边地区的边民前来边贸市场赶集贸易，采购茶叶、蜜柚等农产品以及山货。商贸交易活跃，尤其是每年农历二月十八日、十九日2天的商贸交易会，赴会客商达数万之众；交易额均以数千万元计。

第三节　商　场

1989年，平和县内相对大型的商场不多，且多为国营商业企业和供销合作社企业所有。营业面积在500平方米以上的商场主要有：商业系统百货公司的小溪东风商场、三角坪百货大楼、五交化公司的三角坪五金大楼、供销合作社系统的城关供销社市尾百货商场、九峰供销社的综合商场、山格供销社百货门市、南胜供销社百货大楼、坂仔供销社百货楼、安厚供销社百货楼、大溪供销社百货大楼、霞寨供销社综合商场、长乐供销社秀峰百货大楼和芦溪供销百货门市等13家商场。以经营百货工业品类商品居多，且是传统的柜台式经营。

改革开放市场放开后，国营商业企业和供销合作社企业“大而全”的综合性商场在私营商家竞争下，业务日渐萎缩。1991年，国营商场和供销合作社商场开始进行化整为零，划块承包。

1994年，民营平和大世界购物中心租用国有百货公司东风商场创办首家自选式商场（超市），开启新的商场经营模式。1998年5月，平和大世界购物中心供销大厦商场开业，首次实行规模超市商场全天候电子监控管理。2004年，民营股份制漳州金恒盛（平和）大型生鲜超市商场在小溪镇东风路（共和店）开门营业，商场服务功能更为齐全。

2007年，全县规模超市（自选）商场有25家；商场营业面积2.2万平方米。其中民营平和大世界商贸有限公司拥有14家，分布在县城小溪镇有东大路永泰、东风路供销、市尾供销、商业、长安北路、琯溪路、和平路等商场，以及文峰、南胜、坂仔、安厚、霞寨、九峰等镇区商场，营业面积8000平方米（不包括村级连锁店和小型便利店）；漳州市金恒盛（平和）商贸有限公司的生鲜超市商场有小溪镇的金恒盛（共和）生鲜、侨联、帝景等超市商场，以及坂仔等乡镇商场，营业面积5600平方米；平和县丽冠家具有限公司的小溪丽冠家具城自选商场，营业面积4500平方米；九峰华文商行的华文超市商场，营业面积3000平方米；以及平和星辉工贸有限公司的家用电器商场、山格镇的福中福超市商场等。这些民营超级自选商场成为平和商业消费品的重要消费场所。

第三章 商品经营

第一节 日用消费品购销

一、国营、集体商业经营

1989年，平和县市场活跃，国营商业经营品种显然增加，平和县国营商业商品购进完成6223万元（含县外调入），占年计划的109.75%；商品销售完成6690万元（含调县外销售），占年计划的105.1%；日用消费品购销比1988年度分别增长16.2%和9.1%。一些紧俏商品如食糖、烟酒、猪肉、自行车、缝纫机、家用电器、手表等均能满足市场供应。生猪购进6.79万头，县内市场销售2.67万头，调往县外、省外市场达4.1万头；食糖购进891.68万公斤，县内市场销售136.28万公斤，其余均调往县外、地区（市）外、省外市场销售；食盐购进52.55万公斤，销售54.94万公斤；酒类、棉布、化纤布、呢绒绸缎、针织品、服装等商品纯购进不能满足市场销售，分别从县外、地区（市）外系统内或供销社调进货源满足市场需求。

1989年，县百货公司、县五交化公司、县糖酒副食品公司等企业出现经营亏损，全县国营商业亏损总额45.21万元。直至1999年，国营商业连续11年经营亏损。

二、个私企业经营

1989年，个私商业一般规模不大，点多面广，专营兼营皆有，不受行业范围和品种限制；货源采购运输渠道通畅，自采自运，零担拼货，客车托运，各种办法并举；且是“税赋包干”，薄利多销，有价格优势，经营灵活。个私商业批发的商品一般只有副食品类小商品，大宗工业品类仍由国营商业批发。1990年，自行车、电风扇、啤酒、肥皂、洗衣粉、电池、化纤布等大宗商品，甚至彩色电视机、食粮等原来的专营商品也出现个体批发；个体屠宰户可以下村入户直接到养殖户家中宰杀生猪运到市场上销售肉品。

1994年后，平和大世界购物中心（自选超市）、九峰华文商行、漳州金恒盛生鲜超市等一批商场相继开业，私营商业进入企业化、规模化经营时期。私营商业企业（商场）经营范围包括副食品类、果蔬、冷冻食品、烟酒、保健食品、小家电、音像制品、办公用品、日用百货、化妆品、首饰品等等。商场直接从生产厂家进货，直接上架销售，减少中间批发环节（时称“农超对接、厂超对接”）；超市商品明码标价，自由选挑，吸引消费者乐于光顾。

1997年，全县私营消费品贸易批发网点304个，个体零售网点2748个；批发、零售额51863万元。2000年，个私企业批发、零售额83769.7万元。

2003年，私营批发零售网点3833个，销售商品额131794.1万元，占社会消费品销售总额的92.17%。2006年限额（年批发额2000万元，零售500万元）以上的私营商业企业有6家，涉及35个产业活动单位。2007年，限额以上私营商业企业有7家35个产业活动单位。个私商业日用消费品销售完全取代国营和集体商业企业。

2007年，仅大世界商贸有限公司（私营）拥有大小超市（购物中心）、直营店、加盟店135家；经营食品类、饮料类、烟酒类、服装类、鞋帽类、针纺织品类、日用品类、体育娱乐用品、家用电器类、电子出版物及音像制品等10个大类3万多品种，年销售额6221万元；金恒盛商贸有限公司（私营）销售日用百货、生鲜食品营业额1260万元。

三、集市交易

集市交易历来是平和农村商品流通的重要交换形式。农民通过各地形成的固定场所（俗称“圩市”）和日期（俗称“圩日”）把自产的木犁、铁耙、箩筐、谷达、扁担、锄头及锄头柄、篓箕、尿桶、菜苗、果苗、牲畜种苗等生产生活用品进行交换，俗称“赴圩”“赶集”。1989—2007年，平和县各乡镇的集市地点（圩市）和圩日保持相对稳定，全县设有小溪圩、山格圩、文峰圩、南胜圩、五寨圩、坂仔圩、国强圩、安厚圩、大溪圩、后时圩（又称新圩）、霞寨圩、大坪圩、小坪圩、崎岭圩、九峰圩、长乐圩、秀峰圩和芦溪圩等18个圩市。唯九峰圩每月（农历）设有9个圩日，其余17个圩市每月均设6个圩日。

2000—2007年，随着农村农业产业结构的大幅度调整和人们消费结构的转变，农村的产业大户、种养大户所需的生产资料用品、人们日常生活所需的消费用品均由商家直接送货上门，或从超市商场购买，昔日“圩日”赶集热闹情景少见。

1989—2007年各集市（墟场）设置及集市交易日（墟日）情况表

表19-3-1

集市名称	集市地点	集市交易日（农历）	参加本集市交易的客商范围
小溪圩	小溪镇区	初一、初六、十一、十六、廿一、廿六	漳州、南靖、漳浦、县内各乡镇
山格圩	山格镇区主街道	初四、初九、十四、十九、廿四、廿九	漳州、南靖、小溪、文峰、霞寨、山格
九峰圩	九峰镇区	初二、初五、初八、十二、十五、十八、廿二、廿五、廿八	饶平、大埔、诏安、崎岭、长乐、秀峰、九峰
大溪圩	大溪店前下坝	初一、初七、十一、十七、廿一、廿七	诏安、云霄、饶平、安厚、九峰、大溪
后时圩	大溪壶嗣	初一、初七、十一、十七、廿一、廿七	大溪、安厚、云霄
安厚圩	安厚镇区	初三、初八、十三、十八、廿三、廿八	云霄、诏安、大溪、国强、东山、安厚
国强圩	国强高坑	初四、初九、十四、十九、廿四、廿九	坂仔、安厚、国强
坂仔圩	坂仔宝南	初二、初七、十二、十七、廿二、廿七	漳浦、云霄、国强、安厚、小溪、坂仔
南胜圩	南胜镇区	初三、初八、十三、十八、廿三、廿八	云霄、漳浦、坂仔、五寨、小溪、南胜
五寨圩	五寨中溪	初二、初七、十二、十七、廿二、廿七	云霄、漳浦、南胜、坂仔、五寨
文峰圩	文峰浦仔	初三、初八、十三、十八、廿三、廿八	漳州、龙海、南靖、山格、小溪、文峰
霞寨圩	霞寨镇区	初二、初七、十二、十七、廿二、廿七	南靖、永定、小溪、山格、芦溪、霞寨
大坪圩	霞寨西安	初三、初八、十三、十八、廿三、廿八	崎岭、芦溪、山格、霞寨
小坪圩	霞寨小坪	初二、初七、十二、十七、廿二、廿七	霞寨、小溪

续表 19-3-1

集市名称	集市地点	集市交易日（农历）	参加本集市交易的客商范围
芦溪圩	芦溪镇区	初四、初九、十四、十九、廿四、廿九	永定、南靖、大埔、霞寨、秀峰、芦溪
崎岭圩	崎岭合溪	初三、初八、十三、十八、廿三、廿八	九峰、秀峰、霞寨、崎岭
长乐圩	长乐下坪	初三、初八、十三、十八、廿三、廿八	大埔、九峰、芦溪、长乐、秀峰
秀峰圩	秀峰小峰	初二、初七、十二、十七、廿二、廿七	九峰、长乐、芦溪、秀峰

第二节 粮油经营

一、经营网点

1989 年，粮食市场逐渐放开，除国营粮食部门经营粮油外，供销合作社重新参与粮油议购议销，乡镇企业、私营企业和个体摊贩（俗称“米粜贩”）也陆续在粮食市场出现。国营粮食部门设置有粮油门市部 19 家。其中，小溪、城关、山格、文峰、南胜、五寨、坂仔、国强、安厚、大溪、霞寨、崎岭、九峰、长乐和芦溪 15 家基层粮站各设 1 家粮油门市部；县粮食局直属企业粮油工业公司、粮油贸易公司、小溪米厂、县粮油食品厂各设 1 家粮油经营网点。其他经济成分相对固定的粮油经营网点有 70 家。还有一些与副食品业兼营的粮油销售网点。

1990 年后，粮油经营网点快速增加。1994 年，全县经营粮食商家达 329 家。其中，国营企业经营网点 21 家，个私经营网点 308 家。2003—2007 年，国营粮食部门 11 家粮食购销单位和 3 家经营性单位相继实行歇业转制，国营粮油经营网点只保留小溪镇东风街负责军供粮油的骨干粮店外，其余网点全部实行转制承包或租赁经营。与此同时，私营企业、个私商店的粮油经营网点遍布城乡。所有大中型商场、超市均有经营粮油商品；大部分食杂店、副食品店也都兼营粮油商品。

二、粮油购销

合同定购 1989 年，国家粮食统购统销的政策取消。1989—1992 年，平和县国营粮食部门实行粮食合同定购的办法开展粮食收购。根据漳州市政府下达平和县粮食定购的任务，县粮食部门与各种粮农户签订粮食定购合同。粮食定购合同除约定粮食收购数量和价格外，还根据国家政策规定给予农民奖售紧销物资平价指标的经济补贴，每收购 50 公斤稻谷给予奖售平价化肥 6.15 公斤、柴油 1 公斤。同时约定粮食合同定购与供应化肥、柴油和发放预购定金实行“三挂钩”的办法。

1993 年，粮食购销价格全面放开，取消化肥、柴油奖售补贴，实行纯价格约定的购销方式收购粮食（农户没有硬性定购任务指标）。

1989—1993 年平和县粮食合同定购收购量情况表

表 19-3-2 单位：万公斤

年份	定购任务	入库实绩	年份	定购任务	入库实绩
1989	2863	2875	1992	2437	2437.12
1990	2825	2856.12	1993	2100	2101.12
1991	2825	3141.74			

恢复任务性定购　1994 年，国家恢复粮食定购制度，也是指令性任务收购。1994—1998 年，漳州市政府下达给平和的粮食定购任务是每年 2100 万公斤。县政府再把任务分配到各乡镇，并具体分解到农民户头承担粮食定购任务。政府每年都相应提高粮食收购价格，并且实行价外补贴。有些农民因调整农业产业结构改种琯溪蜜柚，没有粮食可交售定购任务的，则向粮食部门交纳“代购费”（粮食定购价与市场价之间的差价，也称“补差”），尔后由粮食部门从市场收购等量现粮入库。

市场化购销　1989 年后，平和县均没有种植油料作物，也没有油脂油料收购，市场供应所需的食用植物油全部靠外地调入。2001 年，国家取消粮食定购任务，全面放开粮食价格和粮食市场，粮食购销进入完全市场化经营。

订单收购　2004 年，国营粮食部门实行订单收购粮食，由粮食企业直接与种粮大户谈妥价格数量后签订粮食收购订单，按订单约定事项收购粮食。

1994—2007 年平和县粮食部门粮食收购量情况表

表 19-3-3　单位：万公斤

年份	定（收）购任务	收购实绩	年份	定（收）购任务	收购实绩
1994	2100	2100	2001	取消粮食定购	625
1995	2100	2616.76	2002	—	—
1996	2100	2353.22	2003	—	—
1997	2100	1166	2004	—	50
1998	2100	2100	2005	—	200
1999	1850	1850	2006	150（市场收购）	135.6
2000	无下达任务	1375.15	2007	150（市场收购）	173.55

粮油计划供应　1989 年，城镇居民口粮和行业用粮仍实行计划供应，城镇居民、集体单位和军队凭“市镇居民粮油供应证”“集体单位粮油供应证”和“军队粮油供应证”到粮食部门门市部购买定量供应平价粮油及其制品。除定量供应证外，还有粮票供应。粮票分为全国通用粮票和福建省地方粮票两种。粮票持有人凭票到国营粮油门市购买平价粮油及制品。1989 年，粮食部门粮食综合销售量 7390 万公斤。1991 年销售量多达 9285 万公斤。1992 年销售量为 7780 万公斤。

1993 年 2 月，全面放开粮油价格和粮油市场，除军队用粮外，城镇居民、集体单位定量供应的粮油全面取消，粮票停止使用。粮食销售完全推向市场化。国有粮食部门经营多年的粮食统购统销和计划供应的历史结束。粮食销售完全由转制的粮油零售店、商场超市、便民连锁店和个体商户所取代。政府对粮食市场实行宏观调控，制订粮食安全预警与应急处置方案，确保全县粮食市场稳定和社会安定。2001—2007 年，全县粮食供求有序，粮源充足，品种齐全，价格稳定，群众购买方便。

三、粮油储运

仓储　1989 年，平和县粮食系统原有固定粮食收购储藏点 60 个，111 座粮仓，分布于全县各个乡镇。随着农村产业结构的大量调整和粮食流通体制改革的不断深化，粮食需求供给及调运情况也发生结构性的变化，粮食储存侧重于往城镇以及运输便捷、粮食流向合理的粮点和骨干粮库集中。1993 年，粮食市场放开，县粮食部门对原有的粮点粮仓进行整合，处置一些闲置的粮仓；同时修建和改造小溪万金山、霞寨小坪、坂仔东坑、山格高乾埔等粮点的 12 座重点县级储备粮库，用于县级储备粮储存。2005 年 10 月，由平和县人民政府承建的中央储备粮平和（五寨）直属库通过正式验收并投入运营。

1989年，全县粮食储存量2141万公斤（指国营粮食部门储存量）。1993年，建立粮食专项储备制度，县粮食部门储存专项储备粮350万公斤、国家代管粮150万公斤、周转粮480万公斤。1989—1998年，县国营粮食部门储存保管的储备粮均获“四无”（无虫、无霉、无鼠雀、无事故）粮仓县称号。

2005年起，县级储备粮储备规模为500万公斤，分别储存于小坪粮库、山格高乾埔粮库、坂仔东坑粮库、小溪锦溪粮库。仍按“四无”标准实施储存管理。

调运　粮食市场放开后，粮食调运由市场需求和价格规律决定。政府储备粮的调运仍执行计划调运管理办法，储备库的粮食购、销、调、存都要统一计划，统筹安排，严格实行“调拨通知”制度。无计划行文，任何单位和个人均不得动用储备库的粮食。私营粮油经营户的粮油调运方式灵活多样，或自采自运，或委托发运，或零担寄运，保持粮油市场稳定供给。

第三节　物资经营

一、国营物资经营

1989年，平和县物资供给管理和流通体制处于改革时期，国家缩小物资指令性计划，扩大指导性和市场调节，实行“双轨制”经营，物资供应实行“两公开一监督”。属上级指定项目的指标由县计划委员会掌握分配，物资部门组织供应；属于计划外的议价物资则由物资局自行实行市场化经营。当年，县物资局销售钢材1093吨，水泥919吨，民爆火工材料40吨，机电100台，车辆15辆，废旧金属回收30吨。1993年，除民用爆炸物资（简称“民爆物品”）仍实行专营外，钢材、水泥、机电、金属等主要物资的计划指标和定额调拨商品完全取消，实行价格并轨，市场调节，放开经营。当年，县物资局销售钢材600吨，水泥300吨，民爆火工材料50吨，机电200台，车辆20辆，废旧金属回收50吨。1997年，深化物资流通体制改革，县物资局撤销，转为经济实体，设立平和县物资总公司，成为正科级自收自支事业单位。所属单位的财务、人事、工资等制度进行调整，专业公司取消经营限制融入市场竞争。2007年，县物资总公司销售钢材1100吨，水泥3000吨，民爆火工材料80吨，机电500台，车辆16辆，废旧金属回收120吨。

二、民营物资经营

1989年，物资供应实行“双轨制”价格时，市场上有不少个体物资经营户在经营钢材和水泥等建材。1993年，国家完全取消计划物资供应指标，民营物资经营业发展加快。经营品种也从钢材、水泥扩展到机电、汽车配件及轮胎等。1996年，全县规模较大的民营物资经营户有65户，2007年发展到73户。其中，钢材、水泥等建材店41家，电机、农业机具经营户10家，汽车配件及轮胎等经营户8家，废旧物资回收店14家。

第四节　专卖专营商品

一、烟草

1989年，卷烟价格仍放开，县烟草公司销售卷烟6935箱。1991年，卷烟批零价格由县烟草公司自定，卷烟销售5615箱。1997年，卷烟商品的进货渠道由县烟草公司独家掌控。烟草公司建立“自建”（指烟草公司直接建制）和“非自建”（烟草公司与外部经营实体合作建制）两种类型的卷烟批发点，按照漳州市烟草公司制定的卷烟批发和零售价格进行销售。同时实施卷烟销售许可制度。卷烟终端批发和零售商户必须向县烟草专卖局申办“烟草专卖批发许可证”“烟草专卖零售许可证”“烟草专卖特种零售许可证”。持有许可证的商户统一向烟草公司进货销售。1998年，县烟草公司卷烟销售量升至11872箱，比1997年8200箱增长44.8%。2003年起，漳州市烟草分公司制定全市卷烟零售统一指导价。除烟草公司以外的任何商贸组织均不得私自调进、运输、储存和销售卷烟商品。是年，卷烟销售量达15671箱。2007年，全县持有烟草专卖许可证的商户2822户，卷烟销售量达到27091箱，是1989年的3.9倍。

2005—2007年平和县卷烟专卖销售情况表

表19-3-4　　单位：户、箱、万元

年份	卷烟终端零售网点	卷烟销售量	实现税利
2005	2466	19638.93	2212
2006	2692	19732.43	3079
2007	2822	27091	4781

二、石油

1989年，柴油、汽油仍实行平价供应和议价供应的“双轨制”经营，政府计划部门掌握的计划平价指标不多，且逐年减少，石油基本上属于放开经营的商品。成品油、石油液化气不受专卖限制，实行市场竞争，放开搞活经营。原平和县石油公司不敌市场竞争而停业解散。放开期间，走私成品油不断流向市场，扰乱石油市场的经营秩序。1998年，国家成立中国石油化工集团公司（简称“中石化”）和中国石油天然气股份有限公司（简称“中石油”），根据国家政策规定，石油（成品油和天然气）重新列入专营商品管理，归口由中石化和中石油专营，销售价格实行国家统一定价，统一管控，统一经营。1999年11月，成立中石油股份有限公司福建分公司平和支公司（以原平和县石油公司为基础）。全县开展石油市场大整治。重新组建石油经营实体，建立新的石油经营秩序。规定凡是新组建的石油经营单位或加油站必须是归口中石油或中石化统一管理，并取得福建省经济贸易委员会颁发的“成品油零售经营批准证书”方可经营石油商品。

2001年3月，中石油福建平和宏达加油站在平和县山格镇新陂村开业，属中国石油天然气股份有限公司福建销售公司下属的全资企业，标志着平和县石油专卖管理正式启动。平和宏达加油站占地面积714平方米，建筑面积172.05平方米；配有油罐4个，总体积145立方米；设置加油机2台8枪，15千瓦发电机1台，并按规定配备消防安全设施。按国家规定价格提供石油成品油供给。

2004年3月，平和县中顺油品销售有限公司成立，属股份制民营企业，取得福建省经济贸易委员会颁发的“成品油零售经营批准证书”，开业经营汽油、柴油、润滑油等石油专营产品。随后，中石化森美石油有限公司等经营企业相继登场。

2007年，全县石油产品经营单位（加油站）55家，其中中石化直属单位9家，中石油直属单位2家，私营加油站44家。规模最大的石油专营企业为中石油福建平和宏达加油站，2007年销售成品油2564吨，其中汽油销售608吨，柴油销售1956吨，销售额1785万元。年末员工9人，其中技术员3名。规模最大的民营加油站是平和中顺油品销售有限公司，公司加油站配备4个油罐，体积115立方米；10台加油机；1辆油罐车和相应的消防安全器材。2007年，销售柴油360吨、汽油180吨。年末员工12人，其中驾驶员、押运员、安全员各1人，加油员9人。

三、食盐

1989年，市场放开搞活，但食盐仍按惯例由平和县果品食杂公司（隶属县供销社）主营，并按国家规定，每年储存一定数量的“战备盐”“工业用盐”“农盐”以应急供应。1990年后，一些乡镇企业和私营商户也有直接到沿海盐场调进食盐进行批发零售。政府市场管理部门只打击走私食盐，对私营商户经营食盐并没有过多干预。

1996年，国家提倡食用加碘盐，预防地方性缺碘病，把食盐列入专营商品管理。同年8月，福建盐业公司漳州分公司在平和县设立福建省盐业公司漳州分公司平和支公司和漳州盐务局平和盐政缉查中队，取代平和县果品公司接手专营食盐和管理食盐市场。其他食杂商店只能向盐业公司进货零售食盐，不得从事食盐调进和批发业务。盐业公司经营的食盐种类有加碘盐、食品加工用盐、工业盐和矿盐。1996—1999年，盐业平和支公司销售碘盐1881吨。2000—2005年，销售碘盐6621吨。

四、烟花爆竹

1989年，烟花爆竹商品主要由供销合作社经营。但是烟花爆竹市场完全放开，烟花市场混乱，导致发生多起不安全事故。2001年，根据全省统一部署，烟花爆竹列入专营商品管理，委托供销合作社日杂用品公司负责专营烟花爆竹商品；同时确定由县公安局、县安监局和县工商局为烟花爆竹专卖市场的管理监督机关，督促专营单位坚持“安全第一，经营第二”的方针，切实做好爆花爆竹采购、运输、储存和销售等环节的安全管理工作。

2007年，经过公安、安监、工商等部门的协调和整合，对全县烟花爆竹经营网点进行重新整顿布局，除三平、灵通2家风景区烟花爆竹由风景区管委会负责经营管理外，其余的烟花爆竹全部纳入专营管理。全县确定由平和县日用杂品公司（供销社系统）和平和县祥和商贸有限公司（民营）2家企业经营烟花爆竹批发业务，核准储存量分别为5000件和5500件。每家批发企业配备有500平方米以上符合国家标准要求的烟花爆竹商品专储仓库。全县确定设立138家烟花爆竹专营零售商店，分布在各个乡镇，其中以文峰镇为最多。全县发放“烟花爆竹经营许可证”140家（其中批发许可2家、零售许可138家）；经过严格培训，有297人获得“安全经营操作证”。

第五节 供销合作经营

一、农业生产资料供给

（一）肥料供给

1989年，供销合作社经营的肥料以化学肥料为主，包括氮肥、磷肥、钾肥三大类以及微量元素肥料等100多个品种；同时也少量经营花生饼肥、牛粪肥、鸡粪肥和羊粪肥等无机肥料。1990—1994年，农资市场实行“双轨制”经营。供销合作社企业既供应国家扶持农业生产的少量平价化肥、农产品奖售肥，又大量经营议价化肥，补充平价计划供应之不足。供销合作社组织人员、资金，联系全国各地化肥生产厂家、经销商家，从省外调进大量优质化肥以略低于市场价格供应给农民用户。平和县供销合作社系统在全县各乡镇设有158个供肥点。

1994年，深化农资流通体制改革，国家取消平价化肥供应指标，农资市场完全放开，实行市场化经营。供销合作社系统化肥销售量由1989年的82783吨下降到43383吨。1995年，供销合作社增设62个供肥网点，使全县供肥点增加到220个，更加方便农民购买化肥和农药。2007年，供销合作社年度销售化学肥料99137吨，比1989年增长19.76%，比1994年增长128.51%。

（二）农药供给

1989年，供销合作社销售农药1106吨。供销合作社各个农资供应点经过几十年的培训和实践积累，在经营农药业务方面有丰富的经验，采取多项灵活优质服务措施，增设供应点，延长营业时间，主动送药到村、到户、到田头。1996年，县农资公司及各基层供销合作社相继创办“庄稼医院”，开展防治病虫害技术咨询问诊、开方配药等科技服务，提高农民科学、安全、合理使用农药的知识水平。2007年，供销合作销售农药1336吨，比1989年增长20.8%，比1994年增加3.63倍。

二、生活资料供给

1989年，供销合作社系统在全县农村设有325个生活资料供应点。每个建制村均设有供销合作社的供销站（点），较大的自然村设有供销合作社的代销店从事人民生活资料供应。经营百货、针纺织品、服装、鞋帽、五金交电、家用电器、日用杂品、图书文具和糖、烟、酒、干鲜果、副食品以及烟花爆竹等10多类品种。是年，全县供销合作社向农村供应生活资料商品总值1501万元（按当年价格计）。1991年以后，在市场经济的作用下，农村的人居结构和生活消费结构发生很大的变化，供销合作社原设在农村的部分供销站和代销店不能适应农村消费的需求，逐渐成为闲置资产，生活消费品资料供应业务量逐年下降。1995年，全县供销合作社供应生活消费品资料总值仅为530万元，比1989年下降64.69%。1996年，供销合作社深化企业改革，加强对基层供销合作社的改造，打破行政区划的界限，按照经济活动区域，重新调整农村供应网点布局，并组建新型的村级供销合作社综合服务站，为农村农民提供全方位综合服务。供销合作社生活资料供应业务量开始逐年回升。2007年，全县供销合作社系统向农村销售生活消费品资料总值3582万元，比1989年增长138.6%，比1995年增加5.76倍。

三、农产品购销

1989年，供销合作社先前扶持生产队建立的农产品生产基地逐渐解体，供销合作社转变扶持生产方式，重点扶持农民专业合作社，创办农商联合体，为农民种植专业大户预付化肥、农药，扶持其生产发展并收购其产品。是年，县烟草专卖局委托供销合作社继续经营平和晾晒烟业务。县人民政府对平和晾晒烟生产进行重新整合，决定由供销社土产公司牵头，联合西半县的芦溪、崎岭、九峰、长乐等基层供销合作社，建立西部平和晾晒烟生产发展基地。县土产公司和相关基层供销社同时在晒烟主产地的村社设置临时收购点，方便烟农交售晒烟产品。1992年，平和芦溪晾晒烟被列入《中国国家级名晒烟名录》。晒烟产品销往北京、河北、安徽、四川等地卷烟厂。1998年，县土产公司与芦溪镇联合开展科技兴烟系列活动，组织农技人员进行授课，指导农民种植晒烟；农信部门向烟农提供贷款30万元。芦溪镇当年种植晒烟233公顷，产量33万公斤。2007年，县土产公司与厦门进出口公司合作，引进国外新品“晒红烟”在芦溪等乡镇推广种植，其经济效益优于原种植的晾晒烟。当年，平和芦溪晒红烟产品通过厦门进出口公司首次出口，远销至印度尼西亚及中东阿拉伯国家和地区。

2005年，平和县供销合作社系统利用现有资源和经营网点优势，按国家规定标准对基层供销合作社进行改造，并规划48个经营网点与福建省农资集团公司合作，组建福建“龙得宝”连锁配送经营网点，取得国家商务部“万村千乡”市场工程建设试点企业资格。到2007年底，全县供销合作社有138家经营网点通过国家“万村千乡”市场工程的达标验收。连接成覆盖全县各大村庄的农村流通网络，为农民提供购物、销售农产品和农业科技信息服务。2007年，收购农产品总值1778万元，比1989年增长33.08%。

1989—2007年平和县供销合作社业务经营情况表

表19-3-5　　单位：吨、万元、个

年份	化肥供应量	农药供应量	消费品供应额	农产品收购额	化肥供应点站	消费品供应站（点）
1989	82783	1106	1501	1336	158	325
1990	78540	1084	1290	1062	151	320

续表 19-3-5

年份	化肥供应量	农药供应量	消费品供应额	农产品收购额	化肥供应点站	消费品供应站（点）
1991	95519	975	970	1469	145	294
1992	74303	524	603	229	143	291
1993	74303	524	603	229	143	291
1994	43383	288	582	111	140	286
1995	75438	188	530	173	138	268
1996	43358	271	1148	483	137	279
1997	52859	612	1465	666	125	276
1998	58654	609	1346	514	121	280
1999	64713	521	1448	335	120	281
2000	70456	827	1483	322	63	199
2001	72004	657	1667	215	61	160
2002	69576	456	1949	207	60	153
2003	69375	559	1888	309	58	131
2004	73560	499	2320	609	55	123
2005	77747	536	2469	902	55	113
2006	84464	991	3004	1200	51	107
2007	99137	1336	3582	1778	220	105

第四章 对外贸易

第一节 外贸企业

1989 年，沿设平和县对外贸易公司（简称“县外贸公司”），是平和县唯一的外贸企业，属国有正科级自收自支企业化管理的政企合一事业单位。主要从事轻工、手工、农副产品等外资出口商品的组织、收购、提供出口及扶持多种经营，发展农副产品生产，扩大出口资源，协助开展加工装配和补偿贸易业务。公司内部设有进出口开发科、土产科、粮油食品科、畜产科和轻工工艺科 5 个科室。公司在职员工 50 人，其中干部 18 人，全民职工 24 人，劳动合同制职工 8 人；还有离退休人员 13 人（其中离休干部 2 人）。县外贸公司行政上隶属于平和县外经贸局管理。

1996 年，外贸体制改革，外贸市场放开搞活，县外贸公司经营亏损，负债沉重。1998 年，公司停止加工出口农副产品，年末全面停业。1999 年 8 月，经企业职工代表大会讨论通过，实行歇业改制。公司所有在职人员全部下岗分流，与企业解除劳动关系；公司办公楼和经营场所等资产实行拍卖拆迁，所得款项用于清偿债务和分流安置职工再就业的一次性经济补偿。当年分流安置职工 17 人，其余人员分批于 2007 年前分流安置完毕。平和县外贸公司注销。

第二节　出口贸易

一、种类与出口量

（一）外贸公司经营出口商品

1989年，平和县外贸公司没有直接经营商品出口，主要是组织、收购外贸出口商品，提供给省、市外贸公司出口。1989—1997年（1998年起歇业），县外贸公司组织、收购的出口商品种类主要有食品、茶叶、香调料及香料油、畜产、中药材、抽纱、轻工业品、工艺品、有色金属、非金属矿产品和木材等11类产品。

食品类　活猪、活鳗鱼、冻对虾、冻小虾仁、冻鱼、柑桔、蜜柚、薇菜干、鲜姜、盐渍姜、蘑菇罐头、蘑菇干片、盐水蘑菇、盐水草菇、辣椒干、麻笋干片、凤尾笋干、芦笋罐头、清水笋罐头、茭白笋、山芋仔干片、脱水蔬菜、蔬菜罐头、白萝卜丝、香菇、木耳、毛木耳、红糖、砂糖、蜂蜜、田草罐头、福寿螺干、沙梭鱼片、冻红虾仁、冻花啡蛤等35种。

茶叶类　乌龙茶。

香调料及香料油类　柠檬桉油、芸香浸膏、B级芸香、C级芸香、芸香下脚料、芳香、香叶醇、留兰香精等。

畜产类　兔毛、羽毛等。

中药材类　玫瑰花、枳壳等。

抽纱类　手绣合布、被单套、盘布、钩针帽和其他手绣品等。

轻工业品类　布胶鞋、瓦楞芯纸、神纸、往生钱、箱隔板等。

工艺品类　雕塑品、编织艺品等。

有色金属类　硅铁。

非金属矿产品类　花岗石荒料、石刻品、铺地石、玉雕制品等。

木材类　杉木板等。

（二）民营企业订单生产的出口工业产品

服装　1989年，台商胡春月投资创办平和天和服装有限公司生产的休闲服装直接出口总值25万美元。1993年，公司变更为福建跃劲服装有限公司后，产品出口量大增。2003年出口欧美地区服装23.47万打，出口值3792万元。

2003年，港资创办的漳州斯尔兰服饰织造有限公司生产的服装和针织布，出口拉美地区的巴西等国家。2005年，港商创办的漳州华泰洋伞有限公司和2006年港商创办的漳州永辉洋伞有限公司、漳州海棠洋伞有限公司出产的雨具、洋伞、帐篷等产品出口东南亚和中东地区。

1989—2007年，服装成为平和出口的第一大类商品，全县共出口服装总值6817万美元。

果蔬罐头　果蔬罐头是平和县一项大宗的出口商品。2001年9月创办的民营企业平和宝峰罐头食品有限公司出产的“宝石牌”清水笋软包装罐头、瓶装调味品蘑菇盐渍罐头、杨梅罐头、枇杷罐头、清水笋衣罐头等系列产品，通过ISO9002质量管理体系认证和美国FDA认定。2002年首次出口155万美元，销至美国、加拿大、日本、澳大利亚及欧洲、东南亚等60多个国家和地区。2003年注册的福建南海食品有限公司，出产的有“中国绿色食品”认证的荷仁豆、西兰花、毛豆、青刀豆、田豌豆等冷冻食品，出口美国、欧盟、东南亚等21个国家和地区。2007年，全县果蔬罐头出口额达1570万美元，是2002年的10.13倍。

人造树脂工艺品　2001年，台资创办的平和天棋美术艺品有限公司出产的人造树脂、水晶球等产品，出口英国、美国、法国等欧美市场，成为直接出口的主要商品。2007年，公司出口产值2406万元。

二、创汇

1989年，在平和县境内落户的外商企业、台商企业、港商企业以及国内企业通过订单生产的出口产品和直接外销商品出口量逐年增加，为平和县创得外汇收入。1989年，全县创汇总额25万美元。2007年，全县创汇总额2908万美元，是1989年的116倍。

1989—2007年平和县出口总值情况表

表19-4-1 单位：万美元

年份	出口总值	年份	出口总值
1989	25	1999	315
1990	253	2000	436
1991	444	2001	432
1992	442	2002	480
1993	171	2003	966
1994	310	2004	12325
1995	438	2005	1626
1996	450	2006	1967
1997	400	2007	2908
1998	510		

第三节 进口贸易

1989年，市场销售的进口商品不断增加，基本上覆盖日用消费品和农业生产资料等领域。日用消费品的进口商品主要有彩色电视机、电冰箱、电磁炉、微波炉、电烤箱、空调机、音响等家用电器，以及电脑、手机等电子类商品。名手表和医疗药品、医疗器械的进口比重也不断加大。农业生产资料的进口商品主要有尿素、复合肥、氯化钾肥、硫酸钾肥和农药等。

1996年起，在平和落户的外资企业和台资企业、港资企业，直接报关进口。从事生产加工需要的原辅材料及机械设备等物资。这些直接进口的商品通常由企业生产自用，很少在市场上销售。进口商品以服装布料及辅料为多，机械设备次之。2000年起，进口轿车也源源不断进入县内市场。

至2007年，平和县尚未有直接从事进口商品的经营贸易企业，市场上销售的进口商品均来自县外企业进口，从国内市场采购。

1996—2007年平和县企业直接报关进口商品总值情况表

表19-4-2 单位：万美元

年份	服装布辅料	机械设备	其他	进口总值
1996	308	—	—	308
1997	313	—	—	313
1998	315	11.4	苗圃9.4	335.8
1999	263	—	—	263
2000	312	—	化肥5.3	317.3

续表 18-3-2

年份	服装布辅料	机械设备	其他	进口总值
2001	308	—	—	308
2002	218	11	钢化门 12	241
2003	357	28	—	385
2004	207	116	—	323
2005	234	74	—	308
2006	146	45	—	191
2007	151	79	—	230

注：1989—1995 年没有直接报关进口商品

第五章 饮食服务

第一节　饮食业

1989 年，全县持证经营的饮食业机构 299 家，从业人员 751 人。其中：国营 13 家，从业人员 95 人；集体 43 家，从业人员 166 人；有证个体经营户 243 家，从业人员 490 人。经营种类以传统的清汤面、小炒、快餐、米粿为主，县城及大的乡镇也办起酒家、酒店、饭店、餐厅，经营大餐及酒宴，消费档次逐步提高。

1993 年，国营、集体所有制饮食业出现亏损，大多实行改制，或承包经营或出租场地。饮食业的经营主体是个体户或私营企业。1995 年，全县饮食业机构发展到 795 家，从业人员 1868 人，营业额 1755 万元，达到历史最高点。1996 年，政府监管部门加强对饮食业的监督管理，扶优汰劣，关闭一些不符合规范的饮食店，取缔无证经营。1997 年以后，个体饮食店大为减少。1999 年，国营商业部门饮食业全部停业改制。

2000 年后，在优胜劣汰的市场竞争机制调节下，饮食行业大为缩水。至 2007 年，全县持证经营的饮食业机构为 296 家，从业人员 380 人。

第二节　服务业

一、住宿

1989 年，从事住宿服务行业机构 57 家，从业人员 153 人。规模较大的有平和县政府招待所（又名“小招”）和国营商业部门所属的琯城饭店、兴华招待所（又名“大招”）、三井服务社、府前街旅社和平和车站旅社。国营旅馆只有琯城饭店和兴华饭店仍由县饮食服务公司集体经营；其余如三井服务社、府前街旅社、车站旅社等住宿旅馆均实行个人承包经营，饮食服务公司只收取其上缴承包利润（实为租金）。集体所有制住宿服务业主要有供销社经营的招待所或旅馆。县供销社及大溪、安厚、国强、五寨、崎岭、长乐等基层供销社均设有招待所，各有 20 ～ 30 个床位，且全部对外开放接待各方宾客。

1999 年，琯城饭店和兴华招待所（后改名兴华饭店）相继歇业拍卖。商业部门国营住宿服务业经营终止。私营旅馆业金叶宾馆、侨联宾馆、明远楼宾馆、幸福宾馆、阳光酒店等一批规模较大的住宿经营企业陆续创办。小规模的旅馆也不少，每个乡镇均有开办一二家比较规范的旅馆。是年，全县规范旅店业机构有 49 家。

2007年，新建的股份制“四星”级酒店平和洲际大酒店建成营业，成为平和县最高级别的酒店（住宿）机构。是年，全县有39家规范旅店业机构在正常营业，接待外地旅客30517人次，其中境外客人100人。

二、维修

1989年，全县修理业机构有280家，从业人员425人。其中以家用电器维修为最多，依次是自行车、摩托车、手表等日常用具维修业。1990年，随着交通运输业的发展，汽车维修业也在各主要乡镇不断涌现，维修服务行业向更高的层次发展。1993年后，电脑、手机、沼气灶、沼气池、液化气工具、燃气设备、太阳能热水器、空调制冷设备和农机具等新项目维修机构也随着人们物质生活的不断丰富应运而生。1996年，全县有证修理业机构发展到619家，从业人员881人，其中以摩托车维修为最多，其次是家用电器和农具。而手表、钢笔、打火机等传统的日用品维修项目日见减少，逐步淘汰。各个品牌的摩托车、家用电器、农机具等商品的经营商均附设有特约维修部，大部分商品实行“三包”售后服务。2007年，全县专职维修店减至203家，从业人员298人（不包括无证修理户和商品销售商家兼营的特约维修部）。

三、照相

1989年，全县有证照相机构27家，即国营饮食服务公司照相馆1家（不包括国营琯城饭店附设的照相馆）、供销合作社集体照相馆14家，个体照相馆12家。2007年，全县正规有证照相机构29家。业务发展到艺术照、野外风景照、婚纱照等组合式数码照相，以及录像和光盘刻制等。每组照片价格从5元起步到数千元不等。

四、理发

1989年，全县理发业机构114家，从业人员362人。服务项目有剪理头发、染发、烫发、发型设计、形象造型、美容、洗浴、按摩等；服务机构名称由“理发店（社）”增加诸如“发廊”“美发室”“美容厅”“美容院”“形象设计室”等优雅称谓。

1990—2007年，理发服务业发展很不稳定。国营、集体理发组织相继解散，个体机构流行城乡。1990年，全县有证理发服务业机构153家，2007年减为169家。

五、家政服务

2000年后，家政服务以个体化服务为特征，供需双方通过一定的信息平台取得联系，并由双方直接面谈服务内容与薪酬支付等事宜，通过书面或口头协议的形式建立保姆、保洁、搬家、护工等服务业务关系。至2007年，尚未有正规注册的家政服务组织。

六、其他

娱乐 1995年10月，港商黄英强在山格镇新陂村创办麦士娱乐城有限公司，使娱乐活动成为有正规注册的一种服务行业。麦士娱乐城有限公司经营卡拉OK歌舞厅、餐厅、美容厅、健身房等，开展娱乐服务。1996年，全县有证娱乐服务机构23家。1997年9月，港商林栋梁注册“宝丰温泉娱乐场”（山格镇），设有卡拉OK歌舞厅、餐饮、美容美发厅、健身理疗中心、游泳池、棋牌室、娱乐俱乐部及温泉沐室等服务项目。嗣后，有老街坊KTV、大欢唱KTV、阳光KTV等一批娱乐服务企业登场。1998年，全县有证娱乐服务机构31家。2007年通过年检的娱乐服务机构5家。

温泉浴　1989—2007年，南胜新宏源温泉浴场（台资）、宝丰温泉娱乐场（港资）、宝丰温泉浴场（私营）和安厚龙头温泉浴场等，经登记注册企业与当地政府（村委会）合作，开发利用当地温泉水，投资建设浴池、澡堂、沐室等设施，为居民提供温泉浴有偿服务。

此外，还有足浴、足疗、桑拿等一些新的服务行业在市场上陆续出现。

第三节　重点企业选介

一、平和宾馆

平和宾馆原称“平和县政府招待所”（小招），位于县政府办公大楼右侧，占地0.3公顷，属县直自收自支事业单位，是县委、县政府接待中外宾客及各级会议的服务单位。1999年，为适应对外开放的需要，县政府招待所重新整修，按星级标准装饰，设置44个套间和61个标准房，增设服务总台大堂、宴席餐厅、舞厅、包间雅座等餐饮娱乐设施，其中以新建的“鸣翠楼”为最豪华的贵宾房。县政府招待所正式更名为平和宾馆，全方位对社会开放，为社会提供服务。2005年，平和宾馆被评为三星级宾馆。

1999—2006年，平和宾馆仍实行事业编制、企业管理的经营体制，配备干部职工18人，招聘员工10人。2007年，平和宾馆实行全方位改制，由漳州市芗江宾馆整体承包，实行连锁经营。原宾馆干部职工实行分流安置再就业或提前办理退休。

二、平和阳光酒店

2001年创办，址在小溪镇银河路。公司注册资金20万元，总投资200万元，是饮食服务类型综合性私营企业，法定代表蔡冬云。阳光酒店经营范围为餐厅、客房和KTV歌厅；营业面积2000平方米。可承办各大中型宴席以及正常就餐服务；并提供高雅的客房和优雅的KTV歌厅服务旅客住宿和娱乐活动。2007年，营业额80万元，从业人员80人。

1989—2007年平和县饮食服务业发展情况表

表19-5-1　　单位：家、人

年份	饮食业		服务业		其中			
	机构	从业人员	机构	从业人员	旅游业机构	理发业机构	照相业机构	修理业机构
1989	299	751	494	873	57	114	27	280
1990	358	854	597	920	49	153	29	351
1991	388	815	665	1019	48	149	29	341
1992	553	1157	624	1461	37	161	29	356
1993	539	2303	277	496	37	150	28	367
1994	623	1621	342	534	38	149	28	454
1995	795	1868	615	728	38	153	26	508
1996	756	1633	1059	1558	40	137	23	619
1997	482	957	719	1227	40	125	23	438
1998	400	695	741	989	46	112	31	367
1999	459	883	873	1291	49	104	29	509

续表 19-5-1

年份	饮食业		服务业		其　中			
	机构	从业人员	机构	从业人员	旅游业机构	理发业机构	照相业机构	修理业机构
2000	660	1341	588	1228	40	223	29	198
2001	432	578	563	635	38	213	26	187
2002	457	615	568	642	38	215	26	187
2003	449	522	640	731	38	255	22	197
2004	290	372	525	616	19	168	25	199
2005	304	387	552	632	20	169	25	202
2006	302	385	550	631	38	169	27	204
2007	296	380	548	630	39	169	29	203

第六章 管 理

第一节　管理机构

一、平和县经贸局

县经贸局的前身是县经济委员会和县财贸委员会。1989—1997 年，沿设平和县经济委员会，作为县政府主管工业和交通系统的管理职能机构；沿设平和县财贸委员会，作为县政府综合管理协调财贸系统的职能部门。1989 年，县经济委员会内设办公室、生产科、技改科、政工科、企管科、糖业办公室、矿业管理站等 7 个科室，行政人员编制 21 人；县财贸委员会内设人事科、业务科、秘书科、监察室等 4 个科室，行政人员编制 9 人。

1997 年 5 月，撤销平和县经济委员会、平和县财贸委员会，组建平和县经济局，内设综合股、人事教育股、企业管理股、商贸管理股、生产和开发股等 5 个股室。局机关行政人员编制 20 人，机关事业人员编制 2 人。2002 年 5 月，平和县经济局更名为平和县经济贸易局（简称“县经贸局”），主管工业，也管商品流通，为协调日常经济运行的综合部门。2003 年，局内设综合股、经济运行股、企业股、市场贸易股、电力资源股、人事股等 6 个股室；另设工业化办（挂“项目办公室”牌子）；机关行政人员编制 10 人，机关事业人员编制 7 人，其中局长职数 1 人，副局长职数 3 人。

2006 年，县经贸局内设机构增加乡镇企业股，达到 7 个股室；机关行政人员编制 12 人，机关事业人员编制 9 人。

二、平和县商业总公司

1989 年，沿设平和县商业局。局机关内设办公室、人事股、商管股、财务股、保卫股 5 个股室；在册干部职工 21 人。

1997 年 4 月，县党政机关改革，县商业局成建制转为经济实体而撤销，成立县商业总公司。为正科级自收自支事业单位，归县经济局管理。内设办公室、人事股、商管股、财务股、保卫股等 5 个股室；

人员精简为 12 人。县商业总公司承担全县国营商业系统经营企业的协调、指导、监督、服务和管理职能；研究制定国营商业的发展规划，指导国营商业企业的改革与发展；管理和指导国营商业的业务活动。至 2007 年，内设机构、编制人员不变。

三、平和县外经贸局

全称为平和县对外贸易经济合作局。1989 年，沿设平和县对外经济贸易委员会（简称“县外经委”）。是县政府主管对外经济合作和贸易流通的职能部门。内设外资管理股、外贸管理股、计财股和办公室 4 个股室；机关人员编制 9 人（其中行政编制 6 人、事业编制 3 人），实际在岗人数 10 人。下设机构有平和县对外经济服务公司（事业编制）。1997 年 6 月机构改革，平和县对外经济贸易委员会更名为平和县对外经济贸易局，为县政府主管招商引资，创办工商企业和管理外资、“三资”企业的职能部门。2002 年 12 月，平和县对外经济贸易局再次更名为平和县对外贸易经济合作局（简称“县外经贸局”）。至 2007 年，县外经贸局内设 4 个股室不变；机关人员编制 9 人，实际在岗人员 11 人。

四、平和县供销联社

1989 年，沿设平和县供销合作社联合社，属于县政府直属正科级单位，经费来自县财政定额拨补和收取基层企业管理费。县供销联社设立理事会和监事会，实行社员代表大会制度。内设理事会办公室、监事会办公室、人事科、基层科、保卫科、教育科、业务科、财计科、生产科、审计科和系统工会等 11 个科室；人员编制 26 人。1992 年精简机构，撤并科室，设立办公室、政工科、基层科、业务科、财务科和审计科 6 个科室，下设 1 所职工学校和系统工会组织。1995 年深化供销社机构改革，县供销联社内设机构撤并为人秘科、业务科和财务科 3 个科室。

1996 年，为方便与上级供销社机关的工作衔接，经县编办同意，县供销联社内设机构改设为办公室、人事教育科、业务科、财务科、审计科、合作指导科、监察室和系统工会等 8 个科室；机关人员编制 22 人。同年 12 月，根据中共中央、国务院“按照政社分开的原则，各级供销社退出政府行政机构序列”的精神，县供销合作社联合社列入地方事业编制。2007 年 7 月，县供销合作社联合社核定为参照公务员管理的正科级事业单位，承担对全县供销合作社系统的组织、指导、协调、服务和监督职能；同时承担政府工作的部分职能。工资经费纳入县财政预算。内设机构和人员编制没有变动。

五、平和县粮食局

1989 年，沿设平和县粮食局，为县政府直属正科级行政单位。局内设人事股、秘书股、财统股、加工股、购销股、储运股、保卫股和监察审计室等股室以及多种经营办公室、粮油食品饲料质量监测站、衡器监测检修站、干部职工学校等 12 个工作机构。1997 年精简为人秘股、计财股、购销股、储运股和监察审计室 5 个股室；人员编制 19 人，其中行政编制 6 人、事业编制 13 人。2002 年机构改革，县粮食局调整为副科级单位，划归县发展计划局管理。2003 年内设人秘股、财会股、储备市场股和监察审计室 4 个股室。2007 年，局机关在册人员 18 人，其中纳入编制 13 人。

六、平和县物资总公司

1989 年，沿设平和县物资局，系正科级行政单位，承担全县物资系统的行政和经营管理职能。县物资局内设办公室、财务股、人秘股、业务股、储运股等 5 个股室；行政管理人员 19 人。

1997年7月，根据《中共漳州市委、漳州市人民政府关于平和县党政机构改革方案的通知》，撤销平和县物资局，成建制转为经济实体，成立平和县物资总公司，为正科级自收自支事业单位。物资总公司内设办公室、财务股、人秘股3个股室，管理人员5人。县物资总公司承担国有物资经营企业的协调、指导、监督、管理等职能。2007年，县物资总公司仍保持3个股室、5名管理人员建制。

七、平和县烟草局

全称为平和县烟草专卖局，属于政企合一的单位。1989年，县烟草局与县烟草公司实行“两块牌子，一套人员”的形式，行使县级烟草专卖的管理职权，又是县级烟草专卖的经营主体。系正科级的行业管理机构，又是自主经营，自负盈亏，独立核算的法人企业。内设人秘股、专卖股（又名专卖办）、业务股、财计股、烟叶股等5个职能机构。在职人员95人。

1995年8月，在九峰、安厚2个乡镇设置卷烟批发站和专卖管理所。

2004年，县烟草局内设机构改革为人秘股、财务股、市场管理部（又称专卖办）、市场营销部、物流发展部5个股（部）室。

2004年8月，取消县级烟草（公司）企业法人资格，实行漳州市烟草分公司统一法人，县烟草局的经营资格为烟草营销部。内设机构改设综合办公室、专卖管理办公室、客户服务中心、财务管理办公室和转送站5个职能机构。

2007年1月，平和烟草营销部变更为漳州市烟草公司平和分公司。

八、平和县盐务局

1996年8月，省盐业公司漳州分公司在平和县同时成立福建省盐业公司漳州分公司平和支公司和漳州盐务局平和盐政缉查中队，实行“一套人员，两块牌子”的形式，接管原由供销社果品公司经营的食盐购销业务，并从事盐政缉查管理工作。

2002年3月，漳州盐务局平和盐政缉查中队升格为福建漳州平和盐务局，担负全县食用加碘盐的供应和盐务管理工作。属于政企合一的单位。

第二节　行政管理

一、专卖专营商品管理

常态管理　1989年起，专卖专营商品均实行“经营许可证”制度，石油经营户、加油站、食盐经营商、烟花爆竹经营户均应向县主管部门申办“经营许可证”。主管机关通过经营许可制度对专卖专营商品和专卖市场实行常态化监控管理。卷烟终端批发、零售商户必须向县烟草专卖局申办“烟草专卖批发许可证”“烟草专卖零售许可证”“烟草专卖特种零售许可证”。县烟草专卖局对经营许可证进行审核管理，局里设置专卖办公室。2002年，增设小溪专卖管理所，并采用电子网络对终端经营户实行户籍化、常态化管理。

专项行动与集中整顿　1989年起，烟草专卖局每月召开专销例会，对经营户进行不定期检查，强化辖区市场的专卖监控，敦促零售商户自觉守法经营；每年配合公安部门、工商行政管理部门开展清理烟草专卖市场的专项行动，以“打大户、破网络”为主要形式查处非法经营。开展卷烟打假工作。2005年，联合出动2900人次，开展检查576次，查处各类卷烟违法经营案件91起，查获制造假烟窝点6个、制假烟机6台（套）；收缴半成品假烟309件、滤嘴棒233件、烟叶烟丝11.48吨；抓获制假贩假违法人员43人。2007年，查获卷烟制假窝点12个、制假烟机7台（套）及配套制假机械工具27套；收缴假冒卷烟440件及烟丝15.78吨、盘纸390盘、水松纸182盘、滤嘴棒162件等制假物品。并以违法经营大户为重点目标，采用跟踪监控、蹲点守候等办法，从运输环节上对制假售假活动进行打击，强化专卖市场管理。

1996—2005年，县盐务局通过专项行动和集中整顿，查处违法经营食盐案件512起，缴获假冒碘盐5.17吨，走私盐562.6吨；查扣私盐运输车35部，罚款217800元。

二、外贸管理

1989—2007年，县外贸管理机关贯彻执行国家对外贸易工作方针、政策，制定对外经贸的中长期发展规划、年度发展计划和进出口商品计划，并组织计划实施。管理机关对各批次的进出口业务和各项外商投资创业项目的合同、章程以及相关手续进行严格审核，根据管理权限进行审批或转报县政府及上级机关审批，并监督检查合同的落实情况，协调解决有关问题。经常检查落实上级政府、财政支持外经贸发展的各项资金，协调相关部门管理各类外经贸企业出口退税，维护外经贸企业的合法权益。

三、监督服务

1989—1992年，县商贸管理机关负责贯彻执行国家产业政策，组织实施与监督检查商贸方面经济法规和政策的贯彻落实；组织指导国有、集体企业实施改革，协调解决企业改革中的各项问题；推进现代企业制度的建立；监督管理国有企业的国有资产；督促中小型企业按照国家政策法规加强质量管理；培训企业经营管理人员；组织企业智力引进。

1993—2007年，国有企业的生产经营计划、产品销售权利下放，企业自主经营融入市场竞争，商贸管理部门逐渐从行政管理型职能向监督服务型转变。以监督政策法规落实和服务企业经营为主要管理模式，更多地为企业，为市场提供有效服务。管理机关帮助企业应用现代企业管理模式指导生产；帮助企业完善经营管理、财务管理、质量管理、安全管理、人事劳动管理等方面的经济责任制；组织和落实政策及有关部门扶持企业发展的优惠措施，依法维护企业的合法权益。

卷二十 财税 金融

1989年，平和县仍属省定贫困县，在财政收支方面享受扶贫项目、扶贫款和经济欠发达地区的转移支付等补助；在税收管征方面对平和县的农业特产税等多种税赋给予缓征、减征、免征、停征等政策优惠，扶持和促进平和地方社会经济发展。

1989—2007年，平和县完成财政收入191979.2万元；上级各种补助收入146825万元。县财政支出298571万元。其中，用于生产建设支出21564万元，占财政总支出的7.2%；用于文教科学卫生事业支出128450万元，占财政总支出的43%；财政收支缺口部分由上级扶贫项目款等补助及欠发达地区的体制性转移支付办法弥补解决。

1993年起，平和县金融业进行体制改革。1994年，县工商银行、县中国银行转制为商业银行。1996年，县农业银行、县建设银行转制为商业银行。1997年，组建中国农业发展银行平和县支行。2005年，县中国银行、县建设银行、县农业银行，连同县保险公司、县农村信用社等金融机构改制为股份有限公司和股份合作制企业。金融业在改革中开展竞争，互促发展。2007年，全县银行机构各项存款余额280723万元，比1989年增加27.8倍，其中储蓄存款227102万元，比1989年增加45倍；各项贷款余额122751万元，比1989年增加7.75倍。

第一章 财 政

第一节 财政体制

一、县级财政体制

1989年，省、市对县级财政实行“划分收支，核定基数，定额缴补，增收多留，分类包干，自求平衡”的预算管理体制。

1994年，国家实行分税制改革。省对市、县以1993年为基期年，按县实际收入和分税后中央、省、县收入划分测算，核定县级收入和支出基数，按收支差额进行体制补助。1996年，省还对经济相对欠发达的平和县实行过渡时期转移支付办法和建立以奖代补等激励机制，促使财政收支平衡。

二、乡镇财政体制

1989年，县对乡镇财政实行“定收定支，逐年递增，超收分成，短收减支，全额缴拨”的管理体制。对各乡镇的工商税收、农业税收、特产税和其他收入以及所需的农业站、水利站经费；小学教育经费；畜牧兽医费；文化站、卫生院、广播站补助费；计生干部、退居二线补贴；行政管理经费和村干部补助等支出进行核定。对于超基数收入或短收的，由县、乡（镇）二级按一定比例奖赔；超基数支出的，按一定比例分担。

1994年，实行分税制改革后，县对乡镇财政实行“划分税种，核定基数，收支挂钩，收入递增，超收分成，短收抵支，超支不补”的管理体制。乡镇的各税收入全额上缴县级国库，根据不同的税种核定不同比例进行县乡（镇）分成；乡镇支出按上年底实际在编人员工资经费核拨，减收抵支。

1997年，乡镇财政实行“划分收支，核定基数，逐年递增，超收分成，短收扣支，自求平衡”的管理体制。以各乡镇经济和农业特产品发展和税源增长情况为依据核定税收基数和农业税包干基数。根据划分的中央税（国税）、地方税和特产税分三类按不同的比例进行县乡（镇）分成；支出按人员年度定额包干。

2003年，农村税费全面改革，农业特产税和农业税相继取消，县乡财政收入发生较大的变化。乡镇中小学教师和乡镇离退休人员工资纳入县级国库统一支付。2005年6月，乡镇在职人员工资纳入县库支付。同时，县财政对乡镇财政实行转移支付补助。2007年，县与乡（镇）两级财政收入“超任务分成”改为中央税和地方税二类按不同比例分成。

第二节　财政收支

一、财政收入

1989年，县财政收入2095万元。1990年，县财政收入2329.5万元，比1989年度增长11.2%。

1991—1995年是国家第八个五年计划（简称“八五”，下同）时期，全县财政总收入21446.9万元；“九五”时期（1996—2000年），县财政总收入69318万元，是“八五”时期的3倍。

2003年，平和县取消农业特产税的征收，继而又取消农业税。“十五”时期的2001—2005年县财政收入60356万元，比“九五”时期下降12.9%。

2006年，财政收入15626万元，比2005年的12189万元增长28.19%。

2007年，财政收入20808万元，比2006年增长33.16%。

平和是中央苏区县，也是省定贫困县，脱贫后仍为经济欠发达县。县财政收入主要来自工商各税收入、农业税和特产税收入以及上级补助等其他收入。

（一）工商税收入

1989—1994年，工商税收由平和县税务局征收，全归县财政收入。

1994年实行分税制后，按税种划分，属于平和县地方税务局征收的营业税、资源税、固定资产投资方向调节税、土地使用税、土地增值税、房产税、印花税、车船使用税、屠宰税、基础设施附加费、社会事业发展费和以工建农资金；以及中央、地方共享税地税局征收的企业所得税、个人所得税、城市维护建设税和教育费附加等税收归县本级财政收入。属平和县国家税务局征收的增值税、消费税、国家能源交通重点建设基金、国家预算调节基金和涉外税收；以及共享税的企业所得税、个人所得税、城市维护建设税和教育费附加等税收全额上缴中央国库，上级再根据财政管理体制实行补助返还归县财政收入。2002年，所得税收入为中央与地方“五五”分成；2003年起为“六四”分成。

1989—2007年，全县增值税收入17378.6万元，营业税收入22660.2万元，企业所得税收入4910.2万元，个人所得税收入9235.5万元，资源税收入149万元；固定资产投资方向调节税收入83万元，城市维护建设税2668.4万元；房产税收入2197.7万元；印花税收入497万元，城镇土地使用税收入421万元，土地增值税收入402万元，车船使用税收入546.1万元，屠宰税收入751万元，滞纳金及罚没收入70.8万元。

（二）农业税和特产税收入

农业税　1989年，按照原核定的耕地面积、常年产量税率为征收依据向农民征收。全县计征面积

21666.7公顷，计征常年产量为7569万公斤，按税率11%计征，扣除9个贫困乡镇免征农业税和各项减免，每年实征非贫困乡镇正税408万公斤稻谷。1989—2004年16年累计征收6528万公斤谷子正税，按15%地方附加征收979万公斤谷子；正税和附加累计共征收农业税7507万公斤稻谷，完成核定任务的100%。2005年1月1日起，全县全面取消农业税征收任务。

农业特产税　1989年，农业特产税由乡镇财政所直接征收，至1992年共征收入库1260.6万元，其中正税1054.34万元。1993—2002年，核定基数由乡镇财政所负责征收，并实行超收分成的管理办法，征收入库31481.19万元，其中，正税26141.47万元，地方附加及征收经费5339.72万元（特产税地方附加按正税的10%带征，其中3%上解省级，7%留县级；征收经费按8%提取，其中2%上解省级、1%留县级、5%归乡镇）。“九五”（1996—2000年）期间和“十五”的前二年，平和的特产税收入分别占全县财政总收入的25%和24%。

2003年1月1日起，保留烟叶和原木收购环节两个品目的特产税继续征收，其余品目特产税暂缓征收。2005年，只保留烟叶继续征收特产税，其余品目的农业特产税全部取消。

1989—2007年，县级财政共收入农业特产税26940.9万元。

（三）其他收入

耕地占用税　1989—2007年，平和县财政自收及委托国土资源管理等部门征收的耕地占用税668.9万元。

契税　1989—2007年，房地产交易契税收入2094.7万元。

国有资产经营收益　1997—2007年，财政国有资产处置收入8328万元。

行政性收费收入　1994—2007年，行政性收费收入7502万元。

罚没收入　1989—2007年，行政处罚罚没收入11506.7万元。

专项收入　1989—2007年，财政专项收入1908.1万元。

其他收入　1989—2007年，其他项收入29830万元。

1989—2007年平和县财政预算内收入情况表

表 20-1-1　　单位：万元

预算科目	1989	1990	1991	1992	1993	1994	1995	1996	1997	1998	1999	2000	2001	2002	2003	2004	2005	2006	2007
收入合计	2094.8	2329.5	2743.4	3107.5	4440	5013	6138	8038	10738	13518	17018	20006	16158	13099	8652	10258	12189	15626	20808
中央税收入						1598	1485	1422	1872	1718	1981	1931	2034	2791	3159	3161	3639	4718	7152
地方税收入	2094.8	2329.5	2743.4	3107.5	4440	3420	4653	6616	8866	11800	15037	18075	14124	10308	5493	7097	8550	10908	13656
一、增值税	748.2	768	1255.8	1497.6	2331	531	495	474	530	572	660	643	678	750	797	662	929	1175	1882
二、营业税	488.9	445.1	487.3	526.9	620	642	578	985	1109	1151	1313	1226	1440	1507	1446	1637	1987	2332	2739
三、企业所得税	219.7	462	286	466.5	378	202	106	174	99	117	164	180	733	87	190	170	180	276	420
四、个人所得税	46.6	52.2	55.2	114.5	133	152	517	649	694	1089	1228	974	1036	466	318	266	370	503	572
五、资源税						2			1					1	18	31	24	27	45
六、固定资产投资方向调节税											37	28	18						
七、城市维护建设税	31.6	31	68.7	61.1	108	111	160	112	152	152	166	204	126	151	164	165	170	260	275
八、房产税	20.6		41.9	30.2	40	56	39	56	128	128	162	135	123	167	227	186	224	210	224
九、印花税						20	21	15	16	14	19	22	21	20	31	39	61	73	125
十、城镇土地使用税						24	10	14	27	32	21	23	33	23	24	19	29	51	91
十一、土地增值税								1		19		1	5	4	5	9	52	162	144
十二、车船使用和牌照税	8.7		10.3	12.1	15	20	28	24	25	32	44	71	19	18	40	32	27	42	78
十三、屠宰税						38	61	76	100	114	106	88	74	94					
十四、工商税滞纳金、罚没收入	4.4	5.6	3.6	3.2	5	5	2	17	25										
十五、农业税	151.5	146	139.5	162.9	138	286	319	455	400	333	344	341	176	316	303	352			

续表 20-1-1

预算科目	1989	1990	1991	1992	1993	1994	1995	1996	1997	1998	1999	2000	2001	2002	2003	2004	2005	2006	2007
十六、农业特产税	144.3	196.6	244.2	278.8	405	813	1162	1638	2446	3401	4208	3,229	3751	4957	38	29			
十七、耕地占用税	25.1	10.2	19.3	33.3	100	104	104	20	24	10	10	10				22	42	68	67
十八、契税	6.3	10.6	13	14.8	30	50	65	80	31	22	20	35	59	39	45	170	356	446	602
十九、国有资产经营收益									385	643	775	1293	1980			399	723	1450	680
二十、国有企业计划亏损补贴	-50.1	-88.3	-191.6	-372.7	-357	-182	-195	-237	-89	-35	-41	-58	-26						13
二十一、行政性收费收入						14	9	68	207	264	241	121	76	48	319	737	671	1495	3232
二十二、罚没收入	205.3			135.4	181	254	273	209	246	302	295	151	56	1016	1187	1106	2071	1722	2097
二十三、专项收入	22.5	11.5	62.3	110.8	64	53	94	52		97	152	71	94	96	117	141	250	163	257
二十四、其他收入	18.5	226.9	230.5	14.1	224	225	805	1734	2310	3306	5122	9297	3670	548	224	925	384	453	113
二十五、其他工商税	0.9	36.9																	
二十六、工商统一税	1.8	15.2	17.4	18	25														

（四）上级补助收入

1989—2007 年，平和县财政获得上级拨补贫困县扶贫款、山地综合开发资金、取消特产税补助和体制性转移支付等收入 146852 万元。其中，1989 年的补助收入 1003 万元，1995 年的补助收入 3807 万元，1999 年的补助收入 6041 万元，2003 年补助收入 12473 万元，2006 年补助收入 22953 万元，2007 年的补助收入 31158 万元。

二、财政支出

（一）生产建设及工农业支出

1989—2007 年，财政用于生产建设及工农业支出 21583 万元，占全县财政总支出的 7.2%。其中，基本建设支出 23 万元；用于企业挖潜改造资金 1044 万元；科技三项费用 748 万元，支援农村生产支出 8686 万元；农业综合开发（林业）2151 万元；农林水利气象等部门事业费 8931 万元。

（二）科教文卫支出

1989—2007 年，县财政用于文体广播事业费 12253 万元，教育事业费 99752 万元，科学事业费 472 万元，卫生经费 15974 万元，合计 128451 万元，占全县财政总支出的 43%。

（三）社会保障和救济支出

1989—2007 年，社会保障是县财政支出的重点项目，社会保障和救济支出 45970 万元，占全县财政总支出的 15.4%。其中，抚恤和社会福利救济费 13688 万元，行政事业单位退休人员经费 31110 万元，社会保障补助支出 1172 万元。

（四）行政机关经费支出

1989—2007 年，全县行政机关经费支出 40761 万元，占全县财政总支出 13.7%。其中，行政管理费 33043 万元，税务部门事业费 7718 万元。

（五）公、检、法、司支出

随着法制建设的不断健全，用于政法系列的经费支出比重也逐年上升。1989—2007 年，全县公检法司政法系列财政支出 17173 万元，占全县财政总支出的 5.8%。

（六）其他支出

1989—2007 年，其他支出主要有国防支出 355 万元，武装警察部队支出 420 万元、城市维护费 2701 万元，政策性补贴 3181 万元、支援不发达地区支出 1440 万元、工业交通部门事业费 1332 万元、流通部门事业费 464 万元、专项支出 1030 万元和其他支出 33696 万元等。这 19 年其他支出项下的财政支出 44652 万元，占财政总支出的 14.9%。

（七）上解支出

1989 年，平和仍属于省定贫困县，享受上级补助。1994 年实行分税制，上缴中央税收由国家税务局直接上缴中央国库，除部分附加税和经费实行分成外，平和县财政上解支出很少。1989—2007 年，县财政上解支出 7684 万元。

1989—2007 年，平和县完成财政总支出 298571 万元。由于贫困县的原因，平和县经济发展相对滞后，而财政供养人口持续增加，政策性增资等财政刚性支出增长较快，财政收入的增幅跟不上财政刚性支出的增长，加上上级财政补助，仍未能实现财政收支平衡。1989 年至 1995 年 7 月存在财政赤字。2000—2007 年连续 8 年县财政再次赤字。

1989—2007 年平和县财政预算内支出决算情况表

表 20-1-2 单位：万元

预算科目	1989	1990	1991	1992	1993	1994	1995	1996	1997	1998	1999	2000	2001	2002	2003	2004	2005	2006	2007
本年支出合计	3323.4	3682.4	3807.6	4494.6	5737	6546	8296	10374	13459	16211	20316	24222	19465	17230	21039	21465	24430	31701	42772
一、基本建设支出										15	8								
二、企业挖潜改造资金	54	6	24.5	22	2	10	17	20	64	153	254	4	15	62	135	107	64	30	
三、科技三项费用	33	5	4.5	7	3	6	6	7	12	350	188	35	78	9	3	14	17		
四、支援农村生产支出（农业）	136.1	135	186	106.7	87	119	271	194	509	331	330	218	232	222	622	904	940	1325	1818
五、农业综合开发支出（林业）								21	20	1	92	143	96	26	143	212	259	250	888
六、农林水利气象事业费	194.2	235.8	219.5	253.4	279	388	456	546	731	612	681	743	840	692	282	245	195	568	770
七、文体广播事业费	109.5	109.7	135.5	158	149	231	300	328	451	478	516	540	543	547	640	855	1087	1631	3444
八、教育事业费	1206.2	1311.1	1420.4	1707.3	2136	2838	3506	4556	5221	5031	5452	6999	6444	7243	6988	7797	7650	10168	12078
九、科学事业费	6.1	5.4		6.3	10	20	17	17	27	24	30	22	24	29	25	25	41	38	105
十、卫生经费	205.1	265	327.6	309.6	383	440	521	588	698	1002	949	861	744	652	894	826	1037	960	4312
十一、抚恤和社会福利救济费	124	163	160.7	201.2	191	256	327	452	473	495	622	584	544	694	778	886	1693	2271	2773
十二、行政事业单位离退休经费									79	1431	1761	2146	2603	2804	3312	3370	3528	4623	5453

续表 20-1-2

预算科目	1989	1990	1991	1992	1993	1994	1995	1996	1997	1998	1999	2000	2001	2002	2003	2004	2005	2006	2007
十三、社会保障补助支出										9	79	58	80	125	29	295	82	198	217
十四、行政机关经费支出	479.3	529.4	586.5	712	912	1169	1204	1442	1705	1610	1758	1769	1698	1914	1865	2381	2945	3301	5063
十五、税务部门事业费	83.1	171.1	125.8	144.2	204	227	278	270	447	441	485	573	520	555	494	515	665	689	831
十六、公检法司支出	139.1	170	166.8	190.5	252	313	491	702	843	779	965	994	505	712	1416	1358	1955	2317	2905
十七、国防支出	12.2	11.4	11.4	13.7	19			32	27	34	20	8	29	6		38	54	39	287
十八、武装警察部队支出									20	41	26	39	28	14	28	71	21	50	82
十九、工业交通等部门事业费	8.5	6	21.4	8.7	14	12	12	21	17	24	36	40	32	49	67	129	60	95	679
二十、流通部门事业费										38	40	50	35	40	49	50	48	51	63
二十一、地质勘查费													10	5					
二十二、城市维护费	84.6	64.8	56.3	38.5	80	76	120	97	149	228	171	167	197	183	155	155	173	179	327
二十三、政策性补贴支出	57.8	204.5	20.3	140.6	302	87	164	41	287	278	205	307	172	64	204	195	146	140	166
二十四、支援不发达地区支出	55	83.9	108	70.1	76	97	101	121	73	56	283	114	30	13	31	30	25	37	36
二十五、专项支出	20.4	6.6	41.6	103	82	36	101	100		87	68	52	30	14	44	51	133	24	36
二十六、其他支出	344.9	198.7	190.8	301.8	556	221	404	819	1606	2663	5297	7756	3936	556	2835	956	1612	2756	687
上解支出	60	15	22	37	53	43	310	284	306	328	353	396	383	896	1014	998	1026	657	493

第三节 管 理

一、机构

1989年，平和县财政局内设人秘股、预算股、事业股、农财股、工交股、商财股、监察室和检察室；挂靠机构有平和县人民政府控制社会集团购买力办公室。局下设有县资金管理所、会计师事务所和国有资产管理所。1997年，机构改革，内设机构调整为人秘股、预算股、事业股、农财股、农税股、工交股、商财股、国有资产管理股、社保股、外经股、综合股、基建股、外债股、监察室和挂靠的控制社会集团购买力办公室；2007年，撤销工交股、事业股、商财股；增设会管股、国库股、教科文股、行政政法股和政府采购委员会办公室，以及国有资产经营中心。

二、国有资产管理

1989年起，根据国家财政部《行政单位国有资产管理暂行办法》《事业单位国有资产管理暂行办法》规定，县财政局国有资产管理所、国有资产管理股对行政事业单位通过财政拨款、各种收入、调入、接受捐赠等渠道形成的各种固定资产、无主资产，进行分类、编号、计价、立卡和建账，实行“一账二卡”管理制度。固定资产的调拨、变卖、报损和报废以及租赁、抵押、投资、联营、参股和合资等变动必须履行报告制度和审批手续。国有企业的国有资产由县财政局实行监督管理。对闲置的或破产企业的国有资产则由县国有资产经营中心依照国务院国资委、财政部颁发的《企业国有产权转让管理暂行办法》的有关规定，依法进入市场产权中介交易机构公开转让。县专门成立由县监察局和财政局等部门组成的国有企业产权转让管理工作检查组，对企业产权交易行为进行监督检查。

2000年，经县人民政府常务会研究同意，县国有资产经营中心先后对依法实施破产的平和糖厂、平和县印刷厂等企业国有资产按程序进入县招投标委员会实行挂牌招标拍卖；并对闲置的平和农用运输车厂新厂区、县医院旧址办公门诊楼、原南胜农贸市场旧址及财政局山格电子地磅和南胜电子地磅（原配备给农税征收特产税之用）等资产按规定程序进行盘活转让。转让拍卖企业资产实行拍卖前登报、上网公示，资产所在地上墙公告、信息公开；拍卖中请监察、财政和公证处等部门现场监督、全程监管，做到公开、公平、公正。转让国有资产所得和经营所得资金全部上缴国库，列入国有资产专户管理。用于安置企业下岗职工和缴交社保养老金。部分也用于固定资产再投入建设（如新建县医院）。

三、预算外资金管理

1989—2007年，机关事业单位和社会团体根据有关法律、法规和规章而收取、提取和安排使用的未纳入财政预算管理的行政事业性收费、政府基金、专项资金和附加收入、部门和单位集中上缴的资金、用于乡（镇）人民政府开支的乡镇自筹资金和统筹资金、以政府名义接受的捐赠资金、其他未纳入财政预算管理的财政性资金等。县财政部门对预算外资金直接管理，并建立稽查制度；物价、金融部门对预算外资金的管理实行监督检查；审计机关对预算外资金收支情况实施审计监督；监察机关依法查处在预算外资金管理中的违法行为；同时鼓励单位和个人对预算外资金管理、使用中的违法行为进行检举，对举报有功者给予表彰、奖励。2004年在财政财务互审中，查出一些机关单位动用公款购买商业保险、违规着装、滥用“大盖帽”等违法使用预算外资金支出55万元的行为予以处罚和追缴。同时，清理乡镇和县直机关临时工955人，年节约财政资金460万元。

四、政府采购管理

1993年起，县直行政事业单位和团体组织使用财政性资金采购依法制定的集中采购目录以内的，或者采购限额标准以上的货物（包括工程和服务行为）都必须实行政府采购。县政府根据《漳州市县级政府集中采购目录》，制定《平和县政府采购管理暂行办法》，并成立政府采购领导小组及其办公室（简称“采购办”），按照“管采分离”的原则管理政府采购。在县行政服务中心设置“政府采购中心”，负责政府集中采购事宜。

政府采购单位按《漳州市县级政府集中采购目录》编制年度政府采购预算和政府采购申请，并在采购资金落实的前提下，报经主管部门审核后，报县采购办审批。采购办根据有关规定进行批复后，交由政府采购中心办理。

政府采购遵循公开、公平、公正和效益的原则，主要采用公开招标采购的方式；具备一定条件的，也可实行竞争性谈判、邀请招标、单一来源采购、询价等其他方式采购。具备《中华人民共和国政府采购法》规定的供应商都可以向政府采购办报名参加政府采购竞争投标。政府采购办对政府采购实行全程跟踪监督管理，并提前向社会发布政府采购招标公告，接受社会监督。2006年，政府预算采购金额1125万元，通过8次公开竞争投标，实际采购998万元，一年节约财政采购资金127万元。

第二章 税务

第一节　税务体制

一、税制与税种

1989年，税收体制仍沿用1983年国家实行的“利改税”体制。主要税种有产品税、增值税、营业税和关税；国营企业所得税、集体企业所得税、私营企业所得税、个体工商户所得税和收入调节税、国营企业调节税；资源税、盐税、土地使用税、奖金税、工资调节税和城市维护建设税；耕地占用税；固定资产投资方向调节税、燃油特别税、特别消费税、房产税、车船使用税、印花税、契税、屠宰税、筵席税、集市交易税和畜牧交易税；农业税、牧业税以及涉外的外商投资和外国企业所得税、个人所得税；工商统一税、城市房产税和车船使用牌照税等7个大类35种。由县税务局统一征收。

1993年，实施税制改革，在统一税法、简化税制的原则下建立新税制度。新税制度设6个类别，23个税种：流转税类有增值税、消费税、营业税、关税；所得税类有企业所得税、外商投资和外国企业所得税、个人所得税；资源税类有资源税、城镇土地使用用税；特定目的税类有城市维护建设税、耕地占用税、固定资产投资方向调节税、土地增值税；财产税类有房产税、城市房税和遗产税（尚未开征）；行为税类有车船使用税、牌照税、印花税、契税、屠宰税、筵席税和证券交易税（尚未开征）。此外，还附带征收教育费附加和文化事业建设费等规费和基金。

二、分税制改革

1993年12月，国务院发布《关于实行分税制财政管理体制的决定》，对税务体制进行重大改革。1994年9月，平和县正式实施分税制改革。税收种类划分为中央税、地方税、中央地方共享税。建立中央税收体系和地方税收体系。平和县税务局分家，成立平和县国家税务局（简称“国税局”）和平和县地方税务局（简称“地税局”）两套征收机构。国税局负责征管中央税，按照税种分别缴入中央库或地方库；地税局负责地方税征管，缴入县财政地方库；共享税由国税局、地税局共同征管。

国家税务局征收的税种项目有增值税、消费税、国家能源交通重点建设基金、国家预算调节基金和所有涉外的税收等。

地方税务局征收的税种项目有营业税、资源税、固定资产投资方向调节税、土地使用税、土地增值税、房产税、印花税、车船使用税、屠宰税、基础设施附加等。

国税局和地税局共同征收的税种项目有企业所得税、个人所得税、城市维护建设税和教育费附加等。

1996 年 7 月起，原国税局和地税局共同征收的税种进行调整划分：涉外企业的增值税、消费税和所得税由国税局征收；其余税种和项目由地税局负责征收；企业和个人所得税仍实行共享体制。

2001 年 1 月起，国税局开征车辆购置税，取消由交通部门征收的车辆购置附加费。

2002 年，国家实行所得税分享体制改革，对企业所得税、个人所得税的征管范围、权限作了规定。2003 年，规定中央企业、银行和非银行的金融企业，海洋石油企业所得税等由国税局征收；地方企业所得税、个人所得税等由地税局征收。2007 年，《中华人民共和国企业所得税法》《中华人民共和国企业所得税法实施条例》相继颁布施行，统一内资企业和外资企业所得税。

第二节 国税征收

国家税务局（含分税制前的税务局）征管的税费有 25 种。

一、中央税

产品税 1989 年，平和县产品税主要税源有烟草、酒类、茶叶、原木、生猪、白木耳、水产品及化工产品等。除国家规定优惠的新办乡镇集体企业，以及“老、少、贫”地区新办乡镇集体企业生产的产品给予优惠 1～3 年免征产品税外，其余产品均应征收产品税。1989—1993 年，平和县征收产品税 845.1 万元，1994 年 1 月停征。

增值税 1989 年，增值税只对部分工业产品征收，试行价税分流购进扣税法，实行每月预缴年终结算、多退少补的原则。1991 年，为支持搞活国营大中型企业，对于产品符合国家产业政策，发展前景好的技改项目，企业除新增折旧、利润用于还贷外，不足部分用减征新增增值税（或产品税）的办法予以解决。1994 年，增值税征收范围扩大到所有生产、商业、进口、加工、修配等环节。执行统一购进扣税法，取消临时减免税政策。一般纳税人税率按 17% 征收；对农业生产资料等支农产品执行 13% 的低税率；小规模纳税人适用税率为 6%；出口产品实行零税率。1989—2007 年，全县征收增值税 49052.59 万元。

消费税 1990 年，平和县开征消费税，采用定额税率征收。1994 年起，执行国务院发布的《中华人民共和国消费税暂行条例》。2006 年 4 月，对消费税税目和税率作适当调整，主要对白酒、鞭炮、金银首饰以及成品油、化妆品、小汽车、摩托车和汽车轮胎等销售环节征税。1990—2007 年，全县共征收消费税 98.52 万元。

营业税 1989 年，工业企业自销产品只征增值税或产品税，不再征收营业税，但调拨委托他人零售的应在销地缴纳营业税。1994 年，税制改革时，营业税是中央、地方共享税。国税主要在交通运输、建筑安装、金融保险、邮电通信、文体娱乐和服务业及转让无形资产或不动产等行业实行含税价低税率计征营业税。1989—2002 年，国税共征收营业税 3415.2 万元。2003 年后，国税不再征管营业税。

奖金税 1989 年，对给员工发放奖金的国营或集体企业，征收奖金税。1992 年 5 月，县级暂停征收奖金税。1990—1992 年，征收奖金税 40.7 万元。1994 年取消奖金税。

企业所得税 1994 年 1 月 1 日起，对国营企业、集体企业、私营企业、联营企业和股份制企业以及其他组织，有生产、经营所得和其他所得，征收企业所得税。企业所得税按纳税人年度的收入总额减去准予扣除项目的余额，依33%计征企业所得税（其中，对年所得余额在10万元以下和3万元以下的企业分别给予按27%和18%税率计征企业所得税的优惠）。1994—2007年，国税征收企业所得税2303.2万元。

外商投资企业和外国企业所得税 1998年起，平和县征收外商投资企业和外国企业所得税，至2007年，共征收292.48万元。

个人收入调节税 1989年，对公民的个人工资等综合收入达到纳税标准以上的，征收个人收入调节税。1992年7月1日起，改为按个人单项收入计征个人收入调节税。1989—1993年，征收个人收入调节税154.6万元。1994年停征。

个人所得税 1994年1月1日起，执行新修改的《中华人民共和国个人所得税法》，对个人工资薪金所得；个体工商户经营所得；企事业单位承包经营、承租租赁、劳务报酬、稿酬、特许权使用费、利息、股息和红利所得；财产租赁、财产转让所得；偶然所得等，按超额累进税率和比例税率征收个人所得税。国税部门还征收银行存款利息所得税。1994—2007年，征收个人所得税3038.5万元。

车购税 2001年1月1日起开征车购税。凡新购买汽车、摩托车、电车、挂车、农用运输车等，均应按10%税率缴纳车购税。实行一年一申报制度。2001—2004年委托交通部门代征，2005年起由国税部门直接征收。2001—2007年，征收车购税763.3万元。

二、国家基金

国家能源交通重点建设基金 1989年，国营企业、城镇及乡镇集体企业、私营企业和个体工商户的税后利润，以及各级行政事业单位、部队、地方财政部门的预算外资金的15%（1987年扩征对象按7%）的费率，征收国家重点建设基金。其中，1992年平和县享受扶贫政策，暂免征国家能源交通重点建设基金。1994年1月起国营企业，1995年1月起集体与个私企业，1996年1月起，行政事业单位等部门先后分别停征能源交通重点建设基金，一律改征所得税。1989—2007年，平和县征收国家能源交通重点建设基金318.66万元。

国家预算调节基金 1989年1月1日起，行政事业单位预算外资金、国营企业及其主管部门提取的各种专项基金、其他没有纳入预算管理的资金、集体个私企业缴纳所得税后的当年利润收入，按10%费率计征国家预算调节基金。1992年10月1日起，平和属于省定的贫困县暂免征预算调节基金，1994年起，除国有企业外的其他单位复征。1995年1月起集体和个私企业，1996年1月起行政事业单位等部门相继停征预算调节基金。1989—1995年，全县征收国家预算调节基金211.46万元。

基础设施建设附加费 1993年1月1日起，凡缴纳增值税、消费税、营业税的单位按税额的一定幅度同时征收基础设施建设附加费，分别由国税部门和地税部门随同营业税、增值税、消费税一并征收，2000年9月停征。1993—2000年，平和县国税征收基础设施建设附加费329.2万元。

1989—2007年平和县国税局收入情况表

表20-2-1 单位：万元

年份	中央局									国家基金		
	产品税	增值税	消费税	营业税	奖金税	车购税	企业所得税	个人收入所得税	外商投资和外国企业所得税	重点建设基金	国家预算调节基金	基础建设附加费
1989	325.7	422.5		546.2	1		154.8	30.8		89	51	
1990	359.1	408.8		503.6	4		206.8	26.5		73	46	

续表 20-2-1

年份	中央局									国家基金		
	产品税	增值税	消费税	营业税	奖金税	车购税	企业所得税	个人收入所得税	外商投资和外国企业所得税	重点建设基金	国家预算调节基金	基础建设附加费
1991	413.2	842.6		556.6	2		188.9	32.9		81	55	
1992	377.7	1120		600	32		341.3	48.6		59	40	
1993	369.4	1970.2		712.7			305.1	63.3		17	12	25.7
1994		2114.9	5.2	536.4			199.9	83.1				70.4
1995		2032.4	1.7				7.1	194.9				4
1996		1946.9	1.5				33.4	139.1				23
1997		2157.1	1	110.7			21.1					43.3
1998		2349.6	0.6	128.3			4.6		5.7			63.6
1999		2722	0.2	114.3			16.6	1	6.3			62.2
2000		2616.8	0.5	131			39.5	179.4	2.3			37
2001		2726.7	0.5	90.6		99.12	168.5	311.1	15.5			
2002		3033.1	0.7	32		119.19	282.1	294.1	2.7			
2003		3205.6	5.4			117.2	268.6	330.2	28			
2004		3381.4	12.8			97.58	389.3	394.9	33.8			
2005		3743.1	25.8			131.9	93.5	102.2	66.1			
2006		4731.9	23.62			112.68	217.78	425.8	101.3			
2007		7526.9	18.9			85.63	561.3	582.7	30.8			

第三节 地方税费征收

实行分税制后，地方税务局管征的税收有 12 种，各种费金 10 种。

一、地方税

营业税 1994 年，对县城月营业额 1500 元以上，乡镇以下营业额 1000 元以上的纳税人征收营业税。2005 年起，营业税起征点统一提高到月营业额 5000 元或次（日）营业额 100 元以上。月营业额 5000 元，次（日）营业额 100 元以下的营业行为免征营业税。1994—2007 年，平和县地税部门征收营业税 23431 万元。

资源税 1994 年 1 月 1 日起，凡在境内开采应税矿产品的单位和个人或生产盐的单位和个人为资源税的纳税人；收购未税矿产品的单位（包括独立矿山、联合企业和其他收购未税矿产品的单位）为资源税的扣缴义务人。1994—2007 年，全县资源税征收 146.6 万元。

企业所得税 1994 年起，地税部门向地方国有企业、集体企业和私营企业开征企业所得税，主要实行查账征收和核定征收两种方式。1994—2007 年，全县地税部门征收企业所得税 3304 万元。

个人所得税 1994 年，开征个人所得税纳税对象为工资、薪金所得；个体工商户经营所得；企事业单位的承包经营、承租经营所得；劳务报酬及稿酬所得；特许权使用费所得；利息、股息、红利所得；财产租赁、转让所得；偶然所得及其他所得等 11 类。除存款利息所得税归中央税外，其余的个人所得税归地方税征管。1994—2007年，全县地税部门征收个人所得税11682万元。

城市维护建设税 1989年，城市维护建设税的纳税义务人为缴纳产品税、增值税和营业税的单位和个人。1994年税制改革后，城市维护建设税的纳税义务人改为缴纳增值税、消费税和营业税的单位和个人（外商投资企业和外国企业除外）。以其实际缴纳的增值税、消费税和营业税的税额为计税依据。以纳税人所在的地区不同，分别按7%、5%和1%税率计征。1989—2007年，全县地税部门征收城市维护建设税2641.7万元（其中分税制前的税务局征收350.7万元）。

固定资产投资方向调节税 1991年开征固定资产投资方向调节税。根据基本建设和更新改造两大项目的实际完成投资额，按照投资项目的不同用途，分设30%、15%、10%、5%和零税率等5个档次计征税收。1992年9月起，对省定大型商业网点建设、省定贫困地区和经济开发区的投资项目，实行从低从优的原则征收投资方向调节税，2001年停止征收。1992—2000年，平和县地税部门征收固定资产投资方向调节税310.9万元（其中分税制前已入库78.1万元）。

印花税 1989年，凡是书立、领受应税凭证的单位和个人均为印花税的纳税人。征税范围主要有：合同凭据、权属转移书据、营业账簿和权利许可证照以及经财政部确定应税的其他凭证等五大类。印花税由地税部门征管。1989—2007年，全县征收印花税534万元（其中分税前入库50.4万元）。

城镇土地使用税 1989年起，在城市、县城、建制镇范围内使用土地建设的单位和个人，按其实际建设占用土地面积缴纳城镇土地使用税。平和县的土地分为2档4个等级课税。县城1—4级土地分别依次按每平方米0.7元、0.5元、0.4元、0.3元；建制镇按0.5元、0.4元、0.3元、0.2元的税额从量计征。1989—2007年，全县征收城镇土地使用税440.8万元（其中分税前入库60.4万元）。

房产税 1990年开征房产税，以城市、县城、建制镇和工矿区的房屋为征税对象。按照房屋的计税余值或出租房屋的租金收入按年计算征收，按月或按季度缴纳。房产税归地方税务部门征管。1990—2007年，全县征收房产税2208.6万元（其中分税前入库179.1万元）。

车船使用税 1989年，对国内拥有并使用车船的单位和个人征收车船使用税；对外商投资企业等涉外单位和个人征收车船使用牌照税。车船使用税（牌照税）由地税部门征管。2007年1月1日起，车船使用牌照税和车船使用税合并为“车船税”，统一适用于包括外资企业和外籍个人在内的各类纳税人。1989—2007年，全县征收车船使用税、车船使用牌照税、车船税542.1万元（其中，分税前入库63.2万元）。

屠宰税 屠宰税是老税种，征税办法几经调整，曾经并入工商税及产品税。1994年税制改革时，屠宰税管理权限下放到地方，对经营应税牲畜的单位和个人在屠宰环节，按每头猪10元、牛15元、羊2元的标准计征屠宰税。2003年1月1日停征。1989—2002年，全县征收屠宰税785.66万元（其中分税前入库59.66万元）。

土地增值税 1994年1月1日开征土地增值税。纳税义务人为转让国有土地使用权、地上建筑物及其附着物（简称“房地产”）并取得收入的单位和个人。1994—2007年，全县征收土地增值税418.5万元。

二、各类费金

基本养老保险费 平和县自2001年1月1日起，由地税部门负责征收城镇企业职工基本养老保险费。形成“地税征收，财政监管，社保发放”的社保基金管理体制。2001—2007年，全县征收社会基本养老保险费9511.3万元。

失业保险费 2001年，地税部门负责征收失业保险费。2001—2007年，全县征收失业保险费1028.5万元。

教育费附加 教育费附加的缴费人为凡有缴纳产品税、增值税和营业税的单位和个人。对农业、乡镇企业，由乡镇人民政府征收农村教育费附加。对直接从事卷烟生产与经营烟叶产品的单位减半征收教育费附加。外商投资企业及外国企业暂不缴纳教育费附加。1989年，教育费附加按各单位和个人实际缴纳的增值税、营业税、产品税的税额附加1%。1990年8月起按2%费率征收。1994年，按单位和个人实际缴纳的增值税、营业税和消费税税额的3%，由地税机关负责征收。1989—2007年，全县征收教育费附加1596.43万元（其中分税前入库196.23万元）。

地方教育附加 2002年1月1日起，从事生产经营的地方企事业单位和个人（包括中央与地方合资企业、省内外合资企业和“三资”企业）应缴纳地方教育附加。地方教育附加按各单位和个人实际缴纳的增值税、营业税和消费税税额的1%，由地税部门连同“三税”一并征收。已向乡镇政府缴纳农村教育费附加的单位和个人不再征收地方教育附加。

文化事业建设费 1997年1月1日起，凡按规定缴纳娱乐业、广告业务营业税的单位和个人（包括外商投资企业、外国企业和外籍个人）在缴纳营业税时应按营业额的3%计缴文化事业建设费。截至2006年，共征收文化事业建设费11万元。

对中央直属单位及其所属企事业单位征收的文化事业建设费，由县地税机关征收后全额上缴中央金库；对地方单位和个人征收的文化事业建设费全额缴入省级金库，纳入财政预算管理，建立专项资金用于文化事业建设。

基础设施建设附加费 1993年1月1日开征基础设施建设附加费。按各单位和个人实际缴纳产品税、增值税、营业税和工商统一税税额的3%，分别由国税部门和地税部门征收。1994年，改为按实际缴纳增值税、营业税税额的5%和消费税税额的2.5%征收基础设施建设附加费。2000年9月停征。1993—2000年，县地税部门征收166.4万元。

社会事业发展费 1994年7月1日起，从事商业批发企业按销售总额的1‰、其他从事生产经营的单位和个人按营业总额2‰的费率开征社会事业发展费（1996年2月1日起，外商投资企业和外国企业降低15%计征）。2002年停征。1994—2001年，征收社会事业发展费475.9万元。

以工建农、以工补农资金 平和属于省定贫困县，从1991年7月1日开始，按乡镇企业销售（营业）收入的0.5%（批发企业减半）征收以工建农、以工补农资金。2001年6月停征。1991—2001年，征收55万元（其中分税前入库8.4万元）

残疾人就业保障费 残疾人就业保障费自1994年开始，由残疾人联合会直接征收。2005年，经平和县人民政府批准，机关、团体、企事业组织、城乡集体经济组织安排残疾人就业比例不足的单位，按本单位在职职工年人均收入的60%费率，委托地税机关征收残疾人就业保障费。2005—2006年，县地税部门征收63.7万元。

工会经费 2007年7月1日起，平和县辖区内的所有企业、企业化管理的事业单位、各类经济组织、民办非企业单位以及其他经营实体（暂不包括省级产业系统所属单位），依法应缴纳的工会经费（建立工会组织的单位应拨款40%给上级地方工会的经费）委托县地税机关代征代管。2007年，征收工会经费11万元。

1989—2007年平和县地税局地方税收入情况表

表20-2-2　　单位：万元

年份	营业税	资源税	企业所得税	个人所得税	城市维护建设税	固定资产投资方向调节税	印花税	城镇土地使用税	房产税	车船使用税	屠宰税	土地增值税
1989	546		83	14	32		7			9		
1990	504		149	21	31		9			10		
1991	557		47	19	69	29	5			10		
1992	600		96	32	61	20	6	11	30	12		

续表 20-2-2

年份	营业税	资源税	企业所得税	个人所得税	城市维护建设税	固定资产投资方向调节税	印花税	城镇土地使用税	房产税	车船使用税	屠宰税	土地增值税
1993	712		118	69	107	57	16	16	40	15		
1994	793	1	37	151	112	43	20	25	56	20	38	
1995	752	0.1	37	361	149	41	19	10	32	28	61	
1996	1207	0.2	42	531	105	36	13	14	52	24	76	
1997	1307	1	99	693	151	39	16	28	128	25	100	
1998	1297	0.5	112	1089	152	37	15	32	128	32	114	19
1999	1490	0.2	158	1229	166	28	19	21	162	44	106	0.2
2000	1548	0.4	178	974	204	18	22	23	136	71		
2001	1677	0.1	717	1036	126	1	21	33	123	19	74	5
2002	1705	1	159	933	151		20	23	167	18	94	4
2003	1681	17	417	795	171		31	24	220	40		4
2004	1844	30	329	666	165		39	19	185	32		9
2005	2234	24	256	926	171		61	28	224	27		52
2006	2678	27	305	1257	260		73	51	210	42		162
2007	3218	45	458	1041	276		125	91	224	78		144

1989—2007 年平和县地税局各种费金收入情况表

表 20-2-3 单位：万元

年份	基本养老保险费	失业保险费	教育附加费	地方教育附加	文化事业建设费	基础设施建设附加费	社会事业发展费	以工建农以工补农资金	工会经费	残疾人就业保障费
1989										
1990										
1991										
1992										
1993			36			26		2		
1994			33							
1995										
1996			24			44	73			
1997			21		0.2	28	47	7		
1998			20		0.6	9	36	4		
1999			104		1	19	42	4		
2000			42		1	19	69	8		
2001	1105	78	84		1	2	123			

续表 20-2-3

年份	基本养老保险费	失业保险费	教育附加费	地方教育附加	文化事业建设费	基础设施建设附加费	社会事业发展费	以工建农以工补农资金	工会经费	残疾人就业保障费
2002	910	119	95	29	1	1	26			
2003	912	202	102	32	1					
2004	987	169	115	38	2					
2005	1956	177	131	50	2					
2006	2636	152	140	63	2					4
2007	1500	168	208	95	5				11	30

第四节 管 理

一、机构

（一）平和县税务局

1989 年，县税务局内设秘书股、税政股、计划会计股、征管股、人教股、监察股、稽查队和直接征收所；下设小溪、山格、南胜、坂仔、国强、安厚、大溪、霞寨、九峰、芦溪等 10 个税务所和文峰、五寨、崎岭、长乐 4 个税务站及九峰税务检查站，人员 146 人。1990 年，税务局秘书股改称税务局办公室，文峰税务站改为文峰税务所。1992 年，崎岭税务站提格为崎岭税务所，税务局增设发票管理所。1993 年，增设秀峰税务站。干部职工 184 人。1994 年 9 月，平和县税务局撤销，实行分税制。

（二）平和县国家税务局（简称“县国税局”）

县国税成立于 1994 年 9 月，县局内设办公室、人教科、监察室、税政科、计财科、计算机信息中心和稽查分局，下设小溪、九峰 2 个国税分局和文峰、山格、五寨、南胜、坂仔、国强、安厚、大溪、霞寨、崎岭、芦溪、长乐、秀峰 13 个税务所，人员 99 人。2004 年，国税局内设办公室、税政征管科、财务科、人事教育科、监察室、计划征收科、稽查局和信息中心；下设小溪、南胜、坂仔、九峰、大溪、山格、霞寨 7 个国税分局。2007 年，县国税局机构经改革后设置为办公室、综合业务科、征收管理科、计划征收科、人事教育科、监察室和财务科；直属行政机构为国税局稽查局；直属事业单位有信息中心；下设小溪、坂仔、九峰、山格 4 个基层税务分局。2007 年年底，国税局干部职工 80 人，合同工 14 人。

（三）平和县地方税务局（简称“县地税局”）

县地税局成立于 1994 年 9 月，内设办公室、人教股、计财股、税政股、监察股和稽征股；下设小溪地税分局和山格、文峰、五寨、南胜、坂仔、国强、安厚、大溪、霞寨、崎岭、九峰、长乐、秀峰、芦溪等 14 个地税所，人员 85 人。1996 年，地税稽征股改为稽查分局和征收管理股 2 个机构。1998 年，九峰地税所升格为九峰地税分局。

2001 年，地税机构改革，局内设办公室、人教股、计财股、税政社保股、信息技术股、征管法规股、监察室和直属稽查局；下设小溪、九峰、山格、坂仔、大溪 5 个地税分局和文峰、南胜、霞寨、长乐、芦溪 5 个税务所。2007 年，增设规费征管科，税政社保股改为税政管理科。下设派出机构不变。

二、税收稽查

1989年，平和县税务局设立稽查队，负责税务稽查工作。1994年9月，成立平和县国家税务稽查分局（副科级）和平和县地方税务局稽征分局，负责征收管理工作。

1997 年，逐步实行分类稽查管理办法，对全县企业根据其财务管理水平，以往的纳税申报与稽查结果记录等综合情况划分为 A、B、C 三类，并在稽查管理上采取相应的区别管理方式。1998 年起，税务检查转入日常检查、专案检查和专项检查。稽查局于每年上半年组织对全县企业所得税上年度的纳税情况进行汇算清缴。

1999 年起，稽查分局改称稽查局，每年组织开展一次纳税户财务、物价状况及纳税情况的检查（统称税收、财务、物价三大检查工作）。

三、税源扶持与监控

1989 年起，税务部门发挥自身优势与特点，帮助企业在经营、财务、核算和分配等方面把关，促使企业增产增收，国家增税增收；根据政策精神和税收法规，落实下岗再就业、小型微利企业、种植业和“三资”企业等税收优惠措施；规范税收执法行为，营造依法诚信纳税氛围；遵照国家税收减免权限的有关规定，按程序报批减免税。1989—2007 年，全县审批减免税 5412.7 万元，用于“放水养鱼”扶持税源发展。

1989—2007 年，税务部门通过税务登记工作，增值税一般纳税人认定管理和纳税申报管理，包括税源登记、验证、核定等环节，做好对固定税源的控管，对新开业的纳税户，税务机关及时做好税务登记并准确核定应征税种、适用税率和应纳税额，及时掌握税源变化情况。对歇业、停业、破产和改组、合并、兼并、转业的税源户重新给予核定登记。税务部门建立重点税源联系制度，定期组织人员走访重点税源企业，强化重点税源台账管理。对生产经营规模、上缴税收比重较大的企业和重点税源利用网上直报软件系统进行监控。还通过动态掌握重点企业的税源变化情况，不定期开展户籍清理，清理漏征漏管户，完善发票管理制度等，加强税源监控管理。

四、纳税大户表彰

1998 年起，平和县委、县政府逐年对国有企业、集体企业、乡镇企业、“三资”企业、民营企业中涌现的纳税大户，予以表彰，颁发奖状、奖金。

1989—2007 年平和县国税纳税大户（前 5 名）名录表

表 20-2-4　　单位：万元

年份	企业名称	纳税额
1989	平和山格糖厂	97.7
	平和一糖厂	89.7
	平和农用车厂	87.7
	平和二糖厂	63.2
	平和电力公司	19.8
1990	平和一糖厂	171.5
	平和山格糖厂	73
	平和农用车厂	61.8
	平和电力公司	27.9
	平和二糖厂	22.3
1991	平和农用车厂	287

续表 20-2-4

年份	企业名称	纳税额
1991	平和二糖厂	220.8
	平和一糖厂	182.1
	平和山格糖厂	70.5
	平和电力公司	29.4
1992	平和二糖厂	171.8
	平和一糖厂	158.3
	平和山格糖厂	131.1
	平和农用车厂	52.6
	平和电力公司	43.8
1993	平和农用车厂	946
	平和二糖厂	235
	平和一糖厂	234
	平和山格糖厂	83
	平和罐头厂	56.9
1994	平和农用车厂	674
	平和一糖厂	197.7
	平和二糖厂	176.7
	平和山格糖厂	153
	平和电力公司	101.7
1995	平和农用车厂	460
	平和罐头厂	216
	平和一糖厂	158
	平和二糖厂	147
	平和电力公司	90.1
1996	平和罐头厂	261
	平和农用车厂	198.6
	平和电力公司	147.1
	平和二糖厂	101
	平和一糖厂	72
1997	平和电力公司	233
	平和罐头厂	186
	平和烟草公司	83.4
	平和金鸿通信服务部	53.5
	平和一糖厂	52
1998	平和电力公司	250.3
	平和罐头厂	239.2

续表 20-2-4

年份	企业名称	纳税额
1998	平和烟草公司	102.4
	平和农用车厂	47.4
	平和金鸿物业公司	37.7
1999	平和罐头厂	270
	平和电力公司	259.6
	平和烟草公司	99.5
	福建跃劲服装有限公司	62.9
	平和二糖厂	48
2000	平和电力公司	469.9
	平和罐头厂	218.3
	平和烟草公司	130.5
	平和荣昌纸品制造厂	50.3
	平和农用车制造有限公司	29.5
2001	平和电力公司	465.2
	平和烟草公司	291
	福建跃劲服装有限公司	120.2
	平和罐头厂	113.7
	平和荣昌纸业制品厂	88.1
2002	平和电力公司	528.4
	平和烟草公司	290.6
	平和罐头厂	220
	九峰宏兴纸品厂	68.4
	平和葫芦山纸品有限公司	66.7
2003	平和电力公司	754.9
	平和烟草公司	239.6
	漳州斯尔兰服饰织造有限公司	176
	福建省平和宝峰罐头食品有限公司	135
	漳州霖和良坝水电有限公司	128.6
2004	平和电力公司	804
	平和烟草公司	638.2
	平和小溪葫芦山纸品有限公司	147.1
	漳州霖和良坝水电有限公司	123.1
	平和县方圆纸业制品厂	105.1
2005	福建省平和电力公司	770.7
	漳州霖和良坝水电有限公司	213.8
	平和县方圆纸业制品厂	178.1

续表 20-2-4

年份	企业名称	纳税额
2005	福建省平和葫芦山纸品有限公司	151.2
	福建省平和宝峰罐头食品有限公司	150
2006	福建省平和电力公司	925
	漳州霖和良坝水电有限公司	349.6
	福建省平和宝峰罐头食品有限公司	183.9
	漳州震元纸品有限公司	152.6
	漳州斯尔兰服饰织造有限公司	134.9
2007	福建省平和电力公司	1,027
	福建省平和宝峰罐头食品有限公司	303
	福建省天棋美术品有限公司	276
	漳州霖和良坝水电有限公司	213
	平和县正林铜业有限公司	182

注：1989-2004 年为国税、地税合并期

1995—2007 年平和县地方税纳税大户（前 5 名）名录表

表 20-2-5 单位：万元

年份	企业名称	纳税额
1995	平和县电信局	128
	平和县电力公司	65
	平和县邮政局	35
	中国农业银行平和县支行	28
	平和县罐头厂	25
1996	平和县电信局	145
	福建省平和电力公司	71
	平和县罐头厂	41
	平和县烟草公司	38
	中国农业银行平和县支行	35
1997	平和县电信局	195
	福建省平和电力公司	73
	中国工商银行平和县支行	68
	平和县罐头厂	43
	平和县市政建筑工程公司	39
1998	平和县市政建筑工程公司	270
	平和县电信局	205
	福建省平和电力公司	75
	平和县移动通信公司	43
	中国农业银行平和县支行	39

续表 20-2-5

年份	企业名称	纳税额
1999	平和县电信局	324
	平和县市政建筑工程公司	296
	福建省平和电力公司	79
	中国工商银行平和县支行	74
	平和县邮政局	70
2000	平和县电信局	229
	平和县移动通信公司	133
	福建省平和电力公司	121
	中国工商银行平和县支行	78
	平和县市政建筑工程公司	74
2001	福建省平和合成氨厂	209
	中国建设银行平和县支行	207
	中国人民财产保险公司平和县支公司	145
	平和县邮政局	80
	中国建设银行平和县支行	74
2002	平和县电信局	278
	福建省平和电力公司	206
	福建移动通信有限公司平和分公司	118
	平和县邮政局	71
	平和县电信局	54
2003	平和县电信局	282
	福建省平和电力公司	242
	福建移动通信有限公司平和分公司	128
	平和县邮政局	69
	中国农业银行平和县支行	57
2004	福建省电信有限公司平和县分公司	193
	漳州金威龙房地产开发有限公司	135
	福建移动通信有限责任公司平和分公司	126
	福建平和城市建设投资开发有限公司	72
	中国农业银行平和县支行	53
2005	福建电信有限公司平和分公司	293
	福建平和城市建设投资开发有限公司	248
	福建省平和电力公司	170
	福建移动通信有限责任公司平和分公司	161
	漳州金威龙房地产开发有限公司	130

续表 20-2-5

年份	企业名称	纳税额
2006	福建电信有限公司平和分公司	277
	中国移动通信集团福建有限公司平和分公司	216
	平和县金盛房地产开发有限公司	186
	福建省平和电力公司	178
	福建新新房地产开发有限公司平和分公司	171
2007	福建中顺房地产开发有限公司	515
	福建新新房地产开发有限公司平和分公司	303
	中国移动通信集团福建有限公司平和分公司	275
	福建电信有限公司平和县分公司	228
	漳州金威龙房地产开发有限公司	216

第三章 金融

第一节 金融体制

1989 年，平和县金融业仍然按照行业业务种类划分而设立相应专业的金融机构，主要有：中国人民银行平和县支行、中国农业银行平和县支行、中国人民建设银行平和县支行、中国工商银行平和县支行等 4 家国有银行和平和县信用合作社以及中国人民保险公司平和县支公司。

1996 年，国有专业银行全部改制成商业银行。商业银行则打破行业业务种类的限制，实行市场竞争。体制改革后，平和县有中央银行 1 家、政策性银行 1 家、商业银行 5 家和 2 家保险公司。

一、中央银行

中国人民银行平和县支行（简称“县人民银行”） 是中央银行在平和的派出机构，也是县级银行的管理银行，地址在县城小溪镇东大街。县人民银行承担贯彻落实金融宏观调控措施，执行和传导货币信贷政策，维护县域金融稳定，组织提供金融服务，推进农村金融改革与发展，以及外汇管理等职能。实行上级行垂直领导。1998 年，县人民银行党组织也一并转移到中共中国人民银行漳州市分行党委会，对基层支行党的组织关系实行垂直管理，对干部实行垂直管理。

二、政策性银行

中国农业发展银行平和县支行（简称“县农发行”） 县农发行成立于 1997 年 3 月，干部职工 17 人。是中国农业发展银行下属的县级支行，也是平和县唯一的一家农业政策性银行，地址在县城小溪镇河滨南路。其业务服务地区包括平和县和南靖县。县农发行按照国家的法律、法规和方针、政策，以国家信用为基础，筹集农业政策性信贷资金，承担国家规定的农业政策性和经批准开办的涉农商业性金融业务，代理财政性支农资金拨付，为农业和农村经济发展服务。县农业发展银行在业务上接受县人民银行和银监会平和办事处的指导和监督。

2005年9月，中国农业发展银行漳州市分行实行一级经营改革，把原县支行的一级管理、一级经营职能改为由漳州市分行一级管理和经营。县农发行不再是一级管理、一级经营机构。县农发行干部职工精简为12人。

三、商业银行

中国农业银行平和县支行（简称县农行）　1989年，县农行沿设在县城小溪镇东大街。机关设置12个股室，各个乡镇设有营业所，包括县支行营业部及县城储蓄所共有20个营业网点。全行员工163人。还有归属县农行管理的平和县信用合作社联合社以及设在各乡镇的14家信用社160名员工。是县内基层网点最多、职工队伍最庞大、服务最广的金融机构。县农行统一管理全县支农资金，集中办理农村信贷，筹集农村闲散资金，组织协调农村货币流通，发展农村金融事业，对平和县信用合作社实行政策领导、业务指导和财务管理。

1996年9月，根据国务院农村金融体制改革的精神，县农行与农村信用社正式剥离行政隶属和管理关系。1997年3月，平和县成立农业发展银行，原县农行承担的农业政策性业务以及部分人员和财产划转归农业发展银行。中国农业银行平和县支行正式转变为国有商业银行，实行放开经营。县农行根据商业经营需要，不断调整和压缩内设机构和经营网点。2000年，农行将各乡镇的营业所改为分理处，同时撤销原五寨、长乐、国强、崎岭等4个乡镇的营业所。全行经营网点压缩为16个，县支行机关股室压缩为8个。

2005年起，农行文峰、南胜、芦溪等3个乡镇分理处及县城4个储蓄所相继撤销，保留城关、山格、霞寨、坂仔、安厚、大溪、九峰等7个乡镇分理处及支行营业厅和县城城西分理处（原储蓄所升格）等9个营业网点。县支行机关设置计划财务部、风险资产经营部、业务部、客户部、综合部等5个职能部门。全行员工精简为123人。

中国建设银行股份有限公司平和支行　原名中国人民建设银行平和县支行（简称“平和建行”），地址在县城小溪镇东大街。是以国家基本建设为服务项目，管理基本建设资金预算、支出；办理基本建设拨款、贷款、存款和决算；进行财务监督的专业银行。1989年，平和建行内设人秘、业务、储蓄、会计等4个股室，在县城设立东街、琯城、新村、东金、利民等5个储蓄所。全行职工31人。

1996年3月，平和建行完成从国家专业银行转变为国有商业银行的改革。原中国人民建设银行平和县支行更名为中国建设银行福建省平和县支行。实行放开经营银行业综合业务。县支行内设办公室、业务科、会计科、储蓄科和房地产信贷部等5个科室（部）；同时在县城及坂仔镇分别增设1个“新生”储蓄所。干部职工增加到88人。

2004年12月，中国建设银行实行股份制改制重组。中国建设银行福建省平和县支行更名为“中国建设银行股份有限公司平和支行”。

改制后平和建行内设机构变更为办公室、客户部和营业部3个职能机构。撤销各处储蓄所，归并于县城东大路平和支行营业厅集中营业。2007年，平和建行全部员工精简为29人。

中国银行股份有限公司平和支行　原称中国银行平和支行（简称“平和中行”），成立于1989年9月，1990年3月正式对外营业。平和中行是中国银行的分支机构，属县级支行，隶属中国银行漳州分行管辖。原为国家外汇外贸专业银行。县支行内设人秘、信贷计划、会计出纳、存汇、保卫等5股室。先后在县城设立民主街储蓄所、吉昌储蓄所（2001年升格为分理处）、德利储蓄所和支行营业厅等4处营业网点。干部职工22人。1994年，中国银行改革为独资商业银行。实行综合经营。2005年6月，中国银行实行股份制改造，中国银行平和支行更名为“中国银行股份有限公司平和支行”。内设综合管理部，分设助理人力资源、助理财务、助理客户等职能机构；撤销各处储蓄所和分理处，统一在支行营业厅（小溪镇东大街244号）集中营业。2007年，全行员工25人。

中国工商银行平和县支行（简称“县工行”） 县工行址在平和县小溪镇东大街。是以工商企业单位、党政机关、企事业单位为服务对象的专业银行。主要办理工商企业单位存款、贷款、现金汇兑、结算等业务，还受党政机关、企事业单位委托代收代付、代理存款、债券收兑与金银配售等业务。1989年有干部职工92人；内设办公室及人事、计划、信贷、储蓄、会计、出纳和保卫等8个科室；在县城设立中心储蓄所、东大储蓄所、城关储蓄所、府前储蓄所、解南储蓄所、银电储蓄所、镇新储蓄所以及在山格镇设山格储蓄所、在坂仔镇设坂仔储蓄所等9处营业网点。

1994年，县工行推行向商业银行转变的改革，实行综合经营。先后在县内2个乡镇设立2个工行代办点，开展代办储蓄业务。员工增加到114人。1998年，加快向商业银行转变，由原来内设9个科室精简为办公室、信贷科、存款科、业务科等4个科室；撤销解南储蓄所，保留8处储蓄所，员工达到121人，为历史最多的年份。

2000年8月，中国工商银行平和县支行因不良贷款率较高及连续三年亏损被撤销。工行（含所属储蓄所）的人民币储蓄存款业务移交中国邮政储汇局平和支局；外币储蓄存款、对公存款及一部分债权转让给中国银行平和支行，69名员工分别被分流到工商银行漳州市区及南靖、龙海、漳浦、长泰等县支行，或办理内退等方式下岗。

2002年12月，中国工商银行漳州市分行在原工行平和县支行旧址设立小溪分理处，历时3年。2006年2月，工行小溪分理处撤销，所有业务归并到工商银行南靖县支行核算与管理。

农村信用合作社 1989年，平和县设在各乡镇的信用合作社有14家，员工160人，为集体所有制性质的农村合作金融组织。分别隶属于所在乡镇的中国农业银行平和县支行各营业所领导和管理。全县信用合作社社员47115户，社员股金164.29万元，占信用社总资本的66.77%。1995年5月，成立平和县信用合作社联合社（简称“县信用联社”），负责管理各乡镇的信用社。县信用联社也隶属于县农行领导。由县农行副行长兼任县信用联社理事会主任。同年7月起，改由县农行行长兼任县信用联社理事会主任。县农行设立信用合作股与县信用联社实行“两块牌子，一套人员”管理全县信用合作社的经营运作。

1996年9月，根据国务院关于金融体制改革的精神，县信用联社与农行脱钩，成立独立企业法人的集体所有制金融企业，更名为“平和县农村信用合作社联合社”。设在各乡镇的信用合作社同时与所在的农行营业所分离，归属于县农村信用联社领导和管理。实行分级法人，统一管理的运作模式。行业先隶属于中国人民银行漳州市中心支行领导，后改为由中国银行业监督管理委员会漳州分局领导。

2004年12月，根据国务院关于深化农村信用社改革试点方案的精神，平和县农村信用社再次启动组建全县统一法人的体制改革。2006年10月，全县各乡镇基层信用社取消独立企业法人资格，组建成立县统一企业法人的平和县农村信用合作联社，归属福建省农村信用社联合社垂直管理，经济性质由集体所有制改革为股份合作制企业，地址设在平和县小溪镇龙溪路56号。

2006年改制后，平和县农村信用合作联社股东数为3518户，股份2000万股（金额2000万元），占信用社企业总资金的100%，逐步向农村商业银行过渡。

四、保险业

中国人民保险公司平和县支公司 1989年，中国人民保险公司平和县支公司是全县唯一的国有金融保险机构，规格为科级单位。地址设在小溪镇东大街41号。公司内设人秘计财股、业务股、人身险股等3个股室，干部职工15人。主要经营险种有企业财产险、家庭财产险、运输工具险、货运险、农业险及人身险等保险业务。1992年，公司内设机构变更为人秘股、计财股、人险股、业务股和网管股等5个股室。人员31人。

1996年4月，中国人民保险公司平和县支公司分家析产，分别成立中保财产保险公司平和县支公司和中保人寿保险公司平和县支公司，实行市场化、商业化经营。

中国人民财产保险股份有限公司平和县支公司（简称“县财险公司”） 原名中保财产保险公司平和县支公司，成立于1996年4月。内设有人秘计财科、业务科、财险科等3个科室。干部职工18人。主要保险种类有企财险、家财险、运输工具险、农业险、货运险及涉外险等。

1998年，中保财产保险公司平和县支公司更名为“中国人民财产保险公司平和县支公司”；2001年3月再次更名为“中国人民保险公司平和县支公司”。

2003年11月，保险行业进行股份制改革，中国人民保险公司平和县支公司改称“中国人民财产保险股份有限公司平和县支公司”，地址仍在小溪镇东大街41号。2007年，公司内设综合计财部、营业一部、营业二部、营业三部和客户服务部等，员工26人。主要保险种类有车险、企财险、家财险、货运险、责任险、意外险等。

中国人寿保险股份有限公司平和县支公司（简称“县寿险公司”） 原是1996年由中国人民保险公司平和县支公司分家析产成立的中保人寿保险公司平县支公司。公司设置综合、业务、计财等3个科室，在编干部职工9人，同时分别在各乡镇设立14个人寿保险代办站，聘用代办站业务员48人，协保员30人。主要开展人寿养老保险、少儿保险、理财保险、健康保险、定期寿险、终身寿险和意外保险等业务。

2003年6月实行股份制改革，中保人寿保险公司平和县支公司更名为“中国人寿保险股份有限公司平和县支公司”。内设办公室、个人险销售部、团体险销售部、客户服务部和中介代理部等，以及霞寨、九峰、芦溪、秀峰、南胜、坂仔、安厚、山格、文峰等9个乡镇营销服务部（乡镇保险代办站撤销）和公司中心服务部。

2006年5月后，县寿险公司搬迁至小溪镇迎宾路新邮政大楼附属楼办公；正式干部职工7人，下设10个营销服务部，聘用营销员200名。

附：邮政储蓄

平和县邮电局于1987年开办邮政储蓄业务。1989年，县邮电局成立储汇股，专职从事邮政储蓄工作，配备从业人员4名；先后设立平和县邮电局安厚、南胜、霞寨、文峰、山格、九峰、坂仔、国强以及县城建设路、中西街等11个邮政储蓄专柜，从事储蓄存款和代收代付等金融服务业务。

1998年9月，平和县邮电局分家为平和县邮政局和平和县电信局，邮政储蓄业务及其从业人员划归县邮政局管理。全县11个邮政储蓄专柜名称均冠以平和县邮政局。1999年，县邮政局撤销储汇股，成立邮政储汇中心。2000年县工行撤销时，原工行居民储蓄存款业务移交由邮政储蓄接手经营。原工行中心储蓄所、银电储蓄所、建设储蓄所、城关储蓄所等4处储蓄所由就近的邮政储蓄专柜兼并。2004年，邮政储汇中心升格为邮政局储汇分局，址在平和县小溪镇迎宾路县邮政局综合大楼。2007年，全县邮政储蓄从业人员达到103人。

第二节　银行业务

一、存款

1989—1992年，受亚洲金融风暴的影响，信贷资金紧缺，中国人民银行平和县支行协调金融机构各行、社，大力组织存款，壮大信贷资金来源，平衡信贷收支。银行存款执行“存款自愿，取款自由，存款有息，为储户保密”的政策。1989年，县人民银行批准增设5家储蓄网点，方便客户存取业务。同时在各个储蓄所建立储蓄承包经营责任制，调动储蓄工作人员积极性，通过延长工作时间，改善服务态度，提高服务质量等途径增加吸储资金。全县金融机构各项存款9743.5万元，比1988年增加1565.9万元，增长 19.1%。1990 年，全县存款余额首次超亿元，达到 13194.3 万元，比 1989 年增长 35.4%。1991 年，各项存款金额 17131.9 万元，比 1990 年增长 29.8%。1992 年，存款余额 21738.6 万元，比 1991 年增长 26.9%。在一定程度上壮大信贷资金实力，起到稳定物价，抑制通货膨胀的作用。

1993 年，利用央行二次调高存贷款利率的时机，广泛开展储蓄宣传活动，各项存款余额 25911.7 万元，比上年增长 19.2%。

1994 年，县人民银行批准增设 19 家储蓄网点，全县存款余额达到 43777 万元，增幅达 68.9%。1995 年和 1996 年，各项存款余额也分别比上年度增长 31.9% 和 24.7%。

1999 年 11 月 1 日，国家开征个人储蓄存款利息 20% 比例的所得税。1999 年，全县金融机构各项存款余额首次突破 10 亿元，达到 101737 万元，比上年增长 7.16%。

2001 年 4 月起，全县各金融机构贯彻执行国务院颁布的《个人存款账户实名制规定》，储户在金融机构开立的人民币、外币存款账户，包括活期存款、定期存款、定活两便存款、通知存款以及其他形式的个人存款账户，均用储户本人身份证件上使用的姓名。保证个人存款账户的真实性，保护存款人的合法权益。

2007 年，中国人民银行在一年内连续 6 次上调人民币存款基准利率，同时把个人储蓄存款利息所得税税率由 20% 降至按 5% 计征。从政策上引导货币信贷和投资的增长和金融机制的正常运行。县人民银行及各金融机构采取扩大宣传等措施，加大吸储力度。当年，全县金融机构各项存款余额达到 280723 万元，比 2006 年增长 10.7%。

1989—2007 年平和县金融机构存款余额情况表

表 20-3-1　　单位：万元

年份	全县金融机构存款情况			
	余额	比上年增长 %	其中：储蓄存款	比上年增长 %
1989	9743.5	19.10	4942.5	—
1990	13194.3	35.41	7118.3	44.02
1991	17313.9	31.22	9713.0	36.45
1992	21738.6	25.55	12765.9	31.43
1993	25911.7	19.19	16113.8	26.22
1994	43777.0	68.94	22667.5	40.67
1995	57757.1	31.93	30956.2	36.56
1996	72042.9	24.73	39836.4	28.68
1997	81622.9	13.29	47883.5	20.20
1998	94938.0	16.31	77879.0	62.64
1999	101737.0	7.16	84804.0	8.89
2000	107566.0	5.72	86252.0	1.70
2001	122109.0	13.52	103251.0	19.70
2002	140058.0	14.69	115748.0	12.10
2003	160236.0	14.40	136160.0	17.63
2004	185091.0	15.51	160323.0	17.74
2005	216319.0	16.87	186321.0	16.21
2006	253579.0	17.22	212514.0	14.05
2007	280723.0	10.70	227102.0	6.86

1989—2007 年平和县四家国有商业银行及农村信用社存款余额表

表 20-3-2 单位：万元

年份	工商银行		农业银行		建设银行		中国银行		农村信用社	
	存款余额	其中：储蓄存款	存款余额	其中：储蓄存款	存款余额	其中：储蓄存款	人民币存款	外币存款（美元）	存款余额	其中储蓄存款
1989	3285	2267	4565	2236	1046	479	—	—	2511	2385
1990	3850	2610	6164	3107	1226	676	399	8	3435	3317
1991	5388	3330	7809	4122	2043	1414	747	16	4697	4433
1992	6401	3903	9878	5089	2991	2049	1274	51	6115	5715
1993	6209	4314	11566	6705	3895	2905	1692	88	7653	7090
1994	7568	5384	15506	9105	6485	3764	1977	114	11194	10906
1995	9643	6475	19527	11913	7662	4646	2647	115	14644	14254
1996	11102	7628	20445	14923	10183	6583	4032	126	17074	16609
1997	9010	7182	23702	19760	11123	3753	5234	91	19757	18983
1998	11570	7814	27924	22842	11934	7690	5950	136	23362	21965
1999	10009	6843	31965	25838	12033	8759	7020	95	26600	25020
2000	—	—	35744	29398	13529	10825	8654	149	33522	25043
2001	—	—	41282	35539	20279	13514	11628	186	30518	28369
2002	—	—	46001	37732	24987	15110	10703	161	33094	31478
2003	—	—	54572	44668	23002	17268	14601	142	38583	36697
2004	—	—	66316	52468	23087	17552	14862	120	45395	42950
2005	—	—	71304	58973	27584	18524	17137	111	53522	51075
2006	—	—	84262	67393	30358	19499	19088	134	63682	59452
2007	—	—	95348	72373	34124	20296	22187	76	77324	67052

注：县工商银行 2000 年被撤并，至 2007 年没有业务活动

1989—2007 年邮政储蓄、农发行存款情况表

表 20-3-3 单位：万元

年份	邮政储蓄		农业发展银行	
	存款余额	比上年增长 %	存款余额	其中：专项存款
1989	138	—	—	—
1990	200	44.9	—	—
1991	356	78.0	—	—
1992	810	127.5	—	—
1993	1012	24.93	—	—
1994	1331	31.52	—	—
1995	3814	186.5	—	—
1996	5427	42.3	—	—
1997	7818	44.0	693	191
1998	10034	28.3	168	93

续表 20-3-3

年份	邮政储蓄		农业发展银行	
	存款余额	比上年增长 %	存款余额	其中：专项存款
1999	10035	持平	241	100
2000	15651	55.96	273	105
2001	20037	28.02	202	116
2002	24424	21.89	134	82
2003	29681	21.52	67	22
2004	37665	26.89	413	321
2005	46562	23.62	669	472
2006	53835	15.62	791	572
2007	54985	2.13	1643	510

注：农业发展银行平和县支行于 1997 年成立

二、贷款

1989—1992 年，贷款重点是扶持农业发展的政策性贷款及确保县农用车厂、第一糖厂、第二糖厂；山格糖厂和县合成氨厂、化肥厂等重点国有工业企业资金需要，其余方面则采取有的放矢、收贷结合、择优扶持等限贷措施。全县金融机构贷款余额逐年增加，1989 年为 14023.4 万元，1992 年增至 20938.5 万元。1994 年，货币政策适当宽松，信贷政策也相应调整。在农业方面向重点扶持琯溪蜜柚发展倾斜。当年全县贷款 36870.6 万元，其中农业贷款 10342.9 万元，占贷款总额的 28.05%。工业方面围绕县委提出工业立县的经济发展战略，工业贷款在保持国有工业贷款规模的基础上，重点扶持民营工业发展。1996 年起，县里实施重点项目投资建设和房地产业的发展，人民银行不断调整信贷政策和信贷规模，服务各行业平衡稳健发展。2002—2007 年，贯彻执行稳健的信贷政策，贷款发放量年年递增。2007 年，全县金融机构贷款余额从 2002 年的 71905 万元增至 122751 万元，其中农业贷款 44565 万元，占比 36.3%。

1989—2007 年平和县商业银行、政策性银行、农村信用社贷款余额表

表 20-3-4　　单位：万元

年份	工商银行	农业银行	中国银行	建设银行	农业发展银行	农村信用社	
	贷款余额	贷款余额	贷款余额	贷款余额	贷款余额	贷款余额	其中农业贷款
1989	4365	8667	—	550	—	2359	2212
1990	4184	9954	500	778	—	3039	2828
1991	5318	11019	600	953	—	3937	3878
1992	6170	11575	1320	1257	—	5130	4807
1993	7443	12729	1720	1381	—	6430	5499
1994	8498	10922	1820	2231	—	8330	2003
1995	9234	12868	2068	2669	—	10389	8334
1996	11254	15203	2618	5329	—	12086	9559
1997	12454	16906	1781	10056	7318.1	14485	11136

续表 20-3-4

年份	工商银行	农业银行	中国银行	建设银行	农业发展银行	农村信用社	
	贷款余额	贷款余额	贷款余额	贷款余额	贷款余额	贷款余额	其中农业贷款
1998	14512	18518	2802	12579	3406	16864	14032
1999	16502	24923	3085	13810	4822.8	18522	14700
2000	—	23409	2611	14069	2843.1	21934	17545
2001	—	21875	2814	13775	2420.8	33360	19091
2002	—	23731	4048	16653	2100	25577	21111
2003	—	26133	6099	16653	2080.9	28600	24708
2004	—	25451	8569	19999	5241.9	31934	28730
2005	—	24545	10469	19089	4718.1	34234	31780
2006	—	25307	12220	20241	5271.6	40592	38307
2007	—	28319	13500	25677	10006.2	45346	42805

注：①平和工商银行 2000 年被撤并，至 2007 年均没有业务活动

②农业发展银行平和县支行于 1997 年成立

1989—2007 年平和县金融机构各项贷款情况表

表 20-3-5 单位：万元

年度	贷款情况	其中	
	贷款余额	农业贷款	工业贷款
1989	14023.4	3291.8	2530.1
1990	15950.8	3508.7	3451.1
1991	18357.2	3963.2	4566.4
1992	20938.5	4508.2	5878.7
1993	23871.6	4934.5	7029.8
1994	36870.6	10342.9	8696.5
1995	44564.3	12787.3	8480.8
1996	56772.3	15013	9844.1
1997	66040.4	17577.3	10606.3
1998	74300	20946	9895
1999	82662	22980	8869
2000	64865	26438	3377
2001	64256	26840	5964
2002	71905	28433	3026
2003	79566	31329	3856
2004	91022	34645	3709
2005	93064	37524	3550
2006	103795	42224	4110
2007	122751	44565	8547

三、结算

1989年，县人民银行依照法律、行政法规的规定管理国库；为银行业金融机构开立账户；组织银行业金融机构相互之间的清算系统，协调金融机构相互之间的清算事项，提供清算服务；制定辖区支付结算规则。其他商业银行主要办理对公票据结算、汇兑结算、委托收款结算、托收承付结算，以及个人账户转账、支票、银行卡、信用卡消费等方式在公、私账户之间进行结算。1995年8月，县人民银行启动企事业单位人民币结算账户电子清理系统，加强单位结算账户的管理。1997年后，县建设银行率先，各商业银行相继安装了自动取款机、ATM机设备，客户可在ATM机上自行转账汇兑结算。2001年后，又相继推出以网上银行、转账电话、电话银行、手机银行等为主要内容的电子结算网络。2004年，农村信用社开通全省信用社通存通兑，也承办跨地市结算业务。2006年后，以纸凭证托收承付的结算方式已少见。

一般商业银行只办理人民币结算业务，中国银行平和县支行、中国农业银行平和县支行同时也办理进出口贸易项下的国际结算业务以及外汇存款、外汇汇款、同业外汇拆借、外汇买卖和汇结等业务。

四、代理业务

1989—2007年，县人民银行仅代理政府财政部门向各金融机构组织发行、兑付国债和其他类型的政府债券。其他银行的代理业务主要有代收代付款项、代理保险业务、代理基金、代缴电话费、水费、电费、税费、代发工资、代理销售、兑付国库债券以及代办外汇等业务。县工商银行为了组织储蓄存款，率先于1991年向平和县政府呈报关于《开办定活两便存单抵现金发工资的报告》，得到批准，当年为11家单位代发工资，创新代发工资的新方式，扩大了吸储存款量。各家银行纷纷仿效，使代理单位发工资的业务得以迅速开展。紧接着代理缴纳电话费、水电费、保险费、税金费等成为各家商业银行的抢手业务。2005年，县中行以代发工资移户本行开户为先决条件，继而开办消费贷款业务，使在中行代发工资的单位增加至1000多户；同年，农村信用社接入人民银行的大额支付系统，启动跨行结算与代理业务。电子汇兑，大、小额支付系统，农信银通存通兑，农信银实时汇兑，银行汇票，托收承付，委托收款，信用卡以及代缴各种生活费用，烟草销售款，学费，代发工资，补贴等结算与代理业务均可在农村信用社办理。2007年，ATM自动柜员机在农村信用社上线启用。

第三节 保险公司业务

一、险种

1989—1995年，中国人民保险公司平和县支公司主要经营险种有：企业财产保险、家庭财产保险、运输工具保险、货运保险、农业保险、人身保险及涉外保险等业务。

1996年4月保险公司分家析产后，中国人民财产保险股份有限公司平和县支公司（县财险公司）主要险种有：企业财产保险、家庭财产保险、运输工具保险、货运保险和农业保险等。

1996年，企业财产保险与家庭财产保险合并为财产保险；运输工具保险改为机动车辆保险。2001年，增加工程保险责任保险及意外保险等项目；机动车辆保险又分为汽车保险和摩托车定额保险等。

1989—2007年，县保险公司和县财险公司经营主要险种有机动车辆保险（交强险、商业险、车贷险），财产保险（财产基本险及综合险），企业财产保险（企业财产保险附加及损坏险、个体工商户财产保险、乡镇企业财产保险、私营企业财产保险），家庭财产保险（家庭财产两全保险、家庭财产定额保险、社会治安综合保险、福建省家庭财产保险、城镇家庭财产保险、家庭财产贷款房屋保险、个人抵押贷款房屋保险、“金牛”投资保障型家庭财产保险），工程保险，农村保险（森林火灾保险），农房保险，货运保险（国内货物运输保险、公路货物运输保险），责任保险（雇主责任保险、公众责任保险、产品责任保险、旅行社责任保险、校园方责任保险、火灾公众责任保险、承运人责任保险），信用保险，意外保险（人身意外伤害保险、人身意外伤害综合保险、团体人身意外伤害保险、学生幼儿意外伤害保险、建筑施工人员意外伤害保险及附加意外医疗保险和住院津贴保险）。

1996—2007 年，中国人寿保险股份有限公司平和县支公司（县寿险公司）经营的保险种类主要有人寿养老保险、少儿保险、理财保险、健康保险、定期寿险、终身寿险和意外保险等业务。具体险种有国寿“福满一生”两全保险（分红型），国寿“福禄鑫尊”两全保险（分红型），国寿“鸿寿年金”保险（分红型），国寿个人养老年金保险（分红型），国寿“金色夕阳”养老保险，国寿“鸿运少儿”两全保险（分红型），国寿“鸿星少儿”两全保险（分红型），国寿“福星少儿”两全保险（分红型），国寿“鸿宇少儿”两全保险（分红型），国寿“英才少儿”两全保险，国寿子女教育两全保险，国寿独生子女两全保险，国寿“新鸿泰”两全保险（分红型），国寿“安欣无忧”两全保险（分红型），国寿“鸿盈”两全保险（分红型），国寿附加长久呵护意外伤害保险，国寿长久呵护住院定额给付医疗保险，国寿长久呵护意外伤害费用补偿医疗保险，国寿“99 鸿福”两全保险，国寿新简易人身两全保险，国寿“千禧理财”两全保险（分红型），国寿“康宁终身”重大疾病保险，国寿“康宁定期”重大疾病保险，国寿“瑞鑫”两全保险（分红型），国寿“瑞鑫”提前给付重大疾病保险，国寿“康恒终身”重大疾病保险，国寿“绿洲团体”意外伤害保险，国寿旅游综合人身意外伤害保险，“吉祥卡”及“英才卡”等。

二、保费

县保险公司　1989 年，公司保费收入 316.3 万元，其中企财险 23.3 万元，家财险 0.1 万元，运输工具险 87.4 万元，货运险 8.4 万元，农业险 0.8 万元，人身险 196.3 万元。

1995 年，公司保费收入 2010.4 万元，其中企财险 60.6 万元，家财险 2.7 万元，运输工具险 992.6 万元，货运险 0.8 万元，人身险 926.7 万元，涉外险 27 万元。

人保财险公司　1996 年，公司保费收入 870.3 万元，其中企财险 60.8 万元，家财险 7.1 万元，运输工具险 740.7 万元，货运险 1.8 万元，涉外险 59.9 万元。

2003 年，公司保费收入 800 万元，分别由汽车险、摩托车险、企财险、家财险、责任险、意外险等组成。

2007 年，公司保费收入 1608 万元，其中车险 1204 万元，占总保费的 74.8%。

人寿保险公司　1996 年，公司保费收入 1036 万元。2000 年，公司保费收入 1527.7 万元。此后年年递增。至 2007 年，人寿保费达到 4302.2 万元。

三、理赔

县保险公司　1989 年，公司理赔案件 896 件，赔付金额 130.2 万元，其中企财险理赔 6.1 万元，运输工具险理赔 61.5 万元，货运险理赔 2.8 万元，农业险理赔 1.8 万元，人身险理赔 58 万元。

1995 年，公司理赔案件 4351 件，赔付金额 1095.2 万元，其中企财险理赔 19.7 万元，家财险理赔 4.2 万元，运输工具险理赔 782.1 万元，人身险理赔 278.2 万元，涉外险理赔 11 万元。

人保财险公司　1996 年，公司理赔案件 533 件，赔付金额 612.9 万元。公司理赔案件中，车险占较大比重，其次是财产险；特殊年份水旱冻灾，农业险也居前。1997 年、1998 年和 1999 年，农业险理赔支出分别为 61.3 万元、303 万元和 32 万元。

2000 年，公司理赔案件 365 件，赔付金额 366 万元。2007 年，公司理赔案件 790 件，赔付 700 万元。

县寿险公司　1996 年，公司退保支出 21.28 万元，满期给付 225.55 万元，死亡医疗给付 86.63 万元，赔款支付 177.16 万元。

2000年，公司退保支出152.6万元，满期给付539.5万元，死亡医疗给付96.2万元，赔款支出63.9万元。

2003年，公司退保金支出501.9万元，年金及满期给付53.9万元，死亡医疗给付26.4万元，赔款支出48万元。

2007年，公司退保支出732.3万元，年金及满期给付328.8万元，死亡医疗给付60.90万元，赔款支出164.6万元。

1989—2007年平和县保险公司保费收入与理赔支出情况表

表20-3-6 单位：万元

年份	保险公司、人保财险公司			人寿保险公司				
	保费收入	赔付案件（件）	理赔支出	保费收入	退保支出	死亡医疗给付	年金及满期给付	赔款支出
1989	316.3	896	130.2	—	—	—	—	—
1990	434.8	1540	214.5	—	—	—	—	—
1991	755.3	4437	264.1	—	—	—	—	—
1992	1676.0	5277	540.2	—	—	—	—	—
1993	2031.2	4736	488.8	—	—	—	—	—
1994	1807.0	3498	792.8	—	—	—	—	—
1995	2010.4	4351	1095.2	—	—	—	—	—
1996	870.2	533	612.9	1036.0	21.28	86.63	225.55	177.16
1997	990.0	569	624.4	1135.0	118.46	94.19	279.49	105.73
1998	950.5	791	602.1	1427.0	46.94	98.0	262.00	55.87
1999	888.3	577	577.5	1214.5	21.00	99.50	29.00	64.00
2000	717.4	365	366.0	1527.7	152.60	96.20	539.50	63.90
2001	725.0	310	355.0	1812.3	209.40	121.90	2,310.60	60.70
2002	802.0	307	334.0	2432.0	404.00	133.90	271.30	114.10
2003	800.0	406	349.0	2870.0	501.90	26.40	53.90	48.00
2004	882.0	443	416.0	3195.6	1,105.00	62.10	51.60	85.00
2005	958.0	565	600.0	3234.1	835.50	117.10	33.50	116.40
2006	1150.0	787	658.0	3977.2	668.20	99.30	39.30	210.90
2007	1608.0	790	700.0	4302.2	732.3	60.90	328.80	164.60

注：①退保：指保户投保一定期限的保险尚未到期中途退出保险，保险公司按一定幅度退还投保人所交缴的保费

②年金：指保户投保分红型的人身保险，按年度分红的保险收益

③人寿保险公司1996年成立

第四节 管 理

一、机构

（一）中国人民银行平和县支行

1989年，沿设中国人民银行。县支行内设人秘股、计划股、金融管理股、稽核股、会计股、货币发

行股和保卫股等7个股室；干部职工34人。1997年，兼挂国家外汇管理局平和支局牌子对外办公，行长兼任支局长。2004年，机构改革，县支行内改设办公室、营业室、信调股、外管股、纪检监察审计室、保卫股等6个股室。2007年，干部职工37人。

（二）县银监办事处

2004年4月成立中国银行业监督管理委员会漳州监管分局平和办事处（简称“县银监办事处”），属于中国银行业监督管理委员会漳州监管分局的派出机构。县银监办事处脱离人民银行隶属关系，独立承担监管银行业的职能。对辖区内银行业金融机构流动性风险、重大信用风险、操作风险、金融机构高级管理人员任职行为，以及业内违法违规行为、非法业务活动和重大突发事件进行监管并向上级及时报告和提出处理建议；对银行业金融机构的设立、变更、终止以及业务许可事项、当地提任金融机构董事和高级管理人员任职资格进行初审。

二、现金管理

1989年，继续实行“控制总量，调整结构，保证重点，压缩一般，适时调节”的货币信贷政策。在市场疲软的情况下，不合理占用资金多，正常资金周转困难。中国人民银行平和县支行在各行、社清理企业多头开户，重新核定现金库存量。推行新的《银行结算办法》，完善现金管理制度，及时回笼现资金；开展企业清仓挖潜，解决产品积压，盘活资金；同时，发动职工集资，充分利用社会闲散资金。由县政府下达文件给企事业单位，明确规定，经批准的国营、集体企业可利用多种形式发动内部职工集资，以补充企业流动资金之不足，缓解现金紧缺的矛盾。1989年，全县清仓挖潜资金746万元。1990年和1991年，全县压缩不合理占用资金分 别为591.9万元和636万元。

1995年，实行适度从紧的货币政策。县金融系统成立现金管理工作领导小组，各银行分管领导均为领导小组成员。各行、社指定专（兼）职现金管理员，规定现金回笼任务，控制现金盲目投放，建立大额现金领用三级审核制度，及时了解掌握现金投放回笼的趋势。是年，全县现金回收16948.7万元，现金支付17237万元。

2003年，执行稳健的货币政策。适当增加货币供应量，合理引导资金投向，规范现金收支活动，促成现金管理制度化，保证人民币顺畅流通。全年回笼现金45513万元，发行现金72317万元，净投放26804万元，为历史最高纪录。

2004年，银行系统贯彻执行中国人民银行《金融机构反洗钱规定》和《人民币大额和可疑支付交易报告管理办法》，开展反洗钱活动。推广非现金结算方式，首发福建省农信万通卡，改善农村用卡、结算环境，规范现金收付管理和人民币流通管理。全年发行现金114793万元，回笼68825万元，投放余额45971万元。

2007年，全县银行系统发行现金123447万元，回笼现金82616万元，投放余额40831万元。

三、纪念币管理

2002年，县人民银行发行2003年贺岁羊普通纪念币，面值1元；世界遗产纪念币二组（三孔、故宫），面值5元。2003年，发行台湾纪念币一组（朝天宫、赤崁楼），面值5元。2004年，发行2004年贺岁猴纪念币，面值1元；台湾纪念币二组（日月潭、鹅銮鼻），面值5元；邓小平100周年诞辰纪念币，面值1元；中华人民共和国全国人民代表大会成立50周年纪念币1枚，面值1元；世界遗产纪念币三组（苏州园林、周口店），面值5元。2005年，发行2005年贺岁鸡纪念币1枚，面值1元；世界遗产纪念币四组（青城山、都江堰），面值5元；陈云100周年诞辰纪念币面值1元；台湾纪念币三组（敬字亭），面值5元。2006年，发行贺岁狗纪念币，面值1元；世界遗产纪念币五组（龙门石窟、颐和园），面值5元；奥运普制币一组，面值1元。2007年，发行贺岁猪纪念币，面值1元；奥运普制币二组，面值1元。

四、外汇管理

1992年8月，县人民银行成立外汇管理股，依照国家外汇管理法规，负责外商投资外汇登记、国际收支统计、进口付汇核销、出口收汇核销、规范外汇账户管理、资本项目管理、外汇检查，以及辖区外汇管理政策宣传和业务咨询等工作。是年，审核外汇调出美元现汇39笔，金额69万美元；港币2笔，金额27万元；留成额度1笔金额858元，发放核销单80份，金额302万美元，实际收汇50万美元。

1997年4月，成立国家外汇管理局平和县支局，承担外汇管理职能。是年，外汇管理支局对全县30家外商投资企业外汇进行年检，协议注册资本2083.3万美元，资本金到位1852.7万美元，到资率88.9%；发放新式“外商投资企业外汇登记证”23本，收回旧证22本。外商投资企业结汇335万美元；申报国际收支业务282笔，金额170.9万美元。

2006年，新增3家出口企业，全县有进出口业务的企业达到10家，出口总值1834.9万美元；全年发放出口收汇核销单905份，办理核销862笔金额1714.6万美元，出口收汇1740.7万美元，办理国际收支统计申报615笔，金额1725.1万美元。

2007年，全县发放出口收汇核销单1106份，办理核销940笔，金额1930万美元，出口收汇2150万美元；办理国际收支统计申报637笔，金额2941.17万美元。

五、信贷管理

1989年，实行紧缩信贷政策，县人民银行坚持“以短并长，到期归位，周转使用，支持重点”的原则，信贷投向以支持农产品和外贸出口产品收购、农业生产资料购进为主。是年，全县金融机构累计发放短期贷款4706万元，其中，支持粮食收购830万元；支持调入农业生产资料1230万元；支持农副产品及外贸出口收购1210万元。

1991年，强调信贷资产质量，降低信贷风险。各项贷款18357.2万元，其中，支持粮油、甘蔗、蘑菇、烟草等大宗农副产品收购的短期贷款1670万元；用于农资部门的化肥、农药采购1020万元；支持外贸出口创汇产品收购650万元。

1992年，加强金融宏观调控，强化信贷资金管理，短期贷款实行“收支”双线控制，统筹安排，灵活调节，全年贷款余额20938.5万元，其中，行间调剂资金2900万元。

1994年，金融体制改革，人民银行执行“继续整顿金融秩序，稳步推进金融改革，严格控制信贷总量，切实加强金融监管”的方针，首次推行“贷款证”制度控制信贷规模。

1997年，从严控制贷款规模，对金融机构实行资产负债比例管理。每月对工行、农行、中行、建行4家商业银行贷款规模进行考核，防止超规模、绕规模发放贷款。对信用社大额贷款实行报备制度。是年，贷款余额66040.4万元，其中，农业贷款17577.3万元，占贷款总额的26.6%，超过国家关于农业贷款应占贷款总量百分之十的要求。

1998年和1999年试行住房贷款项目，贷款金额持续增长，贷款余额分别为74300万元和82662万元。

2002年，贯彻稳健的信贷政策，全县贷款适度宽松。2002—2005年，保持四年持续增长。其中农业贷款2005年增加到37524万元，占贷款总额的40.3%。

2006年，贯彻“有保有压，区别对待”的信贷政策，同时建立“平和县金融稳定工作联席会议”制度，引导协调金融机构加大信贷投入。当年，货币信贷余额超过10个亿，达到103795万元。其中，农业贷款42224万元；工业贷款4110万元。2007年，货币信贷余额为122751万元，创历史新高。其中，工业贷款8547万元，比2006年翻一番。

卷二十一　经济管理

1989年，平和县国民生产总值17780万元，主要行业总产出52337万元，财政收入2095万元，农民人均纯收入472元。是年，国家实行社会主义市场经济体制的大框架已经形成，平和县经济管理部门按照“大的方向管住管好，小的方向放开搞活”和“简政放权”的要求，缩小指令性经济计划范围，扩大指导性经济计划和市场调节范围，建立自觉运用经济规律和价值规律的市场经济活动机制。经济管理部门实行宏观经济管理，工作着重点转移到制定中长期规划，确定国民经济和社会发展战略，宏观调控目标和产业政策，搞好经济信息预测，培育市场发展，规划重大经济结构、生产力布局，整治国土资源和安排重点建设等方面上来。管理职能逐步由行政管控向依法监督管理和服务市场、服务经济建设方面转变。

1996年，县实施重点项目投资建设，改善基础设施和投资环境。2000年起，允许并鼓励民间资本投入公共事业性建设项目。工商管理部门按照便民原则，运用注册登记职能支持企业发展。统计部门如实反映经济动态，开展社会经济发展评价和统计信息咨询，服务市场发展。同时，强化市场物价、技术质量、安全生产和经济审计监督管理，促进社会经济发展。1996—2007年，全县完成重点项目建设投资621300万元。2007年，全县国民生产总值554000万元，比1989年增加30.16倍；主要行业总产出1184371万元，是1989年的22.63倍；农民人均收入5436元，比1989年增加10.52倍；财政收入20808万元，是1989年的9.93倍。

第一章　计划管理

第一节　管理机构

1989年，沿设平和县计划委员会，内设人秘股、综合股、计划股和基建物资股等4个股；在编人员9人。

1995年10月，计划委员会改称为计划局，内设股室不变；行政编制人员10人。

2003年3月20日，计划局改称为发展计划局，内设机构人秘股、综合股、投资股（挂招标投标管理办公室牌子）、农经股和工交股，人员编制9人。

2005年6月8日，发展计划局改称为发展和改革局，内设人秘股、综合股、工交股、农经股、投资股（含招标办）等5个股室；人员编制10人。

2007年，成立平和县项目综合开发领导小组办公室（简称“项目办”，为正科级编制），挂靠在县发展和改革局。县发展和改革局人员编制增加到12人。

第二节　计划编制

县政府主要计划有：年度国民经济和社会发展计划，五年经济和中长期发展规划，此外还有生产计划、固定资产投资计划、物资分配计划、商贸和外贸计划、人口和劳动工资计划、文教卫生计划等。计划（规划）草案由县发展和改革局（计委）编制，经县政府审核，依法提请县人民代表大会审查批准后，下达执行。部分指标调整，由县人大常委会审查批准。县人民政府定期向人民代表大会报告计划（规划）执行情况。

1989—1990年，按照省、市计委“大的方向管住管好，小的方向放开搞活”和“简政放权”的要求，计划编制缩小指令性计划范围，扩大指导性计划和市场调节范围，建立自觉运用价值规律的计划体制。编制适当简化年度计划，重视经济信息和预测，把编制工作的着重点转移到制定中长期计划上来。1991年5月，制定《平和县国民经济和社会发展十年规划和第八个五年计划》。1994年12月，编制《平和县国民经济和社会发展“九五”计划和2010年规划》。2001年4月，编制《平和县国民经济和社会发展第十个五年计划纲要》。2005年12月，编制《平和县国民经济和社会发展“十一五”规划纲要》。这些中长期规划连同年度发展计划分别经各届（次）县人民代表大会审查批准，下达执行。

各个时期计划编制的主要指标项目不尽相同，其中“国民生产总值”“工农业生产总值”“财政收入”“社会商品零售总额”“农民人均纯收入”等重要指标保持不变，1990年编制“八五”计划时，注重“人均国民生产总值”“国民收入”和“乡镇企业总产值”等指标计划。2006年，平和县实施“工业兴县”战略，计划编制更注重“全社会固定资产投资”“实际利用外资”“居民消费价格总水平”“城镇居民人均可支配收入”和“人口自然增长率控制”等项目指标。

第三节 经济运行管理

1989年后，经济运行管理坚持开放、搞活的方针，广泛推行各种形式的经济承包责任制。采用经济手段，通过责、权、利挂钩，把经济计划运行与管理结合起来，把管理的责任分解到每个管理者，使计划运行的管理工作渗透到每个生产环节和管理环节。

2000年起，县对经济计划运行管理采取新措施，在下达计划时，县政府与各乡镇和相关局（委）签订经济责任合同，以按项记分，超奖欠罚的办法，拟定具体实施条规，对完成计划起促进作用。

2006—2007年，县加强项目建设和固定资产投资完成情况的跟踪协调，开展项目督查，落实项目建设责任制。采取奖励和通报措施，促进投资稳定增长。加强对经济增长、就业、价格等宏观调控目标的监测分析，提出预警，促进各项计划指标的完成。

第四节 重点项目实施

一、基础设施重点项目

从1996年起，平和县把重点项目建设列入“五年计划”，并纳入专项任务实施管理。是年，实施拓宽铺筑省道牛旧公路县城至虎下庵路段8.84公里二级水泥路面工程；拓宽铺筑县道平诏公路虎下庵至坂仔墟路段4.63公里二级水泥路面工程；修建霞寨至芦溪、崎岭至秀峰2条共计44.36公里的乡镇公路；修建芦溪华峰、国强白水、国强凤山等3个建制村共22公里的乡村公路；续建小溪110千伏变电站的在建工程项目；架设文峰、坂仔、霞寨等3条35千伏输变电线路电网工程项目；新建上峰四级、霞寨坑内二级、坑内坝后、山格溪尾4座中小型发电站等7个项目。

1997年，实施修建文峰至三坪14.5公里的旅游公路；拓宽改造省道牛旧公路虎下庵至南胜镇路段二级水泥公路面铺筑工程；拓宽改造霞寨至芦溪新线公路工程；连接全县乡际、县际所有12条断头路修筑工程；新建装机2500千瓦的花溪水电站；扩建坂仔、文峰、霞寨3座35千伏的变电站；扩容建设九峰等8个电信支局的模拟和数字移动电话基站和全县85%建制村开通程控电话等7个项目。

1998年，实施拓宽改造省道牛旧公路五寨乡段3公里二级水泥公路工程；开通装机16000千瓦的良坝水电站进坝道路及隧道（渠道）建设工程；建设九峰35千伏变电站工程；架设漳州至平和光缆建设等4个项目。

1999年，完成扩建省道郊柏线小溪至霞寨段17.3公里二级水泥公路工程；新修、改造乡村公路16条，铺筑柏油路面5条，铺筑水泥路面2条；全县实施农村电网改造工程和装机16000千瓦的良坝大型水电站主体建设工程等4个项目。

2000年，续建良坝水电站和县城防洪堤三期建设工程等2个项目。

2002—2003年，实施拓宽改造省道官九线（原名“郊柏线”）霞寨镇至九峰柏松关段36.29公里二级水泥面公路建设工程项目。

2004年，实施拓宽改造省道官九线龙海林下至平和霞寨段55.87公里二级（其中平和县城段9.4公里为一级）水泥公路建设工程。

2005年，续建官九线和农村水泥化公路建设。

2006年，实施拓宽改造平诏线大溪镇龙过岗至九峰镇福田段的水泥公路建设工程和顺丰水电站的建设工程等2个项目。

2007年，实施建设黄井工业园区和九峰2座各110千伏变电站工程，新建县城南山大桥、灵通桥及县城牛头溪绿水工程等3个项目。

二、商贸流通重点项目

1996年，实施新建县城果蔬批发市场，新建桥南生活市场，改造城西农贸市场和市尾生活市场，新建三平大厦，新建广电大楼，新建供销大厦，新建商业大厦等7个项目。

2000年，新建琯溪商贸城项目。

2001年，国家粮食储备库（五寨）主体工程项目开工。

三、城建重点项目

1996年，实施建设县城新区5条道路（和平路、琯溪路、龙溪路、长安路、团结路）的配套设施工程，县城河滨路及河堤修筑工程等2个项目。

1997年，实施扩建县城2万吨自来水厂工程，建设1800平方米的老人活动中心大楼，修建6幢168套机关干部住宅楼，改造扩建县城东大路和东风大桥等5个项目。

1998年，实施建设县城防洪堤二期工程，修建平和公路稽征所交通规费征收大楼，建设县城河滨花园商品房等3个项目。

2000年，实施建设琯溪商贸城商品房工程；新建县地税大楼、平和一中综合楼和县城防洪堤三期工程等3个项目。

2001年，新建县邮政大楼工程项目。

2002年，实施开发县城银河路南段及广宝小区商品房建设工程，新建县工商大楼、县国税大楼、县公路局大楼等3个项目。

2004年，实施新建县检察院技术大楼、县农资科技信息中心大楼及联通通信CDMA基站三期工程等3个项目。

2006年，实施开发建设县城水岸帝景星城和湖滨花园商品房等2个项目。

2007年，开发建设县城金盛花园商品房工程，实施县城河滨北路、银河北路建设工程，续建帝景星城，建设湖滨花园商品房项目。

四、农业重点项目

1997年，实施百里农业综合开发工程，新种水果5200公顷，竹类1333公顷；造林1266公顷；完成土地治理1266公顷等3个大项目。

1998年，实施东川主体农业开发工程，霞寨花卉果蔬种植与加工和文峰弘业畜牧场建设等3个项目。

2000年，实施西部山地综合开发，西半县白芽奇兰茶系列开发，福建锦溪集团农业科技示范区和特色畜牧业基地建设等3个项目。

2002年，实施县农业科技大楼建设，南海蜜柚深加工工程建设和锦溪集团农业产业化综合开发等3个项目。

2005年，农业全面实施农民饮水工程、水库保安工程、山地水利工程、农田节水灌溉工程、河道清水工程、水土流失治理工程等6个方面水利基础工程和县防汛抗旱指挥中心建设等2个项目。

五、工业重点项目

1998年，实施南海果蔬速冻生产线建设工程。

2002年，实施宝峰罐头食品厂工程、天棋工艺美术品厂工程和良坝水电站配套工程等3个建设项目。

2003年，实施厝南坂水电站建设工程，宝丰工业园区宝达特钢生产建设工程，文峰工业园区盛通汽车轮制造业建设工程，文峰汀龙机械制造业建设工程，大坂洋工业区永固汽车钢圈制造业建设工程，大坂洋同益果蔬食品业建设工程及琯溪蜜柚套袋生产线建设工程等7个项目。

2005年，实施工业园区通用厂房建设工程，大坂洋同益食品加工业建设工程，广和堂制药业建设工程，方圆纸品业建设工程和安泰水电建设工程等5个项目。

2006年，实施工业园区的漳州溢鹏木业、宝佳利中纤板制造业、五寨凯华皮革业和福环汽车制造业等4个建设项目。

2007年，实施益达造纸业、易而美光电材料、金泰纸业等3个建设项目。

六、旅游重点项目

1997年，实施三平广济园、仰圣山庄快餐部、自来水厂、三平寺门、停车场、迎客园、百里果园等三平风景区配套工程，灵通岩风景区停车场、风景亭及青云宾馆等灵通风景区配套工程两大建设项目。

七、社会事业重点项目

1998年，全县建设71幢中、小学校校舍；新建县金华小学主体教学楼；县城新建4幢192套教师新村住宅楼；新建县中医院病房大楼；新建县医院门诊及病房大楼；扩建山格、九峰等5家乡镇卫生院。

2003年，实施新建小溪中学综合楼和平和五中综合楼等2个项目。

2006年，实施平和正兴学校教学楼群建设，扩建平和职业学校，改造中、小学校危房，改造全县乡镇卫生院。

1996—2007年，全县完成重点项目建设工程投资总额621300万元。

第二章 统计管理

第一节　管理机构

1989年，沿设平和县统计局，属正科级机构。内设人秘法制股、核算综合股、工业贸易股、农村社会股等4个股室；行政编制8人。下设平和县农村社会经济调查队。1990年，增设平和县城市社会经济调查队。2005年，增设平和县普查中心。下设3个机构均属财政全额拨款的事业单位，事业编制人员10人。2007年，机构设置和人员编制不变。

第二节　常规统计

1989—2007年，全县统计部门建立的定期统计报表制度逐步完善。县内所有的经济部门及乡镇一级政府，均按月、按季、半年和一年定期向县统计局和上级主管部门报送统计报表。如实反映本单位本时期的经济动态，提供基本统计资料和统计分析材料。县统计局对全县基层单位的工业、农业、交通、物资、劳工、科技、综合核算、批发零售贸易业、餐饮业、基建、投资、建筑、房地产、旅游、外经、服务业等行业的统计报表进行搜集、整理和汇总。形成全面的统计资料，向县委、县政府及有关部门和上级统计部门提供统计信息和决策咨询建议。并由县统计局统一核发、管理、公布和出版全县性的国民经济统计资料（如《统计年鉴》等），定期发布全县国民经济和社会发展统计公报；开展社会经济发展评价和统计信息咨询。

第三节　统计调查

一、全国性普查和抽样调查

1990—1991年，开展平和县第四次全国普查。调查年度为1990年。普查结果显示，平和县人口总数为510947人。

1993年，开展平和县第四次全国工业普查和第三产业普查。

1996—1997年，开展平和县第一次全国基本单位普查，调查年度为1996年。

1995—1996年，开展平和县第三次全国工业普查，调查年度为1995年。

1996—1998年，开展平和县第一次全国农业普查，调查年度为1997年。

1998—1999年，开展全省税源普查。

1999年6月，进行第五次全国工业普查。

1999—2001年，开展第五次全国人口普查，调查年度为2000年。调查结果显示平和县人口总数为545594人。

2001—2002年，开展平和县基本单位普查，调查年度为2000年。

2003—2005年，开展平和县第一次全国经济普查，调查年度为2004年。

2006年，开始进行平和县第二次农业普查，调查年度为2006年。

抽样调查主要有1991年开展的2‰人口变动抽样调查、1993年开展的个体私营第三产业抽样调查和2005开展的全国1%人口抽样调查。

二、县组织的调查和检查

1991 年，开展全县乡村果场发展状况、空壳村情况以及贫困乡发展情况的专项调查。

1994 年，开展亿元乡镇调查；平和名、优、特、新农产品调查，调查结果被收录入《福建省名、优、特、新农产品》一书；重点乡镇企业统计制度的制定和农民收入等两项专题调查。

1995 年，开展全县水果生产情况抽样调查和各乡镇水果抽样调查。

1999 年，先后开展平和县商品房投资意向调查、以农村住户调查样本户为样本的平和县农村住户消费情况调查和以 10 个农村住户与农产量调查点为样本村的平和县农村个体商店调查。

2005 年，进行平和县城镇居民住户调查。

2007 年，开展平和琯溪蜜柚营销与品牌建设的民意调查。

第三章 工商行政管理

第一节 管理机构

1989—2007 年，沿设平和县工商行政管理局（简称“县工商局”）。1989 年，局机关内设人秘股、市管股、企管股、合同股、个体股和办公室等 6 个股室；下设小溪、山格、南胜、坂仔、安厚、大溪、九峰、霞寨、芦溪等 9 个基层工商行政管理所及九峰缉私检查站。共有干部职工 107 人。1993 年增设文峰工商所，1994 年增设国强工商所。

1999 年 6 月，改革工商行政管理体制，省以下工商行政管理机关实行垂直管理。平和县工商行政管理局机构、人员和资产移交由漳州市工商行政管理局管理。

2001 年，县工商局下设的小溪、大溪、九峰、坂仔、山格 5 个工商所改称工商分局，保留南胜、霞寨 2 个工商所，撤销安厚、国强、芦溪、文峰 4 个工商所。2004 年，各工商分局恢复工商所名称，7 个工商所全部升格为副科级单位。

2007 年，县工商局机关内设办公室、法制股、行政执法股、注册管理股、人事教育股、监察股、信息技术管理股和财务装备股 8 个股室及“3・15”消费者投诉服务台和县经济检查大队 2 个县局直属机构；下设小溪、大溪、九峰、坂仔、山格、南胜、霞寨 7 个工商所（副科级机构）。行政在编人员 104 人。

第二节 市场建设

1989 年起，市场建设工作主要由县工商局负责。经费由省、市工商局补助一部分，大部分从市场管理费收入和罚没款回拨中支付，还有一部分用贷款解决。1989 年投资 28 万元，用于扩、改建山格、文峰 2 处集贸市场，面积 1607 平方米。1990 年投资 56 万元，用于各处市场修缮，修缮面积 7749 平方米。1991 年投资 36.5 万元，续建坂仔、霞寨 2 处农贸市场。1992 年投资 96.94 万元，筹建九峰茶叶市场和坂仔水果（香蕉）批发市场。1995 年投资 351 万元，建设坂仔 4200 平方米香蕉市场，南胜农贸市场，九峰边贸市场和山格、霞寨、坂仔农贸市场；补助大溪、安厚两镇建成市场。

1996 年起，县开始把市场建设纳入社会经济建设重点项目。当年投资 75 万元，改建小溪市尾和城西市场。1997 年，投资 20 万元，完善大溪、山格、九峰农贸市场；投资 150 万元，扩建小溪市尾市场、城西市场；拨付 150 万元用于创建小溪桥南新市场前期工程建设。至 2007 年，全县共建成农贸市场 13 处，用地面积 18.07 公顷，建筑面积 16 万平方米。全县市场搭盖面积共 33489 平方米，露天市场面积 26000 平方米。

第三节　市场管理

1989—1997年，集贸市场的管理工作由归属地工商行政管理所负责，1998—2007年则由县市容管理局市场服务中心负责。1989年起，工商行政管理部门不再使用行政手段管理交易市场，而是以提高市场监管能力和市场信用体系建设为中心，采取依法监管、开展市场专项整治和重要商品专项整治的宏观管理手段，营造“诚信、健康、规范、安全”的市场环境。集市经营者如需在市场搭盖摊位经营的，可通过投标方式向市场管理单位标取摊位，按摊位规定经营范围营业，并依照中标数额缴纳摊位费。不需要摊位的固定经营者只要缴纳一定的工商管理费即可开展经营活动。在集市交易自产自销的产品，无须缴纳工商管理费，可依法自由交易。工商管理部门规范市场交易行为，开展反垄断经营，反不正当竞争行为，反商业欺诈，反走私贩私和其他经济违法违章行为。每年组织力量在各乡镇市场开展反假、冒、伪、劣商品等非法经营活动。1993年，在霞寨镇检查农资市场，没收伪劣化肥123吨。1998年，在大溪、安厚、九峰、崎岭等乡镇检查农资市场和粮食市场，对查出的伪劣化肥133吨、粮食3775公斤等商品予以没收，并对其经营户进行处罚。在经常开展市场巡查的同时，突出专项检查农资市场和粮食市场，重点防控活禽及生鲜产品流行病菌传染，监管市场内农资、粮食和食品安全。1999年12月，平和县工商行政管理局被国家工商行政管理局授予“粮食市场管理工作先进单位”称号。

2003年，平和县采取严密措施应对国内多地流行的禽流感病毒传感，严格实行活禽市场商品准入制，禁止向流行病地区采购肉禽类商品。市场管理人员坚持全天候巡查检验，强化监管、消毒防疫责任。至2007年，平和境内均未发现禽流感传染病例。

第四节　企业登记管理

1989年起，工商部门的企业登记管理职能进行较大改革，支持企业发展。依照国家有关法律、法规，按照便民原则，公开企业登记事项、依据、条件、程序及期限等，为企业申请人提供制度保障和便利条件。国有、集体企业改组、改制的登记注册工作，实行在不违背法律法规的前提下，只要有相关主管部门批准文件即可登记的宽松政策。外资企业的登记注册，依据政府相关文件规定，规范登记手续，完善市场准入程序，降低行政成本，提高行政效能。基层工商所发挥属地监管的作用，对登记注册企业进行日常监管。企业登记开业后，如经营不善需歇业的，由企业向工商管理部门申请注销登记；如登记事项年检不合格或逾期不年检的，或企业出现严重违法经营者，由工商管理部门予以吊销其登记事项和营业执照。开展查处、取缔无证经营等专项整治。同时运用网络平台推进企业信用体系建设。

1989—2007年，全县共登记注册个体工商户11840户，私营企业531家，内资企业1952家，外资企业242家。2007年12月，全县登记在册的个体工商户5132户，注册资本17479万元；私营企业357家，注册资本125582万元；内资企业1031家，注册资本146356万元；外资企业145家，注册资本39627万美元。

第五节　商标广告管理

一、商标管理

1989年起，县工商局从打击商标假冒侵权入手，通过开展商标专用权保护工作，形成监管机制，逐渐帮助企业开辟争创“驰名”“著名”商标的“绿色通道”，形成具有地方特色品牌。2002年、2003和2007年，平和的商标“彭溪”牌、“天宗”牌、“天醇”牌和“闽鑫牌”白芽奇兰茶获“福建省著名商标”称号。

2006年，“平和琯溪蜜柚”和“南胜牌”麻枣获“福建省著名商标”称号。2007年9月，“平和琯溪蜜柚”获得“中国驰名商标”称号。

截至2007年12月，全县共注册商标200件。县工商管理部门对注册商标的使用实施严密监管和保护，未出现商标侵权的现象。

二、广告管理

1989—2007年，工商管理部门开展对企业广告宣传的检查管理，防止虚假违法广告宣传误导消费者。医疗、保健食品、药品、化妆品、美容服务等重点的宣传广告词，须报经县工商行政管理局审定，方可在传媒刊播或制作广告牌幅进行宣传。工商管理部门每年开展虚假违法广告的专项整治，依法对未经审核而刊播的虚假违法广告的当事人予以批评教育，敦促其整改；情节严重者，则予以处罚。

第六节 经济合同管理

1989年，县工商局设置合同股，承担本辖区经济合同管理的行政职能，主要对合同的订立、履行、变更、解除、转让、终止等事项进行监督管理。一般企业签订合同后，都要经过工商部门审查和鉴证。合同鉴证后，由工商管理部门监督合同的正常履行，受理合同当事人投诉案件，调查、调解合同争议。开展打击合同欺诈行为，维护交易安全。县工商局经常开展合同监管人员培训，提高干部的业务素质和工作水平；开展企业合同管理人员培训，提高企业依法履行合同的自觉性；开展“重合同、守信用”企业认定工作，推进合同示范文本的使用，使合同订立更规范。1991年，经县工商局鉴证的合同133份，标的金额489.6万元。1994年，鉴证合同321份，标的金额1600万元。1996年，经县工商管理部门审查，解除不符合法律规范的合同24份，标的金额60万元；受理投诉监督合同履行12份，标的金额78万元，调解合同争议2起，挽回合同当事人经济损失14万元。

1999年，县工商局鉴证合同35份，标的金额4666.8万元。2000年，鉴证合同1120份，标的金额3856万元。2001年，鉴证合同1248份，标的金额2851万元。2002年，鉴证合同859份，标的金额2660万元。

2002年年底，工商管理部门停止履行合同鉴证管理职能。企业签订合同改由县司法局公证处公证，若发生争议或纠纷，直接到人民法院起诉。

第七节 消费权益保护

1988年8月，成立平和县消费者权益保护委员会（简称“消委会”），为消费者权益保护机构。第一届消委会名誉会长由副县长兼任，会长由县工商局长兼任。同年各乡镇成立消委会分会。1989年6月13日，成立平和县消费纠纷仲裁委员会。

1991年，换届选举第二届消委会领导，名誉会长由一名县人大副主任和一名副县长担任，会长由县工商局副局长担任。1996年1月，县工商局增设消费者保护股，成为首个保护消费者权益的职能机构。1997年3月15日，县工商局成立“3·15”消费者投诉服务台，成为专业服务消费者投诉的工作机构。是年，县消委会受理消费者投诉案件103件，批转由县工商局职能机构调查处理，办结100件，为消费者挽回经济损失265万元。1998年6月，“3·15”消费者投诉台获县编委正式批准，其人员工资费用纳入县财政预算。2004年10月，平和县南胜镇南胜村42户农民购买山东某公司生产的农药“黑白灵”杀菌剂喷施青枣果树后，大片果树枯黄落叶，受害面积4.93公顷。县消委会与“3·15”服务台接诉后，展开调查后，确认为农药质量问题，经与经销商和生产厂家交涉维权，生产厂家赔偿42户果农经济损失14.7万元。该案件被列为漳州市消费维权十大典型案件之一。2005年，“3·15”投诉服务台更名为“12315”

消费者申诉举报服务台，同时配备汽车 2 部、摩托车 2 辆及电脑 3 台为维权调查服务。“12315”举报台建立消费者申诉举报网络联结，纳入“110”社会联动服务网络，受理消费者申诉举报。

1989—2007 年，县消委会及工商局“3·15”投诉台（“12315”举报台）累计接受消费者咨询 31800 人次，受理消费者投诉案件 2661 件，为消费者挽回经济损失 518.5 万元。

第八节　经济监督检查

1990 年 7 月，经省政府批准，县工商局设立工商缉私检查平和九峰检查站，开展经济缉私检查。1998 年 6 月，县工商局成立平和县经济检查大队，在全县市场流动开展违法违章经营案件查处，监督检查市场食品安全，整顿农资市场，开展打击假、冒、伪、劣商品和商标侵权、虚假广告、商业欺诈，商业贿赂、不正当竞争以及无证无照经营等专项监管执法行动。1989—2007 年，全县共查处各类违法违章经营活动案件 4542 件，罚没款项 874.94 万元，依法取缔无证照非法经营 712 户。

第四章　物价管理

第一节　管理机构

1989 年，沿设平和县物价委员会，行政人员编制 5 人。下设县物价检查所，核定事业人员编制 4 人和县农产品成本调查队，事业人员编制 2 人。1994 年，成立漳州市价格事务所平和分所，为县物价委员会下属股级事业单位，人员由物委调配。

1997 年，县物价委员会改称县物价局，为副科级政府机构、归县计划局管理，行政编制人员 5 人。1998 年，局机关内设人秘股、价格管理股 2 个股室。

1999 年，漳州市价格事务所平和分所改称平和县价格鉴证中心，为县物价局下属具有独立法人资格的自收自支事业单位，定编 3 人。

2001 年，县物价检查所更名为县物价检查分局，编制不变。

2003 年，县物价局并入县计划局编制，保留物价局牌子，实际机构及人员保持单独设置，独立办公，独立法人单位不变。同年 8 月，县价格鉴证中心更名为平和县价格认证中心，隶属关系及编制不变。至 2007 年，县物价局隶属关系，内设股室，下属机构及人员编制均未变化。

第二节　物价体制改革

1989 年，国家对物价管理采取直接管理和间接控制相结合的体制，实行国家定价、国家指导价和市场调节价 3 种体制形式。同年省政府出台文件，要求各级物价委员会加强物价管理，严格控制物价上涨。实行综合治理，确保物价控制目标的“治理、整顿、改革”方针。平和县对社会商品零售物价实行控价目标管理，强化政府管理物价的体制，把一些放开的商品价格重新改由政府物委核定价格，其中有白砂糖、稻谷、小麦、油料、花生果、大米、面粉、食盐、啤酒、小化肥、农药、农膜、电视机、电冰箱、名牌自行车、中央氮肥（尿素、复合肥）、进口化肥、农家具以及用电价格等，实行定价管理。对非名牌自行车等普通工业消费品和普通食品、日用品、医药品、化工品、五金等类商品，实行提价申报制度，采取控制进销差率等手段加强物价管理。

1992 年 10 月，平和县深化价格管理体制改革，放开一般性商品和下放部分价格管理权限，对农林产品、轻工产品、重工产品、交通运输、房地产、公用事业及经营性收费6个大类113种商品价格实行国家定价和国家指导价管理。取消计划外工业生产资料全国统一最高出厂价或销售限价，实行计划内计划外价格并轨。

1993年 2月，取消城镇居民粮食定量供应，放开粮油收购价格和销售价格。市场调节成为物价体系的主体，缩小国家统一定价范围，不断扩大市场价格领域。

1998年，县物价管理部门贯彻《中华人民共和国价格法》，实行并逐步完善宏观经济调控下主要由市场形成价格的机制。2003年4月起，根据省政府发布《福建省定价目录》的规定，对石油（成品油）、液化气、电价、自来水、食盐、种子、冬储化肥以及教育收费、行政收费等12类59个项目的商品和服务实行政府指导价或政府定价，其余商品和服务收费全部放开由市场调节价格。至2007年，物价体制没有发生大的变革。

第三节 价格监督

1989年后，县物价管理部门行使价格监督检查和处理价格违法行为的职权，针对关系国计民生的日常消费品和各项收费，如粮油、煤炭、石油气、电力、自来水价格和中小学学杂费、医疗卫生收费、邮电费、交通运输收费等、关系工农业生产的生产资料，如化肥、农药、水泥、钢材、石油成品油价格以及社会反映强烈的涉农收费、涉外收费、建筑收费、劳动安全收费、土地管理收费等项目展开物价监督检查。

1990年，县物价管理部门开展行政事业性收费和财政税收物价大检查。1992年，开展林业系统收费价格检查，与交通部门联合开展春运运价检查。

1993—1997年，县物价管理部门开展查处市场商品不明码标价、表里不一欺诈消费者行为的执法行动。

1998年，依照《中华人民共和国价格法》，县物价主管部门开展农村电价、教育收费、药品价格、税务收费、劳动收费等方面的价格监督大检查，依法查处各种乱收费、乱涨价案件125起，罚没金额145万元。

1999年，在监督检查教育、电力、交警、医药、交通等行业价格执法中，立案29起，罚没金额57万元。

2000年，县成立价格投诉举报中心，设立专用举报电话“96501”(后来改为全国统一举报电话“12358”)，方便群众价格投诉举报。同年7月，县物价检查所被国家计委评为“规范化物价检查所”。

2000—2007年，县价格投诉举报中心共受理群众价格投诉举报96起，经调查后立案查处65起，专项检查立案查处50起，罚没金额376万元。

第四节 价格水平

1989—2007年，县物价总体水平呈上升趋势，上升幅度较大的有肉类、粮食、油料、蔬菜、茶叶和禽蛋类；上升幅度突出的是房地产、商品房和石油成品油等。相对平稳的是工业品类消费品，家用电器、汽车、摩托车呈下降势头，琯溪蜜柚等水果不升反降。对居民生活水平和生产发展影响较大的品类，政府实行物价补贴，如经营性客运车、出租车、农用柴油、工业品下乡、家用电器下乡，及新能源汽车、农业机械实行价格补贴，同时对生猪养殖、母猪养殖、粮食作物种植的生产者实行政府补贴。

若干年平和县主要农产品（本地产）收购价格表

表21-4-1

年份	琯溪蜜柚 元/公斤	香蕉 元/公斤	白芽奇兰茶(上) 元/公斤	稻谷 元/百公斤	小麦 元/百公斤	黄瓜 元/公斤	生猪 元/公斤
1989	5.00	4.20	100.00	410.00	400.00	2.40	11.00

续表 21-4-1

年份	琯溪蜜柚 元/公斤	香蕉 元/公斤	白芽奇兰茶(上) 元/公斤	稻谷 元/百公斤	小麦 元/百公斤	黄瓜 元/公斤	生猪 元/公斤
1991	4.00	4.00	100.00	410.00	400.00	2.60	10.00
1996	3.60	3.50	90.00	400.00	410.00	3.00	9.80
1999	3.00	3.20	80.00	420.00	420.00	3.00	10.60
2001	2.60	3.00	90.00	420.00	410.00	3.60	10.60
2005	2.50	2.80	100.00	460.00	420.00	4.00	14.00
2007	2.40	3.00	110.00	480.00	450.00	4.60	13.60

第五节　价格认证

一、机构

1994年，成立漳州市价格事务所平和分所，独立承担县司法机关和行政执法部门办理案件时涉及案件赃物、事故损坏以及抵债物品的案值核定工作。1997年后，价格鉴证还包括涉税交易物品、工程建设所需的房地产拆迁补偿、农作物青苗补偿等多个领域。1999年8月，成立平和县价格鉴证中心，2003年8月更名为平和县价格认证中心，是专业从事价格认证的政府职能机构，并配备1名价格鉴证师，获准注册。

二、审价认证

1999年，县价格鉴证中心受工商银行委托，对三平广济园、三坪仰圣山庄、通达液化气站资产进行评估，为企业贷款提供抵押依据。县纪检部门清理领导干部用公款购置通信工具工作也委托价格鉴证中心进行审价认证。1999—2000年，县价格鉴证中心接受有关部门价格鉴证、评估、认证委托700起，鉴证评估标的金额20000万元。2001年起，县中国银行、县信用联社等多家金融部门开展贷款业务的担保抵押标的物的价值评估；地税部门征收二手房屋交易税费的课税标的额等业务，均委托县价格认证中心办理价格（值）认证。

2004年开始，政企脱钩，县价格认证中心与中介评估业务分离，专司司法与行政执法方面涉案物品标的价格的认证。

第五章　质量技术管理

第一节　管理机构

1989年，沿设平和县标准计量所。1991年5月，成立平和县技术监督局，为县政府主管全县标准化、计量和质量3个方面工作的职能部门。1996年9月，县技术监督局划归县政府办公室管理。

2000年6月，国家实行省以下质量技术监督垂直管理。平和县技术监督局划归福建省质量技术监督局管理，更名为平和县质量技术监督局，定为正科级单位。内设办公室、质量综合管理股和监督稽查股等3个股室；人员编制11人。原县标准计量所划为县质量技术监督局下属事业单位，人员编制5人。

2007 年，机构设置及人员编制不变。

第二节 计量管理

1989 年，县标准计量所主管全县标准化、计量和质量工作。标准计量所每年对全县企业、事业单位的计量器具进行检查考核。对考核合格的计量器具张贴《社会公用计量标准证书》和《计量标准考核合格证书》标签，受群众监督。县标准计量所每年组织人员到各乡镇商店、农贸市场及小摊贩抽查计量器具的准确度，没收不标准的器具。

1991 年 5 月后，县技术监督局依据《中华人民共和国计量法》，开展计量监督工作。全县企业、事业单位计量器具全部推行国家法定计量单位和国家计量制度，原来以“市斤”、“尺”为单位计量器逐步改为以“公斤”、“米”为计量单位。经常组织开展计量器具强制检定、依法检定和校准，管理市场量值传递。

1993 年，县技术监督局建立燃油加油机标准器社会公用标准，每年按照要求对全县各加油站燃油加油机进行强制检定，强检率达 100%，同时对全县受检项目建档备案备查。2006 年，全县强检燃油加油机 276 枪、地中衡 69 台、压力表 309 台、血压计 43 台、计量器具 767 件。2007 年，检查加油站 53 家、加油机 30 台，对计量不符合标准的 15 台加油机实行加锁停用；抽查 10 个乡镇的液化气销售点的气量标准；重点查验地中衡的计量标准，对符合标准的地中衡贴上合格标签，对不合格的地中衡封令停用，直至检修验定合格方可启封使用。全县强检计量器具 905 台（件），建档备案 640 台（件），按规定把建档信息录入电脑文档，实行跟踪监督管理。

2007 年，计量管理从原来的度量衡计量器管理扩大到耗能计量器具等领域，如电表、自来水电、气压表等。同年，县质量技术监督局开展对合成氨厂、供电公司等耗能企业能源数据集中采集和计量检测体系认证，跟踪能耗计量数据的监测和管理。在县重点工业园区设立计量监测服务平台，为园区耗能企业提供能源计量器具检测和节能测试等服务。

第三节 标准化管理

1989 年，县标准计量所按照国家计量标准检测计量器具是否符合国家计量标准。1991 年，县技术监督局成立后，标准化管理主要是针对本县出产的特色产品开展标准化工作。

1998 年 6 月，平和县技术监督局制订福建省地方标准《琯溪蜜柚标准综合体》，经福建省质量技术监督局发布实施。2004 年 10 月，制订琯溪蜜柚新地方标准《琯溪蜜柚标准综合体》，通过福建省质量技术监督局审核发布施行。

2001 年 8 月，第一部福建省地方标准《白芽奇兰茶标准综合体》经福建省质量技术监督局发布，2001 年 9 月正式实施。2002 年 2 月，《白芽奇兰茶标准综合体》被确立为漳州市农业产业化综合标准化示范区项目之一。2007 年 9 月，新修订福建省地方标准《白芽奇兰茶标准综合体》通过福建省质量技术监督局审核正式发布，同年 10 月开始实施。

《琯溪蜜柚标准综合体》及《白芽奇兰茶标准综合体》发布施行后，县技术监督局（2006 年后为质量技术监督局）经常组织人员下乡巡回，向果农、茶农宣传琯溪蜜柚标准综合体及白芽奇兰茶标准综合体的具体内容，教育农民按标准化要求组织生产，促使农民增强生产标准产品，创品牌名优产品意识。组织执法人员对产品的生产、采收、加工、销售等环节实行标准化重点监督检查。2007 年起，凡是出口销往国外的琯溪蜜柚和白芽奇兰茶产品均实行标准化检验检测，符合标准的产品方可出口销售，不符合标准化要求的产品不予出口销售，维护地方特色产品的名优信誉。

第四节　代码证标识管理

1993年，平和县开始部署物品编码工作，正式启动“代码证”标识办理，即以数码和条形形式代表组织机构及企业所属商品，代码证分为组织机构代码和商品条形码两种。1994年起，规定凡在平和县境内的所有合法党政机关、企事业单位、社会团体均应向县质量技术监督局申请办理代码证书，企业生产的商品都要办理企业条形码，录入条形码系统，实行统一电子商务质量监督。没有条形码的企业生产的产品被视为没有质量认证，不能出口销售，也不能进入主要商场或超市销售。县外进入平和市场销售的商品，必须要有组织机构代码及企业商品条形码。县质量技术监督局开展宣传，要求党政机关、企事业单位、社会团体按规定申报办理组织机构代码，鼓励企业采用国际通用的商品代码及条码标识体系。1993—2007年，办理党政机关、企事业单位、社会团体代码证书3750家。1994—2007年，办理企业条码系统使用证书47家。

代码证书办理后每年要进行年审，每二年要更换新证（后改为四年一换），以确保代码证标识内容真实有效。年末年审和期末换证期间，县技术监督局采取书面通知、电话催办等形式通知相关单位进行年审、换证。对办理代码相应的程序、所需资料、所要具备的条件，做到“一次讲清”；凡具备办证、年审条件的，实行“一次办结”，并录入电子系统实行跟踪管理。

第五节　质量监督

一、企业产品质量监督

2000年，平和县开始在生产企业中实施“QS”质量认证。县技术监督局开展大量的宣传活动，并帮助指导企业申办“QS”认证。指导茶农果农及生产加工企业按照地方标准的要求安排组织生产。引导规模较大，条件较好的企业采用“公司＋基地”的方式经营，申报国家“QS”质量认证和良好农业规范“GAP”认证。提请当地政府出台激励政策，鼓励和帮扶企业创名牌，提升产品质量。加大执法力度，严厉查处使用国家明令禁止的有害物品及高毒、高残留农药的违法行为。对产品，尤其是食用产品的生产、加工实行全程跟踪监督。2007年，县质量技术监督局出动执法人员245人次，对75家食品生产加工企业进行执法检查，对63家企业产品质量监督抽查，发现有3家食品生产加工企业违规生产，责令其停业整改。同年12月，全县建立80家企业质量档案，14家企业获得国家“QS”质量认证书。

2007年年底，福建省质监部门对平和县计划进入2008年北京奥运会销售的平和白芽奇兰茶进行质量大抽查，18个批次产品全部合格。

二、市场商品质量监督

2000—2007年，县质量技术监督局对进入平和县市场销售的大米、面粉、食油、酱料、肉制品、膨化食品、饮料、调味品、速食米面食品、饼干、罐头、乳制品、冷冻品、糖品、酒类、茶叶及果基、炒货、淀粉及制品、水产制品、蛋制品、蜜饯等食品，均开展抽样查验其商品条码，查阅其质量检验状况和质量认证。对质量合格的产品方可放行准入县内市场，凡是质量资料不全或无牌无证产品，均不准进入市场销售。县质量技术监督局每年配合工商管理部门及有关行业协会，开展整治市场经济秩序活动。打击制售假冒伪劣种子、肥料、农药、农机及零配件等坑农害农行为；打击制售假劣建材、烟酒、茶叶以及烟花爆竹等产品及其假冒商标和包装物的违法行为；遏制“地条钢”“黑心棉”和毒鼠强的反弹势头；开展手机市场专项整治，查处销售无3C认证手机。

第六章　安全管理

第一节　管理机构

1989年，县劳动局设有安全监督股、矿山监察股和安全生产委员会办公室；县经济委员会设有工交安全生产管理股和危险化学品安全管理股等职能机构。

2002年8月，成立平和县安全生产监督局（简称“县安监局”）。原劳动局的安全监督、矿山安全监察和安全生产办公室及经济局（原经委）的工交安全生产管理、危险化学品管理等职能整合划归到县安监局管理。县安监局为副科级单位，隶属于县经济贸易局管理。内设人事秘书股、工矿安监股和公共安监股3个机构，同时设立安全生产宣传教育中心。2006年11月增设平和县安全生产执法大队，为县安监局下属股级事业单位。

2007年9月，县安监局升格为正科级单位，并改称为平和县安全生产监督管理局；同时加挂平和县安全生产委员会办公室牌子（简称“县安办”）。安监局长兼任安办主任。

第二节　安全生产监督

一、安全生产责任制度

2002年8月，县政府成立“安全生产委员会”（简称“安委会”），由分管副县长担任安委会主任，由县安监局、公安局、监察局等42家科局单位组成安委会成员单位。各乡镇也相应成立安全生产委员会，负责辖区安全生产监督管理。2003—2007年，县直科局单位和各乡镇每年与县安委会签署《安全生产责任状》，落实安全监管责任制度。

二、“安全生产许可证”制度

1989年起，全县从事高危行业的生产企业都须办理“安全生产许可证”或“危险化学品经营许可证”或“烟花爆竹经营许可证”。“许可证”由企业申报，经县安监局审核，报请上级安监部门批准，方发给相关“许可证”，从事生产经营活动。“许可证”每年进行年审年检，凡是年检不合格的企业予以责令停工整改，年检合格的实行电子跟踪监督。至2007年，全县持有“安全生产许可证”企业20家，其中：矿山类18家，危险化学品类2家企业；持有“危险化学品经营许可证”企业536家，其中：经营汽油（加油站）类55家企业，经营乙类（农药店）化学品类259家企业，经营化工漆类9家企业；持有“烟花爆竹经营许可证”企业140家。

三、安全生产技术培训制度

2002年起，县安监局每年举办培训班，组织从事安全生产和经营企业的负责人、安全管理人员、特种作业人员和从业人员进行安全生产技术培训。2002—2007年，县安监局举办各种安全培训班12期，培训和复训人员1230人次，有1180人持有“特种作业操作证”。其中：电工作业证500人、登高作业证150人、焊工作业证40人、厂内机动车特种作业证50人、危险化学品操作证440人。

四、定期或不定期的监督检查制度

2002年起，县安监局每年组织开展非煤矿山、危险化学品和重点骨干企业的安全生产监督检查活动，实行现场监管监察。2006年，县安监局出动380人次，检查企业452家，发现隐患126项，实行现场监督整改。

2007年，县开展创建“平安企业”示范单位活动。通过加强领导、落实责任和加强督查等综合措施防范和控制不安全、不稳定因素的苗头，强化安全生产监督。

第三节　危险源监控

一、危险化学品监管

1989—2007年，平和县加强对危险化学品汽油、天然气、液化石油气等危险源的监管工作。凡是建设加油站的项目，其主体工程必须与安全设施同时设计、同时施工、同时投入生产和使用（简称“三同时”）。安全设施参与建设项目“三同时”须经公安消防及县安监管理部门审核和验收，要有重大危险源的监控设施，才具备安全生产的基本条件，方可发给“经营许可证”。具有经营许可资格的单位要从正规渠道采购和调运汽油、液化气等危险化学品，并应报请县安监部门审查合格，发给“市场准入证”，方可进入县内市场销售。2002年，全县55家各种所有制的加油站实现电子跟踪监控全覆盖。至2007年均保持常态化监控。

二、烟花爆竹监管

1989—2007年，县加强烟花爆竹监管工作。规定经营烟花爆竹的企业不仅要持有经营许可证，而且对所采购和调运的烟花爆竹系列产品必须报请公安治安部门和县安监管理部门审核。企业采购和调运的商品必须是具备烟花爆竹生产资质的正规厂家生产的合格产品，经批准后方可进入县内市场销售。县安监管理部门、公安部门、工商管理部门以及经营企业的行政主管部门每年依法开展重大危险源监督检查。2000年，由县政府牵头，组织力量，全面整治非法从事鞭炮及烟花爆竹生产经营活动，叫停全县所有鞭炮及烟花爆竹生产加工厂（场）。县安委会与所在乡镇安委会签署监控非法生产鞭炮烟花爆竹的责任书。要求县、乡、村层层落实责任制，实行严密监控，杜绝非法生产。2003—2007年，未出现非法生产鞭炮、烟花爆竹的现象和由此造成的伤亡事故。

第七章　审 计

第一节　管理机构

1989年，沿设平和县审计局，内设人秘股、商粮贸审计股、工交审计股和行政事业股等4个职能股室。1990年，增设财政金融审计股。1997年，工交审计股与商粮贸股合并为企业股。2004年，增设经济责任审计股。1998—2005年，县审计局获4届县级文明单位、3届市级文明单位和两次全省、全市审计机关先进集体称号。2007年，县审计局共有5个股室。

1989年，县审计局成立平和县审计师事务所，为审计局下属事业编制的法人单位。审计师事务所依法独立承办审计查证和审计咨询服务。实行有偿服务，自收自支，独立核算，照章纳税。1999年12月，平和县审计师事务所与县审计局脱钩，成为独立的社会团体组织。

1992年，县审计局帮助乡镇建立14个农村审计站，帮助31个县直单位建立31个内审机构。2007年，乡镇农村审计站15个，县直单位保留28个内审机构。

第二节 企业审计

1989年，县审计局审计85个单位，查出违纪违规金额480.03万元，予以处罚上缴财政100.61万元；审计师事务所为企业资金验证306个单位，查出4个单位资金不符合规定，责令其纠正；内审机构审计下属27家企业，查出违纪金额19.15万元。

1990—1996年，县审计局先后对平和县罐头厂、县径内畜牧场、文峰粮站、县农用车厂、县一糖厂、县化工厂、县合成氨厂、县电力公司、县外贸公司以及农业生产资料经营企业、房地产企业和国有民营企业的经营活动情况进行审计或项目审计调查。经审计，核实县罐头厂不良承包造成国有资产流失61万元、文峰粮站个别领导贪污粮食差价2万元、外贸公司经理贿赂工行行长5万元、县农用车厂虚增利润47万元、县化工厂虚增利润95万元等违纪违规事实。县审计局依照有关法律法规程序报请相关主管部门或司法机关依法依规处理。审计师事务所受县审计局委托，先后审计227个单位或项目；受有关部门委托完成资金验证或审计咨询1201个单位或项目，核减虚假注册资金454万元。内审机构通过对下属企业的审计，查出违纪违规金额152.8万元。

1997年，县审计局工交审计股与商粮贸审计股合并为企业审计股，专司国有企业审计职能。审计机关改进企业审计方法，从单纯的审计监督转变为监督服务。2000年后，放开的市场竞争加剧，大多数国有企业因连续经营亏损而相继停业或改制重组。政府审计机关则侧重于对国有重点企业、亏损企业和国有控股企业的审计，以及粮食企业亏损挂账等问题的核实。一般企业的经济活动状况大多数委托审计师事务所（社会审计）及内审机构进行审计。

1997—1999年，平和审计师事务所接受委托，进行验资、鉴证、工程结算等审计事项655个项目和单位，核减虚假注册资金680万元和工程造价470万元。内审机构完成审计76个企业，查出违纪违规金额280万元。

1999年10月，平和审计师事务所与县审计局脱离关系，成为完全有偿服务性质的、独立的社会经济团体，不承担政府的经济管理监督职能。内审机构也因大多数企业实行纯缴利润的承包（租赁）经营而逐渐减少对企业的审计。至2007年，有县供销社系统、经贸系统、金融系统等组织内审机构坚持对下属企业定期审计。

第三节 行政事业审计

一、行政单位审计

1989年起，政府序列财政支出的科局每两年进行一审计，个别科局为三年一审计。1993年，县审计局行政事业股依法对财政支出较大的行政事业单位进行重点审计；对同级财政及其各部门的财政收支进行分期分批审计。按照统一审计计划、统一审计方案、统一审计实施、统一审计报告和统一处理的“五个统一”的相关规定，通过对预算执行结果进行分析，揭示政府在预算的编制和管理方面的问题和不足，包括预算收支规模和挂钩的合理性、合法性等进行评价，提出建议，向本级政府作审计结果报告；向本级人民代表大会（或常务委员会）作工作报告。

1995年，开展对县财政、税务、工商、公检法机关财政支出的审计。1995年，首次开展本级财政预算执行审计。1996年，审计机关对本级财政、地方金库和部分预算执行单位的同级财政审计后，提出县财政存在底子薄、负债重、困难多、预算管理薄弱等问题。促使县政府机关和财政部门重视加强预算管理，采取相应措施提高财政管理水平。

1999 年，县政府聘请 5 名特约审计员，突出抓好县级部门预算执行情况的审计。查出个别部门预算收入未及时缴交国库，预算资金管理分散，搞计划外基建等 12 个问题，并针对问题提出 8 条意见和建议，规范预算管理行为。

2000—2007 年，县财政局、地税局、地方金库执行本级预算情况被列为重点审计项目，实行每年一审。审计发现个别部门在预算执行中存在挤占、挪用专项资金、虚假配套、虚列支出、截留应缴财政收入、违规收入和账外账等问题，及时予以整改纠正或依规处罚。

二、事业单位审计

1990 年，县审计局开展对县育英小学、平和一中、城镇中学、县实验幼儿园等学校学生收费和集资情况的审计调查，并根据审计结果整理《关于平和县部分中小学乱收费、乱集资、乱发奖金补贴问题严重》一文，经县领导批示，县教育局组织查处并予以纠正。1998 年，审计县房地产交易所时，发现全县公私房产交易税流失严重等问题，及时报告县政府，引起县领导重视，及时采取措施加强房产交易税的管征。1999 年，再度审计平和一中、县育英小学收费问题，责令学校退还违规向学生多收的学杂费 78 万元。2003 年，开展对学校、广播电视、土地等收费项目审计 35 个单位，查出乱收费等违规金额 169 万元，管理不规范资金 1872 万元；予以处罚收缴县财政 22 万元。其中涉案移送纪检监察机关立案查处案件 2 起。

县直机关事业单位通常每两年审计一次财务收支情况。1998—2007 年，先后审计县广播站、县方志委、县机关事业社保管理中心、三平风景区管委会、县城建规划实施指挥部、县中医院等 67 个事业单位的财务收支情况。查出县广播站出纳员贪污公款 8 万元，县中医院会计贪污公款 15.8 万元的案件，分别移送县检察机关立案侦查。县审计局《2003—2005 年度县中医院财务收支审计》的报告项目被漳州市审计局评为“优秀审计项目”。

2006 年，全面开展计算机辅助审计，减轻审计工作量。在行政事业审计推行审计日记制度，加强审计全过程质量控制，规范审计行为，提高审计质量。

第四节　固定资产投资审计

1989 年后，县审计机关开展对全县固定资产投资重点项目的跟踪审计调查。对投资项目的可行性研究报告、报批程序、基建程序和基建施工工地进行跟踪审计调查；对投资项目自筹基建资金来源和工程决算进行审计。1990 年，开展对上峰水库基建工程投资审计。对工程投资管理中存在的问题提出审计建议。1993 年，县审计师事务所受县审计局委托对全县 47 个自筹资金投资基建项目进行审计。

1997 年，县实施重点项目建设战略，县审计局设置固定资产投资审计股，开展重点项目投资跟踪审计。是年，开展建筑市场的专项审计，追缴偷漏税款 52.6 万元。审计师事务所审计基建工程决算，核减工程造价 210 万元。1998 年，审计基建工程决算，核减工程造价 260 万元。2000 年，开展对世界银行第二期红土壤、农村供水和环境发展以及亚行水土保持与乡村发展项目投资的审计。发现项目投资资金配套不到位、部分资金被挪用以及资金转贷不合理、在发放贷款时提前扣收利息等问题，及时提出审计建议。2005 年，根据国家审计署的授权，县审计局对世行第四期农村供水和环境卫生发展项目贷款、世行英国赠款结核病控制项目贷款及世行贷款红土壤二期项目效益的情况开展专项审计调查，对存在的问题有针对性地提出审计建议。2006 年和 2007 年，分别对外资运用 3 个项目和县定 25 个项目进行审计。

第五节 经济责任审计

1989—1992年，县审计机关对企业负责人开展经济责任审计。1990年，县审计局财政金融审计股对平和罐头厂承包经营进行厂长任期经济责任审计，核实该厂经营管理不善，致使承包期间经营亏损61万元，造成固有资产流失的经济责任，建议主管部门及时采取措施，终止平和罐头厂厂长任期资格。

1993年，平和县在全国率先开展乡镇（科局）级党政领导任期经济责任审计，并向县委提交《关于乡镇领导任期经济责任审计的情况通报》，反映乡镇财务管理存在的16个主要问题及相关领导责任，提出11条审计建议。

1997年，全面开展县（处）级以下主要领导离任的经济责任和资产移交审计。县委组织部规定，县（处）级以下党政主要领导离任前一概要经过政府审计机关的经济责任审计，审计机关要在被审计人的所在单位进行审前、审中和审后公示，公开让群众举报或反映问题，并对审计结果认可。经济责任审计结果形成审计报告后，须经被审计人认可并签字，做到离任者和接任人都有一本明白账。

2001年，经济责任审计扩展到县（处）级领导，并由县纪委、县委组织部、县审计局、县人事局等单位组成平和县经济责任审计工作联席会议。首先开展对县委组织部长任中的经济责任审计。此举为漳州市县（处）级领导干部任期经济责任审计之先例。2002年，全县16个乡镇、36个科局及国有控股企业67名主要领导接受任期经济责任审计。

2004年3月，县经济责任审计联席会议制定出台《平和县经济责任审计联席会议制度》，以法规形式把经济责任审计工作制度化和常规化。同年6月，成立平和县审计局经济责任审计股，开展对10个单位主要领导的经济责任审计。发现个别领导在任中存在欠缴税费；挤占、挪用专款；报支不规范票据；乱收费；固定资产管理不严和消费性支出过大等10个领导责任问题，针对性地提出审计建议，形成10篇审计结果报告，提交县委、县政府主管部门备案。

2005年，县审计局配合国有企业改革改制需要，开展对县化工厂厂长10年任期经济责任审计。查明化工厂长在任职期间经营管理不善、财务管理混乱、伙同他人挪用公款等问题，移送县检察机关立案侦查。

2006年，配合县乡两级换届选举工作，县审计机关完成全县16个乡镇（场）和10个县直机关及2家国有企业主要领导的任期经济责任审计。2007年完成12个项目的领导人经济责任审计。

第六节 专项资金审计

1989年起，审计机关每年对政府安排用于专项建设或其他专项用途的资金使用部门进行专项审计。1989年开展国土整治经费、城市维护费、扶贫资金等专项审计调查，并把审计中发现的问题，以书面形式反映给县委、县政府领导。1991年，开展对县扶持老区建设资金、中央扶贫专项贴息贷款和救灾款的发放及使用情况的审计调查，形成相关的审计调查报告进行跟踪监督。1995年，同时对文峰宝桥、文峰文美、安厚南山、霞寨北坑等小流域治理专项经费开展审计调查，指导其规范使用专项经费。

1996年，开展预算外资金、农业综合开发资金、世界银行贷款等专项审计，查出违纪金额276万元。在审计县老区办老区发展资金时，发现单位挪用专款购买小轿车，以及单位会计私自篡改账簿，贪污老区扶持款8万元的问题，及时移交县纪委立案查处。

2001年，开展全县企业职工养老保险基金专项审计，查出县劳动局原副局长、社保公司原副经理及社保公司职工共同贪污挪用社会养老保险专项基金16万元的犯罪嫌疑，移交县纪委及检察机关立案查处。

2006年，完成预算执行专项资金审计项目1个。2007年，完成预算执行专项资金审计调查项目1个，国家审计署指定的社会保险基金专项资金审计项目1个。

第七节　金融税务审计

平和县金融税务审计始于1990年。县审计局成立财政金融审计股，首先对县保险公司进行金融审计，又延伸审计平和县琯溪城市信用社和小溪镇新储蓄所等金融单位。发现镇新储蓄所会计有挪用公款18万元的嫌疑，审计情况报告移交由县检察机关立案查处。

1993年，县审计机关把县、乡税务机关预收执行单位的财政支出及“分税制”后本级财政、地方金库、国税机关、地税机关的财政支出和税收收入等作为重点项目审计。

1995年，由省审计厅统一部署，县审计机关对县中国银行、县建设银行等金融企业盈亏和消费基金虚增长情况进行审计。1996年，根据国家审计署专项部署，对县农业银行、县保险公司、县中国银行进行审计或复审，查出3家金融企业不同程度存在违反规定少提贷款呆账准备金，挤占成本费用等问题。2000年，结合政府清理整顿农村金融基金会的中心任务，对全县18个农村合作基金会进行全面审计。查出部分基金会违规放款、虚报冒领、重复支付占用费等13个问题，形成审计结果报告并提出审计建议，提交县清整办公室处理。

1997年后，国有金融企业相继转变为商业金融企业并先后完成股份制改造，其金融业务及审计监督职能一般由上级行（公司）垂直监管。

2000—2007年，税务审计实行每年一审。

第八节　乡镇村财政审计

一、乡镇财政审计

1990年，成立平和县审计局财政金融审计股，首先对芦溪、山格、文峰、霞寨等6个乡镇财政决算进行审计。

1993年，推行乡镇领导任期经济责任审计制度后，县审计机关把乡镇领导经济责任审计与乡镇财政预算执行审计结合进行。开展经济责任审计时，所在乡镇的财务部门应向审计机关提供领导人任期（也包括各年度）的预算执行情况和单位财务收支情况接受审查核计。是年，对全县所有的14个乡镇预算执行和财务收支展开全面审计。发现乡镇财务管理中存在16个问题，提出11条审计整改建议。

1998年，在审计长乐乡财政预算执行和财务收支时，发现乡政府会计有贪污公款12万元的嫌疑。审计机关将案件移交县检察机关立案侦查。

1999年，县政府聘用5名特约审计员，配合县审计局对全县16个乡镇（场）展开全面财政轮审。及时整改一些乡镇财务管理存在的主要问题。2000年和2001年，重点抽查部分乡镇财政预算执行情况和财务收支情况的复审。针对一些乡镇招待费、车辆费用和奖金补贴居高不下等问题，审计机关以《呈阅件》形式向县领导和县纪委反映。2002年、2004年和2006年，县审计局分别对全县乡镇财政财务收支进行全面普审和重点复审，实行常态化审计监督。

二、村级财务审计

1990年，县审计局与县农业局联合下发《关于在农村合作经济中实行审计监督的若干规定》，明确各乡镇经营管理站相应建立农村合作经济审计组，负责对村级财务的审计监督。1992年，全县14个乡镇成立14个农村审计站，开展对村级财务进行分期分批审计。至2007年，全县240个建制村实现审计全覆盖。县审计局对有违纪违规现象或一些相对重点的建制村财务进行抽查复审。

卷二十二 教育 科技

1989—2007 年，平和县将教育放在优先发展的战略地位，教育经费逐年增长，办学条件明显改善，教师队伍不断壮大，教育质量显著提高，各类成人教育有序开展，社会兴教助学蔚然成风。1997 年，县教育“两基”（基本普及九年义务教育，基本扫除青壮年文盲）通过省政府验收达标。2006 年，通过省政府“对县教育督导评估”。2007 年，全县有幼儿园 72 所，在园幼儿 10192 人，教师 733 人；小学 205 所，在校学生 47178 人，教师 2945 人；中学 26 所，在校学生 30567 人，教师 2355 人；其他各类教育教师 168 人。教育事业的发展，为经济建设和社会发展提供智力支撑和文化积淀。

1989—2007 年，平和县以科学是第一生产力的重要思想为指导，实施“科教兴县”和“工业兴县”战略，推动科技与经济紧密结合。科技投入逐年增加，科技创新能力增强，科研成果不断出现。1999 年，平和县被国家科技部授予“全国科技工作先进县”称号。2001—2006 年，连续 6 次通过全国科技进步考核，2006 年再次被国家科技部授予“全国科技工作先进县”称号。

第一章 教 育

第一节　幼儿教育

一、幼儿园（班）设置

1989 年，全县有幼儿园 246 班，在园幼儿 8567 人，教师 308 人。小溪、城关、山格、坂仔、国强、安厚、霞寨、芦溪等 9 个学区中心校附设幼儿班规模较大，一般有幼儿班 3 班以上。

1990 年 11 月，县教育局根据《福建省举办幼儿园基本条件》的要求，对全县幼儿园（班）进行检查、验收注册。1997 年，县实验幼儿园析出 12 个班，另组建新星幼儿园。是年，县第一所规模较大的民办幼儿园 —— 安琪幼儿园创办。2000 年，实验幼儿园、新星幼儿园被评为省级标准幼儿园。2003 年，县政府发文《关于开展全县社会力量举办幼儿园（班）检查评估活动的通知》，对社会力量举办幼儿园（班）进行检查评估。社会力量办学进入依法办学、依法管理的正常轨道。同年，实验幼儿园和新星幼儿园被定为漳州市课程改革试点园。

2007 年，全县有幼儿园 72 所，幼儿班 237 班，在园幼儿 10192 人；学前班 247 班，在班幼儿 9717 人；3 ～ 5 周岁幼儿入园率（含学前班）83%；幼儿教师 733 人（其中公办教师 120 人，民办教师 613 人）。幼儿教育形成以民办幼儿园为主体，公办幼儿园起示范带头作用的格局。

二、教学与保育

1989—2007年，平和县幼儿教育沿袭国家教委制定的3年学制，招收3周岁以上的幼儿，设置小班、中班、大班，使用省教委制定的幼儿园教材，兼授教师根据本园特点编制的教材。幼儿园活动课程分为五大领域（健康、社会、语言、科学、艺术），用游戏、观察及手工劳动等方式开发幼儿智力，培养幼儿的能力和个性。同时，通过上课、运动、娱乐、卫生和日常生活认识，对幼儿实施德、智、体、美、劳“五育”并举的教育。各幼儿园从实际出发，吸收借鉴分科教学、主题活动、单元活动等多种课程类型的优点，建立具有本园特点的多元化课程。幼儿园除专任教师外，配备有保育员、勤杂人员，照料幼儿生活，帮助幼儿提高吃饭、穿衣自理能力，引导幼儿养成良好卫生习惯。园内配置体育设施，天天组织幼儿开展体育活动。县城幼儿园每年进行幼儿体验，体验率99%以上，发现问题及时处理，治疗率100%。各乡村幼儿园委托乡镇卫生院进行体检，体检率95%，治疗率98%。

若干年平和县幼儿园设置情况表

表22-1-1　　单位：所、个、人

年份	幼儿园数	班级数	在园幼儿数	教师数
1989	1	246	8567	308
1992	8	284	8939	418
1995	10	297	10514	507
1996	25	318	9254	564
1998	19	307	7555	601
1999	65	313	8741	670
2003	43	362	3624	329
2004	45	174	5648	357
2005	48	222	8664	409
2006	46	198	7443	380
2007	72	237	10192	733

附：部分幼儿园简介

一、县实验幼儿园

1989年，原小溪幼儿园更名为平和县实验幼儿园。园址在县城小溪镇九一七街仰山巷。1997年，析出班级12个，幼儿480人，教师11人，另行组建新星幼儿园。2000年，被评为省级标准幼儿园。2003年，定为漳州市课程改革试点园。2007年，有班级9个，在园幼儿520人，教职工41人。园内设有教室、活动室、保教室、寝室、厨房，配有育教玩具、电脑、电视、钢琴、风琴及大型活动器械。

二、新星幼儿园

1997年，县实验幼儿园析出12个班级，组建新星幼儿园。园址在小溪镇琯溪路。校园占地0.59公顷，投入资金300多万元，建设综合楼1幢、教室12间。全园建筑面积3766平方米，绿化面积5600平方米。2003年，园内设施配套齐全，每间教室设有活动室、寝室、盥洗室，户外配备各种大型游戏设施。是年获省级“绿色学校”称号。2007年，新星幼儿园有16个班级，在园幼儿720人，教师51人，保健医生1人，保育员16人。

三、安琪幼儿园

1997年创办，是县内第一所规模较大的民办幼儿园。园址在小溪镇长安路。创办初期有班级5个，教师10人。2003年，园址迁至小溪镇团结路荷莲塘，占地8.88万平方米。园内设有教室、活动室、寝室、游乐场。同年，面向全县招收学龄前儿童。2007年，全园有班级11个，在园幼儿360人，教职工46人。安琪幼儿园被县教育局定为县民办幼儿园示范园。

第二节 小学教育

一、学校设置

1989年，全县有小学536所（其中，中心小学及完小校388所，教学点148个），设15个学区，1所县直实验小学。在校学生55720人，巩固率99.13%。教职工3266人（其中，公办2289人，民办919人，代课58人）。全县学校布点分散、规模小，有单人校152所，复式班1593班；双人校43所，复式班55班。

1993年10月，秀峰乡从长乐乡析出，增设秀峰学区。

1997年11月，平和县通过省政府“两基”验收。是年，全县有小学421所（其中，中心小学及完小校240所，初小校181所），在校学生68144人，年辍学率0.15%，教职工3738人（其中，公办3607人，民办131人）。

1999年12月，育英小学析出19个教学班，另组建金华小学，为县直第二所实验小学。

2005年7月，长乐学区与长乐中学合并，成立九年一贯制学校“长乐学校”。

2006年5月，平和县通过省政府“对县教育督导评估”。2007年8月，全县取消小学学区建制，由乡镇中心小学承担原学区管理职责。撤销城关学区和小溪学区，设立小溪中心小学。在新桥小学的基础上，设立平和县第三实验小学。

随着农村经济发展，人口出生率降低，以及部分农村学生流向县城小学或乡镇中心校，农村小学生员逐步萎缩，学校逐年撤并。1989—2007年，全县共撤并小学331所（含教学点），单人校基本消失。

2007年，全县有小学205所（其中，县直小学3所，中心小学14所，九年一贯制学校1所，完小111所，初小76所），在校学生47178人，年辍学率0.42%，教职工2945人。

1989—2007年平和县小学设置情况表

表22-1-2 单位：所、个、人

年份	中心小学及完小数	教学点数	班级数	学生数	招生数	毕业生数
1989	388	148	2188	55720	10516	9509
1990	388	77	2288	57275	9191	7655
1991	388	99	2394	62663	9355	3282
1992	388	90	2455	64734	10000	7094
1993	360	127	2502	66962	10587	7976
1994	358	120	2522	67792	10691	8883
1995	358	131	2542	67550	10353	9959
1996	329	178	2543	67603	10517	10547
1997	240	181	1397	68144	10478	12896
1998	241	196	2418	66329	9638	11463
1999	242	184	2352	62105	7389	11396
2000	244	155	2312	57940	7137	11293

续表 22-1-2

年份	中心小学及完小数	教学点数	班级数	学生数	招生数	毕业生数
2001	241	—	2141	54157	7764	11170
2002	241	—	2032	50966	8113	10963
2003	241	—	1878	47531	7902	10852
2004	236	—	1762	45156	7826	9611
2005	222	—	1595	44926	7556	7335
2006	222	—	1531	45283	7700	6995
2007	205	—	1510	47178	9212	7249

二、学制 课程 教材

（一）学制

1989年，全县尚有“五年制”农村小学17班，学生391人。1991年秋季起，全县实行全日制六年制教学，至2007年不变。

（二）课程

课程计划由省教委制定，每学年初均制定课程计划。1989年，课程包括学科课程和活动类课程。学科课程有思想品德、语文、数学、自然、地理、历史、体育、音乐、美术、劳动。1989—1995学年，每周上课5天半，低、中年级每周31课时，高年级每周32课时。学科每节课安排40分钟。1995年秋季起，小学实行每周5天课程。一、二年级每周教学时数为26节，三至六年级为30节。

2001年秋季起，县城所在地小学从三年级起开设英语课程。2002年秋季，乡镇所在地小学从三年级起开设英语课程。

2004年秋季，全县小学从一年级起实施义务教育课程改革实验。低年级开设品德与生活、语文、数学、体育、艺术（或音乐、美术）等课程；中、高年级开设品德与社会、语文、数学、科学、外语、综合实践活动、体育、艺术等课程。实行国家、地方、学校三级课程管理。

（三）教材

1989年，使用人民教育出版社的全国统编教材。1991年，相应增设国情教育读本。1993年秋季起，使用人民教育出版社的九年义务教育全日制小学教材。2001年秋季起，使用全日制大修订教材。2004年秋季起，全县小学从一年级起使用义务教育课程标准试验教材。

附：部分小学简介

一、育英小学

1989年，县育英小学沿设，为省重点小学。全校有37个教学班，学生2200人，教职工100人。

1999年9月，学校有40班，学生2825人，教职工123人。是年12月，析出19个班级、890名学生，另址组建金华小学。

1997年、2003年学校进行2次大规模校址改造，校貌焕新。有综合教学楼4幢、教职工宿舍楼2幢，配有操场、练功房、电脑室、多媒体电教室、语音室。学校软硬件设施配套齐全，构建一个优美的育人环境。2007年，学校有43班，学生2948人，教职工124人。

“诚慎勤勇”为育英小学校训，世代相承不替。100多年来，学校培养学有所成各类专家、专业人才2万多人，遍布海内外。1989—2007年，学校先后获“全国教职工工作先进单位”“全国优秀家长学校”称号，连续三届评为“省级文明学校”，被载入《福建小学名校》。

二、金华小学

金华小学为县直第二实验小学，1999年由育英小学析出19班、学生890人，并在全县抽调教师57人，另行组建创办。12月6日正式开学。校址位于小溪镇金华路。校园占地11925平方米，建筑面积3758平方米。校内建U字形教学大楼，计有42间教室，设有环形跑道，多类球场等大型运动场地。2007年，学校有30班，在校学生2118人，教师82人。

金华小学以“严谨、和谐、求实、创新”为校训，先后获省“少先队工作红旗大队”“军民共建精神文明先进单位”“巾帼文明示范岗”等称号。

第三节 普通中学教育

一、学校设置

1989年，全县有普通中学22所。其中，完中7所，初中17所（含职校1所），农村小学附设初中班5所。在校学生17100人（其中，小学附设初中班407人）。教师1446人（其中，公办1339人，民办60人，代课47人）。

1989年底，撤并山格宝丰附中、高磜附中，组建山格初级中学。1991年，芦溪中学高中部停办。全县小学附设初中班降至2班，学生133人。1993年，创办官洋初中、灵通初中、小坪初中，全县小学附设初中班停办。是年11月，平和一中晋级为省二级达标学校。1994年，创办金丰中学。1995年，创办集成中学。1996年，创办育才中学；3月，城镇中学复名文成中学；9月，平和五中暂停高中招生。1997年9月，平和六中迁移新校址。1999年9月，平和五中恢复高中招生。2000年5月，大坪中学迁移新校址；平和二中晋级为省三级达标学校；9月，九峰初中并入平和二中。2005年6月，正兴集团创办民办正兴学校，借用平和一中和进修学校教室，招生上课，2006年8月迁入新校址。是年秋季，平和一中初中部停止招生；霞北初中并入平和二中；长乐初中与长乐学区合并，改为九年一贯制学校，取名平和县长乐学校；集成中学与南胜中学合并，组成新的南胜中学；金丰中学与芦溪中学合并，组成新的芦溪中学。2007年9月，大坪初中并入平和三中。

2007年，全县有中学25所，在校学生30567人（其中，高中9875人，初中20692人。）。

1989—2007年平和县初中班情况表

表22-1-3　　单位：所、个、人

年份	学校数	班级数	学生数
1989	22	318	14647
1990	23	316	14598
1991	23	272	12451
1992	24	280	12382
1993	25	311	13789
1994	27	338	16742
1995	25	307	21968
1996	31	531	26694
1997	31	577	32960
1998	31	601	34385
1999	31	597	35038

续表 22-1-3

年份	学校数	班级数	学生数
2000	31	588	33084
2001	31	578	32679
2002	31	879	32200
2003	30	560	31066
2004	28	523	29121
2005	29	456	25645
2006	26	420	22272
2007	25	401	20692

1989—2007 年平和县各完中高中班情况表

表 22-1-4 单位：个、人

年份		合计	一中	二中	三中	四中	五中	六中	芦溪中学	育才中学	正兴学校
1989	班级数	56	18	12	11	4	5	4	2	—	—
	学生数	2453	1004	538	374	134	205	122	76	—	—
1990	班级数	54	18	12	10	3	5	4	2	—	—
	学生数	2434	973	565	359	147	187	115	88	—	—
1991	班级数	55	18	12	11	3	6	5	—	—	—
	学生数	2609	918	641	492	169	229	160	—	—	—
1992	班级数	60	18	13	13	4	5	7	—	—	—
	学生数	2803	900	707	545	188	287	276	—	—	—
1993	班级数	55	18	11	11	3	4	8	—	—	—
	学生数	2349	850	548	363	153	31	344	—	—	—
1994	班级数	42	18	9	7	3	—	5	—	—	—
	学生数	1829	824	440	239	76	—	250	—	—	—
1995	班级数	34	18	7	4	2	—	3	—	—	—
	学生数	1531	890	334	166	41	—	100	—	—	—
1996	班级数	39	18	9	6	2	—	4	—	—	—
	学生数	1742	877	409	238	69	—	149	—	—	—
1997	班级数	46	18	10	8	3	—	7	—	—	—
	学生数	2248	892	570	364	104	—	318	—	—	—
1998	班级数	52	18	12	9	3	—	10	—	—	—
	学生数	2639	832	675	467	117	—	548	—	—	—
1999	班级数	53	18	12	9	3	2	9	—	—	—
	学生数	2862	799	632	500	99	100	732	—	—	—
2000	班级数	71	25	14	11	5	5	11	—	—	—
	学生数	2373	896	691	537	222	275	752	—	—	—

续表 22-1-4

年份		合计	一中	二中	三中	四中	五中	六中	芦溪中学	育才中学	正兴学校
2001	班级数	88	27	15	13	5	13	15	—	—	—
	学生数	3961	893	726	651	249	524	918	—	—	—
2002	班级数	97	28	16	14	7	12	20	—	—	—
	学生数	4668	957	820	762	378	666	1285	—	—	—
2003	班级数	112	30	20	17	13	13	19	—	—	—
	学生数	5512	1211	1012	793	598	770	1128	—	—	—
2004	班级数	135	36	24	19	9	20	21	—	6	—
	学生数	7235	1639	1428	979	431	1207	1189	—	362	—
2005	班级数	147	36	30	19	10	18	20	—	14	—
	学生数	8590	2130	1676	1077	513	1327	1014	—	853	—
2006	班级数	171	40	32	15	10	21	20	—	21	12
	学生数	9947	2459	1689	1099	510	1232	973	—	1265	720
2007	班级数	185	45	30	16	10	24	16	—	20	24
	学生数	9875	2709	1433	892	514	1140	731	—	1156	1300

二、课程 学制

1989—1993 年，全县中学课程执行国家教委颁发的课程教学计划。高中每周总课时：高一年级 31 节，高二年级 32 节，高三年级 33 节。高中课程开设政治、语文、数学、英语、物理、化学、生物、历史、地理、体育、音乐、美术、劳动技术学科。初中每周总课时：初一年级 32 节，初二年级 33 节，初三年级 32 节。初中课程开设政治、语文、数学、英语、物理、化学、历史、地理、生物、生理卫生、体育、音乐、美术、劳动技术学科。初、高中学生每周上课 5 天半。

1994 年，国家教委调整课程计划。学科每周总课时改为高一年级 29 节，高二年级 28 节，高三年级 29 节，初一、二年级 29 节，初三年级 25 节。1995 年起，初、高中学生每周上课改为 5 天。

2004 年起，实施义务教育课程改革实验。课程设置为思想政治、历史与社会、科学、语文、数学、外语、体育与健康、艺术、综合实践活动、地方与学校等，周学科总课时 34 节。

2006 年，实施普通中学课程方案（实验），课程由学习领域、科目、模块 3 个层次构成，包括语文、数学、外语、思想政治、历史、地理、物理、化学、生物、艺术（或音乐、美术）、体育与健康、技术等科目。

1989—2007 年，县内中学均沿袭“三三制”学制，即初中 3 年，高中 3 年。

三、高考

1989 年，县内被大、中专院校录取的学生 484 人（其中，本科 60 人，专科 159 人，中专 265 人）。2000 年，录取 1699 人（其中，本科 310 人，专科 439 人，中专 950 人）。2007 年，录取 4992 人（其中本科 762 人，高职高专 1202 人，中专职专 3028 人）。

1989—2007 年，县内被大、中专院校录取的学生共有 37271 人（其中，大专以上 15476 人，中专职专 21795 人）。

附：部分中学简介

一、平和第一中学

1989年，平和第一中学沿设，为省重点中学。1993年，实现福建普通中学二级达标学校，并获省“文明学校”称号。

2000年后，学校加快校园建设速度。2007年，学校总建筑面积3.003万平方米，有教学楼3座、55间教室，学生公寓4座、宿舍159间，学生食堂3所，教师宿舍楼108套。体育运动场地及设施、图书馆、实验室、电脑室配套齐全，达“二级达标”学校标准。

平和一中以“勤奋、严谨、求实、创新”为校训，全面实施素质教育，连创佳绩。2003年高考上本科线541人，2004年高考上本科线575人。高中会考各项指标连续3年（2003—2005年）超过省重点中学一级达标学校的标准。

2005年，平和一中初中部停止招生。2007年，学校设高中3个年级，47个教学班，有学生2709人，教职工184人。

二、正兴学校

正兴学校是2005年由正兴集团创办的全日制民办学校。校址位于县城东郊，占地124606平方米，建筑面积71913平方米，绿化面积16000平方米。校内建有教学楼群、学生公寓楼群、科技实验楼、行政综合大楼、图书馆、梯形报告厅、膳食大楼，以及400米标准操场、各类球场等体育场所。整座园林式校园规模宏大，设施先进，所有设备按省一级达标校标准配置。

学校于2005年秋季开学，租借平和一中、进修学校教室上课，开设中学6个年级和高考辅导班。是年有学生269人，教师42人。2006年9月，新校区竣工，正式启用。中学6个年级和高考辅导班全面招生。是年有学生3543人，教师192人。2007年6月，小学部开始招生。2007年底，全校学生有5079人，教职工280人。

正兴学校的学制、课程、教材与公立学校保持一致。学校在教育教学中着眼于学生及社会长期发展的要求，面向全体学生，促进他们在德、智、体、美、劳等方面发展。

第四节　职业技术教育

1989年，平和县内有平和职业高级中学和坂仔职业中学两所职业学校。在校学生880人，教职工63人。

1996年，平和职业高级中学与漳州职业大学联合办学，成立漳州职业大学平和职业中专部。1997年，与集美轻工业学校联合办学，成立集美轻工业学校教学点；与厦门电子职业中专联合办学，开设应用电子技术专业。2003年，职业高中晋级为职业中专，学校更名为平和县职业技术学校，被确定为漳州市市级重点职校，设有电子技术应用、计算机及应用、轻工机械等十几个专业。2004年起，学校开设综合课程实验班，学生参加高职单招高考考试。

1999年，坂仔职业中学开设烹饪、工艺美术、旅游服务、电脑财会、服装设计、园艺等专业。2004年，学校发展为初中和职业高中联办的综合性学校。全校有初中教学班13班，职高教学班6班。开设电子、电工、电脑、旅游、烹饪等专业。2005年2月，经省教育厅批准，坂仔职业中学更名为平和第二职业技术学校。

2007年，平和职业技术学校和平和第二职业技术学校共有学生6016人，教职工132人。

第五节　特殊教育

平和县特殊教育起步较晚，残疾少儿大部分随班就读，少数送到县外开智学校接受康复教育。1993年3月，平和县开智学校创办。校址位于县城古楼小学校内，免费招收智障适龄儿童学生，当年办1个教学班，有学生10人，教师3人。学校归城关学区管辖。1997年11月起，开智学校归县教育局直管。

是年，有学生 26 人，教师 8 人。2004 年，学校整体搬迁，使用原宝善小学校舍。

2006 年 11 月，在香港福建希望工程基金会支持下，新丽宝集团捐资人民币 25 万元，在宝善小学旧址修建新校舍，成立新丽宝特殊教育学校。学校占地面积 5300 平方米，建筑面积 880 平方米。2007 年，学校办 3 个教学班，从全县招收残疾学生 46 人，有教职工 12 人（其中公办教师 7 人）。

学校课程设语文、数学、常识、体育、律动、音乐、美工、劳动等科目，培养学生德、智、美、劳、体及生存能力。学校实行封闭式教学，采取走读与寄宿相结合的办学模式。通过严格施教，学生知识达到四年级正常班学生水准时，转到正常班就读。1993—2007 年，学校共培养学生 126 人。其中，直接就业的有 40 人，能独立自理的有 68 人，回归普通小学就读的有 8 人。

第六节　成人教育

一、扫除文盲

1989 年开始，平和县建立乡镇扫盲目标管理责任制。1990 年，全县 15 ～ 20 周岁青壮年人口中，有文盲人数 29821 人，文盲率为 10.42%。1990—1996 年，共有 106269 人次参加各类成人教育，占全县青壮年总数的 41.6%。办学采用以建制村为单位，以村小学为依托集中办学的形式，实行“日校办夜校，一长管两校，一师任两教”的工作制度，先后参加假期扫盲教育工作的中小学师生有 2.1 万人次，印发练习卷和部分易读易记教材 20 多万份，经过考试，有 4935 人达到脱盲标准。

1997 年，全县共办补习班 842 班，学员 1.9 万人。全县脱盲 19933 人，脱盲后巩固结业 19694 人，巩固率 98.8%，剩余文盲 7842 人，青壮年非文盲率提高到 97.15%。1997 年 8 月，通过省政府扫盲工作达标验收。

1998 年，全县办扫盲班 157 班，参加学员 3026 人，办扫盲巩固班 106 班，参加学员 1984 人。全县共有文盲对象 3079 人脱盲，非文盲率由 97.15% 上升到 98.38%。同年，举办《安子文现代千字文》扫盲班 12 班，学员 402 人。

1998 年后，平和县继续做好成人教育工作。通过省政府教育“两基”第一轮、第二轮跟踪核查，至 2007 年底，全县非文盲率 99.16%，达到较高水平的巩固要求。

二、文技校建设及实用技术培训

1989 年，全县 16 个乡镇（场）均建立文化技术学校（简称“文技校”），225 个建制村也建立村级文技校。文技校教学结合当地实际，经常性开展各种实用技术培训，为振兴当地经济、脱贫奔小康培养一大批农村种养及加工的实用人才。

1992 年开始，各乡镇文技校设农函大辅导站，配合县科协做好农函大招生和教学辅导工作。

1998—2002 年，全县各乡镇举办实用培训班 3046 期，受训 85063 人次。参加农业技术培训结业生数：2003—2004 学年度 3200 人，2004—2005 学年度 48015 人，2005—2006 学年度 48708 人。

1998—2007 年，县科委、科协和农业局送科技下乡，共举办 400 期科技培训班。县妇联组织妇女技术培训 23639 人次。县委团举办青年文化技术培训班 106 期。县人民武装部把组织青年民兵学文化技术作为爱民活动的一项重要活动。

三、电大教育

福建广播电视大学平和工作站于 1982 年筹办，1984 年 11 月正式挂牌成立。办学场所原设在文成中学校内，1999 年迁往县进修学校教学楼。2007 年，建设独立校舍。

工作站先后开设成人大专、电视中专、注册视听生（专科）、开放教育（专科、本科）。学制 3 年，专业有汉语言文学、法学、小学教育、教育管理、金融、行政管理、园艺、会计、电子电器。在学历教育教学上，实行学分制，累计学分达到规定标准，即可毕业。

1989—2007 年，计有毕业生 1510 人。2007 年底，在校学生数 350 人，专任教师 7 人。

四、自学考试

1989 年，县自学考试委员会下设办公室，隶属于县教育局，具体管理自学考试业务。自学考试设有 19 个专业。1989—2007 年，全县自学考试报考本科的计有 2429 人，毕业 162 人；报考大专的计有 7410 人，毕业 1086 人；报考中专的计有 239 人，毕业 6 人。

五、成人中等教育

1989—2007 年，平和县成人中等教育依托县成人中等专业学校，实行横向办学，先后同平和化工厂、第一糖厂、财政局、电大工作站、漳州业余大学联合，办起业余中专班、函授中专班、电大班和漳州业大大专班。学校办学对象包含在职干部职工及农村的应届初中毕业生和待业青年。开设专业有财务会计、文书秘书、工企管理、商企管理、房地产经营等，采用业余、函授、半脱产、脱产多种学习形式。

1989—2007 年，县成人中专计有毕业生 1256 人。其中，大专毕业生 89 人，中专毕业生 955 人，成人高中毕业生 212 人。

六、老年教育

1993 年 4 月，县委组织部、县老干局创办县老年大学。以提高离退休干部和社会老年人整体素质和生活质量，促进终身教育的发展。首期入学学员 41 人，聘请兼职教师 4 人，校长由县长兼任。学校开设保健型、知识型、娱乐型、技能型、实用型 5 类 20 门课程。校址初设在县委党校，1994 年迁至县青少年宫，1997 年 9 月再迁至县老年活动中心大楼。学员逐年增加，2000 年有学员 114 人，兼职教师 10 人；2007 年有学员 185 人，兼职教师 12 人。

2000 年，全县 15 个乡镇和部分建制村相继创办老年学校。2001 年，县老年大学和九峰镇老年中心学校被评为市级示范校。2003 年，山格镇高磜村老年学校被评为市级示范学校。2006 年，芦溪镇老年中心学校、小溪镇古楼村老年学校、文峰镇三坪村老年学校被评为市级示范校。

七、网络教育

2002 年，福建师范大学网络教育学院在县进修学校设立平和学习中心（即漳州第八学习中心），开设中文、数学、政治、小学教育等专业。招收在职职工和农民入学，网上授课。2002—2007 年，计有 575 人毕业。2007 年，在校学生 156 人。

第七节　教师队伍

1989 年，全县中小学、幼儿园教师总数 5020 人。其中，幼儿园教师 308 人，小学教师 3266 人，中学教师 1446 人。2007 年，全县教师总数 6205 人。其中，注册幼儿园教师 522 人，代课教师 211 人；小学教师 2945 人，代课教师 4 人；中学教师 2355 人，中专学校教师 89 人，开智学校教师 7 人，进修学校教师 60 人，成人中专教师 12 人。

一、来源构成

（一）公办教师

县内公办教师大都为各师范学校毕业生。1989—1999 年，平和户籍师范类毕业生大部分分配到各学校任教。2001 年后，采用双向选择办法，由人事部门组织考试，择优聘用。平和户籍非师范类大专以上学历，并取得教师资格的，也可参加考试聘用。1989—2007 年，全县共接收大中专毕业生 2859 人参加教师队伍。

（二）民办教师

1989 年，全县在册中小学民办教师 979 人。1989—1993 年，每年对民办教师进行集中培训，按省政府规定的录用指标（1:1.3）进行考核、录用为公办教师。

1997 年，全县民办教师 128 人。是年，省教委最后一次下达民办教师录用指标。经考核，全县有 34 人符合条件转为公办教师，其余的给予辞退，办理退养手续。至此，平和县民办教师停止聘用。

1989—2007 年，全县共有民办教师 855 人转为公办教师。

（三）代课教师

1989 年，全县中小学代课教师 105 人（其中小学 58 人，中学 47 人）。部分代课教师参加中考，进入师范学校民师班学习 2 年，毕业后参加分配。部分代课教师参加函授学习，成绩合格者录用为公办教师。2007 年，全县小学代课教师 4 人。

二、年龄构成

1991 年，全县中小学专任教师 4407 人（其中女教师 860 人），35 周岁以下 2244 人，35 周岁以上 2163 人。2007 年，全县中小学专任教师 4914 人（其中女教师 1534 人），35 周岁以下 1974 人，35 周岁以上 2940 人。

三、职称构成

1989 年，全县中学教师中，有高级职称 42 人，中级职称 215 人，初级职称 605 人；小学（含幼儿园）教师中，有中级职称 347 人，初级职称 1520 人。

2007 年，全县中学教师中，有高级职称 220 人，中级职称 585 人，初级职称 1236 人；小学（含幼儿园）教师中，有高级职称 18 人、中级职称 939 人、初级职称 1987 人。

四、学历构成

1989 年，全县中学教师中，有大学本科学历 186 人，大专学历 578 人，中专（含高中）及中专以下学历 324 人；职业中学教师中，有大学本科学历 5 人，大专学历 37 人；小学公办教师中，中师毕业 949 人，高中、中专毕业 449 人，高中肄业 116 人，初中毕业 104 人，初中肄业 21 人；小学民办教师中，高中、中专毕业 370 人，高中肄业 64 人，初中毕业 379 人，初中以下 68 人。

2007 年，全县中学教师中，有大学本科学历 1162 人，大专学历 875 人，中专（含高中）学历及中专以下学历 4 人；小学（含幼儿园）教师中，有大学本科学历 66 人，大专学历 1408 人，高中学历 31 人，初中及初中以下学历 7 人。

第八节　教育经费

一、县财政投入

1989 年，全县财政支付教育经费总额 938.40 万元，教育经费占全县财政总支出 30.90%。1999 年，全县财政支付教育经费总额 5603.31 万元，教育经费占全县财政总支出 27.58%。此后，县财政对教育的投入逐年增长。2007 年，县财政支付教育经费 12078 万元，教育经费占全县总支出 28.23%。

1999—2007 年平和县财政投入教育经费情况表

表 22-1-5　单位：万元

年份	全县财政支出总额	其中教育经费总额	教育经费占全县财政总支出比例（%）
1999	20316	5452	26.83
2000	24222	6999	28.88
2001	19465	6444	33.11
2002	17230	7243	42.03
2003	21039	6988	33.21
2004	21465	7797	36.32
2005	24430	7650	31.31
2006	31701	10168	32.07
2007	42772	12078	28.23

二、社会投入

1989 年起，社会各界办学热情高涨，捐赠集资助教蔚然成风。侨、台、港“三胞”捐资助学日渐增多。1989—2007 年，部分侨、台、港“三胞”和县内外各界人士捐赠的教育金额 1295.415 万元。县关心下一代对外联谊会从社会各界筹集奖学助学金 62.5875 万元人民币，0.9 万港元。

1989—2007 年港澳台胞及大陆人士捐资（10 万元以上）助教情况表

表 22-1-6　单位：万元

捐赠个人或团体	捐赠年份	受捐学校	捐资、捐建项目	捐赠金额
台湾台中元保宫	1988-1991	心田小学	教学楼	40.6
台胞石建璧	1990	下石小学	教学楼	36
台胞赖坤塘	1990	莲塘小学	教学楼	15
台胞赖英乾	1991-1998	仁山小学	教学楼	14.7
			奖学金	
港胞游振超	1991-1997	九峰初中	教学楼	22.3
		秀峰学校	奖学金	
台湾玉阙朝仁宫	1991	西林小学	教学楼	37.6
港胞沈炳麟	1992-1996	东坑小学	教学楼	33.8

续表 22-1-6

捐赠个人或团体	捐赠年份	受捐学校	捐资、捐建项目	捐赠金额
港胞沈炳麟	1992-1996	坪东小学	教学楼	33.8
		泮池小学	教学楼	
港胞曾莹	1993-1994	九峰初中	教学楼	25
张时彦	1994	育英小学	鸿恩楼、设备	31.4
台胞曾一山	1994	眉山小学	教学楼	32
港胞李明治	1994	育英小学	语育室	15.1
港胞吕振万	1994	顶寨小学	教学楼	50
港胞胡国赞	1995-2003	崎岭中学	奖、助学金	10.6
台胞朱高正	1995	平和二中	奎文楼	10
香港伊发达公司	1995	诗坑小学	教学楼	10
港胞胡国赞	1996-1998	职业高中	学生公寓	64.3
			奖学金	
台胞何明宗	1996	职业高中	奖学金	13.1
			固定资产	
港胞陈泽源	1996	平和三中	综合楼	40
		新塘小学	教学楼	
香港南九龙狮会	1996	崎岭中学	综合楼	40
		时陂小学	教学楼	
漳州片仔癀集团	1996	梅子小学	教学楼	15
王振宇	1996	文峰中心小学	助学金、教学设备	30
福建省外贸中心集团	1997	官峰小学	教学楼	25
		金丰中学	教学楼	
香港维德集团庄启程	1997	育才中学	启程楼	53
香港新华新银	1998	金华小学	教学楼	42.7
香港泛海国际集团有限公司	1998	新星幼儿园	教学楼	28.2
香港邹奇伟师事务所	1998	新星幼儿园	教学楼	25.2
香港金城银行	1998	三五中学	教学楼	22.8
			奖学金	
福建省向荣集团曾荣火	1998	福山小学	教学楼	52
		深寮小学	教学楼	
香港集发银行	1998	安石坑小学	教学楼	15
陈宝祥	1998	龙岭小学	教学楼	10
旅日台胞林文雄	2003	小溪中学	文雄楼	72.3
香港信和集团黄志祥	2004	新星幼儿园	综合艺术楼	30
港胞吴婷婷邓衍良	2004	崎岭中心幼儿园	捐赠	25
华阳电业	2005	秀峰明德小学	教学楼	73.15
深圳越海物流有限公司	2007	山格中心小学	助学金（87 人）	18.8725

三、勤工俭学

1989年，根据国务院批转国家教委等部门《关于进一步发展中小学勤工俭学若干问题意见的通知》，县政府发文要求各乡镇切实解决农村中小学校“一校一地”（一个学校一个生产基地）问题，把开展勤工俭学作为弥补经费不足和学校德育工作重要组成部分来抓。至1992年12月，全县25所中学、388所小学全部建立生产劳动基地，总面积145.95公顷，年纯收入37万元。1992年12月8日，通过省“一校一地”验收。

随着市场经济体制、教育体制改革的深入和教育经费逐步增加，2000年后，勤工俭学逐渐淡化，各学校生产基地采用承包经营。

第九节 校舍设施

一、校舍

（一）义务教育工程

1995—2000年，国家教育部、财政部联合组织实施“国家贫困地区义务教育工程”。平和县属第一期建设对象，项目内容是新建、改建校舍。资金来源构成：中央专款450万元、地方配套900万元、农村教育费附加705万元、社会捐集资675万元。工程项目有文峰中学、秀峰中心校等41所中小学校。义务教育工程的实施，为县顺利实现九年义务教育奠定基础，至1998年底，平和义务教育工程通过省级验收和国家抽验。工程实行滚动资金2913万元，其中，中央、省、市资金713万元，县、乡财政820万元，农村教育费附加705万元，社会捐集资675万元。

（二）危房改造

2003—2005年，全省中小学校进行第二期校舍危房改造。平和县先后有30所项目校，争取中央、省级以上部门资金534万元，改造D级危房面积17807平方米，新建校舍23867平方米。至2006年，全县危房改造30所项目校全部竣工，通过省级验收。

1998—2007年，全县修建校舍31649平方米。

（三）校园整洁行动

2006年，为落实省“对县教育督导”评估组提出的整改意见，全面改善中小学办学条件，县委、县政府实施“校园整洁行动”，投入资金1502万元，改造校舍屋顶防漏44933平方米，地板铺设5419平方米，内外墙粉刷221047平方米，修缮门窗34904平方米，更新课桌椅14007套，安装教室照明2145间。至2007年年底，全县项目校154所，完成144所，占98%。

2007年平和县校舍基本情况表

表22-1-7 单位：平方米

单位名称	建筑面积	其中				
		教学及辅助用房	行政办公用房	生活用房	其他用房	危房面积
中学	309016	145388	29492	114826	19310	2318
职校	19355	—	—	—	—	—
小学	248075	176577	20712	42582	8204	5217
特教	880	—	—	—	—	—
幼儿园	35016	26024	2259	3025	3708	—
合计	612342	347989	52463	1604033	31222	7535

二、教学设备

（一）实验设备

1997年10月，全县学校音乐、美术、体育教学仪器达标情况：县一中、县二中、育英小学达Ⅰ类标准；各完中、中心小学、初中校（三五初中、霞北初中、育才中学除外）达Ⅱ类标准；各农村小学校达Ⅲ类标准。

2007年，全县中学的教学仪器设备总值902万元，其中专业实验设备总值769万元、专业实习设备总值133万元；小学的教学仪器设备总值691万元，其中专业实验设备总值600万元、专业实习设备总值91万元；职业技术学校的教学仪器设备总值776万元。

（二）现代信息技术教育装备

2003年，全县投资50万多元，建设教育信息网。网上办公、信息发布和学校“国之源”资源库教学应用得到完善和发展。2006年2月，全县实施农村中小学现代远程教育工程建设（简称“农远工程”）。至2007年底，全县教育信息技术装备、基础设施建设和改造升级共投入资金1576万元，其中农村中小学校投入1367.5万元。全县建设校园网7个，计算机教室59间，多媒体教室92间，计算机2160台。完小以上学校均开设信息技术课。中心小学按模式Ⅲ高配，采用光纤接入方式；中学以光纤接入方式；农村完小按模式Ⅱ卫星接收方式；初小按模式Ⅰ录像播放模式，实现全县农村学校“农远工程”建设覆盖率100%，通过省级验收。

第十节　管　理

一、管理机构

（一）县委教育工作委员会

1989—2005年，县委宣传部分管全县教育工作。2005年，成立县委教育工作委员会，管理全县教育工作。全县中学、学区（中心小学）均建立党支部。至2007年，全县教育系统有48个党支部，党员1505人。

（二）县教育局

1989年，沿设县教育局，负责全县国民教育系列的各级学校的管理工作。教育局内设秘书股、人事股、中教股、初教股、计财股、生供办、仪器站、电教站等工作机构。2007年，核定编制7人，实有在职8人，其中局长1人，副局长2人。

（三）县人民政府教育督导室

1990年4月，县政府成立县教育局督导室，负责对全县教育工作的检查、监督、评估和指导。核定编制4人。1996年1月，县教育局督导室更名为县人民政府教育督导室。2007年6月，通过省政府对平和县教育工作督导评估，总评为“合格”。2007年，核定编制4人，实有4人，其中主任1人。

二、行政管理

（一）小学管理

1989年，全县设15个学区，1所县直实验小学。学区办公设在各乡镇政府所在地。学区设校长、副校长及教导处、总务处等职能部门，负责本区各小学的教务工作、人事安排、经费收支等。学区校长、副校长由县委宣传部、县教育局任命，教务主任、总务主任由县教育局任命。

2007年8月，取消学区建制，由乡镇中心小学承担原学区管理职责。育英小学、金华小学、新桥小学属县直小学，由县教育局直接管理。中心小学在辖区各小学的教育教学、教师培养方面起示范、带头作用。中心小学校长、教务主任、总务主任由县教育局任命。其他小学校长、教务主任、总务主任人选由中心校推荐，乡镇政府任命。

全县小学招生实行就近入学原则。1996年起，全县实行免试升初中就学。2007年起，实行6周岁入学制。各小学实行期中考、期末考及毕业会考制度。县进修学校小学教研室对各小学进行业务指导。

（二）中学管理

平和一中校长由县政府任命，其他公立学校校长、副校长由县委宣传部（县教工委）任命，正兴学校校长由正兴集团任命。学校设教务处、总务处、政治处等职能部门，学校具有法人资格。学校建立工会组织、共青团组织。

全县中学实行初中义务教育，招生实行就近入学原则。1996年起，实行免试升初中就学。学校实行期中考、期末考、毕业会考、高考等考试制度。2001年，高考时间改在每年6月7—8日进行。2006年，开始实行高考网上巡视系统，对考场进行实时监控。

县进修学校中学教研室对各中学进行业务指导。

（三）教师队伍管理

教师调配　学校教职工调动，原则上由县教育行政部门提出方案，根据各校学科余缺进行调配。2007年起，对申请调入县城工作的小学教师，采用量化积分选调办法。

年度考核　每学年，对在册教师的思想和工作表现、教研教改、进修培训、班级工作、党政及其他工作进行任职资格考核。考核不合格者不能晋升工资、职务，不能评优评先。

教师进修培训　1989年后，发挥县进修学校的职能作用，鼓励中小学、幼儿园教师参加教材教法、专业合格、提高学历层次和对口业务培训进修。1989—2007年，计有1408人次参加培训进修。其中，小学、幼儿园教师1202人次，初中教师206人次。

职称评聘　1989年，教师职称采用评聘合一方法，原则上每年进行一次。2005年起，教师技术职务实行评聘分开的办法。至2007年，全县聘任小学、幼儿园高级教师18人，中级教师853人；中学高级教师185人，中级教师521人（均不含私立学校）。

资格认定　1996年，全县对1994年前入伍且在职的专任教师，进行过渡期教师资格认定。2001年，对全县教师进行资格认定。2003年，首次开展社会人员教师资格认定工作，此后，每年进行1次。至2007年，全县具备小学教师资格2945人，具备初中教师资格1413人，具备高中（含中职）教师资格942人，具备教师进修学校教师资格60人，具备幼儿园教师资格674人。

学历确认　2002年，县委组织部组织一次全县范围内的县管干部职工学历重修确认工作。学历来源分国民教育和党校学习培训。其中，国民教育学历证明的真伪，经县教育局审核确认后，送县委组织部门审批。2006年，全县教职工的学历重新确认存档。此后，教职工学历提高须经确认后方可生效。

第二章 科 技

第一节　科研机构

一、县级科研单位

（一）县科技开发服务中心　1989年，县科技开发服务中心沿设，负责全县新技术引进、新产品开发、科技实体管理、星火计划项目管理，科技项目跟踪、管理、指导、反馈。2007年有专职干部2人。

（二）县科学技术情报研究所　1989年，县科学技术情报研究所沿设，负责全县科技统计、科技宣传、科技新闻发布、科技资料管理服务。2007年有专职干部2人。

（三）县生产力促进中心 2000年3月，县生产力促进中心成立，主要职责促进企业科技进步和中小企业发展，促进新技术的开发应用、示范推广。2007年有兼职干部1人。

（四）县农业科学研究所 1989年，县农业科学研究所沿设，负责从事全县粮食、果蔬科学试验和新技术、新品种的示范推广工作。研究所有职工85人，其中农技人员8人。2007年有农技人员15人，专职干部5人。

（五）县地震办公室 1977年1月，县地震办公室成立，1984年底撤销，1997年恢复编制，挂靠县科技局。2004年8月，正式成立平和县地震办公室，为相当正科级事业单位，科级领导职数1名。

二、科技学术团体

（一）县科学技术协会 1989年，县科学技术协会（简称“县科协”）沿设。负责组织开展群众性、社会性的科普活动，支持有关社会组织和企事业单位开展科普活动；协助政府制定科普工作规划，为政府科普工作决定提供建议；利用并发挥科普网络和组织的优势，组织开展学术交流和民间国际科学技术交流和合作；举办科普展览、科普讲座，进行科技咨询、科技培训等经常性科普活动。1989年，县科协有专职干部6人，2007年增至8人。

（二）县级专业学会（协会） 1989年，全县有7个学会、2个研究会和6个协会，共有会员655人。2007年，全县经民政局社团办批准登记的县级学会（协会、研究会）7个，会员数10657人。

2007年平和县专业学会（协会）情况表

表22-2-1 **单位：人**

学会名称	登记时间	理事会人数	会员数
平和县花卉协会	1996年6月	65	6000
平和县建筑企业协会	1999年11月	116	3860
平和县质量技术监督协会	2002年4月	15	60
平和县税务协会	2003年8月	24	168
平和县药业协会	2003年1月	35	201
平和县客家文化研究联谊会	2003年8月	25	230
平和县琯溪蜜柚协会	2006年3月	13	138

（三）农村科普协会 1989年，全县14个乡镇科普协会沿设。1994年，农村科普协会增至15个。2007年，全县240个建制村全部建立科技组或科普小组。

第二节 科技队伍

1989年1月，全县有专业技术人员4428人。其中，工程系列436人，农业系列217人，卫生系列252人，教育系列3100人，其他系列423人。2007年年底，全县有专业技术人员6686人。

2007年平和县专业技术人员情况表

表22-2-2 **单位：人**

类别	合计	高级	中级	初级
总数	6686	288	1853	4545

续表 22-2-2

类别	合计	高级	中级	初级
科学研究、技术服务和地质勘查业	269	9	78	182
水利环境和公共设施管理业	59	4	18	37
交通运输、仓储和邮政业	41	—	15	26
教育	5267	226	1482	3559
卫生、社会保障和社会福利业	617	33	146	438
商业服务、租赁和房地产业	77	—	16	61
文化、体育和娱乐业	63	2	20	41
公共管理和社会组织	286	14	71	201
其他	7	—	7	—

第三节 科技普及

一、科普宣传

（一）科普基础设施建设

1989年后，县科委（科技局）、县科协把发展农村科普事业、提高农民科技素质，作为服务新农村建设的切入点，实施科普惠农兴村计划，开展农村科普基础设施建设，利用社会科学资源，使科普服务能力不断增强，公众科普素质不断提升。2007年，全县16个乡镇（场）均建立科技文化阅览室，创办《科普园地》《科技讯息》等宣传栏，各乡镇建制村“一站一栏”（科技站、科普宣传栏）建设完成70%。全县有科普画廊48座，科普宣传栏208处，社会科普活动室250个。

（二）广播电视宣传

1989年起，县科委（科技局）、农业局和卫生局等单位配合县广播站，举办《卫生与健康》《农业技术讲座》等闽南语专题广播，各乡镇广播站也不定期举办农业技术专题广播，介绍实用农业知识。1998年，县有线电视台在科技、农业部门配合下，开辟《创建科技先进县》专栏报道。1999年，开辟固定栏目《农业之窗》，每月2期、6档，播出农业科技节目，传播科技知识，服务“三农”（农业、农村、农民）。1996—2007年，制作《闽南侠客——琯溪蜜柚栽培技术》《茄子的病虫害防治》《龙眼八一早优良品种》《琯溪蜜柚移果寄育科技》等专题片，在县电视台播送。

（三）科普讲座

1989年起，县科委每年定期邀请省农科院和市农科所专家到平和，举办科技讲座，适时解决生产生活中存在的技术难题。1989—1990年，为解决琯溪蜜柚高产稳产问题，县科委举办2期科技讲座，邀请专家讲解琯溪蜜柚环割和环剥技术，组织蜜柚种植户2000多人听讲，并到科委实验基地实地观摩。讲座举办之后，蜜柚环割和环剥技术很快在全县推广。2002年10月，县农业局邀请茶叶专家张天福开设茶叶讲座。2004年10月，县政府邀请北京健康专家洪昭光开设健康讲座，听众多达1200人。2006年6月的科技周，县科技局举办蜜柚病虫害防治专题讲座，邀请省农科院高级农艺师林太礼等专家6人，成立科技惠农服务队，到平和县九峰、山格、小溪、南胜、坂仔、霞寨等6个乡镇开展专题技术讲座，共举办26场，受训群众2500多人，并发放《蜜柚种植知识问答》等科普材料1万多份，当场解答果农种植过程中遇到的各种难题。

（四）科技“三下乡”活动

2002年起，县科技部门配合县委宣传部组织的农业、卫生、文化、共青团、妇联、计生委、妇联等部门的科技人员，开展文化、卫生、科技“三下乡”活动，先后深入到国强、九峰、文峰、长乐、秀峰、大溪等乡镇边远山区，通过开办科技讲座、设科技摊点、分发科技材料、举办科技书市、送科技图书资料、张挂科普挂图、到田间实地咨询服务等多样形式，进行科普宣传。至2007年，科技下乡人员有1300人次。

（五）科技书籍

1996年，县科协编印《蜜柚种植知识问答》，1998年编印《农民致富手册》。2001年，县科委编印《琯溪蜜柚栽培管理手册》。2005—2007年，县科技局、地震办每年编印《地震与防震》1册。各种科技书籍印数都在万份以上，免费分发。

二、科技培训

（一）科普示范基地建设

2006年，县科技局建立南海食品新农村科普示范基地、阳山白芽奇兰茶示范基地、芦溪蔬菜示范基地3个县级科普示范基地。带动周边群众掌握科技新水平，提高效益，增加收入。南海食品通过蔬菜基地建设，发挥示范和辐射作用，带动周边4个乡镇的蔬菜种植，面积833公顷，受益农户5000多户。

2007年，全县共有8个科普示范基地、2个科普示范社区、1个科普示范学校。是年，锦溪集团被评为全国科普惠农兴村示范基地；国农农业有限公司、天用茶叶有限公司被评为漳州市科普惠农兴村计划示范基地；金华小学被定为平和县防震减灾科普示范基地（学校）。

（二）创办文技校与农函大

1989年，全县16个乡镇（场）均建立文技校，225个建制村也建立村级文技校。文技校教学结合当地实际，经常性开展各种实用技术培训，为振兴当地经济培养一大批农村种养和加工实用人才。

1992年，县成立农函大，各乡镇文技校设农函大辅导站，配合县科协做好农函大招生和教学辅导工作。至2007年，县农函大共招生15届，学员6867人，涉及畜牧、茶叶、果树、特种水产、企管等专业，培养一大批实用型的农村建设“用得上、留得住”的乡土科技人才。

（三）技术培训

1989年起，县科技、农业主管部门会同有关单位，按照面向农村，结合生产，联系实际，讲求实效原则，组织和举办各种实用技术培训，项目有水稻种子选育与保管、杂交水稻高产栽培与制种、茶果栽培、病虫测报与防治、农药机械使用、家畜防疫与保健、生猪传染病防治、猪的人工授精配种、家鱼病害防治、山塘围塘构筑与维护、小水电建设、农村电工技术等。每年举办160多期，受训学员5400多人次。县教育、文化、医药卫生等部门和工、青、妇、民兵等组织也相继举办各种形式培训班，呈现多门类、多学科、多部门、多层次的培训结构。至2007年，全县计有30万人次参加各种实用技术培训。

（四）咨询服务

1989年后，县科委、科协不定期派出技术人员下乡，利用农村集会平台，为农民群众提供咨询服务。每年琯溪蜜柚生产关键期，县科技局、科协组织技术人员到各乡镇，实地为果农提供咨询服务。2002年，县政府聘请省、市科研机构及大专院校的专家、教授50人，组成专家决策咨询组，对平和县重大项目进行科学论证。2004年5月，县科技局邀请市医疗专家、农业专家、家电技术人员，到国强、大溪、长乐等乡镇进行现场咨询服务。2004—2007年，每年科技宣传周，组织科技人员下乡开展科普宣传和科技咨询服务。

第四节 科研与推广

一、科技研究

（一）农业

关刀洋荔枝低产园改造 1999年，县科委在山格镇关刀洋荔枝果场建立33.4公顷低产园改造示范点。

科技人员通过果园梯面拓宽，改传统施肥为营养平衡，改传统一年一次冬剪为春疏夏剪、冬剪相结合，应用先进促花促果技术，取得年增产 5 万公斤荔枝的效果。

白芽奇兰茶制作新技术研究试验 1999 年，天用白芽奇兰茶开发中心在县农业局科研人员配合下，探讨茶叶采摘新技术，研究茶叶制作新工艺，引进制茶新机械，探讨节能、节耗，以及无污染制作新技术，提高茶叶品质。

棕包梨产业化栽培技术研究 2002 年，芦溪镇科委、秀峰乡科委和县农机站科研人员，进行棕包梨产业化栽培技术研究，应用果实套袋和生物防治病虫害技术，使棕包梨品质达到国家绿色食品标准。

香蕉保鲜技术研究 2002 年，坂仔镇科委、国强乡科委和南海冷冻食品有限公司进行香蕉保鲜技术研究，通过栽培上果穗套袋，减少虫害，采收时科学运输，引进国外保鲜技术，使香蕉达到优质、稳产和保鲜期长等要求。

琯溪蜜柚种性提纯选育及其配套栽培技术的研究 2003 年，县琯溪蜜柚研究所和琯溪果树良种场科研人员，对现有琯溪蜜柚结果树的调查及果实鉴定，选择优质早熟抗粒化、裂瓣种类，通过栽培试验，探讨出一套高产、稳定、早熟、优质的栽培方法。

琯溪蜜柚低产果园改造技术研究 2003 年，小溪镇科委与岩坂示范场对老龄劣质琯溪蜜柚果树进行改造技术研究，通过回缩整枝修剪、选择优良单株高接换种、增施有机肥、使用生物菌等综合措施，从而达到高产、稳产、优质的目标。

白芽奇兰茶香性稳定新技术 2003 年，天用白芽奇兰茶开发公司与崎岭乡科技组科研人员，采用电脑调控技术，处理茶叶制青和杀青工序，有效克服白芽奇兰茶品质不一，香性不稳定问题。

中高海拔山地果树新品种引种选育及设施配套技术研究 2003 年，县科技开发中心与秀峰乡科委、长乐乡科委，引进省内外优良果树品种，训化适宜平和县西部中高海拔山地栽培良种，引进现代化先进设施和栽培管理技术，提高良种栽培技术。

节节瓜高产优质栽培技术研究 2004 年，山格镇科委通过对节节瓜优良品种的提纯、筛选、复壮，进行无公害标准化生产的栽培技术研究。

富硒白芽奇兰茶栽培技术产业化研究开发 2004 年，县科技开发中心与秀峰乡科委，研究开发含硒的白芽奇兰茶，通过微电脑控制微喷系统直接滴灌硒量元量等技术，使茶叶中硒的含量达到人体最易吸收的程度，精制富硒白芽奇兰茶。

无公害白芽奇兰茶综合技术开发 2004 年，平和阳山茶厂与崎岭白芽奇兰茶有限公司建设高标准茶园 33.4 公顷，应用有机和生物菌肥，使用生物防治病虫害，改善生态环境，采用现代高效节能的采、制茶设备。

珍珠芭乐适应性及优质丰产栽培研究 2004 年，山格镇科委、秀峰乡科委、大溪镇科委科研人员，研究珍珠芭乐定植、抚育、施肥等适应性及无污染栽培模式，优质高产高效栽培技术。

山区生态农业产业化技术研究与示范 2005 年，安厚镇农技站、南海冷冻食品有限公司和五寨乡科委，通过果树新品引种、推行幼龄果园套种绿化、生猪品种改良、防止水土流失、改善生态环境，进行山区生态农业产业化技术研究与示范。

白芽奇兰茶加工新工艺研究与应用 2006 年，秀峰乡科委、县生产力促进中心、阳山制茶厂、天用白芽奇兰茶有限公司科研人员，通过合理采摘、控制发酵和干燥、控制茶叶制作中的温度等工艺，进行研究，提高制茶稳定性和成品茶品质。

（二）工业

闪蒸技术在蜜柚果汁生产的应用 2002 年，县柚香果汁厂通过闪蒸技术，对蜜柚果汁加工过程中产生的不良气味进行剔除处理，达到既能除去不良气味又保留果汁原有营养风味的效果。

树脂法提取柚花黄酮类化合物 2004 年，县柚香果汁厂利用琯溪蜜柚疏下的柚花，开发离子吸收法提取柚花油新工艺，使产品纯度提高，物耗降低，质量达到国家标准，工艺技术满足年产 3000 公斤柚花

油规模的要求。

新型果蔬套袋机研制　2004年，平和县新雅包装有限公司进行新型果蔬套袋机研制，新型套袋机可生产带扎口条、带观察窗或不带观察窗的多种规模纸质保果袋，生产速度比国内普通制袋机提高2倍。

柚果自动化冲洗打蜡分级机的研制与开发　2005年，平和兴发机械有限公司研制柚果自动化冲洗打蜡分级机，该项目采用浸泡、冲洗、烘干、打蜡、分级筛选一体化、自动化操作机构，缩短柚果深加工时间，提高柚果外观品质，降低农残，提高销售价格。

环保型干粉水性内墙涂料产业化技术研究　2005年，平和裕和皓月有限公司研制环保型干粉水性内墙涂料，该项目采用天然硅化合物为基础材料，添加功能性辅料，加工成一种具有除甲醇、氨等有害气体的产品。

单层和多层纸制香蕉套袋机研制　2006年，福建国农农业发展有限公司研制单层和多层纸制香蕉套袋机，该机包括单层上纸装置、双层上纸装置、商标粘接装置、切断装置和收袋装置，通过纸张传送完成套袋制作。

一机多元化四轨同步全自动电脑数控纸制品专用装置开发　2006年，平和宏威纸业开发有限公司通过对流向调整，输墨卷筒印染，自动分切，自动准确定位工艺，研究实现一机多元化全程电脑数控的纸制品生产工艺。

蜜柚马茉兰的研制与生产　2006年，平和柚香果汁厂与县生产力促进中心以蜜柚残次果为原料，应用吸附脱苦技术除去蜜柚汁中的过量苦味物质，研制生产蜜柚马茉兰，利用资源，变废为宝。

（三）其他行业

野生鱼类资源调查　1999年，平和一中生物教研组对县内野生鱼类进行区域调查、数量及生态环境分析、分类鉴定，研究如何对野生鱼类资源进行保护和合理开发。

欧洲鳗养殖与防病技术的研究　2002年，五寨乡科委与南胜镇科委通过对欧洲鳗不同阶段食性、适应性，以及鳗病防治等技术研究，总结一套欧洲鳗养殖技术模式供推广应用。

花鳗的鳗种培养与养殖技术的研究　2006年，平和久荣养鳗场开展研究花鳗苗种培育的温度与摄食、疾病的关系，花鳗培育和养殖过程中形态变化，花鳗对水质理因子的要求，病虫害防治的养殖模式。

二、科技推广

（一）农业

巴西蘑菇新技术推广应用　1999年，大溪镇大二村引进巴西蘑菇新品种，研究其高温下栽培管理新技术，建立1000平方米巴西蘑菇高产、优质、稳产示范点，研究总结出一套栽培新技术，供推广应用。

龙眼优新品种引种与示范　1999年，科福龙眼示范场建立13.3公顷龙眼示范园，引进4个主栽龙眼新品种，进行栽培试验与示范。

平和"国强美蕉"良种示范与推广　2002年，国强乡高坑村科技组在国强乡科委、坂仔镇科委技术人员配合下，通过脱毒试管苗培育，选育出优质、高产的美蕉新株系，并具有耐寒、抗风的优点。良种在全县各乡镇推广。

野生佛手香柚培育与推广　2003年，灵通山珍稀水果场与县生产力促进中心通过对野生佛手香柚人工培育苗木定植管理，摸索一套高产优质的栽培技术模式并予推广。

墨西哥仙人掌蜜果——火龙果的引进栽培与推广　2003年，县枇杷新品种示范场通过对火龙果的生长植株、结果情形以及适应性观察研究，提出高产优质栽培模式，在县内引进和推广。

天山雪莲果引种试验与示范推广　2004年，平和天山雪莲果示范场通过对天山雪莲生长习性观察植株结果情形，以及适应性研究，总结出一套天山雪莲生态果园管理模式，并予推广。

美国红桃引进与示范推广　2004年，文峰镇三坪村科技组在文峰镇科委、南胜镇科委科技人员配合下，研究美国红桃栽培及病虫害防治技术，优质高产栽培模式，进行示范推广。

琯溪蜜柚优株快繁及推广应用　2005年，福建锦溪集团与小溪镇科委对琯溪蜜柚果园进行普查，初选出具有早熟、木质化少、品质优良的单株，进行试验性对比分析，最终筛选出优良单株，总结一套栽培技术进行繁育推广。

农村沼气生态果园综合技术研究与示范推广　2006年，县果沼蜜柚示范场与小溪、坂仔、霞寨、安厚、九峰、五寨等乡镇科委，共同研究猪—沼—果生态综合技术应用模式，进行示范推广。

台湾青枣的引进示范与推广　2006年，山格、文峰、五寨、南胜等乡镇科委共同研究台湾青枣栽培及病虫害防治技术，优质高产栽培模式并进行示范推广。

（二）工业

蜜柚纸质保果袋的开发与推广　2002年，平和新雅包装公司与县农业局经作站科研人员，采用防晒耐析、防水性好的纸质材料，通过工厂化流水线工艺，生产蜜柚套袋，示范推广至全县种果户。

农家微型环保节能保鲜库　2003年，县农机局建一座100立方米可容纳15－20吨果蔬的微型保鲜库，具有恒温、省电、保鲜时间长等特点。该项目为示范推广项目。

（三）其他行业

丁鳜鱼引种驯养繁育与养殖技术推广　2005年，长乐乡科委与九峰镇科委引进广东丁鳜鱼进行驯养、培育品种，总结一套引种驯养、人工繁殖及养殖技术模式，并予推广应用。

第五节　科技成果

一、获省部级科技成果奖项目

1989年，县农业局农技站“中低产田协作攻关”获省科技进步三等奖。

1991年，县科技开发中心“琯溪蜜柚稳产高产示范推广”获全国星火计划成果博览会金奖；南胜变电站“实行DWJ—1型微机集控操作”获省科技进步三等奖。

1992年，县农业局热作站“微机在橡胶树白粉病预测预报上的应用研究”获省科技进步三等奖；县医院“福建省1991年高血压抽样调查”获省科技进步三等奖。

1993年，县农业局热作站“微机在橡胶树白粉病长、中、短期预测预报上的研究”获省科技进步三等奖。

1996年，县农业局经作站“琯溪蜜柚良种选育与推广”获国家农业部科技进步二等奖。

1998年，崎岭彭溪茶场与县茶叶指导站“白芽奇兰茶选育与推广”获省科技进步三等奖；县农业局“柚类良种选育”获国家农业部科技进步三等奖。

2000年，平和天马国有林场与漳州市兴林林业研究所、漳州市林业局“闽南马尾松林生竞争规律在中径材定向培育技术研究”获省科技进步三等奖。

2001年，县农业局经作站“红麻新品种闽红298的选短期预测预报的应用研究”获省科技进步三等奖。

2002年，平和天马国有林场与福建省林业科技研究院、福州市农业局经济作物技术站“山地橄榄漆蓝卷象研究”获省科技进步三等奖。

2003年，县农业局“菌草栽培食用菌综合技术研究”获国家科学技术二等奖。

2004年，平和天马国有林场与漳州市国有林场管理处、长泰岩溪国有林场“闽南桉树优质纤维材无性选育与优化培育技术研究”获省科学技术三等奖。

2006年，县农业局经作站“琯溪蜜柚标准化栽培技术应用”获国家农业部科技进步二等奖。

2007年，平和天马国有林场与福建省林业科学研究院、漳州市农业科技研究院“巨尾桉胶合板材定向生态栽培技术研究”获省科学技术三等奖。

二、获市级科技成果奖项目

1995 年，市政府颁发 1994—1995 年度科学技术进步奖的决定，崎岭彭溪茶场、县茶叶指导站“白芽奇兰茶选育与推广”获市科技进步二等奖。

1997 年，市政府颁发 1996—1997 年度科学技术进步奖的决定，县科技开发中心、豆坪老区青年果场“琯溪蜜柚移果寄育技术的推广应用”获市科技进步二等奖；平和天马国有林场“巨尾桉培苗培育及配套造林技术”获市科技进步三等奖。

1999 年，市政府颁发 1998—1999 年度科学技术进步奖的决定，平和天马国有林场“闽南湿地松生长规律与经营数表编制的研究”获市科技进步二等奖；县农业局茶叶指导站“劣质低产茶园的嫁接换种技术”获市科技进步三等奖。

2000 年，平和天马国有林场“闽南马尾松林木竞争规律与中径材定向培育技术研究”获市科技进步二等奖；“巨尾桉的生长情况及养份循环与土壤变化研究”获市科技进步三等奖。

2004年，平和县天马国有林场“闽南桉树优质纤维材无性系选育与优化培育技术研究”获市科技进步二等奖。

2006 年，平和天马国有林场“巨尾桉胶合板材定向生态栽培技术”获市科技进步二等奖。

三、县级科技成果奖

1989—1991 年，全县有 28 个科研项目获县科技进步奖励，其中一等奖 4 个、二等奖 8 个、三等奖 16 个，有优秀科技工作者 12 人受表彰。

1992—1993 年，全县有 25 个科研项目获县科技进步奖励，其中二等奖 5 个、三等奖 20 个，有 7 个科技工作先进单位受表彰。

1994—1995 年，全县有 23 个科研项目获县科技进步奖励，其中一等奖 3 个、二等奖 3 个、三等奖 17 个。

1996—1997 年，全县有 25 个科研项目获县科技进步奖励，其中二等奖 5 个、三等奖 20 个。

1998—2001 年，全县有 23 个科研项目获县科技进步奖励。其中，一等奖 1 个，二等奖 4 个，三等奖 18 个。

四、名优产品获奖成果

（一）琯溪蜜柚

1989 年，琯溪蜜柚参加全国优质水果评选会，综合评分名列柚类榜首，登上“柚王”宝座，被国家农业部授予“全国优质农业产品”称号。1991 年，获全国星火计划成果博览会银奖。1994—1999 年，先后被全国柚类科研推广协作组授予第三、五、六次柚类评比金杯奖。1998 年，被漳州市人民政府认定为“知名产品”。1999 年，获中国国际农业博览会“名牌产品”证书。

（二）香蕉

1996 年，平和香蕉获全国星火计划暨十年农业科技成果博览会优秀奖。1998 年，被漳州市人民政府认定为“知名产品”。

（三）白芽奇兰茶

1989 年，白芽奇兰茶获福建省名茶评比一等奖。1993 年，获中国第二届专利新技术新产品博览会金奖。1995—1999 年，连续 5 年获福建省名茶奖。1998 年，获国际茶文化博览会金奖。1999 年，获中国昆明博览会福建特色产品展览会金奖。2003 年，获上海国际茶文化节金奖。2004 年，获第九届国际茶文化研究会暨第三届崂山国际茶文化节金奖。

（四）南胜麻枣

1995 年，南胜麻枣获全国农产品博览会金奖。1997 年，获意大利国际轻工贸易博览会金奖。1998 年，获全国农产品乡镇企业产品展销交易会金奖。

（五）小溪枕头饼

1998 年，小溪枕头饼获全国农产品、乡镇企业产品展销交易会金奖。

（六）芦溪咸菜

1993 年，芦溪咸菜获福建省名优特新产品展销会“最畅销产品”奖。

（七）红糖

1989 年，山格糖厂金鹰牌红糖获首届中国食品博览会铜奖。

五、其他科技成果奖项目

1993 年，在漳州市第二届中国专利新技术新品种博览会上，平和县的机械式自动电饭锅项目获银奖，电子车速里程表项目获优秀奖。

2003 年，平和新雅包装有限公司“药物纸质保果袋”获第十四届全国发明展销会铜奖。

2005 年，福建裕和皓月生物工程材料有限公司“皓尔宝（HEB—01）功能性涂料”获福建省职工优秀技术创新成果二等奖。

2005 年，福建国农农业发展有限公司“新型果蔬套袋机”获福建省职工优秀技术创新成果三等奖。

第六节　地震监测

一、地震测报点建设

1998 年 3 月，县地震办配合省地震局在山格镇山格村建立地震数字遥测台，做好管理工作，依法保护观测环境不受干扰。

2006 年 2 月，县内建立 3 个宏观观测点，即九峰福田养猪场宏观观测点、山格裕才蛋鸭养殖场宏观观测点和安厚东川水库养鱼场宏观观测点。观测员每天及时记录观测情况，地震办工作人员每周汇总各个观测点资料并上报市地震局，发现异常情况及时向省、市地震部门报告，跟踪落实。

二、防震减灾知识宣传与培训

1998—2007 年，县地震办每年结合“7·28”唐山地震纪念日，国际减灾日，文化、卫生、科技“三下乡”，五月科技宣传活动周和各乡镇民俗文化节日，深入农村、企业、学校、社区张挂地震科普图片，分发防震减灾宣传资料，开展防震减灾科普知识宣传与地震法律、法规咨询等活动。

2004—2007 年，县地震办每年编写 1 期《地震与防震》宣传资料，分发宣传；通过县有线电视台选择播放《应对地震灾害——公众自救互救常识》《蟾童》《直面地震》《地震解密》等科普音像片，向社会宣传普及防震减灾知识。2006 年 10 月，配合省科技厅的科普宣传车在平和县金华小学开展地震逃生电脑模拟演练，有学生 200 多人参加该项活动。

三、地震应急演练与队伍建设

（一）演练

1998—2007 年，全县各中、小学校根据教学计划与实际情况，组织学生避震疏散演练，县地震办到现场观摩指导。2007 年 11 月 28 日，县卫生系统开展地震应急救援演练。县医院和县防疫站共出动医务人员 150 多人，参加现场医疗救护和消毒防疫演练。

（二）队伍建设

2007 年，县建设 10 支应急救援队，即平和消防大队、武警平和中队、民兵预备役抢救队、电力紧急救援队伍、移动通信应急保障组、电信应急抢险工作组、卫生抗灾救援应急队、国土资源防汛抗灾抢险队、水利抗洪抢险队、公共卫生事件应急处理组。应急预集规定，一遇地震灾情，10 支应急队伍即时投入抢险。

第七节 管 理

一、管理机构

1989 年，平和县科学技术委员会沿设，2003 年 3 月更名为平和县科学技术局（简称县科技局）。2007 年，县科技局内设人秘股、计划综合股、科管股、科技情报研究所、科技开发服务中心、地震办、生产力促进中心 7 个机构，专职干部 12 人。

二、科技项目与经费管理

县科技项目管理包括：需求征集、专家咨询、可行性论证、立项决策、项目实施与过程管理、项目结题与绩效跟踪等环节。县科技项目实行综合管理和分级管理相结合，县科技局负责综合管理。

1999—2007 年平和县科研项目经费情况表

表 22-2-3 **单位：个、万元**

年份	起止年月	科研项目数	科研经费
1999	1999 年 10 月至 2002 年 12 月	6	3
2002	2002 年 5 月至 2003 年 12 月	7	110
2003（第一批）	2003 年 5 月至 2004 年 12 月	8	128
2003（第二批）	2003 年 10 月至 2004 年 12 月	7	116
2004（第一批）	2004 年 1 月至 2005 年 12 月	8	147
2004（第二批）	2004 年 9 月至 2005 年 12 月	9	138
2005	2005 年 1 月至 2006 年 12 月	10	300
2006	2006 年 1 月至 2007 年 12 月	11	316

三、成果评选与专利申报

（一）成果评选

1989—2007 年，县级科技进步奖首先由县政府向全县各有关单位发出申报时间、条件。申报项目的条件须经科技部门专家验收过的或须在 CN 级刊物上发表的论文，参与项目的人员不能超过 5 名，根据对项目的贡献排列名次。县政府成立行业评审组和总评委。各申报项目先由行业评审组评出等级，然后由总评委最后决定取舍或等级（分为一、二、三等级）。由评委评出的项目等级须进行公示，如无异议再由县政府发文表彰。市、省、国家级的科技进步奖由相应的政府发文申报、评审。项目申报采取逐级推荐的办法向上申报。

（二）专利申报

1989年后，平和县通过宣传、举办知识产权培训班、讲座等活动，大力提升知识产权力度，专利申请与保护的意识在全县逐渐扩展，专利申请数和授权数逐渐上升。

1989—2007年平和县专利申请受理和授权情况表

表22-2-4 单位：件

年份	专利申请数		专利授权数	
	总数	其中发明	总数	其中发明
1989-1998	26	4	16	1
1999	1	—	1	—
2000	1	—	1	—
2001	3	—	1	—
2002	13	—	3	—
2003	12	1	9	—
2004	20	1	22	1
2005	19	2	15	—
2006	11	1	10	—
2007	34	8	11	—

卷二十三　文化　体育

平和文化源远流长，底蕴深厚。1989—2007年，文化事业快速发展，传统文学艺术得以继承和发扬；编辑出版《中国民间文学三套集成》（平和分卷），获“福建省民间文化艺术（龙艺）之乡”称号；文学、美术、摄影、音乐、舞蹈、戏剧各门类创作活动活跃，涌现出许多人才、作品；城乡文化设施逐渐完善，艺术馆、图书馆、广播电视大楼、林语堂文学馆、全民健身活动中心相继建成投入使用；城乡群众文化活动活跃；平和县艺术节、琯溪蜜柚节、三平祖师文化节接连举办；广播电视事业迅速发展，实现有线数字整体转换；文物保护工作开展顺利，全县有3处全国重点文物保护单位，8处省级文物保护单位；档案、文史工作成绩显著；文化市场管理日渐完善。

全县群众性体育活动广泛开展，农民体协、老年人体协及各门类体协相继成立并开展活动；体育竞赛活动常年开展，竞技水平有较大的提高，少体校运动员参加市、省和全国性运动会屡获佳绩；出现体育走向基层，深入社会各领域的新局面。

第一章　文化

第一节　民间文艺

一、游艺

（一）龙艺

龙艺是县内一种综合性的大型民俗文化活动，集游艺、戏曲、彩塑、扎制、灯饰、体育表演于一体，略同又不同于舞龙、辇艺、棚仔艺、板凳艺等民间艺术形式，具有鲜明的地方特色。早在清初，平和已有迎龙艺盛况的记载，“民间结彩架，选童男靓妆立架上，扮为故事，数人肩之以行……周行街市……观众蜂拥，男女阗塞街巷”（《平和县志》康熙版）。数百年来，迎龙艺成为平和民间最喜闻乐见的一种民俗文化活动。1989年后，县内各乡镇迎龙艺活动更加普及、频繁。各地迎龙艺活动，多为寺庙民间团体举办。迎龙艺时间，除春节、元宵节等传统节日外，

平和县非物质文化遗产保护项目——龙艺制作
（朱连生 摄）

还根据各寺庙庙会时间，结合迎神赛会一起进行。较经常举办迎龙艺活动的有小溪侯山宫龙艺、南胜龙艺等。

侯山宫龙艺　以其历史悠久、活动频繁、规模大、节数长、装艺技术精良最具代表性。1989 年元宵节彩扎 1 尾；1990 年元宵节彩扎 2 尾；1992—2004 年元宵节各彩扎 3 尾；2005 年元宵节、蜜柚节彩扎 4 尾；2006 年元宵节、蜜柚节彩扎 5 尾；2007 年彩扎 4 尾，其中在元宵节彩扎的龙艺，长 118 节，有 118 名艺旦“靓妆立架上，扮为故事，肩之以行”，是迄今世界上有纪录的最长 1 尾龙艺。

南胜龙艺　又称八约龙艺。南胜镇自古有“八约”之称。乡俗，每约（村）彩扎 1 尾龙艺迎春。1989 年后，八约龙艺恢复活动。2000—2007 年，年年举办迎龙艺活动，时间在农历正月初九至十六日，“八约”逐日轮流举办。

坂仔龙艺　活动时间在春节和心田宫、铜壶宫庙会期间，每次彩扎 3 ～ 4 尾龙艺，出游路线曾经到达县城（距 14 公里）。

安厚龙艺　1989 年后，活动时间多在安厚关帝庙庙会期间，以其龙艺出游队伍进行速度快而著称。

大溪龙艺　活动多由潭滘庙、龙归堂（佛公庵）在庙会期间举办，出游路线至大溪圩。

崎岭龙艺　活动时间多在天湖堂庙会期间举办。龙艺在南湖村下楼彩扎，从合溪圩出游至天湖堂。

九峰龙艺　活动时间多在春节、中秋节，以黄田村龙艺队为最，龙艺节数长达 72 节。

高磜龙艺　活动时间多在高磜云林庵庙会期间。高磜龙艺以其艺旦清一色穿着清廷宫女靓装出游而著称。

坑里龙艺　坑里村近在县城东郊，龙艺活动频繁，场面壮观，并伴有武术队而闻名。

2007 年 5 月，福建省文化厅授予平和县“福建民间文化艺术（龙艺）之乡”称号。

（二）铁技艺

铁技艺，一称桌子艺，是流行于县内崎岭、九峰、南胜、安厚一带的一种民间艺术形式。民间艺人在游艺车上的表演，形象优美。铁技艺工匠运用杠杆、滑轮、齿轮等机械原理，使其活动部位能够升降、旋转、翻动，令人赏心悦目。

1989—2007 年，崎岭乡铁技艺活动频繁，每年农历正月初五至十二日，天湖堂庙会期间，铁技艺表演即是庙会主要活动项目之一。每次民间艺人制作 8 ～ 12 辆游艺车，参与迎神赛会。节目有“观音挑火”“高车”“三英战吕布”等。2006 年，在县第二届琯溪蜜柚节期间，崎岭乡民间艺人制作 8 辆艺车，到县城参加庆典。

（三）彩车

彩车是 20 世纪 60 年代兴起的一种节日游艺形式。90 年代后，活动更加普及，除县城小溪镇外，其他乡镇均有此活动，且频繁开展。彩车活动一般在各地重要庙会日和各种文化节期间举办，成为当地文艺踩街重要项目之一。彩车的车辆以及造型设计的装饰，多由当地知名企业、厂家、商家自行负责。因彩车兼做商业广告，各具特色，与时俱进，一年比一年华丽。2006 年，县第二届琯溪蜜柚节期间，48 辆彩车汇聚一起，参与文艺踩街，极一时之盛。

二、彩楼

彩楼，是平和县民间历代流传下来的一项综合性的文艺活动形式。20 世纪 50 年代后停办。1993 年农历十二月初六至初八日，山格慈惠宫新庙“打庆成”（落成庆典），为载盛事，信众共襄义举，在宫后的市场搭建彩楼 3 座。慈惠宫此次结楼以“国富民强，合境平安”为主题，注重观赏性。3 座彩楼结构规整，形态优美，夜幕降临，流光溢彩，蔚为壮观。四方民众纷纷前来观赏 50 年一遇的美景。观者如潮，盛况空前。

1998 年农历十一月二十三日，安厚关帝庙“做庆成”（重修竣工庆典），建醮 3 天，搭彩棚 7 座。

2000年农历十一月初五至初八日，为庆祝侯山宫修建落成10周年、纪念台胞首次进香12周年、西圃公培育琯溪蜜柚成功450周年，小溪侯山宫信众在宫前搭建彩楼1座，高7层；彩棚3座，每座高3层；醮坪20座，构成一个庞大的彩楼群。各座彩楼、彩棚以“庆丰收、迎新年”为主题，雕塑各种动植物造型，并辅以五彩斑斓的灯光和电力旋转装置。入夜，华灯初上，火树银花，令人赏心悦目。观者多达20多万人次。《人民日报》、福建电视台等20多家新闻媒体进行采访并报道盛况。

2001年元宵节，九峰霞湖搭彩楼1座，高3层。同年农历十月十三日，安厚马堂关帝庙举行落成开光入火庆典，安扎彩棚1座，并演戏舞龙。2005年农历九月十一日，安厚马堂张氏家庙重建竣工，举办庆典，搭彩楼1座。

三、民间故事

平和民间口头文学源远流长，内容丰富，其中又以民间传说、故事为最。不论是先民们披荆斩棘开拓的史话，还是仙佛遗蜕；不论是历代名贤轶事，还是机智人物幽默诙谐的故事，都闪烁着平和人民勇敢和智慧的火花，具有浓郁的生活气息和鲜明的地方色彩。系列民间故事有《三平祖师的传说》《灵通岩的传说》《土楼的传说》等。1989年后，县内一些文学爱好者进行收集整理，作品散见于省、市、县报纸杂志。

1991年，平和县民间文学三套集成编委会成立，组织数十名民间文学工作者、爱好者下乡，跋山涉水，进村入户，探访采风，开展全面普查工作，采录300多篇故事传说，整理近40万字作品，从中筛选161篇20多万字，编成《中国民间故事集成·福建卷·平和分卷》，于1992年6月出版。

1994年，灵通风景区管理处编印《灵通》小报，内收灵通山民间故事12篇。2005年，王雄铮编著《漳州民间故事》，内收平和民间故事30篇。2007年，陈香甘编著《楼的故事·灵通山下圆楼秀》，内收平和土楼民间故事51篇。是年，出版的《三平寺志》，内收三平寺民间传说故事35篇。

四、民谣

平和县民间歌谣源远流长，传播很广，乡镇村社到处蕴藏着各具特色的民歌佳作。闽南方言区的锦歌、童谣、褒歌丰富多彩，脍炙人口；客家山歌情感炽热，直抒胸臆；红军歌谣慷慨悲壮，感情充沛。这些歌谣抒写人民群众的苦难、抗争和欢乐，表现他们对生活深沉的思考，对信仰执着的追求和对美好未来的憧憬，其生活气息浓郁，地方色彩鲜明，具有很强的艺术感染力。

1989年后，长乐乡文化站继续整理客家山歌300首、红军歌谣200首存世。1991年，县民间文学三套集成编委会组织一批民间文学工作者、爱好者，下乡进村，搜集到民间歌谣1400多首，编成《中国民间歌谣集成·福建卷·平和分卷》，于1992年6月出版。全书分成劳动歌、时政歌（红军歌谣）、仪式歌、情歌、生活歌、历史传统歌、儿歌等7辑。2007年，县客家文化研究联谊会收录大溪客家山歌10首，载《大芹山下·特辑五》。

五、谚语　谜语

（一）谚语

谚语，作为人民群众集体创作并在口头上广泛流传，简练通俗而又富有哲理的定型化语句，跨越时空，具有很强的生命力。县内谚语蕴藏量很大。1991年，县民间文学三套集成编委会组织人员，进行全面普查，共搜集4000多条谚语，经过鉴别，筛选出2761条，编成《中国谚语集成·福建卷·平和分卷》，于1992年6月出版。卷中收集的谚语包罗万象，无论政治经济、时政世态、人生哲理，还是人际交往、道德情操、风情民俗，以及天文地理、气象农事、保健卫生，应有尽有，分成时政、事理、社交、生活、自然、生产7大类40小类。

2007年，县客家文化研究联谊会编印《大芹山下·特辑五》，收录大溪客家谚语65条。

（二）谜语

1989年，平和县城乡普及猜灯谜活动，谜语制作也相当繁荣。1990年，县文化馆率队参加漳州九县一区灯谜会猜，获团体开猜第一名。1989—1999年，县文化馆举办5届灯谜会猜，参赛单位最多一届有14个。2000—2006年元宵节，由县委宣传部主办的迎春联欢会，参加活动的机关团体、学校、厂矿和企事业单位多达40多家，活动内容丰富多彩，而猜灯谜是各家首选项目。每年春节，小溪、坂仔、文峰、大溪等乡镇文化站也经常举办猜灯谜活动。除宣传文化部门外，县工商银行、电力公司、大溪中学、海尔电器专卖店、向荣集团湖滨小区等单位也举办过此项活动。

1990年，县灯谜协会和县文化馆合编的《灵通谜苑》，改刊名为《平和谜刊》。至1998年，《平和谜刊》计出版8期，共收载本县灯谜爱好者创作的谜语5000多条。

第二节 文学艺术

一、文学创作

1989—2007年，平和县文学创作繁荣，以县作协（文协）为核心，形成一个规模较大的作者群。1991年1月，县文联主办文学杂志《灵通》，共出版5期。1991年11月，文学青年团体诗源诗社创办《诗源》诗报，1992年改刊名为《花间草》，同时成立“水草文学社”，至1997年7月停刊，计出版期刊47期。1994年，县对外文协主办《平和乡讯》，每期辟有文学副刊，至2007年年底，出版77期。县诗词学社主办《琯声》，不定期出版3期。上列4种文学报刊计发表小说、诗歌、散文、评论2800多篇（首）。

1989—2007年，县内作者还在全国市级以上报刊发表文学作品3000多篇，并多次获奖。有10位作者出版19册文学专著。赖俊杰随笔《误入网海》《股市像个动作园》发表于《中华散文》；朱槐生报告文学《西坑巨变》获省级征文二等奖；卢一心《长城》获现代首都笔会同题诗歌创作三等奖；黄荣才散文《雨后》获“闽南杯”全国文学作品征文优秀奖。

2007年，县内作者有1人加入全国作协、4人加入省作协、8人加入市作协（不含在外地工作的平和人）。县作协有会员49人、文学爱好者200多人。

1989—2007年平和籍作者文学著作书目表

表23-1-1

姓名	书名	类别	出版单位	出版年份
卢一心	玫瑰歌手	诗集	香港亚洲出版有限公司	1992
林海军	经不起美丽的折磨	诗集	作家出版社	1999
吴维汉	信手集	通讯集	华顿广告印务公司	1993
	步履	通讯集	北京广播学院出版社	1996
朱亚圣	前行的记者	新闻出版集	中国文联出版社	2002
陈天才	情系大芹山	回忆录	中央文献出版社	1994
赖泽民	台湾抗日英雄赖乾传奇	传记	厦门大学出版社	1994
罗如岗	娘家·摇篮	报告文学	海峡文艺出版社	1995
	世界第一等	报告文学	中国广播电视出版社	2004
	日月明	新闻论文集	中央文献出版社	2006

续表 23-1-1

姓名	书名	类别	出版单位	出版年份
何　也	雾月星辰	短篇小说集	中国文联出版社	1999
	大地粉尘	中篇小说集	国际文化出版公司	2001
	饥饿的皮肤	短篇小说集	作家出版社	2004
	烽火泥巴	长篇小说	作家出版社	2006
黄荣才	玩笑	小小说集	中国文联出版社	2005
杨文海	大盖帽审判长	长篇小说	北方文艺出版社	2006

注：以作者首部著作出版时间前后为序

二、美术 书法 摄影

（一）美术

平和县美术创作活动活跃，涌现一大批人才和作品。1989—2007 年，全县性美术（书法）展览举办逾 56 次，展出各类书画作品 8000 多件。还有画家多人在外地举办画展。1990 年，曾凡章在福州市举办“曾凡章版画艺术展”。1991 年，吴七章、谢荣伟、黄堂生在上海市崇明岛举办书画展。1993 年，朱镇生在北京中国美术馆举办画展。1996 年，曾江涛分别在福州、北京、广州 3 地举办个人画展。1999 年，李翠月在福州画院举办书画展。2000 年，曾凡章在英国举办个人版画展。2003 年，李西湖在北京举办“李西湖土楼油画展”。其间，周碧初、吴七章、曾江涛、林汉民出版个人画集。

县内作者的作品多次入选全国、省级各类画展并获奖项：苏国伟《花季》获第九届全国美展漆画金奖、《艳冬》获第十届全国美展漆画铜奖；李平生《幽林深处》入选第十届全国美展；曾江涛《天道酬勤》获“鸿运杯”中国书画大奖赛金奖；周榕清漆画《当代·状态》入选第十一届全国美展；林汉民《秋夜游乐园》入选“纪念孔子诞辰 2550 年书画大展；李西湖油画作品入选第八届、第九届、第十二届全国美展福建省作品选拔展；林少鸿国画《鸽报平安》获迎香港回归全国书画大展二等奖；吴泽铃《冬日的山村》（油画）获中国卫生美术书法摄影展铜奖；黄堂生《岁月》入选奇迪杯全国第五届工笔画大展。

2007 年，县内美术工作者有 10 人加入省美协，13 人加入市美协（不含在外地工作的平和人）。县美协有会员 71 人，美术爱好者 500 多人。

（二）书法

1989—2007 年，平和县书法创作活动相当普及，书法爱好者遍及机关、学校、厂矿、农村，涌现出许多优秀人才和作品。许多书法作品参加全国性、省级展出并获奖。黄榕城获首届全国青年美术书法大展一等奖、第五届全国楹联书法大展三等奖；林耀金获“95 三国文化全国书画艺术大展”银奖、“武林杯”全国书画篆刻大赛二等奖；曾锦溪获“王羲之奖”全国书法作品展最高奖、福建省第二届书法篆刻展二等奖；罗觉华获全国第七届中青年书法篆刻作品展大奖；谢荣伟书法作品入选全国第七届书法篆刻奖、获“仰韶杯”全国税务系统书画大赛二等奖；吴云逸获全国教师三笔书法竞赛一等奖；朱绍南篆刻作品获全国职工书法美术作品展优秀奖；叶长生书法作品获福建省美协主办的“纪念邓小平诞辰百年诚信书画展”优秀奖；曾武雄作品入选中国书协主办的全国第八届中青展。白金坤书法作品编印《中国书画百杰系列》邮政明信片。

2006 年，黄堂生编著《章草字典》一书由荣宝斋出版社出版。

2007 年，县书法协会有会员 82 人；县灵通篆刻社有会员 22 人。其中，有 24 人加入省书协，56 人加入市书协（不含在外地工作的平和人）。

（三）摄影

1989—2007 年，县摄影家、摄影爱好者贴近生活，创作出一大批题材丰富、形式风格多样的摄影作品，共举办14次全县性摄影展，并有多幅作品在全国、全省各类展赛中获奖。陈俊杰7幅作品入选全国性影展；曾力强《加油》获全国师生美术摄影作品选三等奖、《古刹三平寺》获由福建省摄影家协会主办的“97平和三平旅游风光摄影作品大奖赛”特等奖；何溪源《龙艺》获福建省第二届社区文化艺术节银奖，曾俊青《闹春》获“97中国旅游年万事达杯摄影大赛”二等奖；吴泽龄《蕉海家园》获“海峡两岸我的家”网络摄影大赛一等奖。白金坤、江宗义摄影作品编印《平和风光》邮政明信片；吴泽龄摄影作品编印《林语堂心目中的故乡山水》邮政明信片。

县影协于1993年举办“平和金秋艺术摄影大奖赛”，1996年举办“三平旅游风光大奖赛”，2007年举办“07印象平和风光风情全国摄影大奖赛”，来自北京、深圳、广州、汕头、泉州、厦门、漳州等地近百名摄影家参加。

至2007年，县摄影协会有会员53人。其中，1人加入中国摄影协会，10人加入省摄影协会，12人加入市摄影协会（不含在外地工作的平和人）。

1989—2007年平和籍作者艺术专著书目表

表23-1-2

姓名	书名	出版单位	出版年份
周碧初	周碧初画集	学林出版社	1993
吴七章	吴七章速写作品集	福建美术出版社	1997
曾江涛	曾江涛书画	岭南美术出版社	1999
黄堂生	章草字典	荣宝斋出版社	2006
林汉民	林汉民画册	中国画报出版社	2007

三、音乐 舞蹈 演讲

（一）音乐

1989—2007年，平和县群众性音乐活动开展活跃，音乐走进社区、学校、农村。全县性大型音乐会（文艺晚会）每年举办3～8次，其中有“走向春天音乐会”（1998年）；“庆祝国庆50周年歌咏会”（1999年）；“长安颂文艺晚会”（2001年）；“永远的春天文艺晚会”（2001年）；“中顺之夜音乐会”（2004年）；首届琯溪蜜柚节“柚乡欢歌”音乐会（2005年）；“奋进漳州正兴平和”演唱会（2005年）；第二届琯溪蜜柚节蜜柚歌曲首唱会、“全球通之夜新春音乐会”（2006年）、“子夜吉他新年演奏会”（2007年）；“红色的记忆广场音乐会”（2007年）。

县内歌手参加各类比赛，屡获奖项。2000年，曾耀昌参加《银河之星大擂台》，得93分；2001年，赖欣余获“将军杯”第十二届全国城市职工歌手赛民族唱法铜奖；2002年，吴月梅获第七届“银海杯”福建（中国）闽南语青年歌手广播电视邀请赛一等奖。2007年，县文化馆获福建省第三届艺术节“爱贝通杯”少儿歌手大赛组织奖。

音乐创作方面，屡有新作产生并传唱。1991年，县委宣传部与县文联合编《琯城之波》歌曲集，内收平和作者创作的歌曲19首。2006年，李立鹏作曲、林丽红作词的《平安是福》获漳州市“平安征歌”一等奖，2007年又获漳州市政府“百花文艺奖”三等奖。

至2007年，县音乐协会有会员91人，其中，1人加入中国音乐协会，8人加入省音协，15人加入市音协。

（二）舞蹈

1989年，舞蹈已成为文艺晚会和文艺下乡演出必不可少的节目。县内舞蹈工作者外出常获奖项。这一年，县舞蹈工作者协会有会员25人。2002年，《蕉海欢歌》获省级比赛优秀奖；《八闽学堂》获漳州市广场舞蹈比赛一等奖。

2007 年，全县舞蹈工作者协会会员增至 60 人。其中，2 人加入省舞协，3 人加入市舞协。这一年，由县丑小鸭少儿艺术团选送的《蜜柚花儿开》获国家关工委、教育部、文化部举办的全国艺术人才选拔活动少儿组金奖，丑小鸭艺术团同时获优秀组织奖，曾小玲获最佳指导教师奖。

（三）演讲

1989 年，演讲活动走出学校，走进机关团体、走进社区，成为企业文化、社区文化一个组成部分。县总工会、县医院、县农行、县税务局、育英小学等单位均有举办演讲比赛。1991 年 7 月，县委宣传部、团县委和县教育局联合举办“党在我心中”演讲比赛，16 个单位 30 名选手参赛。1993 年 5 月，县委宣传部、团县委和县妇联联合举办“中国优秀格言”演讲比赛，24 名选手分获一、二、三等奖。2001 年 6 月，县委宣传部举办“党在我心中”纪念中国共产党建党 80 周年演讲比赛，全县十大系统党委派出选手参赛。2002 年，林秀珍获漳州市公民道德演讲比赛一等奖。

2005 年 9 月，平和县演讲协会成立，同时举办“农行杯——共同的林语堂”演讲比赛，22 名选手参赛。2006 年，林秀珍获由《演讲与口才》杂志社举办的全国演讲比赛二等奖，并获最佳才艺奖。叶跃成获省“爱我八闽、振兴中华”演讲比赛三等奖。曾建和获由中央人民广播电台主办的首届“夏青杯”朗诵大赛全国决赛优秀奖。

2007 年 9 月，县演讲协会举办“神奇柚乡·和谐平和”主题演讲比赛，选手 39 人参赛，10 人获各类奖项。年底，县演讲协会有会员 48 人。

四、戏剧

（一）剧团

1989 年，全县有 9 个潮剧团、2 个芗剧团、2 个木偶剧团。其中，平和潮剧团是县文化局下辖的一个文化事业单位，属国家二类剧团。其余的都是带有营业性活动的业余剧团。到 2000 年，业余剧团基本过渡为职业剧团。2007 年，全县职业剧团有 10 个。其中，潮剧团 7 个：平和潮剧团、平和县青年潮剧团、艺新潮剧团、新美潮剧团、平和县潮剧二团、桂竹潮剧团、庄上潮剧团；芗剧团 2 个：德惠芗剧团、福星芗剧团；木偶剧团 1 个：小溪提线木偶剧团。

（二）演出

1989 年，全县 13 个剧团共演出 678 场。演出场所一般在县内各乡镇村庄和社区，演出时间多在节日和庙会日。此外，也有少数剧团到外县、外省，甚至到国外演出。1994 年 8 月，平和潮剧团应中国香港演出界邀请，到香港进行为期 28 天商业演出。此后，1995 年、1997 年、2000 年、2002 年、2007 年又到香港商演，共演出 125 场。2003 年，平和丽华歌仔戏（芗剧）剧团赴马来西亚等国商演，为期 3 个月。

2007 年，全县有 10 个职业剧团，全年共演出 428 场。

（三）剧目

县内各剧团演出节目多为传统剧目，也有少数移植、改编剧目。平和潮剧团历年排演新剧目有《血泪奇缘》（1989 年）、《真假国舅》（1990 年）、《双龙情》（1991 年）、《深宫风云》（1992 年）、《银花公主》（1993 年）、《红珠碧玉》（1995 年）、《龙凤环》（1996 年）、《三岔口》（1997 年）、《刘启登基》（1998 年）、《南国双英》（1999 年）、《太后救驾》（2000 年）、《双太子》（2005 年）、《狄青与八宝》（2006 年）、《段红玉》（2007 年）。

第三节 群众文化

一、文化场所建设

（一）周碧初艺术馆

1990 年 2 月，县政府决定筹建周碧初艺术馆，1991 年投建，1993 年 10 月 18 日落成开馆。馆址在县城中山公园。占地面积 330 平方米，建筑面积 1100 平方米，工程总造价 480 万元。艺术馆为 4 层楼房，设有陈列室（展厅）、收藏室、研究室、会客室和办公室。馆内收藏周碧初及其他名家书画作品，兼做大型展览场所。自开馆后，县内重要的展览活动多在此举办，成为平和县开展文化艺术活动和对外文化交流的窗口和阵地。

（二）县青少年宫

1993 年动工兴建，1994 年 10 月竣工。地址在小溪镇公园南路 3 号。建筑面积 2270 平方米，高 3 层半，设有多功能活动厅、训练厅、教学室。青少年宫常年开设美术、音乐、舞蹈、武术等 20 多种专业训练班，并配合中心举办各种文体活动，为集教育、娱乐、服务等功能于一体的青少年校外教育基地。

（三）县图书馆大楼

1993 年 11 月，县图书馆大楼筹建，1995 年 6 月动工，1997 年 4 月竣工。馆址在县城龙溪路。占地 380 平方米，建筑面积 2000 平方米。工程造价 113 万元，其中，新加坡华商黄志祥捐资 50 万港元。大楼设有阅览室、借书处、馆藏室、咨询室等。1997 年 11 月，县图书馆大楼投入使用。

（四）县广播电视大楼

1996 年，县政府投资 572 万元，筹建县广电大楼，1997 年 7 月竣工落成，投入使用。楼址在县城琯溪路与河滨路交叉点。楼高 8 层，建筑面积 4500 平方米，为县广播电视台和县新闻中心办公场所。

（五）全民健身活动中心

2004 年，县政府投资 100 万元，在县城银河路兴建全民健身活动中心。建筑面积 7032 平方米，设置健身场、篮球场、广场舞台、舞池等。中心建成后，成为群众健身活动和举办广场文艺演出的重要场所。

（六）林语堂文学馆

2006 年 4 月，县启动林语堂故居重修工程，并在故居左侧，兴建一座林语堂文学馆，于 2007 年 12 月 6 日落成并举行开馆仪式。文学馆占地 180 平方米，建筑面积 360 平方米，高 2 层，工程造价 60 万元，其中 45 万元由香港企业家朱树豪捐助。馆内设有展厅、研究室、音像室和办公场所。文学馆展示世界文学大师林语堂的成就和故乡情缘。

二、文化活动

（一）青少年文艺活动

1989 年，平和县青少年文艺活动活跃。同年 5 月 2 日，县委宣传部、团县委等单位举办平和县优秀歌手大赛，青年优秀歌手 24 人进入复赛，分为美声、通俗、民族唱法组，各决出一、二、三等奖。1993 年 8 月，县文化馆举办青年卡拉 OK 歌手舞台赛，参赛歌手 48 人。1994 年 4 月 17 日，育英小学举办 90 周年校庆文艺晚会，10 月 8 日，县第一中学举办 65 周年校庆文艺晚会。1997 年，县委宣传部、县教育局举办“迎七一”青少年文艺比赛，20 多个学校代表队参赛。1998 年 4 月 29 日，平和县少儿艺术团成立，当晚举行汇报演出。1999 年，育英小学举办 95 周年校庆文艺晚会。1999—2007 年“六一”国际儿童节期间，县实验幼儿园、新星幼儿园、安琪幼儿园及育英、金华、新桥等小学相继举办汇报演出，其他乡镇的中心小学也举办文化活动。2003 年 6 月，团县委在小溪镇举办社区青少年文化节活动，内容有少儿书画比赛、文艺晚会、“啤酒大王”争霸赛等。次年 10 月，县委宣传部、团县委举办“平和之星青少年才艺大赛”，参赛选手 200 多人。2005 年 5 月，团县委等单位联合举办“汇景新城杯”迎六一歌咏比赛；10 月，县委宣传部、县教育局举办“平和县第二届校园文化节”，内容有文学、书画创作和音乐舞蹈才艺表演，为时 1 月，全县各中小学校参加，通过比赛，促进校园文化的繁荣和发展，挖掘和培养一批优秀的文艺后备人才。这一年，县少儿艺术团代表福建省小舞蹈家艺术团参加“舞向未来”内地与香港少儿艺术交流演出。2007 年元旦，县文化馆举办“关爱女孩”猜谜晚会和“子夜吉他新年演奏会”；6 月 1 日，县委宣传部等部门联合举办“爱平和・共和谐”城乡少年儿童手拉手活动；8 月 23 日，第四届漳州市校外文艺汇演在平和县人民会场举行；12月12日，县丑小鸭少儿艺术团参加全国义演人才推选比赛，获儿童舞蹈金奖和优秀组织奖。

（二）广场文艺活动

1989—2007年，县内广场文艺活动活跃。县城的活动场地有中山公园、体育场、商贸城广场、广电大楼、县老年活动中心、全民健身活动中心。县委宣传部、教育局、文化馆、音乐协会、舞蹈协会和相关企事业单位，常年举办大型广场文艺演出，演员来自学校、机关团体、少儿业余艺校、民间职业剧团代表队。重要的大型广场文艺演出有“走向春天”文艺晚会（1998年2月14日）、“庆祝新中国成立50周年歌咏会”（1999年10月1日）、“永远的春天·纪念邓小平诞辰100周年广场文艺晚会”（2004年8月20日）、“迎新年·中顺之夜”（2004年12月29日）、“柚花飘香联欢晚会”（2005年5月）、“中秋夜·海峡情”（2005年9月16日）、“弘扬宪法精神构建和谐社会广场文艺演出”（2005年12月4日）、“全球通之夜新春音乐会”（2006年1月21日）、“中顺·向荣之夜”（2006年10月22日）、“旗帜颂·平和县纪念建党85周年歌咏比赛”（2006年）、“全球通·2007年文化工商企业界联谊晚会”（2007年3月4日）、“红色记忆·纪念红军长征70周年广场文艺会演”（2007年3月14日）、“婚育新风进万家广场文艺晚会”（2007年5月28日、11月21日、12月27日）。

纪念红军长征胜利70周年广场文艺演出（县文化馆 提供）

（三）专题文艺活动

庆祝新中国成立45周年文艺晚会 1994年9月29日由县委宣传部主办，地点在人民会场。参加演出的有县直机关、教育系统、乡镇、武警中队、个协和工矿企业代表队，解放军91师炮团文艺队也应邀参加。

黄长春从事艺术教育38年文艺晚会 1995年8月8日由县教育局与县文联举办，地点在县人民会场。有独唱、合唱、表演唱等15个节目，黄长春的学生及本人参加演出。

“迎回归庆七一”文艺专场比赛 1997年6月25日由县委宣传部主办，地点在县人民会场。县直机关团体、学校、企事业单位24个代表队参赛。《香港回归心曲》获一等奖。

2005年平和县“三下乡”文艺轻骑队到台湾“雾峰林家”祖籍地埔坪村演出（五寨乡 提供）

平和县农村文艺会演 1998年2月17—23日在县人民会场举行。由县委宣传部、县文化局主办。全县15个乡镇代表队参加演出。

“春潮涌”综艺晚会 1999年1月上旬，为庆祝县人大、政协“两会”召开，县委宣传部等单位在县人民会场举办晚会3场。会后，精选18个节目制作《春潮涌·1999春节文艺专辑》电视专题片。

庆祝人民政协成立50周年晚会 1999年9月16日，县政协和县委统战部在县人民会场举办晚会。晚会内容有文艺表演和知识竞赛，县第一中学、工商联等24个单位参加活动。

“光辉的旗帜”文艺晚会　2001年7月1日，为纪念中国共产党成立80周年，县委宣传部在县人民会场举办文艺晚会，有20多个单位参加活动。

“柚乡欢歌”文艺晚会　2005年10月28日，首届福建（平和）琯溪蜜柚节“柚乡欢歌”文艺晚会在县商贸城广场举行。县文化“三下乡”文艺轻骑队等单位参加演出。

“奋进漳州正兴平和”文艺晚会　2005年10月9日在漳州市电视台演播厅举行，由漳州市委宣传部主办，平和县委宣传部承办。演出现场电视同步转播。

“柚乡平和正兴之夜”文艺晚会　2006年10月24日，第二届福建（平和）琯溪蜜柚节“柚乡平和正兴之夜”文艺晚会在县人民会场举行，演出节目22个。

“欢乐新农村”百场文艺巡演　由漳州市委宣传部主办，平和县委宣传部和漳州市移动公司承办。自2007年7月开始，在县内九峰镇（7月5日）、小溪镇（7月9日）、南胜镇（7月12日）、坂仔镇（10月11日）、大溪镇（11月11日）等地农村举行。

“庆元宵”综合晚会　1999—2007年，每年在农历正月十四、十五日晚，由县委宣传部主办，地点在人民会场。县直机关单位、企事业、学校、厂矿参加活动，参加单位最多年份达53个。活动内容有文艺表演、游园、灯谜竞猜、彩灯展览、龙艺踩街等。

（四）文艺下乡活动

2000年4月，县委宣传部组织一支文艺轻骑队，开展文艺下乡活动，繁荣乡村文化。文艺轻骑队成员由学校和机关单位文艺骨干组成。当年，在南胜子坑村、国强高坑村、霞寨建设村等地演出8场。2001年，文艺轻骑队下乡演出20场。同年，各乡镇也相继组织文艺小分队，加入文化下乡活动。2002—2003年，县、乡（镇）16支文艺轻骑队下乡演出常态化。2004年后，县文艺轻骑队配合专题文艺活动，继续下乡，举办《走进大溪》《红色记忆》《情系红土地》《闽台情缘》《红土地的呼唤》《两岸情•心田缘》《茶乡行》《太极村•和谐地》《芦山情》《茶乡情韵》《情暖农家》等大型文艺专题演出。

文化三下乡活动　（何溪源 摄）

三、文化节

（一）平和县艺术节

1990年4月23—28日，县首届艺术节举行。艺术节由县委宣传部、县文化局、县文联、县文明办、县计生委联合主办。县文联所属各协会会员参加活动。内容有文艺专场比赛、美术书法摄影展览、声乐比赛、舞蹈比赛、文学作品朗诵会，共设32个奖杯。

1992年10月，县第二届艺术节举行。活动内容有文学作品评选、美术书法摄影展览、文艺会演、灯谜竞猜。届时，进行“平

文化系统三下乡活动　（县文化馆 提供）

和县美术、书法、摄影十佳”评选。

（二）县乡村青少年文化节

1999 年 5 月，县首届乡村青年文化节由团县委主办，各乡镇团委协办。活动在全县 15 个乡镇同时开展。活动内容有文艺演出、书画展、体育（棋牌）比赛、科技讲座。

2000 年“五四”期间，第二届乡村青年文化节，先后在国强、山格、坂仔、霞寨等乡镇举行。活动有文体活动、科技大集、送书下乡、爱国卫生和文明服务送温暖等 5 项。

2004 年 4 月 28 日，第三届乡村青年文化节举行，由团县委和坂仔镇人民政府联合主办。活动内容有篮球、乒乓球、拔河比赛和“小康路上团旗红”文艺专场演出。

（三）福建（平和）琯溪蜜柚节

2005 年 10 月 28—30 日，首届福建（平和）琯溪蜜柚节由县委、县政府主办举行。活动内容有庆祝大会、农资产品展销会、小商品展销会、文艺（龙艺、彩车）踩街、“柚乡欢歌”文艺晚会。

2006 年 10 月 23—25 日，第二届福建（平和）琯溪蜜柚节举行。该届蜜柚节由市政府主办、县政府和市农业局承办。活动内容有庆祝大会、农资产品暨项目推介会、小商品展销会、龙艺踩街、焰火晚会。

2007 年 10 月 18 日，第三届福建（平和）琯溪蜜柚节开幕式暨平和琯溪蜜柚获“中国驰名商标”庆祝大会在平和县正兴学校举行。蜜柚节活动持续 3 天，活动内容有琯溪蜜柚发展论坛、农资产品展销会，小商品展销会、大型龙艺踩街、文艺晚会。

（四）县干部职工文化节

2005 年 2 月 18 日，县首届干部职工文化节由县委宣传部和组织部主办。活动项目有“农行杯”卡拉 OK 歌手赛、“电力杯”拔河比赛、“兴艺杯”扑克比赛、“大世界杯”环城长跑、“邮政储蓄杯”乒乓球比赛、干部职工书画摄影作品展等。有 12 支代表队近 3000 人次参加比赛。

2007 年 12 月 29 日，县第二届干部职工文化节举行，由县委宣传部主办，县移动通讯公司协办。文化节以“迎奥运·强体魄·促和谐”为主题，开展“移动杯”拔河比赛、书画展览、文艺晚会等活动。

（五）县家庭文化艺术节

2005 年 5 月 15 日，县“大家族杯”家庭文化艺术节由县文化局主办，活动内容有书画展览，家庭收藏艺术品展览。

（六）海峡两岸（平和）三平祖师文化旅游节

2007 年 6 月 20 日至 7 月 19 日，首届海峡两岸（平和）三平祖师文化旅游节在三平风景区举行，历时 1 个月，有 1.5 万多人参加。

文化旅游节由市政府主办，县政府、市委台工办、市旅游局、三平风景区管委会承办，台湾屏东县塔楼三平祖师分镇理事会、台南市三平寺广济宫管委会、高雄市新光里三龙寺理事会、嘉义县澜潭清水寺理事会和三平寺云霄理事会协办。文化旅游节的主题是“广济·和谐·发展”。主要活动有开幕式、三平祖师颂典仪式、供天大法会、三平风光书画笔会、海峡两岸三平祖师文化暨平和旅游发展论坛、摄影展、书画展、潮剧演出、烟火晚会、“闽南走透透”走进平和演出会、平和夏日之旅。中央电视台、《人民日报》、香港《大公报》等 40 多家主流媒体报道三平祖师文化旅游节的盛况。

四、庙会

县内各乡镇民间均有庙会活动。庙会日有固定的日期，多数庙宇选择主祀神的诞日，少数庙宇掷杯而定。活动内容有迎神赛会、祭祀、求签、割香、演戏酬神、游艺踩街、物资交流会等，形成一种浓厚的、具有鲜明地方特色的庙会文化。规模较大的庙会日（均为农历）：

三平寺（正月初六日、六月初六日、十一月初六日）、崎岭天湖堂（正月十二、三月十五日）、小溪侯山宫（正月十五日）、小溪南山显惠庙（正月初八日）、琯溪威惠庙（正月十四日）、九峰城隍庙（正月十五日、五月二十五日、十一月初七日）、九峰崇福堂（三月二十八日）、山格慈惠宫（七月十九日）、高磜云林庵（正月初九日）、大溪高隐寺（二月十六日）、灵通岩寺（二月十九日、六月十九日、九月十九日）、坂仔心田宫（二月初九日）、安厚关帝庙（正月十七日）、马堂威灵庙（正月十五日）、岐山福宝堂（二月初一日）、龙峰头振峰庙（正月十四日）、南胜城隍庙（五月二十五日）、南胜保宁庵（正月初六日）、霞寨石晶宫（九月十九日）、芦溪碧水岩（七月十四日）、长乐福庆堂（正月十三日）、福塘王公庙（正月二十一日）。

五、展览

（一）美术书法摄影展览

1989—2007 年，全县性美术书法摄影展览举办 59 次，展览地点均在周碧初艺术馆，多由县委宣传部、县文体局、教育局、县文联、文化馆、美协、书协、摄协等单位举办或联合举办。主要展览有：1989 年举办周碧初赠画展、朱以撒董希源陈源作品联展；1990 年举办平和县首届艺术节美术书法摄影展、平和县青少年美术协会会员作品展、平和县教师书画展、游五森剪纸艺术展、陈忠森铁笔书画微雕艺术展；1991 年举办平和诏安东山三县书画联展、平和县首届税收宣传书法展；1992 年举办平和县第二届艺术节美术书法摄影展、新春书画展；1993 年举办新年书画展；1994 年举办平和县庆祝建国 45 周年美术书法摄影根雕作品展；1995 年举办周碧初先生赠画展、平和县首届职工书画展；1996 年举办黄士林画展；1997 年举办平和县老年人迎香港回归书画展、平和县职工“庆回归迎十五大”书画展；1998 年举办纪念平和暴动 70 周年书画展、平和县客家文化研究会首届书画展、荆鸿篆刻作品展、平和县青年书画精选作品展、平和县中小学生书画展、欣雅欣油画作品展；1999 年举办周碧初艺术馆藏画展、平和县客家第二届画展、平和、云霄、诏安、南靖四县书法作品联展、李翠月画展；2000 年举办迎新千年书画展、林汉民书画作品展、漳州全国美术书法协会会员作品巡回展、平和县政协委员会五人展；2001 年举办盛世平和绢画展、诏安县书画作品展；2002 年举办翰墨倾情“十六大”书法展、李平生书画作品展、高庆春黄榕城书画展、平和南靖美术作品联展；2003 年举办新春书画展；2004 年举办周碧初画展、平和县首届女子美术书法摄影作品展、土楼情怀联通世界书画展、平和水粉美术画展、平和县首届离退休教育工作者书画展；2005 年举办平和县首届干部职工文化节书画摄影作品展、闽台情缘嘉义平和书画联展、纪念抗日战争胜利 60 周年平和长泰华安书画作品联展、首届琯溪蜜柚节书画摄影作品展、青年画家周建明山水画展、东山陈韩峰山水画展；2006 年举办新春美术书法摄影作品展、庆“五一”干部职工书画展、庆国庆迎柚节民俗摄影展；2007 年举办迎新春名兰民俗摄影展、三平风光画展、优秀摄影作品展、平和之美摄影图片展、林汉民画展、人口与社会自然和谐发展少儿美术作品展。

（二）其他展览

1989—2007 年，在周碧初艺术馆举办的展览还有：1989 年的平和南靖长泰华安四县集邮联展，1991 年的华夏之光邮展，1997 年的迎国庆邮展，1998 年的平和南胜五寨古陶瓷专题展，1999 年的青少年集邮图书巡回展，2000 年的“方寸情”庆国庆迎“十六”大集邮巡回展，2001 年的品牌花灯展，2004 年的公民道德建设实施纲要邮展、中国克拉克瓷出土文物展，2005 年的元宵花灯展，2007 年的庆元宵品牌花灯展、琯溪蜜柚节品牌花灯展、学习宣传党的“十七”大精神集邮展、非物质文化遗产图片巡回展、海陆空珍稀动物标本科普展。

第四节　广播　电视　电影

一、广播

（一）有线广播

1989 年，全县乡、镇广播放大站共 15 个，村广播室 248 个，喇叭总数 2.22 万只，入户率 29.4%，扩音机输出总功率31.95千瓦，县乡广播专线201杆公里，乡以下广播专线337公里。广播站开设闽南话“平和新闻”“报刊摘要”“生活时空”“经济潮”“卫生与健康”等栏目以及“戏剧专场”。同时，按时转播中央人民广播电台“全国各地联播”和省人民广播电台“福建新闻”等。每天播音3次，时间分别在6—8时、11—12时、18—21时。县广播站设置编辑部、播音部、播出部、外线组和机修线。1991年，县广播站有工作人员16人。同年9月，有线广播停播。

（二）无线广播

1991年9月，县广播站在县城建设调频广播发射台，在霞寨镇大协关岭建设调频中继站，广播节目全部用调频发射方式，供全县人民群众用调频接收机收听。广播节目，在播出自办节目的基础上，全天候转播漳州市人民广播电台节目。

1998年1月，县广播站和县有线电视台合并为平和县广播电视台。

二、电视

（一）电视转播

电视转播发射网　1989年，县电视转播发射台继续沿用架设在县政府大院的卫星地面接收站，转发中央电视台第一、二套，福建电视台一套节目，供县城用户收看。其他乡镇电视发射机有56部，转播中央台一、二套节目。

1997年6月，县城的卫星地面接收站及电视转播台迁移到广电大楼。电视转播中央台一套、福建台一套和漳州台一套节目。至2001年底，由于有线电视网络迅速发展，全县电视转播台只剩下县城1座，发射机2部。

微波传输网　1992年10月，县广电局在大仑尾山上建设一座3GHZ、7GHZ微波无人值守站，在电视台安装2台微波接收机和2台微波电视调解器。接收到的电视节目，经过有线网络传输，图像质量得到提高。

1994年6月，省广电厅建设1条10GHZ的微波链路，漳州台二套节目利用这条链路传送。同时，县电视台安装微波收信机柜6台，一机柜1部，省有线台和漳州台的电视节目经微波链条传输。

1995年，县广电大楼安装微波收发信机，建1间电视会议室。

有线电视网　1992年年初，筹建县有线电视网络，8月，完成前端机房播出系统的安装调试，播出8套电视节目和1套调频广播节目。至1993年12月，县城区域有线电视安装入户工作基本完成，共安装有线电视用户6000多户。

1994年，开始发展乡镇有线电视网络。1997年，全县有线电视用户增至1.16万户。1999年，各乡镇有线电视进行联网整合。2001年1月，正式开通县台信号，国强乡成为全县第一个与县有线电视台联网的乡镇。2005年底，全县15个乡镇完成有线电视光纤大联网。2006年，广播电视城乡网络基础设施加快，由县城向南胜、坂仔、五寨、国强、文峰、小溪等乡镇进行电视网络光缆化建设。2007年，由县城向霞寨、崎岭、九峰、秀峰等乡镇进行光纤建设。2007年12月1日，县电视台开始在小溪镇进行有线数字电视整体工作。年底，县广播电视网络遍及全县15个乡镇，通过有线电视及直属卫星接收信号用户9.46万户，其中有线数字电视用户7000多户。

村村通广播电视　1994年10月，县广电局开始建设“村村通”广播电视工程。至2005年，共建设“村村通”广播电视建制村53个，自然村131个。2007年，加大建设力度，6月底前完成20户以上自然村“村村通”工程建房任务33个，使全县20户以上已通电自然村的用户都能收看收听到8套以上的电视节目和4套以上广播节目；无线覆盖地区用户能收看收听到4套以上无线电视节目和4套以上无线广播节目。

（二）电视节目

新闻宣传　1994年10月，县有线电视台开设《平和新闻》节目，每周播出一档新闻节目。2005年后，每周增至5档。每周一至周五播出，周六为一周要闻回顾，基本实现天天有新闻。《平和新闻》注意时效性、针对性、服务性、电视新闻节目的公信力、吸引力、影响力不断提高。节目覆盖县城及各乡镇周边村庄。

社教节目　1999年，县广播电视台成立专题部，专门负责广播电视片采编制作。开辟固定栏目《农业之窗》，每月2期6档播出，传播科技节目，服务“三农”。2000年，增设大型县情乡土知识普及教育专栏《平和人了解平和事》。2002年，增辟《视点》栏目，每周1期4档播出。2006年4月，《平和人了解平和事》更名改版为《平和知透透》栏目，每年制作播出专题132期。2007年7月，增设《柚乡视界》新栏目，设立《品读平和》《三农村光》《社会万象》3个板块，全方位、多角度宣传平和风土人情、旅游资源、特色农业及相关惠农政策，宣传报道平和创建和谐社会的新举措、新成绩，关注平和、关注社会。每周播出1期，隔日重播，并在平和电视台和“平和网”中同步视频播出。

专题部制作的社教节目多次在省、市广播电视节目评奖中获奖。2006年，《博士村支书》节目获省电教片观摩评比三等奖、市一等奖，《球痴张文永》节目获省广播电视作品三等奖。

三、电影

（一）电影放映单位

1989年，县电影发行放映公司负责管理全县电影发行放映。是年，全县有电影放映单位79个。其中，专业电影院1家、乡镇电影院14家、国办放映队11队、集体办放映队33队、个体办放映队20队。2000年，乡镇电影院减至6家，国办放映队减至6队，集体办放映队减至29队，个体办放映队减至18队。至2007年，乡镇电影院全部关停，全县电影放映单位48个，其中专业电影院1家、国办放映队3队、集体办放映队26队、个体办放映队18队。

（二）电影放映活动

农村放映活动　1989年，全县农村有664个电影放映点。县电影公司设10个农村电影发行站，各发行站为辖区内电影放映队提供拷贝。每个放映点每月放映1～5场电影。电影放映收费通常是由举办喜庆电影、庙会电影、会议电影、罚款电影、慰问电影等的单位或个人缴交，看电影的观众不必付费。2007年，全县240个建制村实施农村电影放映“2131”（21世纪农村电影放映工程，一村一月一场电影）工程，是年，全县放映农村公益电影2880场。

专业电影院放映活动　华侨智生电影院是全县唯一一家专业电影院，1989年常年放映，且常年举办学生电影专场，县城地区中小学生每学期能看到3～5场电影。电影的放映设备随时更新换代，胶片电影放映机从原来的溴钨灯到铟灯、再到氙灯。电影院放映影片拷贝，长期由省电影公司提供。2002年后，省、市、县三级电影公司的隶属关系终止，发行渠道不健全，供片不畅。2006年，电影由胶片放映转入数字电影，实现电影数字化。2007年，华侨智生电影院加入中兴院线，放映影片拷贝改由中兴院线提供。

展映活动　1989年起，华侨智生电影院常年开展优秀影片展映活动。1991年，举办中国共产党“建党70周年优秀影片展映”，放映《开天辟地》《大决战》等影片。活动结束后，电影院获全省展映活动先进集体。2004年，开展“爱国主义影片进校园活动周”活动。2005年，开展“纪念中国人民抗日战争和反法西斯胜利60周年”活动，放映抗日战争题材影片《浴血太行》《红河谷》38场。1989—2007年，全县48个电影放映单位共放映电影3664场，观众358万人次。

1989—2007年平和县电影放映情况表

表23-1-3　　单位：场、万人次、万元

年份	放映场数	观众数	放映收入	发行收入
1989	23223	1290.3	82.87	41.00
1990	23214	1290.2	82.34	39.87
1991	23206	1290.1	82.24	39.63

续表 23-1-3

年份	放映场数	观众数	放映收入	发行收入
1992	22965	1287	82.13	39.22
1993	22457	1293	81.46	38.74
1994	21368	1205	81.06	38.25
1995	20174	1187	79.83	37.86
1996	19763	1102	77.49	36.24
1997	18247	1026	85.00	32.17
1998	16632	987	69.00	29.00
1999	13394	969	67.00	26.00
2000	10273	927	58.00	23.00
2001	9316	835	52.00	21.00
2002	8498	729	45.00	22.00
2003	6917	596	41.00	19.00
2004	5236	514	38.00	19.00
2005	4408	496	36.00	18.00
2006	3717	385	33.00	17.00
2007	3664	358	32.00	16.00

第五节 报道 报刊

一、新闻报道

1989 年，县委报道组与县委宣传部新闻科负责新闻工作的协调和管理，负责向县内外新闻媒体报送新闻稿件，做好新闻单位和基层通讯员的通联工作。1989—1990 年，采访编写反映全县学习和坚持社会主义初级阶段理论，宣传各条战线 40 年来社会主义建设取得成就的新闻、通讯、照片、录像被市级以上党刊、电台等新闻媒体采用 1200 多篇（件）。1991—1992 年，采访编写围绕治理、整顿和深化改革，宣传邓小平南方谈话精神和中共十四大精神，增强经济建设为中心的意识。全年报送新闻稿件 1045 篇。1993 年，突出宣传报道中共十四大精神，推动全县改革开放和经济发展。全县发出新闻报道稿件 1850 篇，广播播出稿件 5372 条，提供外宣稿件 260 篇。1994—1996 年，宣传报道重点组织“先行工程”“脱贫奔小康”“两个文明建设”新闻稿件，编写《平和先行工程简讯》24 期，创办《平和乡讯》报，辟有新闻专栏。县有线电视台开辟《每周要闻》栏目。

1997—1998 年，宣传报道开展“举旗帜，树形象，创新业”“爱我家园”“送温暖工程”“公仆情”等系列活动，县有线电视台开辟“平和县基础设施建设”等 4 个专题栏目，制作播放《琯城竞吹文明风》《再铸红土地的辉煌》等电视专题片。县委报道组采编的《过河卒敢吃车 —— 平和县农民承包国有企业纪实》获 1997 年度福建新闻一等奖。1999—2000 年，宣传报道围绕“三个代表”重要思想，重点采访编写“致富思源，富而思进活动”和“群众性精神文明创建活动”的新闻稿件。县有线电视台开设《曝光台》《监督台》《治安与法制》等栏目，加强舆论监督。全县电视新闻共播出 176 期 2450 条。2001 年，以“平和新闻”为平台，开辟深入开展“三个代表”重要思想学习教育活动，《纪念中国共产党成立 80 周年》《综治天地》等专栏，全年新闻用稿 3632 条。其中，“纪念中国共产党成立 86 周年火炬传递仪式”于 6

月28日在央视《新闻30分》播出；电视专题片《大山里的烛光》在漳州市召开党代会期间播出并获奖。2002年，选送的新闻稿件，在省级电视台、有线台用稿165篇，在市电视台、广播电台用稿798篇，在县有线电视台用稿3500篇。加大对“琯溪蜜柚、平和香蕉、白芽奇兰茶”三大绿色品牌对外宣传力度，精心组稿在美国《国际日报》刊发专版，提高平和县的知名度。2003年，全县新闻报道稿件，在各级报刊上刊发1659篇，县有线电视台《平和新闻》播出176期2600多条。

2004年，建立健全新闻创优机制，提高新闻质量，县有线电视台全年采编播出《平和新闻》196期2547条，被漳州电视台采用200多条，被福建电视台采用100多条。2006年10月，面向全国开通《平和网》；12月，成立平和县新闻中心，整合全县新闻宣传资源，将县委报道组、平和网、平和电视台、平和电台的职能划转新闻中心，归口县委宣传部管理。是年，开展“纪念建党85周年系列新闻报道”“百日竞赛新闻宣传”“爱我漳州、兴我平和”等活动。新闻中心稿件《从打工仔到能源王子》获全省广播电视社教专题二等奖。

2007年，有计划、有重点、有深度地开展新闻报道工作，在数十家境内外报刊、网站播出平和新闻300多条，在《闽南日报》推出3个大联版，在《香港商报》《澳门日报》推出平和专版，香港阳光卫视、台湾东森电视台等媒体相继播出有关平和县的新闻。全年，新闻报道被漳州电视台采用535条，《闽南日报》采用786篇、《福建日报》采用176篇。“平和网”日点击率保持5000人次，当年开通《中国平和》政府门户网站。实现“平和新闻”“平和知透透”“视点”等专题同步视频上网。

二、报刊

（一）平和乡讯

1994年2月，《平和乡讯》由平和县对外文化交流协会创办。3月15日，出版发行创刊号。双月期刊，4开4版。办刊宗旨：为平和县改革开放和经济建设服务，帮助境外乡亲了解平和的新变化和新发展，宣传侨务政策，报道侨务活动和涉外大事；反映平和的民俗风情，传递乡情乡音；介绍平和的名胜古迹，名、优、稀、土特产品；激发境外乡亲思乡念祖之情。主要栏目有《情系桑梓》《花溪潮》《地灵人杰》《民间故事》《地方掌故》《花溪文讯》《乡土短波》。

至2007年12月，《平和乡讯》共发行77期，每期印数2000份。发行范围：东南亚国家及中国港澳台地区，漳州市各县区，县内各乡镇、科局、中小学校、机关企事业单位等。

（二）简报简讯

《平和大事记》　县政府办公室主办，月刊，1989—2007年共发行228期。

《平和要讯》　县政府办公室主办，周刊，1989—2007年共发行820期。

《平和快讯》　县委办公室主办，周刊，1990年3月创刊，至2007年年底共发行980期。

《平和文联快讯》　县文联主办，1989—2007年共发行60期。

《大芹山下》简报　县客家文化研究联谊会主办，1997年创刊，至2007年年底共发行152期。

《金三角邮苑》　县集邮协会主办，1991年创刊，4开小报，不定期，至2007年年底共发行48期。

第六节　图书　档案　史志编纂

一、图书销售

（一）新华书店

经营场所　1989年，县新华书店经营场所设于县城中东街，年图书发行量155万码洋，办公、门市、仓库建筑面积合计440平方米，固定资产14.6万元，人员26人。1990年，改建中东街门市部，书店经营面积由150平方米增至300平方米，实行全面开架售书。1997年10月，书店综合大楼落成，投入使用。楼址位于县城团结路，高3层，建筑面积660平方米。项目系当年省委、省政府为民办15件实事之一。1999年，增设西大街第二门市部，经营面积120平方米，实行开架售书。2002年，增建课本教材仓库和职工套房。

图书发行　1989年，县新华书店发行各种图书150万册，销售额155万元。1991年，征订发行《毛泽东选集》精装本、普及本、简装本3种1.3万册。1993年秋季起，根据国务院“课前到书，人生一册”的要求精神，全县中小学原由各乡镇供销社代发的教材收归县新华书店直接发行，减少流通环节。书店常年开展重点图书发行和服务“三农”送书下乡活动。1994年，征订发行《邓小平文选》精装本、普及本、简装本1.4万册。1996—2001年，在第四届全国性读书活动中，共征订发行图书28万册。2005年7月，县新华书店加入省集团公司，名为福建新华发行（集团）有限责任公司平和县分公司。书店体制由事业单位改为企业管理单位。至2007年，共送书下乡及摆摊卖书98次，走进校园售书95次，举办13期大型夜市图书大联展。这一年，公司有员工33人，当年发行各种图书216万册，销售额1282万元。

1989—2007年县新华书店图书发行情况表

表23-1-4　　单位：万册、万元

年份	册数	销售额
1989	150	155
1990	148	174
1991	161	200
1992	168	232
1993	170	275
1994	174	293
1995	178	528
1996	185	744
1997	190	979
1998	196	1072
1999	200	1089
2000	193	1053
2001	191	1038
2002	189	1051
2003	203	1092
2004	209	1222
2005	211	1245
2006	210	1240
2007	216	1282

（二）集体个体书店

2007年，全县集体、个体出版物经营单位28家，音像制品经营单位30家。

二、图书阅览

（一）县图书馆

1989年，县图书馆有工作人员9人。馆址在中山公园文化大楼二楼。藏书3万多册，订阅报刊179种，办出借书证1511本，年借出书刊11.22万册次，

1995年6月，图书馆大楼动工兴建。1997年4月，大楼竣工，图书馆迁入新址。图书馆大楼位于县城龙溪路，占地0.2公顷，建筑面积2000平方米，设置报刊阅览室、借书处、少儿阅览室、馆藏室、书库、咨询室、辅导室等。馆内藏书5万多册，订阅报刊85种，办出借书证2689本，年借出书刊25763册次，读者流通16182人次。县图书馆除日常开展图书阅览，借出等业务之外，每年举办2～4次科普知识宣传周、图书进校园等活动。

2007年年底，县图书馆藏书6万多册，订阅报刊63种，办出借书证2715本，年借出书刊28356册次，读者流通19367人次。全馆工作人员7人。

（二）乡村图书室

1989—2007年，全县乡镇办图书室15个，村办图书室300多个，计藏书10万多册。乡镇图书室由当地文化站兼管。村图书室由各村文化技术学校兼管。2006年，在小溪镇新桥村创建“农家书屋”示范点，带动全县兴起创建农家书屋活动。至2007年年底，各乡镇创建农家书屋80个。

（三）其他部门图书室（馆）

1989—2007年，全县有学校、机关团体、企事业单位办图书室100多个，计藏书20万多册。平和一中图书馆藏书2万多册。平和二中、县委党校、县政协文史委、县医院图书室藏书超万册。

三、档案征集与收藏

（一）设施

1989年，县档案馆沿设，并续建档案大楼。

1991年1月，平和县档案局新建办公库房综合大楼竣工，并投入使用。大楼建筑面积840平方米。1992年7月，县档案馆购置去湿机、吸尘器各1台，1999年购置空调机1台。2004年续建1层档案库房，馆藏档案有较好的保存条件。

（二）接收

1989—2000年，县档案馆接收党政机关、企事业单位、社会团体等各种档案14752卷进馆。2001年，馆藏资料进行一次重新统计，经考证，剔除部分没有收藏价值的资料。是年，重新统计后的馆藏档案21648卷，馆藏资料7238册。2002—2006年，接收档案7471卷进馆。2007年6月统计，馆藏档案100个全宗，30100卷，资料7667册。

（三）整理

1989年后，县档案馆馆藏档案按“年度—保管期限—问题（或机构）”分类立卷。1995年，县档案馆创建二级综合档案馆。1999年，创建省一级国家综合档案馆。馆藏各类检索工具齐全，共有案卷目录186本、全引目录257件、资料分类目录9本。馆藏100个全宗均按要求编制全宗介绍。编写《平和县档案馆指南》《辉煌的成就》《走进新时代》《平和县档案馆大事记》《平和暴动资料选辑》《平和农业合作化运动》《平和六十年代国民经济调整》等7种20万字编研材料供利用。

馆藏档案，在时间上分为民国档案与中华人民共和国档案；结构上分为文书档案、科技档案、特色档案、照片档案和馆藏资料五大种。文书档案中，民国档案设1个全宗，分17个目录整理，共有永久保存档案1222卷，案卷起止时间为民国25—38年（1936年至1949年9月30日止）。中华人民共和国档案，涉及100个全宗，案卷30100卷，案卷起止时间为1949—2006年。2006年，采用新的立卷方法，以“件”

为单位进行整理档案。档案内容反映全县副科级以上行政机关、企事业单位、群众团体主要活动的记录。

特色档案，分为专门档案、重大事件重大活动档案、民国档案、家族谱、名优特产档案、风景名胜档案、名校档案7类。

（四）保护利用

1996年10月，县档案局（馆）人员集中完成县委办、县监委、县统战部、县总工会4个全宗档案破损卷皮更新工作。

2003年8月，档案库房发现白蚁，县档案局（馆）立即部署，外请专业人员防治，蚁患得以清除。

2004—2006年，县档案局（馆）分批对馆藏国家重点档案、重要档案进行抢救和保护，主要完成民国档案、解放初期部分党政机关档案的复制、裱糊、更换案卷卷皮等工作。

县档案馆发挥部门职能，开展档案利用工作，为历史研究、党史教育、编史修志、工作参考与决策、确定干部职工工龄、房产及林产所有权、落实政策、就业、升学、解决纠纷等方面发挥作用，取得社会效益和经济效益。1989—2006年，共接待利用档案人员7866人次，利用档案8843卷（册）。

四、史志编纂

（一）地方志编纂

新志编纂 1989年，县地方志编纂委员会（简称“县方志委”）继续负责新中国成立后首部《平和县志》的编纂工作。至1993年，经漳州市地方志编纂委员会审稿、福建省地方志编纂委员会审定验收，于1994年4月由北京群众出版社正式出版。全书由概述、大事记和35卷专业分志及附录构成，共148万字，配有彩色和黑白照片38版。志书内容追溯所志事物发端，下限截至1988年（个别门类除外），重点记载平和县建置470多年的自然、沿革、政治、经济、军事、文化、社会等地情史料。1997年，新编《平和县志》被评为福建省地方志优秀成果奖三等奖。

1995年起，县直机关企事业单位陆续组织编撰本部门的专业志。2000年，政协平和县委员会编印《平和县政协志》。2001年，县水利电力局编印《平和水利电力志》，县人民银行编印《平和金融志》。

2006年4月，县委办公室和县政府办公室联合发文下达《关于开展第二届地方志编写工作的意见》，并由分管地方志工作的副县长召开县直各部门、各乡镇（场）领导参加的动员大会，具体部署续修《平和县志》（1989—2007年）。会后，县方志委制订续编县志的编写纲目，指导各部门、乡镇（场）收集提供编纂县志资料。

2007年，县人大常委会编印《平和县人民代表大会志》，县人民武装部编印《平和县军事志》，县供销合作社联合社编印《平和县供销合作社事业志》，县粮食局编印《平和县粮食志》，县商业总公司编印《平和县商业志》，三平风景区管理委员会编印《三平寺志》，平和县医院编印《平和县医院史》。

旧志整理 1993年，县方志委聘请退休干部、教师叶范生、叶活水、林添生、李行4人，对征集到的清道光十三年（1833年）《平和县志》手抄孤本进行断句、标点、校注等整理工作。该手抄孤本由卷首和10个分卷组成。全志设33个分志，记载内容上溯夏代、下至清道光十三年平和县的沿革、政治、经济、军事、文化等地方史料。1998年，县方志委为更好保存这一珍贵的文化遗产，将整理后的手抄孤本进行缩印合订为一本，翻印300本。

2007年12月，缩印后的清道光十三年《平和县志》手抄孤本，经福建省地方志编纂委员会整理审定，选编入《福建旧方志丛书》，由厦门大学出版社出版。平和洪氏迁台后世乡贤洪安加捐资助印该志书，印数2000本。

（二）文史编著

党史编著 1989—2007年，中共平和县委党史工作委员会进行中共平和地方党史的调查与研究，征集党史资料，整理并发表中共平和地方组织的有关文献、人物传、回忆录。同时，还编纂出版专著《光

辉历程》——红三团、红九团三坪会师史料汇编（1992年9月由鹭江出版社出版）；《中共平和党史大事记（新民主主义革命时期）》（1992年10月由中共党史出版社出版）；《平和暴动》（1993年由中共党史出版社出版）；《饶和埔诏苏区史料汇编》（1994年10月由广东人民出版社出版）；《峥嵘岁月·平和人民革命斗争故事集》（1999年9月）；《平和人民革命史》（2005年12月由中央文献出版社出版）。

政协文史编辑　1989—2007年，县政协文史委员会通过广泛征集，编辑出版《平和文史资料》第6辑至第20辑，共15辑。内容涉及近现代平和县的政治、军事、经济、工商、文化、教育、卫生、科技、华侨、台港澳同胞、宗教、民俗等文史资料。计994篇190万字，发行2.83万册。

1989—2007年《平和文史资料》编印情况表

表23-1-5　　**单位：篇、册**

科目	刊名	出版日期	篇数	印数
第6辑	纪念平和解放40周年专辑	1989年10月	29	2000
第7辑	平和文史资料（七）	1990年10月	26	2000
第8辑	平和文史资料（八）	1991年09月	23	2000
第9辑	平和文史资料（九）	1992年07月	24	1600
第10辑	平和文史资料（十）	1993年10月	16	1400
第11辑	平和文史资料（十一）	1994年01月	24	1200
第12辑	三平寺专辑	1995年01月	49	2000
第13辑	灵通岩专辑	1998年02月	24	1500
第14辑	庆祝中华人民共和国成立50周年、庆祝人民政协成立50周年专辑	1999年10月	26	2000
第15辑	平和县政协志	2000年12月	6章	1000
第16辑	平和文史资料（十六）	2001年12月	42	2000
第17辑	平和诗词专辑	2002年12月	297首	2000
第18辑	平和特产专辑	2003.12	41	2000
第19辑	平和历史名人专辑	2004.12	64	2000
第20辑	平和校史集专辑	2005.12	303	2000

文史专著　1989—2007年，平和籍学者(已知)出版27部文史专著。龚克昌著有《汉赋研究》(增补本)、《全汉赋评注》2部；赖永海著有《佛道诗禅》《宗教学概论》《佛学与儒学》《佛典辑要》《湛然》《济公和尚》《维摩诘经释义》《梁高僧传释义》《唐高僧传释评》《宋高宗传释评》《中国佛教文化论》《宗教与道德劝善》《中国佛教百科全书》(主编)13部；朱国宏著有《中国生财理财的智慧》《世界人口通讯》《中国的海外移民》《人地关系论》《通向可持续发展的道路》《经济学视野里的社会现象》《经济社会学》《经济与社会学导论》《哈佛帝国》9部；曾少聪著有《东洋航路移民》《简明文化人类学词典》2部；曾五岳著有《漳州土楼揭秘》1部。

（三）族谱编写

1989年，平和县姓氏宗亲继续编写族谱。1990年，出版《鸿江族谱》《平和马堂张氏族谱》。1992年，出版《侯山李氏家谱》《武城曾氏族谱》。1993—1995年，出版《平和江夏黄氏宗谱》《平和县心田赖氏渊源志》《颍川陈氏族谱》《大坪黄氏族谱》。1996—2000年，出版《琯溪（小溪）张氏世谱》《平和坂仔林氏宗谱》《庄氏岩岭宗谱》《平和吴氏则惠公世系宗谱》《济阳闽漳蔡氏族谱》《芦溪叶氏族谱》

《弘农杨氏平和谱》。2001—2007年，出版《弘农杨氏高磜谱》《萍北叶氏族谱》《平和朱氏族谱》《五寨庄氏大宗族谱》《何氏族谱》《南阳忠义罗溪叶氏族谱》《壶嗣吴氏文应公族谱》《平和霄岭黄氏族谱》《平和林氏渊源谱》。

至2007年年底，县内江、张、李、曾、黄、赖、陈、林、叶、吴、庄、蔡、杨、朱、庄、何等姓宗亲联谊会编纂（续编）并出版各姓族谱24部。

第七节 文物与非物质文化遗产

一、文物保护单位

（一）全国重点文物保护单位

2001年6月，平和县的绳武楼列为第五批全国重点文物保护单位。2006年6月，平和县的庄上大楼、南胜窑址列为第六批全国重点文物保护单位。

绳武楼 位于芦溪镇蕉路村。始建于清嘉庆年间，光绪元年（1875年）落成。属生土夯筑的圆形土楼，楼直径43.8米，占地面积1506平方米，建筑面积1266平方米。全楼共分24个单元，高3层，楼内的装饰及墙面、屋脊等均采用大量泥塑、木雕、彩绘、壁画装饰，构思精巧，刻工精细，图案精美，是“福建土楼中装饰艺术最为华丽的一座。”

庄上大楼 位于大溪镇庄上村。建于明万历至清康熙年间（1601—1677年）。属生土夯筑的单元式与通廊式相结合的大型土楼，平面呈前方后圆，南北相距220米，周长700米，占地面积346520平方米，建筑面积9000多平方米。楼中有山，楼中有楼，建筑规模宏大，为福建土楼之最。楼3层，高9米，分142个单元。楼中保存大量精美的石木雕刻，具有明显的明末清初建筑风格。

南胜窑址 明清古窑址，主要分布于南胜镇及五寨乡一带。代表性窑址有大垅、二垅、田中央、洞口陂沟、田坑、花仔楼等。其中：

大垅窑 位于五寨乡新塘村。1994年发掘，面积46平方米，清理窑炉1座，窑平面呈长方形，斜长6.5米，宽4.2米，为前后二窑室和出烟式构成的横式阶级窑。产品以青花为主，少量白瓷。器形有大盘、盘、碗、碟等。

二垅窑 位于五寨乡新塘村。1994年发掘。面积54平方米，清理窑炉1座，窑平面呈长方形，由3间窑室和出烟室构成的横式阶级窑。出土窑具和制瓷工具有匣钵、研钵、轴顶碗、挡箍等。器形有大盘、盘、碗、碟、罐、盖等。

田中央窑 位于五寨乡新美村。1986年发现。分布面积6600平方米，保存较好，未经发掘。主要产品有青瓷、白瓷和彩绘瓷。器形有盘、碗、钵、罐、炉、盖顶，以彩绘瓷开光大盘最具特色。

洞口陂沟窑 位于五寨乡寨河村。1989年发掘。面积162.5平方米，揭露保存较好的窑炉2座，由火膛、前后2个窑室和出烟室构成的横式阶级窑。出土文物有窑具和大量瓷器标本。瓷器以青花瓷为主，少量白瓷、青瓷和酱釉瓷。主要产品为青花瓷盒，其次为瓶、炉、罐、碗。

田坑窑 位于南胜镇法华村田坑社。1997年发掘。窑址面积2000平方米，清理一处烧制素三彩瓷盒的瓷窑址。釉彩为黄、紫、绿。器形以盒为主，还有少量的碗、盘、瓶、罐、佛像。

花仔楼窑 位于南胜镇龙心村。1994年发掘。窑址面积约6000平方米。瓷器种类有青花、青瓷、白瓷、酱釉、蓝釉、彩绘等。器形有盘、碗、碟、杯、钵、盆、罐等。青花瓷纹饰有珍禽瑞兽、山水、人物、文字等。

（二）省级文物保护单位

2001年1月，平和县的城隍庙、文庙、绳武楼列为福建省第五批文物保护单位。2005年5月，平和县的天湖堂、三平寺塔殿、庄上大楼、薰南楼列为福建省第六批文物保护单位。

城隍庙　位于九峰镇城中村。始建于明正德十四年（1519 年），历代多次重修。庙宇坐北向南，4 进，中轴线自南向北依次为牌楼、前厅、中堂、后殿。两侧有回廊。规模宏大，属府一级建制。庙内保存明清时期壁画 40 多幅。

文庙　位于九峰镇城中村。始建于明正德十三年（1518 年），历代重修。现仅存大成殿及左侧明伦堂。大成殿面积 500 平方米，面阔 7 间，进深 7 间，重檐歇山顶，抬梁式木构架。殿内存有清康熙二十八年（1689）重修碑刻 1 方。明伦堂面阔 3 间，进修 3 间，硬山顶。两座建筑物整体保存完好。

绳武楼（见“全国重点文物保护单位”）

天湖堂　位于崎岭乡南湖村。始建于宋嘉定十年（1217 年），历代重修。主祀保生大帝。面积 1400 平方米，坐西朝东，布局依次为前殿、走廊、正殿。殿左配厢房。殿前有庙埕、池塘、山门。山门南向。殿内藏有雕刻精美的明代神轿及明崇祯四年（1631 年）黄道周题“月到风来”牌匾等珍品。

三平寺塔殿　三平寺位于文峰镇三坪村。始建于唐会昌五年（845 年），历代重修。寺坐北朝南，规模宏伟，中轴线依次为天王殿，大雄宝殿、祖殿、塔殿。两侧廊庑及斋堂、僧房。现存塔殿为清代建筑物，面积 183.5 平方米，面阔 3 间，进深 3 间，重檐歇山顶，抬梁式构架。柱上架梁枋，梁枋上层层斗拱叠架而起，围成八卦藻井，结构精巧。殿两侧有明李宓手书重镌的《唐王讽碑》及清蔡新等人所书的记事题刻 12 方。

庄上大楼（见“全国重点文物保护单位”）

薰南楼　位于坂仔镇东风村。始建于清乾隆年间（1736—1795 年）。楼圆形，夯土建筑，面积 3000 平方米，原三层，现存两层。全楼分内外两环，分割成 12 个扇形单元。每单元由前厅、天井、厢廊、后房组成四合院，是福建土楼民居建筑中一种独特的类型。

（三）县级文物保护单位

1996 年 2 月，威惠庙、琯溪大庙、高隐寺、侯山宫、慈惠宫、天湖堂、何氏节孝坊、田坑内窑计八处列为平和县第四批文物保护单位。2000 年 1 月，陂沟窑、焦山窑、官峰窑、紫阳大宗、曾氏家庙、中湖宗祠、总兵府（及诰封亭）、济阳堂、心田宫（及赖氏家庙）、碧水岩、蔡氏大宗、庄氏大宗、新寨庙计 14 处列为平和县第五批文物保护单位。2001 年 9 月，萃文堂、惜纸塔（及白石庵）、龙见楼、咏春楼、衍庆楼、八卦井、孝经堂、孝思堂、林氏宗祠、振峰庙、松溪岩、铜壶宫、薰南楼、庄上大楼计 14 处列为平和县第六批文物保护单位。

威惠庙　位于九峰镇城东村。始建于宋建炎四年（1130 年）。始建面积 350 平方米，现存庙宇面积 168 平方米，两进三开间，为清代建筑物。祀开漳圣王。

琯溪大庙　即琯溪威惠庙，位于小溪镇中西街。始建于明洪武七年（1374 年）。建筑面积 380 平方米，砖木结构，两进三开间。大殿祀开漳圣王，后殿祀观音菩萨和三平广济祖师。

高隐寺　位于大溪镇赤安村。清康熙十三年（1674 年）僧道宗建。建筑面积 400 平方米，两进三开间，配有厢房。祀观音菩萨及开山僧道宗。1996 年，寺内发现印章、宝剑、会簿、碑刻等一批天地会遗物、遗迹。

侯山宫　位于小溪镇西林村。始建于明正德三年（1508 年）。祀玄坛元帅，民国年间增祀关圣帝君。建筑面积 858 平方米，主体建筑由门楼、正殿、配殿组成，完整保存清代建筑风貌。

慈惠宫　位于山格镇山格村。始建于北宋建隆初年（960 年）。祀观音菩萨。明嘉靖四十三年（1564 年），建庙中庙，祀大众爷（抗倭名将戚继光）。建筑面积 400 平方米，主体建筑由前殿、正殿、侧殿组成。正殿存有明黄道周题“白云深处”匾额一方。

天湖堂（见“省级文物保护单位”）

何氏节孝坊　位于坂仔镇东坑村。清乾隆二十一年（1756 年），为旌表何氏守节育儿而建。花岗岩仿木构件，四柱三间，额坊刻有“纶褒节孝”及年款，四柱各刻有褒颂何氏的诗咏。

紫阳大宗　位于九峰镇城东村。始建于明正德十三年（1518 年），历代重修。建筑面积 554 平方米，由照壁、前厅、主堂组成。主堂立朱熹塑像及朱子家训碑。

曾氏家庙 位于九峰镇城中村。始建于明万历元年（1573年），历代重修。建筑面积380平方米，两进三开间，硬山顶，穿斗抬梁构架，雕梁画栋，保存清代建筑风格。

中湖宗祠 位于九峰镇城西村。始建于明弘治五年（1492年）。建筑面积450平方米，两进五开间，规模宏大，典雅精美，保存明末清初建筑风格。

总兵府 即清浙江乐清总兵陈陞府邸，位于大溪镇店前村。始建于康熙三十六年（1697年）。建筑面积450平方米，由门楼、前厅、正堂组成。硬山顶，穿斗式木构架。距府邸西北200米处建诰封亭，六角砖石结构。亭内立碑六方，记述陈陞随康亲王平定三藩之乱功绩。

济阳堂 即江氏宗祠。位于大溪镇江寨村。始建于清康熙十年（1671年），历代重修。建筑面积238平方米，由前厅、拜亭、廊道、正堂组成。悬山顶、穿斗式木构架。祠前立三座旗杆台。

心田宫 位于坂仔镇心田村。始建于明天启元年（1621年），历代重修。祀保生大帝。建筑面积350平方米，由前殿、配殿、正殿组成。悬山顶，抬梁构架，雕镂彩绘。赖氏家庙位于心田宫前，建筑面积600平方米，两进三开间，两侧配有护厝。堂内存有清乾隆五十年（1785年）重修记事碑一方。

碧水岩 位于芦溪镇蕉路村。始建于清光绪八年（1882年）。庙依山而建，临碧水潭。建筑面积280平方米，由碧水宫、观音殿、文昌宫组成，保持清末建筑风格。

蔡氏大宗 位于小溪镇坑里村。始建于明洪武二十年（1387年）。建筑面积188平方米，两进三开间，悬山顶、抬梁式木构架。堂内存有清蔡新题刻楹联。

庄氏大宗 位于五寨乡优美村。始建于清康熙二十年（1681年）。建筑面积364平方米，三进五开间，砖木结构，规模宏大，整座建筑保存清初建筑风格。

新寨庙 位于霞寨镇建设村。始建于清乾隆四十年（1775年）。祀开漳圣王。建筑面积290平方米，砖木结构，两进三开间，配有廊庑。整座建筑保存完好。

萃文堂 位于九峰镇城中村。始建于明嘉靖十六年(1537年)，历代重修。占地面积420平方米，由祠埕、前厅、正堂组成。两进五开间，悬山顶，穿斗和抬梁式混合构架，雕梁彩绘，保存清代建筑风格。

惜纸塔 位于九峰镇城东村。明正德十四年（1519年）建，清光绪二十一年（1895年）重修。塔三层，高九米，平面呈六角形，青砖砌筑。底层门开，门楣横匾阴刻“圣迹”二字。

龙见楼 位于九峰镇黄田村。始建于清康熙二十年（1681年）。楼圆形，体量庞大，直径82.4米，占地面积5329平方米。双环，外环楼高三层。楼内分52个单元，各单元独立门户，三落两天井。保存清初建筑风格。

咏春楼 位于九峰镇黄田村。始建于清乾隆三十五年（1770年）。正面方形，后转角抹圆，占地面积5850平方米。楼高三层，分36个单元，各单位均配小客厅格局。整体建筑保存基本完整。

衍庆楼 位于九峰镇黄田村。始建于清代。圆形，占地面积615平方米。楼高三层。楼内分九个单元，各单元均三进结构，由门楼、前厅、后房组成。

八卦井 位于九峰镇黄田村。建于明代。井面呈八角形，宽四米，花岗岩材质，以八卦图形铺砌。井口宽1.95米，井壁为鹅卵石堆砌。明万历二十八年（1600年）八月，井水溢出，漫井面，隔日发生地震。

孝经堂 即福田曾氏家庙，位于九峰镇福田村。始建于清康熙五十七年（1718年）。建筑面积1099平方米，砖木结构，三进五开间，两侧配有巷道和护厝。规模宏大，结构严谨，具有清初建筑风格。

孝思堂 即内坑周氏祠堂，位于霞寨镇内坑村。始建于清代。建筑面积254平方米，砖木结构，两进三开间，西北侧带护厝。堂内雕栏画栋，具有清末建筑风格。

林氏宗祠 位于安厚镇龙头村。始建于明嘉靖十四年（1535年），清代多次重修。占地面积1200平方米，砖木结构，呈“四点金”格局。正堂面阔三间，进深三间，明间金柱为棱形，保存明代建筑风格。祠堂大埕置清乾隆、嘉庆二朝旗杆石三座。

振峰庙 位于安厚镇美峰村。始建于明景泰二年（1451年），历代重修。祀晋谢安及唐陈元光。建筑面积800平方米，砖木结构两进五开间，悬山顶，抬梁式构架。殿内存有明代瑞兽石雕2尊，清代铁钟 1 口、楹联多副。

松溪岩　位于霞寨镇彭林村。始建于明嘉靖十九年（1540 年），历代重修。祀观音菩萨。建筑面积 156 平方米，由门楼、天井、正殿组成。门楼并列三座，开三门。庙前一巨石，刻有“扎营地”“唐总章二年”等字，记陈元光曾于此岩驻防事。

铜壶宫　位于坂仔镇东风村。始建于元至正年间，历代重修。祀玄坛元帅。建筑面积 192 平方米，砖木结构，两进三开间，悬山顶，抬梁构架。

薰南楼（见“省级文物保护单位”）

庄上大楼（见“全国重点文物保护单位”）

（四）涉台文物保护单位

2007 年 1 月，福建省文化厅公布的涉台文物保护单位名单中，平和县有 13 处。（详见表 23-1-6）

平和县涉台文物保护单位（省级）一览表

表 23-1-6

名称	类别	年代	坐落地点
慈惠宫	古建筑	明、清	山格镇山格村
心田宫（含赖氏家庙）	古建筑	清至现代	坂仔镇心田村
侯山宫	古建筑	清	小溪镇西林村
林氏大宗	古建筑	清	五寨乡埔坪村
三平寺	古建筑	清	文峰镇三坪村
中湖宗祠	古建筑	清	九峰镇城西村
吴凤宗祠	古建筑	清	大溪镇壶嗣村
济阳堂	古建筑	清	大溪镇江寨村
振峰庙	古建筑	清	安厚镇美峰村
新寨庙	古建筑	清	霞寨镇建设村
林氏宗祠	古建筑	清	安厚镇龙头村
林语堂故居	古建筑	民国	坂仔镇中心小学内
追来堂	古建筑	清	九峰镇城西村

二、土楼

芦溪土楼联辉楼　（芦溪镇 提供）

平和土楼，古名土堡。《平和县志》（清道光版）载，和邑“负山险阻，故村落多筑土堡，聚族而居，以自防卫”“故土堡之多，不可胜记”。是志录入各乡土堡 135 处 300 多座。清末，平和土楼已超过千座。2007 年，据有关部门初步普查，全县存世较大规模的土楼（已知）有 644 座。其中：

芦溪镇 60 座：蕉路村的绳武楼〔清光绪元年（1875 年）建〕、福峙楼、福庆楼、植壁楼、丰满楼，芦丰村的丰作厥宁楼〔康熙三十七年（1697 年）建〕、韵仙楼〔清乾隆五年（1740年）建，已半塌〕、联辉楼、和阳楼（半塌），秀芦村的东壁文光楼〔清光绪三十二年（1906年）建〕、世德绵长楼〔清宣统二年（1910年）建〕、东山楼、中庆楼、水尾楼，双峰村的萼叶双辉楼、东方楼、东山拱秀楼、下铜楼、双纳寨，新村村的芳春楼、成德楼、国光楼，东槐村的毓秀楼〔清嘉庆二十三年（1818年）建〕、溪春楼〔清道光二十二年（1841年）建〕、聚德楼〔清道光二十二年（1841年）建〕、阳春楼〔清光绪十八年（1892年）建〕、崎阳拱秀楼、三阳楼、朝阳楼、番仔楼、新寨楼，连新村的詹厝楼、目的楼、振兴楼、新楼，九曲村的永春楼、湾仔坑楼、仁和楼、畚箕楼、九百塘楼，连益村的顶楼，村坑村的新楼、熊坑楼；山岗村的朝阳楼、万安楼〔清光绪八年（1882年）建〕、寨仔楼、万应楼、洋头楼、山坐里楼、水波楼，漳汀村的田心楼、坎脚楼、树林村的下寨楼、井仔头楼、东山楼、河东楼，西新村的石门楼、新楼，连城村的杨厝楼、汪厝楼。

霞寨镇58座：钟腾村的朝阳楼、永平楼、余庆楼〔清嘉庆元年（1796年）建〕，长汀村的长春楼（半塌）、新楼，团结村的秀峰楼〔清康熙三十一年（1692年）建〕、相辉楼，后塘村的长发楼〔清嘉庆十年（1805年）建〕、长庆楼，红楼村的长运楼、大埔楼，三合村的枫树湖楼、新辉楼（半塌）、凤山楼，彭林村的顶楼（半塌）、温厝楼、芼坑楼、山后楼，岩岭村的知腰楼，西安村的西爽楼〔清顺治十六年（1659年）建，已半塌〕、安抚寨（半塌）、睦顺楼〔清乾隆三十八年（1773年）建〕、新寨楼、雄山楼、崇武楼、庵前楼，村东村的清溪楼〔清乾隆四年（1739年）建〕、奎壁联辉楼〔清同治三年（1864年）建〕、铜鼓楼、田中楼、山口楼，建设村的聚德楼〔清康熙五十九年（1720年）建〕、顶楼、下楼、松柏脚楼，黄庄村的黄庄楼，官峰村的官峰圆楼，古隆村的余庆楼，大湖村的大湖楼，坑内村的窑后楼、顶楼、下楼，群英村的庵边楼、迎晖楼（半塌）、埔美楼、芹山楼、西奎楼（半塌）、新福楼、狮子楼（半塌），寨里村的霞山寨、井美楼，洋坑村的圆楼（半塌）、水尾楼、顶楼、下楼，寨北村的寨北楼，五美村的卓湖楼、小村楼。

霞寨镇聚德楼土楼 （朱连生 摄）

小溪镇42座：坑里村的霞苑城（半塌）、新楼〔清康熙三十三年（1694年）建〕、瑞阳楼、固壁楼、拱西楼〔清道光二十六年（1846年）建〕，内林村的文山楼、玉壁增辉楼、植德楼、畲里楼，厝丘村的屈朗楼〔清康熙二十四年（1685年）建〕、大寨土楼、厝丘楼、东墩楼（半塌），新桥村的延安楼〔明万历十一年（1583年）建，已半塌〕，高南村的天岳培基楼、高云楼，旧楼村的旧楼、篮仔角楼，古楼村的敦睦楼、顶楼、瑞阳楼，宝善村的方楼、圆楼，湖田村的东方毓秀楼、顶楼、旧楼，旧县村的仰云楼、岳峙钟灵楼，五村村的缎洲楼、后壁溪楼，玉溪村的交平楼，溪州村的东古楼、红楼，联星村的银坻楼，豆坪村的新楼，产坑村的顶楼、下楼、新楼，金光村的旗高楼，枫埔村的顶楼、下楼，岩坂村的楼仔。

坂仔镇60座：宝南村的虎耳楼（半塌）、河山楼、黄墩楼、竹树楼、萃英楼、五美楼、火烧楼（半塌）、梧桐楼、径田楼，民主村的石鼓金汤楼〔清顺治十四年（1657年）建，已半塌〕、浚心楼〔清乾隆九年（1744年）建〕、立新楼、联红楼、高寨楼，东风村的薰南楼〔清乾隆四十年（1775年）建〕、环溪楼〔清嘉庆十二年（1807年）建〕、宾阳楼〔清嘉庆十九年1814年）建〕、长箱楼、和角楼、顶新楼，五星村的贵阳楼〔清乾隆三十八年（1773年）建〕、东山楼、凤美楼、客寮楼，联建村的庆阳楼〔清乾隆三十八年（1773年）建〕、洞口楼、井美楼，西坑村的迎阳楼、大墩楼、新楼，梨洋村的顶楼（半塌）、洋头城、后仁楼、新起楼，山边村的埔美楼、岩前楼，东坑村的顶山边楼（半塌）、仰止楼、董厝楼（半塌）、南安楼、龙福楼、马江楼、后溪楼、西堡楼、畲石楼、溪平楼、山平楼、顶腰楼，峨眉村的下楼，仁山村的恒心楼、军营楼、寨仔脚楼、北楼、楼仔、狮仔楼、横江头楼、双溪楼、古林楼、麦高宫楼、拱秀楼；

大溪镇76座：庄上村的旧寨楼、庄上大楼〔清康熙十六年（1677年）建〕、岳钟楼〔清康熙十六年（1677年）建〕、漕涸楼（半塌）、下坝楼、恒升楼（半塌）、朝源楼、新起楼、坪坑里楼、富隆楼，大松村的和鸣楼、响明楼〔清雍正七年（1729年）建〕、大唐楼、学堂里楼、上坡楼、小溪尾楼、凤寨楼，云中村的云中圆楼，下村村的莲花楼、对陂下楼、对陂中楼、目石楼、南薰楼、对陂顶楼、霞阳楼、坎头楼、五星楼，新红村的油车楼、塔霞楼、下径楼、过墘洋楼、山角里楼、塔下坪楼、黄泥丘楼、日新楼，硕卿村的永安楼、碧华楼、日升楼、下湾楼，三华村的大斜里楼，溪口村的溪背楼、溪口楼、新光楼、下湾楼，江寨村的淮阳楼、卓立鸿江楼、霞田楼、临川楼、上坝楼、洛阳楼、田背楼，店前村的店前楼、泰安楼、新安楼、永安楼、寮安村的横路下楼、玉盆楼，峰山村的峰山楼、凤阳楼、松柏林楼，新农村的美隆楼，宜盆村的颖嘉楼、盆厦新楼、彩凤楼，大二村的四角楼、圆楼、新楼，新光村的神洋楼，壶嗣村的壶嗣城、五斗城楼、新楼，大芹村的水眼洋楼、黄泥坑楼、大坑楼，豪林村的新寨埔楼，山布村的狮子楼。

九峰镇50座：黄田村的龙见楼〔清康熙二十年（1681年）建〕、咏春楼〔清乾隆三十五年（1770年）建〕、南阳楼、衍庆楼、联辉楼、拱方楼、迎春楼，福田村的新福楼、仙子里楼、中央灶楼、赤土楼；九峰村的景云楼〔清乾隆二十四年（1759年）建〕、逢源楼〔清同治三年（1864年）建〕、莲花楼、寨下楼、坑内楼，福坑村的卓凤楼、四角楼、大尖楼，积垒村的凤翔楼、龙泉楼，福山村的文光楼、下楼，东富村的下村楼、彩阳楼、姓黄楼，振阳村的洋坑楼，下西村的向阳楼、溪头楼、朝阳楼，下北村的东阳楼、眷阳楼（半塌）、八角楼，苏洋村的内洪坑楼、寿南楼，复兴村的础溪楼、下水楼，上仓村的碧云楼，新山村的四角楼，上坪村的五凤楼，下坪村的霞鹏楼，城东村的仁美楼，福山村的下楼，联峰村的石楼，积垒村的凤翔楼、龙泉楼，汀溪村的顶楼、半径楼、墩上楼、霞高楼。

安厚镇68座：大坑村的大坑尾楼、迎辰楼、窟仔中楼、虎出林楼、番仔楼、新山楼、顶窟楼、下窟楼、梧坑楼、田中楼、李厝坑楼、下周楼、上陈楼，岐山村的联辉楼、上埔楼、新楼，顶楼村的圆楼、庵仔脚楼、安里楼、下高楼、乙斗楼，安厚村的霞洋楼、圩楼，龙门村的龙门楼、树林楼、后沟楼，三龙村的怀安楼、下埔楼、坪寨楼、岭顶楼，田径村的新洋楼、大楼、新围楼、新楼、旧楼，大径村的高阳楼〔清乾隆十二年（1747年）建〕、带江楼、旧楼、大径楼、水尾楼，白石村的顶洋楼、汤墘大楼、槐林楼，龙头村的龙头楼、怀德楼，下新楼村的下新楼、秀阳楼，双马村的马堂城、鄂华楼〔清乾隆二十七年（1762年）建〕，莲塘村的河洋楼、横盘楼、河仔楼，山口村的官洋楼、古寨楼、下田楼，华美村的凤鸣楼、和田楼、仙科楼、下楼，东川村的庆善楼、科头楼、四角楼、旧洞楼，东寨村的向日楼、南方楼、溪边楼、先潭楼，美峰村的下埔楼。

南胜镇60座：南胜村的萃秀楼〔清乾隆十九年（1754年）建〕、松风拱秀楼〔清乾隆二十八年（1763年）建〕、龙秀美楼、四角楼、蔡厝楼、市头楼、胜花楼、古楼、下溪楼、汤兜楼、顶溪埔楼、顶六楼、下六楼、坎顶楼、坎脚楼，义路村的敦洋楼〔清乾隆五十七年（1792年）建〕、竹茂楼、义路楼、云寮城楼、新楼、坎顶楼、邦寮楼、山仔边楼、白楼、圩仔头楼，前山村的西安楼、树下楼、溪东楼、中美顶楼、内洋楼、泉空湖楼、庵后楼，龙心村的坎头楼、得兴楼、下楼、茂德楼（半塌）、宁胜楼、内楼、外楼、上寨楼、相思溪楼，法华村的东古洋楼、大科洋楼，云后村的象棋楼〔清同治十二年（1873年）建〕、坑园楼（半塌）、楼平楼、后厝楼，糠厝村的科洋楼，欧寮村的寨尾楼（半塌）、顶楼、下楼，子坑村的城仔楼，安石坑村的白石湖楼、法华村的庵后楼、土城楼、田坑楼、洋底楼、老龙楼，龙溪村的八仙桌楼、大茂山楼。

文峰镇18座：文洋村的溪山寨〔明天顺七年（1463年）建〕、旧圩楼，南霞村的过溪楼（半塌），龙山村的盘珠楼、溪埔楼、新楼，黄井村的慎德楼〔清乾隆二十四年（1759年）建，已半塌〕、燕怡楼（半塌）、寨仔尾楼（半塌）、德兴楼（半塌）、德兴楼（半塌）、碧溪楼（半塌）、风吹辇楼（半塌）、诏安楼、新楼，文美村的薇水朝宗楼〔清乾隆十七年（1752年）建〕、下尾楼、白楼（半塌）。

山格镇23座：山格村的壶嗣楼，铜中村的挹爽楼、溪埔楼，白楼村的何地楼、白楼、红楼、火烧楼、番仔楼、新楼，双田村的仁寿楼〔清道光三年（1823年）建〕、新楼、旧楼，宝丰村的甲爷楼、迎阳楼，平寨村的宝璐流辉楼、顶楼，高磜村的下新楼、下楼，土田村的黄土岭楼、顶楼、下楼，新陂村的新楼、顶楼仔。

崎岭乡38座：南湖村的崇庆楼〔明正德十五年（1520年）建〕、玉梅楼〔清乾隆元年（1736年）建〕、南溪楼〔清乾隆三十年（1765年）建〕、祥和楼〔清乾隆五十八年（1793年）建〕、玉楼春楼、南陂楼，新南村的南阳楼、南山楼（半塌）、长春楼、坂田楼、割尾楼、楼下楼，下石村的仲庆楼〔清乾隆五十三年（1788年）建〕、到凤楼〔清咸丰三年（1853年）建〕、梳妆楼、四角楼，顶寨村的顶寨楼、霞斜楼、南湖楼（半塌）、阳春楼、建元楼，合溪村的溪背楼、解放楼、河边楼、衍庆楼，彭溪村的彭溪楼、同阳楼、顶午斗楼、开边楼、山下楼、水尾楼，溪头村的恒升合璧楼、水尾楼，诗坑村的凤山楼，浮坪村的内楼、外楼、后塘仔楼，磜头村的磜头楼。

五寨乡37座：埔坪村的思永楼〔清雍正五年（1727年）建，已半塌〕、绥丰楼〔清乾隆八年（1743年）建〕、和安楼、龙字楼、五间楼、七间楼、蛇窟楼、山腰顶楼、下楼，优美村的继述楼〔清乾隆二十年（1755年）建〕、新楼、城迹楼、赤楼、广卿楼、楼仔坪，寨河村的旧楼、寨河楼（半塌）、中亭楼、风吹辇楼、三房楼，侯门村的世德重光楼〔清乾隆三十年（1765年）建〕、河洋楼、联安楼，前岭村的前坂城（半塌）、楼平楼、下甲楼，新塘村的保安楼〔清咸丰十一年（1861年）建〕，联盟村的重兴楼、顶楼、下尾楼，高峰村的圆楼，新美村的八宝楼、宝安楼、顶楼、下楼、东寮楼、寨里楼。

国强乡22座：碧岭村的溪南楼、径心楼，白叶村的迎薰楼〔清康熙五十年（1711年）建〕、金星楼、玉明楼、卿美楼（半塌）、中心楼、顶楼、中楼，乾岭村的霄岭藩垣楼〔清顺治十四年（1657年）建〕、仰星楼〔清顺治十四年（1657年）建〕、蔡田楼、月明楼、岭美楼、南阳楼，高坑村的六成楼〔清道光二十四年（1844年）建〕，三五村的圆边楼，古爽村的狮子楼、顶楼、下楼，延山村的顶楼、下楼。

秀峰乡23座：龙岭村的天水龙文楼〔清康熙四十八年（1709年）建〕、兴福楼、和睦楼，坪东村的白马石楼、碧峰楼、云峰楼，坪回村的永思楼、永昌楼，福塘村的四角楼〔清康熙六十一年（1722年）建〕、南阳楼（半塌）、聚奎楼、福庆楼，文田村的凤山楼（半塌）、联芳楼、乾坤楼，双塘村的新厝塘楼、隆和楼、华兴楼，三联村的甜竹仔楼、旧楼、永福楼、万安楼、四角楼。

长乐乡9座：建三村的北胜楼，乐北村的和庆楼、四角楼（半塌）、结科楼，农家村的永盛楼、望云楼、余庆楼、建南村的长土来 楼，秀山村的上洋楼。

三、祠堂

祠堂，依不同层次、不同地点，或称大宗、宗祠、祖祠、家庙、祖厝、老公厅。县内各类祠堂多为明、清建筑物，逾千座，除部分坍塌，或人为拆毁外，据2006年普查，存世的祠堂尚有600多座。县内祠堂基本屋型为两进三开间，两侧厢房。少数大型祠堂有两进五开间、三进三开间、三进五开间多种，也有单进单间小型祠堂，一般叫作老公厅。祠堂的建筑材质多为石基、砖墙、木梁、瓦顶。多数祠堂采用青砖砌墙，盖悬山顶屋面。县东部文峰、山格等地祠堂则采用红砖砌墙、盖硬山顶屋面。县内各类祠堂基本保存明、清建筑风格。有1座祠堂列入省级文物保护单位，17座列入县级文物保护单位。2007年，县内部分保存较完好的祠堂依各姓氏人口数量多少为序列表于后。

2007年平和县存世祠堂情况表

表23-1-7

名称	姓氏	位置	始建时间	规模
埔坪林氏家庙	林	五寨乡埔坪村	清顺治年间	两进三开间
埔坪虎四房祠堂	林	五寨乡埔坪村	清代	两进三开间

续表 23-1-7

名称	姓氏	位置	始建时间	规模
埔坪金房祠堂	林	五寨乡埔坪村	清代	两进三开间
龙头林氏宗祠	林	安厚镇龙头村	明嘉靖十四年（1535 年）	两进三开间
美峰下四房祠堂	林	安厚镇美峰村南门社	清代	两进三开间
汤厝林氏祠堂	林	安厚镇美峰村汤厝社	清咸丰年间	两进三开间
埔仔林氏祠堂	林	安厚镇美峰村埔仔社	清代	两进三开间
法华林氏大宗	林	南胜镇法华村安厚楼社	明代	两进三开间
法华九房祠堂	林	南胜镇法华村安厚楼社	清代	两进三开间
霞山林氏祠堂	林	山格镇铜中村霞埔社	清初	两进三开间
铜兜林氏祠堂	林	山格镇铜中村铜兜社	清代	两进三开间
口厝孝恩堂	林	山格镇三美村口厝社	清代	两进三开间
平寨林氏祠堂	林	山格镇平寨村北溪社	清代	两进三开间
埔坪树德堂	林	山格镇平寨村埔坪社	清代	两进三开间
南湖孝思堂	林	崎岭乡南湖村下楼社	清乾隆三十九年（1774 年）	两进三开间
诗坑林氏祠堂	林	崎岭乡诗坑村	清代	两进三开间
祁坑林氏祖祠	林	长乐乡葵山村祁坑社	清代	两进三开间
文洋林氏大宗	林	文峰镇文美洋村溪山寨社	明代	两进三开间
燕怡堂	林	文峰镇文洋村大洋社	清代	两进三开间
三落祠堂	林	文峰镇文洋村大洋社	清代	三进三开间
三坪林氏家庙	林	文峰镇三坪村黄陂社	明万历四十六年（1618 年）	两进三开间
五斗种林氏祖厝	林	文峰镇三坪村五斗种社	清代（2005 年重建）	三进三开间
南山林氏宗祠（培德祠）	林	小溪镇高南村南山城	明洪武三十一年（1398 年）	两进三开间
林边林氏家庙	林	山格镇高磜村林边社	清乾隆十二年（1747 年）	两进三开间
琯溪张氏乡贤祖庙	张	小溪镇宝善村	明洪武年间（1992 年重建）	三进三开间
马堂张氏家庙（敬爱堂）	张	安厚镇双马村马堂社	明万历二十九年（1601 年）	两进五开间
马堂七房祖祠	张	安厚镇双马村马堂社	清光绪二十一年（1895 年）	两进三开间
古楼张氏宗祠	张	小溪镇古楼村	清代	两进三开间
泮池张氏大宗（思成堂）	张	国强乡泮池村顶城社	清代	两进三开间
洋美张氏祠堂	张	文峰镇文美村洋美社	清代	两进五开间

续表 23-1-7

名称	姓氏	位置	始建时间	规模
鄂华堂	张	安厚镇双马村	清代	两进三开间
廖安张氏祠堂（龙德堂）	张	大溪镇廖安村岭头社	清代	两进三开间
九宝坑张氏祖祠	张	大溪镇下新楼村	清康熙年间	两进三开间
坪塘追远堂	张	大溪镇坪塘村	清代	两进三开间
东槐陈氏家庙	陈	芦溪镇东槐村土城社	明嘉靖六年（1527年）	三进五开间
蛟塘陈氏祖祠	陈	芦溪镇秀芦村蛟塘社	明万历年间	两进三开间
漳汀溪山堂	陈	芦溪镇漳汀村下司社	清乾隆十二年（1747年）	两进三开间
漳汀陈氏宗祠（陈扬美家庙）	陈	芦溪镇漳汀村下司社	清雍正元年（1723年）	两进三开间
秀芦陈氏家庙	陈	芦溪镇秀芦村蕉林社	清同治五年（1866年）	三进三开间
下坪陈氏宗祠	陈	芦溪镇秀芦村大坑社	清初	两进三开间
坎脚陈氏宗祠	陈	芦溪镇漳汀村坎脚社	清代	两进三开间
东山陈氏祖祠	陈	芦溪镇秀芦村东山社	清代	两进三开间
后楼陈赖祠堂	陈赖	芦溪镇漳汀村后楼社	清代	两进三开间
漳汀张陈宗祠	张陈	芦溪镇漳汀村水尾社	清代	两进三开间
大溪陈氏大宗（龙蕴祖庙）	陈	大溪镇店前村	明万历三十九年（1611年）	两进五开间
宜盆保虞堂	陈	大溪镇宜盆村	清代	两进三开间
宜盆亦饗堂（下祖厝）	陈	大溪镇宜盆村	清代	两进三开间
侯卿陈氏宗祠	陈	国强乡高坑村	明代	三进五开间
合溪陈氏祖祠（鹬追堂）	陈	崎岭乡合溪村溪背社	清代（1992年重建）	两进五开间
彭溪陈氏祠堂	陈	崎岭乡彭溪村井边社	清代	两进三开间
南湖陈氏祠堂（鹏肩堂）	陈	崎岭乡南湖村顶楼社	清代	两进三开间
塔美陈氏家庙（颖川堂）	陈	山格镇宝丰村塔美社	清代	两进三开间
中湖宗祠	曾	九峰镇城西村	明弘治五年（1492年）	两进五开间
城中萃文堂	曾	九峰镇城中村	明嘉靖十六年（1537年）	两进三开间
霞湖曾氏家庙（念修堂）	曾	九峰镇九峰村	明嘉靖年间	两进三开间
九峰曾氏家庙（雍睦堂）	曾	九峰镇城中村	明万历元年（1573年）	两进三开间
福田曾氏家庙（孝经堂）	曾	九峰镇福田村	清康熙五十七年（1718年）	三进五开间

续表 23-1-7

名称	姓氏	位置	始建时间	规模
福田亦政堂	曾	九峰镇福田村	清代	两进三开间
福田述经堂	曾	九峰镇福田村	清代	两进三开间
福田大房祖厝	曾	九峰镇福田村	清代	两进三开间
上围曾氏家庙（兴仁堂）	曾	九峰镇黄田村	明嘉靖年间	两进五开间
溪背聚顺堂	曾	九峰镇黄田村	清雍正年间	三进一开间
溪北敦仁堂	曾	九峰镇黄田村	清代	两进三开间
新南曾氏宗祠（慎追堂）	曾	崎岭乡新南村溪边楼社	清光绪三十四年（1908 年）	两进三开间
文田曾氏祖祠（凤山堂）	曾	秀峰乡文田村	明成化年间	两进三开间
古爽曾氏祖祠（敬德堂）	曾	国强乡古爽村内洞社	清代	两进三开间
礤头老公祖厝（庆怡堂）	曾	崎岭乡礤头村下厝社	清代	两进三开间
彭溪曾氏祖祠（永思堂）	曾	崎岭乡彭溪村	清代	两进三开间
龙岭曾氏宗祠（本源堂）	曾	秀峰乡龙岭村	清代	两进三开间
莲塘赖氏宗祠（颖川堂）	赖	安厚镇莲塘村	明万历六年（1578 年）	两进五开间
心田赖氏家庙（西川堂）	赖	坂仔镇心田村	明天启元年（1621）	两进三开间
岭门赖氏祠堂	赖	安厚镇龙门村岭门楼社	清代	两进三开间
槐林赖氏祠堂	赖	安厚镇白石村槐林楼社	清代	两进三开间
塘坪顶楼赖氏宗祠	赖	安厚镇龙门村塘坪顶楼社	清代	两进三开间
陂头赖氏祠堂	赖	安厚镇安厚村陂头社	清代	两进三开间
溪头赖氏祖祠	赖	崎岭乡溪头村溪头社	清乾隆年间	两进三开间
田中央赖氏祖祠	赖	国强乡乾岭村后湖社	清代	两进三开间
安抚黄氏祖祠	黄	霞寨镇西安村安抚寨社	清康熙年间	两进三开间
新寨黄氏祖祠	黄	霞寨镇西安村新寨楼社	清康熙年间	两进三开间
睦顺黄氏祖祠	黄	霞寨镇西安村睦顺楼社	清代	两进三开间
松溪黄氏祠堂（挹峰堂）	黄	霞寨镇建设村松柏脚社	清乾隆二十六年（1761 年）	两进三开间
霄岭黄氏大宗（黄公爷祠）	黄	国强乡乾岭村霄岭社	清顺治十四年（1657 年）	两进三开间

续表 23-1-7

名称	姓氏	位置	始建时间	规模
丹溪黄氏祠堂	黄	国强乡古爽村陈溪社	清代	两进三开间
大径黄氏祠堂（种德堂）	黄	安厚镇大径村高阳楼社	清乾隆十二年（1747 年）	两进三开间
磜头黄氏祠堂（笃庆堂）	黄	崎岭乡磜头村板桥社	清代	两进三开间
旧楼黄氏宗祠	黄	小溪镇旧县村	明代	两进三开间
霞苑黄氏家庙	黄	小溪镇坑里村下坂社	清初	两进三开间
下田黄氏宗祠	黄	秀峰乡坪东村	清代	两进三开间
坪回炽昌祠	黄	秀峰乡坪回村永思楼社	清代	两进三开间
黄氏浮山祖祠	黄	崎岭乡浮坪村	清代	两进三开间
蕉卿叶氏宗祠	叶	芦溪镇蕉路村顶蕉坑社	明建文四年（1402 年）	两进五开间
路下叶氏祠堂	叶	芦溪镇蕉路村路下社	清代	三进五开间
木星祖祠	叶	芦溪镇蕉路村楼角尾社	清代	两进三开间
朝光宗祠	叶	芦溪镇芦丰村坝边社	明末	三进五开间
孝廉祠堂	叶	芦溪镇芦丰村前脚厅社	清代	两进三开间
叶氏二世祖厝	叶	芦溪镇芦丰村丰头坂	清代	两进三开间
洋头厝叶氏祠堂	叶	芦溪镇芦丰村洋头厝社	清代	两进三开间
双峰叶氏大房祠堂	叶	芦溪镇双峰村草坑社	清代	两进三开间
双峰叶氏二房祠堂	叶	芦溪镇双峰村大同社	清代	两进三开间
双峰叶氏三房祠堂（衍庆堂）	叶	芦溪镇双峰村下林社	清代	两进三开间
缵承堂	叶	芦溪镇双峰村	清代	两进三开间
永思堂	叶	大溪镇庄上村	清代	两进三开间
豪林叶氏祖祠（祖德堂）	叶	大溪镇豪林村下楼社	清代	两进三开间
梨洋叶氏祖祠	叶	坂仔镇梨洋村岭脚社	清代	两进三开间
上山岗叶氏宗祠	叶	芦溪镇山岗村上山岗社	清代	两进三开间
九良叶氏宗祠	叶	芦溪镇九曲村	清代	两进三开间
壶嗣吴氏家庙（吴凤宗祠）	吴	大溪镇壶嗣村	清乾隆年间	两进三开间
山布作述堂	吴	大溪镇山布村	清代	两进三开间
笃庆堂	叶	大溪镇庄上村	清代	两进三开间
峰山吴氏祠堂（懋德堂）	吴	大溪镇峰山村坎头楼社	清雍正四年（1726 年）	两进三开间

续表 23-1-7

名称	姓氏	位置	始建时间	规模
彭塘吴氏祠堂（笃庆堂）	吴	大溪镇坪塘村顶坑社	清嘉庆年间	两进三开间
继述堂	吴	大溪镇大二村	清代	两进三开间
侯石吴氏家庙	吴	山格镇新陂村乌石社	清乾隆四十九年（1784 年）	两进三开间
金钩吴氏祖祠	吴	山格镇新陂村下厝社	清代	两进三开间
新陂追来堂	吴	山格镇新陂村楼仔底社	清代	两进三开间
苏洋朱氏祖庙（古祖祖厝）	朱	九峰镇苏洋村田心社	明代	两进三开间
朱氏大宗祠堂（紫阳大宗）	朱	九峰镇城东村	明正德年间	两进五开间
萃文祠	朱	九峰镇城中村瓦片埕	明嘉靖十六年（1537 年）	两进五开间
苏洋朱氏大房祠堂	朱	九峰镇苏洋村田心社	清代	两进三开间
四房朱氏宗祠	朱	九峰镇积垒村	清代	两进三开间
四房四朱氏宗祠	朱	九峰镇积垒村	清代	两进三开间
庵下朱氏宗祠	朱	九峰镇复兴村	清乾隆年间	两进三开间
崎南朱氏祠堂	朱	崎岭乡崎南村	清代	两进三开间
店前余庆堂	朱	大溪镇店前村	清代	两进三开间
杨厝坪杨氏宗祠（追来堂）	杨	九峰镇城西村杨厝坪社	清雍正六年（1728 年）	三进三开间
福塘杨氏宗祠（笃庆堂）	杨	秀峰乡福塘村	清代	两进三开间
高磜杨氏家庙（弘农堂）	杨	山格镇高磜村	明成化年间	三进三开间
东坑杨氏家庙	杨	坂仔镇东坑村东坑洋社	明代（2006 年重建）	两进三开间
连城杨氏祠堂	杨	芦溪镇连城村庵仔社	清代	两进三开间
前进杨氏祖祠	杨	山格镇前进村	清代	两进三开间
敦洋杨氏祠堂	杨	南胜镇义路村	清代	两进三开间
小坪卢氏大宗（金角祠堂）	卢	霞寨镇长汀村顶厝社	明代	两进三开间
长汀厅	卢	霞寨镇长汀村顶厝社	清代	两进三开间
树下厅	卢	霞寨镇长汀村顶厝社	清代	两进三开间
下埔厅	卢	霞寨镇长汀村顶厝社	清代	两进三开间
东山卢氏祠堂（世德堂）	卢	霞寨镇团结村东山社	明代	两进三开间
柯林卢氏祠堂	卢	霞寨镇团结村柯林社	清代	两进三开间

续表 23-1-7

名称	姓氏	位置	始建时间	规模
后塘卢氏家庙（宜舟宗祠）	卢	霞寨镇后塘村后塘社	清嘉庆年间	两进三开间
溪州蔡氏家庙（鳌江祠堂）	蔡	小溪镇溪州村大学社	明代	两进三开间
后湖蔡氏宗祠	蔡	小溪镇溪州村后湖社	清代	两进三开间
坑里蔡氏宗祠	蔡	小溪镇坑里村	清乾隆十二年（1747 年）	两进三开间
坑平宗祠	蔡	小溪镇坑里村坑平社	清代	两进三开间
湖田蔡府小宗祠	蔡	小溪镇湖田村	清代	两进三开间
济阳宗祠（一心堂）	蔡	小溪镇厝坵村大厝社	清代	两进三开间
隆庆蔡氏祖祠	蔡	山格镇隆庆村	清代	两进三开间
五村李氏宗祠（飞鹰祠堂）	李	小溪镇五村村	清代	两进三开间
前坂李氏大宗	李	五寨乡前岭村	清代	两进三开间
彭林八房祠堂（思孝堂）	李	小溪镇西林村彭林社	清代	两进三开间
楼地家祠（孝顺堂）	李	小溪镇西林村楼地社	清代	两进三开间
周氏大宗	周	崎岭乡合溪村	清代	两进三开间
浮坪周氏祖祠（积玉堂）	周	崎岭乡浮坪村	清乾隆四十五年（1780 年）	两进三开间
霞山兴宗堂	周	霞寨镇寨里村	明景泰六年（1455 年）	两进三开间
内坑周氏宗祠（孝思堂）	周	霞寨镇内坑村	清代	两进三开间
五寨庄氏大宗（中溪祖祠）	庄	五寨乡优美村中溪社	清康熙二十年（1681 年）	三进五开间
寨河后坑祠堂	庄	五寨乡寨河村	清代	两进三开间
桥仔头祠堂	庄	五寨乡新美村桥仔头社	清代	两进三开间
岩岭庄氏宗祠	庄	霞寨镇岩岭村祠堂边社	清代	两进三开间
长富罗氏祠堂（务本堂）	罗	长乐乡建南村	清代	两进三开间
下坪罗氏祠堂（下书斋）	罗	长乐乡联三村	清代	两进三开间
柏树下罗氏祠堂（德裕堂）	罗	长乐乡联胜村柏树下社	清代	两进三开间
百溪头绍庆堂	罗	长乐乡联三村	清代	两进三开间
彭溪何氏祠堂	何	崎岭乡彭溪村山下社	明嘉靖三十一年（1552 年）	两进三开间

续表 23-1-7

名称	姓氏	位置	始建时间	规模
何氏祖祠	何	崎岭乡彭溪村顶午斗社	清代	两进三开间
济阳堂	江	大溪镇江寨村榕林社	清康熙十年（1671 年）	两进三开间
泰堂	江	大溪镇江寨村淮阳楼社	清康熙四十四年（1705 年）	两进五开间
大溪江氏宗祠（梦笔堂）	江	大溪镇江寨村	民办 28 年（1939 年）	单进三开间
溪口江氏祠堂	江	大溪镇溪口村老屋湾社	清代	两进三开间
新楼江氏祖祠	江	大溪镇江寨村新楼社	清代	两进三开间
峰美堂	游	秀峰乡秀峰村美岭社	清顺治四年（1647 年）	两进三开间
秀峰游氏大宗（诵芳堂）	游	秀峰乡秀峰村美岭社	清顺治八年（1651 年）	两进三开间
崇本堂	游	秀峰乡秀峰村	清代	两进三开间
思敬堂	游	小溪镇古楼村土头庙社	清代	两进三开间
前山胡氏家庙（元德堂）	胡	南胜镇前山村祠堂边社	清乾隆五年（1740 年）	两进三开间
前山胡氏二房祠堂	胡	南胜镇前山村树下社	清代	两进三开间
南胜胡氏祠堂	胡	南胜镇南胜村	清代	两进三开间
萃秀楼老公厅	胡	南胜镇南胜村	清代	单进单间
石氏宗祠（著存堂）	石	崎岭乡下石村	明万历八年（1580 年）	两进三开间
石氏祖祠	石	崎岭乡彭溪村	清代	两进单间
东槐郑氏大宗（碧井祖祠）	郑	芦溪镇东槐村水井社	清代	两进三开间
浦口许氏宗祠	许	文峰镇三坪村浦口社	明崇祯四年（1631 年）	两进三开间
土寨许氏祠堂	许	山格镇山格村土寨社	清代	单进单间
连城汪氏祠堂（平阳堂）	汪	芦溪镇连城村	清代	两进三开间
大坪王氏祖祠	王	霞寨镇西安村王厝社	清代	单进单间
合溪钟氏祖祠	钟	崎岭乡合溪村	清代	两进单间
坝头钟氏祖祠（积庆堂）	钟	秀峰乡坝头村	清乾隆四十五年（1780 年）	两进三开间
坪东冯氏家庙（衍源堂）	冯	秀峰乡坪东村陈坑社	清代	两进三开间
连新詹氏家庙（树德堂）	詹	芦溪镇连丰村詹厝社	清代	两进三开间

续表 23-1-7

名称	姓氏	位置	始建时间	规模
谢氏祠堂	谢	崎岭乡新南村	清代	单进单间
九峰龚氏祖祠	龚	九峰镇县后街	清代	两进三开间
旧县龚氏祖厝	龚	小溪镇旧到村仰云楼社	清代	单进单间
芹山欧氏祠堂（楼仔前祠堂）	欧	霞寨镇彭林村芹山后社	清代	两进三开间
后垄翁氏祠堂（盐官堂）	翁	芦溪镇连益村后垄社	清康熙二十六年（1687 年）	三进三开间
卓氏大宗	卓	小溪镇古楼村敦睦楼社	清代	两进三开间
半岭温氏祠堂	温	芦溪镇蕉路村半岭社	清代	单进三开间
黄井戴氏祠堂（谯国堂）	戴	文峰镇黄井村前厝社	清代	两进三开间
蕉路余氏祖祠	余	芦溪镇焦路村田螺盂社	清代	两进三开间
赤坑高氏祖祠	高	大溪镇赤坑村	清代	两进三开间

四、非物质文化遗产

2006 年，县文化馆组织非物质文化遗产普查队，对全县 16 个乡镇（场）展开全面的普查，收集非遗线索 1056 条，调查项目 225 个，初步摸清全县非物质文化遗产的种类、数量与分布的情况。是年，12 月，县政府公布第一批县级非物质文化遗产名录，“山格（慈惠宫）纪念戚家军抗倭民俗仪式”列入。

2007 年 7 月，市政府公布第二批市级非物质文化遗产名录，“山格（慈惠宫）戚家军祭祀仪式”列入。戚家军祭祀仪式：扛“猪公”踩街、乞龟求福、灵龟归庙、撒孤米、乐捐、大鼓凉伞表演、演戏酬神等。这些民俗仪式是对戚家军抗倭告捷劳军形式的传承和发展。同年，12 月，县非物质文化遗产收集整理呈请县政府，公布第二批县级非物质文化遗产名录，计 10 项。其中：

三平祖师信俗　唐高僧释义中（俗称“三平祖师”）圆寂后，逐渐演化为佛教俗神，三平祖师信仰呈民俗化趋向，主要内容有朝圣习俗、布施习俗、“虎侍者”信仰习俗、“蛇侍者”轮祭习俗、求财习俗、诗签信仰习俗。

国强（候卿庵）走水尪祭祀民俗仪式　走水尪祭祀民俗由高坑（今称“国强”）陈氏先祖陈概护驾宋帝昺亡命崖山故事演化而来。信众抬神像在溪水中疾走，尽显英雄本色。

长乐（客家）山歌　长乐山歌用客家方言演唱，形式上七言四句一节，双句平声，一、二、四句押韵，借喻、对比、双关等艺术手法广泛运用。生活气息浓郁，地方色彩鲜明，艺术感染力强。

崎岭（天湖堂）桌子艺　明隆庆年间由山西太原府传入。亦称铁技艺，是一种以钢筋为主要材料，装有活动机关的游艺车。艺匠运用杠杆、滑轮、齿轮机械原理，使其活动部位能够升降、旋转、翻动、观赏性强。

南胜麻枣制作技艺　南胜麻枣皮酥而脆，质嫩而甜，是闽南传统糕点。原产地在南胜镇，已有七百多年历史。传统技艺选料讲究，制作精细，分 5 道工序精制而成。

山格生仁糖制作技艺　生仁糖呈颗粒状，香甜可口，富有韧性，是闽南传统糕点，原产地山格镇。制作技艺属家传秘技，传承已有二百多年。

平和白芽奇兰茶传统技艺 白芽奇兰茶独有的兰花香韵是平和县西部山区独特的生态环境、气候条件和传统技艺造就的。制作流程有10道工序，环环相扣，不可或缺。传统技艺是古代茶农留下来的一笔非物质文化遗产。

大溪豆干手工制作技艺 大溪豆干选用上等大豆，经过浸水、磨细、滤芯净、煮浆、凝结、定型等道工序手工制作而成，口感鲜美，韧性恰到好处，带有明显原产地特征，冠以产地“大溪”名称。

平和龙艺扎制技艺 龙艺是一种综合性的大型民俗文化活动，集游艺、戏剧、音乐、扎制、彩塑、花灯、体育表演于一体的民间艺术形式。平和扎制龙艺活动不迟于明末，文化积淀深厚，极具地方特色。

平和琯溪蜜柚栽培技术 传统名果蜜柚，原产地琯溪，于明嘉靖年间由李西圃培植成功。栽培技术代代相传，并臻完善。平和县因之成为“中国琯溪蜜柚之乡”。

五、馆藏文物

2007年，县博物馆馆藏文物有国家二级文物14件、三级文物259件、其他文物286件。分类：陶瓷器191件，铜器152件、玉器75件、漆金木刻67件、石器类60件、化石类10件、字画清册4件。平和暴动纪念馆馆藏文物160件。红军三平会师纪念馆馆藏文物120件。

六、文物保护

（一）普查 征集

普查 1994年12月至1998年6月，福建省博物馆与平和县博物馆联合进行“南胜窑址”普查，对南胜镇的花仔楼、田坑，五寨乡的大垅、二垅、洞口陂沟等5处窑址进行考古发掘，获得重大成果。随后，在福州、漳州等地召开的中国古陶瓷专题研究会上，平和县被确定为克拉克瓷的故乡。1999年，“南胜窑址”的发现被评为新中国50周年福建十大考古发现之一，在海内外陶瓷界产生重大影响。1995年、2004年和2007年，县政府3次组织全县性文物普查活动，发现492处文物点，分别于1996年2月、2000年1月和2001年9月，公布平和县第四、第五、第六批文物保护单位，共36处。

征集 1989年1月，县博物馆继续开展文物征集工作，征集到周碧初捐赠的名人藏画30幅。1993年，再次征集到周碧初自己创作的油画11幅。至2007年，县博物馆征集到一批“南胜窑址”瓷器、瓷片，以及古钱币、名人字画。所征集到的文物分类归档，由县博物馆收藏保管。

明朝学者黄道周撰写的《王文成祠碑记》，收藏于县博物馆

（二）维修

1989年，三平寺塔殿重修，地基石挖起逐个编号，重新琢磨，藻井、斗拱和叠架逐件拆开，编号列序，对缺坏件添配修补，恢复原状后重装，做到修旧如旧。1990年，涉台重点文物保护单位小溪镇侯山宫和山格慈惠宫相继重修。1999年，县博物馆首次对绳武楼进行文物调查，提出维护及管理方案。2000年4月，芦溪镇政府成立绳武楼文物保护领导小组，绳武楼进行常年维修，2001年6月被列为全国重点文物保护单位。2005年，三平寺塔殿再次维修，被列为省级文物保护单位。是年9月，县文物管理委员会邀请福建省博物专业人员，对平和文庙进行抢险加固维修设计，次年完成

该项目。2006 年 4 月，启动林语堂故居重修工程，于当年 10 月竣工，对外开放。2007 年，庄上大楼进行抢救性保护维修和周边环境整治。同年，平和暴动纪念馆、平和暴动烈士纪念碑和红军三平会师纪念馆修葺一新，以此迎接平和县被确定为“中央苏区县”的庆典。

1989—2007 年，平和城隍庙、坂仔心田宫、南薰楼、崎岭天湖堂、大溪吴凤宗祠、济阳堂、九峰曾氏家庙、紫阳大宗、崇福堂、埔坪林氏大宗等一大批较有文物价值的古建筑也相继修复。

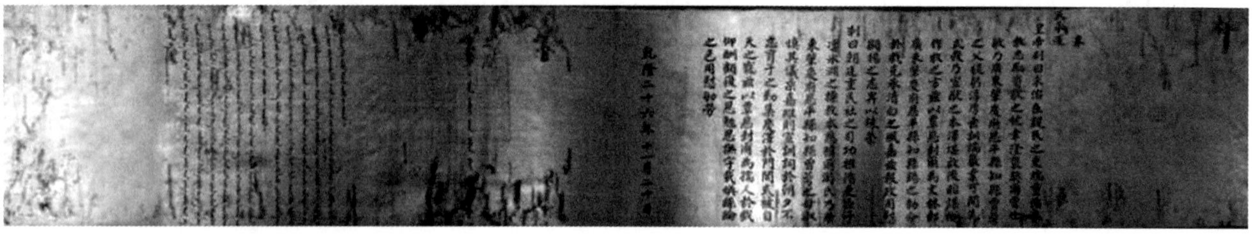

乾隆皇帝颁发给曾荸父母的圣旨　（黄宏伟 摄）

第八节　管　理

一、管理机构

（一）县文化体育局

1989 年，县文化局主管全县文化工作。1997 年 9 月，县文化局与县体委合署（对外加挂体育运动局牌子）。2002 年 7 月，县文化局更名为县文化体育局。负责文化体育和文化市场管理，承担县委原宣传部新闻出版行政管理。

2007 年，局机关行政编制 6 人，内设人秘股、社文股、体育股、文化市场新闻出版股等机构。县文体局下辖文化馆、博物馆、图书馆、电影公司、潮剧团、公园影剧院、周碧初艺术馆、少体校、文化稽查队等。

（二）县广播电视局

1991 年 3 月，平和县广播电视台成立，下辖县广播站与有线电视台，1997 年 9 月，更名为广播电视事业局。1998 年 1 月，广播电视系统机构重组，县广播站与有线电视台合并为县广播电视台，隶属县广播电视事业局，局、台合署办公。县广电局设人秘股、事业股、总编室、广告部等机构；电视台设新闻部、专题部、制作部、播出部等职能部。2007 年，县广电局共有员工 53 人。

（三）县新闻中心

2006 年 12 月，全县新闻宣传资源整合，将县委报道组、平和网、平和电视台、平和电台的职能划转县新闻中心，归口县委宣传部管理。县新闻中心下设办公室、总编室、记者部、编播制作部、专题部、广告部、网络管理部等职能部室。核定人员编制 31 人。2007 年 2 月，县新闻中心被漳州市编委定为正科级事业单位。

（四）县地方志编纂委员会

1989 年，县地方志编纂委员会（简称“县方志委”）仍为县政府负责地方志工作的正科级事业单位，在职工作人员 5 人，其中主任 1 人；另聘请离退休干部、教师 5 人。1993 年，增配副主任 2 人，在职工作人员共 7 人。2007 年，在职工作人员 7 人，其中主任 1 人、副主任 2 人。

（五）县委党史工作委员会

1989 年，中共平和县委党史工作委员会（简称“县党史委”）沿设，为县委工作机构系列正科级事业单位，由 1 名县委常委分管。1993 年，在职工作人员 5 人，其中副主任 2 人。2007 年，在职工作人员 4 人，其中副主任 2 人。

（六）县档案局

1989年，县档案局与档案馆合署办公，共有专职人员7人。1996年9月，档案局与档案馆合并，改为科级事业单位，保留档案局牌子，归县政府办序列。2001年2月，县档案局（馆）划归县委办序列。2007年3月，县档案局（馆）核定为事业编制，干部10人，其中局（馆）长1人、副局（馆）长2人。

二、文化市场管理

1989年后，县文化市场逐步走向活跃，各种文化娱乐场所和设备逐年增多。全县文化市场由县委的"扫黄打非"领导小组和县政府文化市场管理委员会管理，不定期召开有关会议，分析研究市场情况，把握发展动态，完善管理措施。1990年，由县委宣传部牵头，组织稽查队，协调文化、公安、工商、广电等部门共同进行。对文化市场经营者进行普查，重新审核登记，举办一期经营者法制培训班，40人参训。1994年，开展"两反一扫"活动，没收一大批色情录像带、书刊和挂图。

1998年5月，县文化稽查队成立。文化稽查队结合"扫黄打非"，加大市场稽查力度。是年8月，群众举报某演出场所演出黄色歌舞，当日责令演出场所停演，并对演出场所负责人和外来演出团体追究责任。2000年，文化稽查队检查全县7家民间职业剧团、9家歌舞厅、23家网吧、8家电子游戏机室，查处5起违纪行为，查缴非法出版物300多册。2004年，重点清理距离学校200米以内擅自设立或变更地点和无证经营的游戏机室，处罚违纪游戏机室3家，查处电脑违规经营2家。1998—2007年，每年春节、元宵、国庆等节日前后，开展一次文化市场督查，在寒暑假和中小学校放学时段，集中督查网吧经营户。此外，还不定时进行稽查，清理整顿，依法查处经营歌舞厅、录像厅、网吧、音像制品店。2007年，全县共有网吧23家、歌舞厅9家、电子游戏机室8家、民间职业剧团7家、印刷企业9家、打字复印店46家，此外还有台桌球室、音乐座、棋牌室等，文化经营单位总计200多家。

三、电视收转管理

（一）社会管理

1991年，县广播事业管理局加强播出机构和频道频率管理，按照《广播电视管理条例》，严把审批关口，加强宏观调控，优化播出机构和频道频率的布局。1996年，成立广播电视行政执法队，负责全县55个卫星电视接收设施审批和年检工作。1997年，在全县开展广播电视业治散治滥工作。1998年，推进实施县级广播电视播出机构职能改变，将县广播站和有线电视台合并为广播电视台。2001年，正式开通县台信号后，加强电视广告管理，重视广告的社会教育功能，鼓励播出机构加强公益广告的制作与播出。2006年，集中力量整顿医疗资讯栏目和5类电视购物节目，审批55个卫星电视接收设施；与公安、工商、科技、文化等有关部门的联动，打击非法安装境外卫星电视接收的行为，监控封堵境外有害视听信息在县内传播，维护国家信息和文化安全。至2007年年底，全县共取缔非法安装使用卫星电视接收设施500多台（套）。

（二）维护管理

1992年，县广播电视局加强对广播电视维护管理，制定《平和县微波链路管理办法》。1994—1997年，修订《平和县有线广播电视管理规定》，制定《平和县广播电视技术维护管理基本规范》《平和县广播电视技术维护奖励办法和实施细则》。2005年，制定《平和县乡镇有线电视网络系统管理要求》，加强运行维护管理工作，确保全县广播电视正常运行。至2007年，全县无出现人身安全事故，无人为停播错播、无重大设备器材损坏事故，未发生重大政治经济问题和其他违章违纪行为。

四、档案管理

（一）档案宣传

1989年后，县档案局（馆）多次召开档案工作现场会，举办在职文书档案干部培训班、岗位培训会，举办馆藏珍贵档案展览，出版《平和档案工作》简讯，开展多形式、多渠道的档案宣传、教育活动，及时传达贯彻上级关于档案工作的方针、政策、指示，提高社会档案意识，形成各级领导重视档案工作的局面。

2006年9月，县档案局制定《平和县档案“五五”法制宣传教育规划》。

（二）定级升级

1989年，开展县直机关档案室定级升级工作和创建省级先进档案室活动，县档案局（馆）经常组织干部深入县直机关、乡镇，开展档案基础业务的监督指导、档案执法检查，并协助基层档案室整理档案，全县档案工作水平不断提高。1989—2007年，先后有保险公司平和县支公司、建行平和县支行、漳州市公路局平和分局、人行平和县支行、农行平和县支行、中国银行平和支行、县公路稽征所、县人寿保险公司等单位被批准为“省一级档案室”。县税务局、县公安局等33个单位评为省级先进档案室。1999年，省档案局批准平和县档案馆为“省一级国家综合档案馆”。

（三）业务培训

县档案局（馆）利用召开档案工作会议，组织外出参观、学习、培训、举办培训班等形式，不断提高档案人员的业务水平。1989—2007年，全县先后举办11期培训班，受训人员338人次；先后选派县档案馆人员和基层档案室人员90人次，参加省、市档案局举办的档案业务培训班、岗位资格培训班和继续教育培训班。

（四）档案信息化建设

2002年，县档案局（馆）开始进行馆藏档案目录数据计算机输录前处理工作。至2007年，完成馆藏档案第一批17个单位52993条文件级目录计算机输录，通过省档案局档案目录计算机输录验收，合计率96.85%，位居全市第一名。

第二章 体育

第一节 群众体育

1989—2007年，群众性体育活动在平和县城乡广泛开展，内容更丰富。项目多样化，有民间传统体育的登山、武术、太极拳、龙舟、拔河、象棋、舞龙、舞狮，也有现代体育的球类、田径、自行车、健美操等。各门类体育协会相继成立，发挥重要作用。政府支持，企事业团体赞助，形成群众体育社会化良性循环的机制。2005年10月，县文化体育局被国家体育总局授予“全国全民健身周”活动先进单位称号。

一、职工体育

1989年，职工体育运动在各行各业中广泛开展。晨练、健美操、冬泳、棋类等健身活动日益在职工中普及。在“五一”国际劳动节、国庆节，县体委和县总工会联合举办“迎亚运”火炬环城跑，职工1200人参加。1990年1月，县象棋协会举办“三平寺旅游杯”象棋邀请赛；县围棋协会分别于5月、7月、12月举办围棋段位、名人战、天元比赛；8月，县体委和县总工会联合举办“迎圣火”接递跑，参加人数2000多人。1991年，县总工会、县教育局和县体委联合举办全县完中教工篮球赛，有8个队运动员100多人参加；同年，县乒乓球协会联合其他单位，先后举办6次全县性乒乓球比赛，参赛者500多人次；12月11日，县武术协会成立。1992年"三八"国际妇女节，县妇联、县体委联合举办健身操比赛，有7个基层队和老体协代表队300多人参赛。1993年元旦、春节，县总工会举办县直机关篮球赛、"农用车杯"乒乓球赛，"五一"国际劳动节举办"电力杯"乒乓球赛。1994年元旦、春节、国庆节，县体委联合各体协组织"平和一糖杯"乒乓球冠军赛、"金登杯"象棋赛、"建行杯"乒乓球赛。是年2月11日，县羽毛球协会成立。1995年1月4日，平和县体育总会成立，届时举办"九大口"机关干部职工篮球赛。3月8日，县妇联、县总工会组织千人长跑活动；"五一"国际劳动节，县体总主办"山格糖厂杯"乒乓球赛和"电力杯"篮球邀请赛。1996年元宵节，县委宣传部等部门举办"金穗之光"火炬环城跑，干部、职工1200人跑完全程；"五一"国际劳动节，电力和金融系统举办篮球、乒乓球比赛。6月16日，县篮球协会成立，届时举办"迎回归·庆七一"篮球邀请赛，9个代表队运动员150人参加。

1997—2007年，县糖厂、二糖厂、电力公司、农用车厂、农业银行、建设银行、教育局、公安局、消防大队、武警中队、国税局、地税局等单位常年举办职工体育活动，多次组织运动队参加省、市、县级比赛和友好交流活动。

二、农民体育

1988年6月10日，平和县农民体育协会成立后，农村体育活动日益活跃，传统项目获得扶持发展，球类、田径等项目日益普及。每逢节日，各乡镇常举办各种不同项目的体育竞赛活动。1990年1月，霞寨乡举办首届农民运动会，全乡26个村派代表队参加，运动员747人参赛。竞赛项目有田径、球类、象棋、拔河、自行车等7个。次年初，县农体协组织各乡镇开展民间传统体育活动，欢度春节，参与人数逾万人。同年10月，农民运动员李福泽、林杰中代表漳州市队参加福建省第二届农民运动会。1992年8月，文峰乡文美村举办平和县第一个村级农民运动会，设有篮球、田径、乒乓球、拔河等项目。1993年10月14—20日，县农体协、县体委、共青团县委联合举办平和县首届农村运动会，设有篮球、乒乓球、中国象棋3个比赛项目，武术、太极拳等表演项目，全县14个乡镇代表队运动员300多人参加比赛。1994年春节，霞寨镇小坪片8个村集资2万多元，兴建小坪小学篮球场、体操场，届时举办范阳首届农民运动会，设篮球、拔河、自行车、象棋、顶手力等项目，农民运动员500多人参加。

1995年6月，平和县代表团参加漳州市第二届农民运动会，竞赛中以绝对优势夺取总锦标第一名，团体赛5个第一名，个人金牌9枚、银牌12枚、铜牌4枚，并获赛会精神文明体育道德风尚奖。1999年9月，县代表团参加漳州市第三届农民运动会，获田径男子团体第一名、田径女子团体第二名、象棋女子团体总分第二名。2001年6月30日，长乐乡举办"新世纪新长征新贡献"千人火炬传递跑，中央电视台给予实况报道。2002年11月，县代表团参加漳州市第四届农民运动会，获团体奖杯3个、金牌2枚、银牌1枚、铜牌5枚。2003年8月，在山格镇开办平和县山格侯山文武学校，招收农村青少年入学。学习项目有文化课、武术课。2007年10月，小溪镇举办农民运动会，全镇23个村、6个社区农民运动员106人参加比赛。

三、老年人体育

1989年，县老年人体育协会组织老年人开展形式多样的体育活动。各乡镇相继建立老体协分会。2005年，成立广场交谊舞俱乐部、太极柔力俱乐部、管弦器乐俱乐部。至2007年，全县16个乡镇（场），240个建制村全部建立老体协组织。活动场地从无到有，活动范围从小到大。全县有老年活动中心219个、辅导站93个、门球场4个、地掷球场6个、气排球场5个、柔力球场4个。活动形式、项目不断发展和创新，活动内容有门球、地掷球、柔力球、气排球、乒乓球、保龄球、象棋、围棋、太极拳（剑）、木兰拳、五禽戏、登山、健美操等。每年春节、老人节期间，各老体协组织会员参与“亿万老年体育健身”活动，展示老年人健康、向上、乐观的风采。全县常年参加体育健身活动有2万多人，约占老年人口50%。

县老体协经常组队参加省、市举办的各项老年体育比赛，先后有21人被评为省老年体育先进工作者，有6人被评为省健康老人。1991—2003年，县老体协先后7次被评为省老人体育工作先进单位。1997年被评为全国老年人体育工作先进单位。

第二节 学校体育

一、县内比赛活动

1989—1998年，县每年在下半年举办中小学生田径运动会。全县各完全中学、职业中学、县直小学、学区（中心小学）组织代表队参加。比赛分小学组、初中组、高中组3个级别进行，建立3个组别的赛会纪录。2000年，县中小学生田径运动会更名为县中小学生运动会。每两年举办1届，比赛项目在田径项目基础上，增加篮球、乒乓球、广播操等。至2006年，共举办4届。

1989—2007年，多数中、小学校（学区）每年举办1届校运动会，少数学校每两年举办1届。

1989—2006年平和县中小学生运动会团体成绩表

表23-2-1

年份	组别	第一名	第二名	第三名
1989	小学组	育英小学	城关学区	霞寨学区
	初中组	平和一中	城镇中学	平和三中
1990	小学组	霞寨中心小学	小溪中心小学	山格中心小学
	初中组	城镇中学	城镇中学	平和三中
	高中组	平和一中	平和一中	平和五中
1991	小学组	山格学区	育英小学	小溪学区
	初中组	城镇中学	平和三中	平和一中
	高中组	平和一中	平和三中	平和二中
1992	小学组	山格学区	安厚学区	九峰学区
	初中组	平和一中	平和二中	平和六中
	高中组	平和一中	平和三中	平和二中
1993	小学组	山格学区	育英小学	坂仔学区
	初中组	平和一中	坂仔职中	平和三中
	高中组	平和二中	平和三中	平和一中
1994	小学组	山格学区	坂仔学区	育英小学
	初中组	平和一中	坂仔职中	城镇中学
	高中组	平和一中	平和三中	平和二中
1995	小学组	坂仔学区	城关学区	育英小学
	初中组	平和一中	坂仔职中	城镇中学
	高中组	平和一中	平和二中	平和三中

续表 23-2-1

年份	组别	第一名	第二名	第三名
1996	小学组	育英小学	坂仔学区	城关学区
	初中组	坂仔职中	文成中学	平和五中
	高中组	平和二中	平和一中	平和三中
1997	小学组	坂仔学区	育英小学	城关学区
	初中组	坂仔职中	平和一中	文成中学
	高中组	平和一中	平和三中	平和二中
1998	小学组	坂仔学区	育英小学	城关学区
	初中组	平和一中	坂仔职中	文成中学
	高中组	平和一中	平和三中	
2000	小学组	坂仔学区	育英小学	山格学区
	初中组	平和一中	平和五中	小溪中学
	高中组	平和一中	平和五中	平和二中
2002	小学组	育英小学	坂仔学区	山格学区
	初中组	平和一中	小溪中学	平和三中
	高中组	平和一中	平和五中	平和二中
2004	初中组	平和一中	坂仔职高	平和二中
	高中组	平和一中	平和二中	平和三中
2006（通讯赛）	小学组	育英小学	金华小学	坂仔学区
	高中组	平和一中	平和三中	平和五中

二、参加省市级比赛

1989 年 12 月，在漳州市中小学生田径比赛中，平和县运动员陈元信获男子跳高金牌，并破 1.83 米市级赛会纪录。1991 年，在市重点中小学田径运动会上，平和一中取得高中男子组亚军、育英小学取得小学男子组冠军。1992 年 12 月，平和运动员赖国成、张少俊、林惠强参加福建省第六届中学生运动会，获金牌 3 枚、破纪录 2 人次。1994 年，平和代表队参加市中小学生运动会，获女子乙组第一名，男子团体第三名，获金牌 21 枚、银牌 19 枚、铜牌 9 枚，同时被评为精神文明代表队。1995 年 11 月，在市重点中小学校田径比赛中，平和一中获初中组团体第二名，育英小学获团体总分冠军。1996 年 11 月，在市中小学生运动会上，平和代表队获小学男子组第一名、女子组第二名，中学女子组第三名。1998 年 11 月，在市中小学生运动会上，平和代表队获体育道德风尚集体奖，打破 9 项市运会纪录，获 3 项团体第 1 名，金牌 17 枚、奖牌 15 枚。1999 年，平和代表队参加市中小学生运动会，获金牌 10 枚、奖牌 18 枚。2000 年，平和代表队参加市中小学生田径运动会，在云霄赛区获 10 枚金牌、在漳州赛区获 9 枚金牌。2002 年，平和代表队在漳州市中小学生田径运动会获 3 枚金牌。2004 年，平和代表队在漳州市中小学生田径赛获 9 枚金牌，在省中学生田径赛获 1 枚金牌。2006 年，平和代表队在省青少年田径锦标赛获金牌 1 枚、奖牌 3 枚。2007 年，平和代表队在市少年儿童田径锦标赛获 5 枚金牌。

1989—2007 年，育英小学女子篮球队多次参加省、市小学生篮球赛，保持市级赛冠军，3 次进入省级赛前 6 名。平和一中男子排球队多次参加省、市中学生排球比赛，6 次进入前 3 名。

三、省级《国家体育锻炼标准》达标学校

1989年，全县中小学校继续推行《国家体育锻炼标准》。1990—1991年，有平和一中、育英小学、山格中心小学取得省级达标学校。1991—1992年，有平和三中、城镇中学、坂仔职高、五寨学区、霞寨中心小学取得省级达标学校。1992—1993年，有平和三中、五寨中学、霞寨建设小学、坂仔心田小学取得省级达标学校。

四、业余体校与人才输送

1989年，平和县少年儿童业余体育学校（简称“少体校”）设田径、射击、女篮等3个重点班，为漳州市少体运动重点布局项目。普通项目有排球、足球、乒乓球、武术、羽毛球、举重、男篮等。常年学员200人，配备专职教练员5人、兼职教练员10人。

1989—2007年，县少体校学员参加全国比赛86人次、省级比赛360人次，获省、市赛金牌520枚；考上全国各大中专体育院校226人；先后向上级专业队、体校、部队输送优秀后备人才66人，其中国家队1人，省队6人。1992年，县少体校田径班被省体委评为先进集体，教练蔡卫民被评为全国体育业余训练先进个人。

第三节　体育竞赛

一、市级比赛

1991年10月，在漳州市第七届运动会上，平和县代表团获金牌38枚，4个团体项目第一名，团体总锦标赛第二名，打破3项市运会纪录，并获得最佳赛区称号。

1997年9月，在漳州市第八届运动会上，平和县代表团获金牌15枚、银牌铜牌47枚，团体项目第一名2个、第二名5个、第三名5个，团体总锦标赛第四名，打破4项市运动会纪录，平1项市运会纪录，打破5项市少年组纪录，平1项少年组纪录。

2001年4月，在漳州市第九届运动会上，平和县代表团获团体奖杯8个、金牌14枚、银牌14枚、铜牌20枚，总分583.82分。

2005年5月，在漳州市第十届运动会上，平和县代表团获金牌50枚、银牌40枚、铜牌31枚，总分2042.5分，团体总锦标赛第五名。

二、省级比赛

1989年3月，平和县少体校运动员赖国成、张建文、曾秀明、杨莲莲、林丽云代表漳州市田径队，参加省少体校田径比赛，获金牌2枚、奖牌6枚。8月，平和县女篮代表市队参加省少体校篮球比赛，获第三名。

1990年，平和县运动员林丽云、曾秀明、朱锦华代表市队参加省田径比赛，均获前三名成绩。

1992年，在省第十届运动会上，平和县运动员获金牌4枚、奖牌15枚，林丽云跳高成绩1.75米，刷新省运会女子跳高纪录。

1994年，平和县6名运动员参加省级各项比赛，获金牌1枚、奖牌3枚，1995年获金牌2枚、奖牌4枚。

1998年，平和县运动员参加省第十一届运动会，获奖牌4枚。2002年参加省第十二届运动会，获奖牌3枚。2006年参加省第十三届运动会，获奖牌3枚。

三、全国和国际比赛

1990年3月，平和县运动员陈元信、赖国成通过省少年田径选拔赛，参加中日田径对抗赛。1991年10月，平和县高山族运动员柯跃宗参加全国第四届少数民族传统体育比赛。1992年，林丽云代表国家中学生田径队前往日本参加中日中学生田径对抗赛，获女子跳高冠军。1994年10月，高山族运动员柯跃宗、柯淑兰代表福建省队，参加全国第五届民族运动会。同年，平和县有运动员6人代表省队参加全国比赛，获金牌1枚、银牌2枚。2006年，李源斌在全国射击系列赛第四站总决赛中，获女子运动手枪60发第一名。

1989—2007年平和县运动员参加省级以上比赛情况表

表23-2-2

年份	姓名	运动会名称	地点	名次	比赛项目
1991	林丽云	福建省田径锦标赛	三明	第一名	女子跳高
1992	林丽云	中日中学田径对抗赛	日本	第一名	女子跳高
1992	林丽云	福建省第十届运动会	福州	第一名	女子跳高
1993	叶忠容	福建省射击锦标赛		第一名	女子甲组3X20射击
1993	朱俊强	南京军区射击比赛	南京	第一名	50米手枪慢射60发
1994	吴文星	福建省残联射击比赛		第三名	男子个人手枪
1996	朱俊强	福建省射击锦标赛	福州	第一名	50米手抢慢射30发
1996	朱俊强	南京军区射击比赛	南京	第一名	25米手枪速射60发
1998	朱俊强	全军专用枪射击比赛	南京	第三名	—
1998	林丽云	福建省第十一届运动会	泉州	第三名	女子跳高
1998	林钦明	福建省第十一届运动会	泉州	第四名	男子跳高
1998	张艺贞	福建省第十一届运动会	泉州	第五名	女子跳高
1998	张艺贞	福建省第十一届运动会	泉州	第五名	女子三级跳
1999	张艺贞	福建省第四届农运会	泉州	第一名	女子百米
2000	赖庆章	福建省少年儿童田径锦标赛	莆田	第三名	男子14岁组跳高
2000	李　斌	福建省中学生田径运动会	福州	第二名	男子高中组跳高
2000	李　斌	福建省中学生田径运动会	福州	第三名	男子高中组跳高
2000	张艺贞	福建省中学生田径运动会	福州	第一名	女子高中组跳高
2000	张艺贞	福建省中学生田径运动会	福州	第一名	女子高中组三级跳
2000	蔡燕斌	福建省中学生田径运动会	福州	第一名	女子初中组跳高
2001	张艺贞	福建省田径锦标赛	厦门	第二名	女子甲组三级跳
2001	张艺贞	福建省田径锦标赛	厦门	第三名	女子甲组跳远
2001	蔡燕斌	福建省田径锦标赛	厦门	第三名	女子乙组跳远
2002	蔡燕斌	福建省少年儿童田径锦标赛	龙岩	第一名	女子15岁组跳高
2002	蔡燕斌	福建省少年儿童田径锦标赛	龙岩	第三名	女子15岁组三级跳
2002	蔡燕艺	福建省第十二届运动会	福州	第三名	女子乙组跳高
2003	蔡小军	湘鄂赣三省联赛	景德镇	第一名	男子气步枪
2003	蔡小军	湘鄂赣三省联赛	景德镇	第一名	男子射击60发卧射
2003	李源斌	福建省青少年射击锦标赛	福州	第一名	女子甲组运动手枪60发

续表 23-2-2

年份	姓名	运动会名称	地点	名次	比赛项目
2003	李源斌	福建省青少年射击锦标赛	福州	第一名	女子甲组气手枪 40 发
2004	吴爱真	福建省中学生田径运动会	莆田	第一名	女子组跳高
2006	蔡小军	全国射击系列赛第一站	杭州	第二名	男子步枪 3X40
2006	陈伟峰	福建省省少年田径锦标赛	龙岩	第三名	男子 100 米跨栏
2006	陈伟峰	福建省省少年田径锦标赛	龙岩	第三名	男子青年组撑竿跳
2006	张金跃	福建省省少年田径锦标赛	龙岩	第三名	女子少年甲组跳高
2006	吴爱真	福建省省少年田径锦标赛	龙岩	第一名	女子少年甲组跳高
2006	吴爱真	福建省第十三届运动会	龙岩	第二名	女子少年甲组撑竿跳
2006	李艳蓉	福建省第十三届运动会	龙岩	第三名	女子少年甲组撑竿跳
2006	李源斌	全国射击系列赛第四站总决赛	烟台	第一名	女子运动手枪 60 发

第四节 管 理

一、管理机构

1989 年，县体育运动委员会（简称“县体委”）沿设，管理全县体育工作，负责县内外各种运动比赛的组织、指导、监督等。行政编制 3 人，其中主任 1 人。下辖少年儿童业余体育学校事业单位。2002 年 7 月，县体委与县文化局合署，为县文化体育局。2007 年，局机关编制 6 人，内设体育股主管体育工作。

二、少体校管理

1989 年，县少体校利用业余时间对少年儿童进行专项运动技术训练。学员是各中小学校体育尖子，由各校选送，再经县体委审批确定。体校采取短期训练办法，利用寒暑假和周末时间。学员的学籍保留在原学校，训练结束后回原校继续学习。1989—2007 年，少体校常设田径、射击、女篮 3 个重点项目，每年根据情况增设排球、足球、乒乓球、武术、羽毛球、举重、男篮项目。2007 年，少体校有学员 200 人，专职教练员 5 人，另聘请兼职教练员 10 人。

卷二十四　医药卫生

1989—2007 年，全县医药卫生事业取得长足进步。县、乡、村三级医疗服务网络逐步健全和发展。2007 年，医疗机构县级 3 所（含分院）、乡镇级 15 所、村级 501 所；防疫保健机构县级 2 所，乡镇级设有相应机构；医疗队伍不断壮大，专业技术人员增至 966 人，防疫保健专业人员增至 158 人。医疗机构设施建设加快、医疗水平和总量提升，公共卫生防控水平提高，公共卫生全面发展、医疗服务、食品卫生监督管理加强，医疗保障制度基本建立，新型农村合作医疗制度全面实施。

第一章　医药卫生机构

第一节　医疗机构

一、县级医疗机构

（一）县医院

1989 年，县医院址在小溪镇东大路，全院工作人员 202 名，其中卫生技术人员 168 名。院内设职能科室 6 个，临床医技科室 14 个，核定病床 200 张（实际开放病床 232 张）。全年门诊量 7.47 万人次，出院 4910 例次。1992 年，被省卫生厅评为福建省社会健康教育先进单位。1995 年，被世界卫生组织授予“爱婴医院”称号。1997 年，被国家卫生部评为二级甲等医院。2002 年 9 月，医院迁至河滨东路新址，占地 27600 平方米，总建筑面积 23882 平方米，其中门诊楼 9816 平方米、病房大楼 11760 平方米，总投资 6131 万元。属县政府公立医院，设备较先进，功能较齐全，布局较合理，集医疗、急救、预防保健、康复、科学研究为一体的综合医院。

2007 年，县医院内设职能科室 13 个，即办公室、医务科、护理部、门诊部、院感科、器械科、预防保健科、财务科、审计科、总务科、保卫科、信息科及网络中心；临床医技科室 27 个，即外一科、外二科、内一科、内二科、妇科、产科、小儿科、麻醉科、手术室、ICU 病房、中医科、功能检查科、放射科、检验科、药剂科、供应室、皮肤科、口腔科、五官科、整形科、肛肠科、疼痛门诊、康复科、中医骨伤科、家庭病床科、营养室、120 急救中心。年底，全院在编工作人员 305 人（不含分院），其中高级职称 22 人、中级职称 100 人（在聘 70 人）、初级职称 89 人、技术工人 94 人，聘用临时护理人员 26 人、医技人员 25 人、工勤人员 41 人。额定病床 250 张（实际开放病床 294 张）。固定资产 6234 万元。这一年，出院 12592 例次，门诊 133355 人次，分别比 1989 年增加 126% 和 77%。急诊 6112 人次，手术 2296 人次。“120”救护车出车 986 例次，接诊伤病者 960 人次，救治急危重患者 458 人次。

（二）县中医院

1989 年，县中医院址在小溪镇西大路，全院工作人员 33 人。院内设内科、妇科、儿科、骨伤科、针灸科、青草科 6 个科室和中药加工场。1994 年，增设手术室。1996 年，增设放射科、理疗科、皮肤科、口腔科。1998 年，兴建住院大楼，建筑面积 4312 平方米，设置病床 200 张。2003 年，医院购置彩色 B 超、全自动血球计数仪、心脏监护仪、多功能理疗机等，医疗质量有较大提高。

2007 年 6 月，全院在编人员 78 人，其中高级职称 8 人、中级职称 24 人、初级职称 16 人。同时，经县政府研究同意，平和商会深圳分会副会长邱家伟出资 617 万元，收购平和县中医院，由公立医院整体转制为民办营利性医院。转制后人员采取多渠道分流安置办法。整体转制工作于年底完成。

（三）县医院安厚分院

县医院安厚分院前身为安厚中心卫生院，位于安厚镇安厚村。占地面积 1.3 公顷，建筑面积 4337 平方米（其中，门诊楼 1806 平方米、病房楼 720 平方米），固定资产 180 万元。2006 年 4 月，经县政府研究同意，由县医院兼并安厚中心卫生院，成立安厚分院。5 月 12 日，县医院安厚分院正式成立。兼并后，县医院投资 150 万元添置彩超、电子胃镜、全自动生化仪等设备。院部派有经验的医务人员轮流到分院工作，分批培训分院人员，提高分院的医疗服务质量。

2007 年，安厚分院定为一级甲等综合医院，设医技科室 18 个。在编人员 42 人。其中，中级职称 1 人，初级职称 32 人，工勤人员 9 人。额定病床 60 张（实际开放 30 张），年门诊 5.85 万人次。固定资产 307 万元。

二、乡镇级医疗机构

1989 年，全县 14 个乡镇有 3 所中心卫生院、11 所卫生院。有工作人员 648 人，其中卫生技术人员 544 人。实际开放病床 213 张，全年门诊 50.37 万人次，出院 3661 例次。1993 年，长乐乡分析出秀峰乡，增设秀峰乡卫生院。2005 年，小溪卫生院更名为城关社区卫生服务中心，机构性质仍为集体所有制事业单位。2006 年 5 月，安厚中心卫生院被县医院兼并，更名平和县医院安厚分院。2007 年初，全县有城关社区卫生服务中心和九峰中心卫生院、霞寨中心卫生院以及山格、文峰、南胜、五寨、坂仔、国强、大溪、崎岭、长乐、秀峰、芦溪等乡镇卫生院。全县各乡镇卫生院及社区卫生服务中心既开展正常医疗服务，又担负卫生防疫、妇幼保健、计划生育手术、村级医疗机构管理等职责。年底，全县乡镇医疗机构共有工作人员 343 人，其中医技人员 226 人（高级职称 1 人、中级职称 32 人、初级职称 193 人）。共有病床 253 张，使用率 39%。全年门诊 19.76 万人次，出院 0.83 万例次。大部分乡镇卫生院配有 B 超、心电图、全自动生化仪、电子胃镜等医疗设施。

三、村级医疗机构

1989 年，全县村级卫生所 431 所，共有乡村医生 279 人、卫生员 386 人、乡村接生员 375 人，还有未获合格证书的乡村卫生人员 1248 人。2007 年，全县村级卫生所 501 所，共有乡村医生 563 人，执业医师 6 人，执业助理医师 26 人。村卫生所承担三级医疗网医疗服务工作。多数村卫生所房屋面积达 40 平方米以上，“三室”分开，设备齐全，布局合理。

第二节 医药机构

一、国有医药企业

（一）县医药公司

1989 年，县医药公司开设 17 家零售门市，从业人员 84 人，年销售额 703.37 万元。

2002年，公司有职工316人（其中国有在职员工146人、集体在职员工24人、离退休员工146人），有4家批发经营部，18家零售药店，年销售额932.9万元。2003年7月，经县政府县长办公会议研究同意，按法定程序将县医药公司经营管理的国有资产，包括企业名称、药品经营权转让给漳州生物化学制药集团有限公司，转让价为600万元。转让金额进入县财政国有资产账号，除上缴有关税费外，专款用于企业改制、职工安置和处理历史遗留问题。2004年5月，平和县医药公司转让后，更名为漳州神芦医药有限公司。至2007年不变。

（二）平和制药厂

1989年，平和制药厂沿设，以生产干酵母、卫生口罩等简便药品和用品为主。1998年，厂址从县城葫芦山迁至文峰镇黄井（平和工业园区）。2001年，制药厂处于停产状态。2002年底，平和制药厂转制，全部资产转让给福建济生堂药业发展有限公司。

二、民营医药企业

（一）药品生产企业

福建济生堂药业发展有限公司 2003年5月创办。公司位于平和工业园区。 2004年12月通过GMP（药品生产质量管理规范）认证。公司药品生产许可证范围为片剂、胶囊剂、丸剂、颗粒剂、中药饮片、巴布膏剂等，有5条制剂生产线。2007年，总产值522万元。

（二）医疗器械生产企业

漳州市广和堂医疗器械有限公司 2003年3月成立，公司位于大坂洋工业区。2005年2月通过GSP（药品经营质量管理规范，下同）认证。获准生产的医疗器械用品有创可贴、棉签等，还有“西洋参胶囊”“西洋参含片”等中药饮片。至2007年不变。

（三）药品批发企业

漳州市神芦医药有限公司 2004年5月，由原平和县医药公司改制成立。10月通过GSP认证。销售品种1500个。2007年销售额1200万元。

漳州广和堂医药有限公司 2003年1月，漳州市广和堂连锁有限公司成立。2004年通过GSP认证。2005年5月，漳州市广和堂医药连锁有限公司更名为漳州市广和堂医药有限公司。销售品种1500个。2007年销售额550万元。

漳州市成茂医药有限公司 2005年12月成立。2006年12月通过GSP认证。销售品种2000个。2007年销售额2000万元。

（四）药品零售企业

2007年，全县药品零售企业42家，其中较大规模药品商场3家。

漳州市广和堂医药有限公司医药商场 2005年12月成立。销售品种1000个，年销售额250万元。

平和县灵通大药房 2006年3月成立。销售品种1200个。2007年销售额400万元。

漳州市建光楼联合有限公司宜又佳大药房 2006年11月成立。销售品种1100个。2007年销售额380万元。

第三节 防疫保健机构

一、防疫机构

（一）县疾病预防控制中心

1989年2月，成立县卫生防疫站。站址在小溪镇东大路，有办公化验楼1座，职工住宅楼1座。县卫生防疫站担负全县卫生监督、卫生检测、疾病预防控制、社会健康教育、防疫指导培训等任务。全站工作人员40人，其中卫生防疫技术人员29人。

2004年8月，县卫生防疫站更名为县疾病预防控制中心（原卫生监督任务划归新成立的县卫生局卫生监督所）。内设办公室、防疫股、检验股、卫生股、宣教股、后勤股。担任疾病预防与控制、突发公共卫生事件应急处置、疾情报告及健康相关因素信息管理、健康危害因素监测与干预、健康教育与健康促进等任务。2005年，投资92万元，兴建检验楼，面积881平方米。

2007年，该中心在编工作人员43人，其中高级职称5人、中级职称9人、初级职称12人。

（二）乡镇防控保健机构

1989—2007年，全县乡镇卫生院、社区卫生服务中心均设置防疫股或预防保健股，共有工作人员66人，负责辖区乡镇、社区的卫生防疫保健工作。

二、保健机构

（一）县妇幼保健院

1989年2月，县妇幼所从县防疫妇幼保健站析出，成立县妇幼保健所。内设儿童保健股、妇女保健股。负责全县妇女病的普查、7岁以下儿童健康体检治疗、婚前医学检查。在编工作人员28人，其中卫生技术人员10人。

2007年1月，县妇幼保健所升格为县妇幼保健院，主要开展婚前健康体检、优生优育咨询、孕产妇系统保健管理、妇女病普查普治、儿童系统保健管理等工作。内设儿童保健股、妇女保健股、生殖健康保健股、医技股、资料信息股、健康教育股、办公室、财务股。年底，全院在编人员24人，其中卫生技术人员17人，有主治医师3人、医师1人、助理医师1人、检验师1人、主管护师6人、护师6人。

（二）县乡医院妇幼保健股

1989年后，县医院、县中医院、城关社区卫生服务中心和各乡镇卫生院设有妇产科、儿科或妇幼保健股。每个乡镇级卫生院均配备妇幼保健人员1～3人，专职或兼职儿童保健人员1人。至2007年不变。

第二章 医疗队伍

第一节 中医人员

1989年，全县有中医副主任医师3人，中医主治医师17人，中医师和中医士125人；主管中药师4人、中药师、中药士和中药剂员136人。中医药技术人员合计285人。此后，主管部门加强中医药人才的引进和培训，鼓励吸引中医药院校毕业生回县工作，充实县直医疗单位和乡镇卫生院。各乡镇卫生院建立中医科和特色门诊、民间祖传中医坐堂门诊所。

2007年底，全县有副主任中医师10人，中医主治医师32人，中医师和中医士54人；主管中药师11人，中药剂员91人（不含民营药店员工）。中医药技术人员合计198人。

第二节 西医人员

1989年，全县有西医副主任医师5人，西医主治医师32人，西医师和西医士195人；主治西药师1人，西药师、西药士、西药剂员计74人；副主任护师1人，主管护师7人，护师、护士、护理员计178人；

主管检验师 4 人、检验师和检验士 12 人；助产士 31 人；其他技术人员 49 人。1990—2006 年，西医队伍逐步扩大，大批医学院校毕业生回县工作，充实县直医疗单位和乡镇卫生院技术力量，不断完善和提高医疗队伍的人才素质。

2007 年底，全县有西医主任医师 5 人，副主任医师 24 人，主治医师 124 人，西医师和西医士 400 人；主管西药师 4 人，西药师和西药士 17 人；主管检验师 5 人，检验师和检验士 9 人；主管护师 38 人，护师和护士计 131 人，助产士 11 人。西医药技术人员合计 768 人。西医队伍成为全县治病、防病的主要力量。

第三节 防疫保健人员

一、防疫人员

1989 年，全县医疗卫生机构中从事疾病预防控制（卫生防疫）的专业技术人员 29 人。

2007 年，全县防疫专业技术人员增至 98 人，其中，县疾控中心 26 人（副主任医师 5 人，主管医师、护师 9 人），县直医院 6 人，乡镇卫生院 66 人。

二、保健人员

1989 年，全县医疗卫生机构中从事保健工作的专业技术人员 25 人。其中，县级妇幼保健机构 10 人，乡级卫生院 15 人（含兼职）。

2007 年，全县从事保健工作的专业技术人员 60 人。其中，县妇幼保健院 24 人（主管护师、技师各 7 人），乡镇卫生院 36 人。

第三章 医疗技术

第一节 中 医

1989 年，县中医院、县医院中医科坚持中医特色，应用中医理论，采用传统中药，吸收民间秘方，引进新技术，在中医临床内科、外科、妇科、骨伤科等方面不断创新，医疗技术取得较大提升。1992 年，县医院中医副主任医师黄勇跃运用中医原理治疗心律失常，疗效良好，其论文《心律失常 40 例的辨证论治》被国际中医心病学术会议采用。1995 年，县医院中医副主任医师赖林俊临床治愈川草乌中毒 9 例，疗效显著，此疗法刊于《中国中医急症》杂志。

2000 年，县医院外科副主任医师林义忠撰写《中医结合治疗足跟痛 397 例》一文发表于《中国骨伤》杂志。2001 年，副主任医师赖林俊论文《加减温胆汤治疗心脏神经官能症》获世界传统医药突出贡献国际优秀论文成果奖。2002 年，副主任医师黄勇跃临床成果，撰写《清空膏加味治疗顽固性血管神经性头痛 46 例》论文，发表于《中医杂志》增刊；副主任医师赖林俊撰写《从寒痰瘀辨活肺心病》一文，发表于《中国中医急症》。

2007 年，副主任医师赖林俊在治疗消化性溃疡和慢性胃炎效果显著，临床经验《白花蛇舌草治疗消化性溃疡》《加味四道散治疗慢性胃炎》发表于《中医杂志》。

1989—2007 年，县中医院骨伤科采用传统正骨手法与骨外科手术结合，对四肢骨折、颈椎病、椎间盘突出症的处理有新的进展，针灸采用经络辨证治疗卒中后遗症、面瘫、坐骨神经痛疾病有显著疗效。

县医院中医科以辩证辩病相结合，在治疗慢性胃炎、消化性溃疡、慢性结肠炎、慢性肝炎、风湿性关节炎、脑血栓和脑出血后遗症，取得很好的临床疗效。

第二节 西 医

1989年，县医院外科新开展人工股骨头置换术、前列腺切除术等，并在市医院指导下，开展颅骨腔手术和胸腔手术；内科使用0.3%过氧化氢静脉注射，抢救一个哮喘持续状态并发肺心病、全身器官功能衰竭的病人，转危为安。1991年，小儿科首次开展声雾化疗法，治疗小儿呼吸道感染，取得满意疗效；采用“干扰素”，治疗乙脑获得成功。内科用“脑活素”“蝮蛇抗拴酶”治疗脑血栓，“心血康”“尿激酶”治疗心血管病，取得显著疗效。1992年，泌尿外科开展尿道下裂修复术和淋病化疗获得成功；小儿科开展“硝苯地平·叶酸”治疗腹泻取得满意疗效；内科开展“凝血酶”治疗消化道出血，“武都力”和“阿米溶剂”应用于利尿均获得满意疗效；小儿科副主任医师张元雄临床成果《绿脓杆菌肠炎并中毒脑栓抢救体会》，发表于《中华医药论文集》；内科主任医师张三连《再灌注引起心律失常1例报告》，在“全国心血管诊疗新技术研讨会”上宣读。1993年，副主任医师叶硕恭、主任医师周建树在“胸腹部多脏器火器伤的抢救”治疗成绩显著，临床经验写成论文，在“全国基层医院外科经验交流会”上宣读。1994年，内科购置乳腺治疗仪治疗乳腺增生症，以“三伏天”治疗哮喘病获得满意疗效；普通外科开展腹会阴联合直肠癌切除术。

1995年，小儿科开展自体血光量子治疗法、新生儿胸穿闭式引流等新技术，取得满意疗效，采用“干扰素”治疗乙脑患儿，连续4年取得全部治愈的成绩；外二科新开展肝左叶肿瘤切除术、肺叶切除和胸膜粘连剥离手术等项目，成功为1名病人切除16公斤重的巨大卵巢囊肿。1997年，泌尿外科成功完成一例尿道开裂手术。1998年，胸外科开展食管癌三切口手术。1999年，外科主任医师江一心临床经验，撰写论文《环形缝扎法在趾骨上前列腺摘除术的运用》，发表于《中国综合临床》。

2001年，医院购置远程会诊系统，成立远诊会诊中心，加入全省远程医疗网络。2002年，外科开展胰十二指肠切除术。2003年，妇科成功切除1名患者2.1公斤重子宫肿瘤，省东南电视台实访报道；主任医师周建树在食管癌手术中成绩显著，临床经验写成论文《食管癌手术中防治乳糜胸的体会》，发表于《中华医药杂志》。2004年，首次开展以总量5000毫克阿托品的超常规剂量，成功抢救1名重度有机磷农药中毒患者，电视新闻及时报道。

至2007年，县医院外科开展食道癌主切口手术、纵隔肿瘤切除、肺叶切除、贲门癌切除、肝破裂修补术、颅脑术后修补术；泌尿系统开展胃癌、膀胱癌切除、前列腺摘除及肾盂成形、尿道下畸形手术，在厦门第二医院泌尿外科指导下，开展尿道镜下前列腺切割术，填补泌尿微创外科空白；妇科开展卵巢肿瘤切除、子宫全切除术，异位妊娠手术并抢救，输卵管吻合术；产科开展剖宫术、宫外孕手术；五官科开展白内障摘除及人工晶体植入术、鼻窦鼻息肉手术、扁桃腺摘除术；内科在抢救冠心病、心肌梗死、联合化疗施治血液病，治疗重症肝炎、内分泌疾病等临床应用取得较好的疗效。各乡镇卫生院医疗配套设施不断完善，医疗技术不断提高。在原有大、小便和血三大常规检验基础上，均增加X光拍片、心电图、B超、理疗等项目。大批医学院校毕业生充实基层卫生院，逐步改善乡镇卫生医疗环境，均能开展外科小手术和计划生育手术。

1989—2007年，全县西医医疗人员在国家级和华东级刊物上发表论文161篇，有54个科技项目获省、市、县科技进步奖。

第三节 中西医结合

1989年，县各医院、卫生院运用中西医结合治疗内科、妇科、骨伤科等方面疾病有新的进展，特别是采用民间草药运用一技之长治疗疑难杂症取得较好的疗效。1993 年，县医院内科副主任医师卢金、县医院内科副主任医师卢雅秋运用中西医结合治疗慢性肾衰尿毒症效果良好；1995 年，县医院中医副主任医师赖林俊运用中西医结合治疗多例消化性溃疡患者，效果良好，此法刊于《实用中医药》杂志。县中医院运用中医的针灸和药物相结合治疗周围性面瘫，运用中西医结合成功抢救穿草乌中毒患者疗效显著，分别获 1993 年、1995 年县科技成果奖。县中医院副主任医师黄文志运用中西医结合治疗胆道蛔虫症，取得满意疗效，其论文《中西医结合治疗胆道蛔虫症》，在全国消化道出血及胆道系统疾病学术会上宣读。

2000 年起，中医院驻院医师在采用传统正骨手法与外科手术相结合，对四肢骨折、颈椎病、椎间盘突出症的骨伤处理有新进展，采用经络辨证和西药结合的针灸治疗卒中后遗症、面瘫、坐骨神经痛等疗效显著。县医院中医科以辩证辩病相结合，中西医结合治疗慢性胃炎、消化性溃疡、慢性结肠炎、慢性肝炎、风湿性关节炎、脑血栓和脑出血后遗症等均取得满意疗效。2004 年，县医院中医副主任医师黄勇跃运用中西结合治疗胆汁反流性胃炎，其案例入编《中国中医药》杂志。

第四节　技术培训

1989 年，平和县卫生进修学校沿设，负责全县卫生系统技术培训。1990 年，学校举办性病防治学习班、计生四术学习班、《伤寒论》研习班、中西医结合急症学习班等 4 期培训班。1995—1998 年，举办乡医专业证书班，学制 3 年，共有 516 人参加学习。1999 年，举办中医大专班，学制 2 年，有乡村卫生技术人员 44 人参加学习。

2000 年，举办社区医士班，学制 3 年，学员 37 人。2001—2004 年，举办乡医继续教育培训班，学员 1054 人次。2005 年，举办乡医规范化教育培训工作，有 650 人次参加培训。全县乡村医生，接受中专以上学历教育的达 20%。

2005—2007 年，对未参加学历教育的乡村医生按规定在岗培训，每年培训 2 次，时间累计达半年以上。通过培训，强化乡村医生基础知识、基本技能，掌握新知识、新技术，提高中西医防治常见病、多发病的能力，提高公共卫生服务、计划生育指导、健康教育宣传、协助处理重大疫情的能力，满足农村日益增长的基本医疗、预防、保健需要。

2006 年 6 月，县卫生局出台《平和县县级医疗卫生机构对口帮扶乡镇卫生院实施准则》，由县中医院帮扶九峰中心卫生院；县医院帮扶安厚中心卫生院、秀峰卫生院、长乐卫生院、崎岭卫生院、大溪卫生院、国强卫生院、坂仔卫生院；县疾抗中心帮扶五寨卫生院、城关卫生服务中心、霞寨中心卫生院；县妇幼所帮扶芦溪卫生院、南胜卫生院、文峰卫生院、山格卫生院。帮扶内容主要是人员培训和医疗技术指导。

1989—2007 年，县医院、县中医院和各乡镇卫生院共选派医务人员 116 人次，到省内外医学院校或省级、市级医院进修，提高医学基础理论和临床技术水平。

第四章 卫生保健

第一节　公共卫生

一、环境卫生

1989 年，县爱国卫生运动委员会（简称“县爱卫会”）沿设，人员编制 2 人。各届县政府主要领导人都兼任每届爱卫会的主任。全县 16 个乡镇（场）相应成立爱卫会，225 个建制村成立爱卫领导小组。

1989—2007年，每年组织6～8次群众性卫生大扫除，并发放预防传染病材料，开展卫生教育宣传。常年开展以除“四害”（老鼠、苍蝇、蚊子、蟑螂），搞“五改”（改水、改厕、改猪圈牛栏、改炉灶、改造环境）为主要内容的爱国卫生运动。

1989年，小溪镇环卫处沿设，负责县城环卫管理工作。有环卫工人30人，1997年增加到50人。2007年，县城环卫工人有136人。保洁范围由2006年的40万平方米增加到50万平方米。

二、饮水卫生

1989年，平和县自来水厂进行工程改造，供水量由原来日产0.3万吨提高到日产0.6万吨。1995年，全县受益人口约占25.67%。1996年，投资2006.17万元，实施扩大供水量工程技术改造，到1999年，完成一级日产8万吨自来水供水工程和二级日产2万吨自来水工程。水质消毒工艺由采用漂白粉到氯气、二氧化氯消毒，向县城及周边地区提供既有沉淀又有消毒，基本符合饮用水标准的自来水。

1999年11月，平和县与世界银行合作的“第四期农村供水与环境卫生贷款项目”立项。12月，完成《中国农村供水与环境卫生项目平和县项目可行性报告》的编制，并通过世界银行的评估。同月，平和县农村供水项目建设正式启动，共立项14个水厂，受益农村人口21.4万人，占总人口比率40%。2002年，再次利用世界银行贷款改水5个项目。是年，全国爱国卫生运动委员会授予平和县“全国农村自来水普及工作先进单位”称号。

2007年，全县农村共有自来水厂（站）14座，受益人口49.15万人，受益人口比率从1995年的25.67%提高到93%。

三、学校卫生

1989年起，县疾控中心（防疫站）把中小学生保健卫生列入工作日程，每年对县城中小学生进行一次健康体检，每个学生建立健康卡片，建卡率稳定在95%以上。体检单位将每位学生体检情况记入档案，进行疾病和生长发育跟踪监测，并及时将评价结果及体检中出现的问题反馈给学校及学生家长。县疾控中心还每年组织各乡镇卫生院定期对辖区学生进行预防体检，配合学校建立传染病和常见疾病档案。县卫生局组织疾控中心食品卫生监督队伍，对学校食堂、集体用餐场所，以及周边食品经营摊点的卫生状况进行监督指导。对各所学校食堂加强卫生监督与管理，并发行卫生许可证。2002年，县食品安全委员会组织职能部门进学校，宣传食品安全，开展食品安全联合执法检查。

2007年，全县各普通中学、职业中学、县直小学、幼儿园和乡镇中心小学均分别配备专（兼）职健康教育人员或校医，形成专业机构与相关部门相结合、专职健教人员和兼职健教人员并用的学校健康卫生教育工作的新格局。

四、农村改厕

1989年，县城建有4座标准化卫生公厕。

2005年，平和县被确定为农村改厕项目县，各乡镇陆续兴建一大批卫生公厕、卫生校厕，并鼓励农户使用无害化及卫生户厕。

2007年，县城标准化卫生公厕增加到13座，全县农村建设卫生公厕685座、卫生校厕207座，建设使用无害化及卫生户厕10.75万户，占总户数83.1%。

第二节 疾病防治

一、预防接种与计划免疫

1989 年，县继续在城乡全面开展预防接种与计划免疫，按计划程序对适龄儿童实施预防免疫接种，各乡镇开展接种门诊及建立接种日制度。是年，全县“四苗”（卡介苗、麻疹疫苗、小儿麻痹疫苗、百白破三联制剂）基础免疫全程覆盖率 86.20%，1996 年覆盖率增至 93.22%，超过世界卫生组织提出的 85% 水平。1997 年，全面推行新生儿乙型肝炎疫苗接种。

2000 年，全县适龄儿童卡介苗接种率 99%，小儿麻痹全种服苗 98.10%，百日破全种接种率 97.20%，麻疹接种率 98.10%；建卡率 99%。2004 年 4 月，县卫生局召开全县计划免疫工作会议，要求各乡镇卫生院按标准化建设预防接诊门诊，提高服务水平。是年，南胜、五寨等 8 个乡镇卫生院通过市级考评验收。这一年，贯彻实施《疫苗流通与预防接种管理条例》，举办防疫人员培训，完善预防接种门诊规范化建设，提高接种率。

2007 年，全县 15 个乡镇卫生院均设立预防接种规范化门诊，全县“四苗”覆盖率稳定在 95% 以上。

二、传染病防治

结核病 1989 年，县卫生防疫站结核病防治小组沿设，各乡镇卫生院设有兼职结核病防治医师，结核病防治常态化。2001 年，实施结核病归口管理，全面启动执行世行贷款 / 英国赠款中国结控项目工作。5 月 18 日，县卫生局召开结核病防治工作会议，全面贯彻省卫生厅《关于开展福建省结核病控制项目的通知》精神和实施方案。在第九个世界防治结核病日，县防疫站人员分赴各乡镇分发《结核病转诊有关规定》1 万多份，宣传有关知识。全县结核病疾检率、治愈率稳定在较高水平。2006 年，继续做好结核病控制项目工作，发现结核病 209 例，及时给予治疗，治愈率 90%。2007 年，举办结核病防治知识培训班，乡村医生和村妇女主任共 566 人受训。这一年，全县发现涂阳结核病例 190 例，及时给予治疗。

艾滋病 2005 年，县疾病预防控制中心开始艾滋病监测工作，开展初筛实验，对预防和控制 HIV 发挥作用。2006 年 1—3 月，发现 7 例艾滋病患者，分布小溪、九峰、国强、霞寨等乡镇。平和县被列为漳州市艾滋病高发区。县疾控工作突出艾滋病防治，重点抓高危人群的干预，组织艾滋病高危人群干预队，出动 143 人次，干预 15 人；高危人群监测初筛检验 415 份；发放宣传材料 4 万份、安全套 0.3 万个；受教育人数 4 万人次。2007 年，加大艾滋病干预力度，疾控人员深入娱乐场所、校园 12 次，接受教育人数 3753 人次。

非典型性肺炎（SARS） 2003 年年初，国内发生非典型性肺炎（简称“非典”）疫情。按照上级部署，全县全面有序地展开防控工作。2 月 22 日、24 日和 4 月 9 日，召开全县卫生工作暨非典防治工作会，对防治 SARS 工作进行部署，成立领导机构和咨询、救治小组，确定县医院为定点救治医院，落实药品储备，坚持 24 小时值班制。并在各医疗单位设立“发热”门诊、隔离区和隔离病房。同时，加强医务人员对非典防治的学习和培训。全县共有 5820 人次参加 4 轮业务培训。从 4 月 9 日起，县卫生系统全面实行 24 小时值班制，建立疫情零报告、日报告。加强对返乡和外出人员 5 万人登记、跟踪和监测工作。开展爱国卫生运动，通过电视台、宣传栏等载体大力宣传非典防控知识，印发防治非典宣传材料 14 万份，提高群众的知晓率和正确防护观念。2005 年，县卫生院被市委、市政府评为防治“非典”工作先进单位。至 2007 年年底，全县无发现“非典”疫情。

禽流感 2004 年初，全球禽流感传播出现严峻势头。县卫生局与疾抗中心密切监测疫情，加强职业暴露人群的预防监测，利用新闻媒体向群众讲解禽流感的防抗知识，配合乡镇政府及农业部门，密切关注禽类养殖户的动态，对重点养禽户人员健康进行跟踪。当年，疾抗中心组织专业人员对县直医院不明原因肺炎病例 12 例进行主动搜索，均未发现异常。至 2007 年 12 月，全县无发生禽流感疫情。

脊髓灰质炎　1989 年，县卫生防疫部门采用口服小儿麻痹防治脊髓灰质炎，获得较好的免疫效果。至 2004 年，全县未出现病例。2005 年 8 月，发生 1 起脊髓灰质炎，疾抗中心紧急应对，进行全县补种，强化脊灰疫苗免疫，接种率达 99%。2006—2007 年，全县脊髓灰质炎未再出现。

三、地方病防治

平和县是地方性甲状腺病（简称“地甲病”）高发区。1989 年，为防御地甲病，全县城乡全面供应加碘食盐。碘盐合格率较长时间保持 92% 以上。每到“4·15”碘缺乏病宣传活动日，防疫部门配合有关单位开展碘缺乏病咨询、宣传活动。根据省《碘盐缺乏病监测方案》要求，多次开展全县碘缺乏病调查，经市卫生局抽查，各项指标均达到标准。1998 年 8 月，省卫生厅验收组对平和县进行基本控制地方性氟中毒达标验收。验收组通过深入病区听汇报、查阅资料、现场检查、抽样检测饮用水氟含量、儿童氟含量等办法，对平和县地氟病防治效果进行综合评价，一致认为，平和县地方性氟中毒防治效果已达到国家基本控制地氟病标准。2003 年，全县甲状腺肿大率降到 5.5%，符合省定的控制目标，消除碘缺乏病阶段性目标的成果得到巩固。2007 年，全县甲状腺肿大率降到 3% 以下。

四、处理突发公共卫生事件

1989 年，全县加大对公共卫生建设的投入，健全和完善突发卫生事件应急处理机制，处理突发公共卫生事件能力逐渐加强。2003 年抗击“非典”、2004 年防治禽流感等突发事件应急及时，措施得当，效果良好。2005 年 9 月 26 日，山格镇宝丰村发生 1 起公共卫生突发事件，有村民 19 人同时出现腹泻、呕吐等症状，疑似霍乱事件。县卫生部门立即启动传染病防治预案，紧急应对，隔离病人，进行流行性病学调查，病菌送检，很快确定是 1 起溶血性弧菌引起的食物中毒，消除群众的恐慌情绪。2007 年 6 月 13 日，安厚镇发生 1 起村民 21 人有机磷中毒突发事件，县医院安厚分院紧急应对，成功治愈全部患者。

第三节　妇幼保健

一、妇女病普查普治

1989 年，县妇幼保健所（院）与妇联、工会、计生部门配合，为县直机关、企事业单位已婚妇女进行普查普治，建立妇女健康档案卡片。普查项目有乳腺肿瘤、乳腺小叶增生、子宫肌瘤、子宫脱垂等。发现病例及时治疗。1999 年，普查率 87%，普治率 15.89%，治愈率 87%。2007 年，普查率 36.42%，普治率 27.55%，治愈率 90%。

1989—2007 年，各乡镇卫生院配备专职保健人员，在当地妇联、计生部门配合下，常年开展妇女病普查普治工作。1999 年，普查率 22.56%，普治率 17.90%，治愈率 85.96%。2007 年，普查率 35%，普治率 21%，治愈率 90%。

二、住院分娩指导与检查

1992 年，全县推行“一躺四消毒”（产妇躺着生，产妇会阴消毒，接生员手消毒，器械和产包消毒，新生儿脐部消毒）的新法接生，代替沿袭已久的家庭分娩接生方式。当年新法接生率 90%，孕产妇死亡率降低到 4.5/10 万以下。1998 年，全县城乡推行住院分娩，推行产前跟踪，产待、产后随访一条龙服务，巩固和提高住院分娩率。当年，住院分娩率33%，1999年为55.7%，2004年为92.33%。1999年、2002年、2007年，婴儿死亡率分别为22.63‰、19.99‰、9.12‰。

三、婚前医学指导

1994年7月，县妇幼保健所正式开展婚前健康检查。2000年，实施婚前医学检查，在县城设立婚检点，规定在小溪镇登记结婚的新婚夫妇，实行婚前健康体检。县妇幼所设立婚前医学检查、优生检测一条龙服务中心，在九峰、霞寨、安厚、芦溪等乡镇设立婚检点。当年，全县婚检1978对，婚检率46.97%。2001年，婚检1552对，婚检率44.20%。2002年，婚检461对，婚检率36.54%。2003年10月1日，国务院《婚姻登记条例》施行后，民政部门不再把婚前保健结果作为申请登记的必要条件，实行自愿婚检。婚前体检、婚前医学保健服务工作进入低谷，婚检率直接下降。至2006年上半年，婚检率为5%。下半年，政府试行干预预防婴儿出生缺陷，实行免费婚检。县妇幼院重新整顿婚姻学校、男女婚检室、婚检咨询室、B超室、检验室，完善各项便民措施，改善服务环境。至2007年年底，婚检率上升至80%。

四、儿童保健

1989年，按照《福建省儿童系统管理手册》的管理办法，县妇幼保健所做好全县儿童系统保健管理工作。全县托幼机构健全保健制度，县城托儿所、幼儿园配备专职保健员，进行健康体检，体检率都在99%以上。各乡村逐步推行儿童系统管理工作。乡村幼儿园委托乡镇卫生院体检，至2003年，体检率达到95%。2004年，根据福建省《托儿所、幼儿园卫生保健管理办法》，县妇幼所对托幼机构进行卫生保健工作指导，规范托幼机构卫生保健，联合县教育局开展全县托幼机构辅导员、园长培训等。2005年，根据《中华人民共和国母婴保健法》，宣传科学育儿，在妇幼所举办“育儿班”。2007年，做好全县集体儿童和散居儿童保健工作，“六一”国际儿童节前完成在园儿童健康体检，体检率99%。

第五章 药材

第一节 地产药材

一、药材普查

平和县的地理、气候条件优越，形成适合于各种植物生长的环境。植物种类繁多，具有药用价值的种类丰富。中药资源的分布在品种上既有南药特色，如巴戟天、粉防己、肉桂、砂仁、南五味子等，又有北药的品种，如黄连、厚朴、花椒、银杏、川陈子、天麻等。1987年、1998年，县卫生部门2次组织中药材普查，确认全县中药材有256种，其中植物药类228种，动物药类20种、矿物药类8种。植物类中药材隶属75科，其中属于全国统一要求重点普查的363个品种中，平和有138种（47科），占38%；属福建省单列要求普查的64个品种，平和有25种（14科）；平和地方习惯用药有44种（14科）。

二、药材类别

地道药材 主要有巴戟天、蝉花、蝉蜕、金线莲、草豆蔻、地龙干、淮山药、田葛根、金银花等9个品种。

大宗药材 有狗脊、山葛根、白茅根、土茯苓、仙鹤草、溪竹草、石菖蒲、山药、枳壳、九节茶等28个品种。

珍稀药材 有黄连、风柜斗草、白果、金不换、龟板、鳖甲、穿山甲、绞股蓝等8个品种。

新药源（2000年后引进） 有绞股蓝、五加皮、花椒、魔芋、南五味子等14个品种。

民间应用青草药 有狗牙花、石橄榄、春根藤、观音串等15个品种。

平和县人工种植地产药材，山药、郁金、枳壳、枳实、泽泻、淮山为大宗产品，以芦溪、霞寨、南胜、崎岭、国强、长乐等乡镇为主产地。1989年，全县地产药材产量28.78万公斤；1999年，产量188.7万公斤，产值692.53万元；2007年，产量210.7万公斤，产值2304万元。

第二节 制 剂

1989年，县制药厂生产干酵母、口服葡萄糖等药品，城关卫生院（社区卫生服务中心）根据名中医沈国良秘方配置黑梅散、青珠散，长期被患者好评。

1993年，县医院门诊部建立制剂室，生产盐酸普鲁卡因注射液、葡萄糖注射液、甘露醇等中西药制剂和逍遥散、当归散等中成药品。九峰中心卫生院、霞寨中心卫生院均建立制剂室，生产中草药口服、外用制剂和肌肉注射用药，以满足本院需要。

2000年，三平圣茶厂吸取民间验方精华，采用地产中草药，制作生产保健药品三平圣茶，常年畅销。2003年5月，福建济生堂药业发展有限公司创办，建立片剂、胶囊剂、丸剂、颗粒剂、中药饮片、巴布膏剂等5个制剂生产线。申报药品有脑心通片、消咳胶囊、奥硝唑阴道片等20个品种，至2007年底，有感冒灵颗粒、胃康灵胶囊、护肝片、六味地黄丸等品种取得国家批件。

第六章 管 理

第一节 行政管理机构

一、县卫生局

1989年，县卫生局沿设，行政人员编制9人。2001年11月，将原来的药政、药检职能交给新成立的县药品监督管理局。2007年，县卫生局机关内设综合股、医政股，行政人员编制6人。直属单位有爱国卫生办公室、卫生保健办公室、县红十字会、卫生协会、卫生进修学校、卫生监督所、新农合管理中心。

二、县食品药品监督管理局

2001年11月28日，县药品监督管理局成立，为市药监局直属科级机构，编制10人，内设综合股、药品市场监管股、稽查股等机构，下辖副科级事业单位平和药品检验所，编制10人。负责对本行政区域内药品、医疗器械的研究、生产、流通使用进行行政监督、技术监督和执法监督管理。

2006年8月25日，在原县药品监督管理基础上，成立县食品药品监督管理局，增设食品安全监管股，增加对食品、保健品、化妆品安全管理的综合监督、组织协调和依法组织开展对重大事故查处的新职能。至2007年年底，全局在编人员20人。

第二节　医政管理

一、医疗市场管理

1994年，县相继出台《加强医疗市场管理若干规定》《关于医疗机构整顿条例》，着力解决医疗市场存在的突出问题和群众反映强烈的热点问题，次年5月，县政府批准下发《平和县清理整顿医疗机构和医疗市场的实施意见》《平和县医疗机构布局规划》2个文件，成立县医疗机构清理整顿领导小组，负责对全县集体、个人举办的医疗机构进行全面的清理整顿。1998年2月24日，县委、县政府出台《关于加快卫生改革与发展的决定》，并确定1998年为平和县卫生发展年。1999年5月26日，市卫生局在平和召开全市医疗机构清理整顿现场会，肯定平和县清理整顿工作“方向正确，措施有力”。

2001年1月8日，县委、县政府召开全县城镇医药卫生体制改革工作会议，成立城镇医药卫生体制改革领导小组，根据全县实际情况，制定《关于城镇医药卫生体制改革实施办法》。2002年，县卫生局实现从“办医院”到“管医院”的转变，逐步打破医疗机构的隶属关系和所有制界限，推进卫生工作全行业管理。通过农村卫生三项建设，配置合理基层卫生资源，发挥乡镇医疗卫生保健网的枢纽作用。2006年5月4日，县卫生局制订《关于开展治理医药购销领域商业贿赂专项工的实施方案》，加强医药购销管理工作。

2007年，县卫生局下发《关于进一步规范医疗服务工作的通知》，规范医疗执业行为，体现以人为本的执政理念。

二、执业准入管理

1989年，全县医疗机构属全民、集体单位，不存在执业准入问题。

1999年6月26日《中华人民共和国执业医师法》和7月16日国家卫生部《医师执业注册暂行办法》先后颁布实施。县卫生局组织卫生系统人员学习有关文件，依法对全县医疗机构予执业准入管理，凡符合管理规定的，发给医疗机构执业许可证。医师执业活动实行准入制后，加强医师队伍建设和管理，保证医疗质量。2005年5月，根据国务院《乡村医生从业管理条例》规定，对全县乡村医生进行摸底调查，同时制定《关于乡村医生享受政府津贴实施方案》，健全农村公共卫生网络建设。

三、农村合作医疗

2007年2月，省政府确定平和县为第二批新型农村合作医疗工作县。4月30日，县政府出台《平和县新型农村合作医疗工作管理暂行规定》和《平和县新型农村合作医疗工作方案》。5月10日，县委、县政府召开动员大会，新型农村合作医疗制度开始全面实施。当年，全县参合农民36.23万人，参合率75.7%，筹集资金2363万元，全年受理住院医药费补偿6891人次，基金支出583.0921万元，人均补偿款846.16元。新型农村合作医疗制度实施，有效缓解农民群众看病难的问题，取得政府增信誉、农民得实惠、医疗机构促效益的良好成效。

第三节　药政管理

一、依法整治

1989年，县卫生局药品检验所沿设，负责全县药政、药检管理工作。1990年7月，根据群众举报，捣毁1处涉嫌制造“漳州制药厂川贝枇杷糖浆”假药的窝点，查处假药5万多瓶，将涉案人员移交司法机关。1995年5月，县卫生局制定《清理整顿医疗机构和医药市场的实施意见》，对医药市场整顿工作提出具体要求，明确具体步骤。药检所对全县药品经营使用单位，进行一次全面药品质量检查。这一年，清理整顿无证经营药品的药店3家。

2000年5月，全县医疗单位实行药品集中采购制。2001年7月，县卫生局针对某些医疗机构在药品购销中出现的“回扣”问题，出台《纠正医药购销中不正之风工作实施方案》。县医院及时实行药品管理上墙公布的阳光工程，把1000多种药品价格公布上墙，并实行住院和门诊收费日清单制，同时聘请社会监督员7人，增加药品的监督力度。同年11月28日，药品管理由新成立的县药品监督管理局负责，原药品检验所随之撤销。药监局组建后，开展药品放心工程、整顿和规范药品市场秩序专项行动和药品质量安全专项整治等工作，严厉打击制售假劣药品、医疗器械违法行为。

2002—2007年，先后出动车辆810辆次，执行人员3033人次，检查药品经营、使用单位5241家次，查办涉药案件400件，罚没款73.01万元。

二、药品网络监管

2003年7月，县政府发出《关于建立县、乡（镇）、村三级药品监督网工作方案的通知》，根据文件精神，药监局聘任县级监督员15人、药品协管员51人、药品报告员65人，建立培训、练习、汇报、奖惩等制度和相关的工作纪律，促进药品监督社会化。同年12月，漳州市药品管理局批准平和县农村药品配送网络工作方案，由漳州市广和堂医药连锁有限公司在平和各乡镇建立药品配送网络，直接配送药品。2004年5月，确定以连锁企业延伸为主、医药批发经营企业直接配送为辅的药品供应模式。2005年开始，外来的药品批发经营企业纳入药品配送网络。

2007年，全县有3家本地药品批发经营企业、7家外来药品批发企业参与药品配送网络建设。乡镇药品配送覆盖率100%，建制村药品配送覆盖率95%以上。2003年7月至2007年12月，通过药品监管网络查处案件37起，占查处案件数的13.17%。

卷二十五 劳动 人事 编制

1989年后，随着国营集体企业改制、农业产业结构调整，下岗失业人员增加，农村富余劳力向城镇转移，劳动就业压力日益增大。县劳动部门通过发布招工信息，提供就业指导和咨询服务，举办就业培训，与县内外企业建立劳务输出和劳务派遣协作关系等多种途径，扩大就业安置规模。1989—2007年，全县实现农村劳动力转移就业37374人，城镇新就业71408人，城镇登记失业率控制在3.91%以内；下岗职工再就业13610人。企业全面推行合同制用工制度、工资与工效挂钩制度。县劳动保障部门加强劳动争议仲裁与劳动监察工作，指导和督促机关和企事业单位建立和完善职工养老保险、工伤保险、失业保险、医疗保险等社会保障体系，并督促企业偿付拖欠职工、农民工的工资，切实维护劳动者的合法权益。2006年12月，县劳动和社会保障局被中华人民共和国劳动和社会保障部评为“全国劳动保障系统2001—2006年度集体一等功”。

根据中央的部署，全县机关事业单位多次进行机构改革和人事制度改革。1989年，国家机关工作人员实行公开考试，择优录取。1993年10月，推行公务员制度，确定公务员队伍“凡进必考”的用人机制。2004年，事业单位人员试行聘用合同制。2005年，全面推行专业技术职务评聘分开制度。1989—2007年，干部职工的工资进行2次改革和9次调整，工资福利待遇不断提高。县组织人事部门做好干部的调配、培训、考核、奖惩、人才引进以及退休人员管理等，发挥各方面干部的作用，为全县经济社会发展提供人才智力保障。

第一章 劳动

第一节 管理机构

一、行政机构

（一）县劳动和社会保障局

1989年，沿设平和县劳动局，为政府的科级机构，内设人秘股、调配股、工资股3个股级单位。1994年，增设劳动监察股。2002年8月，平和县劳动局更名为平和县劳动和社会保障局，内设人秘股、就业社保股、仲裁办公室、劳动监察中队4个股级单位，在职工作人员12人。2007年，内设机构调整为人秘股、就业培训股、社会保险股、劳动争议调解仲裁股（加挂“县劳动争议仲裁委员会办公室”牌子），在职工作人员12人。

（二）县安全生产监督管理局

1989年，平和县安全生产委员会办公室（简称“县安全办”）与县劳动局合署办公。2002年8月，县安全办撤销，成立平和县安全生产监督管理局（简称“县安监局”），为政府的科级机构。2007年，人员编制6人，实有在职7人。

二、事业机构

（一）县劳动就业管理中心

其前身为平和县劳动服务公司。2003 年 4 月更名为平和县劳动就业管理中心，仍为县劳动和社会保障局下属的县财政拨补股级事业单位，在职工作人员 8 人。至 2007 年不变。

（二）县社会劳动保险管理中心

其前身为平和县社会劳动保险公司。2004 年 5 月更名为平和县社会劳动保险管理中心，仍为平和县劳动和社会保障局下属的“自收自支”股级事业单位，2007 年 7 月起，经费渠道内为省财政核拨。人员编制为 9 人，在职工作人员 9 人。

（三）县医疗保险管理中心

2000 年 6 月 1 日，平和县医疗保险管理中心成立，为平和县劳动和社会保障局下属的县财政核拨股级事业单位，人员编制核定 12 人，在职工作人员 11 人。至 2007 年不变。

（四）县机关事业单位职工养老保险管理中心

2004 年 5 月，原县人事局下属的机关、事业单位职工养老保险管理中心转属县劳动和社会保障局，为自收自支副科级事业单位，在职工作人员 6 人。至 2007 年不变。

（五）县农村社会养老保险管理中心

2004 年 5 月，原县农村社会保险公司更名为平和县农村社会养老保险管理中心，为县劳动和社会保障局下属的自收自支股级事业单位，人员编制核定 3 人，在职工作人员 4 人。至 2007 年不变。

（六）县劳动保障监察大队

2003 年，原县劳动监察中队撤销，成立平和县劳动保障监察大队，为县劳动和社会保障局下属的县财政核拨股级事业单位，在职工作人员 3 人。至 2007 年不变。

（七）县技工学校

1989 年，续办漳州市技工学校平和分校（简称“平和县技校”），为县劳动和社会保障局下属的县财政核拨股级事业单位。学校编制 20 人。2007 年，在职工作人员 14 人。

三、企业机构

2004 年 3 月，成立平和县劳务派遣有限公司，隶属县劳动和社会保障局。公司设经理室、业务室、档案室，工作人员 5 人，其中兼职 2 人。至 2007 年不变。

第二节 就业安置

一、待业与失业人员就业

1989 年，县劳动部门根据形势发展，取消计划招工，实行由用工单位以合同制形式自主招聘员工；就业安置由过去单纯在国有企业和集体所有制企业，扩展到乡镇企业、“三资”（外商投资、台商投资、港商投资）企业、私营企业和个体企业。至 2000 年，县劳动部门通过发布招工信息、求职登记、职业介绍、举办劳务洽谈会、就业指导等，帮助城镇待业人员就业 42337 人，下岗失业人员再就业 8897 人。

2003 年，县劳动部门搜集用工信息 85 条，提供有效岗位 5620 个，办理求职登记 4561 人，发放“再就业优惠证”681 本，帮助城镇待业人员新就业 2687 人，下岗失业人员再就业 538 人。

2005 年，帮助城镇新增就业人员 3485 人，下岗失业人员再就业 603 人。其中通过开展“一户一就业”帮扶活动，使 750 名贫困户待业人员实现就业。

2007年，全县分发各类就业宣传材料4万多份，发布用工信息156条，举办劳务洽谈会36场次，帮助城镇新增就业4244人，下岗失业人员再就业825人，其中“4050”（距退休前下岗的女职工40周岁以上、男职工50周岁以上）人员再就业160人，帮助1255个贫困户、残疾人、特殊群众实现“一户一就业”。

二、技校毕业生就业

1989—1991年，县劳动部门通过县技工学校，定向招生培训，毕业后实行定向分配安排就业。3年共安排毕业生就业217人。

1992年，技校毕业生实行劳动部门介绍就业、自愿组织起来就业等形式实现就业。至1995年，毕业生就业190人。

1996年，技校毕业生实行合同制分配。至2007年，共安置毕业生就业1624人。

三、农村劳动力转移就业

1989年，针对农村剩余劳动力进城务工日益增多的新情况，每年通过发布招工信息、提供咨询服务和就业指导，组织劳务输出，帮助农村剩余劳动力转移就业。是年，全县实现农村劳动力转移就业14165人次，其中转移县外12413人次。1990年转移14213人次，其中转移县外12168人次。1995年转移12618人次，其中转移县外10167人次。2000年转移10965人次，其中转移县外7963人次。

2001年，成立县职业培训中心，组织农村劳动力参加职业技术培训，促进转移就业。至2003年，全县实现转移就业32226人次，其中转移县外23366人次。2004年3月成立平和县劳动派遣有限公司后，与河南、湖南、陕西、江西、重庆等12个省市20多家企业建立长期劳务派遣关系，通过派遣服务，变“无序转移”为“有序转移”。

2005年，全县建立50个村级劳务站，在全省率先推行“村级建站，派遣对接，推进农村劳动力转移就业”新机制，解决“企业招工难”和“农民工求职难”问题。是年，全县实现农村劳动力转移10945人次，其中转移县外7963人次。向16家企业派遣员工2324人，做到派遣员工劳动合同和派遣协议签订率100%，工伤、养老、失业、医疗、生育5种保险综合参保率60%，实现农民工与其他就业群体“同工同时，同工同酬，同工同权”。

2006年，全县村劳务站健全“劳动部门挂钩，企业劳务协作，外出务工人员联系，报酬经费与实绩挂钩”制度，通过村劳务站发布用工信息，举办县内缺工企业、厦门机场用工、上海物流用工等专题招聘会。是年，全县劳务派遣农民工4414人，“5种保险”综合参保率75.9%。继2005年9月6日漳州市劳务派遣促进农村劳动力转移现场会在平和召开之后，2006年8月16日，省劳动保障厅在平和召开“全省劳务派遣经验交流会”，推广平和“村级建站、派遣对接”的经验。12月，中华人民共和国劳动和社会保障部授予平和县劳动和社会保障局“全国劳动保障系统2001—2006年度集体一等功”。

2007年，全县村级劳务站扩大到163个，占总村数的67.9%，先后召开村劳务站长和企业主代表洽谈会36场次。县劳动部门推出短信平台新举措，用发短信的形式将用工信息发布到供求双方的手机上。是年，共发布机械加工、服装加工、蜜柚加工等各种用工信息短信5000多条，全县实现农村劳动力转移14340人次，其中转移县外10216人次。

第三节 职业培训

一、就业培训

1989年起，县劳动部门根据待业人员和农村劳动力转移就业人员日益增多的新情况，不断扩大就业培训规模。1989—2000 年，共举办就业培训班 520 期，免费培训 16500 人，培训项目主要有电平车工、电子装配、烹调、彩绘、果树栽培等。

2001—2003 年，开展以农副产品加工业、营销业为主要内容的实用技术培训。全县以乡镇和定点企业为单位，共举办培训班 57 期，由县劳动部门负责提供师资和教材，参加转移培训的农村劳动力 56223 人。县劳动部门举办再就业培训班 35 期，培训下岗失业人员 2608 人。

2004 年，创新培训机制，采取“乡镇组织人员，劳动部门培训技术，企业提供设备”联合培训办法，解决农村劳动力转移普遍存在的人员组织难、培训经费缺和培训后就业率低的问题，得到省、市劳动部门的肯定。是年，在小溪、五寨等乡镇举办电车工技术培训，参训 600 多人全部推荐到县内 5 家服装厂就业。同时，举办下岗失业人员再就业培训 21 期，受训 1008 人。2005 年，举办农村劳动力培训 226 期，受训 17032 人；举办再就业培训 26 期，受训 1218 人。

2006—2007 年，县劳动部门配合各乡镇，以村为培训基地，采取订单式培训、委托培训、校企联合培训等多种形式，开展家政服务、电子装配、钳工、农产品包装加工等技术培训，共培训 16684 人。

二、在岗培训

1989 年起，推行职业资格证书制度，开设电工、汽车驾驶、美容美发、火电水电运行、电焊等专业的职业技能培训班。至 2007 年，全县共有 6417 名在岗职工参加培训，其中有 955 名职工分别取得相应级别的职业资格证书。

三、职业技能鉴定

1994 年 12 月，县成立职业技能鉴定站。1995—2007 年，全县逐年开展中高级钳工、初中级无线电装接工、中级烹饪工等职业技能鉴定，累计鉴定高级工 55 人次，中级工 1508 人次，初级工 549 人次。

第四节 劳动管理

一、鉴证与争议仲裁

1990 年开始，配合企业全面推行劳动合同制，抓好合同的签订和鉴证工作。当年，鉴证劳动合同 189 人，其中国有企业 157 人，事业单位 32 人。

1991—1995 年，鉴证劳动合同 6032 人，其中国有企业 5676 人，事业单位 356 人。

1996 年，开始受理劳动争议案件 6 起，涉及 53 人，其中集体争议案件 2 起，涉及 45 人，结案率 100%。1997—2000 年，鉴证劳动合同 3901 人，其中新鉴证劳动合同 516 人，变更劳动合同 68 份。受理劳动争议案件 3 起，涉及 28 人。

2001—2006 年，鉴证劳动合同 13286 人，其中新鉴证劳动合同 5343 份，变更劳动合同 78 份，补签 566 份，督促签订 663 份。

2007 年，全县受理劳动争议案件 5 起，通过调解结案 4 起，1 件不予受理。

二、劳动监察

1989 年，全县劳动监察工作尚未开展。直至 1994 年 4 月，县劳动局内设劳动监察股（后成立劳动监察中队），依照《福建省劳动监察员暂行规定》开展工作。当年监察各类企业 82 家，其中国有企业 26 家，

“三资”企业23家，私营企业13家，集体企业4家，事业单位3家，其他企业13家。发出整改通知书6份，劳动监察指令书35份，补办务工许可证655份，补交临时工管理费3.87万元。1995年，4次组织各职能部门人员深入120家各类企业，进行《中华人民共和国劳动法》执法情况大检查，发出整改通知书82份，提出整改意见101条。1996年，开始对各类企业实行用工年度审查，以保证《中华人民共和国劳动法》顺利实施。1997年，共监察各类企业118家，发出整改、指令通知书84份，提出整改意见87条。

1998年9月，建立报警登记制度，组织开展社会保险和国有企业下岗职工基本生活保障工作大检查，组织劳动监察员深入存在问题的9家企业实施监察，促使企业补签协议36份，兑付拖欠职工工资和离退休费2.6万元。当年共监察企业89次，发出指令书1份，整改通知书76份。1999年，采取平时巡查、举报专查、重点监察的方法开展监察。全年共监察企业121户，追缴养老金3.24万元，追发拖欠工资6.57万元，处理群众举报案件2件。

2000—2001年，监察用工单位114家次，发出整改、指令书88份，提出整改意见117条，追发拖欠工资3.9万元；4次上街开展咨询活动，接待咨询1224人次，分发各种宣传材料3220份；按时布置劳动用工单位参加年检，参检单位达475户次。2002年，根据全省统一部署，开展劳动执法监察与检查。其中，4—5月开展维护民工权益大检查，6月开展劳动市场大检查，9—10月开展使用童工情况大检查，11—12月开展农民工资支付情况大检查和《中华人民共和国工会法》实施情况大检查。同时，参与“110”联动活动，按照联动的要求做好值班值勤，完成接警和出警任务，全年共接警21次，出警21次。

2003年，规范劳动力市场秩序。重点对各乡镇15个劳动保障事务所及34个劳动保障工作站进行业务规范指导，做好就业准入控制。检查跃劲、天棋两家企业，办理就业证明806份，办理求职证450份。建立劳动力资源储备制度，储备农村劳动力及下岗失业人员人才档案4561人。开展工资集体协商5家。查处非法使用童工两起。当年7月14—20日，与卫生、安监、工会等部门联合开展职业病、未成年工、女工权益特殊保护专项检查，共检查从事粉尘、有毒工种企业51家，发现未采取防护措施企业26家及使用未成年工2人等问题，发出责令整改26条。全年共受理企业工资拖欠案件10件，追讨拖欠农民工工资2.1万元。通过举报检查及专项检查，共检查各类企业216家，发出整改意见323条。

2004年，开展拖欠农民工工资的大检查、大清理。全县拖欠农民工工资总额为123.78万元，涉及人数506人，其中：拖欠1年以内13.93万元，涉及人数65人；拖欠1年以上的109.85万元，涉及人数441人。属基建工程项目拖欠工资的占97.6%。至12月底，追讨偿付121.30万元，占98%。2005年，做好就业准入控制。检查文峰工业区、大坂洋工业区等8家企业，办理就业证1628份，办理求职证880份。储备农村劳动力及下岗失业人员人才档案6862人。开展工资集体协商1家。参与“110”联动和处理职工投诉举报检查，全年共接警36次，出警36次，受理企业工资拖欠案件22件，追讨拖欠职工及农民工工资总额10.24万元，涉及人数46人。2006年，专项检查文峰工业区、大坂洋工业区等15家。办理就业证1200份，办理求职证760份。储备农村劳动力及下岗失业人员人才档案8802人。参与“110”联动和处理职工投诉举报检查，全年共接警48次，出警48次，受理企业工资拖欠案件32件，追讨拖欠职工及农民工工资5.8万元。

2007年，在全县范围内开展拉网式整治非法用工，打击违法犯罪专项行动。由相关单位执法人员18人，组成3支执法队伍，重点对乡村小砖窑、小矿山、小作坊、城乡接合部的私营企业和个体工商户进行检查，边检查、边发出“责令限期整改通知书”。截至8月22日，共发出整改通知书511份，责令507家用工单位补办社会保险登记，补缴社会保险费113.3万元，督促1812名劳动者办理社会保险，取缔1家证照不全的小砖窑。是年，还开展以《中华人民共和国劳动法》《中华人民共和国刑法》《中华人民共和国未成年人保护法》等法律法规为内容的现场咨询活动，接受咨询150多人次，分发宣传材料3500多份。

第五节 社会保险

一、养老保险

（一）企业职工养老保险

1989年，职工养老保险从单一的合同制工投保，发展为对固定职工、集体混岗职工实行社会统筹。至1991年，全县企业职工参保10006人，基金征收321万元，支付养老金236万元。1994年起，养老保险扩大到“三资”企业、私营企业，逐步建立基本养老保险与企业补充养老保险和职工个人储蓄性保险相结合制度。1996年1月起，城镇企业职工基本养老保险建立个人账户。

2001年起，养老保险扩大到城镇个体劳动者，对原国有企业下岗职工等自谋职业人员，允许以个人身份自主缴费并纳入养老保险省级统筹范围。企业离退休人员3938人，发放养老金1975.82万元，全部通过银行、邮政等社会服务机构领取，社会化发放率100%。2002年，完善数据库信息，规范代收代缴窗口的业务管理工作，确保每位参保的企业离退休人员按时足额领到养老金。2006年，宣传贯彻国务院《关于完善企业职工基本养老保险制度的决定》，继续开展社保扩面和社会化管理服务，当年征收基本养老保险费2636万元，发放4536.05万元，分别比增43.9%和27.3%；完成社会化管理5765人，占96.1%。

2007年，全县企业职工养老保险，参保人数增至13868人，完成市下达任务107.8%；基金征收1500万元，完成市下达任务102%；发放养老金5290万元。第六次提高基本养老金水平，人均由1998年386元增至653元，并连续七年实现养老金100%按时足额社会化发放，其中纳入社区管理服务的占88%。

1998—2007年平和县企业职工养老保险情况表

表25-1-1　　　　单位：人、万元

年份	参保人数	基金收入	基金支出
1998	8501	849.91	978.13
1999	8815	870.65	1295.06
2000	8904	1020.90	1357.46
2001	6952	1105.00	1975.82
2002	6959	910.00	2059.00
2003	7054	912.00	2537.00
2004	7173	987.00	2842.00
2005	10665	1956.00	3495.88
2006	12037	2636.00	4536.05
2007	13868	1500.00	5290.00

（二）机关、事业单位职工养老保险

1995年，全县机关事业单位开始实施职工养老保险，参保人数635人，征收保险基金35.58万元。当年享受退休金待遇66人，支付养老金12.2万元。由于机关事业单位社会保险养老基金属县级自主统筹的分级管理办法，基金面临收不抵支风险，致使一部分自收自支的事业单位因经济效益差等原因，造成无力缴费而停保、欠费，退休人员的养老金无法正常支付。2004年，县政府先后4次召集相关单位人

员参加协调会，出台解决机关事业单位社保存在问题的政策措施，加强社保基金收缴和追讨旧欠工作。当年，全县共补缴养老保险费 98 万元，妥善解决上峰林场、南溪水管所等 5 个单位 100 多人养老金欠缴及退休人员养老金发放问题。2005 年，对欠缴机关社保金的效益差单位，采取按计划签合同逐年补缴办法，当年追讨补缴 14 个乡镇及 4 个机关事业单位养老金 50 多万元，征收机关养老保险金 3858 万元，吸纳中医院、地产交易所、土地监察中队、农科所等 7 家 110 人参加机关社保。

2007 年，全县机关事业单位职工参保人员 8420 人，公务员参加社会保险 1200 人，总金额 241.4 万元。当年征收社保基金 6013.44 万元，支付 5682.16 万元，基金累计结余 331.28 万元。

1995—2007 年平和县机关事业单位职工养老保险情况表

表 25-1-2　　单位：人、万元

年份	参保人数	基金收入	基金支出
1995	635	35.58	12.20
1996	637	84.45	35.81
1997	758	120.27	44.38
1998	876	153.26	58.43
1999	950	96.87	71.78
2000	930	73.99	39.77
2001	8857	1388.44	1912.93
2002	8780	2735.43	2605.16
2003	8720	3327.04	3128.98
2004	8543	4101.00	4191.00
2005	8719	3867.72	3916.21
2006	8445	4968.20	4653.40
2007	8420	6013.44	5682.16

（三）农村社会养老保险

1992 年 10 月，平和县被民政部列为全国农村社会养老保险（简称“农村社保”）工作试点县后，至 1996 年，全县发动参加农村社保 21720 人，累计收取保费 568 万元，给 14 人发放养老金 0.5 万元。1996 年 5 月 27—28 日，全省农村社保工作现场会在平和召开，省有关领导提出“学习平和经验，推进全省农村社保事业发展”。1997—2004 年，全县新增参保 3905 人，累计收取保费 185 万元，给 421 人发放养老金 34.40 万元。

2004 年 5 月后，农村社保工作由县民政局移交县劳动和社会保障局办理。2005 年，新发动义务兵、村主干等 393 人参加农村社保，收取保费 81.5 万元。2006 年，县劳动和社会保障局与县民政局联合，鼓励扶持村主干带头参保，推动农保扩面工作全面开展。当年，全县新增参保 293 人，增收保费 88 万元，完成市下达任务 110%，保费总额居全省前十名、全市第二名。

2007 年，继续在经济基础较好的村，以及在村干部、义务兵、有稳定收入的人群中发动参保。当年，全县新增参保 381 人，农保基金征收 92.48 万元，居全市前列，为 402 人发放养老金 15.52 万元。至 2007 年年底，全县保留参加农村社保 26351 人，基金累计结余 1379 万多元。

1993—2007年平和县农村社会养老保险情况表

表25-1-3　　　　　　　　　　　　　　　　　　　　　　　　　　　　　　单位：人、万元

年份	参保		发放养老金		办理退保	
	人数	收取保费	人数	金额	人数	退保金额
1993	4021	54	0	0	0	0
1994	1448	47	0	0	0	0
1995	8031	144	6	0.20	0	0
1996	8220	323	8	0.30	14	0.50
1997	1600	53	13	0.40	15	0.60
1998	994	62	30	3	30	7
1999	913	37	42	4	35	7
2000	189	11	42	4	28	3
2001	31	1	55	5	30	2
2002	43	3	55	5	29	3
2003	50	4	78	6	25	2
2004	85	14	106	7	31	2
2005	393	81.50	135	8	37	4
2006	293	88	157	9	26	2
2007	381	92.48	402	15.52	41	6

二、失业保险

1989年，全县纳入失业保险的单位150个，职工数7222人，收缴保险基金14.9万元。1991年，全县参加失业保险人数11208人，征收失业保险费5.57万元，尚无人员享受失业保险待遇。

2001年，全县有1200多名失业人员年应发放失业金300万元，但失业保险基金收入只有150万元，缺口大。翌年，按时足额为1108名失业职工发放失业金238.08万元。2003年，为1165名下岗失业人员发放失业金281.89万元。2004年，为634名下岗失业人员发放失业金196.23万元。

2005年，全县征收失业基金176.3万元，超额完成市下达170万元征收任务；发放208.51万元。2006年，全县征收失业基金151.8万元，为806人发放失业金255.7万元。

2007年，建立失业保险预警预报制度，做好失业保险金的收支预算，确保参保人员按时足额领取保金。当年，全县参保单位177户，参保人数12436人，完成市下达年任务的101.1%；失业保险基金征收168万元，完成市下达任务的114.2%；为8803人发放失业保险金322万元。

三、工伤保险

1993年，全县在国营企业中推行工伤保险参保单位143家，参保人数4100人，征收工伤保险金10.94万元。当年支付工伤保险费5.17万元。1998年和2000年，参保人数分别为8501人和8904人，征收工伤保险金分别为10.94万元和6.77万元，支付工伤保险费分别为5.17万元和4.82万元。

2003年4月国务院《工伤保险条例》颁布后，县劳动保险部门加强工伤保险保险扩面工作，根据城镇一体化劳动就业保障机制要求，指导督促企业为农民工办理工伤保险。2004年起，职工工伤保险扩大

到集体企业、“三资”企业和民营企业，全县新增工伤保险扩面2102人，其中16家企业为1031名农民工办理工伤保险，全县工伤保险参保8320人，当年为14名工伤对象支付工伤金30.8万元。2006年，组织实施以工伤保险扩面为重点的“平安计划”，联合安监、建设等部门督促矿产、建筑等企业为员工缴纳工伤保险费，督促劳务派遣企业为100%员工缴纳工伤保险费。

至2007年，全县参加工伤保险人数10186人，征收工伤保险金50万元。当年享受工伤保险待遇54人80万元。

四、生育保险

1993年，全县在国营企业中推行生育保险制度，参保人数1502人，征收生育保险金2.95万元，支出1.2万元。1998年，参保人数3206人，征收生育保险金11.82万元，支出5.05万元。2002年，参保人数5625人，征收生育保险金7.56万元，支出5.85万元。2004年，职工生育保险扩大到集体企业、“三资”企业和民营企业，当年参保人数6190人，征收生育保险金10.53万元，支出7.12万元。

2007年，参保人数6286人，征收生育保险金13万元。当年享受生育保险待遇12人3万元。

五、医疗保险

2000年9月起，全县机关、事业单位正式实施基本医疗保险制度，参保单位185个，参保人数11866人，占应参保人数的90%，缴交医疗保险费348万元，支付医疗费275万元，为县财政节约近200万元的支出。2003年，建立医疗保险电脑网络并实行IC卡管理，新增扩面3个单位，职工331人，征收基本医疗保险费719.09万元，支付642.53万元，当年基金结余76.56万元，累计结余280.28万元。其中，清理教育系统欠缴基金250万元，理顺教育系统职工医疗保险费欠缴及报支难问题。2004年，投资25万元，建立完善医疗保险电脑网络，成为继龙海、南靖之后全市第三个实现网络化管理的县。当年新增10个单位，吸保1269人；追缴拖欠医保金54万元，征收647.84万元，报支500.71万元，当年结余32.76万元，累计结余283.22万元。2005年，针对教育系统医疗费报销难题，采取由县财政提高统筹配套金，即由3%提至5%，单位不负担统筹金，实行“大病基本医疗保险”办法，既解决教育系统单位无力缴交统筹金问题，又解决医疗费报销难题。

2006年，出台《企业退休职工及改制企业退休职工参保办法》，吸纳平和农用车厂改制企业120名退休人员进保，全县新增4个乡镇及10家企业1555人进保，完成市下达任务的103.7%。由县财政统一支付统筹金，实行“大病统筹”参保办法，解决全县教育系统及乡镇干部职工医疗费报销难题。

2007年，根据全县参保人员分布散、居住山区等情况，不断完善医保定点机构布局。将全县国有医院全部纳为定点医疗机构，在县城确定5间定点零售药店，并与市中心的5间定点零售药店、县医院和县中医院及乡镇中心卫生院门诊联网，方便参保人员就医购药和结算。全县参加城镇职工基本医疗保险人数19290人，其中机关事业单位参保职工13665人，企业参保职工5435人，城镇个体工商户及灵活就业人员190人；征收医疗保险金1758万元，享受医疗保险待遇1067人1146万元。同年7月1日成立平和县新型农村合作医疗（简称“新农合”）管理中心，开始在全县农村实施“新农合”。这一年，全县参加人数36.23万人，参合率75.7%，征收基金2363万元。“新农合”住院补偿封顶线为3万元，门诊特殊病种补偿范围为10种。乡镇卫生院的住院补偿比例为80%，县级定点医疗机构的住院补偿比例为60%，县外级住院补偿比例为35%。全县支付“新农合”的住院医药费补偿6891人次，资金计583.09万元。为了让农民患者简化报领手续，在县医院及各乡镇卫生院设立17个“新农合”报账中心窗口，农民患者可就近报领补偿金。

第六节 职工工资

1989年，全民所有制企业职工工资由计时工资、基础与职务工资、计件工资、奖金、物价补贴、工龄补贴、加班加点工资等组成。是年，全县全民所有制企业职工年平均9170人，工资总额1218.49万元，人均工资1328.77元。城镇集体所有制企业职工工资实行计件工资，加上各种奖金、物价补贴、加班加点工资等。全县城镇集体所有制企业职工年平均7422人，工资总额813.16万元，人均1095.5元。

1993年进行工资制度改革，企业工资总额同经济效益挂钩，全部职工工资由计时和计件标准工资、计件超额工资、奖金、津贴、物价补贴等组成。这一年，全县国有企业职工平均9860人，工资总额1498.4万元，人均1501.1元；城镇集体所有制企业职工年平均2628人，工资总额436.1万元，人均1659.4元；其他所有制企业职工年平均1185人，工资总额241.3万元，人均2036.2元，其中外商投资企业职工人均工资2000元，港澳台投资企业职工人均工资2037.8元。

1994年10月起，根据福建省最低工资规定，实行企业职工最低工资保障制度，规定用人单位支付劳动者工资，不得低于县内核定的最低工资标准。1995年，全县国有企业职工人均工资2950元，城镇集体企业职工人均工资2430元，其他所有制企业职工人均工资5240元，分别比1993年增加1448.9元、770.6元、3203.8元。其中，港澳台投资企业职工人均工资增加3492.2元，外商投资企业职工人均工资增加150元。

1996—2007年，国有和集体企业实行工资总额使用手册制度，企业的工资分配由政府总量控制向市场调节过渡。私营企业、外商投资企业、港澳台投资企业的职工工资，由企业自主确定工资水平，但不得低于县内核定的最低工资标准。2007年，全县国有企业职工人均工资11182元，比1996年增加2倍多，比2006年增加22.9%；城镇集体企业职工人均工资13308元，比1996年增加5.5倍，比2006年增加25.7%；其他所有制企业职工人均工资13579元，比1996年增加1倍多，比2006年增加26%。其中，港澳台投资企业职工人均工资11189元，比1996年增加1倍多，比2006年增加3%；外商投资企业职工人均工资12673元，比1996年增加3.1倍，比2006年增加5%。

1995—2007年平和县企业职工工资情况表

表25-1-4　　单位：人、元

年份	国有企业		城镇集体企业		其他所有制企业			
	在岗职工人数	人均工资	在岗职工人数	人均工资	在岗职工人数	人均工资	其中	
							港澳台投资企业人均工资	外商投资企业人均工资
1995	10427	2950	3908	2430	1650	5240	5530	2150
1996	8576	3286	2806	2035	1768	6634	5254	3054
1997	8425	3771	2420	3440	2093	5986	5969	
1998	5109	4172	2292	4150	2206	5449	5929	6051
1999	5030	4485	2028	4705	2355	5563	5346	6656
2000	5065	5413	2067	3550	1251	7584	7969	6641
2001	4294	6315	1676	5031	1166	6622	6963	5918
2002	3904	6665	1371	6356	2475	5718	5835	6660
2003	3326	7587	908	6421	3441	7223	6986	6986
2004	3530	8886	1706	7067	3739	8083	8783	10158
2005	3581	8735	1558	8847	3318	8852	8215	21916

续表 25-1-4

年份	国有企业		城镇集体企业		其他所有制企业			
	在岗职工人数	人均工资	在岗职工人数	人均工资	在岗职工人数	人均工资	其中	
							港澳台投资企业人均工资	外商投资企业人均工资
2006	3607	9094	1219	10581	3926	10728	10836	12020
2007	3551	11182	977	13308	3155	13579	11189	12673

1994—2007 年平和县企业职工月最低工资标准情况表

表 25-1-5　单位：元 / 人

执行时间	最低工资标准
1994 年 10 月 1 日	170
1995 年 7 月 1 日	180
1996 年 7 月 1 日	185
1997 年 7 月 1 日	190
1998 年 7 月 1 日	190
1999 年 7 月 1 日	210
2000 年 7 月 1 日	220
2001 年 10 月 1 日	235
2003 年 11 月 1 日	280
2005 年 7 月 1 日	400
2006 年 7 月 1 日	480
2007 年 8 月 1 日	570

第二章 人事

第一节　管理机构

一、县人事局

1989 年，县人事局机构不变，为政府的科级机构，综合管理全县国家公务员、专业技术人员和归口管理的机关事业单位工勤人员。内设公管股、调配股、专技股、工资福利股 4 个股级单位。

2007 年，县人事局内设综合股、调配股、专技股、培训股、工资福利股、仲裁股 6 个股级单位，配备工作人员 15 人。

二、县退休干部管理办公室

1989 年 9 月成立平和县退休干部管理办公室，为副科级单位，配备 2 名工作人员。至 2007 年不变。

各乡镇人民政府设立退休干部管理服务站，配备工作人员 1 ～ 2 人。

三、县人才交流中心

1989 年，平和县人才交流中心仍为平和县人事局所属的股级事业单位。至 2007 年，仍配备 3 名工作人员。

第二节 干部管理

一、来源

（一）考录聘用

1989 年，国家机关工作人员录用实行公开考试，经过笔试、面试、体检、考核、择优录取，当年全县录取 8 名。至 1993 年 9 月，全县共录取 32 名，主要补充在监察、计生、审计、统计、外经、广电、劳动等单位。同年 10 月 1 日施行《国家公务员暂行条例》，推行公务员制度，确立公务员队伍“凡进必考”的用人机制。1993 年 10 月至 1996 年 6 月，通过统一笔试、面试、体检、考核等，全县录用公务员 18 名。其间，从乡镇基层所站及有关单位和农村主干中，录聘干部 192 人。1996 年 7 月至 2005 年，全县考录公务员 82 名。

2005 年，开始试行事业单位人员聘用制，全县共有 1820 名干部职工与用人单位签订聘用合同，聘用期为 3 年。

2006 年，全县考录 10 名公务员到县公安局就业，有 26 名森林公安民警过渡为公务员。

2007 年，全县考录 39 名公务员到县公安局和公安局森林分局就业。

（二）毕业生安排

1989 年，全县接收安排大中专毕业生 344 人，到行政机关、企事业单位。1990—1991 年，全县共接收安排大中专毕业生 354 人，到行政机关、企事业单位。1993—1996 年，全县共接收安排大中专毕业生 1576 人，到行政机关、企事业单位。

1998 年开始，大中专毕业生的就业政策由计划体制下的指令性派遣转到根据市场需要，实行“双向选择，自主择业”，凡进入国家行政机关、事业单位，都要经过统一考试录用。2000—2005 年，全县有大中专毕业生 661 人，考录进入国家行政机关、事业单位。

2006 年，全县招聘 54 名师范类本科毕业生到中学就业，考试聘用 34 名大中专毕业生到乡镇计生服务所和乡镇卫生院就业。

2007 年，全县考试招聘 77 名师范类大中专毕业生到农村中小学任教，考试招聘 46 名大中专毕业生分别到乡镇服务中心、市容管理局、灵通风景区管委会等事业单位就业。

（三）接收安置

1999 年起，接收选调生、选拔生到国家机关就业。至 2007 年，全县共接收选调生、选拔生 33 人。

二、调配

1989 年，县机关事业单位在编人员根据工作需要和本人申请要求，经单位和主管部门同意，报县组织、人事、编制部门联席会议研究同意后办理调动手续。其中，属党群部门和乡镇干部由县委组织部办理，行政机关和事业单位干部职工由县人事局办理，全县办理调动 183 人。1995 年，办理调动 54 人。2000 年，办理调动 121 人。2006 年，办理调动 176 人。2007 年，办理调动 546 人。

三、培训

（一）机关工作人员培训

1994年起，对县、乡镇机关工作人员过渡国家公务员进行培训，属正副科级干部由市行政干部学院培训，科员、办事员由县委党校培训。学习内容根据国家人事部统一规定的教材，包括公务员应用写作、行政管理学、社会调查研究方法、公务员行为规范、宏观经济管理等。至1996年，全县共有1566人参加培训。2002年，对机关工作人员进行更新知识培训，学习依法行政和世界贸易知识，全县共培训1300人。2004年，组织机关工作人员980人参加《中华人民共和国行政许可法》培训，并经考试，取得合格证书。

（二）专业技术人员继续教育

1996年开始，组织事业单位专业技术人员继续教育，中级及以上职称者每年完成72学时，由市人事局负责继续教育；初级职称者每年完成42学时，由县人事局负责继续教育。至2007年，全县有7000多名专业技术人员参加不同系列各自专业的继续教育，并经人事部门考试确认。

四、考核

1989年起，对国家行政机关工作人员的思想、作风、工作表现进行年度考核。1989—1993年，由县人事局负责对全县科级及其以下工作人员进行年度考核。1993年后，实施《国家公务员暂行条例》，年度考核按照干部管理权限，县人事局负责政府机关事业单位及其全县事业单位工勤人员的年度考核，县委组织部负责党群机关、乡镇工作人员和全县正副科级干部的年度考核。各单位采取先由本人自我总结汇报，然后进行集体民主评议。机关工作人员考核标准分为优秀、称职、基本称职、不称职；事业单位工作人员和工勤人员考核标准分为优秀、合格、基本合格、不合格。年度考核结果作为奖惩、任免的依据。

五、退休干部管理

1989年9月，成立平和县退休干部管理办公室，各乡镇相应成立退休干部管理服务站，教育系统成立系统及中学、学区退休教师协会，负责协调处理退休干部（教师）的政治、生活待遇，组织退休人员活动。每年老年节、春节，各级财政拨出专项经费，开展慰问活动，给退休人员发放慰问金、慰问品。各乡镇、县直各系统、部门普遍建立退休活动室，从经费上支持退休干部订阅《福建老人报》。教育系统每年都组织退休干部（教师）开展健身、文体活动、诗画比赛等，还为七十、八十大寿者举行祝寿活动。

1996年起，全县对年满50周岁退任的村委会主任、村党支部书记，实行定期定额生活补助。其中，任职满10年至15年者，每人每月定补15元；任职满16年至20年者，每人每月定补20元；任职满21年及以上者，每人每月定补25元。2005年1月起，上述定补标准分别提高为30元、40元、50元，至2007年不变。

第三节 工资 福利

一、工资

1990年，国家机关、事业单位工作人员普调一级工资。在职人员7239人，符合普调一级人数7177人，人均月增资9.54元；退休干部700人，人均月增资8.54元；退休工人210人，人均月增资8.08元。

1991年，对农村第一线科技人员浮动工资给予办理增资。全县享受浮动工资总人数152人，其中浮动转固定人数82人，月增资1155元，拟以再向上浮动一级82人，月增资683元。

1992年，根据国务院规定，机关事业单位工作人员工龄津贴由原来每工作1年0.5元调整为1元，全县有在职人员7727人，离退休人员729人，调整工龄工资。

1993年，根据国务院和省政府文件规定，对机关事业单位工作人员进行工资制度改革。这次工资改革增资额是中华人民共和国成立以来历次调资最多的一次，而且建立机关、事业单位实行不同的工资制度，执行时间从10月起。具体是：机关工作人员实行职级工资制，由职务工资、级别工资、基础工资和工龄工资四个部分构成；事业单位根据自身特点和经费来源不同，分为全额拨款、差额拨款、自收自支3种类型；专业技术人员分为5种不同类型的工资制度，管理人员工资由职务（等级）工资和津贴两部分构成。工人分成技术工人、普通工人，执行岗位技术等级工资和津贴两部分。建立正常增资制度，包括：正常升级，晋升职务（技术等级）增加工资和定期调整工资标准。改革奖金制度，对年度考核优秀和称职的工作人员，发给年终一次性奖金，标准按本人当年12月份的基本工资数额计发。当年，全县机关事业单位在职8656人工改，人均月增资128元；离退休1325人，人均月增资122元。

1995年，对于每两年考核均为称职（合格）以上人员，在本职务（技术等级）工资标准内晋升1个职务工资档次。是年，全县在职人员7934人，人均月增资22元，离退休人员1758人，人均月增资22.7元。对全县民办教师504人进行工改，人均增资106元。此后每年都有工作人员正常晋升1个职务工资档次；工作人员年度考核连续5年为称职或连续3年为优秀者，在本职务对应的级别内晋升1级工资；事业单位技术人员职称变动和工人技术等级岗位变动，工资也随着变动。

1997—2003年，5次调整机关事业单位工作人员工资标准和增加离退休费。其中：1997年7月起人均月增资20元，1999年7月起人均月增资127元，2001年1月起人均月增资108元，2001年10月起人均月增资72元，2003年7月起人均月增资72元。

二、福利

（一）津贴

1993年全县工资改革后，机关、事业单位工作人员有岗位津贴、职务津贴、地区补贴、生活补贴、考勤奖等福利待遇。教师、护士有教龄津贴、特教津贴、护龄津贴。公安、检察、法院、司法、安全、政法委等政法部门在编在岗人员，实行特殊岗位津贴，标准按其单位、岗位不同而定。个别特殊部门也相应建立行业津贴，如档案津贴、信访津贴、审计津贴、保密津贴、纪检监察办案津贴、武装部职工军械保管津贴等。

（二）丧葬费、抚恤金

1991年9月起，机关、事业单位工作人员死亡，发给一次性丧葬费和抚恤金。丧葬费标准按死者7个月的月最低工资标准计算，并按6个月的月最低工资标准发给一次性困难补助。其抚恤金按10个月的基本工资（基本退休费）、岗位津贴（生活补助费）和职务津贴等计发。对其未有固定生活收入和未成年子女的遗属，实行定期定额补助，以月最低工资为标准，属城镇居民按标准的50%计发，属农村居民按标准的45%计发。2006年10月，遗属定期定额补助取消城镇居民和农村居民区别。

（三）高龄补贴

1996—2007年，对机关、事业单位满70周岁以上的离退休干部增发高龄补贴，标准为每人每月50元。其中，对鳏寡孤单者，每人每月发给100元。对生活完全不能自理的退休干部，每人每月发给120元。

第四节 职称评聘

一、职称评定

1989年，全县建立19个系列的中级，初级职称评审委员会，开展专业技术人员职称的评审、聘任工作。至1990年底，全县事业单位5686人、企业单位1139人、行政单位117人申报职称评审，共评定高级职务59人，中级职务891人，初级职务5992人。

1994—2000年，全县对大中专毕业生见习期满，经考核确认4505人的专业技术职务。新建（增编）事业单位，经市职改办批准，评定高级职务108人，中级职务811人。事业单位因自然减员、调动、解聘等原因出现岗位人员空缺，补评高级职务47人，中级职务309人。

2001年起，中级、高级职数实行结构比例控制。至2004年底，全县评聘高级职务132人，中级职务876人，初级职务1565人。

2005年，全县推行专业技术职务评审、考试聘任分开制度，专业技术人员申报评审专业技术资格不受单位职数限制。是年，全县评审高级职称250人，中级职称2090人。

2006—2007年，全县各系列专业技术人员经评审结果，中学高级教师245人，中学中级教师936人，中学二级教师25人，中学三级教师7人；小学高级教师1092人，小学一级教师130人，小学二级教师2人；技（党）校高级讲师3人，技（党）校讲师3人，技校助理讲师2人；高级农艺师2人，农艺师17人，助理农艺师1人，农技员1人；兽医师1人，助理兽医师1人，助理实验师1人；高级工程师2人，工程师17人，助理工程师26人；馆员2人，助理馆员1人，管理员1人；政工师1人，助理政工师1人；记者2人，编辑1人，助理编辑1人；主任医师2人，副主任医师5人；三级艺术1人；高级会计师1人；主管药师1人，药师2人，药士48人。此外，通过直接确认，中学二级教师50人，中学三级教师42人，小学一级教师1人，小学二级教师12人。

二、职务聘任

2005年起，全县事业单位全面推行专业技术资格评审与职务聘任相分开制度。各单位对专业技术人员的聘任，在核定的聘任职数范围内择优聘任。聘任数实行动态管理。2005年，全县在聘的高级职务243人，中级职务1637人，初级职务409人。

2006—2007年，各单位的职务聘任，仅在本单位调出、退休等自然减员中另行聘任。

第三章 编 制

第一节　管理机构

一、行政机构

1989年，沿设县机构编制委员会办公室。

1990年6月，原平和县机构编制委员会办公室明确核定为正科级单位，与县人事局合署，配备工作人员2人。

1999年6月，县机构编制委员会办公室更名为中共平和县委机构编制委员会办公室（简称“县委编办”，加挂平和县人民政府机构编制办公室牌子），列入县委工作机构序列，为县委机构编制委员会的常设正科级办事机构，既是县委工作部门，又是县政府的工作部门。2004年11月，县委编办不再与县人事局合署办公。

2007年，县委编办内设机关编制管理科和事业编制管理科，人员编制4人，在职4人。

二、事业机构

1997年7月，成立平和县事业单位登记管理中心，为县编办下属副科级事业单位。2002年5月，管理中心更名为平和县事业单位登记管理局，承担县和乡镇两级事业单位的设立、变更、注销登记、核发证书和年度审验等工作。2007年，人员编制4人，实有在职2人。

第二节 机构编制管理

一、党政机构编制管理

（一）县级党政机构

1989年，经县编办审批，成立平和县退休干部管理办公室，为副科级单位，与县人事局合署。1991年，成立平和县广播电视局、平和县环境保护局、平和县技术监督局、平和县社会治安综合治理委员会办公室，均为正科级单位。

1997年5月，全县党政机构进行改革，按照政企分开、转变职能、精简统一的原则，精简党政机构，定职能、定内设机构，定人员编制。经市委编办审批，中共平和县委工作机构设5个，即县委办公室、组织部、宣传部、统一战线工作部、政法委员会。合署机构4个，即台湾工作办公室、机要局、精神文明建设办公室、社会治安综合治理委员会办公室。派出机构1个，即县直属机关党委会。议事协调办事机构1个，即县委农村工作领导小组办公室。另设立纪律检查委员会机关。县人民政府工作机构设26个，即政府办公室、计划局、农业局、人事局、教育局、公安局、民政局、司法局、财政局、审计局、卫生局、计划生育局、工商行政管理局、统计局、地方税务局、科学技术局、文化局、交通局、水利水电局、林业局、劳动局、建设局、土地管理局、环境保护局、对外经济贸易局、粮食局。合署机构5个，即侨务办公室、经济局、机构编制委员会办公室、打击走私领导小组办公室、监察局。部委办局管理机构6个，即老干部局、物价局、技术监督局、乡镇企业局、县委县政府信访局、地矿局。

2002年5月，全县党政机构进行新一轮改革，经市委编办审批，中共平和县委工作机构设8个，即县委办公室、组织部、宣传部、统一战线工作部、政法委员会、台湾工作办公室、机构编制委员会办公室、纪律检查委员会机关。派出机构1个，即县直属机关党委会。合署和挂靠机构8个，即机要局、保密局、“610”办公室、民族与宗教事务局、社会治安综合治理委员会办公室、县委组织员办公室、机关效能建设办公室、效能投诉中心。设部门管理机构3个，即老干部局，精神文明建设办公室、信访局。设议事协调办事机构1个，即县委农村工作领导小组办公室。县人民政府工作机构设20个，即政府办公室、发展计划局、经济贸易局、对外贸易经济合作局、农业局、教育局、公安局、司法局、民政局、财政局、人事局、卫生局、计划生育局、审计局、科学技术局、交通局、水利局、林业局、建设局、国土资源局。合署和挂靠机构9个，即外事侨务办公室、物价局、国防动员委员会经济动员办公室、乡镇企业局、劳动和社会保障局、环境保护局、监察局、政府机构编制办公室、政府台湾事务办公室。设部门管理机构4个，即统计局、粮食局、文化体育局、安全生产监督局。设议事协调办事机构2个，即革命老根据地建设与扶贫开发领导小组办公室、项目开发领导小组办公室。

2005年6月，全县党政机构再次进行改革，经市委编办审批，党政机构基本保持2002年机构改革的设置格局，在原有机构限额内，调整政府机构。其中，发展计划局更名为发展和改革局，计划生育局更名为人口和计划生育局，乡镇企业管理职能从农业局划出归经济贸易局。

2007年12月，全县党政机构设置格局不变。

（二）乡镇党政机构

1997年5月机构改革，乡镇党政机构设置6个办公室，即党政办公室、农业办公室、经济发展办公室、村镇建设办公室、民政办公室、计划生育办公室。2002年5月机构改革，原民政办公室改为社会事务办公室，其他5个办公室不变。乡镇的人大、纪委、人武部、工青妇等组织机构按有关规定设置。2007年，乡镇党政机构设置保持2002年的格局。

二、事业机构编制管理

1989年，县级事业机构设置591个。1997年5月机构改革，县级事业机构设置632个，乡镇事业机构设置15个。2002年5月机构改革，县级事业机构设置651个，乡镇事业机构设置75个。2005年6月机构改革，县级事业机构设置660个，乡镇事业机构保持75个。至2007年12月，县和乡镇事业机构设置不变。

第三节　人员编制管理

一、行政人员编制管理

1989年，全县县级机关行政人员定编1137人（不含政法系统，下同），实有1235人，乡镇机关行政人员编制655人，实有662人。

1997年，进行机构改革，压缩行政人员，全县县级机关行政人员定编525人，实有551人；乡镇机关行政人员定编570人，实有546人。

2002年，新一轮机构改革，调整机构设置和人员编制，全县县级机关行政人员定编551人，实有538人；乡镇机关行政人员定编456人，实有481人。

2005年，再次机构改革，压缩人员编制，全县县级机关行政人员定编513人，实有628人；乡镇机关行政人员定编456人，实有420人。

2007年12月，全县县级机关行政人员定编469人，实有546人；乡镇机关行政人员定编456人，实有394人。

二、事业人员编制管理

1989年，全县县直事业单位人员编制6129人，实有5587人，其中教育系统4703人，实有3867人。

1997年，进行机构改革，压缩人员，县直事业单位人员编制8631人，实有8856人，其中教育系统人员编制5979人，实有6165人；乡镇事业单位人员编制102人，实有85人。

2002年，新一轮机构改革，压缩人员编制。县直事业单位人员编制8417人，实有8815人，其中教育系统人员编制5850人，实有5840人；乡镇事业单位人员编制102人，实有82人。

2005年，结合机构改革，压缩行政人员，增加事业人员编制，县直事业单位人员编制8644人，实有8630人，其中教育系统人员编制5450人，实有5488人；乡镇事业单位人员编制102人，实有82人。

2007年，结合机构改革，精简机构，压缩事业人员编制。年底，县直事业单位人员编制8303人，实有7723人，其中教育系统人员编制5077人，实有5222人；乡镇事业单位人员编制102人，实有86人。

若干年份平和县行政、事业人员编制情况表

表 25-3-1 单位：人

年份		1989 年		1997 年		2002 年		2005 年		2007 年	
		编制	实有	编制	实有	编制	实有	编制	实有	编制	实有
县级行政机关	党委	128	120	151	124	151	123	130	142	133	124
	政府	936	1035	324	319	324	336	303	385	260	330
	人大	24	20	24	30	24	31	23	32	23	29
	政协	8	8	11	17	11	18	12	17	12	18
	群团	41	52	41	35	41	30	45	52	45	45
	合计	1137	1235	525	551	551	538	513	628	469	546
县直事业单位		6129	5587	8631	8856	8417	8815	8644	8630	8303	7723
乡镇行政机关		655	662	570	546	456	481	456	420	456	394
乡镇事业单位		138	308	102	85	102	82	102	82	102	86

第四节 事业单位登记

1997 年 8 月开始，依照国务院《事业单位登记管理暂行条例》规定，对县和乡镇的事业单位法人进行申请登记发证，并对登记造册的事业单位的登记项目执行情况及活动情况进行年度审验。翌年，登记发证 536 个，法定代表人变更登记 65 个，完成年检 428 个。

2000 年，全县事业单位登记发证 579 个，法定代表人变更登记 72 个，完成年检 463 个。2006 年，县事业单位新登记发证 10 个，法定代表人变更登记 35 个，完成年检 225 个。

2007 年，全县事业单位新登记发证 16 个，变更法人 51 个，完成年检 243 个。

卷二十六 民政 扶贫 老区扶助

1989年起，县民政工作坚持“上为政府分忧，下为百姓解愁”的原则，做好优抚、安置，救灾救济、社会保障等民生工作。逢年过节，县和乡镇的党委、政府带队，走访慰问优抚对象，组织开展拥军优属活动。随着经济发展，逐年提高优抚对象的优抚金、伤残保健金、城乡居民低保金的定补标准。并为重点优抚对象提供“三难”（住房困难、生活困难、医疗困难）补助金。1999年，平和县被国家民政部和“双拥”办公室授予“全国爱心献功臣行动”先进县称号。根据上级党委、政府的部署和规定，县民政部门配合有关部门加强基层政权建设的指导、监督，做好村（居）民委员会的换届选举工作，提高群众自治水平。及时做好婚姻登记、地名管理、勘界、社团登记、殡葬改革等社会事务。

平和县作为1986年国务院确定的全国592个贫困县之一，福建省14个贫困县之一，从1986年起，在中央、省、市的扶贫资金和省、市扶贫工作队的帮扶下，于1997年实现基本脱贫县，并被评为1997年度福建经济发展十佳县。1998—2007年，省、市继续派工作队挂钩原来的贫困村，开展后续帮扶和新一轮扶贫开发工作，全面提升脱贫致富水平，至2007年，全县农民人均纯收入5436元，比1997年的人均纯收入2502元提高1.13倍。

平和县是福建省老区重点县。2007年6月27日，平和县被中央党史研究室确认为中央苏区县。1989—2007年，中央、省、市、县共下拨老区扶建资金1832万多元，用于支持老区村和老区人民发展种养业和加工业，实施基础设施建设和人才培训。同时，对健在的革命烈士遗属、“五老”人员及遗属，实施定期生活补助和医疗补助，提高补助标准，改善老区人民的生活环境，提高老区人民的生活水平。

第一章 民政

第一节 管理机构

一、行政机构

1989年，沿设平和县民政局，内设人秘股、救灾救济股、优抚股、复退办、地名办，配备工作人员17人。2002年机构改革，县民政局内设综合股（含人事、计财）、救灾救济股、社会福利股、优抚股、复退办、社会事务股、区划地名办。县“双拥”办和县老龄办挂靠在县民政局。全局人员编制18人，在职工作人员18人，至2007年不变。

1989年，各乡镇（场）设民政所，配备工作人员1～2人。1991年，改设民政办公室，配备主任（或副主任）和工作人员2～4人。2002年机构改革，撤销民政办公室，设乡镇（场）社会事务办公室，至2007年不变。

二、事业机构

（一）山美水库平和县移民遗留问题处理工作领导小组办公室

2003 年 5 月 6 日，成立山美水库平和县移民遗留问题处理工作领导小组办公室，挂靠中共平和县委农村工作领导小组办公室。2006 年 9 月，并入平和县库区移民开发办公室。

（二）平和县库区移民开发管理局

2003 年 5 月 19 日，设立平和县安置三峡库区农村外迁移民工作领导小组办公室，为中共平和县委农村工作领导小组办公室下属股级全民事业单位。2006 年 9 月 30 日，更名为平和县库区移民开发办公室，人员编制由 1 人增至 3 人。2007 年 6 月 30 日，更名为平和县库区移民开发管理局（简称“县移民局”），为独立的副科级事业单位，内设综合科、安置生产开发科，人员编制增至 5 人，其中正副局长各 1 人。

（三）平和县婚姻登记服务中心

2004 年 5 月，成立平和县婚姻登记服务中心，为县民政局下属股级事业单位，人员编制 3 人，在职工作人员 2 人。至 2007 年不变。

（四）平和县城乡居民最低生活保障工作管理处

2004 年 5 月，成立平和县城乡居民最低生活保障工作管理处，为县民政局下属股级事业单位，人员编制 2 人，在职工作人员 1 人。至 2007 年不变。

（五）平和县殡葬管理所

2004 年 5 月，设立平和县殡葬管理所，为县民政局下属股级事业单位，人员编制 8 人（至 2007 年尚未配备人员），与殡仪馆合署办公，地点在县光荣院内。

（六）平和县殡仪馆

2004 年 5 月，设立平和县殡仪馆，为县民政局下属股级事业单位，人员编制 15 人，至 2007 年配备工作人员 2 人。地点在县光荣院内。

第二节 赈灾救济

一、灾害救济

1989 年，遭受龙卷风袭击，县下拨自然灾害救济款 34 万元。

1990 年，发生 4 次台风暴雨，全县民房倒塌 1065 间、损坏 3884 间，因灾死亡 7 人、重伤 11 人。县下拨救灾款 18.1 万元，救济粮 9 万公斤，棉被 400 套。资助建房 401 户 818 间，维修住房 1363 户 3881 间；解决 3391 户 17913 人吃饭问题和 8629 人穿衣问题。

1991 年春旱，全县农田受旱面积 12400 公顷，成灾面积 9133.3 公顷；6 月出现洪灾，全县倒房 975 间、房损 7784 间，因灾死亡 1 人、伤 2 人。县下拨救灾款 72.2 万元，救济粮 30 万公斤，救济棉被衣物 1045 件。

1992 年入春后，因连续数月降雨，造成部分山体滑坡推倒民房，或因地基下陷造成民房倒塌，全县倒房 68 间、损坏 198 间，因灾死亡 1 人、伤 14 人。是年，全县下拨灾害救济款 51.5 万元，救济粮 20 万公斤。

1993 年，部分地区遭霜冻、冰雹袭击，县下拨救济款 31 万元，发放棉被衣物 2773 件，解决群众生产生活问题。

1994 年，部分地区发生水灾，造成倒房 203 间、死亡 2 人。县下拨救灾救济款 51.3 万元，棉被 170 套，衣物 10384 件，救济灾民 4140 户 15930 人。

1995 年，全县连续遭受台风暴雨袭击，受灾面积较大。县拨出救灾款 80 万元，生产扶持款 13 万元，衣物 2.52 万件。

1996 年，全县发生 3 次水灾，特别是“10 号台风”暴雨造成百年不遇的“8·8”洪涝大灾，县西部芦溪、秀峰、长乐等乡镇出现整片村庄冲毁，数千人无家可归。全县民房倒塌7105间，损坏2890间，因灾直接经济损失1.67亿元。县委、县政府发动全社会支援灾区捐赠活动，共筹集资金180.5万元，衣物12万件，棉被1400件，杉木200立方米；并向上级争取救灾救济款358万元，帮助灾民解决生活生产困难，及时修建住房，其中集中新建5个村庄。

1999年，发生水灾，全县民房倒塌2134间，损坏3500间，造成186户灾民无家可归。县拨出135万元用于大溪、坂仔、小溪、霞寨4个乡镇的5个新村集建点和447户灾民建房修房；拨出96万元解决418户灾民生活困难。

2000年，遭受霜冻及水灾，全县民房倒塌804间，损坏1008间，农作物经济损失377.5万元，县拨出救灾救济款273万元，棉被500套，衣物3850件，鞋7153双。

2002年，全县春旱严重，农田成灾面积10800公顷，经济损失上亿元；夏遇洪涝，全县民房倒塌270间，损坏492间。灾后，县委召开捐助动员大会，发动干部职工每人捐款20元以上，共捐款28万元，帮助灾区和社会特困户。县统一规划10个集建点，建房安置灾民143户，扶持分散灾民270户重建住房。

2003年春节期间，县拨出46万元用于走访慰问215户重灾民和803户社会特困户。2004年，县拨出救灾救济款92万元和走访慰问专款46万元，解决重灾民建房和社会特困户生活困难。2005年，县拨出救灾款128万元，棉被100件，救助灾民4200户。

2006年，受1号、4号、5号台风暴雨连续袭击，洪水泛滥，全县房屋倒塌12038间，损坏11235间，其中民房倒塌7434间，有5463户居民无家可归。县下拨应急救灾款340万元，发放棉被5336件、衣物3万多件、大米122吨、方便面285箱、食用油1904桶、帐篷250套，救济安置灾民。县下拨重建资金76.5万元，救助4561户灾民完成灾后住房重建工作。

2007年，县下拨重建资金76.5万元，救助115户灾民完成灾后住房重建工作。

2006年4号台风“碧利斯”给平和带来重大损失，图为灾后村民重建家园　（朱连生 提供）

二、临时救济

1989年1月，县下拨冬令救济款6万元，解决“五保户”（保吃、保穿、保住、保医、保葬）和受灾特困户的生活困难。对20世纪60年代精简职工209人，每人每月发给生活困难救济款26元。是年，全县发放社会临时救济款12.45万元，惠及1.71万人次。

1990年4月，县下拨回销粮80万公斤，救济粮9万公斤，帮助农村困难户度春荒。重点解决烈军属、“五老”（老地下党员、老游击队员、老地下交通员、老接头户、老苏区干部）“五保”户和农村“三缺户”（缺劳动能力、缺经济收入、缺扶养）的粮食困难。是年，全县发放临时救济款12.64万元，惠及15384人次。

1995年1月，县发放18万元救济金，解决企业下岗职工1500人的生活困难，让他们过好春节。

2006年连续受1号、4号、5号台风影响，带来重大损失和影响，图为水灾现场　（朱连生 摄）

2002年，全县发放困难救济金34万元，救济困难的“五保”户、低保户等。

2007年起，县财政对20世纪60年代精简职工的生活困难救济费，从2006年每月人均100元提高至200元。

第三节 拥军优属

一、慰问

1989年起，每年“八一”中国人民解放军建军节、春节期间，县、乡镇和村（居）党政领导普遍召开烈军属、复退军人座谈会，帮助他们解决一些生活困难，组织民兵、共青团员、少先队员为他们做好事。县委、县政府组织慰问团，到部队营房、哨所、县人武部、武警中队、消防大队进行慰问。

1991年10月下旬，32417部队野营拉练到平和，县支前双拥办公室组织沿途各乡镇张贴欢迎标语1000多条，开设“拥军开水站”30多处，出动20辆汽车、摩托车和执勤人员300多人为部队维持交通秩序。国强、安厚、大溪等乡镇，筹集7500公斤燃料和7000公斤蔬菜供应部队。

1995年，县和乡镇召开烈军属、复退军人联欢会、座谈会48次，参加3200人次。县拨出20多万元，解决优抚对象5412人的临时困难，组织走访慰问优抚对象105户，发送慰问金3万多元。

2000年，县“双拥”工作领导小组组织农业局、科技局、山格镇等成员单位，派出技术员到部队传授种植、饲养管理技术。

2004年起，对新兵的家庭挂牌，每户赠送慰问金100元。

2006年，武警福建总队直属支队、武警漳州支队、边防支队、消防支队到平和支援抗洪救灾，县政府启动后勤保障预案，筹集资金17.3万元，为部队官兵提供住、食、行条件，并引导当地群众为部队官兵送温暖、献爱心。

2007年，县下拨“八一”中国人民解放军建军节、春节拥军优属座谈会经费及临时补助款25.3万元，走访慰问烈军属423户，解决758户优抚对象的临时困难，并给在乡下岗的参战退役军人每人送上慰问金300元。

二、优待

1989—1995年，全县继续实行按乡镇统一筹集、统一标准、统一发放优待金的“三统一”办法。农村义务兵优待金每人每年400～1200元，城镇义务兵优待金每人每年300元。同时实行“战士立功，家属受奖”的办法，凡立功士兵家属给予奖励100元。

1996年起，优待金改由县统一标准发放，标准不断提高。2002年，农村义务兵优待金标准由1997年人均1400元提高到2400元，城镇义务兵优待金标准由人均300元增加到600元。“进藏兵”的优待金由2001年人均4500元提高到6000元。2004年，立三等功的士兵家属给予奖励300元。

2005年，农村义务兵优待金标准提高到每人每年2800元，城镇义务兵优待金标准提高到每人每年1200元，立三等功的士兵家属的奖励提高为800元。“进藏兵”优待金标准提高到每人每年7400元。是年，全县发放优待金135.77万元。

2007年，农村义务兵优待金标准提高为每人每年4000元，城镇义务兵优待金标准提高为每人每年2500元。是年，全县发放优待金148.9万元。

三、抚恤

1989年，全县给“三属”（烈属、病故军人家属、因公牺牲军人家属）人员636人每人每月定补300元。残疾军人、警察、国家机关工作人员按照各自伤残等级和性质，分别领取抚恤金和保健金。此后，抚恤对象的抚恤金标准逐步提高。1989 年，全县发放抚恤金 46.3 万元。1992 年，全县发放抚恤金 77 万元。

2000 年，“三属”人员 637 人的抚恤金提高为每人每月 400 元，失散红军人员 85 人的抚恤金为每人每月 246 元，老复员军人 907 人的抚恤金为每人每月 134 元。革命伤残人员的抚恤金视伤残等级和残疾性质，分别增加 60 元至 600 元。

2007 年，“三属”人员 492 人的抚恤金提高为每人每月 536 元，失散红军人员 44 人的抚恤金提高为每人每月 505 元，老复员军人 838 人的抚恤金提高为每人每月 305 元。是年 8 月起，革命伤残人员的抚恤金视伤残等级和残疾性质，分别增加为 550 元至 4340 元。是年，全县发放抚恤金 645 万元。

四、补助

1989 年，全县开展以帮助“三属”，老复员军人、革命伤残军人等重点抚恤对象解决“三难”（住房、生活、医疗困难）问题的“爱心献功臣行动”。1989—1994 年，全县为 1050 户提供“三难”补助金 72.5 万元，其中资助建房 305 户，资助生活困难 585 户，资助医疗 160 户。

1995—2000 年，全县为重点抚恤对象 920 户提供“三难”补助金 90.2 万元。1999 年，平和县被民政部、全国“双拥”办公室授予全国“爱心献功臣行动”先进县称号。

2001—2007 年，全县为重点抚恤对象 1260 户提供“三难”补助金 154 万元，其中资助建房 350 户、资助生活困难 460 户、资助医疗 450 户。2007 年起，对重点优抚对象实行定额补助，每人每年 180 元的门诊费补助，并实施医疗救助。是年，支付体检费 34 万元，住院二次医疗救助 78 人次 19 万元。

五、复退军人安置

1989 年，全县接收复退军人 187 人，其中农村退役士兵 133 人，城镇退役士兵 51 人，转业志愿兵（士官）3 人。安置在农村 127 人，安置在机关、企事业单位 60 人。

1990—2002 年，全县接收复退军人 3047 人，其中农村退役士兵 2043 人，城镇退役士兵 861 人，转业志愿兵（士官）143 人。安置在农村 2049 人，安置在机关企事业单位 998 人。

2003 年起，城镇退役士兵和转业士官原来从工作岗位入伍的实行复工复职，属条条单位职工子女的实行归口安置，其余符合城镇安置的一律实行自谋职业，政府按规定发给一次性经济补助金。补助金标准：转业士官每人 2 万元，城镇安置对象为义务期每人每年军龄 3000 元，义务期以外每人每年军龄 1000 元；对入伍期间荣立三等功者，每次增发 300 元，二等功者每次增发 1000 元，一等功者每次增发 2000 元。2003—2006 年，全县接收复退军人 795 人，其中办理自谋职业 151 人，领取一次性补助金总金额 135.54 万元。

2007 年，县政府决定，提高城镇退役士兵和转业士官自谋职业的一次性经济补助金标准。转业士官的补助标准提高到 2.5 万元，城镇安置对象义务期的补助标准提高到 5000 元。是年，全县接收复退军人 266 人，其中办理自谋职业的城镇退役士兵和转业士官 27 人，发放一次性安置补助金 36.2 万元。

六、军队转业干部安置

1989—2002 年，全县接收安置军队转业军官 47 人。其中安排在行政单位 40 人，事业单位 3 人，企业单位 4 人。2004—2005 年，全县接收安置军队转业军官 3 人，均安排在行政单位。2006—2007 年，没有接收军队转业军官。

七、纪念

1991 年，县财政拨出 6000 元，助建大溪烈士纪念亭。

2000年，县财政拨出70万元，将原位于县城牛头溪畔的平和县烈士陵园，迁移至小溪镇联星村葫芦山，用地面积1.07公顷，安葬烈士32名。2006年，县财政又拨出32万元，维修烈士陵园主碑，建设防护栏、台阶、水沟、绿化，活动场地硬化和铺设地面，围墙1200米，护坡高10米、长250米，水泥路100米；并兴建大门及管理房。

每年清明节，县委、县政府组织干部、职工、师生等数千人，前往烈士陵园举行祭扫、悼念活动。该烈士陵园属平和县爱国主义教育基地之一。

第四节 基层自治组织建设

一、村民委员会建设

1989年，全县建立村民委员会239个，下设村民小组2742个。根据《中华人民共和国村民委员会组织法》，全县于1991年7月、1994年8月、1997年8月、2000年8月、2003年7月和2006年7月，分别进行第四届至第九届村民委员会（简称“村委会”）换届选举，由村民民主选举产生新一届村委会领导班子。

历次换届选举前，县成立领导小组和指导组、督查组，下派乡镇联络组。各乡镇也相应成立工作机构。县委、县政府召开全县村（居）委会换届选举工作会议进行部署；举办培训班，培训骨干和工作人员。各乡镇组织工作队，深入各村做好选举前各项准备工作，包括宣传发动、调查村民户籍和居住地变化情况，开展村委会原班子成员的民主评议活动。由县农业局和乡镇经管站共同组织力量，对各村进行财务责任审计。

每届选举，各村设立中心选举会场和中心投票站，并根据实际情况，在村民小组设立选举分会场和投票分站，组织村民进行投票。对行走不便的老、弱、病、残村民的投票，采取流动投票箱或委托寄投的办法。全县历次参加投票的选民达99%以上，选举一次性成功率占建制村总数的96%以上。选举结束后，县委组织部和县民政局联合在县委党校举办培训班，对全县的村委会主任集中2天进行岗前培训。培训内容有村委会组织建设知识、农村有关政策和法律法规等，由县纪委、组织部、检察院、司法局、民政局、农业局等部门派员授课。

至2007年，全县建立村民委员会240个，下设村民小组2761个。各村委会领导班子由主任、副主任和委员5～7人组成，其中至少有妇女成员1人。设置治安调解委员会、计划生育委员会、公共服务与社会保障委员会等工作机构。各村委会建立村务公开栏，全面推行政务、财务上墙公开制度。由乡镇建立会计报账中心，对村财进行监督管理。每年，县纪委、组织部和民政局分别对各村的村务、政务公开实施情况进行督查、指导，提高村委会自治水平。

二、居民委员会建设

1989年，全县建立8个居民委员会（简称“居委会”），即小溪镇东大、中东、中西、九一七、建设、溪上居委会，九峰镇东街、西街居委会。1995年，增建山格镇山格居委会，南胜镇南胜居委会。1997年，增建小溪镇河滨、桥南居委会，文峰镇龙文居委会，坂仔镇绿城居委会，安厚镇龙东居委会，大溪镇鸿滨居委会，霞寨镇兴霞居委会，芦溪镇东溪居委会。居委会下设人民调解、治安保卫、社会保障、公共卫生与计划生育4个委员会，配备工作人员3～5人。

2003年5月，进行社区建设整合，全县建立16个社区居委会，至2007年不变。其中，小溪镇原有8个居委会整合为6个社区居委会，即城东社区、广宝社区、建设社区、九一七社区、东风社区、东大社区；九峰镇建立东街社区、西街社区；文峰镇建立龙文社区；山格镇建立山格社区；南胜镇建立南胜社区；坂仔镇建立绿城社区；安厚镇建立龙东社区；大溪镇建立鸿滨社区；霞寨镇建立兴霞社区；芦溪镇建立东溪社区。社区居委会下设居民小组，共88个。社区居委会领导班子由主任、副主任和委员5～7人组成（其中至少有妇女成员 1 人）。下设治安调解委员会、社会保障委员会、公共卫生与计划生育委员会等工作机构。配备工作人员 5 ～ 7 人。各社区居委会建立社务公开栏，推行社务、财务公开制度。每年，县纪委、组织部和民政局分别对居委会的社务公开实施情况进行督查、指导，提高居委会自治水平。

1991 年 7 月、1994 年 8 月、1997 年 8 月、2000 年 8 月、2003 年 7 月和 2006 年 7 月，分别进行委员会换届选举，由居民民主选举产生新一届居委会领导班子。历届的换届选举，与村委会换届选举同时进行。选举工作的组织领导、选举前的各项准备工作以及选举办法等，跟村委会换届选举的做法类似。参加投票的选民达 99% 以上，选举一次性成功率占居委会总数的 97% 以上。选举结束后，居委会主任和村委会主任一起，参加县举办的岗前培训班学习。

第五节　社会福利

一、最低生活保障

（一）城镇居民最低生活保障

1997 年 12 月，县政府出台《平和县城镇居民最低生活保障制度暂行规定》，从 1998 年 1 月起，全县实施城镇居民最低生活保障（简称“城镇低保”）制度，对人均月收入不足 200 元的困难户给予补差，以保障其基本生活。是年，全县有 47 户 137 人享受城镇低保，人均月补差 30 元。此后，随着居民生活水平提高，逐年提高补助标准。

2002 年，全县城镇低保对象 608 户 1593 人，人均月补差 40.8 元，全县发放城镇低保金 78 万元。

2004 年，全县城镇低保属单人户保障标准为每月 180 元，属多人户保障标准为每月人均 160 元。全县为 709 户 1769 人发放低保金 92.44 万元。

2006 年，城镇“三无”（无生活来源、无劳动能力、无法定赡养人或抚养人）对象开始纳入低保范围。是年，全县城镇低保对象 816 户 1848 人，人月保障标准提高为 200 元，人均月补差 70 元，全县发放城镇低保金 115.06 万元。

2007 年，全县城镇低保对象 618 户 1836 人，人均月补差 79.5 元，全县发放城镇低保金 175.26 万元。城镇居民低保金由各户持卡到当地银行领取。

（二）农村居民最低生活保障

1998 年 7 月，县政府出台《平和县农村居民最低生活保障制度暂行规定》，从 1998 年 10 月起，全县实施农村居民最低生活保障（简称“农村低保”）制度。当年，全县有 302 户 1487 人享受农村低保。保障金由县财政负担 40%，乡镇财政负担 40%，村级财政负担 20%。此后，随着农民生活水平提高，逐年提高低保金标准。

2004 年起，农村低保金由省财政负担 70%，县财政负担 30%，乡镇和村不必负担。是年，全县上报省核定农村低保对象 6231 户 12231 人，人均年保障标准 1000 元，全县发放农村低保金 577.41 万元。

2007 年，全县有农村低保对象 3020 户 10387 人，每人每年保障标准 1200 元，人均月低保金由上年 24 元增至 51.67 元，全县发放农村低保金由上年的 370 万元增至 644 万元。历年农民低保金均由各户持卡到当地银行（信用社）领取。

二、“五保户”供养

1989 年，“五保”（保吃、保穿、保住、保医、保葬）户仍以村为单位，由各村委会负责统筹供养。2003 年，全县“五保”户供养费由省财政统一转移支付，由各乡镇统筹安排。

2004 年，全县农村“五保”户 3077 人，其中集中在敬老院供养 115 人，每人每年保障标准 2160 元；

分散在家中供养 2962 人，每人每年保障标准 1000 元。全县城镇“五保”户 1579 人，其中集中在敬老院供养 78 人，每人每月保障标准 44 元；分散在家中供养 1501 人，每人每月保障标准 40 元。当年，全县发放“五保”户供养金 321.04 万元。

2006 年，全县“五保”户纳入最低生活保障范围，保障标准与 2004 年一样。

2007 年，全县农村“五保”户 3154 人，其中集中在敬老院供养 120 人，人年保障标准 2400 元；分散在家中供养 3034 人，人年保障标准 1200 元。城镇“五保”户 3274 人，其中集中在敬老院供养 120 人，每人每月保障标准 100 元；分散在家中供养 3154 人，每人每月保障标准 91 元。全县发放“五保”户供养金 392.88 万元。

三、孤儿供养

2001 年 8 月，县福利院建成投入使用，是年首批收养学龄孤儿 4 人，其生活、学习等费用由政府承担，教育部门为他们减免学杂费。

2003 年起，全县有孤儿 7 人得到中国香港美籍华人苏协民给予每人每年 1200 元的助养，直至孤儿 18 周岁。还有孤儿 19 人享受省慈善总会定期补助，每人每年 500 元。2004 年，全县有城镇孤儿 23 人和农村孤儿 152 人，纳入低保对象。

2007 年起，有孤儿 5 人得到中国香港企业家徐少华给予每人每年 2400 元的助养，直至孤儿 18 周岁；有孤儿 39 人享受省慈善总会定期补助，每人每年 500 元。全县有孤儿 179 人纳入城乡低保对象，县福利院集中收养孤儿 10 人。

四、福利企业

1989—1998 年，县内的民政福利企业大部分是小型私企挂靠形式，其生产不稳定，有的自然倒闭，有的产值及利润很少。1999 年，县民政局对福利企业资格进行重新认证，只保留八一服务社。

2004 年 3 月，创办平和县正林铜业有限公司，属民办股份福利企业。原厂址在山格镇白楼村，2005 年迁址文峰黄井工业园区，占地 0.66 公顷，建筑面积 1000 平方米，有职工 39 人，其中安排残疾人 22 人，职工都参加社保、医保、工伤和失业保险。主要产品有铜制品、锌制品制造与加工。2007 年，产值 1.31 亿元，纳税 201.7 万元。

2004 年 6 月，创办平和县民丰纸制品厂，属九峰老年协会创办的集体企业，厂址在九峰镇柑桔场。有职工 21 人，其中安排残疾人 14 人，职工都参加社保、医保。主要产品为再生纸制造加工与销售，年产值 800 万元，2007 年停产。

2006 年，创办福建省平和汇盛工业有限公司，址在原山格镇农械厂（后迁至宝丰工业区），职工 38 人，其中安排残疾人 24 人，职工都参加社保、医保、工伤和失业保险。主要产品铜材，2007 年，产值 5767 万元，纳税 82.2 万元。

五、福利事业

（一）平和县光荣院

1979 年，始建平和县光荣院，2003 年从文峰镇文美村境内迁至小溪镇高南村，占地面积 5036 平方米，建筑面积 1795 平方米，由县财政投资 185 万元。院内设置床位 30 张。是年入院孤寡优抚对象 10 人，生活费用由政府解决，配有工作人员 7 人。2007 年，县筹集资金 10 万元，对光荣院的室外环境进行改造，增设老人健身场所和设施。是年，收养优抚对象 10 人。

（二）坂仔敬老院

1975年，创建坂仔敬老院，址在坂仔镇民主村。2007年被列为福建省“十一五”百所敬老院建设项目之一，进行改扩建。占地面积0.31公顷，建筑面积820平方米，投资85万元，其中省补助35万元。院内设养老床位40张，配备床、橱柜、电视机、食堂及室内外活动室等。是年，入住“五保”老人15人，主要靠政府供养。院内工作人员2人，由镇政府聘用。

（三）平和县福利院

2001年8月，创建平和县福利院，址在小溪镇西大路，占地面积1460平方米，建筑面积850平方米，设置床位40张，投资145万元，其中省补助50万元，县财政补助50万元，民政自筹45万元。院内配备床、衣柜、风扇、学习桌椅等。2007年，接收入院孤儿11人。工作人员6人。

（四）安厚镇敬老院

2007年，创建安厚镇敬老院，址在安厚镇莲塘村，占地面积0.42公顷，建筑面积736平方米。投资120万元，其中省补助60万元。设置养老床位40张，配备床、橱柜、电视机、食堂及室内外活动室等。是年，入院“五保”老人15人，主要靠政府供养。院内工作人员2人，由镇政府聘用。

第六节　移民安置

一、接收安置

2004年8月，平和县开始接收安置三峡工程第三批农村外迁移民25户99人，分别安置在文峰镇文洋村8户31人、山格镇平寨村6户29人、坂仔镇东坑村5户18人、南胜镇龙心村6户21人。移民的住房实行委托建房，安置点集中联建的办法，建设用地按户2～3人的安排60平方米、4人及以上的安排80平方米进行规划。同时，安排移民生产耕地人均0.33公顷、菜地0.03公顷、林地和山地0.67公顷。

2006年和2007年的春节期间，县移民局组织慰问三峡移民25户，发送慰问金44368元。

二、帮扶解难

2003年，开始实施中央直属山美水库移民遗留问题处理项目5个，总投资87万元，其中中央库区建设基金36.50万元，地方财政及个人集资50.50万元。帮助移民安置地建设饮水蓄水池4个，铺设输水管8700米、供水管4000米，险情治理项目2个，举办科技培训6期，培训移民800人次。

2004年，实施中央直属山美水库移民遗留问题处理项目8个，总投资177.40万元，其中中央库区建设基金88.70万元，地方财政及个人集资88.7万元。帮助移民安置地建设人饮工程2座，日供水410吨；硬化水泥路面4300米；举办香蕉栽培技术培训、政策法规培训、财务统计培训、果树平衡施肥培训、蜜柚栽培技术培训共16期，培训移民及干部1320人次。

2005年，实施中央直属山美水库移民遗留问题处理项目12个，总投资366.80万元，其中中央库区建设基金147.20万元，地方财政及个人集资219.60万元。帮助移民安置地险情治理项目2个，农田水利建设项目1个，道路建设项目2个，改造低产果园18.4公顷，举办农业技术、政策法规、财务统计等培训18期，培训移民及干部620人次。

2006年，实施中央直属山美水库移民遗留问题处理项目2个，总投资105.88万元，其中中央库区建设基金51.50万元，地方财政及个人集资54.38万元。帮助移民安置地新开机耕路4800米，灌溉渠道2720米、灌排沟5500米。是年，还实施大中型水库（包括三峡工程、山美水库、上峰水库、新荣水库和东川水库）移民后期扶持项目23个，总投资308.795万元，其中中央移民资金298.795万元。帮助移民安置地建设饮水项目4个，道路建设项目9个，硬化水泥路面9450米，农田水利建设项目4个，修建渠道 8080 米，建成公厕 1 座，改造教学楼 1 座，解决地质灾害点 55 户搬迁征用宅基地 1 公顷，举办就业技能培训和实用技术培训 10 期，培训移民 1610 人次。

2007 年，继续实施大中型水库移民后期扶持项目 28 个，总投资 567.045 万元，其中中央移民后期扶持资金 546.045 万元。帮助移民安置地修建饮用水蓄水池 2 个，铺设管网 8000 米，硬化水泥路面 5100 米，维修道路 4000 米，修桥 1 座，修建渠道 9630 米，修坝 2 座，修建机耕路 4000 米，改良土壤 3 公顷，建设公厕 1 座，兴建文化活动中心 1 座，举办移民就业培训、农村实用技术培训 13 期，培训移民 3140 人次。

第七节 其他民政事务

一、婚姻登记

1989 年，婚姻登记在各乡镇民政办公室办理，由双方当事人到场，提供户口等证件，领取结婚证书或离婚证书。是年，全县办理结婚登记 2853 对，离婚登记 85 对，涉外结婚登记 1 对。1990—2002 年，全县办理结婚登记 40255 对，离婚登记 1561 对，涉外结婚登记 13 对。

2003 年 7 月 1 日起，文峰、山格、小溪、坂仔、南胜、五寨、霞寨、国强 8 个乡镇，统一改在县民政局婚姻登记中心办理婚姻登记，其他 7 个乡镇仍在乡镇民政办公室（后更名乡镇社会事务办公室）办理婚姻登记。并对婚姻登记作出新规定，凡办理结婚登记，双方需提供本人的户口簿、身份证、本人无配偶以及与对方当事人没有直系血亲和三代以内旁系血亲关系的签字声明；办理离婚登记，双方需提供本人的户口簿、身份证、结婚证，以及双方当事人共同签署的离婚协议书。2004 年 1 月起，全县各乡镇统一集中到县婚姻登记中心办理婚姻登记。2003—2006 年，全县办理结婚登记 15748 对，离婚登记 534 对，涉外结婚登记 8 对。

2007 年 1 月，县婚姻登记中心撤销。婚姻登记改由各乡镇社会事务办公室办理。是年，全县办理结婚登记 4456 对，离婚登记 147 对，涉外结婚登记 29 对。

1989—2007 年平和县婚姻登记情况表

表 26-1-1 单位：对

年份	结婚数	离婚数	再婚数	
			总数	其中 60 周岁及以上独身老人再婚数
1989	2853	85	68	—
1990	2870	98	86	—
1991	2895	103	93	—
1992	2901	110	89	—
1993	2945	112	101	—
1994	2980	121	110	—
1995	2995	126	113	—
1996	3002	130	116	1
1997	3089	128	108	2
1998	3135	131	120	4
1999	3243	125	107	3
2000	3281	115	102	5

续表 26-1-1

年份	结婚数	离婚数	再婚数	
			总数	其中 60 周岁及以上独身老人再婚数
2001	3356	130	123	6
2002	3563	132	115	5
2003	3702	127	123	7
2004	3895	129	117	4
2005	3945	135	127	8
2006	4206	143	126	10
2007	4456	147	145	11
合计	63312	2327	2089	66

二、社团登记

1989 年 10 月国务院颁布《社会团体登记管理条例》后，平和县民政局于 1991 年对全县社会团体进行一次全面清理整顿和复查登记。经审定，保留 39 个社团组织，2 个新成立的社团给予登记发证，11 个暂不具备条件的社团作出延缓登记处理。

1995 年，配合公安部门查处 2 个非法社团。1996 年依法撤销和命令解散 7 个非法社团。1997 年 10 月，全县经核准登记的社团 56 个。

1999 年 8 月，根据省民政厅《关于社会团体重新登记的通知》的精神，依法对全县社团进行清理整顿和重新登记。经审定，重新登记 3 个，机构合并的 14 个。

2000 年 6 月，成立平和县民间组织管理领导小组，全县民间组织登记管理工作纳入法制化管理轨道，并实行业务主管单位与管理机关双重管理负责制。每年对社团进行年检登记。2005 年，全县登记社团组织 30 个，首次登记民办非企业单位 4 个。

2007 年，全县登记社团组织 36 个，登记民办非企业单位 5 个。

三、地名管理与勘界

（一）命名更名

1989 年，开展全县性的地名普查和资料更新工作。至 1991 年，全县整理各类地名 3338 条，资料更新 3202 条，并标入地图中，同时在原地图中删掉 76 个废旧地名。1994 年，出版《平和县政区图》。

1995 年，按照上级主管部门的统一部署，全县开展地名标准化工作。1996 年起，在公路沿线设置村名地名标志牌。2000 年起，对县城地区新开发的小区、街、路、巷进行命名。

至 2007 年，全县更改村名 5 个，社区、街道等命名 38 个。在县城主要路口设置路标牌 60 个，在各乡镇设置乡镇牌 15 个、村牌 135 个、街路巷牌 105 个，装挂城乡门牌 33789 个。

（二）勘界

1996 年，平和县与广东饶平、大埔县的省界进行重新勘定，勘定后的界线为 38.95 公里。其中，闽粤线平和—大埔段全长 26.71 公里，从 28 号界桩始（位于平和县长乐乡秀山村与大埔县大东镇家荣村间），至 32 号界桩止（即长乐乡葵山村与大埔县大东镇白土村间）。闽粤线平和—饶平界全长 12.24 公里，从 32 号界桩始（位于平和县九峰镇镇办林场与饶平县上善镇霞善管理区间），至 33 号界桩止。

1997年8月开始，在市勘界办的组织下，对平和与南靖、诏安、云霄、龙海、漳浦等县级边界进行勘定，分别于2000年和2001年经市勘界办检查验收。勘定后的边界线，平和一南靖为80.96公里，平和一诏安为27.8公里，平和—云霄为102.11公里，平和—龙海为27.08公里，平和—漳浦为45.92公里。勘界后在边界线上树有界碑，并在图上重标边界线。

1998年4月开始，对平和—永定交界的市级界进行勘定，至1999年9月完成埋设界桩和测绘工作。勘定后，边界线全长48.865公里，全线埋设1个单立三面型界桩和1个单立双面型界桩，双面型界桩号为1号。

四、收养登记

1992年4月1日起，县民政局贯彻执行《中华人民共和国收养法》，对收养人、送养人按规定条件进行审查，办理收养登记。1993—2007年，全县办理收养登记46例。

五、殡葬改革

2003年，成立平和县殡葬改革工作领导小组，筹备推行殡葬改革工作。

2005年8月，县委、县政府决定在全县范围内分批推行遗体火化，并成立平和县实行遗体火化工作指挥部。11月15日，县政府颁发《平和县殡葬管理暂行规定》，并发布《殡葬管理的通告》。其间，成立平和县殡葬管理所，乡镇成立殡葬管理服务站，村级设立殡葬管理信息员，形成县、乡镇、村（居）三级服务管理网络，把殡葬管理工作纳入各级党政领导工作责任制，层层签订管理责任状。从2005年12月1日零时起，文峰、山格、小溪、南胜、五寨、坂仔6个乡镇，作为第一批火化区，死亡人口一律实行火化。

至2007年12月，6个乡镇办理遗体火化2680具，做到火化率、骨灰寄存率100%。因县内尚未建立殡仪馆，遗体火化均到芗城办理。

第二章 扶贫

第一节 管理机构

1990年，原平和县脱贫致富领导小组办公室改为平和县扶贫开发办公室（简称“县扶贫办”），定为政府正科级办事机构。1997年9月，机构改革，县扶贫办与县政府办合署，对外加挂扶贫办牌子。2002年5月，再次机构改革，县扶持办与县老区办合并，成立平和县革命老根据地建设与扶贫开发领导小组办公室。由于隶属关系不同，为与上级机关对应，扶贫办仍为独立机构，行使原来的职权，配备干部5人。至2007年不变。

第二节 扶贫开发

一、首期扶贫开发

平和县是1986年国务院确定的全国592个贫困县之一，福建省14个贫困县之一。全县以人均年纯收入250元以下的贫困户为数据标准，确定9个贫困乡镇、67个贫困村、30307户贫困户，占全县农村总户数的36.25%，贫困人口156639人，占全县农村总人口的36.12%。

1986年起，省、市、县三级派扶贫工作队深入9个贫困乡镇，与当地乡镇、村干部一起开展扶贫工作。做到67个贫困村，村村有扶贫工作队挂钩；30307个贫困户，户户有扶贫干部承包。工作队从资金投入、项目选择、物资供给、人才培训、技术指导、信息咨询等各方面进行扶持。并对村级领导班子进行整顿、调整、充实，为扶贫开发工作提供组织保证。1986—1997年，全县投入扶贫资金共2.9亿多元，其中：中央贴息贷款3200万元，省级1.2亿元，市级3600万元，县乡村共投入1.1亿元。贫困乡镇免征农业税2858万元，减免部分划出50%作为扶贫开发基金，专门用于贫困地区的基础设施建设和经济发展。

至1997年，全县农民人均纯收入2502元，贫困村由67个减少到10个，贫困人口由156639人减少到8500多人，脱贫率达98%。小康县16项指标综合得分92分，小康乡镇12个，小康村198个，小康户10.24万户，基本达到小康。经省、市验收，平和县被评为1997年度“福建经济发展十佳县”。1998年，平和县获省委、省政府授予“光荣脱贫县”称号。

二、后续扶贫开发

2000—2003年，把村财政收入不足3万元的长乐乡4个村，秀峰乡3个村，芦溪镇4个村，九峰镇5个村，大溪镇4个村，安厚镇5个村，南胜镇2个村，五寨乡3个村，合计30个村列为扶贫对象，以巩固前期扶贫成果和提高贫困户的生活水平。省级、市级工作队继续挂钩帮扶14个重点村，县五套班子领导带领有关部门继续挂钩帮扶18个重点村，累计筹措帮扶资金1500万元，完成基础设施和生产项目130个。落实小额信贷资金1000万元，用于扶持低收入农户和扶贫户发展种养业和加工业。

三、新一轮扶贫开发

2004年，为解决平和县部分尚未脱贫的贫困村、贫困户状况，全面提升已脱贫的原贫困村、贫困户的经济生活水平，省、市又派出工作队进驻平和，开展新一轮的扶贫开发工作。

2004—2006年，第一批省工作队挂点帮扶秀峰乡南峰村、长乐乡乐北村、芦溪镇村坑村、九峰镇军溪村、大溪镇云中、三华村、安厚镇径内村，国强乡白水村计8个村；市工作队挂点帮扶国强乡梅仔村、九峰镇上仓村、长乐乡建三村、芦溪镇连城村、五寨乡联盟村、秀峰乡文田村计6个村。3年中，帮扶资金总投入2133万元，其中省市捆绑资金427万元，挂钩单位及社会帮扶资金962.5万元，政策扶助资金743.5万元。3年中，完成农田改造44.6公顷，新增引水灌溉渠道17946米；硬化道路56672米，新开道路72012米，开发林竹、果园427公顷；新增有线电视覆盖人口2084人，新增程控电话覆盖人口2237人，新增照明用电覆盖人口821人，解决安全饮用水2709人。

2007年8月起，第二批省工作队挂点帮扶芦溪镇山岗、华峰村，秀峰乡双塘村，长乐乡联三村，九峰镇三坑、联荣村，南胜镇欧寮村，大溪镇廖安村，国强乡新建村计9个村；市工作队挂点帮扶五寨乡侯门村，国强乡松湖村，安厚镇东川、汤厝村，大溪镇江寨、赤安村计6个村。至年底，帮扶资金总投入3235.3万元，其中省、市捆绑资金1208.3万元。是年，帮扶项目完成铺设水泥路81.2公里，新建机耕路2.37公里，修复饮水灌溉渠道18.6公里，改造农田7.47公顷，新增经济作物面积120公顷；新建和维修校舍面积5790平方米；新建移动通讯基站1个，覆盖人口876人；新增程控电话覆盖人口2849人；新增有线电视覆盖人口1822人。

第三节　造福工程

1994年，为帮助居住在生产生活条件极差的偏远山老区群众彻底摆脱贫困，改善生产生活环境，平和县开始实施“造福工程”。平和县委、政府把“造福工程”作为密切党群关系的纽带和为民办实事办好事的一项重要工作来抓，纳入扶贫攻坚目标管理考核内容，层层抓落实。按照政策规定，凡符合“造福工程”搬迁条件的都列入搬迁对象；对符合“造福工程”搬迁条件的自然村，坚持整体搬迁的原则。严格按照省、市每年规定的补助标准，落实补助款，保证“造福工程”补助资金及时足额发放到每个搬迁户，确保各搬迁户受益。1994—2007年，全县实施“造福工程”，共搬迁安置村民1022户、4500人，合计投入资金330.23万元。

1994—2007年平和县实施“造福工程”村民搬迁安置情况表

表26-2-1　　单位：户、人、元/人、元

年份	乡镇名	原住地	户数	人口	补助标准	补助总金额	安置新址
1994	坂仔镇	峨嵋村	12	57	300	17100	松柏湖
1994	国强乡	白水村	32	147	300	44100	墩仔窑
1995	坂仔镇	峨嵋村	35	150	450	67500	东坑村
1995	国强乡	白水村	33	151	450	67950	墩仔窑
1995	九峰镇	三坑村	22	100	450	45000	石坡头
1995	霞寨镇	群英村	5	28	450	12600	次坪组
1995	芦溪镇	梨坑村	9	46	450	20700	麻坪头
1995	芦溪镇	华峰村	4	25	450	11250	小溪、双峰
1996	坂仔镇	峨嵋村	23	100	450	45000	东坑村
1996	九峰镇	三坑村	16	80	450	36000	下庄、程农
1996	芦溪镇	华峰村	2	10	450	4500	漳州
1996	芦溪镇	蕉路村	33	200	450	90000	村址边新村
1996	秀峰乡	坪洄村	43	200	450	90000	坪洄新村
1996	大溪镇	大松村	10	50	450	22500	松下组
1996	九峰镇	眉山村	12	60	450	27000	朝阳组
1997	国强乡	白水村	5	22	750	16500	墩仔窑
1997	坂仔镇	峨嵋村	25	100	750	75000	东坑村
1997	大溪镇	大松村	24	122	750	91500	松下新村
1997	九峰镇	陈彩村	10	49	750	36750	三角塘
1997	九峰镇	复兴村	22	107	750	80250	东南溪
1998	霞寨镇	坑内村	25	120	750	90000	鸡笼山
1999	大溪镇	云中村	10	56	750	42000	桥山
1999	九峰镇	复兴村	4	20	750	15000	溪坝
1999	九峰镇	城东松公秀	7	30	750	22500	城东村
2000	大溪镇	廖安村	14	65	750	48750	廖安新村
2000	霞寨镇	群英村	16	76	750	57000	芹山新村
2000	秀峰乡	坪东村	13	60	750	45000	坪东新村
2001	长乐乡	葵山村	18	48	750	36000	长里组
2001	九峰镇	眉山村	10	40	750	30000	福场科
2001	大溪镇	赤安村	6	27	750	20250	鸣安自然村
2001	大溪镇	赤安村	8	40	750	30000	鸣安自然村

续表 26-2-1

年份	乡镇名	原住地	户数	人口	补助标准	补助总金额	安置新址
2001	芦溪镇	蕉路村	5	16	750	12000	五亩自然村
2002	霞寨镇	群英村	12	56	750	42000	芹山组
2002	霞寨镇	内坑村	18	67	750	50250	村址旁
2002	长乐乡	秀山村	12	60	750	45000	上洋组
2002	芦溪镇	蕉路村	45	209	750	156750	溪平寨
2002	大溪镇	赤安村	22	59	750	44250	溪安自然村
2002	坂仔镇	金京洋	25	100	750	75000	半径小组
2003	长乐乡	秀山村	13	60	1000	60000	上洋组
2003	霞寨镇	黄庄村	11	46	1000	46000	长林后小组
2003	小溪镇	溪上居委会	20	91	1000	91000	城南社区高南村
2004	九峰镇	复兴村	42	135	1000	135000	城东村中山东路
2004	九峰镇	三坑村					
2004	九峰镇	苏洋村					
2004	长乐乡	秀山村	30	133	1000	133000	山顶坪
2004	坂仔镇	金京洋	10	40	1000	40000	半径小组
2004	安厚镇	径内村	9	58	1000	58000	径内组
2004	芦溪镇	蕉路村	10	34	1000	34000	芦丰村
2005	安厚镇	径内村	13	72	1000	72000	村址旁
2005	九峰镇	上仓村	3	14	1000	14000	光明组
2005	九峰镇	下北村	8	38	1000	38000	新开田、溪坝
2005	九峰镇	眉山村	3	16	1000	16000	城西村
2005	长乐乡	秀山村	18	80	1000	80000	柿子岭
2005	秀峰乡	南峰村	16	80	1000	80000	枫树下对面
2006	长乐乡	秀山村	11	66	1000	66000	白沙杈
2006	长乐乡	乐北村	15	60	1000	60000	屋埕头
2006	九峰镇	眉山村	5	25	1000	25000	栗子埔、楼角
2006	九峰镇	复兴村	6	35	1000	35000	城东青年场
2006	崎岭乡	浮坪村	9	34	1000	34000	佛祖庵墩尾、下洋
2006	安厚镇	双马村	19	80	1000	80000	塘 丘
2007	长乐乡	乐北村	19	80	1000	80000	甘蔗丘等地
2007	九峰镇	陈彩场	28	76	1000	76000	下林埔、南门洋
2007	九峰镇	复兴村	7	18	1000	18000	下林埔
2007	九峰镇	平等村	3	6	1000	6000	下林埔
2007	安厚镇	双马村	27	80	1000	80000	长 丘
2007	安厚镇	三龙村	10	37	1000	37000	下溪、水尾
2007	安厚镇	径内村	10	53	1000	53000	上楼组

第三章 老区扶助

第一节 管理机构

一、行政机构

1989年1月，平和县革命老根据地建设委员会办公室（简称“县老区办”）作为县政府负责老区扶建工作的管理机构，为正科级单位，有干部6人，临时工作人员2人。

1997年5月，县老区办与县政府办合署，政府办对外加挂老区办牌子。

2002年5月，县老区办与县扶贫办合并，设立平和县革命老根据地建设与扶贫开发领导小组办公室。因隶属关系不同，为与上级机关对应，老区办仍为独立机构，行使原来职权。配备干部4人，驾驶员1人。至2007年不变。

二、事业机构

1985年，成立平和县老区经济开发公司，作为县老区办下属事业机构。公司设有老区建筑工程队和老区冷冻厂。公司人员19人。在体制改革过程中，公司由于经营困难，逐渐出现亏损，至1991年公司倒闭，人员自谋职业。

第二节 老区分布

1989年，全县的革命根据地有基点村（自然村）261个，老区村（自然村）493个，游击区村（自然村）628个。全县14个乡镇中，12个为老区乡镇，2个为老区分布乡镇。1993年，老区长乐乡分拆为长乐乡和秀峰乡，全县增为15个乡镇，其中13个为老区乡镇，2个为老区分布乡镇。

2007年6月27日，平和县经中央党史研究室确认为原中央苏区县。全县有老区建制村190个，老区基点村（自然村）261个，老区村（自然村）485个，游击区村（自然村）616个，老区人口42万人，老区面积占全县总面积的83%。

2007年平和县老区基点村分布情况表

表 26-3-1

乡（镇）	建制村	基点村
霞寨镇	联荣	顶厝、山坂、卓厝、坑仔内、大坵尾、陈婆斜
	坑内	凤门后
	官峰	上官峰
	五美	小村
	钟腾	后坪、砖仔厝
	高寨	墙头仔、良坑
	大湖	礤尾、猴洞、石辽、大湖
	群英	洋谷坑

乡（镇）	建制村	基点村
长乐乡	联三	坡头角、百溪头、★下坪、西溪角
	建南	木棉科、案上
	秀山	寨仔、山顶坪、上洋 下洋仔、江巷 ★湖洋
	乐北	张坑、★大科、东科、龙坪、坪北、秀丘田、下村、结科 楼草仔坪、牛坪、大寨
	农家	农山、★横家田

续表 26-3-1

乡（镇）	建制村	基点村
长乐乡	葵山	中里、★葵坑、下店、小坑田格里
长乐乡	联胜	★佳蕉尾、朴树下、河贡头、良坝
芦溪镇	西新	石门、★新楼、西坑、上块
芦溪镇	秀芦	青草盂、矮仔、黄仔坑、石硿
芦溪镇	山岗	茶寮
芦溪镇	连城	坦坑、小连城
芦溪镇	漳汀	★漳汀
芦溪镇	连益	石碣
小溪镇	新桥	后巷
小溪镇	五村	斜坑
小溪镇	南寨	南蔗、绍宗、封门、石水墓
小溪镇	溪州	寨仔头
文峰镇	前埔	东埔、象坑、山前
文峰镇	三坪	黄坡、上境、下坪、五山、田螺厝、虎尾山
文峰镇	文美	大道寮
文峰镇	黄井	上峰、庵埔
文峰镇	柴船	半岭、韭菜坑、柴头埔、船场
文峰镇	南虾	溪埔楼、险石
文峰镇	龙山	碧山、内肖
文峰镇	龙东	★内东溪
文峰镇	前埔	东埔、象坑、山前
国强乡	新建	言西、八浮仔、顶角、阳山、陈红村、顶洋、江厝坑、径仔口、★松芦溪、半岭
国强乡	三五	田厎、店仔、大楼、★大厝、园边、牛湖、大片、水流田、溪坪、黄竹首、后溪、雷公坪、红龙坑、长圳头、坪坑、闽潭、白沙、坑湖、新楼
国强乡	梅仔	可竹坝、★梅仔、顶坝、墩仔窑、高厝山
国强乡	凤山	大垢田、大湖、松柏湖、凤湖、半岭、鹅江过、楼仔、吉坑
国强乡	松湖	长圳脚、松湖、★邦咸
国强乡	岩坑	★岩坑、台玉贯、交盾
国强乡	高坑	铁钉坪、内溪、石盘、楼脚、高磜
国强乡	碧岭	占竹、客楼尾
国强乡	白叶	迎芬
国强乡	白水	内外磜
坂仔镇	宝南	白蚌
坂仔镇	五星	蚊仔坑、寨和坪、水磨、吊顶坑
坂仔镇	峨嵋	下尾烧、寨仔尾
坂仔镇	金京洋	虎碧塘、★金京洋、半径、斑鸠飞
坂仔镇	东坑	石学、山坪、东仙、顶楼、新起楼、沓后、后溪、顶下学、大仁楼、东坑洋、竹林溪、园楼、顶炉、新开、石头城、南鞍、粗糠行、下墩、旗杆厝、下炉、党厝楼、楼仔坪
坂仔镇	联建	四井楼
坂仔镇	西坑	甘坑尾、东古、坪坑、岭头仔
五寨乡	侯门	石门、浦口、长北、马婆
五寨乡	埔坪	李仔、山腰、后壁山、庵前
五寨乡	联盟	下尾、坑头
五寨乡	高峰	金山、大垢坪、彭水岭、打银坑、枋湖、郑仔、★茅坪
五寨乡	新美	后巷、东寮
五寨乡	新塘	考塘、★新塘
安厚镇	三马	南草坪
安厚镇	华美	碗窑
安厚镇	东川	半山、米粉堀、大岕头
崎岭乡	溪头	长期后、碗尾、上湖、古坎、内湖、庵仔坑
崎岭乡	顶寨	顶山尾、半岭、洋仔山
山格镇	双坑	0 熊仔坑
山格镇	土田	黄土岭、山城坑
山格镇	前进	杉仔崎

续表 26-3-1

乡（镇）	建制村	基点村
九峰镇	陈彩	芹菜洋、大山里
	新山	锅炉、朱家山、鲤鱼岽
	虾西	高寮
大溪镇	廖安	桥仔头
	赤安	坪斜、下溪、碗辽、大枋、★乌叫凹、高隐
	云中	桥山
	大芹	大石下、岭背
大溪镇	大松	风寨
南胜镇	欧寮	★仓仔、楼仔、寨仔、横石
	云后	茅坪、云寮内、关刀坑
	龙心	六更山、崎头、西坑、大湖、吾坑
	义路	土地厝、马头、邦寮山加者坑
	安石坑	径仔

说明：1. 基点村名前加“★”号，表明该村（自然村）为建制村村部驻地

2. 基点村名前加“O”号，表明该村（自然村）已搬迁

第三节 帮 扶

一、基础设施建设

1989 年，全县发放无偿资金 21.8 万元，扶持老区村道路、学校等基础设施建设共 42 个项目。建设用材配套钢材 70 吨，水泥 22 吨。

1990—1998 年，全县发放无偿资金 675.2 万元，扶持老区村道路、学校等基础设施建设 394 个项目 . 其中 1991 年建设用材配套钢材 26 吨，水泥 170 吨。

1999—2003 年，全县发放无偿资金 374 万元，扶持老区村“五通”（通路、通电、通自来水、通电话、通有线电视）工程。

2004—2007 年，全县发放无偿资金 391 万元，扶持 97 个老区村（含自然村）的道路硬化（水泥路）建设。

至 2007 年底，全县 190 个老区建制村，实现道路硬化 187 个村，通电 190 个村，通自来水 108 个，通电话 190 个村，通有线电视 190 个村。

二、发展生产

1989 年，全县发放有偿资金 59.2 万元，用于支持老区村发展种养业和加工业共 27 个项目。

1990—1998 年，全县发放有偿资金 228.6 万元，用于支持老区发展种养业和加工业共 162 个项目。

1999—2007 年，全县发放无偿资金 83 万元，用于扶持老区山地综合开发共 86 个项目。

1989—2007 年平和县老区扶建资金使用情况表

表 26-3-2

单位：个、万元

年份	扶建资金（合计）	发展生产项目		基础设施建设项目	
		项目数	资金	项目数	资金
1989	81	27	59.20	42	21.80
1990	79	41	42.90	49	36.10

续表 26-3-2

年份	扶建资金（合计）	发展生产项目		基础设施建设项目	
		项目数	资金	项目数	资金
1991	85.8	29	55.80	52	30
1992	77	32	50	49	27
1993	62.3	19	22.20	47	40.10
1994	63.5	14	22.80	44	40.70
1995	54.5	21	15	29	39.50
1996	50.5	5	16	22	34.50
1997	52	1	15	9	37
1998	70	—	—	52	70
1999	68	2	6	46	62
2000	102.5	10	31	55	71.50
2001	95	11	26	41	69
2002	99.5	15	45	32	54.50
2003	117	10	33	37	83
2004	91	8	23.50	29	67.50
2005	99	10	27	20	72
2006	93	4	7	39	86
2007	108	6	30	37	78

三、人才培训

1989 年，县选送老区知识青年 3 人到省老区预科班学习，18 人到市老区预备班或技工班学习。1990—2007 年，全县累计选送 56 人到省老区预科班学习，353 人到市老区预备班学习，30 人到市老区技工班学习。同时，累计组织老区青壮年 21598 人参加老区实用技术培训班，2440 人参加农业函授大学老区班学习。

1990 年，县老区办举办农村电工班，为老区村培训电工技术员 44 人。1991 年起，县老区办组织举办实用技术培训班，至 2007 年，为老区村培训果业、茶业、畜牧业、加工业等实用技术人员 21554 人。

第四节　“五老”照顾

一、普查发证

根据 1982 年党中央和福建省委有关处理地下党历史遗留问题的指示精神，平和县委从 1982 年秋至 1988 年，专门成立处理地下党历史遗留问题领导小组及办事机构（简称“地下党办”），从有关部门抽调一批干部组建 4 个专案组，深入各乡镇村及漳州 8 个县（市）、福建 5 个地区、全国 7 个省市进行调查，对照政策落实新中国成立前平和人参加地下党员、游击队员、交通员、苏维埃干部、接头户（简称“五老”）工作。经核定，全县“五老”人员计 6105 人。其中，老地下党员 168 人，老游击队员 1910 人，老交通员 463 人，老苏维埃干部 86 人，老接头户 3478 人。1989 年，县委、县政府印发《福建省平和县“五老”

名册总集》，还印制“五老荣誉证书”，给健在的“五老”人员和去世“五老”的家属每人颁发一证。

二、定期生活补助

1989年，全县健在“五老”3934人，由县财政给予每人每月定期生活补助8元。1998年10月起，“五老”按无依无靠的每人每月定补80元，有依无靠的每人每月定补50元。此后，每年按10%额度提高定补标准。2000年起，“五老”遗属被列为临时困难补助对象，每人每月补助30元。是年，全县健在“五老”无依无靠207人，每人每月定补180元；有依无靠681人，每人每月定补95元；有依有靠2054人，每人每月定补75元；“五老”遗属807人，每人每月定补30元。根据闽委办〔2000〕138号文件的精神，原由县民政局代发的“五老”定期补助经费的职能，划归县老区办行使。

2005年4月起，“五老”无依无靠者定补标准提至260元，有依无靠者定补标准提至160元，有依有靠者定补标准提至120元。

2007年，全县健在“五老”2361人，其中无依无靠122人，每人每月定补290元；有依无靠897人，每人每月定补180元；有依有靠1342人，每人每月定补140元；“五老”遗属903人，每人每月补助50元。

三、医疗补助

2006年7月起，县政府对健在的“五老”人员实行医疗补助，每人每年补助600元，其中180元发给个人用于门诊看病，420元纳入大病医疗补助基金，按住院费用给予一定比例的补助。2007年6月，县政府出台新规定，“五老”人员可免费享受新型农村合作医疗补助和“五老”医疗补助双重补助。至2007年底，全县给“五老”人员发放医疗补助金29万元。

四、慰问

1989年起，每年的元旦、春节，省、市、县党政领导和老区办、老促会领导都组队到全县老区开展慰问活动，看望“五老”人员，给“五老”人员发放慰问金，在村里放映电影慰问。县老区办每年都分发年画和慰问信给每个“五老”人员。1989—2007年，县财政累计发放“五老”慰问金172万元。同时，组织医疗队深入老区村，开展义诊活动，共为“五老”及老区群众义诊540人次，赠送医药品计值4万元。

卷二十七　外事侨务与中国港澳台事务

1989年后，随着改革开放不断深入，对外交往日益增多，平和三平风景区和灵通风景区等旅游业的开发，平和成为“中国琯溪蜜柚之乡”，吸引越来越多国际友人、华人、华侨、港澳同胞、台湾同胞前来平和参观考察，经贸洽谈，文化学术交流、寻根谒祖等。县委、县人大、县政府、县政协健全外事侨务与港澳台事务工作机构，通力协作，做好接待联谊、对外宣传等工作。1989—2007年，全县共接待17个国家和地区的友好人士100多批次，接待华人、华侨和港澳同胞11500多人次，接待台湾同胞63300多人次。19年间，县里有关领导、社会团体、企业家等组团29批146人次，到友好国家参观考察、招商引资、走访华人华侨，增进相互了解与情谊。其间，先后有外商、华人、华侨、港澳台同胞在平和创办工业企业191家，并为平和的文化、教育、卫生、交通等公益事业捐赠钱物总值人民币4000多万元。

第一章　工作机构

第一节　管理机构

一、平和县外事侨务办公室

1989年，沿设平和县人民政府侨务办公室，管理外事侨务工作。1997年，成立平和县外事办公室后，侨务办公室与其合署办公，两块牌子，一套人员。2000年机构改革，两室合并改称平和县外事侨务办公室（简称“县外侨办”），仍为正科级单位，行政编制4人，配主任1人，副主任2人，科员1人。至2007年不变。

二、中共平和县委台湾工作办公室、平和县人民政府台湾事务办公室

1989年，沿设中共平和县委对台工作办公室。1992年3月，改称为中共平和县委台湾工作办公室，对外称平和县人民政府台湾事务办公室，实行一套人员，两块牌子，既是县委主管对台工作的职能机构，也是政府主管涉台事务的职能机构，为正科级单位，归党委系列。行政编制5人，配主任1人、副主任2人、科员2人。至2007年不变。

第二节　协调机构

一、平和县政协台港澳侨联络办公室

1991年6月，成立平和县政协“三胞”（即侨胞、港澳同胞、台湾同胞）联络工作办公室，为正科级单位。

1999 年，更名为县政协台港澳侨联络办公室，至 2007 年不变。该办公室协同县外事侨务办公室和县台办，做好海外华侨、侨眷和港澳台同胞的联络接待及招商引资等工作。

二、平和县人大常务委员会华侨台胞民族宗教工作委员会

1991 年 1 月，成立平和县人大常委会华侨委员会，为正科级单位。1994 年 11 月，更名为平和县人大常委会华侨台胞民族宗教工作委员会，至 2007 年不变。该工作委员会配合政府有关部门，做好侨胞和台胞的联络接待及招商引资等工作。

第二章 外事侨务

第一节 华人华侨分布

一、旅居海外

2005 年，平和县进行华人华侨分布情况普查，全县有旅居海外华人 54118 人，华侨 272 人，出国人员 103 人。分布在世界 30 多个国家和地区，主要分布在印度尼西亚、菲律宾、新加坡、马来西亚、印度、泰国、日本、柬埔寨、缅甸、澳大利亚、美国、加拿大、德国、荷兰等。

2007 年，平和县旅居海外华人华侨情况变化不大。

2005 年平和县海外华侨、华人及出国人员分布情况表

表 27-2-1　　单位：人

乡镇（场）	华侨	华人	出国人员	所在国家
芦溪镇	23	4523	—	缅甸、柬埔寨、印度尼西亚、日本、马来西亚、新加坡、泰国、越南、德国、法国、荷兰、美国
坂仔镇	11	449	23	美国、加拿大、德国、泰国、新加坡、菲律宾、印度尼西亚
安厚镇	16	2654	—	印度尼西亚、日本、泰国、新加坡、菲律宾、马来西亚、澳大利亚、美国、加拿大
安厚农场	2	385	—	美国、新加坡、马来西亚、印度尼西亚
国强乡	12	629	3	美国、新加坡、马来西亚、越南、加拿大
长乐乡	4	193	—	印度尼西亚、马来西亚、新加坡、泰国
文峰镇	1	986	1	日本、马来西亚、菲律宾、泰国、法国、澳大利亚、美国
山格镇	4	775	—	澳门、日本、印度尼西亚、泰国、新加坡、马来西亚、美国
南胜镇	3	535	2	芬兰、印度尼西亚、匈牙利、日本、马来西亚、菲律宾、新加坡、美国
秀峰乡	23	3026	—	印度尼西亚、马来西亚、菲律宾、新加坡、泰国、澳大利亚、荷兰
五寨乡	1	3799	1	阿根廷、赞比亚、加拿大、伊朗、日本、菲律宾、马达加斯加、新加坡、泰国、韩国、南非、英国、德国、美国、澳大利亚

续表 27-2-1

乡镇（场）	华侨	华人	出国人员	所在国家
小溪镇	89	9217	21	印度尼西亚、日本、新西兰、澳大利亚、美国、加拿大、阿根廷、法国、德国、英国、毛里求斯、越南、泰国、新加坡、菲律宾、老挝、马来西亚
大溪镇	30	14115	18	日本、马来西亚、新加坡、泰国、越南、南非、英国、德国、法国、荷兰、加拿大、美国、澳大利亚
九峰镇	19	6051	22	缅甸、印度尼西亚、日本、约旦、泰国、新加坡、加拿大、美国、法国、菲律宾、新西兰、马来西亚、越南、澳大利亚
霞寨镇	31	2345	12	美国、加拿大、俄罗斯、泰国、新加坡、马来西亚、法国、菲律宾、越南、澳大利亚
崎岭乡	3	4436	—	美国、加拿大、俄罗斯、泰国、新加坡、菲律宾、印度尼西亚、马来西亚
总计	272	54118	103	

二、归侨及侨眷

2005 年，平和县进行侨情普查，全县有归侨 97 人，华侨眷属 1524 人，华人眷属 228 人，出国人员眷属 139 人。

2007 年，全县的归侨及侨眷人员情况变化不大。

2005 年平和县归侨、侨眷分布情况表

表 27-2-2　　单位：人

乡镇（场）	归侨	华侨眷属	华人眷属	出国人员眷属
小溪镇	52	582	100	34
山格镇	1	52	10	—
文峰镇	0	10	4	4
坂仔镇	0	35	2	19
南胜镇	2	33	2	1
五寨乡	0	33	6	—
国强乡	1	42	—	10
安厚镇	2	55	5	—
大溪镇	3	87	5	29
霞寨镇	2	52	7	30
芦溪镇	6	137	13	—
崎岭乡	14	232	39	—
九峰镇	7	103	33	12
长乐乡	2	24	—	—
秀峰乡	3	30	1	—
安厚农场	2	17	1	—
合计	97	1524	228	139

第二节 交 往

一、来访

1990年，美籍华人、美国华侨出入口商会理事长、苏氏有限公司董事长苏协民回平和，前往母校育英小学参观，将其于1985年回乡在母校创办的奖学金由每年5000元提高到1万元，并向平和县医院捐赠一部价值18万元的日本丰田救护车。

1993年5月，联合国粮农组织派出的亚洲开发银行考察组，由英籍专家本利带领，在福建省有关专家陪同下，到平和县考察农村经济开发情况。

1994年11月，亚洲银行高级项目官员拉赫曼（孟加拉国人），在漳州市和平和县有关领导陪同下，到平和县实地考察亚行贷款扶持项目实施情况。

1996年5月，世界卫生组织疫苗管理处傅尔博士，在中国国家卫生部、福建省卫生厅有关领导和专家陪同下，到平和县考察计划免疫工作开展情况。

1997年3月，来自新加坡、马来西亚、泰国、菲律宾、日本的世界华人摄影家组成的采风团一行13人，到平和县进行为期5天的采风活动。8月，日本东京大学名誉教授公村奈良臣率日本农业经济学家代表团，到平和县考察农村经济发展及扶贫开发情况。11月，美国芝加哥自然博物馆馆长班臣、香港大学东方文化研究所何翠媚博士等，在中国古陶瓷研究会会长叶文程陪同下，到平和县考察“克拉克瓷”古瓷窑。

1998年2月，由日本国家博物馆顾问、名誉馆员林屋晴山率领考察团，在福建省文化厅、省博物馆领导陪同下，到平和县南胜镇、五寨乡考察古窑址，并到县博物馆参观文物，观看有关古窑址的幻灯片。

2000年夏，美籍华人谈万宁博士到平和县九峰镇眉山小学参观访问，捐资人民币5.5万元，支付全校学生100人的学杂费，并为每人购置2套校服。2005年9月，从台湾地区汇款人民币7.4万元给该校，用于资助在校学生118人的学费和兴建学校篮球场。

2002年7月，巴基斯坦客商一行2人，到平和考察外资企业民胜塑胶有限公司生产情况，洽谈生意。

2003年，日本、澳大利亚、英国、法国等外宾数十人次，到平和考察古窑址。

2006年6月，美国东正教、基督教访问团一行40多人，到平和县三平风景区参观访问。是年，泰国、菲律宾、新加坡、马来西亚等国家华侨观光团15批350多人次，到平和县三平风景区参观访问。

2007年11月，来自荷兰的商人一行数人，到平和县三平风景区参观访问。

二、出访

1993年6月，副县长谭培根率县邮电局局长等数人，前往比利时考察程控电话建设。

1997年3月11—25日，县长许荣勇率考察团一行5人，赴新加坡、马来西亚、泰国进行考察招商活动。

1998—2001年，县统战部门先后组织7批30多人次，赴德国、法国、马来西亚等国家访问华侨友人。

2000年8月，县委副书记、福建锦溪集团董事长金江，随市访问团，赴美国进行为期15天的访问考察活动，开展土产畜产进出口业务交流，探讨有关加工技术。10月，县侨联主席叶小明，随市侨联组团，赴印度尼西亚、新加坡开展为期12天的联谊活动。11月，县委副书记、常务副县长林忠，参加中科院组织的“环保技术合作与项目洽谈团”，赴澳大利亚、新西兰进行为期14天的考察活动，探讨有关污水治理、垃圾处理和生态保护等技术经验。12月，应马来西亚某企业董事长、泰国某企业董事长的邀请，县委副书记洪亚勇率访问团一行4人，赴该两国进行为期12天的项目跟踪洽谈活动。

2001年5月，县侨联主席叶小明参加市侨联的恳亲团，赴印度尼西亚、新加坡开展为期12日的恳亲联谊活动，探访旅外平和乡亲，并发动募捐续建平和侨联大厦。6月20—31日，县政协主席张添火参加市政协组团，赴印度尼西亚、马来西亚进行联谊交流活动。

2002 年 7 月 12—27 日，县商会副会长陈金辉带领个私企业家 20 人组成的商务考察团，赴新加坡、马来西亚、泰国考察、洽谈商务。

2003 年 6—8 月，平和县丽华歌仔戏剧团赴马来西亚等国家开展历时 3 个月的演出活动。

2006 年 5 月，县检察院检察长刘锦太参加省检察院考察团，赴澳大利亚、新西兰、新加坡进行为期 12 天的考察活动。

2007 年 10 月，县长洪里专率团赴巴西、葡萄牙、西班牙等国，开展招商项目洽谈活动。

第三节　事务管理

一、政策宣传

1989 年，全县向海外华侨寄出慰问信 553 件，宣传侨务法规、政策，介绍平和县情等。同时，组织宣传小组深入各乡镇，登门上户向归侨、侨眷宣传侨务政策等。1990 年，在归侨、侨眷较集中的小溪、九峰、大溪等乡镇，利用电影幻灯放映《中华人民共和国归侨侨眷权益保护法》《国务院关于鼓励华侨和香港澳门同胞投资的规定》《福建省华侨捐赠兴办公益事业管理条例》。1991 年，利用春节送年画，把《福建省实施〈中华人民共和国归侨侨眷权益保护法〉办法》印在年画上，共印制 1000 本，分送各侨户。

1994 年，向海外侨胞赠寄宣传刊物 100 多份。1995 年春节，向海外侨胞赠寄贺年卡 250 多份。

1996 年，把《福建省鼓励归侨侨眷兴办企业的若干规定》印成小册子 1000 本，分送各侨户以及前来旅游观光、洽谈商贸的侨胞。

2005—2007 年，县外侨办与县人大华侨委、县侨联联合，在县城举办侨务法规宣传活动 6 场次，侨法知识竞赛 3 场，侨法侨务知识讲座 2 场；印制《中华人民共和国归侨侨眷权益保护法实施办法》1 万册，分发给归侨侨眷，并寄送到 10 多个国外华侨社团。

二、落实侨务政策

1991 年，为归侨、侨眷 30 人的冤假错案平反昭雪；落实归还华侨房屋 20 户，建筑面积 3147.15 平方米；为归侨、侨属学生开具证明 79 人次，照顾归侨侨眷子女就业 22 人。

1996 年，为归侨子女 2 人、侨眷子女 6 人出具升学的身份证明，依法确认“归侨、侨眷企业”3 家，依法为侨眷 5 人拆迁户出具证明，为退休归侨职工 27 人出具证明，为失业侨眷 3 人安排就业。1997 年，为归侨子女 2 人出具升学的身份证明，帮助华侨亲属 9 人办理“农转非”，并协助解决其侄子工作调动。

1998—2000 年，为归侨、侨眷 30 人解决“农转非”，为归侨 55 人办理“归侨身份证”；为侨胞重点联系户的亲属 2 人安排工作，3 人调动工作单位。

2002 年，为归侨、侨眷子女升学出具证明 5 人次，办理归侨身份证 10 人次，为归侨、侨眷到国（境）外探亲开具证明 6 人次。

三、帮扶服务

1989 年，协助原有的侨资企业平和侨裕综合加工厂、平和塑胶编织厂理顺各种关系，正式投产；协助侨户创办林果场 7 家、加工厂 2 家。

1991 年，协助引进侨资 184 万美元，创办平和竹制品有限公司、平和三平圣水（矿泉）开发公司、普惠特有限公司计 3 家企业。

1995 年春节，慰问归侨、侨眷困难户 52 户，送上慰问金、慰问品。

2004 年，帮助归侨特困户 6 户纳入低保户、14 户纳入固定补助对象。帮助品学兼优的侨属特困生 10 人，向省侨办争取资助学杂费和生活费，资助期至高中毕业。

2007 年 1 月起，全县给归侨的退休职工和离退休干部，每人每月增发生活补贴 60 元。

1989—2007 年，县外事侨务办公室按规定做好因公出国（境）人员申请材料的审核报批等服务工作，共办理出国（境）手续 29 批 148 人次。

第三章　港澳事务

第一节　港澳同胞普查

2005 年，平和县进行普查，平和籍香港同胞有 5932 人，平和籍澳门同胞有 133 人。在平和县内的香港同胞眷属有 287 人，澳门同胞眷属有 4 人。

2007 年，平和县的港澳同胞及眷属人员情况变化不大。

2005 年平和籍港澳同胞分布情况表

表 27-3-1　　单位：人

乡镇（场）	香港同胞	澳门同胞	乡镇（场）	香港同胞	澳门同胞
小溪镇	2336	65	大溪镇	460	—
山格镇	92	—	霞寨镇	904	10
文峰镇	167	—	芦溪镇	230	22
坂仔镇	162	1	崎岭乡	65	—
南胜镇	121	29	九峰镇	410	—
五寨乡	52	—	长乐乡	12	—
国强乡	35	6	秀峰乡	97	—
安厚镇	599	—	安厚农场	190	—

第二节　接待与访问

一、接待

1989 年 1 月 27 日，县召开春节慰问“三胞”座谈会，有“三胞”代表 50 多人出席。县委、县政府、县政协的领导出席座谈会。是年，接待回乡探亲、认祖、旅游、洽谈贸易的港澳同胞和侨胞 144 人次。

1990—1995 年，接待港澳同胞和侨胞 450 多人次。其中，1995 年 12 月 24 日，县委、县政府领导与前来平和考察的中国银行港澳管理处副主任、香港漳属同乡总会会长林广兆率领的香港银行家、企业家一行 10 多人，举行座谈会。1996—1997 年，接待港澳同胞和侨胞 312 人次。

1998—2004 年，接待港澳同胞和侨胞 93 批 842 人次。

2005—2006 年，接待港澳同胞和侨胞 174 人次。

2007 年，接待港澳同胞和侨胞 232 人次。

二、访问

1992年9月，县委书记方清海率领平和县赴港招商团一行6人，在香港开展为期8天的招商洽谈活动。

1994年8月，县长黄永坤和县委统战部部长蔡河清赴香港，参加漳州香港同乡总会成立10周年庆典活动，并拜访在香港的平和籍乡亲，筹备成立香港平和县同乡会事宜。

2000年6月24—30日，应香港福华生记茶行董事长游振超邀请，县委副书记金江率县委宣传部、县政府办、县外经局、霞寨镇党委、国强乡党委的主要领导人组团，赴香港洽谈、跟踪投资项目，拜会平和籍香港同胞以及在平和县投资的客户。10月28日至11月1日，县委书记和县外侨办主任随市委、市政府组团赴香港，参加漳州同乡总会庆香港回归三周年暨第四届理监事就职典礼等活动。同时，跟踪洽谈投资项目和捐资事宜。

2002年1月15—21日，县政协副主席张日、县委老干部局局长黄火厂、县关心下一代对外联谊会会长赖容海等一行，赴香港、澳门开展关心下一代联谊活动，拜访捐资支持平和县青少年福利事业和文教卫生事业的乡亲好友。

2004年10月，县政协副主席黄金生一行5人，应香港福华生记茶行董事长游振超邀请，赴香港进行为期7天的经贸洽谈活动。

2007年2月，县委书记林忠、县委常委侯为东赴香港，开展经贸项目推介活动。9月，县长洪里专、县委副书记曾建新、县外经局局长朱国俊、县外侨办主任陈钰琴、小溪镇镇长陈绍强一行组团，应香港福建社团邀请，赴港参加香港福建社团联合主席林广兆连任社团主席的就职庆典活动，拜访在港乡亲。

第三节 招商引资

1990年，发动港澳同胞和侨胞资助开发性资金83万元，支持兴办林果场20家，加工服务企业8家。

1994年，争取港澳同胞和侨胞投资500万美元，支持平和农用运输车厂扩建；投资100万元，支持家乡办企业。

1995年，香港中银中国基金有限公司全资附属机构华荟投资有限公司出资300万美元，与平和县农用车厂合作创办福建银和机械有限公司，生产农用运输车；县政协常委、香港同胞曾莹投资117.63万元，助建九峰镇福山水电厂。

1996年，香港中闽有限公司与平和县水利水电开发公司合作，创办平和花溪水电有限公司，中闽公司投资180万美元；香港同乡总会妇女部长、香港金雪公司董事长陈雪卿与其女婿张振生共同投资160万元，创办平和县安琪中英文幼稚园。1997年，陈雪卿投资100多万元，与平和县商会副会长朱志诚合办成达大酒店。2002—2005年，全县引进外资企业9家。

2007年6月，县委、县政府领导接待到平和考察的香港中银国际控股有限公司副董事长林广兆率领的香港福建社团一行19人。经林广兆牵线引进香港企业家投资420万美元，征地50多亩，在平和创办漳州志同电子有限公司；投资15万港元，设立琯溪蜜柚深加工研发奖金。

第四节 受理捐赠

1989年，港澳同胞和侨胞为平和的学校、公路等公益事业，捐资捐物折合人民币（下同）计10.75万元。1995年，港澳同胞和侨胞为平和县见义勇为基金会、修建礼拜堂等16项公益事业捐赠383万多元。

1998年，县人民政府根据省、市人民政府的指示精神，对为平和社会公益事业捐赠钱物成绩突出的港澳同胞和侨胞（含团体单位），上报省、市人民政府表彰。并于1999年6月8日，在深圳举行的招商会上，由漳州市副市长和平和县委书记、县长颁发奖章。其中，获省人民政府金质奖章有黄元明、黄志祥、林广兆、胡国赞、曾莹、庄启程、吕振万、沈炳麟；获银质奖章有张灵敏、林树哲、游振超、苏协民、陈泽源、香港漳州同乡总会、香港金城银行。获漳州市人民政府银质奖章有林广兆、施幼治、陈延辉、杨锦忠、王明洋、黄永川、许志坚、曾莹、张海城、曾强、陈景福、陈黄秀华、香港泛海公司。获平和县人民政府银质奖章有林广兆、游振超、曾莹、吴骏生、许志坚、赖君恒、香港集友银行、香港漳龙实业有限公司，获铜质奖章有施纯昌、吴金盾、陈清良、曾淑华、戴吕季玉、菲律宾嘉仕伯公司。

1989—2007 年，全县接受港澳同胞和侨胞（含团体单位）捐赠钱物累计 186 宗，总值人民币 3400 多万元。

（附注：因历史档案材料把港澳同胞与侨胞的来访、捐资、投资等情况（有关数据等）合并记载，故本章记述内容难于删除有关侨胞情况。）

1995—2007 年港澳同胞（含团体单位）为平和县公益事业捐赠 30 万元以上情况表

表 27-3-2 **单位：万元**

捐赠者（含团体单位）		捐赠年份	捐赠金额	捐赠项目
姓名（名称）	地址、职务			
黄元明	香港	1995 年	100	平和县见义勇为基金会
黄志祥	香港信和集团主席	1995 年	50 万港币	平和县图书馆大楼
林树哲团队	香港南益集团有限公司	1995 年	40	三平寺山门
南九龙狮仔会	香港	1995—1996 年	56	崎岭中学、时坡希望小学教学楼和教学设施
伊发达公司	香港	1995—1998 年	30	崎岭乡诗坑小学教学楼
香港（漳州）同乡总会	香港	1996 年	40	平和灾区
胡国赞	香港金龙科技集团有限公司董事局主席	1996 年	64.20	平和职高学生公寓
陈泽源	香港泽源实业有限公司总经理	1996 年	40	平和三中、霞寨新塘小学教学楼
庄启程	香港维德集团董事长	1997 年	53 万港币	平和育才中学实验楼
新华银行	香港	1998 年	42.70	平和县金华小学教学楼
黄志祥	香港信和集团主席	1999 年	50	平和县医院门诊大楼
吴婷婷 邓衍良（伉俪）	香港	2004 年	35.34	崎岭乡中心幼儿园校舍、设施
黄志祥	香港信和集团主席	2005—2007 年	60	平和县新星幼儿园综合艺术楼
姚振华	深圳宝能投资集团有限公司董事长	2006 年	100	平和职高教学楼
黄绍基	香港希望工程基金会副主席	2006 年	30	五寨乡优美小学教学楼
林广兆	香港中银国际控股有限公司副董事长	2006—2007 年	60	崎岭乡中心小学、平和县广兆中学奖教奖学基金
郑亚玲	香港华南企业集团主席	2007 年	30	大溪镇硕卿小学教学楼
朱树豪	香港企业家、全国政协委员	2007 年	45	林语堂文学馆
郑景仁	香港	2007 年	100	修缮三平寺

第四章 对台事务

第一节　台胞台属

一、台胞

1989年调查，明清时期，平和县有55个姓氏4万多人迁居台湾。民国时期，平和去台人员576人（其中1945—1949年去台442人），其中经商57人，谋生190人，任职37人，当兵292人。他们在台二代、三代子女有2484人，其中军界11人，政界32人，教育界105人，从工从商318人。1989年底，平和县籍在台人员2957人（包括二代、三代、四代后裔）。

2007年普查，平和县籍旅台人员（包括二、三、四代后裔）共有112万多人，其中有31个姓氏台胞回平和谒祖，分别为林、杨、李、巫、庄、叶、曹、江、王、高、游、朱、郑、龚、张、许、何、陈、赖、黄、吴、周、温、曾、罗、洪、蔡、廖、卢、官、董。还有颜、骆、郭、谢、杜、徐、刘7个姓氏台胞回平和找不到祖籍地。

二、台属

1989年调查，平和县内台属6141人。2007年普查，在平和有台籍同胞73户327人，县内台属6638人。台湾当局开放大陆台籍回台探亲后，至2007年年底，平和县有11户124人办理回台定居。

2007年平和县台胞台属情况表

表27-4-1　　单位：人

乡镇	去台人员数	在台人员数	县内台属数
文峰	9	55	128
山格	21	86	169
小溪	72	763	1654
南胜	15	61	271
五寨	9	51	255
坂仔	19	65	220
国强	5	28	111
安厚	55	84	417
大溪	32	123	387
霞寨	98	615	927
芦溪	25	100	254
崎岭	38	218	317
九峰	135	649	1197
长乐	20	78	156
秀峰	23	81	175
合计	576	3057	6638

注：去台人员包括二代、三代、四代后裔

三、平和县籍去台人员各姓氏今存祖祠简介

(一)陈氏祖祠

漳汀陈氏宗祠　又称“陈氏大宗”，址在芦溪镇漳汀村下司社，始建于明崇祯年间，清雍正元年(1723年)、道光十五年(1835年)及1999年重修。陈氏宗祠奉祀芦溪陈氏始祖陈仲贤。其众多子孙迁居中国台湾、香港地区及东南亚各国。

大溪陈氏祖祠　又称“陈氏大宗”，址在大溪镇店前村西辉社，始建于清代。开基祖为陈元隆，不少族裔迁居中国台湾、香港地区及东南亚各国。

侯卿陈氏宗祠　址在国强乡高坑村(国强乡政府院内)，始建于明代。侯卿陈氏始祖为陈兴宗，不少族裔迁居中国台湾、香港地区。

此外还有崎岭乡合溪村溪贝(溪背)社的陈氏鹂追堂，崎岭乡彭溪村井边社的陈氏祠堂，崎岭乡南湖村顶楼社的陈氏祠堂，山格镇宝峰村美大社的塔美陈氏家庙。

(二)林氏祖祠

五寨林氏大宗　又称“五寨林氏培远堂”，址在五寨乡埔坪村中，建于清代。开基祖林子慕，裔孙迁居台湾甚多，闻名的“雾峰林家”在台湾建有培远堂祠堂1座，30字辈与平和祖家大宗同样。2007年被列为福建省涉台文物保护单位。

五寨林氏大宗内藏存的光绪十九年台湾“雾峰林家”组团回乡祭祖时立的“奇昴公祀田”碑文

龙峰头林氏宗祠　址在安厚镇龙头村与美峰村之间的中心地段，建于明嘉靖十四年(1535年)。开基祖为林日隆。龙峰头林氏自八世开始，裔孙陆续迁往中国台湾地区和东南亚各国。有谱可查的大房伯通(三世)派下迁居台湾宜兰、基隆、淡水等地就有258人；二房、三房、四房迁台裔孙200多人。20世纪末叶起，台湾宗亲回龙峰头祭祖有10多批、60多人次。林氏宗祠于2001年被列为平和县文物保护单位，2007年被列为福建省涉台文物保护单位。

此外还有南胜镇法华村后楼社的法华林氏大宗，崎岭乡诗坑村大社的林氏祠堂(堂号西河)，文峰镇文洋村溪山寨(楼)的文洋林氏大宗，小溪镇高南村天岳培基楼(南山城)内的南山林氏培德祠。

(三)黄氏祖祠

乾岭黄梧祠　址在国强乡乾岭村，建于清康熙五年(1666年)。乾岭又称霄岭、小岭、秀岭。乾岭黄氏是平和大坪黄姓开基始祖黄久美、黄久安派下。明清时期，乾岭黄氏先民渡台甚多。1990年2月2日，台湾中和市黄平扬到平和寻找开台始祖黄士就十三世的祖地“平和秀岭后”，查乾岭黄氏族谱，对上黄士就兄弟士珍、士杰、士英。从此两地黄氏宗亲往来不辍。

安抚黄氏祖祠　址在霞寨镇西安村安抚寨(楼)，建于清康熙年间。开基祖为质齐公，于明洪武二十五年(1392年)到大坪开基。明清时期，族裔众多人丁徙移中国台湾、香港地区及国外。祖地建有新寨庙(原名州主庙)，旅居台湾宜兰县的黄氏宗亲于2000年起多次组团到新寨庙进香。

此外还有安厚镇大径村高阳楼中的黄氏种德堂，霞寨镇钟腾村的黄氏榜眼祠堂(又称钟腾榜眼府)，小溪镇坑里村的霞苑黄氏家庙，崎岭乡浮坪村平园的黄氏浮山祖祠。

(四)张氏祖祠

琯溪张氏乡贤祖庙　原名小溪张氏宗祠，旧址在小溪镇龟头城，建于明洪武年间。20世纪60年代被拆除。1992年，张氏族裔集资重建于小溪镇宝善村延寿山麓。开墓祖为铁崖公。明清时期，众多族裔迁

居中国台湾地区，以及日本、新加坡、美国等地。

马堂张氏家庙　亦称张氏大宗，堂号敬爱堂，址在安厚镇双马村马堂大社，建于明万历二十九年（1601年）。开基祖为张文通，不少族裔迁居台湾、香港。今家庙额枋正中悬马堂后裔、全国政协副主席张克辉的题匾“承先启后”。

此外还有文峰镇龙山村透龙社的张氏家庙（又称“透龙庵”），山格镇白楼村的张廖氏祖祠“禋成堂”，大溪镇廖安村的张氏龙德堂。

（五）李氏祖祠

侯山李氏祖庙　址在小溪镇西林村西山城中，建于明正德五年（1510年），于1976年因平和一中扩建校舍被拆毁，后花园园墙尚存。侯山李氏又称“侯山李”“西山李”，开基祖为孝梓公（李恺玉），后裔迁居台湾、金门甚多，据《侯山李氏家谱》载，从明正德年间至清乾隆年间，是“西山李”族人迁台的高峰期。祖地建有侯山宫，2007年被列为福建省涉台重点文物保护单位。

前岭李氏家庙　址在五寨乡前岭村，建于清初。开基祖为国和公，于元代中叶迁来前岭村前陂社开基，不少后裔迁居台湾。

（六）吴氏祖祠

侯石吴氏家庙　址在山格镇新陂村乌石（侯石）社，建于明永乐年间。开基祖为吴则惠，于宋末迁来乌石社开基，不少后裔迁居中国台湾及东南亚各国。

壶嗣吴氏报本堂　址在大溪镇壶嗣村东面，建于清代乾隆年间。开基祖为吴文应（字崇盛），于明洪武四年（1371年）迁来壶嗣开基。据壶嗣吴氏族谱记载，清康熙乾隆年间，壶嗣吴氏子孙移居台湾179人。大多聚居台北粪箕湖、阿里山等地。被台湾人民尊奉为“阿里山之神”的吴凤，则为吴文应第十三代裔孙。壶嗣曾称后徐、后祠、壶祠。2007年，壶嗣村的吴凤宗祠列为福建省涉台文物保护单位。

（七）杨氏祖祠

杨厝坪杨氏追来堂　址在九峰镇杨厝坪路口，建于清雍正六年（1728年）。明代洪武年间，杨氏八十五代杨世熙随祖父流来公到杨厝坪定居，不少族裔迁居中国台湾地区和泰国、马来西亚等地。2007年被列为福建省涉台文物保护单位。

高磜杨氏弘农堂　址在山格镇高磜村大社；建于明宪宗年间。开基祖为杨耕野，于明洪武年间到高磜开基，不少族裔迁居中国台湾地区和泰国等地。

（八）曾氏祖祠

九峰曾氏雍睦堂　即曾氏家庙，址在平和旧县城九峰镇，与文庙毗邻，建于明代中叶，是平和曾氏之大宗。开基祖为曾启杰、曾圆山。明至清代，平和曾氏有大批子孙迁徙中国台湾地区和国外。至20世纪40年代末，平和县有曾氏祠堂60多座，其中较大规模较有特色的分祠有中湖宗祠（址在九峰城西村，2000年被列为平和县文物保护单位，2007年被列为福建省涉台文物保护单位），霞湖家庙（址在孝经堂），福田家庙（址在九峰福田村即九峰福田曾氏家庙，2001年被列为平和县文物保护单位）、敦仁堂、兴仁堂（址在九峰黄田村）。

（九）赖氏祖祠

莲塘赖氏颍川堂　址在安厚镇莲塘村莲塘小学校园中，建于明万历六年（1578年）。开基祖为赖德茂，于南宋年间到莲塘村开基，不少后裔迁居中国台湾、香港地区及东南亚各国。

心田赖氏家庙　址在坂仔镇心田村，与心田小学毗邻，建于明崇祯五年（1632年）。开基祖为赖卜隆。心田赖氏从第八世赖大辉开始，至清嘉庆年间，迁移台湾超过百人，是平和县迁台人口最多的姓氏家族之一。在台中、彰化、云林、南投等地，形成许多心田赖氏聚落。在台中北屯区，建有心田赖氏五美堂、三和堂等祠堂，并从祖地平和心田宫将保生大帝神衹分香至台中赖厝里，建起元保宫。1985年后，台湾各地心田赖氏族人经常到平和心田祖地拜祖进香。2007年，赖氏宗庙被列为福建省涉台文物保护单位。

（十）江氏祖祠

江寨江氏梦笔堂　址在大溪镇江寨小学校园中，建于民国28年（1939年），今堂内檐枋上有大溪江氏族裔、台湾中国国民党中央副主席江丙坤所题的“梦笔堂”金字牌匾。江寨江氏开基祖有溪背社支脉的江肇赐和新楼社支脉的江肇元。清代，梦笔堂一系有子孙迁移台湾桃园、南投等地。

江寨江氏济阳堂　址在大溪镇江寨村，为开基祖江肇元后裔所建。清康熙十年（1671年），族裔陆续迁居台湾彰化、桃园、台北、台中等地。海峡两岸的江肇元派下裔孙，都以济阳堂为堂号，共祀江肇元始祖。1980年后，在台的江氏宗亲世凯、荣基、清海、枝金、武昌、茂源等陆续组团到平和江寨祖地祭祖访亲，并资助祖地公益事业。2000年被列为平和县文物保护单位，2007年被列为福建省涉台文物保护单位。

大溪江氏宗祠

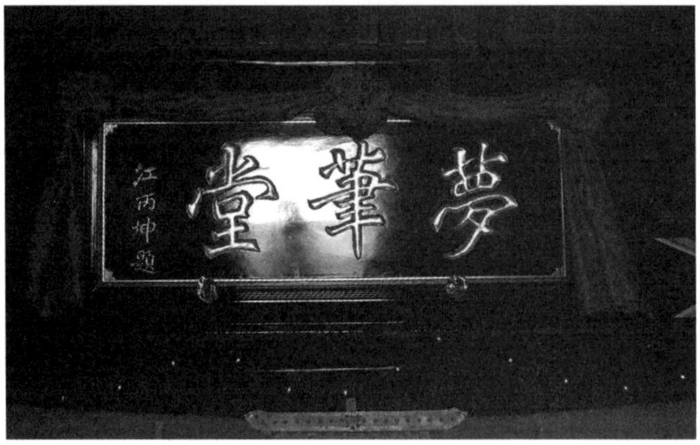

中国国民党副主席江丙坤为大溪镇江寨江氏宗祠梦笔堂所题金字牌匾

（十一）朱氏祖祠

翔鹏朱氏孝思堂　址在九峰镇积垒村，建于清康熙二十四年（1685年）。开基祖为朱太生（字宁阳），于明洪武九年（1376年）在河头社翔鹏开基。历代有子孙迁居台湾。

九峰朱氏大宗祠　址在九峰镇县府后山龙顶上（俗称“县后龙”），明正德十三年（1518年）建置平和县之后兴建，明崇祯九年（1636年）扩建。明清时代，九峰朱氏有子孙迁居台湾，在台湾形成家族。

（十二）蔡氏祖祠

溪洲蔡氏世泽堂　又称鳌东祠堂，址在小溪镇溪州村大学社寨仔头，建于明代初。开基祖为子礼公，于元至正二年（1342年）到溪州村卓教社开基，不少后裔迁居中国台湾、香港地区及东南亚各国。

坑里蔡氏大宗　址在小溪镇坑里村下坂社，始建于明洪武二十年（1387年）。开基祖为蔡期远，于南宋绍定三年（1230年）到坑里村下坂社开基。不少后裔迁居中国台湾，香港及东南亚各国。2000年被列为平和县文物保护单位。

（十三）庄氏祖祠

五寨庄氏大宗　又称中溪祖祠，址在五寨乡优美村中溪社，始建于清康熙二十年（1681年）。开基祖为庄守埏，于元世祖至元十六年（1279年）到优美村开基。不少后裔迁居中国台湾。2000年被列为平和县文物保护单位。

岩岭庄氏祠堂　址在霞寨镇岩岭村祠堂边社，建于清代初。开基祖为庄敬旺，于明永乐二十年（1422年）到岩仔社开基．不少后裔迁居台湾、香港。

（十四）叶氏祖祠

蕉卿叶氏宗祠　址在芦溪镇蕉路村顶焦坑社，建于清代初。开基祖为叶正寿，于明洪武二年（1369年）到芦溪蕉坑田螺盂社开基。不少后裔迁居中国台湾、香港及东南亚各国。

（十五）何氏祖祠

彭溪何氏祠堂　址在崎岭乡彭溪村山下社，建于明嘉靖三十一年（1552年）。开基祖为何长成，于明嘉靖三年（1524年）到彭溪开基。不少后裔迁居台湾。

（十六）罗氏祖祠

长富罗氏务本堂　址在长乐乡建南村案上社，开基祖为罗永达，于明永乐三年（1405年）到长富乡案上社开基。明至清代，有后裔迁居台湾。

（十七）郑氏祖祠

东槐郑氏大宗　又名碧井祖祠，址在芦溪镇东槐村水井社，建于清朝初。先祖于明洪武年间到东槐水井社开基。

（十八）其他祖祠

其他祖祠有霞寨镇西安村雄山楼（又名王厝楼）的大坪王氏祖祠、崎岭乡浮坪村佛祖庵的浮坪周氏祖祠、霞寨镇寨里村的霞山周氏兴宗堂、霞寨镇长汀村顶厝社的小坪卢氏大宗（又称“金角祠堂”）、秀峰乡秀峰村美岭社的游氏涌芬堂（系秀峰游氏大宗）、南胜镇前山村祠堂边社的胡氏元德堂、崎岭乡下石村的石氏著仔堂、文峰镇三坪村浦口社的许氏宗祠、芦溪镇连城村小连城社的汪氏平阳堂，文峰镇黄井村前厝社的戴氏谯国堂、崎岭乡彭溪村下午斗社中村的钟氏祠堂、秀峰乡坪东村陈坑的冯氏衍源堂、芦溪镇连丰村詹厝的詹氏树德堂、南胜镇前山村和仓社的蓝氏种玉堂、九峰镇县后街的龚氏祖祠、霞寨镇彭林村芹山后社的欧氏祠堂（又名“楼仔前祠堂”）、芦溪镇连益村后垄社的翁氏盐官堂、小溪镇古楼村敦睦楼中的卓氏大宗、芦溪镇蕉路村田螺盂社的余氏祖祠、芦溪镇双峰村凹仔社的温氏正圣堂。

第二节　台胞投资与捐赠

一、台胞投资

1989年10月，台胞胡春月投资150万美元，在平和县城小溪镇古楼村创办平和天和服装有限公司，生产各种服装出口欧美市场。1993年3月，公司更名平和跃劲服装有限公司。翌年公司转由台胞胡秋雅经营，至2007年不变。

1991年3月，台胞胡捷允投资18万美元，在平和小溪镇厝丘村创办平和捷允食品有限公司，建立良种猪养殖场。至2007年不变。

1993年，台胞王玉丰投资66万美元，在山格镇创办平和三义兴食品有限公司，经营果蔬饮料、果蔬加工和保鲜等。是年，台胞朱淞投资11.46万元，与山格镇政府合资创办平和县淞山水电有限公司，建造发电厂装机容量640千瓦，1995年建成，年发电量5000千瓦时。1996年，朱淞又投资16.8万元，与山格镇政府合资再建1座装机320千瓦发电厂，厂名为平和县淞河水电有限公司。是年，台胞张建中投资30万美元，在平和县小溪镇创办平和添成机械配件有限公司；台胞曾木辉投资35万美元，在故乡九峰镇福田村创办平和一本果蔬有限公司，经营果蔬制品、保鲜和种子种苗培育。

至2000年，台胞（台商）在平和投资创办企业计48家，投资金额2500万美元。

2001年6月，台胞彭楷祥投资135万美元，在平和县小溪镇联星村创办平和县天棋美术艺品有限公司，主要生产美术工艺品出口日本。2003年10月，台胞吕俊石投资84万美元，在平和县安厚镇安阳农贸社区创办漳州兆阳房地产开发有限公司。2004年1月，台胞黄虹余投资30万美元，在平和县小溪镇旧县村创办漳州协大服装有限公司，经营来料加工生产各种服装和鞋类。10月，台胞蔡曜鸿投资28万美元，在平和县九峰镇复兴村创办漳州震元纸品有限公司，主营各种民俗神祇祭拜用纸，产品全部销往台湾。2007年5月，台胞林明泉投资210万元，在平和县五寨乡前岭村创办平和县主鸿装潢制品有限公司，生产各种家具、洗浴桶、自动热气养生椅等，产品主要销往日本。7月，台胞吴松柏投资118万美元，在大溪镇大芹山创办漳州松柏岭云顶茶叶有限公司。2001—2007年，台胞（台商）在平和投资创办企业计39家，投资总额2230万美元。

二、台胞捐赠

1989年7月至1990年5月，台胞赖坤鏞捐资56.4万元，兴建安厚镇莲塘小学教学楼和修建莲塘宗祠。

1990年12月7日，台胞傅火石等36人捐资75万元，助建小溪镇西林小学校舍和修缮西林侯山宫。

1991年5月14日，台胞赖西平捐资5万元，支持国强乡古爽村尖石乡亲修缮祖祠。1991年6月至1995年6月，台胞赖英乾捐赠120万元，助建坂仔镇仁山小学和心田小学校舍。

1992年10月29日，台湾台中元保宫赖氏宗亲赖焕樟等人，捐资120万元助建坂仔镇心田小学综合楼和重修心田祖祠。

1993年10月29日，台湾知名人士朱高正，回到九峰镇西街谒祖，并捐资20万元，助建九峰镇中学教学楼。台胞石建璧捐资30万元，为故乡崎岭乡下石村兴建小学教学楼。台胞曾强夫妇捐资10多万元，为家乡九峰镇眉山村修校舍、筑公路、造桥、建凉亭。

1996年3月，台胞曾一山捐资50多万元，为故乡眉山小学兴建一山教学楼以及校门和围墙。

2002年6月6日，旅日台胞林文雄捐资1000万日元，助建小溪中学教学综合楼，翌年元月3日，林文雄回乡又捐资100万日元，用于该校购置电教设备。2006年9月，林文雄再捐资500万日元，设立小溪中学林文雄奖学奖教基金。

2005年，台湾知名人士朱尚威携夫人到九峰镇谒祖，捐资11万元用于朱氏修祠、修谱。

1989—2007年平和县接受台胞捐资情况表

表27-4-2 **单位：万元**

年份	捐资总数	捐资用途
1989	80	兴建西林小学、道路、桥梁、旅游、文化
1990	130	兴建心田、下石、莲塘等小学、设立奖学金
1991	86	修建学校、道路桥梁、祠堂、寺庙
1992	78	修建学校、道路桥梁、祠堂、寺庙
1993	98	修建学校、道路桥梁、祠堂、寺庙
1994	90	修建学校、道路桥梁、祠堂、寺庙
1995	92	修建学校、道路桥梁、祠堂、寺庙
1996	81	修建学校、道路桥梁、祠堂、寺庙
1997	73	修建学校、道路桥梁、祠堂、寺庙
1998	56	修建学校、道路桥梁、祠堂、寺庙
1999	48	修建学校、道路桥梁、祠堂、寺庙
2000	38	修建学校、道路桥梁、祠堂、寺庙
2001	35	修建学校、道路桥梁、祠堂、寺庙
2002	72	兴建小溪中学教育楼、设立奖学金、道路、桥梁、祠堂、寺庙
2003	33	修建学校、道路桥梁、祠堂、寺庙
2004	30	修建学校、道路桥梁、祠堂、寺庙
2005	29	修建学校、道路桥梁、祠堂、寺庙
2006	28	修建学校、道路桥梁、祠堂、寺庙
2007	31	修建学校、道路桥梁、祠堂、寺庙
合计	1208	修建学校、道路、桥梁、文化、旅游、祠堂、寺庙及设立奖学金等

第三节　交往联谊

一、接待台胞

1989年2月17日，县委、县政府领导在平和宾馆与回乡省亲的台胞朱尚匡尧、黄省南、张亚纯等举行座谈会。翌日，县有关领导陪同台胞，游览三平风景区、县农用车厂。是年，全县接待台胞2228人次。

1990—1995年，全县接待台胞、台湾人士探亲访友、寻根谒祖、进香朝圣、商务考察等17255人次。其中，1992年10月29日，台湾赖罗傅宗亲会会长赖诚吉率台湾宗亲222人到平和县，参加由台中市元保宫宗亲在坂仔镇心田村元保小学捐建的元保楼落成及台湾裔孙捐助重修赖氏家庙竣工庆典活动。1993年6月15日，台湾南投市内辘庆福寺进香团一行115人，由主任委员曾亮吉带领，到平和三平寺朝圣观光。1995年7月，接待首次抵平和小溪镇山腰进行谒祖访亲活动的以龚瑞泰为团长的台湾高雄平和同乡会、高屏龚氏访亲团一行30人。县委、县政府有关领导为他们举行欢迎座谈会。

1996—1999年，接待台胞10709人次。其中，1999年8月13日，接待台湾大学农业推广学系教授陈昭郎率领的台湾农产品营销考察团，协助他们到坂仔镇考察香蕉种植及市场营销。12月7日，接待来自海峡两岸研究台湾移民史的专家、学者50多人，协助他们到坂仔心田宫、赖氏家庙、三平寺等地考察平和与台湾渊源。

2000—2005年，接待台胞24249人次。其中，2002年11月2日，县台办接待由国务院台办九洲文化传播中心项目制作人高峰和台湾地区中华文化新闻媒体传播协会秘书长高登山一行8人组成的《大师身影》专题片摄影组，并协助他们到坂仔镇林语堂出生地，为《林语堂》专集摄取林语堂纪念馆、林语堂父母合葬墓、林语堂大师出生地和故居等珍贵镜头。2005年10月13日，台湾张氏宗亲会会长张瑞祯率团一行26人到平和县，参加安厚镇马堂张氏祠堂修建落成庆典活动。

2006年5月21日，台湾国民党中央副主席江丙坤，携妻陈美惠一行8人，在福建省台办主任邓本元、漳州市委副书记杨根生、平和县委书记林忠、平和县长洪里专等陪同下，到平和县大溪镇江寨村江氏祖祠济阳堂祭祖。江氏宗亲送给江丙坤五谷、井水、族谱、村景图等礼物。江丙坤回赠1个瓷瓶和传记《拼命三郎》，并捐资1万元用于修建祖祠。江丙坤于7月又为江氏祖祠题“梦笔堂”，为三平风景区题“广济群生三平寺，名山圣水万寿地”，为灵通风景区题“灵通仙境”。6月17日，台湾彰化县溪湖镇通天宫组团69人，在团长巫晓明率领下，到平和县小溪镇西林村侯山宫谒祖。（该团曾于1993年、1999年和2004年三次到侯山宫谒祖。）9月6日，台湾金门县县长李炷峰、建设局局长李增财、政府机要秘书许加发等一行6人，在平和县县长洪里专等领导陪同下，到文峰工业区、平和第六中学等地考察。9月18日，台湾张廖简宗亲总会理事长简永燃率团34人，到平和安厚镇马堂参加张氏祖祠四百周年庆典。10月23日，台湾企业经理人协进会理事长林丽玉率团30人到平和县考察工业，在平和县有关领导陪同下，参观小溪大坂洋开发区、林语堂纪念馆等。11月17日，台湾国民党嘉义县党部妇女工作室主任丁思伊率团33

2006年5月21日，中国国民党副主席江丙坤，携妻陈美惠一行8人到大溪镇江寨村江氏祖祠济阳堂祭祖

人，到平和县三平风景区等地观光考察。是年，全县接待台胞 4244 人次。

2007 年 4 月 17 日，台湾政界人士、元保宫理事长游民哲率信士 143 人，到平和县坂仔心田宫朝圣。4 月 23 日，台湾桃园县大园柯、蔡宗亲一行 20 多人，到平和小溪镇坑里村寻根谒祖。7 月 18—19 日，台湾 24 个三平祖师公分庙的代表 100 多人，到平和县参加平和县首届海峡两岸（平和）三平祖师文化旅游节活动。8 月 15 日，台湾嘉义县青工会总会长、青年团嘉义县支团长颜铭仪率团 72 人，到平和三平风景区等地参观访问。9 月 21 日，县台办接待台湾各姓氏文化研究会前理事长林添福和台湾成功大学历史系教授林德政，并协助他们实地考察台湾“雾峰林家”祖籍地五寨乡埔坪村，查阅平和与台湾渊源有关史料。“雾峰林家”是清代台湾闻名的豪族名门，号称“台湾第二家”。10 月 28 日，台湾台中县乌日乡杨氏宗亲 72 人，在队长刘瑞吉带领下到平和县南胜镇义路村保宁庵进香谒祖。此为该宗亲第 11 次组团到保宁庵进香谒祖。是年，全县接待台胞、台湾人士共 4620 人次。

二、赴台联谊

1989 年 9 月，经县有关部门批准，台属林傅仁往台湾探望其父。这是新中国成立后，台湾当局开放大陆亲人赴台探亲后，平和县首位去台湾探亲的人员。

1997 年 10 月 1—8 日，副县长兼县教育基金会会长孙守煊、县教育局局长蔡江海，应台湾嘉义县民雄文教基金会的邀请，赴台湾参加“闽台学校交流暨技职教育研讨会”。此行，使平和县入台交流实现零的突破。

1998 年 2 月，由县委统战部部长蔡河清、县关心下一代对外联谊会会长赖容海等 6 人组成民俗交流团，赴台湾台中市拜访赖氏宗亲，开展联谊活动。

1999 年 4 月 18—27 日，应台湾嘉义“民雄文教基金会”董事长何明宗邀请，县委副书记金江一行 3 人，参加厦门市职业教育访问团赴台湾，开展农业职业技术教育交流活动。8 月，县委常委郑智民、大溪镇党委书记陈耀灯应台湾台中县农会的邀请，随福建省科协团，赴台湾考察高优农业发展模式和农业技术推广服务体系。11 月，应台湾私立职业学校创办人兼校长何明宗的邀请，县委书记率领县财政局长、县侨办主任、县农办主任、县商会副会长和山格、霞寨、坂仔、南胜 4 个镇党委书记，赴台湾进行为期 10 天的农业经济技术考察与交流活动，探访平和籍台胞知名人士。

2002 年 7 月，副县长吴川泽率福建南海集团有限公司董事长胡文星等一行 12 人，赴台湾考察农业生产。

三、两岸民间组织

（一）平和县台属联谊会

1991 年 5 月 28 日，召开平和县第一次台属代表大会，正式成立平和县台属联谊会。大会选举产生首届台属联谊会理事会组成人员，通过《平和县台属联谊会章程》。联谊会开展活动情况见《卷九群众团体》。

（二）平和县台湾同胞联谊会

1996 年 10 月 18 日，召开平和县第一次台湾同胞代表大会，正式成立平和县台湾同胞联谊会（简称县台联）。大会选举产生首届县台联理事会组成人员。县台联开展活动情况见《卷九群众团体》。

（三）平和县台商联谊会

2003 年 4 月 8 日，平和县首届台商联谊会成立大会在县城举行，来自全县台资台商企业的代表 25 人和县委、县政府、县人大、县政协、县纪委、县委统战部、县委台工办的领导干部等 50 多人出席大会。漳州市委台工办主任出席会议并致祝词。大会选举产生县台商联谊会会长 1 人、副会长 3 人、监事长 1 人，秘书长 1 人，理事 21 人。选举朱淞为会长，聘请县党政领导 8 人为名誉会长。

2007 年中秋节，县台商联谊会在县外经局举行台商中秋茶会，与县台办、外经局等有关部门领导一起欢度中秋佳节，畅谈企业发展情景，共商发展大计。

（四）台湾台北市平和同乡会

1983 年，台湾台北市平和同乡会成立，理事会设理事长、副理事长、常务理事、理事、监事长、监事等 52 人（亦为会员）。首任理事长庄瑞彩（庄严），于 1990 年初率理事会成员 5 人回平和探亲，共叙乡情，受到平和县政协、县委统战部、县台办等部门领导的热情接待。2007 年，理事长庄念石率理事会成员 15 人，回平和进行访问交流。

（五）台湾高雄市平和同乡会

1981 年，台湾高雄市平和同乡会成立，理事会设理事长、副理事长、常务理事、理事、监事长、监事等 48 人（亦为会员）。首任理事长魏成辉，于 1990 年底率团回平和探亲联谊，共叙乡情，受到平和县政协、县委统战部、县对台办等部门领导的热情接待。1991 年 5 月 27—29 日，常务理事周锦惠、周树正带领同乡会庆贺团一行 5 人，专程回乡参加平和县首届台属联谊会成立大会。1992 年初、1995 年 7 月，时任高雄市平和同乡会第二届理事长黄省南、第三届理事长龚瑞泰，分别率团回平和谒祖恳亲，受到平和县政协、县委统战部、县台办等部门领导的热情接待，并进行座谈交流。2007 年，高雄平和同乡会常务理事周树正一行 4 人，到平和县进行访问交流。

第四节　排忧解难

1989 年起，县台办配合县台联、县台属联谊会，逐年为困难的台胞台属发放救济款，帮助回乡定居的台胞台属解决批地建房，逢年过节组织慰问台胞台属，协调处理台资企业纠纷问题。1989—2007 年，协助台属赴台奔丧、探亲办理手续 148 人次。

（历年为台胞、台商、台属排忧解难详情，参见其他有关各卷）

卷二十八　旅 游

平和旅游资源丰富，自然景观风采各异，人文景观源远流长，具有发展特色旅游的良好条件。明代，已有灵通山、三平寺“胜概”、“记游”的记述见诸史籍、诗赋。20世纪80年代，出现现代旅游业。县内有两大风景名胜区。三平风景区为省级风景名胜区、国家AAAA旅游区，灵通山风景区亦为省级风景名胜区。其他著名景区（点）还有九峰历史文化名镇、林语堂故居、庄上大楼、绳武楼、平和暴动纪念馆等，形成三平朝圣游、灵通风光游、红色之旅游、农业观光游、人文景观游五大特色旅游，旅游事业日趋兴旺。2007年，全县接待的游客人数102万人次，旅游直接收入9102万元。

第一章　旅游资源

第一节　自然景观资源

平和县环境优美，自然景观丰富。境内有高山、丘陵，河谷、盆地、小平原错落其间。海拔1000米以上的山有64座，1000米以下至500米的有221座。或以绮丽著称，或以洞穴见长，或以险秀争雄，或以幽静取胜。境内大小溪流137条，分为5个水系汇入九龙江、韩江、漳江、鹿溪、东溪，有“五江分源”之说。山涧溪流，多清泉、飞瀑，多深潭、浅滩，各显风光之秀。境内属南亚热带季风气候，年平均气温21.3℃，年降水量1700多毫米，无霜期318天。四季气候宜人，是适合旅游的一方胜地。至2007年，县内主要的自然景观如下：

三平山　在文峰镇三坪村境内。方圆20平方公里。群山环列，东有大柏山，山势险峻，绵延数里；西有九层岩，重峦叠翠，岩谷深邃；南有龟山、龙瑞瀑布胜迹；北有蛇山、虎爬泉景致。千年古刹三平寺坐落于此。

灵通山　古称大峰山，在大溪、安厚、国强3乡镇交界处。方圆32平方公里。自然景观以险峰、奇石、飘云、清泉为四大特色。奇峰林立、峰峦叠嶂、岩壁陡立、千姿百态。黄道周称赞其峰“三十有六，一一与黄山相似，或有过焉，无不及者”。著名山峰有狮子、紫云、玉屏、栖云、擎天、大帽、小帽等7峰。

大芹山　在九峰、大溪、崎岭三乡镇交界处。海拔1544.8米，为闽南第一高峰。秀峰圆耸，峰顶有一奇石，敲打发出多种音响，名八音石。主峰周围有小芹山、鹅公髻、笔架山等15座千米高山，环山拱列，气势磅礴。

太极峰　在南胜镇。方圆18平方公里。境内有燕山期形成的岩石群自然景观。主峰海拔982米，峰峦秀拔，奇石嶙峋。另有鸡冠山、石笋尖、观音石、红婆石、鼎底洞、邦寮水库等景点。

尫仔山　在五寨乡境内。由尫石山、白须峰、扫帚金等16峰组成，方圆20平方公里。奇峰群立，怪石嶙峋，洞穴幽深，有老君石、万人洞等18个景点。

石阙山　又名石齿山、十八齿山，在坂仔、小溪、霞寨三镇交界处。石峰犀利，“如锯齿状，危崖高耸，塞天蔽日”（林语堂语）。因山高峻，雨后多飞瀑、流泉。南麓西坑村境有伏船山、温泉谷、吊铜钟、仙人抱鼓等景点。

曹岩山　《平和县志》（清道光版）称栖云山，在文峰镇前埔村。峰壑秀净，古木参天，奇石林立，岩洞成群，凿有“西天胜境”等摩崖20多方。曾岩古寺在此山中。

石犀峰　又名双飞鹰山，在崎岭乡南湖村。峰峦秀拔，林壑优美，山中有双犀守口等景观，山麓有千年古庙天湖堂。

五凤山　俗称飏（洋）半天，在秀峰乡文田村。《平和县志》（清道光版）谓其“五峰迭起，高耸天半，夕阳西映，暮霭沉沉，倍形精采”。山后崎岭乡浮坪村境有石人峰、旭山岩等景点。

霓紫山　在南胜镇子坑村。屏嶂巍峨，树木荫浓。山麓有泉，名龙须井，降雨之前，泉水汩汩而出，晴天时则伏流而下。

大协岭　在霞寨镇黄庄村。峡谷间石磴道逶迤数里，两侧青松夹道。岭中有石晶水，水自石缝中流出，六月如水，甘甜润滑，被誉为“平和第一泉”。泉旁建观音庙。

东川湖　即东川水库，在安厚镇灵通山东麓东川村境内。建于1967年。库容1605万立方米。湖面浩荡，碧波荡漾，四周山势亘绵，林木茂密，山道盘旋，村落星缀，湖周长10公里，步步换景，犹如一幅山水画卷。

新荣湖　即新荣水库，在大溪镇灵通山西麓新荣村境内。建于1981年，库容1038万立方米。因形如一尾金鲤鱼，又名鲤鱼湖。湖面风静时如镜，灵通七峰倒映水中，一览无余，岚景波光，景色佳丽。

卧龙洞　在文峰镇黄井村。上峰溪有一段地下河，溪水自“龙喉”进，至“龙潭”涌出，其间3公里河床为巨石覆盖。洞口旁有“古龙玄室”“卧龙洞”摩崖多处。

龙须洞　在五寨乡侯门村。侯门溪一段地下河，长2000米。入口处有一巨洞，深不可测，两侧喷水如龙须，故名。河床散布上千个冰川时期遗留的冰臼，或盆状，或壶状，犹如一座雕塑艺术大观园。

龙瑞瀑布　在文峰镇三坪村三坪溪。上有和尚潭，潭水泻出，跌落34米，宽处20多米，凌空飞舞，珠飞玉溅，震撼山谷。

桂竹瀑布　在崎岭乡桂竹村鸭坑湖。湖水从悬崖缺口处泻出，高40多米，丰水期宽10米，飞珠溅玉，响声如雷。

百丈漈　在霞寨镇寨北村。漈水跌落6级，总长120米，又名百丈飞泉，为霞山八景之一。

温泉　县内著名温泉有3处，一在山格镇宝丰村塔美社和宫仔前社；一在安厚镇龙门村汤坑社；一在坂仔镇，分布五星、民主、西坑等村。

琯溪蜜柚观光园　平和县是“中国柚都”。全县种植蜜柚面积4万多公顷，千百个蜜柚园分布在山峦河畔，构筑成一幅幅翠绿可爱的小庄园景观。其中，以小西天蜜柚观光园和锦溪蜜柚观光园蔚为大观。小西天在县城西郊，锦溪在县城北郊。

坂仔万亩蕉园　坂仔镇是“中国香蕉之乡”，全镇香蕉种植面积2688公顷，汇成十里蕉园。远山含黛，近村凝绿，万亩碧波荡漾，置身蕉园，如入庞大青纱帐中，一望无边。

观光茶园　平和县是“中国白芽奇兰茶之乡”，西半县的九峰、崎岭、长乐、秀峰、霞寨、芦溪等乡镇，遍布100多处茶园。茶园入景。开辟为观光茶园的有名峰山茶园、三坑茶园、天用茶园、高峰茶园。

观光梯田　位于大溪镇三华、云中、大松梯田。开垦于明末，有300多年耕作史。梯田面积66.67公顷，从山麓延绵至山顶，层层叠叠，蔚为壮观，俨然一幅生机盎然的田园画卷。

第二节　人文景观资源

平和县历史悠久，人杰地灵。文化资源积淀深厚，既有商周时期文化遗址、唐陈元光开漳遗址、明漳州窑古窑址、福塘太极村古民居、灵通山摩崖、曹岩摩崖等人文遗存，又有唐高僧释义中（三平广济祖师）、元末福建农民大起义首领李志甫、明代主持审判魏忠贤的大理寺卿陈扬美、著名音乐理论家太常典薄李文察、清代天地会创始人万五道宗、台湾天地会起义领袖林爽文、台湾“阿里山之神”吴凤、平和过台湾三代公卿的雾峰林家、现代著名文学家林语堂等历史名人文化遗址。平和还是著名的原中央苏区县，有平和暴动纪念馆、红军三平会师纪念馆等重要革命史迹。历代名人或修寺造庙，或择地卜居，或题写崖壁，或履痕所至，留下一处处可供后人凭吊的古迹。随处可见宫观寺院、土楼、古祠、古窑址、摩崖、名人故居。至2007年，县内主要的人文景观如下：

三平寺 在文峰镇三坪村蛇山山麓。唐会昌五年（845年），僧义中创建，历代屡有修葺。寺院依山而筑，前低后高，沿一条中轴线，依次建有天王殿、大雄宝殿、祖殿、塔殿，民间称“三落半”。两侧回廊连接，有钟鼓楼、斋堂、僧房、莲花池等建筑，规模宏大，总建筑面积3.3万平方米。殿内保存历代文化名人碑刻、楹联诸多文物。寺院周围有侍郎亭、毛氏洞等八大胜景。三平寺塔殿为省第六批文物保护单位。

灵通岩（寺） 在灵通山擎天峰岩廊洞中。唐垂拱年间，陈元光在大峰山（今称“灵通山”）建巡逻台，戍卒在岩洞中筑小庙，奉祀观音菩萨，是时始有香火。后历代屡有修葺，以2005年扩建的规模最大。寺院背靠崖壁，抬悬梁为基，起3层歇山顶殿阁，庙貌巍峨。灵通山尚有青云寺、狮子岩（寺）、朝天寺等十数座寺院，均奉祀观音菩萨，成为观音菩萨道场。

平和文庙 在九峰镇西街。始建于明正德十三年(1518年)，历代多次重修，以清乾隆二十二年(1757年)时最为完整。庙坐北朝南，中轴线中心为大成殿，左有教谕斋，右有训导斋、明伦堂，前有棂星门、泮池、牌坊，后有启圣公祠。旧志称“庙宇轮涣，甲于他邑”。今存大成殿，面阔7间，进深7间，重檐歇山式。整体建筑保存明末清初建筑风格，被列为省第五批文物保护单位。

平和城隍庙 在九峰镇东门。始建于明正德十四年(1519年)，清康熙、乾隆年间多次重修。据旧志载，为府级建制，四进，中轴线自南至北依次为牌楼（大门）、仪门、中堂、后殿。两侧为回廊。规模宏大，为福建省各县城隍庙之冠，被列为省第五批文物保护单位。

天湖堂 又名庵寨，在崎岭乡南湖村。始建于宋嘉定十年(1217年)，历代屡有修葺，保持明代建筑风格，两进五开间，左侧配有廊庑。堂前有池，湖塘映月，誉为“仙景”。主祀保生大帝，信俗文化活动丰富多彩，被列为省第六批文物保护单位。

高隐寺 在大溪镇赤安村天马山麓。天马山风光秀丽，有“林壑之胜”。寺中石碑记载，高隐寺于清康熙十三年（1674年）为僧道宗所建。1996年，在寺内发现印章、宝剑、会薄、碑刻等一批天地会遗物、遗迹。

碧水岩 在芦溪镇蕉路村。始建于清光绪八年（1882年）。庙依山而建，背靠庐山，下临碧水潭，由碧水宫、观音殿、文昌宫等宫室组成，曲径通幽，风光殊胜。

侯山宫 在小溪镇西林村。始建于明正德三年（1508年）。主祀玄坛元帅、关圣帝君、慈航真人。宫庙前为门楼、天井，后为正殿，左附碧云室，庙前筑戏台，建筑面积858平方米。历经多次修葺，墙垣柱梁屋架木雕与神龛雕屏等，仍完整保留古制，被列为省涉台重点文物保护单位。

慈惠宫 又名大众爷公庙，在山格镇山格圩米市街。始建于北宋建隆元年（960年），奉祀观音菩萨。明嘉靖四十三年（1564年），建庙中庙，增祀大众爷公，即抗倭民族英雄戚继光。庙貌典雅，为福建省涉台文物保护单位。庙会活动“戚家军祭祀仪式”列入市级非物质文化遗产名录。

龙归堂 又名佛光庵，在大溪镇灵通山南麓新农村。始建于明万历四年（1576年）。庙两进三开间，飞檐斗拱，雕梁画栋。庙前宽敞，绿树成荫，小桥流水，今辟为颖川公园。

绳武楼 在芦溪镇蕉路村。始建于清嘉庆年间。楼直径43.8米，24开间，高3层。楼内雕梁画栋，石雕、木雕、砖雕样式各异，造型美观，雕刻精细，誉为“清代中晚期闽南民间艺术宝库”，被列为第五批全国重点文物保护单位。

庄上大楼 在大溪镇庄上村。建于明万历至清康熙年间。楼“依山而建，围山筑楼，楼中有山，楼中有楼，楼外有楼，小楼依大楼”，占地3.45万平方米，是福建省土楼中面积最大、居住人口最多的一座长方形土楼，被列为第五批国家级文物保护单位。

坂仔土楼群　在坂仔镇。建于清乾（隆）嘉（庆）年间。分别为薰南楼、环溪楼、宾阳楼、庆阳楼、五美楼、虎耳楼、贵阳楼。楼型有方有圆，均3层。各楼楼中石雕、木雕构件精美，雕工精湛。其中，薰南楼为省第六批文物保护单位。

大坪土楼群　在霞寨镇。沿大坪溪两岸，坐落西爽、旗杆、安抚、新寨、睦顺、崇武等16座大型土楼。造型有圆形、正方形、长方形、复合式型，或依山傍水，或彼此相依，蔚为壮观。西爽楼长96.8米，宽81.6米，楼中拥有7座祠堂。旗杆楼原名聚德楼，因楼前置有3座旗杆坪而得名，楼高4层，楼外又有两重护楼，呈金字塔状。

黄田土楼群　在九峰镇黄田村。由龙见、咏春、迎春、衍庆、南阳、拱方、联辉7座大土楼组成，共占地10万多平方米。楼型硕大，建筑错落有致，巍峨庄重。

白叶土楼群　在国强乡白叶村。由金星、玉明、迎薰、凤鸣、周厝、卿美、顶楼、中楼等楼组成。白叶村群山环抱，溪涧纵流，8座土楼布局合理，与山林、小溪相映成趣。

九峰双塔　在九峰镇西郊文峰山上，建于明万历二十四年（1596年）。小塔高10.1米，大塔高20.7米，均为石塔，7级，实心。双塔状如大笔，直侵云汉，故名“笔山侵汉”，为九峰八景之一。文峰山亦有半山亭、弥勒佛石雕像等景点。

福塘太极村　在秀峰乡福塘村五凤山麓。大致形成于清康（熙）乾（隆）年间。村落依太极图形而建，一条S形小河从村中穿过，周围环绕100多座古建民居。较著名有寿山耸秀楼、观澜轩、翠峰挹秀楼、茂桂园、振南居、留秀楼、镜湖楼、聚华楼、万顺大厝、旭日东升大厝、仰仙居等，均青砖灰瓦，典雅厚重。

钟腾榜眼府　在霞寨镇钟腾村（旧名铜场）。建于清嘉庆元年（1796年），为乾隆辛丑科武榜眼黄国梁府第。坐西北朝东南，建筑面积1240平方米，上下两厅五凤楼形制，青砖灰瓦，飞檐斗拱，雕梁画栋，气势恢宏。榜眼府左侧有朝阳楼，倚山面溪，楼前有旗杆坪3座。

埔坪林氏宗祠　在五寨乡埔坪村。始建于清顺治年间。两进三开间，青砖灰瓦，古朴浑厚。祠前原有旗杆坪十数座。埔坪林氏族裔东渡台湾，称雾峰人家，后世出“三代公卿”，在近代闽台史上占有重要地位。埔坪村计有大小祠堂13座。

壶嗣吴氏宗祠　堂号报本堂，在大溪镇壶嗣村。建于清乾隆年间。祠两进三开间，布局严谨，结构精巧，装饰典雅，古朴幽静。祠右厢辟“吴凤史迹纪念馆”，供奉吴凤神位，陈列吴凤史料、图片，宣扬吴凤成仁精神。吴凤，生于清康熙三十八年（1699年），5岁随父母东渡台湾，后任阿里山理蕃通事45年，以身殉职，台胞尊为“阿里山之神”。

林语堂故居　在坂仔镇坂仔中心小学校园内。校园原址为坂仔礼拜堂，建于20世纪初，为一座园林式建筑物。园中礼拜堂、圣经楼、执事房坍塌，惟林语堂故居保存完好。故居为一座“同”字型小平房，右角一间带阁楼。1895年10月10日，林语堂诞生于此。

南胜窑址　平和县境内南胜、五寨一带，古瓷窑址数以百计，多数建造在临溪的山坡上，形成十里长窑，颇为壮观。考古发现，平和产青花瓷即是蜚声中外的“克拉克瓷”。平和窑（亦称“漳州窑”）是明清陶瓷的宝藏，被列为第六批全国重点文物保护单位。

摩崖石刻　平和县境内有灵通山、太极峰、曹岩山、卧龙洞、毛氏洞、管埔山、树坑、后溪水口、方树墩、水泥潭、凌云谷、碧水岩、天马山等处摩崖石刻。

平和暴动纪念馆　在长乐乡下坪村，原为秀山罗氏宗祠，建于清康熙三十二年（1693年）。祠两进三开间，前砌水塘，后筑花台，四围环墙，青砖灰瓦，古朴浑厚。民国17年（1928年）3月8日，平和县农民武装举行暴动，打响八闽第一枪，即以此为指挥部。1978年，辟为平和暴动纪念馆，被列为省第一批文物保护单位。馆址隔河百米处，另建有平和暴动革命烈士纪念碑。

红军三平会师纪念馆　在三平风景区。此馆为纪念民国26年（1937年）8月红三团与红九团在三平胜利会师而建，于1986年10月奠基，1988年8月落成开馆。纪念馆为双层建筑，设一厅两室，馆藏大量革命文物。

第二章 三平风景区

第一节 景区规划与建设

一、规划

三平风景区位于文峰镇境内，方圆20平方公里，以千年古刹三平寺为中心，周边有龙瑞瀑布、毛氏洞、广济园等24个景点。古代与现代文明相融合，自然资源与人文景观相映衬。

1980年3月，三平旅游业管理委员会成立，开辟宗教旅游胜地，对三平寺及周边景点实行统一管理和建设。1986年12月，三平旅游业管理委员会更名为三平风景区管理委员会（简称“景区管委会”）。

1992年7月，景区管委会邀请上海市园林设计院对景区进行总体规划，为景区开发建设绘制蓝图。

2004年5月，在县政府主持下，景区管委会聘请华侨大学旅游科学研究所制定《2004—2015年平和县三平风景区旅游发展总体规划》。

规划以创建省级品牌的风景区为目标，以生态旅游资源为基础，以三平寺宗教朝圣为龙头，以自然、绿色为主调，以人文资源和自然资源所赋存的文化为内涵，以宗教朝圣、自然观光、休闲度假为主题内容和活动为重点，以漳州、厦门、泉州旅游市场为依托，面向闽南金三角和珠三角、泛珠三角、东南亚旅游市场，把三平风景区建设成为闽南著名的宗教朝圣、休闲度假、观光娱乐为一体的，具有鲜明个性的宗教、生态旅游度假区，成为闽南金三角旅游精品的重要组成部分。

2004年，三平风景区被评为省级风景名胜区，2005年被评为国家AAAA级旅游区。

二、景点建设

1989—2004年，景区管委会共投资8000多万元，修缮三平寺，扩建周边景点。1989年，重修塔殿，殿宇地基石一一挖起，按序编号，重新琢磨；墙体改为红砖墙；藻井斗拱叠架逐件拆开，编号列序，缺坏者添配修补，按原貌重新安装，修旧如旧。1991年，重修天王殿、地藏王殿、监斋爷殿。1992年，重建祖殿、侍郎亭、钟鼓楼、东回廊，重修“虎爬泉”景点。1993年，重建西回廊。1994年，重修大雄宝殿，重建天王殿。1995年，重修塔殿，兴建广济园。广济园名取自三平祖师敕号。园内有广济潭、九曲桥、鱼乐台、龟蛇坝、德善堂、相茗居、水上观音诸景点。1996年，兴建迎客园、绿绮长廊景点，兴建石山门。2000年，重建开漳圣王殿、伽蓝爷殿。

2004—2007年，景区管委会开展国家AAAA级旅游区创建及巩固创建成效工作，共投入2900多万元，对三平寺进行全方位修缮，扩大中心景区范围。兴建三平广场新大门、尚书阁、三平祖师座像。座像露天，高6.8米，纯一色汉白玉精雕而成，为三平寺风景区标志性景点；重修“虎爬泉”景点，扩建广济潭水上观音朝圣区。

三、基础设施建设

（一）交通道路

北线主干道长14公里，自三平寺至文峰镇区。道路多次进行改造。1981年，投资8万元，修建简易公路。1985年，铺设柏油、水泥、条石混合路，合计投资80万元。1990—1991年，投资270万元，改造全线路况，路面拓宽至8米。1997—1998年，投资500万元，拓宽2车道路面为4车道。2007年，投资1000万元，再次改造主干道，混凝土路面加宽至9米。

南线次干道长8.5公里，自三平寺至漳浦县中西林场。1995年进行改造，投资350万元，路面由3.5米拓宽至6米，铺上柏油。2006年投资350万元，全线混凝土路面。

东线次干道长3公里，自三平寺至侍者公岭。1990年投工，原山间小道改建为宽2米的小车道，可通行自行车、摩托车。

（二）供电照明

1992年前，景区用电照明由三坪村水电站供应，枯水期发电不正常。1992年，景区纳入县网供电，用电正常化。2004年，供电线由25平方线改为50平方线。2006年，投资28万元，建设夜景工程，寺庙和主要景点装饰霓虹灯光。2007年，景区变压器由160千万瓦扩大为315千万瓦。

（三）通信设备

1986年，架设景区电话线路。1993年，铺设15公里程控电话线路，移动通讯信号覆盖全景区。景区内安装20部程控电话、建立6处IC卡电话亭、2处公共电话亭，方便游客通讯联系。

四、服务设施建设

（一）餐饮

1980年，景区管委会投资18万元，修建公共食堂1座，饮食店2座，各5间。1995年，投资1850万元兴建广济园，园内设有素菜馆，餐位350个。同年创办日产1200吨自来水厂，确保景区用水。1996年，兴建仰圣山庄餐饮大楼，有餐位250个。2006年，改建广场餐厅，有餐位200个。至2007年，景区构建一套完整的餐饮体系，可供800人同时用餐，满足不同层次、个人或团体到三平朝圣、旅游、度假、开会用餐的需要。

（二）住宿

1980年，景区修建1座旅社，6间，24个床位。1996年扩建，床位增至31个。1997年，景区投资1850万元，征地1.33公顷，按三星级宾馆标准，兴建仰圣山庄。主楼3幢、高3层，建筑面积5600平方米，有164个床位，还有会议室、娱乐室、健身房等配套设施。仰圣山庄成为游客休闲住宿、开展商务活动、召开各种会议的场所。2006年，投资100万元，重新装修山庄。

（三）购物

1980—1989年，景区先后在三平广场建3座旅游商品服务部。1997年，福建向荣集团在绿绮长廊一侧建15间商品用房，先租后售给三坪村民和景区管委会，经营朝圣用品和餐饮业。2000年，景区管委会扩建购物场所，在寺前大埕和塔殿两侧建5座商品服务部。2005年，在三平广场建商店8间，经营旅游纪念品和餐饮业。至2007年，景区的购物设施基本配套，满足游客购物需要。

第二节 景 点

一、史迹景点

最早记述三平名胜古迹的史料是成书于明代的《三平广济大师行录》。文中罗列三平山10处“胜概”，即锡杖树、虎爬泉、大柏山、百丈漈、九层岩、仙人亭、台水口峰、径头岭、广济沚、韩文祠堂。稍后，《八闽通志》把三平胜景列为“十一奇”，即龟蛇峰、仙人亭、和尚潭、九层岩、双髻山、高柯岭、剪茶坞、侍郎亭、虎爬泉、锡杖树、大柏山。清末民国初，“三平八景”说法基本形成。八景为龟蛇峰、虎林、虎爬泉、毛氏洞、侍郎亭、仙人亭、和尚潭、龙瑞瀑布。《中国名胜祠典》采用此说。

大柏山 在三平寺东。山势险峻，绵延数里，群峰屏列，林木苍郁。中有一峰，峰顶平坦，旧时筑有营寨，残基尚存。

九层岩 在三平寺西。岩谷深邃，重峦叠嶂。岩顶密林处，尚存一段残基，传为三平祖师初入三平山卓锡处。

毛氏洞 在三平寺西一公里。一巨石高十数米，石壁镌刻“毛氏洞”三字，石顶端竖立石幢，民间称“石烛”，传为三平祖师镇妖处。

仙人亭 在寺后蛇山岗上。地势险要，居高临下，登临纵目，三平寺及诸多景点尽收眼底。亭今废，残基尚存。

虎林 在寺后蛇山。古木参天，修竹摇翠，藤蔓丛生，树密如篦。当年有老虎在此驻足听禅，因此得名。

虎爬泉 泉出虎林。相传当年老虎听禅口燥，双爪扒出甘泉解渴。泉水流入寺中，筑水池，建假山，遂成一景。

龟山 又称龟蛇峰，在三平寺南一公里处。小山丘天造地设，状如巨龟，面朝三平寺，逆水而爬，民间称“上水龟”。龟山上有口古井，深24米，井水夏不漫流，冬不干涸。

龙瑞瀑布（见“自然景观资源”）

和尚潭 在龙瑞瀑布上方。《漳州府志》载，“相传是义中进山时，炎夏洗澡的地方，故名”。

锡杖树 又称卓锡树，在九层岩山麓。清乾隆年间雕刻的《重兴三平寺碑记》载，三平祖师“飞锡于此，化为樟木”。树大数围，亭亭如盖，存活至清末。

侍郎亭 唐咸通三年（862年），吏部侍郎王讽贬为漳州刺史，次日专程上三平山访义中禅师。歇息处原为山房，后改建为亭，因王讽官职得名。亭址原在寺东，1992年重建，移至寺前。

曹岩山（见《自然景观资源》）。

侍者公庙 在侍者公岭上，距三平寺三公里。始建于清乾隆三十六年（1771年），祀三平蛇侍者。相传三平祖师有蛇、虎二侍者，民间尊称“侍者公”。

卧龙洞（见“自然景观资源”）。

二、当代景点

迎客园 迎客园景点包括迎客门、佛字碑、绿绮长廊。迎客门为三平寺外山门，牌坊式建筑物，4柱3间，宏丽壮观。佛字碑在迎客门后，“佛”字高15米，宽12米，碑与迎客门相映成趣。绿绮长廊长150米，4亭30间，亭廊相接，随形而弯，曲折有致。

三平广场 在三平寺前。长600多米，宽100米，以山门为界，分为外广场和内广场。外广场为一生态停车场，面积2万平方米，有268个停车位。内广场面积1万多平方米，集中三平祖师汉白玉雕像、九龙照壁、放生池、十二生肖群雕、石经幢、内山门、侍郎亭、尚书阁等诸多景点，构成和谐的富有佛教文化特色的建筑群。其中，三平祖师汉白玉雕像为三平风景区标志性景点，造像露天，高6.8米，纯一色汉白玉精雕而成。祖师造型雄伟匀称，雕饰端庄富丽，为现代雕工之杰作。

广济园 在三平寺东侧。园名取自三平祖师敕号“广济大师”。园林规模宏大，占地2.27公顷，坐东朝西，与寺院相接并连成一片。园内林木掩映，曲径通幽，小桥流水，水色山光，极尽天然之趣。园中主要景点有德善堂、相茗居、药圃、广济潭、水上观音、龟蛇坝等，更有长廊、小桥、菩提树、垂柳岸、竹影墙点缀其间，倍增艳丽。

红军三平会师纪念馆（见《人文景观资源》）。

第三节 旅游服务

一、旅游接待

1987年，兴建招待所和会议室各1座，作为接待宾客的场所。1995年，兴建游客中心，免费为游客提供茶水、咨询服务。1996年6月，成立平和县三平旅行社，负责接待国内外游客前往三平风景区朝圣观光，或到县内其他风景区和县外游览观光，并为游客代订机票、车票，代办出国护照和签证。2004年，景区兴建贵宾接待室和游客中心各1座，备有茶水、旅游路线图、景点明信片等，并配有导游员4人，为接待海内外游客，尤其是观光团体，提供各种服务。

二、游览线路

游览线路历来由游客自选，2004年，景区开辟3条游览线路：

（一）游客中心—九龙照壁—十二生肖石雕群—石山门—尚书阁—三平寺院—虎爬泉—广济园—水上观音—侍郎亭；

（二）游客中心—发财桥—红军三平会师纪念馆—生态休闲竹林—毛氏洞—仰圣山庄；

（三）游客中心—三坪村—龟山—龙瑞瀑布。

游客中心根据游客的需要，提供免费导游服务。

三、旅游商品

1990—2007年，景区管委会利用当地资源，挖掘三平祖师文化内涵，开发特色旅游食品、工艺品，以及名优特产，满足游客对购物的需求。

三平矿泉水 又称三平圣水，三平矿泉水厂生产，注册“三香”商标。

三平宴酒 又称三平蜜酒、三平圣酒，三平宴酒厂生产。

三平圣茶 三平圣茶厂生产。产品根据三平祖师药签原理，采用地产原料精制而成。

名优特产 三平地产蜜柚、蜜橙、芦柑、蜂蜜、土鸡蛋、中药材。

纪念品 有金像类、雕塑类、挂件类、护身符类、手珠类等120多项品种。其他旅游商品还有平安银镯、玉貔貅、三平个性化邮品、书籍画册。

四、宣传促销

1989年起，景区管委会多渠道、多方式开展旅游宣传促销工作，参与历届厦门“9·8”旅游博览会、珠三角旅游促销会、广州旅游文化节宣传促销活动。利用海内外媒体，在中央电视台、《人民日报》《大公报》等40多家主流媒体，宣传三平丰富的旅游资源和文化底蕴，扩大三平风景区在国内外的影响力。通过多家电视台播报景区天气预报，摄制播放景区专题片，加大景区宣传力度。挖掘三平祖师文化内涵；编辑、出版《漳州三平寺》《三平寺》《三平祖师公传奇》（画册）《三平祖师文化研究》《三平寺祖师纪念画册》《三平寺志》等书籍画册。开展与三平寺各分庙及进香团的联谊活动，并与省内外多家旅行社和旅游团体签订合作协议，在厦门游客集散中心开通三平旅游班车，巩固和扩大客源。2004年9月，举办“中国·平和三平祖师文化学术研讨会”。2007年6月，举办“首届海峡两岸（平和）三平祖师文化旅游节”，旅游节主要活动有开幕式、颂典仪式、供天大法会、三平风光书画笔会、三平祖师文化，暨平和旅游发展论坛、摄影展、书法展、烟火晚会等。中央电视台、新华社、香港《大公报》等40家媒体报道旅游节盛况，扩大三平风景区的海内外影响力。

第四节 游 客

三平寺香火千年鼎盛，明代有游踪的文字记载。1935年出版的《漳州史迹》辟有“三平寺”一章，书中记载:“每年各县朝山进香者约有十余万人。只除夕一夜在寺中过年之香客，就有一万多人。”1980年，三平旅游业管委会（后改名三平风景区管委会）成立后，香客、游客数量日益增多。1989年后，三平风景区游客量逐年增长，是年，景区门票售出4.5万张，2000年售出25.3772万张，2007年增至37.5273万张。实际游客数量超过门票销售量。旅游收入不断增加，1989年为193.9万元，2007年增至3412.38万元。

景区主要客源地是省内的漳州市各县区、厦门市、泉州市、龙岩市，广东省的潮州市、汕头市。在中国台湾、香港地区，以及东南亚各国都拥有相当数量的客源。

游客构成，主要有3类：一是散客，多为家族式，或步行游，或自驾游；二是团体游，多为各地旅行社组织；三是进香团，又称“香阵”。三平寺香火远播，在闽南、粤东、台湾等地有分庙92间，主祀三平广济祖师。此外，各地还有110间（已知）寺庙配祀三平广济祖师。这些寺庙的信众常组团到祖庙三平寺进香，或每年1次，或数年1次，一般都有固定的日期。进香团小团数十人，大团上千人。1989年后，进香团出现群体性趋向，如云霄县信众组织三平寺云霄理事会，2006年进山朝圣的人数2800人，2007年有149个进香团到三平寺进香、游览。

1989—2007年三平风景区旅游收入统计表

表28-2-1 单位：万元

年份	门票		功德箱	题缘款	商品销售	停车场	旅社	其他	收入合计
	人次	金额							
1989	373505	7.47	101.86	56.20	19.22	3.37	0.48	5.30	193.90
1990	364881	7.29	115.94	59.84	23.77	3.20	0.30	7.65	217.99
1991	231229	8.71	162.06	61.02	32.93	8.75	0.83	12.76	287.06
1992	445939	9.34	195.64	152.50	42.99	10.04	0.64	13.12	424.27
1993	326759	72.61	236.91	306.09	50.27	10.28	0.75	14.83	691.74
1994	374600	207.68	371.88	168.87	79.74	8.20	0.27	14.43	851.07
1995	388160	194.20	500.89	216.55	76.49	18.20	0.53	28.52	1035.38
1996	423717	457.42	575.92	346.89	88.58	23.00	1.31	53.04	1546.16
1997	425011	637.52	553.27	328.49	135.35	—	1.41	52.24	1708.31
1998	327189	547.03	536.69	467.86	121.38	—	1.88	37.30	1712.14
1999	267449	534.89	532.24	333.65	97.23	—	0.88	82.60	1581.49
2000	253772	507.54	463.43	401.19	111.34	23.00	1.52	30.3	1538.35
2001	229770	462.84	439.84	325.88	103.82	21.00	0.97	51.10	1405.45
2002	235421	433.68	452.53	478.42	93.96	19.00	1.00	39.46	1518.05
2003	200200	400.50	472.85	362.80	90.90	18.40	1.39	41.55	1388.39
2004	239400	478.89	585.09	459.62	135.54	18.40	1.22	43.95	1722.61
2005	246100	492.33	634.12	555.32	184.83	19.20	0.97	53.51	1940.28

续表 28-2-1

年份	门票		功德箱	题缘款	商品销售	停车场	旅社	其他	收入合计
	人次	金额							
2006	264900	529.99	789.38	974.71	289.12	20.00	1.72	123.32	2728.25
2007	375273	623.71	951.10	1053.35	343.46	19.00	0.99	220.77	3412.38

第三章　灵通风景区

第一节　景区规划与建设

一、规划

灵通风景区位于大溪、安厚、国强三乡镇交界处。面积32.32平方公里，崖壁峭立，峰峦叠翠，雄奇险幽，是典型的火山峰丛地貌景观，兼有良好的森林植被和宗教人文景观，具有发展特色旅游的良好条件。

1980年，大溪人民公社成立灵通岩管理处，把灵通风景区的开发作为发展当地旅游业、振兴经济新的增长点，全面负责灵通山的保护、开发、建设、管理各方面工作。1988年1月，更名灵通风景区管理处。1998年2月，县政府成立灵通风景区管委会，改为县管事业单位。

1992年，灵通风景区被评为省级风景名胜区。

1995年4月，福建省城乡规划设计院对灵通山进行调查和规划，编制《灵通山风景区名胜区总体规划》。

2004年，华侨大学旅游科学研究所编制《平和县灵通风景区旅游发展总体规划》，将灵通风景区分为灵通宝镜度假区、灵通奇观观赏区、狮峰眺海游览区、朝天古寺休闲区、天堂胜景朝圣区、东川水上游乐区等六大功能区。

2007年，灵通风景区管委会委托福建省地质工程勘察院对灵通风景区的地质遗迹进行全方位调查，编制《福建平和灵通山国家地质公园总体规划》。在此基础上，平和县人民政府向福建省国土资源厅申报平和县灵通山为省级地质公园。

二、景点建设

1989年起，景区管委会不断对景区诸多景点进行重点保护和开发，修建一大批寺庙和亭阁楼台。1989年，兴建灵通岩山门，即灵通风景名胜区大门；建清霄亭，又名一览亭。1992年，于擎天峰下建明亮廊。1994年，重修灵通岩（寺）；于松树坪扩建慈云寺，寺后盖松风亭；兴建伟峰亭，又名半山亭。1995年，重建地藏王寺，旧名修行寺。1996年，兴建冠盖阁、祥云亭。1998年，重修天堂岩（寺），辟“灵通大佛”观景处。2000年，兴建天中寺。2001年，重修朝天寺、旭日岩（寺）。2002年，重建灵通岩（寺），于2005年竣工。寺院包括山门、廊房、天王殿、圆通宝殿、钟楼、鼓楼，组成庞大建筑群。2006年，重建狮子岩（寺）大殿，重修黄道周祠。2007年，建望莲亭，辟蟠桃洞、盘陀石新景点。

三、基础设施建设

（一）交通道路

1989—2007年，新建景区公路4条：自大溪镇区至灵通岩（大灵线），全长13公里，为景区主干道，先后4次修建，计投资1350万元；自大溪镇区至朝天寺，全长8.8公里，计投资147万元；自大溪镇区至大松村，全长9.5公里，计投资330万元；自安厚镇区至狮子岩，全长9公里，计投资495万元。

修建步游道8条：玉屏洞—灵通岩（寺）；灵通岩（寺）—蟠桃洞；灵通岩（寺）—擎天峰顶；灵通岩（寺）—青云寺；青云寺—狮子峰；狮子峰—天堂寺；青云寺—朝天寺；狮子岩（寺）—天堂寺。修建8条步游道计投资154万元。

1991年，修建玉屏洞停车场，拥有200个停车位。2005年，修建青云宾馆生态停车场，拥有600个停车位。

（二）供水供电

1989—2007年，景区主要用水点青云宾馆和灵通山庄，供水渠道通过山泉水高位水池过滤后使用，其他景点用水采用附近泉水经高位水池过滤方式分散提供，水量、水质均能达到使用要求。

1989—1999年，景区用电照明由新荣水电站和东川水电站提供，2000年后，景区纳入县电网提供，用电正常化。

（三）通信设施

1989—2006年，景区电话用户主要集中在青云宾馆和灵通山庄，通信线路分别引自青云电信光电节点和安厚镇电信网。2007年，景区投资30万元，完成通信设施改造，实现电信信息网络化，景区移动通信信号全覆盖。

三、服务设施建设

（一）餐饮、住宿

1999年，景区管委会投资265万元兴建灵通山庄。山庄有客房22间、56张床位，配有食堂，为游客提供住宿、就餐服务。同年，天堂寺建旅社，有简易床位10张。

2005年，景区管委会投资760万元兴建青云宾馆。宾馆建筑面积2400平方米，有160张床位，餐饮部设有6个包厢，1个餐厅，可供300人同时用餐。

（二）购物

1989年，景区管委会在灵通岩（寺）右侧建商店6间。1996年，在玉屏洞建旅游商品综合大楼，设有商店7间、餐饮店2间。此外，在青云宾馆、灵通山庄和各寺庙都设有商品小卖部，供应香烛、鞭炮、糕饼、水果和旅游纪念品。至2007年，灵通风景区的购物设施基本配套，满足游客购物需要。

第二节 景 点

灵通山自古有“灵通八景”和“灵通十八景”二说。八景是：菊径凌霜、云梯取月、珠帘化雨、古井排星、石蝉饮露、秋燕栖烟、玉洞回风、龙涎吐雾。十八景是：菊花引路、玉洞回风、登梯取月、石蝉饮露、珠帘化雨、七井排星、巨石擎天、猛虎守峡、画眉跳架、三虫游斗、五鲤朝天、仙人聚会、神碑庇航、狮峰眺海、击鼓回音、九牛拖车、三童戏狮、和尚背尼。二说互有增减。明清以来，新景观不断为人发现，1989—2007年，仍有灵通大佛、蟠挑洞、盘陀石等新景观惊现人寰。根据地理环境和旅游线路，划分为新荣湖、灵通岩、朝天寺、东川湖4个景区。

一、新荣湖景区

在灵通山西麓。从灵通岩山门至松树坪，有旅游专线公路贯通景区。主要景点有山门、新荣湖（见“自然景观资源”）、云抱丽水、慈云寺、松风亭。

山门 灵通岩山门即景区大门，是一座花岗岩构件的牌坊，门楼匾额“灵通岩”三字，为全国人大常委会原副委员长彭冲所题。松树坪亦有一座石牌坊，称“内山门”。门楼匾额“灵通”两字，为全国政协原副主席杨成武所题。

云抱丽水　在松树坪。坪上视野开阔，脚下新荣湖一泓丽水，云合雾集，尽收眼底。

慈云寺　松风亭　在松树坪上。寺两进三间，画栋雕梁，掩映在绿树中。寺后有松风亭，下两层为亭，上三层为塔，亦亭亦塔。

二、灵通岩景区

为中心景区，集中诸多景点。从松树坪至玉屏洞停车场有一段盘山公路，迂回曲折，途中有一处灵通山标志性景观“灵通大佛”最佳观赏点。“灵通大佛”即小帽峰，自山顶至山麓321米高的一座岩峰，酷似一尊大佛头像，呈45°角，仰卧状，傲视南天，妙相庄严。从玉屏洞停车场至灵通岩（寺）有一条九曲十八弯石磴道，计有1376级台阶，旧称灵通道中。路旁多洞穴、多山涧，峰回路转，移步换景。经玉屏洞、地藏王寺、仙女沐池、幽涧寻鱼、伟峰亭、象鼻崖、登梯取月等景点，爬上云梯，即到灵通岩（寺）。

玉屏洞　洞三层，洞中有洞，洞洞相通。中洞洞口崖壁刻有“玉屏洞”3个字。上洞中有一塔亭，名“渡群亭”，是西归祖师埋骨处。出洞口有摩崖一处，铭“泉洞”。

地藏王寺　旧名修行寺，在玉屏洞边，隔条石磴道。寺傍岩而筑，占地险要。

仙女沐池　在峡谷溪涧中段。一块巨石呈盆状，直径2米，状如浴池，相传昔日有仙女在池中沐浴，故名。

幽涧寻鱼　亦在溪涧中段。涧中寻觅，可见“娃娃鱼”，即大鲵，俗称山椒鱼，为稀有珍贵两栖动物，被称为“活化石”。

伟峰亭　又名半山亭，自玉屏洞登灵通岩（寺），至此一半路程。

象鼻崖　在灵通道中。从半山亭仰望，峭壁林立，逶迤百丈，石壁奇异，中有一崖似巨象吸水。

登梯取月　在灵通岩(寺)悬崖下。崖壁高50米，刀削如墙，旧时架设木梯，游人需身贴危岩，面壁而行，逢月夜，月出峡谷，拾级登梯，犹如上天揽月。

灵通岩（寺）　杰阁凌空，蔚为壮观（见“人文景观资源”）。寺前有珠帘化雨一景。珠帘指寺前的峭壁飞泉，如珍珠织成水帘，随风飘荡，望之若抛珠撒玉。寺庙两侧延伸，各有一条旅游线路。往西一线，通灵通峡谷、大帽峰、小帽峰。沿途主要景点有灵通瀑、猛虎守峡、神龟探路、蟠挑洞、玉洞回风、石蝉饮露等。

灵通瀑　又名三叠飞瀑，在擎天峰和大帽峰峡谷中。峡谷水流湍急如瀑，起伏三叠。

猛虎守峡　在擎天峰与大帽峰分水岭处。山丘状如猛虎，俯视峡谷。民间传说，猛虎为当年黄道周坐骑。

神龟探路　与猛虎守峡对峙，亦为一座山丘，状如龟。

蟠桃洞　在大帽峰半山腰处。洞高25米，宽20米，深8米，状如蟠桃，洞外有1条长50米人工栈道。

玉洞回风　在大帽峰半山腰。洞口方圆数米，有棵松树掩映，常人难以登临，传为黄道周藏书处。

石蝉饮露　在小帽峰南麓。两块巨石，状如蝉，口朝天，夜夜餐风露宿，栩栩如生。

往东一线，可通擎天峰顶，又可抵青云寺。沿途主要景点有石斋书屋、七井排星、清霄浮景、清霄亭、通天台、盘陀石、巨石擎天、擎峰观日、画眉跳架、狮峰眺海、神碑庇航、击鼓回音、三童戏狮、玉玺奇观、青云古寺等。

石斋书屋　在灵通岩（寺）左侧。书屋中有“灵应感通”碑，明末黄道周、林釬、陈天定3人所立。后书屋改建为庙，祀黄道周。

七井排星　在灵通岩（寺）东侧。沿崖边凿七口岩穴浅井，排列如北斗七星，井中清水如注，逢涝不溢，逢旱不枯。

清霄浮景　在灵通岩（寺）东侧。有“灵”“清霄浮景”“雷神”“慈航普度”“玉旨敕命雷神题名曾先生古迹”多处摩崖组成一景。“灵（繁体）”字径4米，在“雨”字兴中间，嵌一“巨”字，以此表示“巨灵”。碑畔有清代堪舆家曾济美墓。

清霄亭 在“清霄浮景”前方30米处，又名一览亭，取在此观赏灵通风景一览无余之意。亭临崖欲飞，视野开阔，湖光山色，尽收眼底。亭东侧一线又有明亮廊、冠盖阁，亭阁相连。

通天台 在冠盖阁上方数10米处。崖壁下突兀一块奇石，高15米，宽8米，似高台。台与崖壁之间狭长如巷，登梯可上高台。台后峭壁闻有“通”字摩崖，字径4米，“通”字“走之底”点上，又刻一“天”字。“通天”碑与“巨灵”碑遥相呼应。

盘陀石 在栖云峰下。巨石状如盘陀螺，与山体有条缝隙，狭长如巷，高20米，宽度仅容一人通过，曲折如绕盘陀，仰望高空，蓝天一线。

巨石擎天 擎天峰海拔1281米，孤峭如柱，拔地通天。峰南坡半腰处，有摩崖“擎天”2字，字径3米，明进士张理吾题。

擎峰观日 擎天峰顶，名笼床岽，游人攀缓绝壁，经7段铁梯扶手，可登峰观看日出。

画眉跳架 在擎天峰南麓峡谷中。乱石为阶，高低不平，游人以跳代步，犹如林间画眉跳架。

狮峰眺海 灵通七峰，从南到北依次为狮子、紫云、玉屏、栖云、擎天、大帽、小帽。狮子峰高耸入云，登临远眺，隐约可看漳浦，云霄、东山沿海诸县。

神碑庇航 在狮子峰东侧。有一巨石，状如碑碣，面朝大海，《古今图书集成》载；“番舶之商，海中望见此山，则喜见闽境矣。”

击鼓回音 在狮子峰顶。一石如鼓，以物击之，咚咚作响，声似鼓鸣。石鼓之侧有“唐故归德将军陈政之墓”。

三童戏狮 在狮子峰下。三巨石如顽童戏玩狮子（峰），活灵活现。

玉玺奇观 在狮子峰下。一巨石似天外飞来，高20多米，方形，状如一方玉玺，民间称“皇帝印”。

青云古寺 在紫云峰麓。始建于唐开元年间。明东阁大学士林釬读书处，留下“山僧唤起蒲团坐，云锁岩扉月到庐”佳句。

三、朝天寺景区

在灵通山南麓，位于石寨村境内。景区跨青云寺2公里，有步游道相通。主要景点有朝天寺、白花寺、三虫游斗、五鲤朝天、群仙下凡、仙人聚会、石寨龙脊、菊花引路等。

朝天寺 在石寨村。村前有朝天石，高50米，状如蟒蛇昂首。北宋建隆三年（962年），村人在朝天石上“筑僧舍”，名朝天寺。寺前石阶呈之字形，计32个阶梯。阶旁有只大脚印，传为仙人所留。

白花寺 在朝天石下。两进三间，寺屋顶覆盖一大石板，形如蛙。寺中楹联，“十八景名山惟此处可称胜地，千万般福地独我佛堪道灵神”。联中“佛”字由“西国人”三字组成。

三虫游斗 朝天石诡岩似蛇，岩下有青蛙石，朝天与白花两寺之间通道如蜈蚣，“三虫”互相克敌，点化在一起。

五鲤朝天 在石寨村大路坪，5座小山丘状如鲤鱼，朝天晒日，欲蹦欲跳。

群仙下凡 在朝天石右侧。一条乱石山岗，长约里许，岗上怪石嶙峋，千姿百态，似天上各神仙挤成一阵，争先恐后奔走，下凡人间。

仙人聚会 在群仙下凡尾端。巨石如板，覆盖潭上，形成一洞，每逢月夜，月光返影洞顶石盘，闪烁晃动，暗绿波光。相传八仙初到灵通，在此聚会。

石寨龙脊 在朝天石左侧。一条山脊隆起，长400多米，宽不到10米，垦为梯田，每到水稻成熟时，一线澄黄，闪烁金光，恰似一条龙脊，十分显眼。

菊花引路 从石寨村上青云寺，3里山路，路径两旁，遍地野菊，秋冬两季，盛开菊花便成进山者的向导。

四、东川湖景区

在灵通山东麓。距安厚镇区6公里，有旅游专线公路相通，与其他景区亦有步游路连接。游览景区，除东川湖（见“人文景观资源”）和周边景点以外，沿途可观赏九牛拖车、和尚背尼两景。再从东川湖盘山而上，进入东川湖中心景区，层峦叠嶂，峭岩壁立，林深树密，庙宇错落。庙宇依次为狮子岩（寺）、天中寺、旭日岩（寺）、天堂寺（寺），各成一景。

九牛拖车　跨景区景点。“九牛”指灵通山群体结构的总貌，如九头强悍大水牛，西边大芹山又像一辆庞大的车体，九头水牛拉车缓慢向东移动。

和尚背尼　灵通山东北角有两座相邻的岩峰，峰顶一圆一尖，酷似和尚背着尼姑急急奔走。

狮子岩（寺）　在灵通山东麓益枝头。始建于明万历二十六年（1598年），殿宇宽敞，祀观音菩萨，配祀明代名宦张士良。庙右山间有《天子万寿》摩崖一方，张士良题。

天中寺　在狮子岩（寺）左上方，相距30米，有石阶相通。寺位于岩崖底下，依山势而建。

旭子岩（寺）　在天中寺右上方20米处。始建于宋初，三进，均面阔三间，旧志（清道光版）载，“每东方既白，佛顶一珠遥映日光”，是为旭日岩。寺中有清代太师蔡新题诗。

天堂岩（寺）　在栖云峰峰顶东侧，为灵通诸岩（寺）海拔最高的一座。始建于唐开元年间，是灵通诸岩（寺）较早的一座。寺庙建在石洞洞口，石洞庞大，可容百余人，洞内有石床、石椅、石桌等物，又有井泉，泉水六月如冰。洞额石壁横嵌“天堂”，亦为张士良所撰。

第三节　旅游服务

一、旅游接待

1989年后，景区管委会以省级风景名胜区示范点为契机，提出“创文明行业，建满意窗口”口号，着力做好旅游接待服务。景区坚持宾客至上的原则，主动为游客提供服务，与周边寺庙管理单位、进香团的对接交流，做好进香团的食、宿、游、购等接待工作；公开收费标准，维护游客的合法权益；强化导游管理，从制度上制止乱收费和“野导”的现象发生。

2006—2007年，灵通风景区连续被评为漳州市文明风景旅游区。

二、游览线路

1992年，灵通风景区开辟游览线路3条：西线从新荣村进山，游览新荣湖景区、灵通岩景区，再转步游道，亦可抵朝天寺景区和东川湖景区。西线是旅游主线。

南线从石寨村进山，游览朝天寺景区，再转步游道，亦可抵灵通岩，新荣湖和东川湖等3个景区。

东线从东川村进山，游览东川湖景区，再转步游道，亦可抵灵通岩、新荣湖和朝天寺等3个景区。

三、旅游商品

地产中草药　灵通风景区旅游商品以地产中草药材最为热销，主要品种有金钱草、七叶胆、观音串、春根藤等。

灵通岩矿泉水　俗称灵通仙水，由灵通岩矿泉水有限公司生产。

纪念品　灵通山是观音菩萨道场，有关部门挖掘观音文化内涵、开发适应不同层次游客和信徒需求的高、中、低档观音系列纪念品，有金卡、金像、挂件等类88种。

四、宣传促销

1989—2007 年，先后印制宣传品 18 种 8.2 万件，制作灵通纪念章 10 种 4.5 万枚，印制灵通风光明信片 0.6 万套，风光照片 1 万页；在《旅游》杂志、香港《大公报》等报刊作灵通专题版介绍；编印和出版《灵通》《灵通岩》等书籍；邀请福建、东南、江西抚州、广东南方等电视台到景区拍摄风光专题片并在各地电视台播放；通过现代网络平台宣传推介灵通品牌，开展灵通旅游网络营销，及时提供和发布旅游信息。

1992—2007 年，景区管委会重视对厦门、泉州、漳州及广东汕头、潮州等客源市场进行重点宣传促销和推介，并与这些地市的旅游局和旅行社探讨合作形式与方法，扩大与旅行商合作；参加漳州历届花博会、厦门、广东旅游推介会，参与宝中旅行社的年度产品订购会，利用多种方式宣传和推介灵通旅游，同时，采取“走出去，请进来”方式，拓宽台、港、澳和其他省市的客源市场。

第四节 游 客

明代，灵通山已有游人踪迹的文字记载。明崇祯六年（1633 年），徐霞客第三次游闽，从漳州南行至大峰山（灵通），与黄道周相会，一同游览吟唱，“分阄各得十六韵”。到清代，游客渐多，并出现香阵（民间朝圣团体）结伴上山的习俗，沿袭至今。1988 年，景区开始销售门票，当年游客人数 2.6 万人次，1989 年有游客 3.5 万人次，2007 年有游客 12.8 万人次，逐年有较大幅度增长。每逢节假日、周末，游客倍增，出现客流量高峰。

景区主要客源地是省内的漳州市、厦门市、泉州市和广东省的汕头市、潮州市。在中国台湾、香港地区，以及东南亚各国也拥有相当数量的客源。游客的构成可分三类：一是散客，有的以家族为主，有的亲友结伴，或步行游，或自驾游；二是旅行团，多为各地旅行社组织；三是香阵，又称“进香团”，大多来自周边云霄、东山、诏安等县香客，每个香阵，少则数十人，多则上千人。

1989—2007 年，灵通风景区游客量逐年增长，旅游收入不断增加，1989 年为 3.9 万元，2007 年增至 413.84 万元，主要为门票收入和游客香火钱。

1989—2007 年灵通风景区旅游收入和旅游人数统计表

表 28-3-1　　　　单位：万元、万人次

年份	旅游收入	旅游人数	年份	旅游收入	旅游人数
1989	3.9	3.5	1999	242	12.9
1990	9.2	4.7	2000	253	12.1
1991	18	5.1	2001	240	12.3
1992	22	5.8	2002	285	12.6
1993	36.6	7.2	2003	286	11.4
1994	51	7.9	2004	275	11.8
1995	70	9.3	2005	288	11.2
1996	85	8.7	2006	330.32	12.1
1997	135	9.9	2007	413.84	12.8
1998	195	12.5			

第四章 其他景区（点）开发

第一节　九峰历史文化名镇

九峰镇是闽粤边境交通要冲和边贸重镇。明正德十三年（1518年）王守仁（号阳明）置平和县于此。历代多年建设，建衙署、兴文庙、筑城墙、设街巷、造双塔、立牌坊。文化积淀深厚，文物古迹众多，有文庙、城隍庙、武庙、崇福堂、东山寺等近百座寺庙；有曾氏家庙、朱氏宗祠、杨氏宗祠等59座祠堂；有龙见、咏春、衍庆等80多座土楼；还有平和农民协会旧址等革命文物遗址。其中，省级文物保护单位3处、县级文物保护单位14处。古镇多名胜，风光亦宜人。自古有双髻升曦、九峰返照、东郊春雨、西岭暮霞、天马晴烟、石潭秋月、笔山侵汉、壁水澄波等八景之说。历代文化名人留下许多履迹和诗篇。九峰的自然景观和人文景观都具备开发旅游景区的良好条件。

1989年后，九峰镇人民政府和县旅游部门陆续作出开发九峰旅游风景区的规划，并予实施。修复旧景点，建设新景点。1990—2006年，重建文峰双塔。2000年，重建武庙，维修城隍庙。2003年1月，九峰镇被评为省级历史文化名镇。2005年，维修文庙。在此期间，还整治护城河、整治近代商业街区，兴建现代街区，重要文物点崇福堂、杨氏宗祠、朱氏宗祠、曾氏家庙、威惠庙、龙见楼等修葺一新。2006年，加强乡村旅游开发，打造名峰山生态度假区，兴建五星级大芹山宾馆（名峰山庄）。旅游六要素“食、宿、行、游、购、娱”功能逐渐完善，初步形成一个新的旅游景区，到九峰镇自驾游和团体游的游客逐渐增多，2007年1万多人次。镇内各景点不收门票。

第二节　林语堂故居

林语堂故居位于坂仔镇中心小学校园内，原址为坂仔礼拜堂，建于19世纪90年代至20世纪初，为园林式建筑。园中有大小礼拜堂各1座，又有牧师楼、圣经楼、执事房等建筑。园中屋宇相连，曲径通幽，既有西洋建筑的特色，又兼有中国庭园之美。至20世纪80年代，园中建筑大多拆毁，只剩下1座“同”字形砖木结构的平房，其中带有小阁楼的一间即是林语堂出生处。

2005年5月，平和县林语堂研究会成立，着手研究林语堂故居的修复保护和开发旅游景点的工作。2006年4月，县政府启动林语堂故居重修工程，初期投入资金20万元，并得到由福建省社团联合执行主席林广兆牵线、港商王少成捐赠的15万元资金支持。林语堂故居主体工程按照修旧如旧原则，保持原有的建筑格局和风貌。2006年10月竣工，对外开放。2007年4月，在故居左侧，兴建林语堂文学馆，建筑面积360平方米，2层。工程造价60万元，其中45万元由林广兆牵线、全国政协委员朱树豪捐赠。工程于2007年12月竣工，对外开放。林语堂文学馆与故居相得益彰，周边环境进行绿化、美化，恢复庭园旧貌。林语堂故居修复后，成为平和县一个新的人文景观。参观者和游客日益增多，2007年2万多人次。林语堂故居常日对外开放，不收门票。

第三节　绳武楼

绳武楼位于芦溪镇蕉路村，是一座生土夯筑的单元式圆形土楼。土楼外径43.8米，外观3层，由楼外台明、环形内外圈土楼及楼内天井组成，占地面积1506平方米。始建于清嘉庆年间，落成于清光绪元年（1875年），历时50多年。绳武楼是福建土楼系列单元式与通廊式古建筑的典型，为福建土楼珍品。楼内的木雕、泥塑、彩画等建筑装饰技艺高超，精美绝伦。散见于各单元的华丽装饰艺术随处可见，题材无一雷同，具有较高的历史、艺术价值，同时又是一处宝贵的文物旅游资源。

绳武楼在建成后的100多年时间内，未作重大修葺，楼内木作构件产生不同程度的腐蚀。1999年，县博物馆首次对绳武楼进行文物调查，提出维护及管理方案。2000年4月，芦溪镇政府成立绳武楼文物保护领导小组，绳武楼进行常年维修。2001年6月，绳武楼被列为国家级文物保护单位。县旅游部门着手做开辟绳武楼景点的规划。2004—2006年，绳武楼2次遭到台风侵蚀破坏，造成相当大程度的危害。县文物管理委员会于2005年8月发出《关于“国保”绳武楼受灾倒塌的紧急报告》，向省有关部门申请到维修费15万元，同时成立绳武楼整体规划保护工程领导小组，聘请福建三明文物古建筑公司，制作“国家级文物保护单位绳武楼抢险加固维修方案”，并予实施。首先，对绳武楼楼内因暴雨侵蚀倒塌的祖堂及其左右两侧内环墙进行修护，还对楼周边环境进行整治，包括道路沙化、绿化，兴建公厕，三线落地，拆除不协调建筑物，整治水域和山岩。县旅游局利用绳武楼文物资源优势、地域优势，在开放旅游市场、延伸连接旅游线路、整合旅游资源等方面，加强与周边的南靖土楼、永定土楼等世界文化遗产联系，联点成线，把绳武楼开辟成一处新的旅游景点。

绳武楼景点白天对外开放，不收门票。2007年，接待游客3000多人次。

第四节 庄上大楼

庄上大楼位于大溪镇庄上村，始建于明万历至清康熙年间。大楼系生土夯筑的单元式与通廊式相结合的民居建筑。平面呈前方后圆，南北相距220米，周长700米，建筑面积9100平方米，占地面积3.46万平方米，是福建土楼系列建筑面积最大的生土楼。楼为双环，外环3层，共有147个单元。内环2层。楼内有祠堂、庙宇、学馆等公共建筑。建筑物保存大量精美的石木雕刻。庄上大楼自始建后，未经大的修葺，基本保持明末清初的建筑风格，具有较高的历史、艺术研究价值，同时又是一处宝贵的旅游资源。

2001年9月，庄上大楼被列为县级文物保护单位。大溪镇政府和庄上村村委会配合县文物、旅游部门，公布文物保护范围，树立文物保护标志，进行规范管理，加强管理和保护力度。2005年5月、2006年5月，庄上大楼相继被列为省级、国家级文物保护单位，县政府、镇政府和村委会筹措资金500万元，对庄上大楼进行全面维修。同时，统一规划，对大楼四周环境进行整治，着手把庄上大楼开辟成一处新的旅游景点。

2005年，庄上大楼开始有游客前来观赏，后逐年增多。2007年，游客人数增至1万多人次。庄上大楼景点不收门票，全日对外开放。

第五节 平和暴动纪念馆

平和暴动纪念馆位于长乐乡下坪村。下坪村依山面溪，风光秀丽。纪念馆原址为罗氏祠堂，又名下书斋。民国17年（1928年）3月8日，震撼八闽大地、揭开福建武装斗争序幕的平和暴动总指挥部设在该祠内。1978年，为纪念平和暴动50周年，平和县人民政府将当年暴动总指挥部旧址建成纪念馆。馆址面积2440平方米，前后两进，均面阔3间。馆前凿水池，后筑花台，四周围墙，遍种花草，环境优美。纪念馆大门匾额“平和暴动纪念馆”为福州军区原副政委王直将军所题。馆内展厅分前后2部分，中隔天井和井廊。馆藏文物有实物60多件，图片、照片200多幅，内容丰富翔实。

1975年，为纪念平和暴动死难烈士，中共平和县委、县政府在长乐乡联三村修建1座平和暴动烈士纪念碑。碑址与平和暴动纪念馆相距200米。纪念碑占地1800平方米，由主碑、栏杆围墙、石台阶3部分组成。碑铭“平和暴动烈士永垂不朽”为原中共福建省委书记罗明所题。

1983年、2005年，县政府拨专款，2次修葺平和暴动纪念馆和平和暴动烈士纪念碑，开辟为爱国主义教育基地。2007年，平和暴动纪念馆被省政府定为福建省国防教育基地。县旅游部门推出“红色之旅”

游，作为平和五大特色游之一。1989 年后，到纪念馆和纪念碑瞻仰、参观的人数逐年增加，2007 年有 2.3 万人次。

第五章 旅游业管理

第一节　管理机构

一、行政管理机构

1989 年，县旅游事业局沿设。为正科级单位，下设综合股、业务股。全局核定编制 8 人。其中，局长 1 人、副局长 2 人。至 2007 年不变。

二、景区管理机构

（一）三平风景区管理委员会

1980 年 3 月，平和县革命委员会成立三平旅游业管理委员会。管委会为县、社（文峰公社）、队（三坪大队）三级联办的独立核算的事业单位。

1986 年 1 月，三平旅游业管理委员会更名三平风景区管理委员会。1995 年，县政府成立县三平旅游开发总公司，管辖三平风景区管委会。1999 年 7 月，总公司解体，三平风景区管委会恢复独立管理职能。

2003 年，经省编委批准，平和县三平风景区管理委员会为副处级事业单位。2005 年 4 月，经漳州市编委核定，景区管委会下设办公室、财务部、宗教事务部、规划建设部、策划企管部、保安部，均为副科级职能科室。2007 年，管委会在编干部 23 人。其中，主任 1 人（副处级），副主任 2 人（正科级）。

（二）灵通风景区管理委员会

1989 年，沿设大溪灵通风景区管理处。

1996 年 9 月，灵通风景区工作由大溪镇灵通风景区开发管理领导小组统一领导。领导小组下设管委会，具体管理风景区工作，设主任、副主任各 1 人。1998 年 2 月，县政府编委同意成立平和县灵通风景区管理委员会，为县管自收自支事业单位。2002 年，县政府成立平和县灵通风景区开发建设管理领导小组，组长由 1 名副县长兼任。领导小组下设灵通风景区管理委员会。由县政府委托大溪镇政府实施日常管理。

2005 年 11 月，县政府委托县旅游局对灵通风景区实施管理，由县旅游局长兼任景区管委会主任。管委会下设办公室、财务科、规划建设科、安全保卫科、寺庙管理科等职能科室。2007 年，管委会在编行政人员 15 人。其中主任 1 人，副主任 2 人。

第二节　员工管理

一、三平风景区员工管理

1980 年，三平旅游业管委会成立后，由县组织部门和劳动人事部门统一调配景区管理人员。1986 年，景区员工 83 人，1998 年增至 148 人，其中，自聘工 23 人。2004 年，景区管委会清退自聘工 46 人，将景区下属部分餐厅实行承包经营。是年，景区员工有 158 人。

2007 年，景区员工 157 人。其中，全民职工 31 人、集体职工 19 人、合同工 14 人、计划内临时工 51 人、季节工 42 人，另有退休 28 人。

每年春节旺季，景区临时聘请季节工 200 多人。

二、灵通风景区员工管理

1989 年，灵通风景区管理处有管理人员 5 人，另临时聘用季节工。1996 年 9 月后，景区管委会辖属于大溪镇政府期间，管理人员 15 人。

1998 年，景区收归县管，员工定编 15 人，另聘用临时工 20 多人。2007 年，景区员工 27 人，其中，行政人员 15 人，职工 12 人，另聘用临时工 30 多人。

第三节 争先创优

一、提高员工素质

三平风景区和灵通风景区自成立后，重视员工的思想工作，不断进行爱岗敬业教育，抓好员工的职业培训，提高员工的职业道德水平和服务水平。1995 年后，两个景区开展“创文明行业，建满意窗口”活动。三平风景区于 1998 年和 2000 年相继被评为县“创文明行业，建满意窗口”先进单位，第 7 届县级文明单位；2002 年和 2003 年，被评为市文明行业先进单位；2005 年被评为市级文明单位。灵通风景区于 2006 年和 2007 年相继被评为市文明风景区旅游区。

二、建立规章制度

三平风景区多次修订《三平风景区内部管理制度》，根据景区全日 24 小时开放的需要，建立值班制度和考勤制度，实行工资与考勤挂钩和奖惩制度。2004 年，为创建国家 AAAA 级旅游区，管委会完善 6 项制度，建立 3 项激励机制，规范景区管理。

灵通风景区先后制定《灵通风景区内部管理制度》《工作纪律与考勤制度》《财务管理制度》，并不断完善、细化管理制度，实施激励机制，促使景区管理制度化、规范化。

三、开展创建活动

灵通风景区和三平风景区多年开展创建省级风景名胜区工作，分别于 1992 年和 2004 年入选。2005 年，三平风景区被评为国家 AAAA 级旅游区。2007 年，灵通风景区被列入省级地质公园名单。

卷二十九 风俗 宗教

平和县流传的风俗，有些逐渐消失，有些至2007年仍在进行活动，于岁时节日、民间信仰和衣食住行、婚丧喜庆中时时体现，同时，随着改革开放以及科技进步、经济的发展，注重价值、讲究效率的新观念和重视养生、讲究穿着、晚婚晚育、火葬等新风尚又逐渐形成。本卷“风俗”一章续前志，记沿袭之旧俗与新俗。

宗教活动与风俗紧密联系在一起。20世纪80年代后，县内宗教活动逐渐恢复，20世纪90年代进入全盛期。在县民族宗教事务局登记活动的所有佛教寺院、道教宫观、基督教堂都于此后20年间修葺一新。各种宗教活动更加频繁，并呈现出民俗化的趋向，日益渗透入民间文化中。“五好宗教活动场所”和“五好文明教徒”活动顺利开展，促进宗教事务管理规范化、体制化。

第一章 风俗

第一节 生产习俗

20世纪80年代，县内农业人口与非农业人口就业情况开始发生变化。90年代后变化更大，部分农业人口进城务工、经商；部分城镇住户反而下乡，租借山地种果。全民种柚（平和名果）成为新俗。政府每年举办蜜柚节，“柚文化”氛围愈来愈浓。

民间修建房屋、开垦果园、挖掘池塘，通常有亲朋好友前来帮工，称“完（援）工”。主人只款待茶饭，无须付给工钱，竣工之日必操办酒席，敬酒致谢。

农村建房，动工建房必须选址择日，上完梁架称“收枋”，要放鞭炮、宰鸡、搓汤圆（或甜米糕），宴请施工师傅和亲友。此俗仍存。城镇建钢筋混凝土结构房屋，称“封顶”，也有放鞭炮、披彩带和宴客之俗。

农村借牛耕田，借牛者送还耕牛时，在牛角上粘贴红纸条，挂红包，意在“好借好还，再借不难”。此俗在县内安厚、大溪等地犹存。

平和多产茶。传统制茶，忌手汗、多涕、不洁之人和月信妇人，更忌酒气。盖茶酒不相入，故制茶时不饮酒。

商人多供奉财神。祈求财运亨通，生意兴隆。县内民间信仰的财神，有文财神玄坛元帅和武财神关圣帝君两种。

商店开张，择吉日，放鞭炮，张挂店号，旧俗犹存。新俗增加结门楼（多用红色充气塑料膜制成）、摆花篮、请贵宾剪彩。

商家往来账号，必须在除夕前结清。大年初一日，不能讨债。

21世纪后，县内商家运用现代通讯、高科技设备从事商贸活动，使用网络进货、交易、结算。

庙会期间，商家常请踩街路过的“弄龙”（舞龙）、“弄狮”（舞狮）队，进店巡游，有“辟邪进财”

之意。出门时，需送上红包致谢。

商函和亲友通信，不能用红笔水书写，否则，是对收信人不敬，有挑衅之意。

新俗。县内用户购置新车(货车、轿车)，先驾车上三平寺拜佛烧香，带回平安符(三平祖师像汽车挂件)，挂在驾驶室内。此俗还流传到周边各县。

第二节 生活习俗

一、婚姻家庭

结婚年龄，农村比县城早。在文化程度较高的家庭，晚婚晚育成为新的风尚，尤其是高学历女青年，多数拒绝早婚。

中老年人丧偶再婚，渐成新俗，子女多半赞成。

20世纪90年代后，城镇青年结婚后与父母分居的现象明显增加。在农村，多数家庭待兄弟都成婚后才分居。分居时，一般请舅父或父母宗亲主持解决有关财产、债权债务、供养等事宜。

旧俗，女儿出嫁后不能继承父母财产。新俗，可继承，亦可不继承，协商而定。

旧时数代人同居的大家庭结构基本解体。在城镇，子女外出求学、打工、谋职，空巢老人家庭渐多。

县内各姓氏，历代有编纂、保存和续写族谱的风俗。20世纪90年代后，修谱之俗又渐渐兴起。

二、服饰

男女老幼越来越讲究穿着。极少有穿补丁衣服的人上街。手工裁缝逐渐减少，成衣市场一片红火。中青年时装式样不断更新，崇尚名牌。

妇女戴耳环、戒指、手镯、项链者逐渐增多。2000年后，自城镇至农村，订婚时新娘必购置耳环、戒指、手镯、项链，称“四金”，成为新俗。流行半个世纪戴手表的时尚逐渐冷却，只有少数男士还戴高档手表。

染发之风渐盛。中老年人多染黑发，青年女子流行染金发，发型多变。

旧时，县内居民外出，防日防雨，多戴竹笠，今基本绝迹，代之雨伞、阳伞、太阳帽。步行穿木屐绝迹。

三、饮食

膳食结构逐渐改变。1989年后，城乡民众膳食逐步从温饱型到营养型发展，畜、禽、鱼、蛋等高蛋白质食品的摄入量不断增加，大米消费量比重明显下降。绿色食品、无公害食品逐步被人们重视。在中老年人群，注重养生，提防胆固醇过高成为新的风俗。

传统风俗，凡是婚丧喜庆操办宴席，每桌必须备酒。在家里接待亲友必须请酒，拜神和祭祖也必须敬酒。此俗延续。民众居家，多喜欢饮本地产的低度米酒和糯米红酒，而宴客时却以高档白酒为荣。公务宴席时尚红酒（葡萄酒）。青少年盛行啤酒。出于健康考虑，在中老年人群中，限酒、禁酒也成为风气。

县内民众历来好饮茶，为其生活不可或缺的一部分。此俗沿袭。泡茶待客，在城乡蔚然成风。讲究品茗，喜欢地产的乌龙茶（奇兰、铁观音），花茶、绿茶少有饮用。时尚精装的地产名茶作互馈赠礼品，相当时尚。

吸烟之风愈炽愈盛。吸烟人群，逐渐扩大。亲友之间见面，互相敬烟成为时尚。高档香烟成为礼品。凡婚丧喜庆宴席，每张酒桌需摆放两包高档香烟。此事约定俗成。同时，在会议室、学校、医院等公共场所禁烟，也逐渐为民众所接受。

四、居住

自古以来，县内民众喜欢住宅单门独户，称“有天有地”。20世纪80年代后，城镇私人建房逐渐增多，90年代进入全盛期。私人一般建楼房，楼层3～5层，多数采用钢筋混凝土结构，水电、阳台、卫生间、厨房、客厅、膳厅基本配套。21世纪后，大量兴建商品房，其采用分层居住所建套房，多为新婚青年和拆迁户购置。在农村，修建单门独户住宅的观念没有改变，旧式大厝多改建为多层建筑，并注意讲究卫生与环境，人畜合住一室的旧习基本消失。

城镇楼房，外窗多安装防护网。

城乡住户家具越来越时尚。搬迁新居和结婚新房，一般都要购置新家具，向高档化、时尚化方向发展。流行新款大床、组合大柜、皮沙发、硬木桌椅，配套完善。材料多以硬木、皮革为主。富裕人家时尚红木家具。

在城乡住户中，彩色电视机、电风扇、洗衣机、电冰箱等家用电器基本普及。液晶平板电视机、空调器、电脑、太阳能热水器等新款高档电器的使用也逐渐流行。

城镇居家时尚栽花。住户在院子、阳台、晒台，或屋内某角落种花草、置盆景，风俗渐兴。

五、旅游

1989年后，旅游逐渐形成时尚，民众参与度不断增强，经旅行社组团或个人游，出行国内景区景点，还有境外游。进入21世纪，生活水平提高，节假日延长，外出旅游更加盛行。

第三节　礼仪习俗

一、婚嫁

县内已不流行旧的婚俗。迎亲使用的交通工具，变化很快，从轿子到自行车，再到轿车。轿车迎亲，必须是偶数。往来乘坐人数，也必须凑成偶数，否则，会认为不吉利。约定俗成。

旅行结婚，20世纪80年代流行一段时间，后极少有人选择这种结婚方式。即使旅行结婚，新郎新娘回家后，照样要举办婚礼，照样要操办酒席，宴请亲朋好友，旧俗未废。

新俗，子女在外地工作，其配偶亦在外地，结婚时，家里照样要操办酒席，宴请亲朋。新郎新娘要赶回家里，出席婚宴，向亲友致谢。

婚嫁大操大办酒席之风逐渐兴盛，尤其在城镇。宴席大都在酒家、饭店举办，少则十来桌，多则数十桌。宴会前，新郎新娘，及双方家长都会在酒店门前恭迎贺客。贺客递上红包道喜。红包的金额必须是偶数。

迎亲队伍，路上过土地庙，须派专人到庙里，在香炉上插上1对红蜡烛。旧俗未废。

二、喜庆

迁居必须择日，此俗自古沿袭。迁居时间多选择下半夜，尽量避免与路上行人相遇。迁居时，家人要凑成偶数。到达新居，要先祭拜灶神，再燃放鞭炮志庆。

乔迁新居，以及子女上大学，时尚请客。宴席可在当天举办，亦可在3日之内举办。与婚礼同样，宴席大都在酒店举办。赴宴者需送红包道喜。红包金额亦须是偶数。考上大学的谢师宴习俗同时兴起，形式雷同。

受外来文化影响，青少年过生日，不再吃“红蛋”“肉肠”，改以切蛋糕、吹蜡烛、唱“生日祝福歌”。

旧俗，凡50岁以上者，其51岁、61岁、71岁、81岁、91岁（虚岁）生日为寿辰。随着社会变革，祝寿之风虽然存在，但逐渐简化，少有人家大操大办酒席。民间亲友之间祝寿，通常送以“猪脚面”即可。

三、丧礼

民间多用“打钟鼓”告丧，旧俗仍存，增加贴讣告、奏哀乐。

城乡办丧事，均要宴请送葬亲友。每桌必备酒，称“平安酒”。酒席设在露天场地上，可以摆桌椅，也可以不摆桌椅，用餐者站立进食。亦有少数丧事人家在酒店设宴，酬谢亲友。

亲友参加葬礼，事先要备好“丧仪”，民间称“白包”。丧仪金额必须是单数，忌偶数，忌用红纸包。丧仪亦可提前在吊唁时送交。丧家专门委托执事代收丧仪，并一一登记造表。送葬亲友送交丧仪时，执事当即回送1包小红包。红包金额必须是偶数（一般是1元硬币两枚）。

旧俗，人死后要“做七”，戴孝的人一般要待“三七”或“七七”之后，才能“变红”。20世纪90年代后，许多办丧人家简化为“头七”（7天）“变红”，有的甚至在出葬当天“变红”。

死者历来土葬。1999年起，东半县小溪、山格、文峰、坂仔、五寨、南胜计6个乡镇殡葬改革，实行火葬。实行火葬后，丧礼依旧俗，搭设灵堂、请乐队、放鞭炮、摆花圈、办酒席，新旧俗齐全，花费庞大。

四、称谓

20世纪90年代后，某些称谓有改变。旧俗，丈夫称“老尫”“查鋪人”，妻子称“查亩”“厝底”。受影视传媒影响，渐改口为“老公”“先生”和“老婆”“太太”。

对小孩，通常男称“阿弟”，女称“阿妹”。

对陌生人，初次见面，一般按年龄情况称呼，年长者男称“叔叔”“阿伯”，女称“阿姨”。对有身份的人，或称“先生”，或称“老板”，也有仍称“同志”。

在公务场合上的称呼，普遍带姓连同职务一起叫，并省略最后一个“长”字。如称某局长为“某局”，某副镇长为“某副”，某检察长为“某检”。

第四节 岁时节日

春节 除夕之夜，“守岁”旧俗仍存。刚到子时（零点），家家户户燃放鞭炮，庆贺新春来到。

旧俗，正月初一早餐忌吃荤腥，只吃素食，如“长年菜”（不用刀切的韭菜）。此俗已废，但仍有部分家庭主妇依旧俗，坚持初一早吃长年菜。

拜年，是春节期间一种传统风俗。从初一日起，晚辈依次拜长辈，户主携幼谒拜戚友，或只遣子弟代贺。改变出行拜年多为男子，流行夫妻双双携儿带女，到长辈、戚友处拜年，说吉利话，节日喜庆气氛倍增。

正月初三，旧俗不出门做客，也不得接待客，“困到饱”（闽南方言，意为睡个痛快）。据传说，明代某年正月初三，人们忙着过年接客，倭寇忽然从闽南沿海登陆，进门便抢，见人便杀。自此后的正月初三，人们害怕出门做客。此俗已废。

“天公生日” 农历正月初九为“天公生日”。从子时起，县内城乡，除基督教徒外，几乎所有家庭都在家门口设供品，敬拜天公。仪式之隆重，供品之丰盛，燃放鞭炮之多，胜过全年任何岁时节日。敬拜天公仪式为：上供品、点烛、焚香、斟茶、斟酒、敬拜、焚烧寿金及长钱、燃放鞭炮、辞礼、收供品。

元宵 旧俗，从农历正月十三日至十五日（或十六日），县内各姓祠堂举行“办灯”活动。当年新婚和生男孩（添丁）的族裔都要来到祖祠，点红灯笼，祭告祖先，以示氏族人丁兴旺，百业俱兴。此外，还要演“丁戏”、请“丁酒”，招待宗亲。20世纪50年代，此俗废除。20世纪90年代后，又逐渐在农村恢复。

立夏 公历5月6日前后。俗称“补夏”，有家家户户吃面条的习俗。

大暑 公历7月23日前后。城乡居家有“吃补”之俗。补品为传统滋补中药四物汤，或八珍汤、十全大补汤，合鸡、猪肉（骨）炖而食之。

中秋 农村普遍做粿和买中秋月饼拜“田头公”，祈求年节丰收。亲朋好友亦在此日互赠月饼。2000年后，许多机关、企事业单位集体购买月饼，分发员工，成为新俗。

重阳节 新俗，农历九月九日为“敬老日”，或称“老人节”。政府、企事业单位开展敬老尊老活动，发给离退休老人慰问金。许多村委会也在本日给该村老人发“红包”。

谢冬 旧俗，冬至（公历12月22日）之后，村社人家皆演戏赛神，谓之“赛平安”，又称“谢冬”。此俗仍存。除演社戏、迎神赛会之外，每家每户各自择一吉日，在家门口设供，答谢神明。

尾牙 农历十二月十六日最后一个牙日，称“尾牙”。旧俗，商店店主在这一天宴请伙计、固定顾客和商贩，同时决定来年伙计的去留。此俗20世纪90年代后又渐恢复。

扫尘 农历十二月初一至二十四日，城乡居家各择一吉日，洒扫庭除，把房前屋后上上下下清理干净，通常采用竹叶为扫把，扫屋顶（天花板）灰尘。扫尘寓意除旧迎新，祓除不祥。

第五节 民间禁忌

县内民间历来有多种禁忌。有些禁忌逐渐废除，仍有如下一些禁忌沿袭。

赠送人家礼物，忌单数，必须凑成偶数，取好事成双，吉利之意。

在被亲友宴请时，忌把桌上食物吃光，盘盘都要有剩菜，表示有余。

农历正月忌结婚，甚至“正月不提亲”。

姐妹忌做妯娌。

忌“姑独”。新娘进家门，新郎的姑母必须回避。“姑”与“孤”同音，有“孤独”之嫌，不吉利。

大年初一忌扫地、倒垃圾、打破器皿、打骂小孩。

妇女怀孕后，禁忌风俗较多，忌在家中移动器物和在室内钉钉子，防止触动胎气；忌从绳索上和称上跨过，否则胎儿晚产；忌触摸棺木；忌用绳子绕缠物件，否则胎儿被脐带捆绑；忌拿剪、针、锥，否则触动胎神，婴儿患先天性唇裂；忌看木偶戏，否则婴儿得佝偻病。

忌反穿衣服，因为丧事人家的孝男才把衣服反穿。

出门时，忌讲不吉利的话。

忌乌鸦在头上或屋顶上啼叫，人们把乌鸦视为不祥之物。

家中办丧事，孝男孝女忌往别人家中。凡参与送葬的亲友也有此禁忌，须等到葬礼结束，“变红”之后才能往别人家中。

办完丧事的孝男孝女，一年内忌办喜事（婚礼）。

忌用筷子敲打碗盘和桌面，否则会打破“饭碗”。

吃饭前或吃饭时忌将筷子竖插在饭碗中，因为丧葬时祭祀死人的饭菜才这样插。

请客敬茶，忌斟满茶杯。否则，有怠慢之意。

忌穿红衣、花衣参加丧礼。

同月之内有婚娶喜庆之亲友忌互相庆贺，以免“喜冲喜”犯忌。

忌外人在家中生孩子，恐风水被夺走。民俗“要借人死，不借人生”。

忌用刀斧在门槛上砍物，或以物敲击门槛。

忌从晾干的女人裤下经过，认为会有晦气。

忌用中指指人或对人吐唾液，均属无礼。

客人来访或辞别时，不得扫地，否则无礼。

忌在穿在身上的衣服上缝补，缝纽扣。

药店忌对顾客说“扎阁来”（再来）。

别人在吃饭时忌打搅，家长也不能在吃饭时教训孩子。俗谚“吃饭皇帝大”，正在吃饭的人应受到尊重。

第二章 宗教

第一节 佛教

一、寺院

1989年后，县内各佛教寺院相继重修、重建，开展佛事活动。1998年，县民族与宗教事务局开始登记宗教活动场所工作。首次登记的佛教寺院有碧云寺和皖应寺2座，2000年增至6座，截至2007年年底，登记为宗教活动场所的佛教寺院有26座。此外，尚有100多座寺院未登记为宗教活动场所。

较著名的佛寺有：

曹岩寺 在文峰镇前埔村。始建于唐大和二年（828年），主祀三宝佛。旧圮，2004年重建大雄宝殿。

三平寺 在文峰镇三坪村。始建于唐会昌五年（845年），主祀三平祖师。1992年重建祖殿，1999年重修大雄宝殿，2005年重修塔殿。

龟美庵 在文峰镇黄井村寨仔社。主祀观音菩萨。原庙名凤山寺，址在龙湫岩，清咸丰年间迁至寨仔龟山，更名龟美庵。

石盘头祖师公庙 在文峰镇龙山村。始建于清代，主祀三平祖师。1982年重修，2000年扩建。

三井祖师公庙 在文峰镇文峰墟。始建于民国23年（1934年），主祀三平祖师。1999年重建。

皖应寺 在小溪镇溪洲村。始建于唐神龙元年（705年），主祀西方三圣。1997年重建。

宝兴寺 在小溪镇湖田村。始建于明洪武年间。原名谢厝五佛庙，主祀五佛、观音菩萨。2004年原址重建。

天门寺 在小溪镇玉溪村顶垅仔社。始建于明万历三年（1575年），原名天妃宫，奉祀地藏王菩萨。1958年被毁，2000年移址重建，易名天门寺。

大坑岩观音庙 又名小西天，在小溪镇联光村观音山。始建于明天启年间，主祀观音菩萨。1989年重修。

坑平观音寺 在小溪镇坑里村坑平社。始建于清康熙三年（1664年），原名观音厅，奉祀观音菩萨。2005年扩建，取名观音寺。

碧云寺 在小溪镇西林村。始建于清乾隆二十八年（1763年），主祀观音菩萨。1999年重修。

龙兴寺 在小溪镇葫芦山麓。始建于清乾隆年间。主祀观音菩萨，2001年重建，初名觉净寺，2007年复名龙兴寺。

灵通岩（寺） 在大溪镇灵通山。始建于唐开元年间。主祀观音菩萨，1988年重修，2005年扩建圆通宝殿、天王殿。

青云寺 在大溪镇灵通山。始建于唐开元年间。主祀观音菩萨，2007年重建。

朝天寺 在大溪镇石寨村。始建于北宋建隆三年（962年），主祀观音菩萨。1992年重修。

龙归堂 又名佛光庵。在大溪镇新农村，始建于明万历四年（1576年），主祀定光古佛。2004年重建。

修行寺 在大溪镇灵通山。始建于明代，主祀地藏王菩萨。1998年重修。

高隐寺 在大溪镇赤安村天马山。始建于清康熙十三年（1674年）。主祀观音菩萨。

大溪镇朝天寺

2006年重修。

天堂寺 在安厚镇东川村。始建于唐开元年间，主祀西方三圣。1998年重修。

慈云寺 在大溪镇灵通山。始建于清末，主祀观音菩萨。1994年重建。

旭日岩（寺） 在安厚镇东川村岩下社。始建于宋初，主祀观音菩萨。1994年重修，2002年再修。

莲花庵 在国强乡泮池村水口社。始建于明正统元年（1436年），主祀三宝佛、观音菩萨。2001年重建。

和美岩 在安厚镇美峰村圆墩社。始建于明嘉靖四十三年（1564年），主祀三宝佛、观音菩萨。1997年重修。

宝莲堂 在安厚镇莲塘村。始建于明万历六年（1578年）。原名莲塘庵，清乾隆二十二年（1757年）重修，易名宝莲堂，奉祀三宝佛、观音菩萨。2001年原址重建。

崇福堂 又名大安宫，在安厚镇下新楼村尖厝岭社。始建于明万历十五年（1587年），主祀三宝佛、观音菩萨。1987年重修。

狮子岩（寺） 在安厚镇东川村岩下社。始建于明万历二十六年（1598年），主祀观音菩萨，配祀黄道周、张士良。2006年重建大雄宝殿。

宝善堂 在安厚镇田径村三径社。始建于明万历年间，主祀三宝佛、观音菩萨。2006年重修。

中兴堂 在安厚镇大坑村上陈社。始建于明万历年间，主祀三宝佛、观音菩萨。2003年重修。

莲石岩（寺） 在安厚镇田径村。始建于清康熙十三年（1674年），主祀观音菩萨。1997年重建。

义坛大愿寺 在安厚镇下新楼村塔墟。始建于清康熙五十二年（1713年），主祀地藏菩萨。2001年重建。

安福寺 在安厚镇安厚村。始建于清乾隆十五年（1750年），主祀地藏菩萨。1994年重建。

兴福堂 又名大径寺，在安厚镇大径村旧楼社。始建于清乾隆四十六年（1781年），主祀三宝佛、观音菩萨。1995年重修。

福宝堂 在安厚镇岐山村龟山社。始建于清乾隆四十七年（1782年），主祀三宝佛、观音菩萨。1986年重建。

法华庵 在南胜镇法华村东风楼。始建于明永乐七年（1409年），主祀观音菩萨。1999年重建。

天龙寺 在南胜镇前山村。始建于明成化十年（1474年），主祀三宝佛。2007年扩建。

观音亭（寺） 在南胜镇前山村。始建于明嘉靖年间，主祀观音菩萨。1989年重建。

龙潭庵 在南胜镇龙心村龙潭社。始建于清代，主祀三宝佛、观音菩萨。1995年重建。

双庵观音庙 在山格镇平寨村。始建于明嘉靖十九年（1540年），主祀观音菩萨。1987年重修，2004年再修。

紫云岩（寺） 在山格镇山格村。始建于明万历年间，主祀三宝佛。1990年重修。

霞山隆福堂 在霞寨镇寨里村洞顶。始建于明正德十二年（1517年），主祀三宝佛、观音菩萨。1986年移址重建。

松溪岩（寺） 在霞寨镇彭林村下洪社。始建于明嘉靖十九年（1540年），主祀观音菩萨。1996年重修。

长汀水尾庵 又名长兴堂，在霞寨镇长汀村长春楼边。始建于明隆庆四年（1570年），主祀佛祖、观音菩萨。1982年重建。

丰盈堂 在霞寨镇群英村庵边楼。始建于明万历年间，主祀佛祖、观音菩萨。1991年重修。

黄怡庵 在霞寨镇古隆村。始建于清康熙年间，主祀观音菩萨。清光绪二十三年（1897年）重修，2003年再修。

石晶寺 俗称石晶宫，在霞寨镇黄庄村。

霞寨镇石晶宫

始建于清乾隆四十九年（1784 年），主祀观音菩萨。1992 年重修。

保兴堂　在霞寨镇团结村下楼社。始建于清同治元年（1862 年），主祀五佛、观音菩萨。2000 年重修。

石恩宫　在九峰镇陈彩村天马山。始建于明成化十八年（1482 年），主祀观音菩萨。1990 年重修。

东山寺　在九峰镇九峰村东山埔社。始建于明正德十五年（1520 年），主祀观音菩萨。1994 年重修。

永福宫　在九峰镇澄溪村新庵社。始建于明代，原名虎庵，奉祀观音菩萨。清乾隆年间重修，更名永福宫。

祖三宫　在九峰镇眉山村楼角社。始建于清代，主祀三平祖师。1991 年重修。

观音院　在坂仔镇西坑村旧楼社。始建于明洪熙元年（1425 年），主祀观音菩萨。1986 年重建。

义祠坛　在坂仔镇仁山村。始建于清初，主祀地藏菩萨。2000 年重建。

浮山庵　在坂仔镇东坑村。原名浮山神庙，清顺治十六年（1659 年）扩建庙宇，更名浮山庵，奉祀三宝佛、观音菩萨。2002 年原址重建。

石钟岩　在坂仔镇民主村太古山。始建于清康熙十二年（1673 年），主祀佛祖、观音菩萨。1985 年重修。

福寮庵　在坂仔镇五星村贵阳楼社。始建于清乾隆十五年（1750 年），主祀三宝佛、观音菩萨。2004 年重修。

太石岩　在坂仔镇东坑村隆福社。始建于清同治九年（1870 年），主祀观音菩萨。2007 年重修。

厦溪佛祖庵　在五寨乡优美村厦溪社。始建于明末，主祀三宝佛、观音菩萨。2003 年扩建。

佛祖庵　在五寨乡优美村。始建于清乾隆年间。主祀佛祖。2000 年重修。

崇和寺　在芦溪镇东槐村土城社。始建于明嘉靖二十五年（1546 年），主祀三宝佛、观音菩萨。2004 年重修。

龙安堂　在芦溪镇树林村树林仔社。始建于明万历二十三年（1595 年），奉祀三宝佛、观音菩萨、惭愧祖师。2000 年重修。

骑龙寺　在芦溪镇蕉路村骑龙山。始建于明末，奉祀三宝佛、观音菩萨、骑龙祖师。1993 年重建。

莲花庵　在国强乡泮池村水口社。始建于明正统元年（1436 年），主祀三宝佛、观音菩萨。2001 年重建。

隆兴堂　在崎岭乡桂竹村下路溪社。始建于明万历年间，主祀观音菩萨。1999 年重修。

觉道岩　在崎岭乡合溪村。始建于清乾隆年间，主祀观音菩萨。1989 年重修。

延寿堂　在秀峰乡秀峰村南山水口。始建于明正德年间，主祀观音菩萨。久废，1958 年重建，2005 年重修。

亲睦堂　在秀峰乡福塘村南山社。始建于清代，主祀观音菩萨。1996 年重修。

秀峰乡福塘村亲睦堂

秀峰乡福塘村亲睦堂《禁约碑记》

广德岩 民间亦称“光孝寺”，在山格镇新陂村的坎头社，花山溪畔。始建于唐朝永泰元年（765年），奉祀三世佛、观音菩萨、郭圣王、王文成公（王阳明）等。多次修建。

二、佛事活动

（一）开光法会

1989年后，县内佛教寺院各种佛事活动频繁。凡寺院修建竣工之后，均择日举行庆典仪式。佛像塑成，亦择日致礼供奉，称“开光”。法会是佛教内举行的各种宗教仪式的集会，多以祈福消灾为目的。这些佛事活动，有时一起举行，有时分开举行，较为隆重活动的有：

1994年12月，灵通慈云寺重建竣工，举行落成庆典及佛像开光仪式，为期5天，有信众1000多人参加。1997年4月，皖应寺重建竣工，举行庆典，参加信众2000多人。1999年9月，灵通岩（寺）举办祈福消灾法会暨观音金身开光庆典，为期3天，有信众2万多人次参加。2000年10月，天堂寺举行祈福消灾法会暨西方三圣金身开光庆典，参加信众1000多人。2006年6月，三平寺举行“庆寿诞祈求民众幸福经济发展社会和谐庆典”活动，信众2800人参加。2006年12月，觉净寺（翌年更名龙兴寺）大雄宝殿、五观堂、法堂重建竣工、举行庆典，信众2000多人参加。2007年7月17日，三平寺举行供天大法会，僧人、居士及信众1600人参加；18日，举行“三平祖师颂典仪式”，海峡两岸各寺庙代表223人同祭，现场的信众及游客3000多人。2007年10月，灵通岩（寺）举行“祈福迎祥庙会”，为期3天，参加的信众和游客6000多人次。

（二）迎神

即把寺院中的神明抬出来，辅以仪仗和鼓乐，巡游祭祀圈内各村社，俗称“迎尪”，亦称“巡安”。民众认为，迎神会造福民间，消灾避邪，保佑合境平安。20世纪90年代后，迎神赛会在县内各乡镇普遍兴起。三平寺三平祖师神像除在祭祀圈内各村社巡安，还接受乡外、县外分庙的礼请，迎奉到彼处巡安。

（三）进香

进香俗称割香，是一种虔诚的朝圣活动。县内信众有常到佛寺进香朝圣的习俗。进香朝圣的地点有两类。一类是传统的佛教名山圣地，如奉祀观音菩萨的信众常到普陀山，奉祀地藏菩萨的信众常到九华山；一类是分庙的信众到祖庙（寺）进香。如三平寺香火外传很广，2007年统计有分庙92间，另有配祀三平广济祖师的寺庙100多间。这些寺庙的信众常到三平寺进香朝圣，或一年数次，或一年一次、数年一次不等。进香朝圣的信众有的以家为单位，一家人扶老携幼前往；有的以村社为单位，择日结伴前往。这种组织称“香阵”，也称“进香团”。一阵香阵，少则数十人，多则上千人。1989年后，民间进香朝圣活动越来越频繁，并趋向群体性。天门寺和安福寺奉祀地藏菩萨，每年都组织香阵到九华山进香。灵通山十寺，都奉祀观音菩萨，每年，菩萨涅槃日的前后几天（农历九月十五至二十日），到灵通山进香的信众多达3万多人次。2007年，到三平寺朝圣的香阵（进香团）达249团次，信众17.8万人次。

（四）求签

县内信众历来有到寺庙求签的习俗，求问家事、老病、婚嫁、生育、经商、出行、功名。规模较大的寺院都备有签诗。三平寺有“祖师公签”，灵通岩（寺）、观音亭（寺）、松溪岩（寺）有“观音签”。寺院内配备解签人，根据签诗释放出来的信息，为求签者释疑解难。

（五）演戏酬神

此为县内民间最为喜闻乐观的一种庙会文化活动。每逢寺院开光庆典，或每年庙会日，信众集资，搭戏棚（戏台），请戏班，演戏酬神，祝愿国泰民安。戏棚（戏台）面对神明。每次演一夜，或演三、五夜。寺院演戏，旧时由会首操办，20世纪80年代改由各寺院理事会操办。全部费用由信众乐捐。演戏结束后，列榜公布乐捐者芳名和金额。

第二节　道教与民间信仰

一、宫庙

县内宗教信仰呈多神教与融合性特点，道教宫庙与民间信仰的佛教庙宇无明显差别。2000 年，在县民族与宗教事务局登记为宗教活动场所的道教宫观有 9 座，民间信仰佛教庙宇有 15 座。至 2007 年底，登记的道教宫观增至 22 座、民间信仰佛教庙宇增至 58 座。此外，尚有 200 多座庙宇（不含村社土地庙）未登记为宗教活动场所。较著名的道教与民间信仰佛教庙宇有：

天湖堂　在崎岭乡南湖村，始建于南宋嘉定十年（1217 年），主祀保生大帝吴夲。1998 年重修。

旭山岩　又名龙神庙，在崎岭乡浮坪石人山。始建于明天启年间。奉祀龙神公、观音菩萨、孔子公、文昌魁星。2001 年重修。

古积庙　在崎岭乡礤头村。始建于清代，主祀广惠尊王。2004 年重建。

圣王庙　在小溪镇坑里村。始建于南宋祥兴二年（1279 年），主祀三圣王文天祥、张世杰、陆秀夫。2004 年重修。

琯溪威惠庙　在小溪镇中山西路。始建于明洪武七年（1374 年），主祀开漳圣王陈元光。2007 年重修。

显惠庙　在小溪镇高南村。始建于明永乐二年（1404 年），主祀渊广圣王谢安。1994 年重建。

玉溪宫　在小溪镇新桥村。始建于明景泰元年（1450 年），主祀越国王公张世杰。1999 年重建。

启云庙　在小溪镇古楼村大楼社。始建于明景泰二年（1451 年），主祀三王公文天祥、陆秀夫、张世杰。1996 年重建。

侯山宫　在小溪镇西林村。始建于明正德三年（1508 年），主祀玄坛元帅，民国年间增祀关圣帝君。1990 年重修。

三司庙　在小溪镇古楼村土头庙社。始建于明万历十五年（1587 年），主祀三王公文天祥、陆秀夫、张世杰。民国 35 年（1946 年）重修，1996 年再修。

南山关帝庙　在小溪镇高南村顶溪社。始建于明万历四十六年（1618 年），主祀关圣帝君。1999 年重修。

婆者庙　在小溪镇旧县村新店社。始建于明崇祯二年（1629 年），主祀送子娘娘。1994 年移址重建。

宗圣庙　又名曾子祠，在小溪镇九一七街。始建于明末，奉祀宗圣公曾参。2003 年重修。

延寿庙　在小溪镇古楼村。始建于明末，主祀三王公、关圣帝君。清康熙七年（1668 年），增祀妈祖。

福星宫　在小溪镇联星村。始建于清初，主祀玄坛元帅、关圣帝君。1999 年重建。

五公庙　在小溪镇厝丘村。始建于清代，主祀五公。1986 年重修，2000 年再修。

明德庙　又名小溪城隍公庙，在小溪镇市尾。始建于清代，主祀城隍爷。2005 年重修。

镇南宫　在小溪镇高南村溪边社。始建于民国初年，主祀王爷公。1996 年重修。

威惠庙　在九峰镇城中村。始建于南宋建炎四年（1130 年），主祀开漳圣王。1989 年后多次重修。

崇福堂　在九峰镇复兴村。始建于元末，原名罗寨庵。明洪武四年（1371

崇福堂内民国 11 年平和县长朱念祖撰写的牌匾

年）扩建，更名崇福堂，主祀孚惠尊王谢安。1990年后多次修缮。

平和武庙 在九峰镇城西村塔仔山。始建于明正德十三年（1518年），主祀关圣帝君。庙久废，2000年重建。

清水庙 在九峰镇积垒村上坪社。始建于明万历年间，主祀民主尊王乔秋广。1990年重修。

平和城隍庙 在九峰镇城东村。始建于明正德十四年（1519年），主祀城隍爷王维。2000年后多次修缮。

永隆庙 在九峰镇苏洋村五凤山下。始建于明代，主祀孚惠尊王谢安。2007年扩建。

宝阁堂 又名王母庙，在九峰镇九峰村狮仔头山。始建于明代，主祀王母娘娘。2002年原址重建。

铜壶宫 在坂仔镇东风村。始建于元至正元年（1341年），主祀玄坛元帅。1995年重建。

东兴庙 在坂仔镇东坑村马江社。始建于明洪武十五年（1382年），主祀开漳圣王。2007年重建。

心田宫 在坂仔镇心田村。始建于明天启元年（1621年），主祀保生大帝。2004年重修。

灵寿岩 又名包公庙，在坂仔镇仁山村。始建于清乾隆年间，主祀包公包拯。2000年重建。

慈惠宫 在山格镇山格村。始建于北宋初年。原名马溪岩，主祀观音菩萨。明嘉靖四十三年（1564年）建庙中庙，增祀大众爷戚继光。1990年重建。

侯山龙虎宫 在山格镇山格村山边社。始建于元世祖至元三年（1266年），主祀关圣帝君。清同治九年（1870年）被毁，光绪年间重建，2003年重修。

云林庵 在山格镇高礤村。始建于明成化六年（1470年），主祀关圣帝君。1996年重建。

龙井宫 在山格镇新陂村。始建于明嘉靖四十三年（1564年），主祀开漳圣王。2000年重修。

庙前庵 在山格镇白楼村。始建于明万历三年（1575年），主祀开漳圣王。2002年重修，2007年再修。

塔美埔上元帅府 在山格镇宝丰村梦埔社。始建于明代，奉祀玄坛元帅。2000年重修。

绍庆堂 在山格镇隆庆村。始建于清康熙六十年（1721年），奉祀灵者尊王、广应圣王。1988年重修。

桥头帝君庙 在山格镇山格村。始建于清康熙年间，主祀关圣帝君。2007年重修。

塔美太师庙 在山格镇宝丰村桥阳社。始建于清代，奉祀太师林偕春，2007年重修。

安厚关帝庙 在安厚镇安厚村。始建于清顺治四年（1647年），主祀关圣帝君。1998年重修。

振峰庙 在安厚镇美峰村。始建于清乾隆年间，主祀开漳圣王。1994年重修。

莲塘庵 在安厚镇莲塘村。始建于清代，主祀五显帝。2001年重建。

奎斗庙 在安厚镇东川村科兴社。始建于清代，奉祀观音菩萨、关圣帝君、开漳圣王诸神明。2004年重修。

开天堂 在安厚镇顶楼村益埔社。建于2007年，主祀玉皇上帝。

漳汀城隍庙 在芦溪镇漳汀村。始建于明止德年间，主祀城隍爷。时漳汀为县巡检司驻地。庙久废，1998年重建。

碧水岩 在芦溪镇蕉路村。始建于清光绪八年（1882年）。庙宇由大众爷公庙、文昌宫、观音殿组成，主祀大众爷。1990年后多次修缮。

南胜城隍庙 在南胜镇南胜村。始建于元至治年间，主祀城隍爷。时南胜村为南胜县治所。庙久废，1986年重建后殿，1998年重建前殿。

保宁庵 在南胜镇义路村。始建于明嘉靖年间，主祀广惠尊王谢安。1990年重修。

赣图王公庙 原名坎头庙。在南胜镇龙心村坎头社。始建于明嘉靖年间，主祀开漳圣王。1982年重建。

天龙宫 在南胜镇梨洋村。始建于明初，主祀保生大帝。1981年重建，1990年再修。

敌天大帝龙宫 在南胜镇云后村。始建于明代，主祀敌天大帝柴荣。2005年扩建。

季兴堂 在霞寨镇高寨村庵仔尾社。始建于元至治年间，主祀三王公骑虎大王、骑豹大王、骑彪大王。2007年重修。

新寨庙 在霞寨镇建设村象岭。始建于明初。原名州主庙，奉祀开漳圣王，万历十四年（1586年）扩建，易名新寨庙。1990年后多次修缮。

博济宫 在霞寨镇钟腾村余庆楼前。始建于清康熙年间，主祀石万岁。2004年重修。

仰止书院 又名林太师公庙。在霞寨镇高山村。始建于清光绪年间，主祀林太师公林偕春。1989年重修。

温卿庵 又名真圣堂。在霞寨镇建设村。始建于清代，主祀保生大帝。2001年重修。

龙兴堂 又名卓墘庵。在大溪镇庄上村新楼社。始建于明成化四年（1468年），主祀五显灵官大帝。1966年拆毁，1999年重建大雄宝殿，2000年重建五显大帝殿。

斗角庙 在大溪镇店前村店前街。始建于明嘉靖年间，主祀开漳圣王。2006年重建。

腾庵 又名水口庵，在大溪镇壶嗣村水口。始建于清顺治十三年(1656年)，主祀玄天上帝。1982年重修，1998年再修。

潭湄庙 在大溪镇庄上村。始建于清初，主祀开漳圣王。2001年重修。

龙宝堂 在大溪镇下村村。始建于清乾隆年间，主祀五显大帝。1998年重建。

会龙庙 在大溪镇江寨村上坝楼社。始建于清光绪八年（1882年），主祀关圣帝君。

侯卿庵 在国强乡高坑村。始建于元至顺元年（1330年），主祀五显大帝。2007年重修。

碧岭宫 在国强乡碧岭村。始建于明弘治三年（1490年），主祀保生大帝。1984年重修。

长兴庙 在长乐乡建南村长富社。始建于元世祖至元三十年（1293年），主祀保生大帝。2000年重修。

泮池庵 在国强乡泮池村安山社。始建于清初，主祀广惠尊王谢安。1986年重修。

福庆堂 在长乐乡联胜村上庵边社。始建于明洪武十七年（1384年），主祀护惠尊王谢安。1999年重建。

长乐福庆堂

安福堂 在长乐乡秀山村。始建于清代，主祀卢毅仙姑。1999年重修。

威风庙 在长乐乡建三村。始建于清代，主祀三山国王。1989年重建。

普济堂 在秀峰乡福塘村塘背科社。始建于明洪武年间，主祀王公谢安。2009年重建。

武当宫 在秀峰乡福塘村。始建于清同治六年（1867年），主祀玄天大帝。2004年重修。

鸿溪武庙 在秀峰乡坪东村。始建于清顺治十二年（1655年），主祀关圣帝君。1990年重修。

元福宫 在秀峰乡坪洄村田心社。始建于清嘉庆年间，主祀妙道圣王。1989年重修。

清金庙 在秀峰乡文田村老厝科社。始建于清代，主祀保生大帝。1990年重建。

关帝庙 在五寨乡新美村。始建于清初，主祀关圣帝君。2001年重修。

泮池庵 在国强乡泮池村安山社。始建于清初。原名龟山林庵，主祀广惠尊王谢安。民国15年（1926年）重修，易名泮池庵，1986年再修。

山西宫 又名侯门关帝庙。在五寨乡侯门村大社。始建于清乾隆年间，主祀关圣帝君。2004年重修。

帝祖龙凤庙 在五寨乡联盟村坑头社。始建于清代，主祀关圣帝君。1998年重建。

东山宫 在文峰镇黄井村东山社。始建于宋末，主祀保生大帝。民国27年（1938年）、1979年、1997年多次重修。

透龙庵 在文峰镇龙山村。始建于清乾隆二十一年（1756年），主祀广惠圣王谢安。2006年重修。

将军庙 在文峰镇三坪村。始建于清代，主祀周仓将军。2002年重建。

新福堂 在文峰镇黄井村。奉祀保生大帝、张公圣君、朱府元帅。庙址原在南安县九教镇和安村，

1972 年，南安移民随带神明香火迁至平和黄井落户，1981 年建庙奉祀。

老林寺 在秀峰乡白花洋。始建于民国 14 年（1925 年），主祀太子爷哪吒。1995 年重建。

二、道事活动

县内道教与民间信仰佛教庙宇，多数供奉道教民间俗神，有关圣帝君关羽、保生大帝吴夲、玄坛元帅赵公明、开漳圣王陈元光、大众爷公戚继光、广惠尊王谢安、三王公文天祥、张世杰、陆秀夫等。这些道教民间俗神原是历史人物，历来为人们所敬仰，奉为神明，载入道教神仙谱系，演化为道教民间俗神，供奉于庙宇之中。这些神明的寿辰之日往往成为各庙宇的庙会时间，各种道事活动和民俗文化活动亦因之而开展。道事活动内容有迎神赛会、建醮、割香、求签、扶乩、演戏酬神等。

（一）迎神

九峰崇福堂 （朱松林 摄）

与佛事活动类似，迎神是道事活动中最普及、参与人数最多、仪式规模最大、最为热闹与隆重的群体性活动。20 世纪 50 年代后，迎神活动停止举办。20 世纪 80 年代中期，少数道教宫观和民间信仰佛教庙宇恢复迎神活动。20 世纪 90 年代后，县内普遍开展迎神活动。多数道教宫观和民间信仰佛教庙宇迎神活动每年举行 1 次，都有固定的日期，或为期 1 天，或 3 天，最长的 7 天。较大规模迎神赛会的庙宇有：崎岭天湖堂于农历正月初五至十一日迎驾保生大帝，持续 7 天，巡安祭祀圈 14 牌（村）。小溪侯山宫于农历正月十五日迎驾玄坛元帅、关圣帝君，玄坛元帅神轿边走边摇，摇晃极为强烈，俗称“显尪”。国强侯卿庵于农历正月初九至十一日迎驾五显大帝、开漳圣王，迎神队伍在高坑溪溪水中奔走，俗称“走水尪”。九峰崇福堂于农历正月初五至初十日迎驾谢王公，持续 6 天。高磜云林庵于农历正月十三日至十四日迎驾关圣帝君。九峰城隍庙于农历正月十五日迎驾城隍爷、城隍妈。山格慈惠宫于农历七月十八至十九日迎“猪公”，此活动是明代戚家军歼倭告捷，山格民众劳军形式演化而来的。各庙宇迎神队伍中，除神轿外，还辅以各种仪仗及鼓乐，同时又有龙艺队、棚仔艺队、彩车队、舞龙队、舞狮队相随，一起踩街。队伍所到之处，民众夹道，摆香案迎接，焚香、燃放鞭炮。

（二）建醮

俗称做醮，是道教庙宇最常见的一种祷神的祭礼。届时，延请道士诵经、做道场，以求驱邪除祟，消灾祈福，祈求合境平安。20 世纪 50 年代，县内建醮习俗全部废除，90 年代后又悄然兴起。较大规模的醮坛有：崎岭天湖堂每 50 年举行一次“五朝清醮”。1996 年恰逢其时，做醮 5 天。小溪侯山宫每年固定做二次醮，一为“祈安清醮”，在农历正月十三至十五日；一为“祝寿清醮”，在农历三月十六日。高磜云林庵每年做一次“上元祈福清醮”；每 12 年做一次“三朝醮”。九峰崇福堂每年农历三月十八日起，做醮 3 天。有些庙宇，建醮同时，还有结彩楼（彩棚）盛举。1993 年农历十二月初六至初八日，山格慈惠宫建醮 3 天，同时结彩棚 3 座。2000 年农历十一月初五至初八日，小溪侯山宫做醮 3 天，同时结彩楼 1 座、彩棚 3 座、醮棚 20 座，极一时之盛。

（三）割香

亦称“分香”，是道事活动中一项重要内容。道教俗神有分灵之说，凡是分灵而出的庙宇，必须在固定的时间内，组织信众到祖庙（亦称“母宫”）分香，俗称割香。割香往往是一次大型朝圣活动，信众少则数十人，多则上千人，仪式隆重而热闹。坂仔心田宫，每年农历二月初一日，组织信众到祖庙青礁慈济宫割香。崎岭天湖堂的祖庙亦在青礁慈济宫，每12年割香一次。高磜云林庵祖庙是东山关帝庙，每12年割香一轮，连续3年。小溪侯山宫是台湾南投敦和宫、台中玉阙朝仁宫、彰化通天宫等宫庙的祖庙，南胜保宁庵是台湾台中宝兴宫、广兴宫的祖庙，国强侯卿庵是台湾嘉义王灵宫、炳灵宫的祖庙，坂仔心田宫是台湾台中元保宫的祖庙。1988年后，这些分庙的信众开始恢复到祖庙割香，或一年一次，或数年一次。

（四）求签

道教宫庙和民间信仰佛教庙宇的求签活动类似，范围较广泛。侯山宫有“玄坛爷签”，慈惠宫有“大众爷公签”，天湖堂和其他恭奉保生大帝庙宇有“大道公签”，云林庵和其他恭奉关羽的庙宇有“帝君签”。

（五）扶乩

是一种独特的信俗活动。求乩者到宫庙中，把欲问之事写在红纸上，焚入香炉并默告神明，乩童即能按照祈问的情况写在乩盘上。此活动20世纪50年代停办，20世纪90年代后在天湖堂、侯山宫等处宫庙悄然兴起。

（六）演戏酬神

县内道教与佛教寺院类似，无论大小，庙会之日必定要请戏班演戏，或一夜、或三夜，最长的连续半月，酬谢神恩，祝愿国泰民安，神人共娱。演戏酬神既是道事活动，同时也成为民众最喜闻乐见的一种民俗文化活动。

第三节 基督教

一、教堂

1989年，县内有基督教堂会6间，聚会点2处，基督教徒783人，慕道友1909人。1990—2007年，相继新建2间堂会、6处聚会点。其间，有6间堂会重建礼拜堂、4处聚会点修建会所。建设资金来自国内外兄弟堂会和平和县堂会教徒捐献。教堂建筑结构全部由土木结构改为钢筋混凝土框架结构。教徒及慕道友人数逐年增多，教会活动频繁。

2007年，全县基督教堂会8间，聚会点8处，基督教徒1908人，慕道友7817人。

（一）基督教堂会

小溪堂会　址在小溪镇东大路。始建于清光绪九年（1883年）。1999年7月重建礼拜堂，2000年5月竣工，总建筑面积952平方米。又于2001年兴建颂恩楼，楼高5层，建筑面积1080平方米，于2005年10月投入使用。2007年，基督教徒598人，慕道友2788人。

五寨堂会　址在五寨乡新美村。始建于清光绪十七年（1891年）。1987年7月重建礼拜堂，1988年10月竣工。2001年6月，新建钟鼓楼竣工，举行庆典。2007年，基督教徒175人，慕道友1193人。

南胜堂会　址在南胜镇溪边路。始建于清光绪十八年（1892年）。1998年9月重建礼拜堂，占地面积1350平方米，建筑面积713平方米，1999年12月竣工。2007年，基督教徒350人，慕道友1600人。

坂仔堂会　址在坂仔镇坂仔墟。始建于清同治十三年（1874年），系平和县第一间教会。1993年8月重建礼拜堂，1994年4月竣工。占地面积230平方米，建筑面积120多平方米，2007年，基督教徒108人，慕道友500人。

山格堂会　址在山格镇山格村。始建于清光绪三十年（1904年）。1990年2月重建礼拜堂，12月竣工。2007年，基督教徒254人，慕道友1217人。

文峰堂会　址在文峰镇文峰墟。清同治十三年（1874年），系平和县第一间教会。2004年7月重建礼拜堂，占地面积230平方米，建筑面积120多平方米，2007年12月竣工。2007年，基督教徒60人，慕道友180人。

东坑堂会　址在坂仔镇东坑村。始建于1977年3月，原为东坑聚会点。1999年5月，购置当地一座仓库，改建礼拜堂，占地面积1450平方米，建筑面积630平方米，2000年1月竣工投入使用，聚会点升格为堂会。2007年，基督教徒62人，慕道友41人。

芦溪堂会　址在芦溪镇芦丰村。教堂始建于1903年，1999年7月重建。2007年，基督教徒57人，慕道友16人。

（二）聚会点

五寨堂会前岭点　址在五寨乡前岭村。始建于清光绪十五年（1889年）。1990年重建教堂。2007年，基督教徒30人，慕道友70人。

霞寨基督教霞寨点　址在霞寨镇群英村。始建于清代末期。1995年5月修建会所，1996年6月竣工。2007年，基督教徒35人，慕道友150人。

南胜基督教法华点　址在南胜镇法华村。始建于1998年1月，会所保存完好。2007年，基督教徒30人，慕道友20人。

五寨堂会新塘点　址在五寨乡新塘村。始建于1979年。2006年10月修建会所，教堂占地面积220平方米，建筑面积120平方米，2007年2月竣工。2007年，基督教徒36人，慕道友13人。

安厚基督教安厚点　址在安厚镇安厚墟。教堂始建于1998年1月。2007年9月修建会所，建筑面积240多平方米，12月竣工。2007年，基督教徒50人，慕道友25人。

东坑堂会龙虎点　址在文峰镇龙山村。始建于1998年1月。2004年10月修建会所，教堂占地面积230平方米，建筑面积120多平方米，2005年5月竣工。2007年，基督教徒16人，慕道友10人。

九峰堂会聚会点　址在九峰镇西街。教堂始建于2003年3月，2006年初落成。2007年，基督教徒13人，慕道友7人。

安厚基督教龙头点　址在安厚镇龙头村。始建于2003年10月。2007年，基督教徒34人，慕道友104人。

二、教事活动

《圣经》是基督教的教义。基督教教事活动称圣事，有洗礼、圣餐、婚礼、殡葬和圣职等。

（一）洗礼

洗礼是入教者必须领受的第一件圣事。入教者需经牧师按手、点水、洗礼，才算正式的教徒，未经牧师洗礼的信仰者称为慕道友。20世纪90年代后，信教人员逐年增加，其间，有1125人经过洗礼仪式，成为教徒。全县教徒由1989年的783人增加到2007年的1908人。慕道友人数也由1989年的1909人增加到2007年的7817人。

（二）圣餐

圣餐是教徒经常领受的重要圣事。各教堂和聚会点备有饼（无酵）和葡萄酒，由主礼人（牧师）通过长老分给教徒领受，一般每月举行一次。

县内基督教各堂会原属美国归正教，依照教义，礼拜都在礼拜日（星期日）进行。主要仪式由牧师或传道主持祈祷、吟诗、引用《圣经》中的某些章节进行讲道。

（三）婚礼

基督教徒结婚，婚礼由牧师或传道主持，做结婚礼拜、吟诗、讲道，引用《圣经》中关于正确处理婚姻的教示和家庭和睦的重要性进行劝勉。

（四）殡葬

基督教徒逝世，其殡葬仪式也由牧师或传道主持。丧家不跪拜棺木，不烧香、烧纸钱，施行人性化出殡仪式。

（五）圣职

基督教中的教职人员，有牧师、传道，还有义工，既为本教服务，也为社会服务，称圣职。圣职人员逐年增多。2007 年，全县有牧师 4 人，传道 5 人，义工 9 人。圣职人员在日常教务中也得到政府的重视和关心，提高他们的政治地位，先后有圣职人员 5 人当选为平和县政协委员。

（六）社会公益

教会除传教活动外，还关心公益事业，组织教徒参加赈灾、义诊、助学、济贫活动，逢年过节，到敬老院、福利院、孤儿院慰问，送福音。有些堂会在礼拜日办“主日学”，教会友的儿童吟诗、唱歌。2003 年，南胜堂会创办主日学，成立少儿诗歌班，学童 80 多人参加。2004 年 4 月，小溪堂会复办主日学，学童 60 多人参加。

（七）对外交流

县内各堂会对外交往增多，加深与国内外兄弟堂会的友谊。1993 年 8 月，美国归正教教会嘉伟德牧师带领教友 10 多人，到小溪堂会访问。1995 年 3 月，带领日本协和神学院学生访问小溪堂会。2004 年 3 月，厦门新区福音堂敬拜赞美小组和香港教会访问团到山格堂会访问。2004 年 10 月 14 日，国际华人福音报道团主席郑国治牧师率团访问文峰堂会。2005 年 1 月 17 日，韩国汉城基督教神学院师生访问文峰堂会。6 月 12 日，美籍华人郑保隆牧师夫妇访问文峰堂会。2006 年 6 月 28 日，美国归正教会一行 10 多人到小溪堂会参观访问。

第四节　宗教管理

一、管理机构

（一）平和县民族与宗教事务局

2002 年前，宗教事务由中共平和县委统一战线工作部（简称“县委统战部”）管理。2002 年 2 月，成立平和县民族与宗教事务局，在县委统战部挂牌。其职能为县委统战部原承担宗教事务管理的职能和县民政局原承担的民族事务管理的职能，增加民间信仰活动的管理职能。办公地址设在县政协大楼二楼。设置行政编制 2 人，机关事务编制 1 人。至 2007 年不变。

2005 年 11 月，县委组织部、统战部、平和县编办、民宗局联合发文，在各乡镇设置民宗管理员 1 人，担负乡镇民族宗教工作。

（二）平和县基督教三自爱国会

1989 年，平和县基督教三自爱国会沿设，会址在小溪教堂。1992 年 10 月，平和县基督教三自爱国会举行第四次代表大会，选举第四届委员会委员 25 人。2001 年 11 月，举行第五次代表大会，选举第五届委员 37 人。其中，设主席 1 人、副主席 4 人、常务委员 11 人、秘书长 1 人，负责日常会务工作。

（三）平和县佛教协会

2003 年 9 月，平和县佛教协会成立，有会员单位 30 个。协会会址设在小溪镇龙兴寺。协会举行第一次代表大会，选举产生协会委员会成员 33 人。其中，设会长 1 人、常务副会长 1 人、副会长 4 人、秘书长 1 人，负责日常协会工作。

（四）平和县道教协会

2004 年 12 月，平和县道教协会成立，有会员单位 33 个。第一届道教协会理事会有委员 37 人，设名誉会长 2 人、会长 1 人、副会长 8 人、秘书长 4 人，负责协会日常工作。协会会址设在小溪镇侯山宫。

二、行政管理

（一）审查登记

2002年10月，县民族与宗教事务局开始对全县佛教寺院、道教宫观、民间信仰的庙宇、基督教堂及聚会点进行登记，逐一审查，符合宗教管理规定的发给“宗教活动场所”牌照，允许开展宗教活动。2007年，经登记为宗教活动场所的佛教寺院26座，道教宫观22座，民间信仰庙宇58座，基督教堂8间，聚会点8处。

（二）创建“五好”

2003年开始，全县开展“五好宗教活动场所”和“五好文明教徒”评比活动。“五好宗教活动场所”为：爱国爱教，服从政府管理；制度健全，依法开展活动；维护稳定，抵御境外渗透；搞好自养，积极参加经济建设；美化环境，寺容堂貌整洁。“五好文明教徒”为：爱国爱教、遵纪守法、信仰纯正、团结互助、服务社会。2004年4月，全县表彰2003年度“五好宗教活动场所”11个，“五好文明教徒”23人。2006年4月，表彰2004—2005年度“五好宗教活动场所”37个，“五好文明教徒”51人。

（三）依法治理

2004年11月10日，针对民间“乱滥建”寺观教堂的现象，由县委办公室、县政府办公室转发《关于遏制“乱滥建”寺观教堂、露天宗教造像、民间信仰活动场所的通知》，加强管理。2005年，开始贯彻实施国务院颁布的《宗教事务条例》，依法行政，推动全县宗教事务管理规范化、法制化。

卷三十　人物 先进集体

第一章　人物传

本章收录1989—2007年逝世的平和籍政、军、科教、文化、企业界著名人物（兼补前志（1994年出版的《平和县志》）遗漏）共14人。人物以生年为序。

第一节　古代人物

李西圃

李西圃（1528—1587），名如化，字可平，平和县琯溪侯山（小溪镇西林村）人。

西圃聪俊颖悟，勤稼穑，喜园艺，在琯溪河畔垦殖果园，名“溪园”，种植柚（抛）、柿、石榴等水果。明嘉靖二十九年（1550年），遇洪灾，果园被废。园中仅存柚树一棵，树皮割破，破损处生出新枝。西圃精心培育，采用分株移植方法繁殖，后发展成片种植。万历十五年（1587年），西圃病逝。挚友张凤苞为其撰写《西圃李公墓铭》，称“公事农桑，平生喜园艺，犹喜种抛，枝软垂地，果大如斗，甜酸可口，闻名遐迩”。《侯山李氏家谱》亦载：“琯溪蜜柚系平和传统名果，原产西圃洲地，于明嘉靖年间，由侯山八世祖西圃公培育成功”。史上，公认李西圃是第一个成功培植琯溪蜜柚的先贤。清乾隆年间，琯溪蜜柚“岁进百粒”为朝贡。同治年间，朝廷以“西圃”之名，赐“西圃信印”印章一枚和青龙旗一面，作为琯溪蜜柚的标志和禁令。

释道宗

释道宗（1613—1701），俗姓张，名云龙，又称万五、达宗、无智宗公、老万和尚，平和县小溪后巷（小溪镇新桥村）人。

道宗少年出家，拜铜山古来寺开山和尚明雪熙贤为师，承临济宗，文武同修。18岁后云游闽南诸寺，住持过云霄龙湫岩、铜山古来寺、平和太极峰紫云岩，驻锡金门太文岩。《台湾外纪》载：明“崇祯年间，乡绅肆虐，百姓苦之”，道宗与堂兄万礼（张要）及郭义、蔡禄等人“谋结同心，以万为姓，推要为首，时率众统据二都”。道宗因排行第五，故称“万五”。清顺治七年（1650年），万礼、道宗率众数千人，加入郑成功抗清队伍。道宗与郑成功及其部曲卢若腾、甘辉、张进等人交好，得众人捐助，修建诏安长林寺、铜山九仙岩观音堂，自称“长林寺开山僧”。顺治十八年（1661年），驻守铜山的郭义、蔡禄叛郑降清。遭此变故，道宗悲愤万分，回到长林寺。康熙十三年（1674年），三藩乱起，郑经由台湾渡海，占领厦门、漳州。道宗与之捐弃前嫌，共同抗清。同年秋，道宗在平和县大溪修建高隐寺，“以备不虞”。康熙十四年（1675年）冬，义军在汕头鲎母山遭清军伏击，伤亡惨重，“是役也，道宗万和尚于战场收尸骸计三千有余，瘗义冢者五，尚有不能遍及者”。康熙四十年（1701年），道宗圆寂，葬诏安凤山报国寺。墓塔署“第三代师祖无智宗公普同塔”。

20世纪90年代，在平和高隐寺发现《天地会会簿》等一批文物，从这些文物释放出来的信息，可以作为释道宗是“天地会创始人”论定的佐证。

林 石

林石（1729—1788）号桦植，祖籍福建平和，五寨乡埔坪村开基祖林子慕的第十四代子孙。林石于清乾隆十一年（1746年）渡海到到台湾大里代定居，为台湾省五大家族之一的“雾峰林家”开基祖。乾隆五十一年（1786年）林石曾随同乡人林爽文（平和坂仔人）起义抗清，被捕过世后，他的后代从原先大里，搬到雾峰，开始了族群的经营。1884年，林家在雾峰的经营随著土地开垦，商号的建设，规模越来越大，当时家族中的林朝栋，曾率区民2000多人在台法战争中立功，被清朝赐官。1890年代，雾峰林家因掌握台湾全省樟脑的外销，利润相当可观。雾峰林家逐渐发展成为台湾省台中市雾峰区知名的望族，集政、军、农、商的势力而兴旺了约100多年。雾峰林家在日据时期与基隆颜家、板桥林家、鹿港辜家、高雄陈家并列为“台湾五大家族”。

林文察

林文察（1828-1864），字密卿，祖籍福建平和，生于台湾省彰化县阿罩雾庄（今台中县雾峰乡），台湾雾峰林家第五代子孙。林文察十二岁时已能写诗文，十四岁时于当地孝廉杨廷鳌门下受学。然而，他对读书考试兴趣不大，反而喜好关羽、岳飞忠义报国的故事，并好读兵书，勤练枪法、刀剑等武术，尤其擅长射击火枪。

道光年间，清廷逐渐衰败，位于边陲要地的台湾强匪横行，械斗频繁，暴力事件不断。道光三十年（1850年），地方恶霸林妈盛因争水田事件，绑架林文察父亲林定邦的族人，林定邦前往营救，却被残忍杀害。痛失父亲的林文察救了弟弟林文明，将父亲的尸体运回。年仅22岁的林文察为报杀父之仇，独自一人偷袭林妈盛，剖心祭父。从此，林文察因为胆大勇猛而名声在外。

1853年，小刀会起事，相继攻陷安溪、永安和厦门等地，之后被清军围攻，部分成员于1854年转而来台，并攻占鸡笼（今台湾省基隆市）。这时北路协副将曾玉明乃征召他助战，果然林文察率领200名乡勇为前锋大败小刀会，成功收复鸡笼，拿下首功。此外，彰化县府也判定林文察于林妈盛案件中无罪，这使得林文察得以开展其将领生涯。

清咸丰七年（1857年），太平军旁系势力郭万淙再组小刀会，以书占山为根据地，于1858年攻陷麻沙，围逼建阳。台湾镇总兵邵连科奉命征召乡勇助战，林文察乃应募乡勇420人，闽浙总督王懿德则于1859年1月正式以游击职任用他，林文察也展开异地的军事生涯。由于连战皆捷，林文察于10月被升为参将，换赏花翎，并赏“固勇巴图鲁”称号。不久，他捐票钱五万串，而被加封副将。

清咸丰年间，林文察率领部队多次大败太平天国军，因此很受清廷重用，步步高升。此后数年间，林文察带着台勇数千征战闽浙一带，后归于闽浙总督左宗棠麾下调度指挥。1862年，台湾彰化发生所谓“戴潮春之乱”，雾峰林家勇士们又从浙江赶回台湾镇压之后，又回福建继续与太平天国军队作战。清同治二年（公元1863年），左宗棠以林文察“廉朴勇敢”，上奏封他为福建陆路提督，官拜从一品。1864年，时任福建陆路兼水师提督的林文察在他的最后一战，被太平天国军队烧死在福建漳州，时年才36岁，被朝廷追赠为太子少保，其宅第被赐为“宫保第”，这也是台湾唯一一座宫保第。此外，在厦门鼓浪屿也有一座雾峰林家的宫保第。

林文察虽早逝，但却对清朝平定太平天国的战事有深远影响。他在福建驻守期间，不但收复被占领的郡县，并成功阻止太平军由江西至东南沿海扩张。另外，他与曾玉明两次增援浙江，也发挥以少击多的力量，顺利达成战略目的，防止浙江完全落入太平军的手中。而在家业上，林文察传奇性的军旅生涯不但令他由一乡勇升至总兵职位，林家也由一地方土豪成为握有数千精良私人兵力的官宦士族。而他担任家长期间，不但收购大量田产，使林家田产倍增，并因平定戴潮春事件有功，得清庭赏赐全福建省（当时包含台湾）的樟脑专卖权，使林家财力举全台顶尖（仅次于板桥林家）。从此，雾峰林家成为全台湾最有权势的家族之一。

黄元规

黄元规（1753-1813），字仲模、又字希斋，福建漳州府平和县大坪人。幼年苦读诗书，聪明过人，在家待（选）试期间，黄元规曾为大坪黄氏一族洗雪百年沉冤，其功德众口皆碑。清乾隆五十四年（1790年）38岁时中福建乙酉科文举人。其后多次赴朝考不中，于清嘉庆十五年（即公元1810年）被选任为温州府永嘉知县。一年后，调任平阳知县。

黄元规在永嘉任职内时间较短，不到一年，于清嘉庆十六年（公元1811年）三月其由永嘉调任平阳知县。黄元规在永嘉知县任上时间虽短，但其所作所为很受当时永嘉县老百姓的好评，称其人其事道："善折狱，有枉必伸，人称神明，邑人不忘功德，祀之潈溪。"黄元规被后人在清光绪年间修撰的《永嘉县志》中列入历代名宦行列，并有个人传记。

嘉庆十六年三月，59岁的黄元规由永嘉调任平阳知县。1809年7月17日，平阳遭遇特大飓风暴雨，时任知县周镐令砌石护堤，历10个月完工，1811年黄元规为其写了《修筑江口南岸塘记》。1812年春、夏大饥，秋，飓风大水。清乾隆二十三年（1758年）建的平阳沿浦陡门（今属苍南）被台风所毁，黄元规到任后，发动民众修筑沿浦埭，重修沿浦陡门，使附近好几个都的农田受益。黄元规还用自己微薄的薪俸亲自从福建平和县引进良种番薯（地瓜），在平阳县广为种植，获得丰收，缓解当地百姓的饥荒问题。为了纪念黄元规，当地人把这个品种的地瓜叫作"平和薯"，尊称黄元规为"番薯公"，祭祀黄元规的庙叫"番薯王"。

在平阳上任期间，黄元规为官清正廉洁，留下《田鸡案》《烟斗案》《巧断姑嫂争男婴案》等不少充满智慧的办案经典。民国《平阳县志》载："元规公：'为官贵清，亦贵不刻'为当时之名言。" 清朝诗人华文漪为黄元规之母八十八寿诞所作的《寿序》讲道："侯视民如子，以富以教，刑清讼理，政洽人和。——夫予吾民以室家之乐，使其事育咸有赖者，我侯之锡类也。禀慈闱之懿训，勤于为政，而惟恐旷时者，我侯之爱日也。邑之人戴侯之德，仰侯之孝，虽未获亲瞻太君颜色，而康彊降吉，福泽洊隆。"

黄元规任平阳知县短短三年，因劳累病死，死后无钱运棺回乡，当地士庶筹资将其棺木运回老家漳州府平和县，并为他立祠于平阳县城隍庙侧，尊为神明，长年奉祀，香火不断。

黄国梁

黄国梁（1756—1795），乳名老七，平和县大坪铜场（霞寨镇钟腾村）人。

黄国梁出身贫苦人家，以烧炭为生，身材魁梧，臂力过人。刀枪棍棒，技法娴熟，尤精刀功。手持120斤重大刀，飞舞自如。清乾隆四十二年（1777年），参加乡试，考中武举人。乾隆四十六年（1781年）进京赴考，考中辛丑科武进士，钦点榜眼，授任御前侍卫，尽心履职，官至一等侍卫。乾隆六十年（1795年），国梁为权臣所妒，死于任上。朝廷派员护送灵柩返乡厚葬，拨库银营建榜眼府第。榜眼府今存。

第二节 近现代人物

林朝栋

林朝栋（1851—1904），祖籍福建平和，生于彰化县阿罩雾庄（今台中市雾峰区），为林文察长子。台湾清治时期著名将领，雾峰林家第六代。虽然与父亲林文察相处时间有限，但林朝栋和父亲一样，自幼熟读兵书，喜欢练武，有次练武时不小心伤到一只眼睛，只剩一眼能见事物，因而得到“目仔少爷”的称号。

1870年，福建巡抚岑毓英来台湾巡视，决定在东大墩建立新府城（即今台中市），并于大甲溪建立桥梁与堤防以整治溪水，于是召集各地士绅捐款。而林朝栋率领数百名壮丁协助施工，材料经费全部自费，不花公帑，且施工十分有效率，因而搏得岑毓英的好感，并被推荐给中法战争时接任福建巡抚而来台督战的刘铭传。1884年中法战争开战，清法两军在北台湾展开长期对峙。11月，镇守台中的台湾兵备道刘璈奉刘铭传之命，征召担任兵部郎中的林朝栋北上助战。1885年1月9日，法军在大牛埔（今台北县贡寮乡吉林村桃源谷）勘查地形，和林朝栋军展开冲突，最后被林朝栋击退。1月25日，法军以1900名兵力进攻清军的暖暖防线，双方爆发第一次月眉山战役，双方血战至隔天清晨才各自收兵，之后法军多次以小股兵力袭击，但皆被林朝栋率领乡勇击退。3月4日，法军派出1280名兵力再度攻打暖暖防线，双方爆发第二次月眉山战战役，这次法军截断清军战线，并一举攻占月眉山顶，而以大炮轰炸林朝栋等营，最后清军溃败，仅有林朝栋率领乡勇稳住阵脚，成功协助清军主力撤退至基隆河南岸。而得胜的法军因弹药用完，且3月7日的大雨导致河水暴涨，因此未渡河攻入暖暖。之后，两军持续对峙，直到1885年6月13日法军撤离为止。5月12日，林朝栋因助战有功，深得刘铭传青睐，因此战后全台30多营乡勇被裁撤，独林朝栋与张李成两营被保留纳入清军，而林朝栋本人也在台湾建省后颇受重用。

林朝栋在中法战争时的优异战功，得到刘铭传的青睐，因而在刘铭传主政台湾期间得到重用，除了负责抚垦业务外，也接掌当时台湾最重要的外销品之一的樟脑管理工作，并统帅当时全台湾最具战力的部队栋军，一肩扛起台湾中部的治安与国防工作。但乙未战争（指中日甲午战争后，中国清朝于公元1895年（农历乙未年）被迫将台湾割让给日本帝国时所发生的一连串台湾人民反抗日本统治的大小战役之总称，这也是台湾岛历史上规模最大的一次战争。）令林朝栋心灰意冷，举家迁至厦门，最后在上海病逝。

林正亨

林正亨（1915—1950），祖籍福建平和，出生于福建厦门鼓浪屿，是台湾名门望族雾峰林家第八代传人，著名爱国志士林祖密将军之子。林正亨自幼受到家庭熏陶，继承了先人的尚武之风和报国之志。七七事变后，林正亨毅然投笔从戎，放弃学习美术的志向，考入南京陆军军官学校，毕业后任国民革命军第36军见习官。

1944年7月，参加青年远征军，任步兵团指挥连连长。在缅中战役中，身负16处重伤，成为伤残人，被列为编外并遣回云南“疗养”。林正亨坚持以残废之躯，沿途乞讨，从云南硬是走到重庆。找到妹妹林双盼后，才被介绍到朱学范领导的“中国劳动协会”工作。经过妹妹介绍，对中共及红色根据地，逐渐有了新的认识。不久，他就秘密参加中国共产党。日本投降后，回台湾开展地下工作。1949年8月18日，林正亨在台北市泉州街家中被国民党特务逮捕。同时被捕的20多人，多是20几岁与林正亨一起参加“读书会”的青年人。国民党当局对涉及雾峰林家的案件不敢轻忽，由时任“行政院长”的陈诚亲自审讯。

陈诚拿出一张“悔过书”要林正亨签字，表示签字悔过即可放人，却被林正亨当场拒绝。陈诚没想到这个年青人居然敢公开对他顶撞，气恼之下大笔一挥，判处林正亨死刑。1950 年 1 月 30 日，林正亨被宪兵五花大绑押赴刑场，他昂首挺胸一路高呼：“祖国万岁！人民万岁！”在路经泉州街时，他呼喊妻子沈宝珠，待沈宝珠追出去，只听到行刑的枪声，丈夫已倒在血泊中，林正亨当年仅 35 岁。

黄 惠

黄惠（1852—1939 年），字穆如，平和县霞寨铜陵（又名铜场，今名钟腾）村后平社人，清末廪生，颖敏有志，曾游学汕头、莆田、漳州、厦门。清光绪三十一年（1905 年）参加汀漳龙师范传习所培训学习，长期以教书为业。书法造诣颇深，习真、草、隶、篆各书体，尤以行楷见长。平和秀峰乡福塘村“聚奎楼”楼名及楼大门对联即为他书写，霞寨镇中心小学一块知恩捐资爱心功德碑也是他所篆刻。

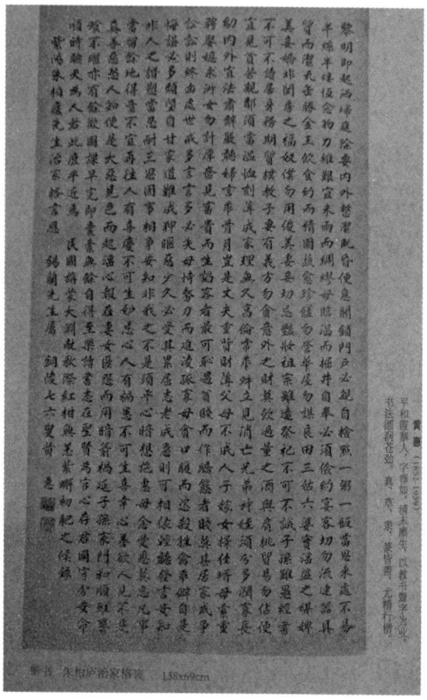

黄惠书法《朱伯庐治家格言》

黄惠在家乡设私塾教课授徒。他视野开阔，为人正直，重志向品德和学识教育，培养不少优秀人才，如黄廷钧（又名铁台，与周恩来是留法同学、与朱积垒同为闽南农民运动的主要领导人）、周碧初（著名油画家、美术教育家，留学法国，与徐悲鸿、林风眠、颜文梁、刘海粟等同为中国现代油画的引进者和开拓者）都是他的学生。

黄惠从教漳州、厦门，并以鬻字谋生，娶一富家女佣陈嘉为妻。黄惠、陈嘉痛恨社会不公，投身革命，黄惠和著名革命者朱积垒素有交情。民国 19 年（1930 年）起，黄惠在铜陵村的祖厝成为中共闽西南地下党和游击队重要的秘密联络点，传送情报，安置伤病员，筹粮筹款。他孙子黄亨言（又名飏言）参加革命被国民党杀害后，他悲愤发誓：“即使被剿家灭族，倾家荡产，也要全力支持革命。”民国 28 年（1939 年），他捐粮 100 余石，支持游击队。黄惠去世后，陈嘉一如既往，继续支持革命斗争。

从土地革命战争到中华人民共和国成立的 20 多年间，黄惠家族先后有 15 人参加闽西南红军游击队，有 6 人是革命“接头户”，先后掩护过钟骞、魏金水、刘永生等闽粤边委和王涛支队、闽南政保队、闽南支队、“边纵”第八支队的负责人。他的妻子陈嘉表现机智勇敢，被称为“革命老妈妈。”

赖 乾

赖乾（1861—1935），又名赖忠，祖籍坂仔镇心田村横江头社，生于台湾宜兰县。从小习武，稍长以渔为业，练就一身好武艺和敢于搏击狂风恶浪的好水性。青年时期与台湾抗日义军首领简大狮结为异姓兄弟，参加抗日武装斗争。1896 年 1 月 14 日，赖乾以一支飞镖刺杀日本中央巡查部部长佐藤尚太郎而闻名海峡两岸，称为台湾抗日英雄。辛亥革命前夕，回大陆参加革命军，任福建先遣军少校营长。民国 4 年（1915 年），离开军界，定居龙溪石码，兴办实业，创建小型发电厂和自来水厂，接着又创建石码中兴机器厂，制造锅炉蒸汽机、电动抽水机、碾米机等各种农用机械，成为漳州 20 世纪早期著名实业家。民国 24 年（1935 年）病逝。

赖　和

赖和（1894—1943），原名赖河，字懒云，祖籍福建平和，生于台湾彰化县。民国3年（1914年），赖和毕业于台湾医科学校。民国6年，内渡祖国大陆，在厦门博爱医院工作。民国8年返回台湾，在彰化县创办赖和医院。

赖和除行医外，并从事抗日活动、文学创作，是台湾新文学的奠基人，被誉为台湾新文学之父。赖和先后发表一系列散文诗和白话小说，如《斗闹热》《一秤称仔》《惹事》《觉悟下的牺牲》《归家》等，均收在《赖和先生全集》之中。赖和的作品始终坚持民族的、大众的新文学方向，充满现实主义的风格，对台湾“五四”以后的一代乡土作家产生深刻的影响，而成为台湾新文学运动的先驱。

赖和曾担任台湾文化协会理事、台湾文艺联盟常务委员、《台湾民报》文艺栏主编，创办《现代生活》杂志。因推进台湾新文学运动，为日本殖民政权所不容，民国13年（1924年）和30年（1941年），两次被日本殖民当局逮捕入狱。在狱中，赖和仍不屈服，奋斗不懈。民国32年出狱后不久，因心脏病发作逝世，享年50岁。

曾浴沂

曾浴沂

曾浴沂（1906—1930）福建省平和县九峰镇楼仔人。1926年北伐军入闽，在朱思的秘密组织下，常和杨文元等到九峰瓦片埕朱氏宗祠，学习《新青年》等进步书刊，探求革命真理。1926年10月，投入朱积垒领导的平和工农革命运动，加入了青年促进会，积极开展“非基”运动，宣传发动贫苦农民组织农民协会。是年冬，加入中国共产党。1927年2月，被党组织选送到漳州农工养成所学习。四一二反革命政变后，深入到崎岭、洋半天等地，宣传发动农民加入农民协会。同时积极撰写革命标语和传单，广为印发、宣传共产党的主张，并常和杨文元一道潜回县城张贴和散发革命标语和传单。1927年9月，中共平和县委员会和平和县农民协会在长乐乡下坪成立，曾浴沂当选为县委委员和县农协委员，任县委宣传部长。

1928年2月11日，将在县城中学召开的第一区农民代表大会，因遭地主豪绅保安队的袭击，翌日改在秀峰召开，会议作出“全体武装与豪绅对抗”等决议。会后，曾浴沂积极开展武装暴动的宣传鼓动工作，并到崎岭协助朱思等人发动农友报名参加工农革命军。3月7日，曾浴沂与朱思等人率领崎岭、洋半天和大埔来的部分农军，夜袭崎岭地霸曾锦江的布店，然后挥师插向县城东门，于3月8日上午，进入平和县城。平和暴动后，曾浴沂坚持在长乐参与领导农军抗击张贞部等反动武装对长乐的四次“围剿”，然后带领游击队在饶和埔边界地区开展游击战争，创建饶和埔边革命根据地。

1929年初，曾浴沂受党组织委派，到漳州南乡开展农民运动。春节后到厦门住在镇南关凤山寺庵里刻印革命传单，继续搞党的宣传工作，同时常于夜间秘密返平和开展农运。1930年5月25日，参与厦门劫狱斗争。7月25日，参与福建省委和厦门市委组织的反军阀战争与拥护全国苏维埃代表大会的示威，任总指挥，在捣毁厦门盐税局，与反动军警的战斗中英勇牺牲。

周碧初

周碧初

周碧初（1903—1995），乳名二夯，字如炎，霞寨镇大湖村人。民国13年（1924年），毕业于厦门美专，翌年留学法国，就读于巴黎国立美术学校。1930年毕业回国，先后任厦门美专西画系主任、杭州国立艺专教授、上海美专和上海艺专西画系主任。1949年侨居印度尼西亚，被聘为总统府画师、顾问。1956年回国，历任上海美专油画教授、上海油画雕塑院教授、艺术顾问，上海文联委员、上海美协理事、上海侨联荣誉委员等职。出版专著有《西画概论》《近代法国画展之源流》；出版画集《周碧初画集》（1981年）、《周碧初画集》（1993年）。作品多为国内外美术馆、博物馆收藏。

周碧初是中国早期油画的引进者和开拓者之一。他一生追求民族化，创造性地融入中国传统艺术的手法，使其油画形成极具个性而渗透有东方民族精神的艺术风格。他的作品构图严谨，色彩绚丽，明净透彻，笔姿多变而形神兼备，被油画理论家张隆基誉为“中国气派，东方情调，古今独立，一代宗师”。

晚年的周碧初心系桑梓，1982年回家乡讲学，举办个人画展，出任平和县美协名誉会长，先后3次把珍藏大半生的120幅名画捐赠给家乡。1993年，他再次把自己创作的11幅油画作品献给家乡。为收藏这些艺术瑰宝，表彰这位艺德双馨的画家，平和县人民政府于1993年兴建周碧初艺术馆。

1995年，周碧初在上海逝世，享年92岁。

罗 瑜

罗瑜（1905—1935），女，长乐乡人。民国16年（1927年）参加革命，民国17年（1928年）8月加入中国共产党。民国18年（1929年）2月，罗瑜任平和县妇联主任，民国19年（1930年）11月任饶和浦第五区妇联主任。民国20年（1931年）2月，被组织选派，到红十二军医院学习，从事红军医务工作。民国23年（1934年）11月，参加红军二万五千里长征。民国24年（1935年）在长征途中牺牲。

黄文炳

黄文炳（1910—1994），又名温井，霞寨镇西安村人。少时勤奋好学，毕业于私立龙门中学。民国16年（1927年），黄文炳参加中共闽南特委在漳州创办的农工运动讲习所学习，并主动参加革命活动。民国23年（1934年），他远渡新加坡谋生，初为小学教师，尔后经商。1950年被新加坡四海源公司聘为会计，1955年出任该公司副经理。1962年，他创办美都纺织有限公司，历经艰辛创业，事业不断发展，并在印度尼西亚、马来西亚等国办起毛纺进出口贸易公司；在北京、青岛等地投资设厂，经营服装加工业，使“美都”跻身于新加坡毛纺业前列。

黄文炳为所在地华侨敬仰，被推选为新加坡中华总商会会长、新加坡中国商品进出口商会会长。1957年和1984年，他两次应邀到北京参加国庆典礼。1960年前后，他出资在家乡办学校、兴建小型水电站和粮食加工厂，捐赠汽车、拖拉机、广播录音等大批设备。1980年后，他捐建侨联会所、捐赠汽车及生产设备数十套，为家乡建设做出贡献。

1994年，黄文炳病逝于新加坡，享年84岁。

陈天才

陈天才

陈天才（1911—1995），国强乡三五村人。民国17年（1928年），陈天才加入中国共产主义青年团，民国24年（1935年）9月转为中国共产党员。民国25年（1936年）任中共平和中区区委书记，根据闽粤边特委指示，广泛发动群众抗租、抗税，改善群众生活，为部队筹集供给，注意争取保甲长及地方人士，以抗日救国会的形式搞“白皮红心”的两面政权，把大芹山地区建成联系闽西与闽粤边各根据地的交通枢纽。民国27年（1938年），陈天才受党派遣，以平和高坑乡社训队分队长身份开展工作，保护在平和山内常住的漳州中心县委机关。民国29年（1940年）任中共平和县委书记，领导干群生产自救，渡过难关。民国32年（1943年）下半年后，为配合闽西武装经济工作队和王涛支队的反顽自卫斗争做大量的工作。解放战争时期先后任中共闽南地委常委、组织部长、宣传部长兼平和县委书记等职，在平和、南靖等地发动农民抗“五征”，扩大闽南支队主力和地方独立大队。民国38年（1949年）1月后，在全国革命形势快速发展、解放大军挥师南下的大好形势下，陈天才放手发动群众，壮大革命武装，依靠地方武装力量，促使国民党自卫团驻芦溪一部起义，6月20日，解放芦溪，建立平和第一区人民政府。9月17日敦促国民党平和县长起义，解放平和。

中华人民共和国成立后，陈天才历任平和县委书记、县长、龙溪地区检察长、中共龙溪地委常委、专署副专员等职。在任龙溪专区检察长期间，坚持真理，坚持原则，依法办事，为被错杀、错判的地下党员、游击队员平反，严惩反革命分子做大量的工作。在任专署第一副专员期间，为全区的农林业生产、水利建设和老区建设倾注心血。“大跃进”时期，陈天才坚持实事求是，体恤民情。中共十一届三中全会后，他坚持实事求是的原则，为落实地下党政策，平反冤假错案做大量工作。陈天才于1995年10月逝世，享年85岁。

张绍宗

张绍宗（1919—1997），字继祖，安厚镇双马村人。中国共产党党员。民国24年（1935年），张绍宗从医，1955年任平和县卫协会副主任，次年任文峰联合诊所所长。1979年任平和县医学会顾问，继任副主任一职。1980年，任平和县人大常委会委员。1985年，首任平和县中医院院长，为中医院筹建工作和振兴平和县中医事业做出贡献。多次评为地（市）、县先进工作者，连续5次获龙溪地区“在继承发扬祖国医学遗产工作中做出显著成绩”奖励。

张绍宗幼读医书，尤精《伤寒杂病论》。平生崇尚张仲景，临床处方简练，用药精当，在应用中草药治疗急性阑尾炎、疫喉、胆道感染、泌尿道感染及肺脓肿、钩虫病等科研项目临床疗效高。一生医学著述颇丰，编写《中药炮制歌诀》一册，参与编写《实用中草药》《老中医学术经验汇编》，撰写《医案医话》5册、医学科普小册3集。1976年，被评为福建省名老中医。1995年，获省政府颁发“振兴福建中医”奖章。是年5月，出席第二届世界传统医学大会暨“超人杯”世界传统医学优秀成果大奖赛，其论文《试以唯物辩证法探讨（伤寒论）少阴三急下》获大会国际荣誉奖，论文《桃核承气汤治疗产后瘀热腹痛》获国际优秀（论文）成果奖，大会授予国际奖得主“民族医药之星”荣誉。

1997年6月，张绍宗病故，享年79岁。

杨锦忠

杨锦忠（1924—1999），泰籍华人，祖籍秀峰乡福塘村。父亲杨友政，母亲郑吉，于光绪末年前往泰国谋生，主营医药业。锦忠继承父业，开拓发展，事业兴旺，创办泰国福安堂无限公司，兼营资源开发、石料加工、养蜂业和果场。曾任泰国卫生部药政委员会委员、泰京联华医药业分会永远名誉理事长、泰国福建会馆监事长、泰国中华总商会顾问、泰中促进投资贸易商会董事等职。1972 年，参加泰国政府代表团访问中国，对促进中泰 1975 年建交、开展贸易及中药进入泰国市场作出重要贡献。

杨锦忠关心故乡教育事业，抗战期间，捐资创办福塘国民学校。1988 年回乡探亲，捐资帮助兴建福塘小学教学楼，并亲笔题写“百年树人”匾额；捐助平和侨联大楼建设以及平和关心下一代奖学基金会。1990 年再次回乡探亲，捐资修建福塘小学门楼、福塘村戏台、杨氏祠堂。

1999 年 9 月 28 日，杨锦忠在泰国曼谷病逝，享年 76 岁。泰国侨团为之举行公祭。

吴三土

吴三土（1936—1996），大溪镇壶嗣村人。1955 年 7 月毕业于厦门水产学校。历任漳浦县水产局局长、中共漳浦县古雷公社、前亭公社党委书记、中共漳浦县委常委兼沿海工作部部长。1982 年起任中共平和县委副书记、平和县人大常委会主任。1983 年 10 月起任龙溪地区水产局局长、漳州市水产局局长。担任龙溪地区和漳州市水产局局长期间，主持漳州市水产规划，指导渔业生产，在对虾及网箱养殖方面技术实现重大突破，促使漳州蓝色企业发展，为漳州水产业发展做出贡献。1996 年病逝。

朱立吉

朱立吉（1936—1996），长乐乡建三村人。1962 年参加村领导工作，1973 年加入中国共产党，历任村生产队长、村团支部书记、大队长、村党支部委员，1986 年任村党支部书记。任职期间，朱立吉处处以共产党员的标准要求自己，常为群众排忧解难，受到群众的拥护和爱戴。

1996 年 8 月 9 日，长乐乡遭遇百年不遇的大暴雨袭击，山洪暴发，山崩道阻，灾情严重。朱立吉为确保抢险救灾的人员和物资及时通过，迅速组织村里共产党员 39 人，及村干部、群众，冒雨奔赴山洪暴发最严重的路段，清除塌方。9 时 10 分，大面积山体滑坡再次出现，朱立吉大声呼叫群众躲开，自己却被泥石流冲到公路下方的小河里，因山洪湍急，救援无效献出宝贵的生命。8 月 31 日，中共平和县委作出决定，追认朱立吉为“模范共产党员”。

第三节 客籍人物

罗 明

罗 明（1901—1987）又名罗善培，广东省大埔县人。早年就读于集美学校师范部，在中共广东区委的指导下，与李觉民等人在校组织“福建青年协进社”、“星火社”等进步团体，创办《星火周报》，传播马列主义，多次发动和组织学生运动。1925 年 9 月，加入共青团组织，不久转为中共党员。

1926 年初，毛泽东在广州开办第六届农民运动讲习所。2 月，罗明受中共广东区委派遣，以国民党中央农民部特派员和中共广东区委特派员的双重身份至厦门，一面为讲习所招收朱积垒、李联星、郭滴人等 9 名学员，一面整顿和发展厦门党团组织，帮助成立共青团厦门特支和中共厦门特支，使厦门党团

罗明

力量得到了统一领导。之后，罗明返回广州，不久调任中共广东汕头地委书记。1927 年 1 月，罗明再次受命到厦门、漳州组建中共厦门市委和中共闽南特委，并任闽南特委书记。利用北伐军入闽、国共合作的大好时机，积极推动闽西南地区工农运动发展；在漳州二师（丹霞书院）创办工农运动讲习所，为闽西南各地革命斗争进一步高涨准备了干部力量。

四一二反革命政变前夕，罗明领导闽南特委当机立断，指示各地党组织在做好城市日常工作的同时，把革命重点转移到农村。6 月，他和罗秋天到上杭、龙岩、永定和平和等县帮助工作。指导平和党的领导人朱积垒把党的机关搬到长乐乡，并利用宗族关系改名罗绍华，在长乐具体帮助朱积垒等研究和分析斗争形势，组织力量深入崎岭等地乡村，发动群众，组织农民协会，开展农民运动，与闽粤边邻县地区的革命斗争相互配合，连成一片，造成对平和县城威迫之势。通过与广东大埔、饶平县委取得联系，并向饶平县委要了十余条枪和一些子弹，帮助平和县委建立起农民武装。

9 月，八一南昌起义军进军闽西。罗明代表闽南特委前往上杭迎接起义军，向周恩来汇报闽南、闽西党组织和工农运动情况，得到周恩来的肯定，还接受周恩来“把农民群众组织起来，实行武装斗争”的指示。随后他和闽南特委根据八七会议通过的《中国共产党中央执行委员会告全党党员书》和周恩来的指示，进一步明确进行武装斗争的意义，决定在革命基础较好的平和、上杭、龙岩和永定四县实行武装暴动和土地革命。并具体指导平和县委加强武装斗争的工作。1927 年 12 月，中共福建临时省委成立。之后，以罗明为书记的福建省临委认为平和农民因“受粤省革命潮流的激荡，对土地已有迫切的需要”，实行武装暴动的条件比较具备。在批准平和县委的暴动方案的同时，派干部秦文等前往长乐加强协助平和县委工作。1928 年 3 月 8 日，震撼八闽大地的平和暴动爆发后，罗明和中共福建省临委即指示印发平和暴动宣传大纲，号召“全福建工农兵士跟着前进”，同时继续派人前往平和帮助县委工作，及时总结平和暴动的经验教训，以引导全省各地进一步贯彻关于实行土地革命和武装反抗国民党总方针的斗争。罗明作为平和暴动的发动、决策和组织者之一，为平和暴动做出了重要贡献。

1928 年 6 月，罗明作为中共六大代表，出席了在莫斯科举行的中共第六次全国代表大会。后任闽粤赣临时省委书记，福建省委书记和福建苏区代理书记等职。1933 年 3 月，由于党内错误开展“反罗明路线”，罗明被撤职，改任中央党校教育处长。1934 年 10 月参加长征，途中因负伤而失散，1935 年在上海寻找党组织时被捕，失去了组织关系。1936 年春获释后，返家乡百侯中学任教，继续从事革命活动。新中国成立后，历任南方大学副校长、广东省民族学院院长、省民族事务委员会主任、省政协副主席、省人大副主任、全国政协常委。1980 年经中共中央批准恢复党籍，1987 年在广州逝世。

赵自选

赵自选（1901—1928）湖南浏阳人，1923 年毕业于徐特立创办的长沙师范学校，同年加入中国社会主义青年团，任湘区团执行委员会候补委员。1924 年加入中国共产党，同年 5 月考入广州黄埔军官学校，毕业后任大元帅府铁甲车队军事教官。1925 年，省港大罢工爆发后，任工人纠察队第一大队教练。同年 10 月，调任广东东江地区海陆丰农民自卫军总指挥。1926 年春，回广州担任农民运动讲习所军训总队长、广东省农民训练所主任、农民自卫军部部长兼军事总教官。1927 年 12 月，参加广州起义，被任命为广州苏维埃政府代理土地委员。

广州起义失败后，赵自选只身从广州到达福建漳州，拟从这里经闽西转井冈山找在那里领导斗争的毛泽东。1928年1月，当他闻知参加过广州第六届农讲所的朱积垒，在平和开展了轰轰烈烈的农民运动，即设法与闽南党组织取得了联系，并赴平和县长乐乡，会晤罗明、朱积垒等人。这时中共平和县委正在积极准备开展武装斗争，赵自选向平和县委介绍广州起义的情况和经验教训，并对平和武装斗争的部署和暴动计划给予热情帮助和指导。

1928年4月，赵自选又转道回广州，被选为中共广东省委委员，并被派往海陆丰地区领导武装斗争。同年5月3日，赵自选在指挥工农红军和农民武装攻打海丰县城时，英勇牺牲。

钟 骞

钟 骞（1916—1944），曾用名郑坚，广东潮安人。青年时在潮州金山中学读书，关心时局，常在报刊登文抒发爱国情怀。民国23年（1934年）进中山大学后，自学完《资本论》，决心投身民族解放事业。

民国24年（1935年）冬，加入中国共产党。“西安事变”后回乡发动抗日救亡活动，组织“潮安青年救亡同志会”，被选为常委。民国26年（1937年）10月任中共潮安县工委宣传部长，到潮安龙溪中学任教，利用教学引导学生走抗日之路，民国27年（1938年）调任中共闽西南潮梅特委秘书长兼《前驱报》社长，奉派驻汕头，冲破种种障碍，使《前驱报》得以公开出版、发行，成为宣传指导群众抗日的重要阵地。民国31年（1942年）2月，任闽南特委副书记，到职后即办干部班训练班，坚定干部革命信念。年底，他虽肺病严重，仍坚持工作。民国32年（1943年）10月，代理闽南特委特派员主持全面工作。民国33年（1944年）5月，他由于病情恶化，转到平和县坂仔金京洋村，后又再转移到霞寨铜场砖仔厝养病，因医治无效病逝。后被中共闽粤边特委追认为模范共产党员。1953年，为纪念钟骞，平和县人民政府决定，铜场村改名钟腾村。

朱曼平

朱曼平（1910—1985）原名朱士熙，笔名道常升，广东惠阳人。1928年3月在香港加入中国共产党。同年赴马来亚做工并参加当地革命工作。1930年被捕，在监狱中组织难友进行反抗斗争。1933年被押送回乡，经组织联系后进入闽粤边游击区工作，历任闽南红军独立第三团宣传员、侦察员，边区反帝大同盟党团书记。1935年任靖和浦中心区区委书记，次年担任漳州人民抗日义勇军指挥部政治部主任。1937年“漳浦事件”发生后，曾受领导委托主持边区特委工作。1938年起，任中共漳州中心县委宣传部长、副书记，闽南特委书记。1942年调任闽粤边委特派员。次年秋，组织武装经济工作队，反顽自卫，保存骨干，扭转闽南革命困难局面。抗战胜利后，历任中共闽粤赣边委特派员，边区党委副书记，兼解放军闽粤赣边纵队副政委，配合边纵司令员刘永生领导边纵，最后以3万多人的队伍，解放30座县城的成绩，为迎接南下大军解放华南作出贡献。建国后历任中共潮州地委书记、国务院侨委司长、新华社香港分社副社长、中国华侨旅行社总经理等职。1985年在北京逝世。

黄会聪

黄会聪（1909—1936）海南省万宁县人，1909年出生。1932年4月，中央红军东路军攻克漳州，推动了闽南革命运动的发展。翌年，黄会聪以厦门中心市委巡视员的身分到漳州中心县委领导下的游击区工作。1934年1月，黄会聪以厦门中心市委和厦门总工会代表的身份奔赴瑞金，出席了中共六届五中全会和中华苏维埃共和国第二次工农兵代表大会。会后，他受中共中央的委托，在闽粤边境一带组建包括靖和浦、潮澄饶、饶和埔3个县委和漳州工委在内的中共闽粤边区特别委员会，并于5月1日成立了闽粤边区临时特委会，他担任了临委书记。黄会聪带领临委领导班子，积极开展工作，巩固发展靖和浦苏区，一面领导苏区人民开展查田、查阶级工作，纠正了假分田和侵犯中农利益等政策性的错误，巩固扩大分田成果；一面号召青年参军，壮大了红三团的力量。在此基础上，为打通闽西、联系东江，他有计划、有步骤地组织红三团分兵出击，一路向西南方向发展，一直打到乌山，打通了与饶和埔诏边区联系的交通走廊；一路向西北的峨嵋、内外东溪推进，一直打到东坑一带，与闽西遥相呼应，扩大了大片的游击区域。

随着革命形势的蓬勃发展，1934年8月，中共闽粤边区临时特委在平和县邦寮山召开第一次代表大会，正式成立闽粤边区特委，黄会聪当选为特委书记。这年11月，省保安团沈东海部横冲直撞地窜入苏区腹地，矛头直指三坪。黄会聪指挥红三团痛击敌人，保卫苏区胜利果实。红三团在三坪埔尖山一带伏击沈东海部，毙敌30余人、俘敌七八十人，缴获了大批战利品，击溃了沈东海部，逼敌全线撤退。国民党中央军第八十师纠合地方武装，卷土重来，采取“驻剿”和“分进合击”相结合的战术，挥兵进驻龙岭、三坪、欧寮等战略要村，然后分兵“扫荡”周围各革命乡村。在强大敌人的围困下，苏区的斗争一度出现困难局面。黄会聪等领导人日夜与红军指战员一起共商退敌对策，根据敌我双方的优劣条件，避敌之长，攻敌之短，指挥红三团打出外线去，到敌后游击，开辟新区，从而打乱了敌人“清剿”计划，逼敌撤退。既保住了苏区，又扩大了游击区域。

8月间，又组织红三团和红三大队等革命武装，集中力量开辟乌山根据地，使潮澄饶、饶和埔、靖和浦等革命根据地连成一片，开辟了云和诏新区，建立了云和诏县委。

这年底至翌年初，国民党第八十师又纠集地方武装，对乌山根据地进行疯狂的“扫荡”，黄会聪主持的特委一班人，与红军指战员并肩战斗。他们以大无畏的革命气概和胆略，除组织红军打到白区去外，还周密地组织地方工作人员，随群众疏散到白区去，秘密发动白区群众起来斗争，在敌人的后院点燃了革命烈火，使敌人惊慌失措地撤退，又一次粉碎了敌人的“清剿”。

“两广事变”发生后，闽粤边区特委主动把红三团、独立营等红军队伍改编为闽南红军抗日支队，成立了漳州人民抗日义勇军总指挥部，摆开了抗日阵势，同时提出了不再捕富农和争取国民党军下层官兵的策略，为后来闽粤边区国共合作抗日打下了思想基础。

在三年游击战争中，黄会聪以其感人的意志和毅力，把生死置之度外，在处理繁重的特委日常工作的情况下，还经常深入到靖和浦县指导工作。

1936年10月，特委决定黄会聪偕同妻子郑静其到上海寻找党中央。最后在上海抗日团体的帮助下，赴北平找到北方局。他本想亲自往延安向党中央汇报工作，可是此时他的肺病严重发作，无法动身。为了使党中央及时地了解闽粤边区革命斗争的情况，取得党中央的帮助，他忍受着病痛带来的极大痛苦，写了二万五千言的报告，详尽地汇报了闽粤边区的情况。

为了挽救黄会聪的生命，党组织把黄会聪转送到香港治疗，经医治无效，不久在港病逝。

何　浚

何浚（1904—1982）原名达统，曾用名何义通，海南乐会人，早年到马来亚谋生，1927年春在当地加入共青团，同年夏转为中共党员。1931年9月，回国到厦门。中央红军攻克漳州前夕，奉命进入闽南苏区，配合红军开展分田斗争。1932年6月，任闽南红三团第一连政委，1932年底，调任中共漳州中心县委常委、组织部长。1934年3月任靖和浦县委书记，为开展苏区的土地革命，深入靖和浦中心区14个乡指导分田工作，使该区一万多农民获得土地。1934年8月，中共闽粤边特委成立，被选为常委继续领导靖和浦苏区工作。1935年6月，在特委书记黄会聪的指导下，主持召开靖和浦县委第五次扩大会议，在边区首次提出开展下层反日反蒋的统一战线，深入发动群众，广泛开展游击战争的战略任务。不久即组织农民抗日义勇军，配合红军作战。1936年7月出任漳州人民抗日义勇军总指挥部总指挥，同年冬，调任特委组织部长。漳浦事件后，负责特委工作，并赴香港向中共南方临委请示汇报；10月返回边区继续进行不懈斗争。1938年1月任中共漳州中心县委书记，继续领导闽南的抗日救亡运动和剿灭汉奸武装乌军的斗争。1940年调任中共潮梅特委组织部长。1944年赴延安中央党校学习，被选为中共“七大”候补代表，1947年回海南工作。建国后，任海南区党委副书记、书记，广东省人大常委等职。1982年6月17日，因病在广州逝世。

谢育才

谢育才（1904—1977）海南省万宁县文渊村人，原名谢朝贤，1904年出生，1926年4月入党。1931年进入中央苏区，到闽西任红十二军三营营长。主力红军长征后，奉命留在闽西坚持斗争，任福建省委组织部长，第二军分区政委兼红九团政委。

1935年夏，奉闽西南军政委员会之命，与团长吴胜、政治部主任赖荣传一起，率领红九团第一、三营下闽南。是年8月，在平和三平与红三团会师。红九团从永定的金丰大山出发，向永定、大埔、平和、南靖、饶平、漳浦、云霄、诏安等闽粤地区挺进，一路克服重重困难，终于完成了打通闽西和闽南两块根据地之间联系的艰巨任务，开辟了永东、永和埔、岩永靖、饶和埔、平和、南靖等边区，建立起地方党组织，奠定了一些地方地下党组织的工作基础。其间，红九团还把缴获的几百条枪发给沿途各地贫苦农民，为建立和发展这些地方的游击队创造了条件。

1937年8月，任闽西抗日义勇军第一支队支队长。10月任闽粤赣边省委副书记。1938年1月，他代表闽粤赣边省委到平和县火烧龙，宣布成立中共漳州中心县委。6月任闽南特委副书记兼组织部长。1939年3月，任闽西南分委书记。

1941年“南委”成立后，调任江西省委书记。6月，被潜伏在党内的内奸出卖而被捕。他在狱中得知敌人阴谋破坏“南委”，为争取早日出狱，以便向南委报警，忍辱背恶名向国民党当局表示“愿放弃共产党立场”并签了字。随后他被解离集中营，移押泰和城。

1942年5月，谢育才和妻子王勖，乘监狱看守疏忽的机会，忍痛抛下幼子，以迷惑狱方，爬窗越狱成功。冒着被追捕、枪杀的危险，昼伏夜行，风餐露宿。经过江西、广东、福建3省，跋涉千里，走了24天，赶到福建平和县小石示村，找到平和县委领导，及时向“南委”汇报了江西省党组织被破坏和一些人的叛变的情况，以及国民党顽固派企图破坏“南委”的阴谋。期间奉命隐蔽，候审。1945年冬，受到韩江纵队党组织派遣，到东江纵队联系工作，按照南方局指示，暂时代理东江纵队参谋长。建国后，历任广东汕头市长、海南农垦局党委书记、局长，海南行署副主任。1977年逝世。

何　鸣

何鸣（1910—1939）1910年出生在海南岛万宁县一个农民家庭，原名何君熙。1927年加入青年团，不久转为中共党员。1930年，何鸣受党组织派遣，从南洋转至厦门，参加党的地下工作。1931年，他又奉中共厦门中心市委之命，进入闽南游击区。随后，他转入南靖、平和、漳浦3县边界地区，配合王占春、李金发，领导闽南红军游击队第一支队进行开辟红色区域的斗争，初步建立起了以漳浦小山城、龙岭、车本为中心的靖和浦革命根据地。

1932年4月，中央红军东路军攻克漳州后，闽南革命根据地迅速形成。为配合中央红军的行动，何鸣根据中共漳州中心县委的有关决议，深入靖和浦中心区，发动群众，建立农民赤卫队，深入开展土地革命，发动农民分田分地。并在小山城、龙岭、车本、三坪、山前、龙溪圩、黄浦厝、上坪庄等地建立了革命委员会，动员青年农民参加红军，保卫土地革命成果。5月下旬，在中央红军的帮助下，闽南工农武装编成中国工农红军闽南独立第三团，何鸣被任命为红三团第四连政委。

1933年1月，何鸣被选为漳州中心县委委员、书记，并兼任红三团政委，随军行动。到了这年下半年，红三团在南靖白云一带利用有利地形多次打退了国民党第十九路军一部的进攻，初步扭转了被动的局面，扩展了活动区域。至此，红三团也恢复发展到300多人，地方党的组织也得到恢复和发展，在南北乡和靖和浦边区新建了4个区委和5个工委。

1934年初，何鸣领导漳州中心县委和红三团，利用国民党第十九路军发动“闽变”暂停向革命根据地进攻的时机，完全恢复了靖和浦苏区，并在苏区进行第二次分田，使边区11个乡的近万名农民分到了土地。这几年间，何鸣为巩固和发展靖和浦苏区作出了重要贡献。8月，中共闽粤边区特委正式成立，何鸣当选为特委常委，主持军事工作。这时，大量国民党军队云集在中央苏区边沿地带，中央苏区日渐吃紧。为牵制敌军，减轻敌人对中央红军的压力，闽粤边特委提出“保卫苏区，保卫秋收”的口号，开展了一系列斗争。11月间，何鸣会同黄会聪、张长水等领导人，在平和三坪埔尖山部署了一场伏击战，痛歼进犯苏区的敌保安团沈东海营，毙敌30多人、俘敌70多人，取得重大胜利。这一仗，震惊了国民党地方当局，迫使其调中央军第八十师驻防闽南，从而有力地支援了中央苏区。

1935年后，闽粤边区进入艰苦卓绝的三年游击战争时期。何鸣与特委其他同志领导红军游击队，紧紧依靠人民群众，采取灵活多变的战略战术，先后同国民党军第八十师、七十五师，粤军邓龙光部、粤军一五七师展开殊死的战斗，粉碎了国民党军队和地方反动武装的严密封锁及十余次大举“清剿”，消灭敌军的1个团，攻破炮楼、土楼百余座，缴步枪千余杆，大大削弱了豪绅地主的武装。这一系列战斗的胜利，恢复和发展了靖和浦、云和诏、潮澄饶根据地，并使之连成一片。特委下辖3个县委和1个工委，共21个区委、300多个支部，1400名党员，红军800余人、脱产抗日义勇军1000多人，农民抗日自卫军7000多人，使闽粤边游击区成为南方八省、十五块革命根据地中的重要的一块。

1935年8月，闽西红九团转战8个月，终于在平和三平与何鸣、张长水率领的红三团胜利会师，打通了闽粤边与闽西南的交通联系。1936年6月，红三团团长张长水牺牲，何鸣兼任团长。1936年10月，特委书记黄会聪北上寻找中共中央汇报工作，何鸣代理特委书记职务。此时，何鸣身兼数职，军事、政治斗争双管齐下，粉碎了粤军175师残酷的“清剿”。

1937年5月，根据中共南方临时工作委员会发出的指示信，何鸣派出谈判代表与粤军开始接触。6月，何鸣亲任中共闽粤边特委和红军的谈判代表，与粤军一五七师的代表在谈判桌上展开了多次针锋相对的斗争，终于6月26日与一五七师全权代表陈浚在漳州正式订立了国共合作抗日的“六·二六”政治协定，从而在南方各游击区中最早实现与国民党军队和当局合作抗日的局面。

7月，根据政治协定，何鸣带领闽粤边红军游击队往平和小溪点编，改编为国民党福建省保安独立大队，由何鸣任大队长。抗战爆发后，粤军一五七师以发生“卢沟桥事变”为借口，催促闽粤边红军游击队速往漳浦集中。在这问题上，何鸣由于政治上主观臆断和斗争经验的不足，对国共和谈缺乏全面的认识，特别是在部队开往漳浦县城后，上了国民党的圈套，致使闽粤边红军近千人被一五七师包围强行缴械。使闽南的红军受到重大损失。1939年6月，何鸣在安徽泾县被肃，时年29岁。

卢 胜

卢 胜（1911—1997）海南乐会（今琼海）人，中国人民解放军中将，闽南红军主要领导人之一。1929年加入共青团，1932年转入中国共产党。1933年1月参加中国工农红军闽南独立第三团。1934年冬，奉命率红三团一部赴云和诏边界开辟新区，并迅速打开局面，至翌年建立起以诏安北蔗、进水、云霄桥头、半岭为中心的乌山革命根据地。1935年9月任中国工农红军闽粤边支队长、独立营营长，率队拔掉诏安金溪圩反动据点，沉重打击反动势力，巩固和发展乌山根据地。1936年中秋节，参与领导奇袭云霄县城战斗，率领突击队进城袭击宏利银庄，解决了部队给养，鼓舞群众斗志，并使国民党地方当局惊慌失措，急调七十五师重兵防守漳属。1937年7月16日，“漳浦事件”发生后，与王胜等人带领一部分骨干突围，在漳州清泉岩重建红三团，任团长。为扩大队伍，恢复游击根据地做出贡献。1938年2月，任新四军第二支队第四团团长，3 月率部开赴苏皖抗日前线。此后，历任新四军苏皖支队政委、三纵队政治部主任、苏中军区第四军分区司令员、政委兼地委书记、华中野战军七纵队政治部主任、四纵队副司令员、第三野战军二十三军政委等职。建国后，任志愿军九兵团二十三军政委、福建省军区政委、福州军区副政委等职。是第四、六届全国人民代表大会代表、全国政协第五届常务委员。1988 年被授予一级红星功勋荣誉章。1997 年 8 月 17 日在福州逝世。

卢 叨

卢 叨（1915—1993）原名卢在祥，广东潮安人。1931 年在潮安金山中学读书时投身抗日宣传活动，1933 年参加中共潮澄澳县委领导的游击队。同年底加入中国共产党。1935 年秋随部队转移到福建境内的乌山地区。次年春一度被误指为“社党分子”，遂向上级党委书面申诉，反映真情，促使闽粤边特委书记黄会聪亲自复查、平反该案，并指示云和诏县委制止“肃社党”的错误做法。之后被调到边区印刷部，继续从事特委机关刊物《战斗》、《工农报》的编辑工作。1937 年 5 月，被委派为闽粤边红军代表，与粤军一五七师代表就“停止内战，合作抗日”进行第一次谈判。后又协助何鸣与一五七师进行多次的谈判，促成“6・26 政治协定”的签订。1937 年 7 月，“漳浦事件”和“月港事件”后继续用小报、传单宣传发动群众，支持重建抗日武装。同年秋，被派到云和诏区委任区委书记，为恢复乌山地区党组织，开展抗日统战和支持重建队伍而努力。1938 年 1 月以后，任中共云和诏县委书记，汕头中心县委军事部长，闽南特委副特派员、特派员，在环境极端复杂困难的情况下，坚持隐蔽精干，蓄力待机。1944 年开始组织“政治保卫队”，开展反顽自卫斗争。解放战争初期一度调闽粤赣边区党委工作，1947 年任闽南地委书记，兼任闽粤赣边纵队闽南支队政委，后为闽粤赣边纵队第八支队政委，积极领导闽南开展游击战争，直到闽南全境解放。建国后历任中共龙溪地委书记，省委宣传部副部长，省委党校党委书记、副校长，省人大法制委员会主任，省委党史资料征集编写委员会副主任和省政协副主席等职，1987 年离休。

梁培德

梁培德（1908--1942）海南省万宁县人。青年时代参加学校各种进步活动，被吸收为共青团员。“四・一二”反革命政变后，即转回家乡，组织农会，发动农民武装暴动，并加入中国共产党。1929 年夏，转赴南洋。1934 年夏，回到中共闽粤边特委工作。1935 年调任平和县五南区区委书记。1937 年底，任平和县委书记。1938 年春，调任漳浦县委书记。1941 年春，调任中共云和诏县委书记，1942 年 6 月，“南委事变”发生后，改任特派员。年底，由于操劳过度，在诏安豆畲村后龙镜背高山上病故。

张长水

张长水（1908—1936）山东省人。1932 年 4 月，参加了中央红军东路军攻打漳州战役。4 月 20 日红军攻克漳州后，为了加强闽南工农红军的领导力量，壮大地方革命武装，开辟闽南革命根据地和游击区，他受上级的派遣，从红四军来到闽南工农红军独立第三团，任红三团第三连连长。1933 年 5 月任红三团副团长。冬，红三团在平和县欧寮村整训，整编成 3 个连和一个团部教导排，由张长水任红三团团长。

1934 年 4—11 月，是敌人集中兵力进攻靖和浦苏区最猖狂、最频繁的时期，也是张长水领导的红三团神出鬼没、战绩显著的时期。4 月上旬，在福建省保安第三团进攻五寨侯门时，红三团出其不意地在石门村消灭敌人一个排，缴枪 20 余支；下旬，韩柳添的保安队进攻南胜义路，红三团歼灭保安队一部分，俘敌 30 多人，缴获长短枪近百支、子弹千发。5 月 4 日晨，率领红三团在南胜与五寨之间的坎头打埋伏，发现敌人一个团的兵力分两路从大路与尪仔石边围攻而来。红三团指战员登上尪仔石山的高峰，居高临下，发挥地形的优势，打得敌军无法向山顶逼近，直至日落西山，敌人退下山去。这次战斗敌我力量悬殊，打得十分艰苦，政委卢嘉杨等七八人负了伤，李克己主任不幸壮烈牺牲。6月下旬，国民党平和县保安团陈秀林和反动民团长林寿府带领300余人“围剿”五寨东楼村，惨无人道地摧残革命群众。张长水得此消息，马上率领一个连迅速赶到东楼通向五寨的必经之地松仔鞍截击敌人。不仅打死打伤保安团和反动民团百余人，缴获长短枪60多支和部分子弹，还活抓反动民团长林寿府，打击了反动派的嚣张气焰。

同年10月初，红三团遵照闽粤边区特委关于巩固靖和浦革命根据地，必须拔掉苏区边界地区地主劣绅武装联防反动据点的指示。张长水率领两个连先打下漳浦县的龙岭，南靖县小龙溪圩、塔潭等村的反动堡垒楼，后又打开平和县黄井圩的一个反动大土楼，缴获驳壳枪10多支、步枪30多支和部分子弹。战斗胜利后，红三团便集中于三坪村休息、整训，总结战斗经验教训。11月中旬，国民党保安团团长沈东海带领二三百人从黄井和浦仔圩进攻靖和浦苏区中心三坪。张长水率领红三团3个连撤退到埔尖山后的松树林里掩蔽起来，只派一个排的兵力边打边退，将敌人引上埔尖山。沈东海率领一营人向埔尖山猛扑过来，妄图消灭红军。此时，埔尖山阵地上早有红三团的一个连严阵以待。沈东海连续组织3次冲锋都被红军打退。张长水又抓住战机，利用埔尖山两侧的有利地形，带领两个连从两侧反击敌人。沈东海骑马仓惶逃命，敌军溃不成军。这一仗，打死打伤敌120人、俘敌80余人，缴获重机枪两挺、冲锋枪20余支、自动步枪2支、步枪50多支、子弹近万发以及军用品34担，取得了保卫靖和浦苏区红色政权和苏区秋收的大胜利。

1936年5月，张长水率领红三团第一、二连和团部特务排一举攻克国民党平和县五寨乡公所的联防据点赤楼、下溪楼，打死反动乡长林友权、乡队副庄租陈、联防主任庄两仪、教练官胡少林等10多人，俘虏反动团丁、乡兵20多人，缴敌长短枪近30支。6月28日，张长水即带领红三团200多名指战员从徐南坑出发，攻打反动联保村庄白泉。战斗从早晨直打到上午10点多钟。由于白泉筑有两个炮楼，又在炮楼外围架设两层树桩篱笆，加之与白泉联防的邻村岳坑，于27日晚派了百多人武装进入白泉，增加了白泉的防御力量，因此，红三团久攻白泉不下。这时，得知敌人从云霄县城增派一个营的兵力，正向驻守在后埔村后双锋山担任警戒任务的红三团一个排发动进攻。在敌情突变的情形下，张长水果断地留下第二连继续攻打白泉，亲自带领第一连和团部特务排上双锋山反击敌人的进攻。他在指挥部队打退向双锋山进攻的敌人时，不幸胸部负了重伤，不得已下令撤出战斗。由于张长水伤势恶化，他被送到梁山后，光荣牺牲，时年仅28岁。

张全福

张全福（1912—1948）福建省上杭县星泰区白石笏村人。1929年在家乡参加农民暴动，1930年加入中国共产党，曾任红十二军连长。1935年调到红九团政治部，随团到闽南后留在平和长乐工作，与先期来到长乐秀礤的原红九团政委罗桂华一起筹建红九团下闽南的前进基地。三年游击战争中，在与党失去联系的困难情况下，牢记党的宗旨，独立开展工作，扎根于群众之中，出色地领导平和长乐的反“清剿”与抗租抗税斗争，并在乡、保、甲人员中做统战工作，巧妙地变国民党乡村政权为“白皮红心”政权。同时组织农民改进耕作技术，提高产量，发展生产。1937年10月任中共永和埔县委委员和长乐区委书记。1940年，任长乐中心区委书记，接受南委在长乐建立电台重任，依靠群众，掩护电台安全活动达三年之久。1942年南委事件发生，他妥善疏散电台人员后，继续留在长乐坚持斗争。1945年春，再度在长乐建立电台，为闽粤赣边区党组织直接与党中央保持联系做出重要贡献。同年2月，执行闽粤赣边党委指示，召集各地同志回“革命老家”— 长乐，成立抗日游击队韩江纵队，任一支队政委，领导队伍开展武装斗争。当王涛支队转战长乐时，积极发动当地民兵、群众支援部队作战，击退国民党军多次进攻。1948年8月被选为中共闽粤赣边区委委员兼任粤东地委书记，10月因积劳成疾于广东大埔逝世。

李碧山

李碧山（1912--1981）越南隆安芹德人，又名李班。1927 年加入越南革命同志会，1930 年 1 月加入印度支那共产党。1934 年进入中央苏区，转为中共党员，在中华全国总工会工作。红军长征后，留在闽粤赣边，1937 年起历任中共闽粤赣省委委员、省委宣传部长兼梅县、潮汕中心县委书记、闽西南潮梅特委青年部长等职。1940 年冬调闽南特委任组织部长。1941 年 6 月调中共南方工作委员会工作。1942 年南委事件发生后，临危不惧，坚持在广东大埔百侯指挥未撤出的同志紧急疏散，并通知闽粤边党员停止组织活动，开展勤业、勤学、勤交友的“三勤”活动。1943 年夏天，任南委联络员，负责与闽西南、潮梅各地党的联络工作。1944 年秋与朱曼平、魏金水、林美南等议定在潮梅和闽西南恢复党组织活动，建立武装，开展抗日游击战争及筹划建立电台，尽快与党中央取得联系。1945 年 2 月 13 日，在平和县长乐乡大窠兔子窠主持抗日游击队韩江纵队成立大会，正式成立抗日游击队韩江纵队，提出“武装起来，保卫家乡”的口号。1946 年 7 月经组织批准返回越南，曾任越南中央华侨工作委员会主任，人民军总政治部副主任。1949 年底，代表越共中央到北京访问和谈判，为中越建交作出贡献。先后担任越南工商部副部长、外贸部第一副部长兼党组书记、越共中央候补委员。1981 年 9 月病逝。

卢　炎

卢　炎（1913—1950）海南省乐会人，早年到新加坡，在当地参加店员工会。1930 年参加共产主义青年团。1932 年加入当地共产党。1934 年由厦门市委派入闽南游击区。1938 年 2 月，新四军北上后，留在闽南坚持斗争。曾任平和县文山区委委员、区委书记、县委组织部长、县委副书记。1940 年 8 月，与陈天才等人在平和、南靖交界处袭击国民党便衣队，反击顽固派对抗日基点的进攻。1944 年 10 月，任闽南政保队队长，率队歼灭无恶不作的官陂联防队，为乌山人民除害。1944 年任平和县委副特派员。1945 年秋任王涛支队第四大队大队长，率队在云霄、平和、诏安一带发动群众，恢复革命基点，坚持反顽自卫。解放战争期间，任闽南地委常委、组织部长、边纵第八支队代副政委等职。1949 年 7 月，奉命同王汉杰等赴福州迎接解放军，被福建省委指派带领长江支队五大队南下干部，随军进入漳州。解放后，任福建第六地委委员，第六军分区副政委，负责支前剿匪任务。11 月 18 日率领两营武装部队和地方干部参加解放华安战斗。1950 年逝世。

彭　冲

彭　冲（1915—2010. 10. 18）原名许铁如，漳州人。1932 年加入共青团，开始从事学生运动，1933 年转为中共党员。芗潮剧社成立后，积极投入剧社工作，编导并参演进步话剧，成为剧社骨干。次年初，漳城工委成立，负责芗潮支部与龙中工作。在学生中组织读书会等进步团体，秘密发展党员，发动学潮，声援北京学生运动。同时，与柯联魁、胡大机等领导剧社活跃于闽南平和、南靖等县城乡，并亲自参加七次大型公演与多次小型演出，为闽南抗日救亡运动做出积极贡献。曾一度因身份暴露转往厦门办进步报刊，1937 年 7 月，回漳州任抗日救亡宣传队演讲主任，奔走芗城，宣传党的抗日主张，揭露国民党破坏合作抗日行径，使漳州抗日救亡运动广泛深入发展。同年 8 月，任中共漳州工委组织部长，并以合法地位于龙溪救国服务团负责组织工作，运用巧妙方式宣传抗日，广泛发动社会各阶层支援前方抗日将士，使救国服务团成为漳城地下党领导下的群众革命团体，有力鼓舞漳州人民抗日救国的斗志。1937 年秋，调部队工作。不久参加新四军北上抗日。之后历任宣传队长、科长、主任、县委书记、华东野战军团政委、师副政委。建国后，任福建省委秘书长、统战部长兼龙溪地委书记，华东局统战部副部长，南京市长、书记，江苏省委书记，南京军区第二政委，上海市委书记、市长、警备区政委。是第二至六届全国人大代表，第五、六、七届全国人大常委会副委员长，第五届全国政协副主席，中共第九、十届中央候补委员，第十一、十二、十三届中央委员，第十一届中央政治局委员、书记处书记。2010 年 10 月 18 日 12 时 58 分，因病在北京逝世，享年 96 岁。

伍洪祥

伍洪祥（1914.8—2005.9）上杭县泮境乡元康村人。1930 年加入共青团，1932 年转为中国共产党党员。在三年游击战争时期，在闽粤赣边区的龙岩、南靖、漳平、永定和平和等地，组织领导红军游击队，坚持了艰苦卓绝的游击战争。抗日战争爆发，闽西南红军游击队改编为闽西抗日义勇军后，担任第三支队政委。1937 年 11 月中共闽粤赣边省委成立，任省委委员，韩江工委（广东潮梅地区）副书记兼组织部长，后任中共梅县中心县委书记、永定中心县委书记、省委军事部长兼青年部长，坚决贯彻党的抗日民族统一战线的方针政策，紧紧依靠人民群众，坚持抗日反顽斗争。1939 年 10 月当选为党的七大代表，到延安后，在中央党校参加整风学习。1945 年 7 月参加党的七大后，组织南下干部大队，任副大队长。解放战争时期，历任新四军第八纵队副政委，中国人民解放军四纵一师三旅政委、四纵十二师政委、二十三军六十九师政委。1949 年 5 月调到福建省委工作，任省委委员，在上海组织知识青年学生随军南下服务团，任副团长。建国后，历任团省委书记兼福建革命大学教育长，龙岩地委书记，省委组织部长兼纪检会书记，省委副书记、书记，福州市委书记，省革委会副主任、省委书记兼副省长，省政协主席，省委党史征委会主任，省委党史顾问小组组长等职。党的八大、十一大、十二大、十三大代表。

刘永生

刘永生（1904—1984.1.7）出生于上杭县稔田乡严坑村的一户贫苦农民家庭。1928 年 5 月加入中国共产党，6 月，参加永定金砂暴动。1938 年 4、5 月间，奉命首次到平和，主要解决经济问题。1943 年 10 月在平和小芦溪（秀芦）成立闽西南武装经济工作队任总队长。1944 年 10 月，成立闽西人民武装部队“王涛支队”，任支队长，活跃在云和诏、靖和浦老苏区之间，以灵活的方式开展斗争，恢复地方组织和武装。1945 年 6 月至 7 月，率王涛支队到平和开展革命斗争活动，迎接抗战胜利。1947 年 5 月任粤东支队支队长。1949 年 1 月，任中国人民解放军闽粤赣边纵队司令员。11 月，任中国人民解放军第十兵团副司令员，改编后任福州部队副司令员兼福建军区司令员。1955 年授予少将军衔。解放后，历任福建省人民监察委员会主任、福建副省长兼农垦厅厅长、省人大常委会副主任、省纪律检查委员会第二书记、省政法委员会主任、中共中央监察委员会候补委员和第一、二、三、四、五届全国人民代表大会代表。

魏金水

魏金水（1906.5—1992.8.11）出生于龙岩县条围村。1929 年 10 月加入中国共产党。1945 在粤东、闽西和闽南的平和、云霄、诏安等地，开展游击战争，为配合南下大军解放粤东和闽西南立下了功劳。1945 年 9 月，与朱曼平、刘永生、卢叨等在平和水尖山召开闽粤边委紧急扩大会议，讨论抗战胜利后闽粤赣边的革命斗争形势，确定了闽西南党组织和人民武装今后的方针、任务。解放后，历任福建省委委员、省农委书记、省农办主任、省委常委兼龙岩地委第二书记、省委副书记、省长、省革委会常委、副主任、省政协副主席、中顾委委员等职。为福建工农业生产的发展和国民经济建设兢兢业业地作了许多工作。退居二线后，撰写了许多革命斗争回忆录，提供了许多历史材料，为党史工作做出了很大贡献。1992 年 8 月 11 日逝世。

第二章 人物表

第一节 领导人物名表

本节收录已知1989—2007年平和籍在县外担任副厅级及以上职务的领导干部简况，以姓氏笔画为序逐人列表记述。

1989—2007年平和籍在县外担任副厅级及以上职务的领导干部名表

表30-2-1

姓名	性别	出生年月	籍贯	毕业院校	工作单位	主要职务
叶国桢	男	1933年7月	芦溪镇新村村	—	福建省粮食厅	副厅长
叶连福	男	1942年1月	芦溪镇芦丰村	厦门大学	福建省汽车工业（集团）公司	总经理
叶顺煌	男	1953年1月	芦溪镇蕉路村	厦门大学	福建省政协经济委员会	党组书记、主任（正厅级）
叶静漪	女	1963年6月	芦溪镇双峰村	北京大学	北京大学纪委	副书记
卢和	男	1935年	霞寨镇高寨村	—	上海市人民防空办公室	主任
卢精诚	男	1938年1月	小溪镇共和村	中国人民大学	中国统计出版社	副总编辑（副司级）
卢志勇	男	1965年	霞寨镇团结村	中国新闻学院	新华社厦门分社	社长
李初权	男	1956年10月	小溪镇五村村	厦门大学	厦门大学	副校长
庄飞云	男	1931年12月	霞寨镇岩岭村	龙文中学	福建省粮食厅	厅长
江子华	男	1954年7月	大溪镇江寨村	陆军指挥学院	南京军区守备12师	政委
江炳恩	男	1969年7月	大溪镇江寨村	中央党校	中国华电福新能源有限公司	总裁
江一平	男	1955年9月	大溪镇江寨村	福建医科大学	福建医科大学	福建省政协常委
李龙祥	男	1938年7月	小溪镇联星村	福建医学院	福州空军医院	主任医师（副军级）
朱子城	男	1931年2月	九峰镇东街	华东军政大学	新疆生产建设兵团力学研究所	所长（副厅级）
朱宏民	男	1941年9月	九峰镇积垒村	集美水产学校	海南省总工会	副主席
朱永源	男	1944年12月	九峰镇东街	—	福建省残疾人联合会	助理巡视员（副厅级）
朱清福	男	1946年10月	九峰镇复兴村	龙溪师范学校	厦门市邮政局	局长
朱国辉	男	1955年6月	九峰镇三坑村	清华大学	漳州职业技术学院	院长
朱国宏	男	1963年8月	长乐乡建三村	复旦大学	中共上海市长宁区党委	常委、宣传部长
朱石福	男	1963年12月	山格镇山格村	福州大学	福建省煤矿厅	副厅长
杨天民	男	1939年12月	九峰镇城西村	南京大学	水电部长委会水利工程局	副局长
杨刚毅	男	1954年9月	秀峰乡福塘村	厦门大学	中央电视台海外中心	副主任

续表 30-2-1

姓　名	性别	出生年月	籍贯	毕业院校	工作单位	主要职务
杨香勤	女	1955 年 7 月	坂仔镇东风村	厦门大学	福建省人民政府外事办公室	副主任
朱耿南	男	1956 年 6 月	秀峰乡福塘村	厦门大学	香港华丰国货有限公司	副总经理
陈有源	男	1931 年 7 月	芦溪镇村坑村	—	中共漳州市政法委	副书记
陈和权	男	1938 年 10 月	国强乡松湖村	厦门大学	财政部工交司	司长
陈　水	男	1957 年 8 月	山格镇宝丰村	—	武警九十三师	副师长
陈坤生	男	1968 年	山格镇宝丰村	—	中国人民解放军泉州军分区	政委
吴景辉	男	1956 年	大溪镇山布村	中央党校	漳州市人大常委会	副主任
何添福	男	1939 年 10 月	小溪镇中东街	南京大学	中科院武汉病毒研究所	所长
何放民	男	1951 年 1 月	安厚镇岐山村	南京军医学院	中国人民解放军73121 部队军医院	院长（正师级）
何炳光	男	1962 年 5 月	崎岭乡彭溪村	福州大学	国家发改委环资司	司长
张克辉	男	1928 年 2 月	安厚镇双马村	厦门大学	全国政协	副主席
张国胜	男	1956 年 12 月	小溪镇新桥村	中央党校	莆田市人民政府	市长
张镇雄	男	1958 年 9 月	安厚镇大径村	厦门大学	福建省农村信用总社	副主任
张金德	男	1951 年 10 月	山格镇白楼村	—	省军区干休所	所长（师级）
林炳南	男	1929 年 12 月	长乐乡葵山村	浙江大学	中国石化总公司北京设计院	主任
林广兆	男	1934 年 4 月	崎岭乡顶寨村	永安财经学校	中银国际控股有限公司	副董事长
林仕忠	男	1940 年 10 月	坂仔镇宝南村	—	中国人民解放军昆明军区群工部	副部长
林兹钗	男	1942 年 1 月	长乐乡葵山村	福建机电学校	福州市民政局	局长
林毅夫	男	1952 年	安厚镇龙头村	北京大学	中国经济研究中心	主任
林宝金	男	1964 年 3 月	五寨乡前岭村	中央党校	福建省人民政府	副秘书长
林鹰漳	男	1958 年 7 月	山格镇铜中村	厦门大学	国家统计局福建调查总队	总统计师
罗财福	男	1954 年 5 月	长乐乡建三村	厦门大学	厦门市文化局	局长
罗东江	男	1954 年	长乐乡下坪村	厦门大学	中国中化集团公司	副总裁
罗春生	男	1956 年 8 月	长乐乡秀山村	厦门大学	漳州市政协	副主席
周力文	男	1935 年 10 月	霞寨镇寨里村	龙文中学	漳州市政协	副主席
周奠邦	男	1940 年 5 月	霞寨镇群英村	—	能源部华中电业管理局	副局长
周　旻	男	1958 年 10 月	霞寨镇寨里村	厦门大学	厦门广播电视集团	总裁
周　毅	男	1960 年	霞寨镇群英村	徐州军事学院	中国人民解放军沈阳军区基地	副司令员
胡繁荣	男	1950 年 10 月	南胜镇南胜村	解放军空军指挥学院	中国人民解放军空军第 8 师	副师长
胡江南	男	1962 年 2 月	南胜镇南胜村	—	中央国家机关培训中心办公室	副主任

续表 30-2-1

姓 名	性别	出生年月	籍贯	毕业院校	工作单位	主要职务
黄佳珍	男	1936 年 10 月	霞寨镇西安村	海军工程学院	海军驻沈阳水泵厂军代表	军代表（师级）
黄耀光	男	1953 年 7 月	安厚镇大径村	厦门大学	中共漳州市委	常委、秘书长
黄浦江	男	1955 年 5 月	霞寨镇建设村	中央党校研究生	漳州市人民政府	副市长
游泽民	男	1954 年 7 月	秀峰乡秀峰村	厦门大学	厦门大学台湾研究院	院长
曾志鸿	男	1929 年 9 月	九峰镇九峰村	华东师范大学	青海省政协	常委
曾庆长	男	1935 年 4 月	九峰镇下北村	中国科技大学	武汉海军工程学院	大校军衔(师级)
曾拔恕	男	1936 年 11 月	九峰镇眉山村	—	漳州师院纪委	副书记
曾石铃	男	1945 年 8 月	九峰镇黄田村	中国人民大学	安徽省人民出版社	副社长
曾福建	男	1950 年 3 月	崎岭乡新南村	西南交通大学	南京军区 31 军	师级军官
曾少聪	男	1962 年 12 月	九峰镇黄田村	厦门大学	中国社科院海外华人研究中心	秘书长
曾凡明	男	1962 年 4 月	九峰镇下北村	海军工程学院	中国海军工程学院	大校军衔(师级)
曾青山	男	1966 年 11 月	九峰镇黄田村	厦门大学	安全部第九局	副局长
曾克良	男	1953 年 7 月	九峰镇	—	武警九十三师	副政委
赖永海	男	1949 年 7 月	坂仔镇仁山村	南京大学	南京大学中华文化研究院	院长
赖庚申	男	1955 年 10 月	坂仔镇心田村	厦门大学	厦门市人民政府驻榕办	主任
赖亚忠	男	1950 年 2 月	坂仔镇	—	军委空军政治生产办公室	主任
赖文达	男	1956 年 10 月	国强乡新建村	中央党校	福建省物价局	副局长
赖少英	女	1957 年	国强乡新建村	厦门大学	福建省二轻厅	副厅长

第二节 高级专业技术职称人物名表

本节收录已知 1989—2007 年平和籍在县外工作获副高级以上专业技术职称和获博士学位、平和籍在县内获副高级以上专业技术职称、外县籍在平和县工作获副高级以上专业技术职称等的人物简况，以姓氏笔画为序逐人列表记述。

1989—2007 年平和籍在县外工作获副高级及以上专业技术职称和获博士学位人员名表

表 30-2-2

姓 名	性别	出生年月	籍贯	毕业院校	工作单位	职称（学位）
叶江湖	男	1931 年 1 月	芦溪镇双峰村	北京大学	北京农业工程大学	教授
叶文略	男	1933 年 11 月	芦溪镇双峰村	江苏省师范学院	辽宁阜新师院	教授
叶利水	男	1934 年 4 月	大溪镇庄上村	浙江农业大学	浙江嘉兴市农业局	高级农艺师
叶 华	男	1934 年 11 月	霞寨镇五美村	中国人民大学	北京师范大学	教授
叶以同	女	1935 年 6 月	芦溪镇新村村	北京大学	北京大学	教授

续表 30-2-2

姓 名	性别	出生年月	籍贯	毕业院校	工作单位	职称（学位）
叶顺利	男	1938 年 2 月	芦溪镇蕉路村	长春防化兵工程学院	福建科学技术出版社	编审
叶溪生	男	1938 年	芦溪镇芦丰村	龙溪卫校	诏安县医院	主任医师
叶泰明	男	1944 年 7 月	大溪镇庄上村	—	深圳新光牛奶公司	高级工程师
叶秀飞	女	1944 年	大溪镇庄上村	—	漳州市气象中心	高级工程师
叶顺能	男	1945 年	芦溪镇蕉路村	—	福州大学	副教授
叶永年	男	1945 年	霞寨镇彭林村	厦门大学	厦门海沧实验中学	中学高级教师
叶以宁	男	1948 年 4 月	芦溪镇新村村	哈尔滨科技大学	哈尔滨科技大学	教授
叶芦生	男	1956 年 10 月	芦溪镇芦丰村	厦门大学	福建省人民政府办公厅	副教授
叶荣龙	男	1962 年 8 月	大溪镇赤坑村	福州大学	漳州工业学校	高级讲师
叶秀云	女	1962 年	大溪镇庄上村	—	福州大学	教授（博士）
叶静漪	女	1963 年 6 月	芦溪镇双峰村	北京大学	北京大学	教授
叶　明	男	1939 年 9 月	芦溪镇树林树	—	上海市宝山中学	高级教师
叶友良	男	1965 年	芦溪镇新村村	—	厦门大学	教授
叶清美	女	1965 年 1 月	芦溪镇芦丰村	—	漳州八中	高级教师
叶　斌	男	1967 年	大溪镇庄上村	—	加拿大渥太华心脏研究所	博士
叶秀娟	女	1968 年	大溪镇庄上村	—	香港中文大学	博士
叶道正	男	1968 年	大溪镇庄上村	—	福建鸿山热电有限责任公司	高级工程师
叶活动	男	1971 年 4 月	芦溪镇九曲村	大专	龙岩卓越新能源股份有限公司	高级经济师
叶少青	女	1970 年	霞寨镇五美村	北京医科大学	深圳市医院	主任医师
叶宏明	男	1974 年 8 月	大溪镇濠林村	厦门大学	厦门大学	教授
叶春苗	女	1975 年	大溪镇三华村	—	纽约国际银行	博士
石炳露	男	1963 年 7 月	崎岭乡时陂村	郑州航测学院	美国威斯康星报社	高级工程师
石奇珍	男	1966 年 10 月	崎岭乡时陂村	福建医科大学	美国威斯康星医科大学	教授（博士）
石劲磊	男	1971 年	崎岭乡顶寨村	厦门大学	南方证券有限公司	博士
卢龙波	男	1927 年	霞寨镇团结村	福建师院	漳州一中	中学高级教师
卢荣寿	男	1930 年	霞寨镇彭林村	沈阳医科大学	辽宁省医院	教授
卢拔萃	男	1930 年	霞寨镇后塘村	湖南医科大学	湖南医科大学	教授
卢家传	男	1935 年 8 月	霞寨镇岩岭村	福建商业学校	福建永安水泥厂	高级工程师
卢培梧	男	1939 年	霞寨镇长汀村	太原铁道干部管理学院	成都铁路局	高级工程师
卢伟平	男	1942 年	霞寨镇长汀村	福州大学	哈尔滨东安发动机制造公司	高级工程师
卢奇生	男	1942 年	霞寨镇高寨村	北京矿业学院	浙江湖州税务学校	高级讲师

续表 30-2-2

姓 名	性别	出生年月	籍贯	毕业院校	工作单位	职称（学位）
卢电风	男	1944 年	霞寨镇高寨村	北京地质学院	福建省地震局	高级工程师
卢程江	男	1945 年 8 月	霞寨镇团结村	福建医学院	建瓯县卫生局	主任医师
卢明镇	男	1945 年 8 月	霞寨镇三合村	天津大学	天津科学器材设备厂	高级工程师
卢 畅	男	1951 年	霞寨镇后塘村	湖南中医学院	湖南医科大学	教授
卢聪生	男	1956 年	霞寨镇高寨村	龙岩煤矿学校	龙岩煤矿	高级工程师
卢新雄	男	1961 年	霞寨镇团结村	厦门大学	中国农业科学院	副研究员
卢坤平	男	1962 年 12 月	霞寨镇红楼村	福建医科大学	美国哈佛大学	教授（博士）
卢家华	男	1966 年 4 月	安厚镇	厦门大学	—	高级会计师
卢庆斌	男	1966 年 9 月	霞寨镇红楼村	福州大学	加拿大滑铁卢大学	教授（博士）
江洋泉	男	1939 年 11 月	大溪镇江寨村	华东师范大学	桂林电子科技大学	教授
江一平	男	1955 年 9 月	大溪镇江寨村	福建医科大学	福建医科大学	教授（博士）
江学录	男	1966 年 3 月	大溪镇江寨村	福建师范大学	甘肃省酒泉市教育局	中学高级教师
刘 维	男	1974 年 8 月	小溪镇新桥村	厦门大学	厦门会计师事务所	博士
何三家	男	1932 年	安厚镇	山东农学院	漳州市农业局	高级农艺师
何万年	男	1934 年 4 月	坂仔镇	福建师范学院	漳州市方志委	编审
何文正	男	1947 年	安厚镇	南京审计学院	新疆审计厅	高级审计师
何锦杰	男	1966 年 8 月	崎岭乡彭溪村	天津科技大学	厦门宝来膜结构公司	高级工程师
朱子城	男	1931 年 2 月	九峰镇	华东军政大学	石河子农业大学	教授
朱兹生	男	1935 年 11 月	九峰镇	浙江大学	兰州大学	教授
朱 淞	男	1940 年	九峰镇九峰村	台湾师范大学	平和台商联谊会	副教授
朱国辉	男	1955 年 6 月	九峰镇三坑村	清华大学	漳州职业技术学院	教授
朱耿南	男	1956 年 6 月	秀峰乡福塘村	厦门大学	福建省人民政府发展研究中心	研究员
朱 璜	男	1958 年	九峰镇三坑村	南京化工学院	广东肇庆市工业局	高级工程师
朱国宏	男	1963 年	长乐乡建三村	复旦大学	复旦大学	教授（博士）
李荷思	女	1934 年 11 月	小溪镇内林村	江西医学院	蚌埠市第二人民医院	主任医师
李木骞	男	1937 年	小溪镇西林村	福建师范学院	南靖县第一中学	中学高级教师
李龙洋	男	1938 年 7 月	小溪镇	福建医学院	南京军区福州空军医院	主任医师
李朝辉	男	1940 年 8 月	小溪镇产坑村	北京医学院	漳州市中医院	主任医师
李初权	男	1956 年 10 月	小溪镇五村村	厦门大学	厦门大学	教授
李志宏	男	1965 年 5 月	小溪镇西林村	福建师范大学	厦门集美中学	中学高教教师
李国和	男	1965 年	小溪镇	北京航空航天大学	中国石油大学	教授（博士）
李云鹏	男	1974 年 4 月	小溪镇内林村	福建体育学院	闽南师范大学	副教授
李炳坤	男	1963 年	坂仔镇山边村	厦门大学	中国科学院研究生院	博士
吴英煌	男	1932 年 8 月	大溪镇壶嗣村	沈阳农学院	厦门天马种猪场	高级工程师
吴文盛	男	1964 年 5 月	大溪镇石寨村	广西地质学院	北京经济学院	教授（博士）

续表 30-2-2

姓 名	性别	出生年月	籍贯	毕业院校	工作单位	职称（学位）
吴正金	男	1964 年 12 月	大溪镇峰山村	厦门大学	漳州市委党校	副教授
吴子毅	男	1980 年 2 月	小溪镇	福建农林大学	漳州市林业局	博士
吴淡湿	男	—	大溪镇壶嗣村	—	福清糖厂	高级会计师
吴茂坤	男	1946 年 5 月	大溪镇大二村	—	秦皇岛电子工业研究所	高级工程师
吴志鹏	男	1960 年 2 月	大溪镇大二村	天津工程师范大学	厦门资讯评估公司	高级经济师
吴大成	男	—	大溪镇坪塘村	—	漳州一中	中学高级教师
吴素枝	女	1975 年	大溪镇坪塘村	漳州师范学校	南京大学	博士
吴子雄	男	—	小溪镇旧县村	南开大学	中国原子能研究所	研究员
陈明辉	男	1944 年	霞寨镇	平和三中	漳州市前山医院	主任医师
陈李芹	女	1967 年 10 月	安厚镇	漳州师范学院	漳州一中	中学高级教师
陈思忠	男	1968 年	国强乡高坑村	漳州师范学院	漳州三中	中学高级教师
陈张海	男	1968 年	国强乡泮池村	厦门大学	复旦大学	教授（博士）
陈明树	男	1969 年 5 月	芦溪镇漳汀村	日本九州大学	厦门大学	教授（博士）
陈志强	男	1969 年 7 月	霞寨镇官峰村	福建林学院	南平造纸厂	高级工程师
陈显臻	男	1974 年 5 月	霞寨镇官峰村	福建医学院	厦门市妇幼医院	副主任医师
陈少斌	男	1975 年 7 月	芦溪镇漳汀村	浙江大学	福州大学	副教授（博士）
陈葆华	男	1979 年 2 月	芦溪镇漳汀村	西北大学	北京吉利大学	副教授（博士）
杨天民	男	1939 年 12 月	九峰镇城西村	南京大学	长江水利委员会	教授
杨玉琴	女	1932 年	霞寨镇彭林村	沈阳医科大学	辽宁省医院	教授
杨汉钊	男	1937 年 7 月	小溪镇	厦门大学	厦门大学	教授
杨明元	男	1951 年 3 月	山格镇高磜村	福州大学	福建省水文地质院	高级工程师
杨刚毅	男	1954 年 9 月	秀峰乡福塘村	厦门大学	中央电视台	高级编辑
杨锡明	男	—	山格镇高磜村	西安冶金建筑学校	漳州市城建设计室	高级工程师
罗如岗	男	1954 年 4 月	长乐乡建南村	长乐中学	闽南日报社	高级记者
罗东江	男	1954 年	长乐乡联三村	厦门大学	中化集团公司	高级经济师
罗水星	男	1962 年 9 月	长乐乡秀山村	景德镇陶瓷学院	晋江新奥燃气有限公司	高级工程师
罗锡钦	男	1963 年 8 月	长乐乡秀山村	福建建筑工程学院	福建省第七建筑工程公司	高级会计师
罗觉华	男	1963 年 8 月	长乐乡秀山村	福建师范大学	漳州市教育学院	副教授
张轨范	男	1919 年 10 月	安厚镇	中山大学	厦门二中	中学高级教师
张时达	男	1931 年 1 月	小溪镇新桥镇	福建农学院	浙江金华农学院	教授
张斯云	男	1937 年 11 月	小溪镇古楼村	厦门大学	福州大学	教授
张再昌	男	1942 年 8 月	安厚镇	龙溪卫校	漳州市医院	主任医师
张银生	男	1943 年 12 月	小溪镇	福建医学院	漳州市卫生防疫站	主任技师
张木发	男	1944 年	安厚镇东川村	河北地质学院	江西省地质局	高级工程师

续表 30-2-2

姓 名	性别	出生年月	籍贯	毕业院校	工作单位	职称（学位）
张居全	男	1945 年 10 月	安厚镇	广州中山大学	广州汾水中学	中学高级教师
张金镇	男	1945 年	安厚镇大坑村	福建师范学院	漳州海事局	高级工程师
张阿卜	男	1946 年 11 月	小溪镇新桥村	清华大学	厦门大学	教授
张德勇	男	1947 年 8 月	安厚镇	广东教育学院	潮州师范学校	中学高级教师
张俊侯	男	1947 年 11 月	安厚镇	福建师范大学	漳州一中	中学高级教师
张锡象	男	1947 年 8 月	文峰镇文美村	南京林学院	漳州市林权管理中心	高级工程师
张柳金	男	1949 年 12 月	小溪镇古楼村	中国工运学院	漳州华侨中学	中学高级教师
张天幸	男	1951 年 12 月	安厚镇山口村	中央电大	闽南地质大队	高级工程师
张顺明	男	1953 年	安厚镇	南京大学	闽南地质大队	高级工程师
张裕三	男	1954 年	小溪镇旧楼村	华中工学院	漳州市电力局	高级工程师
张连水	男	1955 年	安厚镇	福建林学院	漳州市农科所	高级工程师
张钦文	男	1958 年 6 月	安厚镇大坑村	—	福建省地质局	高级工程师
张秀芬	女	1958 年 8 月	小溪镇古楼村	广州中医医院	漳州市医院	副主任医师
张镇雄	男	1958 年 9 月	安厚镇大径村	厦门大学	福建省信用总社	高级经济师
张伦添	男	1960 年	大溪镇廖安村	厦门大学	新华社福建分社	高级记者
张金文	男	1962 年	安厚镇下新楼村	福建农林学院	漳州市农科所	高级工程师
张民胜	男	1963 年 8 月	小溪镇新桥村	厦门大学	漳州市委党校	副教授
张东辉	男	1964 年 8 月	安厚镇双马村	大学毕业	中外合资企业	高级工程师
张明煌	男	1965 年 9 月	安厚镇龙门村	福建师范大学	美国通用汽车公司	博士
张河山	男	1968 年 4 月	小溪镇玉溪村	福州大学	厦门光达融通有限公司	高级工程师
张志刚	男	1968 年 12 月	安厚镇	福建农林大学	厦门银祥食品有限公司	高级工程师
张　军	男	1969 年	国强乡泮池村	上海交通大学	厦门嵩屿电厂	高级工程师
张芬芳	女	1969 年 5 月	小溪镇古楼村	漳州师范学院	漳州二中	中学高级教师
张文勇	男	1970 年 8 月	小溪镇古楼村	四川大学	中国金茂上海公司	高级工程师
张民主	男	1971 年 2 月	小溪镇玉溪村	中国矿业大学	厦门建筑设计院	国家一级建筑结构工程师
张金发	男	1973 年 6 月	安厚镇下坪村	福建师范大学	闽南师范大学	副教授（博士）
张春山	男	1974 年 5 月	小溪镇宝善村	福建师范大学	漳州一中	中学高级教师
张　玲	女	1974 年	国强乡泮池村	厦门大学	厦门市土地局	高级经济师
张永明	男	1975 年 1 月	小溪镇玉溪村	漳州大学	福建求源建设发展有限公司	国家一级建造师
张锦棠	男	1975 年 1 月	小溪镇古楼村	福州大学	厦门市公路局中平监理公司	高级工程师
张荣茂	男	1976 年	国强乡泮池村	福建师范大学	浙江大学	副教授（博士）
张晓娟	女	1980 年 8 月	小溪镇玉溪村	福建师范大学	福州大学	副教授
张世芳	男	1980 年	国强乡泮池村	福建师范大学	福建师范大学	博士

续表 30-2-2

姓 名	性别	出生年月	籍贯	毕业院校	工作单位	职称（学位）
张建华	女	1981 年 10 月	文峰镇文美村	中国农业大学	中科院徽生物所	博士
张景斌	男	1983 年 8 月	小溪镇新桥村	南京大学	厦门第一医院	博士
林守仁	男	1932 年	山格镇山格村	福建农学院	内蒙古园艺研究所	研究员
林锡乾	男	1937 年 6 月	山格镇	上海体育学院	上海师范大学	教授
林清标	男	1939 年	崎岭乡顶寨村	北京大学	航天部第四研究院	研究员
林兆祥	男	1940 年 10 月	崎岭乡诗坑村	福州大学	福州大学	教授
林清江	男	1944 年 4 月	安厚镇	福建师范大学	厦门大学	教授
林乾成	男	1944 年	小溪镇高南村	浙江大学	三明市技术监督局	高级工程师
林陆三	男	1946 年 8 月	山格镇山格村	福建农学院	美国量子生物集团公司	教授（博士）
林毅夫	男	1953 年	安厚镇龙头村	北京大学	北京大学	教授（博士）
林鹰漳	男	1958 年 3 月	山格镇铜中村	中国社科院	福建省审计局	高级统计师
林鸣德	男	1959 年 5 月	崎岭乡顶寨村	福州大学	厦门南洋职业学院	高级工程师
林荣日	男	1963 年 1 月	芦溪镇九曲村	中南工业大学	复旦大学	教授（博士）
林海军	男	1963 年 5 月	长乐乡葵山村	厦门大学	香港东方日报社	高级记者
林智生	男	1963 年 6 月	南胜镇	福建师范学院	漳州立人学校	中学高级教师
林明山	男	1964 年 9 月	小溪镇	四川大学	漳州职业技术学院	副教授
林成光	男	1964 年 4 月	山格镇铜中村	—	漳州市建筑工程造价管理站	高级工程师
林　岩	男	1964 年 5 月	安厚镇	福州大学	厦门轻工学校	副教授
林顺来	男	1964 年 10 月	南胜镇	福建师范大学	漳州三中	中学高级教师
林长青	男	1965 年 3 月	崎岭乡南湖村	厦门大学	教育部考试中心	高级会计师
林志重	男	1966 年 11 月	安厚村田径村	华东水利学院	武警部队水电指挥部	高级工程师
林培榕	男	1966 年	文峰镇文洋村	北京师范大学	闽南师范大学	副教授
林隆富	男	1966 年 1 月	崎岭乡南湖村	大连美工大学	厦门建发集团	高级工程师
林江涛	男	1969 年	崎岭乡顶寨村	北京大学	美国休斯敦石油集团公司	博士
林岚	女	1971 年 8 月	小溪镇	福建师范大学	福建师范大学	教授（博士）
林江舸	男	1972 年 8 月	崎岭乡顶寨村	同济大学	航天部第二研究院	高级工程师
林志毅	男	1973 年 5 月	安厚镇龙头村	厦门大学	深圳证券有限公司	博士
林　俊	男	1973 年	安厚镇	北京医科大学	—	主任医师（博士）
林莉静	男	1975 年	安厚镇	华侨大学	漳州德胜资产评估有限公司	高级会计师
林向民	男	1977 年	文峰镇文洋村	广州大学	苏州医学院	教授
林达成	男	1979 年	坂仔镇民主村	中国科技大学	美国麻省理工学院	博士
林锦霞	女	1981 年 10 月	安厚镇鸽溪村	华东理工大学	漳州片仔癀药业股份有限公司	博士
林俊宏	男	1982 年 4 月	崎岭乡南湖村	北京理工大学	中国农业银行总行	高级工程师

续表 30-2-2

姓名	性别	出生年月	籍贯	毕业院校	工作单位	职称（学位）
林志达	男	—	五寨乡前岭村	福建师范大学	福建师范大学	博士
周日升	男	1927年10月	霞寨镇群英村	福州协和大学	集美教育学院	教授
周定谷	男	1930年	霞寨镇寨里村	—	郑州粮食学院	副教授
周盛德	男	1930年11月	霞寨镇群英村	北京外语学院	厦门大学	教授
周允声	男	1931年	霞寨镇群英村	—	漳州市计委	高级工程师
周介天	男	1932年2月	霞寨镇群英村	华南工学院	沈阳钢网厂	高级工程师
周其顺	男	1935年	霞寨镇寨里村	平和三中	首都机场 第一飞行总队	一级飞行员
周如潺	男	1938年	霞寨镇群英村	福建林学院	厦门亚热带研究所	副研究员
周汉清	男	1938年	霞寨镇寨里村	—	龙溪师范学校	中学高级教师
周国武	男	1938年	霞寨镇彭林村	华东工业大学	华东工业大学	副研究员
周进仪	男	1938年	霞寨镇寨里村	西安交通大学	厦门自行车公司	高级工程师
周雅谷	男	1939年	霞寨镇群英村	北京体育学院	龙溪师范学校	高级讲师
周淑女	女	1941年	霞寨镇群英村	漳州师范学校	漳州市医院	中学高级教师
周守沄	男	1941年	霞寨镇寨里村	北京地质学院	新疆地质矿产局	高级工程师
周淑美	女	1947年	霞寨镇群英村	福建医科大学	漳市中医院	主任医师
周弋	男	1948年1月	霞寨镇群英村	福建师范大学	漳州师范学院	教授
周靓萍	女	1955年	霞寨镇群英村	福建师范大学	龙溪师范学院	副教授
周建辉	男	1957年3月	霞寨镇寨里村	厦门大学	美国加利福尼亚大学	博士
周旻	男	1958年10月	霞寨镇寨里村	厦门大学	厦门广播电视集团	高级编辑
周陈亮	男	1959年	霞寨镇群英村	厦门大学	海军油料研究所	高级工程师
周昱	男	1962年8月	霞寨镇寨里村	厦门大学	厦门市商业局	高级工程师
周榕清	男	1971年	霞寨镇	福建师范大学	闽江学院	副教授
胡士荣	男	1963年	南胜镇	成都地质学院	闽南地质大队	高级工程师
胡少鹏	男	1954年9月	南胜镇南胜村	华东师大	厦门英才学校	中学高级教师
黄庄钦	男	1924年	霞寨镇岩岭村	哈尔滨医科大学	漳州市医院	主任医师
黄风长	男	1929年	霞寨镇西安村	—	华侨大学	教授
黄良民	男	1943年4月	霞寨镇高山村	—	福建省卫生厅	主任医师
黄永东	男	1947年	霞寨镇建设村	福建中医学院	福建中医学院	教授
黄大林	男	1953年4月	霞寨镇钟腾村	福建师范大学	漳州城市职业学院	副教授
黄志文	男	1953年7月	小溪镇中东街	同济大学	漳州市龙文区政协	高级工程师
黄加法	男	1953年8月	霞寨镇村东村	平和三中	北京艺华出版社	高级记者
黄弄科	男	1953年	霞寨镇建设村	漳州师院	漳州师院	教授
黄建忠	男	1963年	崎岭乡浮坪村	哈尔滨工业大学	北京重工业单位	高级工程师
黄达平	男	1964年11月	国强乡乾岭村	—	—	博士
黄清秀	女	1966年12月	山格镇	福建师范大学	福建省统计局	高级统计师

续表 30-2-2

姓 名	性别	出生年月	籍贯	毕业院校	工作单位	职称（学位）
黄裕生	男	1965 年	霞寨镇坑内村	厦门大学	中科院中国人文研究中心	博士
黄景亮	男	1944 年 11 月	霞寨镇建设村	北京地质学院	中国煤炭地质总局广东煤炭地质局	高级工程师
黄学锋	男	1940 年 8 月	霞寨镇坑内村	福州大学	广州珠江电化厂	高级工程师
黄奇才	男	—	崎岭乡	厦门大学	—	高级工程师
黄跃文	男	1963 年 6 月	坂仔镇山边村	福建师范大学	漳州城市职业管理学院	教授
游开泓	男	—	秀峰村	福建中医学院	漳州市医院	主任医师
梁广和	男	1956 年	小溪镇	福建师范大学	美国硅谷科技公司	高级工程师（博士）
曾友三	男	1932 年	国强乡	湖北医学院	漳州市医院	主任医师
曾庆銮	男	1937 年 11 月	九峰镇九峰村	北京地质学院	宜昌地质研究所	研究员
曾宁远	男	1938 年	九峰镇	—	中国医药学院	副教授
曾宪政	男	1946 年	九峰镇眉山村	美国华盛顿大学	台湾工业技术学院	教授（博士）
曾宪章	男	1948 年	九峰镇眉山村	美国加利福尼亚大学	香港城市大学	教授（博士）
曾活水	男	1948 年 11 月	九峰镇	厦门大学	国家海洋局第三海洋研究所	高级工程师
曾福建	男	1950 年 5 月	崎岭乡新南村	西南交通大学	第 31 集团军装备部	高级工程师
曾巨威	男	1951 年	九峰镇九峰村	美国奥克拉荷马州立大学	台湾政治大学	教授（博士）
曾宪斌	男	1952 年	九峰镇眉山村	台湾成功大学	台湾东南工业专科学校	高级讲师
曾若玄	男	1954 年	九峰镇九峰村	美国德拉威大学	美国德拉威大学	博士
曾　亮	男	1955 年 7 月	九峰镇霞北村	上海医科大学	上海医科大学	教授（博士）
曾履平	男	1955 年	九峰镇黄田村	美国德克萨斯大学	美国波特兰大学	教授（博士）
曾荣火	男	1956 年	九峰镇福山村	—	福建向荣集团	高级工程师
曾戒征	男	1948 年	九峰镇霞北村	美国马利兰州国立医学大学	台湾大学医学研究院	研究员（博士）
曾祥器	男	1960 年	九峰镇眉山村	清华大学	中原大学	教授（博士）
曾少聪	男	1962 年 12 月	九峰镇黄田村	厦门大学	中国社会科学院	教授（博士）
曾凡明	男	1962 年	九峰镇霞北村	海军工程学院	海军工程学院	教授（博士）
曾文生	男	1964 年 12 月	九峰镇九峰村	厦门大学	厦门市人大常委会	主任记者
曾尚波	男	1964 年 7 月	崎岭乡桂竹村	福州大学	漳州市医院	高级统计师
曾文彦	男	1965 年	九峰镇九峰村	德国慕尼黑大学	中国科学院电子工业研究所	教授（博士）
曾泳春	女	1970 年 1 月	九峰镇九峰村	东华大学	东华大学	教授（博士）
曾彧新	男	1971 年 12 月	九峰镇	南京农业大学	厦门兴海湾监理咨询有限公司	高级工程师

续表 30-2-3

姓 名	性别	出生年月	籍贯	毕业院校	工作单位	职称（学位）
曾润颖	男	1973 年 2 月	九峰镇九峰村	厦门大学	国家海洋局	研究员（博士）
曾中华	男	1973 年 6 月	崎岭乡桂竹村	福建农业大学	漳州市动物疾抗中心	高级兽医师
赖拔萃	男	1929 年 9 月	坂仔镇心田村	厦门大学	浙江金华大学	教授
赖忠义	男	1937 年 10 月	坂仔镇仁山村	福建农学院	漳州市企业局	高级工程师
赖俊哲	男	1946 年 1 月	安厚镇	厦门大学	福建省博物馆	研究员
赖崇友	男	1953 年 4 月	安厚镇白石村	福建地质学校	闽南地质大队	高级经济师
赖清金	男	1955 年 11 月	安厚镇龙门村	福建农学院	漳州市畜牧局	高级兽医师
赖雄麟	男	1957 年	安厚镇白石村	厦门大学	西安科技大学	教授（博士生导师）
赖少英	女	1957 年	国强乡新建村	厦门大学	福建省二轻厅	高级会计师（博士）
赖黄平	女	1959 年 9 月	安厚镇龙门村	厦门大学	漳州市委党校	副教授
赖 云	男	1961 年	安厚镇	上海电力学院	厦门火电厂	高级工程师
赖亚生	男	1962 年 11 月	坂仔镇西坑村	厦门大学	民间文化杂志社	副编审
赖仕贤	男	1964 年	国强乡碧岭村	—	漳州市公路局	高级工程师
赖银艺	男	1967 年 3 月	安厚镇龙门村	福建师范大学	中国（香港）国际投资集团有限公司	高级经济师
赖孟情	男	1967 年	坂仔镇心田村	厦门大学	集美大学	教授
赖永贵	男	1971 年 3 月	国强乡凤山村	福建农林大学	漳州职业技术学院	副教授
赖文北	男	1973 年 8 月	安厚镇	沈阳工程学院	解放军驻闽某部	高级工程师
赖聪林	男	1976 年	安厚镇	漳州师院	龙海一中	中学高级教师
赖加本	男	1928 年 9 月	坂仔镇心田村	厦门大学	杭州大学	教授
赖鹏华	女	1979 年 7 月	坂仔镇联建村	广州中医药大学	厦门大学医学院	博士
赖鹏斌	男	1971 年 2 月	坂仔镇联建村	福建医科大学	漳州市医院	博士
赖国明	男	1971 年 11 月	坂仔镇联建村	中山大学	广东省惠州学院	博士
赖宗民	男	1947 年 12 月	坂仔镇仁山村	石家庄军事工程学院	哈尔滨部队建筑工程队	高级总工程师
蔡江水	男	1936 年 3 月	小溪镇	南京农学院	南京农业大学	教授
蔡耀日	男	1964 年 12 月	小溪镇湖田村	华东石油学院	广东石油化工厂	高级工程师
蔡俊坚	男	1972 年	山格镇隆庆村	厦门大学	中国京冶集团上海设计院	高级工程师
蔡志荣	男	1974 年	山格镇隆庆村	华侨大学	上海金牌记装潢设计公司	高级工程师
蔡伟伟	男	1980 年 11 月	小溪镇湖田村	中国科学院	美国德克萨斯大学（2010年调回厦大）	博士后
蔡泽平	男	1957 年 11 月	小溪镇湖田村	中国科学院研究生院	中科院南海海洋研究所	教授（博士）
魏 超	男	1958 年	小溪镇	福建农业大学	美国辛辛那大学	研究员（博士）

1989—2007 平和籍在县内获副高级及以上专业技术职称人员名表

表 30-2-3

乡镇	姓名	出生年月	职称	聘任年月	聘任职称时所在工作单位
小溪镇	王金钩	1943 年 2 月	中学高级教师	1997 年 3 月	平和职业技术学校
	方碧章	1965 年 9 月	中学高级教师	2007 年 12 月	平和六中
	卢金汉	1939 年 12 月	中学高级教师	1997 年 3 月	平和职业技术学校
	卢忠南	1949 年 10 月	中学高级教师	1999 年 1 月	文成中学
	卢雅秋（女）	1954 年 10 月	副主任医师	1999 年 12 月	平和县医院
	卢鼎亮	1960 年 6 月	中学高级教师	2003 年 3 月	平和一中
	卢雅观（女）	1960 年 7 月	副主任医师	1998 年 4 月	平和县妇幼保健院
	卢蔚娟	1966 年 1 月	中学高级教师	2006 年 3 月	平和一中
	石建平	1948 年 1 月	中学高级教师	2005 年 2 月	南胜中学
	朱素华（女）	1949 年 10 月	中学高级教师	2003 年 4 月	平和一中
	阮海棠	1963 年 5 月	中学高级教师	2006 年 3 月	正兴学校
	吴栋梁	1943 年 7 月	中学高级教师	1999 年 1 月	平和一中
	吴七章	1945 年 4 月	中学高级教师	1994 年 6 月	平和一中
	吴伟鹏	1963 年 6 月	中学高级教师	2003 年 3 月	平和一中
	李尚武	1947 年 1 月	中学高级教师	1998 年 1 月	平和县成人中专
	李国亮	1949 年 12 月	中学高级教师	2002 年 4 月	小溪中学
	李灿辉	1950 年 4 月	中学高级教师	2002 年 4 月	平和职业技术学校
	李炳丁	1951 年 2 月	副主任医师	2007 年 12 月	城关社区卫生服务中心
	李亚信	1949 年 2 月	高级技师	2001 年 1 月	小溪镇西林村
	李国荣	1953 年 7 月	高级技师	2001 年 1 月	小溪镇旧楼村
	李以林	1956 年 7 月	中学高级教师	2005 年 2 月	育才中学
	李友庆	1957 年 4 月	高级技师	2001 年 1 月	小溪镇联光村
	李成龙	1959 年 3 月	中学高级教师	2003 年 3 月	平和一中
	李木山	1966 年 10 月	中学高级教师	2007 年 2 月	育才中学
	李圣福	1967 年 6 月	中学高级教师	2006 年 3 月	正兴学校
	李素云（女）	1968 年 11 月	中学高级教师	2003 年 3 月	育才学校
	张元雄	1939 年 4 月	副主任医师	1992 年 8 月	平和县医院
	张国标	1941 年 4 月	主任医师	1998 年 8 月	平和县医院
	张炳根	1939 年 1 月	中学高级教师	1998 年 3 月	国强中学
	张庆安	1943 年 8 月	中学高级教师	2000 年 4 月	平和一中
	张庆水	1945 年 11 月	中学高级教师	2000 年 1 月	平和职业技术学校
	张惠琴（女）	1956 年 12 月	副主任医师	2007 年 1 月	平和县医院
	张永乐	1962 年 10 月	副主任医师	2000 年 12 月	平和县医院
	张良生	1968 年 9 月	中学高级教师	2007 年 4 月	正兴学校
	杨生东	1965 年 9 月	中学高级教师	2007 年 11 月	坂仔职业中学
	林丽环（女）	1953 年 8 月	中学高级教师	2004 年 1 月	金华小学

续表 30-2-3

乡镇	姓名	出生年月	职称	聘任年月	聘任职称时所在工作单位
小溪镇	林丁和	1963 年 3 月	中学高级教师	2007 年 4 月	正兴学校
	黄青梅	1946 年 4 月	中学高级教师	2000 年 4 月	平和一中
	黄文志	1948 年 12 月	副主任医师	1998 年 1 月	平和县妇幼保健院
	彭大雄	1943 年 8 月	中学高级教师	1999 年 7 月	平和县进修学校
	曾和群	1937 年 1 月	副主任医师	1988 年 3 月	平和县疾控中心
	曾兆建	1944 年 7 月	中学高级教师	1998 年 3 月	文成中学
	曾庆铭	1952 年 11 月	中学高级教师	2001 年 2 月	文成中学
	赖添德	1939 年 6 月	中学高级教师	1998 年 1 月	平和一中
	赖永定	1941 年 11 月	中学高级教师	2000 年 4 月	平和一中
	蔡新民	1937 年 10 月	副主任医师	1995 年 10 月	平和县医院
	蔡海军	1939 年 9 月	中学高级教师	1998 年 1 月	平和一中
	蔡三民	1940 年 5 月	副主任医师	1998 年 3 月	平和县医院
	蔡　进	1938 年 3 月	中学高级教师	1998 年 1 月	平和一中
	蔡火经	1949 年 7 月	中学高级教师	2000 年 2 月	平和一中
	蔡炳光	1952 年 2 月	高级讲师	2007 年 1 月	中共平和县委党校
	蔡福生	1958 年 11 月	中学高级教师	2006 年 9 月	平和县进修学校
	蔡雯娴（女）	1959 年 11 月	中学高级教师	2000 年 4 月	新星幼儿园
	蔡祖勤	1968 年 9 月	中学高级教师	2006 年 9 月	平和一中
九峰镇	孙天生	1962 年 1 月	中学高级教师	2006 年 9 月	平和二中
	朱全图	1934 年 3 月	中学高级教师	1992 年 8 月	平和二中
	朱元杖	1938 年 7 月	副主任医师	—	平和县卫生学校
	朱元暹	1940 年 10 月	中学高级教师	1998 年 1 月	平和县进修学校
	朱松才	1941 年 1 月	中学高级教师	1992 年 8 月	平和二中
	朱双强	1941 年 9 月	中学高级教师	1995 年 1 月	平和一中
	朱高健	1944 年 5 月	副研究馆员	2003 年 11 月	平和县博物馆
	朱乾武	1946 年 5 月	中学高级教师	1995 年 8 月	九峰学区
	朱一心	1946 年 12 月	中学高级教师	2001 年 1 月	平和二中
	朱树南	1947 年 7 月	中学高级教师	2001 年 1 月	平和二中
	朱狮	1949 年 1 月	中学高级教师	2006 年 9 月	平和二中
	朱树萼	1949 年 8 月	中学高级教师	2001 年 1 月	平和二中
	朱清其	1953 年 9 月	中学高级教师	1997 年 12 月	文成中学
	朱梅生	1955 年 1 月	中学高级教师	2006 年 10 月	平和二中
	朱荣圳	1956 年 2 月	中学高级教师	2001 年 2 月	平和二中
	朱洪涛	1957 年 10 月	中学高级教师	2003 年 3 月	平和二中
	朱秀眉（女）	1959 年 2 月	高级农艺师	2005 年 6 月	县农业局茶叶站
	朱英才	1941 年 9 月	中学高级教师	2006 年 9 月	平和二中
	朱丽蓉（女）	1969 年 5 月	高级农艺师	2007 年 1 月	县农业局

续表 30-2-3

乡镇	姓名	出生年月	职称	聘任年月	聘任职称时所在工作单位
九峰镇	朱福平	1959 年 12 月	中学高级教师	2003 年 3 月	平和一中
	朱文锐	1962 年 1 月	中学高级教师	2006 年 3 月	平和一中
	朱伟民	1962 年 7 月	中学高级教师	1994 年 4 月	平和二中
	朱振强	1963 年 3 月	中学高级教师	1998 年 1 月	平和一中
	朱大良	1963 年 3 月	中学高级教师	2006 年 10 月	平和二中
	朱志愿	1963 年 4 月	中学高级教师	2003 年 3 月	平和二中
	朱建国	1964 年 1 月	中学高级教师	2004 年 1 月	九峰学区
	朱忠延	1965 年 9 月	高级工程师	2007 年 11 月	县水产技术推广站
	朱恩忠	1965 年 12 月	中学高级教师	2004 年 3 月	平和二中
	朱瑞专	1968 年 3 月	中学高级教师	2006 年 9 月	平和一中
	朱建兴	1969 年 2 月	中学高级教师	2006 年 3 月	崎岭中学
	何建忠	1964 年 1 月	中学高级教师	2006 年 10 月	平和二中
	吴凯武	1964 年 1 月	中学高级教师	2006 年 9 月	平和二中
	吴勇锐	1967 年 7 月	中学高级教师	2003 年 4 月	平和二中
	杨素华（女）	1950 年 8 月	高级讲师	2005 年 12 月	中共平和县委党校
	杨文生	1964 年 4 月	中学高级教师	2001 年 7 月	九峰学区
	林德生	1966 年 6 月	中学高级教师	2001 年 1 月	平和一中
	陈　垦	1955 年 5 月	中学高级教师	2001 年 1 月	平和二中
	陈志贤	1962 年 4 月	中学高级教师	2005 年 2 月	小溪中学
	陈奎璧	1967 年 12 月	中学高级教师	2006 年 3 月	正兴学校
	李启炎	1960 年 6 月	中学高级教师	1998 年 1 月	平和二中
	罗清溪	1961 年 12 月	中学高级教师	2003 年 3 月	平和二中
	黄南川	1942 年 2 月	中学高级教师	1997 年 2 月	平和二中
	黄连兴	1966 年 1 月	中学高级教师	2006 年 9 月	平和二中
	黄炬辉	1967 年 3 月	中学高级教师	2006 年 3 月	正兴学校
	游振尧	1936 年 2 月	中学高级教师	1997 年 12 月	平和二中
	游立仪	1947 年 1 月	中学高级教师	2003 年 3 月	平和二中
	曾宪开	1936 年 1 月	中学高级教师	1997 年 12 月	平和二中
	曾其昌	1939 年 9 月	副主任医师	1999 年 4 月	县疾控中心
	曾俊仁	1942 年 11 月	中学高级教师	2002 年 3 月	平和二中
	曾建民	1944 年 1 月	中学高级教师	2001 年 1 月	平和二中
	曾三平	1944 年 2 月	中学高级教师	2003 年 3 月	平和县进修学校
	曾庆发	1944 年 7 月	中学高级教师	2003 年 3 月	平和二中
	曾剑虹	1946 年 1 月	中学高级教师	1997 年 5 月	平和二中
	曾　雄	1946 年 3 月	中学高级教师	2003 年 3 月	平和二中
	曾锡强	1947 年 11 月	中学高级教师	2006 年 9 月	平和二中
	曾文渊	1947 年 11 月	中学高级教师	2006 年 9 月	平和二中

续表 30-2-3

乡镇	姓名	出生年月	职称	聘任年月	聘任职称时所在工作单位
九峰镇	曾杰山	1948 年 3 月	中学高级教师	2003 年 3 月	平和二中
	曾长川	1950 年 1 月	中学高级教师	2066 年 9 月	平和二中
	曾宪顺	1954 年 11 月	中学高级教师	2003 年 3 月	平和二中
	曾文高	1956 年 7 月	中学高级教师	2006 年 9 月	平和一中
	曾铭锋	1958 年 2 月	中学高级教师	2005 年 2 月	小溪中学
	曾木生	1958 年 5 月	中学高级教师	2003 年 5 月	九峰学区
	曾加益	1959 年 4 月	副主任医师	2007 年 12 月	平和县中医院
	曾俊雄	1959 年 9 月	中学高级教师	2001 年 1 月	平和三中
	曾冠生	1960 年 1 月	中学高级教师	2003 年 3 月	平和三中
	曾国顺	1961 年 11 月	中学高级教师	1998 年 1 月	平和二中
	曾凡庭	1962 年 1 月	中学高级教师	2001 年 2 月	平和二中
	曾发挥	1962 年 4 月	中学高级教师	2003 年 3 月	平和二中
	曾双荣	1962 年 8 月	中学高级教师	2003 年 4 月	平和二中
	曾文钦	1963 年 2 月	中学高级教师	2004 年 3 月	育才中学
	曾　锋	1963 年 11 月	高级工程师	1998 年 1 月	福建龙溪集团公司
	曾立民	1633 年 11 月	中学高级教师	2003 年 3 月	平和一中
	曾友三	1964 年 2 月	中学高级教师	2001 年 1 月	平和四中
	曾湘平	1964 年 5 月	中学高级教师	2004 年 3 月	平和县成人中专
	曾铭镇	1964 年 7 月	中学高级教师	2003 年 3 月	平和一中
	曾英杰	1964 年 7 月	中学高级教师	2001 年 1 月	平和二中
	曾志鸿	1965 年 10 月	高级农艺师	2000 年 3 月	县农业局
	曾金华	1966 年 4 月	中学高级教师	2003 年 3 月	平和二中
	曾铭文	1967 年 8 月	副主任医师	2007 年 12 月	平和县医院
	曾碧桂（女）	1968 年 2 月	中学高级教师	2006 年 2 月	平和二中
	曾志良	1968 年 2 月	中学高级教师	2006 年 9 月	平和一中
	曾锦川	1968 年 4 月	中学高级教师	2006 年 9 月	长乐学校
	曾丽玲（女）	1970 年 9 月	高级工程师	2007 年 12 月	平和县建设工程质监站
	曾立奇	1970 年 11 月	中学高级教师	2006 年 5 月	九峰学区
霞寨镇	卢锻炼	1939 年 8 月	中学高级教师	1994 年 12 月	平和六中
	卢兆民	1941 年 8 月	高级工程师	1998 年 6 月	平和电力公司
	卢六海	1945 年 9 月	高级农艺师	1995 年 7 月	平和县农机推广站
	卢育明	1948 年 2 月	中学高级教师	2001 年 1 月	平和三中
	卢登南	1948 年 9 月	中学高级教师	2004 年 2 月	平和三中
	卢　平	1955 年 9 月	中学高级教师	2006 年 9 月	平和县进修学校
	卢明峰	1955 年 12 月	中学高级教师	2001 年 1 月	小溪中学
	卢跃泽	1956 年 6 月	中学高级教师	1994 年 8 月	平和三中
	卢志杰	1960 年 4 月	中学高级教师	2001 年 1 月	文峰中学

续表 30-2-3

乡镇	姓名	出生年月	职称	聘任年月	聘任职称时所在工作单位
霞寨镇	卢荣辉	1960 年 7 月	副主任医师	2000 年 12 月	霞寨中心卫生院
	卢少安	1963 年 4 月	中学高级教师	2006 年 9 月	平和三中
	卢文卡	1963 年 11 月	中学高级教师	2003 年 3 月	平和一中
	卢启林	1964 年 7 月	中学高级教师	2001 年 1 月	平和五中
	卢春夏	1964 年 10 月	中学高级教师	2006 年 9 月	平和一中
	卢和成	1967 年 2 月	中学高级教师	2003 年 3 月	正兴学校
	卢松茂	1967 年 9 月	副主任医师	2007 年 12 月	平和县医院
	卢明智	1968 年 12 月	中学高级教师	2007 年 4 月	正兴学校
	卢永安	1963 年 11 月	中学高级教师	2001 年 1 月	平和三中
	庄耀坤	1938 年 4 月	高级农艺师	1992 年 10 月	平和县农业局
	庄全国	1943 年 8 月	中学高级教师	1998 年 1 月	平和三中
	朱绍平	1948 年 10 月	高级畜牧师	2000 年 3 月	县动物疫病预防中心
	朱高德	1963 年 3 月	高级经济师	2003 年 11 月	县外经贸局
	朱琪瑞	1964 年 8 月	高级工程师	2006 年 12 月	县广电局
	吴两木	1962 年 10 月	高级经营师	2007 年 8 月	县经贸局
	陈春雨	1955 年 4 月	中学高级教师	2000 年 3 月	小坪初级中学
	张学成	1997 年 9 月	中学高级教师	2003 年 4 月	平和六中
	周水波	1938 年 12 月	中学高级教师	1998 年 10 月	文成中学
	周阿省	1945 年 7 月	副主任医师	2001 年 6 月	县疾控中心
	周连柜	1947 年 7 月	中学高级教师	1997 年 12 月	平和三中
	周充禄	1947 年 11 月	中学高级教师	2001 年 1 月	平和三中
	周炳炎	1948 年 8 月	副主任医师	1998 年 2 月	平和县医院
	周普生	1953 年 8 月	中学高级教师	2001 年 1 月	平和三中
	周秀卿（女）	1955 年 4 月	中学高级教师	2005 年 2 月	文成中学
	周毅生	1957 年 12 月	中学高级教师	2004 年 3 月	平和三中
	周建树	1962 年 2 月	主任医师	2004 年 7 月	平和县医院
	周和成	1962 年 4 月	中学高级教师	2003 年 3 月	平和一中
	周文强	1963 年 12 月	中学高级教师	2003 年 3 月	平和一中
	周可忠	1966 年 8 月	中学高级教师	2003 年 3 月	平和三中
	赵解放	1962 年 10 月	中学高级教师	2001 年 2 月	国强中学
	黄若镇	1936 年 12 月	中学高级教师	1995 年 1 月	平和三中
	黄春荣	1942 年 1 月	中学高级教师	2001 年 1 月	平和县进修学校
	黄玉春（女）	1942 年 3 月	副主任医师	1996 年 11 月	平和县医院
	黄仰东	1944 年 5 月	中学高级教师	1998 年 1 月	平和三中
	黄福东	1949 年 11 月	中学高级教师	2002 年 1 月	大坪中学
	黄武装	1950 年 1 月	副主任医师	2002 年 5 月	平和县医院
	黄荣义	1950 年 11 月	中学高级教师	2002 年 6 月	霞寨学区

续表 30-2-3

乡镇	姓名	出生年月	职称	聘任年月	聘任职称时所在工作单位
芦溪镇	黄大顺	1952 年 2 月	中学高级教师	1998 年 1 月	平和三中
	黄荣秋	1953 年 8 月	中学高级教师	2004 年 3 月	平和三中
	黄妙英（女）	1955 年 5 月	中学高级教师	2005 年 2 月	平和县进修学校
	黄炳祥	1955 年 5 月	中学高级教师	1996 年 7 月	平和三中
	黄裕堂	1957 年 8 月	中学高级教师	2005 年 2 月	小溪中学
	黄天瑞	1954 年 10 月	高级农艺师	2000 年 3 月	县农业局
	黄绿林	1962 年 2 月	高级农艺师	2000 年 3 月	县农业局
	黄舜生	1957 年 9 月	中学高级教师	2004 年 10 月	平和县进修学校
	黄勇跃	1959 年 11 月	副主任医师	1998 年 4 月	平和县医院
	黄坤山	1960 年 5 月	中学高级教师	2003 年 3 月	平和一中
	黄科元	1960 年 9 月	中学高级教师	2003 年 3 月	平和三中
	黄财林	1963 年 6 月	中学高级教师	2003 年 3 月	大坪中学
	黄建平	1963 年 7 月	中学高级教师	2003 年 3 月	平和一中
	黄坤成	1963 年 10 月	中学高级教师	2003 年 4 月	平和六中
	黄伯亮	1964 年 11 月	中学高级教师	2001 年 1 月	平和一中
	黄珠卿（女）	1965 年 9 月	中学高级教师	2006 年 9 月	平和一中
	黄楚雄	1966 年 3 月	中学高级教师	2007 年 12 月	平和六中
	黄　华	1966 年 5 月	高级工程师	2001 年 12 月	县广电局
	黄建文	1966 年 6 月	高级经济师	1998 年 12 月	霞寨镇人民政府
	黄海清	1968 年 4 月	中学高级教师	2006 年 9 月	平和一中
	黄志斌	1968 年 12 月	中学高级教师	2006 年 9 月	平和一中
	曾长辉	1962 年 2 月	中学高级教师	1998 年 1 月	平和县进修学校
	叶湖东	1940 年 7 月	中学高级教师	1999 年 1 月	平和一中
	叶大钟	1940 年 9 月	中学高级教师	1997 年 12 月	芦溪中学
	叶智明	1942 年 1 月	中学高级教师	1999 年 1 月	平和一中
	叶燕林	1942 年 7 月	中学高级教师	1998 年 1 月	平和一中
	叶三凤	1943 年 8 月	中学高级教师	1997 年 5 月	坂仔学区
	叶荣亮	1944 年 1 月	中学高级教师	2001 年 1 月	平和一中
	叶俊中	1945 年 2 月	中学高级教师	2001 年 1 月	平和县教育督导室
	叶大闹	1947 年 10 月	中学高级教师	1999 年 4 月	集成中学
	叶长江	1953 年 4 月	中学高级教师	2005 年 2 月	芦溪中学
	叶文龙	1955 年 3 月	中学高级教师	2001 年 1 月	平和一中
	叶静波	1960 年 1 月	中学高级教师	2000 年 1 月	平和县教育督导室
	叶惠生	1961 年 6 月	副主任医师	2000 年 12 月	平和县医院
	叶振强	1962 年 5 月	中学高级教师	2001 年 7 月	芦溪学区
	叶同庆	1962 年 8 月	中学高级教师	2003 年 3 月	芦溪中学
	叶碧珍（女）	1962 年 8 月	高级讲师	2004 年 10 月	中共平和县委党校

续表 30-2-3

乡镇	姓名	出生年月	职称	聘任年月	聘任职称时所在工作单位
安厚镇	叶盛强	1962 年 10 月	中学高级教师	1998 年 1 月	平和县进修学校
	叶先通	1964 年 9 月	中学高级教师	2001 年 1 月	金峰中学
	叶连雄	1962 年 11 月	中学高级教师	1998 年 12 月	平和一中
	叶培艺	1964 年 1 月	中学高级教师	2006 年 3 月	正兴学校
	叶清美（女）	1965 年 10 月	中学高级教师	2006 年 9 月	平和一中
	叶木长	1967 年 1 月	中学高级教师	2005 年 2 月	芦溪中学
	叶再雄	1967 年 1 月	中学高级教师	2003 年 3 月	芦溪中学
	叶敏雄	1967 年 7 月	中学高级教师	2006 年 9 月	平和一中
	叶小兵	1967 年 12 月	中学高级教师	2006 年 3 月	正兴学校
	叶炳耀	1968 年 5 月	中学高级教师	2003 年 3 月	芦溪中学
	叶国财	1968 年 8 月	中学高级教师	2006 年 3 月	平和职业技术学校
	叶顺和	1969 年 6 月	中学高级教师	2006 年 9 月	芦溪中学
	刘黎明	1954 年 5 月	中学高级教师	1997 年 12 月	金峰中学
	陈志辉	1947 年 12 月	中学高级教师	2004 年 2 月	文峰中学
	陈建益	1950 年 8 月	副主任医师	1998 年 12 月	平和县医院
	陈建旺	1961 年 10 月	中学高级教师	2001 年 2 月	文成中学
	汪思渊	1949 年 1 月	中学高级教师	1998 年 1 月	平和县进修学校
	汪南贤	1962 年 1 月	中学高级教师	2003 年 3 月	芦溪中学
	李木杞	1952 年 11 月	中学高级教师	2001 年 1 月	平和职业技术学校
	黄水重	1951 年 7 月	副主任医师	2000 年 12 月	城关社区卫生服务中心
	张两水	1950 年 3 月	中学高级教师	2000 年 11 月	平和一中
	张桂枝	1950 年 10 月	高级工程师	2002 年 3 月	平和县水利局
	张茂杉	1959 年 9 月	中学高级教师	2001 年 1 月	龙华中学
	张泽光	1961 年 11 月	中学高级教师	1997 年 12 月	小溪中学
	张银东	1964 年 9 月	中学高级教师	2005 年 2 月	平和一中
	吴镇河	1966 年 1 月	中学高级教师	2006 年 10 月	龙华中学
	陈坤生	1962 年 9 月	中学高级教师	2003 年 3 月	平和四中
	林炎海	1940 年 9 月	中学高级教师	1998 年 12 月	平和四中
	林锡权	1941 年 11 月	高级工程师	1990 年 9 月	平和县农用车厂
	林三寿	1947 年 11 月	中学高级教师	1992 年 11 月	龙华中学
	林清连	1966 年 7 月	中学高级教师	2003 年 3 月	平和四中
	林建贵	1966 年 12 月	中学高级教师	2003 年 3 月	龙华中学
	林忠诚	1967 年 3 月	中学高级教师	2007 年 1 月	平和五中
	林良树	1968 年 1 月	中学高级教师	2007 年 1 月	平和四中
	黄瑞喜	1941 年 7 月	中学高级教师	1998 年 12 月	平和四中
	黄瑞枝（女）	1948 年 6 月	主任医师	2004 年 7 月	平和县医院
	黄荣跃	1959 年 12 月	中学高级教师	2005 年 2 月	平和四中

续表 30-2-3

乡镇	姓名	出生年月	职称	聘任年月	聘任职称时所在工作单位
山格镇	赖万里	1951 年 5 月	副主任医师	1998 年 3 月	平和县医院
	赖木辉	1955 年 4 月	中学高级教师	1999 年 4 月	平和一中
	赖锦汉	1958 年 3 月	中学高级教师	2005 年 3 月	官洋初级中学
	赖荣金	1962 年 7 月	中学高级教师	1997 年 12 月	小溪中学
	赖三敏	1963 年 1 月	中学高级教师	2003 年 3 月	平和四中
	赖文贤	1966 年 1 月	中学高级教师	2006 年 1 月	平和四中
	赖耀能	1969 年 2 月	中学高级教师	2006 年 3 月	龙华中学
	朱新尧	1963 年 10 月	中学高级教师	2007 年 12 月	平和六中
	李金骞	1949 年 8 月	中学高级教师	1999 年 4 月	平和六中
	李俩和	1960 年 10 月	中学高级教师	2003 年 4 月	平和一中
	李溪宗	1961 年 11 月	中学高级教师	1998 年 1 月	平和县进修学校
	吴赖海	1941 年 5 月	中学高级教师	1999 年 1 月	平和六中
	吴德金	1942 年 7 月	中学高级教师	1997 年 9 月	文峰中学
	吴乾山	1947 年 9 月	中学高级教师	2003 年 4 月	平和六中
	吴海生	1965 年 9 月	中学高级教师	2004 年 3 月	平和六中
	吴国生	1967 年 5 月	中学高级教师	2006 年 3 月	平和六中
	吴文珍（女）	1967 年 6 月	中学高级教师	2007 年 2 月	育才中学
	张成才	1938 年 11 月	中学高级教师	1998 年 1 月	平和一中
	张科甲	1963 年 7 月	中学高级教师	2004 年 3 月	平和六中
	张少君	1969 年 3 月	中学高级教师	2006 年 9 月	平和一中
	陈永卿	1941 年 10 月	中学高级教师	1999 年 1 月	平和六中
	陈跃平	1962 年 4 月	副主任医师	2000 年 12 月	平和县医院
	杨溪东	1948 年 10 月	副主任医师	1996 年 11 月	平和县医院
	吴天水	1941 年 6 月	高级经济师	2000 年 12 月	县农业局经管站
	张金桃	1959 年 12 月	高级农艺师	2000 年 3 月	县农业局
	杨跃武	1961 年 12 月	中学高级教师	2006 年 3 月	平和六中
	林　伟	1954 年 6 月	中学高级教师	2004 年 2 月	文峰中学
	林忠青	1963 年 9 月	中学高级教师	2003 年 4 月	平和六中
	徐仲文	1969 年 5 月	中学高级教师	2007 年 4 月	正兴学校
大溪镇	黄跃新	1961 年 7 月	中学高级教师	2001 年 1 月	平和六中
	叶深林	1936 年 11 月	中学高级教师	1989 年 1 月	大溪中学
	叶志坚	1940 年 8 月	中学高级教师	1999 年 12 月	大溪中学
	叶英武	1942 年 9 月	中学高级教师	1999 年 12 月	大溪中学
	叶庆忠	1945 年 7 月	中学高级教师	2001 年 2 月	大溪中学
	叶跃成	1960 年 6 月	主任医师	2004 年 7 月	平和县医院
	叶伟民	1967 年 3 月	中学高级教师	2006 年 9 月	平和一中
	江佩琼（女）	1937 年 7 月	中学高级教师	1994 年 12 月	大溪中学

续表 30-2-3

乡镇	姓名	出生年月	职称	聘任年月	聘任职称时所在工作单位
大溪镇	江魁梧	1939年8月	中学高级教师	1998年6月	平和一中
	江庭坎	1948年8月	中学高级教师	2006年1月	大溪中学
	江炳南	1959年9月	中学高级教师	1998年1月	平和县成人中专
	江春林	1960年11月	中学高级教师	2001年1月	大溪中学
	江一心	1962年5月	主任医师	2006年8月	平和县医院
	吴开辉	1940年9月	中学高级教师	1998年12月	壶嗣初中
	吴正平	1949年11月	中学高级教师	2001年1月	壶嗣初中
	吴有金	1957年8月	中学高级教师	2007年11月	壶嗣初中
	吴克俭	1963年7月	中学高级教师	1998年1月	平和五中
	吴清柯	1967年12月	中学高级教师	2004年2月	壶嗣初中
	陈水森	1938年1月	中学高级教师	1998年1月	大溪中学
	陈彰熙	1943年8月	中学高级教师	2003年3月	平和县进修学校
	陈列章	1946年5月	中学高级教师	2003年1月	大溪中学
	陈耿月	1947年11月	中学高级教师	2007年3月	大溪中学
	陈梓续	1948年8月	中学高级教师	2004年2月	大溪中学
	陈文质	1948年11月	中学高级教师	2000年12月	大溪中学
	陈民生	1956年3月	中学高级教师	2004年3月	平和县进修学校
	张添元	1964年12月	中学高级教师	2006年9月	平和一中
坂仔镇	叶水印	1941年11月	中学高级教师	1998年2月	坂仔职业技术学校
	李茂春	1942年2月	中学高级教师	1993年3月	坂仔职业技术学校
	李茂典	1947年9月	中学高级教师	2002年3月	坂仔职业技术学校
	李丽来（女）	1951年10月	副主任医师	1998年12月	平和县医院
	何三福	1963年10月	中学高级教师	2007年4月	正兴学校
	何石梯	1966年8月	中学高级教师	2006年9月	坂仔职业中学
	邱景川	1950年1月	中学高级教师	2001年9月	坂仔学区
	苏新平	1958年6月	中学高级教师	2007年1月	坂仔学区
	林连城	1949年7月	高级工程师	1999年3月	平和县气象站
	林义中	1949年10月	副主任医师	1998年12月	平和县医院
	林锦平	1962年6月	中学高级教师	2001年1月	平和五中
	赖泰安	1942年7月	中学高级教师	1994年11月	平和一中
	赖其明	1956年1月	中学高级教师	2001年1月	南胜中学
	赖乐生	1957年2月	中学高级教师	1994年8月	平和一中
	赖金山	1962年1月	中学高级教师	2006年5月	小溪学区
	赖永松	1962年6月	中学高级教师	2006年3月	平和第二职业学校
	赖荣高	1944年7月	高级工程师	1999年3月	平和县电力公司
	赖金龙	1963年3月	中学高级教师	2007年11月	坂仔中学
	赖金才	1965年9月	中学高级教师	2003年3月	平和一中

续表 30-2-3

乡镇	姓名	出生年月	职称	聘任年月	聘任职称时所在工作单位
南胜镇	赖秋宏	1965年9月	中学高级教师	2006年3月	平和五中
	赖其明	1966年2月	中学高级教师	2003年3月	平和五中
	杨钦杰	1945年1月	中学高级教师	2000年1月	集成中学
	杨新生	1966年2月	中学高级教师	2003年3月	平和县进修学校
	林丽娟（女）	1960年9月	高级农艺师	2006年6月	县农业局土肥站
	林清流	1968年1月	中学高级教师	2006年9月	南胜中学
	胡志和	1943年1月	中学高级教师	1997年12月	集成中学
	胡宝田	1943年12月	中学高级教师	2000年1月	南胜中学
	胡锦兴	1949年4月	中学高级教师	1995年1月	南胜学区
	胡成金	1967年4月	中学高级教师	2007年11月	坂仔中学
	高云龙	1968年8月	中学高级教师	2007年4月	正兴学校
	曾繁森	1943年7月	中学高级教师	1997年12月	南胜中学
	曾繁良	1963年11月	中学高级教师	2003年3月	集成中学
	赖建三	1965年12月	中学高级教师	2003年3月	育才中学
文峰镇	卢秀艺（女）	1968年8月	中学高级教师	2007年4月	正兴学校
	张崇道	1948年9月	主任医师	2002年7月	平和县医院
	林建龙	1961年11月	高级工程师	1998年1月	平和农用车厂
	徐锦江	1948年12月	高级兽医师	2003年2月	县动物疾控中心
	戴海上	1966年1月	中学高级教师	2003年3月	山格初中
秀峰乡	冯金台	1968年9月	中学高级教师	2006年11月	秀峰中学
	朱镇水	1947年10月	高级兽医师	1994年10月	平和县农业局
	朱广东	1948年8月	副主任医师	1998年3月	平和县医院
	朱镇生	1952年9月	副研究馆员	2006年8月	平和县文化馆
	朱凡增	1955年12月	中学高级教师	2000年1月	山格初中
	杨泽望	1961年4月	中学高级教师	2000年2月	平和一中
	罗宜平	1964年11月	中学高级教师	2006年9月	育才中学
	游麟霞（女）	1942年12月	中学高级教师	1998年1月	九峰初中
	游煌辉	1943年11月	中学高级教师	1997年1月	秀峰中学
	游清栋	1944年1月	中学高级教师	2001年1月	秀峰中学
	游志民	1944年10月	副主任医师	1998年3月	城关社区卫生服务中心
	游斗忠	1968年1月	中学高级教师	2003年3月	秀峰中学
	黄海明	1960年10月	中学高级教师	2001年1月	平和五中
	黄毅君	1964年12月	中学高级教师	2004年1月	新星幼儿园
	黄国峰	1966年8月	中学高级教师	2003年3月	秀峰中学
	曾国南	1937年6月	中学高级教师	1992年3月	平和六中
	曾建和	1959年8月	高级讲师	2006年12月	中共平和县委党校
	曾文新	1946年10月	高级工程师	1997年6月	平和电力公司

续表 30-2-3

乡镇	姓名	出生年月	职称	聘任年月	聘任职称时所在工作单位
长乐乡	曾国顺	1961 年 11 月	中学高级教师	1998 年 1 月	秀峰中学
	曾文江	1964 年 9 月	中学高级教师	2003 年 3 月	平和一中
	赖进明	1944 年 11 月	副主任医师	1994 年 11 月	平和县医院
	朱永元	1952 年 9 月	中学高级教师	1998 年 1 月	平和一中
	许家财	1953 年 2 月	副主任医师	1998 年 4 月	平和县医院
	杨章胜	1958 年 2 月	中学高级教师	2001 年 1 月	平和一中
	林海森	1963 年 1 月	中学高级教师	2001 年 1 月	长乐初中
	罗绍贤	1938 年 8 月	中学高级教师	2005 年 1 月	长乐初中
	罗天宝	1945 年 9 月	中学高级教师	1997 年 1 月	长乐初中
	罗春平	1961 年 8 月	中学高级教师	2004 年 3 月	平和一中
	罗荣彬	1965 年 12 月	副主任医师	2007 年 12 月	平和县中医院
	罗景初	1966 年 4 月	中学高级教师	2006 年 3 月	正兴学校
	罗勇奇	1967 年 1 月	副主任医师	2007 年 12 月	平和县医院
国强乡	张三连	1938 年 10 月	主任医师	1998 年 12 月	平和县医院
	张旗升	1966 年 1 月	中学高级教师	2007 年 9 月	国强中学
	张汉水	1968 年 7 月	中学高级教师	2006 年 3 月	平和第二职业学校
	陈其来	1947 年 8 月	中学高级教师	1997 年 7 月	国强学区
	陈建政	1954 年 1 月	中学高级教师	2004 年 3 月	三五初中
	陈艺生	1954 年 4 月	中学高级教师	2001 年 2 月	三五初中
	陈海标	1961 年 10 月	高级工程师	2006 年 12 月	中共平和县委党校
	曾双习	1942 年 7 月	高级讲师	1997 年 12 月	平和县进修学校
	曾金陵	1962 年 11 月	副主任医师	2007 年 12 月	平和县医院
	曾金河	1963 年 10 月	高级农艺师	2003 年 2 月	县农业局茶叶站
	谢福华	1965 年 7 月	中学高级教师	2003 年 3 月	平和五中
	赖文敏	1943 年 1 月	中学高级教师	2002 年 3 月	小溪中学
	赖国才	1953 年 10 月	中学高级教师	1998 年 1 月	平和四中
	赖苏杰	1958 年 2 月	中学高级教师	2004 年 3 月	国强中学
	赖建生	1964 年 11 月	中学高级教师	2003 年 3 月	坂仔职业中学
	赖瑞元	1965 年 4 月	中学高级教师	2006 年 3 月	平和一中
	赖兴金	1965 年 6 月	中学高级教师	2007 年 4 月	正兴学校
	赖林俊	1965 年 7 月	副主任医师	2002 年 3 月	平和县医院
	赖永民	1966 年 2 月	中学高级教师	2003 年 3 月	国强中学
	赖平民	1968 年 10 月	中学高级教师	2006 年 9 月	平和一中
	赖振生	1968 年 12 月	中学高级教师	2006 年 3 月	国强中学
崎岭乡	石炳中	1963 年 6 月	高级工程师	2001 年 6 月	平和县水利局
	石增城	1963 年 2 月	中学高级教师	2003 年 3 月	崎岭中学
	石煜海	1967 年 12 月	中学高级教师	2006 年 3 月	正兴学校

续表 30-2-3

乡镇	姓名	出生年月	职称	聘任年月	聘任职称时所在工作单位
崎岭乡	朱金镇	1947 年 11 月	中学高级教师	2000 年 1 月	崎岭中学
	陈美英（女）	1953 年 5 月	副主任医师	1998 年 3 月	平和县医院
	陈恩其	1956 年 10 月	中学高级教师	2003 年 3 月	平和四中
	陈建平	1962 年 10 月	中学高级教师	2005 年 2 月	育才中学
	陈永才	1965 年 11 月	中学高级教师	2003 年 3 月	平和三中
	杨万美（女）	1966 年 8 月	副主任医师	2007 年 11 月	霞寨中心卫生院
	何锦能	1956 年 4 月	高级工程师	2006 年	崎岭乡联经委
	林隆义	1938 年 4 月	中学高级教师	1997 年 12 月	崎岭中学
	林希圣	1942 年 1 月	高级工程师	1995 年 12 月	平和县建筑设计院
	林进年	1950 年 10 月	中学高级教师	2003 年 6 月	崎岭学区
	林冠宏	1952 年 12 月	中学高级教师	1998 年 1 月	育才中学
	林清俊	1953 年 3 月	中学高级教师	2003 年 3 月	崎岭中学
	林发奖	1953 年 12 月	中学高级教师	2007 年 12 月	崎岭中学
	林忠赤	—	副主任医师	2002 年 3 月	山格卫生院
	林炳民	1959 年 5 月	高级兽医师	1999 年	平和县农业局
	周亚德	1954 年 2 月	中学高级教师	2003 年 3 月	崎岭中学
	周国林	1962 年 10 月	高级讲师	2002 年 10 月	中共平和县委党校
	黄国明	1969 年 7 月	中学高级教师	2006 年 3 月	平和三中
	黄龙杰	1973 年	高级工程师	—	平和白沙林场
	曾木东	1941 年 7 月	中学高级教师	1999 年 4 月	崎岭中学
	曾天用	1958 年 8 月	高级经济师	2006 年 11 月	福建天用茶叶有限公司
	曾志强	1961 年 10 月	中学高级教师	2001 年 1 月	平和一中
	曾宏才	1963 年 3 月	高级工程师	—	平和县国强林场
	曾仕圳	1967 年 11 月	中学高级教师	2007 年 4 月	正兴学校
五寨乡	庄春春（女）	1951 年 11 月	副主任医师	1999 年 12 月	平和县中医院
	庄其旺	1961 年 2 月	中学高级教师	2001 年 1 月	文成中学
	庄平西	1965 年 9 月	中学高级教师	2007 年 4 月	正兴学校
	庄文超	1969 年 5 月	中学高级教师	2006 年 3 月	五寨中学
	李文全	1949 年 11 月	中学高级教师	2003 年 7 月	五寨学区
	李守阳	1965 年 9 月	中学高级教师	2006 年 9 月	五寨中学
	李秀全（女）	1969 年 7 月	高级工程师	2007 年 12 月	平和县林业局
	张双建	1962 年 11 月	中学高级教师	2001 年 1 月	坂仔职业中学
	吴耀辉	1961 年 1 月	中学高级教师	2002 年 4 月	五寨中学
	林镇铃	1968 年 8 月	中学高级教师	2006 年 9 月	五寨中学

1989—2007年外县籍在平和县工作获副高级及以上专业技术职称人员名表

表30-2-4

姓名	籍贯	出生年月	职称	聘任年月	聘任职称时所在工作单位
卢伯梁	永定县	1954年3月	中学高级教师	1998年1月	平和五中
刘国桢	南靖县	1932年11月	高级工程师	1989年11月	县经贸局
邱金美（女）	龙岩市	1929年2月	中学高级教师	1988年2月	平和一中
许国钦	南安市	1941年3月	副主任医师	1999年12月	县疾控中心
陈从富	仙游县	1945年4月	高级工程师	1990年12月	县合成实业有限公司
陈永辉	广东省大埔县	1950年7月	副主任医师	2007年12月	平和县中医院
肖建华	山东省	1954年3月	副主任护师	2002年5月	平和县医院
何色泽	云霄县	1945年1月	副主任医师	2002年3月	平和县中医院
吴肇庆	芗城区	1939年9月	副编审	2000年2月	县方志委
苏醒林	龙海市	1940年10月	高级兽医师	1994年10月	县兽医站
苏建华	永定县	1962年10月	中学高级教师	1998年1月	县进修学校
张哲君	芗城区	1933年6月	中学高级教师	1988年5月	平和一中
张国东	广东省大埔县	1943年6月	中学高级教师	1992年9月	平和一中
张建成	诏安县	1946年10月	中学高级教师	2000年8月	小溪中学
张丽云（女）	广东省大埔县	1950年7月	中学高级教师	2001年2月	平和一中
连兆兴	泉州市	1936年11月	主任医师	1996年11月	平和县医院
李元镇	仙游县	1942年9月	副主任医师	1996年11月	平和县医院
罗寿田	广东省大埔县	1940年10月	中学高级教师	1992年9月	南胜中学
周奋勇	江西省修水县	1963年8月	中学高级教师	2000年3月	小坪中学
郑澄伍	龙海市	1942年7月	中学高级教师	1998年1月	平和一中
柯银水	南靖县	1949年3月	副主任医师	2005年7月	城关社区卫生服务中心
施超伦	福州市	1949年1月	中学高级教师	2003年4月	平和六中
洪文思	南安市	1940年7月	高级农艺师	1995年9月	县农业局土肥站
赵明霞（女）	浙江省滨海县	1945年3月	副主任医师	1995年10月	平和县医院
徐忠民	云霄县	1941年11月	主任医师	1998年8月	平和县医院
徐丙庆	芗城县	1954年3月	中学高级教师	2004年3月	平和六中
高主惠	龙海市	1949年12月	中学高级教师	2001年1月	平和六中
黄良准	永泰县	1941年10月	中学高级教师	2000年1月	平和一中
赖开滔	广东省大埔县	1938年2月	副主任医师	1992年8月	平和县医院
蓝惠民	长汀县	1953年12月	中学高级教师	2000年3月	平和县成人中等专业学校
潘爱玲（女）	福鼎县	1954年8月	中学高级教师	2004年9月	平和县进修学校
戴宝贞（女）	长泰县	1956年6月	副主任医师	2007年12月	平和县中医院

第三节 先进人物名表

1989—2007年，全县各行各业干部群众为社会主义现代化建设和社会主义精神文明建设不懈奋斗，涌现一大批先进模范人物，受到县及县以上党政机关表彰。本节将收录受到省部级及以上党政机关表彰的先进模范人物简况，以表彰时间先后为序逐人列表记述。其中，更有人献出自己宝贵的生命，被追认为革命烈士，本节特将革命烈士的简况，以牺牲时间先后为序逐人列表记述。

1989—2007年平和县获省部级及以上党政机关表彰人物名表

表30-2-5

姓名	性别	获奖时工作单位及职务	荣誉称号	授予单位	表彰时间（年）
张亚美	女	小溪镇溪洲村妇联主任	全国“三八”红旗手	全国妇联会	1989
曾庆禹	男	九峰学区副校长	全国优秀教师	国家教委、人事部	1989
吴元池	男	城关学区教师	省优秀教师	省政府	1989
卢振海	男	县食品公司经理	省商业企业先进个人	省政府	1989
曾荣福	男	九峰镇人民政府	计划生育工作优秀调查员	国家计生委	1989
林元宝	男	三坪村村委会主任	先进村委会主任	省政府	1989
林荣标	男	文峰乡柴船村村民	售粮大户二等功	省政府	1989
江树林	男	大溪乡江寨村村民	脱贫致富先进个人	省政府	1989
林文辉	男	县农业局农技站	中低产田协作攻关三等奖	省政府	1989
张金桃	男	县农业局农技站	中低产田协作攻关三等奖	省政府	1989
曾志鸿	男	县农业局执法股	中低产田协作攻关三等奖	省政府	1989
张光中	男	育英小学校长	省精神文明建设积极分子	省委、省政府	1990
苏源义	男	小溪镇个体商户	全国个体工商户 守法模范纳税户	国家税务局、 团中央	1990
赖育民	男	山格镇党委常委	全国第三次人口 普查先进工作者	省政府	1990
叶大横	男	县电力公司	安全生产先进个人	省政府	1990
张镇西	男	霞寨乡政府	抗洪抢险积极分子	省委、省政府	1990
林清荣	男	平和一中教务主任	全国优秀教师	国家教委、人事部	1991
陈加进	男	平和农用车厂党总支书记	省劳动模范	省政府	1991
黄丰茂	男	县食品公司工会主席	省劳动模范	省政府	1991
张亚美	女	小溪镇溪洲村妇联主任	省劳动模范	省政府	1991
吴秀齐	女	县科委主任	全国星火计划 管理先进工作者	国家科委	1991
卢育元	男	县人民银行总稽核	全国金融系统稽核先进个人	中国人民银行	1991
黄天瑞	男	县农业局经作站副站长	部级科技进步奖三等奖	农业部	1991
张金桃	男	县农业局农技站	全国农牧渔丰收奖一等奖	农业部	1991
黄丰裕	男	县劳动局	安全生产先进工作者	省政府	1992
蔡卫民	男	县少体校校长	全国体育业余训练先进个人	国家体委	1992
沈志添	男	县委宣传部副部长	省优秀党务工作者	省委	1992

续表 30-2-5

姓名	性别	获奖时工作单位及职务	荣誉称号	授予单位	表彰时间（年）
卢岸川	男	县电影公司	庆祝建党70周年献礼影片展映活动优胜个人	国家广播电影电视部	1992
曾建平	男	县劳动局	计划生育调查工作优秀调查员	国家计划生育委员会	1992
曾志鸿	男	县农业局执法股	全国农牧渔业丰收奖二等奖	农业部	1992
卢育元	男	县人民银行	全国金融系统稽核先进工作者	中国人民银行、中国金融工会	1992
游国惠	男	县农业局	科技进步三等奖	省政府	1992
赖建生	男	国强中学团委书记	全国优秀教师	国家教委、人事部	1993
曾小琴	女	九峰学区教师	全国优秀教师	国家教委、人事部	1993
陈毅力	男	安厚农场党委书记	党管武装好书记	省委、省军区	1993
蔡少锋	男	县委宣传部	宣传信息工作先进个人	省委	1993
陈加进	男	平和农用运输车厂党总支书记	福建省社会主义精神文明建设先进工作者	省委、省政府	1993
吴景辉	男	县委办公室主任	全国群众体育先进工作者	国家体委	1993
李俩东	男	县卫生进修学校	全国优秀乡医	卫生部	1993
黄兴民	男	县卫生进修学校	全国优秀乡医	卫生部	1993
陈松林	男	县卫生进修学校	全国优秀乡音	卫生部	1993
李战华	男	坂仔镇党委书记	93年度计划生育工作先进个人	省政府	1993
游国惠	男	县农业局	科技进步三等奖	省政府	1993
朱志诚	男	平和成达建筑公司经理	省劳动模范	省政府	1994
黄其生	男	小溪镇联星村党总支书记	省劳动模范	省政府	1994
曾五一	男	平和糖厂职工	省劳动模范	省政府	1994
陈钰琴	女	县外事侨办副主任	省未成年保护工作先进工作者	省委、省政府	1994
林清荣	男	平和一中教务主任	特级教师	省政府	1994
陈林松	男	县农业局农情信息站站长	农业基点调查先进工作者	农业部	1994
黄坤洋	男	县农业局植保站站长	部级科技进步奖二等奖	农业部	1994
陈加进	男	平和农用车厂党总支书记、厂长	全国劳动模范	国务院	1995
黄其生	男	小溪镇联星村党总支书记	全国劳动模范	国务院	1995
黄其生	男	小溪镇联星村党总支书记	农村优秀党支部书记	省委	1995
林景花	女	安厚学区教师	全国优秀教师	国家教委、人事部	1995
李战华	男	坂仔镇党委书记	省社会主义精神文明建设先进工作者	省委、省政府	1995
蔡顺其	男	县果树良种场厂长	省社会主义精神文明建设先进工作者	省委、省政府	1995
陈钰琴	女	县外事侨办副主任	省德育先进工作者	省委、省政府	1995
周大造	男	县计生协会会长	全国计划生育协会先进个人	中国计划生育协会	1995

续表 30-2-5

姓名	性别	获奖时工作单位及职务	荣誉称号	授予单位	表彰时间（年）
曾福兰	女	县工商银行	国家一级点钞能手	中国人民银行	1995
吴志明	男	县委书记	防洪先进个人	省政府	1996
刘　震	男	县委常委	防洪先进个人	省政府	1996
陈会计	男	芦溪镇秀芦村党支部书记	省抗洪救灾优秀共产党员	省委	1996
陈经益	男	芦溪镇漳汀村党支部书记	省抗洪救灾优秀共产党员	省委	1996
赖　林	男	县人民银行副行长	全国党纪政纪知识竞赛优秀个人	中纪委、监察部	1996
黄天瑞	男	县农业局经作站	全国农牧渔业丰收奖二等奖	农业部	1996
黄日升	男	县农业局经作站	琯溪蜜柚良种送育与推广二等奖	农业部	1996
陈钰琴	女	县外事侨办副主任	省未成年保护先进工作者	省委、省政府	1996
曾小二	男	上峰水库	模范工作者	水利部	1996
朱立言	男	秀峰村	全国抗洪模范	防洪总指挥部	1996
陈自力	男	平和公路分局局长	省劳动模范	省政府	1997
赖四强	男	坂仔镇西坑村党支部书记	省劳动模范	省政府	1997
蔡水连	男	县邮政局长	省劳动模范	省政府	1997
李坑水	男	县农业局	计划生育工作先进个人	省政府	1997
张金桃	男	县农业局农技站副站长	全国农牧渔业丰收奖一等奖	农业部	1997
陈毅力	男	县水利局局长	党管武装好书记	省委、省军区	1997
李卫东	男	山格双坑村党支部委员	全国见义勇为先进分子	中宣部、中央综治委、公安部	1997
蔡福民	男	文峰镇党委书记	省精神文明建设先进工作者	省委、省政府	1998
林正财	男	小溪镇高南村村委会主任	省精神文明建设先进工作者	省委、省政府	1998
卢耀泽	男	县进修学校教师	特级教师	省政府	1998
黄天瑞	男	县农业局经作站	全国农牧渔业丰收奖二等奖	农业部	1998
张顺福	男	县林业局公安分局局长	全国林业系统优秀人民警察	林业局	1998
蔡亚印	男	县民政局局长	民族团结进步奖	省政府	1999
朱梓祚	男	九峰镇隘坑初小校长	全国第一届烛光奖	国家教育部、中华慈善总会	1999
张金桃	男	县农业局农技站站长	全国农业推广技术先进工作者	农业部	1999
黄天瑞	男	县农业局经作站站长	全国农牧渔业丰收奖二等奖	农业部	1999
张建国	男	县农业局	全国农业推广技术先进工作者	农业部	1999
陈金庆	男	平和公路分局职工	省劳动模范	省政府	2000
曾荣南	男	县水利局水资源股股长	全国第三批农村水电初级电气化县建设先进工作者	国家水利部	2000
陈建南	男	县电力公司总经理	省劳动模范	省政府	2000
赖耿生	男	县纪委常委	中央“420”专案嘉奖	省委、省政府	2000

续表 30-2-5

姓名	性别	获奖时工作单位及职务	荣誉称号	授予单位	表彰时间（年）
黄坤洋	男	县农业局植保站	全国农牧渔业丰收奖一等奖	农业部	2000
张泽城	男	县委宣传部副部长	省第七届精神文明建设先进工作者	省委、省政府	2000
赖济文	男	霞寨镇党委书记	省第七届精神文明建设先进工作者	省委、省政府	2000
甘阿明	男	县公安局警察大队大队长	省第七届精神文明建设先进工作者	省委、省政府	2000
黄绿林	男	县农业局土壤肥料站	全国农牧渔业丰收奖三等奖	农业部	2000
周子坤	男	县农业局	全国农牧渔业丰收奖三等奖	农业部	2000
蔡雯娴	女	新星幼儿园园长	全国优秀教师	教育部、人事部	2001
林紫彭	男	县教育局副局长	省先进教育工作者	省政府	2001
陈素清	女	县妇联会主任	全国校外教育工作先进个人	全国妇联会	2001
陈毅力	男	县水利局局长	农村水电初级电气化建设先进工作者	水利部	2001
赖旺发	男	县水利局副局长	农村水电初级电气化建设先进工作者	水利部	2001
曾荣南	男	县水利局资源股股长	农村水电初级电气化建设先进工作者	水利部	2001
周福龙	男	县农业局执法股	全国农牧渔业丰收奖二等奖	农业部	2001
朱俊明	男	县电力公司	第七次全国人民群众见义勇为先进分子	中共中央宣传部、综治委、公安部	2001
蔡云英	女	文峰镇人民政府	省计划生育先进工作者	省政府	2001
周福龙	男	县农业局	省科技进步三等奖	省政府	2001
朱秀眉	女	县农业局	省科学技术三等奖	省政府	2002
林四旗	男	县邮政局投递局	全国邮政系统劳动模范	国家邮政总局、人事部	2002
卢登全	男	县进修学校教师	特级教师	省政府	2002
朱五溪	男	县水利局	千里江堤建设先进个人	省政府	2002
朱文礼	男	九峰镇人大主席	扶贫开发先进个人	省委、省政府	2002
黄泽生	男	平和宝峰罐头食品有限公司董事长	省劳动模范	省政府	2003
陈燕华	女	县电力公司电费复核班班长	省劳动模范	省政府	2003
曾钦明	男	县财政局驾驶员	省劳动模范	省政府	2003
林日雄	男	县文明办副主任	省第八届精神文明建设先进工作者	省委、省政府	2003
吴跃进	男	县公安局政委	省第八届精神文明建设先进工作者	省委、省政府	2003
曾美燕	女	县信用社	全国银行信贷咨询系统建设先进个人	中国人民银行	2003
黄红金	男	山格镇团委书记	全国优秀共青团干部	共青团中央	2003

续表 30-2-5

姓名	性别	获奖时工作单位及职务	荣誉称号	授予单位	表彰时间（年）
张金文	男	平和天马林场场长	全国林业系统先进工作者	国家林业局、人事部	2003
林金元	男	县民政局局长	勘界先进工作者	省政府	2003
蔡和平	男	县水利局防洪办主任	2002 年全省抗防抢险救灾先进工作者	省委、省政府	2003
蔡少锋	男	县委宣传部	宣传信息工作先进个人	省委	2003
朱文礼	男	九峰镇人大主席	2002 年度省科学技术三等奖	省政府	2003
黄碧荣	男	小溪镇农技站	全国农牧渔业丰收奖一等奖	农业部	2004
陈金庆	男	平和公路分局职工	省劳动模范	省政府	2004
赖如金	男	育英小学副校长	全国优秀教师	教育部	2004
陈清福	男	县林业局	全国森林病虫害防治工作先进个人	国家林业局	2004
陈建南	男	县电力公司总经理	省劳动模范	省政府	2004
陈燕华	女	平和电力公司女工委主任	全国劳动模范	国务院	2005
叶水珠	男	县民政局副局长	省爱民拥军模范	省委、省政府、省军区	2005
林添华	男	县纪委一室主任	在参加“522”专案工作中表现突出嘉奖	省委、省政府	2005
蔡云英	女	南胜镇人大主席	省人口和计划生育先进工作者	省政府	2005
张少云	女	育英小学少先队总辅导员	全国优秀少先队辅导员	共青团中央、教育部	2005
杨飞云	男	县农业局局长	“平和琯溪蜜柚标准化生产”丰收奖	农业部	2005
林志诚	男	县农业局	全国农业技术推广先进工作者	农业部	2005
沈子彬	男	县公安局局长	省第九届精神文明建设先进工作者	省委、省政府	2006
苏金祥	男	县人民政府副县长	全省防抗台风抗洪抢险救灾先进工作者	省委、省政府	2006
陈毅力	男	县水利局局长	全省防抗台风抗洪抢险救灾先进工作者	省委、省政府	2006
曾　民	男	五寨乡党委书记	全省防抗台风抗洪抢险救灾先进工作者	省委、省政府	2006
蔡亚印	女	县民政局局长	全省防抗台风抗洪抢险救灾先进工作者	省委、省政府	2006
赖敏生	男	县委组织部副部长	优秀党务工作者	省委	2006
林德志	男	县纪委副书记	优秀共产党员	省委	2006
赖如金	男	育英小学副校长	特级教师	省政府	2006
欧建成	男	小溪镇溪上居委会渔民	全国见义勇为英雄	中宣部、中央综治委、公安部、中华见义勇为基金会	2006

续表 30-2-5

姓名	性别	获奖时工作单位及职务	荣誉称号	授予单位	表彰时间（年）
欧南成	男	小溪镇溪上居委会渔民	全国见义勇为英雄	中宣部、中央综治委、公安部、中华见义勇为基金会	2006
叶耀坤	男	县林业局	全省集体林权制度改革先进工作者	省委、省政府	2006
林志诚	男	县农业局经管站	农业技术推广（经管）先进工作者	农业部	2006
潘嘉贤	男	县林业局文峰林业站	全省集体林权制度改革先进工作者	省委、省政府	2006
蔡云英	女	南胜镇人大主席	从事人口和计划生育工作 15 周年表彰	国家人口和计划生育委员会	2006
谢珍珠	女	小溪镇岩坂村	全国“双学双比”先进女能手	全国妇联	2006
黄坤洋	男	县农业局植保站	全国农牧渔业丰收奖一等奖	农业部	2006
黄天瑞	男	县农业局经作站	全国农牧渔业丰收奖二等奖	农业部	2006
黄日升	男	县农业局经作站	全国农牧渔业丰收奖二等奖	农业部	2006
陈晖津	男	县农业局经作站站长	全国农牧渔业丰收奖三等奖	农业部	2006
朱丽蓉	女	县农业局经作站	全国农牧渔业丰收奖二等奖	农业部	2006
杨绍文	男	文峰镇农技站	全国农牧渔业丰收奖二等奖	农业部	2006
周建兴	男	县水果开发中心	全国农牧渔业丰收奖二等奖	农业部	2006
黄茂龙	男	国强乡农技站	全国农牧渔业丰收奖一等奖	农业部	2006
周子坤	男	小溪镇农技站	全国农牧渔业丰收奖二等奖	农业部	2006
李河城	男	山格镇农技站	全国农牧渔业丰收奖二等奖	农业部	2006
黄绿林	男	县农业局	全国农牧渔业丰收奖三等奖	农业部	2006
林启明	男	平和大世界商贸有限公司董事长	全国商务系统劳动模范	商务部、人事部	2007
叶诚佳	男	芦溪中心小学教师	全国优秀教师	教育部	2007
叶振顺	男	县经贸局市场贸易股股长	2006 年度万村千乡市场工程先进工作者	商务部	2007
林成旗	男	小溪校区校长	贯彻学校工作条例先进个人	教育部	2007
曾凡相	男	县计生协会副会长	全国计划生育协会先进志愿者	中国计划生育协会	2007

1989—2007 年平和县革命烈士名表

表 30-2-6

姓名	性别	籍贯	出生年月	牺牲年月日	所在单位及职务	主要事迹
曾俊华	男	秀峰乡福塘村	1958 年 7 月	1989 年 12 月 30 日	县交警大队副队长	为维持交通秩序被歹徒杀害而牺牲
黄源平	男	霞寨镇西安村	1976 年 12 月	1990 年 7 月 8 日	平和三中学生	为抢救落水少年牺牲
游希良	男	九峰镇东街	1972 年 6 月	1994 年 7 月 20 日	武警泉州支队战士	为保护战友与罪犯斗争牺牲
陈　酒	男	山格镇宝丰村	1912 年 12 月	1995 年 1 月 28 日	宝丰村村民	为制止犯罪维护社会治安牺牲
曾新丁	男	九峰镇振阳村	1985 年 6 月	2004 年 10 月 7 日	解放军 65663 部队战士	为保护战友和设备牺牲

第三章 先进单位（集体）名表

1989—2007 年，全县各行各业在社会主义现代化建设和社会主义精神文明建设中，广泛开展“争先创优”活动，许多单位取得突出成果，受到县和县以上党政机关的表彰。本章特收录受到省部级及以上党政机关表彰的先进单位（集体）的简况，以颁奖时间先后为序逐一列表记述。

1989—2007 年平和县获省部级及以上党政机关表彰的先进单位（集体）名表

表 30-3

获奖单位	获奖名称	授予单位	颁奖年月
平和县	1989 年度夏季粮油创高产达标单位	国务院	1989 年 7 月
平和县人民武装部	全国民兵预备役工作先进单位	国防部	1989 年 10 月
文峰镇三坪村委会	先进村委会	省政府	1989 年 12 月
平和县电力公司	安全生产先进单位	省政府	1989 年
国强乡	脱贫致富先进乡	省政府	1989 年
五寨乡五美村	脱贫致富先进村	省政府	1989 年
九峰镇瓷厂	脱贫致富先进企业	省政府	1989 年
平和县	1988 年征兵体检工作先进单位	省政府、省军区	1989 年
平和县民兵装备仓库	1988 年民兵装备仓库规范化建设达标单位	省政府、省军区	1989 年
九峰镇	重点工业卫星镇	省政府	1989 年 7 月
平和县人民政府	1989 年度脱贫致富工作先进单位	省政府	1990 年 4 月
平和县扶贫办	1989 年度脱贫致富工作先进单位	省政府	1990 年 4 月

续表 30-3

获奖单位	获奖名称	授予单位	颁奖年月
平和县医药公司	省级文明单位	省委、省政府	1990 年 5 月
平和县合成实业有限公司	省级文明单位	省委、省政府	1990 年 5 月
平和县华侨智生电影院	省级文明单位	省委、省政府	1990 年 5 月
平和县饮服公司琯城饭店	省级文明单位	省委、省政府	1990 年 5 月
平和县税务局	全国个体工商户税法宣传普及教育活动最佳组织奖	国家税务局、共青团中央	1990 年 11 月
共青团平和县委员会	全国个体工商户税法宣传普及教育活动最佳组织奖	国家税务局、共青团中央	1990 年 11 月
平和县农资公司	省级先进企业	省政府	1990 年 12 月
霞寨乡供销社	省级先进企业	省政府	1990 年 12 月
平和县燃料公司	“双拥共建”工作先进单位	省委、省政府、省军区	1990 年
平和县	1989 年全省粮食丰收三等奖	省政府	1990 年
平和县农业局	1989 年全省粮食丰收二等奖	省政府	1990 年
平和县电力公司	1988-1989 年度安全生产先进单位	省政府	1990 年
平和县食品公司	省级先进企业	省政府	1991 年
平和琯溪蜜柚开发基地	1990 年度扶贫工作先进单位	省政府	1991 年 5 月
平和县扶贫办	1990 年度扶贫工作先进单位	省政府	1991 年 5 月
长乐乡人民政府	1990 年度扶贫工作先进单位	省政府	1991 年 5 月
霞寨乡人民政府	1990 年度扶贫工作先进单位	省政府	1991 年 5 月
五寨乡埔坪村	1990 年度扶贫工作先进单位	省政府	1991 年 5 月
平和县	福建省经济发展十佳县	省政府	1992 年 11 月
小溪镇联星村党支部	先进党组织	省委	1992 年 10 月
灵通风景区	省级风景名胜区	省政府	1992 年 10 月
小溪镇新桥村	省级明星村	省委、省政府	1992 年 12 月
文峰镇三坪村	省级明星村	省委、省政府	1992 年 12 月
平和县粮食局	全国粮食系统先进单位	国家粮食局	1992 年
平和县育英小学	省文明学校	省委、省政府	1992 年
平和县农业局热作站	科技进步奖三等奖	省政府	1992 年
平和县医药公司	省级文明单位	省委、省政府	1993 年 8 月
平和县合成实业有限公司	省级文明单位	省委、省政府	1993 年 8 月
平和县华侨智生电影院	省级文明单位	省委、省政府	1993 年 8 月
平和县饮服公司琯城饭店	省级文明单位	省委、省政府	1993 年 8 月
平和县育英小学	省级文明单位	省委、省政府	1993 年 8 月
小溪镇联星村	1992 年度省级明星村	省委、省政府	1993 年
平和县	茶果生产先进单位	省政府	1994 年 3 月
平和县人民政府	1993 年全省开发耕地先进县	省政府	1994 年 10 月

续表 30-3

获奖单位	获奖名称	授予单位	颁奖年月
小溪镇人民政府	1993 年全省开发耕地先进乡镇	省政府	1994 年 10 月
国强乡人民政府	1993 年全省开发耕地先进乡镇	省政府	1994 年 10 月
农行平和支行	支农先进单位	省政府	1994 年
平和县农业局	1993 年度农业基点调查先进单位	农业部	1994 年
平和县农业局植保植检站	科技进步二等奖	农业部	1994 年
平和县邮电局	第五届省级文明单位	省委、省政府	1995 年 12 月
中共平和县委党校	第五届省级文明单位	省委、省政府	1995 年 12 月
平和县育英小学	第五届省级文明单位	省委、省政府	1995 年 12 月
农行平和支行	第五届省级文明单位	省委、省政府	1995 年 12 月
平和县山格糖厂	第五届省级文明单位	省委、省政府	1995 年 12 月
平和县饮服公司琯城饭店	第五届省级文明单位	省委、省政府	1995 年 12 月
平和县农技站	服务农业先进单位	省政府	1995 年
农行平和支行	服务农业先进单位	省政府	1995 年
平和县育英小学女工委员会	全国先进女教工职工集体	国家教委、全国教育工会	1995 年
平和县	中国琯溪蜜柚之乡	国务院发展研究中心、中国农学会	1995 年
平和县	全国南亚热作香蕉名优基地	农业部	1996 年
平和县科委	“八五”农业科技攻关优秀奖	国家科委	1996 年 10 月
国强乡	“三无乡”和模范乡	国家土地管理局	1996 年 1 月
农行平和支行	全国金融先进单位	中国人民银行、中国金融工会	1996 年 12 月
小溪镇金光村	全国造林绿化千佳村	全国绿化委员会、国家林业局	1996 年 3 月
平和县人民政府	1995 年度计划生育工作先进县	省政府	1996 年 4 月
坂仔镇联建村	1995 年度计划生育工作合格村	省政府	1996 年 4 月
小溪镇联星村	1995 年度计划生育工作合格村	省政府	1996 年 4 月
平和县育英小学	推行《国家体育锻炼标准施行办法》先进单位	国家体委、教委	1996 年 2 月
平和县径内畜牧场	“八五”期间先进基地场	省政府	1996 年 12 月
平和县	中国坂仔香蕉之乡	中国特产之乡命名暨宣传活动委员会	1996 年 3 月
平和县	福建省经济发展十佳县	省政府	1997 年 11 月
坂仔镇	民政工作全优乡镇	民政部	1997 年 12 月
平和县医院	二级甲等医院	卫生部	1997 年 4 月

续表 30-3

获奖单位	获奖名称	授予单位	颁奖年月
平和县育英小学	国家体育锻炼标准施行办法先进单位	国家体委、国家教委	1997 年 3 月
平和县老年人体育协会	全国老人体育工作先进单位	国家体委、老龄委	1997 年
平和县林业局	林业工作站建设合格县	国家林业局	1998 年 12 月
平和县地税局	第六届省级文明单位	省委、省政府	1998 年 2 月
平和县交通局	第六届省级文明单位	省委、省政府	1998 年 2 月
农行平和支行	第六届省级文明单位	省委、省政府	1998 年 2 月
平和市政建筑工程总公司	第六届省级文明单位	省委、省政府	1998 年 2 月
平和县邮电局	第六届省级文明单位	省委、省政府	1998 年 2 月
平和县农村信用合作社联合社	第六届省级文明单位	省委、省政府	1998 年 2 月
平和县果树良种场	第六届省级文明单位	省委、省政府	1998 年 2 月
平和县育英小学	省级文明学校	省委、省政府	1998 年 2 月
坂仔镇	全国民政工作全优乡镇	民政部	1998 年 3 月
坂仔镇西坑村党支部	全国农村基层组织建设工作先进党支部	中央组织部	1998 年 6 月
平和县妇联会	全国各族农村妇女“双学双比”竞赛活动先进协调单位	全国妇联	1998 年
平和县	全国爱心献功臣行动先进县	民政部、国务院双拥办公室	1999 年
平和县	全国科技工作先进县	科技部	1999 年 11 月
平和县工商局	粮食市场管理工作先进单位	国家工商行政管理局	1999 年 12 月
坂仔镇西坑村	全国创建文明村镇工作先进单位	中央文明委	1999 年 9 月
坂仔职业中学	福建省农村中学教育改革先进单位	省委	1999 年 4 月
平和县	实施国家贫困地区义务教育工程先进县	教育部、财政部	1999 年 4 月
平和县	全国经济林建设示范县	国家林业局	2000 年 4 月
平和县地税局	第七届省级文明单位	省委、省政府	2000 年 12 月
平和县交通局	第七届省级文明单位	省委、省政府	2000 年 12 月
福建向荣建设集团有限公司	第七届省级文明单位	省委、省政府	2000 年 12 月
平和县邮政局	第七届省级文明单位	省委、省政府	2000 年 12 月
福建电信公司平和县电信局	第七届省级文明单位	省委、省政府	2000 年 12 月
平和县农村信用合作社联合社	第七届省级文明单位	省委、省政府	2000 年 12 月
平和县工商局	第七届省级文明单位	省委、省政府	2000 年 12 月
农行平和支行	第七届省级文明单位	省委、省政府	2000 年 12 月
坂仔镇西坑村	省级文明村	省委、省政府	2000 年 12 月

续表 30–3

获奖单位	获奖名称	授予单位	颁奖年月
文峰镇三坪村	省级文明村	省委、省政府	2000 年 12 月
平和县第一中学	省级文明学校	省委、省政府	2000 年 12 月
平和县	福建省 2000 年度经济发展十佳县	省委、省政府	2000 年 12 月
平和县物价检查所	规范化物价检查所	国家发展计划委员会	2000 年 7 月
平和县农业局植保植检站	丰收一等奖	农业部	2000 年 12 月
平和县	中国香蕉之乡	中国特产之乡推荐暨宣传活动组委会	2000 年 12 月
平和县	中国茶叶（白芽奇兰）之乡	中国特产之乡推荐暨宣传活动组委会	2000 年 12 月
平和县水土保持办公室	平和县东古坡小流域为“全国水土保持生态环境建设示范小流域”	国家水利部、财政部	2000 年 3 月
平和县	全国创建无公害农产品水果生产示范基地	国家农业部	2001 年 6 月
平和县林业局	全国经济林建设先进县	国家林业局	2001 年 9 月
平和县文明办	福建省文明办系统先进文明办	省委、省政府	2001 年 3 月
平和县	全国园艺产品出口示范区	农业部、外贸部	2001 年 11 月
平和县武警中队	福建省第三届军警民共建文明先进单位	省委、省政府	2002 年 8 月
平和县育英小学	福建省第三届军警民共建文明先进单位	省委、省政府	2002 年 8 月
平和县卫生局	全国农村自来水普及工作先进单位	全国爱国卫生运动委员会	2002 年
平和县	南亚热带名优作物基地	农业部	2002 年 2 月
坂仔镇西坑村	创建全国文明村镇先进村镇	中央文明办	2003 年 1 月
平和县交通局	第八届省级文明单位	省委、省政府	2003 年 8 月
平和县邮政局	第八届省级文明单位	省委、省政府	2003 年 8 月
福建电信公司平和县电信局	第八届省级文明单位	省委、省政府	2003 年 8 月
平和县工商局	第八届省级文明单位	省委、省政府	2003 年 8 月
农行平和支行	第八届省级文明单位	省委、省政府	2003 年 8 月
建行平和支行	第八届省级文明单位	省委、省政府	2003 年 8 月
平和县国税局	第八届省级文明单位	省委、省政府	2003 年 8 月
平和县人民检察院	第八届省级文明单位	省委、省政府	2003 年 8 月
坂仔镇	省级文明乡镇	省委、省政府	2003 年 8 月
文峰镇三坪村	省级文明村	省委、省政府	2003 年 8 月
平和县第一中学	省级文明学校	省委、省政府	2003 年 8 月
平和县新星幼儿园	省级文明学校	省委、省政府	2003 年 8 月

续表 30-3

获奖单位	获奖名称	授予单位	颁奖年月
九峰镇	福建省历史文化名镇	省政府	2003 年 1 月
平和县	全国无公害农产品生产示范基地县	农业部	2003 年 1 月
平和县劳动就业管理中心	福建省就业再就业工作先进单位	省政府	2004 年 11 月
平和县三平风景区	省级风景名胜区	省政府	2004 年 11 月
平和县	2001 年度、2002 年度通过国家科技进步考核	科技部	2004 年 1 月
平和县武警中队	军地共建先进单位	省政府	2004 年
平和县	2003 年度、2004 年度通过国家科技进步考核	科技部	2005 年 1 月
平和县安全生产委员会办公室	福建省安全生产合格乡镇试点活动组织奖	省政府	2005 年
平和县	全国无公害农产品出口示范基地达标单位	农业部	2005 年
平和县	“万村千乡市场工程”试点县	商务部	2005 年
平和县文化体育局	全国“全民健身周”活动先进单位	国家体育总局	2005 年
小溪镇党委	先进基层党组织	省委	2006 年 7 月
玉露茶叶专业合作社	全国“千社千品”富农工程专业合作社	全国供销合作社	2006 年
平和县交通局	第九届省级文明单位	省委、省政府	2006 年 11 月
平和县邮政局	第九届省级文明单位	省委、省政府	2006 年 11 月
福建省电信有限公司平和县分公司	第九届省级文明单位	省委、省政府	2006 年 11 月
平和县工商局	第九届省级文明单位	省委、省政府	2006 年 11 月
农行平和支行	第九届省级文明单位	省委、省政府	2006 年 11 月
建行平和支行	第九届省级文明单位	省委、省政府	2006 年 11 月
平和县国税局	第九届省级文明单位	省委、省政府	2006 年 11 月
平和县人民检察院	第九届省级文明单位	省委、省政府	2006 年 11 月
平和县电力公司	第九届省级文明单位	省委、省政府	2006 年 11 月
文峰镇三坪村	省级文明村	省委、省政府	2006 年 11 月
平和第一中学	省级文明学校	省委、省政府	2006 年 11 月
平和县新星幼儿园	省级文明学校	省委、省政府	2006 年 11 月
小溪镇党委会	先进基层党组织	省委	2006 年 7 月
平和县	全国科技先进县	科技部	2006 年 9 月
平和县工商局	2005 红盾护农行动先进单位	国家工商行政管理局	2006 年 1 月
平和工业园区	省级开发区	国家发政委、省政府	2006 年

续表 30-3

获奖单位	获奖名称	授予单位	颁奖年月
平和县金华小学	2003-2005 年度军民共建精神文明先进单位	省委、省政府、省军区	2006 年
平和县价格成本调查队	2004—2005 年度全国农产品成本调查工作优秀集体	国家发展和计划委员会	2006 年 1 月
坂仔镇人民政府	福建省防抗台风抗洪抢险救灾先进集体	省委、省政府	2006 年 11 月
平和县农业局植保植检站	丰收一等奖	农业部	2006 年 9 月
小溪镇农技站	农牧渔业丰收二等奖	农业部	2006 年 9 月
文峰镇农技站	农牧渔业丰收二等奖	农业部	2006 年 9 月
平和县	2005、2006 年度通过国家科技进步考核	科技部	2007 年 5 月
福建锦溪集团	全国科普惠农兴村计划科普示范基地先进集体	中国科学技术协会	2007 年
平和县人民银行工会	2006 年度模范职工之家	中国人民银行	2007 年 2 月
平和县劳动和社会保障局	在劳动保障工作中成绩突出，记一等功	国家劳动和社会保障局	2007 年 1 月
平和暴动纪念馆	国防教育基地	省政府	2007 年
“红军三平会师”纪念馆	国防教育基地	省政府	2007 年

卷三十一 乡镇简况

第一章 乡简况

第一节 五寨乡

一、政区与人口

五寨乡素有平和南大门、平和出海口之称，位于平和县东南部，东邻漳浦县，西部、南部连接云霄县，北毗南胜镇，土地总面积93.94平方公里。五寨乡人民政府驻地在优美村，距县城27公里。

1989年，五寨乡辖8个建制村，共有3910户居民，总人口17299人，其中男性占51.27%。1994年8月，析新美村为新美村和新塘村。1998年，五寨乡辖9个建制村，总人口18750人。2007年，五寨乡辖高峰、联盟、前岭、埔坪、优美、寨河、新美、侯门和新塘等9个建制村、95个村民小组，共有5450户居民，总人口19405人，其中男性占52.17%。

二、环境

乡境属丘陵山地，中间夹有小平原。埔坪、优美、前岭、寨河、侯门、新美和新塘等7个村位于河谷平原区，海拔50～150米。海拔1076米的大帽山位于北部。主要河流为五寨溪，发源于大矾山，由西向东经前岭、优美、新美和侯门，流入漳浦县鹿溪。探明矿藏有新美村的泥煤矿、后巷的石英矿（储量1000万吨）、花岗岩11处（储量73万平方米，其中侯门村花岗岩储量50万立方米）和明矾矿等。有严内海小（一）型水库，前岭水库、寨河水库和埔坪水库等小（二）型水库3座，总库容280万立方米；牛朝仔山塘、石船山塘和考坑陈肚斜山塘等山塘3口。建有五寨农贸市场，占地面积5280平方米。县道山旧线穿境而过，是闽西北与沿海开放地区的交通要道。村村通水泥路。乡境有五南区苏维埃政府旧址，庄氏家庙、林氏宗祠、李氏宗祠和思永楼等古建筑，以及“克拉克”瓷古窑址、龙须洞和红仔山等名胜古迹。

三、工农业

1989年，五寨乡仅有造纸厂1家工业企业。主要农作物有水稻、蔬菜和水果，其中水果产量393吨。蜜柚种植面积2.67公顷。耕地面积1049.07公顷。农业总产值1061万元。1992年，蜜柚产量2吨。1995年，耕地面积1045.53公顷。1998年，蘑菇产量2051吨，占全县的24.11%。蜜柚产量483吨。2003年，种植单季青菜花、荷兰豆和大白葱等蔬菜，种植面积300公顷；种植枝豆、脚白笋，种植面积分别为100公顷和67公顷。首个工业引进项目、投资200万元的泉州澳都服饰有限公司五寨分厂投入生产。2004年，首次引进种植巨尾桉速生树。2005年，引进工业企业10家。耕地面积1047.33公顷。2006年，采用“基

地 + 企业 + 农户”的模式，引进台湾莲雾、木瓜、青枣和芭乐等高优水果，种植面积 200 公顷。种植红肉蜜柚 667 公顷。

2007 年，分别投资 5000 万元、1000 万元、700 万元、500 万元和 500 万元的“骏安皮业”“海棠洋伞”“建威洋伞”“主鸿装潢制品”和“乐记食品”等 5 家企业落户乡境。水果产量 1.4 万吨，其中蜜柚占 70.64%。森林覆盖率 67.9%，林地绿化率 91.2%。耕地面积 1047.73 公顷。农业总产值 1.51 亿元，规模工业产值 1.28 亿元。

四、教育科技文化卫生事业

1989 年，五寨乡有中学 1 所、小学 16 所，在校学生 2634 人，其中小学生 2079 人。举办科技交流和科普讲座 3 场。五寨卫生院在职医务人员 14 人。1995 年，投资 32 万元，兴建建筑面积 540 平方米的五寨乡计生服务大楼。设立乡有线电视台。有中学 1 所、小学 16 所，在校学生 3337 人，其中小学生 2506 人。1996 年，创办新塘小学。投资 90 万元，兴建五寨中学综合教学楼，建筑面积 1800 平方米。1997 年，投资 48 万元，兴建优美中心小学教学楼，建筑面积 1200 平方米。1999 年，举办农村实用技术培训班 5 期，参加培训农技人员 250 多人次。2003 年，优美小学配置 50 台电脑和 1 间多媒体教室。乡有线电视台与县有线电视台联网。2005 年 9 月，优化整合教育资源，联盟小学和高峰小学的学生集中到五寨学区就读。

2007 年，新塘小学的学生分流到五寨中心小学和新美小学就读。前岭小学、埔坪小学、寨河小学和新美小学五年级、六年级的学生集中到五寨中心小学就读。全乡有中学 1 所、小学 7 所，在校学生 1868 人，其中小学生 1351 人；农技推广服务机构 1 个，农技推广服务人员 3 人。五寨卫生院有病床 10 张，专业技术人员 11 名。

第二节 国强乡

一、政区与人口

国强乡位于平和县中南部，东与坂仔镇接壤，东南与云霄县马铺交界，西连九峰镇、崎岭乡，南邻大溪镇、安厚镇，北接霞寨镇，土地总面积 125.96 平方公里。国强乡人民政府驻地在高坑村，距县城 22 公里。

1989 年，国强乡辖 14 个建制村，共有 4436 户居民，总人口 21502 人，其中男性占 52.16%。1998 年，全乡总人口 21923 人。2007 年，国强乡辖白叶、乾岭、泮池、古爽、碧岭、高坑、延山、三五、凤山、松湖、梅子、新建、岩坑和白水等 14 个建制村、163 个村民小组，共有 5831 户居民，总人口 22636 人，其中男性占 53.98%。

二、环境

乡境地势由西南向东北倾斜。有白叶溪、郭坑溪和花山溪等河流。探明矿藏有锰矿（储量 5 万多吨）、水晶矿（储量近 7 万吨）和花岗岩等。其中，白叶储量 50 万立方米的“612”辉绿岩为省内少有，是石雕的上等材料。有花溪水库、吉坑水库、幸福水库和石厝湖水库等 4 座，露田边山塘、深寮山塘、顶角仔山塘和竹尖坑山塘等山塘 4 座。县道坂云线穿境而过。村村通水泥路。乡境有靖和浦第一次工农兵代表大会旧址，以及六成楼、迎熏楼、仰星楼、黄氏宗祠、侯卿庵和陈氏宗祠等名胜古迹。

三、工农业

1989 年，国强乡竹木资源丰富，盛产笋干和棕制品。蜜柚种植面积 6.93 公顷。柑橘、香蕉产量分别为 75 吨和 750 吨。耕地面积 1043.53 公顷。农业总产值 1176 万元。1990 年，蜜柚采摘面积 2 公顷，产量 1 吨。1995 年，耕地面积 1042.8 公顷。1998 年，水果产量 2.25 万吨，其中香蕉、蜜柚和柑橘产量分别占 65.55%、17.84% 和 9.49%。1999 年，福建漳州德强农业有限公司、漳州弘强果蔬有限公司等 2 家企业落户乡境。开发山地 704 公顷，种植蜜柚、甜柿、龙眼和橄榄等果树；扩种香蕉 133.33 公顷。2005 年，投资 1000 万元的鑫达矿业有限公司落户泮池村。耕地面积 905.27 公顷。2006 年，种植 1200 公顷蜜柚。蘑菇产量 1000 吨。

2007 年，投资 680 万元的漳州富华针织品织造有限公司落户高坑村。水果产量 6.13 万吨，其中蜜柚、香蕉和柑橘产量分别占 52.2%、44.21% 和 3.26%。棕片产量 45 吨，占全县产量 43.6%。竹笋干产量 210 吨。茶树种植面积 80 公顷，产量 170 吨，是平和县茶产业乡。森林覆盖率 67.9%，林地绿化率 96.1%。农业总产值 2.09 亿元，规模工业产值 0.42 亿元。

四、教育科技文化卫生事业

1989 年，国强乡有中学 2 所、小学 22 所，在校学生 2921 人，其中小学生 2197 人。发放各种科普资料 2000 余份。“走水尫”民俗娱乐健身活动盛行。国强卫生院有病床 20 张，医务人员 12 人。1990 年，设立电视差转台和卫星接收站。1994 年，设立乡有线电视台。1995 年，全乡有中学 1 所、小学 22 所，在校学生 3387 人，其中小学生 2756 人。1999 年，建筑面积 2058 平方米的国强中学教学综合楼建成。2005 年，卫生院有病床 20 张，医务人员 13 人。

2007 年，全乡有中学 2 所、小学 10 所，在校学生 2313 人，其中小学生 1635 人。组织科技人员分别到 14 个村举办蜜柚管理技术培训班，对果农进行技术培训。乡有文化站、广播电视站，村有文化活动中心。国强卫生院有病床 20 张，医务人员 15 人（其中专业技术人员 7 人），年门诊量 2 万多人次。村卫生所 14 家，医务人员 22 人。

第三节　崎岭乡

一、政区与人口

崎岭乡位于平和县西部，东邻霞寨镇，东南接国强乡，西连秀峰乡，南界九峰镇，北毗芦溪镇，土地总面积 125.13 平方公里。崎岭乡人民政府驻地在合溪村，距县城 38 公里。

1989 年，崎岭乡辖 13 个建制村，共有 4618 户居民，总人口 23656 人，其中男性占 51.61%。1998 年，全乡总人口 24337 人。2007 年，崎岭乡辖桂竹、新南、南湖、合溪、浮坪、诗坑、漈头、下石、顶寨、溪头、时陂、彭溪和崎南等 13 个建制村、171 个村民小组，共有 6701 户居民，总人口 25249 人，其中男性占 53.9%。

二、环境

乡境地势东北高，西南低。顶寨村的大尖山顶为境内最高峰，海拔 1225.4 米；漈头村的水口庵是全乡最低处，海拔 290 米。发源于霞寨镇高山村及崎岭乡的彭溪村、时陂村、桂竹村和顶寨村的 5 条河流在合溪村和漈头村交汇后流向九峰镇苏洋村，经三河坝进入韩江。溪头村的河流为九龙江源头之一，河水经国强乡，汇入花山溪，流入九龙江。探明矿藏有溪头村的铅锌矿、南湖村大茂山脚的黄金矿、桂竹洋的高岭土和诗坑村的泥煤等。建有“南一水库”“南二水库”等2座，以及草滩山塘、大山山塘和虎坪腰山塘等3口，总蓄水量360.35万立方米；灌溉渠道21.4公里，灌溉面积44.6公顷。省道官九线穿境而过。是中国名茶——白芽奇兰茶的原产地，建有茶叶专业市场，以及建筑面积1500平方米的农贸市场。有省级重点文物保护单位天湖堂和石皇帝山、旭山岩等旅游景点。

三、工农业

1989年，崎岭乡以粮食、蔬菜生产为主。茶树种植面积323.53公顷、产量170吨。蜜柚种植面积、采摘面积、产量分别为71.73公顷、9公顷和11吨。耕地面积1153.13公顷。农业总产值1191万元。1995年6月，白芽奇兰茶被福建省茶叶专业品种审定组评为“福建名茶”。1998年，兴办总投资500万元的漳州综饶纸制品有限公司。水果产量1.03万吨，其中蜜柚产量占91.52%。茶叶产量627吨。2000年，获“中国茶叶（白芽奇兰茶）之乡”称号。2005年，兴办总投资550万元的漳州奇兰服饰织造有限公司。耕地面积1025.27公顷。2006年，蘑菇产量1349吨。

2007年，有阳山茶厂、天用白芽奇兰茶有限公司和平和玉露白芽奇兰茶有限公司等龙头企业。漳州综饶纸制品有限公司、漳州奇兰服饰织造有限公司年产值分别为2500多万元和1800多万元。水果产量3.69万吨，其中蜜柚产量占94.93%。茶树种植面积1728.13公顷；茶叶产量2944吨，占全县39.12%。是平和县茶产业乡、漳州市10个现代茶产业专业乡镇之一。彭溪、时陂等2村成为漳州市现代茶产业专业村。森林覆盖率71.9%，林地绿化率92.0%。耕地面积1025.09公顷。农业总产值3.95亿元，规模工业产值0.49亿元。

四、教育科技文化卫生事业

1989年，全乡有中学1所、小学33所，在校学生3102人，其中小学生2662人。有崎岭卫生院和16家卫生所，医务人员共32人。1994年，建成顶楼小学教学楼。1996年，设立乡文化站和广播电视差转台。建筑面积533平方米的时坡村希望小学竣工。1998年，有中学1所、小学13所，在校学生4161人，其中小学生2588人。有崎岭卫生院和19家卫生所，医务人员共36人。2002—2003年，分别建成建筑面积1260平方米、450平方米的诗坑村希望小学、漈头村希望小学。2006年起，采取集中培训、现场指导等形式，推广茶园科学管护、茶叶精深加工等新技术。

2007年，全乡有中学1所、小学10所，在校学生2965人，其中小学生2130人。有村级文化活动中心和文化专业户。全乡除桂竹、时坡和溪头等3村外，均开通有线电视。崎岭卫生院建筑面积1250平方米，有病床12张，专业技术人员9名，年门诊量1万多人次，住院病人800人次。卫生所22家，医务人员36人。

第四节　长乐乡

一、政区与人口

长乐乡位于平和县西部，东接秀峰乡，西连广东省大埔县，南邻九峰镇，北毗永定县湖山，土地总面积61.32平方公里。长乐乡人民政府驻地在联三村下坪，距县城63公里。

1989年，长乐乡辖19个建制村，总人口27816人，其中男性占52.59%。1993年10月，析长乐乡为长乐乡、秀峰乡。长乐乡设农家、建三、建南、乐北、秀山、联胜、葵山、联三和南庭等9个建制村，共有2322户居民，总人口11594人，其中男性占52.59%。1998年，全乡总人口11624人。2007年，长乐乡辖农家、建三、建南、乐北、秀山、联胜、葵山、联三和南庭等9个建制村、75个村民小组，共有3012户居民，总人口11798人，其中男性占54.56%。说客家方言。

二、环境

乡境多山地。韩江支流芦溪溪（又称梅潭河）和崎岭溪分别从东往西、北向南蜿蜒贯穿长乐全境。探明矿藏有钨、铁、泥煤、稀土矿和茶理石等。有小（一）型乐南水库、小（二）型葵山水库，总库容336万立方米，以及群彩洋山塘、四丘田山塘等2座山塘。建有200多个摊位的农贸市场。开通长乐联胜至广东省的福广公路。县道秀秀线穿境而过。村村通水泥路。境内有平和暴动烈士纪念碑，省级文物保护单位——平和暴动纪念馆，平和暴动指挥部、平和县工农自卫军常备队队部旧址，福建工农革命军独立第一团团部旧址，平和县革命委员会旧址和中共饶和埔县委旧址。还有瓦窑岗遗址和福显堂、安福堂、永福堂、长兴庙和益兴庙等古建筑，“泻玉巢云”“青龙过峡”“玉峰相护”和“白马下海”等摩崖石刻，“千年古榕”、滴水穿石“冰臼”等名胜古迹。

三、工农业

1989年7月，总投资30万元、年产6万件（套）腈纶童装的长乐乡毛衫厂建成投产。是年，长乐乡粮食作物以水稻为主。植树造林467公顷，迹地更新11.33公顷。封山育林3947公顷。农业总产值1074万元。1993年，水果产量92吨。蜜柚种植面积3.2公顷，采摘面积0.4公顷，产量4吨。耕地面积522.07公顷。1994年春季，开垦果园266.67万公顷，种植果树15万株。1995年，水果产量211吨，其中蜜柚产量占23.7%。蘑菇产量30吨。1998年，漳州霖和良坝水电有限公司创办，注册金额566万美元。水果产量660吨，其中蜜柚产量占24.24%。2005年，耕地面积517.4公顷。2006年，蘑菇产量490吨。

2007年，全乡建成蜜柚、板栗、脆桃和白芽奇兰茶等优质果茶生产基地。茶叶产量275吨，是平和县茶产业乡。水果产量1955吨，其中蜜柚产量占51.15%。林地面积4746公顷，其中有林地4031公顷；林木蓄积量14.8万立方米；森林覆盖率68.3%，林地绿化率85.2%。农业总产值6107万元，规模工业产值0.2亿元。

四、教育科技文化卫生事业

1989年，长乐乡有中学2所、小学39所，在校学生3967人，其中小学生3241人。组织科技人员到各村，开展水稻和瓜果病虫害防治工作。有长乐乡卫生院和2家片区卫生所。1994年5月29日，举办1期果树栽培技术培训班，培训农技人员154人。是年，建立广播电视转播台。1995年，有中学1所、小学21所，在校学生1972人，其中小学生1518人。1998年，征地建设建筑面积600平方米的长乐卫生院门诊综合楼。有中学1所、小学13所，在校学生1289人，其中小学生976人。长乐卫生院在职医务人员5人。2001年，乡卫生综合楼、计生服务楼和长乐宣教中心大楼分别竣工。2005年7月，建立1所9年一贯制学校。

2007年6月，乡农业技术站举办“蜜柚种植技术讲座”，由市、县专家授课，向果农赠送部分用品、相关书籍及科普宣传资料，并接受果农的咨询，培训农技人员200多人次。是年，全乡有中学1所、小学7所，在校学生1056人，其中小学生898人。设立有线电视台。兴建命名为“古榕公园”的平和县第一座乡镇农村文化公园。长乐卫生院在职医务人员5人，其中专业技术人员3人。

第五节　秀峰乡

一、政区与人口

秀峰乡位于平和县西北部，东接崎岭乡，西邻长乐乡，南连九峰镇，北毗芦溪镇，西北与永定县接壤，土地总面积89.48平方公里。秀峰乡人民政府驻地在秀峰圩，距县城73公里。

1993年10月，秀峰乡由长乐乡析出而设立，辖龙岭、坝头、坪洄、坪东、三联、秀峰、双塘、文田、南峰和福塘等10个建制村，共有3550户居民，总人口17280人，其中男性占52.86%。1998年，全乡总人口17364人。2007年，秀峰乡辖龙岭、坝头、坪洄、坪东、三联、秀峰、双塘、文田、南峰和福塘等10个建制村、110个村民小组，共有4786户居民，总人口17958人，其中男性占54.76%，畲族500多人。说客家方言。

二、环境

乡境多山地。有河流5条，主要河流芦溪溪源自双尖山脉，从芦溪东槐经境内5个村，在宫宅桐岭汇合九峰溪流往广东。水资源丰富，水质清澈，高效生态水产养殖潜力巨大。高岭土、钨、铁、稀土矿、水晶矿（储量20多万吨）和茶理石等矿产资源丰富，其中高岭土、铁矿和茶理石开发前景广阔。建有良坝水库、坪洄水库等2座，总库容944万立方米，以及龙塘山塘、田螺湖山塘等山塘2口。县道秀秀线穿境而过，上接龙岩永安，下通广东大埔；与芦溪镇、长乐乡和九峰镇等乡镇公路全线贯通；村村通水泥路。境内有水尾潭摩崖石刻一处及聚奎楼等土楼10多座。

三、工农业

1993年，秀峰乡粮食作物以水稻为主。经济作物有柑橘、蜜柚等和反季节蔬菜，以及奇兰、单丛和八仙等优质名茶。水果产量104吨。蜜柚种植面积18.13公顷，采摘面积0.47公顷，产量3吨。蘑菇、茶叶产量分别为3吨、66吨。耕地面积786.4公顷。1994年，建设坪洄片区万亩（666.67公顷。下同）畜牧基地、秀峰片区万亩优质茶基地、福塘片区万亩杂果基地，在坪东、坪洄、秀峰和福塘等村连片建设万亩竹基地。1995年，耕地面积785.8公顷。农业总产值1205万元。1998年，水果产量536吨，其中蜜柚产量占75.19%。茶叶产量177吨。1999年6月，兴建总库容648万立方米的良坝水电站。2000年，引进台资60万美元，创办漳州秀峰农业开发有限公司，在内坑建立万亩优质茶基地。引进台资50万美元，创办新掬浦农业有限公司，养殖肉牛、肉羊，种植中国台湾地区瓜果、日本甜柿等作物。2001年，培育蘑菇10万平方米。2005年，耕地面积785.8公顷。蘑菇产量825吨。

2007年，新增1家规模企业——新泰源服装织造有限公司。农业形成果、茶、竹、蔬菜和蘑菇等五大产业格局。引进的雪茄生晒烟在福塘、坝头、双塘等村种植成功。柿子、茶叶产量分别为468吨、212吨。水果产量5441吨，其中蜜柚产量占71.38%。森林覆盖率58.4%，林地绿化率75.4%。农业总产值6330万元，规模工业产值0.18亿元。

四、教育科技文化卫生事业

1994年，秀峰乡设立农业科学技术指导站，每村配备1名科技人员。建立广播电视转播台。1995年，有中学1所、小学7所，在校学生954人，其中小学生756人。秀峰卫生院有医务人员12人。1999年9月，秀峰卫生院医疗综合楼扩建工程竣工。2000年，投资15万元，建立三联有线电视站。2001年，投入17万元，建立龙岭、坪洄等2村文化活动中心。有中学1所、小学7所，在校学生741人，其中小学生501人。秀峰卫生院有医务人员12人。2004年6月，华阳电业有限公司投资73万元，建设1座建筑面积1045平方米的多功能“明德小学”教学楼。8月，秀峰乡计生服务所投资18万元用于装修与添置设备。是年，乡计生服务所通过漳州市计生委“合格乡镇计生服务所”达标验收。

2007年，全乡有中学1所、小学7所，在校学生1110人，其中小学生850人。设立有线电视台。秀峰全民健身活动中心动工兴建。秀峰卫生院有病床14张，专业技术人员13人。

第二章 镇简况

第一节　小溪镇

一、政区与人口

小溪镇位于县中部偏东，为平和县城所在地，距漳州市区 61 公里。东接文峰镇，西邻霞寨镇，南毗坂仔镇，北连山格镇，土地总面积 109.61 平方公里。小溪镇人民政府驻地在东风路。

1989 年，小溪镇辖 23 个建制村、6 个居委会，共有 15281 户居民，总人口 62687 人，其中男性占 52.28%。1997 年 6 月 17 日，小溪镇增设河滨居委会和桥南居委会。1998 年，全镇总人口 75043 人。2003 年 5 月，建设、东大、中东、中西、九一七、溪上、河滨和桥南等 8 个居委会整合为建设、东风、广宝、东大、城东、九一七等 6 个社区。2007 年，小溪镇辖新桥、联星、共和、豆坪、枫埔、厝丘、旧楼、金光、古楼、联光、五村、溪洲、高南、南寨、内林、湖田、岩坂、坑里、旧县、玉溪、宝善、西林和产坑等 23 个建制村，以及建设、九一七、东风、东大、城东和广宝等 6 个社区、219 个村民小组，共有 23725 户居民，总人口 85672 人，其中男性占 51.81%。

二、环境

镇境东、西部为山丘，南、中、北部为平原。境内最高峰为十八齿山，海拔 1008 米。主要河流有花山溪和牛头溪。2 条河流在镇境中部的城区溪口处汇合，经山格镇、南靖县、漳州市，汇入九龙江。探明矿藏主要有花岗岩和铜钼矿、高岭土和泥煤等。建有斜坑、屈郎等 2 座小（二）型水库。县道山旧线与官九线在城区交会，并贯穿全境。村村通水泥路。境内有平和革命烈士墓，还有“小西天”（大坑岩观音庙）、南山城（又名“南山月寨”）、延安楼、何山宫和威惠庙等名胜古迹。

三、工农业

1989 年，小溪镇以生产水稻、蔬菜、甘蔗和水果为主。水果产量 3197 吨，其中香蕉产量占 73.26%。蜜柚种植面积、采摘面积、产量分别为 406.67 公顷、30.53 公顷和 143 吨。耕地面积 2004.27 公顷。农业总产值 2766 万元。1993 年，分别引进投资额 80 万美元的日隆塑料制品有限公司、投资额 20 万美元的添诚机器有限公司等 2 家企业。1995 年，获“琯溪蜜柚之乡”称号。耕地面积 1985.93 公顷。1998 年，水果产量 7.07 万吨，其中香蕉、蜜柚产量分别占 15.13% 和 82.05%。2000 年，建设 200 公顷高优农业示范片。2002 年，建立 18 个高优农业示范片，开发面积 333 公顷。2005 年，耕地面积 1912.33 公顷。2006 年 6 月，总投资 2.1 亿元的 19 家工业企业入驻大坂洋工业集中区。

2007 年，创办总投资 3.3 亿元的工业企业 31 家，其中投资 500 万元以上企业 5 家。水果产量 14.78 万吨，其中香蕉、蜜柚产量分别占 3.36%、96.33%。森林覆盖率 68.8%，林地绿化率 95.6%。农业总产值 3.86 亿元，规模工业产值 2.92 亿元。

四、教育科技文化卫生事业

1989 年，小溪镇有小学 23 所，在校学生 6708 人。引进科技成果，种植杂交水稻 200 多公顷。春节和元宵期间举办以蜜柚为主题的农民体育运动会、吉祥柚灯点放、龙艺踩街等文化活动。1992年，镇村集资5446万元，为各中心学校修缮校舍，建筑面积2268平方米；新建校舍、儿童乐园，建筑面积870平方米。1997年，全镇投资830万元，改善办学条件，教育“两基”（基本普及九年义务教育、基本扫除青壮年文盲）经省、市评估、验收达标。2002年，组建农科信息服务网，为1.1万农户提供农科信息。2003年9月，总投资162万元，建筑面积2080平方米，具有教学、实验和教师办公等多功能综合教学楼——小溪中学“文雄楼”落成并投入使用。2005年，完成对南寨、岩坂、宝善、航运、金光和联光等6所村校优化整合。2006年，完善农科信息服务网络，聘任69名农技员，开展科技咨询服务。

2007年元宵，制作的长400多米、118节的“百节龙艺”创历史之最。10月，小溪镇启动农村小学“校园整洁”行动，至12月，累计筹集207万元资金，改善办学条件。是年，全镇有中学1所、小学9所，在校学生11110人，其中小学生7410人。城关社区卫生服务中心有专业技术人员43人。

第二节 九峰镇

一、政区与人口

九峰镇位于平和县西隅偏南，东邻崎岭、国强乡、大溪镇，西与广东省饶平县接壤，南连诏安县秀篆镇，北毗长乐、秀峰乡，土地总面积208.21平方公里。九峰镇人民政府驻地在广福路，距县城47公里。

1989年，九峰镇辖25个建制村、2个居委会，共有9011户居民，总人口44675人，其中男性占51.91%。1998年，全镇总人口45682人。2007年，九峰镇辖三坑、苏洋、复兴、东富、澄溪、福坑、眉山、黄田、积垒、下坪、陈彩、福田、平等、军溪、福山、新山、下西、下北、上仓、联峰、振阳、九峰、城东、城西和城中等25个建制村和东街、西街等2个社区、292个村民小组，共有12608户居民，总人口46919人，其中男性占54.01%。说客家方言。

二、环境

镇境地势由东向西倾斜。东部分布30余座海拔500米以上山峰。大芹山海拔1544.8米，为全县最高峰，周围有小芹山、鹅公髻、出水仔、笔架山、黄世尖、南山岽、大尖尾、石尖仔岽、猴动山、观音岽和拉子旗等15座千米以上高山。探明矿藏有铅锌矿、铍矿和高岭土等。九峰溪、桂竹溪、高山溪和大芹双溪等4条支流汇合成碧溪后，由东向西流入广东韩江。建有九一调节水库、九水水库、峰欣水库、东顺水库和三坑水库等小（二）型水库5座和眉山山塘1座。水电站7座，装机容量5970千瓦。省道官九线、县道秀秀线穿境而过。村村通水泥路。集镇保存一条鹅卵石铺就的明代旧街和一条民国初期建成的骑楼式街道。是“闽粤边贸重镇”，有闽粤两省四县10个乡镇的贸易市场和闽西南茶叶市场。境内有中共平和第一支部、上坪村农民协会旧址，还有双髻升曦、九峰反照、东郊春雨、西岭暮霞、天马晴烟、石潭秋月、笔山侵汉和碧水澄波等8景，龙见楼、永泰楼等土楼，以及文庙、城隍庙、崇福庙、杨氏祠堂、东门外牌坊、上仓贞烈坊和俞大猷记事碑刻等省、县级文物保护单位21处。

三、工农业

1989年，九峰镇对老企业进行技术改造。建立万亩（666.67公顷）茶叶基地，当年投产的茶园面积578公顷。蜜柚种植面积、采摘面积分别为125.2公顷、0.13公顷，产量1吨。茶叶产量163吨。耕地面积1783.93公顷。农业总产值1402万元。1991—1993年，全镇16000公顷宜林荒山全部绿化。首次引进2家台资企业，总投资额200万美元。1995年，耕地面积1782.4公顷。1998年，水果产量1.32万吨，其中蜜柚产量占78.41%。茶叶产量1260吨。1999—2001年，共开发山地1667公顷，其中种植蜜柚667公顷、白芽奇兰茶400公顷、杂果467公顷。2005年，耕地面积1755.67公顷。

2007年，平和（九峰）圣雅伦服饰织造有限公司开业，年创产值800万元。水果产量2.04万吨，其中蜜柚产量占86.52%。茶叶产量2480吨，占全县总产量32.96%，是平和县茶产业镇、漳州市10个现代茶产业专业乡镇之一。眉山、新山等2村成为漳州市现代茶产业专业村。森林覆盖率69.0%，林地绿化率84.5%。耕地面积1631.87公顷。农业总产值3.28亿元，规模工业产值1.41亿元。

四、教育科技文化卫生事业

1989年，九峰镇有中学2所、小学53所，在校学生6447人，其中小学生5423人。元宵节，城隍、王公出巡，开展“龙艺”“落地扫”和“穿灯舞”等文化活动。九峰卫生院在职医务人员34人。1995年，举办实用技术培训班8期，参训农技人员1200多人次。组织农技人员开展蜜柚专用肥、台式制茶机、多功能全自动调压器等6个项目技术攻关与研制，其中蜜柚专用肥、台式制茶机等2个项目转入批量生产，年增产值100万元。1997年，九峰卫生院设立门诊内科、外科、牙科和五官科，有病床16张，医务人员37人。 1998年，有中学3所、小学24所，在校学生6725人，其中小学生3681人。2003年1月，省人民政府确认九峰镇为福建省历史文化名镇。

2007年，撤销福坑小学、洋坑小学。全镇有中学1所、小学21所，在校学生6424人，其中小学生3238人。聘省农大、农科院、省科协和县农业局专家、教授从茶叶生产、加工、包装到销售进行培训和指导，举办实用技术培训班35期，分发科普知识材料1万份。九峰文化站建成投用。九峰中心卫生院有病床30张，医务人员41人，其中专业技术人员17人。

第三节　山格镇

一、政区与人口

山格镇位于平和县北偏东，东邻文峰镇，西毗霞寨、芦溪镇，南连小溪镇，北接南靖县，土地总面积183.05平方公里。山格镇人民政府驻地在山格圩，距县城6公里。

1989年，山格乡辖13个建制村、1个居委会，共有居民9028户，总人口39544人，其中男性占52.08%。1990年，撤乡设镇，并增设1个居委会。1998年，全镇总人口43016人。2007年，山格镇辖高磜、白楼、山格、新陂、铜中、隆庆、平寨、三美、宝丰、双坑、双田、前进和土田等13个建制村和山格社区、202个村民小组，共有12277户居民，总人口43975人，其中男性占52.21%，少数民族人口近400人。

二、环境

镇境建有库容308万立方米的小（一）型平寨水库1座，后湖水库、黄土岭水库等小（二）型水库2座，土田山塘、阔溪山塘、石龟山塘等山塘3座。九龙江支流花山溪穿境而过。县道山旧线与省道官九线在境内交会，水陆交通便捷。探明矿藏有锰矿、泥煤和高岭土等。可开采花岗岩有 30 多处，贮量大、质地好。有远近闻名的宝丰“天然温泉”，水温72℃，出水量10.8立方米／时。建有占地面积4000平方米的山格农贸市场。有始建于大宋初年的“慈惠宫”（俗称“大众爷公庙”），山格村山边的帝君庙、白楼村的月前庵、高磜村的杏林庵、隆中村的轩单爷庙和平寨村双庵的观音庙等古建筑，以及建于1974年的旅游景点“军民堤”。

三、工农业

1989年，山格乡以生产水稻、小麦、甘薯、蔬菜、水果为主。水果产量3662吨，其中香蕉、柑橘产量分别占85.47%和5.52%。蜜柚种植面积57.53公顷。蘑菇产量1300吨，占全县产量24.19%。耕地面积2212.6公顷。农业总产值3403万元。1990年，蜜柚采摘面积7.67公顷，产量38吨。1995年，耕地面积2162.4公顷。1998年，水果产量4.27万吨。其中香蕉、柑橘和蜜柚产量分别占32.04%、5.99%和51.24%。2001年，引进种植台湾芭乐、青枣等新品种。2003年，山格宝丰工业集中区建成。全县第一家最大规模的民营企业宝达钢铁有限公司投产，年产值1亿元。2004年10月，被省农业厅授予"福建无公害农产品蔬菜基地"称号。2005年，耕地面积2148.67公顷。2006年，蘑菇种植面积29.9万平方米、产量2850吨（占全县产量16.86%）。

2007年9月28日，福建省平和县山格镇蔬菜专业合作社成立，10月18日，注册"宝丰""山格奇珍"牌蔬菜商标。是年，水果产量10.08万吨，其中香蕉、柑橘、蜜柚、芭乐（占全县总产量79.31%）和青枣（占全县总产量25.42%）产量分别占4.65%、1.45%、64.06%、15.87%和12.56%。森林覆盖率73.3%，林地绿化率96.7%。农业总产值7.05亿元，规模工业产值3.29亿元。

四、教育科技文化卫生事业

1989年，全乡有中学1所、小学14所，在校学生4352人，其中小学生4005人。农历七月十五日至十九日期间，举办"扛猪公""灵龟归庙"、龙艺表演和地方戏剧表演等内容丰富多彩的祭祀"大众爷公"系列民俗活动。山格卫生院及13家卫生所，医务人员共22人。1990年，与新陂村科技组联合举办杂优水稻栽培技术培训班，推广种植杂优水稻93公顷。1995年，村村开通有线电视。全镇有中学1所、小学14所，在校学生6075人，其中小学生5580人。1997年，投资232万元，征地0.51公顷，进行卫生院迁址及门诊大楼建设，总建筑面积2642平方米。1998年8月26～30日，山格镇举办首期农民技术员培训班，邀请县农业局专业技术人员举办水稻栽培、食用菌栽培和农作物病虫害防治等知识等专题讲座，培训农技人员18人。12月10日，团县委在山格镇召开全县农村共青团"领办科技推广项目，创建共青示范基地"现场推进会。镇青年科技图书站成立。是年，山格卫生院及13家卫生所，医务人员共28人。2002年，新建成的山格卫生院投入使用，有病床22张，医务人员38人，其中具有中高级职称8人。

2007年，全镇有中学1所、小学校9所，在校学生4841人，其中小学生3291人。山格卫生院及13家卫生所，医务人员共46人。其中，山格卫生院有病床10张，专业技术人员29人。

第四节 南胜镇

一、政区与人口

南胜镇位于平和县东南部，东邻漳浦县，南连五寨乡，西毗国强乡和云霄县，北接坂仔镇、文峰镇，土地总面积133.71平方公里。南胜镇人民政府驻地在南胜村，距县城19公里。

1989年，南胜乡辖11个建制村、1个居委会，共有5838户居民，总人口25281人，其中男性占51.62%。1990年，撤乡设镇。1998年，全镇总人口26877人。2007年，南胜镇辖南胜、义路、云后、前山、龙溪、子坑、龙心、法华、欧寮、糠厝和安石坑等11个建制村和南胜社区、140个村民小组，共有7910户居民，总人口27405人，其中男性占52.13%。

二、环境

镇境四面环山，集镇中心广阔平坦。地面高程海拔 65 ～ 110 米，最高点为大矾山顶，海拔 1075 米，最低处是前山村辽兜，海拔 60 米。主要河流为南胜溪。探明矿产资源有明矾矿、铁矿、高岭土和花岗岩等，其中储量 800 多万吨的大矾山明矾矿是全国较大的明矾矿之一。流量较大的温泉有南胜村溪埔楼汤鼎温泉，水温 62℃，出水量 17 立方米 / 时和南胜村西面温泉的水温 76℃，出水量 9.8 立方米 / 时。建有邦寮山水库、梨仔坑水库、龙心水库、径仔水库、坑仔内水库、狮子坑水库和邦寮山水库等水库 6 座，总库容 769 万平方米，以及九猪山塘、大坪山塘、邦龙山塘等山塘 3 座。县道山旧线穿境而过。村村通水泥路。境内有南胜烈士纪念碑，国家文物保护单位南胜古窑址，九昆船山遗址、温泉古井、城隍庙和观音亭等名胜古迹。太极峰景区有岩王坑、金猴手印、鸡笼山、狗断尖、水鸡石、石笋尖、太极峰和鼎底湖等 12 景点，总面积 18 平方公里。

三、工农业

1989 年，南胜乡名优特产有“南胜麻枣”“南胜咸水鸭”等。种植水稻、蔬菜和水果等农作物。水果产量 1698 吨，其中香蕉、柑橘产量分别占 71.85% 和 7.3%。蜜柚种植面积 2.4 公顷。耕地面积 1678.4 公顷。农业总产值 2366 万元。1990 年，蜜柚采摘面积 0.6 公顷，产量 1 吨。1995 年，全镇耕地面积 1676 公顷。蘑菇产量 2250 吨，占全县产量 22.81%。1996 年 4 月，南海食品有限公司创办。1998 年，漳州市漳南水电开发有限公司、裕辉食品有限公司创办。水果产量 2.37 万吨，其中香蕉、柑橘和蜜柚产量分别占 67.63%、3.8% 和 25.06%。2001 年，青枣新植面积 33 公顷。2003 年，建设花卉及药材种植基地，其中花卉播种面积 33 公顷，占全县面积 74.01%；盆景产量 1.57 万盆，占全县产量 82.54%；药材产量 2968 吨，占全县产量 92.23%。2005 年，南海冷冻食品有限公司集资 1000 万元，建设容量 3500 吨、建筑面 3000 平方米冷库。苹果枣、台湾芭乐等优质水果种植面积 340 公顷，产量 9600 吨。耕地面积 1573.33 公顷。2006 年，总投资 500 万元的龙达选矿有限公司创办。蘑菇产量 1550 吨。中药材产值 1419.20 万元，占全县产值 90.44%。

2007 年，永达丰汽车配件有限公司、致兴机械制造厂创办，总投资 400 万元。水果产量 4.79 万吨，其中香蕉、柑橘、蜜柚、青枣和荔枝产量分别占 11.76%、3.76%、58.46%、18.58% 和 2.61%。龙眼产量 1900 吨，占全县产量 39.59%。森林覆盖率 68.9%，林地绿化率 96.4%。耕地面积 1531.73 公顷。农业总产值 2.73 亿元，规模工业产值 0.95 亿元。

四、教育科技文化卫生事业

1989 年，全乡有中学 2 所、小学 25 所，在校学生 3589 人，其中小学生 2806 人。南胜卫生院在职医务人员 25 人。1998 年，全镇有中学 2 所、小学 11 所，在校学生 4869 人，其中小学生 3331 人。2004 年，设立有线广播电视站。有中学 2 所、小学 11 所，在校学生 3322 人，其中小学生 1878 人。南胜卫生院有病床 24 张，医务人员 23 人。

2007 年，全镇有中小学校 9 所，其中小学 8 所；在校学生 3040 人，其中小学生 1989 人。有镇级文化技术学校 1 所。南胜卫生院办公楼及病房总面积 900 平方米，有病床 14 张，医务人员 25 人。

第五节　文峰镇

一、政区与人口

文峰镇位于平和县东北部，东邻龙海市、漳浦县，南连南胜镇，西毗山格、小溪、坂仔镇，北接南靖县，土地总面积（含工业园区）222.11平方公里。文峰镇人民政府驻地在文峰圩，距县城15公里。

1989年，文峰乡辖9个建制村，共有3510户居民，总人口16822人，其中男性占51.22%。1992年，撤乡设镇。1997年6月17日，增设龙文居委会。1998年，全镇总人口17901人。2005年4月，黄井村划归平和工业园区管理。2007年，文峰镇辖前埔、三坪、龙山、龙东、柴船、南霞、文美和文洋等8个建制村和龙文社区、69个村民小组，共有4908户居民，总人口18302人，其中男性占52.79%。

二、环境

镇境建有中型上峰水库和小（二）型时坑水库，总库容2607万立方米。其中，上峰水库集雨面积40.5平方公里，总库容2580万立方米。探明矿藏有稀土矿、泥煤和矿泉水等。省道官九线贯穿全境。村村通水泥路。有占地3100平方米的农贸市场。境内有红军纪念馆以及山兜瓷窑遗址，千年古刹三平寺，蛇龟峰、虎林、虎爬泉、毛氏洞、侍郎亭、仙人亭、和尚潭和龙瑞瀑布等八大胜景，还有卧龙洞、管埔山、树坑、水口和方树墩等5处摩崖石刻。

三、工农业

1989年，文峰乡粮食作物以水稻为主，经济作物有反季节蔬菜和水果。水果产量2197吨，其中柑橘、香蕉产量分别占49.84%和36.41%。蜜柚种植面积、采摘面积、产量分别为60公顷、6.67公顷和15吨。耕地面积1294.4公顷。农业总产值1768万元。1995年，种植133公顷反季节蔬菜。全镇耕地面积1287.27公顷。1996年，文美村投资30万元，新建日产砖万块的大型轮窑，年创产值17万元。1997年，开展粮食自给工程建设，在文洋、文美和黄井等村建立连片上千亩（66.67公顷）示范田。1998年，水果产量2.72万吨，其中柑橘、香蕉和蜜柚产量分别占32.3%、13.13%和39.71%。2000年，引进资金535万元，创办企业15家。投资10万多元，建立青枣育苗基地。2003年，新开垦果园60多公顷，建设“三保”（保土、保水、保肥）果园。2005年，耕地面积1076.87公顷。

2007年，文美机械电子产业园区开工建设。水果产量4.87万吨，其中蜜柚、柑橘和香蕉产量分别占75.52%、20.59%和2.12%。森林覆盖率72.5%，林地绿化率93.3%。农业总产值2.92亿元，规模工业产值0.24亿元。

四、教育科技文化卫生事业

1989年，文峰学区有小校14所。文美、文洋和南霞等地均有扛龙艺、舞狮等传统文艺活动。文峰卫生院在职医务人员若干人。1991年，全乡发动群众集资30万元，兴建文峰中学1 座高3层、12间教室、建筑面积1083平方米教学楼。1995年，新建成的3层18间1000平方米龙山村小学教学楼投入使用。1996年，柴船村3个村民小组人均集资500元，兴建柴船小学。2000年，投资11万多元，完成文峰卫生院门诊大楼配套建设，添置B超、心电图和化验仪器等医疗设备。2001年起，调整学校布局，撤并部分小校。2004年，文峰中学校园占地面积8公顷，其中学农基地4.7公顷；校舍总建筑面积3600平方米。有15个班级、808名学生。

2007年，全镇有中学1所、小学9所，在校学生1858人，其中小学生1475人。有线电视用户3183户。文峰卫生院有病床10张，医务人员15人，其中专业技术人员5人。

第六节　坂仔镇

一、政区与人口

坂仔镇位于平和县中部偏南，东连文峰镇，南接南胜镇，西毗国强乡，北邻霞寨镇、小溪镇，土地总面积 135.1 平方公里。坂仔镇人民政府驻地在民主村，距县城 14 公里。

1989 年，坂仔乡辖 14 个建制村，共有 8117 户居民，总人口 36604 人，其中男性占 50.77%。1992 年，撤乡设镇。1997 年 6 月 17 日，增设绿城居委会。1998 年，全镇总人口 39160 人。2007 年，坂仔镇辖五星、联建、民主、西坑、宝南、东风、仁山、山边、心田、东坑、梨洋、峨嵋、和平和金京洋等 14 个建制村和绿城社区、210 个村民小组，共有 10847 户居民，总人口 40748 人，其中男性占 51.4%。

二、环境

镇境四面环山，中部一水纵贯。南胜溪在境内汇入花山溪。探明矿藏有优质高岭土、泥煤和花岗岩等，其中高岭土可开采量 5000 万多立方米。五星村甘棠坑温泉、桂阳楼东面温泉和桂阳楼南面温泉等 3 处温泉，出水量 21.21 立方米 / 时。建有香蕉市场。县道山旧线与坂云线穿境而过。村村通水泥路。境内有林语堂故居，铜壶宫、心田宫、环溪楼、薰南楼等古建筑，十八齿山、“柚海”等特色旅游资源。

三、工农业

1989 年，坂仔乡粮食作物以水稻为主，经济作物有蔬菜、柑橘、香蕉和蜜柚等。水果产量 1.07 万吨，其中香蕉产量占全乡水果产量 77.73%。蜜柚种植面积、采摘面积、产量分别为 79.47 公顷、12.33 公顷、31 吨。耕地面积 1843.4 公顷。农业总产值 3178 万元。1995 年，全镇耕地面积 1840.33 公顷。1996 年 3 月，获“中国香蕉之乡”称号。1998 年，水果产量 12.31 万吨，其中香蕉、蜜柚产量分别占 87.94% 和 7.11%。2005 年，耕地面积 1833.2 公顷。

2007 年，水果产量 16.4 万吨，其中香蕉、蜜柚产量分别占 50.22% 和 44.22%。森林覆盖率 67.3%，林地绿化率 98.2%。耕地面积 1833 公顷。农业总产值 4.85 亿元，规模工业产值 0.52 亿元。

四、教育科技文化卫生事业

1989 年，坂仔乡有中学 2 所、小学 18 所，在校学生 5087 人，其中小学生 3796 人。坂仔卫生院有医务人员 16 人。1995 年，有中学 2 所、小学 12 所，在校学生 6487 人，其中小学生 4907 人。1998 年，坂仔卫生院有医务人员 25 人。2005 年，举办科普讲座，普及科学知识和推广农业新技术。

2007 年，全镇有中学 2 所、小学 12 所，在校学生 5257 人，其中小学生 2975 人。坂仔卫生院内设 9 个临床科室、4 个医技检查室，有专业技术人员 27 人，其中执业医师 6 人、执业助理医师 3 人、注册护士 11 人。

第七节　大溪镇

一、政区与人口

大溪镇位于平和县南部偏西，东邻安厚镇，南连云霄县、诏安县，西毗九峰镇，北接国强乡，土地总面积 139.51 平方公里。大溪镇人民政府驻地在店前村科里，距县城 55 公里。

1989 年，大溪乡辖 25 个建制村，共有 9305 户居民，总人口 45415 人，其中男性占 52.3%。1992 年，撤乡设镇。1997 年 6 月 17 日，增设鸿滨居委会。1998 年，全镇总人口 48670 人。2007 年，大溪镇辖大芹、大松、下村、新荣、溪口、橡林、新光、店前、江寨、赤坑、庄上、硕卿、三华、云中、廖安、赤安、新红、新农、石寨、宜盆、峰山、壶嗣、山布、坪塘和大二等 25 个建制村和鸿滨社区、214 个村民小组，共有 13652 户居民，总人口 53047 人，其中男性占 55.64%。说客家方言。

二、环境

镇境地势西北高，东南低。西北部海拔 500 米以上山峦延绵起伏，中部、东南部较平坦，海拔 200～300 米。主要河流有大溪，发源于大芹山麓，穿越全境。探明矿藏有高岭土、铅锌矿、硫铁矿、铁矿、稀土矿和矿泉水等。建有中型新荣水库，后时水库、宜盆水库、大塘水库、新圩水库、三合溪水库和水井水库等小（二）型水库 6 座，总库容 1243 万立方米，还有水宝山塘、新农山塘、大枋山塘、吉仔湖山塘和山塘凹山塘等山塘 5 口。县道坂云线穿境而过。村村通水泥路。庄上土楼（又称庄上客家土楼）建筑别具特色，楼高 9 米，南北相距 220 米，周长 700 多米，占地面积 3.47 万平方米，为国家文物保护单位。境内有大溪革命烈士纪念碑，以及济阳堂（江氏家庙）、吴凤宗祠、高隐寺等县级文物保护单位和灵通山风景区。灵通山风景区内有菊花引路、玉洞回风、云梯取月、石蝉饮露、珠帘化雨、七井排星、巨石擎天、猛虎守峡、画眉跳架、三蛇游斗、五鲤朝天、仙人聚会、神碑庇航、狮峰眺海、击鼓回音、和尚背妮、九牛拖车和三童弄狮等景点。号称“闽南第一”的游览胜地灵通岩被省人民政府列为省级“风景名胜区”。

三、工农业

1989 年，大溪乡盛产的铸锅、豆干和米粉享有“大溪三大特产”美誉。种植的农作物有水稻、蔬菜、荔枝和茶等。建有万亩（666.67 公顷）荔枝基地。蜜柚种植面积、采摘面积、产量分别为 21.27 公顷、1 公顷、2 吨。茶叶产量 47 吨。耕地面积 1623.87 公顷。农业总产值 1953 万元。1992 年，大溪镇创办机砖厂、瓦厂等 5 家企业。1995 年，种植 133 公顷反季节蔬菜。全镇耕地面积 1604.8 公顷。1996 年，江寨机砖厂投资 30 万元，新建日产万块的大型轮窑，年创产值 200 万元。实施“百里农业综合开发工程”，开垦荒地，其中种果 333 公顷、种竹 133 公顷。1997 年，创办投资百万元以上企业 2 家、千万元以上企业 2 家。实施第二期“百里农业综合开发工程”，开发山地 666.67 公顷。1998 年，水果产量 1.49 万吨，其中香蕉、蜜柚产量分别占 56.27% 和 4.18%。2000 年，投入 10 万元，建立青梅苗圃基地。2001 年，投入 30 万元，对连片种植 10 亩（0.67 公顷）以上优质水果的农户，每亩给予补贴 180 元；无偿为山区农民提供青梅、脆桃和台湾芭乐果苗 10 万多株。2004 年，大溪镇灵通矿泉水有限公司投资 30 万元，增设厂房 200 平方米，日产矿泉水 2000 桶。2005 年，新种巨尾桉 213 公顷。耕地面积 1452.4 公顷。2006 年，引进平和华远服装有限公司、漳州市宏达针纺织品有限公司和正兴鞋业有限公司等 3 家企业。种植 400 公顷铁观音优质茶。蘑菇产量 3094 吨，占全县产量 18.3%。

2007 年，水果产量 1.78 万吨，其中香蕉、蜜柚产量分别占 78.66% 和 4.83%。荔枝产量 1475 吨，占全县产量 22.67%。茶叶产量 73 吨，是平和县茶产业镇。森林覆盖率 69.9%，林地绿化率 95.1。农业总产值 1.64 亿元，规模工业产值 0.64 亿元。

四、教育科技文化卫生事业

1989 年，全乡有小学小校 54 所、中学 2 所，在校学生 7731 人，其中小学生 5751 人。举办农民技术员培训班，做好病虫害的预测预报，印发作物栽培、病虫害防治等资料 2000 多份。大溪卫生院实行科室承包制，在职医务人员 28 人。1993 年 3 月，兴办灵通中学。1996 年，新荣村 3 个村民小组人均集资 500 元，兴建培英小学。1998 年 12 月，建筑面积 4200 平方米的大溪中学教学综合楼建成并投入使用。是年，全镇有中学 3 所、小学 41 所，在校学生 5600 人，其中小学生 3120 人。2000 年，投资 11 万元，建设大溪卫生院门诊大楼等配套设施。

2007 年，全镇有中学 3 所、小学 18 所，在校学生 7000 人，其中小学生 4010 人。开展测土配方施肥试验、配方施肥取土及施肥调查等科研工作。大溪卫生院取消科室承包制，实行规范化管理。设内科、外科、儿科、妇产科、检验科和中医骨伤科等科室，在职卫生技术人员 20 人（其中有本科学历 1 人、大专学历 4 人、中专学历 4 人，中级职称 2 人、初级职称 8 人），有业务用房 1500 平方米，配备心电图机、X 光机、光学显微镜、B 超机、胎心检测仪、多功能加温器、电动洗胃机和全自动血液细胞分析仪等设备，病床 12 张，服务人口 5 万多人。

第八节　霞寨镇

一、政区与人口

霞寨镇位于平和县中部偏西北，东接小溪镇、坂仔镇，西连崎岭乡，南毗国强乡，北邻芦溪镇、山格镇，土地总面积 209.18 平方公里。霞寨镇人民政府驻地在霞寨圩，距县城 19 公里。

1989 年，霞寨乡辖 26 个建制村，共有 10043 户居民，总人口 46981 人，其中男性占 51.73%。1992 年，撤乡设镇。1997 年 6 月 17 日，增设兴霞居委会。1998 年，全镇总人口 48703 人。2007 年，霞寨镇辖寨里、岩岭、群英、寨北、内坑、联荣、大湖、西安、建设、村东、古隆、墩里、坑内、彭林、三合、团结、后塘、红楼、高寨、长汀、钟腾、高山、黄庄、官峰、五美和洋坑等 26 个建制村和兴霞社区、273 个村民小组，共有 14531 户居民，总人口 51003 人，其中男性占 52.64%。

二、环境

镇境四面环山，中间杂以丘陵、小平川。有双峰山、大崇山、石齿山等海拔千米以上山峰 13 座。主要河流有霞山溪、钟黄溪和汀江溪，分东、西、南流向小溪镇。探明矿藏有铁矿、铜钼矿和高岭土泥煤等。建有小（一）型水库 1 座（坑内水库，库容 566 万立方米）、小（二）型水库 3 座（小坪水库、高寨水库、彭墩水库，总库容 68 万立方米）、毛坑山塘 1 口。省道官九线穿境而过。村村通水泥路。占地面积 6666.67 平方米的霞寨农贸市场投入使用。有建于元代的“三王公庙”“安丰堂”“文昌宫”“太师公庙”，建于明代的“隆福堂”“祥兴堂”“新寨庙”“松溪岩”，建于清代的榜眼府、“石晶宫”等名胜古迹，以及西爽楼、旗杆楼、清溪楼、朝阳楼、永平楼、余庆楼等土楼 30 多座，

三、工农业

1989 年，霞寨乡工业企业以霞寨农械厂、霞寨木器厂和霞寨肥料厂等为主体。霞寨农械厂、霞寨木器厂工业产值分别为 51 万元、105 万元。粮食作物以水稻为主，蔬菜类有生姜、麻竹笋和绿竹笋等，果树有香蕉、柑橘等。当年，引进国家林业投资 260 万元，创办面积 113 公顷的平和琯溪蜜柚开发基地。水果产量 984 吨，其中柑橘、香蕉产量分别占 17.17% 和 80.69%。蜜柚种植面积、采摘面积、产量分别为 140.2 公顷、0.8 公顷、2 吨。耕地面积 2519.8 公顷。农业总产值 2101 万元。1992 年，霞寨镇创办制茶、酿酒和化工等 4 家企业。引进台资 112 万美元，建立千亩（66.67 公顷。下同）麻笋生产基地、千亩旧茶

园优质高产配套改造基地。1995年，耕地面积2463.6公顷。1997年，创办投资额250万元的福建省平和县南田食品有限公司。1998年，创办投资额220万元的平和县双龙塑编有限公司。水果产量1.76万吨，其中柑橘、香蕉和蜜柚产量分别占6.47%、1.23%和90.61%。2002年，创办投资额400万元的福建省鑫源选矿厂。2005年，创办投资额315万元的平和霞寨乾盛五金加工厂。引进台资350万元，创办平和县泰立鞋业加工厂。耕地面积1647.27公顷。2006年，创办投资额500万元的平和县霞寨水暖设备加工厂。蘑菇种植面积21.37万平方米，产量2670吨（占全县产量15.79%）。

2007年，引进“源润服装”“四季红雨具”“华裕服装”和“奔鑫汽配”等5家企业，总投资额2918万元。水果产量9.12万吨，其中柑橘、香蕉和蜜柚产量分别占0.31%、1.04%和98.42%。蜜柚产量占全县产量14.91%。茶叶产量278吨，是平和县茶产业镇。森林覆盖率72.5%，林地绿化率96.1%。保护性的名木古树12株。农业总产值3.83亿元，规模工业产值0.39亿元。

四、教育科技文化卫生事业

1989年，霞寨乡有中学2所、小学25所，在校学生5838人，其中小学生4978人。乡成人教育中心先后举办39期实用技术培训班，培训农技人员2900多人次。霞寨卫生院在职医务人员98人。1990年1月，举办首届农民运动会，有26支代表队共747名男女运动员参加田径、篮球等7个项目比赛。1994年2月，建立广播电视转播台。1996年，创办《霞寨简报》，设有《科技窗》《致富经》等栏目，每季度出版1期，发至村、组。1997年，投资57万多元，扩建霞寨卫生院综合楼，建筑面积1100平方米。1998年，有中学3所、小学23所，在校学生9128人，其中小学生5378人。霞寨卫生院在职医务人员74人。2001年起，先后成立关工委、老年委暨大坪片区宣传文化中心，关工委、老年委暨小坪片区宣传文化中心，关工委、老年委暨霞寨片区宣传文化中心。2003年5月，组建“蜜柚管理技术服务队”，邀请中国农业大学刘国杰教授讲授水果管理知识，并以福建中润农业开发有限公司为基地，常年为果农进行技术指导。2005年，镇有线电视站与县广电局有线电视台联网。

2007年，全镇有中学2所、小学16所，在校学生5303人，其中小学生3583人。霞寨中心卫生院投资37.8万元，维修门诊大楼及添置黑白B超机、心电图机、牙科综合治疗床、牵引床、推车、住院部病床、血压计、听诊器、尿常规分析仪和生物显微镜等10件医疗设备，有病床15张，在职专业技术人员31人。

第九节 芦溪镇

一、政区与人口

芦溪镇位于平和县西北部，东接山格镇、霞寨镇，南连崎岭乡、秀峰乡，西邻永定县，北毗南靖县，土地总面积311.03平方公里（是漳州市土地面积最大的乡镇）。芦溪镇人民政府驻地在东大街三巷，距县城52公里。

1989年，芦溪乡辖17个建制村，共有8310户居民，总人口37961人，其中男性占51.79%。1992年，撤乡设镇。1997年6月17日，增设东溪居委会。1998年，全镇总人口40210人。2007年，芦溪镇辖新村、村坑、蕉路、芦峰、树林、连益、连新、连城、双峰、梨坑、漳汀、秀芦、西新、山岗、九曲、华峰和东槐等17个建制村和东溪社区、228个村民小组，共有10949户居民，总人口42393人，其中男性占53.59%。

二、环境

镇境地势东西高、南北低，多高山。海拔千米以上高山有仙洞山、竹礤尖、锅仔岽、圳头岽、内舰岽、席坑崇、白礤崇和黄泥尖等10多座。其中，仙洞山海拔1530.2米，为全县第二高峰。主要河流芦溪溪发源于东槐村隘仔楼自然村双尖山北麓，由东槐溪、斜坑溪、西新溪、秀芦溪、茶寮溪和坝头溪等14条支流汇合而成，从北向南经长乐、河贡头流入广东省大埔县三河坝汇入韩江。探明矿藏有铁矿、锰矿、稀土矿和叶蜡石等。其中，铁矿主要分布在东槐村，锰矿主要分布在双峰村、东槐村，稀土矿主要分布在漳汀村，叶蜡石矿主要分布在东槐村。有库容593万立方米的南坂水库和库容46万立方米的盘龙水库，以及茶田山塘、磨石坑山塘等山塘2口；灌溉100亩（6.67公顷）以上引水工程54处，受益面积780公顷。有通往南靖的县道书芦线。有芦溪革命烈士纪念亭、国家级文物保护单位绳武楼，以及丰作厥宁楼、东槐土楼群，以及碧水岩、云雾寨、丰岩洞和山岗瀑布等自然景观。

三、工农业

1989年，芦溪乡名优特产有“芦溪咸菜”“芦溪红酒”“芦溪晒烟”等。粮食作物以水稻、甘薯为主，经济作物有晒烟、蔬菜和水果等。蜜柚种植面积4.8公顷。耕地面积2169.93公顷。农业总产值1680万元。1990年，蜜柚采摘面积0.13公顷，产量1吨。1993年，创办股份制兴隆食品厂，加工软包装咸菜产品。1995年，全镇耕地面积2162.67公顷。1998年，水果产量8017吨，其中蜜柚产量占53.7%。2005年，耕地面积1640.87公顷。2006年，新增规模工业企业1家。

2007年，各投资500万元的欧丽雅服饰有限公司、漳州琮舜纸业有限公司（台资企业）和香港伟竣国际有限公司（服装制作企业）先后落户境内。水果产量4.27万吨，其中蜜柚产量占93.44%。柿子产量1643吨，占全县产量40.2%。森林覆盖率68.4%，林地绿化率83.9%。农业总产值2.8亿元，规模工业产值0.24亿元。

四、教育科技文化卫生事业

1989年，芦溪乡有中学1所、小学42所，在校学生6332人，其中小学生5400人。芦溪卫生院在职医务人员13人。1990年5月，在连新村举办1期扫盲班和科技班，共有89人参加学习与培训。1992年，芦溪中学高中部停办，初中部扩大招生。1993年，芦溪镇开设农涵大辅导站，举办各类科技培训班2期，培训农技人员120多人次。1995年，创办金丰初级中学，投资180万元，兴建总建筑面积3600平方米的综合楼、宿舍楼。1998年，有中学2所、小学42所，在校学生6140人，其中小学生4800人。开展“智力投资”“科技扶贫”，采用“请进来，送出去”形式，做好农业技术推广与普及工作，举办各种科技培训班3期，培训农技人员200多人次。芦溪卫生院在职医务人员16人。2002年，芦溪中心小学新建的1座建筑面积1400平方米综合楼投入使用。2005年，整合教育教学资源，金丰中学并入芦溪中学。

2007年11月至12月，秀芦小学、蕉路小学等11座小学共投入资金113万元，开展校园整洁活动。是年，全镇有中学1所、小学15所，在校学生3726人，其中小学生2600人；农技推广服务机构18个，农技服务人员34人。芦溪卫生院有病床20张，专业技术人员19人。

第十节　安厚镇

一、政区与人口

安厚镇位于平和县南部，东与云霄县马铺乡石鼓、客寮两村接壤，南与马铺乡后山、宝洞两村相连，西与大溪镇石寨村为邻，北与国强镇白叶村毗连，土地总面积（不含安厚农场）114.12平方公里。安厚镇人民政府驻地在龙东社区南环路政通街，距县城41公里。

1989年，安厚乡辖22个建制村，共有9789户居民，总人口48300人，其中男性占52.42%。1996年，撤乡设镇。1997年6月17日，增设龙东居委会。1998年，全镇总人口50760人。2007年，安厚镇辖莲塘、安厚、白石、龙门、岐山、顶楼、三马、双马、马三、大径、龙头、美峰、汤厝、三龙、田径、华美、径内、东寨、山口、大坑、东川、下新楼等22个建制村和龙东社区、273个村民小组，共有14474户居民，总人口56974人，其中男性占54.96%。

二、环境

镇境为丘陵山地。地势西北高、东南低。最高峰为狮子嘴尖，海拔1174.4米；最低处是三龙村，海拔81米。主要河流有马堂溪、东寨溪、岐山溪、田径溪和龙峰头溪。探明矿藏有铜钼矿、稀土、泥煤、花岗岩等。流量较大的温泉有龙门村汤坑温泉，水温46℃，出水量9.7立方米/时。建有东川水库、田径水库、龙头水库、内田水库、顶楼水库、岐山水库、中田水库、鬼仔岭水库、外田水库、华美水库等中、小型水库10座，以及十二路山塘1座。其中，东川水库是全县最大的中型水库，集雨面积17.55平方公里，总库容1605万立方米。各支流建有拦河坝30多处。县道坂云线穿境而过。村村通水泥路。境内有灵通山东麓风景区。景区内有狮子岩、旭日岩、莲石寺、宝善堂、振峰庙、关帝庙、英灵庙等30多处景点。

三、工农业

1989年，安厚乡有机械、石料加工和机砖生产等企业。著名手工制品有草席、斗笠等。炖肉骨的最佳佐料旧菜脯（又称“萝卜干”）加工量49吨。农作物以粮食、蔬菜、水果为主。蜜柚种植面积42.73公顷。水果产量537吨，其中香蕉产量占83.05%。茶叶产量43吨。是漳州市最大仔猪生产基地。耕地面积1794.53公顷。农业总产值2090万元。1990年，蜜柚采摘面积0.26公顷，产量1吨。1995年，耕地面积1791.8公顷。1998年，旧菜脯加工量76吨。水果产量3.53万吨，其中、香蕉、蜜柚产量分别占96.97%和1.49%。2001年，蘑菇产量4400吨，占全县产量19.66%。2005年，耕地面积1791.8公顷。2006年，蘑菇产量1650吨。

2007年，旧菜脯加工量1203吨。水果产量2.37万吨，其中香蕉、蜜柚产量分别占72.28%和26.11%。森林覆盖率达52.3%，林地绿化率85.3%。耕地面积1791.67公顷。农业总产值2.24亿元，规模工业产值0.3亿元。

四、教育科技文化卫生事业

1989年，安厚乡有中学1所、小学24所，在校学生6158人，其中小学生5880人。举办农业技术培训班2期，培训农技人员150人次。安厚卫生院在职医务人员32 人。1996年12月，建立有线电视台。1998年，全镇有中学3所、小学25所，在校学生9308人，其中小学生6715人；安厚卫生院医务人员36人。2006年4月，平和县医院兼并安厚卫生院，设立平和县医院安厚分院（一级甲等综合医院），内设18个临床科室，5个医技检查室。

2007年，全镇有中学3所、小学25所，在校学生8840人，其中小学生6188人。有镇文化站、镇广播电视站和村文化活动中心。平和县医院安厚分院有病床30张，在职医务人员42人，其中专业技术人员33人，年门诊量5.85万人次。

附 录

一、前志补遗与勘误

一、补遗

（一）大事记

唐

垂拱二年（686年）

陈元光为避嫌，将其父归德将军陈政墓茔从云霄将军山迁葬大峰山（今灵通山）狮子峰巅。

咸通十三年（872年）

五月，吏部侍郎王讽贬谪漳州刺史，“至止二日”，前往三平山拜访义中禅师。次年，义中圆寂，王讽为其撰写《漳州三平大师碑铭》。

宋

建隆三年（962年）

村人在大峰山朝天石上“筑僧舍”，名朝天寺。

绍熙元年（1190年）

朱熹知漳州，内弟程洵“从熹学”，游大峰山，作《游狮子峰》诗记游。

明

正统九年（1444年）

琯溪人张宽中举，之后“捐谷三百石作南山陂千余丈，又割地为圳万余丈，以兴水利”。后张宽官至云南道监察御史。

万历十五年（1587年）

琯溪侯山（今小溪镇西林村）人李西圃卒。李西圃“公事农桑，犹喜种抛（柚）”，为第一个成功培育琯溪蜜柚的果农。

崇祯五年（1632年）

黄道周作《梁峰二山赋》，称大峰山“一一与黄山相似，或有过焉，无不及者。”

清

康熙十三年（1674年）

僧道宗建高隐寺，寺在今大溪镇赤安村境。寺藏《天地会会簿》载，天地会发源于高隐寺、长林寺、高仙寺“三点地”。

康熙十六年（1677年）

灵通山麓庄上大楼竣工。大楼始建于明万历二十九年，历时 76 年建成。

康熙五十七年（1718 年）

知县王相主纂第四部《平和县志》，志载，“民间结采架，选童男靓妆立架上，扮为故事，数人肩之以行”。“采架”今名“龙艺”。

乾隆三十八年（1773 年）

漳州、潮州、温州等地二十四镇汉人与畲民为争田地、山地发生族氏冲突，朝廷采用浙江总兵蓝凤议，将二十四镇 2 万名畲民迁移台湾垦殖。乾隆四十九年（1784 年），蓝凤告老回乡何仓（今南胜镇前山村）。

乾隆四十六年（1781 年）

铜场（今霞寨镇钟腾村）人黄国梁考中辛丑科武进士，钦点榜眼，授御前侍卫。乾隆六十年死于任上，朝廷派员护送灵柩返乡厚葬，拨库银营建榜眼府。今存。

乾隆年间

村人在崎岭乡彭溪村水井边发现白芽奇兰茶母株，后移植扩种。

光绪十五年（1889 年）

《平和县志》（康熙王相本）本刻版刊印。今平和县档案馆有藏本。

光绪三十三年（1907 年）

九峰乡绅创办平和两等学堂，成为平和废科举后创办的第一所小学。民国元年，两等学堂改称县立第一小学，成为全县第一所公立小学。

中华民国

民国 25 年（1936 年）

周碧初《西画概论》一书由上海艺术图书出版社出版。

民国 27 年（1938 年）

3 月 12 日，县城民众在九峰镇军溪（今军溪村）林地立《总理纪念林》碑，纪念孙中山逝世 13 周年。

中华人民共和国

1953 年

1 月 1—3 日，平和县首届戏曲会演在小溪镇举办，有 26 个农村业余剧团参加。

1957 年

是年，崎岭乡诗坑社俱乐部被国务院评为“全国文化红旗单位”。

1978 年

3 月，文峰公社文美大队农民技术员张清根，被推选赴京出席全国科学大会。

4 月，福建省博物馆专家组到平和县灵通山考察，发现出土的陶器有壶、豆、釜、罐等，经鉴定为新石器晚期文物。

1988 年

11 月，省、市第三批扶贫工作队进驻长乐、九峰等 9 个乡镇，开展为期 1 年的扶贫工作。21 日，平和首家国内合资出口创汇精制茶厂——平和茶厂建成投产。

（二） 卷二十七 文化 第二章第一节 历代文学专著名录

明

李世浩：《李氏家规》。

张一栋：《家范通考》《圣谕演义》。

张 珙：《训善集》。

朱龙翔：《南陔汤誓二补》。

颜茂猷：《经史类纂》《四书宗说》《五经宗说》《迪吉录》。
李文察：《四圣图解》《乐记补说》《律吕注》《典乐论》。
张维方：《尚书宗旨》《家训》《敬老箴》。
吴 原：《南行稿》《浙巡录》《奏议》。
林宗仁：《林氏说书》。

清

林储正：《学庸说略》《易经集义》。
曾 萼：《易卦阐义集》。
李离明：《离明文集》。
陈 琎：《石子时文》。
张志昂：《四书释文》《大易全义》。
曾文著：《止山堂文集》。
高宏谋：《积庆楼集》。
林 璋：《三近堂四书辑精》。

（三）卷三十二 风俗宗教 第二章 第四节 天主教

天主教，清光绪二十五年（1899 年）由南靖县传入县内。是年，南靖县山城深浪社天主堂本堂周教士奉派到平和南胜乡开教，设立公所。村民杨老虎一家与十数个乡人入教。光绪二十八年（1902 年），教徒增至 100 多人，公所扩建教堂，为南靖县山城深浪天主堂的分堂。公堂在南胜圩购置店屋两间、田地数亩，将受益充作经费。与此同时，周教士还到五寨乡新楼社开教，有庄姓教徒数十人，建一所经厅，也是深浪天主堂分堂。

民国 4 年（1915 年），外籍神父 Eduardo Madinee 任南胜分堂本堂。民国 12 年（1923 年），江秉钧神父派任本堂。山城深浪天主堂修女长期住堂任教。民国 21 年（1932 年），修女卓针仍住堂传教。后因分堂受附近火灾殃及，修女卓针返回深浪教堂。此后，南胜分堂店租和田租由杨老虎后裔掌理，逐年上交深浪天主堂本堂神父。1950 年，杨老虎孙儿杨荣源还亲自送租金到漳州，交给缪子山神父。除南胜、五寨两地，安厚乡也有十数个乡人，分别到两处分堂入教领洗。

1951 年，平和县天主教停止活动。

（四） 卷三十三 文物 名胜

1，第一章第三节 古墓葬

西山居士墓 明代墓葬，在山格镇白楼村。墓向南，占地 1150 平方米，主体面积 130 平方米，墓葬由墓围、墓丘、墓碑、墓桌、墓手，3 级墓坪组成。铭“西山居士李公之墓”。西山居山为侯山李氏一世祖李福延，卒于明永乐五年。

卢慎仪墓 清代墓葬，在霞寨镇钟腾村。墓向东南，平面呈“凤”字形，为三合土筑成，占地 289 平方米。墓葬铭文“诰封太淑人谥慎仪卢氏之墓”。墓碑为花岗岩材质，刻有“双龙戏珠”图案。有 3 级墓手，墓桌青石花岗岩制，正立面雕刻松、鹤、鹿三种吉祥物浮雕。墓葬保存完好。卢慎仪，清乾隆朝武榜眼黄国梁之母。

张吉生墓 在安厚镇双马村。墓向东北，占地面积 40.39 平方米。平面呈“凤”字形，墓葬三合土构筑，由墓坪、墓丘、墓手、墓碑组成。墓手 3 级，墓坪 3 层，墓围外撇，墓碑字迹风化不清。

曾济美墓 清代墓葬，在大溪镇灵通山。墓向西北，平面呈“凤”字形，为三合土筑成。墓葬由墓坪、墓丘、墓手、墓碑组成。墓手3级，墓坪3层，各有做阶梯，墓丘成龟背状，墓围外撇，墓碑为方首，花岗岩质地，墓铭“济美曾先生墓”，落款可见“咸丰”2个字，其他部分风化严重，字迹模糊不清。

曾宗旭墓 清代墓葬，在九峰镇黄田村。墓向东北，占地面积157平方米，平面呈“凤”字形，由墓亭、墓丘、墓碑、墓桌组成，花岗岩材质。墓手3级，墓埕3层，墓丘成龟背状。墓铭“六世祖考宗旭曾公，妣朱氏孺人之神墓”，落款“乾隆十一年丙寅季秋谷旦重修”。墓桌下方刻三福图案及圭脚石。整座墓规模宏大，形制特别。

叶蓝田墓 清代墓葬，在芦溪镇九曲村。墓向西南，占地150平方米，平面呈U字状，依次由泮池、墓埕、2级墓手、墓桌、墓碑、墓丘、墓围组成。墓碑花岗岩材质，其余为三合土夯制。墓铭“皇清显祖蓝田叶公墓”，落款“康熙岁次戊戌孟冬重修”。墓丘、墓围皆鹅卵石铺漫。

张朝漳墓 清代墓葬，位于小溪镇古楼村双合山上。上世纪中期墓曾被盗，后其后人进行简易修整，现墓茔占地面积不大，立有原墓碑，墓铭“张公朝漳举人”。墓主张朝漳为琯溪龟头城张氏第二十世孙，小溪古楼村人，清光绪三十年（1904年）参加最后一次科举考试，考中举人。赴京授职途中不慎染疾亡故。

2，第二章第四节 亭塔坊表

延安楼石牌坊 在小溪镇新桥村，建于明万历十一年（1583年）。牌坊一半嵌在延安楼土墙内，坐西北向东南，花岗岩仿木结构。面阔3间，4坡雀顶。通高4.8米，宽6.1米。横额楷书阴刻“延安楼”，落款“万历癸未年绍虞建”。匾两侧各阴刻人物像。明间为拱门，门浮雕石门簪。

何氏节孝坊 在坂仔镇东坑村。清乾隆二十一年（1756年），为旌表生员遗孀何氏守节而建。坊坐东向西，花岗岩仿木构件，4柱3间，4坡顶。高7.3米，宽5.4米。坊横额刻有“纶褒节孝”及竖坊年款。4柱刻有官宦赞颂何氏褒句诗咏。保存基本完好。1996年列为县级文物保护单位。

惜纸塔 在九峰镇城东村松光寮社。明正德十四年（1519年），为焚烧科举县试废弃文章字纸而建。清光绪初年遭雷击倒塌，二十一年重建。塔3层，高9米，平面呈六角形，青砖砌筑。塔东南一层开有塔门，门楣刻“圣迹”2个字。2001年被列为县级文明保护单位。

秀峰凹凉亭 在秀峰乡秀峰凹路边。亭高5米，宽3.2米，石柱瓦顶。亭联“林深树密磴道，鸟鸣客语山音”，为清初举人游瀛洲所撰。

小坪仙草亭 在霞寨镇三合村小坪岭中。亭下为古驿道。亭高4.5米，宽3米，砖柱瓦顶。亭联“为辟小坪亭有佛，请休半岭草皆仙”，游瀛洲撰。

诰封亭 在大溪镇店前村西门社。亭坐南朝北，砖石结构，平面呈六角形。亭联“诰赠一臣立巨功荣昭先祖，封追三代缘家训德及后人。”亭内立碑6通，记述清康熙朝总兵陈陞随康亲王率兵平定三藩之乱的功绩。

田心石旗杆 立于秀峰乡坪回村田心社。坐东北向西南，由旗杆坪、夹杆石和石桅杆组成，花岗岩质地。夹杆石镌刻“直隶州州同黄良敬立”，落款“咸丰丁巳七年”。石桅杆高9.33米，分3级，第二级雕有四爪蟠龙，雕工精美。整座旗杆保存完好。

东山石旗杆 立于霞寨镇团结村东山社卢氏世德堂前。坐东南向西北，由旗杆坪、夹杆石和石桅杆组成，花岗岩质地。石桅杆高18米，分3级，第一级镌刻“光绪癸巳年岁进士卢栋梁立”；第二级透雕蟠龙，雕工精美。整座旗杆保存完好。

县内尚有30余座石旗杆，仅遗留旗杆坪及夹杆石，石桅杆俱散失。

3，第三章 第一节 摩崖石刻

太极峰摩崖石刻 在南胜镇太极峰。峰顶耸一巨石，高15米，宽10.10米，厚8至9米，上刻有“太极峰”3个大字，楷体，旁另刻有一行13个小字“乙未年秋吉旦开山僧道宗勒石”，亦楷体。保存完好。

天马山摩崖石刻 在大溪镇赤安村天马山北麓高隐寺右侧，有一巨石横卧，高3.5米，长12米，上

刻有“乾马喧天”4个字，隶体，字径60厘米，保存完好。据《高隐寺天地会会簿》，书中有“天马山中有乾马喧天四个大字通世界之情”句，所述与刻石相符。

毛氏洞摩崖石刻 在文峰镇三平寺西1公里处，有一巨石亘立山路之旁，高十数米，其状如盖。巨石宽阔处，镌刻“毛氏洞”3个大字，落款“李培题”。石顶上竖立一根石幢，状如烛。保存完好。

曹岩摩崖石刻 曹岩在文峰镇前埔村，山中摩崖石刻计有：“西方胜境”“当世无双”“枷楞深处”“广惠禅师”“寿”“远公台”“龙泉”“龙湫”“忘归石”“一线天”“阿弥陀佛”“西方世界”等十数处。其中，“寿”字碑高3.7米，宽1.9米，楷体。

凌云谷摩崖石刻 在坂仔镇十尖山凌云谷北麓，一崖石刻有“游记”1篇，计265字，竖书，行楷，字径20厘米，字迹清晰。全文：“铜壶凌云谷，相传自铜之先辈息而留题，其声遂藉。乾隆丁卯夏，偕铜人士览胜来游，自谷底溯泉以陟其巅，斐夷莽灌，石如重阶，皆大喜。命工视之，錾臃碚倾，浔累堵者四丈有奇。始建魁阁，以岁时讲学行礼。划宫三而覆九，为一杭岗，朝斗截槛，以监深瀑。漫左落右，折进于当中。印剑二石驾空而闻之，泉乃伏流注谷西出。远近数十里，川峦环阙罗拜。居者游者咸谓岩峭雄秀莫与伦焉。同事二十人，凡赀金百，阅岁周乃成。己巳十二年丙子踏雪重宴，因记录其由，并姓名勒于石壁。侯山李离明记。林文耿、廷兰、时兴、廷秋、方达、廷蕙、昌明、廷钟、廷咨、祥云、光檀、文琚、光纯、联玉、燕茂、世珠、廷津、世爵、世禄、翰蜚。”李离明，清乾隆年间人。

碧水岩摩崖石刻 在芦溪镇蕉路村碧水岩庙口，一巨石耸立山路之旁，石面如壁，上刻有“芦江第一”4个字。字大盈尺，为邑人赖继谨所题。赖继谨，明末清初年间人。

4，第二节 碑碣

重兴三平寺碑记 清康熙二十八年（1689年）吏部观政刘勃撰。现存三平寺中。

漳城播兰堂募修理三平石路牌记 清雍正十年（1732年）工部清吏司主政王材撰。现存三平寺中。

重兴三平寺碑记 清乾隆二十三年（1758年）工部清吏司主事王材撰。现存三平寺中。

重兴中殿牌记 清乾隆四十二年（1777年）立。现存三平寺中。

重修三平寺牌记 清乾隆四十九年（1784年）立。现存三平寺中。

重修三平寺碑记 清嘉庆十一年（1806年）立。现存三平寺中。

重修塔殿并义坛功德碑记 清嘉庆二十三年（1818年）立。现存三平寺中。

三坪院重修石桥碑记 清咸丰三年（1853年）立。现存三平寺中。

禁约碑记 立于秀峰乡福塘村宗庙门口。碑铭“禁约碑记”，立碑落款时间为明朝天启四年十二月。

重建城隍庙碑记 清嘉庆七年（1802年）平和知县黄士棠撰。现存平和城隍庙中，镶于仪门左壁。

重修城隍庙碑记 清道光七年（1827年）平和知县滕子玉撰。现存平和城隍庙中，镶于仪门右壁。

重修城隍庙碑记 清咸丰十年（1860年）平和县教谕洪亮功撰。现存平和城隍庙中，镶于仪门左壁。

平和文庙重修碑记 清康熙二十八年（1689年）立。现存九峰镇平和文庙庙中。

高隐寺石碑记 清康熙五十五年（1716年）张逢遇撰。现存大溪镇赤安村高隐寺中。

漳汀司段老爷勘语碑 清乾隆二十六年（1761年）立。现存芦溪镇漳汀村漳汀城隍庙中。

重修城隍庙碑记 清光绪二十三年（1897年）立。现存芦溪镇漳汀村漳汀城隍庙中。

重兴石晶宫碑记 清嘉庆十八年（1813年）立。现存霞寨镇黄庄村石晶宫中。

修建武当宫碑记 清乾隆三十七年（1772年）立。现存九峰镇城西村武当宫中，嵌于东南侧山墙。

重修武当宫碑记 清道光二十三年（1843年）立。现存九峰镇城西村武当宫中，嵌于东南侧山墙。

缘田碑记 明万历四十年（1612年）张士良撰。碑高1.3米，宽0.62米，立于安厚镇东川村狮子岩庙左。

缘田碑记 清乾隆四十八年（1783年）立。现存安厚镇东寨村崇福堂中。

缘田屋碑记 明天启元年（1621年）立。现存九峰镇城中村恩置宫中，镶于前殿外檐山墙。

禁示碑 清乾隆三十九年（1774年）立。现存崎岭乡南湖村孝思堂中，镶于东北侧山墙。

上闸合约禁碑　清嘉庆四年（1799 年）立。现存九峰镇黄田村兴仁堂，镶于外檐西南侧。

赖氏祠堂公田记　明万历十年（1582 年）立。现存安厚镇莲塘村赖氏祠堂。

光禄大夫黄职诰命碑　清顺治十四年（1657 年）立。碑高 2.8 米，宽 0.78 米，立于国强乡乾岭村。黄职，清海澄公黄梧之父。

育才社碑记　清乾隆五十五年（1790 年）翰林院检讨朱光章撰。现存大溪镇壶嗣村报本堂。

李氏重修祖庙序　清乾隆十六年（1751 年）漳州同知张若隆撰。现立于小溪镇西林村侯山宫外。

敬爱堂重修碑记　清雍正十年（1732 年）立。现存安厚镇双马村马堂敬爱堂。

重修乌石吴氏家庙碑记　清乾隆四十九年（1784 年）立。现存山格镇新陂村乌石吴氏家庙。

重修黄氏宗祠碑记　清乾隆四十九年（1784 年）立。现存小溪镇旧县村黄氏宗祠中。

杨氏宗祠重修碑记　清乾隆四十七年（1782 年）立。现存九峰镇城西村杨厝坪杨氏宗祠中。

总理纪念林碑　立于九峰镇军溪村。碑高 2 米，宽 60 厘米，上刻有“总理纪念林”5 个字，楷体，旁落款“民国念七年三月十二日立”。保存完好。

游峰生砌路碑记　立于秀峰乡秀峰凹路旁。碑高 1.6 米，宽 50 厘米，碑铭“游峰生砌路碑记”，落款“康熙丙子年正月谷旦乡众同立”。保存完好。

5，第四章 第一节 革命遗址

九峰第一区工会旧址　在九峰镇九峰村瓦片埕。原为九峰曾氏祠堂，1926 年冬，平和县第一区工会在此成立。郑维山任会长，时有会员 80 多人。

朱德接见平和县委领导人旧址　在九峰镇城西村大洋陂曾氏中湖祠堂。1927 年 10 月 8 日，朱德率部分南昌起义部队，占领平和县城——九峰，在大洋陂中湖祠堂接见朱积垒等平和县委领导人，传达中共“八七”会议精神。

朱德率南昌起义军回师入闽纪念馆　在秀峰乡福塘村 171 号。1927 年 10 月 8 日傍晚，朱德率领的南昌起义部队在秀峰乡福塘村（太极村）“万顺大厝”与炮楼前之大埕宿营、休整，朱德还接见秀峰乡农运负责人游精修、游志诚。

秀芦会议遗址　在芦溪镇秀芦村蕉和厝祠堂。1927 年 10 月 7 日，朱德、陈毅率领部分南昌起义部队进入平和，8 日占领县城。在平和县委派出的向导带路下，10 日，在坪回过芦溪河，进入平和所属的象湖山、秀芦溪。11 日，朱德、陈毅在秀芦蕉和厝祖祠召开干部会议，卢肇西（闽西）、陈彩芹（平和）等同志列席会议，决定部队向永定方向挺进，并确定了向江西井冈山的行军路线。

福建工农革命军独立第一团团部旧址　在长乐乡福庆堂庙址。1928 年 2 月 24 日，在长乐福庆堂正式成立福建工农革命军独立第一团，朱积垒为团长，王炳春任参谋长。团部设在长乐福庆堂，军事训练场和射击场设在长乐鲫鱼坝。

朱积垒故居　在九峰镇积垒村（原上坪村）。朱积垒 1905 年 5 月出生于九峰上坪，1926 年 3 月参加广州农民讲习所学习，6 月参加共产党，10 月回平和，在家乡建立平和县第一个党支部，任书记。1927 年 9 月任平和县委书记、县农协会会长。1928 年 2 月被推举为福建工农革命军独立第一团团长。1928 年 3 月 8 日作为平和暴动委员会总指挥，领导平和暴动，是年底在大埔被捕。1929 年 4 月在大埔县茶阳被敌杀害。

陈彩芹故居　在长乐乡乐北村草仔坪。陈彩芹 1902 年生于长乐乡乐北村，1926 年底加入中国共产党。1927 年 9 月，当选为中共平和县委委员和县农协委员。平和暴动后，陈彩芹坚持在长乐参与组织和领导农军反击国民党张贞部对长乐的四次“围剿”。1929 年 2 月，平和县革命委员会在长乐乡张坑村成立，陈彩芹当选为主席。4 月，县委书记朱积垒牺牲后，他改任县委书记，组建了饶和埔独立支队，开辟饶和埔革命根据地。1930 年 3 月，陈彩芹出席闽西苏维埃政府成立大会，当选为苏维埃政府候补执委。9 月，出席闽西第二次工农兵代表大会，当选为苏维埃政府执委。1931 年 2 月，饶和埔苏维埃政府在大埔县大东成立，陈彩芹当选为苏维埃政府主席。3 月 27 日，在平和县秀芦遭敌围捕，在突围中不幸牺牲。

秀峰会议遗址 在秀峰乡秀峰村坝仔圩。1928 年 2 月 12 日，中共平和县临委在秀峰举行会议，决定“全体武装与豪绅对抗”、“农会改换红色旗，废除青天白日旗”、“与饶平、大埔农军联络以其实力相助”、“组建工农革命军第一团”，公推朱积垒为团长。2 月 23 日，又召开紧急会议，决定武装攻打县城。3 月 2 日，确定暴动时间和攻城方案，成立暴动委员会，朱积垒为总指挥，罗育才为副总指挥，王炳春为参谋长。秀峰会议是一次直接影响平和暴动的关键会议，它吹响了武装暴动的冲锋号，标志着平和革命斗争进入土地革命的新时期。

长乐四次反“围剿”主战场 在长乐乡下坪村。平和暴动之后，国民党反动派进行疯狂反扑。中共平和县临委以长乐为中心区域，领导平和人民分别在 1928 年 3 月 11 日、4 月 2 日、5 月 1 日、6 月 12 日胜利地开展了四次反“围剿”斗争，使长乐成为党在闽粤边区实行工农武装割据的战略支点，边区革命根据地的核心部位，并逐步走上了农村包围城市，武装夺取政权的道路。

中共崎岭支部及农会旧址 在崎岭南湖下楼的玉霞小学。1927 年四一二反革命政变后，朱思受党组织的指派，到崎岭乡以玉霞小学教员为掩护开展农民运动，在崎岭先后建立了 13 个农会小组。于此同时，积极发动农会中的进步青年加入共产党，组建了中共崎岭支部。

中央苏区底线交通线秀碌交通站遗址 在长乐乡秀山村秀碌。1931 年，中共中央交通局建立一条由汕头经黄冈、平和、永定进入中央苏区的交通支线，这条支线经平和秀碌、象湖、三莱舟，入永定湖雷，再转中央苏区瑞金。

平和县革命委员会旧址 在长乐乡乐北村张坑。平和暴动后，中共平和县委领导人民坚持武装斗争，实行武装割据。1929 年 2 月，在此成立福建第一个县级红色政权——平和县革命委员会。陈彩芹任主席，内设军事、宣传、土地、财政、交通、文化、妇女、少先队等机构，标志着平和革命根据地的形成。

靖和浦苏维埃政府旧址 在南胜镇欧寮村楼仔尾。1934 年 3 月 18 日，靖和浦苏维埃政府在此成立，推选林路为主席。下辖欧寮中心区、五南区和 18 个乡苏维埃、1 个乡革命委员会，总人口 2.8 万人。

中共闽粤边特委机关旧址 在南胜镇义路村邦寮组。1934 年 8 月，中共闽粤边区第一次代表大会在此召开，正式成立中共闽粤边区特别委员会。特委辖有中共靖和浦县委、饶和浦诏县委、潮澄饶县委、云和诏县委和漳州工委。所辖红色区域有饶和浦诏苏区、靖和浦苏区和潮澄饶游击根据地。特委成立后，靖和浦苏区成了特委重要活动区域。在中共闽粤边特委的坚强领导下，闽粤边革命根据地成为三年游击战争时期南方重要的战略支点和根据地。

五南苏区办公遗址 在五寨乡新美村关帝庙。1934 年 3 月，漳州中心县委改称中共靖和浦中心县委，县委下辖一、二、三、五及中心区委。南胜、五寨、小尖等地为五南区，区委书记朱振川。至 1936 年冬，五南区参加农会的人数有 3000 多人，赤卫队扩大到 1000 多人，建立了 21 个支部，发展 200 多个党员，妇女会、儿童团、慰劳队等组织相继建立起来。五南区是第二次国内革命战争时期，闽南和闽粤边区的模范区。

靖和浦县委驻地及三平村苏维埃政府遗址 在文峰镇三平村下坪虎尾山厅。1934 年 3 月，漳州中心县委改称中共靖和浦中心县委，县委下辖一、二、三、五及中心区委。中心区为平和的三平、欧寮、山前、东埔、山树埔、韭菜坑、欧车横、内外东溪及中西等地，区委书记吴庭 坚（后朱曼平）。3 月 8 日，靖和浦边区苏维埃政府成立，同时三平村苏维埃政府成立，主席林毛。

靖和浦边区苏维埃政府石门村合作社遗址 在五寨乡侯门村石门组。为解决苏区人民日常生活用品的需求，1934 年 10 月，靖和浦县苏维埃政府在平和五寨石门村发动群众创办苏区第一个合作社，后来又在三平、欧寮、茅坪等村成立合作社。

埔尖山战斗旧址 在文峰镇三平村浦口组附近。1934 年 11 月，红三团及赤卫队在团长张长水的带领下，采用诱敌深入，以逸待劳，打埋伏战的办法，在平和文峰埔尖山伏击，歼敌一个大队，打死打伤敌人 100 多人，俘敌 75 人，缴获重机枪 2 挺，冲锋枪 30 多支、步枪 60 多支，子弹近万发，军用物资 34 担，沉重地打击了进犯苏区的沈东海部队，牵制了国民党八十师。

闽西红九团攻克永思楼 在秀峰乡坪洄村。1935年上半年，闽西红九团为贯彻闽西南军政委员会关于与红三团连成一片命令，转战闽南。7月12日，红九团一部摧毁盘踞在闽西南交通要道的平和秀峰乡坪土回民团据点“永思楼”，歼灭民团武装，缴枪百余支，炸弹数十枚。

闽南红三团和闽西红九团会师旧址 在文峰镇三坪村三平寺。1935年7月1日，中国工农红军福建军区独立第九团与中共闽粤边特委及所属的中国工农红军闽南第三团在此胜利会师。这是福建三年游击战争时期红军游击队最大的一次军事行动。

芦溪“红军桥” 在芦溪镇漳汀村。1935年7月24日，闽西红九团在崎岭桂竹洋与国民党闽南保安大队激战两个多小时后，撤往芦溪漳汀游击根据地。时逢漳汀河水暴涨，当地群众扑水架桥，帮红军渡河，摆脱敌人追击。1959年，为感谢老区人民的支持，在时任福建省副省长刘永生的关怀下，建起一座宽3米、长70米的桥梁，被当地群众称为“红军桥”。

宵岭“兵工厂”遗址 在国强乡山内乾岭村宵岭。霄岭“兵工厂”创建于1938年6月，位于霄岭蔡田自然村，1940年春，转移至山内片仔（今国强乡三五村）。

漳州中心县委印刷部遗址 在坂仔镇东坑村。1938年初，为宣传抗日救亡斗争，漳州中心县委在其驻地坂仔东坑村新纪楼建立印刷部，出版印刷抗日宣传材料。1939年6月，国民党福建省第五区公署保安队以一个营的兵力，在县保安队的配合下，包围东坑。由于事先得到消息，印刷部已紧急转移。敌人扑空后，逮捕当群众200多人，杀害我地方工作人员3人，制造了“东坑事件”。

漳州中心县委碧野建兴垦荒公司遗址 在国强高坑村碧野组。1938年秋，漳州中心县委贯彻为党中央“隐蔽精干、蓄力待机”的方针，在国强高坑乡碧野组成立垦荒生产合作社，从事农业生产，兼营商业和手工业。碧野建兴垦荒公司的举办起了示范作用，很快为闽西南各地党组织所采用。

天利植牧场旧址 在国强乡高坑村碧野。抗战时期，平和中共地方党组织创造性地执行中共抗日民族统一战线，贯彻“隐蔽生产、保存骨干、积蓄力量”的方针，在高坑乡碧野保创建“碧野建兴垦荒公司”，成为闽西南党组织的典范，并以此获得党外抗战人士的帮助、支持和理解。与平和开明绅士赖秉坤合作就是其中一个典型。1939年12月7日，中共中央主席毛泽东在延安为赖秉坤创建的平和天利植牧场十周年题写“造成生产战线上的模范以战胜日寇”的题词。

闽西南交通总站旧址 在国强乡三五村。1936年底，为与闽西南军政委员会保持密切的交通关系，闽粤边特委在平和县山内后溪村（现国强乡三五村）建立闽西南交通总站。张厚蚶任站长。从此，闽西南、闽粤边两块革命区域之间的交通线得到恢复，发挥了很大的作用，并一直保持到1938年闽南红三团、闽西红九团各部改编为新四军止。

列宁小学遗址 在国强乡三五村片仔祠堂。为解决根据地群众子女读书困难问题，1937年冬，闽粤边特委在国强三五片仔祠堂创办“列宁小学”，免费招收50多个孩子到校读书。

高坑会议遗址 在国强乡政府院内，原为国强乡高坑陈氏宗祠。1937年7月，中共闽粤边特委在此召开扩大会议，讨论与粤军175师合作抗日问题，会议通过有关决议，并发表《为改编红军第一、三支队及漳州人民抗日义勇军告同胞书》，史称高坑会议。1985年，平和县人民政府公布高坑会议遗址为县级文物保护单位。

中共南方工作委员会电台遗址 在长乐村乐北村下村乌科。1940年11月，中共南方工作委员会在此建立无线电台。电台与党中央、中共南方局、桂林八路军办事处、粤北、粤南和江西省委通讯联络。1942年5月26日“南委事件”后，电台停止工作。

金京洋会议及战斗遗址 在坂仔乡金京洋村。1943年3月，中共闽南特委在平和县坂仔乡金京洋村召开特委扩大会议。1949年8月，中国人民解放军闽粤赣边区纵队十九团取得坂仔金京洋战斗的胜利，进而相继解放霞寨、坂仔、南胜等地。

水尖山会议和战斗遗址 在国强乡水尖山。1945年8月27日至9月3日，中共闽粤边委在此召开紧急扩大会议，讨论抗战胜利后闽粤边的斗争形势，确定以后的方针、任务。同年11月17日，平和县委书记陈天才及王涛支队四大队中队长柯永麟带一加强班赴中共闽粤边委开会，途径水尖山，与国民党福建保安三团吴子高部200多人遭遇。在击毙击伤敌20多人后安全撤退。

中共闽粤赣中心县委电台遗址　在长乐乡乐北村下村寮背科。1945年8月，中共闽粤赣中心县委在此建立无线电台。

霞寨龙文地下交通站遗址　在中共漳州工委所属的平和霞寨龙文地下交通站位于霞寨龙文中学（现为平和三中）。龙文地下交通站建于1948年8月，是解放战争时期闽南地区我地下党与游击队联系的一个重要秘密交通枢纽。它在一年时间内，先后为闽南游击队输送青年干部十批共53人，为壮大革命队伍，扩大革命声势，推动革命运动的深入发展，发挥了积极的作用。

中共平和县工作委员会遗址　在国强乡山内（三五）新建村半岭。1948年8月，中共平和县工作委员会在平和县国强乡山内（三五）新建村半岭成立。县工委下辖7个工作团。

大坪战地遗址 在霞寨镇大坪。1949年7月3日，中国人民解放军闽粤赣边区纵队十三、十九、二十一团1000余人，发动了大坪之战，击垮敌省保安三团一营又一连，击毙团副以下官兵百余人，缴获机枪一挺、长短枪数十支、子弹1000多发。

平和县军事管制委员会遗址 在芦溪镇芦丰村及霞寨镇大坪村西爽楼。1949年8月1日，中国人民解放军平和县军事管制委员会在芦溪（漳州第一个获得解放的区）芦丰成立，8月15日，迁至霞寨大坪西爽楼。

6，第二节 纪念性建筑

平和革命烈士陵园　1954年4月竣工于县城小溪镇共和村（现为东风新村）。墓内安放新民主主义革命中18位烈士骨灰，并立碑纪念32位烈士。1990年12月迁建于小溪镇联星村葫芦山。

（五） 卷三十五 人物 第三章 第四节 举人、进士名录

明朝进士

林琰成（宣德元年（1426年））
林雍政（景泰五年（1454年））
林　宪（万历二十年（1592年））
林继霞（万历二十二年（1594年））
林榆楠（万历三十三年（1605年））
林日旻（崇祯三年（1630年））
林国贤（崇祯七年（1634年））

明朝举人

林　政（弘治六年（1493年））
林仕英（隆庆元年（1567年））

明朝武进士

林君卿（崇祯三年（1630年））

明朝武举人

林仲渠（天启七年（1627年））

清朝进士

林海蟾（乾隆十六年（1751 年））
林宣睦（嘉庆十三年（1798 年））
林峥嵘（嘉庆二十一年（1816））
何名儒（道光十六年（1836 年））
林镇荆（光绪二十四年（1898 年））

清朝举人

林　昂（康熙二十三年（1684 年））
林秉锐（康熙四十七年（1708 年））
何名儒（道光五年（1825 年））
张朝漳（光绪三十年（1904 年））

清朝武进士

林　发（康熙三十六年（1697 年））
林士魁（雍正六年（1728 年））
林文魁（雍正九年（1731 年））
林永遇（乾隆十三年（1748 年））
林润秀（乾隆十七年（1752 年））
林序贤（乾隆三十七年（1772 年））
曾金榜（同治二年（1863 年））

清朝武举人

林纯正（乾隆三十三年（1768 年））

二、勘误

前志勘误表

页码与行数	误	正
第 3 页第 1 行	北纬 24.02~24.35 度	北纬 24° 02’~24° 35’
第 3 页第 1 行	东经 116.35~117.31 度	东经 116° 35’~117° 31’
第 3 页第 3 行	1990 年设置……239 个村，9 个居委会	1990 年设置……239 个行政村、10 个居委会
第 3 页第 4 行	有 7 个民族	有 9 个民族
第 3 页第 5 行	唐垂拱二年……置漳州府	唐垂拱二年……置漳州
第 3 页第 6 行	元至治年间（1321~1323）平和属南胜县	元至治年间（1321~1323）置南胜县，平和属之
第 3 页第 14 行	气温摄氏 17.5~21.2 度	气温 17.5~21.2 摄氏度
第 4 页第 16 行	解放初期……占漳州市总数的	解放初期……占龙溪区总数的
第 4 页第 21 行	1911 年辛亥革命成功，推翻清王朝，建立中华民国	1911 年辛亥革命成功，推翻清王朝，1912 年建立中华民国

续表

页码与行数	误	正
第 5 页第 34 行	水稻……单位面积产量，于 1977 年……突破……500 公斤	水稻……亩产，于 1977 年……达到……254.56 公斤
第 7 页第 5 行	1990 年比 1949 年粮食总产量增长 2.75 倍	1990 年，粮食总产量比 1949 年增长 1.75 倍
第 8 页第 6 行	1978~1990 年，有 20 人次参加全国体育比赛	1978~1990 年，有 30 人次参加全国体育比赛
第 8 页第 18 行	文武进士 60 多人，文武举人 290 多人	文武进士 61 人，文武举人 285 人
第 9 页第 1 行	祖藉	祖籍
第 9 页第 1 行	1978 年以来，中国实行对外开放政策	1978 年后，中国实行对外开放政策
第 55 页第 15 行	包括清宁县 45 社……霞寨	包括清宁县 45 社……下寨
第 59 页第 2 行	解放初……下寨	解放初……霞寨
第 60 页第 13 行	1987 年 9 月……全县……分领 251 个村，10 个居委会	1987 年 9 月……全县……分领 239 个行政村、10 个居委会
第 146 页第 20 行	大学程度	大专以上文化程度
第 147 页第 23 行	1979 年后……组织党员学习党的十一届三中全会的路线……	1979 年起……组织党员学习中共十一届三中全会的路线……
第 156 页第 34 行	制订 1970 年到 1975 年的第五个五年计划	制订 1971 年到 1975 年的第五个五年计划
第 161 页第 27 行	1988 年……分赴 251 行政村	1988 年……分赴 239 行政村
第 217 页第 23 行	7.9 万亩，总产量 454.5 万公斤	7.84 万亩，总产量 454 万公斤
第 217 页第 25 行	总产量达 775.5 万公斤	总产量达 775 万公斤
第 231 页第 行	存栏数 10.7 万多只	存栏数 10.77 万多只
第 259 页第 14 行	达到 101.7 万公斤	达到 106.7 万公斤
第 347 页第 2 行	清康熙三十八年（1770）	清康熙三十八年（1699）
第 361 页第 16 行	嘉庆三年（1796）	嘉庆三年（1798）
第 369 页第 14 行	比 1952 年增加 25 倍	比 1952 年增加 26.5 倍
第 370 页第 9 行	比 1952 年增加近 29.5 倍	比 1952 年增加 29.53 倍
第 397 页第 26 行	占总量 76.02%、10.33%、13.65%	占总量 75.91%、10.45%、13.64%
第 523 页第 30 行	13.2　19.3　21.3　28.6	9.2　20　22　28.2
第 532 页第 9 行	船工庄由进、庄良坤兄弟俩到琯溪	船工庄由进、庄良坤兄弟俩的祖宗到琯溪
第 551 页第 21 行	“文化大革命”期间……工会停止活动，1973 年恢复……	“文化大革命”开始……工会停止活动，1973 年恢复……
第 560 页第 20 行	蔡建章被评为全国新长征突击手	蔡连章被团中央评为“新长征突击手”
第 561 页第 22 行	先进集体 ~~ 隆庆高级社	先进集体——隆庆高级社
第 576 页第 26 行	33.84%	24.3%
第 617 页第 16 行	如民国 23 年	民国 23 年
第 651 页第 6 行	至元四年（1338）……攻漳州府	惠宗至元四年（1338）……攻漳州
第 670 页第 25 行	龙艺活动，以九峰……长乐等乡镇最盛	龙艺活动，以九峰……长乐等乡镇为盛
第 672 页第 4 行	自明、清以来	明代起
第 675 页第 11 行	1964 年后，全县各乡镇	1964 年后，全县各公社（镇）

续表

页码与行数	误	正
第 677 页第 10 行	文学作品体裁多为诗歌、表演唱	文学作品体裁多为诗歌、戏剧
第 680 页第 13 行	本世纪 30 年代	20 世纪 30 年代
第 681 页第 16 行	通霄达旦	通宵达旦
第 682 页第 9 行	早在元代，平和就有竹马戏活动	元代，南胜县（今平和县）就有竹马戏演出
第 682 页第 29 行	光绪三十一年（1907）	光绪三十二年（1906）
第 683 页第 4 行	民国 25 年……在小溪镇	民国 25 年……在琯溪镇
第 683 页第 9 行	1950 年 10 月……在小溪镇	1950 年 10 月……在阳明镇
第 683 页第 20 行	1952 年，芦溪、大溪 2 乡	1952 年，第七区、第九区等 2 区
第 684 页第 20 行	1956 年 4 月，九峰镇	1956 年 4 月，九峰区
第 685 页第 26 行	1954 年冬，由县文化科举办	1954 年冬，由县文教科举办
第 685 页第 28 行	馆址在小溪镇南山村，俗称“南山馆”	馆址在城关公社南山村，俗称“南山馆”
第 688 页第 9 行	民国 18 年初，小溪中山公园	民国 18 年初，琯溪中山公园
第 688 页第 24 行	1978 年后……映出场数与观众数年年持续上升	1978 年后……映出场数与观众数增多
第 690 页第 24 行	1956 年……年底，全县 10 个区、120 个乡，通广播的有 3 个区（山格、文峰、小溪镇）	1956 年……年底，全县 7 个区、110 个乡（镇），通广播的有 2 个区（山格、文峰）
第 693 页第 27 行	1966 年，全县 15 个公社	1966 年，全县 14 个公社
第 694 页第 2 行	1980 年……发行量达 176 万册，比 1976 年增长 51%	1980 年……发行量达 177 万册，比 1976 年增长 1.06 倍
第 695 页第 14 行	崇祯十年（1673）	崇祯十年（1637）
第 703 页第 4 行	举人 290 多名	举人 285 名
第 707 页第 5 行	1952 年……6 个区改为 12 个区	1951 年 7 月……9 个区改为 12 个区
第 829 页第 24 行	大旗山遗山	大旗山遗址
第 832 页第 29 行	崇祯七年（1635）	崇祯七年（1634）
第 833 页第 25 行	下寨	霞寨
第 834 页第 10 行	清乾隆四十三年（1777）	清乾隆四十三年（1778）
第 834 页第 11 行	嘉庆二十三年（1817）	嘉庆二十三年（1818）
第 834 页第 15 行	清乾隆二十三年（1760）	清乾隆二十三年（1758）
第 836 页第 1 行	清康熙五年（1667）	清康熙五年（1666）
第 836 页第 26 行	清乾隆四十年（1733）	清乾隆四十年（1775）
第 887 页第 5 行	清康熙六十一年（1723）	清康熙六十一年（1722）
第 929 页第 8 行	顶寨村人	下石村人
第 929 页第 12 行	顶寨村人	下石村人
第 957 页第 9 行	杨伏昭	柳伏昭
第 957 页第 12 行	张继方	张惟方
第 957 页第 15 行	林维震	林继震
第 957 页第 16 行	曾喻文	曾喻门

续表

页码与行数	误	正
第 957 页第 19 行	李廷肃	李廷橚
第 957 页第 23 行	黄天孕	黄天胤
第 957 页第 23 行	黄梦允	黄梦胤
第 957 页第 26 行	吴审	吴宷
第 957 页第 26 行	张继芳	张惟方
第 957 页第 27 行	方鼎	方鼎铉
第 957 页第 27 行	李光照	李光熙
第 958 页第 1 行	陈上进	赖上进
第 958 页第 2 行	何章宁	何章
第 958 页第 10 行	赖行健	赖行达
第 958 页第 14 行	黄径邦	黄经邦
第 958 页第 19 行	周根盛	周根威
第 958 页第 25 行	朱光章	朱兆章
第 979 页第 1 行	顺治壬辰、癸己	顺治壬辰、癸巳

二、重要文献选辑

关于加快荒山造林绿化步伐的决定

平委【1990】002号

各乡（镇）场、县直各单位：

森林是国家的重要资源，挖掘山地潜力，发挥山地优势，大力发展林业，是振兴平和经济的重要途径，为加快我县荒山造林绿化步伐，特作如下决定：

一、统一思想，提高发展林业重要性的认识。根据省委、省府关于大干七年，绿化八闽大地，在三、五年内完成全省宜林荒山任务的要求，我县要在五年内完成迎百万亩荒山的造林任务，七年内实现绿化，这是摆在全县人民面前一项光荣而又艰巨的任务。各级党领导和广大干部群众必须充分认识发展林业的重要性。切实从战略高度上认清我们的潜力和优势在于山，振兴平和林业就是振兴平和经济的希望所在，真正树立起紧迫感和责任感。全党重视，全社会动员。调动一切可以调动的力量，大力发展林业，加速我县荒山造林绿化的步伐。

二、实现绿化目标。

全县狠抓五年，完成宜林荒山76.5万亩的造林绿化任务，力争到九五年有林地面积达200万亩，绿化程度达75%，森林覆盖率提高到55%，为实现这一目的，要真抓实干，保质保量，逐年实现荒山造林计划：一九八九年8.5万亩；一九九〇年15.2万亩；一九九一年19.2万亩；一九九二年26.8万亩；一九九三0.8万亩；一九九五年基本完成任务。

各乡镇要从实际出发，因地制宜，合理布局，统筹规划，根据林果竹结合，用材林、经济林、薪炭林结合，和经济效益、生态效益、社会效益结合原则，把任务落实到乡、村、组，直至山头、地块、林地。

三、强化封、管、节、治等各项措施。

1、荒山的绿化，造是前提，封管是关键，全县境内的省线、县线、乡线公路两侧的第一面山实行全封。在管好现有林的同时，在九〇年底把第一面山的荒山造林，疏林地补植改造结束，全封山要求做到“六不准”、“五个有”、“六不准”即不准砍伐；不准挖树头；不准采石；不准打枝桠；不准乱开荒；（统一规划种果地除外）不准割茅草（可在乡统一规划下轮封或半封山割茅草），抚育性间伐、打枝桠必须报林业主管部门审批。“五个有”即：有山头地段和标志；有乡规民约；有专人管护；有防火措施；并造册登记有档可查。其他地段、幼林地段采取全封，中龄林以上的有林地采取半封。

2、各乡（镇）、村都要加强管理工作，制定出一套行之有效的乡规民约，林业公安、检察、法院必须密切配合。对毁林、烧山案件，必须从严从快给予惩处。一般的可用乡规民约制裁，决不能心慈手软，严重的绳之以法。

3、建立三支队伍。一支是造林专业队伍，乡、村都要组织造林专业队。按照每年荒山造林任务，以专业队为骨干统一造植，保证质量。一支是护林队伍，县决定从八九年至九五年每年聘用100名的护林员，每月每人工资60元，县和乡（镇）、村各承担一半，这支队伍的任务主要是管好一面山，火险期巡山，控制野外用火等。另一支是防火扑火队伍，防火队伍必须做到“四有”即有人员、有工具、有报酬、有奖罚。每个乡（镇）组织20～30人，每个村组织30～50人，一旦发生火灾，做到扑早扑了，对扑火报酬原则上由肇事者负责支付，不足部份由山林权所有者负责。

4、改燃节能。为严格控制资源消耗，凡机关、学校、厂矿、企事业单位食堂和饮食行业等一律以煤代柴。国营、集体、个人的初制茶厂、砖、瓷窑一律不准烧柴（包括枝桠条），采用烧茅草或煤。烧茅草可以与当地乡、村搞厂山挂钩，农户生活燃料采用以煤代柴，以茅草代柴。

5、要整顿木材流通秩序。抓好木材市场管理；严格控制木材砍伐、间伐。指标要从严掌握，木材砍伐（间伐）三证要经林业局集体研究。锯台和木材加工需经林业局批准，工商办执证方可营业，坚决制止无证运输，非特殊情况，木材不运出县外。

四、多方集资，增加投入。

1、从九〇年起荒山绿化经费县乡财政要纳入预算，每年安排出一部份资金支持林业，有条件的村也应从村财中提取一部份。

2、从各乡（镇）木材企业营业额中按 0.3% 比例提取以工补林基金，用于当地造林。

3、凡十八周岁以上群众每人每年收取 2 元义务植树费（以各乡（镇）为单位收取使用），干部、职工每人每年收取 5.00 元义务植树费，由县绿化办统一收取安排使用。

五、调动全社会力量，加速林业发展步伐。

绿化荒山，任务艰巨而光荣，必须调动全社会各方面力量，县、乡、村一起搞，集体、个人一起上，把绿化平和这项群众性、社会性的系统工程建设好。

现有的乡办、村办林场要进一步完善经营管理制，並进一步扩大经营面积，推行以旧场带新场、国营林场带乡村林场。已分的自留山和集体荒山都要按“三、五、七”规划限期绿化，逾期不造的、自留山可由集体收回造林或征收抛荒费每亩 5 ～ 8 元（第一年 5 元 、第二年 8 元），对处于第一面山的自留山于九〇年底不造林者，全部收为集体安排。

投工、投劳绿化荒山，每个劳动力每年 10 ～ 20 工日用于绿化造林，投工投劳可以采取记帐发卡，也可以投股，受益时分红，（个别户无法投工投劳可用以资代劳的办法）。

加快苗木的培育，是完成荒山造林绿化的前提。各乡、村必须狠抓育苗工作，一是容器苗，二是棵根苗。容器苗按规划由林业主管部门安排，棵根苗由各乡村自育自造，每个村要按当年的计划任务进行育苗。

六、切实加强领导，健全机构，建立完善造林绿化任期目标责任制。

各级党政领导必领把造林绿化工作列入重要议事日程，切实加强领导，县成立绿化指挥部，各乡（镇）要相应成立绿化委员会，由书记或乡长挂帅，并指定一名副职领导专职抓，村成立绿化领导小组，由支书或村长亲自抓，同时各级领导要亲自动手办点，抓好造林绿化和封山育林示范片，总结经验，以点带面，推动造林绿化工作。

为了保证按时保质、保量完成省委、省政府下达造林绿化任务，必须建立各级领导干部造林绿化任期目标责任制，层层签订责任状。县、乡、村三级领导，包括县直有关部、委、办、局必须保证完成任期内各年造林绿化计划，抓好本单位造林绿化示范片。

建立严格检查、验收、考核、奖惩制度，实行重奖重罚，对完成任务好成绩显著的党政领导和部门负责人要给予表彰和奖励，对于领导不力，行动迟缓的要给予“黄牌警告”，严重失职的要给以降级或撤职处分。

林业部门要全力以赴，认算做好造林规划、设计、指导服务工作，加强检查验收，帮助解决问题，并为当地党政领导当好参谋和助手。

县委、县府号召全县广大干部、群众振奋精神，同心同德、艰苦奋斗、真抓实干，坚决完成造林绿化任务，为振兴平和林业而努力奋斗。

中共平和县委员会

平和县人民政府

一九九〇年元月六日

关于进一步加强扶贫工作的通知

平委 [1990]013 号

各乡镇（场）党委、政府、县直各部、委、办、局：

根据国发（1990）15 号文以及省扶贫会议精神，县委召开常委扩大会，研究如何进一步加强我县脱贫致富工作。县委、县政府认为我们应按照中央的要求来认识脱贫致富工作的艰巨性和长期性，继续把它作为一件大事来抓，树立长期艰苦奋斗的思想，更加自觉地搞好这项工作。现将进一步加强脱贫致富工作的意见通知如下：

一、统一思想，充分认识到扶贫工作的长期性和艰巨性。

从 1986 年以来，在党中央、国务院和省、市党委、政府的领导下，我县扶贫工作经过 4 年的艰苦努力，取得了显著成效。粮食生产连年丰收，总产超历史最高水平。91% 的贫困户解决了温饱问题，实现了低层次脱贫。贫困乡、村的面貌也发生了可喜的变化。加强了基础设施建设，改善了生产条件，加快了经济发展步伐，群众的生活水平有较大的提高。1989 年，县人民政府和扶贫办被省政府评为脱贫致富工作先进单位。然而，也要认识到，现阶级贫困问题依然严重。突出表现在：（一）解决温饱问题不平衡、不稳定，而且标准很低，一遇自然灾害，还有返贫的可能。（二）我县还有相当部分的特困村、户，生产、生活条件还很差，落后面貌还没有根本改变。（三）虽然近几年贫困乡、村的经济发展较快，但与全市、全省、全国平均发展水平比，差距还在继续扩大。因此，必须清醒地认识到，形成贫困有其复杂的、历史的原因，摆脱贫困得有一个长期、艰苦奋斗的过程，不可能一蹴而就，一劳永逸。再说，脱贫工作的全过程，必然要经历温饱 —— 脱贫 —— 致富三个阶段，解决温饱，仅仅才迈开第一步，更艰苦、更大量的工作还在后头。

二、进一步加强对扶贫工作的领导，健全、稳定扶贫机构。

各级各部门要认真贯彻落实党中央、国务院关于进一步搞好扶贫工作的指示，切实加强对扶贫工作的领导。各乡镇都要把脱贫致富作为经济工作的一项重要任务摆上议事日程，继续抓紧抓好。各乡（镇）、村主要负责同志要亲自抓。经常检查脱贫致富工作的落实情况。同时，要健全扶贫领导机构。各乡镇要有 1 至 2 名专职人员，具体负责扶贫工作，可与下基层办实事机构结合起来。要加强贫困乡村基层党组织建设，这是加强扶贫工作的最关健的措施。帮钱帮物不如帮建一个好支部。

三、进一步落实扶贫工作责任制 .

县直机关要继续挂钩贫困村，将扶贫工作与转变作风，深入基层，服务群众办实事结合起来，做到未脱贫不脱钩。对过去挂钩扶贫工作要进行一次认真的总结、分析，安排好今年的工作计划。县决定按 90 年各单位挂乡确定挂钩贫困村，并和下基层驻村办实事结合起来。今后，县直机关各单位三个月要汇报交流一次挂钩扶贫经验。半年一次书面小结，一年一次书面总结，报县扶贫办。扶贫办要及时把情况通报全县。及时表彰好人好事。乡干部、村两委、党团员、妇女干部要挂钩到特困户，要签定承包合同，限期脱贫。

四、制定切实可行的脱贫致富规划。

县乡（镇）村要抓紧定出一个比较切合实际，经过努力能够实现的规划。制定规划必须立足于能促进资源的科学开发，生产力的合理配置，克服短期行为，避免盲目性，使有限的财力、物力，发挥更大的经济效益。

制定规划也要坚持两手抓，一手抓经济建设，一手抓精神文明建设。规划不但要有经济（包括基础设施建设）内容，也要有科技、文化、教育发展内容，还要有计划生育的内容。也就是说，这个规划，应是贫困县乡、村经济、科技、社会发展的规划。在定规划时，要从发挥本地的资源优势出发，因地制宜。要以1986年制定的规划为基础，根据这几年发展的情况进行修改、充实，然后制定出后二个三年即1990年至1992年，1993年至1995年。以及2000年的发展规划。

五、努力打好扶贫攻坚战，帮助特困村、户，尽快脱贫致富。

经过4年的努力，我县未解决温饱问题的贫困户已降到10%以下。这些特困村、户大多数是分布在社会、经济、技术条件比较差、商品经济不发达深山区、多灾区，虽然数量不多，但扶持的难度却很大。他们又恰恰是最需要帮助、扶持的一部分。因此，今后我县扶贫工作的一个重要任务，就是巩固温饱、扶持特困，打好攻坚战。

根据各地的实践经验，打好攻坚战。首先要摸清情况。确定特困村、户对象。然后，逐个帮助分析原因，选准项目，找准门路。各贫困乡要办好千亩果场，村要办百亩果场，户要种1亩果（不是平均数，而且要逐村、逐户达到要求），年终验收；二要从资金、物资等方面对特困村、户进行倾斜扶持；三要实行党员、干部挂点包户，定期脱贫；四要搞好服务；五要经常检查监督，狠抓各项扶持措施的落实，用足用够扶贫优惠政策。这些工作做好了，今后特困村、特困户的面貌才会有一个大的变化。

六、抓好扶贫项目论证，筛选、储备工作。

选准项目，对项目进行可行性论证，筛选和储备，这是发挥项目的经济效益，搞好脱贫致富工作的前提和基础，由于我县人多、山多、耕地少，资金不足，各乡镇、村应从开发性农业入手，着重发展种、养、加工业，创办乡、村集体林、果、竹场和养殖场以及农林牧付产品的加工业。现有乡镇工业企业应加强管理，提高经济效益。今后县办工业发展重点应放在能增加财政收入，以及能带动千家万户脱贫致富的产业。从现在起由计委牵头，组织扶贫办、科委、经委、农业局、林业局、企业局、区划办等单位抓紧开发性生产项目的可行性研究，搞好项目储备。

七、要加强扶贫资金、物资的管理使用工作。

国家在财政困难的情况下，各项扶贫资金和物资投放的规模不变，并延长至2000年。对各项扶持资金、物资，要继续按照“统一规划、统筹安排、渠道不乱、性质不变、相对集中、配套使用、确保效益、各记其功”的原则使用。为此。县直有关部门各条渠道的扶贫物资、资金，包括贫困乡农业税的使用。都必须先向县扶贫办报项目，经扶贫领导小组审批后方能使用。同时，对扶贫资金物资实行“两公开一监督”，不准挪用。县扶贫办、人行、农行、财政、审计等有关部门对扶贫物资、资金的使用、管理，要跟踪监督，定期检查，并把检查情况及时向扶贫领导小组汇报。对使用效益好的单位、项目，将给予表扬；对挪用或贪污扶贫资金、物资者，将严肃查处。

中共平和县委
平和县人民政府
1990年5月25日

关于发动群众，采取积极措施
加快公路“先行工程”建设的决定

平委（1993）第10号

各乡镇党委、政府、县直机关各部，委、办、局：

我县交通基础设施滞后，严重地制约我县经济的发展。为此，实行“先行工程”，加快交通基础设施建设步伐，是贯彻党的十四大和邓小平同志南巡重要谈话精神，加快我县改革开放和经济建设的重大实际行动。县委、县政府要求全县各级党政组织、各部门充分发动群众，动员群众，依靠自力更生，民办公助的办法，大打一场加快我县公路建设的人民战争，三年内彻底改变我县交通落后的面貌。现就加快“先行工程”建设有关问题特作如下决定：

一、我县公路“先行工程”建设目标

1、总体设想：我县公路建设应适应国民经济发展的要求，并争取适度超前，突出重点，统筹兼顾，以县城为中心，两条省道为干线，县、乡、村道为支线，逐步形成内外相连干支联网，综合配套开放式的交通网路。

2、建设目标与任务：

（1）三年内（一九九四——九六年）实现乡乡通油路，及与广东、漳浦、诏安接线实现油路化，任务164公里。路基局部改弯取直，加宽、降坡等，路面工程基层厚20厘米，油路面厚6厘米，宽度为6.0米以上。工程投资概算为2788万元。

郊柏线、牛旧线风岭至小溪段改建，改线工程，长33.53公里，工程投资概算6574万元，计划96年底建成。其中：

郊柏线风岭至平寨路口改造工程，定为二级公路标准，长20.8公里，路基宽度12米，柏油路面宽9米，扩建大、中、小桥4座，同时对风岭、毛岭两段路基改弯取直、降坡、改线等任务，工程投资概算3151万元。

牛旧线洪濑口至小溪环岛公路扩建工程，定为一级公路标准，长10.33公里，路基宽23米，四车道，中间分隔带1.5米，混凝土路面宽15米，扩建大桥一座，工程概算投资2969万元。

郊柏线小溪段公路改线工程（北环路）以玉溪环岛至古楼水港，改线长2.4公里，定为二级公路标准，路基宽度12米，混凝土路面宽9米，中桥一座，工程概算投资454万元。

二、实行新的公路建设体制：

我县公路“先行工程”建设实行“统一规划、分期建设、民办公助、民工建勤、逐级分段、县乡承包”的公路建设体制。要求乡镇党委、政府树立全局观念，服从总体规划，按下达分年度计划进行建设，要改公办为“民办公助、民工建勤”，充分动员和精心组织本辖区人民参加公路工程建设。实行“先行工程”建设县、乡承包责任制。

柏油路面建设，采取“定额补助、拉开档次、列入竞争、快者得奖”的办法。各乡镇辖区内的任务与乡镇人口挂钩，每万人任务在5公里以内者，每公里定额补助6万元，每万人在5.1公里以上者，每公里定额补助8万元。为鼓励先进，决定对于94年完成本乡镇全部任务者，每公里奖励1万元；95年完成本乡镇全部任务者，每公里奖励0.5万元，96年完成者不给奖励。

加快公路“先行工程”建设的具体措施：

1. 加强对“先行工程”建设领导

县成立公路“先行工程”领导小组，下设办公室；乡镇相应地设立工程指挥部和办公室，一名副书记或副乡镇长，专职抓公路“先行工程”建设，并配足工程施工员专门负责这项工作，要建立财务专户。

县公路“先行工程”领导小组代表县委、县政府对全县“先行工程”建设进行统筹规划、组织实施。其主要职责任务：一是制定全县“先行工程”建设规划，编制年度实施计划；二是组织抓好前期工作；三是抓好工程建设资金的筹集和调度；四是负责与上级“先行工程”领导小组及主管部门的上呈下达工作；五是组织公路建设技术人员培训，执行质量监督；六是总结推广公路建设的典型经验。

乡镇公路“先行工程”指挥部代表乡镇党委、政府对“先行工程”组织具体实施。其主要职责是：宣传发动群众，多方筹资，民工建勤，统筹安排，分年落实，确保工程任务如期完成。

2、实行“先行工程”建设责任制。

各乡镇党委、政府主要领导对县下达的“先行工程”负总的责任，县委、县政府与乡镇党政主要领导签订责任状，明确各乡镇领导在任期内应完成的“先行工程”建设任务。各乡镇党委、政府要把公路“先行工程”建设作为一项重要任务来抓，狠抓落实，务必完成。对任务完成情况，县委、县政府将按责任状的奖励处罚条款进行奖罚。

3、开展多渠道、多层次的集资活动，筹足资金，保证工程建设顺利进行（筹资渠道和有关规定，详见平和县人民政府（《关于筹集公路“先行工程”建设资金的若干规定》）。

4、加强宣传，大造舆论，改变观念，树立全民建路意识。

各级党委、政府、县直机关各行政、企事业单位，应利用各种宣传工具，多种形式，灵活多样，广泛深入地开展人民公路人民建，建好公路为人民的宣传活动，做到家喻户晓，人人皆知，让全县人民明了“大路大富，小路小富，无路不富”的道理。动员全县干部、群众投身公路建设，打一场改变我县公路落后面貌的翻身仗。

中共平和县委

平和县人民政府

一九九三年十二月十三日

关于创建科技工作先进县活动实施意见的通知

平委 [1998] 综 21 号

各乡镇（场）党委、政府，县直有关部门：

为了深入贯彻党的“十五”大精神，进一步实施“科教兴县”战略，加速科技发展的进程，推动科技与经济更紧密地结合，推进我县新一轮创业，确保我县国民经济和社会发展“九五”计划和 2010 年规划目标的顺利实现，根据国家科委（93）国科学改字 696 号《关于印发（科技兴县（市）工作要点（试行）》的通知》和省科委闽科管（1994）39 号《关于在全省开展创建科技工作先进县（市）活动的通知》精神，结合我县实际，制定开展创建科技工作先进县的具体实施意见，现通知如下：

一．增强科技意识，提高科技“创先”的认识。

全面落实“科学技术是第一生产力”的战略决策，是保证国民经济持续、快速、健康发展的决定性因素。科学技术实力是衡量综合国力的基础和重要因素，党中央以战略的眼光，把实施“科教兴国”战略作为经济社会发展的一项重要方针和主要任务，表明了科学技术在社会主义现代化建设中的重要作用。

科技“创先”是一个系统工程，覆盖着经济和社会的各个方面，贯穿于两个文明建设的全过程，是贯彻“科技是第一生产力”的具体措施，是高举邓小平理论伟大旗帜、贯彻党的“十五大”精神的具体行动。为此，各级领导要充分认识科技“创先”的重要意义，党政第一把手要强化科技意识，把科学技术放在重要位置上，亲自组织制定和实施科技创先计划，在安排政府财力时，要向科技倾斜，并动员全社会力量投入科技创先工作。

实现科技“创先”是一次严峻的考验，又是一个促进科技发展的难得机遇。各级党委、政府、各有关部门必须高度重视，增强历史责任感和工作紧迫感，抓住机遇，坚定信心，迎难而上，扎实工作，确保“九八”如期实现科技“创先”达标。

二．科技“创先”目标：

以创建全国科技先进县活动为契机，营造我县新一轮创业的科技氛围，加快科技发展步伐，进一步提高科技进步对经济增长的贡献率，近三年比前三年增长五个百分点，到 2000 年，贡献率达 50%，提高科技成果转化和高新技术产业的发展，推进我县新一轮创业。

三．科技“创先”任务及要求：

（一）各级党委、政府把科教兴县作为主导战略，每年至少召开两次常务工作会议，专题研究科技工作，解决实际问题。实行党政领导干部科技进步任期目标责任制。

建立科学、民主的决策制度，提高科学决策水平。各级党委、政府对经济建设和社会发展的重要决策，要广泛听取有关专家和科技人员的意见。

（二）制定经县政府研究、县人大通过的科教兴县规划，制定推动全县科技进步的政策和实施措施；乡镇（场）制定经同级人大或政府批准的经济发展规划，科技发展规划和年度计划。

（三）全县国内生产总值增长速度高于本省平均水平；年财政收入增长速度不低于年 GDP 增长速度。

（四）建立和健全农村社会化科技服务体系。

乡镇（场）成立科委、村建立技术服务站、组有科技示范户，形成健全的科技服务网络；各乡、镇要百分之百行政村配备科技副村主任，建立二个科技示范村、每年引进 2 个新良种，推广 3-4 新技术，建有 1-2 个地方经济特色的科技示范基地。

主要农作物优良品种覆盖率达 95% 以上。主要推广应用的农业先进适用生产技术覆盖面要达到 80% 好以上：如水稻优化配方施肥，综合化学防治病虫害、除草剂，水稻旱育秧、抛秧技术、旱地节水农业技术和“高产、高效”种植模式等。全县主要农产品单产比前三年平均增长 8% 以上或在本省区居先进行列。

发挥资源优势，培育主导产业，重点实施十六个科技示范园区（科技示范园区，见附表一），走出一条以绿色产业富民兴县的路子。

（五）要大力推动企业科技进步，积极开展创建科技进步先进企业，技术进步指标纳入企业考核的指标体系。骨干企业和 80% 以上的骨干乡镇企业要建有技术开发机构或有稳定可靠的技术依托，要不断引进、应用先进适用技术和高新技术成果，改造传统产业，不断提高企业的技术开发能力和管理水平，培植高新技术企业生长点。全县工业企业近三年要提高 5 个百分点以上。

（六）全县九年义务教育普及率达 95% 以上，县乡建立农科教统筹的科技培训基地，并做到有场所、有牌子、有培训规划和计划、有相应的培训设施和手段。每年要有 90% 以上的农村基层干部就读农函大和 80% 以上的农村劳动力接受实用技术培训。企业职工年培训面要达 90% 以上；技术人员占职工总数的比例逐年有所提高，科技干部继续教育工程年培训面要不低于 30%。

各部门还应加大科普宣传力度，积极组织科技下乡活动和科技宣传周活动。

（七）加强环境保护，使城乡大气环境质量达到国家Ⅱ级（含Ⅱ级）以上标准。县、乡镇要制定由人大或政府批准的城镇建设规划。

（八）全方位多渠道增加对科技的投入，确保科技“创先”达标。形成以财政投入为引导，企业投入为主体，金融贷款为支撑，全社会融资为补充的科技投入体系。建立和完善“科技三项费用”和科技发展基金的使用管理办法。

①“科技三项费用”列入财政预算科目。县财政保证拨付占当年财政支出 1.3% 的“科技三项费用”，用于全县重点科研课题的攻关和科技成果的推广应用。乡镇（场）应按乡镇（场）财政支出的 1% 拨付“科技三项费用”，由各乡镇（场）科委统一安排本乡镇（场）科技项目的试验，示范和推广应用。

组织实施和扶持 16 项科技重点项目（见附表二）

②重点工业企业按销售的 1% 提取技术开发基金。以后逐步达到所有盈利企业都从产品销售额中提取 1% 以上作为技术开发基金。

③县财政每年拨出不少于 150 万元的周转金，建立科技发展基金，用于支持科枝开发、试验、推广和扶持民营机构科研活动。

④科普经费人均 0.3 元，并逐年增加。主要用于农函大和科普知识宣传，技术培训等。

⑤县直有关部门应努力筹措资金，建立起科技、人才开发专项基金，以推动本行业科技的发展，发动社会融资支持科技，积极吸收港、台、侨等资金支持科技事业。同时银行（金融）系统要增加科技项目贷款额度。

（九）建立科技交流活动中心，科技信息与省、市联网，配备复印机，完善科技局的各种工作条件。

（十）全县工农业总产值和国民收入增长要高于全省平均增长幅度；近三年科技进步对工农业总产值平均增长贡献份额较三年前提高 5 个百分点。

四．加强领导，狠抓落实。

（一）加强领导

为了切实加强对科技工作的领导，县委、县政府决定充实以县委书记为组长，县长为常务副组长的“科技领导小组”。建立专家咨询组织，配齐各乡镇（场）科技副职。县委、县政府还决定成立以县长为组长的科技“创先”领导小组，下设科技创先办。县科技创先办公室由：县委办、政府办、科技局、科协、农工办、经济局，农业局、统计局、林业局、水电局、教育局、财政局、计划局、广播电视局、乡镇企业局等有关单位组成。

要求各乡镇（场）成立相应的组织机构。要抽调专人充实乡镇科技创先办力量，做到机构、人员、经费三落实。

（二）落实科技“创先”工作责任制

1. 建立乡镇（场）党政第一把手科技“创先”工作责任制。乡镇（场）书记、乡镇（场）长是科技“创先”工作的第一责任人，负总责。按照县委、县政府与乡镇签订的《乡镇（场）科技“创先”任务责任书》的要求，制定具体实施方案，采取有效措施，确保98年底通过省级达标验收。

2. 建立县五套班子领导成员挂钩分管部门及挂钩乡镇科技“创先”工作责任制，要经常检查、督促、指导，解决实际问题（具体挂点领导及乡镇见附表三）

3. 建立科技部门科技“创先”责任制。科技“创先”办公室、科技局、科协负责做好科技“创先”业务工作，建立和准备“创先”有关材料，当好参谋。负责制定“创先”规划，加强对全县“创先”工作的业务指导及督查。

4. 建立县直部门科技“创先”责任制。根据创建全国科技工作先进县工作的验收标准要求，任务分解到县直各部门。各有关部门要明确职责，主要领导负全责，指定一名领导专职抓，并确定专职人员，明确任务，精心规划，做到“创先”工作有计划，“创先”任务有对策、措施，确保按时，保质、保量完成“创先”任务。

5. 建立激励约束机制，落实奖惩措施。全县如期通过国家级科技“创先”达标验收，由县委、县政府授予成绩显著的乡镇（场）、部门和先进个人相应荣誉称号和适当的物质奖励、哪个单位和部门未能全面落实工作责任、影响全县如期通过国家级科技“创先”达标验收，有关领导和责任人，要分别向县委、县政府作书面检查，县委、县政府将视情节对有关责任人予以通报批评，降职直至免职处理。

各乡镇可参照上述办法制订相应的激励约束机制，落实奖惩措施。

中共平和县委

平和县人民政府

一九九八年三月十二日

关于进一步加快小城镇建设工作的意见

平委 [1999]3 号

各乡镇（场）党委、政府，县直各单位：

为贯彻中共漳州市委《关于建设重点（卫星）城镇的决定》和中共平和县委第九次党代会精神，进一步加快我县小城镇建设步代，加速农村城镇化、现代化进程，推动平和县经济社会持续协调发展，特提出如下工作意见：

一、提高认识，把握机遇

1、加快小城镇建设是带动农村经济和社会发展的一个大战略。加快小城镇建设，有利于加速我县农村城镇化步伐，吸收农村富余劳动力，避免向大中城市盲目流动；有利于乡镇企业进行集中建设，形成规模经营和聚集效益；有利于提高农民素质，改善生活质量，缩小城乡差别，提高农村的社会文明程度，促进农村两个文明建设；有利于增加消费，扩大内需，推进国民经济更快增长。发展小城镇是带动农村经济和社会发展的一个大战略，是优化资源配置的有效途径，是国家确立的今后一个时期内新的经济增长点。

2、加快小城镇建设，是现阶段我县农村经济社会发展的客观要求。“八五”以来，特别是“九五”期间，我县各级党领导提高了加快村镇规划建设工作重要性的认识，将村镇规划建设工作摆上了重要的议事日程，通过科学规划，完善设施，强化管理等措施，使我县 14 个小城镇有了很大发展，基础设施逐步完善，经济实力不断壮大，为改变我县农村落后面貌，带动农村经济社会发展发挥了积极作用。但从总体上看，由于政策、资金、土地、户籍及观念等因素制约，我县小城镇建设远远落后于先进地区，并与农村经济社会发展的要求不相适应，与小城镇作为区域经济新的增长点的要求不相适应，与当前党中央提出的“大战略”地位和作用不相适应。各级党政领导和有关部门应进一步提高认识，切实抓好小城镇建设工作。

二、明确目标，突出重点

今后一个时期内，我县小城镇建设的指导思想和总体目标是：以邓小平理论和党的十五届三中全会精神为指针，以农村城镇化为目标，科学规划合理布局，加快发展，努力把我县 14 个小城镇建设成为经济繁荣、布局合理、设施配套、功能齐全、环境整洁、各具特色的社会主义新型城镇，促进农村经济社会的协调发展。

我县小城镇建设的具体目标和任务是：从 99 年开始，重点加快坂仔、九峰、大溪、南胜、霞寨、山格等 6 个集镇建设，以带动全县村镇规划建设工作全面发展。作为市级重点（卫星）城镇之一的坂仔绿色农民城更要加快建设步伐，努力在用地、筹资及户籍等方面进行大胆改革，力争在规模和建筑特色上有新的突破，为其他城镇树立榜样，争取到“十五”期末，全县城镇人口净增 6 万人，使我县城市化水平达到 30%，乡镇企业产值达到 216 亿元。九九年年底前上述 6 个小城镇均应开展“一路一区一市一绿一厕一站”（即按规划新建一条主干道，开工建设一个示范小区，新建一个商业市场，新辟一块公共绿地和新建一座卫生公厕以及新建一处垃圾中转站）为主要内容的“6 个 1”建设工程，争取在人口和用地规模以及景观特色等方面赶上中等发达地区。

其他乡镇也要结合实际，加快建设步伐，全面推进小城镇建设，至 2005 年力争使坂仔、九峰、大溪、南胜、霞寨、山格、安厚、文峰、芦溪、国强、五寨等城镇基本达到示范镇标准。全县乡镇企业总产值达到 216 亿元，城镇人口净增 8 万人，使我县城市化水平达到 40%，并基本实现现代化。

三、完善规划，强化管理

抓紧做好县、镇城村镇体系和城镇建设规划的编制调整工作。通过县、镇域村镇体系规划的编制，重点解决好县城内中心镇、集镇和各城镇与中心村以及工业区、基本农田保护区的合理布局，科学确定人口和用地的发展规模，引导集中建设。同时，通过对水厂、电站、道路网等基础设施和学校、医院、文化中心等公共建筑进行分级合理配置，以避免重复建设。城镇建设规划的编制工作经过九七、九八两年来的不懈努力，我县已完成11个，尚有文峰、长乐、秀峰三个城镇未开展，上述三个集镇应于九九年上半年前完成地形图测绘和规划的编制工作，年底前完成规划的依法报批手续。已完成规划而未完成报批的城镇也应于九九年上半年前完成报批手续，为全面开展建设实施提供依据。已完成建设规划的城镇应抓紧做好专业和重点地段以及各分区的详细规划和景观设计，未编制详细规划的一律不准动工建设。规划完成后必须履行依法审批手续，审批后的规划各乡镇政府必须予以公布，自觉接受广大群众监督，任何单位和个人不得随意变更，确需变更的，必须经过原审核部门同意并报县政府批准后方准实施。

四、实行优惠政策，推动小城镇建设

1、实行税费返还。为加快小城镇建设步伐，向镇区收取的基础设施配套费全部返还原城镇使用。各乡镇依照省政府闽政[1997]5号文收取的个人建房基础设施配套费亦应全额用于村镇基础设施建设，不得挪作他用。在小城镇收取的公用事业附加费，也应全额返还小城镇用于基础设施和市场建设。向乡镇收取的城市建设维护税、建安营业税、耕地占用税、房地产开发所上缴的营业税等税项除上缴省、市部分外，主要用于小城镇建设，由县政府统筹安排。

2、放宽户籍管理。根据城镇建设规划和承受能力，适当放宽强镇落户政策，为农民进镇区建房、经商、办工业等方面提供有利条件，有利于加快小城镇的人口和资源聚集。原则上凡带资金、带技术在小城镇工作，有固定住所和稳定生活来源的，一律可登记为小城镇常住人口，在城镇务工经商、投资兴办二、三产业，购买住房或经批准自建住房的，也可转为城镇常住人口。

3、改革小城镇土地使用制度。建立农村集体土地使用权的有偿流转制度，允许农村集体经济组织以集体土地使用权作为联营条件，创办股份合作制企业和其他经济实体。对按规划投资建设城镇市政公用设施和市场建设的用地，将按兴办公益事业的最低地价等级收取征地费并提供办证优质服务。

4、建立多元化筹资渠道。县财政从今年起每年将拨出部分资金作为小城镇规划补助费，用于补助小城镇编制专业和分区详细规划。计划局、工商局、水利局、教育局、卫生局、建设局、林业局、农业局等部门也要积极向上级部门争取项目资金，从财力、物力上支持小城镇的水利、防洪设施、道路、自来水及绿化工程建设和改善办学条件等。金融部门对小城镇建设要给予有力支持，在信贷资金上给予适当倾斜。各乡镇可根据实际情况，制定市政公用设施有偿使用方案，允许并鼓励通过转让经营权，拍卖路名桥名、有限期承担企业广告等形式，广开资金渠道投入小城镇建设。继续发展合作建房、集资建房并允许单位及集体、私营企业和个体工商户参与小城镇住宅的开发建设。住宅的开发应积极推广公寓式住宅建设，限制别墅式住宅建设，在小城镇建设公寓式住宅的可享受经济适用房的优惠政策。

五、加强领导，强化管理

1、切实加强小城镇规划建设管理机构的建设。各乡镇要按闽政[1997]5号文件的要求，进一步充实乡建办力量，九九年度前各乡镇均应新增一名以上村镇建设专业技术人员，并为村建提供必要的工作条件，赋于必要的管理手段，解决必要的业务经费。未成立城管中队的建制镇应抓紧建立，已成立的应积极开展业务培训和上岗执勤。村镇建设管理机构实行条块结合、双重领导、以乡镇管理为主的管理体制，但负责人的任免应征求县建设局的意见。

2、加强小城镇规划管理。在小城镇内进行各种项目建设必须严格按规划进行，未经批准改变规划确定的用地性质的，一律视为违反规划处理，要追究领导和有关直接人的责任。建设局和土地局要密切配合、相互监督、严格依据有关法律法规审批手续，不得以罚代批，跳过规划或用地审批关，否则将追究有关单位领导责任。县政府将定期组织有关部门对小城镇规划执行情况进行检查，坚决查处违法用地、违法建设的行为。

3、加强小城镇建设和房屋产权产籍管理。要加强小城镇建设工程，特别是基础设施和公共建筑等工程质量监督，杜绝重大质量事故发生，保证人民生命财产安全。凡在小城镇规划区内承建工程项目的施工企业必须持《资质等级证书》等有效证书到所在城镇乡建办登记后，方可按照规定的经营范围承建工程，严禁无证或越级承建工程。同时要加强对个人住宅建设的管理，二层以上的住宅必须由有相应设计资格证书的单位进行设计或选用通用设计、标准设计图，严禁无图施工。要加强小城镇房屋产权产籍管理，各小城镇应参照《福建省城市房屋产权登记条例》开展房屋产权登记工作，培育小城镇房地产市场。

4、加强对小城镇建设的组织领导。县政府将成立小镇建设指导委员会，负责指导小城镇建设工作，协调处理加快小城镇建设中遇到的困难和问题，并定期组织小城镇的检查、指导、督促、落实等。指导委员会下设办公室，人员将从计划、建设、土地、审计等部门抽调业务骨干联合组成，办公地点和人员名单另文通知。各乡镇应将小城镇建设工作列入重要议事日程，并建立乡镇主要领导总负责制、具体项目领导责任制，切实做到目标明确、责任落实。

中共平和县委
平和县人民政府
一九九九年二月二十一日

关于建设工业区的若干意见

平委 [1999]4 号

各乡镇（场）党委、政府，县直各单位：

工业区是发展工业、振兴经济的有效载体。建设工业区有利于工业企业相对集中，充分发挥群体优势和规模效益；开辟和建立工业区，是我县经济建设的一项探索性工作，是加快工业发展，实现工业全面振兴的重要措施。现根据我县实际，就建设工业区提出如下若干意见：

一、因地制宜，合理布局

1、建设原则：工业区建设要坚持统一规划，以项目带开发的原则。工业区的总体规划在本县计划、土地、经济、建设、交通等部门的指导下，由各乡镇政府编制上报县政府审批后实施开发。

2、建设目标：文峰、山格、坂仔、南胜、安厚、大溪、霞寨、九峰等乡镇要规划建立面积 300 亩以上的工业区，并完成水、电、路等基础设施配套。第一期建设工业项目不少于 3 个，投资达 2000 万元。

各个工业小区都要因地制宜选择发展的主攻目标和方向，做到求新、求特、不求同求全，办出自己的特色，要注意处理好短期目标与长期目标的关系，内向与外向的关系，经济开发与技术开发的关系，使工业区既能早上轨道，又有较强的后劲，使工业发展的载体越来越大。

二、政策优惠，鼓励发展

1、实行税费优惠。凡在工业区创办的企业，视同外资企业享受优惠政策。工业区的项目投资方向调节税从低从优征收；从投产之日起，免征所得税两年，第 3 年至第 5 年减半征收所得税。凡企业生产发生年度亏损的，经审批可以下一年度的所得税额抵补。工业区内建设项目应缴纳的社会事业发展费减征 15%；基础设施建设附加费减征 30%；消防费配套减征 50%；基础设施配套费减征 70%；规划设计费和工补农基金全部免征。

2、实行税费返还。为加快工业区建设步伐，对工业区优惠征收的基础设施配套费全部返还工业区使用；对工业区内收取的建安营业税、耕地占用税，县分成部份实行先征后返办法，留成部分通过支出渠道也全部返还乡镇。

3、工业区内企业缴纳的消防、环保费做为专项资金全部返还区内用于区内的消防、环保设施建设。

4、支持建设用地，要把工业区建设用地列入城镇总体规划，在用地指标上给予倾斜；各工业区可根据建设项目统一办理用地手续，统一实施基础设施建设配套，征地费按照建公益事业的最低地价等级收取。镇区内要进入工业区的企业，可用其承包的土地同工业区内的土地按级差收益折成一定比例调换。

三、筹集资金，增加投入。建立多元化投资渠道。向上申报贸工农、科技、扶贫、亚行和世行等多种贷款项目优先照顾在工业区内的企业。县建立工业发展基金，从 99 年起每年从工业区企业新增地方税中提取一定比例做为工业发展基金，用于工业区的建设，镇财政每年要从新增的财政收入中提取一定的资金，重点投向工业区建设；金融部门对工业区的建设要给予有力支持，在信贷资金上给予倾斜，有条件的金融机构要争取在工业区设立营业网点，为工业建设提供金融服务。

四、加强领导，狠抓落实

各乡镇党委政府要进一步深化对发展工业重要性的认识，增强建设工业区的责任感和使命感，在继续抓好一、三产业发展的同时，把重点转移到发展工业的轨道上来，切实加强对工业区建设领导，做到精心组织、狠抓落实，抓出成效。各有关乡镇要成立工业区建设领导小组和办公室，由一名副职领导任组长，成员由有关人员组成，负责工业区的规划、实施、招商等具体工作。

要按照“高起点规划，高标准建设，分阶段实施”的要求，认真做好工业区规划。制定实施计划，协调有关部门抓好各项优惠政策的落实，提高工业区的运作能力。

要组织精干的招商分队，常年招商。创造条件到上海、深圳、汕头、厦门等地设立联络点；积极参加各种招商活动。坚持内外资一起上，吸引境内外经济能人到工业区投资办工业，促进工业区形成规模。

中共平和县委

平和县人民政府

一九九九年二月二十二日

关于搞好农用地管理促进农业生产结构调整的通知

平政 [2000]8 号

各乡镇（场）人民政府、县直有关单位：

根据《关于搞好农用地管理促进农业生产结构调整工作的通知》、闽土 [2000]065 号精神，结合我县实际情况，经研究，决定加强基本农田保护，搞好农用地管理，促进全县农业生产结构调整，现将有关事项通知如下：

一、加强农业综合开发用地管理。农业综合开发用地可以采取由开发者与集体土地所有权单位或国有土地经营管理单位签订承包经营合同或租赁合同的方式提供，也可以采取集体土地使用权入股的方式与开发者共同开发，但股权不得转让。

农业综合开发项目用地 2 公顷以下的，经县级土地、农业行政主管部门审核同意后，由县级人民政府审批；用地 2 公顷以上的，经县级土地、农业行政主管部门审核同意后，由县级人民政府报市人民政府审批。

农业综合开发必须严格按照批准的用途使用土地，严禁改变用途从事非农业建设。除直接为农、林、牧、渔业生产服务自用的管理房、仓库外，确需配套建设非农业建设项目的，应当依法办理非农业建设用地审批手续。任何单位和个人都不得私自与农村集体经济组织签订用地协议。

二、建造温室大棚、竹木蘑菇棚、临时性畜牧场、饲养场及塘底、塘壁未经固化的简易水产养殖场，发展高优农业，确需占用耕地的，必须由用地者向村委会和乡镇政府提出申请，经县级农业行政主管部门认定同意后，到县级土地行政上管部门办理临时用地手续，建立临时用地档案，缴交临时用地使用费（标准按耕地每平方米 8 元，非耕地每平方米 4 元缴交），并签订复耕保证书，用地期满后按要求复耕。

三、在耕地上建造永久性农业生产设施和配套设施，如畜禽饲养场、塘底、塘壁已经固化的水产养殖场、农产品仓库及加工厂、集贸市场等，要按要求依法办理农用地转用审批手续，并做到耕地“占一补一”。未办理农用地转用审批手续即批准使用土地或擅自占用土地的，分别按非法批准土地或非法占用土地论处。

四、确需占用基本农田挖鱼塘、种果树或进行其它对耕作层土壤造成破坏的农业内部结构调整，应当按下列程序向省土地行政主管部门和省农业行政主管部门提出申请。

（一）用地单位或个人向县级土地行政主管部门领取并填写《农业内部结构调整使用基本农田申请表》，同时提交《农业内部结构调整使用基本农田申请报告》；

（二）县级土地行政主管部门会同同级农业行政主管部门进行勘测认定后，由土地行政主管部门与用地单位或个人签订基本农田复耕保证书，并缴纳复耕押金；

（三）县级土地行政主管部门负责补划质量相当、面积相等的基本农田；

（四）县级土地行政主管部门和农业行政主管部门持申请报告（附上《农业内部结构调整使用基本农田申请表》）、拟使用地块基本农田保护区分布图和补划基本农田保护区分布图，经地（市）土地行政主管部门和农业行政主管部门签署意见后，向省土地行政主管部门和省农业行政主管部门申请，经省土地行政主管部门和省农业行政主管部门联合批准后实施。

五、各乡镇场、县乡土地、农业主管部门应当加强对农业生产结构调整的动态监测，对不符合要求的农业生产结构调整，要及时予以制止；违反法律、法规的，要依法给行政处罚，并追究法律责任。

以上通知，请遵照执行。

平和县人民政府
二〇〇〇年七月二十一日

关于加快农村劳动力转移工作的实施意见

平政 [2003]8 号

各乡镇（场）人民政府，县直各单位：

我县是个农业大县，随着农业产业结构的调整深化，农田的集约化经营和农民种植技术、管理水平的提高，从事农业的劳动力越来越少，农村剩余劳动力相应越来越多。据调查，目前已有 20 万个剩余劳动力，除已转移的 15 万多个劳动力，还有近 5 万个剩余劳动力闲散在农村，随着每年农村劳动力的递增，农村剩余劳动力也会逐年增加，解决这部分剩余劳动力就业已成为促进农村经济发展、农民增产增收和农村社会安定稳定的迫切任务。为此，根据省、市《关于加快农村劳动力转移的若干意见》，结合我县实际，特提出如下农村劳动力转移工作实施意见：

一、指导思想

根据省、市农村劳动力转移工作会议精神和省第七次党代会提出的构建“三条战略通道”的发展战略要求，围绕我县调整农业和农村经济结构的需要，以扩大农村劳动力就业渠道，增加农民收入，推进农村社会生产力的发展为目标，面向两个市场，合理利用和配置农村劳动力资源，将市场配套与社会引导、协调、服务和保障相结合，把农村劳动力转移工作纳入全县经济和社会发展的总体规划，努力为农村劳动力转移和农村经济社会发展创造有利条件。

二、总体规划

1、2003 年，全县各乡镇成立劳务站，建立健全机构和工作机制、完善制度、规范管理，初步形成农村劳动力转移的服务工作网络。按照市场化、社会化的要求，使农村劳动力转移工作步入经常化、制度化的轨道。

2、从 2004 年开始，在全县各乡镇，由劳动服务站牵头，农、林、牧、副、水、教和党校等部门参加，成立职业技术培训中心，县里成立职业培训基地，形成劳动力技能及素质的培训体系。对劳动者进行各种劳动技能、实用技术、《劳动法》为主要内容的各种相关法律法规和政策的培训，至 2010 年，每年计划培训人数不少于 1.2 万人次。

3、由县农村劳动力转移办公室牵头，组织各相关部门在广州、深圳、汕头、上海、厦门、福州等一批大中城市设立劳务中介机构。加强对外联系，互通就业信息，尽快建立起统一、开发、竞争、有序的劳动力转移流动体系。从 2004 年至 2010 年，每年转移农村劳动力就业人数不少于 1 万人，力争至 2010 年从事农业劳动力占全县劳动力的比例下降到 25% 以下。在劳动力转移工作中，通过政策倾斜，扶持培育一批劳动力转移的中介公司，实现劳动力从培训到输出、管理、服务的市场运作，逐步形成农村劳动力资源开发利用的产业化经营。

三、转移渠道

1、大力发展农业产业化经营，促进农村劳动力在农业内部转移。

继续加大农业结构调整力度，推进品种多样化、产品优质化和产业规模化。实施“三线拓展，构筑区域经济”的战略，把全县划分为东北部、西南部和西北部三个区域，东北部五个乡镇，以大力发展琯溪蜜柚、香蕉、芦柑、反季节蔬菜、食用菌等生产为主，优先发展成区域经济的“隆起带”。西南部四个乡镇，致力发展荔枝、龙眼等名优水果，大力发展猪、牛、家禽等养殖业，成为我县高优农业综合开发区域。西北部六个乡镇，重点发展粮食、茶叶、竹类和优质杂果等生产，建成以山地经济为主的区域。

同时引导、鼓励、扶持一批农副产品加工企业，进一步拓展规模，带动果蔬基地、印刷包装、仓储运输等相关产业的发展，建立具有区域特色的农副产品加工体系。支持农民以参股合作方式，在依法、自愿、有偿的原则上，与企业合作建立现代农业园区，引导农民由单纯的农业生产向农业工人转变，引导农民按照农业标准化、无公害化的生产模式，为企业生产中间产品，使之融入产加销经营中，成为市场的主体。通过大力发展农业产业化经营，促进产业链的延伸，增加农业内部就业机会，从而达到农村富余劳动力在农业内部转移的目的。

2、加快工业化发展步伐，增大本县工业吸纳劳动力的容量。

强力实施“工业兴县”战略，按照“群众先行，政府引导，逐步规范”的原则，鼓励和引导各种所有制经济投资兴业。采取整合存量、扩大增量、外引内联等办法，促进机械制造业的转型升级和再度振兴。大力发展食品加工业，着力培育壮大服装加工、美术工艺品、纸制品和竹木制品等工业。加快工业小区建设，重点建设文峰、小溪、山格、霞寨工业小区，九峰工贸开发区和南胜食品加工区等，通过加强引资、引导，力争一批新工业企业落户这些工业区。同时，抓住海峡两岸“小三通”和发达地区转产外迁的有利时机，下苦功夫积极招商，扩大引资规模和实效。依靠能人办工业，积极鼓励平和外出能人，带回资金、技术、信息和先进经营管理办法，回乡投资兴业。通过“工业兴县”战略的实施，发挥各个工业区的地理和资源优势，加强规划和完善功能配套，形成各具特色的中小型企业集聚区，增大本县工业对劳动力的吸纳容量。

3、精心经营旅游产业，增加劳动力在旅游服务中的就业量。

围绕争创省定山区旅游强县目标，进一步加快三平景区的曹岩寺、龙瑞瀑布、三平水电站等景点开发和配套设施建设，力争4A达标；加快灵通主庙、云梯宝塔、环山步路的建设和青云宾馆续建；想方设法创造条件，加快太极峰景区的开发。注重把三平、灵通、土楼、生态农业等组合成一个整体，“串点成线，结线成网”，融入全省乃至全国的旅游精品中，加大景点基础设施的配套，加强与厦门、泉州、漳州、广州、深圳等旅游市场的联系，发展具有特色的旅游略线，拓展旅游服务劳动力的新空间，逐步增强以旅游业为主的第三产业吸纳劳动力的功能。

4、加快小城镇建设进程，促进城镇第三产业的繁荣来带动劳力转移。

按照“高起点规划、高标准建设、高质量要求”的原则，“大手笔”推进小城镇建设，以县城为中心，加快坂仔、山格、霞寨、九峰、南胜、安厚、大溪等重点城镇建设步伐，将城镇周边经济基础好、资源丰富的村划入小城镇新区规划，将这些重点城镇建成布局合理、规模适度、功能健全的现代化小城镇，促进商贸、运输、餐饮和房地产、信息、金融等服务业的发展，带动农村劳动力在第三产业中的转移。

5、建立城乡统一的劳动力市场，加强对农村劳动力转移的服务。

加快劳动力市场信息网络建设，充分利用平和之窗网站、有线电视、广播、农业科枝下乡和农村社会联动等，定期向农民发布经劳动部门审核的企业用工信息，为农村劳动力择业求职提供指导和帮助。县、乡两级财政要安排一定配套资金，用于建立和完善城乡劳务市场；形成集求职登记、信息发布、就业培训、职业介绍、招工手续办理、法律咨询服务等为一体的劳动力市场。

6、加强劳动技能培训，提高劳力就业竞争能力。

以技工学校、乡镇农技校、职业学校、企业、协会组织为载体多轮驱动，结合各乡镇本地实际，围绕发展本地经济、农产品深加工、农民就近就业和向非农产业转移就业等课题进行培训，在技工学校、职业学校开设农产品加工、营销、缝纫、工艺美术、钳工、烹饪等实用技术课程，同时还可根据企业对人才的需求，有计划也开展“订单培训”。开创“传一项技术、带一个产业、转一批劳力”的特色就业之路。

四、保障措施

1、加快户籍制度改革，维护外出劳动力的土地承包权。

按照有关规定，完善户籍制度，降低进城门槛，积极推行农村人口成建制转为城市户口，放宽本县农村人口到省内城市及市内城镇的迁移限制，农村人口在本县城镇就业并有合法固定住所的，允许其将本人与其共同居住的直系亲属的户口迁入，其子女就业、就学等方面与当地居民享有同等待遇。进城农民继续享受农村计生政策五年。同时有条件的乡镇要把符合低保条件并完全放弃农村集体土地承包权的居民列为所在城镇最低生活保障对象。要坚决贯彻中央关于农村家庭承包经营的基本政策，稳定土地承包关系，保障和维护外出务工农民的土地承包经营权。要尊重群众的意愿，按照“依法、自愿、有偿、规范”的原则，支持和鼓励外出务工农民进行承包地使用权的转让，促进农村土地合理流转，严禁强行收回或调整外出农民的承包地。

2、建立健全劳动力就业保障制度，维护农村劳动力的合法权益。

对于在本县企业就业的劳动力，要推行劳动合同制，合同中要有劳动报酬的条款，应明确工资支付标准、支付项目、支付形式和支付时间等内容，同时要推行养老保险与医疗金缴纳制度，使企业职工逐步纳入全社会的养老和医疗保险体系。对于外出务工的劳动力，县劳动部门和司法部门要组织成立外出劳动力合法权益援助机构，为劳动力合法权益提供法律保障。县劳动监察部门要加大劳动监察执法力度，集中力量解决好各种侵害劳动力合法权益的案件，加大对各类非法中介组织的整顿规范，取缔无牌无照，违法违章的民间职业介绍所，清理各种对农村劳动力歧视性政策和各种乱收费。支持鼓励企业职工组织自己的工会，维护自身合法权益。

五、加强领导，落实责任

按照“政府统一领导，劳动部门牵头，相关部门联办”的原则，明确职能、各负其责、齐抓共管，形成合力，共同做好农村劳动力转移工作。

1、为加强全县农村劳动力转移工作的组织领导，县政府成立农村劳动力转移工作领导小组。领导小组办公室依托在县农办，承担领导小组的日常工作。

2、县劳动和社会保障局负责规范和加强县劳动就业服务机构及乡镇劳动服务站的管理和业务指导；拟定或起草有关劳动保障政策；对口抓好技工学校和职业技能培训工作；负责全县专业技术工种的职业技能考核、鉴定和《职业资格证书》的发放工作。各乡镇劳务站负责本辖区农村劳动力就业登记、用工信息、求职信息、劳动保障管理等就业服务。

3、计划部门要将农村劳动力转移工作纳入全县的经济和社会发展的总体规划；在安排国民经济和社会发展年度计划中安排一定数量的资金，支持县劳动力市场的基础设施建设、信息网络建设。

4、教育部门要充分发挥场地完备、师资力量雄厚的部门优势，将职业中学、成教学校纳入劳动力培训体系，承担转移培训任务。对农村劳动力进城务工的，对其子女就学方面尽可能的给予政策倾斜。

5、科技部门要根据全县的转移培训规划，制定星火和农业科技普及培训计划；发挥星火培训基地作用，加入对农村初中以上文化的劳动者和返乡创业人员的技术培训，促进其自谋职业、自主创业。

6、农业部门要将农村劳动力转移工作纳入全县农业和农村经济发展规划，结合调整农业和农村经济结构，制定有利于吸纳农村劳动力就业的农业政策和措施；制定实施《新世纪青年农民培训工程》，使每个中青年农民都能掌握一些先进农业科学技术，继续办好农函大、农广校等农业技术培训。

7、水利部门要根据水利基础设施建设工作的需要，协助劳动保障部门将农村富余劳动力的需求列入农村劳动力就业的计划，协助开展对所需农村劳动力的技能培训工作。

8、乡镇企业管理部门要把农村劳动力转移培训工作列入乡镇企业发展规划，提高乡镇企业从业人员队伍的素质。要组织乡镇企业从业人员分批、分期参加转移培训工作，以尽快提高其专业技术和职业技能水平，乡镇企业招聘人员时，应首先从经培训合格的农村富余劳动力选择。

9、公安、人事、民政、国土、房管、计生等有关部门，要在户口、土地、住房等方面逐步减少和取消对进城就业农村劳动力的不合理限制，建立与城镇劳动力就业相统一的管理制度。实行以合法固定住所、稳定职业或生活来源为落户基本条件的户口准迁制度，允许投资兴办实业、务工经商的农村劳动力及其随同生活的直系亲属在城镇登记长住，达到一定条件的转为城镇户口。落实进城就业、落户农村的土地使用、流转政策，通过转包、转让入股、协作等形式，鼓励其退耕从工（商）。通过一系列的改革，建立公平、公正、公开的城乡统筹就业机制。

10、各乡镇成立农村劳务开发领导小组，下设办公室，依托在乡镇劳务站，配备1-3名专兼职人员，具体负责劳动力转移工作的领导，对全镇劳力资源和现有培训资源状况全面的调查摸底。要做好劳务的调查建档，职业培训和外出劳务人员的跟踪管理服务，建立工作机制，包括目标责任制、定期报告制、信息通报制、联络员制。各乡镇要积极主动出击，及时和大中城市的劳力市场衔接，按照市场供求信息，组织、培训、输出企业所需的劳工，同时，在本地劳工外出集中区聘请劳务中介联络员，支持经济能人成立劳力中介组织，以市场运作的形式，为当地的劳力有序转移创造机会。

六、强化宣传，营造氛围

要充分利用广播、电视、报刊等新闻媒介和宣传栏、宣传车、文化下乡等形式，大力宣传农村劳动力开发就业、转移培训的重要作用和就业准入制度的内容和要求。通过宣传，使转移培训工作在广大农村家喻户晓，调动农民参加转移培训的自觉性和积极性，为农村劳动力转移工作创造良好社会环境。

平和县人民政府

二〇〇三年九月二十五日

关于推进实施商标品牌战略的意见

平政〔2006〕10号

各乡镇（场）人民政府、县直有关单位，各有关企、事业单位：

根据福建省人民政府办公厅转发省工商局《关于推进实施商标品牌战略的工作意见》（闽政办〔2006〕166号）精神，为共同推进我省商标品牌战略的实施，推动我县经济快速发展，现结合我县实际，提出如下贯彻执行意见。

一、提高认识，推进实施商标品牌战略

商标品牌是当代企业科技水平、管理层级和核心竞争力的重要标志，是市场主体决胜于激烈市场竞争的重要武器。商标品牌的总体水平，是一个地区经济实力和综合竞争力的重要标志。在市场和资源不断向知名品牌集中的趋势下，实施商标品牌战略，是支持企业增强自主创新能力、形成优势产业集群、优化产业结构、提高产品竞争力的法宝，也是我县工业兴县、构建大农业格局、转变经济增长方式、增强经济发展后劲的必由之路。

经过不懈努力，我县已初步形成以平和琯溪蜜柚、坂仔香蕉、白芽奇兰茶三大农业品牌为支撑的商标品牌体系。当前，我们要充分发挥新闻媒介的作用，通过举办推介会、展览会等形式，开展注册、运用、管理、保护商标品牌的宣传活动，进一步宣传和普及商标法律法规，引导广大企业自觉运用商标品牌策略参与市场竞争，增强社会各界的商标品牌意识，形成全社会关注商标品牌、爱护商标品牌、发展商标品牌的良好氛围。要在继续发展农业品牌基础上，把实施品牌战略，大力推进工业兴县作为新的工作着力点。要以更有效的工作力度，抓好实施商标品牌战略工作，为推进我县工业上新台阶，推动海峡西岸经济区建设作贡献。

二、立足工业，打造优势产业品牌基地

注册商标是实施品牌战略，走名牌之路的起点。我县工业基础相对薄弱，在推行商标品牌战略中，要把培育、扶持、壮大工业品牌作为重中之重，抓紧抓好。在培育工矿行业商标，打造产业品牌时，要眼光超前。无论是创业型企业，还是服务性行业，包括定牌加工企业，都要积极申请商标注册，使用商标，为创建自主品牌、争创名牌打下坚实的基础。

为促进我县工业的迅速崛起，推动产业集聚，带动区域经济发展，对正在形成区域产业集群或产业特色明显的地区，要积极推进注册、使用集体商标，以集体商标带动做大做强特色产业，打造优势产业品牌基地。要建立激励机制。今后，凡是没有注册商标、没有自主品牌，品牌不具有较高知名度和美誉度的企业，不得再享有行业龙头的待遇。要积极支持使用自主商标品牌出口企业的发展。促进形成产品、企业、行业、区域品牌的良性互动，不断提升产品、企业、行业、区域的知名度，提高对国（境）内外技术、资本等资源的凝聚力和吸附力。

为务实推动、指导我县各类工矿产品经营主体及时申请商标注册、使用自主品牌，县工商机关等部门要积极推行“商标注册建议书”、“商标策略提示书”、“商标法律告知书”等商标行政指导制度，引导各类主体主动施行商标品牌战略。要指导扩张型企业对准备进入的行业实行前瞻性品牌规划，提前注册商标；指导龙头企业合理扩大商标注册类别，扩大保护范围，必要时实施防御型商标注册；指导出口型企业及时到境外注册商标，实行“商品出口、商标先行”，拓展国际市场。

三、服务“三农”，争创农业产品名牌

我县农业品牌创建与打造拥有成功的运作经验。特别是平和琯溪蜜柚证明商标的注册与运用，更为这一产业的发展，提供了品牌保障。在新的形势下，各乡镇场、政府各部门要注意继续做好三农工作。要把多注册、使用农字号商标，争创农产品名牌工作视为建设社会主义新农村的有力措施，加大“商标品牌兴企、商标品牌兴农、商标品牌兴县”力度，勇于超越自我，促进我县农村经济的繁荣与发展。

要支持农业专业大户和农村合作经济组织创牌经营，推广“公司（农户）+商标（名牌）+市场”生产经营模式，扶持培育更多的“名、特、优、新、稀”地理标志农产品商标品牌。县工商部门要积极会同县农业等部门，积极指导开展注册，壮大农字号商标群。继续做好地理标志证明商标和集体商标申报工作，尽快把白芽奇兰茶、红肉蜜柚、坂仔香蕉、芦溪咸菜、南胜咸水鸭、南胜麻枣、小溪枕头饼、山格生仁饼、大溪豆腐注册成地理标志证明商标或者集体商标。根据平和琯溪蜜柚市场空间向国际快速扩张实际，平和琯溪蜜柚发展中心要尽早做好平和琯溪蜜柚证明商标申请国际注册工作，把平和琯溪蜜证明商标保护领土向国外延伸。

四、鼓励创新，加强商标品牌梯次规划和扶持

注册、使用商标的目的在于通过知名商标、著名商标、驰名商标途径打造名牌。要鼓励所有商标权人，敢于并且善于争创知名商标、著名商标、驰名商标。县工商部门要按“培育一批、扶持一批、推荐一批”的原则，做好培育知名商标、著名商标、驰名商标品牌的梯次规划和扶持工作，指导企业加强内部商标管理，推动企业开展科技创新、管理创新和服务创新，提升产品的档次和商标品牌的美誉度；要将商业、服务业注册的服务品牌列入知名商标、著名商标、驰名商标的申请范围；优先推荐龙头企业、利税大户和老字号拥有人争创知名商标、著名商标、驰名商标。县政府将对获得知名商标、著名商标、驰名商标认定称号的企业给予奖励。

允许以知名商标、著名商标、驰名商标权作为投资。工商部门对以知名商标、著名商标、驰名商标作为非货币出资，可以掌握在不超过注册资本40%的比例予以核准登记。经所有权人出具授权文件，允许企业字号中冠有知名商标、著名商标、驰名商标中文名称。对知名商标、著名商标、驰名商标企业实施远距离监管，实行两年一次年检，第一年只需报送年检报告书，可免予年检审查。县工商部门对生产型知名商标、著名商标、驰名商标企业在登记辖区内选择任何地方作为生产场所，可不办理分支机构的设立登记。

五、保护品牌，加强商标品牌信用评价监管体系建设

为保证推进商标品牌战略的有序进行，维护市场公平竞争，保障商标权人合法权益免受侵害，对商标品牌使用情况实行主动监管、依法监管、严格监管。下大力气保护好平和琯溪蜜柚、坂仔香蕉、白芽奇兰茶三大农业品牌。注意维护新兴工矿产品品牌的合法权益。

为保证监管到位，要坚持专项整治和日常监管相结合，打击和规范相结合，重在治本。县工商部门要建立驰名商标、著名商标、知名商标数据库，导入商标品牌信用评价监管体系，积极探索商标品牌保护的长效机制。对以驰名商标、著名商标、知名商标名称作为企业字号申请登记的，除权利人授权以外，工商部门不予核准。机关部门要强化打假维权协作机制，加强与驰名商标、著名商标、知名商标企业的沟通联系，进一步完善“打假保名优”网络，充分发挥区域性商标保护协作网的作用。对涉及侵害驰名商标、著名商标权的举报和投诉案件线索，及时受理、快速处理。对带有苗头性、复杂性的侵犯驰名商标、著名商标案件，及时发现、及时化解、及时处置。工商部门要会同公安部门，认真执行国家工商总局、公安部《关于在打击侵犯商标权犯罪工作中加强衔接配合的试行规定》，加强涉嫌商标犯罪案件的移送、处理，加大对商标权的保护力度；会同经贸、外经、版权、知识产权等部门认真贯彻商务部、国家工商总局、国家版权局、国家知识产权局联合发布的《展会知识产权保护办法》，加强展会商标权的保护，促进会展经济健康发展；积极会同有关部门认真贯彻落实《印刷业管理条例》，加强商标印制监管，打击商标印制中的侵权行为；加强定牌加工中的商标使用行为监管。

六、组织保障，构筑完善实施商标战略工程的社会化服务体系

落实推进商标品牌战略工作，必须切实加强组织协调。针对我县商标注册量不断扩大和品牌建设工作需要，应设立平和县商标（品牌）协会，挂靠在县工商局，具体负责我县实施商标品牌战略的组织、协调、指导工作。商标（品牌）协会做为政府联系商标权人的桥梁，要积极发挥群团组织和行业协会优势，吸引广大市场主体参与。从宣传、推介、咨询、运营、评估、人才培训等方面入手，努力为会员、为企业提供多层次、全方位服务，共同做好会员的维权工作，建立健全我县实施商标品牌战略工程的社会化服务体系。

平和县人民政府

二〇〇六年九月三十日

关于开展项目推进年活动的意见

平委 [2007]21 号

各乡镇（场）、县直各单位、工业园区：

项目建设是经济工作的龙头，是加快发展的关键。抓好项目建设，对推进全县跨越式发展，增强经济发展后劲，提高综合竞争实力具有重要的现实意义和深远的战略意义。实施“工业兴县”战略，加快建设海峡西岸生态工贸县，必须始终把项目建设放在经济工作的首要位置，充分发挥项目建设对经济发展的拉动作用，以项目建设的大突破带动经济发展的大跨越。为营造发展新优势，加大投资力度，加快推进项目建设，推动我县经济社会再上新台阶，县委、县政府决定2007年在全县开展“项目推进年”活动。

一、指导思想

以邓小平理论和“三个代表”重要思想为指导，全面贯彻党的十六大和十六届六中全会及县十一次党代会精神，坚持以人为本，树立科学发展观，狠抓项目建设，把项目作为壮大产业、增强后劲、优化环境、促进发展的重要抓手，贯穿于经济社会领域的各个方面，以项目聚集生产要素，以项目拉动投资增长，以项目推动工作落实，突出三条原则（经济工作项目化、部门项目责任化、项目考核制度化），强化三种手段（政策引、组织推、责任压），健全完善项目运作机制和承办制，在全县营造关心项目、争取项目、引进项目、建设项目、服务项目的良好氛围，以项目扩大招商引资，以项目优化经济结构，以项目增强发展后劲，实现经济社会又好又快发展。

二、工作原则

1、坚持突出重点、整体推进原则。以解决要素制约为突破口，以重大项目为抓手，推进一批生产性、基础性、控制性项目和成长型、税源型、增收型项目的建设，以项目促投入，以投入拉动经济增长，做大总量，从而以量的增长促进质的转变。

2、坚持深化改革、创新思路原则。强化争项目、抢项目、挖项目的意识，创新项目工作推进机制，积极争取省和国家的支持，做到对接更主动、前期更到位；以项目推介为重点，积极走出去、请进来，千方百计加大招商引资力度，广借外力促发展。

3、坚持转变作风、服务项目原则。各级各部门要从经济发展的大局出发，按照快速、高效、周到的原则，不断增强主动服务的意识、加强协调配合，简化办事程序，协调解决好项目建设中遇到的问题，着力提高工作效率和服务水平，为项目建设提供更加方便、快捷的服务。

三、工作重点

1、围绕工业主导产业提升上项目。坚持把项目建设作为推进经济结构调整的重要举措，积极谋划新上一批辐射面广、带动力强、能够促进产业升级的大项目、好项目，进一步培强壮大食品、机械制造、水电、纸制品加工等主导产业，构筑产业集群，增强综合竞争实力。

2、围绕工业园区建设上项目。充分发挥工业园区和工业集中区的集聚和辐射功能，强化基础建设，扩大内外招商，吸引一批国内外知名企业和大型集团落户园区，打造投资隆起带，加快经济发展步伐。

3、围绕扩大对外开放上项目。改进招商方式，成立八支由县领导为组长的招商小组，开展小组团招商活动，变被动招商为主动招商；充分发挥企业主体作用，以商引商，以外联外，吸引更多的企业到我县投资兴业；加强与厦门、泉州、广东、浙江等沿海发达地区的交流与合作，拓展经济发展空间；充分利用“4·9”、“6·18”、“9·8”、“12·18”和各类专场招商会平台招商，不断拓宽利用外资渠道。

4、围绕农业结构调整上项目。坚持用工业理念抓农业，用市场思维调结构，着力在培强产业龙头、推进产业化经营上作文章，重点谋划和新上一批农副产品深加工项目，拉长产业链条，带动农民增收。同时抓好“六千”等农业基础设施项目建设。

5、围绕基础设施建设上项目。加快建设农村水泥路等一批路、桥、水、电基础设施建设。按照县城总体规划，坚持新区开发和旧城改造相结合，拉大城市框架，完善城市功能，拓展城市发展空间，重点抓好东区路网、水网、住宅小区开发等工程，增强县城经济发展的带动力和辐射力，

6、围绕服务业和社会事业上项目。加强旅游设施建设，增强旅游带动作用；发展连锁经营、物流配送、电子商务等现代流通业态，加快发展房地产业和金融、保险、会计、咨询等服务体系建设，抓好科技、教育、文化、卫生、体育等公益事业项目建设。

四、工作任务

1、工业发展任务（具体任务见附件2)。

2、招商引资任务（具体任务见附件3).

五、制度保障

1、健全分级挂钩制度。省市县重点项目实行县领导及部门、乡镇分级挂钩负责制；新引进投资500万元以上项目实行乡镇领导挂钩责任制，从项目引进落户、建设发展实行全程跟踪服务。

2、健全部门责任制。各项目单位必须建立明确的项目责任制，明确责任人，按照进度要求，分段量化，定时间、定目标，安排好项目进度，倒计时环环紧扣，确保项目完成目标。

3、健全分析协调制度。对在招商引资过程中有关项目洽谈落户发生重要变化的信息，要及时向挂钩领导直至向县委书记、县长汇报，尽可能妥善解决。对项目建设过程中存在的问题和困难，由项目联系的县领导召集有关部门进行分析研究，提出解决办法，限期解决。

4、健全进度反馈制度。各乡镇、有关单位要在次月5日前将工业发展、招商引资、重点建设项目进度表报送县项目推进年工作领导小组办公室，县项目推进年领导小组办公室定期不定期向县委、县政府作项目推进年工作专题汇报。

5、健全工作督查制度。督查的内容主要包括各级各部门所确定项目启动及建设情况、招商引资项目签约与资金到位情况、项目政策贯彻落实情况等。要把平时汇报进度、不定期随机检查评比、半年和年终总评考核结合起来，采取听汇报、看现场、查帐目等形式，摸清真实情况，反馈真实信息。要实行定期通报制度，每季度对全县重点项目建设和招商引资工作进行调度汇总，排出名次，通报评比。对工作作风不实、措施不力的单位和个人要通报批评，限期整改。

6、健全考核考查制度。建立对“项目推进年”工作的考核体系，纳入县委、县政府综合考核目标，作为考核重点，完善对乡镇、部门的年度工作责任制考核。考核结果作为班子和个人实绩考核的重要依据。对成绩突出的单位和个人给予物质奖励和政治荣誉，对抓项目不力的班子和人员，必要时予以调整。要通过奖惩，形成领导带动、部门联动、企业主动、干群互动的工业发展、招商引资、重点项目建设工作新格局。

六、组织领导

1、加强领导。为加强对项目建设年的领导，县委、县政府成立项目推进年领导小组。领导小组组长由县长洪里专同志担任，副组长由县委常委、常务副县长杨胜华同志担任，成员由县委组织部、宣传部、县发改局（重点办）、经贸局（工业办）、外经局、财政局、交通局、国土局、建设局、公安局、旅游局、水利局、农业局、教育局、卫生局、文体局、人事局、监察局等部门领导组成。领导小组下设办公室，具体负责项目建设年的日常工作，对项目建设过程中的问题要及时掌握及时协调解决。各有关单位在县“项目推进年”工作领导小组和办公室的领导及协调指导下，成立相应领导机构和工作班子。各乡镇、县政府直属部门要成立由党、政第一把手任组长的“项目推进年”领导小组，把“项目推进年”活动作为2007年工作的重点来抓，通过抓项目带动其它各项工作开展，形成“主要领导亲自抓，分管领导具体抓，

职能部门全力抓”的齐抓共管局面。在项目推进过程中，各有项目任务的部门单位作为责任主体全力以赴抓实施。其它部门要主动、全力、及时配合。对列入项目推进年的项目，要设立项目联络员，做好各项服务工作。

2、加强宣传。要采取多种形式大张旗鼓地宣传“项目建设年”，在广大干部中广泛开展“四个一”活动（即提供一个项目信息，达成一个项目意向，参与一个项目签约，协办一个项目开工），形成人人想项目、议项目、跑项目、上项目的良好氛围。宣传部门要成立专题宣传报道组，紧紧围绕项目建设年工作重点广泛开展宣传，总结经验，表扬先进，激发全县人民的创业热情。宣传加强项目建设对促进我县经济和社会发展的重要意义，宣传项目建设取得的新成就，宣传为项目建设提供优质服务的先进典型。对工作推进不力、任务完成较差以及破坏经济环境的单位和个人进行公开曝光，在全社会范围内营造人人关心项目建设、人人支持经济发展的浓厚氛围。

附：1、平和县项目招商小组组成一览表

2、平和县2007年工业发展目标任务表

3、平和县2007年外经贸工作主要任务指标一览表

中共平和县委

平和县人民政府

2007年3月23日

关于平和县已被确认为“中央苏区县”的报告

平委 [2007]35 号

中共漳州市委、漳州市人民政府：

在市委、市政府的重视与支持下，我县要求确认属于中央苏区范围的申报工作从今年 3 月 26 日启动，至 6 月 27 日顺利获得批复，历时仅三个月时间。在申报过程中，我们通过采取聘请顾问指点，邀请上级党史部门指导，组织到外地学习取经，召开会议研讨以及收集、整理有关历史资料和书证材料等措施，在较短时间内就起草完成了申报请示和《平和县应列为中央苏区范围的资料考据》等材料。同时，抓住中央党史研究室领导到福建调研、到龙岩参加中央苏区学术研讨会的有利时机，先后邀请了中央党史研究室原主任、中央党史研究室第一研究部原主任、现任副主任和具体负责申报工作的处长到我县考察，得到了他们的理解、认可和支持。省、市委党史研究室对申报工作给予全程支持、指导和帮助。6 月 13 日，省委党史研究室在听取我县关于要求确认平和县为中央苏区范围的申报工作汇报后，立即召开主任办公会研究审核，并会同省革命老根据地建设委员会办公室向中央党史研究室转报我县的请示。6 月 27 日，经中央党史研究室认真审定，以中史厅函 [2007]17 号文正式回复省委党史研究室、省革命老根据地建设委员会办公室，确认平和县在土地革命战争时期属于中央苏区的范围，从而使平和成为我市唯一、我省第 13 个（龙岩 7 个、三明 5 个）、全国第 24 个、（福建 13 个、江西 11 个）被确定为中央苏区范围的县份。

我县申报“中央苏区县”获得正式确认，具有重要的历史意义、现实意义和长远意义。一是体现了党的实事求是精神，还历史的本来面目，这既是对平和革命斗争历史的充分尊重，又是对曾经在平和战斗过的革命老前辈的政治交代；二是必将激发平和人民牢记光荣历史，发扬革命传统，增强对建设社会主义新农村的信心，在落实科学发展观、推进海峡西岸生态工贸县建设中取得更大成就；三是有利于今后各级政府对属于中央苏区范围的平和县给予更多的政策扶持。恳切请求市委、市政府进一步加大对我县发展的扶持力度，并帮助协调上级有关部门给予平和与其他中央苏区县一样的政策待遇，在政策上、资金上、项目上予以倾斜。我们也将充分利用中央有关“中央苏区县”的扶持政策，积极主动地做好与相关部门的对接工作，以促进平和经济社会和各项事业的又好又快发展。

特此报告

中共平和县委

平和县人民政府

二〇〇七年七月四日

中共中央党史研究室

中史厅函[2007]17号

关于“要求确认平和县为中央苏区范围”一事的回复

中共福建省委党史研究室

福建省革命老根据地建设委员会办公室：

闽委史[2007]23号来件收悉。

我们对来件内容认真进行了审定。根据民政部、财政部1979年6月24日下发的有关文件所规定的第二次国内革命战争（即土地革命战争）时期根据地划分标准，我们认为报告及所附的《闽西出席全国苏代会代表的报告》、《中共闽西特委报告第一号》、《闽西苏维埃政府通告第八号》等材料，可以证实平和县在土地革命战争时期属于中央苏区的范围。

此复！

中共中央党史研究室办公厅

2007年6月27日

地址：北京市海淀区北四环西路69号；邮编：100080；电话：010- 82615238，传真：010- 82615239

中共福建省委党史研究室（通 知）

闽委史〔2007〕29号

关于转发中共中央党史研究室确认平和县"在土地革命战争时期属于中央苏区范围"批复的通知

中共平和县委党史研究室
平和县革命老根据地建设委员会办公室：

你们关于要求确认平和县为"中央苏区范围"的报告，经我们转报中共中央党史研究室，中共中央党史研究室办公厅于2007年6月27日已正式批复（中史厅函〔2007〕17号）。中共中央党史研究室认为："根据民政部、财政部1979年6月24日下发的有关文件所规定的第二次国内革命战争（即土地革命战争）时期根据地划分标准，我们认为报告及所附的《闽西出席全国苏代会代表的报告》、《中共闽西特委报告第一号》、《闽西苏维埃政府通告第八号》等材料，可以证实平和县在土地革命战争时期属于中央苏区的范围”。

现特将此批复通知你们。

附：中共中央党史研究室办公厅批复

中共福建省委党史研究室

福建省革命老根据地建设委员会办公室

2007年7月19日

主题词：老区 平和县△ 通知

抄送：存档

中共福建省委党史研究室 2007年7月19日印发

（共印30份）

索 引

要目索引

A

B

C

D

E

F

G

H

J

K

W

X

Y

Z

人物索引

表格索引

编后记

自2006年启动第二轮《平和县志》（1989-2007）修志工作以来，平和县认真履行《地方志工作条例》所赋予的工作职责，按照省、市工作部署，坚持党委领导、政府主持的修志工作体制 ，积极落实“一纳入、五到位”，扎实有效地组织开展地方志编修工作，稳步有序地推进第二轮修志工作。经过全县各级各部门历经多年的通力协作和全体编修人员的不懈努力，终于成书问世。

2006年9月召开二轮修志工作动员会议后，原平和县地方志编纂委员会随即组织召开培训会，各修志单位分管领导和编写人员共140多人参加培训，会上将县志编纂的《方案》和《编纂大纲》分发至各实施单位，明确各单位所承担的编纂内容和任务，并就编写要求进行指导和说明。为增强编写人员做好县志编修的信心，平和县多次邀请修志专家与编辑室工作人员座谈，对志书的体例、编写方法、材料处理等进行研讨；同时，利用各种机会，选派业务骨干参加省、市举办的修志业务培训班，提高修志队伍业务素质和编写水平。

2011年底，县政府发文通知，成立了续编《平和县志》编纂委员会及其编辑部，编辑部聘请4位修志经验丰富的老同志为责任编辑，做好分工，分别负责县志各分卷的编写工作。与此同时，各部门、各乡镇也相应成立编志领导小组，组织编修队伍，切实做到把编修地方志纳入本部门工作计划，做到领导到位，机构到位，经费到位，队伍到位，条件到位。2013年10月，完成部门志稿编写工作。

在修志过程中，《平和县志》编辑部按照政治、经济、社会、文化四大类，对编辑人员进行分工，确定每位编辑的编纂任务，落实到人。同时，根据上级的审改指导，细化二轮志书篇目，并结合部门意见，多次对续志篇目进行补充修改，不断完善篇目结构。在编修过程中，编辑人员经常碰头开展谈论，共同解决编纂工作中遇到的问题。在材料征集过程中，实行各承编单位分管领导初审，主要领导把控审签，为志稿把好保密关、资料关和史实关，最后由相对应负责的编辑审订修改。对符合质量要求的单位初稿，由编写单位领导签署意见并加盖公章后连同电子版一并报送；对不合要求的，编辑指出问题所在，提出修改措施，帮助提高志稿质量。通过一个单位一个单位的审，一个单位一个单位的过，既确保了部门分志的质量，又为编辑、总纂奠定了质量基础。2018年初，完成志稿审核和修改工作，形成31卷100多万字的评审稿。2018年7月，召开《平和县志（1989-2007）》志稿评审会议，邀请省、市及部分县（区）地方志负责人和专家学者对志稿进行评议，围绕篇目设计、结构层次、行文规范、记述文风、资料补充、编辑加工等问题展开富有建设性的研究讨论。

2018年12月，根据全省机构改革要求，原平和县地方志编纂委员会与中共平和县委党史委员会整合为中共平和县委党史和地方志研究室，继续承担起编修县志的重要任务，并明确把实现县志出版作为头等大事。全体编修人员本着奉献担当的态度，推进修志各项工作，确保志稿质量，达到出版要求。2019年12月，送审稿通过市级初审。2020年6月，通过市级审查验收。2020年7月，送方志出版社审核。

《平和县志（1989-2007）》的编纂出版，是历任县委、县政府始终把修志工作列入日常工作议程的结果，是各承编单位全力支持修志工作的结果，也是是全体修志人员共同努力的结果。值此《平和县志（1989-2007）》问世之际，谨向长期以来关心支持《平和县志》编纂工作的中共福建省委党史和地方志办公室、中共漳州市委党史和地方志研究室的各位领导、各位专家表示衷心的感谢，向热心帮助指导《平和县志》编纂工作的方志界各位同仁、方志出版社的各位专家和社会各界人士致以诚挚的感谢，向长期奋战在《平和县志》编纂工作前沿阵地的中共平和县委党史和地方志研究室的各位同志致以崇高的敬意！

《平和县志（1989-2007）》出版发行了，但由于其内容涉及面广、年代跨度大，不少部门由于各种原因造成档案资料短缺，以及限于编纂工作的水平，疏漏、误缺在所难免，恳请方志界专家、学者和广大读者不吝赐教。

2020年10月

《平和县志（1989—2007）》各卷承编单位和撰稿人员、审稿负责人、编辑人员一览表

卷名	承编单位	撰稿人员	审稿负责人	编辑人员
概述	县委党史和地方志研究室			林丽红
大事记	县委党史和地方志研究室	（各承编单位提供）		卢岸川
政区、自然环境	县民政局、自然资源局、气象局、水利局、林业局、地震办	李龙辉 朱春树 陈滨南 赖赣平 张文清 林连城 周景清 朱建福 周雪清 李达意 林广福	罗少真 陈立雄 罗淑英 卢小军 叶新深 陈立真 黄平辉 李惠 林龙强	周三民
国土资源管理、环境保护	县生态环境局、自然资源局	黄美凤 陈锦超 林顺章 朱春树 陈滨南 卢宥均	卢聪明 卢小军	周三民
人口	县卫健局、公安局、统计局	林敏华 林圳德 吴春海 黄先伍 卢毓贤	杨汀山 陈耀勇 赖东沪	周三民
城乡建设	县住房和城乡建设局、市容管理局、住房公积金管理部	石生福 赖赣平 卢子平 蔡贤达 陈宇文 林文华	龚奕斌 赖建生	周三民
中共地方组织	县委办公室、组织部、宣传部、统战部、纪委监委办公室、政法委、文明办、老干局、信访局、党校、县直党工委、保密局、老年大学	崔炜 朱智生 朱银茂 林丽君 周良 曾月英 罗小雨 林少鸿 林胜洁 彭昱 叶明智 朱锦钟 赵琼琼 庄新勇 曾玉城 赖炎辉 陈建 张中厚 杨龙锦 江炳南 黄荣军 黄志聪 陈木城 赖素琴 朱元江 阮漳溪 吴永枝 林小清 黄伟煌 赖焰裕 曾潮红 郑伟龙 林荣海 朱文鑫	杨龙峰 石艺军 卢胜 曾姝丽 曾玉城 林添华 柯雅瑄 张元清 黄国华 陈建 林智文 朱秋城 杨江山	吴肇庆
地方人民代表大会	县人大常委会办公室	邹艺军 林少鸿 卢金洪 蔡志先	黄祖捷	吴肇庆
地方人民政府	县政府办公室	张万土 卢鑫城 杨玉龙 李润南 叶璐晶 李伟铭	林志忠	吴肇庆
政协地方组织	县政协办公室	李耕云 黄兴强 李惠生 陈达明	杨锋滨	吴肇庆
人民团体与社会团体	总工会、团县委、县妇联、工商联、侨联、台联、文联、科协、残联、计生协会、老区促进会、老龄委、关工委、关联会、红十字会、老体协、客家联谊会	黄杰生 赖赣平 赖厚金 方丽云 张秋霞 黄荣军 曾秀英 曾艳婷 陈金辉 陈德宏 江爱荣 林丽娜 曾玉城 林宗勤 杨智佳 林忠福 陈小华 林凯君 叶新跃 游永烽 曾荣发 赖素香 陈达明 李龙辉 黄宏伟 赖容海 曾庆生 周枝全 张清芬 卢岸川	陈小红 赖全州 江爱荣 林丽娜 林少鸿 赖艺玲 林跃忠 卢丽彬 黄汉洋 陈达明 赖志慧 林清坤 周瑞民 庄新勇	吴肇庆

卷名	承编单位	撰稿人员	审稿负责人	编辑人员
公安司法	县公安局、检察院、法院、司法局、交警大队、消防大队	吴春海 赖友富 陈红武 熊春林 卢忠信 赖芳坤 曾丽珍 傅金福 张文锋 黄达永 郑婉萍 朱世强 曾艺云 卢皓珍 杨培兆 黄仁生 周晓彬 李少杰 卢金树 石庆兴 刘明珊 罗光辉	许渊俊 黄明生 沈蔚林 苏鹏华 陈昌琳 苏伟平 曾庆淼 赖芳坤	吴肇庆
军事	县人武部办公室、人防办、武警县中队	段祥玉 董跃平 聶忠旺 高拥城 张家和 孙伟 赖林杨 罗燕军	郭毅置 林秋勇	吴肇庆
农业	县农业农村局、水利局、农业机械站、安厚农场	吴敢锐 周毓 周建兴 李银炉 朱友添 黄绿林 卢友民 赖跃先 林森文 张周城 赖赣平	黄堃 叶新课 黄平辉 杨武牧 林森文	周三民
茶果	县农业农村局	曾金河 张金桃	黄堃 吴启兴	周三民
林业	县林业局、县公安局森林分局	张文清 林志煌 周燕	林立武 周建辉	周三民
水利	县水利局	赖赣平 张文辉	叶新课	周三民
能源	县电力公司、供电公司、农业农村局、能源局、水利局	陈建南 杨勇 许少梅 徐耀雄 蔡建锡 张建生 赖赣平	蔡建宇 黄堃 吴启兴 叶新课	曾成国
工业	县工业和信息化局、经贸局、平和工业园区管委会、二轻集体工业联社	叶昭焕 曾凡城 曾建锡 赖建成 卢伯甲 蔡琪荣	黄深泉 庄贤伟 赖伟民	曾成国
交通、邮政、电信	县交通运输局、邮政局、电信公司、移动公司、联通公司、公路分局、公路稽征所	连宇 张炳林 庄胜阳 张美丽 何新辉 兰强 郑淑玲 张晓燕 林惠东 黄劲松 林裕君	曾乃君 刘锦辉 童德坤 张小泳 叶架	曾成国
商贸	县经贸局、商业总公司、供销联社、发改局、烟草专卖局、物资总公司、盐务局、商贸局（外经）、粮食和物资储备局、科技局	林东富 陈国寿 江毅蓉 叶淑强 曾凡城 陈俊金 曾美德 赖林中 冯荣攀 林锦阳 蔡建锡 张伟强 李晓霞 林汉池 林招和 黄烨婷 张小芳 赖良成	江其祥 陈艺惠 庄泽勇 陈建宝 黄深泉	曾成国
财税、金融	县财政局、国税局、地税局、人民银行、工商银行、建设银行、农业银行、中国银行、农发行、农村信用社、人保公司、人寿公司、邮政储蓄银行、财险公司、银监办事处	张明山 江毅强 张龙德 杨清风 吴凌坤 赖文辉 黄江明 卢新权 黄淑贞 吴敢锐 简龙水 巫丽霞 张超煌 叶顺艺 蔡毅芳 张友生 曾筱青 朱善镇 张文坤 林秀娥 朱艺贤 何昱忠 庄明舜 林元城	韩启川 张明山 蔡智深 庄汉阳 杨清风 蓝亚忠 周友福 张栋材 苏蓉媚 张正林 洪文成 苏顺庆 陈志刚	曾成国
经济管理	县发改局、统计局、工商局、质监局、物价局、市场监督管理局、审计局、应急管理局	温汉强 林葆川 黄笔文 张鸿森 叶伟强 林莉玲 黄先伍 林洲国 曾文周 叶淑英 庄燕玲 张文平 李松平 林圳德 林敏华	吴志育 江其祥 陈苍山 陈耀勇 赖东沪 江炳炬 陈建章 黄深泉	曾成国

卷名	承编单位	撰稿人员	审稿负责人	编辑人员
教育、科技	县教育局、科技局、科协、外侨办、地震办	卢志杰　朱建福　张海金 陈钰琴　杨智佳　李　惠 黄志坚　赖建三　林广福 李达意　赖荣金　林志伟	吴克俭　赖艺玲 林忠福　李　惠 陈钰琴	卢岸川
文化、体育	县文化体育局、广播电视局、融媒体中心、方志委、党史委、档案局、博物馆、文化馆、电影公司、图书馆、新华书店	林玉溪　叶长生　卢晋南 杨　征　何溪源　林少华 周艺桂　蔡文坤　陈泽序 周友声　吴肇庆　石江林 庄文勇　黄淑媚　朱乃武	何温厚　张茂成 张锻成　黄荣才 林丽红　曾宪强	卢岸川
医药卫生	县卫健局、疾控中心、妇幼保健院、爱卫办、食品药品监督局、县医院	林国信　林育奇　卢　立 朱元明　赖银清　林水平 张宏文　张水是　叶跃成	杨汀山　陈丽淑 赖林俊	卢岸川
劳动、人事、编制	县人力资源和社会保障局、编制办	卢鑫城　李志刚　赖林海 蔡招林　周艺贞　何良源	李振忠　赖江龙 吴金成	吴肇庆
民政、扶贫、老区扶助	县民政局、扶贫办、老区办、移民服务中心	李龙辉　周树海　赖赣平 张溪宗　陈晖娥　陈振东	罗少真　游秋金	吴肇庆
外事侨务与中国港澳台事务	县外侨办、县委台工办、县委统战部	陈钰琴　庄建东　朱彩英 赖艺华　朱晓婷　赖炎辉	曾溪辉　陈钰琴 曾玉城	吴肇庆
旅游	县旅游局、三平风景区管委会、灵通风景区管委会	黄启文　陈镇坤　郑才林 赖真平	何温厚　周建阳 魏　远	卢岸川
风俗、宗教	县民宗局、佛教协会、道教协会、基督教三自爱国会、县委统战部	赖炎辉　黄志忠　赖达德 庄德金　郑牧仁　叶长流 曾玉城	赖炎辉　曾姝丽 曾玉城	卢岸川
人物、先进集体	县委党史和地方志研究室	《人物传》分别由朱镇生、曾祥庭、陈文明、黄大篇、庄建东、卢岸川、赖泽民、张进德等提供。 《人物表》和《先进集体名表》的资料由县直有关单位和各乡镇（场）提供。		卢岸川
乡镇简况	五寨乡、国强乡 崎岭乡、长乐乡 秀峰乡、文峰镇 山格镇、小溪镇 南胜镇、坂仔镇 安厚镇、大溪镇 霞寨镇、芦溪镇 九峰镇	李文金　林水城　叶淑霞 陈朝辉　林明达　林灿源 卢志杰　朱广昌　林寿城 黄志聪　罗燕军　卢镇辉 周小维　何永超　陈金彪 游清栋　林文团　杨慧金 林跃明　张励国　黄燎原 陈建华　赖文尧　翁育斌 周文平　游南星　林甲乙 林明球　林奕芹　赖良成 杨妙童　卢志杰　林楠枋 黄清流　叶文腾　张碧兰 张高才　黄一航　林韶清 张昱溪　江子永　陈文明 赖志慧　李雅玲　朱启海 曾荣德　胡毅慧　曾志煌 曾建良　林　勇　叶水田 蔡林宏　林建民	黄荣军　胡木清 黄良仕　林志伟 黄荣龙　黄燎原 吴漳旺　林荣建 刘伟宏　杨镇源 陈盛林　叶宏圣 赖进杰　吴银川 李林源	周三民

图书在版编目（CIP）数据

平和县志：1989－2007 / 中共平和县委党史和地方志研究室编. -- 北京：方志出版社，2020.9
ISBN 978-7-5144-4561-9

Ⅰ. ①平… Ⅱ. ①中… Ⅲ. ①平和县－地方志－1989-2007 Ⅳ. ①K295.74

中国版本图书馆 CIP 数据核字（2020）第 230222 号

平和县志（1989—2007）

编　　者：中共平和县委党史和地方志研究室
责任编辑：王　娜

出 版 者：方志出版社
地　址　北京市朝阳区潘家园东里 9 号（国家方志馆 4 层）
邮　编　100021
网　址　http://www.zgfzcb.cn
发　　行：方志出版社图书经销中心
电话（010）67110500
经　　销：各地新华书店
印　　刷：福州大坤彩色印刷有限公司

开　　本：889×1194　　1/16
印　　张：50
字　　数：1378 千字
版　　次：2020 年 9 月第 1 版　　2020 年 9 月第 1 次印刷
印　　数：0001～2500 册

ISBN 978-7-5144-4561-9　　定价：560.00 元